JN493629

제6판

행정법

Administrative Law

김남철

정독
DEEP READING

제6판 머리말

김남철 교수님께서 지난 2024년 5월 28일 작고하시고 나서 두 번째 개정판이 출간되었습니다. 독자 여러분들의 많은 관심과 사랑으로 제6판을 출간할 수 있게 된 것에 대하여 진심으로 감사드립니다.

제6판은 작고하신 김남철 교수님께서 저술하신 기존 교과서 목차와 내용을 유지하면서, 2025년 최신 판례의 주요 내용 및 행정기본법, 정부조직법, 지방자치법 등 각종 법령 제·개정 사항을 반영하여 행정법을 공부하거나 각종 시험에 대비하는 데에 부족함이 없도록 하였습니다.

이번 개정작업은 제5판의 개정작업과 마찬가지로 김남철 교수님의 제자들이 중심이 되어 간행위원회(연세대학교 방동희 교수, 부산광역시청 김경준 박사, 대한민국시도지사협의회 김희진 박사, 부산대학교 노기현 박사, 서울여자대학교 임현종 교수, 부산대학교 장호정 박사, 한국법령정보원 정주영 박사, 연세대학교 조감사 변호사, 국립재난안전연구원 조영진 박사수료)를 조직하여 진행하였습니다.

이 책을 출간해 주신 도서출판 정독의 김중용 대표님, 이 책의 편집·교정을 위하여 애써주신 심성보 편집이사님과 김인숙 과장님께도 진심으로 감사드립니다.

무엇보다도 김남철 교수님의 사모님과 자제분(석민, 석환)께도 진심으로 감사드립니다.

끝으로 이 책을 존경하고 사랑하는 김남철 교수님께 바칩니다. 이 책이 계속해서 독자에게 사랑을 받을 수 있도록 노력하겠습니다.

2026년 1월

故 김남철 교수님 행정법 간행위원회 일동

제5판 머리말

이 책의 저자이신 김남철 교수님께서 2024년 5월 28일 갑작스럽게 작고하셨습니다. 제자들이 교수님에 대한 마땅한 도리로서, 그리고 교수님의 학문을 계승해 나가기 위해 제5판 간행 작업을 진행하게 되었습니다. 제5판을 출간할 수 있게 된 것에 대해 진심으로 독자 여러분들께 감사드립니다.

제5판은 작고하신 김남철 교수님께서 저술하신 기존 교과서 목차와 내용을 유지하면서, 2024년의 최신 판례 및 행정소송규칙 등 법령 제·개정 사항을 반영하였습니다. 행정법을 공부하거나 각종 시험에 대비하는 데에 부족함이 없도록 하였습니다.

제5판은 제자들이 중심이 되어 간행위원회를 조직하여 총괄팀(부산대학교 방동희 교수, 대한민국시도지사협의회 김희진 박사), 판례팀(부산대학교 노기현 박사, 부산광역시청 김경준 박사, 명지대학교 임현종 박사), 법령팀(한국법령정보원 정주영 박사, 부산대학교 장호정 박사, 국립재난안전연구원 조영진 박사수료)에 의해 개정작업을 진행하였습니다.

이 책을 출간해 주신 도서출판 정독의 김중용 대표님, 이 책의 편집·교정을 위하여 애써 주신 심성보 편집이사님과 김인숙 과장님께도 진심으로 감사드립니다.

무엇보다도 김남철 교수님의 사모님과 자제분(석민, 석환)께 진심으로 감사드립니다.

끝으로 이 책을 존경하고 사랑하는 김남철 교수님께 바칩니다. 이 책이 계속해서 독자에게 사랑을 받을 수 있도록 노력하겠습니다.

2025년 1월

고 김남철 교수님 행정법 간행위원회 일동

제4판 머리말

독자분들의 성원에 힘입어 제4판을 출간할 수 있게 되어 진심으로 기쁘게 생각하고, 독자분들께 감사드린다.

이 책을 쓰면서 행정법의 기초전공서이면서도 기존 교과서의 목차와 내용들을 대부분 그대로 반영하여 행정법을 공부하거나 각종 수험에 대비하는 데에도 부족함이 없도록 노력하였다. 아무쪼록 독자분들의 행정법의 이해에 도움이 되었으면 하는 것이 저자의 소박한 바람이다.

지난해에는 여러 법률들이 개정되기는 하였지만, 일부 개정되는 데 그쳤다. 국세기본법, 주민투표법, 개인정보 보호법이 비교적 개정사항이 많은 법률이었고, 지방자치분권 및 지방행정체제개편에 관한 특별법과 국가균형발전 특별법이 지방자치분권 및 지역균형발전에 관한 특별법(지방분권균형발전법)으로 통합되었다.

행정판례의 경우 기존 판례의 변경과 같은 특별한 경우는 없었고, 지난해에 이어 새로운 판례 중 주요 판례를 새로 반영하면서 기존 판례들, 오래된 판례 또는 중복된 내용의 판례들 일부를 정리하였다. 새로 치러진 변호사시험·5급공채시험 정보도 추가하였다

제4판의 출간을 위해서도 법령 제·개정사항을 도맡아 준 법령정보관리원 정주영 박사, 개정작업 전 과정을 도와준 대한민국시도지사협의회 김희진 박사, 교정·수정·보완작업을 나누어서 도와준 부산대 노기현 박사, 연세대 임현종 박사, 한국교통연구원 전은수 연구원, 한국해양과학기술원 김은환 박사, 산업안전보건연구원 송안미 박사, 부산대 조영진 박사과정생에게 감사드린다. 제자들의 학운을 빈다.

이 책을 출간해 주신 도서출판 정독의 김중용 대표님, 이 책의 편집·교정을 위하여 애써주신 심성보 편집이사님과 김인숙 과장님께도 진심으로 감사드린다.

이 책을 나의 사랑하는 가족에게 바친다.

2024년 1월

신촌 안산자락 연구실에서

김 남 철 씀

제3판 머리말

2021년에 '행정법입문'을 발간한 후 지난해 제2판을 '행정법'으로 개정하였는데, 독자분들이나 강의하시는 분들께서 행정법의 기초전공서이지만 기존 교과서의 목차와 내용들이 거의 그대로 반영되어 있어 행정법을 공부하거나 각종 수험 대비에도 부족하지 않다는 말씀을 해주시고 많은 분들이 격려해 주신 덕분에 용기를 얻어 제3판을 출간하게 되었다. 이 자리를 빌어 성원해 주신 독자분들께 진심으로 감사의 말씀을 드린다.

지난해에는 행정의 실체법인 행정기본법이 시행되고 행정절차에 관한 일반법인 행정절차법의 일부도 개정되어 시행되었으며, 지방자치에 관한 일반법인 지방자치법이 약 30년 만에 전부 개정되어 시행되는 등 우리나라 행정법제에 매우 커다란 변화가 있었다. 이에 비하면 지난해에는 커다란 제·개정은 없었다. 행정절차법, 국토기본법, 민원처리법, 정보공개법, 정보보호법, 국세징수법, 부패방지권익위법, 공직선거법, 주민투표법, 교육자치법, 공무원임용령, 국가공무원법, 공무원연금법, 토지보상법, 소방공무원법, 국토계획법, 도시정비법, 건축법 등의 일부가 개정되는 데 그쳤고, 관련 규정들은 모두 반영하였다. 행정판례의 경우도 기존 판례의 변경은 없었고, 새로운 판례 중 주요 판례(공법상 재단·수리를 요하는 신고·대물적 행정행위·국가배상·반복된 거부처분·조례 등)도 새로 추가하면서 기존 판례들 중 일부도 정리하였다. 새로운 수험정보도 추가하였다. 이와 더불어 일부 문장들도 보다 더 적절하게 수정·보완하였다.

제3판의 출간을 위해서도 많은 분들의 도움을 받았는데, 법령 제·개정사항을 도맡아 준 법령정보관리원 정주영 박사, 개정작업 전 과정을 도와준 대한민국시도지사협의회 김희진 박사, 교정·수정·보완작업을 나누어서 도와준 부산대 노기현 박사, 연세대 임현종 박사, 한국교통연구원 전은수 연구원, 한국해양과학기술원 김은환 박사, 산업안전보건연구원 송안미 박사, 부산대 조영진 박사과정생에게 감사드린다. 제자들의 학운을 빈다.

이 책을 출간해 주신 도서출판 정독의 김중용 대표님과 이 책의 편집·교정을 위하여 애써주신 심성보 편집이사님과 김인숙 과장님께도 진심으로 감사드린다.

이 책을 나의 사랑하는 가족에게 바친다.

2023년 1월
신촌 안산자락 연구실에서
김 남 철 씀

2021년에 행정법을 처음 공부하는 분, 법학전공이 아니면서 행정법을 공부하고자 하는 분들을 위하여 행정법입문을 발간하게 되었는데, 독자분들이 지난 한 해 이 책을 많이 읽어주셔서 진심으로 감사드리고, 독자분들 덕분에 제2판을 발간할 수 있게 되어 매우 기쁘게 생각한다. 하지만 여러 독자분들이 이 책의 분량이나 내용에서 볼 때 입문서라기보다는 기초 전공서라는 점, 내용적으로는 현재와 같은 정도의 분량을 유지하는 것이 좋겠다는 점을 말씀해 주셔서, 이번 개정판부터는 분량이나 내용은 그대로 유지하되 책 제목을 '행정법'으로 하기로 하였다. 아무래도 독자분들 입장에서도 이왕 행정법을 공부하는데, 쉽게 이해할 수 있으면서도 각종 수험 대비에 부족하지 않은 책이 가장 필요하지 않을까 하는 마음을 담은 것이라고 이해해 주시면 감사하겠다.

지난 초판에 이어 이번 판도 이 책의 기본적인 집필의도나 방향은 그대로이다. 즉, 첫째, 행정법을 보다 쉽게 이해할 수 있도록 설명이 필요한 용어들은 각주에서 바로 찾아볼 수 있게 하였고, 둘째, 이 책의 목차는 가급적 기존 전공교과서의 목차 수준과 동일하게 하였으며, 셋째, 행정법의 주요 논점과 목차는 박스로 정리하여 붙였다.

지난 2021년에는 행정의 실체에 관한 일반법인 행정기본법 제정, 지방자치법 전부개정, 행정절차법 일부개정이라는 커다란 변화가 있었다. 먼저 행정법은 통일법전(행정법의 실체와 형식·절차에 관한 일반법) 없이 1998년 제정된 행정절차에 관한 일반법인 행정절차법만 있었는데, 2021년 초에 행정의 실체(행정의 일반원칙, 행정작용 등)에 관한 일반법인 행정기본법이 제정되었다. 이로써 우리나라도 행정에 관한 일반법들을 가진 나라가 되었지만, '실체'에 관한 일반법과 '절차'에 관한 일반법이 분리되어 존재하는 기이한 형태가 된 점은 매우 아쉬운 점이다. 특히 2021년 말에 행정절차법이 개정되면서 인허가의제·확약·위반사실의 공표·행정계획과 같은 주요 행정작용에 관한 규정을 추가로 신설하였는데, 이 규정들은 우선 행정기본법에 규정되고, 그 절차만 행정절차법에서 규정하는 것이 순서가 아닌가 생각된다. 아무튼 행정에 관한 일반법이 행정기본법과 행정절차법으로 나뉘어 있는 것은 바람직한 현상은 아니다. 따라서 향후 궁극적으로는 이 두 개의 법률이 합쳐져서 명실상부한 '통일법전'을 이루어야 한다고 생각한다. 한편 지방자치법은 주민참여·지방의회 자율성 강화, 중앙지방협력회의의 설치, 특별지방자치단체에 관한 별도의 장(章) 신설 등을 주요내용으로 전부개정되었는데, 이로써 외형적으로는 기존의 법조항들이 전부 바뀌는 큰 변화가 있었지만, 내용면에서는 전부개정을 할 만큼의 변화는 없었다는 비판들이 많았다.

이상의 주요 법률제·개정 이외에도 부분적인 법률의 개정도 매우 많았고, 새로운 판례들도 꾸준히 증가하였는데, 법률의 제·개정 사항은 개정판에 모두 반영하였고, 판례의 경우는 새로운 판례를 추가하면서 오래된 판례들은 삭제하는 등의 방식으로 반영하였다. 새로운 수험정보도 추가하였다.

행정법 제2판의 출간을 위해서도 여러분들의 도움을 받았는데, 법령 제·개정사항을 도와준 법령정보관리원 정주영 전문연구원, 이 책의 개정작업 전 과정을 책임지고 도와준 대한민국시도지사협의회 김희진 박사, 교정·수정·보완작업을 나누어서 도와준 노기현 박사, 연세대학교 대학원 박사과정의 임현종 조교·노윤경 조교, 한국교통연구원 전은수 연구원, 한국해양과학기술원 김은환 박사, 산업안전보건연구원 송안미 박사, 부산대학교 박사과정의 조영진 조교에게 감사드린다. 아무쪼록 제자들의 학운을 빈다.

이 책을 출간해 주신 도서출판 정독의 김중용 대표님과 최준규 전무님, 이 책의 편집·교정을 위하여 애써주신 심성보 편집이사님과 김인숙 과장님께도 진심으로 감사드린다.

이 책을 나의 사랑하는 가족에게 바친다.

2022년 1월
신촌 안산자락 연구실에서
김 남 철 씀

행정법강론 교과서를 출간한 이후에 여러분들로부터 행정법을 처음 공부하는 분, 법학전공자가 아니면서 행정법에 관심이 있는 분들을 위한 책을 집필할 계획이 없느냐는 질문을 받게 되었다. 개인적으로 능력도 부족하거니와 강의와 연구 이외에 시간을 내는 데에도 한계가 있어 고민만 하고 있는 차에 도서출판 정독의 김중용 대표님과 최준규 전무님의 전격적인 지지와 성원으로 용기를 가지고 이 책을 집필하게 되었다.

행정법은 워낙 해당 법률도 많고 또한 법률의 제·개정도 빈번한 분야이다. 행정절차법이 있기는 하지만, 행정법의 통칙이 여전히 부재한 상황에서, 행정법은 다른 법학 과목들에 비하여 이해하기가 어려운 과목이라는 게 일반적인 인식이다. 그래서 어떻게 하면 행정법을 아주 쉽게 이해하게 할 수 있을까, 그러면서도 동시에 행정법의 전문지식까지도 쉽게 터득할 수 있게 할 수 있을까 하는 문제를 오랫동안 고민하였고, 많은 분들이 지혜를 빌려주신 덕분에 이 책을 다음과 같이 기획하고 집필하게 되었다.

첫째, 이 책은 무엇보다도 행정법을 보다 쉽게 이해할 수 있도록 하는 데 중점을 두었다. 문장은 가급적 간결하게 하여 가독성을 높이고, 설명이 필요하다 싶은 용어들은 별도로 사전을 찾을 필요 없이 각주에서 바로 찾아볼 수 있도록 하였다. 이로써 행정법을 읽을 때 그 흐름이 깨지지 않고 계속 읽어 내려갈 수 있도록 하고자 하였다.

둘째, 이 책이 행정법의 교양서 수준을 넘어 행정법의 전공서로서도 손색이 없도록 하기 위하여 이 책의 목차를 구성하면서 가급적이면 기존 전공교과서의 목차 수준과 거의 동일한 수준으로 하였다. 즉 입문서로서 해당 목차의 설명은 간결하지만, 필요한 목차는 모두 다 포함시켰다. 이로써 이 책은 행정법의 입문서로서뿐 아니라 각종 수험에 대비하여 행정법의 논점들을 쉽게 이해하고 정리할 수 있는 수험서로서도 충분할 수 있도록 대비하였다.

셋째, 특히 시험에 자주 출제되는 행정법의 중요 부분마다 설명에 앞서 목차를 정리한 박스를 붙였다. 목차는 기본적으로 행정법의 이해를 돕고자 하는 취지뿐 아니라 논술형 수험 대비에도 충실하고자 하는 취지도 있기 때문에, 경우에 따라서는 교과서 목차와 100% 일치하지 않는 경우도 있다. 이는 논술형 수험에 대비한 목차정리를 보여주는 것으로 이해하면 되겠다.

아무쪼록 이 책이 독자분들께서 행정법을 조금이라도 더 쉽게 공부하는 데 도움이 되기를 바라고, 앞으로 이 책의 개선을 위한 독자들의 고견과 기탄없는 질책을 기대한다.

행정법 입문이 처음으로 세상의 빛을 보게 된 데에는 역시 수많은 분들의 도움이 있었다. 제일 먼저 감사드릴 분은 입문서의 집필을 요청해 주신 독자분들이다. 이 분들이 아니었다면 책을 쓰고자 하는 생각을 하지 않았을 것이다.

그 다음으로 도서출판 정독의 김중용 대표님과 최준규 전무님은 이 책의 집필의도를 누구보다도 잘 이해해주셨고 최대한 저자의 의도를 살려서 이 책을 만들 수 있도록 도와주셨다. 이 책의 편집·교정을 위하여 애써주신 심성보 편집이사님과 김인숙 과장님께도 진심으로 감사드린다.

바쁜 시간을 쪼개가며 교정을 포함한 이 책의 출간과정에 큰 도움을 준 노기현 박사, 법령정보관리원 정주영 전문연구원, 한국교통연구원 전은수 연구원, 대한민국시도지사협의회 김희진 연구원, 노윤경 연세대학교 박사과정생, 한국해양과학기술원 김은환 선임연구원, 산업안전보건연구원 송안미 연구원, 조영진 석사에게도 이 자리를 빌려 진심으로 고마움을 표한다. 제자들의 학운을 빈다.

끝으로 '쉬운 전공서'라는 이 책의 기획에 지대한 도움을 주고 이 책을 열심히 읽어 준 아들 석민과 석환에게 고맙다는 말을 하고 싶다. 열심히 노력해서 본인들이 원하는 바를 이루기를 바란다. 오랜 기간의 힘든 과정을 묵묵히 지지해주고 힘이 되어주는 아내 오문경에게도 진심으로 감사와 사랑을 전한다. 하늘에 계시는 어머니의 흐뭇해하시는 모습을 떠올려 본다. 지금의 나를 있게 해주신 어머니께 늘 감사드린다. 이 책을 내 사랑하는 가족에게 바친다.

2021년 1월

신촌 안산자락 연구실에서

김 남 철 씀

제 1 부 행정법총론

제 1 편 행정법 서론

제 3 편 행정작용법(행정의 행위형식)

제 3 부 행정법각론

제 1 편 지방자치법

제 3 편 경찰행정법

제 6 편 건축행정법

제 7 편 환경행정법

제 9 편 경제행정법

법령약어

2025. 1. 기준

감염병예방법	감염병의 예방 및 관리에 관한 법률
감정평가법	감정평가 및 감정평가사에 관한 법률
개발이익환수법	개발이익 환수에 관한 법률
개발제한구역법	개발제한구역의 지정 및 관리에 관한 특별조치법
경공법	경찰공무원법
경직법	경찰관 직무집행법
경찰법	국가경찰과 자치경찰의 조직 및 운영에 관한 법률
공간정보법	공간정보의 구축 및 관리 등에 관한 법률
공무원노조법	공무원의 노동조합 설립 및 운영 등에 관한 법률
공무원직협법	공무원직장협의회의 설립·운영에 관한 법률
공공기관운영법	공공기관의 운영에 관한 법률
공유수면법	공유수면 관리 및 매립에 관한 법률
공유재산법	공유재산 및 물품 관리법
공정거래법	독점규제 및 공정거래에 관한 법률
교원노조법	교원의 노동조합 설립 및 운영 등에 관한 법률
교원지위법	교원의 지위 향상 및 교육활동 보호를 위한 특별법
교육자치법	지방교육자치에 관한 법률
국가계약법	국가를 당사자로 하는 계약에 관한 법률
국가소송법	국가를 당사자로 하는 소송에 관한 법률
국토계획법	국토의 계획 및 이용에 관한 법률
국배법	국가배상법
국토법	국토기본법
댐건설법	댐건설·관리 및 주변지역지원 등에 관한 법률
도시재생법	도시재생 활성화 및 지원에 관한 특별법
도시재정비법	도시재정비 촉진을 위한 특별법
도시정비법	도시 및 주거환경정비법
문화유산법	문화유산의 보존 및 활용에 관한 법률

물가안정법	물가안정에 관한 법률
민소법	민사소송법
민원처리법	민원 처리에 관한 법률
발전소주변지역법	발전소주변지역 지원에 관한 법률
법령공포법	법령 등 공포에 관한 법률
병역공개법	공직자 등의 병역사항 신고 및 공개에 관한 법률
보조금법	보조금 관리에 관한 법률
부담금관리법	부담금관리 기본법
부동산거래법	부동산 거래신고 등에 관한 법률
부동산공시법	부동산 가격공시에 관한 법률
부패방지권익위법	부패방지 및 국민권익위원회의 설치와 운영에 관한 법률
산업입지법	산업입지 및 개발에 관한 법률
상고심법	상고심절차에 관한 특례법
석유사업법	석유 및 석유대체연료 사업법
송전설비주변법	송·변전설비 주변지역의 보상 및 지원에 관한 법률
약관법	약관의 규제에 관한 법률
자원재활용법	자원의 절약과 재활용촉진에 관한 법률
정보공개법	공공기관의 정보공개에 관한 법률
정보보호법	개인정보 보호법
제주특별법	제주특별자치도 설치 및 국제자유도시 조성을 위한 특별법
주민소환법	주민소환에 관한 법률
즉결심판법	즉결심판에 관한 절차법
지방분권균형발전법	지방자치분권 및 지역균형발전에 관한 특별법
지자법	지방자치법
집시법	집회 및 시위에 관한 법률
총포화약법	총포·도검·화약류 등의 안전관리에 관한 법률
청탁금지법	부정청탁 및 금품등 수수의 금지에 관한 법률
토지보상법	공익사업을 위한 토지 등의 취득 및 보상에 관한 법률
폐기물시설촉진법	폐기물처리시설 설치촉진 및 주변지역지원 등에 관한 법률
헌재법	헌법재판소법
형소법	형사소송법
행소법	행정소송법
행심법	행정심판법
행정업무규정	행정업무의 운영 및 혁신에 관한 규정
행정위임위탁규정	행정권한의 위임 및 위탁에 관한 규정
환경기본법	환경정책기본법
환경영향법	환경영향평가법
회계직원책임법	회계관계직원 등의 책임에 관한 법률

행정법

제1부
행정법총론

제1편 행정법 서론

제2편 행정조직법

제3편 행정작용법(행정의 행위형식)

제1편

행정법 서론

제 1 장

행정법의 대상으로서의 행정

제1절 행정의 개념

Ⅰ. 현대적 의미의 행정 관념의 형성

행정법은 '행정'에 관한 법이다. 여기에서 행정은 사회 공동체 전체의 이익을 실현하는 작용을 말한다. 이러한 행정은 인류사회와 더불어 늘 존재하는 것이지만, 오늘날에 와서 이를 '행정'으로 관념화한 것은 근대국가의 성립과 더불어 국가권력을 입법·사법·행정으로 나누는 것을 내용으로 하는 권력분립원칙이 일반화되면서이다. 즉 현대에 와서는 국가권력 중 행정부가 행하는 공동체 이익을 실현하는 작용을 '행정'이라는 관념으로 이해하기 시작하였다는 것이다. 이와 같이 **'현대적 의미의 행정'은 권력분립제도를 전제로 하고 있는 개념**이다.

Ⅱ. 행정의 의미

일반적으로 국가권력 중 입법은 '**입법부**(국회)**가 법을 정립**(定立)**하는 작용**'이고, 행정은 '**행정부가 법을 집행하는 작용**'이며, 사법(司法)은 '**사법부**(법원, 헌법재판소)**가 무엇이 법인지를 판단하여 선언하는 작용**'이라고 이해되고 있다.

행정부는 원칙적으로 입법부가 제정한 법(법률)을 집행하는 작용을 한다. 하지만, 경우에 따라서는 시행령·시행규칙[1] 등의 제정과 같은 입법작용을 하기도 하고, 또한 행정심판과 같은 재판에 유사한 작용을 하기도 한다. 행정은 공익을 실현하는 작용이기 때문에 이와 같이 다양한 형식이 필요하고 그렇기 때문에 이러한 다양한 행정현상들을 모아서 한 마디로 정의하기는

---

1 국회는 법률을 제정하면서 법률을 보다 구체화하여야 할 필요성 때문에 행정부로 하여금 대통령령(시행령), 총리령·부령(시행규칙)을 제정하도록 위임규정을 두는 것이 일반적이다. 이로써 법규범은 전체적으로 '헌법-법률-시행령-시행규칙'이라는 체계로 점차 구체화되는 것이다.

것은 결코 쉬운 일이 아니다. 하지만 그럼에도 행정의 일반적·공통적 특징들을 다음과 같이 요약해 볼 수는 있을 것이다.

첫째, 행정은 **공익을 실현하는 작용**이다.

행정은 우리 사회에 필요한 도로·주택·교통 등의 시설이나 물·전기·가스 등 생활필수적인 공공재화를 제공하고, 필요한 규제를 통하여 위험을 방지하거나 질서를 유지하는 등 사회공동체 전체의 이익을 실현하는 작용을 한다. 이와 같이 행정이 공익을 실현하는 작용이라는 점에서 행정은 국민들에게 일방적으로 의무를 부과하거나(예: 건축법을 위반한 건축시설에 대한 철거명령), 행정법상의 의무를 이행(履行)하지 않으면 이를 강제하는 등(예: 철거명령에 따라 건축물을 철거하지 않으면 행정청[2]이 이를 강제로 철거)의 우월한 행정권한이 주어진다.

둘째, 행정은 **장래에 대한 적극적인 사회형성작용**이다.

행정의 법집행은 장래 우리 사회의 다양한 영역을 적극적으로 형성한다. 예를 들어, 사회보장법을 집행함으로써 법이 정하는 바에 따라 장래 우리 사회의 사회보장제도가 형성된다.

셋째, 행정은 **'일반·추상적인 법'을 '구체적으로 집행'하는 작용**이다.

일반적으로 행정은 법을 집행하는 행위이므로 구체적인 처분이나 조치 등에 의하여 그 목적을 실현하게 된다. 입법은 일반성·추상성[3]을 띠는 법을 정립하는 작용(예: 건축법)이고, 행정은 이와 같은 법을 개별·구체적[4]인 상황에 적용하여 집행하는 작용(예: 철거명령)이라는 점에서 행정과 입법은 서로 구별된다.

---

2 행정기본법 제2조(정의)
  2. "행정청"이란 다음 각 목의 자를 말한다.
    가. 행정에 관한 의사를 결정하여 표시하는 국가 또는 지방자치단체의 기관
    나. 그 밖에 법령등에 따라 행정에 관한 의사를 결정하여 표시하는 권한을 가지고 있거나 그 권한을 위임 또는 위탁받은 공공단체 또는 그 기관이나 사인(私人)

3 일반성은 불특정다수(예: 국민)를 대상으로 한다는 의미이고, 추상성은 수회에 걸쳐 반복 가능한 사안(예: 모든 건축행위)을 의미한다. 일반적으로 법은 불특정다수를 대상으로 모든 경우를 포섭하여야 한다.

4 개별성은 대상이 특정되어 있음을 의미하고, 구체성은 사안이 일회적(一回的)인 경우를 의미한다. 처분(예: 철거명령)은 보통 특정대상(예: 김○○)을 상대로 어느 특정된 사안(○년 ○월 ○일 김○○이 불법건축행위를 한 사안)에 법을 적용하여 내리는 결정이다.

제2절 통치행위

Ⅰ. 통치행위의 개념

법치국가원리에 따라 행정은 법에 엄격하게 구속되는 것이 원칙이다. 그런데 행정 중에는 고도(高度)의 정치적 성격 때문에 사법부의 재판 대상에서 제외되는 행위가 있는데 이를 **통치행위**라 하여 일반적인 행정의 개념과 구별하고 있다. 예컨대, 대통령의 외교행위, 사면, 영전수여 등과 같이 정치적 성격이 상당히 강한 행위가 통치행위의 예이다.

일반적으로 통치행위는 역사적으로 각국(各國)의 학설과 판례를 통하여 성립된 것으로, 그 개념도 각 나라마다 차이가 있지만,[5] 대체로 '국가기관의 고도의 정치적 행위로서 사법심사가 가능함에도 재판통제에서 제외되는 행위'를 말한다. 다시 말해서 법치국가원리 때문에 모든 국가기관의 행위는 법의 지배(rule of law)를 받아야 하는데, 고도의 정치적 성격을 띠는 대통령의 행위는, 재판에서의 법원의 심사(사법심사)가 법리적으로는 가능하다 할지라도, 그 고도의 정치성 때문에 법원에 의한 법적 심판(재판통제)에서 제외한다는 것이다. 이러한 의미에서 통치행위는 법치주의가 적용되지 않는 예외적인 경우이다.

Ⅱ. 통치행위에 관한 학설

1. 긍정설

(1) 내재적 제약설(권력분립설)

사법부가 행정부가 행한 고도의 정치적 행위를 법적으로 판단하는 데에는 권력분립에 따른, 사법부에 내재(內在)하는 한계가 있다는 견해이다. 예컨대 사법부 입장에서는 정치성이 매우 강한 대통령의 외교행위에 대해서 사법적 판단을 할 수 없다는 것이다.

---

5 예컨대, 나라마다 차이는 있지만, 프랑스·영국·미국·독일 등의 국가에서 국제조약체결, 대통령의 군사행위나 수상선거, 국회해산 등을 통치행위로 인정한 바 있다.

(2) 사법자제설

고도의 정치적 성격을 띤 국가행위에 대하여 사법부가 이를 적극적으로 판단하기보다는 재판권의 행사를 자제하는 것이라는 견해이다.

(3) 재량행위설

통치행위를 국가기관의 재량행위로 이해하여 이에 대한 사법심사가 불가능한 것으로 보는 견해이다. 오늘날 재량행위라 하더라도 재량권의 일탈·남용 여부는 사법심사의 대상이 된다는 것이 일반화되었으므로,[6] 이 설은 이론적 기반을 상실하였다.

2. 부정설

실질적으로 인권이 보장되고 있는 현대적 법치국가에서는 모든 국가작용은 법률적 판단이 가능한 한 사법심사의 대상이 되어야 한다는 견해이다.

III. 결어

우리나라 학설은 대체로 현실적으로 통치행위의 인정이 불가피하더라도 그 범위는 매우 제한적이어야 하고, 법적 판단이 가능한 한, 법원이나 헌법재판소의 재판대상이 되어야 한다는 입장이다.

대법원은 과거 1970년대에 비상계엄선포나 긴급조치의 통치행위성을 인정하였는데,[7] 2000년대 와서 남북교류협력에 관한 법률 위반 사건에서 통치행위의 존재를 인정하면서도 그 인정을 매우 신중하게 하여야 한다고 하였다.

판례 > 통치행위 인정의 신중성과 한계

"고도의 정치성을 띤 국가행위에 대하여는 이른바 통치행위라 하여 법원 스스로 사법심사권의 행사를 억제하여 그 심사대상에서 제외하는 영역이 있으나, 이와 같이 통치행위의 개념을 인정한다고 하더라도 과도한 사법심사의 자제가 기본권을 보장하고 법치주의 이념을 구현하여야 할 법원의 책무를 태만히 하거나 포기하는 것이 되지 않도록 그 인정을 지극히 신중하게 하여야 하며, 그 판단은 오로지 사법부만에 의하여 이루어져야 한다(대판 2004.3.26, 2003도7878)."

6 행정소송법 제27조(재량처분의 취소) 행정청의 재량에 속하는 처분이라도 재량권의 한계를 넘거나 그 남용이 있는 때에는 법원은 이를 취소할 수 있다.

7 대결 1979.12.7, 79초70 재정; 대판 1978.5.23, 78도813.

헌법재판소도 대통령의 긴급재정경제명령, 사면, 이라크파병결정 등 통치행위를 인정하면서도,[8] 고도의 정치적 성격을 띠는 통치행위라 할지라도 국민의 기본권을 직접 침해하는 경우에는 사법심사의 대상이 된다고 하였다.

판례 > 통치행위가 헌법재판소의 심판대상이 되는지 여부

"대통령의 긴급재정경제명령은 국가긴급권의 일종으로서 고도의 정치적 결단에 의하여 발동되는 행위이고 그 결단을 존중하여야 할 필요성이 있는 행위라는 의미에서 이른바 통치행위에 속한다고 할 수 있으나, … 헌법재판소는 헌법의 수호와 국민의 기본권 보장을 사명으로 하는 국가기관이므로 비록 고도의 정치적 결단에 의하여 행해지는 국가작용이라고 할지라도 그것이 국민의 기본권 침해와 직접 관련되는 경우에는 당연히 헌법재판소의 심판대상이 된다(헌재결 1996.2.29, 93헌마186)."

결국 정치현실에서 고도의 정치적 성격을 띤 통치행위 개념을 완전히 부인하기는 어려울 것이다. 하지만 법치주의가 더욱 발전할수록 통치행위의 인정범위도 점차 축소되는 것이 바람직하다. 나아가 법적 해결가능성이 있는 한, 사법통제로부터 완전히 자유로울 수는 없다고 보아야 할 것이다.

제3절 행정의 분류

행정은 워낙 복잡하고 다양하지만, 대체로 주체, 성질, 법적 효과, 내용, 대상 등에 따라 다음과 같이 분류해 볼 수 있다.

Ⅰ. 주체에 의한 분류

행정은 주체에 따라 국가에 의한 직접국가행정, 공공단체에 의한 간접국가행정, 위임행정으로 구분할 수 있다.

8 헌재결 1996.2.29, 93헌마186; 헌재결 2000.6.1, 97헌바74; 헌재결 2004.4.29, 2003헌마814.

1. 직접국가행정(국가에 의한 행정)

국가가 직접 국가기관을 통하여 행하는 행정을 말한다. 본래 행정권은 국가권력 중 하나이므로, 직접국가행정이 원칙이다.

2. 간접국가행정(공공단체에 의한 행정)

국가만이 모든 행정을 수행하는 것은 불가능하므로, 경우에 따라 국가 이외의 공공단체가 행정을 수행하기도 한다. 공공단체에는 지방자치단체, 공공조합, 영조물법인, 공법상의 재단이 있다. 공공단체들이 국가행정을 수행하는 것을 간접국가행정이라 한다.

3. 위임행정

국가 또는 공공단체가 자기의 사무를 다른 공공단체나 그 기관 또는 사인(私人)에게 위임 또는 위탁하여 수행하도록 하는 것을 말한다.

II. 성질에 의한 분류

행정은 그 성질에 따라 권력행정, 비권력행정, 국고행정으로 구분할 수 있다.

1. 권력행정

권력(權力)**행정**은 행정주체[9]가 공권력[10]을 행사하여 상대방을 일방적으로 명령하거나 강제하는 행정을 말한다. 건축법 위반 건축물에 대한 개선명령이나 식품위생법 위반행위에 대한 영업정지와 같이 일방적으로 개인에게 의무를 부과하거나 개인의 권리를 제한하는 경우 등이 여기에 속한다. 권력행정은 공권력을 행사하는 것이므로 공법이 적용된다.

2. 비권력행정

비권력(非權力)**행정**은 공권력을 일방적·강제적으로 행사하는 권력행정이 아닌, 생활에 필요한 수도나 전기와 같은 재화나 서비스를 제공하거나(급부행정),[11] 공물(公物) 등을 관리하는 행정

---

9 행정권한을 행사하는 국가, 공공단체, 행정권한을 위임·위탁받은 자를 말한다.

10 법에 의하여 행정주체가 가지는 행정에 관한 권한을 말한다. 행정주체의 권한을 고권(高權)이라고도 한다.

11 급부(給付)란 무엇을 제공하는 것을 말한다. 예컨대 급전급부란 돈을 지급하는 것을 말한다. 행정법관계에서는 일반적으로 행위를, 적극적 행위인 **작위**(作爲·Tun)·소극적으로 어떠한 행위를 하지 않는 **부작**

(관리행정)을 말한다. 비권력행정도 공행정작용이므로 공법이 적용되는 것이 원칙인데, 행정주체는 급부나 관리를 사법(私法)의 형식(예: 사법상 계약)으로 할 수도 있다. 후자를 행정주체의 행정사법적(行政私法的) 활동이라고 한다.

3. 국고행정

국고(國庫)**행정**은 형식은 행정주체이지만 실질적으로는 행정주체가 사경제주체의 지위에서 행정기관의 필요한 물품을 조달하거나 일반재산을 임대나 매각하는 행위 등을 말한다. 국고행정에서는 행정주체가 사인의 지위에서 행위하는 것이므로 여기에는 사법이 적용된다.

Ⅲ. 법적 효과에 따른 분류

행정은 그 법적 효과에 따라 침익적 행정, 수익적 행정, 복효적 행정으로 구분할 수 있다.

1. 침익적 행정

침익적(侵益的) **행정**이란, 예컨대 금지명령, 과세처분과 같이, 국민의 자유와 권리를 제한하거나 의무를 부과하는 등 국민의 권익[12]을 침해하는 행정을 말한다.

2. 수익적 행정

수익적(授益的) **행정**은, 예컨대 보조금 지급이나 건축허가와 같이, 국민의 자유와 권리를 신장시키고 부과된 의무를 해제하는 등 국민에게 유리한 법적 효과를 발생시키는 행정이다.

3. 복효적 행정(이중효과적 행정)

어떠한 행정작용이 침익적 성질과 수익적 성질을 동시에 가지고 있는 경우를 **복효적**(複效的) **행정** 또는 이중효과적 행정(Verwaltung mit Doppelwirkung)이라고 부른다. 예컨대 개발행위를 허가(수익적 효과)하면서 여기에 특정행위를 금지하는 의무를 부과(침익적 효과)하거나, 폐기물처리업 허가가 허가의 상대방에게는 수익적 성질을, 허가의 제3자인 인근 주민에게는 침익적 성질을 갖는 경우가 여기에 해당한다.

위(不作爲 · Unterlassen) · 무엇을 제공하거나 지급하는 행위인 **급부**(給付 · Leisten) · 참고 받아들이는 행위인 **수인**(受忍 · Dulden)으로 구분한다.

12 권익(權益)이란 권리(權利)와 이익(利益)을 합친 말로, 여기에서 이익은, 단순한 사실상의 이익이 아니라, 법에 의하여 보호되는 이익을 의미하는 것으로, 법으로 보호된다는 점에서 사실상 권리와 같은 의미이다.

Ⅳ. 내용에 따른 분류

행정은 그 내용에 따라 ① 공동체의 안녕과 질서를 유지하는 것을 내용으로 하는 질서행정, ② 국민에게 행정서비스(public service)나 공공재화를 제공하는 것을 내용으로 하는 급부행정, ③ 일정한 방향으로 유도하기 위하여 행하는 유도행정, ④ 국가가 업무수행에 필요한 조세 등 각종의 공과금을 부과하고 징수하는 것을 내용으로 하는 재무행정, ⑤ 국가나 지방자치단체 또는 공공단체가 그의 업무를 수행하기 위하여 필요한 재화와 용역을 조달하는 내용의 조달행정 등으로 구분할 수 있다.

Ⅴ. 대상에 따른 분류

행정은 그 대상에 따라 대체로 경찰행정·환경행정·사회복지행정·교육행정·문화행정·건축행정·국토개발행정·교통행정·재무행정·경제행정·조세행정 등으로 유형화해볼 수는 있을 것이다. 이와 같은 행정영역은 사회의 변화에 따라 달라질 수 있음은 물론이다.

제 2 장

행정법의 관념

제1절 행정법의 의의

행정법은 행정에 관한 국내공법(행정에 관한 법·공법·국내법)이다.

Ⅰ. 행정에 관한 법

행정법은 행정에 관한 법으로, 구체적으로 행정조직법, 행정작용법, 행정구제법으로 구성되어 있다. **행정조직법**은 국가·공공단체 등의 행정주체의 기관의 설치, 권한, 기관상호간의 관계에 관한 법이고, **행정작용법**은 행정주체가 공익을 실현하기 위하여 활용하는 수단(행정의 행위형식으로서, 예컨대 행정행위, 행정입법, 행정계획, 공법상 계약 등과 같은 행정의 수단)에 관한 법이다. **행정구제법**은 위법·부당한 작용으로 인하여 권익침해를 주장하는 사인의 권리구제에 관한 법으로서 행정상 손해전보(손해배상과 손실보상)와 행정쟁송(행정심판과 행정소송)으로 구성되어 있다.

행정법의 구성

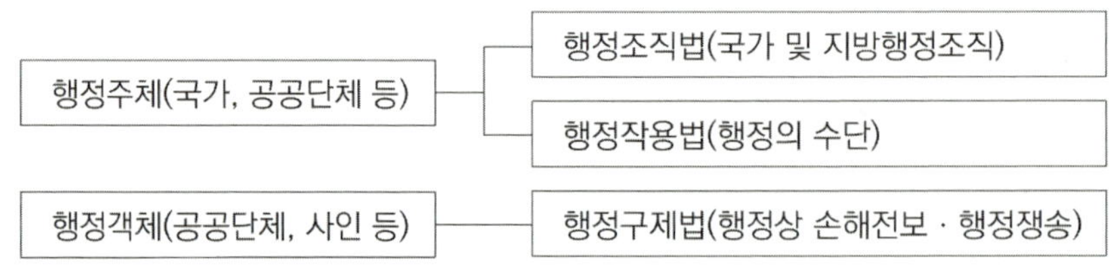

Ⅱ. 공법

행정법은 공법(公法)으로서 사법(私法)과는 구별된다. 우리나라를 포함한 대륙법계 국가들은 공·사법을 구별하기 때문에, 행정법의 대상을 파악하기 위해서도 **공·사법의 구별**이 문제된다.

한편 법의 지배(rule of law)를 기본이념으로 하고 있는 영미법계 국가에서는 국가도 사인도 모두 보통법(common law)이라 불리는 판례법의 지배를 받으므로, 원칙적으로 공·사법의 구별이 문제되지 않는다.

1. 공·사법의 구별

(1) 제도적 구별

역사적으로 행정법은 대륙법 국가에서 행정에 적용되는 법을 사인 간에 적용되는 법과 구분하면서 성립하게 되었다. 즉, 행정법관계는 행정의 특수성으로 인하여 사인 사이에 적용되는 법(사법)이 그대로 적용될 수 없다고 본 데에서 공·사법이 이원적으로 구별되게 된 것이다. 이러한 공·사법의 구별은 이론적이라기보다는 대륙법 국가에서의 역사적 상황에서 만들어진 제도적 구별이라고 할 수 있다.

(2) 공·사법의 구별 필요성

1) 재판관할과 소송절차의 기준

공·사법의 구별은 소송절차의 결정에 기준이 된다는 점에서 의의가 있다. 즉 사법관계에 대한 분쟁은 민사소송의 대상이 되고, 공법관계에 대한 분쟁은 행정소송의 대상이 되므로, 공·사법의 구분은 재판절차를 정하는 실익(實益)이 있다.

2) 적용법리의 결정

사법은 개인 간의 법률관계를 규율하는 법체계로서 사적 자치(私的 自治)의 원칙에 따라 개인 의사의 자율성을 존중하지만, 공법은 공익을 실현하기 위하여 행정주체에게 일방적으로 강제하고 명령하는 우월적인 지위가 인정되는 특성이 있다. 따라서 공법관계인지 사법관계인지에 따라 이와 같은 다른 법리가 적용된다.

3) 행정강제 및 소멸시효

행정상 의무위반에 대해서는 행정주체는 직접 행정강제수단을 통해 강제로 의무를 이행하게 할 수 있지만(자력강제), 사법상의 의무위반의 경우에는 제3자인 법원을 통하지 않고는 당사자가 직접 의무이행을 확보할 수 없다(타력강제).

아울러 행정은 공익을 실현하기 위한 것이라 그 법률관계를 가급적 빨리 확정할 필요가 있다. 따라서 금전채권의 소멸시효가 사법의 경우와는 달리 짧게 규정되어 있다.[1]

---

1 예컨대, 민법상 금전채권소멸시효는 10년(민법 162)이지만, 지방재정법에서는 5년으로 규정하고 있다(지방재정법 82).

2. 구별기준에 관한 학설

공법과 사법은 그 구별 필요성에도 불구하고, 그 개념이나 범위를 명확히 하기가 매우 어렵다. 따라서 공·사법의 구별도 언제나 명확한 것은 아니다.

공·사법의 구별기준에 대해서는 ① 법률관계의 당사자를 기준으로 한쪽 당사자가 국가 또는 공공단체 등 행정주체인 경우에는 공법관계로, 양쪽 당사자 모두 사인인 경우에는 사법관계로 보는 주체설, ② 공익실현을 위한 법관계를 공법관계로, 사익실현을 위한 법관계를 사법관계로 파악하는 이익설, ③ 사법관계는 대등한 지위를 갖는 사인 간의 수평적인 법률관계임에 반해서, 공법관계는 행정주체 의사의 우월성을 바탕으로 하는 행정주체와 행정객체 간의 수직적인 불평등 종속관계로 보는 복종설(종속설, 지배설, 성질설 등), ④ 권리의무의 귀속(歸屬)주체가 행정주체인 경우에는 공법관계로, 행정주체를 포함한 만인(萬人)인 경우에는 사법관계로 보는 귀속설(신주체설, 특별법설) 이외에도 ⑤ 중요설(국가공동체의 중요사항), 관리자설(공익의 관리자), 관할권설(국가행위의 관할권) 등 다수의 학설과 이론이 제기되고 있으나, 이들은 공법과 사법의 특징을 설명하는 것으로는 의미가 있지만, 어느 하나의 학설로 명확하게 공·사법을 구별하기는 어렵다.

실제로는 학설로 공·사법을 구별하는 것은 큰 의미가 없고, 구체적인 정황들을 '공익', '행정주체', '공권력(행정권한)' 등의 요소와 함께 종합적으로 고려하면서 문제된 사안에 적용할 법영역을 개별적으로 정할 수밖에 없을 것이다.

3. 공법과 사법의 실질적 구별기준

공·사법 적용을 위한 개별적인 판단에 있어서 ① 행정주체에게 사인에게는 인정되지 않는 우월한 지위가 인정되거나(예: 행정강제나 행정벌), ② 법령등[2]이 행정조직에 관하여 규정하고 있거나, 허가·인가·승인·과징금 부과 등의 행정청의 행정권한을 규정하고 있거나, ③ 행정주체의 공권력행사에 대하여 국가배상이나 손실보상 등을 규정하고 있거나, ④ 법적 분쟁에 대하여 행정쟁송을 제기할 수 있도록 규정하고 있는 경우에는 원칙적으로 공법이 적용되는 공법관계로 볼 수 있을 것이다.

---

2 법령이란 '법률'과 '법규명령(대통령령, 총리령·부령 등)'을 합쳐서 부르는 말이다. 행정기본법은 여기에 '자치법규(조례, 규칙)'를 더하여 '법령등'으로 정의하고 있다.

행정기본법 제2조(정의) 이 법에서 사용하는 용어의 뜻은 다음과 같다.

1. "법령등"이란 다음 각 목의 것을 말한다.
   가. 법령: 다음의 어느 하나에 해당하는 것
      1) 법률 및 대통령령·총리령·부령
      2) 국회규칙·대법원규칙·헌법재판소규칙·중앙선거관리위원회규칙 및 감사원규칙
      3) 1) 또는 2)의 위임을 받아 중앙행정기관(「정부조직법」 및 그 밖의 법률에 따라 설치된 중앙행정기관을 말한다. 이하 같다)의 장이 정한 훈령·예규 및 고시 등 행정규칙
   나. 자치법규: 지방자치단체의 조례 및 규칙

[공법관계]
공립유치원 전임강사의 근무관계(대판 1991.5.10, 90다10766)·국가나 지방자치단체에 근무하는 청원경찰의 근무관계(대판 1993.7.13, 92다47564)·행정재산의 사용·수익에 대한 허가(대판 1998.2.27, 97누1105)·국유재산법상 국유재산 무단점유자에 대한 변상금부과(대판 2014.7.16, 2011다76402 전원합의체), 총포화약법상 총포·화약안전기술협회(공법상 재단)의 회비 부과(대판 2021.12.30, 2018다241458)·국가철도공단이 철도시설 건설사업 부지의 취득에 관한 계약 체결과 이에 따른 권리를 행사할 권한(대판 2022.11.10, 2022다242250)

[사법관계]
종합유선방송위원회 소속 직원의 근로관계(대판 2001.12.24, 2001다54038)·전화가입계약의 해지(대판 1982.12.28, 82누441)·지방자치단체가 당사자가 되어 체결하는 계약(대판 1996.12.20, 96누14708)·(구) 예산회계법[3]에 따른 입찰보증금의 국고귀속(대판 1983.12.27, 81누366)·국유잡종재산[4] 대부행위(=사법상 계약) 및 그 대부료 납부고지(=사법상 이행청구)(대판 2000.2.11, 99다61675)·징발재산환매(대판 1992.4.24, 92다4673)

III. 국내법

행정은 행정에 관한 국내법이라는 점에서 국제법과 구별된다. 그러나 '헌법에 의해 체결·공포된 조약과 일반적으로 승인된 국제법규'는 국내법과 같은 효력을 가지므로(헌법 6 ①), 이 범위 내에서 행정에 관한 국제법은 행정법의 일부가 된다.

제2절 행정법의 성립과 발전

행정법은 근대에 들어 행정도 법의 지배를 받아야 한다는 근대적 법치국가가 탄생하면서 성립하게 되었다.

영미법의 법의 지배(rule of law)는 모든 이는 보통법(common law)의 지배를 받는다는 것이어서 따로 행정에 대한 특별한 법체계가 성립하지 않은 반면, 유럽 대륙국가들은 '행정에 특수

3 2007.1.1. 폐지
4 법개정으로 일반재산으로 명칭 변경(국유재산법 6 ③).

한 법체계'와 '행정재판소제도' 등의 '행정제도'를 가지고 있었는데, 이 행정제도가 행정법 성립의 직접적인 요인이 되었다.

Ⅰ. 프랑스의 행정법

행정제도가 가장 일찍 발전한 나라는 프랑스였다. 프랑스 사법재판소(parlement)는 세습적 지위를 가지는 법관들로 구성되어 있었는데, 사법재판소는 그 특권적 지위를 유지하기 위하여 행정과 대립이 심하였고, 이에 행정부에서는 행정활동에 대한 사법재판소의 관여를 배제하기 위하여 1799년 행정부 안에 행정권의 자문기관으로서 국참사원(Conseil d' Etat)과 도참사원(Conseil de prèfecture)을 설치하였는데, 1872년 이후 국참사원은 행정사건에 대한 재판권을 행사하게 되었다. 이에 따라 1872년에는 국참사원과 최고사법재판소와의 관할분쟁해결을 위한 관할재판소를 설치하였는데, 1873년 관할재판소의 블랑꼬판결[5]에서는 '담배의 공급업무는 사기업의 활동과 유사한 성격이 있으나 그것은 공역무(service public)로서 그의 관리에 있어서 국가는 공권력을 가지고 행동한다'고 하면서 공역무에 관한 사건은, 사법재판소가 아닌, 국참사원 관할임을 분명히 하였다. 이로써 공역무에 관한 법(행정법)이 탄생하게 된 것이다. 프랑스 행정법의 기본관념은 '공역무'이다.

Ⅱ. 독일의 행정법

독일은 19세기에 이르러 법치주의가 자리잡게 되었는데, 이 시기에 독일행정법의 아버지인 오토 마이어(Otto Mayer)가 행정행위론을 중심으로 하여 행정법이론을 집대성하였다. 독일은 전통적으로 공법이 적용되는 권력작용과 사법이 적용되는 국가의 사경제주체로서의 작용(국고작용)을 중심으로 행정법이 성립·발전하였다. 독일 행정법의 중심개념은 행정행위이다. 그러나 현대에 와서는 권력작용 외에도 비권력작용인 급부행정이나 관리행정과 같은 단순 공행정도 중요한 행정법의 한 분야를 형성하고 있다.

---

5 Blanco라는 소녀가 보르도 담배공장 근로자의 담배운반차에 치어 부상하자, 부친이 보르도 민사재판소에 손해배상청구 소송을 제기하였다. 그러자 도지사는 관할위반을 항변하였고, 이에 재판소는 이를 각하하면서 관할분쟁이 문제되었다. 관할재판소는 판결에서 '공역무(公役務)'에 관하여 생기는 국가와 국민간의 관계는 민법에 의해 규율되는 것이 아니라고 판결하였다. 이 판결은 행정법의 기초로 제시되었고, 공역무개념을 중심으로 행정법의 범위, 행정재판소의 관할권결정 등의 이론적 기준을 확립하게 되었다.

Ⅲ. 영·미의 행정법

모두가 보통법(common law)의 지배를 받는 영·미에서는 초창기에는 행정에 대한 특수한 법이 없었다. 그러나 20세기에 들어 행정분야의 전문적·기술적 문제를 해결하기 위한 각종 행정위원회에 관한 법들이 제정되면서 행정법이 성립·발달하게 되었다. 하지만 영미법계는 보통법 국가라는 점에서 대륙법계의 행정법과는 여전히 많은 차이가 있다.

제3절 법치행정의 원리

Ⅰ. 개설

행정법은 헌법을 구체화하는 법으로서, 행정법의 원리 또한 헌법으로부터 도출된다. 행정이 법의 지배를 받는다는 법치행정의 원리는 행정법의 으뜸가는 이념으로서, 헌법의 법치주의원리를 구체화한 것이다.

법치주의는 모든 국가작용은 법에 따라 이루어진다는 원리로 인권보장을 목적으로 한다. 법치행정은 법치주의의 행정법적 표현으로, 행정은 헌법과 법률을 포함하는 '법'에 따라 이루어진다는 것을 의미한다.

법치행정의 원리는 나라마다 달리 형성·발전되어 왔는데, 크게는 이를 ① 독일을 중심으로 하는 행정의 법률적합성의 원리(Gesetzmäßigkeitsprinzip der Verwaltung)와 ② 영미법계의 법의 지배(rule of law)로 대별할 수 있다.

Ⅱ. 독일 등의 법치행정의 원리

1. 근대적 법치행정의 등장

유럽의 17·18세기의 절대주의국가는 '절대군주에 의한 지배'였다. 그러나 19세기에 들어 절대군주제가 붕괴되면서 시민계급은 그들의 자유와 재산을 수호하고 보장받기 위하여 시민대표로 구성된 의회를 통하여 법률을 제정하고 그 법률로써 행정을 규제하려 하였다. 이로써 '사람에 의한 지배'가 '법률에 의한 지배(Herrschaft des Gesetzes)'로 변모된 근대적인 법치행정이 등장하게 되었다.

2. 법치행정의 원리

법치행정의 원리는 행정은 의회가 제정한 법률에 따라야 하고 법률에 위배될 수 없다는 것으로, 이는 **'행정의 법률적합성**(Gesetz mäßigkeit der Verwaltung)**의 원칙'**으로 구체화된다. 이 원칙은 오토 마이어(Otto Mayer)가 체계화한 것으로, 다음의 3개 원칙을 그 내용으로 한다.

법치주의의 초장기인 19세기말 독일에서는 '법치'를 단순히 '국가목적실현수단'으로만 이해하여 행정권한의 행사가 형식적으로 법에 따랐는지에만 중점을 두었는데(형식적 법치주의), 제2차 세계대전 이후에는 이에 대한 비판과 반성으로 기본권보장, 법률의 합헌성보장 등 '실질적 인권보장'을 위한 이념으로 전환되었다(실질적 법치주의).

(1) 법률의 법규창조력(rechtssatzschaffende Kraft des Gesetzes)

법률의 법규창조력이란 국민의 대표기관인 의회가 제정하는, 형식적 의미의 법률로써만이 국민의 권리의무관계[6]를 창조할 수 있다는 것이다. 즉 국민의 권리의무관계는, 예컨대 군주의 명령이 아닌, 오로지 법률로써만 규율(規律)[7]할 수 있다는 것이다. '입법권은 국회에 속한다는 것(헌법 40)'과 '행정부는 국회가 입법권을 수권(授權)하는 경우에만 위임명령[8]을 제정할 수 있다는 것(헌법 75, 95)'도 법률의 법규창조력에 따른 것이다.

그러나 19세기의 자유주의적 법치국가에서는 법규가 '국민의 권리·의무에 관한 사항을 규율하는 법형식'을 의미하였으므로 법률만이 법규를 창조한다는 것이 의미가 있었으나, 오늘날에는 법규의 범위가 법률뿐 아니라 행정입법(법규명령과 행정규칙)을 포함하는 것으로 변화함에 따라[9] '법률만이 국민의 권리의무관계를 규율할 수 있다'는 이론은 더 이상 설득력을 갖기 어렵게 되었다. 이러한 이유에서 '법률의 법규창조력'은 '법률의 유보'나 '법률의 우위' 원칙으로 충분히 포섭할 수 있는 것으로 보아, 오늘날에는 법치행정의 원리로 '법률의 우위'와 '법률의 유보'만을 드는 것이 일반적이다.

---

6 권리의무관계는 법률관계와 같은 의미이다.

7 권리·의무를 창설·해제하거나 그 구체적 내용을 정하는 것을 의미한다.

8 법규명령에는 법률의 위임근거에 따라 제정되는 위임명령과 법률의 위임근거가 없이도 법률의 집행에 필요한 사항을 정하는 집행명령이 있다.

9 일반적으로 법규는 행정 내부만 구속하는 내부법(예: 행정규칙)과 행정 외부, 대외적 구속력이 미치는 외부법(예: 법률)을 모두 포함하는 개념이고, 법규범은 이 가운데 대외적 구속력이 있는 외부법만을 의미한다. 법규는 과거 19세기에는 외부법을 의미하였으나, 오늘날에는 외부법과 내부법을 모두 포함하는 개념으로 변화하였다.

행정입법에는 법규명령과 행정규칙이 있는데, 일반적으로 법규명령은 법률의 내용을 보다 구체적으로 규정하는 법규범으로서 대외적 구속력이 있는 외부법이지만, 행정규칙은 행정내부적인 사항을 정하는 것으로서 행정내부에서만 효력이 있는 내부법이다.

(2) 법률의 우위(Vorrang des Gesetzes)

법률의 우위는 법률이 행정이나 사법보다 우위에 있다는 것을 의미한다. 따라서 행정은 법률에 저촉(위반)될 수 없다. 여기에서의 법률은 일반적으로 국회가 제정한 법률 이외에 법률의 위임을 받아 제정된 법규명령(시행령·시행규칙)과 지방자치단체가 제정하는 자치법규(조례·규칙)를 포함한다.

오늘날의 자유민주주주의적 법치국가에서는 헌법에 대한 법률의 합헌성 여부를 심사하는 위헌법률심사제도[10]를 도입함으로써 합헌적 법률만이 행정이나 사법보다 우위가 보장되도록 하고 있다.

(3) 법률의 유보(Vorbehalt des Gesetzes)

법률의 유보는 행정권한의 행사에는 법률의 근거가 필요하다는 것을 말한다. 법률유보가 요구되는 이유는 행정은 국민의 대표가 제정한 법률에 따라야 하기 때문이다. 다만 모든 행정활동에 대한 법적 근거를 마련한다는 것은 사실상 불가능하다는 점에서 법률의 유보는 반드시 모든 행정작용에 요구되는 것은 아니다.

전통적으로는 국민의 자유와 권리를 제한 또는 침해하거나 새로운 의무를 부과하는 침익적 행정작용은 반드시 법률에 근거하여야 한다는 **전통적 침해유보설**이 통설적인 지위를 차지하여 왔으나, 오늘날에는 공익의 실현이나 국민의 기본권과 관련하여 중요하고도 본질적인 사항은 반드시 법적 근거가 요구된다는 **본질성이론**(Wesentlichkeitstheorie, 중요사항유보설), 특히 중요하고 본질적인 사항으로서 법규명령에 위임할 수 없는 사항은 반드시 법률에서 직접 규율하여야 한다는 **의회유보**(Parlamentsvorbehalt)이론이 일반화되고 있다.

판례 > 법치주의의 핵심적 내용인 법률유보원칙과 그에 내포된 의회유보원칙

"헌법상 법치주의는 법률유보원칙, 즉 행정작용에는 국회가 제정한 형식적 법률의 근거가 요청된다는 원칙을 핵심적 내용으로 한다. 나아가 <u>오늘날의 법률유보원칙은 단순히 행정작용이 법률에 근거를 두기만 하면 충분한 것이 아니라, 국가공동체와 그 구성원에게 기본적이고도 중요한 의미를 갖는 영역, 특히 국민의 기본권 실현에 관련된 영역에 있어서는 행정에 맡길 것이 아니고 국민의 대표자인 입법자 스스로 그 본질적 사항에 대하여 결정하여야 한다는 요구, 즉 의회유보원칙까지 내포하는 것으로 이해되고 있다</u>. 여기서 … 규율대상이 국민의 기본권과 관련한 중요성을 가질수록 그리고 그에 관한 공개적 토론의 필요성 또는 상충하는 이익 사이의 조정 필요성이 클수록, 그것이 국회의 법

---

10 위헌법률의 심사방법: ① 헌법 제107조 제1항, 제2항 - 구체적 규범통제, ② 헌법재판소법 제68조 제2항 - 위헌심사형 헌법소원(당해 소송에서 위헌법률심판 제청신청이 기각된 경우).

률에 의하여 직접 규율될 필요성은 더 증대된다. 따라서 국민의 권리·의무에 관한 기본적이고 본질적인 사항은 국회가 정하여야 하고, 헌법상 보장된 국민의 자유나 권리를 제한할 때에는 적어도 그 제한의 본질적인 사항에 관하여 국회가 법률로써 스스로 규율하여야 한다(대판 2020.9.3, 2016두32992 전원합의체[법외노조통보처분취소])."

판례 > 직업안정법 제33조 등 위헌소원

"국민주권주의, 권력분립주의 및 법치주의를 기본원리로 하고 있는 우리 헌법하에서 국민의 헌법상 기본권 및 기본의무와 관련된 중요한 사항 내지 본질적인 내용에 대한 정책형성기능은 원칙적으로 주권자인 국민에 의하여 선출된 대표자들로 구성되는 입법부가 담당하여 법률의 형식으로 이를 수행하여야 하고, 이와 같이 입법화된 정책을 집행하거나 적용함을 임무로 하는 행정부나 사법부에 그 기능을 넘겨서는 아니 되기 때문이다(헌재결 1998.11.26, 97헌바31)."

(4) 행정기본법 규정

행정기본법은 제8조에서 법치행정이라는 행정법의 원리를 행정법의 일반원칙으로서 '법치행정의 원칙'으로 표현하면서, "행정작용은 법률에 위반되어서는 아니 되며, 국민의 권리를 제한하거나 의무를 부과하는 경우와 그 밖에 국민생활에 중요한 영향을 미치는 경우에는 법률에 근거하여야 한다(행정기본법 8)"고 규정하고 있다. 여기에서 전단은 법률우위의 원칙을, 후단은 법률유보원칙을 규정한 것이다.

III. 영·미에서의 법의 지배

영국에서의 법의 지배의 원칙은 ① 자의적 권력의 지배에 대한 정당한 법의 지배를 의미하는 법의 절대적 우위, ② 행정권도 일반 사인과 같이 보통법에 구속되고 일반법원의 재판을 받는다는 법적 평등원칙, ③ 개인의 권리에 관한 일반법원의 판결의 결과가 곧 인권에 관한 헌법원칙이라는 것을 내용으로 한다.

미국의 법의 지배는 헌법의 기본권규정과 법원의 위헌법률심사제도를 중심으로 발전되어 왔다.

영미의 법치주의의 특징은, 독일이 형식적 법치주의를 거쳐 실질적 법치주의로 전환한 것과는 달리 처음부터 실질적 법치주의로 발전하여 왔다는 점이다.

제4절 행정법의 법원

Ⅰ. 법원의 의의

법원(法源)이란 '**법의 존재형식**' 또는 '**법의 인식근거**'를 말한다. 즉 행정에 관한 사항을 정하고 있는 헌법-법률-행정입법(법규명령·행정규칙)-조례·규칙과 같은 성문의 규범뿐 아니라 관습·판례·법의 일반원칙 등과 같은 불문의 규범들은 곧 행정법의 '존재형식'이기도 하지만, 행정법관계를 '인식하는 근거'이기도 하다. 이들을 행정법의 법원이라고 한다.

일반적으로 행정에 관한 법은 행정과 국민과의 관계를 규율하고 있는가 아니면 행정내부 간의 관계를 규율하고 있는가에 따라 **외부법**과 **내부법**[11]으로 구분하는데, **법규**(Rechtssatz)는 내부법과 외부법을 모두 포함하는 개념이고, **법규범**(Rechtsnorm)은 행정외부를 규율하는 외부법만을 의미한다. 행정법의 법원을 행정규칙을 포함한 일체의 내·외부법으로 이해하는 것을 '넓은 의미의 법원개념'이라 하고, 외부법으로만 이해하는 것을 '좁은 의미의 법원개념'이라고 한다. 이 중 어느 개념에 따르느냐 하는 것은 행정규칙에 법원성을 인정할 것인가 하는 문제인데, 이 문제는 행정규칙편에서 설명하기로 한다.

Ⅱ. 행정법의 성문법주의와 불문법원에 의한 보완

1. 성문법주의의 채택

현재 대다수 국가들은 **행정법의 성문법주의**를 채택하고 있는데, 그 이유는 행정작용의 예측가능성과 법적 안정성의 요구가 강하기 때문이다.

하지만 행정의 양적·질적 확대에 따라 행정의 규율대상이 매우 광범하고 다양하며 또한 유동적이어서 모든 행정현상을 성문법으로 규범화하는 것은 사실상 불가능하다. 따라서 행정법의 경우에는 민·상법과 같은 통일법전이 없다.

2. 행정절차법

독일, 스페인 등 여러 나라는 행정절차법에 행정절차에 관한 규정 이외에도 부분적으로 실체법적 규정도 두고 있어 행정절차법이 행정법의 통칙으로서의 역할을 하기도 하는데, 1996년

11 내부법은 행정 내부의 조직 및 권한에 관한 사항을 규율하는 것으로서 행정규칙을 의미한다. 행정규칙은 행정내부적 효력을 가질 뿐, 원칙적으로는 대외적 구속력이 있는 법이 아니다.

제정된 우리나라 행정절차법은 순수한 행정절차에 관한 규정을 중심으로 하고 있어 행정절차에 관한 일반법으로서만 작용하고 있을 뿐이다.

3. 행정기본법의 제정

2021년 3월 23일 '행정의 실체'에 관한 일반법인 행정기본법이 제정되었다. 행정기본법은 '행정의 법 원칙(행정법의 일반원칙), 처분·인허가의제·공법상계약·과징금·행정상 강제·신고 등 행정작용, 행정의 입법활동 등에 관한 규정을 두고 있다.

이로써 우리나라에는 행정절차에 관한 일반법(행정절차법)과 행정실체에 관한 일반법(행정기본법)이 모두 마련되게 되었다. 하지만, 행정기본법에 담긴 행정의 실체에 관한 규정이 아직은 많이 부족한 상태이고, 또한 궁극적으로는 행정절차법과 행정기본법을 통합하여 행정의 실체와 절차에 관한 규정이 통합된 '단일 행정법전'으로 나아가야 할 과제를 안고 있다.

4. 불문법에 의한 성문법 흠결의 보완

아무튼 행정법이 성문법주의를 채택하고 있고 행정절차법·행정기본법이 있다고 하여도 행정법은 여전히 행정에 관한 무수히 많은 개별법령으로 존재하고 있고, 모든 행정현상을 성문의 법규로 규율하는 것이 사실상 불가능하기 때문에, 성문법이 없으면 불문법으로 보완될 수밖에 없다. 이와 같이 행정법의 법원으로서의 불문법원은 성문법원의 흠결을 보완하는 것이지만 실제로는 행정법의 최후의 해석기준으로 기능한다는 점에서 매우 중요한 의미를 가진다.

Ⅲ. 성문법원

1. 헌법

헌법은 국법질서[12]의 최고에 위치하여 '국민의 기본권'과 '통치기구'를 규율한다. 과거 오토 마이어(Otto Mayer)는 "헌법은 변해도 행정법은 존속한다."고 하여 정치적 성격의 헌법과 기술적 성격의 행정법의 차이를 강조했지만, 베르너(F. Werner)의 말처럼 오늘날 행정법은 "헌법을 구체화하는 법"으로서 헌법과 밀접한 관련을 가진다는 것이 일반적인 이해이다. 이러한 의미에서 헌법은 행정법의 으뜸법원이자 행정법의 근거이다. 헌법은 비례·평등원칙과 같은 '행정법의 일반원칙'의 도출근거이기도 하고, 또한 헌법상 기본권 침해를 이유로 행정소송에서 원고적격이 인정되기도 한다.

---

12 법규범의 단계: 헌법-법률-법규명령-조례·규칙.

2. 법률

법률은 행정법의 가장 중요한 법원이다. 여기에서 법률은 국회가 제정한 형식적 의미의 법률을 말한다. 예외적으로 대통령의 긴급명령(헌법 76 ②), 긴급재정경제명령(헌법 76 ①)은 명령이라는 행정입법의 형식이지만 헌법 규정에 따라 법률과 동일한 효력이 인정된다.

3. 명령

명령이란 행정권이 정립하는 법규범인 법규명령을 의미한다. 법규명령은 법률로부터 입법권을 위임받아 법률의 내용을 구체화하는 것으로서 형식적으로는 대통령령·총리령·부령이 있다.[13] 또한 헌법 규정에 따라 제정되는 국회규칙, 대법원규칙, 헌법재판소규칙, 중앙선거관리위원회규칙도 –그 명칭에도 불구하고– 법규명령이다.

행정법의 전문성과 기술성 등의 특성 때문에 국회가 모든 행정현상을 법률로 규율하기 어렵다. 이에 따라 입법사항의 일부를 행정부의 법규명령에 위임하고 있는 실정이다. 이에 따라 법규명령이 위임된 범위 안에서 입법권을 행사함으로써 중요한 행정법의 법원으로 기능하고 있다. 다만 법규명령은 국회입법원칙에 대한 중대한 예외이기 때문에 원칙적으로 위임입법으로서의 한계를 엄격히 준수하여야 한다.

한편 행정입법으로서 행정규칙도 법원성을 인정할 수 있는가 하는 문제가 있는데, 행정규칙은 원칙적으로 행정내부에 대한 규율로서 대국민적인 구속력을 인정하기 어렵다는 점에서는 원칙적으로 법원성이 부인된다고 보아야 할 것이다. 다만 행정규칙 가운데 예외적으로 그 실질에 따라 법규명령으로서 법규범성을 가지는 경우(예: 법령보충규칙)[14]에는 법원성을 인정할 수 있을 것이다.

4. 국제조약·국제법규

조약 및 국제법규의 효력에 관하여 헌법은 "헌법에 의하여 체결·공포된 조약과 일반적으로 승인된 국제법규는 국내법과 같은 효력을 가진다."고 규정하고 있으므로(헌법 6 ①), 이 범위 내에서 조약과 국제법규도 행정법의 법원이 될 수 있다.

---

13 일반적으로 법률과 법규명령을 줄여서 '법령'이라 한다.

14 법령보충규칙이란 형식은 행정규칙이지만 법률의 위임에 따라 법률의 내용을 구체화하는 것을 내용으로 하고 있는 행정규칙으로, 우리 판례는 법령보충규칙을 법규명령으로 보고 있다.

5. 자치입법(자치법규)

헌법 제117조 ① 지방자치단체는 … 법령의 범위 안에서 자치에 관한 규정을 제정할 수 있다.

지방자치법 제28조(조례) ① 지방자치단체는 법령의 범위에서 그 사무에 관하여 조례를 제정할 수 있다. 다만, 주민의 권리 제한 또는 의무 부과에 관한 사항이나 벌칙을 정할 때에는 법률의 위임이 있어야 한다.

헌법 제117조 제1항에 따라 지방자치단체가 자치에 관한 규정을 제정할 수 있는 권한을 '자치입법고권'이라고 한다. 자치입법에는 지방의회가 제정하는 '조례'와 지방자치단체의 장이 그 권한에 속하는 사무를 정하는 '규칙'이 있다. 이 가운데 특히 지방의회가 조례를 제정하는 권한을 '조례고권'이라 한다. 이에 따라 지방자치단체는 지방자치단체의 사무[15]에 대하여 별도의 법률의 특별한 수권 근거가 없더라도 조례를 제정할 수 있다. 그러나 지방자치법 제28조 제1항 단서에 해당하는 사항을 조례(침익적 조례)로 정할 때에는 별도의 법적 근거가 필요하다. 하지만 조례는 지방자치권에 근거한 자주법이므로, 위 단서조항에 해당하는 조례의 경우 근거법에서 조례에 대한 위임근거만 있으면 충분하고 법규명령과 같이 엄격하게 범위를 정하여 위임할 필요는 없다.

판례 > 조례와 법률의 위임

"(구)지방자치법 제22조에 따르면 지방자치단체가 조례를 제정할 때 내용이 주민의 권리 제한 또는 의무 부과에 관한 사항이나 벌칙인 경우에는 법률의 위임이 있어야 한다. 법률의 위임 없이 주민의 권리를 제한하거나 의무를 부과하는 사항을 정한 조례는 효력이 없다.

그러나 법률에서 조례에 위임하는 방식에 관해서는 법률상 제한이 없다. 조례의 제정권자인 지방의회는 선거를 통해서 지역적인 민주적 정당성을 지니고 있는 주민의 대표기관이다. 헌법 제117조 제1항은 지방자치단체에 포괄적인 자치권을 보장하고 있다. 따라서 조례에 대한 법률의 위임은 법규명령에 대한 법률의 위임과 같이 반드시 구체적으로 범위를 정하여 할 필요가 없다. 법률이 주민의 권리의무에 관한 사항에 관하여 구체적으로 범위를 정하지 않은 채 조례로 정하도록 포괄적으로 위임한 경우에도 지방자치단체는 법령에 위반되지 않는 범위 내에서 주민의 권리의무에 관한 사항을 조례로 제정할 수 있다(대판 2017.12.5, 2016추5162)."

---

15 자치사무와 단체위임사무를 말한다. 기관위임사무는, 별도의 법률의 규정이 없는 한, 조례의 제정대상이 아니라 규칙의 제정대상이 될 뿐이다.

Ⅳ. 불문법원

1. 관습법

(1) 의의와 성립요건

행정에 관하여 오랜 기간에 걸쳐 동일한 관행이 반복되고, 이 관행이 국민의 법적 확신을 얻어 법규범으로서 구속력을 가진 것으로 승인된 것을 관습법이라 한다. 관습법의 성립에는 ① 오래 반복된 관행과 ② 법적 확신이 필요하다.

(2) 관습법의 법원성

관습법의 법원성에 대해서는 제한된 범위에서만 예외적으로 인정하려는 입장도 있지만, 오랜 관행이 법적 확신을 얻어야 한다는 요건을 갖춘 경우라면 성문법규가 정비되어 있지 않은 영역에서는 적극적으로 관습법의 법원성을 인정하는 것이 타당하다는 생각이다. 다만 오늘날처럼 급변하는 현대사회에서는 '오랜 관행'이 형성되기가 쉽지 않은 측면도 있다.

(3) 관습법의 효력

불문법원으로서의 관습법의 특성상 관습법은 성문법이 결여되는 경우에 한하여 적용되는 보충적 효력을 갖는다고 보는 것이 합리적일 것이다.

(4) 관습법의 종류

행정관습법으로는 행정선례법과 민중적 관습법이 있다. 행정청의 선례(先例)는 일반적으로 예규[16] 등의 행정규칙에 따른 사무처리가 반복됨으로써 형성된다. 행정선례법을 명문으로 인정하고 있는 예로는 행정절차법 제4조 제2항과 국세기본법 제18조 제3항을 들 수 있다.[17] 민중적 관습법은 보통 자연공물[18]의 이용관계와 관련이 있다. 그 예로는 입어권(入漁權)(수산업법 2), 하천과 호수의 용수권(用水權) 등을 들 수 있으나 그 예는 많지 않다.

---

16 예규(例規)는 행정의 통일성을 기하기 위하여 반복적 행정사무의 기준을 제시하는 행정규칙을 말한다.

17 행정절차법 제4조(신의성실과 신뢰보호) ② 행정청은 법령등의 해석 또는 행정청의 관행이 일반적으로 국민들에게 받아들여진 때에는 공익 또는 제3자의 정당한 이익을 현저히 해할 우려가 있는 경우를 제외하고는 새로운 해석 또는 관행에 의하여 소급하여 불리하게 처리하여서는 아니된다.
국세기본법 제18조(세법 해석의 기준 및 소급과세의 금지) ③ 세법의 해석이나 국세행정의 관행이 일반적으로 납세자에게 받아들여진 후에는 그 해석이나 관행에 의한 행위 또는 계산은 정당한 것으로 보며, 새로운 해석이나 관행에 의하여 소급하여 과세되지 아니한다.

18 공물(公物)은 법령이나 행정주체에 의하여 직접 공적 목적에 제공된 물건을 말하는데, 하천·해변 등은 자연공물, 도로·광장 등은 인공공물이라 한다.

2. 판례법

영미법계 국가에서는 판례법의 법적 구속력을 인정하는 선례구속의 원칙(doctrine of stare decisis)이 확립되어 유사사건에서 상급심의 판결은 하급심을 구속한다. 따라서 판례법은 영미법계 국가에서는 매우 중요한 법원이다.

그러나 우리나라를 포함한 대륙법계 국가에서는 선례구속성의 원칙이 인정되지 않아, 원칙적으로 판례의 법원성이 인정되기 어렵다고 할 것이다. 그러나 실제로 하급법원이나 행정청은 명백한 이유 없는 한 판례를 통하여 확립된 원칙이나 기준들을 따른다는 점에서 판례는 사실상의 구속력을 가지고 있다고 보아야 한다. 이러한 범위 내에서는 판례의 법원성이 인정되고 있다고 보아야 할 것이다.

Ⅴ. 행정법의 일반원칙

▢ **평등원칙**

1. 의의
2. 근거: 헌법 제11조, 행정기본법 9

▢ **행정의 자기구속의 원칙**

1. 의의
2. 재량준칙과 행정의 자기구속
3. 기능
4. 판례

▢ **비례원칙**

1. 의의
2. 근거: 헌법 37 ②, 행정기본법 10, 경찰관 직무집행법 1 ②, 행정소송법 27
3. 내용
   ① 적합성의 원칙: 행정기본법 10 1호
   ② 필요성의 원칙: 행정기본법 10 2호
   ③ 상당성의 원칙: 행정기본법 10 3호

▢ **성실의무 및 권한남용금지의 원칙**

1. 성실의무: 행정기본법 11 ①
2. 권한남용금지의 원칙: 행정기본법 11 ②

▢ **신뢰보호원칙**

1. 의의
2. 근거
   (1) 이론적 근거
   (2) 실정법적 근거: 행정기본법 12, 국세기본법 18 ③, 행정절차법 4 ②
3. 적용요건
   ① 행정청의 선행조치
   ② 보호가치 있는 신뢰
   ③ 관계인의 조치
   ④ 인과관계
   ⑤ 선행조치에 반하는 행정처분의 존재
   ⑥ '공익 또는 제3자의 정당한 이익을 현저히 해할 우려가 없을 것': 행정기본법 12
4. 신뢰보호의 한계
   ◦ 행정의 법률적합성과 신뢰보호의 충돌 문제
   ◦ ① 법률적합성우위설, ② 동위설(지배적 견해)
   ◦ ③ 이익형량을 통한 문제 해결
5. 존속보호와 보상보호

☐ **실권**

- 의의
- 독일 연방행정절차법 48 ④
- 판례: 신의성실의 원칙에 바탕을 둔 파생원칙(대판 1988.4.27, 87누915)
- 행정기본법 12 ②
- 행정기본법 23

☐ **부당결부금지의 원칙: 행정기본법 13(부당결부금지의 원칙)**

1. 개설

(1) 조리에서 '행정법의 일반원칙'으로

관습법·판례법 이외의 불문법원으로 조리가 있다. 조리(條理, Natur der Sache)는 '사물의 본질적 법칙' 또는 '정의의 관념상 반드시 그러해야 할 것으로 인정되는 것'을 말한다.

조리는 법해석의 기본원리로서 성문법·관습법·판례법이 모두 없는 경우에 최후의 보충적인 법원이 된다는 데에 의의가 있다.

조리로는 비례원칙·평등원칙·신의성실원칙 등을 들 수 있는데, 오늘날 신뢰보호원칙·부당결부금지원칙[19]·수인가능성의 원칙·배려의 원칙·협력의 원칙 등으로 그 내용이 점차 확대되고 있다.

오늘날 조리는 행정법의 보충적인 법원으로서뿐 아니라 더 나아가 법의 정립·해석·적용시 준수하여야 할 일반원칙[20]으로 널리 활용되고 있어 일반적으로 이를 **'행정법의 일반원칙** (allgemeine Grundsätze des Verwaltungsrechts)'[21]으로 부르고 있다.

(2) 행정기본법: '행정의 법 원칙' 규정

행정기본법은 제2장에서 '행정의 법 원칙(=행정법의 일반원칙)'으로, 법치행정의 원칙(8), 평등의 원칙(9), 비례의 원칙(10), 성실의무 및 권한남용금지의 원칙(11), 신뢰보호의 원칙(12), 부당결부금지의 원칙(13)을 규정하고 있다.

(3) 행정법의 일반원칙 위반 효과

행정법의 일반원칙에 위반되는 경우에는 성문법규범에 위배되는 경우와 마찬가지로 위헌·

19 부당결부금지원칙은 비례원칙 중 적합성의 원칙과 같은 의미이다.

20 이를 위반하면, 법령위반과 마찬가지로, '위법'이 된다.

21 학자에 따라서는 이를 행정법의 일반'원리'로 표현하기도 하는데, 사전적 의미로 원리(Prinzip)는 '사물의 근본이 되는 이치'를, 원칙(Grundsatz)은 '어떤 행동이나 이론 따위에서 일관되게 지켜야 하는 기본적인 규칙이나 법칙'을 말한다. 따라서 헌법상 대한민국의 기본이념인 민주주의, 법치주의 등은 '원리'로, 이 원리를 구체화하는 법칙은 '원칙'으로 표현하는 것이 타당하다고 생각하고, 이에 따라 비례원칙·평등원칙 등은 헌법원리를 구체화하는 행정법의 일반원칙이라고 표현하는 것이 사전적 의미에 부합한다.

위법이 된다.

이하에서는 평등원칙, 비례원칙, 신뢰보호원칙을 중심으로 살펴보기로 한다.

2. 평등원칙과 행정의 자기구속의 원칙*

(1) 의의

평등원칙은 행정청이 행정작용을 행하면서 달리 하여야 할 정당한 사유가 없는 한 동등하게 하여야 한다는 원칙이다. 즉 행정청은 합리적 차별 근거 없이 차별해서는 안 된다는 원칙이다(행정기본법 9).[22] 이는 결국 같은 것은 같게, 다른 것은 다르게 하는 것이 평등하다는 것을 의미한다.

판례 > 정신병원 등의 개설은 허가제, 정신과의원 개설은 신고제로 규정하는 것이 평등원칙에 반하는지 여부(소극)

"의료법 등 관련 법령이 정신병원 등의 개설에 관하여는 허가제로, 정신과의원 개설에 관하여는 신고제로 각 규정하고 있는 것은 각 의료기관의 개설 목적 및 규모 등 차이를 반영한 합리적 차별로서 평등의 원칙에 반한다고 볼 수 없다(대판 2018.10.25, 2018두44302)."

(2) 근거

평등원칙의 헌법적 근거는 헌법상 평등조항[23]이다. 평등원칙은 법 앞의 평등을 규정하고 있는 헌법 제11조 제1항으로부터 도출되는 불문의 법원칙이라고 이해하는 것이 일반적이다. 평등원칙의 실정법적 근거는 행정기본법 제9조이다.

(3) 평등원칙과 관련된 '행정의 자기구속의 원칙'

1) 행정의 자기구속의 원칙의 의의

평등원칙은 행정규칙 위반행위의 위법성을 끌어내는 근거가 되기도 한다. 원래 행정규칙은 행정내부적인 규율일 뿐 대외적 구속력이 있는 법이 아니기 때문에 행정규칙을 위반해도 법위반, 즉 '위법'이 되지 않는다. 그런데 행정규칙을 오랜 기간 반복적으로 적용하다보면 일정한 관행이 형성되기도 하는데, 이 경우 평등원칙에 따르면, 행정청은 이미 형성된 관행과 달리 취급할 정당한 사유 없는 한 관행에 따라야만 평등한 것이 된다. 이와 같이 행정규칙의 오랜 반

* 입법고시(2011년), 행정고시(2005년).

22 행정기본법 제9조(평등의 원칙) 행정청은 합리적 이유 없이 국민을 차별하여서는 아니 된다.

23 헌법 제11조 ① 모든 국민은 법 앞에 평등하다. 누구든지 성별·종교 또는 사회적 신분에 의하여 정치적·경제적·사회적·문화적 생활의 모든 영역에 있어서 차별을 받지 아니한다.

복적용에 따라 형성된 관행이 있으면, 행정청은 정당한 사유가 없다면 기존의 관행에 실질적으로 구속되어야 한다는 '**행정의 자기구속**(Selbstbindung der Verwaltung)**의 원칙**'이다.

2) 재량준칙과 행정의 자기구속의 원칙

행정의 자기구속의 원칙은 행정규칙 가운데 주로 재량행위[24]에 대한 업무처리지침인 '재량준칙'과 관련하여 문제가 된다. 기속행위[25]의 경우에는 재량의 여지가 없어 문제가 없으나, 재량행위의 경우에는 업무처리의 효율성·통일성 등을 위하여 행정규칙으로 재량준칙을 마련하여 시행하기도 하는데, 이와 같은 재량준칙이 반복적으로 시행되다보면 재량행위에 대한 행정청의 일정한 관행이 형성될 수 있고, 여기에 행정의 자기구속이 적용되는 것이다.

3) 행정의 자기구속의 원칙의 기능

재량행위와 관련하여 행정의 자기구속의 원칙은 재량행위에 대한 행정의 자기구속으로 인하여 결국은 행정청의 재량의 범위를 축소시키는 기능을 한다.

그리고 행정규칙과 관련하여 행정청이 정당한 사유 없이 행정규칙에 의하여 형성된 관행에 따르지 않는 경우 행정의 자기구속의 원칙 위반으로 위법하게 된다는 점에서, 결과적으로 행정의 자기구속의 원칙은 행정규칙 위반행위의 위법성을 끌어내는 기능을 한다. 이를 '평등원칙을 근거로 한 행정의 자기구속의 법리는 행정규칙을 대외적 구속력이 있는 법규범으로 전환시키는 전환규범(Umschaltnorm)의 기능을 수행한다고 한다'고 표현하기도 하는데, 그러나 이 경우 행정규칙이 대외적 구속력이 있는 법규범으로 전환된다는 의미가 아니라 행정의 자기구속의 원칙을 위반했기 때문에 위법하게 된다는 의미로 이해하여야 한다.

4) 판례

헌법재판소와 대법원 모두 평등원칙과 신뢰보호원칙을 근거로 행정의 자기구속의 원칙을 인정하고 있다.

---

24 예컨대 식품위생법 제75조는 '식품의약품안전처장 등은, 영업자가 식품위생법에 위반하는 경우(요건규정), 영업허가를 취소하거나 6개월 이내의 기간을 정하여 그 영업을 정지하거나 영업소 폐쇄를 명할 수 있다(효과규정)'고 규정하고 있는데, 재량행위는 효과규정에서 법령이 규정한 효과를 부여할 것인지(결정재량), (영업취소 또는 영업정지, 영업소 폐쇄 등) 여러 효과 가운데 어떠한 효과를 선택하여 부여할 것인지(선택재량)를 행정청이 판단할 수 있는 행위를 말한다.

25 기속(羈束)행위는 법령의 규정에 기속되어 행정청은 단지 이를 기계적으로 적용하게 되는 행위를 말한다. 여기에서 '기속'이란 '강압적인 얽매임'을 의미하는데, 사실상 '구속'과 같은 말이다. 다만 -반드시 그런 것은 아닌데- 구속은 '자유의 제한이나 속박'이라는 의미로 많이 사용된다는 점에서, 속박이 국민에 대한 것이면 '구속', 행정청에 대한 것이면 '기속'으로 구분하여 표현하기도 한다.

판례 > 전라남도교육위원회의 1990학년도 인사원칙(중등)에 대한 헌법소원

"재량권행사의 준칙인 (행정)규칙이 그 정한 바에 따라 되풀이 시행되어 행정관행이 이룩되게 되면, 평등의 원칙이나 신뢰보호의 원칙에 따라 행정기관은 그 상대방에 대한 관계에서 그 규칙에 따라야 할 자기구속을 당하게 되고, 그러한 경우에는 대외적인 구속력을 가지게 된다 할 것이다(헌재결 1990.9.3, 90헌마13)."

판례 > 행정규칙을 위반한 행정처분이 위법하게 되는 경우

"행정규칙은 행정조직 내부에서만 효력을 가질 뿐 대외적인 구속력을 갖는 것은 아니므로 행정처분이 그에 위반하였다고 하여 위법하게 되는 것은 아니다. 다만, 재량권 행사의 준칙인 행정규칙이 그 정한 바에 따라 되풀이 시행되어 행정관행이 이루어지게 되면 평등의 원칙이나 신뢰보호의 원칙에 따라 행정기관은 그 상대방에 대한 관계에서 그 규칙에 따라야 할 자기구속을 받게 되므로, … 그를 위반하는 처분은 평등의 원칙이나 신뢰보호의 원칙에 위배되어 재량권을 일탈·남용한 위법한 처분이 된다(대판 2009.12.24, 2009두7967)."

판례 > 이성 동반자와 달리 동성 동반자를 피부양자로 인정하지 않은 것이 합리적 이유 없이 불이익을 주어 사실상 혼인관계에 있는 사람과 차별하는 것으로 헌법상 평등원칙을 위반하였는지 여부

"국가와 지방자치단체는 국가 발전수준에 부응하고 사회환경의 변화에 선제적으로 대응하며 지속가능한 사회보장제도를 확립하고 매년 이에 필요한 재원을 조달하여야 하고(사회보장기본법 제5조 제3항), 사회보장제도의 급여 수준과 비용 부담 등에서 형평성을 유지할 의무가 있다(제25조 제2항). 사회보장제도인 건강보험의 보험자로서 가입자와 피부양자의 자격 관리 등의 업무를 집행하는 특수공익법인인 국민건강보험공단은 공권력을 행사하는 주체이자 기본권 보장의 수범자로서의 지위를 갖는다. 그 결과 사적 단체 또는 사인의 경우 차별처우가 사회공동체의 건전한 상식과 법감정에 비추어 볼 때 도저히 용인될 수 없는 경우에 한해 사회질서에 위반되는 행위로서 위법한 행위로 평가되는 것과 달리, 국민건강보험공단은 평등원칙에 따라 국민의 기본권을 보호 내지 실현할 책임과 의무를 부담하므로, 그 차별처우의 위법성이 보다 폭넓게 인정될 수 있다(대판 2024.7.18, 2023두36800 전원합의체[보험료부과처분취소])."

(4) 불법에 있어서의 평등

'불법에 있어서의 평등(Gleichheit im Unrecht)'은 위헌·위법한 행정규칙에 의하여 위법한

관행이 형성되었을 때 평등원칙을 근거로 이 위법한 관행을 요구할 권리가 인정될 수 있는가 하는 문제이다. 국가에게 위법행위를 요구하는 것은 행정의 법률적합성의 원리에 위배되는 것으로서 인정될 수 없다고 보는 것이 타당하다.

3. 비례원칙*

(1) 의의

비례원칙(Grundsatz der Verhältnismäßigkeit)은 행정목적의 달성을 위하여 어떤 수단을 활용하는 경우 그 목적과 수단 간에 합리적인 비례관계가 있어야 한다는 원칙이다. 비례원칙은 헌법과 행정법 전 분야에 걸쳐 널리 적용되는 매우 중요한 원칙이다. 과잉금지의 원칙(Grundsatz der Übermaßverbot)이라고도 한다.

(2) 근거와 적용범위

비례원칙은 이론적으로 법치국가원리를 비롯한 일반 법원칙 등에서 그 근거를 찾을 수 있다.

실정법적으로는 헌법 제37조 제2항[26]을 비례원칙의 근거로 들 수 있다. 기본권에 대한 최소의 침해는 비례원칙이 요구하는 것이고, 기본권을 과잉으로 침해했는지를 판단하는 데 비례원칙은 중요한 기준이 된다.

비례원칙에 대한 실정법적 근거는 행정기본법 제10조[27]이다. 그 외의 개별법적 근거로는 경찰관 직무집행법 제1조 제2항,[28] 행정소송법 제27조[29]를 들 수 있다. 필요 최소한도의 경찰권 행사는 비례원칙적인 요구이며, 경찰권의 남용이나 재량권행사의 일탈·남용 여부를 판단하는 데 있어서 비례원칙은 매우 중요한 기준이 되고 있다.

(3) 내용

비례원칙은 적합성의 원칙, 필요성의 원칙, 상당성의 원칙으로 구성되어 있다.

---

* 사법시험(2001년), 행정고시(일반행정)(2005년).

26 헌법 제37조 ② 국민의 모든 자유와 권리는 국가안전보장·질서유지 또는 공공복리를 위하여 필요한 경우에 한하여 법률로써 제한할 수 있으며, 제한하는 경우에도 자유와 권리의 본질적인 내용을 침해할 수 없다.

27 행정기본법 제10조(비례의 원칙) 행정작용은 다음 각 호의 원칙에 따라야 한다.
1. 행정목적을 달성하는 데 유효하고 적절할 것
2. 행정목적을 달성하는 데 필요한 최소한도에 그칠 것
3. 행정작용으로 인한 국민의 이익 침해가 그 행정작용이 의도하는 공익보다 크지 아니할 것

28 제1조(목적) ② 이 법에 규정된 경찰관의 직권은 그 직무 수행에 필요한 최소한도에서 행사되어야 하며 남용되어서는 아니 된다.

29 제27조(재량처분의 취소) 행정청의 재량에 속하는 처분이라도 재량권의 한계를 넘거나 그 남용이 있는 때에는 법원은 이를 취소할 수 있다.

1) 적합성의 원칙(Grundsatz der Geeignetheit)

적합성의 원칙은 행정작용(행정의 행위형식, 행정의 수단)은 행정목적달성에 적합한 것이어야 한다는 원칙이다(행정기본법 10 1호). 즉 특정 목적달성을 위해서는 이와 사물적 관련성이 있는 수단을 활용하여야 한다는 것이다. 적합성의 원칙은 행정작용에 있어 실체적으로 관련이 없는 반대급부를 결부시켜서는 안 된다는 **부당결부금지의 원칙**(Koppelungsverbot)과 같은 의미다.

예컨대 건축법 위반 건축물에 대한 건축법상 제재는 건축질서유지라는 건축법의 목적과 사물적 관련성이 있는 적합한 수단이지만, 이에 대한 수도법상 단수조치는 건축법 위반행위와 사물적 관련성이 없는 조치를 부당하게 결부시킨 것이 되어 적합성의 원칙에 반하는 위법한 조치가 될 수 있다.

2) 필요성의 원칙(Grundsatz der Erforderlicjkeit)

필요성의 원칙은 행정작용은 목적달성을 위해 필요한 최소한의 한도 안에서 이루어져야 한다는 원칙이다(행정기본법 10 2호). 즉 행정목적달성을 위해 여러 수단들이 존재한다면, 이 가운데 개인의 권리침해가 가장 적은 수단을 활용하여야 한다는 것으로, 이를 **최소침해의 원칙**이라고도 한다.

예컨대 건축법 위반 건축물에 대하여 건축법이 정한 시정명령, 이행강제금, 대집행(강제철거) 중 우선은 시정명령을 통하여 위법한 부분을 시정함으로써 건축질서를 확립할 수 있도록 하는 것이 필요성의 원칙에 부합한다. 이 경우 시정명령으로 목적을 달성할 수 있음에도 시정명령 없이 바로 이행강제금을 부과하는 것은 필요성의 원칙에 반하는 것으로 위법하다.

3) 상당성의 원칙(Grundsatz der Angemessenheit)

상당성의 원칙은 행정작용으로 인한 권익침해의 정도와 그 추구하는 행정목적 사이에 적정한(angemessen) 비례관계가 있어야 한다는 원칙으로, 다시 말하면 '당해 행정작용으로 얻는 공익'과 '그로 인한 상대방의 불이익'을 비교형량(比較衡量)[30]하여 전자가 후자보다 더 커야 한다는 원칙이다(행정기본법 10 3호).

30 비교형량이란 관련되는 이익들을 저울질한다는 것으로, 이익들의 가치를 비교하여 판단하는 것을 말한다. 이익형량이라고도 한다.

판례 > 운전면허를 취소한 처분이 재량권을 일탈한 위법이 있다고 본 사례

"원고의 음주정도, 이와 같은 음주운전으로 인하여 다른 범행을 야기하지 아니한 점, 음주 후의 운행거리, 위 운전면허취소처분으로 인하여 원고가 입게 될 불이익 등 여러 사정을 참작하여 보면 음주운전을 이유로 원고의 운전면허를 취소한 것은 도로교통법에 의하여 달하고자 하는 공익적 목적의 실현보다는 원고가 입게 될 불이익이 훨씬 더 커서 이익교량[31]의 원칙에 위배되어 재량권을 일탈한 위법이 있다(대판 1991.5.10, 91누1417)."

4. 신뢰보호원칙*

(1) 의의

신뢰보호원칙은 행정청의 명시적·묵시적 언동(言動)의 정당성 또는 존속성에 대한 개인의 보호가치 있는 신뢰는 보호해 주어야 한다는 원칙을 말한다(행정기본법 12[32]).

예컨대 ① 甲은 개발제한구역 안에 집을 지을 수 있는지 행정청에 문의했는데 행정청이 '6개월 후에 개발제한구역이 해제되니 건축이 가능하다'고 답변한 것을 믿고 토지를 매입하고 공사를 준비하면서 건축허가를 신청한 경우, ② 乙은 행정청이 '최근 조성된 지방공업단지로 공장을 이전하는 경우 5년간 법인세를 감면해 주겠다'고 하여 이를 믿고 공장을 이전한 경우, 甲과 乙이 '행정청의 언동이 정당하고 또한 그대로 존속할 것이다'라고 믿은 데에 아무런 부정한 행위가 없었다면 甲과 乙의 신뢰는 보호되어야 한다는 것이다.

신뢰보호원칙은 영미법상의 금반언(禁反言)의 법리(Estoppel)와도 유사한 것으로 일종의 fair play의 한 표현이라고 할 수 있다.

(2) 근거

1) 이론적 근거

오늘날 신뢰보호원칙은 법치국가원리의 구성내용('행정의 법률적합성'과 '법적 안정성') 중 법적

---

* 사법시험(1993년), 사법시험(1999년), 사법시험(2011년), 입법고시(2009년), 행정고시(2002년), 변호사시험(2019년), 5급공채(2022년).

31 '이익의 비교형량'의 준말이다.

32 행정기본법 제12조(신뢰보호의 원칙) ① 행정청은 공익 또는 제3자의 이익을 현저히 해칠 우려가 있는 경우를 제외하고는 행정에 대한 국민의 정당하고 합리적인 신뢰를 보호하여야 한다.
② 행정청은 권한 행사의 기회가 있음에도 불구하고 장기간 권한을 행사하지 아니하여 국민이 그 권한이 행사되지 아니할 것으로 믿을 만한 정당한 사유가 있는 경우에는 그 권한을 행사해서는 아니 된다. 다만, 공익 또는 제3자의 이익을 현저히 해칠 우려가 있는 경우는 예외로 한다.

안정성에 근거한 것이라는 것(법적 안정성설)이 다수설 및 판례의 입장이다.[33]

2) 실정법적 근거

신뢰보호원칙의 실정법적 근거로 종래 '국세기본법 제18조 제3항과 행정절차법 제4조 제2항'[34]을 들고 있었는데, 사실 이 규정들의 주된 내용은 행정관행의 '평등적' 적용이었다. 따라서 신뢰보호원칙을 명문으로 규정하고 있는 실정법적 근거는 행정기본법 제12조 제1항이다. 다만 요건이나 한계에 관한 구체적인 내용은 여전히 학설·판례에 맡겨져 있다.

(3) 신뢰보호원칙의 적용요건

1) 선행조치

행정청의 일정한 선행조치가 있어야 한다. 판례에 따르면 선행조치로서 공적인 견해표명이 있어야 한다. 공적인 견해표명인 이상 적극적이든 소극적이든, 명시적이든 묵시적이든 관계없다.

예컨대 ① '6개월 후에 … 건축이 가능하다'는 행정청의 답변, ② '… 공장을 이전하는 경우 5년간 법인세를 감면해 주겠다'는 행정청의 알림(홍보)은 공적인 견해표명이다.

2) 보호가치 있는 신뢰

선행조치의 정당성 또는 존속성에 대한 개인의 신뢰가 보호가치 있는 것이어야 한다. 즉 행정청이 선행조치를 하는 데 개인의 사기·강박(强迫)[35]·수뢰(受賂)[36]·부정신고 등의 부정행위가 있었거나, 선행조치가 위법하다는 것을 알았거나 또는 과실로 알지 못한 경우에는 신뢰의 보호가치성이 부인된다. 다시 말하면 행정청의 선행조치가 정당하다고 신뢰한 데 대하여 개인에게 귀책(歸責)사유[37]가 없어야 한다.

예컨대 甲과 乙이 행정청의 언동을 신뢰한 데에는 부정행위나 귀책사유가 없으므로 신뢰는 보호가치가 있다.

3) 관계인의 조치

행정청의 선행조치를 신뢰한 이해관계인이 그 신뢰를 바탕으로, 예컨대 투자조치 또는 건축개시 등과 같은 일정한 조치를 하여야 한다.

---

33 헌재결 1996.4.25, 94헌마119; 1997.7.16, 97헌마38 등; 대판 2006.11.16, 2003두12899 등 참조.
34 앞의 행정선례법 참조.
35 강한 압박
36 뇌물을 받음
37 귀책이란 '책임이 있음'을 의미한다.

예컨대 ① 甲이 토지를 매입하고 공사를 준비한 것, ② 乙이 공장을 이전한 것이 이에 해당한다.

4) 인과관계

행정청의 선행조치와 이를 신뢰한 이해관계인의 조치 간에는 인과(因果)관계[38]가 있어야 한다.

예컨대 ① 행정청의 건축이 가능하다는 답변과 甲의 토지매입 등의 행위, ② 행정청의 법인세 감면 홍보와 乙의 공장이전은 인과관계가 있다.

5) 선행조치에 반하는 행정처분의 존재

신뢰보호원칙이 적용되기 위해서는 행정청이 선행조치에 반(反)하는 처분[39]을 함으로써 이를 신뢰한 개인의 이익이 침해되는 결과가 초래되어야 한다.

예컨대 ① 결국 행정청이 甲에게 건축허가를 거부하거나 반려(返戾)하는 처분을 한다든지, ② 乙에게 5년간의 법인세를 부과하는 처분을 하는 경우를 말한다.

6) 기타

그 외에 판례는 신뢰보호원칙의 소극적 적용요건으로 선행조치에 따른 처분을 할 경우 '공익 또는 제3자의 정당한 이익을 현저히 해할 우려가 없을 것'을 제시하고 있고, 행정기본법 제12조 제1항도 이를 명문으로 규정하고 있다. 다만 이는 행정청이 처분을 함에 있어 항시 고려되어야 할 사항이라는 점에서 이를 신뢰보호의 소극적인 '적용요건'으로 특정할 필요는 없다.

판례 > 행정청의 행위에 대하여 신뢰보호의 원칙이 적용되기 위한 요건과 그 요건인 행정청의 공적 견해표명이 있었는지 여부의 판단 기준 및 개인의 귀책사유의 의미

"일반적으로 행정상의 법률관계에 있어서 행정청의 행위에 대하여 신뢰보호의 원칙이 적용되기 위

38 인과관계란 '원인과 결과가 관련이 있다'는 것을 의미한다.

39 처분이란 "행정청이 행하는 구체적 사실에 관한 법집행으로서의 공권력의 행사 또는 그 거부와 그 밖에 이에 준하는 행정작용(행소법 2 ① 1호)"으로, 학문상으로는 '행정행위'이다. 행정행위(실정법상 '처분')는 본래 행정청의 행위 중 항고소송의 대상이 되는 행위를 의미한다. 행정소송의 종류는 항고소송·당사자소송·기관소송·민중소송이 있는데(행소법 3), 이 가운데 항고소송은 행정청의 '처분'에 대하여 제기하는 소송을 말한다. 따라서 행정청의 선행조치에 반하는 행위가 신뢰보호원칙에 위반됨을 이유로 항고소송으로 다투려면 행정청의 처분이 있어야 한다.

하여는, 첫째 행정청이 개인에 대하여 신뢰의 대상이 되는 공적인 견해표명을 하여야 하고, 둘째 행정청의 견해표명이 정당하다고 신뢰한 데에 대하여 그 개인에게 귀책사유가 없어야 하며, 셋째 그 개인이 그 견해표명을 신뢰하고 이에 기초하여 어떠한 행위를 하였어야 하고, 넷째 행정청이 위 견해표명에 반하는 처분을 함으로써 그 견해표명을 신뢰한 개인의 이익이 침해되는 결과가 초래되어야 하는바, 어떠한 행정처분이 이러한 요건을 충족하는 때에는 공익 또는 제3자의 정당한 이익을 현저히 해할 우려가 있는 경우가 아닌 한 신뢰보호의 원칙에 반하는 행위로서 위법하다. 한편, 행정청의 공적 견해표명이 있었는지의 여부를 판단함에 있어서는, 반드시 행정조직상의 형식적인 권한분장에 구애될 것은 아니고, 담당자의 조직상의 지위와 임무, 당해 언동을 하게 된 구체적인 경위 및 그에 대한 상대방의 신뢰가능성에 비추어 실질에 의하여 판단하여야 하고, 그 개인의 귀책사유라 함은 행정청의 견해표명의 하자가 상대방 등 관계자의 사실은폐나 기타 사위의 방법에 의한 신청행위 등 부정행위에 기인한 것이거나 그러한 부정행위가 없더라도 하자가 있음을 알았거나 중대한 과실로 알지 못한 경우 등을 의미한다고 해석함이 상당하고, 귀책사유의 유무는 상대방과 그로부터 신청행위를 위임받은 수임인 등 관계자 모두를 기준으로 판단하여야 한다(대판 2008.1.17, 2006두10931)."

(4) 행정의 법률적합성의 원칙과 신뢰보호원칙과의 관계

이상의 신뢰보호원칙의 적용요건을 갖춘 다음, 신뢰보호원칙을 적용하기 위해서는 행정의 법률적합성과 신뢰보호(법적 안정성)의 충돌문제를 해결하여야 한다.

예컨대 ① 행정청이 결국 개발제한구역이 해제되지 않아 법령에 따라 甲에게 건축허가 거부처분을 한 경우 ② 법령개정으로 법인세법 감면이 이루어지지 않아 법령에 따라 乙에게 5년간의 법인세 부과처분을 한 경우, 이 처분들의 형식적 적법성(행정의 법률적합성 원칙의 준수)이 보다 중요한지, 개인의 정당한 신뢰에 따라 건축허가를 발급하거나 법인세를 감면하는 것(개인의 신뢰 보호)이 보다 중요한지 판단해 보아야 한다.

이에 관하여는 행정의 법률적합성이 신뢰보호(법적 안정성)보다 우위에 있다는 법률적합성우위설과 양자가 동등하다는 동위(同位)설이 있는데, 행정의 법률적합성과 법적 안정성은 모두 법치행정의 원리를 구성하는 내용이므로, 동위설이 타당하고 지배적인 견해이다.

결국 동위설의 입장에 따르면, '적법성에 의하여 달성되는 공익'과 '개인의 신뢰이익' 간의 이익형량을 통하여 충돌문제를 해결하여야 할 것이다. 판례도 같은 입장이다.

판례 > 교육환경평가승인신청을 반려하는 처분이 신뢰보호원칙에 반하는지 여부

"(갑 주식회사가 교육환경보호구역에 해당하는 사업부지에 콘도미니엄을 신축하기 위하여 교육환경평가승인신청을 한 데 대하여, 관할 교육지원청 교육장이 갑 회사에 '관광진흥법에 따른 휴양 콘도미니엄업이 교육환경법에 따른 금지행위 및 시설로 규정되어 있지는 않으나 성매매 등에 대한 우려를 제기하는 민원에 대한 구체적인 예방대책을 제시하시기 바람'이라고 기재된 보완요청서를 보낸 후 교육감으로부터 '콘도미니엄업에 관하여 교육환경법 제9조 제27호를 적용하라'는 취지의 행정지침을 통보받고 갑 회사에 교육환경평가승인신청을 반려하는 처분을 한 사안에서) 교육장이 보완요청서에서 '휴양 콘도미니엄업이 교육환경법 제9조 제27호에 따른 금지행위 및 시설로 규정되어 있지 않다'는 의견을 밝힌 바 있으나, 이는 교육장이 최종적으로 교육환경평가를 승인해 주겠다는 취지의 공적 견해를 표명한 것이라고 볼 수 없고 오히려 수차례에 걸쳐 갑 회사에 보낸 보완요청서에 의하면 현 상태로는 교육환경평가승인이 어렵다는 취지의 견해를 밝힌 것에 해당하는 점, 갑 회사는 위 처분으로 침해받는 이익이 그다지 크다고 보기 어려운 반면 학생들의 학습권과 교육환경에 미치는 부정적 영향이 매우 큰 점 등에 비추어, 위 처분은 신뢰의 대상이 되는 교육장의 공적 견해표명이 있었다고 보기 어렵고, 교육장의 교육환경평가승인이 공익 또는 제3자의 정당한 이익을 현저히 해할 우려가 있는 경우에 해당하므로 신뢰보호원칙에 반하지 않는다(대판 2020.4.29, 2019두52799)."

예컨대 ① '개발제한구역의 유지(공익)'가 '甲에 대한 건축허가발급(甲의 신뢰이익)'보다 크다고 할 수 있고, ② '법인세 부과(공익)'보다는 '이로 인한 乙의 재산상의 불이익'이 보다 크다고 할 수 있다.

(5) 존속보호와 보상보호의 문제

헌법상의 재산권보장과 마찬가지로[40] 신뢰보호는 '존속보호'가 원칙이고, '보상보호'는 보충적으로 가능하다. 따라서 우선적으로는 개인의 신뢰가 존속되도록 하는 것이 원칙이고, 공익의 보호가 보다 중요한 경우에는 선행조치의 신뢰로 인한 손실을 보상함으로써 개인의 침해된 권익이 보상되어야 한다.

예컨대 ① 결국 행정청의 건축허가 거부처분이 신뢰보호원칙을 위반했다고 보기 어려워 적법하다고 할 수 있지만, 갑의 토지매입비용 및 공사준비 비용은 보상해 주어야 한다. ② 乙의

40 헌법상 보장되는 재산권은 침해되지 않는 상태로의 보장(재산권의 존속보호)이 우선되어야 하고, 만약 재산권 침해가 불가피한 경우였다면 침해에 따르는 정당한 보상을 통하여 재산권을 보장(보상보호)하여야 한다.

신뢰가 보호되어야 한다. 따라서 乙에 대한 5년간의 법인세 부과처분은 신뢰보호원칙을 위반하여 위법하다.

5. 기타 원칙

(1) 성실의무 및 권한남용금지의 원칙

행정기본법 제11조 제1항은 "행정청은 법령등에 따른 의무를 성실히 수행하여야 한다."고 하여 성실의무를 규정하고 있다. 이는 '법의 일반원칙'을 규정한 것이기도 하고, 행정절차법 제4조 제1항, 국세기본법 제15조에 규정되어 있는 신의성실의 원칙을 규정한 것이기도 하다.

행정기본법 제11조 제2항은 "행정청은 행정권한을 남용하거나 그 권한의 범위를 넘어서는 아니 된다."고 하여 권한남용금지의 원칙을 규정하고 있다. 이는 법령에 규정된 공익목적에 반하여 행정권한을 행사하는 것을 금지한다는 원칙이다. 판례도 권한남용금지를 법치국가원리에서 파생된 일반원칙으로 이해하고 있다.

판례 > 세무조사에서의 권한남용 금지

"국세기본법은 제81조의4 제1항에서 "세무공무원은 적정하고 공평한 과세를 실현하기 위하여 필요한 최소한의 범위에서 세무조사를 하여야 하며, 다른 목적 등을 위하여 조사권을 남용해서는 아니 된다."라고 규정하고 있다. 이 사건 조항은 세무조사의 적법 요건으로 객관적 필요성, 최소성, 권한 남용의 금지 등을 규정하고 있는데, 이는 법치국가원리를 조세절차법의 영역에서도 관철하기 위한 것으로서 그 자체로서 구체적인 법규적 효력을 가진다(대판 2016.12.15, 2016두47659)."

(2) 부당결부금지의 원칙

행정기본법 제13조는 "행정청은 행정작용을 할 때 상대방에게 해당 행정작용과 실질적인 관련이 없는 의무를 부과해서는 아니 된다."고 하여 부당결부금지의 원칙을 규정하고 있다. 부당결부금지의 원칙(Koppelungsverbot)은 행정작용과 실체적으로 관련이 없는 반대급부를 결부시켜서는 안 된다는 원칙으로 비례원칙 중 적합성의 원칙과 같은 의미다.

제5절 행정법의 효력

Ⅰ. 시간적 효력

1. 효력발생

(1) 공포

헌법개정·법률·조약·대통령령·총리령 및 부령의 공포는 관보(官報)에 게재함으로써 하고(법령공포법 11 ①), 조례와 규칙의 공포는 해당 지방자치단체의 공보에 게재하는 방법으로 한다(지자법 33 ①).

(2) 공포일

법령 등의 공포일 또는 공고일은 해당 법령 등을 게재한 관보 또는 신문이 발행된 날로 한다(법령공포법 12). '발행된 날'에 대해서는 최초구독가능시설이 통설·판례이다.

(3) 시행일

시행일은 효력발생일을 의미한다. 법령(법률과 시행령·시행규칙)과 조례·규칙은, 그 시행일에 관하여 특별한 규정이 없으면, 공포한 날로부터 20일을 경과함으로써 효력을 발생한다(헌법 53 ⑦, 법령공포법 13, 지자법 32 ⑧). 행정법은 강행규범[41]이 대부분이어서 공포일과 시행일간에 20일간의 간격을 두어 국민들에게 주지시킬 필요가 있기 때문이다. 여기에서 '20일'을 주지기간이라 한다. 그런데 오늘날은 법령들이 시행일을 따로 규정하는 것이 일반적이다.

행정기본법은 훈령·예규·고시·지침 등을 포함한 법령등의 시행일을 정하거나 계산할 때에는 ① 법령등을 공포한 날부터 시행하는 경우에는 공포한 날을 시행일로 하고, ② 법령등을 공포한 날부터 일정 기간이 경과한 날부터 시행하는 경우 법령등을 공포한 날을 첫날에 산입하지 아니하며, ③ 법령등을 공포한 날부터 일정 기간이 경과한 날부터 시행하는 경우 그 기간의 말일이 토요일 또는 공휴일인 때에는 그 말일로 기간이 만료한다고 규정하고 있다(행정기본법 7).

---

41 강행법은 당사자의 의사와는 상관없이 적용되는 법을 말하고, 임의법은 당사자의 뜻에 따라 적용하지 아니할 수 있는 법을 말한다. 공법은 법이 규정한 대로 따라야 하는 강행법이 대부분인데 비하여, 사법의 영역에서는 법규정보다는 당사자의 의사가 우선하는 임의적인 규정이 많다.

2. 소급입법금지의 원칙과 예외*

(1) 소급적용의 의의

새로운 법령이 과거의 법률관계나 사실관계에 적용되는 것을 **법령의 소급적용**이라 한다. 여기에는 ① 과거에 종결된 사실이나 법관계에 새 법령을 적용하는 진정소급과 ② 현재까지 진행 중인 사실이나 법관계에 새 법령을 적용하는 부진정소급이 있다.[42]

(2) 소급적용금지의 원칙

법령은 소급적용을 하지 않는 것이 원칙인데, 이를 불소급의 원칙 또는 소급적용금지의 원칙이라고 한다. 그 근거로는 법적 안정성과 개인의 신뢰보호를 들 수 있다.

(3) 진정소급의 경우

진정소급은 원칙적으로 금지된다. 행정기본법도 "새로운 법령등은 법령등에 특별한 규정이 있는 경우를 제외하고는 그 법령등의 효력 발생 전에 완성되거나 종결된 사실관계 또는 법률관계에 대해서는 적용되지 아니한다."고 규정하고 있다(행정기본법 14 ①).

다만 헌법재판소는 '소급입법을 예상할 수 있는 경우, 소급입법에 의한 당사자의 손실이 매우 경미한 경우, 소급입법을 정당화하는 중대한 공익상의 사유가 존재하는 경우 등'에는 예외적으로 진정소급이 허용될 수 있다고 하고 있는데, 법령의 진정소급적용의 경우에도 이에 준하여 판단하면 될 것이다.

(4) 부진정소급의 경우

부진정소급은 현재에도 진행 중인 사건에 새 법령을 적용하는 것이므로 원칙적으로 허용된다. 다만 경우에 따라서는 신뢰보호의 이익 때문에 부진정소급이 제한되는 경우도 있을 것이다. 이와 같은 문제로 인하여 부진정소급의 경우에는 경과규정[43]을 두는 것이 일반적이다.

---

* 사법시험(2003년), 행정고시(재경)(2009년), 변호사시험(2019년).

42 예컨대, 식품위생법의 영업허가에 관한 규정이 개정되었는데, 이미 구법에 따라 발급 완료된 영업허가에 대하여 신법을 적용하는 것은 진정소급이고, 구법 당시에 신청한 영업허가에 대해서 신법을 적용하여 발급하는 것은 부진정소급이다.

43 경과규정이란, 예컨대 개정법에서 개정내용의 시행일, 소급 여부 등 구법에서의 신법으로의 이행을 원활하게 하기 위한 규정을 말한다. 개정법률에 경과규정을 두는 것이 일반적이다.

판례 > 진정소급입법과 부진정소급입법

"소급입법은 새로운 입법으로 이미 종료된 사실관계 또는 법률관계에 작용케 하는 진정소급입법과 현재 진행중인 사실관계 또는 법률관계에 작용케 하는 부진정소급입법으로 나눌 수 있는바, 부진정소급입법은 원칙적으로 허용되지만 소급효를 요구하는 공익상의 사유와 신뢰보호의 요청 사이의 교량과정에서 신뢰보호의 관점이 입법자의 형성권에 제한을 가하게 되는 데 반하여, 기존의 법에 의하여 형성되어 이미 굳어진 개인의 법적 지위를 사후입법을 통하여 박탈하는 것 등을 내용으로 하는 진정소급입법은 개인의 신뢰보호와 법적 안정성을 내용으로 하는 법치국가원리에 의하여 특단의 사정이 없는 한 헌법적으로 허용되지 아니하는 것이 원칙이고, … 다만 일반적으로 국민이 소급입법을 예상할 수 있었거나 법적 상태가 불확실하고 혼란스러워 보호할 만한 신뢰이익이 적은 경우와 소급입법에 의한 당사자의 손실이 없거나 아주 경미한 경우 그리고 신뢰보호의 요청에 우선하는 심히 중대한 공익상의 사유가 소급입법을 정당화하는 경우 등에는 예외적으로 진정소급입법이 허용된다(헌재결 1999.7.22, 97헌바76)."

(5) 처분시 적용법령(행위시법 또는 처분시법)의 문제

1. 문제의 소재
2. 행정기본법 이전의 논의
(1) 판례의 입장
(2) 학설
3. 행정기본법의 규정
(1) 신청에 따른 처분(수익적 처분)의 경우: 행정기본법 14 ②
(2) 법령위반행위의 성립과 제재처분의 경우: 행정기본법 14 ③
4. 평가

1) 문제의 소재

예컨대 법령에서 법령위반행위에 대하여 영업정지·취소와 같은 제재처분[44]을 규정하고 있는데, 법령위반행위가 있은 후 경과규정 없이 법령이 개정되었다면, 행정청은 위반행위시의 법(**행위시법**) 또는 처분시의 법(**처분시법**) 중 어느 법에 따라 제재처분[45]을 하여야 하는가 하는 것이 문제이다.[46]

---

44 "제재처분"이란 법령등에 따른 의무를 위반하거나 이행하지 아니하였음을 이유로 당사자에게 의무를 부과하거나 권익을 제한하는 처분을 말한다. 다만, 행정기본법 제30조 제1항 각 호에 따른 행정상 강제는 제외한다(행정기본법 2 5호).

45 제재처분이란 법령위반행위에 대한 제재로서 부과되는 정지·취소, 자격제한, 과징금 등의 처분을 말한다.

46 예컨대, ① 甲은 식품위생법을 위반하여 영업정지 2개월 처분을 받을 예정이었는데, 그 후 법이 개정되어 동일 위반행위에 대하여 영업정지 1개월로 규정하고 있는 경우, 또는 ② 乙은 건축법상 허가요건을 갖추어 건축허가를 신청하였는데. 그 후 법이 개정되면서 허가요건이 달라진 경우, 행정청은 구법(행위

2021년 행정기본법이 제정되면서 이에 대한 규정을 두어 현재 이 문제는 입법적으로 해결되었으나, 그 이전에는 이에 대한 논란이 있었다.

2) 행정기본법 이전의 논의

가. 판례의 입장

① 판례는 과세처분·제재처분의 경우는 원칙적으로 행위시법이 적용되고,[47] ② 그 밖의 수익처분을 포함한 행정처분의 경우는 처분시법이 적용된다는 입장이다. ③ 다만 수익처분의 경우 예외적으로 신청인의 신뢰보호를 이유로 처분시법 적용이 제한될 수 있고(부진정소급의 제한),[48] ④ 제재처분의 경우에도 부진정소급에 해당하는 경우에는 처분시법이 적용된다[49]는 입장이다.

나. 학설

① 학설은 대체로 행정처분은 신법이 적용되는 것이 원칙이지만, 과세처분·제재처분 등은 예외적으로 행위시법이 적용되어야 한다는 입장이다. ② 관련문제로, 제재처분의 경우 법개정으로 그 제재가 완화되었다고 하더라도 '제재의 응보(應報)적 성격',[50] '제재의 형평성' 등의 문제로 형법 제1조 제2항[51]과 같은 규정이 없는 한 신법적용이 불가능하다는 견해가 다수이다.

3) 행정기본법의 규정

가. 신청에 따른 처분(수익적 처분)의 경우

행정기본법은 "당사자의 신청에 따른 처분은 법령등에 특별한 규정이 있거나 처분 당시의 법령등을 적용하기 곤란한 특별한 사정이 있는 경우를 제외하고는 처분 당시의 법령등에 따른다(행정기본법 14 ②)."고 하여 수익적 행정행위의 경우에는 처분시법이 적용됨을 원칙으로 규정하고 있다.

나. 법령위반행위의 성립과 제재처분의 경우

반면에 "법령등을 위반한 행위의 성립과 이에 대한 제재처분은 법령등에 특별한 규정이 있

시법) 또는 신법(처분시법) 중 어느 법을 적용하여야 하는가 하는 문제이다.

47 대판 2002.12.10, 2001두3228.

48 대판 2000.3.10, 97누13818; 대판 2005.7.29, 2003두3550; 대판 2014.7.14, 2012두23501.

49 대판 2001.10.12, 2001두274; 대판 2010.3.11, 2008두15176.

50 '응보'는 행위에 응하여 갚아준다는 의미로, 주로 형법에서 범행에 대한 정당한 보복이나 대가로 가하여지는 형벌의 특성('형벌의 응보적 성격')을 표현할 때 사용하는 말이다.

51 형법 제1조(범죄의 성립과 처벌) ① 범죄의 성립과 처벌은 행위 시의 법률에 따른다.
② 범죄후 법률이 변경되어 그 행위가 범죄를 구성하지 아니하게 되거나 형이 구법보다 가벼워진 경우에는 신법에 따른다.

는 경우를 제외하고는 법령등을 위반한 행위 당시의 법령등에 따른다. 다만, 법령등을 위반한 행위 후 법령등의 변경에 의하여 그 행위가 법령등을 위반한 행위에 해당하지 아니하거나 제재처분 기준이 가벼워진 경우로서 해당 법령등에 특별한 규정이 없는 경우에는 변경된 법령등을 적용한다(행정기본법 14 ③)."고 하여, '법령위반행위의 성립'과 '제재처분'의 경우는 행위시법을 적용하는 것을 원칙으로 하되, 다만 처분시법에서 더 이상 위반행위가 되지 않거나 제재가 완화된 경우에는 처분시법을 따르도록 하고 있다.

4) 평가

① 행정기본법 제정 이전의 학설이나 판례는 기본적으로 개정법령의 적용 문제를 처분의 성질에 따라, 즉 '제재적 성질의 처분은 행위시법, 그 밖의 처분은 처분시법이 적용된다'고 보고 있는데, 이는 '형벌은 기본적으로 행위시법 적용'이라는 사상을 배경으로 행정제재 또한 형벌에 준하여 판단하기 때문인 것으로 보인다.[52]

② 그러나 행정제재는 형벌과 유사하기도 하지만 그 적용법리에 차이가 있기 때문에 반드시 형벌에 준하여 판단할 이유는 없다. 따라서 '개정법령의 적용 문제'는 '제재처분인가 아닌가'의 관점보다는, '법령의 소급적용이 가능한가 아닌가'의 문제로 판단하는 것이 보다 타당해 보인다. 실제로 판례가 (1) 수익처분의 경우 '부진정소급은 허용되지만, 개인의 신뢰이익이 더 큰 경우에는 구법이 적용될 수 있다'고 본 것도 법령의 소급적용의 법리에 따른 것이고, (2) 제재처분의 경우도 그 전제가 되는 위반행위가 신법적용시(처분시)까지 계속되는 경우에는 '부진정소급의 원칙적 허용'이라는 관점에서 처분시법이 적용되어야 한다고 본 것이라고 판단된다.

③ 이제는 행정기본법의 규정에 따라 판단하면 되겠지만, 행정기본법의 규정도 -처분의 성질에 따라 구분할 것이 아니라- '법령의 소급적용에 관한 원칙'을 세우고 이 원칙이 적용되는 것으로 하는 것이 보다 타당하겠다.

판례 > 처분의 근거법령이 개정된 경우, 처분의 기준이 되는 법령 / 행정청이 신청을 받은 후 처리를 지연한 사이에 법령 및 보상 기준이 변경된 경우, 그 변경된 법령 및 보상 기준에 따라서 한 처분이 위법한지(적극)

"처분은 그 근거 법령이 개정된 경우에도, 경과규정에서 달리 정함이 없는 한, 처분 당시 시행되는 개정 법령과 거기에서 정한 기준에 의하는 것이 원칙이고, 개정 법령의 적용과 관련하여 개정 전 법령의 존속에 대한 국민의 신뢰가 개정 법령의 적용에 관한 공익상의 요구보다 더 보호가치가 있다

52 예컨대, 동일한 위반행위에 대하여 구법상 영업정지 2개월이 신법상 영업정지 1개월로 완화되었다 하더라도, 제재는 응보의 성격이 있기 때문에, '위반행위시의 법'이 규정한 대로 2개월 정지로 제재하는 것이 타당하다는 입장이다.

고 인정되는 경우에 국민의 신뢰를 보호하기 위하여 개정 법령의 적용이 제한될 수 있는 여지가 있다. 행정청이 신청을 수리하고도 정당한 이유 없이 처리를 지연하여 그 사이에 법령 및 보상 기준이 변경된 경우에는 그 변경된 법령 및 보상 기준에 따라서 한 처분은 위법하다(대판 2023.2.2, 2020두43722)."

3. 효력의 소멸

일반적으로 법령은 신법이 구법의 폐지를 규정하거나, 구법과 내용이 충돌되는 신법을 제정하거나, 한시법에서 정해진 유효기간이 다함으로써 효력을 상실하게 된다.

Ⅱ. 지역적 효력

행정법은 법 제정권자의 권한이 미치는 지역에 대해서만 효력을 가진다. 따라서 원칙적으로 법률이나 법규명령은 전국에, 조례나 규칙은 당해 지방자치단체의 관할구역에 효력이 미친다.

Ⅲ. 대인적 효력

행정법은 속지(屬地)주의 원칙에 따라 당해 지역 안에 있는 모든 자에게 적용된다. 이 때 자연인·법인·내국인·외국인 여하는 불문한다. 다만 외국인의 경우는 법령에 따라 국내법의 적용이 배제되거나 제한되기도 한다.

제 3 장

행정상 법률관계

제1절 행정상 법률관계의 의의

법률관계란 권리주체 상호간의 권리의무관계를 말하는 것으로, 한쪽 당사자가 다른 쪽 당사자에 대하여 일정한 작위·부작위·급부·수인을 요구할 수 있는 권리를 가지고, 다른 쪽 당사자는 이에 따른 의무를 부담하는 관계를 말한다. 따라서 행정상 법률관계란 행정주체와 그 상대방 간의 권리의무관계를 말한다.

제2절 행정상 법률관계의 종류

넓은 의미로 행정상 법률관계(행정법관계)는 행정조직법적 관계와 행정작용법적 관계로 나뉜다. 행정작용법적 관계는 공법의 영역인 행정상 공법관계와 사법의 영역인 행정상 사법관계로 구분된다. 행정상 공법관계는 공권력행사와 관련된 권력관계와 공물의 관리·공공재화의 공급과 같이 공권력행사의 실체가 없는 비권력관계로 나뉜다. 행정상 사법관계에는 일반적으로 국고관계와 행정주체가 사법적(私法的)으로 공익을 실현하는 행정사법관계가 있다.

행정상 법률관계 | 행정에 관한 법률관계의 총칭

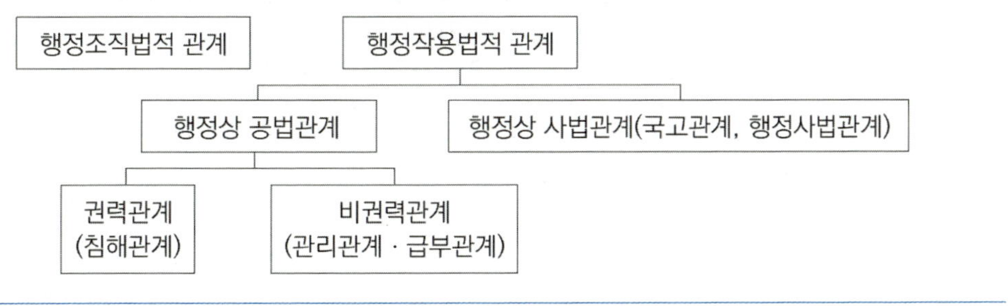

Ⅰ. 행정조직법적 관계

행정조직법적 관계에는 '행정조직 내부관계'와 '행정주체 상호간의 관계'가 있다.

행정조직 내부관계란, 예컨대 국가의 내부기관(예: 행정안전부와 재정경제부), 지방자치단체의 내부기관(예: 집행기관인 지방자치단체의 장과 의결기관인 지방의회) 간의 관계와 같이, 행정주체의 내부관계를 말한다. 행정내부기관은 독립한 권리주체성이 없으므로, 별도의 규정(예: 기관소송)[1]이 없는 한, 분쟁이 발생하더라도 행정소송의 대상이 되지 아니한다.

행정주체 상호간의 관계란 국가 간, 국가와 지방자치단체 간 또는 지방자치단체 간의 관계를 말한다. 국가와 지방자치단체는 독립한 권리주체이므로 권리의무관계가 성립될 수 있고, 따라서 법적 분쟁이 발생하면 항고소송과 같은 행정소송을 제기하거나, 권한쟁의(헌법 111 ① 4호; 헌재법 2 4호)와 같은 헌법소송[2]을 청구할 수 있다.

Ⅱ. 행정작용법적 관계

행정작용법적 관계는 전통적으로 공법이 적용되는 권력관계(공법관계)와 사법이 적용되는 국고관계(사법관계)를 중심으로 발전되어 오다가, 19세기 후반에 와서 공법관계는 전통적인 권력관계와 공물의 관리나 공공재화의 제공 등을 내용으로 하는 비권력관계로 분화하게 되었다.

---

1 ◦ 행정소송법 제3조(행정소송의 종류)

4. 기관소송: 국가 또는 공공단체의 기관상호간에 있어서의 권한의 존부(存否) 또는 그 행사에 관한 다툼이 있을 때에 이에 대하여 제기하는 소송. 다만, 헌법재판소법 제2조의 규정에 의하여 헌법재판소의 관장사항으로 되는 소송은 제외한다.

◦ 논란은 있지만, 기관소송은 행정 내부기관 간의 소송으로, 대표적으로 지방자치법 제120조 제3항과 같은 지방자치단체의 내부기관(집행기관과 의결기관) 사이의 소송을 말한다.

◦ 지방자치법 제120조(지방의회의 의결에 대한 재의요구와 제소) ① 지방자치단체의 장은 지방의회의 의결이 월권이거나 법령에 위반되거나 공익을 현저히 해친다고 인정되면 그 의결사항을 이송받은 날부터 20일 이내에 이유를 붙여 재의를 요구할 수 있다.

② 제1항의 요구에 대하여 재의한 결과 재적의원 과반수의 출석과 출석의원 3분의 2 이상의 찬성으로 전과 같은 의결을 하면 그 의결사항은 확정된다.

③ 지방자치단체의 장은 제2항에 따라 재의결된 사항이 법령에 위반된다고 인정되면 대법원에 소(訴)를 제기할 수 있다. 이 경우에는 제192조 제4항을 준용한다.

2 헌법 제111조 ① 헌법재판소는 다음 사항을 관장한다.

1. 법원의 제청에 의한 법률의 위헌여부 심판
2. 탄핵의 심판
3. 정당의 해산 심판
4. 국가기관 상호간, 국가기관과 지방자치단체간 및 지방자치단체 상호간의 권한쟁의에 관한 심판
5. 법률이 정하는 헌법소원에 관한 심판

1. 권력관계

권력관계는, 예컨대 시정명령과 같이, 행정주체가 우월적 지위에서 상대방에게 일방적으로 공권력을 행사하는 관계이다. 여기에는 공법이 적용되고, 분쟁에 대해서는 항고쟁송[3]을 제기하여야 한다.

2. 비권력관계(관리관계·급부관계)

비권력관계는 행정주체가 ① 공물(公物)을 관리(예: 하천의 관리)하거나 ② 공공 재화나 행정서비스를 제공(예: 수도공급, 도로·교통서비스)하는 관계를 말한다. 비권력관계는 관리·급부의 성질상 권력관계와는 달리 '공권력행사'라는 실체가 없다. 따라서 이를 단순고권(高權)관계라고도 한다. 그렇지만 비권력관계는 기본적으로는 공법관계이다.

비권력관계는 관리나 서비스 제공이라는 점에서 성질상 사인의 행위와 유사한 점이 있어 보이나, 이는 공익실현을 목적으로 하는 관계이기 때문에 여기에는 기본적으로 공법이 적용되는 것이다. 다만 비권력관계에서 행정주체는 비권력관계의 법적 형식을 공법으로 할 것인지 사법으로 할 것인지 선택의 자유가 인정된다.[4]

3. 국고관계*

국고(國庫)관계는 행정주체가 사법상의 재산권주체로서 행위하는 법률관계를 말한다. 국고관계는 조달행정, 재산관리 그리고 행정의 영리활동 등으로 나뉜다.

조달행정은 행정주체가 행정에 필요한 물품구매계약, 건설도급계약 등을 체결하는 것으로 이 경우 행정주체는 일반 사인과 동등하기 때문에 원칙적으로 사법이 적용된다. 조달계약관계는 국가나 지방자치단체가 당사자가 되고 예산을 수반하기 때문에 국가재정법·지방재정법·국유재산법·공유재산법·국가계약법·지방계약법 등에 의한 규제와 제한을 받지만, 그렇다고 해도 기본적으로는 사법관계이다.

판례 > 지방자치단체가 일반재산을 매각하는 것의 법관계(사법)

"지방자치단체가 일반재산을 입찰이나 수의계약을 통해 매각하는 것은 기본적으로 사경제주체의 지

---

* 사법시험(2016년).

3 쟁송(爭訟)이란 행정심판과 행정소송을 합쳐 부르는 말이다. 따라서 항고쟁송이란 항고심판과 항고소송을 의미한다.

4 예컨대, A광역시가 수도를 일방적으로 공급하고 요금을 징수할 수도 있고(수도의 공법적 공급), 계약을 체결하고 체결된 계약의 내용에 따라 수도를 공급하고 이용료를 받을 수도 있다(수도의 사법적 공급).

위에서 하는 행위이므로 원칙적으로 사적 자치와 계약자유의 원칙이 적용된다. 물품 관리법령 및 지방계약법령에서는 일반재산의 매각에 관하여 방법, 절차, 가격 결정 등을 상세히 정하고 있다. 이러한 규정은 사적 자치와 계약자유의 원칙에 일정한 제한을 두어 매각절차의 투명성과 공정성을 확보하고 거래 상대자의 이익을 보호하여 지방자치단체가 체결하는 계약이 공익에 합치되도록 하려는 것이다(대판 2017.11.14, 2016다201395)."

4. 행정사법(行政私法)관계

행정사법(Verwaltungsprivatrecht)이란 '급부행정영역'[5]이나 '경제유도행정영역'[6]과 같은 비권력관계에서의 행정작용을 사법의 형식으로 수행하는 경우를 말한다.

행정주체가 공공 재화나 서비스를 제공하는 경우 이에 관한 공법적 규정이 있는 경우에는 이에 따라야 하지만, 이와 같은 규정이 없으면 급부를 공법의 형식으로 해도 되고 사법의 형식으로 해도 된다. 다시 말해서 비권력관계에서는 이들 관계를 규율하는 공법규정이 없는 한 행정주체에게 **행위형식의 선택권**(Wahlfreiheit der Handlungsformen)이 주어진다. 이때 행정주체가 공법상의 각종 제한을 피하기 위하여[7] 사법적 급부관계(예: 수도공급계약)를 택하게 되면, '공법상의 조직형식(국가 또는 지방자치단체가 공급)'과 '사법적 급부관계(계약에 의한 공급과 이용료)'가 결합하게 되는데, 이를 행정주체의 행정사법적 활동이라 한다.[8]

행정사법은 원칙적으로 사법이 적용되므로 행정상 사법관계에 속한다. 따라서 행정사법관계에서의 분쟁은 원칙적으로 민사소송에 의한다.

다만 행정사법은 '행정주체'가 '직접' '행정'을 수행하는 것이기 때문에, 여기에는 국민의 기본권 및 헌법 및 행정법의 일반원칙이 직접 적용된다. 따라서 행정사법관계에서도 국민의 평등

---

5 운수사업(시영버스), 공급사업(전기·수도·가스), 우편전신사업, 오물수거사업(쓰레기 등 폐기물), 공영주택임대 등.

6 보조금·지불보증 등에 의한 경제유도(자금지원), 경기·토지·고용·수출문제를 위해 국가가 사법형식(매수, 보상보험 등)으로 직접 개입하는 경우 등.

7 행정이 사법의 형식을 취하는 이유는 '공법적 규율'을 피하기 위해서이다. 즉 공법관계에는 공익을 실현하는 관계로서 법치행정의 원리, 헌법상 기본권, 행정법의 일반원칙과 같은 공법적 제한이 따르게 되는데, 이를 피하기 위하여 공법적 제한이 없는 사법의 형식을 취하게 되는 것이다. 이와 같은 현상을 **행정의 사법으로의 도피**(Flucht in das Privatrecht)라고 부르기도 한다.

8 예컨대, 근거리 교통서비스 제공은 급부행정의 영역에 속한다. ① 행정주체는 법에서 이에 대하여 규정하는 대로 따라야 하지만, ② 별도의 규정이 없으면, 행정주체가 직접 교통시설을 운영하여 서비스를 제공해도 되고(공법관계), 행정주체로부터 운수사업면허를 받은 사인으로 하여금 서비스를 제공하도록 해도 된다(행정사법관계). 후자의 경우 행정주체가 급부행정의 주체이면서(면허를 통한 행정권한 행사), 시민들에 대한 급부는 사인이 사법의 형식으로 제공(대중교통수단의 운영)하게 되는 것이다.

권이 보호되고, 비례원칙·신뢰보호원칙과 같은 행정법의 일반원칙이 적용된다.

그리고 '행정의 영역'이라는 점에서 사법상의 행위능력·의사표시 등에 관한 규정이 수정되어 적용되거나, 계약에서의 행정주체에게 계약강제·해약제한·계속적 영업의무 부여 등의 공법적 특성이 인정될 수 있다.

Ⅲ. 특별권력관계

1. 특별권력관계의 의의

행정법관계에서 권력관계를 다시 일반권력관계와 특별권력관계로 나누어 볼 수 있다. 일반권력관계는 행정주체와 국민 모두와의 권력관계로 법치주의가 전면적으로 적용되는 관계인데 반하여, 특별권력관계는 행정주체와 특수한 신분에 있는 국민들(공무원·군인·재소자 등)과의 특수한 권력관계로서 특별권력을 유지하기 위하여 필요한 한도 내에서 법치주의가 적용되지 않는 관계이다.[9]

특별권력관계 이론은 19세기 후반 독일의 외견적 입헌군주제[10]하에서 군주의 통치권에 속하는 관리(官吏)관계(행정조직, 공무원근무관계)에 대한 지속적인 군주의 지배권을 정당화하기 위한 논리로 성립·발전되었다. 즉 행정의 내부와 외부를 엄격히 구별하는 내부·외부 이원론을 토대로 행정외부는 국가·시민 간의 일반권리의무관계로서 법치주의가 적용되지만, 특별권력관계를 포함하는 행정내부는 내부구성원과 국가가 일체를 이루는 것으로 여기에는 법이 침투하지 못한다(법의 불침투 이론)고 하였다. 이와 같이 특별권력관계이론은 그 당시 군주의 특권적 지위를 옹호하기 위하여 마련된 이론이었기 때문에 오늘날과 같은 실질적 법치주의에서는 이미 그 기반을 상실하였다.

2. 특별권력관계의 종류

종래 특별권력관계로는 ① 공법상 근무관계(공무원 근무관계, 군 복무관계 등), ② 공법상 영조물[11] 이용관계(국공립대학 재학관계, 국공립도서관 이용관계, 교도소 재소관계 등), ③ 공법상 특별감

---

9 예컨대, 군인에 대하여 군인들의 기강확립을 위하여 필요하다는 이유로 법률의 근거 없이 기본권을 제한한다거나 징계하는 경우 등.

10 외견적(外見的) 입헌군주제(立憲君主制)란 법치의 형식만을 문제 삼던 형식적 법치주의시대에 형식적으로만 헌법(기본권과 통치기구)에 입각하고 있는 군주제를 말한다. 따라서 여기에서의 헌법은 실질적으로 국민의 기본권을 보장하기 위해서 존재하는 것이 아니라 단지 형식적·명목적으로만 존재할 뿐이다.

11 영조물(營造物)은 'Öffentliche Anstalt'라는 독일어의 일본식 번역이다. 예컨대, 교육·의료·보건·체육·문화 등의 행정목적을 위하여 설치된 공공시설로서, 국공립의 학교·병원·체육관·공원·공연장·기관 등을 말한다.

독관계(공공조합 등에 대한 국가의 감독관계 등), ④ 공법상 사단(社團)관계[12](공공조합과 조합원의 관계 등)로 구분될 수 있다.

3. 특별권력관계와 법치주의

(1) 과거의 특별권력관계이론과 법치주의

특별권력관계의 가장 큰 특징은 법치주의, 행정의 법률적합성의 원리가 적용되지 않는다는 것이다. 이에 따라 ① 특별권력주체에게는 포괄적 지배권이 부여되어, 이에 복종하는 자에 대한 특별권력발동에 법적 근거를 요하지 않았다. 즉 법률유보의 원칙이 배제되었다. ② 그리고 특별권력관계의 상대방인 국민의 기본권을 법률의 근거 없이도 제한할 수 있었다. ③ 나아가 특별권력주체의 권한행사에 대해서는 사법심사가 미치지 않았다.

(2) 특별권력관계와 오늘날의 법치주의

특별권력관계는 오늘날 보편화된 법치주의 아래에서는 더 이상 그 정당성을 인정하기 어렵게 되었다. 따라서 특별권력관계에도 법치주의가 적용되어야 한다는 것이 오늘날 지배적인 견해이다.

따라서 종래 특별권력이라 부르던 행정권한의 행사나 특별권력관계 안에서의 기본권 제한에는 기본적으로는 법률의 근거가 필요하다(법률유보원칙의 전면적 적용). 다만 특별권력관계는 공무원이나 군인 같은 특수한 신분에 있는 자를 대상으로 하는 점[13]에서 일반 국민에 대하여 요구되는 '구체적인 법률유보'가 다소 완화될 수는 있을 것이다. 그러나 특별권력의 행사에 대해서는 전면적으로 사법심사의 대상이 된다고 보아야 할 것이다. 따라서 특별권력관계 내에서의 행위인가의 여부와 관계없이 행정쟁송법이 정하는 처분에 해당하면 항고쟁송을 제기할 수 있다고 보아야 할 것이다.

판례 > 특수한 신분관계에 있는 사관생도에 대한 기본권 제한의 법리

"사관생도는 군 장교를 배출하기 위하여 국가가 모든 재정을 부담하는 특수교육기관인 육군3사관학교의 구성원으로서, 학교에 입학한 날에 육군 사관생도의 병적에 편입하고 준사관에 준하는 대우를 받는 특수한 신분관계에 있다(육군3사관학교 설치법 시행령 제3조). 따라서 그 존립 목적을 달성하기 위하여 필요한 한도 내에서 일반 국민보다 상대적으로 기본권이 더 제한될 수 있으나, 그러한 경우에도 법률유보원칙, 과잉금지원칙 등 기본권 제한의 헌법상 원칙들을 지켜야 한다(대판 2018.8.30, 2016두60591)."

---

12 사단(社團)은 사람이 모여 구성된 단체이고, 재단(財團)은 재산이 모여 구성된 단체이다.

13 이 점에서 종래의 특별권력관계라는 용어 대신 '특별신분관계'라고 부르기도 한다.

제3절 행정법관계의 당사자

Ⅰ. 행정법관계의 당사자로서 행정주체와 행정객체

행정법관계는 행정작용으로 인하여 발생하는 행정주체와 행정객체 간의 권리의무관계를 의미한다. 행정주체는 행정상 법률관계에서 공권력을 행사하는 주체이다. 행정객체는 행정주체의 행정권발동의 상대방이 되는 자를 말한다. 행정주체에는 국가·공공단체(지방자치단체·공공조합·영조물법인·공법상 재단)·공무수탁사인이 있다.

Ⅱ. 행정주체

1. 국가

국가는 국가 행정조직을 바탕으로 직접 공권력을 행사하는 행정주체이다(직접국가행정).

2. 공공단체

국가로부터 독립한 공법상 법인인 공공단체가 행정주체가 되기도 한다(간접국가행정). **공공단체**에는 지방자치단체·공공조합·영조물법인·공법상 재단이 있다.

(1) 지방자치단체

지방자치단체는 공법상 독립한 법인으로서 관할지역 내에서 포괄적인 지방자치권을 가지는 행정주체이다.

지방자치단체에는 보통지방자치단체와 특별지방자치단체가 있는데, 보통지방자치단체에는 '특별시·광역시·특별자치시(세종시)·도·특별자치도(제주도)(광역지방자치단체)'와 '시·군·구(기초지방자치단체)'가 있다.[14] 보통지방자치단체의 기관은 집행기관(시장·도지사 등)과 의결기관(지방의회)으로 분리된 기관대립형을 취하고 있다. 지방자치단체는 자치사무와 국가 또는 광역지방자치단체로부터 위임된 위임사무를 처리한다.

한편 특정한 목적을 수행하기 위하여 필요한 경우에는 별도로 특별지방자치단체를 설치할

---

14 광역지방자치단체는 줄여서 '시·도'라 한다(지자법 3 ②). 기초지방자치단체는 '시·군·구'인데, 여기에서 시는 도의 관할 구역 안에, 군은 광역시·특별자치시·도의 관할 구역 안에 둔 경우를, 자치구는 특별시·광역시의 관할 구역 안에 둔 경우를 말한다(지자법 3 ②).

수 있다(지자법 2 ③). 특별지방자치단체는 사무범위가 특정한 목적에 국한된 지방자치단체이다. 지방자치법 제176조 이하에서 규정하는 지방자치단체조합도 이에 해당한다.

(2) 공공조합

공공조합이란 특정 행정목적을 위하여 일정 자격을 가진 사람으로 구성된 결합체에 공법상 법인격이 부여된 단체를 말한다. 사람의 결합이라는 점에서 공공조합에는 구성원이 존재한다. 공법상 사단법인(社團法人)이라고도 한다. 도시개발조합, 재건축정비사업조합, 변호사회·상공회의소 등이 있다.

(3) 영조물법인

영조물은 특정 행정목적을 위하여 설치된 인적·물적 종합시설(예컨대, 국공립의 교육·의료·보건·체육·문화시설 등)을 말한다. 영조물법인은 이와 같은 영조물 가운데 법인격이 부여된 것을 말한다. 영조물법인에는 이용자가 있다. **영조물법인**에 관한 일반법으로는 공공기관운영법, 지방공기업법이 있다. 영조물법인으로는 한국도로공사·한국방송공사·한국토지주택공사·한국은행·국립서울대학교 등이 있다.

(4) 공법상 재단

공법상 재단(공재단)은 국가나 지방자치단체가 출연한 재산을 관리하기 위하여 설립된 재단법인인 공공단체를 말한다. 재산의 결합체라는 점에서 인적·물적 결합체인 영조물법인과 구별된다. 공법상 재단에는, 구성원이나 이용자가 아닌, 수혜자가 존재한다. 공법상 재단의 예로는 한국연구재단, 총포화약법상 총포·화약안전기술협회(대판 2021.12.30, 2018다241458) 등을 들 수 있다.

3. 공무수탁사인

공무수탁사인(Beliehene)이란 특정한 행정권한을 자기이름으로 행사할 수 있도록 위탁[15]받은 사인을 말한다.

공무위탁은 행정권한이 이전되는 것이므로 법령에 근거가 있어야 한다(법률유보). 공무수탁사인에 대한 일반적인 규정으로 정부조직법 제6조 제3항과 지방자치법 제117조 제3항이 있고, 개별법 규정으로는 항공보안법(22), 선원법(6), 사법경찰관리의 직무를 수행할 자와 그 직무범위에 관한 법률(7), 민영교도소 등의 설치·운영에 관한 법률(3), 토지보상법(4) 등을 들 수

15 행정권한의 위임이란 하급행정기관이나 지방자치단체의 장에게, 위탁이란 다른 행정기관이나 행정외부에 권한을 행사하도록 맡기는 것을 말한다. 이 경우 수임은 위임을 받는 것을, 수탁은 위탁을 받는 것을 말한다.

있다.

공무수탁사인의 법적 지위는 사인이지만, 위탁받은 권한을 행사하는 범위 내에서 행정주체의 지위에서 간접국가행정을 담당하게 된다. 따라서 위탁된 권한범위 안에서 처분을 하거나 필요한 조치를 할 수 있는데, 이 때 공무수탁사인의 처분에 대한 항고소송은 공무수탁사인을 피고로 하여 제기하면 된다. 국가배상법 제2조는 공무원 또는 공무수탁사인의 위법행위로 인한 국가나 지방자치단체의 배상책임을 규정하고 있으므로, 공무수탁사인이 수탁업무의 수행 중에 제3자에게 손해를 발생시킨 경우에는 공무수탁사인에게 권한을 위탁한 국가나 지방자치단체는 국가배상법에 의한 배상책임을 부담하게 될 수도 있다. 물론 이 경우 국가 등의 배상책임부담과는 별도로 공무수탁사인도 피해자에 대하여 민사상의 손해배상책임을 부담할 수도 있다.

한편 ① 사법상 계약에 의하여 단순히 행정사무를 수행하게 되는 사인(예: 경찰과의 사법상의 용역계약에 의하여 주차위반차량을 견인하는 민간사업자), ② 행정사무 수행에 있어 행정기관을 도와주는 자로서, 독립적이지 않고 단지 계약이나 지시에 의하여 행정기관의 보조업무를 수행하는 데 그치는 행정의 보조자(예: 교통사고현장에서 경찰의 지시에 따라 차량소통을 보조하는 자)는 법령에 근거에 따라 행정권한이 위임되는 것이 아니라는 점에서 공무수탁사인과 구별된다.

제4절 행정법관계의 특색

행정법관계는 공익을 실현하는 법관계라는 점에서 다음과 같은 특색이 있다.

Ⅰ. 행정의 법률적합성

사법관계는 사적 자치가 인정되지만, 공법관계에서는 권력의 자의적 집행을 배제하고 국민의 기본권을 실현하여야 하므로, 행정은 엄격하게 법에 기속된다.

Ⅱ. 공정력(公定力), 존속력(확정력), 강제력

공정력이란 행정행위가 그 적법요건에 하자가 있음에도 불구하고, 그 하자가 중대·명백하여 무효로 되는 것이 아닌 한, 권한 있는 기관이 취소할 때까지 유효하게 통용되는 효력을 말한다. 즉 행정행위는 공정력 때문에 중대하지 않은 단순한 하자가 있더라도 취소될 때까지는 유효한데, 이는 행정의 혼란을 방지하고 행정의 실효성을 보장하기 위하여 인정되는 행정행위의 우월한 효력이다.[16]

행정행위가 기간의 경과 등으로 인하여 확정되고 나면 더 이상 그 효력을 부인할 수 없게 되는 경우가 있는데 이를 행정행위의 존속력이라 한다. 존속력에는 불가쟁력(不可爭力)과 불가변력(不可變力)이 있다. 불가쟁력(형식적 존속력)은 행정행위가 적법요건에 단순한 하자가 있더라도 쟁송기간의 경과 등으로 더 이상 이를 다툴 수 없는 효력을 말한다. 불가변력(실질적 존속력)은 확인·판단 등을 거친 일정 행정행위(일정한 쟁송절차를 거쳐 행하여지는 행정심판위원회·토지수용위원회의 재결 등)의 경우 이를 행정청 스스로도 더 이상 변경하지 못하는 효력을 말한다.

행정법관계에서 상대방이 행정상 의무를 이행하지 않는 경우에는 행정청 스스로 직접 그 의무이행을 확보하거나, 일정한 제재를 부과함으로써 간접적으로 의무이행을 강제할 수 있다(자력강제).

행정은 공익을 실현하는 작용이기 때문에 행정행위의 효력으로서 위와 같은 공정력, 존속력, 강제력과 같은 행정주체에게 우월한 지위를 부여하는 효력이 인정되고 있다.

Ⅲ. 권리·의무의 특수성

행정법관계에서는 공익을 위하여 개인의 권리가 제한되기도 하고, 권리가 곧 의무라는 상대적 성질을 가지는 경우가 적지 않다. 공익상 행정법관계의 조속확정의 필요성 때문에 권리의 소멸시효도 단기로 규정되기도 한다.

Ⅳ. 권리구제의 특수성

행정주체의 행정작용으로 인하여 침해된 권리에 대한 행정구제수단으로는 행정상 손해전보와 행정쟁송이 있다.

1. 행정상 손해전보

행정상 손해전보(損害塡補)는 행정작용으로 인하여 침해된 권리를 금전적으로 구제해 주는 것

16 ① 행정행위의 적법요건에는 주체·내용·형식·절차요건이 있다. 적법요건을 결여하면, 즉 적법요건을 갖추지 못하면 행정행위는 위법하다. ② 이 경우 '적법요건의 결여'를 행정행위의 '하자(흠)'라 부른다. ③ 하자의 효과로는 무효와 취소가 있는데, ④ 행정행위의 하자가 중대하고 명백하면 행정행위는 무효이고, 그렇지 않은 단순한 정도의 하자('단순위법의 하자'라고 부른다)가 있으면 행정행위를 취소할 수 있다. ⑤ '무효'는 처음부터 무효이고, 언제든지 무효를 주장할 수 있지만, 취소사유가 존재하더라도 처분청·감독청·행정심판위원회·법원 등 취소권한이 있는 기관이 취소할 때까지 행정행위는 유효하다(공정력).

을 말하는데, 행정상 손해배상과 행정상 손실보상이 있다.

행정상 손해배상은 위법한 직무행위로 인한 손해를 배상해 주는 제도로 이에 관한 일반법으로 국가배상법이 제정되어 있다.

행정상 손실보상은 적법한 재산권 침해로 인한 손실을 보상해 주는 제도로 이에 관한 일반법은 없고 토지보상법, 하천법 등의 개별법에 산발적으로 규정되고 있다.

2. 행정쟁송

행정쟁송은 공법상의 법률관계를 다투는 제도로 여기에는 행정심판위원회와 같은 행정기관이 재결로써 판정하는 행정심판과 법원이 판결로써 판정하는 행정소송이 있다. 행정쟁송에 대해서는 별도로 행정심판법과 행정소송법이 제정되어 있다.

행정심판법은 행정심판의 종류로 항고심판으로서 취소심판·무효등확인심판·의무이행심판만을 규정하고 있고(행심법 5), 행정소송법은 행정소송의 종류를 항고소송·당사자소송·기관소송·민중소송으로 규정하면서(행소법 3), 다시 항고소송의 종류를 취소소송·무효등확인소송·부작위위법확인소송으로 규정하고 있다(행소법 4).

행정쟁송의 체계

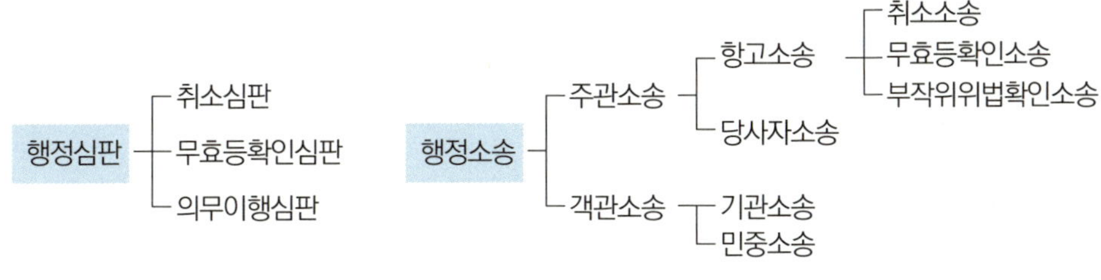

제5절 행정법관계에서의 공권

행정법관계는 행정주체와 그 상대방 사이의 행정상 권리의무에 관한 법관계이다. 행정법관계에서의 권리를 공권(公權)이라 하고, 의무를 공의무(公義務)라 한다. 공권은 다시 국가적 공권과 개인적 공권으로 나뉜다.

> ※ 참고: Recht(레히트) 개념의 이중적 성격
>
> 독일어 Recht는 권리 또는 법을 의미한다. Recht는 주관적으로는 '권리'이고, 객관적인 제도의 관점에서는 '법'을 말한다. 여기에서 권리는 다시 '사법상의 권리'와 '공법상의 권리'로 구분되고, 공법상의 권리는 다시 국가가 개인에 대하여 가지는 '국가적 공권'과 개인이 국가에 대하여 가지는 '개인적 공권'으로 구분할 수 있다.
>
> Recht ┬ 주관적 관점 → 권리 ┬ 私權
> │ └ 公權(↔公義務) ┬ 국가적 공권
> │ └ 개인적 공권
> └ 객관적 관점 → 법

국가적 공권은 행정주체가 사인에 대하여 가지는 공법상 권리를 말한다(예: 공법상 보조금 부정수급 반환청구권). 한편 권리(Recht)는 상대방의 의무를 전제로 하는 것이라는 점에서, 법에 의하여 어떠한 행위를 할 수 있는 능력인 권한(Kompetenz)[17]과 구별된다. 행정주체는 공익실현을 위하여 행정의 상대방에 대하여 각종 행정권한(경찰권, 통제권, 과세권 등)을 행사하는데, 이 권한행사의 과정이 곧 '행정작용'이다. 행정주체가 가지는 공권도 이 행정권한의 행사와 밀접한 관련이 있다. 행정권한의 행사와 행정주체의 권리에 대해서는 행정작용편에서 살펴볼 것이므로, 여기에서는 개인적 공권만을 설명하기로 한다.

Ⅰ. 개인적 공권의 의의

개인적 공권은 개인이 자기의 이익을 위하여 행정주체에 대하여 일정한 행위(작위·부작위·급부·수인)를 요구할 수 있는 공법상의 힘으로 정의할 수 있다.

행정심판법 제13조와 행정소송법 제12조는 행정심판의 청구인적격과 항고소송의 원고적격[18]에 관하여 규정하면서 "법률상 이익"이 있는 자가 쟁송을 제기할 수 있음을 규정하고 있다. 여기에서 '법률상 이익'은 '법에 의해서 보호되는 이익'으로 '공권'과 동의어로 이해되고 있다. 따라서 개인적 공권 문제는 곧 행정심판의 청구인적격 및 항고소송의 원고적격 문제이기도 하다.

---

17 예(시설개수를 명령할 수 있는 권한)
식품위생법 제74조(시설 개수명령 등) ① 식품의약품안전처장, 시·도지사 또는 시장·군수·구청장은 영업시설이 제36조에 따른 시설기준에 맞지 아니한 경우에는 기간을 정하여 그 영업자에게 시설을 개수(改修)할 것을 명할 수 있다.

18 여기에서 '적격(適格)'은 '알맞은 자격'을 의미하는 쟁송법적 용어이다. 즉 행정심판을 청구할 수 있는 자격, 항고소송을 제기할 수 있는 자격을 말한다.

II. 개인적 공권의 성립요건

개인적 공권의 성립요건은 세 가지인데, 이를 뷜러(Bühler)의 3요소라고 한다.

1. 강행규범에 의한 의무의 존재

권리는 의무를 전제로 하므로, 공권이 성립하려면 먼저 행정법상 **강행규범에 의하여 행정주체에게 일정한 의무**(작위·부작위·급부·수인)가 있어야 한다.[19] 여기에서 강행규범은 법령(법률·법규명령)·자치법규(조례·규칙)를 포함한다.

기속행위의 경우 행정주체는 법이 정한대로 집행하여야 할 의무가 있고, 재량행위의 경우 행정주체에게는 재량권한이 있기는 하지만, 이 경우에도 법치행정의 원칙상 행정주체는 이를 '적법하게 행사하여야 할 의무(재량권을 일탈·남용하지 말아야 할 의무)'가 있다.[20]

2. 강행규범의 사익보호성(개인이익의 보호)

행정주체에게 의무를 부과하는 강행규정이 공익만을 보호하는 것이 아니라 개인의 이익도 보호하는 경우이어야 한다. 즉 개인의 이익이 법에 의하여 보호될 때 비로소 공권이 성립할 수 있다. 이를 **강행규범의 사익보호성**(私益保護性)이라 한다.[21] 이와 같이 공권의 성립 여부를 규범의 보호 여부에 따라 결정하는 이론을 보호규범이론(Schutznormtheorie)이라 한다.

3. 의사력(Willenmacht) 내지 법상의 힘(Rechtsmacht)의 존재

개인적 공권이 성립하려면 강행규범에 의하여 보호되는 이익을 소송을 통하여 실현할 수 있는 의사력 내지 법률상의 힘이 있어야 한다. 즉 공권이 침해되었을 때 이에 대한 법적 구제수단이 존재하여야 한다. 이러한 점에서 의사력은 공권의 실현수단을 의미한다.

---

19 예(법이 정한 대로 따라야 하는 강행규정에 의한 국세환급금 결정의무)
국세기본법 제51조(국세환급금의 충당과 환급) ① 세무서장은 납세의무자가 국세 및 강제징수비로서 납부한 금액 중 잘못 납부하거나 초과하여 납부한 금액이 있거나 세법에 따라 환급하여야 할 환급세액이 있을 때에는 즉시 그 잘못 납부한 금액, 초과하여 납부한 금액 또는 환급세액을 국세환급금으로 결정하여야 한다.

20 이에 대해서 상세는 무하자재량행사청구권 및 재량행위 참조.

21 예컨대, 국토계획법(76 ①) 및 시행령(71 ① 1호 별표 2)은 용도지역별로 건축이 가능한 건축물을 규정하고 있는데, 이는 건축질서 확립이라는 공익을 보호하기 위한 것이면서 동시에 용도에 적합한 생활권(사익)을 보호하기 위한 것이기도 하다.
예를 들어, 제1종 전용주거지역에 사는 주민 甲은 이 용도에 적합한 생활권이 법에 의하여 보호되고 있기 때문에 행정청에 대하여 이 용도에 적합한 건축물의 건축만 허용하도록 요구할 수 있는 권리가 있다. 만약 행정청이 乙에 대하여 허용되지 않는 건축허가(예: 공장건축허가)를 하게 되면 甲은 제1종 전용주거지역에서의 생활권 침해를 근거로 취소쟁송의 청구인적격·원고적격이 인정된다.

공권 성립의 제3요소인 의사력은 행정소송이 제한되었던 과거에는 의미가 있었지만, 국민의 재판청구권(헌법 27)이 보장되고 널리 행정소송이 가능한 오늘날에는 그 과거의 의미를 상실하게 되었다.

※ 참고: 기본권과 공권과의 관계

헌법은 국민의 기본권을 보장하고 있는데, 이에 따라 행정법이 기본권의 내용과 범위를 구체화함으로써 공권이 성립한다.[22] 이처럼 헌법상 기본권은 공권의 도출 근거가 되는데, 이와 같은 기본권과 공권과의 관계는 기본권의 성질에 따라 달리 파악하여야 한다.

(i) 헌법상의 **사회권적 기본권·청구권적 기본권**은 적극적 기본권으로서, 이들 기본권으로부터 직접 공권이 성립하려면 법령의 구체적인 규정이 필요하다.

판례 > 사회적 기본권은 법률에 의하여 구체적인 권리로서 확정되는지 여부

"사회적 기본권의 성격을 가지는 연금수급권은 국가에 대하여 적극적으로 급부를 요구하는 것이므로 헌법규정만으로는 이를 실현할 수 없고, 법률에 의한 형성을 필요로 한다. 연금수급권의 구체적 내용, 즉 수급요건, 수급권자의 범위, 급여금액 등은 법률에 의하여 비로소 확정된다(헌재결 1999.4.29, 97헌마333)."

(ii) 그러나 소극적인 방어권인 헌법상의 **자유권적 기본권**은 법률의 규정에 의하여 비로소 그 내용이 창설되는 것이 아니므로, 이들 기본권은 -사회권적 기본권이나 청구권적 기본권과는 달리- 법령으로 구체화되지 않더라도 직접 공권이 성립할 수 있다.

판례 > 자유권이 곧 법률상 이익인지 여부

"행정처분의 직접 상대방이 아닌 제3자라도 당해처분의 취소를 구할 법률상 이익이 있는 경우에는 행정소송을 제기할 수 있다. 이 사건에서 보건대 … 청구인의 기본권인 경쟁의 자유가 바로 행정청의 지정행위의 취소를 구할 법률상 이익이 된다 할 것이다(헌재결 1998.4.30, 97헌마141)."

예컨대, 행정청이 건축허가나 영업허가를 거부하는 처분을 한 경우에, 건축법이나 식품위생법에서 허

22 예컨대, 헌법은 표현의 자유(헌법 21)에 근거하여 -헌법에 열거되지 아니한 기본권으로서- '국민의 알권리'를 보장하는데, 이 '추상적인 알권리'는 '행정정보공개법'에서 공개 및 비공개 대상정보를 규정함으로써 비로소 '법이 정한 공개정보를 공개해 줄 것을 요청할 수 있는, 구체적인 공권'이 된다.

가의 거부처분(침익처분)에 대하여 취소심판이나 취소소송을 제기할 수 있다는 규정을 굳이 두고 있지 않더라도, 건축의 자유 또는 영업의 자유라는 헌법상 자유권이 침해되었음을 이유로 취소쟁송의 청구인적격·원고적격이 인정된다. 왜냐하면 헌법상 자유권은 곧 공권이기도 하기 때문이다. 이와 같이 침익처분의 상대방은 관련법령에 의한 공권의 침해를 이유로 또는 관련규정이 없더라도 침해의 배제를 내용으로 하는 자유권의 침해를 이유로 청구인적격·원고적격이 인정된다고 하는 이론을 '(침익처분의) **상대방이론**'이라고 한다.

판례 > 침익처분의 상대방에게 원고적격이 인정되는지 여부

"항고소송은 처분 등의 취소 또는 무효확인을 구할 법률상 이익이 있는 자가 제기할 수 있고(행정소송법 제12조, 제35조), 불이익처분의 상대방은 직접 개인적 이익의 침해를 받은 자로서 원고적격이 인정된다(대판 2018.3.27, 2015두47492)."

Ⅲ. 공권과 법적 보호이익·보호가치 있는 이익·반사적 이익의 구별

1. 법적 보호이익

행정소송법 제12조(행심법 제13조)는 '**법률상 이익**'이 있는 자가 취소소송을 제기할 수 있다고 규정하고 있다. 판례는 '법률상 이익'을 '**법에 의해서 보호되는 이익**(법적 보호이익)'으로 보고 있는데, 공권은 원래 법에 의하여 보호되는 이익(공권성립의 제2요소인 사익보호성 참조)이므로, 결국 공권·법률상 이익·법적 보호이익은 -표현상의 차이일 뿐- 같은 말이다.

2. 보호가치 있는 이익

'보호가치 있는 이익'은 법적 보호 이익은 아니지만 '법적으로 보호할 가치가 있는 이익'으로 이 이익이 침해된 경우도 원고적격을 인정하자는 견해가 있다. 즉 원고적격을 보호가치이익으로 보다 넓히려는 견해이다. 그러나 '법률상 이익'을 '법적으로 보호되는 이익'으로 이해하는 현행법의 해석상, 보호가치 있는 이익의 침해로 원고적격이 인정되기는 어렵다.

3. 반사적 이익

법이 행정주체 또는 제3자에게 일정한 의무를 부과하고 있는 결과로 개인이 누리게 되는 이익을 '**반사적 이익**(사실상의 이익)'이라 한다.[23] 행정소송법 제12조(행심법 제13조)에 규정된 '법

23 예를 들면, ① 특정영업에 대한 새로운 진입규제로 기존 영업자가 누리는 영업상 이익, ② 고층건물의 개발제한으로 인근의 제3자가 받는 조망·환경 등의 이익, ③ 지역개발행위로 지역민들이 누리는 이

률상 이익'은 법으로 보호되는 이익을 의미하므로, 반사적 이익은 여기에 포함되지 않는다. 따라서 반사적 이익이 침해되더라도 원고적격이 인정되지 않는다.

Ⅳ. 개인적 공권의 확대화 경향

1. 공권의 확대

오늘날에는 과거 단순한 반사적 이익으로 보았던 이익들이 점차 개인적 공권으로 전환되는 등 개인적 공권은 그 인정범위가 점차 확대되고 있다. 이는 특히 규범의 사익보호성에 대한 해석의 문제로, 오늘날은 법규범의 취지나 목적을 고려한 목적론적 해석방법[24]을 통하여 사익보호성을 해석함으로써 개인적 공권을 인정하려는 경향에 있다.

2. 사익보호성의 해석과 제3자보호의 문제

이와 같은 개인적 공권의 확대는 인근주민 혹은 경쟁관계에 있는 자 등 제3자보호의 문제와 밀접한 관련이 있다. 즉 공권의 인정 문제는 곧 취소소송의 원고적격 인정 문제인데, 침익처분의 상대방은 언제나 원고적격이 인정되기 때문에(상대방이론), 결국 원고적격의 인정문제는 제3자효 행정행위에 있어서의 **제3자에게 원고적격이 인정되는가** 하는 문제가 된다.[25] 이러한 제3자보호 유형으로는 이웃소송, 경쟁자소송, 경원자소송이 있다.

(1) 이웃소송

이웃소송은 특정인에게 발급된 수익적 행정행위가 특정인과 이웃하는 제3자에게 침익적 효과를 가져오는 경우 제3자가 공권 침해를 이유로 행정소송으로 수익적 행정행위를 다투는 유형을 말한다. 이를 린인소송(隣人訴訟)이라고도 한다.

익 등을 들 수 있다.

24 목적론적 해석방법이란 가급적 법이 규정하고자 하는 목적이나 취지에 맞게 해석하는 방법을 말한다. 예컨대, 국토계획법령의 목적이나 취지를 고려하여, 동법이 용도지역별로 건축이 가능한 건축물을 규정하는 것은 '건축질서 확립'이라는 공익뿐 아니라 '용도에 적합한 생활권(사익)'도 아울러 보호하기 위한 것이라고 해석하는 것을 말한다.

25 '제3자효 행정행위'란, 예컨대 甲에 대한 공장설립허가가 甲에게는 '수익적'이지만, 주거지역에 거주하는 인근주민 乙에게는 '침익적'인 것처럼, 상대방에게는 수익적 효과, 제3자에게는 침익적 효과를 발생시키는 행정행위를 말한다.
이 경우 乙이 甲에게 발급된 허가의 취소를 구하는 소송을 제기할 원고적격을 가지는가 하는 것이 문제될 것이다. 과거에는 '인근에 공장 등이 설립되지 않아 乙이 누린 평온한 생활'을 일종의 반사적 이익으로 보았는데, 오늘날은 관련 법령의 목적론적 해석에 따라 이를 '주거지역이라는 용도지역에 적합한 乙의 생활권(공권)'으로 이해하고, 乙은 인근에 공장이 설립됨으로 인하여 법에 의하여 보호되는 생활권이 침해되었음을 이유로 설립허가취소소송의 원고적격을 가지게 되는 것이다.

과거에는 행정규제 등으로 인하여 제3자가 누리는 이익을 반사적 이익으로 보았으나 오늘날은 관련규범의 목적론적 해석을 통하여 공권을 인정하는 경향으로 나아가고 있다.

판례 > 연탄공장 건축허가처분취소소송

> "주거지역 안에서는 거주의 안녕과 건전한 생활환경의 보호를 해치는 모든 건축이 금지되고 있을 뿐 아니라 주거지역내에 거주하는 사람이 받는 위와 같은 보호이익은 법률에 의하여 보호되는 이익이라고 할 것이므로 주거지역내에 위 법조 소정 제한면적을 초과한 연탄공장 건축허가처분으로 불이익을 받고 있는 제3거주자는 비록 당해 행정처분의 상대자가 아니라 하더라도 그 행정처분으로 말미암아 위와 같은 법률에 의하여 보호되는 이익을 침해받고 있다면 당해행정 처분의 취소를 소구하여 그 당부의 판단을 받을 법률상의 자격이 있다(대판 1975.5.13, 73누96, 97).

(2) 경쟁자소송

경쟁자소송이란 경쟁관계에 있는 기존업자와 신규업자 사이에서 기존업자가 신규업자에게 발급된 면허나 허가 등을 행정소송으로 다투는 유형을 말한다.[26]

판례는 경쟁자소송에서 관련법의 규정이 공익뿐만 아니라 기존업자의 이해관계(과다경쟁으로 인한 경영의 불합리)도 보호하고자 하는 취지인가를 중요한 판단기준으로 삼고 있다.

판례 > 노선연장인가처분취소소송

> "자동차운수사업법(현 여객자동차운수사업법)에서 당해 사업계획이 당해 노선 또는 사업구역의 수송수요와 수송력 공급에 적합할 것을 면허의 기준으로 한 것은 주로 자동차 운수사업에 관한 질서를 확립하고 자동차운수의 종합적인 발달을 도모하여 공공복리의 증진을 목적으로 하고 있으며, 동시에, 한편으로는 입자간의 경쟁으로 인한 경영의 불합리를 미리 방지하는 것이 공공의 복리를 위하여 필요하므로 면허조건을 제한하여 기존업자의 경영의 합리화를 보호하자는 데도 그 목적이 있다할 것이다. 따라서 이러한 기존업자의 이익은 단순한 사실상의 이익이 아니고, 법에 의하여 보호되는 이익이라고 해석된다(대판 1974.4.9, 73누173)."

(3) 경원자소송

경원자소송은 여러 사람이 수익처분을 신청하여 서로 경원(競願)관계에 있는 경우 특정인에

26 예컨대, 甲은 1번 시내버스 운송사업자인데, 최근 乙이 1번과 거의 동일한 노선으로 2번 시내버스 운송사업면허를 받은 경우 이 면허는 甲에 대하여는 '침익적'이므로 甲이 乙이 받은 면허에 대한 취소소송을 제기하는 경우를 말한다.

대한 수익처분을 처분을 받지 못한 다른 신청자가 행정소송으로 다투는 유형을 말한다.[27]

판례는 경원관계가 존재하면 결과적으로 신청이 거부된 경원자에게 수익처분을 다툴 법률상의 이익이 있는 것으로 보고 있다.

판례 > 경원자소송에서의 원고적격

> "수익적 행정처분을 신청한 여러 사람이 서로 경원관계에 있어서 한 사람에 대한 허가 등 처분이 다른 사람에 대한 불허가 등으로 귀결될 수밖에 없을 때 허가 등 처분을 받지 못한 사람은 신청에 대한 거부처분의 직접 상대방으로서 원칙적으로 자신에 대한 거부처분의 취소를 구할 원고적격이 있다(대판 2015.10.29, 2013두27517)."

V. 행정법관계에서의 개인의 지위 강화

오늘날 행정에 대한 개인의 영향력이 점차 증가하면서, 법령 등의 제정으로, 예컨대 무하자재량행사청구권·행정개입청구권·청문권·정보공개청구권·문서열람청구권·계획보장청구권·각종 참여권 등, 공법영역에서의 개인적 공권이 날로 늘어나고 있다. 아래에서는 대표적으로 무하자재량행사청구권과 행정개입청구권에 관하여 살펴본다.

1. 무하자재량행사청구권

1. 의의
2. 성립요건
① 행정청의 의무 존재
② 사익보호성
3. 인정 여부에 관한 학설
① 부정설(독자성 부인설)
② 긍정설
③ 결어: 긍정설 타당

(1) 의의

일반적으로 법은 요건규정과 효과규정으로 구성되는데,[28] 법이 정한 일정한 요건에 해당하

27 경쟁지원하는 경원관계에서의 소송으로, 예컨대 1개의 개발사업면허를 두고 5인이 신청했는데, 최종적으로 甲이 면허를 받았고, 이에 면허를 받지 못한 乙이 甲의 면허에 대한 취소소송을 제기하는 경우를 말한다.

28 예컨대, 도로교통법 제93조에 따르면, 지방경찰청장은 운전면허를 받은 자가 도로교통법을 위반한 경우에는(요건규정), 운전면허를 취소하거나 1년 이내의 범위에서 운전면허의 효력을 정지할 수 있다(효과규정). 그러나 운전자가 경찰공무원의 음주측정에 불응하는 경우에는(요건규정), 운전면허를 취소하여야 한다(효과규정).

는 경우, 행정청으로 하여금 반드시 법이 정한 효과를 부여하도록 하는 경우(예: 면허를 취소하여야 한다)를 기속행위라 하고, 효과규정이 가능규정으로 되어 있어(예: 면허를 취소하거나 정지할 수 있다) 행정청의 입장에서 효과를 부여하거나(결정재량) 여러 개의 법적 효과 가운데 어느 하나를 선택할 수 있는 형성의 여지(선택재량)를 가지는 경우를 재량행위라 한다.

과거에는 재량행위의 경우 행정청에게 의무(공권성립의 제1요소)가 없다고 보았기 때문에 재량행위에 대한 공권이 인정되지 않았다. 그러나 오늘날 행정청의 재량권 행사에는 재량권을 일탈·남용하지 말아야 하는 '**재량권행사의 한계**'가 있다는 이해가 일반화되었다. 이에 따라 행정청은 '하자 없는 재량행사를 하여야 할 법적 의무'가 있게 되었고, 이와 같은 의무에 대응하여 개인에게는 '하자 없는 재량행사를 청구할 수 있는 권리(공권)'가 인정되게 되었다(좁은 의미의 무하자재량행사청구권).

하지만 이 청구권은 '적법한 재량행사'라는 형식만을 요구할 뿐 내용이 특정된 구체적인 처분을 요구하는 권리는 아니다.[29] 이러한 의미에서 독일에서는 이를 '**형식적 공권**'이라 부른다.[30]

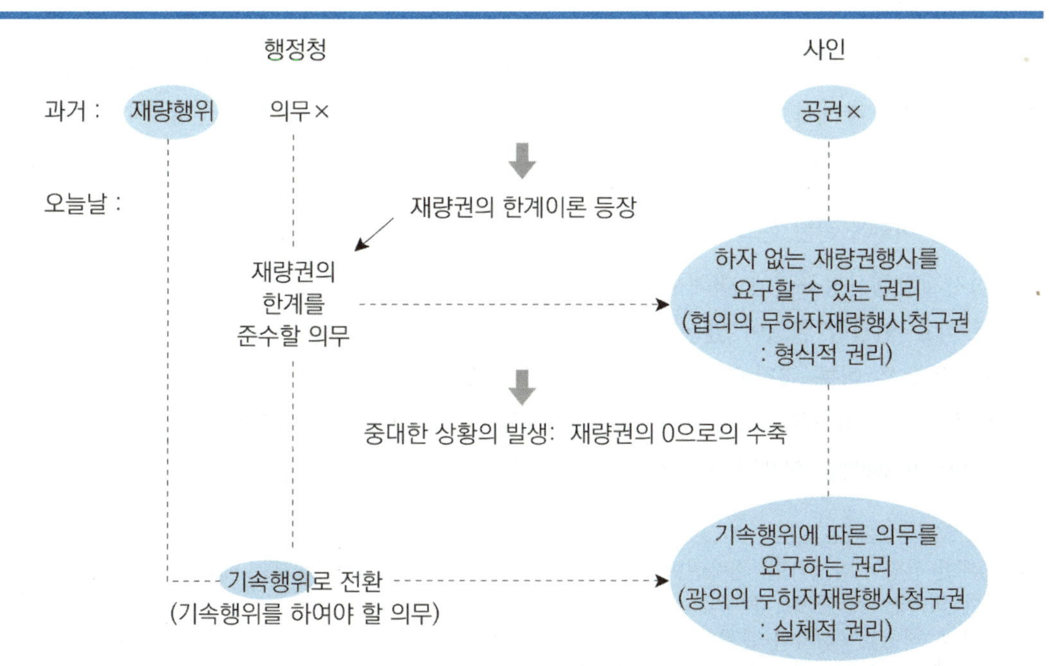

29 예컨대, 甲이 하천에서 골재를 채취하려고 하천법에 따라 하천점용허가을 신청하였는데, 하천점용허가는 재량행위이므로, 이 경우 甲은 하천관리청이 일탈·남용이 없는 재량권행사를 할 것을 요구할 수는 있어도, 법적으로 본인에게 하천점용허가를 발급해 줄 것을 요구할 수는 없다.

30 여기에서 '형식적'이라는 의미는 권리의 '실체(예: 점용허가의 발급)' 없이 단지 '재량한계의 준수'라는 '형식'만을 요구한다는 의미이다.

그러나 만약 중대한 상황이 발생하면 행정청의 재량권이 없어지는데(재량권의 0으로의 수축),[31] 재량권이 없어지게 되면 재량행위는 기속행위로 전환되는 것이므로, 행정청에게는 이제 구체적인 처분을 하여야 할 의무가 있게 된다. 이로써 –좁은 의미의- '형식적' 무하자재량행사청구권은 '재량권의 0으로의 수축'을 통하여 특정 처분을 요구하는 '실체적 청구권으로 전환'된다(넓은 의미의 무하자재량행사청구권).[32]

(2) 성립요건

무하자재량행사청구권도 공권이므로 공권으로서의 성립요건을 갖추어야 한다.

1) 행정청의 의무의 존재

무하자재량행사청구권은 재량행위에 대하여 인정되는 공권이므로, 여기에서의 행정청의 의무는 '재량권의 한계를 준수하여야 할 법적 의무'를 말한다. 그러나 재량권이 0으로 수축하는 경우에는 기속행위로 전환되므로, 이 의무는 '특정처분을 하여야 할 의무'가 된다.

2) 사익보호성

무하자재량행사청구권도 공권이므로 재량행위에 관한 규정이 개인의 이익도 보호하는 경우에만 인정된다. 따라서 개인의 이익이 보호되지 않는 경우에는 청구권이 인정되지 않는다(일반적인 무하자재량행사청구권의 부인).[33]

(3) 인정 여부에 관한 논의

무하자재량행사청구권에 대해서는 실체적인 내용이 있는 권리가 아닌 '형식적인 권리'를 공권으로 따로 인정할 실익이 있는가 하는 점에서 이 관념을 부인하는 견해도 있었으나, 오늘날 대다수학자들은 이를 긍정하고 있다. 특히 무하자재량행사청구권은 소극적인 방어권이 아니라 '적극적으로 적법한 재량행사를 요구하는 권리'라는 점, 나아가 재량권이 0으로 수축되면 구체적인 처분을 요구하는 '실체적 청구권'으로 전환된다는 점에서 충분히 이를 인정할 실익이 있다.

---

31 '중대한 상황이 발생하면' 재량권이 수축되는데, '중대한 상황'의 인정 여부는 해석의 문제이다. 독일 판례에 의하면 '개인차고 앞 주차', '과도한 소음' 등이 이에 해당한다.

32 예컨대, 하천점용허가와 관련하여, 점용에 필요한 모든 요건을 갖추었고 여기에 골재품귀현상과 같은 사회적으로 중대한 상황이 발생하여 하천관리청의 재량권은 0으로 수축되면, 다른 공익이나 제3자의 권리를 침해하는 것이 아닌 한, 하천관리청은 甲에게 점용허가를 발급하여야 할 의무가 있고 甲은 점용허가의 발급을 요구할 권리가 있게 된다. 즉 이제는 '점용허가의 발급'이라는 실체(實體)가 있는 청구권이 되었다는 의미이다.

33 예컨대, 골재채취를 하기 위하여 하천점용허가를 신청한 甲에게만 인정되는 것이지, 하천점용허가가 재량행위라고 해서 이 점용허가와 관련이 없는 어느 누구(일반)나 청구권을 주장할 수 있는 것은 아니라는 것이다.

한편 판례가 무하자재량행사청구권을 적극적으로 언급하고 있지는 않지만, 검사임용거부처분에 관한 아래의 판례는 이 법리를 수용하고 있는 것으로 보인다.

판례 > 검사임용거부처분의 항고소송대상 여부

"검사의 임용에 있어서 … 적어도 재량권의 한계일탈이나 남용이 없는 위법하지 않은 응답을 할 의무가 임용권자에 있고 이에 대응하여 재량권의 한계일탈이나 남용이 없는 적법한 응답을 요구할 권리가 있다고 할 것이며, 이러한 응답의무에 기하여 재량권남용의 위법한 거부처분에 대하여는 항고소송으로써 그 취소를 구할 수 있다고 보아야 하므로 임용신청자가 임용거부처분이 재량권을 남용한 위법한 처분이라고 주장하면서 그 취소를 구하는 경우에는 법원은 재량권남용 여부를 심리하여 본안에 대한 판단으로서 청구의 인용 여부를 가려야 한다(대판 1991.2.12, 90누5825)."[34]

2. 행정개입청구권*

1. 의의	① 행정청의 의무의 존재
2. 성립요건	② 사익보호성

(1) 의의

[사례] 대기환경보전법은 행정청의 개선명령에 관하여 규정하고 있다.[35] X도에 위치한 A공장에서 배출하는 오염물질로 인근 지역에 악취와 오염이 점점 심해지고 있다. 이 경우 인근 주민 甲은 도지사 乙에게 오염물질 배출을 규제해 달라고 요구할 수 있는 권리가 있는가?

행정개입청구권(경찰개입청구권)은 사인이 행정청에게 자기의 이익을 위하여 법률상 부여된 일정한 행정권의 발동(예컨대, 경찰의 개입, 제3자의 소음·오염행위 등에 대한 규제권 발동 등)을 요

* 법원행정고시(2008년), 사법시험(1995년), 사법시험(2013년), 입법고시(2011년), 행정고시(재경)(2006년), 5급공채(행정)(2014년), 5급공채(2018년).

34 검사의 임용은 임용권자의 재량행위인데, 이와 관련하여 판례는 '임용권자는 재량권의 한계를 준수하여 신청에 응답할 의무'가 있고 이에 대응하여 신청자는 '재량권의 한계일탈이나 남용이 없는 적법한 응답을 요구할 권리'가 있다고 하고 있는데, 여기에서의 권리가 바로 무하자재량행사청구권이다. 나아가 판례가 '재량권남용의 위법한 거부처분에 대하여 항고소송으로써 그 취소를 구할 수 있다'고 한 것은 무하자재량행사청구권은 공권이므로 공권이 침해되면 취소소송의 원고적격이 인정된다는 것을 의미한다.

35 대기환경보전법 제33조(개선명령) 기후에너지환경부장관 또는 시·도지사는 … 배출시설에서 나오는 오염물질의 정도가 … 배출허용기준을 초과한다고 인정하면 … 사업자에게 그 오염물질의 정도가 배출허용기준 이하로 내려가도록 필요한 조치를 취할 것(이하 "개선명령"이라 한다)을 명할 수 있다.

구하는 권리를 말한다.[36]

행정개입청구권은 무하자재량행사청구권을 기초로 하는 공권이다. 즉 행정청에게 부여된 공권력 발동권한(예: 개선명령)이 재량행위인 경우 행정청의 권한행사에 이해관계 있는 개인은 이에 대하여 무하자재량행사청구권을 가진다(예: 甲을 비롯한 인근 주민은 乙이 하자 없이 재량권 행사를 해 줄 것을 요구할 수 있을 뿐임). 그런데 중대한 상황이 발생하여 재량권이 0으로 수축되면(예: 악취와 오염이 심해짐), 구체적인 공권력의 발동 내지 행정규제를 요구하는 권리(예: 乙이 A공장에 대하여 개선명령을 할 것을 요구하는 권리)로 전환되는데, 이를 행정개입청구권이라 한다.

행정개입청구권은 단순히 개인의 권익침해를 배제해 줄 것을 요구하는 소극적 공권이 아니라, 행정청에 대하여 행정권을 발동해 줄 것을 요구하는 적극적 공권이다. 행정개입청구권은 (좁은 의미의) 무하자재량행사청구권과는 달리 형식적 청구권이 아니라 실체적 청구권이다.

(2) 성립요건

행정개입청구권도 공권이므로 공권으로서의 성립요건을 갖추어야 한다.

1) 행정청의 의무의 존재

행정청에게 행정권한을 발동할 의무가 있어야 한다. 법령에서 행정권 발동은 재량행위로 규정되어 있는 것이 일반적인데, 행정개입청구권이 성립하려면 중대한 상황이 발생하여 재량권이 수축됨으로써 행정청에게 이 권한을 발동할 의무가 존재하는 경우이어야 한다.

2) 사익보호성

행정권한을 부여하는 규정이 사익도 아울러 보호하고 있어야 한다(사익보호성). 따라서 법으로 보호되는 개인의 이익과 관련 없이 어느 누구에게나 행정개입청구권이 인정되는 것은 아니다(일반적인 행정개입청구권의 부인). 따라서 관련 규정의 목적론적 해석을 통하여 행정권한의 발동이 개인의 이익이 보호하고 있는 경우로 인정되어야 한다.[37]

---

36 '행정개입'이란 행정청이 국민들의 사생활영역에 개입, 다시 말하면 국민들을 위하여 공공복리, 안전보장, 질서유지 등을 위하여 행정권한을 발동하는 것(위 사례에서 甲을 포함한 인근 주민들의 생명, 건강 등을 보호하기 위하여 A공장에 개선명령을 부과하는 것)을 말한다. 이를 '경찰개입'이라고도 표현하는데, 여기에서 '경찰'의 의미는 '행정의 공공복리, 안전보장, 질서유지 등을 위한 행위'를 의미한다.

37 위 사례에서 대기환경보전법 제33조의 개선명령 규정은 환경보호를 위한 것도 있지만, 오염물질로 영향을 받게 되는 국민들의 생명, 신체, 건강 등을 보호하기 위한 것으로 해석하는 것이 합리적일 것이다. 甲의 경우는 직접 공해의 피해를 입고 있기 때문에 사익보호성이 인정되고, 따라서 행정개입청구권이 있다.

제6절 행정법관계에서의 사법규정의 적용

Ⅰ. 공법규정의 결여와 사법규정을 통한 보완

사법은 공법에 비하여 역사도 오래되었고 민법전·상법전 등으로 법전화[38]되어 있는 등 상대적으로 정교하고 체계적이다. 만약 행정법관계에 적용하여야 할 공법규정이 없는 경우 이를 사법규정의 적용을 통하여 보완할 수 있겠는가 하는 것이 문제이다.

과거 국가우월적 관점에서 이를 부정하는 견해도 있었지만, 오늘날은 행정법관계나 사법규정의 특성에 따라 제한적으로 가능하다고 보는 견해가 통설·판례이다.

Ⅱ. 행정법관계에서의 사법규정의 제한적 적용

1. 사법규정의 내용에 따른 제한적 적용

사법규정들을 그 내용에 따라 ① 법의 일반원칙에 관한 규정, ② 법기술적인 규정, ③ 순수 사법규정으로 분류해 볼 수 있다.

일반적으로 신의성실·권리남용금지와 같은 '법의 일반원칙'에 관한 규정이나 기간 ·시효·주소·사무관리·부당이득 등의 '법기술적인 규정'들은 행정법관계에도 적용될 수 있으나, 순수 사법규정은 경우에 따라서 적용이 제한될 수 있다.

2. 행정법관계의 유형에 따른 제한적 적용

권력관계와 비권력관계로 구분하여, ① 권력관계는 행정주체의 우월성이 인정되는 관계로 사법규정 중 순수 사법규정은 원칙적으로 여기에 적용되기 어려우나, ② 비권력관계는 관리관계·급부관계로서 본질적으로 사법관계와 유사한 측면이 있어 순수한 사법규정까지 적용될 수 있다.

그러나 이와 같은 구분은 유형에 따른 특성을 설명하는 것이지 확정적인 기준은 아니다. 결국 사법규정의 적용 여부는 법률관계의 구체적인 특성을 고려하여 개별 사안별로 결정되어야 할 것이다.

---

38 우리나라에 헌법, 민법, 형법, 상법 등과 같이 통일적이고 체계적인 일반법을 법전(法典)이라 부른다. 행정법은 다양한 행정영역을 규율하는 수많은 개별법만 존재할 뿐 아직 일반적인 행정법전이 없다는 점이 행정법의 특색이기도 하다.

Ⅲ. 적용 예

1. 기간

기간이란 일정한 시간적 간격으로서, 민법의 기간계산에 관한 규정(민법 156 - 161)은 법기술적인 것이므로 특별한 규정이 없는 한 행정법관계에도 적용된다.

행정기본법은 "행정에 관한 기간의 계산에 관하여는 이 법 또는 다른 법령등에 특별한 규정이 있는 경우를 제외하고는 민법을 준용한다(행정기본법 6 ①)."고 규정하고 있다. 행정기본법은 제6조에서 행정에 관한 기간의 계산을, 제7조에서는 법령등 시행일의 기간 계산을 규정하고 있다.

2. 시효

시효란 일정한 사실상태가 일정기간 계속된 경우에 그 상태를 진실한 권리관계로 인정하여 일정한 법률상의 효과를 부여하는 제도를 말한다. 이는 일정 기간 계속된 사실상태를 존중함으로써 법적 안정성을 도모하고자 하는 제도로, 소멸시효와 취득시효가 있다.

시효에 관한 사법규정은 법의 일반원칙 또는 법기술적인 규정으로 특별한 규정이 없는 한 행정법관계에도 적용될 수 있다. 다만 다음과 같은 행정법관계에서의 특수성이 있다.

먼저 소멸시효와 관련하여, 민법은 채권의 소멸시효를 10년으로 규정하고 있는데(민법 162), 공익실현을 목적으로 하는 행정법관계는 조속하게 확정할 필요가 있어 이를 단기로 규정하는 경우가 많다(예: 국가재정법 제96조는 금전채권의 소멸시효를 5년으로 규정).

그 다음으로 취득시효와 관련하여, 민법은 부동산을 20년간 소유의 의사로 평온·공연히 점유를 계속하면 점유자는 그 소유권을 취득한다고 규정하고 있는데(민법 245), 법에 의하여 보호·관리·처분되고 있는 공물의 특성상 공물에는 이 규정이 그대로 적용될 수 없다. 이에 따라 법에서도 행정재산은 시효취득의 대상이 되지 않음을 규정하고 있다(국유재산법 7 ②, 공유재산법 6 ②). 국·공유재산 중 일반재산은 시효취득의 대상이 될 수 있다.[39]

3. 주소

민법은 "생활의 근거되는 곳을 주소로 한다."고 규정하고 있지만(민법 18 ①), 주민등록법은

---

39 일반적으로 행정법에서 '국'과 '공'이 비교적으로 쓰일 때는 '국'은 국가, '공'은 지방자치단체를 의미한다. 따라서 '국·공유재산'이란 '국가 소유 재산'과 '지방자치단체 소유 재산'을 합친 말이다. 전자에 대해서는 국유재산법이, 후자에 대해서는 공유재산법이 제정되어 있다. 이 법들은 국·공유재산을 ① 행정목적으로 보유하고 있는 행정재산과 ② 그 밖의 일반재산으로 구분하고 있는데, 전자는 공법관계로 공법이 적용되고, 후자는 국고관계로 사법이 적용된다. 따라서 전자는 취득시효에 관한 민법규정이 적용되기 어렵지만, 후자는 사법관계이므로 적용될 수 있는 것이다.

"다른 법률에 특별한 규정이 없으면 이 법에 따른 주민등록지를 공법관계에서의 주소로 한다." 고 규정하고 있어(주민등록법 23 ①), 공법관계에서의 주소는 주민등록법에 따른 주민등록지가 된다. 민법상 복수의 주소가 인정되나(민법 18 ②), 주민등록법에 의한 공법상 주소는 1개라는 점도 차이가 있다.

제7절 공법행위

Ⅰ. 공법행위의 개념과 분류

공법행위는 일반적으로 행정법관계에서의 행위로서 공법적 효과를 발생·변경·소멸시키는 행위를 말한다.

공법행위는 주체에 따라 행정주체의 공법행위와 사인의 공법행위로, 권력성 유무에 따라 권력행위와 비권력행위로 구분할 수 있다. 또 당사자를 기준으로 행정주체의 일방 당사자의 의사표시로 성립하는 단독행위(독립적 단독행위·쌍방적 단독행위)[40]와 쌍방당사자의 의사표시의 합치로 성립하는 쌍방행위(공법상 계약·공법상 합동행위)[41]로 구분할 수도 있다. 이 가운데 '행정작용'에서 설명하는 것은 제외하고 사인의 공법행위만 살펴본다.

Ⅱ. 사인의 공법행위*

1. 의의

사인의 공법행위란 행정법관계에서 사인의 행위가 공법적 효과를 발생시키는 행위를 말한다.

2. 종류

사인의 공법행위는 행위의 효과에 따라 자기완결적 공법행위와 행위요건적 공법행위로 구분

---

* 5급공채(일반행정)(2012년).

40 독립적 단독행위는 행정주체가 일방적으로 행하는 행위(행정주체가 상대방에게 시정명령)이고, 쌍방적 단독행위는 상대방의 신청이나 동의와 같은 상대방의 협력이 필요한 단독행위(상대방의 허가신청에 대하여 행정주체가 허가)이다.

41 공법상 계약은 공법적 효과를 발생시키는 계약(예: 국가연구개발사업계약), 공법상 합동행위는 사인들 공공조합인 재개발사업조합을 설립하는 것과 같이 여러 의사표시의 합치로 성립하는 공법행위를 말한다.

할 수 있는데, ① 자기완결적 공법행위는 사인의 행위 그 자체로서 공법적 효과가 완성되는 행위를 말하고(예: 투표·출생신고 등), ② 행위요건적 공법행위는 사인의 행위가 행정청의 공법행위의 동기 또는 요건이 되는 행위를 말한다(예: 사인의 인허가 등 신청·공법상 계약에서의 청약 또는 승낙·행정심판의 청구·동의 ·행정절차에서의 협의 등).

3. 사인의 공법행위의 하자와 후속적 행정행위의 효력*

사인의 공법행위에 하자가 있는 경우 그에 따른 행정행위에 어떠한 영향을 미칠 것인가 하는 것이 문제인데, 통설에 따르면, ① 사인의 공법행위가 행정행위의 단순한 사실상의 동기인 경우에는 그 하자는 행정행위의 효력에 영향이 없고, ② 사인의 공법행위(예: 허가의 신청)가 행정행위(예: 허가)의 요건인 경우에는, 사인의 공법행위에 단순위법의 하자[42]가 있으면 행정행위는 원칙적으로 유효하고, 사인의 공법행위가 무효이거나 적법하게 철회[43]되었다면 이에 대한 행정행위도 무효가 된다고 보고 있다.

판례 > 사업양도·양수가 무효인 경우 이를 수리한 행위도 무효인지 여부

"사업양도·양수에 따른 허가관청의 지위승계신고의 수리는 적법한 사업의 양도·양수가 있었음을 전제로 하는 것이므로 그 수리대상인 사업양도·양수가 존재하지 아니하거나 무효인 때에는 수리를 하였다 하더라도 그 수리는 유효한 대상이 없는 것으로서 당연히 무효라 할 것이다(대판 2005.12.23, 2005두3554)."

4. 사인의 공법행위로서의 신고**

1. 신고의 개념
2. 신고의 법적 성질·처분성
(1) 자기완결적 공법행위로서의 신고(수리를 요하지 않는 신고)
1) 의의
2) 입법례

* 행정고시(일반행정)(2009년).

** 사법시험(2012년), 행정고시 약술(2005년), 5급공채(재경)(2011년).

42 일반적으로 적법요건의 '단순위법의 하자'는 취소사유, '중대·명백한 하자'는 무효사유이다.

43 철회는 행정청이 행정행위(처분)를 적법하게 한 이후에 사정이 변경되어 더 이상 행정행위를 유지하기 어려운 경우 그 행정행위의 효력을 소멸시키는 것을 말한다. 반면에 행정행위가 위법하여 행정청이 그 효력을 소멸시키는 것을 (직권)취소라 한다. 즉 취소는 위법한 행위, 철회는 적법한 행위의 효력을 소멸시킨다는 점에 큰 차이가 있다.

3) 법적 성질과 처분성
4) 판례(특히 건축신고에 관한 판례의 변경)
(2) 행위요건적 공법행위로서의 신고(수리를 요하는 신고)
1) 의의: 행정기본법 34
2) 입법례
3) 법적 성질과 처분성
4) 판례
5) 허가와의 구별
① 긍정설, ② 부정설, ③ 판례
3. 통설에 대한 비판적 견해
4. 신고에 관한 최근의 입법적 변화에 따른 구별

※ 수리를 요하는 건축신고에서의 수리의 법적 성질
1. 기속행위
2. 예외: 중대한 공익상의 필요

(1) 신고의 개념과 변화

사인의 공법행위로서의 신고는 본래 사인이 행정청에 일정한 사실을 알림으로써 공법적 효과가 발생하는 자기완결적 공법행위이다(예: 출생신고·혼인신고 등). 그런데 그동안의 정부의 규제완화정책에 따라 종래 허가의 대상이었던 것이 신고의 대상으로 바뀌면서, 이에 따라 현행법상으로는 ① 기존의 신고와 ② 허가가 완화된 신고가 '신고'라는 동일한 용어로 뒤섞여 사용되게 되었다.

이와 같은 현상이 발생함에 따라 판례와 일부 학설들은 신고를, 사인의 신고에 대한 행정청의 수리(受理)가 필요한지의 여부에 따라, ① 행정청에 일정한 사실을 알림으로써 효과가 발생하는 신고(자기완결적 공법행위로서의 신고 또는 수리를 요하지 않는 신고)와 ② 행정청에 일정한 사실을 알리고 행정청이 이를 수리함으로써 신고의 효과가 발생하는 신고(행위요건적 공법행위로서의 신고, 수리를 요하는 신고)로 구분하고 있다.

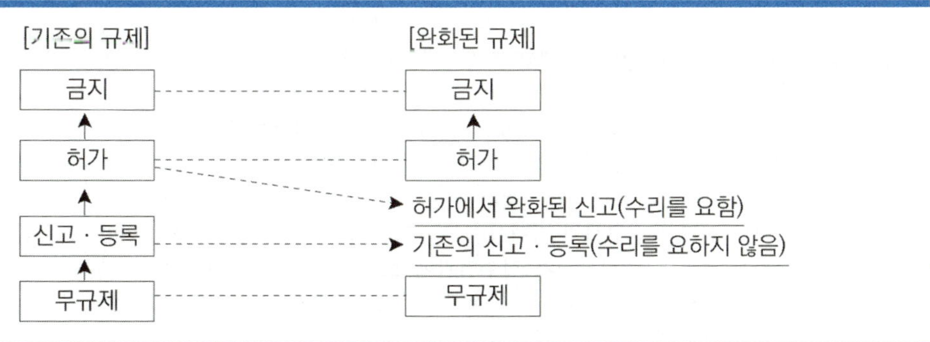

이상과 같은 변화에 따라 사인의 공법행위로서의 신고의 법리는 수리를 요하는지의 여부에 따라 법적인 성질이나 신고의 거부행위의 처분성 인정 등에서 차이가 발생하게 되었다. 따라서

사인의 공법행위 가운데 신고에 대해서는 별도로 검토가 필요하게 되었다.[44]

(2) 신고의 법적 성질·처분성

이하에서는 판례와 일부견해에 따라 두 종류의 신고에 대한 법적 성질과 처분성의 인정 여부에 관하여 검토한다.

1) 수리를 요하지 않는 신고(자기완결적 공법행위로서의 신고)

가. 의의

수리를 요하지 않는 신고는 행정청에 대한 사인의 신고가 행정청에 제출된 때 신고의 법적 효과가 발생하고 행정청의 별도의 수리가 필요하지 않은 신고를 말한다(예: 식품위생법 37 ④의 영업신고, 공중위생관리법 3의 공중위생영업의 신고, 건축법 14의 건축신고 등).

나. 입법례

개별법 중에는, 예컨대, 수리를 요하지 않는 신고임을 분명히 하기 위하여, '일정한 신고가 신고서의 기재사항 및 첨부서류에 흠이 없고 법령 등에 규정된 형식상의 요건을 충족하는 경우에는 신고서가 접수기관에 도달된 때에 신고 의무가 이행된 것으로 본다'는 규정[45]을 두기도 한다.[46]

다. 법적 성질과 처분성(권리구제)

수리를 요하지 않는 신고는 신고 그 자체로 법적 효과가 발생하므로 행정청의 수리행위가 개입할 여지가 없어, 행정청이 사인의 신고를 받아주더라도 이는 단지 사실행위에 불과할 뿐 **행정쟁송법상 처분이 아니다.**[47] 따라서 행정청이 신고를 거부하더라도 이 또한 마찬가지로 사

---

44 판례와 일부견해에 따르면 ① 수리를 요하지 않는 신고, ② 수리를 요하는 신고, ③ 허가가 각각 구분된다는 것인데, 과연 그 구분기준이 명확한지, 그리고 실제로 구분할 필요성이 있는지 등에 관하여 상당히 많은 비판이 제기되고 있다. 실제로 ①과 ③의 구별은 상대적으로 용이하지만, ①과 ② 사이 및 ②와 ③ 사이의 구별은 모호한 경우가 훨씬 많다. 동일 용어를 중복으로 사용하는 문제를 해결하기 위하여 이를 억지로 구분할 것이 아니라, 신고 정도의 완화된 규제가 필요하면 신고로, 이보다 규제 강화가 필요하면 허가로 용어를 명확히 구분하는 것이 '근본적인 해결'이다. 법은 가급적 쉽게 이해할 수 있어야 한다.

45 공간정보의 구축 및 관리 등에 관한 법률 제40조(측량기술자의 신고 등)
⑥ 제1항에 따른 신고가 신고서의 기재사항 및 구비서류에 흠이 없고, 관계 법령 등에 규정된 형식상의 요건을 충족하는 경우에는 신고서가 접수기관에 도달된 때에 신고된 것으로 본다.

46 예: 유선 및 도선 사업법 7, 화물자동차 운수사업법 3, 항공안전법 85, 항공사업법 62, 해양심층수의 개발 및 관리에 관한 법률 27, 양곡관리법 19 등.

47 '사실행위'란 행정청의 행위에 사실상의 결과만이 있을 뿐 아무런 법적 효과가 없는 행위를 말한다(행정청이 행하는 시설설치행위, 금전지급행위, 단순한 정보제공행위 등). 반면에 처분(행정행위)은 원칙적으로는 행정법관계의 발생·변경·소멸 등의 법적 효과를 발생시키는 행위를 말한다. 항고쟁송은 처분만을 대상으로 하기 때문에, 사실행위에 대해서는 항고쟁송을 제기할 수 없다.

실행위에 불과하다.

라. 관련 판례

판례 > 체육시설의 설치·이용에 관한 법률에 의한 변경신고

> "체육시설의 설치·이용에 관한 법률 제18조에 의한 변경신고서는 그 신고 자체가 위법하거나 그 신고에 무효사유가 없는 한 이것이 도지사에게 제출하여 접수된 때에 신고가 있었다고 볼 것이고, 도지사의 수리행위가 있어야만 신고가 있었다고 볼 것은 아니다(대판 1993.7.6, 93마635)."

마. 건축신고에 관한 판례의 변경*

① 건축법은 건축허가(건축법 11)와 건축신고(건축법 14)를 규정하고 있다. 판례는 과거에는 **건축신고는 수리를 요하지 않는 신고**로 보아, 신고의 거부를 처분이 아니라고 하였다.

② 그러나 행정청이 신고를 거부하면 무신고로서 관련법에 따라 벌금형으로 처벌될 수 있음에도[48] 거부를 항고쟁송으로 다툴 수 없다는 것은 문제였다. 이에 따라 결국 2010년에 '**건축신고의 반려행위(거부행위)**는 항고소송의 대상이 된다'고 입장을 변경하였다.

판례 > 행정청의 건축신고 반려행위 또는 수리거부행위가 항고소송의 대상이 되는지 여부

> "건축신고 반려행위가 이루어진 단계에서 당사자로 하여금 반려행위의 적법성을 다투어 그 법적 불안을 해소한 다음 건축행위에 나아가도록 함으로써 장차 있을지도 모르는 위험에서 미리 벗어날 수 있도록 길을 열어 주고, 위법한 건축물의 양산과 그 철거를 둘러싼 분쟁을 조기에 근본적으로 해결할 수 있게 하는 것이 법치행정의 원리에 부합한다. 그러므로 이 사건 건축신고 반려행위는 항고소송의 대상이 된다고 보는 것이 옳다(대판 2010.11.18, 2008두167 전원합의체)."

③ 2011년에는 '건축법 제14조 제2항에 의하여 **인허가의제 효과를 수반하는 건축신고**'는 행정청이 '의제되는 **인허가**의 요건을 구비하였는지'를 심사를 한 후 수리하여야 하므로 '수리를 요하는 신고'라 하였다.

---

* 사법시험(2012년).

48 건축법 제111조(벌칙) 다음 각 호의 어느 하나에 해당하는 자는 5천만원 이하의 벌금에 처한다.
1. 제14조 … 에 따른 신고를 하지 아니하거나 거짓으로 신고하거나 신청한 자

※ 건축법

제11조(건축허가) ⑤ 제1항에 따른 건축허가를 받으면 다음 각 호의 허가 등을 … 받은 것으로 본다.

…

3. 국토의 계획 및 이용에 관한 법률 제56조에 따른 개발행위허가

…

제14조(건축신고) ② 제1항에 따른 건축신고에 관하여는 제11조 제5항 … 을 준용한다.

판례 > 인허가의제 효과를 수반하는 건축신고는 그 실체적 요건에 관한 심사를 한 후 수리하여야 하는 '수리를 요하는 신고'인지 여부

"인허가의제 효과를 수반하는 건축신고는 일반적인 건축신고와는 달리, 특별한 사정이 없는 한 행정청이 그 실체적 요건에 관한 심사(인허가의제사항 관련 법률에 따른 각각의 인허가 요건에 관한 일체의 심사)를 한 후 수리하여야 하는 이른바 '수리를 요하는 신고'로 보는 것이 옳다.
… (따라서) 국토계획법상의 개발행위허가로 의제되는 건축신고가 위와 같은 기준을 갖추지 못한 경우 행정청으로서는 이를 이유로 그 수리를 거부할 수 있다(대판 2011.1.20, 2010두14954 전원합의체)."

2) 수리를 요하는 신고(행위요건적 공법행위로서의 신고)*49

가. 의의

수리를 요하는 신고는 행정청이 수리함으로써 신고의 법적 효과가 발생하는 신고를 말한다(예: 외국환거래법 18의 외국환거래신고, 농지법 35의 농지전용신고, 수산업법 47의 어업신고, 주민등록법 8의 주민등록신고 등).

행정기본법은 "법령등으로 정하는 바에 따라 행정청에 일정한 사항을 통지하여야 하는 신고로서 법률에 신고의 수리가 필요하다고 명시되어 있는 경우(행정기관의 내부 업무 처리 절차로서 수리를 규정한 경우는 제외한다)에는 행정청이 수리하여야 효력이 발생한다(행정기본법 34)."고 하

* 사법시험(2015년), 행정고시(일반행정)(2005년), 행정고시(일반행정)(2009년).

49 '인허가의제'란, 예컨대 건물을 건축하는 데 여러 개의 법률에 따른 인가·허가·승인 등의 여러 행정청의 행위가 요구되는 경우, 국민의 편의·행정절차의 간소화를 위하여 주된 행위(예: 건축신고)만 하여 주된 행위가 받아들여지면, 법이 정한 관련된 인허가(예: 개발행위허가)를 받은 것으로 보는(의제) 제도를 말한다. 이 경우 건축신고가 있으면 신고를 받은 행정청은 의제될 개발행위허가의 요건을 갖추었는지를 심사(개발행위허가기관과 협의)한 후 신고의 받아들일지 여부를 결정하게 되는데, 인허가 등은 신고보다는 높은 단계의 규제인데 신고에 이와 같은 요건 구비 여부의 심사가 요구된다는 의미에서 '수리를 요하는 신고'로 보는 것이다.

여, '수리를 요하는 신고'를 규정하고 있다.

나. 입법례

개별법 중에는, 예컨대, 수리가 필요한 신고임을 분명히 하기 위하여, '일정 기간 내에 신고의 수리 여부를 당사자에게 통지하도록 하고, 이를 통지하지 않으면 신고를 수리한 것으로 간주'하는 규정[50]을 두기도 한다.[51]

다. 법적 성질과 처분성(권리구제)

① 신고의 수리에 따라 법적 효과가 발생하므로, 이 경우 수리 또는 수리거부는 법적인 행위로서 **행정쟁송법상의 처분**에 해당한다.[52]

② 수리는 허가와 마찬가지로 그 법적 성질은 **기속행위**이다. 따라서 신고요건을 갖추면 원칙적으로 행정청은 수리를 하여야 한다. 행정청은 '중대한 공익상의 필요가 있는 경우를 제외하고는 관련 법령에서 정한 신고요건 이외의 다른 사유를 들어 수리를 거부할 수 없다.'[53]

판례 > 숙박업신고의 경우 행정청이 법령이 정한 요건 외의 사유를 들어 수리를 거부할 수 있는 경우

"숙박업을 하고자 하는 자가 법령이 정하는 시설과 설비를 갖추고 행정청에 신고를 하면, 행정청은 공중위생관리법령의 위 규정에 따라 원칙적으로 이를 수리하여야 한다. 행정청이 법령이 정한 요건 이외의 사유를 들어 수리를 거부하는 것은 위 법령의 목적에 비추어 이를 거부해야 할 중대한 공익상의 필요가 있다는 등 특별한 사정이 있는 경우에 한한다(대판 2017.5.30, 2017두34087)."

---

50 여객자동차운수사업법 제10조(사업계획의 변경)
③ 국토교통부장관 또는 시·도지사는 제1항 단서 또는 제2항 단서에 따른 변경신고를 받은 날부터 국토교통부령으로 정하는 기간 내에 신고수리 여부를 신고인에게 통지하여야 한다.
④ 국토교통부장관 또는 시·도지사가 제3항에서 정한 기간 내에 신고수리 여부 또는 민원 처리 관련 법령에 따른 처리기간의 연장 여부를 신고인에게 통지하지 아니하면 그 기간이 끝난 날의 다음 날에 신고를 수리한 것으로 본다.

51 예: 석유 및 석유대체연료 사업법 10, 관광진흥법 31, 화물자동차 운수사업법 16, 폐기물관리법 25, 국유림의 경영 및 관리에 관한 법률 9, 건설기계관리법 5, 위생용품 관리법 3, 해양심층수의 개발 및 관리에 관한 법률 20, 내수면어업법 11, 인쇄문화산업 진흥법 12 등.

52 수리를 요하는 신고에 관한 규정으로는 외국환거래법 제18조의 외국환거래신고, 농지법 제35조에 의한 농지의 전용신고, 수산업법 제48조에 의한 어업신고, 주민등록법 제8조에 의한 주민등록신고 등을 들 수 있다.

53 '중대한 공익상의 필요가 있는 경우를 제외하고는 관련 법령에서 정한 신고요건 이외의 다른 사유를 들어 수리를 거부할 수 없다.'는 표현은 허가와 관련된 판례의 표현과 동일하다. 허가도 기속행위이므로, 법정요건을 갖추면 행정청은 허가를 하여야 할 기속을 받는다. 다만 중대한 공익상의 필요가 있으면, 예외적으로 허가를 거부할 수 있다. 결국 수리를 요하는 신고는 허가와 사실상 동일한 논리구조를 가지고 있다고 할 수 있다.

[관련 판례]
주민등록전입 신고(대판 2009.6.18, 2008두10997); 숙박업 신고(대판 2017.5.30, 2017두34087); 가설건축물 존치기간 연장신고(대판 2018.1.25, 2015두35116); 학원법에 따른 학교교과교습학원 등록(대판 2018.6.28, 2013두15774); 의료기관 개설신고(대판 2018.10.25, 2018두44302); 산지일시사용신고(대판 2022.11.30, 2022두50588) 등

③ 다만 판례는 -허가에서와 마찬가지로- 이러한 원칙에 대한 예외로 '중대한 공익상의 필요 등이 존재하면 법이 정한 신고요건 이외에 이러한 요인들을 실질적으로 심사하여 수리를 거부할 수 있다'고 하고 있다.

판례 > 중대한 공익상 필요가 있는 경우 건축신고의 수리를 거부할 수 있는지 여부(적극)

"건축허가권자는 건축신고가 건축법, 국토의 계획 및 이용에 관한 법률 등 관계 법령에서 정하는 명시적인 제한에 배치되지 않는 경우에도 건축을 허용하지 않아야 할 중대한 공익상 필요가 있는 경우에는 건축신고의 수리를 거부할 수 있다(대판 2019.10.31, 2017두74320)."

라. 관련 판례

① 판례는 '법률의 규정 또는 규정취지가 행정청으로 하여금 수리를 하도록 요구하고 있는 경우'를 '수리를 요하는 신고'로 보고 있다.

판례 > 수산업법상 어업신고

"(수산업법령의) 규정 취지에 비추어 보면, 수산업법 제44조 소정의 어업의 신고는 행정청의 수리에 의하여 비로소 그 효과가 발생하는 이른바 '수리를 요하는 신고'라고 할 것이다(대판 2000.5.26, 99다37382)."

판례 > 유통산업발전법상 대규모점포의 개설등록

"유통산업발전법 제8조 제1항은 대규모점포를 개설하고자 하는 자는 영업을 개시하기 전에 위 대규모점포의 종류에 따라 시장 등에게 개설 등록하도록 규정하고 있는데, … 대규모점포의 개설 등록은 이른바 '수리를 요하는 신고'로서 행정처분에 해당한다 … (대판 2015.11.19, 2015두295 전원합의체)."

판례 > 악취방지법상 악취배출시설 설치·운영신고

"(악취방지법 제8조 등 관련 규정상) 대도시의 장 등 관할 행정청은 악취배출시설 설치·운영신고의 수리 여부를 심사할 권한이 있다고 봄이 타당하다(대판 2022.9.7, 2020두40327)."

※ 2021.1.5. 악취방지법 제8조 제6항이 신설됨(⑥ 시·도지사 또는 대도시의 장은 제1항 또는 제5항에 따른 신고 또는 변경신고를 받은 경우 그 내용을 검토하여 이 법에 적합하면 신고를 수리하여야 한다)에 따라 수리를 요하는 신고임이 더욱 분명해짐

② 나아가 판례는 '신고에 관한 규정이 구체적인 권리의무에 직접적인 영향을 미치는 경우' 인지를 기준으로 삼고 있다.

판례 > 영업자지위승계신고

"(식품위생법에 따라) 영업양도에 따른 지위승계신고를 수리하는 허가관청의 행위는 … 실질에 있어서 양도자의 사업허가를 취소함과 아울러 양수자에게 적법히 사업을 할 수 있는 권리를 설정하여 주는 행위로서 사업허가자의 변경이라는 법률효과를 발생시키는 행위라고 할 것이고,…(대판 2001.2.9, 2000도2050)."

판례 > 식품위생법상 영업양도에 따른 지위승계 신고를 수리하는 행위의 법률효과

"식품위생법 제39조 제1항, 제3항에 의한 영업양도에 따른 지위승계 신고를 행정청이 수리하는 행위는 단순히 양도·양수인 사이에 이미 발생한 사법상의 영업양도의 법률효과에 의하여 양수인이 그 영업을 승계하였다는 사실의 신고를 접수하는 행위에 그치는 것이 아니라, 양도자에 대한 영업허가 등을 취소함과 아울러 양수자에게 적법하게 영업을 할 수 있는 지위를 설정하여 주는 행위로서 영업허가자 등의 변경이라는 법률효과를 발생시키는 행위이다(대판 2020.3.26, 2019두38830)."

마. 허가와의 구별

① 수리를 요하는 신고는 요건에 대한 형식적 심사만 하지만 허가는 실질적 심사도 하여야 한다는 점에서 양자가 구분된다는 구분긍정설과, ② 수리를 요하는 신고는 실질적으로 허가와 같은 성질을 가지고 있으므로 허가와 구별할 실익이 없다는 구별부정설이 있다. ③ 판례는 관념적으로 신고제와 허가제를 구분하고 있으나, 신고요건의 심사와 관련하여 경우에 따라서는 실질적 심사도 가능하다는 판례도 있다. ④ 생각건대, 수리를 요하는 신고는 '규제완화' 정책 때문에 불필요하게 만들어진 규제 단계로서 실제로는 '신고와 허가'로만 규제해도 충분한 점, 법정요건

에 대한 형식적·실질적 심사라는 구별이 모호하고 또한 제출된 서류만 심사하는지 실제로 그 요건을 갖추고 있는지까지 검사하는지는 개별사안에 대한 관계법령의 해석·적용의 문제이지 신고와 허가를 구분하는 '법적 기준'이 되어서는 안 된다[54]는 점 등에서 구별부정설이 타당하다.

판례 > 노동조합설립신고를 한 단체가 법정요건에 해당하는지를 실질적으로 심사할 수 있는지 여부 및 실질적 심사기준

"(노동조합법이 행정청으로 하여금) 설립신고를 한 단체에 대하여 (법정요건에) 해당하는지를 심사하도록 한 취지가 노동조합으로서의 실질적 요건을 갖추지 못한 노동조합의 난립을 방지함으로써 근로자의 자주적이고 민주적인 단결권 행사를 보장하려는 데 있는 점을 고려하면, 행정관청은 해당 단체가 노동조합법 제2조 제4호 각 목에 해당하는지 여부를 실질적으로 심사할 수 있다. 다만 행정관청에 광범위한 심사권한을 인정할 경우 행정관청의 심사가 자의적으로 이루어져 신고제가 사실상 허가제로 변질될 우려가 있는 점 … 등을 고려하면, 행정관청은 일단 제출된 설립신고서와 규약의 내용을 기준으로 … 해당 여부를 심사하되, … 문제된다고 볼 만한 객관적인 사정이 있는 경우에 한하여 설립신고서와 규약 내용 외의 사항에 대하여 실질적인 심사를 거쳐 반려 여부를 결정할 수 있다(대판 2014.4.10, 2011두6998)."

(3) 통설에 대한 비판적 견해

'수리를 요하지 않는 신고'와 '수리를 요하는 신고'를 구분하는 통설에 대해서는 ① 양자의 구별기준이 모호하다는 문제(구별기준의 부재 또는 모호성), ② 행정청이 신고를 받아들이는 행위를 일반적으로 '수리'라고 하는데, 이와 같은 사회통념적인 '수리' 개념을 도외시하고 있다는 문제(수리 개념의 불인정), ③ 양자를 구분함으로써 신고거부의 처분성을 부인하는 문제(신고거부의 처분성 부인)를 비판하는 견해가 많다. 나아가 수리를 요하는 신고에서의 수리는 사실상 완화된 허가라는 비판적인 견해들도 제시되고 있다.

(4) 신고에 관한 최근의 입법적 변화에 따른 구별

최근 일부 법률에서는 신고와 관련하여 ① '신고에 대한 수리'를 규정하거나(수리를 요하는 신고), ② '신고시 신고의 형식상의 요건을 충족하면 신고의무가 이행된 것으로 본다'는 규정(수리를 요하지 않는 신고)을 두는 입법적 개선이 이루어지고 있는데, 이는 신고에 수리를 요하는지 여부가 명확치 않다는 문제에 따라, 수리를 요하는지 아닌지를 보다 명확하게 규정하기 위한 것이다. 이에 따라 수리를 요하는 신고와 수리를 요하지 않는 신고를 구분할 수는 있겠지만,

54 제출된 서류로만 심사하는지(신고), 실제로 그 요건을 갖추었는지를 심사하는지(허가)는 실질을 도외시한 지나친 형식논리다. 크게 규제하지 않아도 되는 사안은 신고만 하도록 하고, 공공질서와 위험방지를 위해서 규제가 필요한 경우는 허가를 받도록 하는 것이 더 중요한 법원칙이다.

수리를 요하는 신고는 허가와 같은 것이라는 점에서 '법률에서 신고의 수리가 필요하다고 규정하면' 이는 곧 '수리를 요하는 신고'인 것인지에 대해서는 여전히 논란이 있다.

Ⅲ. 공법상 사무관리와 부당이득

1. 공법상의 사무관리

사무관리란 법률상의 의무 없이 타인의 사무를 관리하는 행위를 말한다(민법 734). 사무관리는 사법상의 개념이지만, 공법관계에서도 인정될 수 있다. 그 예로는 행정주체의 재난구호나 무의탁자의 보호·관리 등을 들 수 있는데, 특별한 규정이 없으면, 민법의 사무관리에 관한 규정은 공법상 사무관리에도 준용된다.

2. 공법상의 부당이득

(1) 의의 및 적용법규

부당이득이라 함은 법률상 원인 없이 타인의 재산 또는 노무로 인하여 이익을 얻고 이로 인하여 타인에게 손해를 끼치는 것을 말한다(민법 741). 부당이득은 사법상의 개념이지만, 예컨대 과세처분에 따른 납세 후에 과세처분이 취소된 경우(행정주체의 부당이득)나 허위로 요건을 갖추어 국가의 보조금을 수령한 경우(사인의 부당이득)와 같이 공법관계에서도 있을 수 있다. 개별법에서 공법상 부당이득에 관한 규정하기도 하는데(예: 국세기본법 51 - 54), 이러한 규정이 없는 경우에는 민법 규정이 준용될 수 있다.

(2) 공법상 부당이득반환청구권의 성질*

① 공권설	③ 판례: 사권설
② 사권설	

① **공법상 부당이득반환청구권**은 공법상의 원인에 의하여 발생한 결과를 조정하기 위한 것이기 때문에 공권이라는 공권설과 ② 부당이득제도는 순수하게 경제적 관점에서 인정되는 이해조절적 제도이므로 사권이라는 사권설이 있다. ③ 생각건대, 공·사법을 구별하는 한, 공법상 부당이득반환청구권은 공법상의 제도로서 공권이라고 보고 이에 관한 분쟁은 당사자소송[55]으로 해결하는 것이 타당하나, 판례는 사권설의 입장에서 이에 관한 소송도 민사소송으로 보고 있다.

* 변호사시험(2018년), 사법시험(2015년), 5급공채(재경)(2013년), 5급공채(2024년).

55 대등한 당사자들이 '사법상의 법률관계'를 다투는 소송은 민사소송이고, '공법상의 법률관계'를 다투는 소송은 당사자소송(행정소송 중 하나, 행소법 3 참조)이다.

제2편

행정조직법

제 1 장

개 설

제1절 행정조직법의 개념

행정조직법은 행정주체의 조직에 관한 법을 총칭하는 개념으로 이해하는 것이 일반적인 견해이다. 행정주체에는 ① 국가행정을 수행하는 국가(직접국가행정)와 ② 독립한 공법상 법인으로서 국가행정을 담당하는 공공단체(지방자치단체 · 공공조합 · 영조물법인 · 공법상의 재단)(간접국가행정), ③ 행정권한을 수탁한 공무수탁사인이 있는데, 사인을 행정조직에 포함시킬 수는 없으므로, 이렇게 보면 행정조직법은 국가 및 공공단체의 조직법으로 이해할 수 있다.

행정조직법은 우선 ① 국가행정조직법과 지방자치행정조직법으로 나뉜다. 지방자치행정조직법은 지방자치법에서 다룬다. ② 국가행정조직법은 직접국가행정조직법과 간접국가행정조직법으로 구분할 수 있다(지방자치행정조직법은 제외). ③ 직접국가행정조직법은 다시 (1) 국가의 중앙행정조직법과 (2) 국가의 지방행정조직법으로 구분할 수 있다. 중앙행정조직은 정부조직이다. 한편 국가도 지방행정조직이 필요한데, 이를 위하여 별도의 지방행정기관을 설치하지 않고 위임사무의 형태로 지방자치단체가 맡고 있으며, 이에 따라 국가의 특수 행정영역에서만 국가의 지방행정기관(특별지방행정기관. 예: 지방국토관리청, 지방해양수산청, 지방산림청 등)이 존재하고 있다.

행정조직법의 구성

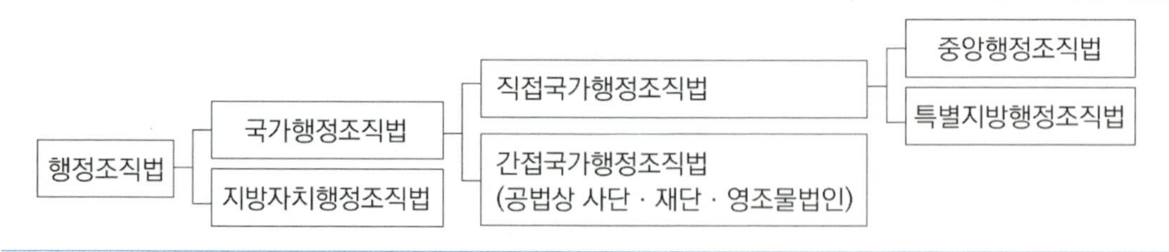

제2절 행정조직법정주의

오늘날 대부분의 현대적 법치국가에서는 입법에 의한 행정통제의 관점에서 행정조직의 기본사항을 법률로 정하도록 하고 있다(행정조직법정주의). 헌법 제96조는 "행정각부의 설치·조직과 직무범위는 법률로 정한다."고 하여 행정조직법정주의를 택하고 있고, 이에 따라 국가의 중앙행정조직의 일반법으로 정부조직법이 제정되어 시행되고 있다.

그 밖에도 헌법은 감사원(헌법 100), 선거관리위원회(헌법 114 ⑦), 국가안전보장회의(헌법 91 ③), 민주평화통일자문회의(헌법 92 ②), 국민경제자문회의(헌법 93 ②) 등의 조직·직무범위 등을 법률로 정하도록 하고 있고, 이에 따라 각 기관에 대한 개별법이 제정되어 있다.

한편 헌법은 지방자치단체의 종류(헌법 117 ②) 및 지방의회의 조직과 운영에 관한 사항(헌법 118 ②)을 법률로 정하도록 하고 있는데, 이에 따라 제정된 것이 지방자치에 관한 일반법인 지방자치법이다.

제3절 행정조직의 유형

행정조직은 대체로 다음의 몇 가지 유형으로 분류해 볼 수 있는데, ① 먼저 행정권한이 정부에 집중되어 있는가 지방에 분산되어 있는가에 따라 중앙집권형과 지방분권형으로 구분할 수 있고, 지방분권형의 경우에도 (1) 공법상 독립법인인 지방자치단체에 행정권의 일부를 이양하는 지방분권과 (2) 국가의 지방행정기관에 행정권을 분장시키는 행정권의 (내부적) 분권으로 구분할 수 있다. 그 밖에도 ② 행정권한이 단일기관에 통합되어 있는가 복수의 기관에 분산되어 있는가에 따라 권력통합형과 권력분산형, ③ 행정운영을 국민의 직접적인 의사에 따라 하는가 간접적으로 국민의 대표자를 통하여 하는가에 따라 직접민주형과 간접민주형, ④ 행정기관의 의사결정권 및 운영권을 단일의 공무원에게 부여하고 있는가 복수의 사람으로 구성되는 합의체에 부여하고 있는가에 따라 독임(獨任)형[1]과 합의형으로 구분할 수 있다.

1 '독임제'란 의사 결정이나 집행 기능을 한 사람의 자연인이 담당하는 제도를 말한다.

제 2 장

행정기관

Ⅰ. 행정기관의 의의

행정기관이란 행정주체를 위하여 행정을 담당하는 행정주체의 내부조직을 말하는데, 실정법상으로는 두 가지의 의미로 사용되기도 한다. ① 첫째는 '권한배분단위'로서의 행정기관이다. 이는 행정의사를 최종적으로 결정하고 이를 대외적으로 표시하는 권한과 책임을 가진 기관, 즉 '행정청'을 말한다. ② 둘째는 '사무배분단위'로서의 행정기관이다. 이는 사무를 분담하는 조직 전체를 의미하므로, 여기에는 행정청을 포함하여 그에 부수된 보조기관 등이 모두 포함된다.

Ⅱ. 행정기관의 법인격성

행정기관은 행정주체의 기관일 뿐 독립한 법인격이 없다. 따라서 행정기관은 행정주체를 위하여 사무를 수행하지만 권리·의무는 독립한 법인격이 있는 행정주체에게 귀속된다.[1]

다만, 예컨대 행정심판법이나 행정소송법의 피청구인이나 피고를 처분을 행한 행정청으로 규정하고 있는데, 이는 행정청에게 독자적 법인격을 부여한 것이 아니라 행정쟁송 수행의 편의상 처분청을 당사자로 하고 있는 것뿐이다.

Ⅲ. 행정기관의 종류

행정기관에는 그 권한을 기준으로 다음과 같이 분류할 수 있다.

① 행정청: 행정에 관한 의사를 결정하여 표시하는 국가 또는 지방자치단체의 기관과 그 밖에 법령등에 따라 행정에 관한 의사를 결정하여 표시하는 권한을 가지고 있거나 그 권한을 위임 또는 위탁받은 공공단체 또는 그 기관이나 사인(私人)을 말한다(행정기본법 2 2호)(행정각부의 장관·지방자치단체의 장·행정심판위원회 등).

② 보조기관: 행정청의 의사결정을 보조하는 행정기관을 말한다(행정각부의 차관·국장·과장

---

1 예컨대, 독자적인 법인격이 없는 국·공립대학이 토지를 소유하고 있다 하더라도 토지의 소유권은 국·공립대학이 소속되어 있는 국가나 지방자치단체에 있다.

등, 지방자치단체의 부시장·부지사 등).

③ 보좌기관: 행정청이나 보조기관을 보좌하는 행정기관을 말한다(국무총리비서실·행정각부의 차관보 등).

④ 자문기관: 행정청에 대하여 자문하는 기관을 말한다(각종 자문위원회).

⑤ 집행기관: 행정청의 의사결정을 집행하는 기관을 말한다(공무원 등). 여기에서의 집행기관은 지방자치법상의 집행기관(지방자치단체의 장)과는 다른 것으로 지방자치단체의 장은 그 자체로 행정청이다.

⑥ 의결기관: 행정주체의 의사를 결정함에 그치고 이를 대외적으로 표시할 권한이 없는 행정기관을 말한다(징계위원회·지방의회 등).

⑦ 감독기관: 다른 행정기관의 행정사무수행을 감독하는 권한을 가진 행정기관을 말한다(감사원·감사위원회 등).

⑧ 공기업기관·공공시설(영조물)기관: 공기업이나 공공시설(영조물)의 관리·운영을 담당하는 행정기관을 말한다(공기업기관: 한국도로공사·한국토지주택공사, 공공시설기관: 국립대학·국립병원 등).

⑨ 부속기관: 행정기관에 부속하여 이를 지원하는 기관을 말한다. 정부조직법상 부속기관으로는 각종 시험연구기관(국립보건연구원 등)·교육훈련기관(중앙공무원교육원 등)·문화기관(국립박물관 등)·의료기관(국립의료원 등)·제조기관(한국정책방송원 등) 및 자문기관(국토정책위원회 등) 등이 있다(정부조직법 4).

제 3 장

행정청

제1절 행정청의 권한

Ⅰ. 권한의 의의

행정청의 권한(Kompetenz)이란 행정청이 행정주체를 위하여 그 의사를 결정하고 이를 대외적으로 표시할 수 있는 법적인 능력 또는 사무범위를 말한다. 행정청의 권한은 헌법·법률·명령·조례 등에 의하여 부여된다. 행정청의 권한행사는 행정청의 의무이기도 하다(행정청의 직무). 행정청의 권한은 행정사무를 수행할 수 있는 법적인 능력(권능)을 말하는 것으로서, 행정주체가 개인에 대하여 가지는 권리(Recht)와는 구별된다.

Ⅱ. 권한의 한계

① 행정청의 권한은 그 권한이 부여된 행정청만이 행사할 수 있고, 다른 행정청은 이를 행사할 수 없고(사항적 한계), ② 중앙행정청은 그 권한이 전국에 미치나, 지방행정청은 그 권한이 그 지방에 한정되며(지역적 한계), ③ 행정청의 권한은 그 소관의 인적 범위에 한정되고(대인적 한계), ④ 행정청의 권한행사에 형식이 요구되는 경우에는 그 형식에 따라야 한다(형식적 한계).

Ⅲ. 권한의 효과

행정청의 권한행사는 그 행정주체인 국가 또는 지방자치단체의 행위로서의 효과를 가진다. 따라서 그 권한행사의 법적 효력은 행정청의 구성원이 변경되거나 행정청이 변경·폐지되더라도 영향을 받지 아니한다.

제2절 행정청의 권한의 대리

Ⅰ. 대리의 의의와 종류

행정청의 권한의 대리란 행정청(피대리청)의 권한의 전부 또는 일부를 다른 행정기관(대리기관)이 대신 행사하게 하는 것을 말한다. 이때 대리기관은 피대리청을 위한 것임을 표시하고 대리기관의 이름으로 권한을 행사하되 그 효과는 피대리청의 행위로서 발생한다. 권한의 대행(헌법 71) 또는 직무대행(정부조직법 7 ②)이라고도 한다.

① 대리는 행정청의 권한을 대신 행사하는 것일 뿐 권한이 이전되는 것이 아니라는 점에서 행정청의 권한이 다른 행정기관으로 이전[1]되는 '권한의 위임'과 구별되고, ② 권한의 대리는 법적인 것으로서 대리기관은 대외적으로 대리행위임을 표시하고 자기의 명의로 권한을 행사하는 점에서, 행정내부적으로 행정권한을 대행하는 데 불과한 것으로 대외적으로 위임관청의 명의로 행위하는 '권한의 내부위임(위임전결·대결)'과도 구별된다.

권한의 대리에는 ① 피대리청이 대리권을 부여함으로써 이루어지는 임의대리와 ② 법정사실이 발생하여 직접 법령의 규정에 의하여 이루어지는 법정대리가 있다.

Ⅱ. 대리기관과 피대리청의 지위

대리기관의 행위는 피대리청의 행위로 된다. 항고소송의 피고적격[2]도 피대리청에 있다. 이와 관련하여 만약 대리기관이 대리관계를 밝히지 않고 자신의 명의로 처분을 하였다면 처분명의자인 당해 대리기관이 항고소송의 피고가 되지만, 예외적으로 대리기관이 피대리청을 대리한

---

1 권한의 위임이 있으면 A기관의 X권한이 B기관에 이전되어 B기관이 X권한을 행사하게 된다. 그러나 X권한의 보유자는 A기관이다. 따라서 여기에서의 '이전'은 본 권한자의 권한행사가 이전되는 것일 뿐, X권한 자체가 B기관으로 이양(移讓)되는 것은 아니다.

2 행정소송법 제13조(피고적격) ① 취소소송은 다른 법률에 특별한 규정이 없는 한 그 처분 등을 행한 행정청을 피고로 한다.

권한의 대리는 대리기관이 피대리청의 권한행사를 대행하는 것일 뿐이기 때문에 대외적으로는 피대리청이 처분청으로서 취소소송의 피고적격이 있게 되는 것이다.

다는 의사로 처분을 하였고 대리기관 및 처분의 상대방도 피대리청을 대리하여 한 것임을 알고 있었던 경우에는 피대리청이 피고가 된다.

판례 > 대리기관이 대리관계를 밝힘이 없이 자신의 명의로 행정처분을 한 경우 항고소송의 피고적격

"대리권을 수여받은 데 불과하여 그 자신의 명의로는 행정처분을 할 권한이 없는 행정청의 경우 대리관계를 밝힘이 없이 그 자신의 명의로 행정처분을 하였다면 그에 대하여는 처분명의자인 당해 행정청이 항고소송의 피고가 되어야 하는 것이 원칙이지만, 비록 대리관계를 명시적으로 밝히지는 아니하였다 하더라도 처분명의자가 피대리 행정청 산하의 행정기관으로서 실제로 피대리 행정청으로부터 대리권한을 수여받아 피대리 행정청을 대리한다는 의사로 행정처분을 하였고 처분명의자는 물론 그 상대방도 그 행정처분이 피대리 행정청을 대리하여 한 것임을 알고서 이를 받아들인 예외적인 경우에는 피대리 행정청이 피고가 되어야 한다고 할 것이다(대결 2006.2.23, 2005부4)."

제3절 행정청의 권한의 위임*

Ⅰ. 권한위임의 의의와 구별

1. 권한위임의 의의

권한의 위임이란 행정청(위임기관)이 그 권한의 일부를 다른 행정기관(수임기관)에 이전하여 그 기관의 권한으로 행사하게 하는 것을 말한다(넓은 의미의 권한의 위임). 권한이 위임되면 그 권한은 수임기관의 권한이 되며 수임기관은 자기의 이름과 책임으로 이를 행사하게 된다(행정위임위탁규정 8).[3]

---

* 변호사시험(2017년), 사법시험 약술(2000년).

3 지휘·감독관계에서의 위임인가 대등관계에서의 위임인가에 따라 '법률에 규정된 행정기관의 장의 권한 중 일부를 그 보조기관 또는 하급행정기관의 장이나 지방자치단체의 장에게 맡겨 그의 권한과 책임 아래 행사하도록 하는 것'을 '위임'이라 하고(좁은 의미의 권한의 위임), '법률에 규정된 행정기관의 장의 권한 중 일부를 다른 행정기관의 장에게 맡겨 그의 권한과 책임 아래 행사하도록 하는 것'을 '위탁'이라고 한다(행정위임위탁규정 2 1호, 2호). 위임과 위탁을 합하여 임탁이라고도 한다.

2. 구별

(1) 권한의 이양

권한의 위임은 법령상의 권한은 그대로 두면서 권한위임규정에 의하여 수임기관에게 그 권한을 잠정적으로 이전하는 것인데 비하여, 권한의 이양(移讓)은 행정청의 권한이 다른 행정청으로 확정적으로 이전된다는 점에서 차이가 있다.

(2) 권한의 내부위임*

1. 내부위임의 의의와 종류
- ○ 의의
- ○ 종류: ① 위임전결, ② 대결

2. 내부위임의 특징(권한위임과의 구별)

3. 내부위임 위반의 효과

1) 내부위임의 의의와 종류

권한의 내부위임은 행정관청의 내부적인 사무처리의 편의를 도모하기 위하여 그 보조기관 또는 하급행정관청으로 하여금 그 권한을 사실상 행하게 하는 것을 말한다.

권한의 내부위임에는 위임전결과 대결이 있다. ① 위임전결(委任專決)이란 행정기관의 장이 업무의 내용에 따라 보조기관 또는 보좌기관이나 해당 업무를 담당하는 공무원으로 하여금 사실상 행사하게 하는 것을 말하고(행정업무규정 10 ②), ② 대결(代決)이란 결재권자가 휴가, 출장, 그 밖의 사유로 결재할 수 없을 때 그 직무를 대리하는 사람이 대신 결재하는 것을 말한다(행정업무규정 10 ③).

2) 권한위임과의 구별

(i) 권한의 위임은 권한이 이전되는 것으로 법률이 위임을 허용하고 있는 경우에 한하여 인정되지만, 권한의 내부위임은 행정내부적으로 그 권한을 사실상 행사하게 하는 데 불과하므로 법적 근거 없이도 가능하다.

(ii) 권한위임의 경우 수임관청은 자기의 이름으로 그 권한을 행사할 수 있지만, 내부위임의 경우 수임관청은 위임관청의 이름으로만 그 권한을 행사할 수 있을 뿐이다.

(iii) 권한의 위임의 경우에는 수임기관이 항고소송의 피고가 되나, 내부위임의 경우에는 위임기관이 피고가 된다. 그러나 내부위임을 받은 수임기관이 자기의 이름으로 처분을 한 경우에는 수임기관이 피고가 된다.

---

* 사법시험(2007년), 사법시험(2014년).

판례 > 수임기관이 자신의 이름으로 한 처분에 대한 항고소송에서의 피고적격

"항고소송은 원칙적으로 소송의 대상인 행정처분 등을 외부적으로 그의 명의로 행한 행정청을 피고로 하여야 하는 것으로서, 그 행정처분을 하게 된 연유가 상급행정청이나 타행정청의 지시나 통보에 의한 것이라 하여 다르지 않으며, 권한의 위임이나 위탁을 받아 수임행정청이 정당한 권한에 기하여 수임행정청 명의로 한 처분에 대하여는 말할 것도 없고, 내부위임이나 대리권을 수여받은 데 불과하여 원행정청 명의나 대리관계를 밝히지 아니하고는 그의 명의로 처분 등을 할 권한이 없는 행정청이 권한 없이 그의 명의로 한 처분에 대하여도 처분명의자인 행정청이 피고가 되어야 한다(대판 1994.6.14, 94누1197)."

3) 내부위임의 위반의 효과

권한의 내부위임을 받은 수임기관이 자신의 명의로 처분을 한 경우에는 권한 없는 자에 의하여 행하여진 처분으로 원칙적으로 무효이다.[4]

II. 권한위임의 법적 근거*

1. 법적 근거	**3. 권한위임규정이 없는 경우**
2. 일반법적 근거	(1) 학설: ① 소극설, ② 적극설
○ 정부조직법 6, 행정위임위탁, 지방자치법 102, 104	(2) 판례: 적극설

1. 법적 근거

권한의 위임은 법이 정한 행정청의 권한을 다른 행정기관으로 이전시키는 것이므로 반드시 법적 근거가 필요하다.

권한위임에 관한 법적 근거로서 ① 정부조직법 제6조(권한의 위임 또는 위탁)와 이에 근거한 행정위임위탁규정(대통령령), 지방자치법 제102조(국가사무의 위임)·제104조(사무의 위임)는 권한위임에 관한 일반적인 규정이고, ② 그 외에 거의 대부분의 법률에서도 개별적으로 권한위임에 관한 별도의 규정을 두고 있다(예: 식품위생법 91).

---

* 행정고시(2003년).

4 행정청이 권한 없이 행한 행위(무권한의 행위)는 그 적법요건(주체·내용·절차·형식요건 중 주체요건)에 대한 '중대하고 명백한 하자'가 있다고 보아 무효로 보는 것이다.

2. 권한위임규정이 없는 경우

개별법에 권한위임에 관한 규정이 없는 경우에, 위 일반적 규정(정부조직법 제6조·행정위임위탁규정·지방자치법 제117조 등)을 근거로 권한을 위임할 수 있는가 하는 것이 문제인데, 이에 관하여는 ① 일반적 규정은 권한위임의 일반적인 원칙만을 선언한 데 그치는 것으로 권한위임의 법적 근거로 볼 수 없다는 소극설, ② 행정조직에 있어서는 어느 정도 포괄적인 위임도 가능하다고 보면서 일반적 규정만으로도 권한위임이 가능하다는 적극설이 있다. ③ 판례는 일반적 규정을 권한위임의 근거조항으로 보는 입장으로 적극설의 입장이다. ④ 생각건대 법치행정·행정조직법정주의·행정기관 간의 권한분배의 명확성과 권한의 상호존중 등의 관점에서 소극설의 입장이 타당하다. 행정사무는 가급적 위임 없이 수행하는 것이 원칙이고, 따라서 정부조직법 제6조의 '법령으로 정하는 바에 따라' 위임 또는 재위임할 수 있다는 규정을 엄격하게 해석하는 것이 타당하다. 정책적으로도 어떠한 사무가 위임사무인지를 법령에 분명하게 규정하도록 하는 것이 바람직하다.

Ⅲ. 권한위임의 형태

1. 보조기관·하급행정기관에 대한 위임

행정기관은 그 권한을 보조기관 또는 하급행정기관에 위임할 수 있는데(정부조직법 6 ①), 이와 같은 권한위임이 가장 보편적인 위임형태이다(예컨대 국토교통부장관이 보조기관인 국토교통부차관에게 권한을 위임하거나, 국세청장이 하급기관인 세무서장에게 권한을 위임하는 경우).

2. 다른 행정기관에 대한 위임

행정기관은 그 권한을 지휘·감독관계가 없는 다른 행정기관에 위임할 수 있는데(정부조직법 6 ①), 이를 위탁이라고 한다(정부조직법 6 ①, 행정위임위탁규정 2 2호)(예컨대 국토교통부장관이 환경부장관이나 세무서장에게 권한을 위탁하는 경우).

3. 지방자치단체 또는 그 기관에 대한 위임*

행정기관은 그 권한을 지방자치단체나 그 기관에 위임할 수 있다(정부조직법 6 ①). 이 경우 '지방자치단체'에 대한 위임을 '단체위임'이라 하고, 그 '기관'에 대한 위임을 '기관위임'이라 한다. 단체위임사무는 그 사무의 처리에 어느 정도 지방자치단체의 자율권이 있으나, 기관위임

* 변호사시험(2017년), 사법시험(2016년).

사무는 그 수임기관이 국가의 지방행정기관의 지위에서 사무를 수행하는 것이 되어 국가의 지휘·감독을 받게 된다.

지방자치법은 "시·도와 시·군 및 자치구에서 시행하는 국가사무는 법령에 다른 규정이 없으면 시·도지사와 시장·군수 및 자치구의 구청장에게 위임하여 행한다(지자법 115)."고 규정하여 기관위임은 별도의 규정이 없는 한 집행기관으로서 지방자치단체의 장에게 위임된다.[5]

기관위임사무는 조례로 이를 구청장 등에게 재위임할 수 없고, 위임청의 승인을 얻은 후 지방자치단체의 장이 제정한 규칙으로 재위임하여야 한다(행정위임위탁규정 4).[6]

판례 > 기관위임사무를 조례로 재위임할 수 있는지 여부

"건설업법 … 소정의 영업정지 등 처분에 관한 사무는 국가사무로서 지방자치단체의 장에게 위임된 이른바 기관위임사무에 해당하므로 시·도지사가 지방자치단체의 조례에 의하여 이를 구청장 등에게 재위임할 수는 없고 행정권한의위임및위탁에관한규정 제4조에 의하여 위임기관의 장의 승인을 얻은 후 지방자치단체의 장이 제정한 규칙이 정하는 바에 따라 재위임하는 것만이 가능하다(대판 1995.7.11, 94누4615 전원합의체)."

4. 민간위탁

행정기관 또는 지방자치단체의 장은 그 권한에 속하는 사무 중 조사·검사·검정·관리 업무 등 국민이나 주민의 권리·의무와 직접 관계되지 아니하는 사무를 행정기관 또는 지방자치단체가 아닌 법인·단체 또는 그 기관이나 개인에게 위탁할 수 있는데, 이를 민간위탁이라 한다(정부조직법 6 ③, 행정위임위탁규정 2 3호, 지자법 117 ③).

사인에게 행정권한이 위탁된 경우 그 사인을 공무수탁사인이라 한다. 공무수탁사인은 행정

---

5 지방자치단체(예: 서울시) 안에는 집행기관(지방자치단체의 장, 서울시장)과 의결기관(지방의회, 서울시의회)이 있다. 주식회사에 비유하면 의결기관은 이사회이고 집행기관은 대표이사다.

지방자치단체가 수행하는 사무는 ① 자치사무, ② 단체위임사무(서울시에 위임), ③ 기관위임사무(서울시장에게 위임)가 있다. 자치사무는 지방자치단체의 자율적 수행이 보장되고, 단체위임사무는 -'단체'에 위임된 것이지, 특정기관에 대한 위임이 아니라는 점에서- 어느 정도의 자율성이 인정되나 그 예는 찾아보기 어렵다. 대부분의 위임사무인 기관위임사무는 특정된 기관(서울시장)에게 위임하는 것으로, 사실은 위임기관이 자기사무의 수행을 위하여 서울시장을 빌려서 사용(기관차용)하는 것이고, 따라서 위임자의 지시에 엄격히 구속된다.

6 자치법규에는 조례(지방의회가 의결)와 규칙(지방자치단체의 장이 제정)이 있다. 조례는 그 지방자치단체의 사무(자치사무와 단체위임사무)에 관한 사항을 규율하고, 규칙은 지방자치단체의 장의 사무수행에 필요한 사항(기관위임사무 포함)을 규율한다. 따라서 자치사무의 위임(서울시장의 권한을 서대문구청장에게 위임)은 조례로 하여야 하고, 기관위임된 사무를 다시 위임(기후에너지환경부장관이 서울시장에게 위임한 사무의 일부를 다시 서대문구청장에게 위임)할 때는 위임기관의 승인을 얻어 규칙으로 하여야 한다.

권한이 부여된 제한된 범위 내에서는 행정주체이다.

Ⅳ. 권한위임의 효과와 비용부담

권한의 위임이 있으면 수임기관은 자기의 명의와 책임 하에 권한을 행사한다(행정위임위탁규정 8 참조). 따라서 수임기관이 행정심판의 피청구인 또는 항고소송의 피고가 된다.

위임기관은 수임기관의 수임사무 처리에 대하여 지휘·감독하고, 그 처리가 위법하거나 부당하다고 인정될 때에는 이를 취소하거나 정지시킬 수 있다(행정위임위탁규정 6, 14).

권한을 위임하는 경우 그 사무수행 비용은 원칙적으로 위임기관이 부담한다.[7]

Ⅴ. 위임의 종료

권한의 위임은 위임의 해제, 위임근거의 소멸, 조건의 성취, 기한의 경과 등으로 종료되고, 위임이 종료되면 위임된 권한은 다시 위임기관의 권한으로 된다.

제4절 행정청 상호간의 관계

대체로 행정청 상호간에 있어서 ① 상하행정청 간의 관계에서 상급행정청은 하급행정청에 대한 감독권을 가지지만, ② 대등하거나, 그 업무영역이 서로 다른 경우 또는 소속된 행정주체가 상이한 경우에는 각 행정청은 각자의 권한을 서로 존중하고 상호 협력하여야 한다. 소속 행정주체가 서로 다른 행정청 간(예: 국토교통부장관과 광역시장)에는 법령상 국가기관에 직무감독권이 인정되기도 한다.

이하에서는 동일 행정주체 내의 동일 업무영역에서의 상하행정청 간의 관계와 대등행정청 간의 관계를 검토하기로 한다.

---

7 "행정기관의 장은 행정권한을 위임 및 위탁할 때에는 위임 및 위탁하기 전에 수임기관의 수임능력 여부를 점검하고, 필요한 인력 및 예산을 이관하여야 한다(행정위임위탁규정 3 ②)."
"국가가 스스로 하여야 할 사무를 지방자치단체나 그 기관에 위임하여 수행하는 경우 그 경비는 국가가 전부를 그 지방자치단체에 교부하여야 한다(지방재정법 21 ②)."

Ⅰ. 상하행정청 간의 권한의 감독관계

1. 감독의 의의와 근거

권한의 감독이란 상급행정청이 하급행정청의 권한행사의 합법성과 합목적성[8]을 확보하기 위하여 행하는 통제를 말한다.

행정조직은 상명하복의 계층적인 구조(hierarchy)가 요구되는데, 이를 위해서 상급행정청은 하급행정청에 대한 일정한 감독권이 필요하다. 그러나 감독권 행사는 행정청의 권한을 침해하는 것이기 때문에 적어도 일반적인 법적 근거는 필요하다(정부조직법 11, 지방자치법 185, 188, 행정위임위탁규정 등).

2. 감독의 종류

권한의 감독은 ① 감독주체에 따라 행정감독·입법감독·사법감독으로, ② 감독의 성질에 따라 예방적 감독·교정적 감독으로, ③ 감독의 내용에 따라 합법성만 통제하는 법적 감독(Rechtsaufsicht)과 합목적성까지도 통제할 수 있는 전문감독(Fachaufsicht) 등으로 구분할 수 있다.[9]

3. 감독수단

(1) 감시

감시란 하급행정청의 사무처리상황을 파악하기 위하여 보고를 받거나 서류검사·현장시찰 등의 사무감독 등을 행하는 것을 말한다.

(2) 훈령

훈령(訓令)이란 상급행정기관이 하급행정기관에 대하여 상당히 장기간에 걸쳐 그 권한을 일반적으로 지휘·감독하기 위하여 발하는 명령을 말한다. 훈령은 예방적 감독의 주된 수단인데, 사후교정적 수단으로 활용되기도 한다.

훈령은 일반·추상적인 것이 원칙이나 개별·구체적인 훈령도 있다.[10] 일반·추상적인 훈령은

---

8 '합법성(合法性, Gesetzmäßigkeit)'이란 법률에 적합한 것, 즉 적법한 것을 의미하고, '합목적성(合目的性, Zweckmäßigkeit)'이란 목적이나 취지에 적합한 것을 말한다.

9 '합법성 통제'란 권한행사가 적법한지만을 통제할 수 있는 것을 말하고, '합목적성 통제'란 그를 넘어서 권한행사가 권한을 부여한 목적이나 취지에 부합하는지까지 통제할 수 있는 것을 말한다 예컨대 지방자치단체의 자치사무는 합법성 통제만 가능하지만, 기관위임사무는 합법성 통제도 가능하다.

10 일반적으로 일반성(대상이 불특정)·추상성(불특정한 사안)은 규범의 형식이고, 개별성(대상이 특정)·구체성(특정한 사안)은 행정행위(처분)의 형식이다.

그 법적 성질이 행정규칙으로서 대외적 구속력이 인정되지 않는다(통설·판례). 재량준칙의 경우 평등원칙·행정의 자기구속의 원칙이나 신뢰보호원칙을 매개로 재량준칙 위반이 '위법'이 될 수 있다.

훈령은 상급기관의 명령이므로 훈령이 발하여지면 하급기관은 이에 구속되어 명령에 따라야 한다. 훈령은 원칙적으로 대외적 구속력이 있는 법규범이 아니므로 훈령을 위반하여도 위법의 문제가 발생하지 않지만, 상급기관의 명령이므로 훈령을 위반하는 경우에는 징계의 원인이 될 수 있다.

(3) 인가·승인

하급행정청에 대하여 상급행정청의 허가·인가·승인 등을 받게 하는 것을 말한다. 인가나 승인은 예방적 감독수단으로 행하여지는 것이 일반적이다.

(4) 취소·정지

상급행정청이 하급행정청의 위법·부당한 행위를 취소하거나 정지하는 것을 말한다. 취소나 정지는 상급행정청이 직권으로 또는 당사자의 신청에 의하여 할 수 있다. 취소·정지는 그 성질상 사후적·교정적 감독수단이다.

(5) 주관쟁의 결정

행정청 사이에 권한에 관하여 분쟁이 있는 경우에 이를 해결하고 결정하는 절차를 주관쟁의(主管爭議)라 한다. 주관쟁의 결정권은 이와 같은 주관쟁의를 결정하는 상급행정청의 권한을 말한다. 주관쟁의는 원칙적으로 하급행정청의 공통행정청이 결정하고, 공통행정청이 없으면 각 하급행정청의 상급행정청들이 협의하여 결정하는데, 협의가 이루어지지 않을 경우에는 행정각부 간의 주관쟁의가 되어 국무회의의 심의를 거쳐 대통령이 결정하게 된다(헌법 89 10호).

II. 대등관청 간의 관계

1. 권한존중관계

대등관청 간에는 서로 다른 행정기관의 권한을 존중하여야 하고 이를 침해하지 말아야 한다. 행정청의 권한은 법령에서 정해지는 것이기 때문이다.

2. 상호협력관계

(1) 협의

어떠한 사항이 대등한 지위에 있는 둘 이상의 행정청의 권한과 관련이 있을 때에는 관계행정청 사이의 협의에 의하여 이를 처리하게 된다.

(2) 사무의 위탁(촉탁)

사무의 위탁이란 권한의 위임의 일종으로 대등행정청 간에 이루어지는 권한의 위임을 말한다(행정위임위탁규정 2 2호 참조). 특히 등기·소송에 관한 사무의 위탁을 촉탁이라 한다.

(3) 행정응원

행정응원은 대등행정청 사이에서 어떤 행정청이 직무수행에 필요한 협력을 다른 행정청에 요구하는 행위를 말한다. 행정응원에 관한 일반법으로는 행정절차법(8)이 있고, 개별법에서도 행정응원에 관한 규정을 두고 있는 경우도 있다(예: 경찰직무 응원법 1, 소방기본법 11).

제 4 장

국가행정조직법

제1절 국가중앙행정조직법

Ⅰ. 개관

헌법의 통치구조는 대통령제이고, 행정권은 대통령을 수반으로 하는 정부에 속하므로(헌법 66 ④), 국가의 중앙행정조직은 대통령을 수반으로 하는 정부조직이 된다.

이에 따라 중앙행정조직은 ① 행정부 수반인 대통령과 그 직속기관(감사원·방송통신위원회·국가인권위원회·국가안전보장회의 등), ② 정부의 권한에 속하는 주요정책을 심의하는 국무회의, ③ 행정각부를 통할하는 국무총리와 그 직속기관(부총리·인사혁신처·법제처·국가보훈처·식품의약품안전처·국민권익위원회·공정거래위원회·금융위원회 등), ④ 행정각부와 그 직속기관, ⑤ 합의제행정기관(선거관리위원회·각종 행정위원회 등) 등으로 구성된다.

중앙행정조직에 관하여 기본이 되는 법으로서는 헌법과 정부조직법이 있으며, 그 외에도 특수행정기관이나 합의제행정기관의 설치와 관련된 개별법들이 있다(국가정보원법, 국가안전보장회의법, 부패방지권익위법, 노동위원회법 등).

이하에서는 행정각부와 합의제행정기관에 대해서만 설명한다.

Ⅱ. 행정각부

1. 의의

행정각부란 정부의 권한에 속하는 사무를 부문별로 수행하기 위하여 설치되는 중앙행정기관을 말한다. 행정각부는 헌법기관이다. 헌법은 행정각부의 설치·조직과 직무범위를 법률로 정하도록 하고 있다(헌법 96).

2. 행정각부의 종류 및 조직

재정경제부·과학기술정보통신부·교육부·외교부·통일부·법무부·국방부·행정안전부·국가보훈부·문화체육관광부·농림축산식품부·산업통상부·보건복지부·기후에너지환경부·고용노동부·성평등가족부·국토교통부·해양수산부·중소벤처기업부의 19개 부가 있다(정부조직법 29 ①).

행정각부에 장관 1명과 차관 1명을 두되, 장관은 국무위원으로 보하고, 차관은 정무직으로 한다. 다만, 재정경제부·과학기술정보통신부·외교부·문화체육관광부·보건복지부·기후에너지환경부·국토교통부·중소벤처기업부에는 차관 2명을 둔다(정부조직법 29 ②).

장관은 소관사무에 관하여 지방행정의 장을 지휘·감독한다(정부조직법 29 ③).

3. 행정각부장관

행정각부의 장(장관)은 국무위원 중에서 국무총리의 제청으로 대통령이 임명한다(헌법 94). 따라서 장관은 국무위원과 행정각부장관으로서의 이중적인 지위를 가진다. 장관은 그 소관사무의 중앙행정청으로서 대통령과 국무총리의 지휘·감독을 받는다. 장관은 소관사무를 통할하고 소속공무원을 지휘·감독한다(정부조직법 7 ①).

4. 행정각부 소속 중앙행정기관

(1) 행정청

행정각부에 속하면서 그 소관사무의 일부를 독립적으로 관장하는 행정청으로 청(廳)이 있다(국세청·관세청·조달청·우주항공청·재외동포청·검찰청·병무청·방위사업청·경찰청·소방청·국가유산청·농촌진흥청·산림청·특허청·질병관리청·기상청·행정중심복합도시건설청·새만금개발청·해양경찰청). 장관은 소속청에 대하여는 중요정책수립에 관하여 그 청의 장을 직접 지휘할 수 있다(정부조직법 7 ④).

(2) 기타 행정기관

행정각부 소속의 행정기관으로는 청 이외에 각종 시험연구기관·교육훈련기관·문화기관·의료기관 등의 부속기관이 있다.

Ⅲ. 합의제행정기관

1. 합의제행정기관의 의의

합의제행정기관이란 다수의 구성원으로 행정기관이 구성되고, 그 다수의 구성원이 합의에 의하여 의사결정을 하며 이에 대하여 책임지는 행정기관을 말한다.

2. 법적 근거

합의제행정기관의 설치근거로 정부조직법 제5조는 행정기관의 소관사무의 일부를 독립하여 수행할 필요가 있는 때에는 법률로 정하는 바에 따라 행정위원회 등 합의제행정기관을 둘 수 있다고 규정하고 있다. 한편 합의제행정기관 가운데에는 헌법 제97조에 근거한 감사원, 헌법 제114조에 근거한 선거관리위원회도 있다.

3. 합의제행정기관과 행정위원회

현행법상 위원회의 명칭을 가진 기관에는 대체로 세 가지 유형이 있는데, ① 합의제행정기관(중앙노동위원회 · 국민권익위원회 · 행정심판위원회 · 공정거래위원회 · 조세심판원 · 소청심사위원회 · 중앙토지수용위원회 등), ② 의결기관(징계위원회 · 교육위원회 등), ③ 자문기관이 그것이다.

합의제행정기관으로서의 행정위원회는 의결권뿐 아니라 의결내용을 대외적으로 표시하는 권한을 가진다. 그러나 의결기관으로서의 행정위원회는 의결권만 가질 뿐 이를 대외적으로 표시할 권한이 없다. 자문기관으로서의 행정위원회는 행정청에 대하여 자문하는 권한만 있으므로, 의결권이나 대외적 표시권한이 없다. 행정의 실제에서 대부분의 행정위원회는 자문기관이다.

제2절 국가지방행정조직

Ⅰ. 국가지방행정조직의 의의

국가의 지방행정조직은 보통지방행정기관과 특별지방행정기관으로 나뉘다. 전자는 지역별로 그 지역에서 시행되는 국가사무를 관장하기 위하여 설치된 국가의 지방행정기관을 말하고, 후자는 특정 중앙행정청(예: 국토교통부)에 소속되어 지역별로 시행되는 당해 중앙행정청의 사무를 관장하는 국가의 지방행정기관(예: 지방국토관리청)을 말한다.

II. 보통지방행정기관

지방자치단체가 존재하는 경우는 일반적으로 보통지방행정기관을 별도로 두지 않고, 지방에서 시행하는 국가사무를 지방자치단체의 장에게 위임(기관위임)하여 수행하도록 하고 있다(지자법 102). 기관위임사무를 처리하는 한도 내에서 지방자치단체의 장은 국가의 지방행정기관의 지위에서 사무를 수행한다(대판 1984.7.10, 82누563).

III. 특별지방행정기관

정부조직법은 "중앙행정기관에는 소관사무를 수행하기 위하여 필요한 때에는 특히 법률로 정한 경우를 제외하고는 대통령령으로 정하는 바에 따라 지방행정기관을 둘 수 있다."고 하여 '필요한 때' 특별지방행정기관을 설치할 수 있도록 하고 있다(정부조직법 3 ①). 특별지방행정기관에 의한 사무수행은 지방자치단체의 자치권을 중대하게 침해한다. 따라서 지방자치는 각 지역의 사무를 각 지역이 스스로 수행하도록 하는 제도라는 점, 지방자치단체가 이미 '보통지방행정기관'으로서 상당수의 국가위임사무를 수행하고 있는 점을 고려할 때, 그 외에 국가가 직접 지방행정기관을 두어야 할 '특수한 필요'가 있을 때에만 특별행정기관의 설치가 허용된다고 보아야 한다.

특별지방행정기관으로는 지방국토관리청 · 지방고용노동청 · 지방산림청 · 지방국세청 · 지방보훈청 · 세무서 · 세관 · 출입국관리사무소 등이 있다.

한편 경찰청의 사무를 지역적으로 분담하여 수행하게 하기 위하여 특별시 · 광역시 · 특별자치시 · 도 · 특별자치도에 시 · 도경찰청을 두고 시 · 도경찰청 소속으로 경찰서를 두도록 하고 있다(경찰법 2 ②).

제 5 장

간접국가행정조직법

Ⅰ. 의의

국가행정은 국가가 수행하지만(직접국가행정), 경우에 따라서는 국가로부터 독립한 법인격을 갖는 공공단체로 하여금 수행하도록 하기도 한다(간접국가행정). 공공단체에는 지방자치단체·공공조합·영조물법인·공법상의 재단이 있지만, 일반적으로 간접국가행정조직법은 -지방자치단체를 제외한- 공공조합·영조물법인·공법상의 재단 등의 조직법을 의미한다.

Ⅱ. 공공조합(공법상의 사단)

공공조합이란 특정한 행정목적을 위하여 일정한 자격을 가진 사람의 결합체에 공법상의 법인격이 부여된 단체를 말한다(예: 도시개발조합, 재건축정비사업조합, 변호사회, 상공회의소 등). 따라서 공공조합에는 구성원이 존재한다. 공공조합은 사람이 모인 단체라는 점에서 공법상 사단(社團)이라고도 한다. 국가나 지방자치단체를 제외한 공법상의 사단은 법령이 정하는 바에 따라 행정권한을 행사하는 범위 내에서 행정주체의 지위를 가진다.

공공조합은 특정한 직업이나 이해관계와 관련하여 국가보다는 이와 밀접한 관련을 가지는 공공조합으로 하여금 이와 관련된 국가행정사무를 수행하도록 하는 것이 효율적이라는 점에서 인정되는 것이다.

Ⅲ. 영조물법인

영조물법인은 일정한 행정목적을 위하여 설립된 인적·물적 결합체(예컨대, 국공립의 교육·의료·보건·체육·문화시설 등)에 법인격이 부여된 것이다(예: 한국도로공사·한국방송공사·한국토지주택공사·한국은행·국립서울대학교 등). 영조물법인은 행정사무를 수행하는 범위 내에서 행정주체의 지위를 가진다. 영조물법인에는 이용자가 있다.

영조물법인은 법률에 의하여 설립되는데, 영조물법인에 관한 일반법으로는 공공기관운영법, 지방공기업법이 있다.

IV. 공법상의 재단

공법상의 재단은 국가나 지방자치단체가 출연한 재산을 관리하기 위하여 설립된 재단법인인 공공단체를 말한다. 재산의 결합체라는 점에서 인적·물적 결합체인 영조물법인과 구별된다. 공법상의 재단에는, 구성원이나 이용자가 아닌, 수혜자만이 존재한다. 공법상의 재단의 예로는 한국연구재단, 총포화약법상 총포·화약안전기술협회(대판 2021.12.30, 2018다241458) 등을 들 수 있다.

제3편

행정작용법
(행정의 행위형식)

행정주체는 사실행위, 행정지도·권고, 계약, 계획, 법규명령이나 행정규칙의 제정, 행정행위(처분), 행정강제 등 매우 다양한 수단으로 행정을 수행한다. 이와 같은 다양한 행정의 수단들을 '행정작용' 또는 '행정의 행위형식'이라고 한다. 이하의 행정작용론은 이와 같은 다양한 행정작용을 법적인 관점에서 일정한 유형으로 분류하고 체계화하는 것이다.

제 1 장

행정행위

제1절 행정행위의 개념

Ⅰ. 개설

행정행위(Verwaltungsakt)는 학문상의 개념이다. 실정법에서는 허가·인가·면허·결정 등 다양한 용어가 사용되고 있다. 실무적으로는 행정처분 또는 **처분**이라고 한다.

행정행위의 개념은 행정재판제도를 가지고 있는 독일·프랑스 등에서 형성된 개념으로 행정작용 가운데 행정소송의 대상이 되는 행위를 행정행위로 보게 된 데에서 비롯된 것이다. 행정행위는 독일 행정법의 중심개념이다.

Ⅱ. 행정행위의 개념

행정행위는 학문상의 관념이므로 그 개념에 대해서도 여러 견해가 존재할 수 있으나 오늘날은 일반적으로 가장 좁은 의미(최협의)의 개념으로 이해하고 있다.

최협의로 행정행위는 '**행정청이 법 아래서 구체적 사실에 관한 법집행으로서 행하는 권력적 단독행위인 공법행위**'로 정의된다. 이 설이 통설이다.

'법 아래서'는 행정이 법에 기속된다는 의미이고, '구체적 사실에 관한 법집행'은 법집행행위인 행정행위의 개별·구체성을 표현한 것이며, '권력적'이란 공권력을 행사하다는 의미이고, '단독행위'란 행정청의 일방적인 의사표시로 성립한다는 것이며, '공법행위'란 공법적 효과를 발생시킨다는 의미이다.

최협의의 행정행위의 개념요소와 타 행정작용과의 관계

최협의의 행정행위의 개념요소	개념에서 제외되는 행정작용
'법 아래서'	통치행위
구체적 사실에 관한 법집행'으로서 행하는	행정입법
'권력적'	비권력적 행위
'단독행위'인	쌍방행위(공법상 계약, 공법상 합동행위)
'공법행위'	사법행위·사실행위

III. 쟁송법상의 처분개념과의 동일성 문제

1. 쟁송법상의 처분 개념

일반적으로 학문상 행정행위는 실무적으로는 처분이라 한다. 즉 행정행위와 처분은 사실상 동일한 것이다.

그런데 현행 행정소송법은 처분을 "행정청이 행하는 구체적 사실에 관한 법집행으로서의 공권력의 행사 또는 그 거부와 그 밖에 이에 준하는 행정작용"이라고 정의하고 있고(행소법 2 ① 1호), 행정심판법도 동일하다(행심법 2 1호).[1] 이와 같은 행정쟁송법에서는 처분을 '공권력의 행사 또는 그 거부와 그 밖에 이에 준하는 행정작용'이라 함으로써 '권력적 단독행위인 공법행위'인 최협의의 행정행위보다 더 넓게 정의하고 있다. 즉 처분을 공법행위에 국한하지 않고 '공권력의 행사'로 규정하고 있어, 예컨대 '권력적인 행위'는 공법적 효과를 발생시키는 행위가 아니라 하더라도 처분이 될 수 있어, 처분이 행정행위보다 개념적으로 넓은 것이다.

2. 동일성 여부에 관한 학설

행정행위의 개념은 쟁송법상의 처분개념과 동일한지, 아니면 항고소송의 대상을 더 넓히기 위해서 행정행위의 개념보다 처분개념을 더 넓게 보아야 할 것인지 논란이 있다. 전자를 일원설이라 하고, 후자를 이원설이라 한다.

① **일원설**(실체법상의 처분개념설)은 '실체법상의 처분개념(행정행위 개념)'과 '쟁송법상의 처분개념'은 일원적으로 파악하여야 하는, 같은 개념이어야 한다는 입장이다. 이 견해는 행정작용 중 항고소송의 대상이 되는 처분은 곧 행정행위이어야 하고, 행정행위 이외의 다른 행정작용에 대한 권리구제를 위해서는 별도의 소송유형을 인정하는 것이 바람직하다는 입장이다.

---

1 행정기본법도 "처분이란 행정청이 구체적 사실에 관하여 행하는 법 집행으로서 공권력의 행사 또는 그 거부와 그 밖에 이에 준하는 행정작용을 말한다(행정기본법 2 4호)."고 하여 행정쟁송법상 처분과 사실상 동일하게 정의하고 있다.

② **이원설**(쟁송법상의 처분개념설)은 처분개념과 행정행위의 개념을 이원적으로 달리 구성하여야 한다는 입장이다. 이 견해는 현실적으로 항고소송을 중심으로 권리구제가 이루어지고 있는 점(항고소송중심주의)[2]을 고려하면 권리구제의 범위를 넓히기 위해서는 항고소송의 대상이 되는 처분개념을 확대하여야 한다는 입장이다.

③ 생각건대, 일원설은 항고소송의 대상이 되는 처분은 행정행위이고 그 밖의 행정작용에 대해서는 여기에 적절한 소송유형(예: 당사자소송을 통한 이행소송 등의 소송유형)을 새롭게 도입함으로써 보다 다양한 소송유형을 통하여 권리구제를 확대하자는 것이고, 이원설은 현실적으로 행정작용에 대해서는 항고소송을 통하여 권리구제가 되고 있음을 이유로 항고소송의 대상이 되는 행위를 확대하는 것이 현실적인 해결이라고 보는 것이다.

현실적으로 소송유형을 늘이는 것은 법원의 조직과도 밀접한 관련이 있기 때문에 쉬운 일이 아니다. 그런 의미에서 현실을 감안하면 처분개념을 확대하자는 견해도 하지만 나름대로의 설득력을 가지고 있다. 하지만 궁극적으로 법치국가에서는 모든 행정작용에 대하여 행정소송의 제기가 가능해져야 하는 것이 원칙이다(이른바 '공백 없는 권리구제'). 다양한 행정작용에 대하여 다양한 소송유형을 인정하는 것이 행정법이론체계를 유지하면서도 권리구제의 기회를 획기적으로 확대할 수 있다는 점에서 일원설이 더 타당하다.

Ⅳ. 행정행위의 개념적 요소

행정청이 법 아래서 구체적 사실에 관한 법집행으로서 행하는 권력적 단독행위인 공법행위

1. 행정청

행정행위는 원칙적으로 행정청이 행한다. 행정청에는 국가와 지방자치단체의 기관뿐 아니라 공공단체, 공무수탁사인도 포함된다. 행정행위는 행정부에 소속한 행정청의 행위가 중심적이지만, 국회와 법원도 소속공무원에 대한 임면과 징계 등 행정권한을 행사하는 범위 내에서 행정청이 될 수 있다.

2. 공법행위

행정행위는 공법적 효과를 발생시키는 행위이고, 따라서 행정행위에 관한 법적 분쟁은 원칙

2 '항고소송중심주의'란 현행 행정소송법이 정하고 있는 항고소송·당사자소송·민중소송·기관소송 가운데 가장 많이 활용되고 있는 '항고소송'을 권리구제의 중심으로 삼는 것을 말한다. 이원설은 이와 행정소송을 통한 권리구제는 항고소송을 중심으로 한다는 이해를 토대로 항고소송의 대상을 넓히는 것이 현실적으로 권리구제의 범위를 넓히는 것으로 보고 있는 것이다.

적으로, 민사소송이 아닌, 행정소송의 대상이 되어야 한다.

3. 법적 규율

'구체적 사실에 관한 법집행'은 '구체적 사실에 관한 법적 규율'을 의미한다. 여기에서 '법적 규율(Regelung)'이란 직접 '권리·의무관계의 발생·변경·소멸'을 가져오는 것을 의미한다.

① 행정행위는, 행정조직내부가 아니라, 외부적 관계, 즉 대(對)국민 관계에서 상대방에게 권리·의무의 변동을 가져오는 행위이다(외부적 행위).

② 직접 권리·의무관계의 발생·변경·소멸을 가져오는 행위이다(직접적·법적 효과).

③ 개별적·구체적인 법집행행위이다(구체적 사실에 관한 법집행행위).

※ 개별성과 구체성

예컨대, 甲은 본인 소유의 건물의 일부를 건축법을 위반하여 증축하였고, 행정청 乙은 건축법에 따라 이에 대한 철거명령을 하였면, 철거명령은 '구체적 사실(甲이 불법증축한 사실)'에 대한 '법집행(건축법을 적용)'이므로 행정행위이다.

'개별적'이란 행정행위의 상대방이 특정(甲)되어 있다는 것을 의미하고, '구체적'이란 행정행위의 대상이 되는 행위가 일회적인 사건(불법증축한 사실)임을 의미한다.

반면에 입법행위는 일반성·추상성을 띠는데, 여기에서 '일반적'이란 상대방이 불특정되어 있다는 것을 의미하고, '추상적'이란 사안이 반복하여 발생 가능한, 불특정 사안이라는 것을 의미한다.

행정행위와 입법행위의 차이

사안 / 대상	구체적(일회적)	추상적(수회적)
개별적(특정)	행정행위	행정행위
일반적(불특정)	일반처분	법규

행정행위는 보통 개별·구체성을 띠나(가장 전형적인 행정행위), 경우에 따라서는 상대방에게 수회에 걸친 반복적인 법집행행위를 하는 경우도 행정행위로서의 성질이 인정될 수 있다.

일반처분은 따로 설명한다.

④ 일반처분

구체적인 사건을 대상으로 하지만 상대방을 특정할 수 없는 경우(예: 특정일시 집회의 금지)도

행정행위로서의 성질을 인정할 수 있는데, 이를 특히 일반처분이라 한다.

1) 의의

일반처분(Allgemeinverfügung)이란 행정청이 구체적 사실에 관하여 불특정다수인을 대상으로 발하는 단독적·권력적 규율행위를 말한다. 일반처분은 일반성(불특정다수)과 구체성(일회적 사건)을 특징으로 한다. 독일연방행정절차법은 일반처분을 행정행위로 규정하고 있고, 우리나라에서도 일반처분을 행정행위로 보는 것이 통설이다.

독일연방행정절차법 제35조(행정행위의 개념) 제2문
"일반처분이란 일반적 표지에 의하여 확정되거나 확정될 수 있는 범위의 사람에 대한 행정행위, 또는 물건의 공법적 성질에 관한 행정행위, 또는 공중에 의한 그러한 물건의 이용에 관한 행정행위를 말한다."

2) 종류

일반처분은, 독일연방행정절차법의 규정에 따라, 세 가지로 구분해 볼 수 있다.

(i) 대인적 일반처분

일반적 표지에 의하여 확정되거나 확정될 수 있는 범위의 사람에 대한 행정행위를 말한다(예: 2020년 1월 1일 12시 A역 광장에서 개최되는 집회의 금지, 2020.1.1.부터 2020.12.31.까지 B산에 대한 입산금지 등).[3]

(ii) 물적 행정행위

물건의 공법적 성질에 관한 행정행위를 말한다(예: 공물로서 도로의 공용개시행위, 화폐에 가치를 부여하는 행위, 기념물을 관리장부에 등재하는 행위 등).

(iii) 이용규율

공중에 의한 공법적 성질이 부여된 물건의 이용관계에 관한 행정행위(예: 교통신호기나 교통표지판[4]).

4. 권력적 단독행위

행정행위는 권력적 단독행위이다. 따라서 공권력행사의 실체가 없는 비권력적 행위나 공법

3 대인적 일반처분은 '불특정다수'를 대상으로 하는데, 여기에서 '불특정다수'는, 예컨대 '집회'나 '입산'과 같은 일반적 표지에 의하여 그 범위가 어느 정도는 확정되거나 확정될 수 있다는 점(예: 집회에 참여하려고 하는 자, 입산하려고 하는 자)에서 그 범위가 어느 정도 제한되어 있다고 할 수 있고, 이 점에서 행정행위로 볼 수 있는 것이다.

4 이를 일반처분으로 보는 것이 독일의 다수설이다. 일부 소수견해는 이를 법규명령으로 본다.

상의 계약이나 합동행위와 같은 쌍방행위는 행정행위가 아니다.

제2절 행정행위의 종류

행정행위는 ① 의사표시를 요소로 하는가에 따라 법률행위적·준법률행위적 행정행위로, ② 성질에 따라 침익적·수익적·복효적 행정행위로, ③ 재량권 유무에 따라 기속행위·재량행위[5]로, ④ 상대방의 협력을 요하는가에 따라 독립적·쌍방적 단독행위로, ⑤ 그 대상에 따라 대인적·대물적·혼합적 행정행위 등으로 다양하게 분류할 수 있다. 그 밖에도 행정행위와 관련하여 ⑥ 예비결정·부분허가·잠정적 행정행위, ⑦ 자동화된 행정행위도 알아본다.

Ⅰ. 법률행위적 행정행위와 준법률행위적 행정행위

법률행위적 행정행위는 의사표시를 요소로 하고 그 법적 효과가 행정청의 의사표시한 바에 따라 발생하는 행위(하명·허가·인가·승인 등)를 말하고, 준법률행위적 행정행위는 의사표시 이외의 정신작용을 요소로 하고 그 법적 효과는 법이 정하는 바에 따라 부여되는 행위(확인·공증·통지·수리)를 말한다.

Ⅱ. 침익적 행정행위·수익적 행정행위·복효적 행정행위

행정행위는 그 성질에 따라 침익적 행정행위와 수익적 행정행위, 그리고 양 효과가 동시에 나타나는 복효적 행정행위로 분류할 수 있다.

침익적 행정행위(Belastender Verwaltungsakt)는 상대방에게 의무를 부과하거나 권리·이익을 제한·침해하는 등의 침익적 효과를 가져오는 행위이다(예: 위법건축물에 대한 시정명령, 과징금의 부과 등). 법률유보의 최하한인 침해유보의 관점에서 반드시 법적 근거를 요한다.

수익적 행정행위(Begünstigender Verwaltungsakt)는 상대방에게 권리·이익을 부여하는 등의 수익적 효과를 가져오는 행위이다.

복효적 행정행위(Verwaltungsakt mit Doppelwirkung)는 침익적·수익적 효과가 동시에 있는 행위로, 이를 이중효과적 행정행위라고도 한다. 복효적 행정행위는 다시 ① 상대방에게 수익적

5 이에 관하여는 별도의 목차로 설명한다.

효과와 침익적 효과가 동시에 귀속되는 혼합효과적 행정행위(Verwaltungsakt mit Mischwirkung, 예: 조건이 붙은 영업허가)와 ② 상대방에게는 수익적이지만 제3자에게는 침익적인 효과를 가져오는 **제3자효 행정행위**(Verwaltungsakt mit Drittwirkung)로 분류된다.

행정법관계에서 주로 문제가 되는 것은 제3자효 행정행위이다. 침익처분의 상대방은 언제나 공권의 침해가 인정되므로 항고소송에서의 원고적격 인정에 문제가 없지만(이른바 상대방이론), 처분의 상대방이 아닌 제3자는 법에 의하여 제3자의 이익이 보호되고 있다고 해석되는 경우에만 원고적격이 인정되기 때문이다. 이와 관련하여 오늘날은 이웃소송·경원자소송·경쟁자소송 등의 분쟁유형에서 관련 법령의 사익보호성에 대한 목적론적 해석을 통하여 제3자의 원고적격을 점차 넓게 인정하려고 하는 것이 일반적인 추세이다.

Ⅲ. 독립적 행정행위와 쌍방적 행정행위

행정청의 의사표시만으로 법적 효과가 발생하는 행위를 단독행위라 하는데, 이는 다시 상대방의 협력을 요하는지에 따라 독립적 단독행위와 쌍방적 단독행위로 나뉜다. 이에 따라 행정행위도 상대방의 협력이 필요 없이 행정청의 일방적 의사결정에 따라 법적 효과가 발생하는 독립적 행정행위(예: 하명)와 신청·동의 등의 상대방의 협력을 요하는 쌍방적 행정행위로 분류할 수 있다.

Ⅳ. 대인적 행정행위·대물적 행정행위·혼합적 행정행위*

☐ **대물적 행정행위(제재처분의 승계 문제)**
1. 대인적·대물적·혼합적 행정행위의 의의
2. 행위의 특성: 이전가능성 여부
3. 관련 판례

행정행위는 사람의 주관적 사정을 대상으로 하는 **대인적 행정행위**(예: 자동차운전면허**·의사면허 등)와 물건의 사물적인 특성이나 상태를 대상으로 하는 **대물적 행정행위**(예: 영업허가), 그리고 인적 요소와 물적 요소를 동시에 대상으로 하는 혼합적 행정행위(예: 도시가스사업허가·카지노업허가 등은 인적 자격요건과 물적 시설요건을 모두 갖추어야 함)로 구분할 수 있다.

대인적 행정행위는 개인적인 능력이나 특성에 기인하는 것으로 이전이 불가능하다. 그러나 대물적 행정행위는 물건의 특성이나 상황에 대한 것이므로 이전이 가능하다. 예를 들어

* 변호사시험(2014년), 사법시험(2015년), 5급공채(행정)(2016년), 행정고시(일반행정)(2009년).
** 변호사시험(2014년) 공법 제2문.

식품위생법은 제39조에서 영업승계에 관하여 규정하고 있으며, 나아가 동법 제78조[6]를 비롯한 여러 법률에서는 양수인에게 행정처분 또는 행정제재처분의 효과가 승계됨을 규정하고 있다.[7]

판례 > 한 사람이 여러 종류의 자동차 운전면허를 취득한 경우, 이를 취소·정지함에 있어서 서로 별개의 것으로 취급하여야 하는지 여부

"한 사람이 여러 종류의 자동차운전면허를 취득하는 경우뿐 아니라 이를 취소 또는 정지하는 경우에도 서로 별개의 것으로 취급하는 것이 원칙이고, 다만 취소사유가 특정 면허에 관한 것이 아니고 다른 면허와 공통된 것이거나 운전면허를 받은 사람에 관한 것일 경우에는 여러 면허를 전부 취소할 수도 있다(대판 2012.5.24, 2012두1891)."

판례 > 석유 및 석유대체연료 사업법 제8조에 따른 사업정지처분 효과의 승계 여부

"「석유 및 석유대체연료 사업법」 제8조는 "제7조에 따라 석유정제업자의 지위가 승계되면 종전의 석유정제업자에 대한 제13조 제1항에 따른 사업정지처분의 효과는 새로운 석유정제업자에게 승계 … 된다. 다만, 새로운 석유정제업자가 석유정제업을 승계할 때에 그 처분이나 위반의 사실을 알지 못하였음을 증명하는 경우에는 그러하지 아니하다."라고 규정하고 있다.

이러한 제재사유 및 처분절차의 승계조항을 둔 취지는 제재적 처분 면탈을 위하여 석유정제업자 지위승계가 악용되는 것을 방지하기 위한 것이고, 승계인에게 위와 같은 선의에 대한 증명책임을 지운 취지 역시 마찬가지로 볼 수 있다. 즉 법 제8조 본문 규정에 의해 사업정지처분의 효과는 새로운 석유정제업자에게 승계되는 것이 원칙이고 단서 규정은 새로운 석유정제업자가 그 선의를 증명한 경우에만 예외적으로 적용될 수 있을 뿐이다. 따라서 승계인의 종전 처분 또는 위반 사실에 관한 선의를 인정함에 있어서는 신중하여야 한다(대판 2017.9.7, 2017두41085)."

6 식품위생법 제78조(행정 제재처분 효과의 승계) 영업자가 영업을 양도하거나 법인이 합병되는 경우에는 제75조 제1항 각 호, 같은 조 제2항 또는 제76조 제1항 각 호를 위반한 사유로 종전의 영업자에게 행한 행정 제재처분의 효과는 그 처분기간이 끝난 날부터 1년간 양수인이나 합병 후 존속하는 법인에 승계되며, 행정 제재처분 절차가 진행 중인 경우에는 양수인이나 합병 후 존속하는 법인에 대하여 행정 제재처분 절차를 계속할 수 있다. 다만, 양수인이나 합병 후 존속하는 법인이 양수하거나 합병할 때에 그 처분 또는 위반사실을 알지 못하였음을 증명하는 때에는 그러하지 아니하다.

7 예컨대 종전 영업자가 위반행위를 하여 제재처분(예: 영업정지 1개월 처분)을 받을 예정이었는데 영업자 지위승계가 있었다면 제재처분은 새로운 영업자에게 부과된다. 제재처분은 대물적 행정행위로서 물(物)에 부과되는 것이므로, 물(物)에 대한 지위를 승계한 새로운 영업자에게로 이전되는 것이다.

판례 > 요양기관 업무정지처분의 법적 성격(=대물적 처분)

> "요양기관이 속임수나 그 밖의 부당한 방법으로 보험자에게 요양급여비용을 부담하게 한 때에 구 국민건강보험법 제85조 제1항 제1호에 의해 받게 되는 요양기관 업무정지처분은 의료인 개인의 자격에 대한 제재가 아니라 요양기관의 업무 자체에 대한 것으로서 대물적 처분의 성격을 갖는다(대판 2022.1.27, 2020두39365)."

Ⅴ. 예비결정 · 부분허가 · 잠정적 행정행위

1. 예비결정(Vorbescheid)*

예비결정 또는 사전결정, 예컨대 승인대상인 전체 사업안[8]에 대한 최종적인 승인까지는 관련법령에서 요구하는 수많은 요건들에 대한 심사 등 많은 시간이 소요되므로, 우선 이 중 일부요건에 대하여 확정적인 결정을 해줌으로써 신청인의 비용과 수고를 덜어주려는 제도이다(예: 건축법 제10조[9]). 예비결정은 결정된 요건에 대한 종국적·확정적 결정이라는 점에서 행정행위이다.

판례 > 건축계획 사전결정 제도의 취지

> "건축에 관한 계획의 사전결정은 규정상 결정의 내용이 당해 건축물을 해당 대지에 건축하는 것이 건축법 또는 다른 법률의 규정에 의하여 허용되는지의 여부로 한정되어 있고, 사전결정제도의 목적이 일정 규모 이상의 건축물 등을 신축하고자 하는 자가 건축허가신청에 필요한 모든 준비를 갖추어 허가신청을 하였다가 건축물 입지의 부적법성을 이유로 불허가될 경우 그 불이익이 매우 클 것이므로, 건축허가신청 전에 건축계획서 등에 의하여 그 입지의 적법성 여부에 대한 사전결정을 받을 수 있게 함으로써 경제적·시간적 부담을 덜어주려 하는 것이다(대판 1996.3.12, 95누658)."

---

* 사법시험(1999년).

8 사업안(Vorhaben)이란 사업시행자가 수립한 사업계획을 말한다. 보통 공익사업은 행정청이 사업시행자를 지정하고 사업시행자가 사업계획을 수립하여 행정청에 제출하면 행정청이 이를 심사하여 승인하는 절차로 진행된다.

9 건축법 제10조(건축 관련 입지와 규모의 사전결정) ① 제11조에 따른 건축허가 대상 건축물을 건축하려는 자는 건축허가를 신청하기 전에 허가권자에게 그 건축물의 건축에 관한 다음 각 호의 사항에 대한 사전결정을 신청할 수 있다.
1. 해당 대지에 건축하는 것이 이 법이나 관계 법령에서 허용되는지 여부
2. 이 법 또는 관계 법령에 따른 건축기준 및 건축제한, 그 완화에 관한 사항 등을 고려하여 해당 대지에 건축 가능한 건축물의 규모
3. 건축허가를 받기 위하여 신청자가 고려하여야 할 사항

2. 부분허가(Teilgenehmigung)

부분허가는 전체 허가대상 가운데 그 일부에 대한 종국적인 결정을 말한다(예: 대규모 단지조성사업에서 그 일부 건축물에 대한 건축허가를 하는 경우). 부분허가도 허가된 그 일부분에 대해서는 종국적으로 결정한 것이므로 행정행위이다.

3. 잠정적 행정행위(Vorläufiger Verwaltungsakt)

잠정적 행정행위(가행정행위, 假行政行爲)는 종국적인 행정행위를 하기에 앞서 잠정적으로 행하여진 결정을 말한다(예: 최종적 과세를 전제로 내려진 잠정적인 세액결정, 최종적 과징금 액수 결정에 앞서 행하여진 잠정적 과징금부과처분, 국가공무원법상 최종적인 면직처분에 앞서 행하여진 잠정적인 직위해제 등).

잠정적 행정행위는 종국적인 결정까지만 효력이 있다. 따라서 최종 결정이 있으면 잠정적 행정행위는 효력을 상실하게 된다. 독일에서는 이와 같은 '잠정적인 결정'이 행정행위인지 논란이 있는데, 본래 행정행위는 '종국적 규율'이어야 한다는 점에서 행정행위로 보기 어렵다고 생각한다. 판례도 같은 생각인데, 우리나라 다수의 견해는 이를 행정행위로 보고 있다.

판례 > 공정거래위원회가 과징금 부과처분(선행처분)을 한 뒤 과징금 감면처분(후행처분)을 한 경우, 선행처분의 성질

"공정거래위원회가 부당한 공동행위를 행한 사업자에 대하여 공정거래법령이 정한 바에 따라 과징금 부과처분(선행처분)을 한 뒤 자진신고 등을 이유로 과징금 감면처분(후행처분)을 하였다면, 후행처분은 자진신고 감면까지 포함하여 처분 상대방이 실제로 납부하여야 할 최종적인 과징금액을 결정하는 종국적 처분이고, 선행처분은 이러한 종국적 처분을 예정하고 있는 일종의 잠정적 처분으로서 후행처분이 있을 경우 선행처분은 후행처분에 흡수되어 소멸한다. 따라서 위와 같은 경우에 선행처분의 취소를 구하는 소는 이미 효력을 잃은 처분의 취소를 구하는 것으로 부적법하다(대판 2015.2.12, 2013두987)."

VI. 자동화된 행정행위(자동적 행정행위)

오늘날 기술발달로 인하여 행정행위가 기계에 의하여 자동적으로 처리되는 경우들이 증가하고 있는데(예: 교통신호, 각종 조세나 공과금의 부과 결정, 학교의 배정, 시험채점에 따른 합격 여부 결정 등), 이를 자동화된 행정행위로 부를 수 있다.

자동화된 행정행위도 행정청이 입력한 자동화된 프로그램에 의하여 구체적으로 법을 집행하는 것이므로 그 법적 성질은 행정행위이다. 행정기본법은 "행정청은 법률로 정하는 바에 따라 완전히 자동화된 시스템(인공지능 기술을 적용한 시스템을 포함한다)으로 처분을 할 수 있다. 다만, 처분에 재량이 있는 경우는 그러하지 아니하다(행정기본법20)."고 하여, 자동화된 행정행위가 가능함을 규정하면서도, 현재로서는 기속행위에만 가능한 것으로 규정하고 있다.

제3절 불확정개념과 판단여지·기속행위와 재량행위

제 1 항 행정법규범의 구성과 적용과정

행정법 규정들은 '~하는 경우에는, ~한다.'의 경우와 같이, 일정한 요건 하에(요건규정) 이에 따른 일정한 법효과(효과규정)를 규정하는 방식으로 구성되어 있다.[10]

이러한 행정법 규정은 단계적으로는, ① 발생한 구체적인 사실을 확정하고, ② 이 사실이 요건규정에 해당하는지를 결정한 다음, ③ 이에 따라 효과규정에 따른 법효과를 결정하는 과정으로 집행된다.

법률은 법치국가의 이념상 그 요건과 효과규정을 명확하게 규정하여야 하는 것이 원칙이지만, 복잡·다양한 행정현상을 모두, 그리고 명확하게 규정한다는 것은 사실상 불가능하다. 이 때문에 법률은 요건규정에서 불확정개념[11]을 사용하기도 하고, 또한 효과규정에서 행정청에게 일정한 재량권을 부여하기도 한다. ① 여기에서 요건규정의 불확정개념을 해석·판단·적용하는 문제는 '요건판단'의 문제이다. 경우에 따라서 요건을 판단하는 행정청에게 판단여지[12]를 인정하는 경우가 있는데, 판단여지도 또한 '요건판단'과 관련된 문제이다. ② 기속행위와 재량행위는 '효과규정'과 관련된 문제인데, 즉 기속행위는 법이 정한 효과를 그대로 부여하여야 하는 행위이고, 재량행위는 효과를 부여 여부(결정재량) 또는 복수의 효과 가운데 어떠한 효과의 선택적 부여(선택재량)에 행정청의 재량권이 인정되는 행위를 말한다. ③ 과거에는 불확정개념의 판단과 재량을 구분하지 아니하고 양자를 모두 재량으로 이해한 때도 있었으나, 오늘날에는

---

10 예컨대 도로교통법 제93조에 의하면 지방경찰청장은 술에 취한 상태에서 자동차등을 운전한 경우에는 운전면허를 취소하거나 1년 이내의 범위에서 운전면허의 효력을 정지시킬 수 있다. 여기에서 '술에 취한 상태에서 자동차등을 운전한 경우'는 요건규정이고, '운전면허를 취소하거나 1년 이내의 범위에서 운전면허의 효력을 정지시킬 수 있다'는 효과규정이다.

11 '사회통념상 의무이행에 필요한 기간', '공익을 심히 해하는 경우', '위험이 절박한 경우' 등과 같이 구체적 사정에 따라 그 의미가 달라질 수 있는 경우를 말한다. 이하에서 자세히 설명한다.

12 고도의 전문성·기술성 때문에 행정청의 요건판단을 할 수 있는 권한을 말한다. 판단여지가 인정되는 행정청의 요건판단은 법원도 이를 존중해 준다.

'요건판단'은 '법적 판단'이므로 이를 재량과 구별하는 것이 일반화되었다.[13] 즉 요건판단에 행정청의 재량권이 인정된다면 이는 법치행정의 원칙에 반하는 결과가 된다는 것이다. 따라서 재량행위 여부의 문제는 '효과규정'의 문제이고, 불확정개념의 판단이나 판단여지의 인정 문제는 '요건규정'의 문제라는 점에서 서로 구별되어야 한다.

요건규정과 효과규정의 차이

규정	요건규정	효과규정	
	다의적인 불확정개념을 규정하기도 함	기속행위(~한다. ~하여야 한다 등)	재량행위(~할 수 있다 등): 결정재량, 선택재량
결정	오직 하나의 결정 (요건에 해당하는지 아닌지)	오직 하나의 결정 (효과를 부과하든지 하지 않든지)	다수의 결정 가능(효과를 부과할 수도 있고, 안 할 수도 있고, 여러 효과 중 하나를 선택하여 부과할 수도 있음)
사법 심사	전면적 사법심사 예외: 판단여지(판단의 기준이나 원칙 등 준수 여부만 심사, 판단 영역은 심사 불가능)	전면적 사법심사	재량판단은 사법심사 불가 재량권 일탈·남용 여부만 심사

제 2 항 불확정개념과 판단여지

Ⅰ. 불확정개념의 의의

그 의미와 내용이 일의적인 것이 아니라 다의적이어서 구체적인 상황에 따라 그 의미와 내용이 달리 판단될 수 있는 개념을 **불확정개념** 또는 불확정법개념이라 한다(예: 중대한 공익상의 필요, 공공복리, 질서유지, 회복하기 어려운 손해 등).

요건규정에서 불확정개념을 사용하는 이유는 가급적 관련된 모든 경우를 법에 포섭하여야 하는 입법의 추상성 때문이다.

Ⅱ. 불확정개념을 포함한 요건규정의 판단과 사법심사

불확정개념을 포함한 요건규정의 해석·적용은 어떤 사실이 요건에 해당하는지에 대한 법적 판단의 문제이다. 따라서 -요건규정에 불확정개념이 있든 없든- 행정청은 발생한 구체적 사실

13 여전히 요건에도 재량을 인정하는 견해가 있고, 판례도 또한 그러하다.

이 법이 정한 요건에 해당하는지 또는 해당하지 않는지 오직 하나의 결정만 하게 되는데, 이와 같은 행정청의 판단은 법이 정한 효과의 부여 여부와 직접적으로 연결되기 때문에 이는 법적 판단의 문제이고, 따라서 이러한 행정청의 판단이 최종적으로 적법한 것인지의 여부는 전면적으로 사법심사의 대상이 된다.[14]

Ⅲ. 요건판단에서의 행정청의 판단여지*

1. 요건판단에서의 행정청의 판단여지 ○ 불확정개념 ○ 판단여지 또는 평가특권 **2. 판단여지의 인정범위** **3. 판단여지의 한계와 통제** **4. 우리나라의 학설과 판례** (1) 학설	○ 제한적인 범위 내에서 판단여지 인정 (다수설). 판단여지와 재량을 구별 ○ 판단여지와 재량의 구별 부인론 (2) 판례 ○ 요건규정과 효과규정의 구별 없이 모두 재량의 개념으로 파악 (3) 검토

1. 판단여지의 의미

한편 불확정개념의 해석·적용과 관련하여 고도의 전문적 지식이 요구되는 등의 특별한 사정이 있는 경우에 불확정개념에 대한 행정청의 판단에 대하여 법원의 사법심사가 제한되는 경우가 있을 수 있다.[15] 이러한 경우 행정청은 불확정개념에 대한 독자적인 판단권을 가질 수 있는데, 이를 **판단여지**(Beurteilungsspielraum) 또는 **평가특권**(Einschätzungsprärogative)이라고 한

---

* 변호사시험(2024년), 행정고시(2004년), 행정고시(일반행정)(2010년), 5급공채(2019년).

14 예컨대 지방경찰청장은 도로교통법 제93조에 따라 운전자가 술에 취한 상태에 있다고 인정할 만한 상당한 이유가 있음에도 불구하고 경찰공무원의 측정에 응하지 아니한 경우에는 운전면허를 취소하여야 하는데, 여기에서 '술에 취한 상태에 있다고 인정할 만한 상당한 이유가 있는지의 여부'나 '경찰공무원의 측정에 응하지 아니한 경우'가 요건판단의 문제인데, 후자의 경우는 비교적 쉽게 판단할 수 있으나 전자의 경우에는 '상당한 이유'와 같은 불확정개념이 포함되어 있어 행정청은 이에 관한 여러 가지의 구체적인 정황들을 고려해서 판단하여야 할 것이다. 만약 행정청이 이 요건에 해당한다고 판단하여 운전면허취소처분을 하게 되었고, 처분의 상대방이 이 처분의 취소를 구하는 취소소송을 제기한 경우에, 법원의 입장에서는 행정청이 어떠한 상황에서 '상당한 이유'가 있다고 판단하였는지를 심사하여 행정청의 사실인정 및 요건판단에 오류가 없었는지를 심사해 보아야 할 것이다.

15 예컨대, 문화재청장은 문화재위원회의 심의를 거쳐 어떤 시설이나 물건이 보존과 활용을 위한 조치가 특별히 필요하다고 판단하여 국가등록문화재로 등록하거나 그와 같은 필요가 없다고 판단하여 등록신청을 반려할 수 있는데(문화재보호법 53), 여기에서 행정청의 판단은 문화재 전문가들의 조사를 거쳐서 내린 것이고, 어떠한 물건이 국가등록문화재인가 하는 문제는 문화재에 대한 고도의 전문지식이 요구되는 문제이므로 법원으로서는 이와 같은 판단이, 적법한 기준이나 절차를 위반한 것이 아닌 한, 내용적으로 위법하다고 판단하기 어렵다.

다. 판단여지가 인정되는 경우에는 행정청이 판단한 내용에 대해서는 사법심사가 미치지 아니하고, 법원은 단지 행정청이 그와 같은 판단에 이르는 과정에서 일정한 한계를 준수하였는지의 여부만을 심사할 수 있을 뿐이다.

2. 판단여지의 인정범위

어떠한 경우에 판단여지가 인정되는지에 대해서는 판단여지설이 제기된 독일에서도 논란이 있다. 하지만 독일 연방행정재판소나 연방헌법재판소는 **사법심사가 어려울 정도의 고도의 복합성이나 특별한 성격을 띠는 경우**를 제외하고는 불확정개념의 판단에 대한 행정청의 판단여지가 인정되지는 않는다는 입장이다. 기본권제한과 관련하여 독일 연방헌법재판소는 판단여지가 인정되는 예외를 더 엄격하게 파악하고 있다.

독일 판례에서 인정된 판단여지의 **예**로는, ① 국가시험과 같은 시험평가결정, ② 학교교육영역에서의 시험평가와 유사한 평가결정, ③ 공무원법상의 평가, ④ 전문적인 독립위원회의 가치평가, ⑤ 환경법, 경제법 등의 영역에서의 예측결정이나 위험평가, ⑥ 고도의 전문적인 행정정책적 결정 등이 있다.

3. 판단여지의 한계와 통제

판단여지가 인정된다고 해서 행정청의 요건판단에 대한 사법심사가 무조건 배제되는 것은 아니다. 판단여지가 인정되면 행정청의 판단 내용에 대해서만 사법심사가 미치지 아니한다는 것이므로, 행정청의 판단과정에서, ① 판단기관이 적법하게 구성되었는지, ② 절차나 일반적 기준(행정법의 일반원칙 포함)을 준수하였는지, ③ 정당한 사실관계에 기초하고 있는지, ④ 관련 없는 사항을 고려하여 판단한 것은 아닌지 등은 '**판단여지의 한계**'로서 사법심사의 대상이 된다.

4. 우리나라의 학설과 판례

(1) 학설

① 우리나라의 경우에도 독일과 같이 제한적인 범위 내에서만 행정청의 판단여지가 인정된다는 것이 다수설이다. 대체로 요건규정에서의 판단여지와 효과규정에서의 재량은 서로 구별되어야 한다는 입장이다. ② 그러나 판단여지나 재량행위나 사법심사가 제한되기는 마찬가지라는 점에서 판단여지라는 개념을 부인하고 모두 재량으로 이해하는 견해도 있다. ③ 생각건대 판단여지는 '극히 예외적'으로만 인정되는 판단권이라면, 재량은 법적 효과의 부여에 대하여 '일반적'으로 인정되는 판단권이고, 무엇보다도 권력분립·법치행정의 관점에서 법률(입법)이 정한 요건을 행정청의 재량으로 판단하는 것은 입법권을 무력화하는 것이라는 점에서 양자를 구별하는 견해가 타당하다.

(2) 판례

판례는 요건판단의 문제와 효과의 부여 문제를 구별하지 아니하고 모두 재량으로 보고 있다. 따라서 요건판단에 있어서 판단여지 인정 문제도 재량의 문제로 잘못 이해하고 있다.

판례1 > 예방접종으로 인한 질병 등의 인정이 행정청의 재량에 속하는지 여부

"(감염병예방법에 따라) 예방접종과 장애 등 사이에 인과관계가 있는지를 판단하는 것은 고도의 전문적 의학 지식이나 기술이 필요한 점과 전국적으로 일관되고 통일적인 해석이 필요한 점을 감안한 것으로 역시 보건복지가족부장관의 재량에 속하는 것이므로, 인정에 관한 보건복지가족부장관의 결정은 가능한 한 존중되어야 한다(대판 2014.5.16, 2014두274)."

판례2 > [1] 의료법상 요건에 해당하는지, 어떠한 처분을 할 것인지가 재량인지 여부
[2] 행정청이 한 전문적인 판단은 존중되어야 하는지 여부

"[1] 불확정개념으로 규정되어 있는 의료법 제59조 제1항에서 정한 지도와 명령의 요건에 해당하는지, 나아가 요건에 해당하는 경우 행정청이 어떠한 종류와 내용의 지도나 명령을 할 것인지의 판단에 관해서는 행정청에 재량권이 부여되어 있다.
[2] 신의료기술에 관한 판단은 **고도의 의료·보건상의 전문성**을 요하므로, 행정청이 … 이에 대하여 전문적인 판단을 하였다면, 판단의 기초가 된 사실인정에 중대한 오류가 있거나 판단이 객관적으로 불합리하거나 부당하다는 등의 특별한 사정이 없는 한 존중되어야 한다(대판 2016.1.28, 2013두21120)."

판례3 > 국토계획법상 개발행위허가와 농지법상 농지전용허가·협의의 요건에 해당하는지 여부가 행정청의 재량판단의 영역에 속하는지 여부

"국토계획법 제56조에 따른 개발행위허가와 농지법 제34조에 따른 농지전용허가·협의는 금지요건·허가기준 등이 불확정개념으로 규정된 부분이 많아 그 요건·기준에 부합하는지의 판단에 관하여 행정청에 재량권이 부여되어 있으므로, 그 요건에 해당하는지 여부는 행정청의 재량판단의 영역에 속한다(대판 2017.10.12, 2017두48956)."

판례4 > 요건에 대한 행정청의 전문적 판단은 존중되어야 하는지 여부

"'환경오염 발생 우려'와 같이 장래에 발생할 불확실한 상황과 파급효과에 대한 예측이 필요한 요건에 관한 행정청의 재량적 판단은 그 내용이 현저히 합리성을 결여하였다거나 상반되는 이익이나 가치를 대비해 볼 때 형평이나 비례의 원칙에 뚜렷하게 배치되는 등의 사정이 없는 한 폭넓게 존중하여야 한다(대판 2021.3.25, 2020두51280)."
환경오염물질의 배출허용기준이 법령에 정량적으로 규정되어 있는 경우 행정청이 채취한 시료를 전문연구기관에 의뢰하여 배출허용기준을 초과한다는 검사결과를 회신받아 제재처분을 한 경우, 이 역시 고도의 전문적이고 기술적인 사항에 관한 판단으로서 그 전제가 되는 실험결과의 신빙성을 의심할 만한 사정이 없는 한 존중되어야 함은 물론이다(대판 2022.9.16, 2021두58912).

위 [판례1]은 요건판단에 행정청의 전문성이 필요하여 판단여지가 인정된다고 본 경우인데, 판례는 판단여지를 재량으로 잘못 표현하고 있는 경우이다.

[판례2]의 [2]는 전형적인 '판단여지'에 대한 설명이다. 그런데 [1]에서 판례는 '요건규정의 불확정개념의 판단'이나 '효과의 부여'에 대하여 모두 재량이라는 표현을 사용하고 있다. 판례는 판단여지를 이해하면서도 재량으로 표현하고 있는 것으로 보인다.

[판례3]은 개발행위허가와 관련하여, '모든 요건규정의 불확정개념의 판단에 행정청의 재량이 인정된다'고 오해될 만한 내용을 판시하고 있는데, 판단여지는 요건판단에 고도의 전문성이 인정되는 경우에만 인정될 수 있는 것이라는 점에서 판례의 표현에 문제가 있다.

다만 [판례4]에서는 요건에 대한 행정청의 전문적 판단은, 별다른 사정이 없는 한, 존중되어야 한다고 하여, (판단여지라는 표현은 사용하고 있지 않지만) 판단여지설과 같은 판단을 하고 있다.

제 3 항 기속행위와 재량행위

1. 개념
- (1) 기속행위
- (2) 재량행위

2. 재량행위와 기속행위의 구별
- (1) 구별기준에 관한 학설
  - ① 요건재량설
  - ② 효과재량설
  - ③ 판단여지설
  - ④ 결어: 개별적으로 판단
- (2) 구체적 구별기준: 구체적인 사안마다 개별적으로 판단하여야 함
- (3) 판례: 법규의 체재·형식과 그 문언 등 포함 행위 자체의 개별적 성질과 유형 등 고려

Ⅰ. 기속행위

법이 효과규정에서 행정청에게 어떠한 행위를 할 것인가에 대하여 일의적으로 규정하고 있어서 행정청은 이를 단지 기계적으로 적용하는 행위를 **기속행위**라 한다.

II. 재량행위*

1. 개념

법이 효과규정에서 행정청에게 행위여부나 행위내용에 관하여 선택의 여지를 인정하고 있는 행위를 **재량행위**라 한다. 재량행위는 다시 ① 일정한 행위를 할 것인지 안 할 것인지에 대한 결정재량과 ② 복수의 행위 중 어느 하나를 선택할 수 있는 선택재량으로 나눌 수 있다.

2. 이른바 기속재량·공익재량의 구분 문제

과거에는 재량행위를 기속재량행위(법규재량행위)와 자유재량행위(공익재량행위)로 분류했던 때가 있었다. ① 이에 따르면 기속재량행위는 '무엇이 법인가'에 대한 재량으로, 처분의 내용과 여부는 법으로 정해져 있고 행정청은 다만 구체적인 해석·판단을 하여 행위할 뿐이라고 한다. 기속재량을 그르치면 기속행위와 마찬가지로 위법이 되어 사법심사의 대상이 된다. ② 반면 자유재량행위는 '무엇이 합목적적인가'에 대한 재량으로, 행정청의 일정한 한계 내에서의 자유로운 재량행위를 의미한다고 한다. 자유재량을 그르치면 부당한 것이 되어 행정심판의 대상이 되는 데 그친다.[16]

이 구분은 과거 재량을 그르친 것은 부당한 것으로 사법심사의 대상이 되지 않았던 시절에 재량행위에 대해서도 재판통제의 범위를 확대하기 위한 것이었다. 이를 통하여 재량행위 중 기속재량은 재판통제의 대상이 되었기 때문에 이 같은 구분이 의미가 있었던 것이다.

그러나 ① 오늘날 '모든 재량권행사의 일탈·남용 여부'는 사법심사의 대상이 되었고, ② 이로써 법원이 통제할 수 없는 '자유재량행위'는 더 이상 존재하지 않으며, ③ 기속재량행위는 사실상 기속행위와 구별되지 않는다는 점에서 양자의 구분론은 그 이론적 토대를 상실하였다. 그럼에도 대법원은 비교적 최근까지도 이와 같은 개념을 사용하고 있다.[17]

---

* 사법시험(2012년).

16 (i) 행위가 적법요건을 갖추었는가에 따라 '적법/위법'으로 구분할 수 있고, 적법은 다시 가장 합목적적인 최선의 행위인가에 따라 '타당/부당'으로 구분할 수 있다. 즉 '위법'은 적법요건을 못 갖춘 경우이지만, '부당'은 적법한 행위이나 타당하지는 않은 행위를 말한다. 행정소송은 법원이 판단주체라 행정의 '위법'만을 심사의 대상으로 하지만, 행정심판은 행정이 판단주체이기 때문에 '위법·부당'을 심판의 대상으로 할 수 있다. 결국 부당한 경우는 행정소송으로는 통제할 수 없다.
(ii) '부당'은 보통 '단순히 공익이나 재량을 그르친 경우'를 말하는데, 어떠한 경우가 그러한지 예를 들기가 쉽지 않다. 부당과 관련하여 '그르친다(잘못하여 어기게 된다)'는 표현을 사용하는 이유는 '부당'은 '위법'이 아니기 때문에 '위반한다'는 표현이 적절치 못하기 때문이다.

17 "어느 행정행위가 기속행위인지 재량행위인지 나아가 재량행위라고 할지라도 기속재량행위인지 또는 자유재량에 속하는 것인지의 여부는 이를 일률적으로 규정지을 수는 없는 것이고, 당해 처분의 근거가 된 규정의 형식이나 체재 또는 문언에 따라 개별적으로 판단하여야 한다(대판 2008.5.29, 2007두18321)."

III. 기속행위와 재량행위의 구별*

1. 구별기준에 관한 학설

(1) 요건재량설

요건재량설은 어떠한 사실이 법이 정한 요건에 해당하는가에 대한 판단에 재량이 존재한다는 견해이다. 이 설에 대해서는 요건인정은 법률문제인데 이를 재량문제로 잘못 판단하고 있다는 등의 비판이 가해지고 있다.

(2) 효과재량설

효과재량설은 재량을 어떠한 법률효과를 부여할 것인가에 대한 선택으로 보는 견해이다. 그러면서 이 설은 행정행위가 침익적 성질을 가지는 경우에는 기속행위, 수익적 성질을 가지거나 개인의 권익에 아무런 영향을 미치지 아니하는 행위를 재량행위로 본다.

이 설은 재량은 요건규정이 아니라 효과규정과 관련된 것이라고 하는 점에서 요건재량설의 문제를 극복한 견해로 볼 수 있으나, 수익적 행위도 기속행위인 경우가 있고 침익적 행위도 재량행위가 있는 것처럼 어떠한 행위가 재량행위인가 기속행위인가 하는 문제는 행위의 성질과는 무관한 것이라는 비판을 받고 있다.

(3) 판단여지설

문헌에서는 판단여지설이 재량행위·기속행위의 구별기준에 관한 학설의 하나로 소개하기도 하는데, 판단여지는 요건규정에서의 문제라는 점에서 재량행위와 기속행위를 구별하는 기준이 될 수 없다.

(4) 결론

초기 요건재량설은 요건판단을 재량으로 이해하였으나, 효과재량설이 등장하면서 재량은 법적 효과의 결정 또는 선택의 문제로 이해하게 되었다. 그러나 효과재량설도 행위의 성질을 기준으로 구분하는 점에서 설득력 있는 구별기준을 제시하고 있지 못했다.

이에 따라 결국 재량행위와 기속행위의 구분은 근거법의 규정취지와 방식, 구체적 사정 등을 종합적으로 고려하여 구체적인 사안마다 개별적으로 판단할 수밖에 없다.

2. 구체적인 구별기준

제량행위와 기속행위는 우선 근거법의 규정방식을 기준으로 구별해 볼 수 있다. 즉 효과규

---

* 사법시험(2008년), 5급공채(2018년), 5급공채(2019년).

정이 '~한다' 또는 '~하여야 한다'로 규정되어 있으면 기속행위, '~할 수 있다'로 규정되어 있으면 재량행위라 할 수 있다.

그러나 '~할 수 있다'고 규정되어 있더라도 규정의 취지나 목적, 행정행위의 특성 등을 고려할 때 기속행위로 이해하여야 하는 경우도 있을 수 있다. 특히 이 경우에는 공익을 위한 것인지 행위의 상대방의 기본권실현을 위한 것인지에 대한 가치판단이 매우 중요하다. 예컨대 수익적 행정행위의 경우 공익을 위한 것이면 재량행위로, 개인의 기본권실현을 위한 것이면 기속행위로 보아야 할 것이고, 반대로 수익적 행정행위를 거부할 수 있는 경우에도 수익적 행정행위를 거부할만한 공익상의 필요가 있으면 이를 거부하여야 하는 기속행위로, 개인의 기본권실현의 의미가 강한 경우라면 거부하지 않을 수도 있는 재량행위로 이해하는 것이 합리적일 것이다.

예컨대, 건축법은 제11조 제1항과 제4항에서 건축허가와 관련된 규정을 두고 있다.

제11조(건축허가) ① 건축물을 건축하거나 대수선하려는 자는 특별자치시장·특별자치도지사 또는 시장·군수·구청장의 허가를 받아야 한다. …

④ 허가권자는 … 다음 각 호의 어느 하나에 해당하는 경우에는 이 법이나 다른 법률에도 불구하고 건축위원회의 심의를 거쳐 건축허가를 하지 아니할 수 있다.

1. 위락시설이나 숙박시설에 해당하는 건축물의 건축을 허가하는 경우 해당 대지에 건축하려는 건축물의 용도·규모 또는 형태가 주거환경이나 교육환경 등 주변 환경을 고려할 때 부적합하다고 인정되는 경우
2. 국토의 계획 및 이용에 관한 법률 제37조 제1항 제5호에 따른 방재지구 및 자연재해대책법 제12조 제1항에 따른 자연재해위험지구 등 상습적으로 침수되거나 침수가 우려되는 지역에 건축하려는 건축물에 대하여 지하층 등 일부 공간을 주거용으로 사용하거나 거실을 설치하는 것이 부적합하다고 인정되는 경우

(i) 건축허가는 기본적으로 허가를 신청한 개인의 기본권(건축의 자유)실현의 측면에서 요건만 갖추면 허가를 발급하여야 하는 기속행위이다. 따라서 제1항의 건축허가는 기속행위이다.

(ii) 제4항의 경우 '~ 건축허가를 하지 않을 수 있다'고 규정하고 있어 법문(法文)의 표현대로라면 재량행위이지만, 제1호와 제2호의 요건은 '환경권보호나 재해로부터의 위험방지'라는 공익을 위한 것이기 때문에, 이 요건에 해당하여 건축이 부적합하다고 인정되는 경우라면 건축을 하지 말아야 한다. 이러한 점에서 제4항의 건축허가는 법문의 표현에도 불구하고 기속행위로 이해하여야 한다(이 점에 제1호와 제2호의 요건은 사실상 '~ 부적합하다고 인정되는 경우가 아닐 것'이라는 건축허가요건을 규정한 것으로 이해하여야 한다).

4. 판례의 입장

판례도 기속행위와 재량행위의 구별은 당해 행위의 근거가 된 법규의 체재·형식과 그 문언, 당해 행위가 속하는 행정 분야의 주된 목적과 특성, 당해 행위 자체의 개별적 성질과 유형 등을 모두 고려하여 판단하여야 한다는 입장이다.

판례 > 기속행위와 재량행위를 구분하는 방법 및 각 행위에 대한 사법심사 방식

"(기속행위와 재량행위의) 구분은 당해 행위의 근거가 된 법규의 체재·형식과 문언, 당해 행위가 속하는 행정 분야의 주된 목적과 특성, 당해 행위 자체의 개별적 성질과 유형 등을 모두 고려하여 판단하여야 한다. 양자에 대한 사법심사는, 전자의 경우 그 법규에 대한 원칙적인 기속성으로 인하여 법원이 사실인정과 관련 법규의 해석·적용을 통하여 일정한 결론을 도출한 후 그 결론에 비추어 행정청이 한 판단의 적법 여부를 독자의 입장에서 판정하는 방식에 의하게 된다. 후자의 경우 행정청의 재량에 기한 공익판단의 여지를 감안하여 법원은 독자의 결론을 도출함이 없이 당해 행위에 재량권의 일탈·남용이 있는지 여부만을 심사하게 되고, 이러한 재량권의 일탈·남용 여부에 대한 심사는 사실오인, 비례·평등의 원칙 위배, 당해 행위의 목적 위반이나 동기의 부정 유무 등을 판단 대상으로 한다(대판 2018.10.4, 2014두37702)."

대체로 행정행위는 공익성이 강한 경우는 재량행위로, 반대로 개인의 기본권실현이라는 측면이 강하면 기속행위로 볼 여지가 크다고 할 수 있다. 대법원은 공익적 관점에서 상대방에게 권리나 이익을 부여하는 특허를 재량행위로 보고 있다.

판례 > 기속행위 판례

영업허가(대판 2000.3.24, 97누12532), 건축허가(대판 2006.11.9, 2006두1227), 학교법인이사 취임승인(대판 1992.9.22, 92누5461), 교육환경평가서 승인(대판 2020.10.15, 2019두45739), 국방전력발전업무훈령에서 정한 연구개발확인서 발급(대판 2020.1.16, 2019다264700)

판례 > 재량행위 판례

귀화허가(대판 2010.10.28, 2010두6496), 도로점용허가(대판 2007.5.31, 2005두1329), 공유수면의 점·사용허가(대판 2004.5.28, 2002두5016), 개인택시운송사업면허(대판 2010.1.28, 2009두19137), 주택건설사업계획의 승인(대판 2007.5.10, 2005두13315),* 주택조합설립인가(대판

* 사법시험(2008년).

1995.12.12, 94누12302), 개발제한구역 내의 건축물의 용도변경허가(대판 2001.2.9, 98두17593), 토지형질변경행위·농지전용행위를 수반하는 건축허가(대판 2017.10.12, 2017두48956), 용도지역지정·변경행위(대판 2005.3.10, 2002두5474), 도로법상 도로구역 결정행위(대판 2015.6.11, 2015두35215), 공증인 인가·임명(대판 2019.12.13, 2018두41907), 건설폐기물처리사업계획서의 적합 여부 결정(대판 2017.10.31, 2017두46783), 폐기물처리종합재활용업사업계획서 적합통보(대판 2019.12.24, 2019두45579), 악취방지계획의 적정 여부 판단(대판 2022.9.7, 2020두40327), 폐기물처리사업계획서의 적합 여부 판단(대판 2023.7.27, 2023두35661), 학교용지부담금 부과(대판 2022.12.29, 2020두49041)

IV. 재량권의 한계와 재량권행사의 하자(Ermessensfehler)*

오늘날 행정청의 재량권행사는 그 법적 한계로서 '재량권을 일탈·남용·불행사하지 말아야 할 의무를 준수하여야 한다. 이를 '의무에 합당한 재량(pflichtgemäßes Ermessen)'으로 표현하기도 한다. 행정기본법은 재량행사의 기준으로 "행정청은 재량이 있는 처분을 할 때에는 관련 이익을 정당하게 형량하여야 하며, 그 재량권의 범위를 넘어서는 아니 된다(행정기본법 21)."고 규정하고 있다. 재량권의 한계를 벗어난 행정행위(재량권행사에 하자가 있는 행정행위)는 위법하다.

1. 재량권의 일탈·유월(Ermessensüberschreitung)

재량권의 일탈이란 재량권의 한도를 넘은 것을 말한다.[18] 이 경우 대부분은 법령위반으로도 위법한 경우일 수 있을 것이다.

2. 재량권의 남용(Ermessensmißbrauch)

재량권의 남용은 재량권행사가 법의 목적을 위배하거나, 행정법의 일반원칙을 위반하는 것

* 변호사시험(2014년), 변호사시험(2016년), 변호사시험(2023년), 사법시험(2008년), 사법시험(2011년), 행정고시(일반행정)(2005년), 행정고시(일반행정)(2010년), 5급공채(일반행정)(2012년), 5급공채(행정)(2016년), 5급공채(행정)(2018년), 5급공채(2019년).

18 예를 들어 법에서 '영업자가 법령상의 의무를 위반한 경우에는 6개월 이내의 기간을 정하여 영업의 전부 또는 일부를 정지할 수 있다'고 규정하고 있는데 영업을 취소한 경우이다.

을 말한다. 현실적으로 가장 많이 발생하는 재량하자의 유형이다.[19]

판례 > 재량권의 행사로서 한 징계처분이 재량권의 한계를 벗어나 위법한 경우

"징계권자가 재량권의 행사로서 한 징계처분이 사회통념상 현저하게 타당성을 잃어 재량권을 남용한 것이라고 인정되는 경우 그 처분은 위법한바, 징계권의 행사가 공익적 목적을 위하여 징계권을 행사하여야 할 공익의 원칙에 반하거나 일반적으로 징계사유로 삼은 비행의 정도에 비하여 균형을 잃은 과중한 징계처분을 선택함으로써 비례의 원칙에 반하거나 또는 같은 정도의 비행에 대하여 일반적으로 적용하여 온 기준에 비추어 합리적인 이유 없이 공평을 잃은 징계처분을 선택함으로써 평등의 원칙을 위반한 경우 이러한 징계처분은 재량권의 한계를 벗어난 처분으로서 위법하다(대판 2015.1.29, 2014두40616)."

3. 재량권의 불행사(Ermessensnichtgebrauch)

재량권의 불행사는 행정청이 재량권이 있음에도 재량권을 행사하지 않는 경우를 말한다. 이와 같은 재량권의 불행사에는 재량권을 충분히 행사하지 아니한 경우인 재량행사의 미달(Ermessensunterschreitung)도 포함된다.

Ⅴ. 재량권의 0으로의 수축

행정청의 재량권은 중대한 상황이 발생하면 '오직 하나의 결정만을 하여야 하는 경우'로 축소되기도 한다. 이 경우 행정청은 그 '오직 하나의 결정'을 하여야 할 의무가 있다. 이를 "재량권의 0으로의 수축(Ermessensreduzierung auf Null)" 또는 "재량수축(Ermessensschrumpfung)"이라고 한다. 재량권이 수축되면 재량행위는 결국 그 행위를 하여야 할 기속행위로 전환된다.

어떠한 경우에 재량권이 수축하는가에 관하여는 확립된 이론이나 기준은 없고 구체적인 사안마다 개별적으로 결정하여야 하지만, 독일에서는 대체로 중요한 법익에 대한 중대한 침해의 경우에 재량권이 수축할 수 있다고 보고 있다.[20]

---

19 예를 들어 공무원이 직무를 수행하면서 개인적인 감정으로 상대방에게 불리한 처분을 하는 것은 법이 재량권을 부여한 목적에 위배되는 경우이고, 공무원의 경미한 과실에 대하여 중한 징계를 하는 것은 비례원칙에 위반한 경우로서 재량권의 남용에 해당된다.

20 행정청의 규제권 발동은 재량이다. 규제나 경찰권은 공익을 위한 것으로 개인의 사생활을 위하여 발동되지는 않는다. 그러나 이웃에서 발생하는 악취·소음과 같은 공해를 참을 수 없는 경우, 불법주차로 도로가 막힌 경우, 주택 안에서 발생한 행위로 개인의 생명·신체에 직접적인 위험이 발생할 우려가 있는 경우 등은 재량권이 0으로 수축하게 되고, 이 경우 행정청은 그 권한을 발동하여야 한다. 이에 대한 개인의 권리가 행정개입청구권이다.

Ⅵ. 재량행위의 통제

행정에 재량권을 인정하는 것이 필요한 것처럼 그 재량권을 어떻게 적절하게 통제할 것인가 하는 것도 중요하고 필요하다.

재량행위의 통제는 삼권분립에 따라 입법적·행정적·사법적 통제로 구분해 볼 수 있는데, ① 먼저 입법적으로는 법률을 보다 구체적이고 명확하게 규정하는 방안, 그 밖에 국회의 국정감사, 질문, 해임건의, 탄핵소추 등의 간접적인 통제방안을 들 수 있다. ② 행정적으로는 감사원의 감사나 상급행정청의 직무감독, 행정절차, 행정심판 등에 의한 통제가 있다. ③ 사법적 통제는 법원에 의한 통제와 헌법재판소에 의한 통제가 있는데, ⑴ 행정소송법 제27조는 "행정청의 재량에 속하는 처분이라도 재량권의 한계를 넘거나 그 남용이 있는 때에는 법원은 이를 취소할 수 있다."고 규정하고 있으므로 재량행위에 대해서는 행정소송을 통하여 재량권의 한계(일탈·남용·불행사)를 벗어났는지의 여부를 심사함으로써 통제할 수 있고, ⑵ 재량권행사로 인하여 기본권이 침해된 경우에는 헌법소원심판을 청구할 수 있다.

판례 > 재량행위에 대한 사법심사의 기준과 방법

"재량행위에 대한 사법심사는 행정청의 재량에 기초한 공익 판단의 여지를 감안하여 법원이 독자적인 결론을 내리지 않고 해당 처분에 재량권 일탈·남용이 있는지 여부만을 심사하게 되고, 사실오인과 비례·평등의 원칙 위반 여부 등이 그 판단기준이 된다(대판 2020.9.3, 2019두60899 등 참조). 행정청이 행정행위를 함에 있어 이익형량을 전혀 하지 아니하거나 이익형량의 고려대상에 마땅히 포함시켜야 할 사항을 누락한 경우 또는 이익형량을 하였으나 정당성·객관성이 결여된 경우 그 행정행위는 재량권을 일탈·남용하여 위법하다고 할 수 있다(대판 2020.6.11, 2020두34384 등 참조). 이러한 재량권 일탈·남용에 관해서는 그 행정행위의 효력을 다투는 사람이 증명책임을 진다(대판 2019.7.4, 2016두47567 등 참조)(대판 2022.9.7, 2021두39096)."

"장래에 발생할 불확실한 상황과 파급효과에 대한 예측이 필요한 요건에 관한 행정청의 재량적 판단은, 그 내용이 현저히 합리성을 결여하였다거나 상반되는 이익이나 가치를 대비해 볼 때 형평이나 비례의 원칙에 뚜렷하게 배치되는 등의 사정이 없는 한 존중하여야 한다(대판 2022.9.7, 2022두40376)."

"제재적 행정처분이 재량권의 범위를 일탈하였거나 남용하였는지는, 처분사유인 위반행위의 내용과 그 위반의 정도, 그 처분에 의하여 달성하려는 공익상의 필요와 개인이 입게 될 불이익 및 이에 따르는 제반 사정 등을 객관적으로 심리하여 공익침해의 정도와 처분으로 인하여 개인이 입게 될 불이익을 비교·교량하여 판단하여야 한다(대판 2021.10.28, 2020두41689)."

제4절 행정행위의 내용

종래 통설에 따르면 행정행위는 의사표시를 요소로 하는 법률행위적 행정행위와 의사표시 이외의 단순한 정신작용을 요소로 하는 준법률행위적 행정행위로 구별된다. 전자에는 명령적 행위로서 하명·허가·면제, 형성적 행위로서 특허·인가·대리가 있고, 후자에는 확인·공지·통지·수리가 있다.

제 1 항 법률행위적 행정행위

제1. 명령적 행정행위

명령적 행위는 상대방에 대하여 작위·부작위·급부·수인 등의 의무를 부과하거나 그 의무를 해제하는 행정행위를 말한다. 명령적 행위에는 하명, 허가, 면제가 있는데, 하명은 의무를 부과하는 것이고, 허가와 면제는 의무를 해제하는 행위이다.

Ⅰ. 하명

하명은 작위(시설개선명령)·부작위(심야영업의 금지)·급부(납부고지)·수인(강제접종결정) 등의 의무를 부과하는 행정행위이다. 부작위하명을 금지라고 부르기도 한다. 하명은 침익적 행정행위이므로 법률유보의 최소한인 침해유보의 입장에서 반드시 법적 근거가 필요하다.

하명은 일반적으로 사실행위를 대상으로 하지만(예: 시설의 철거 명령), 법률행위를 대상으로 하기도 한다(예: 판매의 금지). 하명은 특정인을 대상으로 하는 경우와 불특정 다수인을 대상으로 하는 경우(예: 집회금지)가 있다.

하명에 의하여 부과된 의무를 이행하지 아니하는 경우에는 '행정강제 또는 행정벌'로서 의무이행이 강제되거나 의무불이행에 대한 제재가 가해질 수 있다. 그러나 하명을 위반한 행위의 '법률상의 효과'에는 영향이 없는 것이 원칙이다(예: 영업자 준수의무를 위반하여 판매한 경우에도 판매행위 그 자체는 유효하다).

행정행위의 내용 체계도

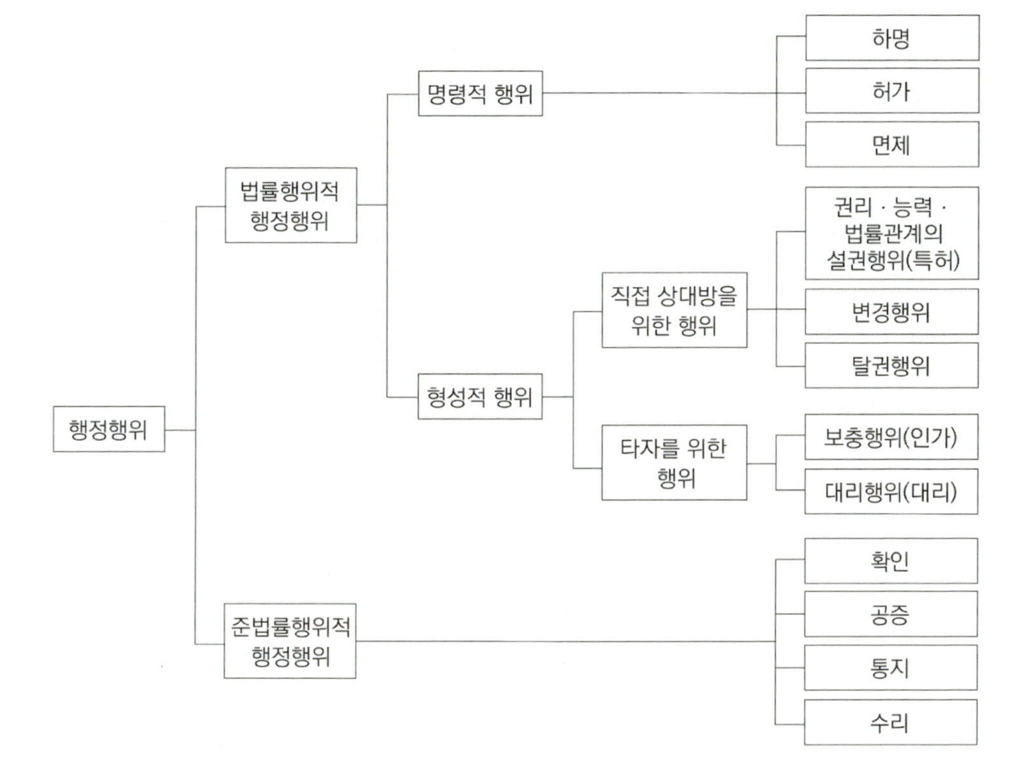

II. 허가*

1. **허가의 개념: 상대적 금지의 해제를 통한 자연적 자유의 회복** 2. **허가의 성질** (1) 명령적 행위인가 형성적 행위인가	(2) 기속행위인가 재량행위인가 3. **허가의 효과** ○ 반사적 이익 ○ 거리제한규정이 있는 경우는 특허

1. 허가의 개념

허가란 법령에 의한 '상대적 금지를 해제'하여 '자연적 자유를 회복'시켜주는 행정행위를 말한다.

금지에는 ① 반사회적·반윤리적 성격 때문에 절대로 금지하는 '절대적 금지(예: 마약·무기의

* 사법시험(2012년), 행정고시(일반행정)(재경)(2009년).

매매 금지)'와 ② 자유권적 기본권으로서 자유롭게 할 수 있는 행위를 공공복리·질서유지·위험방지 등을 위하여 잠정적으로 금지하는 '상대적 금지(예: 공사로 인한 통행금지)'가 있다. 허가의 대상이 되는 금지는 상대적 금지로서, 허가는 본래 자유로운 행위(예: 영업의 자유, 건축의 자유)를 질서유지·위험방지 때문에 (상대적으로) 금지하였다가, 관련 법령이 정하는 (허가를 위한 규제)요건을 갖춤으로써 '질서유지·위험방지' 목적에 부합하면, 이 금지를 해제해서 본래 누릴 수 있었던 자유의 상태를 회복(예: 적법하게 영업 또는 건축을 할 수 있음)시켜주는 것이다.

허가는 강학상 용어로서 실정법에서는 허가·면허·승인·특허·인가 등으로 다양하게 표현되고 있다. 그러므로 당해 행정행위가 강학상 허가에 해당하는지는 관계 법령의 규정이나 취지를 검토해 보아야 한다.

2. 허가의 성질

(1) 명령적 행위인가 형성적 행위인가

① 전통적으로 허가는 상대적 '금지(부작위의무)'의 해제를 통하여 자연적 자유를 회복시켜주는 것이라는 점에서 명령적 행위로 이해되고 있다. ② 이에 대해서는 허가를 상대적으로 금지된 행위를 적법하게 행사할 수 있게 해 주는 '법적 지위를 설정(형성)'하는 행위로 이해하여 형성적 행위로서의 성질을 가진다고 하는 견해들이 있다. ③ 그러나 '명령의 부과나 해제인가' '법률관계 등의 형성인가'에 따라 명령적·형성적 행위를 구분하는 이론체계를 유지하는 한, 허가는 '금지의 해제'로서 명령적 행위로 보아야 한다. '허가를 통해서 적법하게 행위할 수 있는 지위'가 '회복'되는 것이지 이로써 영업'권'이 형성되는 것은 아니기 때문이다.

(2) 기속행위인가 재량행위인가

허가는 상대적 금지를 해제함으로써 '자유권적 기본권을 회복'시켜 주는 행위이다. 따라서 행정청은, 상대방이 신청한 행위가 법이 정한 허가요건을 충족하면, 다른 중대한 공익상의 필요가 없는 한, 이를 허가함으로써 개인의 기본권을 실현시켜야 할 기속을 받는다고 이해하여야 한다. 따라서 허가는 기속행위이다.

판례 > 건축허가를 기속행위로 본 판례

"건축허가권자는 건축허가신청이 건축법 등 관계 법규에서 정하는 어떠한 제한에 배치되지 않는 이상 당연히 같은 법조에서 정하는 건축허가를 하여야 하고, 중대한 공익상의 필요가 없는데도 관계 법령에서 정하는 제한사유 이외의 사유를 들어 요건을 갖춘 자에 대한 허가를 거부할 수는 없다(대판 2009.9.24. 2009두8946)."

☞ 건축허가의 법적 성질을 기속행위로 보는 것이 대법원의 기본적이고 원칙적인 입장이다. 다만 대법원은 건축허가와 관련하여 '중대한 공익상의 필요가 있으면 관계 법령에서 정하는 제한사유 이외의 사유를 들어 허가를 거부할 수도 있다'는 예외를 인정하고 있다.
이와 관련하여, 건축허가는 원칙적으로 기속행위이지만 경우에 따라서는 재량행위일 수도 있다고 이해하는 견해도 있다. 그러나 '중대한 공익상의 필요'는 허가'요건'에 관한 것으로, '허가의 발급' 여부에 관한 재량과 혼동해서는 안 된다. 따라서 중대한 공익상의 필요가 존재하는지의 여부는 일종의 불문형식의 허가요건에 관한 규정으로 이해하여야 하고, 이에 대한 판단도 요건판단의 문제로서 오직 하나의 결정만이 가능한 법적 문제이고, 이에 대해서는 법원의 전면적인 사법심사가 가능하다고 보아야 한다.

3. 허가와 신청(출원)

허가는 통상 상대방의 신청에 의하여 행하여지나, 신청은 허가의 필요요건은 아니므로 신청 없는 허가(예: 통행금지해제)나 수정허가가 가능하다는 견해가 일반적이다.

4. 허가의 종류

허가는 대상에 따라 대인적 허가(운전면허, 의사면허), 대물적 허가(건축허가), 혼합적 허가(총포 등의 제조업허가)로 분류된다. 원칙적으로 대인적 허가는 그 효과가 일신전속적[21]이므로 이전성이 없으나, 대물적 허가는 이전성이 인정된다. 따라서 대물적 허가에 대한 제재처분의 효력도 양수인(讓受人)에게 미치는 것이 일반적이다.

판례 > 공중위생영업에 있어 그 영업을 정지할 위법사유가 있는 경우, 그 영업이 양도·양수되었다 하더라도 양수인에 대하여 영업정지처분을 할 수 있는지 여부

"공중위생법상 영업정지나 영업장폐쇄명령 모두 대물적 처분으로 보아야 할 이치이다. … 만일 어떠한 공중위생영업에 대하여 그 영업을 정지할 위법사유가 있다면, 관할 행정청은 그 영업이 양도·양수되었다 하더라도 그 업소의 양수인에 대하여 영업정지처분을 할 수 있다고 봄이 상당하다(대판 2001.6.29, 2001두1611)."

5. 허가의 효과

(i) 허가는 상대적 금지의 해제를 통하여 자연적 자유를 회복시켜주는 것으로서, 허가를 통

21 일신전속(一身專屬): 한 사람에게만 속하다.

하여 새로운 권리나 능력이 설정되는 것은 아니다.

(ii) 허가는 자연적 자유를 회복시켜주는 것이므로 허가를 통하여 상대방이 얻는 이익이 있더라도 이는 반사적 이익에 불과하다.[22]

(iii) 한편 영업허가의 요건으로 거리제한규정이 있는 경우[23]에는, 관계 법령이 거리제한을 통하여 사익도 보호하려는 취지로 해석되므로, 당해 구역 안에서 허가를 통하여 누리게 되는 독점적 지위는 법률상 이익이라고 볼 수 있다. 즉 이 경우 거리제한을 통하여 독점적으로 영업할 수 있는 법적인 지위가 설정되는 것으로 볼 수 있으므로 여기에서의 허가는 실제로는 특허에 해당한다고 보아야 할 것이다.

(iv) 허가도 형성적 행위가 아니라 명령적 행위이므로, 필요한 허가를 받지 아니하고 한 행위는 행정강제나 행정벌의 대상은 되지만, 행위 그 자체의 법적 효력은 부인되지 않는 것이 원칙이다.

III. 면제와 예외적 승인

1. 면제

면제는 법령에 의하여 일반적으로 부과된 작위·급부·수인의무를 특정한 경우에 해제하는 행정행위이다. 면제는 명령적 행위로서 의무의 해제라는 점에서 허가와 같으므로, 허가에 관한 설명이 면제에도 그대로 타당하다.

2. 예외적 승인*

법령이 사회적으로 유해하거나 바람직하지 않은 행위를 절대적으로 금지하면서 특별한 경우에 한하여 예외적으로 해제해 주는 행정행위를 예외적 승인(Ausnahmebewilligung)이라 한다(예: 개발제한구역 안에서의 개발행위허가, 카지노 영업허가).

허가는 질서유지·위험방지 차원에서 자연적 자유에 대한 상대적 금지, 즉 허가유보부 예방적 금지(präventives Verbot mit Erlaubnisvorbehalt)를 전제로 하고 있는 데 반하여, 예외적 승인은 반사회적·반윤리적 행위에 대한 절대적 금지, 즉 면제유보부 억제적 금지(repressives

---

* 사법시험(2013년).

22 예컨대, 甲이 허가를 받아 영업을 하던 중 새로 乙이 동일한 영업으로 허가를 받아 영업을 함으로써 甲의 영업이익이 줄더라도 이는 반사적 이익이지, 법에 의하여 보호되는 권리는 아니다. 따라서 이 경우 甲은 乙에 대한 허가를 취소쟁송으로 다툴 법률상 이익(청구인적격·원고적격)이 인정되지 않는다.

23 담배판매영업허가에 해당하는 '담배판매소매인 지정'의 경우 담배사업법령에 의하여 소매인 영업소 간 거리가 50미터 이상이어야 한다.

Verbot mit Befreiungsvorbehalt)를 전제로 하고 있다.

예외적 승인은 절대적 금지 또는 억제적 금지를 전제로 하고 있어 예외적인 경우가 아닌 한 금지의 해제를 허용하지 않는 것이므로 행정청에게 금지의 해제시 재량권이 인정되는 재량행위이다. 아울러 예외적 승인을 통하여 허용되지 않았던 행위에 대한 독점적인 권리나 법적 지위가 형성된다. 이러한 점에서 예외적 승인은 특허에 해당한다.

제2. 형성적 행정행위

형성적 행위는 법적 효과나 법률관계를 형성(발생·변경·소멸)하는 행정행위로서, 상대방에게 새로운 권리·능력·포괄적 법률관계를 발생(특허)·변경·소멸시키는 행정행위와 타인을 위한 보충행위인 인가와 타인을 대신하는 공법상의 대리가 있다.

형성적 행위는 일정한 의무를 명하거나 해제하는 명령적 행위와는 달리, 행정행위를 통하여 법적 효과나 법률관계가 형성된다는 점에서 행정청에게 재량권이 있는 경우가 많다.

Ⅰ. 특허*

1. 특허의 개념	(i) 허가: 명령적 행위, 특허: 형성적 행위임
2. 특허와 출원	(ii) 허가: 기속행위, 특허: 재량행위
3. 특허의 효과	(iii) 허가의 효과: 반사적 이익, 특허의 효과:
4. 특허와 허가의 비교	권리·능력 등의 설정

1. 특허의 개념

넓은 의미에서 특허는 ① 특정 상대방에게 권리를 설정하는 행위(예: 특허기업의 특허, 광업허가, 어업면허), ② 능력을 설정하는 행위(예: 공법인의 설립행위), ③ 포괄적인 법률관계를 설정하는 행위(예: 공무원의 임명, 귀화허가)를 포함하며, 이 가운데 특정 상대방에게 권리를 설정하는 행위만을 가리켜 좁은 의미의 특허라 한다(예: 하천점용허가와 같은 공물사용권의 특허, 공유수면매립면허, 자동차운송사업면허, 마을버스운송사업면허). 보통 특허는 이 좁은 의미의, 권리설정행위로서의 특허를 의미한다.

특허의 대상이 되는 행위는 대체로 공익성이 강한 것으로 특허 여부는 행정청의 재량적 판단에 의하여 이루어진다. 물론 기속행위인 경우도 있을 수 있겠지만, 이러한 경우는 오히려 특

* 사법시험(2008년), 5급공채(재경)(2012년).

허보다는 허가로 보아야 할 것이다.

판례 > 체류자격 변경허가가 설권적 처분의 성격을 가지는지 여부 및 재량행위인지 여부

> "출입국관리법상 체류자격 변경허가는 신청인에게 당초의 체류자격과 다른 체류자격에 해당하는 활동을 할 수 있는 권한을 부여하는 일종의 설권적 처분의 성격을 가지므로, 허가권자는 신청인이 관계 법령에서 정한 요건을 충족하였더라도, 신청인의 적격성, 체류 목적, 공익상의 영향 등을 참작하여 허가 여부를 결정할 수 있는 재량을 가진다(대판 2016.7.14, 2015두48846)."

2. 특허와 출원

특허는 상대방의 출원(신청)을 필요로 한다. 허가의 경우 상대방의 신청이 없는 허가도 가능하다는 점에서 특허와 차이가 있다.

특허는 언제나 특정인을 상대방으로 한다. 따라서 불특정인을 상대방으로 할 수 있는 허가(예: 일반처분)와 차이가 있다.

3. 특허의 효과

특허는 특정인에게 특정한 권리를 설정하는 행정행위이다. 이 점이 그 효과가 반사적인 허가와 다른 점이다.[24]

4. 특허와 허가의 비교

(i) 허가는 상대적 금지의 해제라는 점에서 명령적 행위이고(이 점에 대해서는 논란이 있음), 특허는 권리·능력 등의 설정행위라는 점에서 형성적 행위이다.

(ii) 허가는 자연적 자유의 회복이라는 점에서 허가요건이 갖추어지면 반드시 허가를 하여야 하는 기속행위이지만, 특허는 새로운 권리·능력 등을 설정한다는 점에서 특허 여부에 대해서는 행정청이 공익적 견지에서 재량적 판단을 하게 되는 재량행위임이 원칙이다.

(iii) 허가는 자연적 자유의 회복이라는 점에서 상대방은 허가를 통하여 반사적 이익을 누리게 될 뿐이지만, 특허는 형성적 행위로서 권리·능력 등이 설정된다.

24 따라서 기존 특허자는 제3자에게 동일한 특허가 발급되면 특허로 인하여 설정된 기존 특허자의 권리가 침해되는 것이므로 취소소송에서 제3자에 대한 특허를 다툴 수 있는 원고적격이 인정된다.

II. 인가

1. 인가의 개념

인가는 제3자의 법률행위(기본행위)를 보충하여 그 법적 효력을 완성시켜 주는 행정행위이다. 본래 법률행위는 행정주체의 관여 없이도 효력을 발생하는 것이 원칙이나 공익적 관점에서 일정한 법률행위에 행정청이 동의함으로써 효력을 발생하도록 하는 경우가 있다. 이러한 행정청의 동의를 인가라 한다(예: 공공조합의 설립인가(도시개발법 13), 지방자치단체조합의 설립인가(지자법 159), 사립대학 설립인가(고등교육법 4), 학교법인임원승인(대판 2007.12.27, 2005두9651) 등).

인가는 행정청이 타인의 법률행위에 관여하는 것이므로, 원칙적으로 기속행위적 성격이 강하다. 하지만 재량행위인 인가(예: 자동차관리법상 자동차관리사업자로 구성하는 사업자단체인 조합 또는 협회설립인가(대판 2015.5.29, 2013두635))도 있다. 최종적으로 인가의 성질은 관련 법령의 규정 및 입법취지 등을 고려하여 개별적으로 판단하여야 할 것이다.

2. 인가의 대상

인가의 대상은 타인의 행위로서, 반드시 법률행위여야 한다. 왜냐하면 인가는 법적 효력의 발생요건이기 때문이다.

3. 인가와 출원

인가는 그 대상이 되는 법률행위 당사자의 신청에 의하여 행하여진다. 따라서 행정청은 신청에 따른 인가 여부를 결정할 뿐, 신청 내용을 적극적으로 변경하는 수정인가는 법령의 명문의 규정이 없는 한 허용되지 않는다.

4. 인가의 효과

인가는 타인의 법률행위의 효력을 완성시켜주는, 효력발생요건이다. 따라서 무인가행위는 원칙적으로 무효이다. 하지만 명령적 행위가 아니므로 행정강제나 행정벌의 대상이 되지는 않는다.

III. 공법상 대리

공법상의 대리는 제3자가 행하여야 할 행위를 행정청이 대신하여 행하고 그 행위가 제3자가 행한 것과 같은 법적 효과를 발생하는 행정행위이다(예: 국세징수법상 강제징수, 토지수용위원회의 토지수용재결).[25] 대리행위는 행정청의 행위로 제3자에게 법적 효과를 귀속·발생시킨다는 점에서 형성적 행위이다.

제 2 항 준법률행위적 행정행위

준법률행위적 행정행위는 행정청의 인식, 판단과 같은 단순한 정신작용을 요소로 하는 행위로서 그 효과는 법이 정한 바에 따라 발생하는 행위이다. 여기에는 확인·공증·통지·수리가 있다.

Ⅰ. 확인

확인은 특정한 법률관계나 사실관계의 존재 여부 또는 진위 여부에 대하여 의문이 제기되는 경우에 공적으로 이를 판단하여 선언하는 행정행위를 말한다(예: 당선인의 결정·국가시험합격자 결정·발명권특허·교과서검인정·행정심판 재결·소득금액결정 등).

행정청은 일정한 요건이 존재하는 경우에 특정한 법률관계의 존재나 진위 여부만을 가려야 하므로 확인행위는 성질상 기속행위로 보아야 한다.

Ⅱ. 공증

공증(公證)은 특정 사실 또는 법률관계의 존부를 공적으로 증명하는 행정행위이다(예: 부동산 등기·토지대장에 등재, 합격증의 교부, 여권의 발급, 영수증의 교부 등). 공증은 단순한 정신작용이므로 특정한 사실이나 법률관계가 존재하거나 존재하지 않으면 이를 공증하여야 할 기속을 받는다 할 것이다. 따라서 공증은 기속행위이다.

Ⅲ. 통지

준법률행위적 행정행위로서의 통지는 특정인 또는 불특정의 다수인에게 어떠한 사실을 알리

25 강제징수는 납세의무를 이행하지 않을 경우에 대한 강제수단으로서 압류, 매각, 청산을 말한다. 행정청은 납세의무자를 대신하여 납세를 하게 하는 것이다. 한편 수용(收用)이란 재산권을 박탈하는 것을 말한다. 공익사업으로 사업지에 속한 토지의 소유권을 박탈하는 것을 토지수용이라 한다. 수용은 사업자와 피수용자 간의 합의로 이루어지는 것인데, 합의가 성립하지 않으면 토지수용위원회의 수용재결에 의하여 강제로 수용의 효과가 당사자들에게 귀속된다.

는 행위에 일정한 법적 효과가 결부되는 경우를 말한다. 통지에는 어떠한 사실에 관한 관념의 통지인 경우도 있고(예: 특허출원의 공고, 귀화고시), 의사의 통지인 경우도 있다(예: 사업인정[26]의 고시, 대집행의 계고[27] 납세독촉).

통지는 준법률행위적 행정행위로서 행정쟁송법상 처분에 해당하므로 항고소송의 대상이 된다. 다만 법적 효과를 동반하지 않는 단순한 사실행위로서의 통지(예: 당연퇴직의 통보)는 처분이 아니다.

판례 > 당연퇴직처분이 행정소송의 대상인 행정처분인지 여부

> "국가공무원법 제69조에 의한 당연퇴직의 인사발령은 법률상 당연히 발생하는 퇴직사유를 공적으로 확인하여 알려주는 이른바 관념의 통지에 불과하고 공무원의 신분을 상실시키는 새로운 형성적 행위가 아니므로 행정소송의 대상이 되는 독립한 행정처분이라고 할 수 없다(대판 1995.11.14, 95누2036)."

판례는 대학교원의 임용기간만료통지(재임용거부통지)의 처분성을 인정하고 있다.*

판례 > 대학교원에 대한 임용기간만료통지의 통지가 행정소송의 대상이 되는 처분에 해당하는지 여부

> "임용권자가 임용기간이 만료된 조교수에 대하여 재임용을 거부하는 취지로 한 임용기간만료의 통지는 위와 같은 대학교원의 법률관계에 영향을 주는 것으로서 행정소송의 대상이 되는 처분에 해당한다(대판 2004.4.22, 2000두7735 전원합의체)."

Ⅳ. 수리

수리는 타인의 행위를 유효한 것으로 받아들이는 행위를 말한다. 다수설 및 판례는 신고를 수리를 요하지 않는 신고와 수리를 요하는 신고로 나누는데, 여기에서 말하는 준법률행위적 행정행위로서의 수리는 수리를 요하는 신고에서의 수리를 의미한다. 이 경우 수리의 거부행위는 처분성이 인정되어 항고소송의 대상이 된다.[28]

---

* 사법시험(2008년).

26 사업인정이란 특정사업이 그 사업에 필요한 토지를 수용 또는 사용할 수 있는 공익사업이라는 것을 인정하고, 사업시행자에게 일정한 절차를 거쳐 그 사업에 필요한 토지를 수용 또는 사용할 권리를 설정하여 주는 행위를 말한다(토지보상법 20 ①).

27 계고(戒告)란 대집행(철거)을 한다는 뜻을 미리 문서로써 알리는 것을 말한다(행정대집행법 3 ①).

28 이에 관하여는 위 '사인의 공법행위로서의 신고' 참조.

제5절 행정행위의 부관

1. 부관의 의의와 종류
(1) 의의
(2) 행정기본법 규정
(3) 종류

2. 부관의 허용성(가능성)
(1) 종래의 견해 및 판례
◦ ① 법률행위적 행정행위, ② 재량행위에만 부관 가능
(2). 비판적 견해
◦ ① 준법률행위적 행정행위(예: 확인, 공증)나 ② 기속행위에도 부관 가능할 수 있음
◦ 법률행위적 행정행위(예: 귀화허가)에도 부관이 불가능할 수 있음
◦ 기속행위의 경우 '법률요건충족적 부관'은 가능함
(3) 행정기본법: 행정기본법 17 ①, ②
(4) 결론: 부관의 허용성
① 법적 근거 있으면 행정행위의 종류에 관계없이 부관 가능(행정기본법 17 ②)
② 법적 근거 없으면 원칙적으로 재량행위에만 가능(행정기본법 17 ①)
③ 법적 근거 없더라도 기속행위에 법률요건충족적 부관은 가능(다수설)

3. 부관의 자유성(내용상의 한계)
① 행정의 법률적합성의 원칙
② 행정법의 일반원칙, 특히 부당결부금지의 원칙: 행정기본법 17 ④
③ 명확·실현가능

4. 사후부관의 허용성
(1) 종전의 학설과 판례
1) 학설
① 부정설
② 부담은 가능하다는 견해
③ 제한적 긍정설(다수설)
2) 판례: 제한적 긍정설
(2) 행정기본법 17 ③
(3) 결론

5. 부관의 독립쟁송가능성
(1) 부담만 독립하여 쟁송의 대상으로 할 수 있다는 견해(다수설·판례)
(2) 위법한 부관 등은 독립하여 쟁송의 대상으로 할 수 있다는 견해
(3) 분리가능성을 기준으로 하는 견해
(4) 결론

6. 부관의 독립취소가능성
(1) 기속행위인지 재량행위인지를 기준으로 하는 견해
(2) 중요성을 기준으로 하는 견해
(3) 분리가능성을 기준으로 하는 견해
(4) 위법성을 기준으로 하는 견해
(5) 판례
(6) 결어

Ⅰ. 부관의 관념

행정행위의 부관(附款)이란 주된 행정행위의 효과를 제한하거나 일정한 의무를 부과하기 위하여 주(主)된 행정행위에 부가된 종(從)된 규율(부대(附帶)적 규율)을 말한다(예: 건축허가를 하면서

건축물로 인한 일대의 교통혼잡을 방지하기 위하여 건축허가에 '일정 규모 이상의 주차장 설치의무'를 조건을 붙이는 경우). 부관은 법령상 또는 실무상 주로 조건이라고 불린다.

한편 과거에는 부관을 「주된 '의사표시'(예: 건축허가)에 부가된 종된 '의사표시'(예: 위 조건)」라고 정의하였다. 이는 '부관은 '의사표시'이므로 법률행위적 행정행위에는 붙일 수 있고 준법률행위적 행정행위에는 붙일 수 없는데, 이 점에서 법률행위적·준법률행위적 행정행위를 구분할 실익이 있다'고 하는 종래의 이론에 따른 것이다. 그런데 ① 준법률행위적 행정행위인 공증(예: 여권의 발급)에도 '유효기간'이라는 부관을 붙일 수 있다는 비판이 있고, ② 나아가 법률행위적·준법률행위적 행정행위의 구분론에도 많은 비판이 있다. 이에 따라 오늘날에는 부관도 '법적 규율(Regelung)'이라는 점에 착안하여, 부관은 행정행위의 주된 규율(Hauptregelung)에 부가하여 부과하는 종된 규율(Zusätzliche Regelung)이라고 하는 이해가 확대되고 있다.

부관은 행정행위의 주된 규율에 '부가'된 규율이라는 점에서, 주된 행정행위에 종속되는 부종성(附從性, Abhängigkeit)[29]을 띤다. 즉 일반적으로 부관은 주된 행정행위가 있기 때문에 존재하는, 주된 행정행위에 '딸려 있는' 성질을 가진다는 것이다. 이 때문에 일반적으로 부관은 주된 행정행위와 결합된 행위로서 이 경우 '부관이 붙어 있는 주된 행정행위'만이 행정행위이고 –부담을 제외하고는– 부관 그 자체는 행정행위가 아니라고 보고 있다.[30]

일반적으로 부관은 허가 등을 발급하는 데 지장을 주는 법적·사실적 장애를 제거하는 기능을 한다. 즉 허가를 거부하기보다, 일정한 조건을 부가하여 허가를 발급하게 해주는 것이다. 이러한 점에서 부관은 일종의 유보부 허가(Ja, aber; Yes, but)이다.

II. 행정기본법 규정

행정기본법 제17조는 부관에 관하여 규정하고 있다. ① 제1항은 부관의 종류를 '조건, 기한, 부담, 철회권의 유보 등'으로 예시하면서, 재량행위에 부관을 붙일 수 있다는 점, ② 제2항은 재량행위가 아니면 법적 근거가 있어야 부관이 가능하다는 점, ③ 제3항은 사후부관, ④ 제4항은 부관의 (내용상) 한계를 규정하고 있다.

---

29 부종성이란 법률적으로 어떤 권리의 성립·존속·소멸 따위가 주된 권리와 운명을 같이하는 성질을 말한다.

30 이렇게 되면, 위 조건부 건축허가에서 '조건'은 처분이 아니므로 조건만 따로 항고소송의 대상이 될 수 없다는 문제가 있다. 따라서 '조건'만 취소하려면 '조건부 건축허가' 전체를 취소소송의 대상으로 삼아야 하는데, 이는 수익적 처분인 건축허가의 상대방에게 이 건축허가를 본인 스스로 취소해 달라고 요구하는 것이 되어 매우 불합리하다.

III. 부관의 종류*

1. 기한(Befristung)

기한은 행정행위의 효과의 발생·소멸 또는 계속을 시간적으로 정한 부관이다. 여기에는 ① 행정행위의 효력이 발생하게 되는 시기(정지적 기한)(예: ~부터 허가한다)와 ② 행정행위의 효력이 소멸되는 종기(해제적 기한)(예: ~까지 허가한다)가 있으며, ③ 시기와 종기가 동시에 정해진 기간도 있다.

2. 조건(Bedingung)

조건은 행정행위의 효과의 발생 또는 소멸을 장래의 불확실한 사실에 의존시키는 부관이다. 조건에는 조건의 성취하여야만 주된 행정행위의 효과가 발생하는 정지조건(예: 법정주차장요건의 충족을 선행조건으로 하는 건축허가)과 조건의 성취 또는 미이행으로 주된 행정행위의 효력이 상실되는 해제조건(예: 일정한 기간 내에 공사에 착수할 것을 조건으로 하는 건축허가)이 있다.

3. 부담(Auflage)

부담은 수익적 행정행위에 작위·부작위·급부·수인 등의 의무를 결부시키는 부관이다(예: 도로점용허가시 점용료부과·영업허가시 주차시설설치의무부과). 부담은 조건이나 기한과 달리 행정행위의 일부분이 아니라 추가적으로 부가된 의무로서 그 자체가 '독립된 행정행위'이다. 따라서 -다른 부관과는 달리- 부담만을 대상으로 하여 취소소송을 제기할 수 있다.[31]

4. 철회권유보(Wiederrufsvorbehalt)**

철회권의 유보란 주된 행정행위를 하면서 이에 부가하여 일정한 사유(법령에서 규정되거나 부관으로 정하는 사유)가 존재하는 경우에 주된 행정행위를 철회할 수 있는 권한을 유보하는 부관

---

* 변호사시험(2012년), 변호사시험(2016년), 행정고시(일반행정)(2007년), 5급공채(행정)(2017년).

** 사법시험(2013년).

31 부담은 일반적으로 주된 행정행위에 '별도의 의무'가 부가되는 것을 말한다. 이를 ① '조건'으로 볼 수도 있으나, 이를 '정지조건'으로 이해하면 주차시설을 설치하지 않으면 영업허가의 효과가 발생하지 않고, 또한 이 경우 '주차시설설치'라는 조건은 영업허가의 일부일 뿐, 그 자체로서는 처분이 아니다. 따라서 조건을 취소하려면 조건부 영업허가 전체를 취소소송의 대상으로 하여야 한다. ② 그런데 이를 '부담'으로 보면, 부담 그 자체는 독립한 처분이므로, 부담의 이행 여부와 관계없이 영업허가의 효과가 발생하고, 부담을 이행하지 않으면 영업허가가 철회되거나, 의무불이행에 대한 행정강제나 행정벌이 부과될 수 있다. 부담을 취소하려면 부담만을 대상으로 취소소송을 제기할 수 있다. ③ 이러한 점에서 주된 행정행위에 별도의 의무가 부과되는 경우, 실제로 조건을 붙이는 경우는 드물고, 실무상 조건이라고 해도 사실상 부담인 경우가 많다. 또한 어떠한 부관이 조건인지 아니면 부담인지 불분명한 경우에는 행정법관계의 조속확정에도 부합하고 상대방에게도 덜 침익적인 부담으로 보는 것이 더 합리적이다.

이다(예: 행정청이 인가를 하면서 인가조건을 부가하고 그 불이행시 인가를 철회할 수 있도록 한 경우). 철회권유보는 사후적인 철회가능성을 사전에 예고함으로써 관계인의 신뢰보호를 차단하는 효과가 있다는 점에서 그 유용성이 있다.

5. 사후부담의 유보(Auflagenvorbehalt)

사후부담의 유보는 사후에 행정행위에 부담을 부가하거나 이미 부과된 부담의 내용을 보충·변경할 수 있는 권한을 유보하는 부관이다(예: 농산물수입업자에게 A국으로부터의 수입을 허가를 하면서 사후에 수입국을 변경할 수 있는 권한을 유보하는 경우). 사후부담의 유보는 행정행위 이후에 예기치 못한 상황발생에 탄력적인 대응이 가능하다는 점에서 유용하다.

6. 법률효과의 일부배제

법률효과의 일부배제는 법령이 정한 행정행위의 효과 중 일부를 배제하는 부관이다(예: 택시운송사업면허에서의 격일제 또는 부제운행, 영업허가에서의 영업구역설정 또는 영업시간제한 등).

그런데 부관을 주된 행정행위에 대한 '부가적'인 규율로 이해하면(예: 건축허가에 추가하여 진입도로확장의무 부가), 행정행위의 '내용 그 자체'를 제한하는 것은 '행정행위의 내용제한'으로 이를 부관과는 구별되는 것으로 볼 수 있다. 그러나 우리나라의 다수견해와 판례는 법률효과의 일부배제를 부관의 한 종류로 이해하고 있다. 그런데 다수설 및 판례는 부담을 제외한 부관은 독립하여 취소소송의 대상으로 할 수 없다고 하고 있으므로, 이를 법률효과의 일부배제라는 부관으로 이해하면 이를 대상으로 취소소송을 제기할 수 없게 된다는 문제가 있다.[32]

법률효과의 일부배제는 법률로 정한 효과를 행정행위를 통하여 일부 배제하는 것이므로 법률의 근거가 있는 경우에만 허용된다.

판례 > 공유수면매립준공인가처분 중 매립지 일부에 대하여 한 국가 및 지방자치단체에의 귀속처분만이 독립히여 행정소송 대상이 될 수 있는지 여부

"행정행위의 부관은 부담의 경우를 제외하고는 독립하여 행정소송의 대상이 될 수 없는 것인바, 지

32 예컨대 유통산업발전법 제8조는 대규모점포의 등록을 규정하면서, 동법 제12조의2 제1항, 제2항, 제3항에서 대형마트와 준대규모점포의 영업시간 제한과 의무휴업일 지정에 관하여 규정하고 있는데, 이는 법이 정한 영업의 효과를 제한하는 것이라는 점에서 행정행위의 내용제한으로 보는 것이 타당하다. 다수설과 판례를 따를 때, 이를 법률효과의 일부배제로 보면 '영업시간 제한과 휴무일 지정'만을 대상으로 취소소송을 제기할 수 없다. 이는 처분이 아니라고 보기 때문이다. 그런데 최근 행정청의 영업시간제한 및 휴업일지정이 처분임을 전제로 그 재량권의 일탈·남용 여부를 판단하고 있는 판례(대판 2015.11.19, 2015두295 전원합의체)가 있었는데, 위 행위가 왜 처분인지에 대한 설명은 따로 없었다. 따라서 판례가 이를 '행정행위의 내용제한'으로 보아 처분성을 인정한 것인지는 알 수 없다.

방국토관리청장이 일부 공유수면매립지에 대하여 한 국가 또는 직할시 귀속처분은 매립준공인가를 함에 있어서 매립의 면허를 받은 자의 매립지에 대한 소유권취득을 규정한 공유수면매립법 제14조의 효과 일부를 배제하는 부관을 붙인 것이고, 이러한 행정행위의 부관은 위 법리와 같이 독립하여 행정소송 대상이 될 수 없다(대판 1993.10.8, 93누2032)."

Ⅳ. 부관의 한계*

1. 부관의 허용성(가능성)

(1) 종래의 견해 및 판례

전통적인 견해는 부관은 ① 법률행위적 행정행위에, ② 재량행위에만 붙일 수 있다고 보고 있다. 따라서 준법률행위적 행정행위와 기속행위에는 부관을 붙일 수 없다는 것이다. 판례도 같은 입장이다.

판례 > 재량행위에 부관을 붙일 수 있는지 여부

"재량행위에 있어서는 관계 법령에 명시적인 금지규정이 없는 한 행정목적을 달성하기 위하여 조건이나 기한, 부담 등의 부관을 붙일 수 있고, … (대판 2009.10.29, 2008두9829)."

판례 > 기속행위에 부관이 허용되는지 여부

"일반적으로 기속행위나 기속적 재량행위에는 부관을 붙일 수 없고 가사 부관을 붙였다 하더라도 무효이다 … (대판 1995.6.13, 94다56883)."

(2) 비판적 견해

전통적인 견해에 대하여는 ① 준법률행위적 행정행위에도 부관을 붙일 수 있는 경우가 있고 (예: 여권에 기한을 붙이는 경우), 법률행위적 행정행위에도 부관을 붙일 수 없는 경우가 있으며 (예: 귀화허가와 같은 포괄적 신분설정행위에는 법적 안정성의 견지에서 부관을 붙일 수 없음), ② 부관은 수익적 행정행위에 부가된 침익적 행위로서 법률유보의 최하한인 침해유보의 관점에서 법적 근거가 필요하고, 법적 근거만 있으면 어떠한 행정행위인가와 관련 없이 부관이 가능하다는

* 변호사시험(2012년), 변호사시험(2016년), 5급공채(행정)(2016년), 5급공채(행정)(2017년), 5급공채(2020년).

등의 비판이 있다.

(3) 행정기본법 규정

행정기본법은 재량행위에는 법적 근거 없이도 부관을 붙일 수 있지만(행정기본법 17 ①), 재량행위 이외에는 법적 근거가 있어야 부관을 붙일 수 있다(행정기본법 17 ②)고 규정하고 있다.

(4) 결론

부관의 가능성은 행정행위의 종류에 의하여 결정되는 것이 아니라, 부관의 기능, 당해 행정행위의 성질 등을 고려하여 다음과 같이 요약할 수 있겠다.

(i) 법적 근거가 있으면 행정행위의 종류에 관계없이 부관을 붙일 수 있다(행정기본법 17 ②).

(ii) 법적 근거가 없으면 원칙적으로 재량행위에만 부관을 붙일 수 있다(행정기본법 17 ①).

판례 > 행정청이 보조금을 교부할 때 조건을 붙일 수 있는지 여부(적극)

"재량행위에는 법령상 근거가 없더라도 그 내용이 적법하고 이행가능하며 비례의 원칙 및 평등의 원칙에 적합하고 행정처분의 본질적 효력을 해하지 아니하는 한도 내에서 부관을 붙일 수 있다(대판 2002.1.25, 2001두3600 등 참조). 일반적으로 보조금 교부결정에 관해서는 행정청에 광범위한 재량이 부여되어 있고, 행정청은 보조금 교부결정을 할 때 법령과 예산에서 정하는 보조금의 교부목적을 달성하는 데에 필요한 조건을 붙일 수 있다(대판 2021.2.4, 2020두48772)."

(iii) 기속행위의 경우 별도의 법적 근거가 없더라도 법정요건을 충족할 것을 조건으로 하는 '법률요건충족적 부관'은 가능하다는 것이 일반적인 견해이다.[33] [34] 다만 독일과 같은 명문의 규정이 없기 때문에 논란의 여지는 있는데, 최근 판례는 '개발행위허가가 의제되는 건축허가'와 관련하여, '개발행위허가의 요건을 갖출 것을 조건으로 하여' 건축허가를 발급할 수 있다고 한 바 있다.

판례 > 개발행위허가를 받을 것을 조건으로 건축허가를 발급하는 것이 위법한지 여부

"건축주가 '부지 확보' 요건을 완비하지는 못한 상태이더라도 가까운 장래에 '부지 확보' 요건을 갖출

---

33 예컨대, 식품위생법상 영업허가요건 중 미미한 일부 요건이 누락된 경우, 이 요건을 갖출 것을 조건으로 허가를 발급하는 경우.

34 법률요건충족적 부관을 규정하고 있는 입법례도 있다. 예컨대 도로교통법 제100조 제1항은 "시·도경찰청장은 제99조에 따라 학원 등록을 할 경우 대통령령으로 정하는 기간에 <u>제101조에 따른 시설 및 설비 등을 갖출 것을 조건으로</u> 하여 학원의 등록을 받을 수 있다."고 규정하고 있다.

가능성이 높다면, 건축행정청이 추후 별도로 국토계획법상 개발행위(토지형질변경) 허가를 받을 것을 명시적 조건으로 하거나 또는 당연히 요청되는 사항이므로 묵시적인 전제로 하여 건축주에 대하여 건축법상 건축허가를 발급하는 것이 위법하다고 볼 수는 없다(대판 2020.7.23, 2019두31839)."

판례 > 일괄심사 대상인 토지형질변경에 대한 심사 없이 이루어진 건축신고 수리처분이 적법한지 여부(소극)

"건축행정청이 추후 별도로 국토계획법상 개발행위(토지형질변경)허가를 받을 것을 명시적 조건으로 하거나 또는 묵시적인 전제로 하여 건축주에 대하여 건축법상 건축신고 수리처분을 한다면, 이는 가까운 장래에 '부지 확보' 요건을 갖출 것을 전제로 한 경우이므로 그 건축신고 수리처분이 위법하다고 볼 수는 없지만(대판 2020.7.23, 2019두31839 참조), '부지 확보' 요건을 완비하지 못한 상태에서 건축신고 수리처분이 이루어졌음에도 그 처분 당시 건축주가 장래에도 토지형질변경허가를 받지 않거나 받지 못할 것이 명백하였다면, 그 건축신고 수리처분은 '부지 확보'라는 수리요건이 갖추어지지 않았음이 확정된 상태에서 이루어진 처분으로서 적법하다고 볼 수 없다(대판 2023.9.21, 2022두31143)."

2. 부관의 자유성(내용상의 한계)

부관도 행정작용이므로 행정작용의 적법요건(주체·내용·형식·절차)을 준수하여야 한다. 특히 내용요건과 관련하여, ① 부관은 법령에 위반되어서는 안 되고(행정의 법률적합성의 원칙 중 법률우위의 원칙), ② 행정법의 일반원칙을 준수하여야 하며, 특히 주된 행정행위의 목적에 위배되지 말아야 한다(부당결부금지의 원칙). ③ 그 밖에도 부관의 내용이 명확하고 실현가능하여야 한다.

이와 관련하여 행정기본법은 부관은 (1) 해당 처분의 목적에 위배되지 아니하고, (2) 해당 처분과 실질적인 관련이 있어야 하며, (3) 해당 처분의 목적을 달성하기 위하여 필요한 최소한의 범위일 것이라는 요건에 적합하여야 한다고 규정하고 있는데(행정기본법 17 ④), 이 중 (1)과 (2)는 부당결부금지의 원칙을, (3)은 비례원칙(특히 필요성의 원칙)을 구체화한 것이다.

3. 사후부관의 문제*

주된 행정행위 발령 이후에 부관을 붙일 수 있는가 하는 것이 사후부관의 문제이다.

* 변호사시험(2016년), 5급공채(일반행정)(2013년).

(1) 행정기본법 이전의 학설과 판례

1) 학설

사후부관에 관하여는 ① 부관의 부종성 때문에 불가능하다는 부정설, ② 부담은 독립한 행정행위이므로 사후부관이 가능하다는 견해, ③ 법적인 근거가 있거나, 상대방의 동의가 있거나, 행정행위 자체에 사후부관의 가능성이 유보되어 있는 경우에는 사후부관이 가능하다는 제한적 긍정설(다수설)이 있다.

2) 판례

판례는 제한적 긍정설과 같은 입장이면서, 사정변경으로 인하여 당초에 부담을 부가한 목적을 달성할 수 없게 된 경우에도 그 목적달성에 필요한 범위 내에서 예외적으로 허용된다는 입장이다.

판례 > 부관의 사후변경이 허용되는 범위

"본체인 행정처분에 이미 부담이 부가되어 있는 상태에서 그 의무의 범위 또는 내용 등을 변경하는 부관의 사후변경은, 법률에 명문의 규정이 있거나 그 변경이 미리 유보되어 있는 경우 또는 상대방의 동의가 있는 경우에 한하여 허용되는 것이 원칙이지만, 사정변경으로 인하여 당초에 부담을 부가한 목적을 달성할 수 없게 된 경우에도 그 목적달성에 필요한 범위 내에서 예외적으로 허용된다고 볼 것이다(대판 1997.5.30, 97누2627)."

(2) 행정기본법 규정

행정기본법은 '행정청은 ① 법률에 근거가 있거나, ② 당사자의 동의가 있거나, ③ 사정이 변경되어 부관을 새로 붙이거나 종전의 부관을 변경하지 아니하면 해당 처분의 목적을 달성할 수 없다고 인정되는 경우에는 사후부관 또는 기존 부관의 변경이 가능하다(행정기본법 17 ③)'고 하여, 기존 학설과 판례의 입장을 반영한 규정을 두고 있다.

(3) 결론

행정행위를 취소하는 것보다 부관이 붙은 새로운 행정행위로 전환하는 것이 당사자에게 유리한 경우에는 예외적으로 사후부관이 허용될 수 있을 것이다. 따라서 제한적 긍정설 및 행정기본법 규정이 타당하다.

Ⅴ. 하자있는 부관과 행정행위의 효력*

부관이 중대·명백한 하자로 무효인 경우 주된 행정행위의 효력에 관하여는 ① 부관 없이 주된 행정행위만이 남는다는 견해(즉 부관만 무효), ② 주된 행정행위도 무효가 된다는 견해(즉 전부 무효), ③ 부관만 무효인 것이 원칙이나, 부관이 없었다면 주된 행정행위를 하지 않았을 것이라 인정되는 경우에 한하여 주된 행정행위의 무효를 인정하는 견해(통설·판례)가 있다.

Ⅵ. 위법한 부관에 대한 행정쟁송**

부관이 위법하면 이를 행정쟁송으로 다툴 수 있다. 이와 관련하여서는 ① 부관만 독립하여 행정쟁송의 대상으로 할 수 있는가,[35] 그리고 ② 법원은 부관만 독립하여 취소할 수 있는가[36] 하는 문제가 있다. 소송의 심리단계로 구분하자면, 전자는 요건심리단계에서의 문제이고, 후자는 본안심리단계에서의 문제이다.[37] 이하에서는 이를 구분하여 설명한다.

1. 부관의 독립쟁송가능성

부관의 독립쟁송가능성은 쟁송제기시 부관만 독립하여 쟁송의 대상으로 할 수 있는가의 문제인데, 이에 대하여는 학설이 나뉜다.

(1) 부담만 독립하여 쟁송의 대상으로 할 수 있다는 견해

부담은 독립한 행정행위이므로 독립하여 쟁송의 대상으로 할 수 있고, 부담 이외의 부관은 부관부 행정행위 전체를 쟁송의 대상으로 하여야 한다는 견해로, 다수설 및 판례의 입장이다.

---

* 입법고시(2007년).

** 법원행정고시(2007년), 변호사시험(2012년), 사법시험(2011년), 행정고시(2001년), 행정고시(일반행정)(2008년), 5급공채(일반행정)(2013년).

35 예컨대, 조건부 영업허가의 경우 조건만을 대상으로 취소소송을 제기하는 것이 허용되는가 하는 문제이다.

36 예컨대, '조건부 영업허가' 전체를 대상으로 취소소송을 제기한 경우에 소송에서 조건만 취소할 수 있는가 하는 문제이다.

37 ① '요건심리'는 소송의 형식적 요건(재판관할·원고적격·피고적격·소송의 대상·제소기간·전심절차 등)을 갖추었는지에 대한 심리로 요건을 못 갖추면 소는 '부적법 각하'된다. ② 요건을 갖추면 '본안심리'를 하는데, 여기서는 원고의 주장이 이유가 있는지 여부를 심리한다. 이유가 없으면 '기각'판결을, 이유가 있으면 '인용'판결을 한다.

판례 > 부관이 독립하여 행정소송의 대상이 될 수 있는지 여부

"행정행위의 부관은 행정행위의 일반적인 효력이나 효과를 제한하기 위하여 의사표시의 주된 내용에 부가되는 종된 의사표시이지 그 자체로서 직접 법적 효과를 발생하는 독립된 처분이 아니므로 현행 행정쟁송제도 아래서는 부관 그 자체만을 독립된 쟁송의 대상으로 할 수 없는 것이 원칙이나 … 부담의 경우에는 다른 부관과는 달리 행정행위의 불가분적인 요소가 아니고 그 존속이 본체인 행정행위의 존재를 전제로 하는 것일 뿐이므로 부담 그 자체로서 행정쟁송의 대상이 될 수 있다(대판 1992.1.21, 91누1264)."

판례는 부담은 처분이므로 독립하여 항고쟁송의 대상이 될 수 있으나 그 밖의 부관은 주된 의사표시에 부과된 종된 의사표시로서 단지 행정행위의 일부일 뿐 그 자체로서 독립된 처분이 아니기 때문에 부관만 항고쟁송의 대상으로 할 수 없다고 하고 있다.

그러나 부관의 부과는 상대방에게 권리를 제한하거나 일정한 의무를 부담하게 하는 '법적 효과'를 발생시킨다는 점에서 처분으로 볼 수 있다고 생각한다. 아울러 부관에 대한 독립쟁송 가능성은 -부담인가 그 밖의 부관인가에 따라 판단되는 것이 아니라- 부관의 부종성의 관점서, 즉 부종성이 약한 부관은 부관만 소송의 대상으로 할 수 있지만, 주된 행정행위가 없었더라면 부관도 없었을 정도로 부종성이 강한 부관의 경우에는 부관만 취소하는 것이 의미가 없기 때문에 부관부 행정행위 전체를 소송의 대상으로 하여야 한다고 보는 것이 타당하다고 생각한다.

(2) 위법한 부관 등은 독립하여 쟁송의 대상으로 할 수 있다는 견해

부관이 위법하거나 소의 이익[38]이 있으면 부관에 대하여 독립하여 쟁송의 대상으로 할 수 있다는 견해이다. 그러나 기본적으로 부관에 관한 쟁송은 성질상 부진정일부취소청구[39]가 될 수밖에 없다고 한다.

(3) 분리가능성을 기준으로 하는 견해

부관의 독립쟁송가능성의 문제는 부관의 종류나 부관의 처분성 여부가 아니라 부관이 주된 행정행위와 분리하여 독자적으로 다툴 수 있는 정도의 분리가능성을 가지고 있는가 하는 것을

---

38 소익(訴益)이란 소송을 제기할 실익을 말하는 것으로, ① 주관적인 관점에서는 원고적격, 즉 소송을 제기할 주관적 자격을 의미하고, ② 객관적인 관점에서는 협의(狹義)의 소익, 즉 소송을 통해서 분쟁을 해결할 실익(권리보호의 필요성, 분쟁의 현실성)을 의미한다. 여기에서는 후자의 의미이다.

39 예컨대, '조건부 허가'에서 조건만 취소소송의 대상으로 하면서 조건만 취소되는 경우는 '진정일부취소'이고, 조건부 허가를 대상으로 하면서 조건만 취소되는 경우는 '부진정일부취소'이다.

기준으로 하자는 견해이다.

(4) 결론

(ⅰ) 생각건대 부관의 의의와 기능을 고려하면, 부담의 경우는 '별개의 의무부과'로서 부종성이 상대적으로 약하므로 독립쟁송이 가능하고 그 외의 부관의 경우는 부종성이 인정되는 한 독립쟁송이 가능하지 않다고 보는 것이 합리적이라고 생각한다.

(ⅱ) 다만 부담 이외의 부관이 처분성이 인정되지 않기 때문에 그런 것이 아니라, '부관 없이는 주된 행정행위를 하지 않을 정도로 상호 밀접한 관련이 있기 때문'에 독립쟁송가능성이 인정되지 않는다고 보아야 한다. 물론 이 경우 부관의 부종성 문제는 본안판단의 문제라는 비판이 있을 수 있으나, 부관의 속성상 부관의 독립쟁송가능성 문제는 본안에서의 독립취소가능성 문제와 독립해서 판단할 수 없다는 점을 고려하여야 할 것이다.

2. 부관의 독립취소가능성

부관의 독립취소가능성은 쟁송에서 부관만 독립하여 취소될 수 있는가의 문제이다. 이에 관하여도 학설과 판례는 복잡한 양상을 보이고 있는데, 이를 요약하면 다음과 같다.

(1) 기속행위인가 재량행위인가를 기준으로 하는 견해

법적 근거 없이 기속행위에 붙은 부관은 위법하므로 독립하여 취소될 수 있으나, 재량행위의 경우 부관 없이는 당해 처분을 하지 않았을 것으로 판단되는 경우에는 부관만의 취소가 인정되지 않는다는 견해이다.

(2) 부관이 주된 행정행위의 중요한 요소인가를 기준으로 하는 견해

부관 없이도 주된 행정행위가 가능할 정도로 부관이 중요하지 않은 경우에는 부관만을 취소할 수 있지만, 부관 없이는 주된 행정행위를 하지 않았을 정도로 부관이 중요한 요소인 경우에는 부관부 행정행위 전체를 취소하여야 한다는 견해이다.

(3) 분리가능성을 기준으로 하는 견해

부관이 취소되더라도 주된 행정행위가 적법하게 존속할 수 있을 때에는 독립 취소가 가능하고 주된 행정행위가 재량행위인 경우에는 일반적으로 부관의 독립취소능성이 부정된다는 견해이다.

(4) 부관의 위법성을 기준으로 하는 견해

부관이 위법하면 부관에 대한 독립취소가능성을 인정하는 견해이다.

(5) 판례

판례는 부진정일부취소, 즉 부관만의 취소를 인정하지 않고 있다. 따라서 부담의 경우만 독립취소가 가능하고, 그 외의 부관은 독립하여 취소되지 않으므로 전체 행정행위를 취소하여야 한다는 입장이다(대판 1985.7.9, 84누604).

(6) 결어

생각건대, 부담의 경우 학설·판례 모두 독립된 처분으로서 독립하여 취소할 수 있다는 데 이견이 없다. 다만 부담 이외의 부관의 경우 부관만 독립하여 취소할 수 있는가 하는 것이 문제인데, 학설들은 대체로 부관이 주된 행정행위와의 관계에서 중요한 요소인가 아닌가를 주요한 판단기준으로 삼고 있다는 점에서는 어느 정도 공통성을 보이고 있고, 이러한 입장이 타당하다고 생각한다. 이러한 점에서 부담 이외의 부관의 부진정일부취소를 인정하지 않는 판례의 태도에는 문제가 있다.

제6절 행정행위의 성립요건·적법요건·유효요건

Ⅰ. 행정행위의 성립요건·적법요건·유효요건의 구별

행정행위는 행정행위로서 성립하고 적법요건과 효력발생요건을 갖추어야 적법·유효한 행정행위가 된다. 이들은 거의 동시에 이루어지는 것이 보통이지만, 개념적으로는 다음과 같이 성립요건·적법요건·효력발생요건으로 구분하여 이해할 필요가 있다.

행정행위의 요건과 요건을 구비하지 못한 경우의 효과

법률요건	결여시의 법률효과	실체법적 효과
성립요건	행정행위의 불성립	행정행위의 부존재
적법요건	행정행위의 부적법	위법한 행정행위 (흠 있는 행정행위)
효력발생요건	행정행위의 불발효	행정행위의 무효

II. 행정행위의 성립요건

1. 행정기관의 행위일 것
2. 행정권의 발동일 것
3. 외부에 표시될 것

행정행위는 행정주체에 의한 내부적인 결정이 외부에 표시되어야 성립한다. 즉 행정행위가 성립하려면, ① 첫째, 행정에 관한 의사결정능력을 가진 행정기관의 행위이어야 한다. ② 둘째, 행정권한의 발동으로 볼 수 있는 행위가 있어야 한다. ③ 셋째, 이러한 행정청의 내부적 의사결정은 외부에 표시되어야 한다.

성립요건을 갖추지 못하면 행정행위는 존재하지 않는다(행정행위의 부존재).

판례 > 행정처분의 성립요건

"일반적으로 처분이 주체·내용·절차와 형식의 요건을 모두 갖추고 외부에 표시된 경우에는 처분의 존재가 인정된다. 행정의사가 외부에 표시되어 행정청이 자유롭게 취소·철회할 수 없는 구속을 받게 되는 시점에 처분이 성립하고, 그 성립 여부는 행정청이 행정의사를 공식적인 방법으로 외부에 표시하였는지를 기준으로 판단해야 한다(대판 2019.7.11, 2017두38874)."

※ 대판 2019.7.11, 2017두38874[사증발급거부처분취소]; 대판 2021.12.16, 2019두45944[보훈급여지급정지처분등무효확인]

III. 행정행위의 적법요건

1. 적법요건: 주체·내용·형식·절차요건
2. 주체요건: 정당한 권한을 가진 행정기관의 행위일 것
3. 내용요건
   ① 법치행정의 원리(법률우위·법률유보) 준수
   ② 행정법의 일반원칙 준수
   ③ 내용이 명확하고 실현가능할 것
4. 형식·절차요건: 개별법 및 행정절차법이 정한 형식과 절차를 준수할 것

행정행위는 적법요건(주체·내용·형식·절차요건)을 갖추어야 적법한 행위가 된다. 적법요건을 결여하면 '하자(흠) 있는 위법한 행정행위'가 된다. 이 때 적법요건의 하자가 중대·명백하면 행정행위는 무효가 되지만, 그 정도에 이르지 않는 단순위법의 하자가 있으면 행정행위의 공정력으로 인하여 권한 있는 기관(행정기관 또는 법원)에 의하여 취소되기 전까지는 유효하게

통용(通用)된다.

1. 주체에 관한 요건

행정행위는 법령상 정당한 권한을 가진 행정청이 자신의 권한의 범위 내에서 정상적인 의사에 의하여 발령하여야 한다.

2. 내용에 관한 요건

행정행위는 ① 법치행정의 원리, 즉 법률우위원칙과 법률유보원칙을 준수하여야 한다. 따라서 행정행위는 상위 법령에 반하지 아니하여야 하고, 필요한 경우에는 반드시 그 법적 근거가 있어야 한다. ② 나아가 행정행위는 비례원칙·평등원칙·신뢰보호원칙 등 행정법의 일반원칙을 준수하여야 하고, ③ 그 내용이 명확하고 실현가능하여야 한다.

3. 절차에 관한 요건

행정행위는 행정에 관한 일반법인 행정기본법·행정절차에 관한 일반법인 행정절차법이나 관련 개별법령이 정하고 있는 절차에 관한 규정을 준수하여야 한다.

4. 형식에 관한 요건

행정행위는 행정에 관한 일반법인 행정기본법·행정절차법 및 관련 개별법상의 행정행위의 형식에 관한 규정(예: 행정절차법상 처분의 이유제시·처분의 방식)을 준수하여야 한다.

Ⅳ. 행정행위의 효력발생요건

행정행위가 효력을 발생하기 위해서는 ① 상대방에게 고지(告知)될 것과 ② 적법요건에 중대·명백한 하자가 없을 것이 요구된다.

상대방에게 통지(또는 고지)를 요하는 행정행위는 외부적 표시 이외에도 행정행위를 상대방이 알 수 있는 상태에 둠으로써 비로소 효력을 발생하게 된다. 이러한 고지는 ① 수령을 요하는 경우에는 송달의 방법에 의하고, ② 상대방이 불특정 다수인 경우에는 공고 또는 고시의 방법에 의한다.

적법요건에 중대·명백한 하자가 있으면 행정행위가 무효이기 때문에, 행정행위가 유효하려면 이와 같은 하자가 없어야 한다.

제7절 행정행위의 효력

행정행위가 성립·적법·유효요건을 충족하면 행정행위의 내용에 따라 일정한 법적 효력이 발생하는데, 행정행위의 효력에는 (내용적)구속력, 공정력, 존속력, 강제력 등이 있다.

제 1 항 (내용적)구속력

행정행위의 구속력이란 행정행위가 그 내용에 따라 일정한 법적 효과를 발생시키는 힘, 행정행위의 내용에 구속되게 하는 힘을 말한다. 예컨대 과세처분의 구속력에 따라 상대방에게는 납세하여 할 의무가 발생하게 된다. 행정행위의 내용적 구속력은 행정행위의 가장 본래적이자 일반적인 효력이다.

제 2 항 공정력*

□ **공정력(또는 구성요건적 효력)과 선결문제 판단권**
1. 공정력 또는 구성요건적 효력의 의의
2. 선결문제: 민사법원형사법원이 행정행위의 위법여부를 판단할 수 있는지 여부
3. 학설
   (1) 부정설
   (2) 긍정설(다수설)
4. 판례: 긍정설

Ⅰ. 공정력의 개념

공정력(公定力)이란 행정행위가 적법요건에 하자가 있더라도, 그 흠이 중대·명백하여 당연무효가 아닌 한, 권한 있는 기관에 의하여 취소될 때까지 유효하게 통용되는 효력을 말한다. 공정력은 상대방이 행정행위의 단순위법의 하자를 이유로 그 효력을 부인하지 못하도록 함으로써 행정행위의 실효성을 확보하기 위하여 행정행위에 부여된 특권적 효력이다.

행정기본법은 '처분은 권한이 있는 기관이 취소 또는 철회하거나 기간의 경과 등으로 소멸되기 전까지는 유효한 것으로 통용된다(행정기본법 15 본문)'고 하여 공정력을 명문으로 규정하고 있다.

한편 행정행위에 공정력을 '행정행위가 단순위법의 하자에도 불구하고 권한 있는 기관에 의

* 5급공채(2021년).

하여 취소될 때까지는 유효한 것으로 통용되어 누구든지 그 효력을 부인하지 못하는 힘'으로 이해하기도 하고, 여기에서 '다른 기관들이 그 행정행위의 효력을 부인할 수 없는 것'을 공정력이 아니라 '행정행위의 구성요건적 효력'[40]이라는 별도의 개념으로 이해하기도 한다. 행정행위의 구속력이 제3의 국가기관에 미치는 것은, 공정력의 문제가 아니라 기관 상호간의 권한존중의 차원에서 인정되는 구성요건적 효력이라고 보는 것이 타당하지만, 이를 공정력으로 이해할 것인가 구성요건적 효력으로 이해할 것인가 하는 것은 후술하는 '민사법원이나 형사법원의 선결문제 판단권'과 관련된 문제인데, 어떻게 이해하더라도 이 문제의 결론에 있어서는 사실상 아무런 차이는 없다.

II. 공정력의 근거

1. 이론적 근거

공정력의 근거에 관하여는 ① 행정행위는 행정청이 이에 대한 그 스스로의 확인을 유지하는 한 상대방을 구속하는 힘을 가진다는 자기확인설, ② 행정행위의 효력이 국가권위에서 나온다고 보는 국가권위설, ③ 행정행위가 권한 있는 기관에 의하여 취소되기 전까지 적법성의 추정, 입증책임의 전환[41]을 인정하는 프랑스의 예선적 특권(豫先的 特權)에서 근거를 찾는 예선적 특권설, ④ 공정력은 취소소송에 의하여 취소되기 전까지 유효하게 통용되는 효력, 즉 취소소송제도의 반사적 효과로 인정되는 효력이라고 보는 견해 등이 있지만, 이들은 오늘날과는 거리가 먼 국가우월적 사고를 배경으로 하고 있거나 취소소송제도에 대한 잘못된 이해를 바탕으로 하고 있어 공정력의 이론적 근거로 보기에는 어려운 점이 있다.

⑤ 오늘날 공정력의 이론적 근거로는 법적 안정성을 드는 것이 일반적이다. 즉 행정행위가 하자가 있다고 해서 누구나 그 효력을 부인하면 행정의 실효성을 확보할 수 없게 되어 행정법관계의 안정을 저해하기 때문에, 행정의 실효성과 행정행위의 상대방 및 제3자의 행정행위에 대한 신뢰보호를 위해서 공정력이 인정되는 것이다.

---

40 행정행위의 구성요건적 효력이란 유효한 행정행위가 모든 행정기관이나 법원 등 국가기관을 구속하는 힘을 말한다. 이에 관하여는 후술한다.

41 예선적 효력은 행정행위의 하자에도 불구하고 적법한 것으로 추정되는 효력으로, 이에 따라 하자 있는 행정행위를 행한 행정청이 아닌, 행정행위의 상대방이 행정행위의 위법성을 증명할 책임을 부담하게 된다(입증책임의 전환)는 것이 되는데, 이는 지나치게 국가우월적인 것으로 오늘날의 현대적 법치국가에서 그대로 통용되기 어렵다.

2. 실정법적 근거

공정력의 실정법적 근거는 행정기본법 제15조이다. 행정기본법 이전에는 행정행위의 직권취소, 취소쟁송, 집행부정지[42]에 관한 규정 등이 공정력에 대한 간접적인 근거로 제시되고 있었다.

제 3 항 구성요건적 효력*

Ⅰ. 구성요건적 효력의 개념과 근거

구성요건적 효력이란 유효한 행정행위가 모든 행정기관이나 법원 등 국가기관을 구속하는 힘을 말한다. 즉 행정기관이나 법원은 어떤 행정청이 행한 행정행위의 유효성을 자기 결정이나 처분의 기초로 삼아야 할 구속을 받게 되는데, 그 구속력을 행정행위의 구성요건적 효력이라 한다. 구성요건적 효력은 국가기관 상호간의 권한 및 관할권 존중을 근거로 한다.

Ⅱ. 구성요건적 효력과 선결문제 판단권**

1. 문제의 소재

선결문제(Vorfrage)란 행정행위의 위법성 또는 유효 여부가 민사소송·형사소송 등에서의 본안판결의 전제로 제기되는 것을 말한다. 선결문제 판단권의 문제는 민사소송이나 형사소송의 본안판단의 전제가 된 행정행위의 위법성이나 유효 여부를 민사법원이나 형사법원이 판단할 수 있는가 하는 문제이다.[43]

---

* 사법시험(2002년), 행정고시(1999년).

** 변호사시험(2016년), 변호사시험(2018년), 사법시험(2010년), 행정고시(일반행정)(2006년), 5급공채(2020년), 5급공채(2021년).

42 집행부정지(執行不停止)란 행정쟁송을 제기해도 처분의 집행 등이 정지하지 않는 것을 말한다. 즉 영업정지30일처분에 대하여 행정쟁송을 제기해도 영업정지처분은 그대로 집행된다. 이를 정지시키려면 집행정지를 신청하여 행정기관이 받아들여야 한다. 우리나라는 집행부정지가 원칙이고, 독일은 집행정지가 원칙이다.

43 '선결문제'는 처분이 적법한지 위법한지 또는 처분이 유효한지 무효인지 여부가 민사판결 또는 형사판결을 하는 데 선결되어야 하는 경우를 말한다. 예컨대 과세처분이 위법한 경우여야 민사법원에서 손해배상판결을 할 수 있는 경우에 (행정사건에 대하여 관할권이 없는) 민사법원이 과세처분이 위법하다고 스스로 판단할 수 있는가 하는 문제가 '선결문제 판단권'의 문제이다.

2. 민사사건과 선결문제

예컨대 철거명령의 위법을 주장하며 국가배상청구소송을 제기한 경우 수소법원[44]인 민사법원[45]이 국가배상 여부를 판단하는 데 앞서 선결문제로서 철거명령의 위법성을 스스로 판단할 수 있는가 하는 것이 문제이다.

이에 대해서는 ① 부정설은 공정력을 행정행위의 적법성 추정까지 포함하는 것으로 보아 행정행위가 당연무효가 아닌 한 민사법원은 행정행위의 위법성을 판단할 수 없다고 본다. ② 그러나 긍정설은 공정력을 단순한 절차적 효력으로 이해할 뿐 적법성까지 추정되는 것은 아니라고 보아 민사법원은 유효한 행정행위의 효력을 부인(취소)하지 않는 한 그 위법성을 심리·판단할 수 있다고 본다. 긍정설이 다수설이고 타당하다. ③ 판례도 긍정설의 입장이다. 따라서 민사법원은 행정행위의 효력 유무에 대하여는, 행정행위가 당연무효가 아닌 한, 행정행위의 효력을 부인할 수 없지만, 행정행위의 위법 여부는 스스로 판단할 수 있다는 입장이다.

판례 > 부당이득반환청구소송에서의 민사법원의 선결문제 판단권

"조세의 과오납이 부당이득이 되기 위하여는 납세 또는 조세의 징수가 실체법적으로나 절차법적으로 전혀 법률상의 근거가 없거나 과세처분의 하자가 중대하고 명백하여 당연무효이어야 하고, 과세처분의 하자가 단지 취소할 수 있는 정도에 불과할 때에는 과세관청이 이를 스스로 취소하거나 항고소송절차에 의하여 취소되지 않는 한 그로 인한 조세의 납부가 부당이득이 된다고 할 수 없다(대판 1994.11.11, 94다28000)."

판례 > 국가배상청구소송에서의 민사법원의 선결문제 판단권

"위법한 행정대집행이 완료되면 그 처분의 무효확인 또는 취소를 구할 소의 이익은 없다 하더라도, 미리 그 행정처분의 취소판결이 있어야만, 그 행정처분의 위법임을 이유로 한 손해배상 청구를 할 수 있는 것은 아니다(대판 1972.4.28, 72다337)."

3. 형사사건과 선결문제

행정처분의 위법성이 전제로 된 형사소송사건에서 법원은 당해 행정처분의 위법성을 독자적으로 심리·판단할 수 있는가 하는 것이 문제인데, 이에 대해서도 마찬가지로 ① 부정설은 공정력을 적법성추정으로 이해하여 형사법원은 행정행위의 위법 여부를 스스로 판단하지 못한다

44 수소법원(受訴法院)이란 소송이 계속(係屬)된, 즉 속해 있는 법원을 말한다.
45 판례(대판 1972.10.10, 69다701)는 국가배상청구소송을 민사법원 관할로 본다.

는 입장이고, ② 긍정설은 공정력은 적법성의 추정이 아니므로, 행정행위의 효력을 부인하지 않는 한, 위법성 판단은 가능하다는 입장이다. 긍정설이 다수설이고 타당하다. ③ 판례도 긍정설과 마찬가지로, 행정행위가 당연무효가 아닌 한, 형사법원은 행정행위의 효력 유무를 판단할 수 없지만, 행정행위의 위법 여부는 판단할 수 있다는 입장이다.

판례 > 시정명령이 당연무효는 아니지만 위법한 것으로 인정되는 경우, 죄가 성립하는지 여부(소극)

> "관할관청이 시정명령을 하면서 피고인 을에게 행정절차법 제21조, 제22조에 따른 적법한 사전통지를 하거나 의견제출 기회를 부여하지 않았고 이를 정당화할 사유도 없으므로 시정명령은 절차적 하자가 있어 위법하고, 시정명령이 당연무효가 아니더라도 위법한 것으로 인정되는 이상 피고인 을이 시정명령을 이행하지 아니하였더라도 피고인 을에 대하여 개발제한구역법 제32조 제2호 위반죄가 성립하지 아니한다(대판 2017.9.21, 2017도7321)."

판례 > 자동차관리법에 따른 처벌을 하기 위해서는 운행정지명령이 적법한 것이어야 하는지 여부(적극) 및 운행정지명령이 위법한 처분으로 인정되는 경우, 같은 법 제82조 제2호의2 위반죄가 성립할 수 있는지 여부(소극)

> "시장 등이 한 운행정지명령을 위반하여 자동차를 운행하였다는 이유로 같은 법 제82조 제2호의2에 따른 처벌을 하기 위해서는 그 운행정지명령이 적법한 것이어야 하고, 그 운행정지명령이 당연무효는 아니더라도 위법한 처분으로 인정된다면 같은 법 제82조 제2호의2 위반죄는 성립할 수 없다(대판 2023.4.27, 2020도17883)."

제 4 항 존속력

유효하게 성립한 행정행위를 일정한 경우 더 이상 다투지 못하거나 취소·철회하지 못하게 되는 효력을 존속력(Bestandskraft)이라 한다. 존속력에는 불가쟁력과 불가변력이 있다.

Ⅰ. 불가쟁력(형식적 존속력, Unanfechtbarkeit)

불가쟁력(不可爭力)이란 행정행위가 무효인 경우를 제외하고 쟁송기간 경과나 당사자의 쟁송포기 등의 사유로 더 이상 행정행위를 다툴 수 없게 되는 효력을 말한다. 불가쟁력을 인정하는 이유는 행정법관계의 조속한 안정을 이루기 위한 공익상의 요구 때문이다.

불가쟁력은 상대방(또는 이해관계인)에 대한 구속력이다. 따라서 행정청은 불가쟁력이 발생하더라도 직권에 의한 취소·변경을 할 수 있다. 다만 상대방의 신뢰보호 때문에 행정청의 취소권 행사가 제한될 수 있다.

Ⅱ. 불가변력(실질적 존속력, Unabänderlichkeit)

확인행위로서 행정심판의 재결과 같은 준(準)사법적 행정행위와 같은 일정한 경우에는 행정청 자신도 행정행위를 임의로 취소하거나 철회할 수 없는 구속을 받게 되는데 이와 같은 행정행위의 효력을 불가변력(不可變力)이라 한다. 불가변력은 모든 행정행위에 인정되는 효력이 아니고 확인이나 확정절차를 거쳐 결정된 예외적인 경우에만 인정된다.

제 5 항 강제력

일정한 의무를 부과하는 행정행위에 대하여 상대방이 부과된 의무를 이행하지 않은 때에는 행정벌 등의 일정한 행정상의 제재를 가하거나(제재력), 일정한 요건하에서 행정청 스스로 그 이행을 강제할 수 있다(집행력). 이와 같은 제재력과 집행력을 합하여 강제력이라 한다.

제8절 행정행위의 하자

제 1 항 하자의 의의와 형태

Ⅰ. 행정행위의 하자(흠)

적법요건을 갖추지 못한 행정행위는 '위법한 행정행위'가 되는데, 행정행위가 '적법요건을 갖추지 못한 경우'를 '행정행위의 하자(흠)'라 한다.

한편 행정행위의 하자에 '위법한 경우'만을 포함시킬 것인가(좁은 의미의 하자), 나아가 '부당한 경우'도 포함시킬 것인가(넓은 의미의 하자)에 관한 논의가 있다. 일반적으로는 좁은 의미의 하자만을 말한다. 왜냐하면 '부당'은 위법하지는 않지만 '재량을 단순히 그르치거나 공익을 위반한 경우'로 설명되고 있지만[46] 실제로는 그 예를 찾아보기가 쉽지 않고, 또한 행정행위의 '하

46 '타당'은 '합법적'이면서 '합목적적'인 경우를 말하고, '부당'은 '합법적'이나 '합목적적'이지 못한 경우를

자'란 '적법요건을 못 갖춘 위법한 경우'를 의미하므로 여기에 부당한 행정행위를 포함시키는 것이 논리적이지 않기 때문이다.

따라서 행정행위의 하자는 ① 적법요건을 결하고 있는 ② 위법한 경우를 의미한다고 할 수 있다.

적법 · 위법, 타당 · 부당의 체계

적법		위법
타당	부당	

행정행위의 하자에 관하여는 일반적인 규정이 없으므로, 행정행위의 하자와 그 효과의 문제는 학설 · 판례에 맡겨져 있다.

II. 하자의 법적 효과

행정행위의 하자(흠)의 효과로는 무효와 취소가 있다. 무효는 '적법요건의 흠의 정도가 중대'하고 '흠이 있음이 객관적으로 명백'한 경우(중대 · 명백한 하자)로서 무효인 행정행위는 처음부터 법적 효과가 발생하지 않는다.[47] 취소는 적법요건에 '무효에 이르지 않는 단순한 하자(단순위법의 하자)'가 있는 경우로서 이 경우 행정행위는 행정청의 직권으로 또는 행정쟁송에 의하여 취소될 때까지는 유효하다.

이에 따라 흠이 존재하는 경우 그 흠이 무효사유인지 취소사유인지를 구별하는 것이 중요하다. 이에 관하여는 일반적인 규정이 없기 때문에 이 문제도 전적으로 학설 · 판례에 맡겨져 있다.

III. 행정행위의 부존재를 하자로 볼 것인가의 문제

한편 성립요건과 적법요건을 따로 구분하지 않는 일부 학자들은 무효 · 취소 이외에도 행정행위의 부존재를 행정행위의 흠의 효과 중 하나로 보기도 한다.

그러나 행정행위의 부존재는 행정행위가 성립요건을 결여한 경우를 말하는 것으로 적법요건의 결여를 의미하는 행정행위의 흠과는 구별되어야 한다. 즉 '부존재'는 '행정행위가 성립하지 않았다'는 것이므로 '적법요건에 하자가 있는지'를 논할 대상이 없다는 것이다.

말한다. 쉽게 말하면, '타당'은 합법적인 최선의 합리적인 결정을 의미하고, '부당'은 합법적인지만 합리적이지 못한 결정을 의미한다.

47 행정기본법 제15조(처분의 효력) 처분은 권한이 있는 기관이 취소 또는 철회하거나 기간의 경과 등으로 소멸되기 전까지는 유효한 것으로 통용된다. 다만, 무효인 처분은 처음부터 그 효력이 발생하지 아니한다.

제 2 항 행정행위의 무효와 취소*

1. 의의 ○ 무효인 행정행위 ○ 취소할 수 있는 행정행위 **2. 구별기준** ○ 통설인 중대명백설 - 하자의 중대성	- 하자의 명백성 ○ 그 밖에도 중대설, 조사의무설, 명백성보충설, 구체적 가치형량설 등 ○ 판례: 중대명백설(원칙), 명백설보충설(소수견해)

I. 의의

'무효인 행정행위'는 행정행위로서의 외형을 갖추고 있으나 적법요건에 중대·명백한 하자로 인하여 효력이 없는(nichtig) 행정행위를 말한다(행정기본법 15 단서). 무효는 행정행위로서의 외형이 없는(unvorhanden) 부존재와 구별된다.

'취소할 수 있는 행정행위'는 행정행위에 단순위법의 흠이 있음에도 불구하고 권한 있는 기관이 취소함으로써 행정행위로서의 효력을 상실하게 되는(aufhebbar, anfechtbar) 행정행위를 말한다.[48] 취소할 수 있는 행정행위는 행정의 실효성 확보·법적 안정성·신뢰보호를 위한 것이다.

II. 무효·취소의 구별실익

무효와 취소의 구별기준은 상대적이고 이에 대한 일반적인 규정도 없지만, 전통적으로 다음과 같은 이유로 양자를 구별하여 왔다.

1. 행정쟁송형태

무효에 대한 쟁송형태는 무효등확인심판·무효등확인소송이고, 취소는 취소심판·취소소송이다. 무효확인소송은 취소소송과는 달리 행정심판전치주의가 적용되지 않고 또한 제소기간에도 제한이 없다(행소법 38).

2. 공정력과 선결문제 판단권

민사법원이나 형사법원이 재판의 전제가 된 행정행위의 위법성 또는 효력 유무를 스스로 판

48 무효는 처음부터 효력이 없기 때문에 '무효인' 행정행위로 표현하고, 취소는 권한 있는 기관이 취소하지 않으면 그대로 유효하고, 취소하여야 비로소 효력이 없어지기 때문에 '취소할 수 있는' 행정행위로 표현하는 것이다.

단할 수 있는가(선결문제 판단권)는 공정력과 관련된 문제인데, 공정력은 무효인 행정행위에는 인정되지 않고, 취소할 수 있는 행정행위에만 인정되므로, 민사법원 등은 재판의 전제가 된 행정행위의 무효를 스스로 판단할 수 있다.

그러나 취소할 수 있는 행정행위의 경우에는 공정력 때문에 취소되기 전까지는 유효하므로, 민사법원 등은 행정행위의 효력을 부인할 수 없다. 그러나 -다수설과 판례의 입장에 따르면- 행정행위의 위법 여부를 스스로 판단할 수는 있다.

3. 사정재결·사정판결

당사자의 청구가 이유가 있어도 처분을 취소하는 것이 현저히 공공복리에 적합하지 않다고 인정하는 경우에는 당사자의 청구를 기각할 수 있다. 이러한 기각결정을 사정재결(행심법 44 ①)·사정판결(행소법 28 ①)이라 한다.[49]

다수설과 판례는 무효인 경우는 사정재결이나 사정판결에 의하여 유지시킬 유효한 행정행위가 처음부터 존재하지 않기 때문에, 사정재결·사정판결은 취소할 수 있는 행정행위에 한하여 인정된다고 보고 있다. 행정심판법도 사정재결에 관한 규정은 무효등확인심판에는 적용하지 않는다는 명문의 규정을 두고 있으며(행심법 44 ③), 행정소송법도 사정판결에 관한 규정을 무효등확인소송에 준용하지 않고 있다(행소법 38 ①).

4. 행정행위의 효력

무효인 행정행위는 처음부터 행정행위로서의 효력이 발생하지 않는다. 따라서 공정력·불가쟁력·강제력 등의 효력이 인정될 여지가 없다. 취소할 수 있는 행정행위는 공정력으로 인하여 권한 있는 기관에 의하여 취소될 때까지 유효하다.

5. 하자의 승계

선행 철거명령과 후행 대집행계고 처분이 있을 때, 계고처분의 취소소송에서 선행 철거명령의 하자를 주장할 수 있는가, 즉 철거명령의 하자를 이유로 계고처분이 위법하게 될 수 있는가 하는 것이 하자의 승계 문제인데, 하자의 승계 여부는 선행 행정행위가 취소할 수 있는 행정행위인 경우에 문제되는 것으로, 무효인 행정행위에서 무효인 흠은 하자의 승계 문제와 관계없이

---

49 예컨대, 댐건설 승인에 대해서 인근주민들이 취소소송을 제기하였는데, 승인처분이 절차를 거치지 않은 절차상 하자가 있어 위법하다면 이를 취소하는 판결(인용판결)을 하는 것이 타당하나, 댐이 건설될 공익상의 필요가 없는 것도 아니고, 판결시점에 이미 댐공사가 80% 정도 완료되었으며, 절차 이외에는 그 밖의 하자가 없는 상황에서, '승인을 취소함으로써 얻게 되는 원고들의 이익'보다 '잃게 되는 공익'이 현저히 큰 경우, 원고들의 소송상 청구는 이유가 있지만 이상과 같은 사정을 고려하여 기각하는 판결을 하는 것을 말한다.

언제든지 후행 행정행위에 승계된다.

6. 하자의 치유·전환

행정행위의 하자의 치유[50]는 취소할 수 있는 행정행위에만 인정되고, 하자의 전환[51]은 무효인 행정행위에만 인정된다고 보는 것이 일반적인 견해이다.

Ⅲ. 무효·취소의 구별기준*

1. 중대명백설**

이 설은 행정행위의 '하자가 중대한 법 위반'이고 그것이 '외관상 명백'한 경우에는 무효이고, 이에 이르지 않는 경우에는 취소할 수 있는 데 그친다는 견해이다. 이 설이 통설이다.

여기에서 '하자의 중대성'이란 당해 행정행위가 지닌 흠의 중대성을 의미하는 것으로서, 법침해의 심각성을 말한다. 그리고 '하자의 명백성'은 당사자의 주관적 판단 또는 법률전문가의 판단이 아니라, 일반인의 정상적인 인식능력을 기준으로 하여 객관적으로 판단되어야 한다.

판례 > 당연무효라고 하기 위한 요건 및 하자가 중대하고 명백한지 판별하는 방법

"과세처분이 당연무효라고 하기 위하여는 그 처분에 위법사유가 있다는 것만으로는 부족하고 그 하자가 법규의 중요한 부분을 위반한 중대한 것으로서 객관적으로 명백한 것이어야 하며, 하자가 중대하고 명백한지를 판별할 때에는 과세처분의 근거가 되는 법규의 목적·의미·기능 등을 목적론적으로 고찰함과 동시에 구체적 사안 자체의 특수성에 관하여도 합리적으로 고찰하여야 한다. 그리고 어느 법률관계나 사실관계에 대하여 어느 법령의 규정을 적용하여 과세처분을 한 경우에 그 법률관계나 사실관계에 대하여는 그 법령의 규정을 적용할 수 없다는 법리가 명백히 밝혀져서 해석에 다툼의 여지가 없음에도 과세관청이 그 법령의 규정을 적용하여 과세처분을 하였다면 그 하자는 중대하고도 명백하다(대판 2018.7.19, 2017다242409 전원합의체 참조).

---

* 변호사시험(2017년), 사법시험(2015년), 5급공채(2018년).

** 사법시험(2012년).

50 예컨대 절차나 서류의 보완 등을 통하여 하자 있는 행정행위를 하자 없는 행정행위로 하는 것을 말한다.

51 예컨대 '사망자에 대한 허가'와 같은 무효인 행정행위를 '상속자에 대한 허가'와 같이 유효한 행정행위로 전환하는 것을 말한다.

판례 > 실시계획의 인가 요건을 갖추지 못한 인가처분의 경우, 그 하자가 중대한지 여부

"… (국토계획법상 도시계획시설사업에 관한) 실시계획의 인가 요건을 갖추지 못한 인가처분은 공공성을 가지는 도시계획시설사업의 시행을 위하여 필요한 수용 등의 특별한 권한을 부여하는 데 정당성을 갖추지 못한 것으로서 법규의 중요한 부분을 위반한 중대한 하자가 있다고 할 것이다(대판 2015.3.20, 2011두3746)."

2. 중대설

이 설은 행정행위에 중대한 하자가 있는 경우만 무효로 보는 견해이다, 따라서 하자의 명백성은 무효의 요건으로 요구되지 않는다. 이 설에 따르면 중대명백설보다 무효의 범위가 상당히 넓어진다.

3. 조사의무설

이 설은 중대명백설의 입장에서 서면서도, -하자의 명백성을 완화하여- 공무원이 직무상 조사의무를 이행함으로써 처분의 위법성이 명백히 인정될 수 있는 경우도 하자의 명백성이 충족된다고 봄으로써 무효사유를 넓히려는 견해이다.

4. 명백성보충설

이 설은 하자의 중대성은 무효의 필수적인 요건으로, 하자의 명백성은 법적 안정성 등의 요청이 있는 경우에만 요구되는 보충적인 요건으로 보는 견해이다. 따라서 법적 안정성이나 제3자 신뢰보호의 문제가 없는 경우에는 하자의 명백성이 요구되지 않으므로 그만큼 무효의 범위가 넓어지게 된다.

5. 구체적 가치형량설

이 설은 구체적인 사안마다 개별적으로 이익형량을 하여 무효·취소를 구별하자는 견해인데, 이는 적법요건의 하자를 하는데 일반적으로 요구되는 것으로 이를 무효·취소의 객관적 구별기준으로 삼기는 어렵다.

6. 판례

대법원은 원칙적으로 중대명백설을 취하고 있지만, 소수견해로서 명백성보충설을 취한 바도 있다.

판례 > 하자 있는 행정처분이 당연무효인지를 판별하는 기준

"[다수의견] 하자 있는 행정처분이 당연무효가 되기 위하여는 그 하자가 법규의 중요한 부분을 위반한 중대한 것으로서 객관적으로 명백한 것이어야 하며 하자가 중대하고 명백한 것인지 여부를 판별함에 있어서는 그 법규의 목적, 의미, 기능 등을 목적론적으로 고찰함과 동시에 구체적 사안 자체의 특수성에 관하여도 합리적으로 고찰함을 요한다.

[반대의견] 행정행위의 무효사유를 판단하는 기준으로서의 명백성은 행정처분의 법적 안정성 확보를 통하여 행정의 원활한 수행을 도모하는 한편 그 행정처분을 유효한 것으로 믿은 제3자나 공공의 신뢰를 보호하여야 할 필요가 있는 경우에 보충적으로 요구되는 것으로서, 그와 같은 필요가 없거나 하자가 워낙 중대하여 그와 같은 필요에 비하여 처분 상대방의 권익을 구제하고 위법한 결과를 시정할 필요가 훨씬 더 큰 경우라면 그 하자가 명백하지 않더라도 그와 같이 중대한 하자를 가진 행정처분은 당연무효라고 보아야 한다(대판 1995.7.11, 94누4615 전원합의체)."

7. 결어

중대설이나 명백성보충설에 의하면 무효의 범위가 넓어져 법적 안정성의 측면에서 문제가 있을 수 있다. 따라서 통설·판례인 중대명백설을 원칙으로 하되 경우에 따라서는 명백설보충설로 보충할 수 있다고 보는 것이 합리적이라 판단된다.

우리나라는 행정행위의 무효에 관하여는 일반적인 규정이 없지만, 입법론으로, 예컨대 독일 연방행정절차법 제44조[52]와 같은 무효에 관한 일반적 규정을 둘 필요가 있다.

IV. 하자의 구체적 유형

아래에서는 학설·판례에 나타난 무효의 유형을, 행정행위의 적법요건(주체·내용·형식·절차)별로 나누어 설명한다.

1. 주체에 관한 흠

행정행위는 정당한 권한을 가진 행정청이 법령의 범위 안에서 정상적인 의사로 행한 행위이어야 한다.

---

52 독일 연방행정절차법은 제44조는 행정행위의 흠이 중대하고 명백한 경우를 무효로 규정하면서, 제2항에서는 행정청의 불명확, 법정 서면형식의 불이행, 무권한의 행위, 사실상 불능인 행위, 형벌 또는 범칙금의 구성요건에 해당하는 위법한 행위를 요구하는 행정행위, 선량한 풍속에 반하는 행위를 무효사유로, 제3항에서는 권한 위반, 일정한 제척사유 있는 자의 관여, 위원회나 행정청의 협력의 결여를 무효가 아닌 사유로 규정하고 있다.

(1) 정당한 권한이 없는 행정청의 행위*

명백히 사인이 한 행위는 행정행위가 아니므로 행정행위의 부존재에 해당한다. 적법하게 선임되지 않은 공무원, 공무원의 임용이 취소된 공무원 등의 행위, 행정청의 대리권이 없는 자가 행한 행위, 적법하게 구성되지 않은 합의제 행정기관의 행위 등은 원칙적으로 무효이다.

(2) 무권한의 행위**

행정청이 법령에 의하여 주어진 권한의 범위를 벗어나 행한 행정행위는 무권한의 행위로서 원칙적으로 무효이다.

(3) 행정청의 정상적인 의사에 의하지 않은 행위

(가) 공무원이 의사무능력 상태에서 행한 행위나 물리적 강제에 의한 행위는 무효이다.

(나) 행위무능력자의 행위는 사법에서와는 달리 상대방의 신뢰보호 때문에 유효하다는 것이 통설이다.

(다) 행정행위가 착오로 이루어진 경우 착오가 독립한 무효 또는 취소사유가 된다고 보는 견해(의사설)도 있지만, 법적 안정성이나 신뢰보호의 견지에서 착오에 의하여 표시된 대로 효력을 발생한다는 것이 통설이다(표시설).

(라) 사기·강박(强迫)·증수뢰(贈受賂)[53] 등에 의한 행정행위는 원칙적으로 취소할 수 있는 행정행위가 될 뿐이라는 것이 다수설이다.

2. 내용에 관한 흠***

(1) 내용요건의 위반

행정행위는 ① 법치행정의 원리에 따라 법률우위의 원칙과 법률유보의 원칙을 준수하여야 하고, ② 그 밖에도 행정법의 일반원칙을 준수하여야 하며, ③ 내용이 명확하고 실현가능하여야 한다. ①, ②를 위반하면 중대명백설 등에 따라 무효 또는 취소할 수 있는 행정행위가 되는데, ③을 위반하여 내용이 불명확하거나 실현불가능한 경우는 무효이다.

---

* 5급공채(재경)(2013년).

** 사법시험(2015년).

*** 행정고시(1999년), 행정고시(2006년), 행정고시(재경)(2010년).

53 '강박'이란 남의 뜻을 무리하게 내리누르거나 자기 뜻에 억지로 따르게 하는 것을 말하고, '증수뢰'란 뇌물을 주고받는 것을 말한다.

(2) 위헌·위법인 법령에 근거한 처분의 효력*

1. 문제의 소재 2. 대법원	3. 헌법재판소

㈎ 문제의 소재 및 논의의 실익

위헌·위법인 법령[54]에 근거하여 발하여진 처분은 무효이다. 그러나 처분 이후에 그 처분의 근거가 된 법령이 위헌·위법으로 무효가 된 경우 이 무효인 법령에 근거한 처분의 하자가 무효사유인지 취소사유인지 문제이다.

위헌·위법인 법령에 근거한 처분이 무효인가 취소할 수 있는 경우인가 하는 논의의 실익은 처분에 대한 제소기간이 경과되어 불가쟁력이 발생하였을 때 쟁송에 의한 권리구제가 가능한가에 있다. 즉 무효는 제소기간의 제한이 없어 처분에 대한 무효확인소송을 제기할 수 있으나, 취소는 제소기간이 경과되면 더 이상 취소소송을 제기할 수 없게 된다.

㈏ 대법원의 견해

대법원은 이 경우 당해 처분은 법적 근거가 없는 처분이 되어 그 하자가 중대하지만, -처분시 법령의 위헌·위법 여부를 알기 어렵기 때문에- 객관적으로 명백하다고 보기 어려워 취소사유에 그치는 것으로 보고 있다.[55]

㈐ 헌법재판소의 견해

헌법재판소도 이 경우는 이미 집행된 처분의 취소사유일 뿐 당연무효는 아니라고 보고 있다.[56] 다만 처분을 무효로 함으로써 국민의 기본권을 구제할 필요성이 큰 반면에 법적 안정성의 필요는 상대적으로 적은 경우에는 예외적으로 당연무효사유가 될 수 있다고 보고 있다.[57]

(3) 위헌결정의 소급효**

헌법재판소의 위헌결정에는 원칙적으로 장래효만 인정되나,[58] 예외적으로 ① 위헌제청을 한 당해 사건(당해사건), ② 위헌결정이 있기 전에 이와 동종의 위헌 여부에 관하여 헌법재판소에 위헌여부심판제청을 하였거나 법원에 위헌여부심판제청신청을 한 경우의 당해 사건(동종사건),

---

* 변호사시험(2018년), 사법시험(2014년).

** 변호사시험(2018년), 변호사시험(2024년).

54 법률의 위헌 여부는 헌법재판소가, 법규명령의 위헌·위법 여부는 대법원이 심판한다(헌 107 ①, ②).

55 대판 2007.6.14, 2004두619; 대판 2021.12.30, 2018다241458.

56 헌재결 2010.12.28, 2009헌바429.

57 헌재결 1994.6.30, 92헌바23.

58 위헌으로 결정된 법률 또는 법률의 조항은 그 결정이 있는 날부터 효력을 상실한다(헌재법 47 ②).

③ 따로 위헌제청신청은 아니하였지만 당해 법률 또는 법률의 조항이 재판의 전제가 되어 법원에 계속 중인 사건(계속사건), ④ 위헌결정 이후에 위와 같은 이유로 제소된 일반사건에는 소급효가 인정되고 있다(동일이유사건).[59] [60]

한편 대법원은 위헌인 법률에 근거한 처분이 쟁송기간이 경과되어 불가쟁력이 발생한 경우에는 위헌결정의 소급효를 인정하지 않는다.[61]

(4) 위헌인 법률에 근거한 처분의 집행력*

예컨대 과세처분에 대한 납부를 하지 않고 있던 중에 처분의 근거규정이 위헌으로 결정된 경우 그 조세채권의 강제집행을 위한 강제징수[62]를 할 수 있는지가 문제이다.

(가) 집행력부정설

대법원의 다수의견은 위헌결정 전에 이미 형성된 법률관계에 따른 후속처분이라도 새로운 위헌적 법률관계를 생성·확대하는 것은 허용할 수 없다는 입장이다. 따라서 납세를 하지 않았더라도 당해 규정이 위헌이 된 이후에는 강제징수가 허용되지 않고, 이에 반하여 한 강제징수는 그 하자가 중대하고 명백하여 당연무효라고 본다.

(나) 집행력긍정설

처분 이후에 위헌결정이 있었더라도, 위 강제징수는 불가쟁력이 발생한 유효한 과세처분에 따라 존재하는 적법한 납세의무에 대한 강제집행이므로, 강제징수가 가능하다고 보아야 한다는 견해이다. 대법원의 소수의견도 같은 입장이다.

(다) 결어

불가쟁력이 발생하였다 하더라도 위헌결정된 법률에 근거한 처분의 후속처분을 집행하는 것은

---

* 사법시험(2014년).

59 대판 1993.1.15, 91누5747; 헌재결 1993.5.13, 92헌가10, 91헌바7, 92헌바24, 92헌바50.

60 예컨대, 주택을 분양받은 A, B, C, D, E에게 부담금이 각각 부과되었는데, A는 부담금취소소송을 제기하여 부담금의 근거법인 (가칭)주택단지조성특별법(특별법)의 부담금 관련 조항이 부담금을 지나치게 높게 산정하도록 규정하고 있어 재산권에 대한 중대한 침해라고 주장하여 법원 헌법재판소에 위헌제청을 하였고, B도 별도로 취소소송을 제기하여 위헌제청이 되었으며, C는 별도로 취소소송을 제기하였으나 아직 위헌제청을 하지는 않았다. E는 아무런 소송도 제기하지 않았다. 그 후 A사건에 대하여 헌법재판소가 위헌결정을 하였다면, 이 결정은 당해사건(A), 동종사건(B), 계속사건(C)에게 효력이 미치고, 위헌 결정 이후 D가 동일한 이유로 제소를 하였다면 동일이유사건(D)에도 미친다. 그러나 E에게는 미치지 않는다.

61 대판 1994.10.28, 92누9463; 대판 2021.12.30, 2018다241458.
예컨대 과세처분에 따라 납부하였고 과세처분에 대해서는 이미 쟁송기간이 경과되어 불가쟁력이 발생한 경우, 과세처분의 근거가 된 법률이 위헌으로 결정되었다 하더라도 이미 납부한 세금의 반환청구가 인정되지 않는다.

62 2020.12.29. 국세징수법 전부개정에 따라 기존의 '체납처분'이라는 용어가 '강제징수'로 변경되었다.

위헌인 법률을 연장하여 집행하는 것이라 보는 것이 합리적이므로 집행력부정설이 타당하다.

(5) 위헌으로 판명된 내용의 침익처분을 할 수 있는지 여부

헌법재판소의 헌법불합치[63] 결정 이후 추가적 개선입법이 없는 상황에서 행정청은 이미 위헌으로 판명된 내용과 동일한 취지로 침익처분을 할 수 없다.[64] 행정청에게 위헌 법률을 계속 적용할 의무가 있다고 볼 수 없기 때문이다. 위헌법률의 연장 집행은 법치국가원리에 반한다.

3. 절차에 관한 흠*

법령에서 정한 처분절차를 준수하지 않으면 절차상 하자 있는 위법한 처분이 된다. 행정절차에 관한 일반법인 행정절차법은 불이익처분과 관련하여 사전통지, 청문 등의 의견청취, 처분에 대한 이유제시 등의 절차를 규정하고 있고, 개별법에서도 상대방의 신청·동의 또는 행정기관의 협의·심의·자문·동의 등의 절차를 규정하고 있는 경우가 많다.

절차상 하자의 효과에 관하여는 명문의 규정(예: 국가공무원법 13 ②)이 없는 경우가 대부분이다. 명문의 규정이 없는 경우에 절차상 하자가 무효사유인지 취소사유인지는 중대명백설을 기준으로 개별적으로 판단하여야 한다.

판례는 원칙적으로 사전통지·의견제출·청문절차·이유제시 결여, 심의절차 누락, 협의절차 불이행 등 대부분의 절차상 하자를 취소사유로 보고, 다만 의결기관을 위법하게 구성하여 처분하는 경우에는 무효로 보고 있다.

4. 형식에 관한 흠

원칙적으로 행정행위에는 특별한 형식이 요구되는 것은 아니지만, 법령상 문서(예: 행정절차법 24 ①) 또는 기타의 형식(예: 행정절차법 23의 이유제시)이 요구되는 경우에 이를 준수하지 않으면 무효 또는 취소사유가 된다.

형식 하자의 효과는 일률적으로 말하기 어렵지만, 일반적으로 형식요건의 하자가 법령이 형식을 요구하는 취지를 완전히 저해하는 정도이면 무효사유에 해당되고, 그 밖에 이에 이르지 않는 형식상의 하자는 취소사유에 해당한다. 경미한 형식의 하자는 경우에 따라서는 행정행위의 효력에 아무런 영향을 미치지 아니한다.

---

* 입법고시(2003년), 행정고시(재경)(2011년).

63 위헌결정으로 해당 조항이 무효가 되어 법률공백이 생김에 따른 사회적 혼란이 우려되는 경우에 '해당 조항이 헌법에 합치하지 않으므로 조속한 개선입법을 촉구한다'는 의미에서 헌법재판소가 하는 일종의 변형결정.

64 대판 2017.12.28, 2017두30122.

판례 > 문자메시지로 통지된 행정처분의 효력

"폐기물관리법 제48조 제1항 제1호는 관할 행정청으로 하여금 부적정처리폐기물을 발생시킨 자에 대하여 기간을 정하여 폐기물의 처리를 명하는 등의 조치명령을 취할 수 있도록 하고 있고, 같은 법 시행규칙 제68조의3 제1항은 위와 같은 조치명령이 서면으로 이루어져야 한다고 규정하고 있다.

한편 「전자문서 및 전자거래 기본법」(이하 '전자문서법'이라 한다) 제2조 제1호는 정보처리시스템에 의하여 전자적 형태로 작성·변환되거나 송신·수신 또는 저장된 정보를 전자문서로 정의하고 있는데, 같은 법 제4조의2는 전자문서의 내용이 열람 가능하고, 전자문서가 작성·변환되거나 송신·수신 또는 저장된 때의 형태 또는 그와 같이 재현될 수 있는 형태로 보존되어 있으면, 그 전자문서를 '서면'으로 본다고 규정하고 있다. 위와 같은 전자문서법의 규정에 비추어 보면, 전자우편은 물론 휴대전화 문자메시지도 전자문서에 해당한다고 할 것이므로, 휴대전화 문자메시지가 전자문서법 제4조의2에서 정한 요건을 갖춘 이상 폐기물관리법 시행규칙 제68조의3 제1항에서 정한 서면의 범위에 포함된다고 할 것이다.

다만 행정청이 폐기물관리법 제48조 제1항, 같은 법 시행규칙 제68조의3 제1항에서 정한 폐기물 조치명령을 전자문서로 하고자 할 때에는 구 행정절차법(2022.1.11. 법률 제18748호로 개정되기 전의 것, 이하 같다) 제24조 제1항에 따라 당사자의 동의가 필요하다(대판 2024.5.9, 2023도3914[폐기물관리법위반])."

제 3 항 하자(흠)의 승계*

1. 하자의 승계의 의의

2. 논의의 전제조건

3. 학설

(1) 종래의 견해
- ① 선행행정행위와 후행행정행위가 상호 독립·별개의 효과: 승계 안 됨
- ② 선행행정행위와 후행행정행위가 서로 결합·하나의 법적 효과: 승계

(2) 규준력이론
- ○ 의의
- ○ ① 대물적 한계, ② 대인적 한계, ③ 시간적 한계. 그 외에 ④ 상대방에게 가혹하거나 예측가능성이 없는 경우 규준력 부인(규준력의 추가적 요건)

(3) 결어

4. 판례

(1) 기본: 종래견해와 동일

(2) 예외: 수인한도를 넘는 불이익을 강요하는 경우 승계 인정

---

* 변호사시험(2017년), 변호사시험(2020년), 사법시험(2000년), 사법시험(2015년), 입법고시(2011년), 행정고시(일반행정)(2005년), 5급공채(일반행정)(2012년), 5급공채(일반행정)(2015년), 5급공채(행정)(2020년), 5급공채(행정)(2023년).

I. 문제의 소재

1. 하자의 승계의 의의

'하자의 승계'란 두 개 이상의 행정행위가 연속적으로 행하여지는 경우(예: 철거명령과 이를 전제로 한 대집행 계고처분) 선행행정행위의 하자가 후행행정행위에 승계되어 선행행정행위의 하자(흠)를 이유로 후행행정행위를 다투는 것을 말한다.[65]

본래 행정법관계의 안정과 조속확정 때문에 행정행위 상호 간에는 하자가 승계되지 않는 것이 원칙이다. 그러나 예외적으로 개인의 권리구제를 위하여 하자의 승계를 인정하여야 하는 경우도 있을 수 있다. 하자의 승계는 이와 같은 예외적인 상황에서 개인의 권리구제를 위하여 하자의 승계를 허용할 것인가 하는 문제이다.

2. 논의의 전제조건

하자의 승계가 문제되는 것은 ① 선행행정행위에 단순위법의 하자가 있고 ② 선행행정행위의 쟁송기간이 경과한 경우이다. 선행행위가 무효인 경우에는 언제든지 선행행위의 무효를 주장할 수 있고, 선행행위의 제소기간이 경과하지 않은 경우라면 선행행위에 대하여 취소소송을 제기할 수 있기 때문이다.[66]

II. 하자의 승계에 관한 학설

1. 종래의 견해

전통적 견해 및 판례는 하자의 승계의 유형을 두 가지로 구분하고 있다.

① 선행행정행위와 후행행정행위가 상호 독립하여 별개의 효과를 발생하는 경우에는 흠이 승계되지 않는다고 본다. 예컨대 과세처분과 강제징수의 경우, 과세처분은 납세의무를 확정하는 것이고, 강제징수는 확정된 조세채무에 기한 강제집행이라는 점에서 상호 별개의 법률효과를 목적으로 하고 있으므로, 선행 과세처분의 흠은 후행 강제징수에 승계되지 않는다.

---

65 계고처분에 대한 취소소송을 제기하면서 선행 철거명령이 위법하므로 계고처분도 위법하다고 주장하는 것을 말한다.

66 예컨대 철거명령(A)이 있고 이를 전제로 한 후행 계고처분(B)이 있은 경우, ① A의 흠이 중대·명백하여 당연무효라면 언제라도 A의 무효를 주장할 수 있다(따라서 B의 원인무효를 언제든지 주장할 수 있다). ② A에 대한 제소기간이 지나지 않았다면 A를 대상으로 취소소송을 제기하면 된다. 그러나 ③ A의 흠이 단순위법에 불과하고, A에 대한 쟁송기간이 지난 경우에는 A에 불가쟁력이 발생하여 더 이상 A를 다툴 수 없게 된다. 이 때 A의 흠이 B에 승계되어 B를 다툴 수 있는가 하는 것이 문제되는데 이것이 흠의 승계 문제이다.

판례 > 하자의 승계를 부인한 판례

건물철거명령과 대집행계고처분(대판 1998.9.8, 97누20502), 과세처분과 체납처분(대판 1997.7.12, 76누51), 토지등급의 설정 또는 수정처분과 과세처분(대판 1995.3.28, 93누23565), 공무원직위해제처분과 면직처분(대판 1984.9.1, 84누191), 액화석유가스판매사업허가와 사업개시신고반려처분(대판 1991.4.23, 90누8756), 택지개발예정지구지정과 택지개발계획승인(대판 1996.3.22, 95누10075), 도시계획결정과 수용재결(대판 1990.1.23, 87누947), 사업인정처분과 재결처분(대판 1992.3.13, 91누4324), 표준지공시지가결정과 개별공시지가결정(대판 1995.3.28, 94누12920), 보충역편입처분과 공익근무요원소집처분(대판 2002.12.10, 2001두5422), 표준지공시지가와 재산세 등 부과처분(대판 2022.5.13, 2018두50147) 등

② 선행행정행위와 후행행정행위가 서로 결합하여 하나의 법적 효과를 완성하는 경우에는 흠이 승계된다고 본다. 예컨대 독촉과 강제징수절차(압류·매각·청산)의 각 행위 간, 대집행절차인 계고·대집행영장에 의한 강제징수절차의 각 행위 간, 대집행절차인 계고·대집행영장에 의한 통지·대집행 실행의 각 행위 간에는 선행행위의 하자가 후행행위에 승계된다.

판례 > 하자의 승계를 인정한 판례

계고처분과 대집행비용납부명령(대판 1993.11.9, 93누14271), 계고처분과 대집행영장발부통보처분(대판 1996.2.9, 95누12507), 독촉과 가산금·중가산금징수처분(대판 1986.10.28, 86누147), 암매장분묘개장명령과 후행 계고처분(대판 1961.2.28, 4293행상31), 귀속재산의 임대처분과 후행 매각처분(대판 1963.2.7, 62누215), 한지의사시험자격인정과 한지의사면허처분(대판 1975.12.9, 75누123), 안경사시험합격취소와 안경사면허취소처분(대판 1993.2.29, 92누4567) 등

2. 규준력이론

한편 독일의 경우에는 흠의 승계문제를 불가쟁력이 발생한 선행처분이 후행처분에 미치는 구속력, 즉 규준력(規準力, Maßgeblichkeit)의 문제로 이해하고 있는데,[67] 이와 같은 독일의 이해처럼, 하자의 승계 문제를 불가쟁력이 발생한 선행행정행위의 후행행정행위에 대한 구속력의 문제로 이해하려는 견해를 규준력이론이라 한다.

---

67 즉 과세처분에 불가쟁력이 생기면 과세처분을 더 이상 다툴 수 없게 됨으로써 유효한 것으로 확정되는데, 이로써 과세처분의 유효성이 후행처분들의 기준, 또는 규준이 된다는 것이다(과세처분이 후행처분들에 대하여 규준력을 가진다). 다시 말해서 후행처분들은 과세처분이 유효하다는 것에 구속되어 이를 토대로 자기 처분을 하여야 한다는 것이다. 선행처분에 규준력이 인정되면 후행처분을 다투면서 선행처분의 하자를 다툴 수 없지만(하자승계의 부인), 규준력이 인정되지 않으면 선행처분을 다툴 수 있다(하자의 승계).

선행행정행위의 후행행정행위에 대한 규준력이 인정되려면, ① 양 행위가 동일한 사안과 목적을 추구하여야 하고(대물적 한계), ② 양 행위에서의 상대방, 이해관계인, 유관기관 등이 일치하여야 하며(대인적 한계), ③ 선행행정행위의 사실 및 법상태(Sach-und Rechtslage)가 후행행정행위에 그대로 유지되고 있는 경우이어야 한다(시간적 한계). ④ 다만 위 세 가지 한계를 모두 준수하였다 하더라도, 규준력을 인정하는 것이 상대방에게 가혹하거나 예측가능성(또는 수인가능성)[68]이 없었던 경우에는 예외적으로 규준력이 부인된다(규준력의 추가적 요건).

3. 결어

행정행위의 불가쟁력이 생기면 이를 못 다투도록 하는 것이 원칙이다. 따라서 하자의 승계를 인정하면 불가쟁력 이론이 의미가 없게 된다. 따라서 하자의 승계는 불가쟁력에 대한 예외적인 상황에서만 인정된다고 보아야 한다. 결국 이 문제는 '불가쟁력을 통한 행정의 실효성 확보'와 '개인의 권리구제' 사이의 조화를 모색하는 문제이다.

이 점에서 양 행위가 서로 별개의 행위인가 결합된 행위인가를 기준으로 하는 통설보다는 선행행위의 규준력을 인정하는 것이 상대방에게 가혹한가 하는 가치판단을 기준으로 하는 규준력이론이 '조화의 모색'이라는 취지에는 보다 잘 부합된다고 볼 수 있다. 하지만 통설의 입장에 서면서도 '하자의 승계를 부인하는 것이 상대방에게 가혹한 경우인가'를 고려하여 승계 여부를 판단한다면 규준력이론과 다를 것은 없다.

Ⅲ. 판례

① 판례는 기본적으로는 통설의 입장이다. ② 그러면서 흠의 승계가 부인되는 경우에 '수인한도를 넘는 가혹한 경우'에는 흠의 승계를 인정하고 있다.

판례 > 선행처분과 후행처분이 서로 독립하여 별개의 효과를 목적으로 하는 경우에도 선행처분의 하자를 이유로 후행처분의 효력을 다툴 수 있는 경우

선행처분과 후행처분이 서로 독립하여 별개의 법률효과를 목적으로 하는 때에는 선행처분에 불가쟁력이 생겨 그 효력을 다툴 수 없게 된 경우에는 선행처분의 하자가 중대하고 명백하여 당연무효인 경우를 제외하고는 선행처분의 하자를 이유로 후행처분의 효력을 다툴 수 없는 것이 원칙이나 선행

68 예측가능성, 기대가능성, 수인(受忍)가능성은 모두 유사한 말로 예측하거나 기대할 만한 것, 견딜 만한 것, 받아들일 만한 것을 말한다. 예컨대 후행처분을 받은 상대방이 선행처분이 있었는지를 전혀 알 수 없는 상황이었다면, 선행처분에 불가쟁력이 있다고 이를 못 다투게 하는 것을 상대방이 기대하거나 예측하거나 수인할 수 있는 상황이었다고 보기 어려울 것이다.

처분과 후행처분이 서로 독립하여 별개의 효과를 목적으로 하는 경우에도 선행처분의 불가쟁력이나 구속력이 그로 인하여 불이익을 입게 되는 자에게 수인한도를 넘는 가혹함을 가져오며, 그 결과가 당사자에게 예측가능한 것이 아닌 경우에는 국민의 재판받을 권리를 보장하고 있는 헌법의 이념에 비추어 선행처분의 후행처분에 대한 구속력은 인정될 수 없다.

개별공시지가결정은 이를 기초로 한 과세처분 등과는 별개의 독립된 처분으로서 서로 독립하여 별개의 법률효과를 목적으로 하는 것이나, … 위법한 개별공시지가를 기초로 한 과세처분 등 후행 행정처분에서 개별공시지가결정의 위법을 주장할 수 없도록 하는 것은 수인한도를 넘는 불이익을 강요하는 것으로서 국민의 재산권과 재판받을 권리를 보장한 헌법의 이념에도 부합하는 것이 아니라고 할 것이므로, 개별공시지가결정에 위법이 있는 경우에는 그 자체를 행정소송의 대상이 되는 행정처분으로 보아 그 위법 여부를 다툴 수 있음은 물론 이를 기초로 한 과세처분 등 행정처분의 취소를 구하는 행정소송에서도 선행처분인 개별공시지가결정의 위법을 독립된 위법사유로 주장할 수 있다고 해석함이 타당하다(대판 1994.1.25, 93누8542)."

위 판례의 의의는 기존의 입장을 유지하면서도 '불가쟁력·구속력(행정의 실효성)'과 '개인의 권리구제(수인가능성·재판받을 권리)'라는 양 가치를 형량하여 개인의 권리보호를 위하여 예외적으로 하자의 승계를 인정하였다는 점이다. 이러한 판례의 입장은 이후에도 계속되고 있는데, 결국 판례의 입장은 양 행위가 서로 독립한 처분인 경우에는 하자의 승계를 부인하는 것이 원칙이지만, 개인의 권리보호의 관점에서 수인가능성이 있는지를 개별적으로 검토하여 하자의 승계 여부를 결정하고 있다고 할 수 있다. 개별적인 사안마다 개인의 권리보호를 고려한다는 점에서 판례나 규준력이론 모두 근본적인 차이가 있는 것은 아니다.

제 4 항 행정행위의 하자의 치유와 전환

행정행위 적법요건에 하자가 있더라도 이를 유지시키거나 다른 행위로 전환함으로써 행정의 효율성, 상대방에 대한 신뢰보호 및 법적 안정성을 도모하려는 이론이 행정행위의 하자의 치유와 전환이다. 우리나라에는 독일 연방행정절차법의 행정행위의 흠의 치유(45)·전환(47)과 같은 일반적인 규정이 없어 학설·판례를 통하여 인정되고 있다.

판례 > 행정행위의 하자의 치유 및 전환범위

"하자있는 행정행위의 치유나 전환은 행정행위의 성질이나 법치주의의 관점에서 볼 때 원칙적으로 허용될 수 없는 것이지만, 행정행위의 무용한 반복을 피하고 당사자의 법적 안정성을 위해 이를 허용하는 때에도 국민의 권리와 이익을 침해하지 않는 범위에서 구체적 사정에 따라 합목적적으로 인정해야 할 것이다(대판 1983.7.26, 82누420)."

Ⅰ. 행정행위 하자의 치유*

1. 의의

행정행위 하자의 치유(Heilung)는 적법요건에 흠이 있는 행정행위라 하더라도 그 흠의 원인이 되었던 법적 요건을 사후에 보완하거나 그 흠이 취소원인이 될 만한 가치를 상실함으로써 행위의 효력을 유지하도록 하는 것을 말한다.

2. 허용성

통설·판례는 하자의 치유는 취소할 수 있는 행정행위의 경우에만 인정되고, 무효인 행정행위는 처음부터 효력이 없기 때문에 치유를 통하여 없는 효력을 인정할 수는 없다는 점에서 하자의 치유를 인정하지 않는다.

3. 치유의 사유

하자의 치유사유로 '흠결된 요건의 사후보완(허가·요건의 사후충족, 요식행위의 형식추완 등)'을 드는 것이 일반적이다(다수설).

4. 치유의 효과

하자의 치유가 인정되면, 당해 행정행위는 소급적으로 행위의 효력을 유지하게 된다. 즉 하자 이전의 상태로 돌아가 처음부터 적법한 행위와 같은 효과를 가지게 된다.

5. 치유의 시한

① 행정쟁송 제기 이전까지만 하자의 치유가 가능하다는 견해(다수설)와 ② 행정소송절차의 종결시까지 하자의 치유가 가능하다고 하여야 한다는 견해가 대립하고 있는데, ③ 판례는 절차상 하자는 행정쟁송제기 전까지 치유되어야 한다는 입장이다.

Ⅱ. 하자있는 행정행위의 전환

1. 의의

하자있는 행정행위의 전환(Umdeutung)이란 하자있는 행정행위를 하자가 없는 다른 행정행

* 행정고시(1998년), 행정고시(2003년), 행정고시(재경)(2008년).

위로 유지시키는 것을 말한다. 예컨대 사망자에 대한 과세처분을 상속인에 대한 처분으로 전환하는 경우가 이에 해당한다.

2. 허용성

① 통설과 판례는 하자 있는 행정행위의 전환은 무효인 행정행위에 한하여 인정된다고 본다. ② 그러나 이에 대하여는 법적 안정성이나 행정의 무용한 반복 회피라는 취지에서 취소할 수 있는 행정행위에도 전환을 인정하여야 한다는 반론이 있다. ③ 독일 연방행정절차법은 행정행위의 전환의 경우에는 반드시 무효사유에 국한하고 있지 않고, 취소할 수 있는 행정행위를 다른 행정행위로 전환하는 것이 당사자에게 유리한 경우도 있을 수 있으므로, 행정행위의 전환을 무효인 행정행위의 경우로만 제한할 이유는 없다고 본다.

3. 전환의 요건

일반적으로 하자있는 행정행위의 전환은 ① 양 행위 사이에 요건·목적·효과에 있어 실질적 공통성이 있어야 하고, ② 다른 행정행위의 성립·적법·유효요건을 갖추고 있어야 하며, ③ 하자 있는 행정행위를 한 행정청의 의도에 반하는 것이 아니어야 하고, ④ 당사자가 그 전환을 의욕하는 것으로 인정되며, ⑤ 제3자의 이익을 침해하지 아니하는 경우에 인정된다.

4. 효과

하자있는 행정행위는 전환으로 인하여 새로운 행정행위가 된다. 이 새로운 행정행위는 그 자체 독립한 행정행위로 볼 수 있으므로, 전환에 대하여 불복이 있는 경우에는 행정쟁송으로 다툴 수 있다.

제9절 행정행위의 폐지(취소·철회·실효)

제 1 항 행정행위의 폐지

행정행위의 폐지(Aufhebung)란 행정행위의 효력을 제거하는 것으로서, 취소와 철회를 말한다. ① 행정행위에 흠이 있는 위법(부당을 포함한다)한 행정행위는 행정청이 직권으로 취소하거나(직권취소)와 행정심판이나 행정소송에서 취소될 수 있고(쟁송취소) (이상 행정행위의 취소),

② 흠이 없는 적법한 행정행위도 사후에 생긴 새로운 사정으로 인하여 그 효력이 상실될 수도 있다(행정행위의 철회).

행정행위 폐지

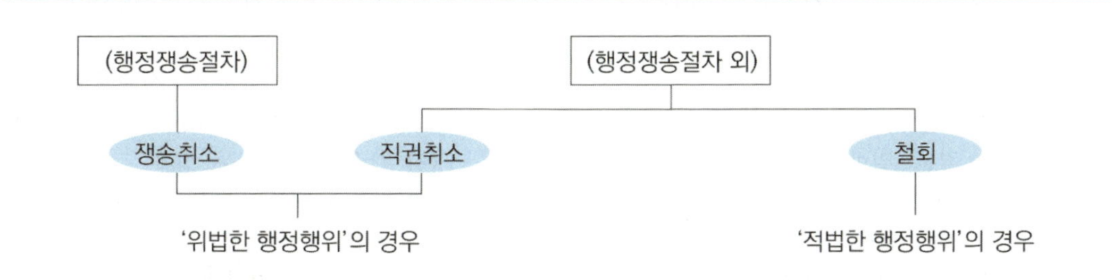

먼저 취소와 관련하여, 쟁송취소는 행정구제편에서 상세히 논의되므로, 여기에서는 직권취소만 다루는데, 다만 이해를 돕기 위하여 직권취소와 쟁송취소를 간략히 비교해 보면 다음과 같다.

직권취소와 쟁송취소의 비교

	직권취소	쟁송취소
목적	행정목적실현(합목적성) 중점	(행정의 합법성통제를 통한) 개인의 권리구제 중점
취소권자	행정청(처분청·감독청)	행정심판기관·법원
대상	수익적 행위·침익적 행위	침익적 행위·제3자효 행위
법적 근거	행정기본법 18 개별 규정	일반법: 행정심판법·행정소송법 개별 규정
절차개시	행정청의 독자적 판단	상대방의 쟁송제기
기간제한	없음	쟁송제기기간에 제한 있음
취소범위	적극적 변경도 가능	행심: 적극적 변경도 가능 행소: 소극적 변경(일부취소)만 가능
효과	소급·불소급 모두 가능 불가변력 인정 안됨(원칙) 예외적으로 불가변력 인정	소급 원칙 불가변력 발생

제 2 항 행정행위의 취소*

Ⅰ. 직권취소의 의의: 행정기본법 18 ①
Ⅱ. 취소권자와 법적 근거
1. 처분청의 경우: 가능(통설·판례)
2. 감독청의 경우
(1) 소극설
(2) 적극설
(3) 결론: 일반적 감독규정(정부조직법 11 ②, 18 ②, 지자법 169 ①)으로 실익 없음
Ⅲ. 취소의 사유: 행정기본법 18 ①
① '단순위법'의 경우
② 공익위반·합목적성 결여 등 '부당'한 경우
Ⅳ. 취소권의 제한
1. 침익적 행정행위의 경우: 재량취소의 원칙
2. 수익적 행정행위의 경우
(1) 취소권제한의 원칙 '취소의 자유'에서 '취소의 제한'으로: 행정기본법 18 ②
(2) 취소권제한의 근거: 신뢰보호원칙(행정기본법 18 ②)
(3) 취소가 제한되는 경우
(4) 취소가 제한되지 않는 경우(행정기본법 18 ② 단서)
Ⅴ. 취소의 효과: 행정기본법 18 ①
Ⅵ. 하자있는 취소의 취소
1. 무효사유인 경우
2. 취소사유인 경우
(1) 소극설
(2) 적극설(통설)
(3) 판례

Ⅰ. 직권취소의 의의

행정행위의 직권취소(Rücknahme)는 권한 있는 행정기관이 직권으로 위법(또는 부당)한 행정행위의 효력을 소멸시키는 것을 말한다.

행정기본법은 "행정청은 위법 또는 부당한 처분의 전부나 일부를 소급하여 취소할 수 있다. 다만, 당사자의 신뢰를 보호할 가치가 있는 등 정당한 사유가 있는 경우에는 장래를 향하여 취소할 수 있다(행정기본법 18 ①)."고 규정하고 있다.

직권취소는 '흠 있는 행정행위'의 효력을 소멸시킨다는 점에서 '적법한 행정행위'의 효력을 소멸시키는 철회와 구분된다.

Ⅱ. 취소권자와 법적 근거

1. 처분청의 경우

처분청이 행정행위를 할 수 있는 권한 중에는 취소권도 포함되므로(통설·판례), 처분청은 별

* 5급공채(행정)(2014년), 5급공채(2018년), 변호사시험(2023년).

도의 법적 근거 없이 직권취소를 할 수 있는데, 행정기본법 제18조 제1항이 직권취소를 규정하고 있으므로, 이 점은 논란의 여지가 없다. 다만 이 경우에도 취소의 이익과 신뢰보호의 이익과의 비교형량은 필요하다.

2. 감독청의 경우

법령상 명문의 규정(예: 정부조직법 11 ②, 18 ②, 지자법 188 ①)이 없더라도 감독청이 처분청의 행정행위를 직접 취소할 수 있는가에 관하여 ① 감독청은 내부적으로 명령을 할 수 있을 뿐 처분청의 처분을 직접 취소할 수 없다는 소극설과 ② 감독청은 감독목적을 달성하기 위하여 당연히 취소권을 가진다는 적극설이 대립하고 있다. ③ 생각건대 행정청 간에는 권한이 명확히 배분되어야 하고(명확한 권한배분의 원칙), 상호간 그 권한을 존중하여야 한다(권한존중의 원칙)는 점에서 적극설이 타당하지만, 감독권에 관한 일반규정(정부조직법 11 ②, 18 ②, 지자법 188 ①)이 있으므로 위 논의는 별다른 실익이 없다.

III. 취소의 사유

'위법·부당'한 행정행위는 직권취소의 대상이 된다(행정기본법 18 ①). 직권취소사유와 관련하여서는 법령에서 직접 규정하기도 하지만(예컨대, 개별법상의 각종 인허가 등의 취소에 관한 규정), 학설·판례상 직권취소사유로는, 예컨대, ① 권한초과, ② 행위능력 결여, ③ 사기·강박·증수뢰 등에 의한 경우, ④ 착오의 결과 위법·부당하게 된 경우, ⑤ 공서양속 등에 위배되는 경우, ⑥ 단순한 법령 위반, 절차·형식 위반, 행정법의 일반원칙 위반 등을 들 수 있다.

IV. 취소권의 제한

1. 침익적 행정행위의 경우

위법한 침익적 행정행위를 취소하는 것은 상대방에게 유리할 뿐 아니라 행정행위가 적법해지는 것이므로 행정청은 자유로이 취소할 수 있다(재량취소의 원칙). 다만 예외적으로 재량권이 0으로 수축되어 반드시 취소하여야 하는 경우도 있을 수 있다.

2. 수익적 행정행위의 경우

(1) 취소권제한의 원칙('취소의 자유'에서 '취소의 제한'으로)

과거에는 행정의 법률적합성의 원칙상 행정행위에 흠이 있으면 처분청은 언제든지 취소할 수 있다고 보았다(직권취소의 자유).

그러나 오늘날 행정의 법률적합성만큼이나 관계인의 신뢰보호도 중요하다는 것이 일반화되면서, 수익적 행정행위의 직권취소의 경우 취소를 통하여 얻는 공익과 관계인의 신뢰보호의 이익이나 법적 안정성의 이익 등을 비교·형량하여 관계인의 이익이 더 크면 행정청의 직권취소권은 제한되게 되었다(신뢰보호에 의한 수익적 행정행위의 직권취소의 제한).[69] 행정기본법도 "행정청은 제1항에 따라 당사자에게 권리나 이익을 부여하는 처분을 취소하려는 경우에는 취소로 인하여 당사자가 입게 될 불이익을 취소로 달성되는 공익과 비교·형량(衡量)하여야 한다(행정기본법 18 ②)."고 규정하고 있다.

(2) 취소권제한의 근거

취소권제한의 근거는 신뢰보호원칙이다. 즉 취소권제한의 문제는 ① 행정의 법률적합성에 따른 이익과 ② 법적 안정성 및 신뢰보호의 이익을 비교·형량하여 결정되어야 한다(행정기본법 18 ②).

판례 > 수익적 행정처분을 직권으로 취소하는 처분을 할 수 있는 경우

"일정한 행정처분으로 국민이 일정한 이익과 권리를 취득하였을 경우에 종전 행정처분에 하자가 있음을 전제로 직권으로 이를 취소하는 행정처분은 이미 취득한 국민의 기존 이익과 권리를 박탈하는 별개의 행정처분으로, 취소될 행정처분에 하자가 있어야 하고, 나아가 행정처분에 하자가 있다고 하더라도 취소해야 할 공익상 필요와 취소로 당사자가 입게 될 기득권과 신뢰보호 및 법률생활 안정의 침해 등 불이익을 비교·교량한 후 공익상 필요가 당사자가 입을 불이익을 정당화할 만큼 강한 경우에 한하여 취소할 수 있는 것이며, 하자나 취소해야 할 필요성에 관한 증명책임은 기존 이익과 권리를 침해하는 처분을 한 행정청에 있다(대판 2017.6.15, 2014두46843)."

판례 > 도로관리청이 흠이 있다는 이유로 유효하게 성립한 도로점용허가 중 특별사용의 필요가 없는 부분을 직권취소할 수 있는지 여부

"도로점용허가를 한 도로관리청은 위와 같은 흠이 있다는 이유로 유효하게 성립한 도로점용허가 중 특별사용의 필요가 없는 부분을 직권취소할 수 있음이 원칙이다. 다만 이 경우 행정청이 소급적 직권취소를 하려면 이를 취소하여야 할 공익상 필요와 그 취소로 당사자가 입을 기득권 및 신뢰보호

69 권한이 '제한'된다는 것은 권한이 있어도 그 권한을 행사하지 못하는 경우가 있다는 것을 의미한다. 따라서 행정청은 위법한 행위를 직접 취소할 수 있지만, 개인의 신뢰보호의 이익이 더 크면 취소할 수 없게 된다는 의미이다.

와 법률생활 안정의 침해 등 불이익을 비교 교량한 후 공익상 필요가 당사자의 기득권 침해 등 불이익을 정당화할 수 있을 만큼 강한 경우여야 한다(대판 2006.5.25, 2003두4669 참조). 이에 따라 도로관리청이 도로점용허가 중 특별사용의 필요가 없는 부분을 소급적으로 직권취소하였다면, 도로관리청은 이미 징수한 점용료 중 취소된 부분의 점용면적에 해당하는 점용료를 반환하여야 한다(대판 2019.1.17, 2016두56721, 56738)."

(3) 취소가 제한되는 경우

신뢰보호원칙에 의하여 취소가 제한되려면 일반적으로 ① 관계자가 행정행위의 존속을 신뢰했고, ② 그의 신뢰가 보호가치가 있으며, ③ 신뢰보호이익이 행정의 법률적합성 준수 이익보다 커야 한다.

학설 및 판례에 나타난 취소권제한의 구체적인 경우를 살펴보면 다음과 같다.

(i) 금전급부·가분적(可分的) 현물급부를 내용으로 하는 경우는 성질상 되돌리기 어려운 특성이 있으므로 취소권이 제한된다.

(ii) 포괄적 신분설정행위(귀화허가·공무원임명 등)는 법적 안정성의 관점에서 취소권이 제한된다.

(iii) 인가 등의 사인의 법률행위의 효력을 완성시켜주는 행위도 법적 안정성의 관점에서 취소권이 제한된다.

(iv) 불가변력이 있는 준사법적 행위 또는 합의제 행정기관의 행위·확인적 행위(당선인의 결정·국가시험합격자 결정 등)·하자의 치유나 다른 행정행위로의 전환이 인정되는 행위 등도 취소권이 제한된다.

(v) 취소권의 실권(失權)[70]과 관련하여 독일 연방행정절차법은 '행정청은 행정행위의 취소를 정당화하는 사실을 안 날로부터 1년이 지나면 취소할 수 없다'는 규정을 두고 있다(48 ④). 우리나라는 그동안 이와 같은 규정이 없었었는데, 행정기본법은 '장기간 권한을 행사하지 아니하여 국민이 그 권한이 행사되지 아니할 것으로 믿을 만한 정당한 사유가 있는 경우에는 그 권한을 행사해서는 아니 된다(행정기본법 12 ②)'고 하여 실권의 법리를 규정하게 되었다. 판례는 실권의 법리를 신의성실의 원칙[71][72]의 파생원칙으로 보면서, 이 법리의 적용에 있어 '행정청이

---

70 실권(失權)이란 '행정청의 권한'이 상실된다는 의미이다. 예컨대 시장·군수·구청장은 식품위생법 위반행위에 대하여 영업허가를 취소할 수 있는데, 상당한 기간이 지나도록 취소권을 행사하지 않으면 그 권한이 실권되어 더 이상 취소권을 행사할 수 없게 된다.

71 민법 제2조(신의성실) ① 권리의 행사와 의무의 이행은 신의에 좇아 성실히 하여야 한다.
② 권리는 남용하지 못한다.

72 신의성실의 원칙은 민법 제2조 제1항에 규정된 법원칙으로, 이 원칙은 민법에 국한되지 않고 모든 법률

취소권을 행사하지 않으리라고 신뢰할 여지가 있는지의 여부'를 중요한 기준으로 삼고 있다.

판례 > 실권 또는 실효의 법리의 의미

"실권 또는 실효의 법리는 법의 일반원리인 신의성실의 원칙에 바탕을 둔 파생원칙(으로) … 의무자인 상대방은 이미 그의 권리를 행사하지 아니할 것으로 믿을 만한 정당한 사유가 있게 되거나 행사하지 아니할 것으로 추인케 할 경우에 새삼스럽게 그 권리를 행사하는 것이 신의성실의 원칙에 반하는 결과가 될 때 그 권리행사를 허용하지 않는 것을 의미한다(대판 1988.4.27, 87누915)."

(vi) 행정기본법 제23조[73]에 따라 수익적 행정행위의 취소를 내용으로 하는 제재처분의 경우 그 제척기간(위반행위가 종료된 날로부터 5년)이 경과하면 이를 취소할 수 없다.

(4) 취소가 제한되지 않는 경우

신뢰보호원칙에 의하여 취소권이 제한되다 하더라도, ① 관계자가 부정한 수단(사기·강박·증수뢰 등)으로 행정행위를 발급받았거나, ② 행정행위의 위법성을 알았거나 또는 알 수 있었음에도 불구하고 중대한 과실로 알지 못하였거나, ③ 행정행위의 위법성에 관계인에게 귀책사유가 있는 경우에는 신뢰의 보호가치가 부정되어 취소가 제한되지 않는다.

Ⅴ. 취소의 절차

직권취소에 관하여는 일반적인 규정은 없는데, 다만 행정절차에 관한 일반법인 행정절차법은 수익적 행정행위의 취소와 같은 불이익처분의 절차로 사전통지(행정절차법 21)와 의견청취(행정절차법 22)를 규정하고 있다. 그 밖에도 각 개별법에서 별도의 절차를 규정하기도 한다.

Ⅵ. 취소의 효과

직권취소의 효과는 소급하는 것이 원칙이다. 그러나 법적 안정성 또는 신뢰보호의 관점에서 취소의 효과가 장래에 향해서만 발생한다고 보아야 하는 경우도 있다. 행정기본법 제18조 제1항도 소급효와 장래효를 모두 인정하고 있다.

관계에 적용되는 '법의 일반원칙'이다. 이를 줄여서 '신의칙'이라고 부르기도 한다.

73 행정기본법 제23조(제재처분의 제척기간) ① 행정청은 법령등의 위반행위가 종료된 날부터 5년이 지나면 해당 위반행위에 대하여 제재처분(인허가의 정지·취소·철회, 등록 말소, 영업소 폐쇄와 정지를 갈음하는 과징금 부과를 말한다. 이하 이 조에서 같다)을 할 수 없다. [시행일: 2023. 3. 24.]

VII. 하자있는 취소의 취소*

행정행위를 직권으로 취소한 후에 그 취소행위에 단순위법의 하자가 있음을 이유로 이를 다시 직권취소하여 원 행정행위를 소생시킬 수 있는가 하는 것이 문제이다.

이에 대하여는 ① 취소에 의하여 이미 소멸한 행정행위의 효력을 다시 소생시킬 수 없다는 소극설과 ② 직권취소에 하자가 있으면 행정행위의 취소의 일반원칙에 따라 취소하여 원 행정행위를 소생시킬 수 있다는 적극설(통설)이 대립하고 있다. ③ 판례는 원 처분이 수익처분인 경우에는 적극설, 침익처분인 경우에는 소극설의 입장을 취하고 있는 것으로 보인다. ④ 생각건대 침익처분에는 법치행정이 엄격하게 요구된다는 점에서 판례의 태도가 합리적이라고 판단된다.

판례 > 이사취임승인취소처분을 직권취소한 경우 소급하여 이사지위가 회복되는지 여부

"행정처분이 취소되면 그 소급효에 의하여 처음부터 그 처분이 없었던 것과 같은 효과를 발생하게 되는바, 행정청이 의료법인의 이사에 대한 이사취임승인취소처분(제1처분)을 직권으로 취소(제2처분)한 경우에는 그로 인하여 이사가 소급하여 이사로서의 지위를 회복하게 되고 … (대판 1997.1.21, 96누3401)."

판례 > 과세관청이 부과의 취소를 다시 취소함으로써 원부과처분을 소생시킬 수 있는지 여부

"과세관청은 부과의 취소를 다시 취소함으로써 원부과처분을 소생시킬 수는 없고 납세의무자에게 종전의 과세대상에 대한 납부의무를 지우려면 다시 법률에서 정한 부과절차에 좇아 동일한 내용의 새로운 처분을 하는 수밖에 없다(대판 1995.3.10, 94누7027)."

제 3 항 행정행위의 철회**

Ⅰ. 의의
Ⅱ. 철회권자
Ⅲ. 철회권의 근거
1. 근거불요설(철회자유설 · 소극설)
2. 근거필요설(철회제한설 · 적극설)
3. 행정기본법 19 ①
4. 결론

Ⅳ. 철회사유
○ ① 법령의 철회사유 규정, ② 의무위반 등의 사정변경, ③ 철회권의 유보 및 부

* 입법고시(2009년).
** 행정고시(일반행정)(2007년), 행정고시(일반행정)(2008년), 5급공채(행정)(2014년).

담의 불이행, ④ 근거법령의 개정, ⑤ 중대한 공익상의 필요 등
- ○ 행정기본법 19 ①
- ○ 행정기본법 19 ②

V. **철회권의 제한**
1. 침익적 행정행위의 철회
2. 수익적 행정행위의 철회
   (1) 철회의 제한: 행정기본법 19 ②
   (2) 실권의 법리: 행정기본법 12 ②
      1) 의의
      2) 독일 행정절차법 48 ④, 49 ②
      3) 판례: 신의성실원칙의 파생원칙으로 인정
   (3) 제재처분의 제척기간: 행정기본법 23
   (4) 불가변력이 발생한 행위

I. 의의

행정행위의 철회(Widerruf)는 적법·유효하게 성립한 행정행위에 대하여 사후에 그 효력을 존속시킬 수 없는 새로운 사정이 발생하였음을 이유로 장래에 향하여 그 효력을 소멸시키는 행위를 말한다(행정기본법 19 ①). 철회는 실정법상으로는 대부분 취소라 불린다.[74]

판례 > 행정행위의 '취소'와 '철회'의 구별

"행정행위의 취소는 일단 유효하게 성립한 행정행위를 성립 당시 존재하던 하자를 사유로 소급하여 효력을 소멸시키는 행정처분이고, 행정행위의 철회는 적법요건을 구비하여 유효한 행정행위를 행정행위 성립 이후 새로이 발생한 사유로 행위의 효력을 장래에 향해 소멸시키는 행정처분이다. 행정청의 행정행위 취소가 있더라도 취소사유의 내용, 경위 기타 제반 사정을 종합하여 명칭에도 불구하고 행정행위의 효력을 장래에 향해 소멸시키는 행정행위의 철회에 해당하는지 살펴보아야 한다(대결 2022.9.29, 2022마118)."

II. 철회권자

행정행위의 철회는 적법한 행정행위를 후발적 원인에 의하여 그 효력을 부인하는 것이므로 -직권취소의 경우와는 달리- 처분청만이 할 수 있다. 법령에 규정이 없는 한, 감독청은 철회권이 없다.

---

74 따라서 법령이나 판례에서 '취소'로 표현하더라도, 위법한 처분의 효력을 소멸시키는 경우인지 적법한 처분의 효력을 소멸시키는 경우인지를 판단하여 전자의 경우는 '취소', 후자의 경우는 '철회'로 이해하여야 한다.

Ⅲ. 철회권의 근거*

행정행위의 철회에 별도의 법적 근거가 필요한가에 대해서는 ① 철회에는 어느 정도의 처분청의 재량과 정책적 판단이 필요하다는 점에서 처분청이 행정행위를 할 수 있는 권한에는 철회권도 포함된다는 근거불요설(철회자유설·소극설)과 ② 철회는 침익적 행정행위이므로 법률유보의 최소한인 침해유보설의 관점에서 원칙적으로 법적 근거가 요구된다는 근거필요설(철회제한설·적극설)이 대립하고 있다. ③ 판례는 근거불요설의 입장이다(대판 2021.1.14, 2020두46004). 그러나 철회의 효력을 소급하여 상실시키는 경우는 별도의 법적 근거가 필요하다(대판 2018.6.28, 2015두58195)고 보고 있다.[75] ④ 요컨대, 원칙적으로 철회에는 법적 근거가 필요한데, 철회는 사후에 발생하는, 예측하기 어려운 사유가 있을 때 이루어지는 것이라는 점에서 중대한 공익상의 필요가 존재하는 등의 예외적인 경우에는 법적 근거 없이도 철회할 수 있는지가 논란이 되는 것이다. 그러나 이제 이에 대해서 행정기본법이 행정행위의 철회에 관한 일반적인 규정을 두고 있으므로(행정기본법 19 ①), 이 문제는 입법적으로 해결되었다.

Ⅳ. 철회사유

행정기본법 제19조 제1항은 철회사유로 "① 법률에서 정한 철회 사유에 해당하게 된 경우, ② 법령등의 변경이나 사정변경으로 처분을 더 이상 존속시킬 필요가 없게 된 경우, ③ 중대한 공익을 위하여 필요한 경우"를 규정하고 있다.

학설과 판례를 종합하면, 대체로 위 행정기본법의 철회사유는, ① 법령에 규정된 철회사유, ② 상대방의 의무위반 등의 사정변경, ③ 철회권의 유보 및 부담의 불이행, ④ 근거법령의 개정, ⑤ 중대한 공익상의 필요 등으로 구체화해 볼 수 있다. 다만 철회사유가 존재하더라도 상대방의 신뢰보호 때문에 철회권이 제한될 수 있다(행정기본법 19 ②).

판례 > 행정청은 건축주의 건축계획이 마땅히 갖추어야 할 '부지 확보' 요건을 충족하지 못하였음을 이유로 이미 발급한 건축허가를 직권으로 취소할 수 있는지(적극)

"건축행정청은 건축주의 건축계획이 마땅히 갖추어야 할 '부지 확보' 요건을 충족하지 못하였음을 이유로 이미 발급한 건축허가를 직권으로 취소·철회하는 방법으로 회수하는 것이 필요하다(대판

---

* 행정고시(1997년).

75 아래 "Ⅶ. 철회의 효과" 참조.

2020.7.23, 2019두31839[건축허가취소처분취소])."

Ⅴ. 철회권의 제한*

1. 침익적 행정행위의 철회

침익적 행정행위의 철회는 상대방에게는 수익적이므로 원칙적으로 처분청의 재량이다. 그러나 재량권이 수축되어 철회하여야 하는 경우도 있고, 제3자효 행정행위에서 제3자의 이익을 고려하여야 하는 이유로 철회가 제한될 수도 있다.

2. 수익적 행정행위의 철회

(1) 철회의 제한

-취소의 경우와 마찬가지로- 행정행위를 철회함에 있어서는 상대방의 신뢰보호와 법적 안정을 위하여 철회권행사가 제한된다(철회제한의 원칙). 수익적 행정행위의 철회의 경우 철회를 요하는 공익상의 필요, 상대방의 신뢰보호, 법적 안정성 등을 비교·형량해서 철회 여부를 결정하여야 한다는 것은 우리나라 학설·판례의 확고한 입장이었다(대판 2021.1.14, 2020두46004; 대판 2021.9.30, 2021두34732). 행정기본법은 "행정청은 제1항에 따라 처분을 철회하려는 경우에는 철회로 인하여 당사자가 입게 될 불이익을 철회로 달성되는 공익과 비교·형량하여야 한다(행정기본법 19 ②)."고 하여 기존의 철회제한의 원칙을 명문으로 규정하였다.

특히 수익적 행정행위의 철회는 적법한 행위의 효력을 소멸시키는 것이라는 점에서 상대방의 입장에서는 매우 침익적인 수단이다. 따라서 신뢰보호의 원칙은 직권취소의 경우보다 더 존중되어야 한다. 나아가 비례원칙을 엄격하게 준수하여야 한다. 즉 철회보다 경미한 침해를 가져오는 다른 방법(예: 개선조치 등)이 있으면 이를 우선하여야 하고(철회의 보충적 적용), 일부철회가 가능하면 전부철회보다는 일부철회를 하여야 한다.

(2) 실권의 법리

위법한 행정행위의 취소와 관련하여 독일 연방행정절차법은 행정행위의 취소를 정당화하는 사실을 안 날로부터 1년이 지나면 취소할 수 없다고 규정하면서(48 ④), 이 규정은 철회에도 적용된다고 규정하고 있다(49 ②). 우리나라 판례는 실권(失權)의 법리를 신의성실의 원칙의 파생원칙으로 인정하고 있고,[76] 행정기본법 제12조 제2항도 실권의 법리를 명문으로 인정하고 있

* 변호사시험(2016년), 사법시험(2011년), 5급공채(일반행정)(2011년).

76 대판 1988.4.27, 87누915.

으므로, 상당한 기간이 지나도록 행정청이 철회권을 행사하지 않았고, 상대방에게 행정청이 철회권을 행사하지 않으리라고 신뢰할 만한 여지가 있었다면, 행정청은 당해 행위를 철회할 수 없다고 보아야 할 것이다.

판례는 운전면허취소사유가 발생하였으나 아무런 조치 없이 3년간 방치하고 있다가 면허취소처분을 한 경우에는 신뢰보호 및 법적 안정성의 관점에서 철회권의 제한을 인정한 바 있다.[77]

(3) 제재처분의 제척기간

행정기본법 제23조는 제재처분의 제척기간(위반행위가 종료된 날로부터 5년)을 규정하고 있으므로, 위반행위로 인한 수익적 행정행위의 철회는, 제23조 제2항의 사유가 존재하지 않는 한, 제척기간이 경과하면 철회할 수 없다.

(4) 불가변력이 발생한 행위

불가변력이 발생한 행정행위는 성질상 철회하지 못한다는 것이 다수의 견해이다. 행정행위에 불가변력이 발생하면 행정청 스스로도 이를 변경할 수 없는 것이므로, 중대한 공익상의 필요가 있는 등의 예외적인 상황을 제외하고는, 철회가 제한된다고 보아야 할 것이다.

VI. 철회의 절차

절차에 관한 일반법인 행정절차법은 불이익처분의 절차로서 사전통지(행정절차법 21), 의견청취(행정절차법 22) 등을 규정하고 있고, 그 밖에도 각 개별법에서 별도의 절차를 규정하기도 한다.

VII. 철회의 효과

철회의 효과는 장래에 향하여 발생하는 것이 원칙이다. 철회의 경우 예외적인 경우가 아니면 소급효가 인정되지 않는다. 예외적으로 소급효가 인정되려면, 특별한 사정이 없는 한, 별도의 법적 근거가 필요하다.

수익적 행정행위의 철회는 상대방의 귀책사유가 없는 한 그로 인한 손실을 보상해 주는 것이 원칙이다(예: 도로법 99 ①, 하천법 77 ①).

---

77 대판 1987.9.8, 87누373.

판례 > [1] '취소'와 '철회', '취소 사유'와 '철회 사유'의 구별
[2] '평가인증 취소'의 법적 성격(=평가인증의 철회) 및 법적 근거 없이 철회에 소급효가 인정되는지 여부(원칙적 소극)

"[1] 행정행위의 '취소'는 일단 유효하게 성립한 행정행위를 그 행위에 위법한 하자가 있음을 이유로 소급하여 효력을 소멸시키는 별도의 행정처분을 의미함이 원칙이다. 반면, 행정행위의 '철회'는 적법요건을 구비하여 완전히 효력을 발하고 있는 행정행위를 사후적으로 효력의 전부 또는 일부를 장래에 향해 소멸시키는 별개의 행정처분이다. 그리고 행정행위의 '취소 사유'는 원칙적으로 행정행위의 성립 당시에 존재하였던 하자를 말하고, '철회 사유'는 행정행위가 성립된 이후에 새로이 발생한 것으로서 행정행위의 효력을 존속시킬 수 없는 사유를 말한다.
[2] 영유아보육법 제30조 제5항 제3호에 따른 평가인증의 취소는 평가인증 당시에 존재하였던 하자가 아니라 그 이후에 새로이 발생한 사유로 평가인증의 효력을 소멸시키는 경우에 해당하므로, 법적 성격은 평가인증의 '철회'에 해당한다. 그런데 행정청이 평가인증을 철회하면서 그 효력을 철회의 효력발생일 이전으로 소급하게 하면, 철회 이전의 기간에 평가인증을 전제로 지급한 보조금 등의 지원이 그 근거를 상실하게 되어 이를 반환하여야 하는 법적 불이익이 발생한다. 이는 장래를 향하여 효력을 소멸시키는 철회가 예정한 법적 불이익의 범위를 벗어나는 것이다. 이처럼 행정청이 평가인증이 이루어진 이후에 새로이 발생한 사유를 들어 영유아보육법 제30조 제5항에 따라 평가인증을 철회하는 처분을 하면서도, 평가인증의 효력을 과거로 소급하여 상실시키기 위해서는, 특별한 사정이 없는 한 영유아보육법 제30조 제5항과는 별도의 법적 근거가 필요하다(대판 2018.6.28, 2015두58195[평가인증취소처분취소])."

☞ 피고 행정청이 별도의 법적 근거나 특별한 사정없이 원고의 보조금 부정수급을 이유로 원고가 운영하는 어린이집에 대한 평가인증의 유효기간을 취소사유 발생일(부정수급일)부터 소급하여 중단시켜 그 평가인증을 취소한 것은 위법하다고 판단한 사례이다.

Ⅷ. 하자있는 철회의 취소

철회에 단순위법의 사유가 있는 경우 이를 직권취소하여 원 행정행위를 다시 소생시킬 수 있는가 하는 것이 문제인데, 이는 '하자있는 취소의 취소'와 동일하다.

제 4 항 행정행위의 실효

행정행위의 실효란 적법·유효한 행정행위가 사후에 발생한 일정한 사정으로 인하여 그 효력이 소멸되는 것을 말한다.

실효사유로는 ① 대상의 소멸, ② 목적의 달성, ③ 상대방의 사망, ④ 부관의 성취 등을 들 수 있다.

실효사유가 발생하면, 행정청의 별도의 행위 없이 그때부터 장래에 향하여 행정행위의 효력이 소멸된다. 실효된 행정행위는 다시 되살아날 수 없다. 실효 여부에 관한 분쟁에 대해서는 실효확인소송을 제기하면 된다.

판례 > 선행처분의 내용을 변경하는 후행처분이 있는 경우, 선행처분의 효력 존속 여부

"선행처분의 주요 부분을 실질적으로 변경하는 내용으로 후행처분을 한 경우에 선행처분은 특별한 사정이 없는 한 효력을 상실하지만, 후행처분이 선행처분의 내용 중 일부만을 소폭 변경하는 정도에 불과한 경우에는 선행처분은 소멸하는 것이 아니라 후행처분에 의하여 변경되지 아니한 범위 내에서는 그대로 존속한다(대판 2020.4.9, 2019두49953)."

제 2 장

행정입법*

개설

Ⅰ. 행정입법의 의의와 종류

행정입법은 행정기관이 일반적·추상적인 법규(法規)를 정립하는 작용 또는 그에 의하여 정립된 법규를 의미한다.[1]

행정입법에는 국가에 의한 행정입법(법규명령·행정규칙)과 지방자치단체에 의한 행정입법(조례·규칙)이 있다.[2]

국가에 의한 행정입법에는 일반적으로 대외적(외부적) 구속력[3]을 가지는가의 여부에 따라 대외적 구속력이 있는 법규명령과 행정내부적인 효력만 가지는 행정규칙으로 구분한다.

Ⅱ. 행정입법의 필요성과 문제점

입법권은 국회에 속한다(헌법 40). 그러나 행정의 복잡성과 전문성 등으로 인하여 법률로써 모든 행정현상을 규율하기 어렵게 되었고, 이에 따라 국회입법원칙에 대한 예외로서 행정기관에 의한 입법이 불가피하게 되었다. 이에 헌법도 행정기관에 의한 입법의 형식(대통령령·총리령·부령)을 스스로 규정하고 있다(헌법 75, 76, 95 등).

---

* 행정고시(재경)(2006년).

1 여기에서 '일반적'이란 불특정 다수를 대상으로 한다는 의미이고, '추상적'이란 반복 가능한 불특정 다수의 사안을 대상으로 한다는 의미이다. 행정입법은 일반성과 추상성을 띤다는 점에서 개별적·구체적인 법집행행위인 행정행위와 구별된다.

2 자치법규인 조례와 규칙은 지방자치법 편에서 다룬다.

3 일반적으로 '행정입법이 대외적(혹은 행정외부적) 구속력이 있는가'라는 표현보다는 '법규성이 있는가'라는 표현을 더 많이 사용하고 있는데, 법규(Rechtsatz)는 법규범(Rechtsnorm)보다 넓은 개념으로, 법규는 외부법과 내부법을 모두 포함하지만, 법규범은 외부법만을 의미한다. 따라서 규범이 국민을 구속하는 효력이 있는가는 '법규성이 있는가'가 아니라 '대외적 구속력이 있는가'라고 표현하는 것이 적절하다.

오늘날 행정입법은 ① 전문적·기술적 입법사항의 증대, ② 행정현상의 변화에 따르는 탄력성 있는 입법필요성 증대, ③ 지방적·지역적 다양성에 대한 입법적 고려의 필요성, ④ 국회의 입법부담 경감 등의 이유에서 그 필요성이 인정되고 있다.

그러나 오늘날 행정입법이 상당히 증가하고 있는 것은 문제이다. 행정입법은 통상 법률의 위임에 따라 제정되는데, 행정입법이 증가한다는 것은 그만큼 국회가 아닌 행정부가 입법권을 행사한다는 것이 되어 권력분립을 와해시킬 수도 있게 된다(법치국가에 대한 위협). 따라서 행정입법에 대한 엄격한 통제를 통하여 가급적 법률에서 직접 규정하고, 법규명령에의 위임은 반드시 필요한 경우에 한정되어야 하며, 불필요한 행정규칙들은 폐지되어야 한다.

제2절 법규명령

Ⅰ. 의의 및 성질

법규명령이란 행정권이 정립하는 일반적·추상적 법규범으로서 대외적 구속력을 가지는 것을 말한다.

한편 경우에 따라서는 법률이나 법규명령이 행정행위와 같이 개별성과 구체성을 띠는 경우, 즉 구체적인 법집행행위 없이도 그 자체로서 직접 국민의 구체적인 권리의무나 법적 이익에 영향을 미치는 등의 법률상 효과를 발생하는 경우도 있는데, 이를 처분법규(Maßnahmegesetz)라 한다. 법규명령이 이와 같은 처분법규로서의 성질이 있는 경우에는 행정쟁송법상 처분성이 인정되어 항고소송의 대상이 된다.

판례 > 조례가 항고소송의 대상이 되는 행정처분에 해당되는 경우

"조례가 집행행위의 개입 없이도 그 자체로서 직접 국민의 구체적인 권리의무나 법적 이익에 영향을 미치는 등의 법률상 효과를 발생하는 경우 그 조례는 항고소송의 대상이 되는 행정처분에 해당하고…

… 경기 가평군 가평읍 상색국민학교 두밀분교를 폐지하는 내용의 이 사건 조례는 위 두밀분교의 취학아동과의 관계에서 영조물인 특정의 국민학교를 구체적으로 이용할 이익을 직접적으로 상실하게 하는 것이므로 항고소송의 대상이 되는 행정처분이다… (대판 1996.9.20, 95누8003)."

II. 종류

1. 수권(授權)의 범위·근거에 따른 분류

(1) 비상명령

비상명령이란 비상사태를 수습하기 위하여 행정권이 발하는 헌법적 효력[4]을 갖는 독립적 명령이다. 우리나라도 과거 1972년 유신헌법에 긴급조치, 1980년 헌법에 비상조치가 규정되어 있었으나 현행 헌법에는 비상명령에 관한 규정이 없다.

(2) 법률대위명령

법률대위(代位)명령은 헌법적 근거에 의거하여 법률과 동위의 효력을 갖는 법규명령을 말한다. 우리 헌법 제76조의 긴급명령, 긴급재정·경제명령[5]이 이에 해당한다.

(3) 법률종속명령

법률종속명령은 법률보다 하위의 효력을 가지는 법규명령으로서 가장 전형적인 법규명령의 형태이다. 통설에 따르면 법률종속명령은 다시 위임명령과 집행명령으로 구분된다.

① 위임명령

위임명령은 상위 법령에서 위임된 사항에 관하여 발하는 명령으로서, 위임된 범위 내에서 새로운 입법사항을 정할 수 있다.

② 집행명령

집행명령은 상위 법령을 집행하기 위하여 필요한 세부적 사항을 정한 명령으로서, 통설에 따르면, 행정은 본래 법집행작용이므로 법률의 수권 없이도 집행명령을 발할 수 있으나 위임명령과는 달리 새로운 입법사항을 정할 수는 없다고 한다.

이와 같이 위임명령과 집행명령이 관념적으로는 구분된다고 하지만, 실제로는 법규명령의 대부분이 위임명령이고, 또한 집행명령이 있다고 해도 위임명령과 집행명령을 내용적으로 구

---

4 법규범은 보통 헌법-법률-법규명령-조례·규칙 순으로 단계화되어 있다. 따라서 '헌법적 효력을 가진다'는 것은 법규명령(행정부)이 법률(입법부)보다 상위에 있는 매우 예외적인 경우이다.

5 헌법 제76조 ① 대통령은 내우·외환·천재·지변 또는 중대한 재정·경제상의 위기에 있어서 국가의 안전보장 또는 공공의 안녕질서를 유지하기 위하여 긴급한 조치가 필요하고 국회의 집회를 기다릴 여유가 없을 때에 한하여 최소한으로 필요한 재정·경제상의 처분을 하거나 이에 관하여 법률의 효력을 가지는 명령을 발할 수 있다.
② 대통령은 국가의 안위에 관계되는 중대한 교전상태에 있어서 국가를 보위하기 위하여 긴급한 조치가 필요하고 국회의 집회가 불가능한 때에 한하여 법률의 효력을 가지는 명령을 발할 수 있다.
…

분하기는 쉽지 않다. 하나의 법규명령에 집행명령적 성질의 규정과 위임명령적 성질의 규정이 섞여 있는 경우도 있다.

2. 현행 '헌법'상 발령권한의 소재에 따른 분류

현행법상 법규명령은 발령권자에 따라 ① 대통령의 긴급명령·긴급재정·경제명령(헌법 76), ② 대통령령(헌법 75), ③ 총리령·부령(헌법 95), ④ 중앙선거관리위원회규칙(헌법 114 ⑥)[6]으로 분류할 수 있다.[7]

일반적으로 대통령령은 시행령, 총리령·부령은 시행규칙이라고 한다. 중앙선거관리위원회규칙 이외에도 대법원규칙(헌법 108), 헌법재판소규칙(헌법 113 ②)도 있으나, 엄격히 구분하자면 이들은 사법부의 입법이다.[8]

3. 관련문제

(1) 국무총리직속기관의 명령

법제처, 국가보훈처, 국무조정실과 같은 국무총리직속기관의 장이 법규명령을 발령하려면 총리령에 의하여야 한다(통설).

(2) 총리령과 부령의 효력상 우열관계

헌법 제95조는 총리령과 부령을 발령할 수 있다는 것만 규정하고 그 우열관계는 규정하고 있지 않아 논란이 있을 수 있는데, 헌법상 국무총리에게는 행정각부 통할권이 주어지므로 실질적으로는 총리령이 우위에 있다고 할 수 있을 것이다.

(3) 감사원규칙의 문제*

헌법은 감사원을 규정(헌법 97-100)하면서 -중앙선거관리위원회의 경우처럼- '감사원이 규칙

* 행정고시(일반행정)(2007년).

6 중앙선거관리위원회규칙은 법규명령의 성질을 가진다(대판 1996.7.12, 96우16).

7 헌법 제75조 대통령은 법률에서 구체적으로 범위를 정하여 위임받은 사항과 법률을 집행하기 위하여 필요한 사항에 관하여 대통령령을 발할 수 있다.
제95조 국무총리 또는 행정각부의 장은 소관사무에 관하여 법률이나 대통령령의 위임 또는 직권으로 총리령 또는 부령을 발할 수 있다.
제114조 ⑥ 중앙선거관리위원회는 법령의 범위안에서 선거관리·국민투표관리 또는 정당사무에 관한 규칙을 제정할 수 있으며, 법률에 저촉되지 아니하는 범위안에서 내부규율에 관한 규칙을 제정할 수 있다.

8 헌법 제108조 대법원은 법률에 저촉되지 아니하는 범위안에서 소송에 관한 절차, 법원의 내부규율과 사무처리에 관한 규칙을 제정할 수 있다.
제113조 ② 헌법재판소는 법률에 저촉되지 아니하는 범위안에서 심판에 관한 절차, 내부규율과 사무처리에 관한 규칙을 제정할 수 있다.

을 제정할 수 있다'는 규정이 없다. 따라서 감사원규칙은 -헌법이 아니라- 감사원법[9]에 의하여 제정되는데, 이에 따라 감사원규칙이 법규명령인지 행정규칙인지 견해가 대립된다.

① 법규명령설은 헌법이 정하고 있는 행정입법의 법형식(대통령령·총리령·부령)을 제한적으로 볼 필요가 없고, 따라서 법률이 위임한 범위 내에서 규칙을 정립할 수 있다고 하여 감사원법 제52조에 의한 감사원규칙을 법규명령으로 보는 견해(다수설)이다.

② 행정규칙설은 행정입법은 국회입법원칙의 예외이므로 행정입법의 형식은 헌법이 명문으로 인정하고 있는 경우에 한하여야 하며, 따라서 법률이 행정입법의 형식을 창설할 수 없다고 하여 감사원규칙은 행정규칙으로 보는 견해이다.

③ 실제로 행정기관의 운영을 규정하는 규칙 가운데 감사원규칙과 같이 헌법에 근거는 없고 법률에 근거하여 제정된 규칙들이 상당히 많다.[10] 그런데 감사원규칙을 포함하여 이들 모두를 법규명령으로 보게 되면 사실상 '국회입법권의 중대한 예외로 헌법에서 직접 행정입법의 형식을 정하는 의미'가 희석된다. 행정입법에 대한 이와 같은 폭넓은 예외를 인정하는 것은 삼권분립을 전제로 하는 법치행정의 이념에도 부합하지 않는다. 따라서 원칙적으로 행정규칙설이 타당하다. 다만 이와 관련하여, 행정기본법은 '법령'을 정의하면서 감사원규칙을 여기에 포함시키고 있다[행정기본법 2 1호 가목 2)].

Ⅲ. 법규명령의 근거와 한계*

1. 위임명령의 근거와 한계

> □ **위임입법의 한계**
> 1. 법률유보의 원칙
> 2. 특별수권의 원칙(포괄적 위임 금지의 원칙)
> 3. 본질성이론(중요사항유보설)
> 4. 법령의 용어가 명확할 것(명확성의 원칙)
>   (1) 의의와 목적
>   (2) 근거
>   (3) 판단기준
>   (4) 내용
> 5. 법률우위의 원칙
> 6. 기타
> 7. 행정기본법 38

---

* 사법시험(2008년), 입법고시(2010년), 행정고시(일반행정)(2007년), 행정고시(재경)(2010년), 변호사시험(2015년), 변호사시험(2022년).

9 감사원법 제52조(감사원규칙) 감사원은 감사에 관한 절차, 감사원의 내부 규율과 감사사무 처리에 관한 규칙을 제정할 수 있다.

10 공정거래위원회규칙(독점규제 및 공정거래에 관한 법률(공정거래법 71) ②), 금융위원회규칙(금융위원회의 설치 등에 관한 법률 16, 22), 금융통화위원회규칙(한국은행법 30), 방송미디어통신위원회규칙(방송미디어통신위원회의 설치 및 운영에 관한 법률 12 31호), 중앙노동위원회규칙(노동위원회법 25).

(1) 위임범위

① 위임명령은 헌법상의 국회입법원칙에 대한 중대한 예외를 인정하는 것이므로, 반드시 법률에 의한 입법권의 수권(授權), 즉 법적 근거가 필요하다(법률유보의 원칙).[11]

② 법률이 입법권을 위임할 때는 구체적으로 그 위임명령의 제정에 관하여 내용·목적·적용기준·범위 등을 명확히 정하여 수권하여야 한다(특별수권의 원칙). 따라서 법률이 포괄적으로 입법권을 수권하는 것은 금지된다(포괄적 위임(백지위임) 금지의 원칙).[12]

③ 포괄위임의 금지는 법률유보이론 중 본질성이론(중요사항유보설)과도 매우 밀접한 관련이 있다. 특히 의회유보의 관점에서 국민의 기본권실현에 중요하고 본질적인 사항은 반드시 법률에서 직접 규정하여야 하고, 나머지 세부적이고 기술적인 사항은 법규명령으로 위임할 수 있다.

④ 법령의 용어는 명확하여야 한다(명확성의 원칙).

명확성의 원칙은 법령은 국민의 신뢰를 보호하고 법적 안정성을 확보하기 위하여 되도록 명확한 용어로 규정되어야 한다는 것을 말한다(헌재결 1992.4.28, 90헌바27). 특히 헌법 제37조 제2항에 따라 국민의 기본권을 제한하는 법령은 명확하게 규정되어야 한다(헌재결 2001.6.28, 99헌바34). 당해 규정이 명확한지 여부는 그 규정의 문언만으로 판단할 것이 아니라 관련 조항을 유기적·체계적으로 종합하여 판단하여야 한다(헌재결 1999.9.16, 97헌바73).

⑤ 위임명령은 상위법령과 저촉되는 내용을 규정하거나 위임의 범위를 벗어나는 등 상위법령에 반할 수 없다(법률우위의 원칙).

⑥ 그 밖에 위임명령은 행정법의 일반원칙을 준수하여야 하고, 기본권을 존중하여야 하며, 국민주권원리·권력분립원리 등의 한계·국제법상의 한계 등 입법권의 일반적 한계를 준수하여야 한다.

⑦ 행정기본법 제38조[13]

---

11 일반적으로 법률에서 '대통령령(또는 총리령, 부령)으로 정한다'고 규정하는 것을 말한다.

12 '특별수권'이란 권한을 부여할 때 '권한의 범위나 내용을 특별히 정해서 부여하는 것'을 말한다(위임명령으로의 특별수권의 예: 행정처분의 세부기준은 그 위반 행위의 유형과 위반 정도 등을 고려하여 부령으로 정한다(식품위생법 75 ⑤). 반면에 '일반수권'이란, 예컨대 '행정청은 공공복리와 질서유지를 위하여 필요한 권한을 행사할 수 있다'와 같이, '권한을 포괄적으로 부여하는 것'을 말한다. 행정입법은 국회입법에 대한 예외이므로 법률이 입법권을 수권할 때에는 행정입법의 범위나 내용을 구체적으로 정해서 수권하여야 한다. 그렇지 않으면 행정이 사실상 입법권을 행사할 수 있게 되기 때문이다.

13 제38조(행정의 입법활동) ① 국가나 지방자치단체가 법령등을 제정·개정·폐지하고자 하거나 그와 관련된 활동(법률안의 국회 제출과 조례안의 지방의회 제출을 포함하며, 이하 이 장에서 "행정의 입법활동"이라 한다)을 할 때에는 헌법과 상위 법령을 위반해서는 아니 되며, 헌법과 법령등에서 정한 절차를 준수하여야 한다.
② 행정의 입법활동은 다음 각 호의 기준에 따라야 한다.

행정기본법 제38조 제1항은 '법률우위의 원칙'을 규정하고 있다. 이에 따라 위임명령은 헌법과 상위법령을 위반할 수 없다. 제2항은 일종의 입법지침으로서 행정입법의 기준을 정한 것이다.

[위임하는 법률의 경우 그 위임의 범위와 기준]

판례 > 대통령령으로 정할 사항에 관한 법률의 위임의 범위 및 판단 기준

"헌법 제75조의 규정상 대통령령으로 정할 사항에 관한 법률의 위임은 구체적으로 범위를 정하여 이루어져야 하고, 이 때 구체적으로 범위를 정한다고 함은 위임의 목적·내용·범위와 그 위임에 따른 행정입법에서 준수하여야 할 목표·기준 등의 요소가 미리 규정되어 있는 것을 가리키고, 이러한 위임이 있는지 여부를 판단함에 있어서는 직접적인 위임 규정의 형식과 내용 외에 당해 법률의 전반적인 체계와 취지·목적 등도 아울러 고려하여야 하고, 규율 대상의 종류와 성격에 따라서는 요구되는 구체성의 정도 또한 달라질 수 있으나, 국민의 기본권을 제한하거나 침해할 소지가 있는 사항에 관한 위임에 있어서는 위와 같은 구체성 내지 명확성이 보다 엄격하게 요구된다(대판 2000. 10.19, 98두6265)."

[포괄적 수권의 예]

판례 > 기준시가의 산정방법을 대통령령에 위임한 토지초과이득세법 제11조 제2항이 위임입법의 한계를 벗어난 것인지 여부

"… 토초세법 제11조 제2항이 지가를 산정하는 기준과 방법을 직접 규정하지 아니하고 이를 전적으로 대통령령에 위임하고 있는 것은, 헌법 제38조 및 제59조가 천명하고 있는 조세법률주의 혹은 위임입법의 범위를 구체적으로 정할 것을 지시하고 있는 헌법 제75조에 반하는 것이다(헌재결 1994.7.29, 92헌바49, 52(병합))."

---

1. 일반 국민 및 이해관계자로부터 의견을 수렴하고 관계 기관과 충분한 협의를 거쳐 책임 있게 추진되어야 한다.
2. 법령등의 내용과 규정은 다른 법령등과 조화를 이루어야 하고, 법령등 상호 간에 중복되거나 상충되지 아니하여야 한다.
3. 법령등은 일반 국민이 그 내용을 쉽고 명확하게 이해할 수 있도록 알기 쉽게 만들어져야 한다.

…

[본질성이론(중요사항유보설)의 예]

판례 > 한국방송공사법 제36조 제1항이 법률유보원칙에 위반되는지 여부

"… 텔레비전방송수신료는 대다수 국민의 재산권 보장의 측면이나 한국방송공사에게 보장된 방송자유의 측면에서 국민의 기본권실현에 관련된 영역에 속하고, 수신료금액의 결정은 납부의무자의 범위 등과 함께 수신료에 관한 본질적인 중요한 사항이므로 국회가 스스로 행하여야 하는 사항에 속하는 것임에도 불구하고 한국방송공사법 제36조 제1항에서 국회의 결정이나 관여를 배제한 채 한국방송공사로 하여금 수신료금액을 결정해서 문화관광부장관의 승인을 얻도록 한 것은 법률유보원칙에 위반된다(헌재결 1999.5.27, 98헌바70)."

[법규명령의 위임입법의 한계 준수 여부]

판례1 > 시행령이 법률의 위임 없이 개인의 권리·의무에 관한 내용을 정할 수 있는지 여부(소극)

"법률의 시행령은 모법인 법률에 의하여 위임받은 사항이나 법률이 규정한 범위 내에서 법률을 현실적으로 집행하는 데 필요한 세부적인 사항만을 규정할 수 있을 뿐, 법률에 의한 위임이 없는 한 법률이 규정한 개인의 권리·의무에 관한 내용을 변경·보충하거나 법률에 규정되지 아니한 새로운 내용을 규정할 수는 없다(대판 2020.9.3, 2016두32992 전원합의체[법외노조통보처분취소])."

판례2 > 모법의 위임범위를 확정하거나 하위 법령이 위임의 한계를 준수하고 있는지 판단하는 방법

"법률에서 하위 법령에 위임을 한 경우에 모법의 위임범위를 확정하거나 하위 법령이 위임의 한계를 준수하고 있는지를 판단할 때에는, 하위 법령이 규정한 내용이 입법자가 형식적 법률로 스스로 규율하여야 하는 본질적 사항으로서 의회유보의 원칙이 지켜져야 할 영역인지와 함께, 당해 법률 규정의 입법 목적과 규정 내용, 규정의 체계, 다른 규정과의 관계 등을 종합적으로 고려하여야 하고, 위임 규정 자체에서 의미 내용을 정확하게 알 수 있는 용어를 사용하여 위임의 한계를 분명히 하고 있는데도 문언적 의미의 한계를 벗어났는지 여부나 하위 법령의 내용이 모법 자체로부터 위임된 내용의 대강을 예측할 수 있는 범위 내에 속한 것인지, 수권 규정에서 사용하고 있는 용어의 의미를 넘어 범위를 확장하거나 축소하여서 위임 내용을 구체화하는 단계를 벗어나 새로운 입법을 한 것으로 평가할 수 있는지 등을 구체적으로 따져 보아야 한다(대판 2020.2.27, 2017두37215)."

판례3 > 조세나 부담금의 부과요건과 징수절차를 규정한 법률 또는 그 위임에 따른 명령·규칙의 규정은 일의적이고 명확해야 하는지 여부

"조세나 부담금의 부과요건과 징수절차를 법률로 규정하였다고 하더라도 규정 내용이 지나치게 추상적이고 불명확하면 부과관청의 자의적인 해석과 집행을 초래할 염려가 있으므로 법률 또는 그 위임에 따른 명령·규칙의 규정은 일의적이고 명확해야 한다. 그러나 법률규정은 일반성, 추상성을 가지는 것이어서 법관의 법 보충작용으로서의 해석을 통하여 의미가 구체화되고 명확해질 수 있으므로, 조세나 부담금에 관한 규정이 관련 법령의 입법 취지와 전체적 체계 및 내용 등에 비추어 그 의미가 분명해질 수 있다면 이러한 경우에도 명확성을 결여하였다고 하여 위헌이라고 할 수는 없다 (대판 2017.10.12, 2015두60105)."

☞ 서울특별시 강남구 폐기물처리시설 설치비용 징수와 기금설치 및 운용에 관한 조례 제6조 제2항 제3호는 부과관청에게 자의적 해석과 집행의 여지를 주거나 수범자[14]의 예견가능성을 해할 정도로 불명확하여 명확성 원칙에 위배된다고 볼 수 없고, 위 조례 제7조 제2항에서 규정한 '당해 연도'와 관련하여 통상의 해석 방법에 따른 해석이 가능하므로 위 조례 조항이 명확성의 원칙에 위배된다고 볼 수도 없다고 본 판례이다.

(2) 헌법상 입법사항

헌법이 직접 반드시 법률로 정하도록 규정한 사항, 즉 전속적 법률사항(국적취득의 요건(헌법 2 ①), 죄형법정주의(헌법 12 ①), 조세법률주의(헌법 59) 등)[15]은 법규명령에 위임할 수 없다. 그러나 이 경우도 본질적 내용을 법률로 정하고 기술적·세부적 사항을 법규명령에 위임할 수는 있을 것이다.

(3) 처벌규정의 위임

죄형법정주의(헌법 12 ①)의 원칙상 범죄의 구성요건과 처벌은 반드시 법률로 정해야 한다.[16] 다만 구성요건의 구체적 기준과 처벌의 최고한도를 정하고 그 범위 내에서 세부적 사항을 법규명령에서 정하도록 위임하는 것은 허용된다(통설·판례).

---

14 수범자(受範者)란 '규범을 받는 자', 즉 규범의 구속력이 미치는 대상을 말한다. 법률의 수범자는 국민이다.

15 헌법 제2조 ① 대한민국의 국민이 되는 요건은 법률로 정한다.
제12조 ① 모든 국민은 신체의 자유를 가진다. 누구든지 법률에 의하지 아니하고는 체포·구속·압수·수색 또는 심문을 받지 아니하며, 법률과 적법한 절차에 의하지 아니하고는 처벌·보안처분 또는 강제노역을 받지 아니한다.
제59조 조세의 종목과 세율은 법률로 정한다.

16 예컨대, '사람을 죽인 자는 사형 또는 무기징역에 처한다'는 형법규정에서, '사람을 죽인 자'는 '범죄의 구성요건'이고, '사형 또는 무기징역'은 '처벌'이다. 죄형법정주의는 어떠한 행위가 죄가 되고 이 경우 어떠한 처벌을 받는가 하는 것은 오로지 주권자의 의사인 '법률'로써만 정할 수 있다는 이념이다.

(4) 조례에 대한 위임

지방자치법 제28조 제1항은 "지방자치단체는 법령의 범위에서 그 사무에 관하여 조례를 제정할 수 있다. 다만, 주민의 권리 제한 또는 의무 부과에 관한 사항이나 벌칙을 정할 때에는 법률의 위임이 있어야 한다."고 규정하고 있다.

조례는 자치입법으로서 자치사무(단체위임사무도 포함)는 법률의 위임 없이도 제정할 수 있다.

다만 조례가 위 단서조항에 해당하는 경우(침익적 조례)에는 별도로 법률의 위임이 있어야 한다(법률유보의 원칙).[17] 다만 이 경우에도 조례는 자치입법이므로 -법규명령에서와 같이- 특별수권의 원칙이 엄격하게 요구되지는 않는다. 따라서 조례제정에 대한 포괄적 수권으로도 충분하다(특별수권원칙의 완화).[18]

2. 집행명령의 근거와 한계

집행명령은 법령의 집행을 위하여 필요한 사항을 정하는 것으로서 새로운 입법사항을 정하는 것이 아니므로 법률의 명시적 수권 없이도 발할 수 있다. 다만 집행명령은 위임명령과는 달리 새로운 입법사항을 정할 수는 없다.

판례 > 집행명령에 관한 판례

"법률의 시행령은 그 법률에 의한 위임이 없으면 개인의 권리·의무에 관한 내용을 변경·보충하거나 법률에 규정되지 아니한 새로운 내용을 정할 수는 없지만, 시행령의 내용이 모법의 입법 취지와 관련 조항 전체를 유기적·체계적으로 살펴보아 모법의 해석상 가능한 것을 명시한 것에 지나지 아니하거나 모법 조항의 취지에 근거하여 이를 구체화하기 위한 것인 때에는 모법의 규율 범위를 벗어난 것으로 볼 수 없으므로, 모법에 이에 관하여 직접 위임하는 규정을 두지 않았다고 하더라도 이를 무효라고 볼 수 없다(대판 2009.6.11, 2008두13637; 대판 2016.12.1, 2014두8650)."

IV. 법규명령의 적법요건

1. 주체

법규명령은 정당한 권한이 있는 기관이 제정하여야 한다.

---

17 조례의 내용이 침익적(권리제한·의무부과 등)인 경우에는 침해유보상 당연히 법률의 근거를 요한다.

18 위임법률에 별도의 구체적인 사항 없이 '조례로 정할 수 있다'는 내용만 규정되어 있어도 충분하다는 의미이다.

2. 내용

법규명령은 상위법령에 저촉될 수 없고(법률우위), 상위법령에 그 근거가 있어야 하며(법률유보), 행정법의 일반원칙을 포함하여 위에서 검토한 법규명령의 한계를 준수하여야 한다. 그리고 그 내용이 명확하고 실현가능한 것이어야 한다.

3. 절차

법규명령은 법령이 정한 일정한 절차에 따라 제정되어야 한다. 대통령령은 법제처의 심사(정부조직법 25 ①)와 국무회의의 심의(헌법 89 3호)를 거쳐야 하고, 총리령과 부령은 법제처의 심사(정부조직법 25 ①)를 거쳐야 한다.

한편 행정절차법은 제4장에서 행정상 입법예고에 관하여 규정하고 있으므로, 국민의 권리·의무 또는 일상생활과 밀접한 관련이 있는 법령 등을 제정·개정 또는 폐지하고자 할 때에는 당해 입법안을 마련한 행정청은 이를 예고하여야 한다(행정절차법 41 - 45).

4. 형식

법규명령은 문서로 제정하여야 한다(행정업무규정 4 1호).

5. 공포(성립요건)

법규명령은 대외적 구속력이 있는 법이므로 법률과 마찬가지로 공포되어야 한다. 공포는 관보(官報)[19]에 게재하는 것이 원칙이며(법령공포법 11 ①), 공포일은 관보의 발행일이다.

6. 효력발생(발효요건)

적법하게 공포된 법규명령은 시행함으로써 효력이 발생된다. 시행일은 보통 당해 명령의 부칙에서 규정되지만, 특별한 규정이 없으면 공포한 날로부터 20일이 경과한 후 효력이 발생한다(법령공포법 13).[20]

V. 법규명령의 흠과 그 효과

법규명령의 적법요건에 하자가 있으면 위법한 것이 된다. 위법한 법규명령은 무효이다. 법규명령은 처분이 아니어서 원칙적으로 취소소송의 대상이 되지 않으므로 법규명령에 대한 취소가능성은 존재하지 않는다.

---

19 대한민국 전자관보(http://gwanbo.mois.go.kr/main.do) 참조.

20 법령등의 시행일의 기간계산에 관하여는 행정기본법 제7조 참조.

다만 예외적으로 처분법규의 경우에는 처분성이 인정되어 항고소송의 대상이 될 수 있으므로 취소가능성이 있다.

VI. 법규명령의 소멸

법규명령은 폐지, 내용상 충돌되는 동위 또는 상위의 법령의 제정(간접적 폐지), 법정부관의 성취(한시법의 경우 종기의 도래), 근거법령의 소멸 등에 의하여 실효됨으로써 소멸된다.

VII. 법규명령의 통제*

현대 국가의 행정현상이 복잡하고 다양하여 법규명령의 필요성이 인정되고 있지만, 국회입법원칙에 대한 예외를 형성하는 것인 만큼 이에 대한 적절한 통제가 매우 중요하다.

법규명령의 통제는 권력분립에 따라 입법적·행정적·사법적 통제로 구분해 볼 수 있다.

1. 입법적 통제

(1) 간접통제

국회는 법규명령의 제정과정에 직접 관여하지는 못하고, 국무위원 등에 대한 해임건의·국정감사와 조사·탄핵·예산심의 등의 간접적인 수단을 통하여 통제를 할 수 있다.

(2) 직접통제

법규명령에 대한 의회의 동의·승인권 유보 등의 방법에 의하여 의회가 법규명령을 직접 통제할 수 있다. 독일의 동의권유보, 영국의 의회제출절차, 미국의 입법적 거부권이 대표적으로 이에 해당한다.[21]

우리나라의 경우 대통령령·총리령·부령 및 훈령·예규·고시 등이 제정·개정 또는 폐지되었을 때에는 10일 이내에 이를 국회 소관 상임위원회에 제출하도록 하는 '국회제출제도'가 있을 뿐(국회법 98조의2), 직접통제제도는 없다.

2. 행정적 통제

법규명령에 대한 행정적 통제는 주로 상급행정청의 감독권행사를 통하여 이루어진다. 그 밖

* 사법시험(2004년), 입법고시(2005년), 행정고시(일반행정)(2007년).

21 행정부가 법규명령을 제정하면 의회에 제출하여야 하고, 의회가 동의하여야 법규명령으로서 효력이 발생하거나(동의권) 의회가 법규명령을 거부할 수 있는 제도(거부권)이다.

에도 행정상 입법예고(행정절차법 41), 국무회의의 심의(헌법 89 3호), 법제처의 심사(정부조직법 25 ①) 등의 절차적 통제수단이 있다. 그 밖에 법제처장의 행정법제 개선조치권고(행정기본법 39, 동법 시행령 14 ③), 중앙행정심판위원회의 법령개선요청권(행심법 59), 국민권익위원회의 법령개선권고와 의견표명(부패방지권익위법 28 ①, 47)도 행정적 통제수단이라고 볼 수 있다.

3. 사법적 통제*

1. 법원에 의한 통제
- 규범통제의 의의
- 헌법 107 ②(구체적 규범통제)
- 예외(처분법규)
- 구체적 규범통제의 한계
- 행정소송법 제6조

2. 헌법재판소에 의한 통제
- 위헌·위법한 법규명령에 대한 헌법소원 문제
- 법무사법시행규칙(대법원규칙)에 대한 헌법소원사건
- 학설: ① 적극설(긍정설), ② 소극설(부정설), ③ 결어: 적극설(다수설) 타당

(1) 법원에 의한 통제

헌법 제107조는 법률의 위헌심사권은 헌법재판소에(헌법 107 ①), 명령·규칙 또는 처분의 위헌·위법심사권은 대법원(헌법 107 ②)에 부여하고 있다.[22]

그런데 헌법 제107조는 '법령의 위헌·위법 여부에 대한 심사'는 '재판의 전제가 되는 경우'에 할 수 있도록 규정하고 있다. 이와 같이 법령에 대해서는 선결문제 심리방법에 의한 간접적 통제만을 인정하는 통제방식을 구체적 규범통제라 한다.[23] 반대로 법규범의 위헌·위법성 그 자체를 소송을 통하여 다툴 수 있는 방식을 추상적 규범통제라 한다. 우리 헌법 제107조는 정책적으로 구체적 규범통제를 택하고 있다. 이에 따라 법규명령의 위헌·위법성이 재판의 전제가 된 경우에 한하여 부수적으로 통제될 뿐이고, 독립하여 법규명령의 효력을 소송을 통하여 다툴 수 없다.

---

* 변호사시험(2014년), 행정고시(일반행정)(2006년), 행정고시(재경)(2010년).

22 헌법 제107조 ① 법률이 헌법에 위반되는 여부가 재판의 전제가 된 경우에는 법원은 헌법재판소에 제청하여 그 심판에 의하여 재판한다.
② 명령·규칙 또는 처분이 헌법이나 법률에 위반되는 여부가 재판의 전제가 된 경우에는 대법원은 이를 최종적으로 심사할 권한을 가진다.

23 여기에서 '재판의 전제가 되는 경우'란 처분취소소송에서 처분의 위법성을 판단하기 위한 전제로 처분의 근거가 된 법령의 위헌·위법 여부가 문제되는 경우를 의미한다. 다시 말해서 취소소송에서 처분의 근거법이 위헌인지 위법인지 여부가 처분의 위법성을 판단하기 위한 선결문제인 경우를 말한다. 법규범은 이와 같이 처분의 위법성에 대한 선결문제로서 심리하는 방식으로만 재판통제가 가능한데 이를 구체적 규범통제라 한다.

[규범통제의 예]
청소년보호법 시행령(대통령령) 제44조 별표11 5호는 청소년을 유해한 곳에 고용한 경우 1명 1회마다 과징금 1,000만원을 부과하도록 규정하고 있다. 유흥주점을 운영하고 있는 甲은 청소년 乙과 丙을 자신의 업소에 고용했다는 이유로 2,000만원 과징금부과처분을 받았다.

- 구체적 규범통제: 甲이 과징금부과처분 취소소송을 제기하고, 소송에서 위 별표11이 과징금 액수를 지나치게 높게 주장하여 재산권을 중대하게 침해하여 위헌이라고 주장하면서 위 시행령 규정(법규범)을 다투는 방법
- 추상적 규범통제: (별도의 규범통제소송이 있음을 전제로) 직접 규범통제소송을 제기하여 위 시행령 제44조 별표11의 무효나 취소를 다투는 방법

판례 > '재판의 전제성'의 의미

"법원이 법률 하위의 법규명령, 규칙, 조례, 행정규칙 등(이하 '규정')이 위헌·위법인지를 심사하려면 그것이 '재판의 전제'가 되어야 한다. 여기에서 '재판의 전제'란 구체적 사건이 법원에 계속 중이어야 하고, 위헌·위법인지가 문제 된 경우에는 규정의 특정 조항이 해당 소송사건의 재판에 적용되는 것이어야 하며, 그 조항이 위헌·위법인지에 따라 그 사건을 담당하는 법원이 다른 판단을 하게 되는 경우를 말한다(대판 2019.6.13, 2017두33985)."

다만 법규명령이 그 자체로서 처분적 성격이 인정되는 경우에는(이른바 처분법규), 예외적으로 항고소송의 대상이 될 수 있다.

판례 > 고시가 항고소송의 대상이 되는 행정처분에 해당하기 위한 요건

"어떠한 고시가 일반적·추상적 성격을 가질 때에는 법규명령 또는 행정규칙에 해당할 것이지만, 다른 집행행위의 매개 없이 그 자체로서 직접 국민의 구체적인 권리의무나 법률관계를 규율하는 성격을 가질 때에는 행정처분에 해당한다고 할 것이다(대결 2003.10.9, 2003무23 참조).
보건복지부 고시인 약제급여·비급여목록 및 급여상한금액표(보건복지부 고시 제2002-46호로 개정된 것)는 다른 집행행위의 매개 없이 그 자체로서 국민건강보험가입자, 국민건강보험공단, 요양기관 등의 법률관계를 직접 규율하는 성격을 가지므로 항고소송의 대상이 되는 행정처분에 해당한다(대판 2006.9.22, 2005두2506)."

구체적 규범통제의 결과 법규명령이 위헌 또는 위법으로 무효인 경우 그 효과는 당해 사건에만 적용될 뿐이다(구체적 규범통제의 한계). 그러나 유사한 행정사안에서 다시 위헌·위법인 법

규명령을 적용하는 것은 바람직하지 않으므로, 행정소송법 제6조는 행정소송에 대한 대법원판결에 의하여 명령·규칙이 헌법 또는 법률에 위반된다는 것이 확정된 경우에는 대법원은 지체 없이 그 사유를 행정안전부장관에게 통보하여야 하고, 통보를 받은 행정안전부장관은 지체 없이 이를 관보에 게재하도록 하고 있다.

(2) 헌법재판소에 의한 통제

법규명령의 위헌·위법 여부에 대한 최종적인 심사권은 대법원에 있다(헌법 107 ②). 그런데 만약 위헌·위법인 법규명령으로 기본권이 침해된 경우 헌법소원[24]이 가능한가 하는 것이 문제이다.

이에 관하여는 (구) 법무사법시행규칙(대법원규칙)에 대한 헌법소원사건이 있었다.

> (구) 법무사법[법률 제4200호, 1990.1.13, 전부개정]
> 제4조(자격) ① 다음 각호의 1에 해당하는 자는 법무사의 자격이 있다.
> 1. 7년 이상 법원·헌법재판소·검찰청에서 법원주사보나 검찰주사보이상의 직에 있던 자 또는 5년 이상 법원·헌법재판소·검찰청에서 법원사무관이나 검찰사무관(檢察의 搜査事務官을 포함한다) 이상의 직에 있던 자로서 법무사 업무의 수행에 필요한 법률지식과 능력이 있다고 대법원장이 인정한 자
> 2. 법무사시험에 합격한 자
>
> ② 제1항 제1호의 규정에 의한 법무사의 자격인정 및 동항 제2호의 규정에 의한 법무사시험의 실시에 관하여 필요한 사항은 대법원규칙으로 정한다.
>
> (구) 법무사법시행규칙[대법원규칙 제1108호, 1990.2.26, 전부개정]
> 제3조(법무사 시험) ① 법원행정처장은 법무사를 보충할 필요가 있다고 인정되는 경우에는 대법원장의 승인을 얻어 법무사시험(이하 "시험"이라 한다)을 실시할 수 있다.

(구) 법무사법 제4조 제2항은 법무사시험을 실시하되, 시험실시에 필요한 사항을 대법원규칙으로 정하도록 한 것인데, (구) 법무사법시행규칙 제3조 제1항은 법원행정처장이 재량으로 시험의 실시 여부를 판단할 수 있도록 규정하였다. 이는 위임입법의 한계를 벗어났다는 문제도 있지만, 이 규정에 따라 만약 법원행정처장이 시험을 실시하지 않는다고 결정하면 법 제4조 제1항 제1호의 자격이 있는 자들에게만 법무사자격이 주어지게 되어 시험에 응시하고

---

24 헌법재판소법 제68조(청구 사유) ① 공권력의 행사 또는 불행사(不行使)로 인하여 헌법상 보장된 기본권을 침해받은 자는 법원의 재판을 제외하고는 헌법재판소에 헌법소원심판을 청구할 수 있다. 다만, 다른 법률에 구제절차가 있는 경우에는 그 절차를 모두 거친 후에 청구할 수 있다.

자 하는 사람에게는 기회조차 주어지지 않는다는, 기본권 침해의 문제도 있다.

이에 따라 (구) 법무사법시행규칙 제3조 제1항에 대하여 헌법소원이 청구된 것인데, 이 사건에서 헌법재판소는 명령·규칙 그 자체에 의하여 직접 기본권이 침해되었음을 이유로 하여 헌법소원심판을 청구할 수 있다고 판단하였고, 위 조항은 평등권과 직업선택의 자유를 침해하는 것으로서 헌법에 위반된다고 하였다.

판례 > 법무사법시행규칙에 대한 헌법소원

"헌법 제107조 제2항이 규정한 명령·규칙에 대한 대법원의 최종심사권이란 구체적인 소송사건에서 명령·규칙의 위헌여부가 재판의 전제가 되었을 경우 법률의 경우와는 달리 헌법재판소에 제청할 것 없이 대법원이 최종적으로 심사할 수 있다는 의미이며, 명령·규칙 그 자체에 의하여 직접 기본권이 침해되었음을 이유로 하여 헌법소원심판을 청구하는 것은 위 헌법규정과는 아무런 상관이 없는 문제이다.

따라서 입법부·행정부·사법부에서 제정한 규칙이 별도의 집행행위를 기다리지 않고 직접 기본권을 침해하는 것일 때에는 모두 헌법소원심판의 대상이 될 수 있는 것이다.

… 법무사법시행규칙 제3조 제1항은 법원행정처장이 법무사를 보충할 필요가 없다고 인정하면 법무사시험을 실시하지 아니해도 된다는 것으로서 상위법인 법무사법 제4조 제1항에 의하여 모든 국민에게 부여된 법무사 자격취득의 기회를 하위법인 시행규칙으로 박탈한 것이어서 평등권과 직업선택의 자유를 침해한 것이다(헌재결 1990.10.15, 89헌마178)."

이와 관련하여 학설은 적극설과 소극설로 나뉘었다.

① 적극설(긍정설)

적극설은 헌법 제107조 제2항은 재판의 전제가 된 경우에 한한 것이므로 재판의 전제가 될 수 없는 상황에서 명령·규칙이 직접 국민의 기본권을 침해한 경우에는 헌법소원이 가능하다는 입장이다.

② 소극설(부정설)

소극설은 (i) 법규명령의 최종심사권을 대법원에 있고, (ii) 만약 법무사법시행규칙이 별도의 집행행위를 기다리지 아니하고 기본권을 침해하는 처분적 법규명령[25]이라면 헌법소원의 보충성에 따라 항고소송으로 먼저 다투었어야 하므로 헌법소원이 허용되지 않는다는 입장이다.

* 변호사시험(2019년).

25 일반적으로 처분성이 인정되는 법규를 '처분법규'라 부른다. 여기에서 '법규'에는 법령과 자치법규뿐 아니라 행정규칙도 포함된다. 따라서 처분적 법규명령이란 처분성이 인정되는 법규명령을 말하는 것으로서, 이 또한 결국 '처분법규'이다.

③ 결론

(i) 위 법무사법시행규칙 조항은 시험실시 여부를 결정할 수 있다는 것이지 이 조항만으로 결정이 있다고 볼 만한 여지가 없기 때문에 이를 항고소송의 대상이 되는 처분법규로 볼 수 없다. (ii) 그리고 이 조항에 따라 법원행정처장이 시험을 실시하지 않기로 결정하는 경우에는 시험과 관련된 어떠한 처분(예: 응시거부처분)마저 기대할 수도 없기 때문에 이러한 경우에 기본권에 대한 직접적 침해 및 헌법소원의 보충성[26]을 인정하지 않으면 응시를 원하는 수험생의 입장에서는 달리 권리구제의 길이 없게 된다. (iii) 적극설이 타당하고 다수설이다.

제3절 행정규칙

Ⅰ. 개설

1. 행정규칙의 의의

행정규칙(Verwaltungsvorschrift) 또는 행정명령(Verwaltungsverordnung)이란 대체로 상급행정기관이 하급행정기관 또는 그 구성원에 대하여 행정내부의 조직운영, 사무처리 등을 규율하기 위하여 발하는 일반·추상적 규정을 말한다. 실정법상 행정규칙은 운영지침·규정·예규·통첩·훈령·고시 등 다양한 용어로 불리고 있다.

행정규칙은 일반적으로 행정내부법으로서 외부적(대외적) 구속력이 없는 것이 원칙이지만, 예외적으로 대외적 구속력이 인정되기도 한다.

2. 행정규칙의 성질

일반적으로 행정규칙은 법규명령과 비교하여 다음과 같은 차이가 있다.

① 법적 근거

일반적으로 행정규칙은 법집행이라는 행정의 고유기능 또는 상급기관의 지휘·감독권에 근거하여 행정내부를 규율하는 것이므로 법률의 (입법권) 수권을 요하지 않는다(법적 근거 불요). 그러나 법규명령, 특히 위임명령은 국회입법에 대한 예외로서 상위 법령의 수권이 필요하다.

---

26 헌법소원은 다른 권리구제수단이 더 이상 없을 경우에 청구할 수 있는 최후의 보충적인 권리구제수단이다. 이를 헌법소원의 보충성이라 부른다(헌재법 68 ① 단서 참조).

② 규율의 대상과 범위

법규명령은 법규범으로서 일반 국민이 수범자(受範者)이지만, 행정규칙은 행정내부에 대한 규율로서 행정기관 또는 그 구성원을 수범자로 한다.

또한 법규명령은 법규범으로서 국민의 법적 지위에 영향을 미치는 사항(입법사항)을 규율하지만, 행정규칙은 주로 행정내부의 조직운영이나 사무처리 등(행정사항)을 규율한다.

③ 재판규범성

법규명령은 법규범으로서 원칙적으로 재판규범[27]으로서의 성질이 인정되지만, 행정규칙은 대외적 구속력이 없으므로 원칙적으로 재판규범이 되지 않는다.

④ 행정규칙 위반의 효과

행정규칙은 법규범이 아니므로 행정규칙 위반은 '위법'이 아니다. 다만 행정규칙은 상급기관의 명령이므로 행정규칙을 위반한 하급기관의 공무원은 징계를 받을 수 있다.

판례 > 국립환경과학원 고시에서 정한 절차를 위반한 경우, 그에 기초하여 내려진 처분이 위법한지 여부(소극)

"구 수질오염공정시험기준(2019.12.24. 국립환경과학원고시 제2019-63호로 개정되기 전의 것)은 형식 및 내용에 비추어 행정기관 내부의 사무처리준칙에 불과하므로 일반 국민이나 법원을 구속하는 대외적 구속력은 없다. 따라서 시료채취의 방법 등이 위 고시에서 정한 절차에 위반된다고 하여 그러한 사정만으로 곧바로 그에 기초하여 내려진 행정처분이 위법하다고 볼 수는 없고, 관계 법령의 규정 내용과 취지 등에 비추어 절차상 하자가 채취된 시료를 객관적인 자료로 활용할 수 없을 정도로 중대한지에 따라 판단되어야 한다(대판 2022.9.16, 2021두58912)."

3. 필요성과 문제점

오늘날 행정의 다양성·전문성·유동성으로 인하여 모든 행정현상을 법령으로 규율하는 것은 사실상 불가능함에 따라, 특히 행정의 특수한 분야 또는 미처 법령으로 규율하지 못하고 있는 행정영역에서는 행정규칙이 매우 중요한 역할을 수행하고 있다. 또한 행정규칙은 사무처리의 지침을 정함으로써 법률해석·재량판단·사무처리에서 행정의 통일성을 기할 수 있다는 장점도 있다.

27 재판의 준칙이 되는 규범을 말한다. 법규범은 대외적 구속력이 있는 법이므로 사법부의 재판도 이에 따라야 한다. 하지만 행정규칙은 원칙적으로 행정내부만을 구속할 뿐 재판을 구속하지는 못한다(재판규범성 부인).

그러나 반면에 행정규칙은 법적 근거나 절차 등이 요구되지 않다는 점에서 법령으로 정하여야 할 입법사항들을 행정규칙으로 규정하는 경우(행정규칙으로의 도피 현상)가 증가하는 것은 문제이다. 이로써 법규명령과 행정규칙의 구별이 어려워지고 혼란스러워지는 것도 문제지만, 무엇보다도 '행정에 의한 (사실상의) 입법'에 의하여 법치국가에서 요구되는 삼권의 균형적 분립이 침해된다는 것이 가장 큰 문제이다. 따라서 법령이 규정할 사항을 정하고 있는 행정규칙들은 원칙적으로 법령으로 환원되어야 한다.

II. 행정규칙의 종류

1. 법관계의 종류에 따른 분류

① 행정기관 내부에서 행정기관의 설치·조직·내부적 권한배분 등을 정하는 조직규칙(예: 행정기관 내부의 사무분장규정, 사무처리규정 등), 하급기관이나 그 구성원의 근무를 정하는 근무규칙(예: 행정내부의 사무관리규정 등)이 있고, ② 영조물의 관리청이 그 조직·관리·이용관계 등을 규율하기 위하여 발하는 영조물규칙이 있다.*

2. 형식에 따른 분류

(1) 행정업무의 운영 및 혁신에 관한 규정에 따른 분류

대통령령인 행정업무의 운영 및 혁신에 관한 규정(행정업무규정) 제4조 제2호는 공문서의 한 종류로서 지시문서를 훈령·지시·예규·일일명령으로 나누고 있는데, 여기에서 훈령은 상급행정기관이 하급행정기관에 대하여 상당히 장기간에 걸쳐 그 권한을 일반적으로 지휘·감독하기 위하여 발하는 행정규칙이고, 예규는 행정의 통일성을 기하기 위하여 반복적 행정사무의 기준을 제시하는 행정규칙이다.

(2) 고시·공고

고시·공고(행정업무규정 4 3호)는 행정기관이 법령이 정하는 바에 따라 특정한 사실을 불특정 다수의 일반인에게 알리는 행정규칙이라는 것이 일반적인 설명이다.

고시나 공고는 일반적으로 행정규칙의 형식으로 활용되지만, 경우에 따라서는 법규명령이나 행정행위의 성질을 가지는 경우도 있다.[28] 따라서 고시나 공고의 법적 성질은 법령의 규정, 내

---

* 행정고시(재경)(2007년).

28 예컨대 법령의 위임에 따라 법령을 보충하여 전문적·기술적 사항 등을 정하고 있는 고시(행정규제기본법 4 ②)와 같이 법규명령으로서의 성질이 인정되는 경우도 있고(후술하는 법령보충규칙), 공익사업의 사업시행자에 대한 사업인정의 고시(토지보상법 22)와 같이 행정행위로서의 성질을 가지고 있는 경우도 있다.

용 등을 고려하여 개별적으로 판단하여야 한다.

공고문서는 그 문서에서 효력발생 시기를 구체적으로 밝히고 있지 않으면 그 고시 또는 공고 등이 있은 날부터 5일이 경과한 때에 효력이 발생한다(행정업무규정 6 ③).

3. 내용에 따른 분류

행정규칙은 그 내용에 따라 ① 불확정적인 법령의 통일적 적용을 가능하게 하기 위하여 규범해석의 지침을 정하는 규범해석규칙(Norminterpretierende Verwaltungsvorschrift), ② 재량권행사의 일반적 기준을 정해주기 위하여 발하는 재량준칙(Ermessensrichtlinie), ③ 대량적 행정처분에 대하여 통일적인 처분기준을 설정하기 위하여 발하는 간소화지침(Vereinfachungsanweisung), ④ 적용할 법령이 존재하지 않거나 개괄적으로만 규정되어 있어 구체화가 필요한 경우 이를 대체 또는 보충하기 위하여 발하는 법률대체적 또는 법률보충적 행정규칙(예: 보조금지급규칙, 대기환경기준, 상수원보호구역지침 등) 등이 있다.

⑤ 한편 법률대체적 또는 법률보충적 행정규칙과 관련하여, 독일에서는 규범(법령)을 구체화하는 행정규칙(규범구체화행정규칙, Normkonkretisierende Verwaltungsvorschrift)이 대외적 구속력을 가지는가가 문제된 바 있다. 1985년 독일 연방행정재판소는 뷜판결(Wyhl-Urteil, BVerwGE 72, 300)에서 원자력발전으로 인한 오염방지를 연방내무부장관이 제정한 행정규칙인 '방사선유출량에 관한 일반적 산출기준'에 대하여, 이는 규범을 구체화하는 기능을 가지는 것으로서 일반 행정규칙과는 달리 규범에 의하여 설정된 한계 내에서 법원에 대하여 구속력이 인정된다고 하였다. 이 규범구체화행정규칙은 원자력 분야와 같이 기술의 동적 성격이 강한 기술적 안전법 분야에서는 법령으로 그 기준을 정한다는 것(법률유보)이 사실상 불가능하다는 점에서 제한된 한계 내에서 예외적으로 대외적 구속력을 가진다고 한 것이다. 이 법리는 법률유보가 어려운 기술적 안전법분야와 같이 지극히 국한된 영역에서만 인정 여부가 논의되는 것으로 이를 행정법 전반으로 일반화하기 어렵다. 아울러 이 법리는 행정이 입법권의 수권 없이 법규범을 제정할 수 있는 예외를 인정하는 것이 되어 독일에서도 이 법리의 인정 여부에 대해서 여전히 논란이 있다. 국내 대다수 학자는 이 법리에 부정적이다.

Ⅲ. 형식과 내용의 불일치

본래 법규명령은 입법사항을 규정하는 외부법이고, 행정규칙은 행정내부사항을 규정하는 내부법인데, 실제로는 ① 형식은 법규명령이지만 내용은 행정규칙이거나 ② 형식은 행정규칙인데 내용은 법규명령인 경우처럼 법형식과 그 내용이 서로 일치하지 않는 경우가 있다.

1. 법규명령형식의 행정규칙*

> **1. 문제**
> **2. 학설 및 판례**
> (1) 적극설(법규명령설): 다수설
> (2) 소극설(행정규칙설)
> (3) 수권여부기준설
> (4) 판례
> ① 부령으로 제재적 행정처분의 기준을 정하고 있는 경우: 행정규칙
> ② 대통령령으로 제재적 행정처분의 기준을 정하고 있는 경우
> (i) 법규명령
> (ii) 과징금처분기준을 최고한도액이라고 본 판례(대판 2001.3.9, 99두5207)

형식은 대통령령·총리령·부령과 같은 법규명령이지만 내용은 행정내부적인 사항인 경우(법규명령형식의 행정규칙), 이를 법규명령으로 볼 것인지 행정규칙으로 볼 것인지 문제이다. 이 문제는 주로 법규명령의 형식으로 제재처분기준이나 과징금부과처분기준을 규정하고 있는 경우에 관한 것이다.[29]

---

* 변호사시험(2014년), 변호사시험(2023년), 사법시험(2006년), 행정고시(1998년), 행정고시(2000년), 행정고시(2004년), 행정고시(일반행정)(2005년), 행정고시(일반행정)(2006년).

29 제재처분은 행정법상의 의무불이행에 대하여 이에 대한 '제재'의 의미에서 인허가를 취소하거나 정지하는 불이익을 부과하는 처분을 일컫는 말이다. 과징금은 행정법상의 의무불이행에 대하여 이로 인하여 발생한 경제적 이익을 박탈하기 위하여 부과하는 금전적 '제재'라는 점에서 제재처분에 포함될 수 있을 것이다.
식품위생법·공중위생관리법·청소년보호법 등의 다수의 법률에서는 법령위반이나 의무불이행에 대하여 '영업정지나 취소를 할 수 있다' 또는 '과징금을 부과·징수할 수 있다'고 규정하면서 대통령령이나 부령에서 그 구체적인 '제재처분기준이나 과징금부과기준'을 정하도록 위임하고 있다.
식품위생법의 예:
식품위생법[시행 2020. 1. 1.] [법률 제15534호, 2018. 3. 27., 타법개정]
제75조(허가취소 등) ① 식품의약품안전처장 또는 특별자치시장·특별자치도지사·시장·군수·구청장은 영업자가 다음 각 호의 어느 하나에 해당하는 경우에는 대통령령으로 정하는 바에 따라 영업허가 또는 등록을 취소하거나 6개월 이내의 기간을 정하여 그 영업의 전부 또는 일부를 정지하거나 영업소 폐쇄(제37조 제4항에 따라 신고한 영업만 해당한다. 이하 이 조에서 같다)를 명할 수 있다.
⑤ 제1항 및 제2항에 따른 행정처분의 세부기준은 그 위반 행위의 유형과 위반 정도 등을 고려하여 총리령으로 정한다.
식품위생법 시행규칙[시행 2020. 2. 1.] [총리령 제1585호, 2019. 12. 31., 일부개정]
제89조(행정처분의 기준) 법 제71조, 법 제72조, 법 제74조부터 법 제76조까지 및 법 제80조에 따른 행정처분의 기준은 별표 23과 같다.

■ 식품위생법 시행규칙 [별표 23] 〈개정 2019. 11. 20.〉
행정처분 기준(제89조 관련)

(1) 적극설(법규명령설)

법규명령은 법규범으로서 국무회의 심의·법제처 심사·공포절차를 거쳐 제정된 것이므로 그 내용에 관계없이 법규명령으로 보아야 한다는 견해이다. 이 견해가 다수설이다.

(2) 소극설(행정규칙설)

법규명령 형식에도 불구하고 그 내용이 행정규칙에 해당함이 명백하다면 행정규칙으로서의 성질이 변하는 것이 아니라는 견해이다.

(3) 수권여부기준설

이 설은 법령에 수권근거가 있는 대통령령·총리령·부령은 법규명령이고, 수권근거가 없는 경우는 행정규칙이라고 본다.

(4) 판례

'법규명령형식의 행정규칙'과 관련된 대부분의 판례는 '제재처분의 기준을 정한 대통령령·부령'에 관한 것이다. 판례는 이를 부령으로 정하고 있는 경우와 대통령령으로 정하고 있는 경우로 구분하고 있다.

① 부령으로 제재처분의 기준을 정하고 있는 경우*

과거부터 판례는 제재처분의 기준을 정하고 있는 부령을 행정의 사무처리준칙을 규정한 행정규칙으로 보고 있다.

판례 > 제재적 행정처분의 기준이 부령의 형식으로 되어 있는 경우, 그 기준에 따른 처분이 적법한지 판단하는 방법

"제재적 행정처분의 기준이 부령 형식으로 규정되어 있더라도 그것은 행정청 내부의 사무처리준칙을 규정한 것에 지나지 않아 대외적으로 국민이나 법원을 기속하는 효력이 없다. 따라서 그 처분의

Ⅱ. 개별기준

위반사항	근거 법령	행정처분기준		
		1차 위반	2차 위반	3차 위반
1. 법 제4조를 위반한 경우 가. 썩거나 상하여 인체의 건강을 해칠 우려가 있는 것	법 제72조 및 법 제75조	영업정지 15일과 해당 음식물 폐기	영업정지 1개월과 해당 음식물 폐기	영업정지 3개월과 해당 음식물 폐기

* 행정고시(일반행정)(2006년).

적법 여부는 처분기준만이 아니라 관계 법령의 규정 내용과 취지에 따라 판단하여야 한다. 그러므로 처분기준에 부합한다 하여 곧바로 처분이 적법한 것이라고 할 수는 없지만, 처분기준이 그 자체로 헌법 또는 법률에 합치되지 않거나 그 기준을 적용한 결과가 처분사유인 위반행위의 내용 및 관계 법령의 규정과 취지에 비추어 현저히 부당하다고 인정할 만한 합리적인 이유가 없는 한, 섣불리 그 기준에 따른 처분이 재량권의 범위를 일탈하였다거나 재량권을 남용한 것으로 판단해서는 안 된다(대판 2022.4.14, 2021두60960)."

② 대통령령으로 제재처분의 기준을 정하고 있는 경우*

(i) 판례는, 부령의 경우와는 달리, 제재처분의 기준을 정하고 있는 대통령령을 법규명령으로 보고 있다.

판례 > 주택건설촉진법 제7조 제2항의 위임에 터잡아 행정처분의 기준을 정한 같은법 시행령 제10조의3 제1항 [별표 1]이 법규명령에 해당하는지 여부

"이 사건 처분의 기준이 된 시행령 제10조의3 제1항 [별표 1]은 법 제7조 제2항의 위임규정에 터잡은 규정형식상 대통령령이므로 그 성질이 부령인 시행규칙이나 또는 지방자치단체의 규칙과 같이 통상적으로 행정조직 내부에 있어서의 행정명령에 지나지 않는 것이 아니라 대외적으로 국민이나 법원을 구속하는 힘이 있는 법규명령에 해당한다고 할 것이다(대판 1995.10.17, 94누14148; 대판 1997.12.26, 97누15418).

(ii) 그러나 과징금과 관련된 판례에서는 과징금부과처분기준을 정한 대통령령을 법규명령으로 보면서도, 대통령령으로 정한 과징금액을 최고한도액이라고 보고 있다.**

판례 > (구) 청소년보호법의 위임에 따른 같은법 시행령의 과징금처분기준의 법적 성격(=법규명령) 및 그 과징금 수액의 의미(=최고한도액)

"(구) 청소년보호법(1999.2.5. 법률 제5817호로 개정되기 전의 것) 제49조 제1항, 제2항에 따른 같은법 시행령(1999.6.30. 대통령령 제16461호로 개정되기 전의 것) 제40조 [별표 6]의 위반행위의 종별에 따른 과징금처분기준은 법규명령이기는 하나 모법의 위임규정의 내용과 취지 및 헌법상의 과잉금지의 원칙과 평등의 원칙 등에 비추어 같은 유형의 위반행위라 하더라도 그 규모나 기간·사회

* 변호사시험(2022년), 행정고시(일반행정)(2005년), 5급공채(행정)(2016년).

** 사법시험(2006년).

적 비난 정도·위반행위로 인하여 다른 법률에 의하여 처벌받은 다른 사정·행위자의 개인적 사정 및 위반행위로 얻은 불법이익의 규모 등 여러 요소를 종합적으로 고려하여 사안에 따라 적정한 과징금의 액수를 정하여야 할 것이므로 그 수액은 정액이 아니라 최고한도액이다(대판 2001.3.9, 99두5207)."

☞ (구) 청소년보호법 제24조는 청소년유해업소에서의 청소년고용을 금지하고, 제49조에서는 이를 위반한 경우에는 1천만원 이하의 과징금을 부과할 수 있다고 규정하고 있었으며, 동법 시행령 제40조 별표6 제8호는 청소년고용금지의무를 위반한 때에는 과징금액을 800만원으로 규정하고 있었다. 이 사건은 청소년 2명을 유해업소에 고용하여 과징금 1,600만원 부과처분에 대하여 취소소송이 제기된 경우이다.

이 사건에서 대법원은 유흥업소에 청소년 2명을 고용한 것은 결코 가벼운 위반행위는 아니지만, 그 고용기간이 7일로 비교적 짧고 그로 인하여 얻은 이익이 실제 많지 아니하며, 원고는 동일한 위반행위로 인하여 식품위생법에 따른 15일간의 영업정지처분을 받은 점 등 제반 사정에 비추어 보면 1,600만원의 과징금을 부과한 것은 재량권의 한계를 일탈한 것으로 위법하다고 판단하면서, 시행령에 규정된 과징금의 수액을 정액(定額)이 아니라 최고한도액으로 해석하고 있다.

(5) 결론

우선 '제재처분의 기준'이 입법사항인지 행정내부사항인지 문제인데, 판례는 내용이 행정의 사무처리기준을 정한 것이라고 하지만, 국민에게 가해지는 제재의 기준을 정한 것이라는 점에서 이를 입법사항으로 이해하는 것이 합리적이라 생각된다.

그 다음으로 제재처분기준이 단순한 행정내부의 사무처리기준이라면 이를 굳이 법규명령이라는 '법형식'으로 제정하려는 이유가 무엇인지 설명하기 어렵다. 법규명령은 법형식이고, 또한 상위 법령의 위임에 따라 일련의 법제정절차를 거쳐서 제정되는 것이라는 점에서 입법권 행사에 의미와 취지를 존중하는 것이 바람직하다. 따라서 적극설의 입장이 타당하다.

이러한 점에서 판례가 제재처분기준을 대통령령으로 정한 경우와 부령으로 정한 경우를 구분하면서 그 이유를 설명하고 있지 않은데, 그렇다면 전자의 경우 제재처분기준은 입법사항이고 후자의 경우는 행정내부사항인지 납득하기 어렵다.

또한 판례가 법규명령이 정한 과징금의 액수를 최고한도액으로 해석하는 것은, 처분기준을 탄력적으로 운용하여 행정의 타당성을 높이고 국민의 권리구제에도 기여할 수 있도록 하기 위한 것이라는 점에서는 이해가 되지만, 다른 한편으로는 청소년보호법령은 '청소년을 유해업소에 고용하면 과징금이 800만원'이라고 규정하여 청소년을 강하게 보호하고자 한 것인데, 법원이 이를 '800만원 이하'로 해석함으로써 입법취지를 훼손하고 나아가 판결로써 새로운 입법을 하였다는 문제도 있다.

결국 법규명령형식의 행정규칙 문제는 그 내용에 부합하는 법형식으로 전환함으로써 형식과 내용을 일치시키려는 입법적 해결이 필요하다.

2. 행정규칙형식의 법규명령(법령보충규칙)*

1. 행정규칙형식의 법규명령(법령보충규칙)의 의의
2. 학설
  (1) 법규명령설
  (2) 행정규칙설
  (3) 규범구체화행정규칙설
3. 판례
  ◦ ① 상위법령의 위임이 있고 ② 상위법령의 내용을 보충하는 기능을 가지는 경우 법규명령
4. 실정법 규정
  ① 행정규제기본법 4 ②
  ② 행정기본법1 1호 가목
5. 결론

행정기관이 상위법령의 위임에 따라 고시·훈령 등의 행정규칙의 형식으로 상위법령의 내용을 보충하는 경우(행정규칙형식의 법규명령. 이를 법령보충규칙이라고 부르기도 한다), 이를 행정규칙으로 볼 것인지 법규명령으로 볼 것인지 문제이다.

(1) 법규명령설

상위법령의 구체적 위임에 근거하여 발하여지는 것이므로 그 실질적 내용에 따라 법규명령으로 보는 견해이다.

(2) 행정규칙설

헌법이 규정하는 법규명령의 형식(대통령령·총리령·부령)이 아닌 법령보충규칙은 행정규칙으로 보아야 한다는 견해이다.

(3) 규범구체화행정규칙설

이 행정규칙이 법률을 구체화 또는 보충하는 기능을 한다면 이를 규범구체화행정규칙 또는 법률대체적 행정규칙으로 부르자는 견해이다.

(4) 판례

판례는 1987년 '재산제세조사사무처리규정(국세청장 훈령)'을 법규명령으로 본 이래로, 행정규칙이 ① 상위법령의 위임이 있고 ② 상위법령의 내용을 보충하는 기능을 가지는 경우에는 법규명령으로서의 효력을 인정하고 있다.

* 사법시험(2008년), 입법고시(2024년), 행정고시(일반행정)(2007년), 행정고시(재경)(2008년), 행정고시(재경)(2010년), 변호사시험(2015년), 변호사시험(2019년), 변호사시험(2022년).

판례 > 행정규칙(재산제세사무처리규정)의 대외적 구속력

"… 법령의 규정이 특정행정기관에게 그 법령내용의 구체적 사항을 정할 수 있는 권한을 부여하면서 그 권한행사의 절차나 방법을 특정하고 있지 아니한 관계로 수임행정기관이 행정규칙의 형식으로 그 법령의 내용이 될 사항을 구체적으로 정하고 있다면 그와 같은 행정규칙, 규정은 행정규칙이 갖는 일반적 효력으로서가 아니라, 행정기관에 법령의 구체적 내용을 보충할 권한을 부여한 법령규정의 효력에 의하여 그 내용을 보충하는 기능을 갖게 된다 할 것이므로 이와 같은 행정규칙, 규정은 당해 법령의 위임한계를 벗어나지 아니하는 한 그것들과 결합하여 대외적인 구속력이 있는 법규명령으로서의 효력을 갖게 된다.

… 재산제세사무처리규정이 국세청장의 훈령형식으로 되어 있다 하더라도 이에 의한 거래지정은 소득세법시행령의 위임에 따라 그 규정의 내용을 보충하는 기능을 가지면서 그와 결합하여 대외적 효력을 발생하게 된다 … (대판 1987.9.29, 86누484)."

판례 > 석유 및 석유대체연료의 수입·판매부과금의 징수, 징수유예 및 환급에 관한 고시(산업자원부 고시)와 소요량의 산정 및 관리와 심사(관세청 고시)가 법규명령으로서의 효력을 가지는지 여부(적극)

"(구) 석유 및 석유대체연료 사업법령, (구) 석유 및 석유대체연료의 수입·판매부과금의 징수, 징수유예 및 환급에 관한 고시(산업자원부고시) 및 (구) 소요량의 산정 및 관리와 심사(관세청고시) 규정의 내용, 형식 및 취지 등을 종합하면, (구) 산자부 고시와 (구) 관세청 고시의 각 규정들은 '환급금의 환급기준 내지 환급의 대상·규모·방법 등'을 장관으로 하여금 정하여 고시하도록 규정한 구 석유사업법과 구 석유사업법 시행령의 위임에 따른 것으로서, 법령 규정의 내용을 보충하면서 그와 결합하여 대외적인 구속력이 있는 법규명령으로서의 효력을 가지는 것으로 보아야 한다(대판 2016.10.27, 2014두12017)."

판례 > '금융기관 검사 및 제재에 관한 규정'이 법규명령의 효력을 가지는지 여부(적극)

"신용협동조합법 및 시행령, 금융위원회의 설치 등에 관한 법률(이하 '금융위원회법'), 금융위원회 고시 '금융기관 검사 및 제재에 관한 규정' 등을 종합하면, 위 고시 제18조 제1항은 금융위원회법의 위임에 따라 법령의 내용이 될 사항을 구체적으로 정한 것으로서 금융위원회 법령의 위임 한계를 벗어나지 않으므로 그와 결합하여 대외적으로 구속력이 있는 법규명령의 효력을 가진다(대판 2019.5.30, 2018두52204)."

[동일취지판례] 대판 1994.4.26, 93누21668(주류도매면허제도개선업무처리지침), 대판 1994.3.8, 92누1728(식품제조업허가기준), 대판 1994.3.8, 92누1728(생수판매제한고시), 대판 1996.4.12, 95누7727(노인복지지침), 대판 1998.9.25, 98두7503(주유소등록요건에 관한고시), 대판 2008.3.27, 2006두3742, 3759(택지개발업무처리지침), 대판 2011.9.8, 2009두23822(산업입지의 개발에 관한 통합지침), 대판 2016.1.28, 2015두5312(지방공무원보수업무 등 처리지침), 대판 2017.5.31, 2017두30764(2014년도 건물 및 기타물건 시가표준액 조정기준) 등

헌법재판소도 헌법상 위임입법의 형식을 예시적인 것이라 하면서 대법원의 입장과 마찬가지로 법령보충규칙의 대외적 구속력을 인정하고 있다. 다만 헌법재판소는 이와 같은 행정규칙에 대한 위임입법은 제한적으로 인정될 수 있는 것이라 하였다.

판례 > 청소년유해매체물의 표시방법'에 관한 정보통신부고시의 법적 성질

"'청소년유해매체물의 표시방법'에 관한 정보통신부고시는 청소년유해매체물을 제공하려는 자가 하여야 할 전자적 표시의 내용을 정하고 있는데, 이는 정보통신망이용촉진및정보보호등에관한법률 제42조 및 동법시행령 제21조 제2항, 제3항의 위임규정에 의하여 제정된 것으로서 국민의 기본권을 제한하는 것인바 상위법령과 결합하여 대외적 구속력을 갖는 법규명령으로 기능하고 있는 것이므로 헌법소원의 대상이 된다(헌재결 2004.1.29, 2001헌마894)."

판례 > 법률이 고시로 위임하는 형식이 헌법에 위반되는지 여부

"헌법이 인정하고 있는 위임입법의 형식은 예시적인 것으로 보아야 할 것이고, 규율의 밀도와 규율영역의 특성에 따라 입법자의 상세한 규율이 불가능한 것으로 보이는 영역에서 행정규칙에 대한 위임입법이 제한적으로 인정될 수 있으며, (구) '음반·비디오물 및 게임물에 관한 법률' 제32조 제3호는 경품의 종류와 경품제공방식을 규율하려는 것으로 그 규율영역의 전문적·기술적 특성상 소관부처인 문화관광부의 고시로 위임함이 요구되는 사항이라고 볼 수 있으므로 법 제32조 제3호의 위임형식은 헌법에 반하지 않는다(헌재결 2009.2.26, 2005헌바94, 2006헌바30(병합) 전원재판부)."

(5) 실정법 규정

1) 행정규제기본법

행정규제기본법은 제4조 제2항 본문에서 규제법정주의를 원칙으로 규정하면서도, 단서에서

예외적으로 제한된 범위 내에서 법령이 고시에 입법사항을 위임하는 것을 인정하고 있다.[30]

2) 행정기본법

행정기본법은 정의규정에서 '법령'에 ① 법률, 법규명령 이외에, ② '감사원규칙'과 '법령의 위임을 받아 중앙행정기관의 장이 정한 훈령·예규 및 고시 등 행정규칙'을 포함시키고 있다(행정기본법 2 1호 가목). 여기에서 '법령의 위임에 따라 중앙행정기관의 장이 정한 행정규칙'은 위에서 언급한 법령보충규칙을 의미한다.

(6) 결론

원칙적으로 법령보충규칙을 인정하는 것은 법규명령에 일정한 법형식을 요구하고 일련의 제정절차와 형식을 준수하도록 하는 헌법 및 관련 법률의 입법취지에 부합하지 않는다.

그러나 다른 한편으로 법령에서 정하기 곤란한 사항들은 법령에 비하여 상대적으로 개폐가 용이한 행정규칙의 형식으로 정할 수밖에 없는 현실적인 필요성도 있다. 이와 같은 법령보충규칙은 실제로 입법의 불비로 인한 행정의 공백을 방지하는 순기능도 한다. 이러한 점에서 판례의 입장이 잘못되었다고 할 수는 없다. 다만 이러한 예외적 현상을 행정기본법에서 '법령'의 범주에 포함되는 것으로 정의하는 것이 바람직한지에 대해서는 논란이 있다.

아무튼 법령보충규칙은 제한된 범위 내에서 예외적으로만 인정되어야 하고, 또한 법규명령으로서의 위임입법으로서의 한계를 준수하여야 한다.

Ⅳ. 행정규칙의 효력*

1. 내부적 효력

행정규칙은 행정조직내부에서 상급기관이 하급기관에 대하여 발하는 명령이므로 행정내부를 구속하는 효력을 가진다(내부법). 따라서 -법규명령은 법규범으로서 발령기관뿐 아니라 상대방(국민)도 구속하는 양면적 구속력이 있는 것과는 달리- 행정규칙은 그 상대방(하급기관 및 구성원)만을 구속하는 일방적·편면적(片面的) 구속력만 가진다.

---

* 행정고시(일반행정)(2009년), 5급공채(행정)(2023년).

30 행정규제기본법 제4조(규제 법정주의) ① 규제는 법률에 근거하여야 하며, 그 내용은 알기 쉬운 용어로 구체적이고 명확하게 규정되어야 한다.
② 규제는 법률에 직접 규정하되, 규제의 세부적인 내용은 법률 또는 상위법령(上位法令)에서 구체적으로 범위를 정하여 위임한 바에 따라 대통령령·총리령·부령 또는 조례·규칙으로 정할 수 있다. 다만, 법령에서 전문적·기술적 사항이나 경미한 사항으로서 업무의 성질상 위임이 불가피한 사항에 관하여 구체적으로 범위를 정하여 위임한 경우에는 고시 등으로 정할 수 있다.

판례 > 처분이 행정규칙에 적합한지 여부에 따라 처분의 적법 여부를 판단할 수 있는지 여부(소극)

"행정기관 내부의 업무처리지침이나 법령의 해석·적용 기준을 정한 행정규칙은 특별한 사정이 없는 한 대외적으로 국민이나 법원을 구속하는 효력이 없다. 처분이 행정규칙을 위반하였다고 해서 그러한 사정만으로 곧바로 위법하게 되는 것은 아니고, 처분이 행정규칙을 따른 것이라고 해서 적법성이 보장되는 것도 아니다. 처분이 적법한지는 행정규칙에 적합한지 여부가 아니라 상위법령의 규정과 입법 목적 등에 적합한지 여부에 따라 판단해야 한다(대판 2021.10.14, 2021두39362)."

"국토교통부장관이 국토교통부 훈령으로 정한 '개발행위허가운영지침'은 국토계획법 시행령 제56조 제4항에 따라 정한 개발행위허가기준에 대한 세부적인 검토기준으로, 상급행정기관인 국토교통부장관이 소속 공무원이나 하급행정기관에 대하여 개발행위허가업무와 관련하여 국토계획법령에 규정된 개발행위허가기준의 해석·적용에 관한 세부 기준을 정하여 둔 행정규칙에 불과하여 대외적 구속력이 없다. 따라서 행정처분이 위 지침에 따라 이루어졌더라도, 해당 처분이 적법한지는 국토계획법령에서 정한 개발행위허가기준과 비례·평등원칙과 같은 법의 일반원칙에 적합한지 여부에 따라 판단해야 한다(대판 2019.7.11, 2017두38874; 대판 2020.8.27, 2019두60776 등 참조)(대판 2023.2.2, 2020두43722)."

2. 외부적 효력(평등원칙, 신뢰보호원칙 등을 매개로 한 대외적 구속력)

행정규칙은 외부적 효력(대외적 구속력)이 인정되지 않는 것이 원칙이다.[31] 그러나 예외적으로 평등원칙, 신뢰보호원칙 등을 매개로 하여 간접적으로 대외적 구속력이 인정되기도 한다.

즉 행정규칙이 오랜 시간에 걸쳐 적용되면서 일정한 관행이 형성되면 행정청은 평등원칙이나 신뢰보호의 관점에서 관행과 달리하여야 할 정당한 사유가 없는 한 관행에 따라야 할 구속을 받게 되는데, 이를 행정의 자기구속의 원칙이라 한다. 행정청이 이 원칙을 준수하지 않으면 위법하게 된다. 지배적인 견해는 이를 '행정규칙이 평등원칙·신뢰보호원칙·행정의 자기구속의 원칙 등에 의하여 간접적으로 대외적 구속력을 가질 수 있다'고 설명한다. 헌법재판소(헌재결 2001.5.31, 99헌마413)와 대법원도 같은 입장이다. 그러나 정확하게 말하자면, 행정규칙이 평등원칙 등을 매개로 법규명령으로 전환되기 때문에 법규명령 위반으로 위법해진다는 의미가 아니라, 행정규칙 위반이 '평등원칙 등을 위반한 것이기 때문에 위법'하게 된다는 것이다.

31 법령보충규칙은 대외적 구속력이 인정되는데, 이는 행정규칙이 예외적으로 대외적 구속력을 가지는 것이 아니라, 법령보충규칙은 '법규명령'이기 때문에 대외적 구속력이 인정되는 것이다.

판례 > (구) '부당한 공동행위 자진신고자 등에 대한 시정조치 등 감면제도 운영고시'의 법적 성질(=재량준칙) 및 이를 위반한 행정처분이 위법하게 되는 경우

> "(구) '부당한 공동행위 자진신고자 등에 대한 시정조치 등 감면제도 운영고시'(2009.5.19. 공정거래위원회 고시 제2009-9호로 개정되기 전의 것) 제16조 제1항, 제2항은 그 형식 및 내용에 비추어 재량권 행사의 기준으로 마련된 행정청 내부의 사무처리준칙 즉 재량준칙이라 할 것이고, … 이러한 재량준칙은 일반적으로 행정조직 내부에서만 효력을 가질 뿐 대외적인 구속력을 갖는 것은 아니므로 행정처분이 이를 위반하였다고 하여 그러한 사정만으로 곧바로 위법하게 되는 것은 아니고, 다만 그 재량준칙이 정한 바에 따라 되풀이 시행되어 행정관행이 이루어지게 되면 평등의 원칙이나 신뢰보호의 원칙에 따라 행정기관은 상대방에 대한 관계에서 그 규칙에 따라야 할 자기구속을 받게 되므로, 이러한 경우에는 특별한 사정이 없는 한 그에 반하는 처분은 평등의 원칙이나 신뢰보호의 원칙에 어긋나 재량권을 일탈·남용한 위법한 처분이 된다(대판 2013.11.14, 2011두28783)."

Ⅴ. 행정규칙의 성립·적법·발효요건

행정규칙도 행정작용이므로 법치행정의 원리에 따라 적법요건을 갖추어야 한다.

1. 주체

행정규칙은 행정조직법상 정당한 권한 있는 기관이 명령에 따를 의무가 있는 기관이나 그 구성원에 대하여 발하여야 한다.

2. 내용

① 행정규칙은 법령 또는 상위 행정규칙에 반하지 않아야 한다(법률우위). ② 그러나 법규범이 아니므로 법률의 수권을 요하지 않는다. ③ 그렇지만 행정작용이므로 비례원칙 등의 행정법의 일반원칙을 준수하여야 하고, ④ 그 내용이 명확하고 실현가능하여야 한다.

3. 형식·절차

행정규칙은 요식행위는 아니지만, 일반적으로 법조의 형식으로 문서로써 발한다. 행정규칙의 제정과 관련된 개별법령상의 절차규정이 있으면 이를 거쳐야 한다(예: 행정절차법 46의 행정예고절차).

4. 성립·발효요건

행정규칙은 원칙적으로 대외적 구속력이 없으므로 공포절차를 성립요건으로 하지 않는다.

따라서 특별히 규정이 없는 한, 수명기관에 도달된 때부터 구속력을 발생한다.

VI. 행정규칙의 흠과 그 효과

행정규칙이 적법요건을 갖추지 못하면 하자있는 행정규칙이 된다. 하자있는 행정규칙은 위법한 행정규칙으로서 그 효과는 무효이다.

VII. 행정규칙의 통제*

1. 행정적 통제

상급행정청은 감독권행사를 통하여 하급행정청의 행정규칙을 통제할 수 있다.

2. 입법적 통제

행정규칙은 행정내부를 규율하는 것이므로 국회의 직·간접적인 통제의 대상이 되지 않는다. 다만 국정감사와 국정조사를 통한 통제를 생각해 볼 수는 있을 것이다.

국회법 제98조의2의 국회제출절차는 행정규칙에도 적용되므로, 훈령·예규·고시 등이 제정·개정 또는 폐지되었을 때에는 10일 이내에 이를 국회 소관 상임위원회에 제출하여야 한다.

그 밖에도 청원·압력단체의 활동·여론 등의 국민적 통제도 생각해 볼 수 있다.

3. 사법적 통제**

1. 행정규칙에 대한 사법적 통제는 원칙적으로 불가능
2. 예외적으로 대외적 구속력이 인정되는 경우 사법적 통제 가능
3. 헌법소원 대상성
(1) 원칙: 불가능
(2) 법령보충규칙 등 대외적 구속력이 인정되는 경우는 가능

행정규칙은 행정내부에서만 효력을 가지는 것일 뿐 대외적 구속력, 재판규범성, 처분성이 모두 부인되므로, 행정규칙에 대한 사법적 통제는 불가능하다.

그러나 행정규칙에 예외적으로 대외적 구속력이 인정되는 경우(법령보충규칙)에는 재판규범이 되고, 이에 대한 사법적 통제가 가능함은 물론이다.

---

* 행정고시(재경)(2007년).

** 행정고시(일반행정)(2006년).

한편 행정규칙이 기본권을 침해하는 경우 헌법소원의 대상이 될 수 있는가와 관련하여, 헌법재판소는 원칙적으로 행정규칙은 행정내부법으로서 헌법소원의 대상이 되지 않으나, 법령보충규칙 또는 평등원칙·신뢰보호원칙 등을 매개로 한 재량준칙의 경우는 헌법소원의 대상이 된다고 하고 있다.

판례 > 행정규칙의 헌법소원 대상성

"행정규칙은 일반적으로 행정조직 내부에서만 효력을 가지는 것이나, 행정규칙이 법령의 규정에 의하여 행정관청에 법령의 구체적 내용을 보충할 권한을 부여한 경우나 재량권행사의 준칙인 규칙이 그 정한 바에 따라 되풀이 시행되어 행정관행이 이룩되게 되면, 평등의 원칙이나 신뢰보호의 원칙에 따라 행정기관은 그 상대방에 대한 관계에서 그 규칙에 따라야 할 자기구속을 당하게 되는 경우에는 대외적인 구속력을 가지게 되는바, 이러한 경우에는 헌법소원의 대상이 될 수도 있다.

경기도교육청의 1999.6.2.자 「학교장·교사 초빙제 실시」는 학교장·교사 초빙제의 실시에 따른 구체적 시행을 위해 제정한 사무처리지침으로서 행정조직 내부에서만 효력을 가지는 행정상의 운영지침을 정한 것이어서, 국민이나 법원을 구속하는 효력이 없는 행정규칙에 해당하므로 헌법소원의 대상이 되지 않는다(헌재결 2001.5.31, 99헌마413 전원재판부)."

제4절 행정의 입법활동 등

Ⅰ. 개설

행정기본법은 제4장에서 행정의 입법활동에 관한 규정을 두고 있다. 구체적으로는 행정입법이 준수하여야 할 원칙과 기준, 행정법제의 개선조치, 법령의 해석에 관하여 그동안 법제업무운영규정(대통령령)에 규정되어 있던 사항을 행정기본법(법률)에 규정함으로써 궁극적으로는 행정의 입법활동이 '법치행정의 원리'에 부합되도록 하고자 한 것이다.

Ⅱ. 행정의 입법활동

'행정의 입법활동'이란 국가나 지방자치단체가 법령등을 제정·개정·폐지하고자 하거나 그와 관련된 활동을 말한다. 행정의 입법활동은 헌법과 상위 법령을 위반해서는 아니 되며(법률우위의 원칙), 헌법과 법령등에서 정한 절차를 준수하여야 한다(행정기본법 38 ①).

행정의 입법활동은 ① 일반 국민 및 이해관계자로부터 의견을 수렴하고 관계 기관과 충분한 협의를 거쳐 책임 있게 추진되어야 하고, ② 법령등의 내용과 규정은 다른 법령등과 조화를 이루어야 하고, 법령등 상호 간에 중복되거나 상충되지 아니하여야 하며, ③ 법령등은 일반 국민이 그 내용을 쉽고 명확하게 이해할 수 있도록 알기 쉽게 만들어져야 한다(행정기본법 38 ②).

정부는 매년 해당 연도에 추진할 법령안 입법계획(정부입법계획)을 수립하여야 한다(행정기본법 38 ③).

행정기본법 제38조는 행정입법활동에 대한 원칙과 기준을 정하고, 정부가 수립하는 정부입법계획에 대한 법률상의 근거를 마련하기 위한 것이다.

Ⅲ. 행정법제의 개선

정부는 권한 있는 기관에 의하여 위헌으로 결정되어 법령이 헌법에 위반되거나 법률에 위반되는 것이 명백한 경우 등 대통령령으로 정하는 경우에는 해당 법령을 개선하여야 한다(행정기본법 39 ①).

정부는 행정 분야의 법제도 개선 및 일관된 법 적용 기준 마련 등을 위하여 필요한 경우 대통령령으로 정하는 바에 따라 관계 기관 협의 및 관계 전문가 의견 수렴을 거쳐 개선조치를 할 수 있으며, 이를 위하여 현행 법령에 관한 분석을 실시할 수 있다(행정기본법 38 ③). 이에 대한 자문을 위하여 법제처에 국가행정법제위원회를 둔다(동법 시행령 14 ①).

Ⅳ. 법령해석

누구든지 법령등의 내용에 의문이 있으면 법령을 소관하는 중앙행정기관의 장(법령소관기관)과 자치법규를 소관하는 지방자치단체의 장에게 법령해석을 요청할 수 있다(행정기본법 40 ①).

법령소관기관과 자치법규를 소관하는 지방자치단체의 장은 각각 소관 법령등을 헌법과 해당 법령등의 취지에 부합되게 해석·집행할 책임을 진다(행정기본법 40 ②).

법령소관기관이나 법령소관기관의 해석에 이의가 있는 자는 대통령령으로 정하는 바에 따라 법령해석업무를 전문으로 하는 기관에 법령해석을 요청할 수 있다(행정기본법 40 ③).

제 3 장

행정계획

I. 행정계획의 의의*

계획은 행정에서도 매우 빈번하게 활용되는 수단이다. 계획이 그러하듯이 행정계획도 매우 다양하고 이질적이어서 그 개념을 한 마디로 정의하기 어렵지만, 대체로 '장래 일정 시점에 달성하고자 하는 목표를 설정하고 이를 위하여 서로 관련되는 행정수단을 종합·조정하는 작용(Planung), 또는 그 결과로 설정된 계획(Plan)'으로 정의할 수 있다.[1]

II. 행정계획의 종류

1. 공간계획

공간계획(Raumplanung)이란, 예컨대 국토계획, 도시계획 등과 같이, 공간을 대상으로 하는 계획을 말한다. 행정계획 중에는 공간과 관련이 없는 계획(예: 경제·사회·교육행정분야에서의 계획)도 무수히 많은데, 행정계획의 주된 관심은 공간계획이다.

2. 종합계획·전문계획

공간계획은 다시 종합계획과 전문계획으로 구분되는데, 종합계획(Gesamtplanung)은 일정한 지역의 종합적인 관계를 대상으로 하는 계획(예: 국토계획, 도시계획)을 말하고, 전문계획(Fachplanung)은 -넓은 의미로 전문행정기관에 의하여 수립되고 시행되는, 공간과 관련된 계획이나 조치를 의미하기도 하지만, 보통은 좁은 의미로- 특정 시설의 설치계획(예: 철도·공항·항만·발전소 등의 설치계획)'을 말한다.[2]

---

* 행정고시(재경)(2010년).

1 "행정계획이라 함은 행정에 관한 전문적·기술적 판단을 기초로 하여 도시의 건설·정비·개량 등과 같은 특정한 행정목표를 달성하기 위하여 서로 관련되는 행정수단을 종합·조정함으로써 장래의 일정한 시점에 있어서 일정한 질서를 실현하기 위한 활동기준으로 설정된 것으로서…(대판 1996.11.29, 96누8567)."

2 일반적으로 이와 같은 시설들은 관련법에서 그 설치 및 설치계획에 관하여 규정을 두고 있고, 이에 따라 시설의 설치에 관한 계획(전문계획)이 수립된다. 예컨대, 항만법은 항만설치를 포함한 항만공사(제9

3. 국가계획 · 지역계획 · 지방자치단체 계획

공간계획은 주체에 따라 국가계획과 지방자치단체 계획으로 분류할 수 있다. 이는 특히 지방자치단체의 계획고권(Planungshoheit)과 관련된 분류로서 독일의 공간계획의 체계와도 밀접한 관련이 있다.

독일의 공간계획은 연방의 연방공간계획(Bundesraumordnungsprogramm), 주의 주(州)계획(Landesplanung), 주 내부의 광역단위 지역의 지역계획(Regionalplanung), 지방자치단체의 건설기본계획(Bauleitplanung)으로 체계화되어 있다. 한편 공간계획은 지방자치단체를 기준으로 계획의 영향력이 지방자치단체의 구역을 초과하는 초지역적(überörtlich) 계획과 지방자치단체의 구역과 일치하는 지역적(örtlich) 계획으로도 분류할 수 있는데, 대체로 지역적 계획은 지방자치단체 계획을 의미하고, 초지역적 계획은 국가의 공간계획으로서 연방공간계획, 주계획, 지역계획을 의미한다.

우리나라의 경우 공간계획의 기본적 체계는 전 국토를 대상으로 수립되는 국토계획(국토법 6), 광역계획권에서 수립되는 광역도시계획(국토계획법 2장), 지방자치단체의 관할구역을 대상으로 수립되는 도시 · 군계획(도시 · 군계획은 다시 도시 · 군기본계획과 도시 · 군관리계획으로 구분된다)으로 구성되어 있다(국토계획법 3, 4장). 여기에서 국토계획은 국가계획, 광역도시계획은 지역계획, 도시 · 군계획은 지방자치단체 계획을 의미하는 것으로 볼 수 있다.[3]

※ 국토기본법

제6조(국토계획의 정의 및 구분) ① 이 법에서 "국토계획"이란 국토를 이용 · 개발 및 보전할 때 미래의 경제적 · 사회적 변동에 대응하여 국토가 지향하여야 할 발전 방향을 설정하고 이를 달성하기 위한 계획을 말한다.

※ 국토의 계획 및 이용에 관한 법률(국토계획법)

제2조(정의) 이 법에서 사용하는 용어의 뜻은 다음과 같다.

1. "광역도시계획"이란 제10조에 따라 지정된 광역계획권의 장기발전방향을 제시하는 계획을 말한다.
2. "도시 · 군계획"이란 특별시 · 광역시 · 특별자치시 · 특별자치도 · 시 또는 군(광역시의 관할

조)를 규정하면서 항만공사실시계획(제10조)을 규정하고 있고, 제10조에 따라 수립되는 실시계획이 전문계획이다.

3 공간계획의 기본체계: 국토계획(국가계획)-광역도시계획(지역계획)-도시 · 군계획(도시 · 군기본계획-도시 · 군관리계획) (지방자치단체 계획).

구역에 있는 군은 제외한다. 이하 같다)의 관할 구역에 대하여 수립하는 공간구조와 발전 방향에 대한 계획으로서 도시·군기본계획과 도시·군관리계획으로 구분한다.

3. "도시·군기본계획"이란 특별시·광역시·특별자치시·특별자치도·시 또는 군의 관할 구역에 대하여 기본적인 공간구조와 장기발전방향을 제시하는 종합계획으로서 도시·군관리계획 수립의 지침이 되는 계획을 말한다.
4. "도시·군관리계획"이란 특별시·광역시·특별자치시·특별자치도·시 또는 군의 개발·정비 및 보전을 위하여 수립하는 토지 이용, 교통, 환경, 경관, 안전, 산업, 정보통신, 보건, 복지, 안보, 문화 등에 관한 다음 각 목의 계획을 말한다.

4. 비구속적 계획·구속적 계획

행정계획은 법적인 구속력이 있는가에 따라 비구속적 계획과 구속적 계획으로 구분할 수 있다. 여기에서 구속력이라 함은 국민을 구속하는 대외적 구속력을 의미한다.

예컨대 국토계획법상의 도시·군계획 가운데 '도시·군기본계획'은 관할 구역의 기본적인 공간구조와 장기발전방향을 제시하는 예비적·지침적 계획으로서 비구속적 계획인데 반하여, '도시·군관리계획'은 도시·군기본계획을 구체화하여 관할 구역 내의 토지이용을 구속력 있게 확정하는 구속적 계획이다.[4]

판례 > 도시기본계획이 직접적 구속력이 있는지 여부

"도시기본계획은 도시의 기본적인 공간구조와 장기발전방향을 제시하는 종합계획으로서 그 계획에는 토지이용계획, 환경계획, 공원녹지계획 등 장래의 도시개발의 일반적인 방향이 제시되지만, 그 계획은 도시계획입안의 지침이 되는 것에 불과하여 일반 국민에 대한 직접적인 구속력은 없는 것이다(대판 2002.10.11, 2000두8226)."

4 '도시·군계획'은 지방자치단체의 구역을 대상으로 수립되는데, '기본계획'은 지방자치단체에 대한 종합계획으로서 장기적인 발전방향을 담은 청사진(마스터플랜)으로서 아무런 구속력이 없지만, '관리계획'은 기본계획을 구체화하여 계획대상공간의 형성을 구속력 있게 확정하는 계획으로서 모두에 대하여 구속력이 있다. 예컨대, '개발제한구역의 지정(도시·군관리계획)'이 있으면 행정청의 허가 없이는 일정한 개발행위들을 할 수 없게 된다.

Ⅲ. 행정계획의 법적 성질*

> **1. 행정계획의 의의**
> **2. 행정계획의 법적 성질**
> (1) 학설: ① 입법행위설, ② 행정행위설, ③ 복수성질설, ④ 독자성설 등, ⑤ 결어: 개별적 판단
> **3. 도시·군관리계획의 처분성**
> (1) 소극설
> (2) 적극설
> (3) 결어: 처분성 인정

1. 특히 구속적 계획의 법적 성질에 대한 견해

행정계획은 워낙 다양하고 이질적이어서 그 법적 성질에 대해서도 논란이 많은데, 이 가운데 구속적 행정계획은 국민의 권리의무관계에 직접 영향력을 가진다는 점에서 이에 한정하여 그 법적 성질을 살펴보기로 한다.

구속적 행정계획의 법적 성질에 관해서는 ① 일종의 일반·추상적 성격을 갖는 규범의 정립작용으로 이해하는 입법행위설, ② 직접적으로 국민의 권리의무관계에 변동을 가져오는 행정행위로서의 성질을 가진다는 행정행위설, ③ 법규명령의 성질을 가지는 것도 있고, 행정행위의 성질을 가지는 것도 있을 수 있다는 복수성질설, ④ 법규범도 아니고 행정행위도 아닌 특수한 성질의 이물(異物, Aliud)이라는 독자성설 등 다양한 견해가 제시되고 있으나, ⑤ 결론적으로 구속적 행정계획도 그 종류가 다양해서 그 법적 성질을 획일적으로 설명할 수 없고, 그 근거법과 관련하여 개별적으로 판단할 수밖에 없다.

2. 도시·군관리계획의 법적 성질(처분성 여부에 관한 문제)**

(구) 도시계획법상의 도시계획(현 국토계획법상 도시·군계획)이 항고소송의 대상이 되는 처분인가 하는 점이 문제된 바 있었다.

도시·군계획 가운데 도시·군기본계획은 장기적인 발전방향을 제시하는 예비적·지침적인 비구속적 계획이므로 처분으로 보기 어렵다. 문제는 구속력이 있는 도시·군관리계획이 행정쟁송법상 처분인가 하는 것이다.

(1) 소극설

과거 서울고등법원은 '(구) 도시계획법상 도시계획(현 도시·군관리계획)결정은 도시계획사업의 기본이 되는 일반적·추상적인 결정으로서, 특히 개인에게 구체적인 권리의무관계가 발생한다

* 사법시험(2009년), 행정고시(재경)(2011년).
** 입법고시(2005년).

고 볼 수 없다'고 하여 도시·군관리계획의 처분성을 부인하였다(서울고판 1980.1.29, 79구416).

(2) 적극설

이 사건에서 대법원은 '(구) 도시계획법상 도시계획(현 도시·군관리계획)결정이 고시되면 도시계획구역 안의 토지나 건물소유자의 토지형질변경, 건축물의 신축·개축 또는 증축 등 권리행사가 일정한 제한을 받게 되므로, 이 점에서 도시계획결정은 특정 개인의 권익을 개별적이고 구체적으로 규제하는 효과를 가져오는 처분으로서 행정소송의 대상이 된다'고 하였다(대판 1982.3.9, 80누105).

(3) 결어

생각건대 도시·군관리계획은 구체적인 구속력 있는 계획이라는 점에서 이를 구체적 법집행 행위로 보기에 충분하므로 적극설의 입장이 타당하다.

Ⅳ. 행정계획의 절차

행정계획의 절차에 관한 일반법은 없고, 개별법에서 행정계획의 수립과 관련하여, ① 각종 합의제 행정기관(예: 도시계획위원회)의 자문이나 심의(예: 국토계획법 16 ②, 30 ③, 도시정비법 6), ② 관계행정기관과의 협의(예: 국토계획법 16 ②), ③ 지방의회의 의견청취(예: 국토계획법 21, 도시정비법 6 ②), ④ 이해관계인의 의견제출(도시개발법 29 ④), 주민설명회(도시정비법 15 ①), 공청회(국토계획법 14), 계획의 입안제안(국토계획법 26) 등 다양한 절차들을 규정하고 있다.

Ⅴ. 계획확정절차와 행정계획의 집중효 및 인허가 의제

1. 독일의 계획확정절차

독일은 우리나라와는 달리 연방행정절차법 제5장(특별절차) 제2절에서 7개 조항에 걸쳐 계획확정절차(Planfeststellungsverfahren)를 규정하고 있다.

계획확정절차란, 예컨대 도로·수로·철도·공항·항만·폐기물시설·전기 및 가스시설과 같은 특정시설의 설치에 관한 전문계획(Fachplanung)을 수립하면서 이와 관련하여 발생하는 다양한 공·사익의 갈등을 조정과정을 거쳐 최종적으로 계획을 확정하는 절차를 말한다. 특정한 시설을 설치하는 경우 행정청은 사업시행자에게 사업계획(Vorhaben)을 제출하도록 하고, 제출된 사업계획을 이해관계인에게 열람시키고, 의견을 제출받은 후, 사업시행자·행정기관·이해관계인 및 이의제기인과 함께 토의(Erörterung)하는 절차를 거쳐 최종적으로 계획의 확정 여부를 결정하게 된다. 이 과정에 모든 관련된 기관들이 참여하였으므로, 최종적으로 사업계획이 확정되면 이 사업과 관련된 모든 허가·인가·승인 등을 받은 것이 된다. 이와 같이 계획확정결정과 같은 하나의 결정이 여러 다른 행정기관의 결정을 대체하는 효과를 집중효(Konzentrationswirkung)라고 한다(계획확정결정은 집중효가 인정된다).

계획확정절차는 전문계획에 해당하는 절차로서 종합계획은 대상이 되지 않는다. 그리고 계획확정절차는 모든 전문계획의 수립에 요구되는 절차가 아니라 해당 법령에서 연방행정절차법이 정하는 계획확정절차를 거치도록 규정하고 있는 경우에만 적용된다(독일 연방행정절차법 72 ①).

2. 인허가의제*

1. 의의
2. 인허가의제의 정도
① 관할집중설, ② 절차집중설, ③ 실체집중설 등
④ 판례는 절차집중설
⑤ 결어: 절차집중설 타당
3. 인허가의제의 절차와 기준(행정기본법 24 ②, ③, ④, ⑤)
4. 인허가의제의 효과: 행정기본법 25 ①, ②
5. 인허가의제의 사후관리: 행정기본법 26 ①, ②
6. 관련 판례

(1) 의의

우리나라는 독일과 같은 계획확정절차가 없고, 그 대신 각 개별법에서 인허가의제를 규정하고 있다. 인허가의제란 근거법상의 인허가 등을 받으면 그 근거법에서 정하고 있는 다른 법률에 의한 인허가 등도 받은 것으로 의제하는 것을 말한다. 인허가 등을 규정하고 있는 대부분의 법률들마다 '인허가 등의 의제'에 관한 규정들을 따로 두고 있으므로, 어떠한 인허가가 의제되는지는 각 법률의 규정을 살펴보아야 알 수 있다(예: 국토계획법 61).[5]

---

* 사법시험(2012년), 5급공채(2021년).

5 국토의 계획 및 이용에 관한 법률(국토계획법)
제61조(관련 인·허가등의 의제) ① 개발행위허가 또는 변경허가를 할 때에 특별시장·광역시장·특별자치시장·특별자치도지사·시장 또는 군수가 그 개발행위에 대한 다음 각 호의 인가·허가·승인·면허·협의·해제·신고 또는 심사 등(이하 "인·허가등"이라 한다)에 관하여 제3항에 따라 미리 관계 행정기관의 장과 협의한 사항에 대하여는 그 인·허가등을 받은 것으로 본다.
1. 「공유수면 관리 및 매립에 관한 법률」 제8조에 따른 공유수면의 점용·사용허가, 같은 법 제17조에 따른 점용·사용 실시계획의 승인 또는 신고, 같은 법 제28조에 따른 공유수면의 매립면허 및 같은 법 제38조에 따른 공유수면매립실시계획의 승인
2. 삭제 〈2010. 4. 15.〉
3. 「광업법」 제42조에 따른 채굴계획의 인가
4. 「농어촌정비법」 제23조에 따른 농업생산기반시설의 사용허가
…

인허가의제는 주된 인·허가(예: 개발행위허가)와 관련이 있는 다른 인허가들(예: 공유수면점용허가, 농업생산기반시설의 사용허가 등)을 받은 것으로 함으로써 절차간소화와 처리기간의 단축이라는 효과를 얻고자 하는 것이다. 다만 어떤 기관의 인허가를 다른 기관의 인허가에 종속시키는 것은 권한침해가 문제되므로, 주된 인허가를 하기 전에 소관기관의 사전협의가 필요하다. 따라서 사전협의와 의제는 인허가의제 제도의 본질적인 요소이다.

행정기본법은 "하나의 인허가(주된 인허가)를 받으면 법률로 정하는 바에 따라 그와 관련된 여러 인허가(관련 인허가)를 받은 것으로 보는 것을 말한다."고 정의하고 있다(행정기본법 24 ①).

(2) 인허가의제의 정도

'인허가의제'에서 '어디까지 의제'되는지, 즉 여러 인허가기관을 하나의 기관으로 창구만 단일화한다는 의미인지, 여러 인허가 절차들이 하나의 단일화된 절차로 진행된다는 의미인지, 주된 인허가기관이 의제되는 인허가의 실체적인 요건까지 심사할 수 있다는 의미인지에 대해서는 논란이 있다.

① 먼저 관할집중설은 주된 인허가기관에 의제되는 인허가기관의 권한만 이전되는 데 불과하다는 견해이다. 즉 주된 인허가기관이 '형식적으로' 의제되는 인허가를 할 뿐, 실제로 의제되는 인허가는 각 법률상의 절차적·실체적 요건을 각각 준수하여야 한다는 것이다.

② 절차집중설은 인허가의제를 인허가에 관한 절차가 집중되는 것으로 이해하는 입장이다. 따라서 모든 인허가절차는 주된 인허가기관으로 집중되지만, 의제되는 인허가에 요구되는 각 법률상의 실체적 요건은 준수하여야 한다는 것이다.

③ 실체집중설은 주된 인허가기관에 의제되는 인허가와 관련된 모든 실체적·절차적 요소들이 집중된다고 이해하는 입장이다. 따라서 주된 인허가기관은 의제되는 인허가에 대한 각 법률상의 절차적·실체적 요건을 고려하지 않고 독자적으로 의제 여부를 판단할 수 있다는 것이다.

④ 판례는 의제되는 인허가의 요건불비를 이유로 주된 인허가신청을 거부할 수 있다고 하여 인허가의제를 절차집중으로 이해하고 있다고 판단된다.

판례 > 채광계획인가로 공유수면 점용허가가 의제될 경우, 공유수면 점용불허사유로써 채광계획을 인가하지 아니할 수 있는지 여부

"광업법(1999.2.8. 법률 제5893호로 개정되기 전의 것) 제47조의2 제5호에 의하여 채광계획인가를 받으면 공유수면 점용허가를 받은 것으로 의제되고, … 공유수면 점용허가를 필요로 하는 채광계획 인가신청에 대하여, 공유수면 관리청이 재량적 판단에 의하여 공유수면 점용을 허가 여부를 결정할 수 있고, 그 결과 공유수면 점용을 허용하지 않기로 결정하였다면, 채광계획 인가관청은 이를 사유로 하여 채광계획을 인가하지 아니할 수 있다(대판 2002.10.11, 2001두151)."

판례 > 개발행위허가가 의제되는 건축허가신청이 개발행위허가기준에 부합하지 아니하는 경우, 허가권자가 이를 거부할 수 있는지 여부(적극)

"건축물의 건축이 국토계획법상 개발행위에 해당할 경우 그에 대한 건축허가를 하는 허가권자는 건축허가에 배치·저촉되는 관계 법령상 제한 사유의 하나로 국토계획법령의 개발행위허가기준을 확인하여야 하므로, 국토계획법상 건축물의 건축에 관한 개발행위허가가 의제되는 건축허가신청이 국토계획법령이 정한 개발행위허가기준에 부합하지 아니하면 허가권자로서는 이를 거부할 수 있다(대판 2016.8.24, 2016두35762)."

⑤ 생각건대 인허가의제는 행정절차의 간소화를 통하여 국민의 권익을 증진시키기 위한 목적으로 도입된 제도이므로 절차의 간소화를 통하여 절차만 집중되는 것으로 보는 것이 타당하다. 따라서 의제되는 인허가의 요건이 갖추지 못하면 주된 인허가를 할 수 없다고 보아야 한다.

(3) 인허가의제의 절차와 기준[6]

인허가의제를 받으려면 주된 인허가를 신청할 때 관련 인허가에 필요한 서류를 함께 제출하여야 한다(행정기본법 24 ②). 주된 인허가 행정청은 주된 인허가를 하기 전에 관련 인허가에 관하여 미리 관련 인허가 행정청과 협의하여야 한다(행정기본법 24 ③). 관련 인허가 행정청은 제3항에 따른 협의를 요청받으면 그 요청을 받은 날부터 20일 이내(제5항 단서에 따른 절차에 걸리는 기간은 제외한다)에 의견을 제출하여야 한다. 이 경우 전단에서 정한 기간 내에 협의 여부에 관하여 의견을 제출하지 아니하면 협의가 된 것으로 본다(행정기본법 24 ④). 제3항에 따라 협의를 요청받은 관련 인허가 행정청은 해당 법령을 위반하여 협의에 응해서는 안 된다. 다만, 관련 인허가에 필요한 심의, 의견 청취 등 절차에 관하여는 법률에 인허가의제 시에도 해당 절차를 거친다는 명시적인 규정이 있는 경우에만 이를 거친다(행정기본법 24 ⑤).

한편 행정절차법은 행정기본법 제24조에 따른 인허가의제의 경우 관련 인허가 행정청은 관련 인허가의 처분기준을 주된 인허가 행정청에 제출하여야 하고, 주된 인허가 행정청은 제출받은 관련 인허가의 처분기준을 통합하여 공표하도록 하고 있다(행정절차법 20 ②).

6 행정기본법 제24조, 제25조, 제26조 및 행정절차법 제20조 제2항의 시행일은 2023.3.24.

(4) 인허가의제의 효과

행정기본법 제24조 제3항·제4항에 따라 협의가 된 사항에 대해서는 주된 인허가를 받았을 때 관련 인허가를 받은 것으로 본다(행정기본법 25 ①). 인허가의제의 효과는 주된 인허가의 해당 법률에 규정된 관련 인허가에 한정된다(행정기본법 25 ②).

(5) 인허가의제의 사후관리

인허가의제의 경우 관련 인허가 행정청은 관련 인허가를 직접 한 것으로 보아 관계 법령에 따른 관리·감독 등 필요한 조치를 하여야 한다(행정기본법 26 ①). 주된 인허가가 있은 후 이를 변경하는 경우에는 제24조·제25조 및 제25조 제1항을 준용한다(행정기본법 26 ②).

(6) 관련 판례

(ⅰ) 인허가의제는 다른 법률에 의한 인허가를 받은 것으로 보는 데 그치는 것이므로, 그 다른 법률의 모든 규정들까지 적용되는 것으로 의제되는 것은 아니다(대판 2016.11.24, 2014두47686).

(ⅱ) 인허가가 의제되는 처분에 하자가 있다고 하더라도, 이로써 해당 인허가의 의제 효과가 발생하지 않을 수 있을지언정, 이를 주된 인허가의 위법사유로 주장할 수는 없다(대판 2017.9.12, 2017두45131).

(ⅲ) 인허가가 의제된 경우 '주된 인허가'와 '의제된 인허가'가 각각 존재하는 것이 된다. 따라서 ① 주된 행정행위가 발급과 더불어 의제된 인허가가 사후에 취소되면서 이와 더불어 주된 행정행위도 취소된 경우 주된 행정행위의 취소와 별도로 의제된 인허가의 취소를 다룰 '협의의 소익(권리보호의 필요성, 분쟁의 현실성)'[7]이 인정된다(대판 2018.7.12, 2017두48734). 그리고 ② 의제되는 인허가에 관한 사전 협의가 이루어지지 않은 채 주된 인허가를 한 경우 신청인은 주된 인허가를 받은 지위를 가지게 될 뿐이고 관련 인허가까지 받은 지위를 가지는 것은 아니므로, 주된 인허가 이외에 필요한 관련 인허가를 관계 행정청에 별도로 신청하는 절차를 거쳐야 한다(대판 2021.3.11, 2020두42569).

(ⅳ) 그러나 의제되는 인허가의 요건을 갖추지 못하여 주된 인허가가 거부된 경우에는, '주된 인허가 거부처분 1개'만 존재하는 경우이므로, 의제되는 인허가의 요건을 구비하지 못하였다는 처분사유를 다투고자 하는 경우에는 '주된 인허가 거부처분 취소소송'을 제기하여야 한다

---

* 행정고시(2002년), 행정고시(일반행정)(2010년).

7 '소익(訴益)'이란 소송을 통해서 분쟁을 해결하여야 할 실익(필요)을 말한다. 즉 소송이 필요한가 하는 것이다. 소익은 주관적 관점으로는 '원고적격(원고가 될 자격)'을 의미하고 객관적 관점으로는 '협의(狹義)의 소익(소송을 하여야 할 현실적인 필요성)'을 의미한다. 좁은 의미의 소익은 '권리보호의 필요성', '분쟁의 현실성'으로도 표현된다.

(대판 2004.10.15, 2003두6573).

(v) 인허가의제에 대한 명문의 규정이 없는 이상, 관련 인허가가 의제되지 않는다(대판 2021.6.24, 2021두33883; 대판 2022.9.7, 2020두40327). 행정기본법 제25조 제2항도 "인허가의제의 효과는 주된 인허가의 해당 법률에 규정된 관련 인허가에 한정된다."고 규정하고 있다.

VI. 행정계획의 통제

행정계획에 대한 통제도 권력분립의 관점에서 행정적·정치적·사법적 통제로 구분해 볼 수 있다.

1. 행정적 통제

행정계획은 행정내부적으로 상급행정청의 감독권행사나 행정계획의 수립과정에서의 관계행정기관과의 협의·승인 등의 절차를 통하여 통제될 수 있다.

2. 입법적 통제

행정계획에 대하여 국회는 예산심의, 국정조사·국정감사, 해임건의 등을 통하여 간접적으로 통제할 수 있을 뿐이다. 그 밖에도 주민참여나 청원 등의 국민통제방식도 생각해 볼 수 있다.

3. 사법적 통제*

(1) 계획재량의 의의

(2) 계획재량에 대한 사법적 통제

① 계획상의 목표가 근거법에 합치

② 비례원칙을 비롯한 행정법의 일반원칙 준수

③ 근거법이 정한 형식과 절차 준수

④ 관계되는 모든 이익을 정당하게 형량(형량명령)

(3) 형량명령

1) 의의

2) 형량의 단계: ① 관련 이익 조사, ② 이익의 평가, ③ (좁은 의미의) 이익형량

3) 형량명령에 위반하는 하자

① 이익형량을 전혀 행하지 않은 경우(형량의 결여)

② 이익형량에서 고려하여야 할 이익을 빠뜨린 경우(형량의 결함)

③ 이익의 중요성을 잘못 판단한 경우(형량의 과오)

④ 특정 이익을 과도하게 평가하는 경우(형량의 불평등)

* 사법시험(2009년), 입법고시(2007년), 행정고시(2004년).

(1) 계획재량

행정계획에 대한 사법적 통제와 관련하여서는 계획재량이 중요한 의미를 가진다. 계획재량(Planungsermessen)이란 행정주체가 계획을 통하여 가지게 되는 광범위한 형성권한을 말하는 것으로 계획상의 형성의 자유(Planerische Gestaltungsfreiheit)라고도 한다.

일반적인 법규정들은 요건규정을 충족하면 효과규정에 따른 법효과를 부여하는 조건명제(Wenn-Dann-Schema)식(예: ~하는 경우에는, ~한다)으로 규정되어 있는데 비하여, 행정계획에 관한 규정들은 계획의 목적과 수단을 규정하는 목적·수단명제(Zweck-Mittel-Schema)식(예: 행정청은 ~을 하기 위하여 OO계획을 수립한다)으로 규정되어 있어서, 계획의 목적이 법이 정한 목적에 부합하는 한 행정청은 계획을 통하여 광범위한 형성의 여지를 가지게 된다. 이러한 점에서 계획재량은 일반 재량과 차이가 있고 또한 구별되어야 한다는 것이 일반적인 견해이다.

(2) 계획재량에 대한 사법적 통제

계획재량을 통한 광범한 형성권한도 행정작용으로서 일정한 한계가 있다. 즉 ① 먼저 계획상의 목표는 근거법에 합치(合致)되어야 하고,[8] ② 행정법의 일반원칙을 준수하여야 하며, ③ 근거법이 정한 형식과 절차를 준수하여야 하고, ④ 관계되는 모든 이익을 정당하게 형량하여야 한다(형량명령).

(3) 형량명령

형량명령(Abwägungsgebot)은 계획을 수립함에 있어 관계되는 모든 이익을 정당하게 형량하여야 한다는 행정법의 일반원칙이다. 형량명령은 법치국가원리에서 파생되는 법원칙으로서 모든 계획에 적용된다.[9] 행정절차법은 2021년 법개정을 통하여 "행정청은 행정청이 수립하는 계획 중 국민의 권리의무에 직접 영향을 미치는 계획을 수립하거나 변경·폐지할 때에는 관련된 여러 이익을 정당하게 형량하여야 한다(행정절차법 40의4)."는 규정을 신설하여 형량명령을 명문화하였다.

이익형량은 ① 관계되는 이익의 조사, ② 이익에 대한 평가, ③ (좁은 의미의) 이익형량으로 이루어지는데, 이 과정에서 다음의 경우에는 형량명령의 하자로서 형량명령에 위반하는 위법한 계획이 된다:

① 이익형량을 전혀 행하지 않은 경우(형량의 결여, Abwägungsausfall)

---

8 A시의 도시관리계획의 목표가 근거법인 국토계획법이 정하는 도시·군관리계획의 목적에 부합하여야 한다는 의미이다.

9 여기에서 명령(Gebot)은 종교적으로는 '계율, 신의 명령'을 의미하는데, 즉 '정당한 이익형량'은 헌법상 법치국가가 내린 명령이라는 의미이다. 법적으로는 원칙, 법칙을 의미한다. 따라서 정당한 형량의 원칙, 이익형량의 원칙으로 이해하면 된다.

② 이익형량에서 고려하여야 할 이익을 빠뜨린 경우(형량의 결함, Abwägungsdefizit)

③ 이익의 중요성을 잘못 판단한 경우(형량의 과오, Abwägungsfehleinschätzung)

④ 특정 이익을 과도하게 평가하는 경우(형량의 불평등, Abwägungsdisproportionalität)

이 형량명령 및 형량명령의 하자에 관한 이론은 판례에도 반영되고 있다.

판례 > 행정주체의 행정계획의 입안·결정에 관한 재량의 범위와 한계

"… 관계 법령에 추상적인 행정목표와 절차만이 규정되어 있을 뿐 행정계획의 내용에 관하여는 별다른 규정을 두고 있지 아니하는 경우에, 행정주체는 구체적인 행정계획의 입안·결정에 관하여 비교적 광범위한 형성의 자유를 가진다. 다만 행정주체가 가지는 이와 같은 형성의 자유는 무제한적인 것이 아니라 그 행정계획에 관련되는 사람들의 이익을 공익과 사익 사이에서는 물론이고 공익 상호간과 사익 상호간에도 정당하게 비교교량하여야 한다는 제한이 있으므로, 행정주체가 행정계획을 입안·결정하면서 이익형량을 전혀 하지 아니하거나 이익형량의 고려 대상에 마땅히 포함시켜야 할 사항을 누락한 경우 또는 이익형량을 하였으나 정당성과 객관성을 갖추지 못한 경우에는 그 행정계획결정은 형량에 하자가 있어 위법하다(대판 2015.12.10, 2011두32515; 대판 2016.2.18, 2015두53640; 대판 2020.9.3, 2020두34346)."

※ 관련 판례: 대판 2018.6.28, 2018두35490, 35506(병합); 대판 2021.7.29, 2021두33593

VII. 행정계획과 행정구제

1. 행정쟁송

행정쟁송과 관련하여서는, 특히 행정계획이 항고쟁송의 대상이 되는 처분인가 하는 점이 중요하다. 구속적 계획의 경우 계획을 통하여 이해관계인의 권리의무관계에 구체적인 변동을 가져오는 경우에는 처분성이 인정된다고 보아야 할 것이다. 판례도 같은 취지에서 국토계획법상 도시·군관리계획, 도시정비법상 관리처분계획[10]의 처분성을 인정하고 있다.

판례 > (구) 도시재개발법(현 도시 및 주거환경정비법)상의 관리처분계획이 항고소송의 대상이 되는 행정처분인지 여부

"도시재개발법에 의한 재개발조합은 조합원에 대한 법률관계에서 적어도 특수한 존립목적을 부여받

10 관리처분계획이란 정비사업 시행자가 분양신청기간이 종료된 때 수립하는 대지 및 건축시설에 관한 관리 및 처분에 관한 계획을 말한다. 이로써 정비사업 이전의 토지·건물의 소유권 등의 법률관계가 새로 구체적으로 형성되기 때문에 처분성이 인정되는 것이다.

은 특수한 행정주체로서 국가의 감독하에 그 존립 목적인 특정한 공공사무를 행하고 있다고 볼 수 있는 범위 내에서는 공법상의 권리의무 관계에 서 있는 것이므로 분양신청 후에 정하여진 관리처분계획의 내용에 관하여 다툼이 있는 경우에는 그 관리처분계획은 토지 등의 소유자에게 구체적이고 결정적인 영향을 미치는 것으로서 조합이 행한 처분에 해당하므로 항고소송의 방법으로 그 무효확인이나 취소를 구할 수 있다(대판 2002.12.10, 2001두6333)."

2. 행정상 손해전보(행정상 손해배상과 행정상 손실보상)

국가 또는 지방자치단체의 위법한 행정계획으로 손해가 발생한 경우에는 국가 또는 지방자치단체를 대상으로 국가배상법에 따라 손해배상을 청구할 수 있다.

적법한 행정계획에 의하여 손실이 발생한 경우 이러한 손실이 '특별한 희생'[11]에 해당하는 경우에는 손실보상이 가능하여야 할 것이나, 현실적으로는 보상규정이 없어 보상이 이루어지지 않는 등의 문제가 있다. 이에 관하여는 '행정상 손실보상'에서 자세히 설명한다.

3. 계획보장청구권의 문제*

1. **의의**
2. **계획보장청구권의 내용**
   - 계획존속청구권, 계획준수청구권, 계획변경청구권, 경과조치청구권, 손해전보청구권 등
   - '일반적' 계획보장청권은 인정되지 않음
3. **계획수립·변경청구권**
   - '일반적 계획수립·변경청구권' 부인 (대판 1984.10.23, 84누227)
   - 예외: 대판 2003.9.23, 2001두10936; 대판 2015.3.26, 2014두42742
   - 국토계획법 26 ①: 주민의 도시·군관리계획의 입안청구권

행정계획이 수립되면 복잡·다양한 이해관계들이 관련되기 때문에 계획의 존속을 신뢰한 사람들에 대한 보호가 문제되기도 하고(계획의 존속에 대한 신뢰보호), 다른 한편으로는 사정변경에 따라 계획을 변경하여야 하는 경우가 발생하기도 한다(계획변경 등의 계획의 신축성). 계획보장청구권(Anspruch auf Plangewährleistung)은 이와 같이 행정계획의 폐지·변경 등의 요구와 신뢰보호의 문제가 충돌하는 문제를 해결하기 위하여 논의되는 문제이다.

계획보장청구권은 일반적으로 계획의 존치를 요구하는 계획존속청구권, 행정계획의 내용 그

---

* 변호사시험(2013년).

11 특별한 희생(Sonderopfer)이란 공익사업으로 인한 재산권침해의 정도가 다른 사람들에게는 요구되지 않는 경우로서, 수인한도를 벗어나는 침해인 경우를 말한다(예: 도로사업에 편입된 토지의 수용(소유권 박탈)). 수인한도 내에서의 재산권침해에 대해서는 손실보상이 인정되지 않는다.

대로 계획을 준수해줄 것을 요구하는 계획준수청구권, 계획의 변경을 요구하는 계획변경청구권, 그밖에도 경과조치청구권, 손해전보청구권 등을 들 수 있다.

다만 계획보장청구권은 공권이기 때문에 공권성립에 '사익보호성'이 요구된다. 따라서 관련 법령상 특정 개인의 계획에 대한 이익이 보호되고 있는 경우[12]가 아니라면, 어느 누구에게나 계획보장청구권이 인정되지는 않는다(일반적 계획보장청구권의 부인).

12 다만 판례는 국토계획법 제26조의 주민들의 도시·군관리계획 입안제안과 관련하여, 주민의 도시계획입안을 요구할 수 있는 신청권(입안제안신청권)을 인정하였다(대판 2004.4.28, 2003두1806). 그리고 '계획변경신청을 거부하는 것이 실질적으로 처분을 거부하는 결과가 되는 예외적인 경우(대판 2003.9.23, 2001두10936)', '도시계획구역 내 토지 등을 소유하고 있는 사람과 같이 당해 도시계획시설결정에 이해관계가 있는 주민의 경우(대판 2015.3.26, 2014두42742)'에도 계획변경신청권을 인정한 바 있다.

제 4 장

공법상 계약*

1. **의의: 행정기본법 27**
2. **행정행위와의 구별**
   - ◦ 공법상 계약: 쌍방행위, 행정행위: 단독행위
   - ◦ 관련판례: 법령이 상대방의 법률관계에 관하여 구체적으로 어떻게 규정하고 있는지에 따라 개별적으로 판단
   - ◦ 관련판례: 공법상 계약의 해지 및 환수에 대한 법령상 규정이 있는 경우는 처분, 계약에만 있는 경우는 계약상 행위
3. **행정기본법 규정**
4. **공법상 계약의 종류(특히 행정주체와 사인간의 공법상 계약)**
   - (1) 정부계약, 재산관리계약, 영조물의 이용관계에 관한 계약의 경우
   - (2) 현행법상 행정주체와 사인간의 공법상 계약
4. **공법상 계약의 가능성과 자유성**
   - (1) 공법상 계약의 가능성: 부인하는 견해 없음. 행정기본법 27 ①
   - (2) 공법상 계약의 자유성
     - ◦ ① 부정설, ② 긍정설(다수설), ③ 절충설 등, ④ 긍정설 타당, ⑤ 행정기본법 27 ①
5. **한계: 행정기본법 27 ②, 행정기본법 27 ① 후단**

Ⅰ. 공법상 계약의 개념

1. 공법상 계약의 의의

공법상 계약이란 공법적 효과 발생을 목적으로 복수당사자 간에 체결하는 계약을 말한다. 공법상 계약은 공·사법의 이원적 구분 및 독립된 행정재판소를 가진 독일에서 성립된 개념이다.

행정기본법은 '공법상 계약'을 '행정목적을 달성하기 위하여 체결하는 공법상 법률관계에 관한 계약'으로 정의하고 있다(행정기본법 27 ①).[1]

---

* 입법고시(2008년), 변호사시험(2021년), 5급공채(2021년).

1 제27조(공법상 계약의 체결) ① 행정청은 법령등을 위반하지 아니하는 범위에서 행정목적을 달성하기 위하여 필요한 경우에는 공법상 법률관계에 관한 계약(이하 "공법상 계약"이라 한다)을 체결할 수 있다. 이 경우 계약의 목적 및 내용을 명확하게 적은 계약서를 작성하여야 한다.
② 행정청은 공법상 계약의 상대방을 선정하고 계약 내용을 정할 때 공법상 계약의 공공성과 제3자의 이해관계를 고려하여야 한다.

판례 > '공법상 계약'의 의미 및 '공법상 계약'에 해당하는지 판단하는 방법

"… 공법상 계약이란 공법적 효과의 발생을 목적으로 하여 대등한 당사자 사이의 의사표시 합치로 성립하는 공법행위를 말한다. 어떠한 계약이 공법상 계약에 해당하는지는 계약이 공행정 활동의 수행 과정에서 체결된 것인지, 계약이 관계 법령에서 규정하고 있는 공법상 의무 등의 이행을 위해 체결된 것인지, 계약 체결에 계약 당사자의 이익만이 아니라 공공의 이익 또한 고려된 것인지 또는 계약 체결의 효과가 공공의 이익에도 미치는지, 관계 법령에서의 규정 내지 그 해석 등을 통해 공공의 이익을 이유로 한 계약의 변경이 가능한지, 계약이 당사자들에게 부여한 권리와 의무 및 그 밖의 계약 내용 등을 종합적으로 고려하여 판단하여야 한다. …
[2] 산업기술혁신 촉진법 제11조 제4항에 따라 체결한 산업기술개발사업에 관한 협약은 공법상 계약에 해당하고 그에 따른 계약상 정산의무의 존부·범위에 관한 분쟁은 공법상 당사자소송의 대상이다(대판 2023.6.29, 2021다250025)."

2. 타 행위와의 구별

(1) 사법상 계약과의 구별

공법상 계약은 공법적 효과발생을 목적으로 하고 공익실현을 위한 계약이라는 점에서 사법상 효과를 발생시키는 사법상 계약과 구별된다.

그러나 실제에 있어서는 양자의 구별이 쉽지 않다. 특히 행정주체가 일방당사자인 계약은 더욱 구별이 어렵다. 예컨대 국가 또는 지방자치단체가 예산을 사용하여 매매, 임대차(賃貸借),[2] 도급(都給)[3] 등의 계약을 체결하는 경우 이는 사법적 효과발생을 목적으로 하는 것으로서 사법상 계약이다. 따라서 계약에 관한 법적 분쟁은 민사소송절차에 의한다.

(2) 행정행위와의 구별

공법상 계약은 공법적 효과를 발생시킨다는 점에서 행정행위와 같으나, 공법상 계약은 복수 당사자간의 의사표시의 합치로 성립하는 쌍방행위인데 반해서, 행정행위는 행정주체의 일방적 의사표시로 결정되는 단독행위라는 점에서 차이가 있다.[4]

---

2 당사자 가운데 한쪽이 상대편에게 물건을 사용하게 하고, 상대편은 이에 대하여 일정한 임차료를 지급하는 것.

3 일정한 기간이나 시간 안에 끝내야 할 일의 양을 한꺼번에 맡거나 맡김.

4 • 일방적 의사표시로 성립하는 단독행위 ┬ 행정청의 일방적 의사표시로 성립(독립적 단독행위)
└ 상대방의 신청에 따라 행정청이 결정(쌍방적 단독행위)

• 복수의 의사표시의 합치로 성립하는 쌍방행위 ┬ 같은 방향의 의사표시의 합치로 성립(공법상 합동행위)
└ 반대방향의 의사표시의 합치(공법상 계약)

이와 관련하여 상대방의 신청이나 동의에 의하여 이루어지는 행정행위(예: 공물사용의 특허·공무원의 임명)는 표면적으로는 계약과 유사한 측면이 있다. 그러나 이러한 경우에도 신청이나 동의는 행정행위의 요건에 불과할 뿐 신청이나 동의에 따르는 행정행위는 행정주체의 일방적인 의사표시에 의하므로 그 법적 성질은 행정행위이다(쌍방적 단독행위).

이와 관련하여, 특히 공법상 계약(예: 국가연구개발계약)을 위반하였음을 이유로 행정청이 입찰참가자격을 제한하거나 이미 지급한 금전의 반환을 명령하는 경우, 이와 같은 행위가 법령의 규정에 근거한 행정청의 단독행위인가 아니면 공법상 계약 내용에 근거한 계약의 해제(계약상의 행위)가 문제이다. 전자의 경우는 항고소송의 대상이 되고, 후자의 경우는 당사자소송의 대상이라서 항고소송을 제기할 수 없다는 차이가 있다. 판례는 대체로, 이와 같은 조치나 명령이 법령에 근거하여 이루어진 경우는 처분으로, 법령에는 규정이 없고 계약서에 근거하여 이루어진 경우는 계약상의 행위로 보고 있다고 판단된다.

판례 > [1] 법령에 따른 제재조치: 행정처분
[2] 계약에 따른 제재조치: 계약상 행위

"[1] 공공기관운영법 제39조 제2항과 그 하위법령에 따른 입찰참가자격제한 조치는 '구체적 사실에 관한 법집행으로서의 공권력의 행사'로서 행정처분에 해당한다. 공공기관운영법은 공공기관을 공기업, 준정부기관, 기타공공기관으로 구분하고(제5조), 그중에서 공기업, 준정부기관에 대해서는 입찰참가자격제한처분을 할 수 있는 권한을 부여하였다.
[2] 계약당사자 사이에서 계약의 적정한 이행을 위하여 일정한 계약상 의무를 위반하는 경우 계약해지, 위약벌이나 손해배상액 약정, 장래 일정 기간의 거래제한 등의 제재조치를 약정하고, 그러한 계약에 따른 제재조치는 법령에 근거한 공권력의 행사로서의 제재처분과는 법적 성질을 달리한다(대판 2020.5.28, 2017두66541[공급자등록취소무효확인등청구])."

☞ 공법상 계약을 체결하고, ① 계약상 의무위반 등에 대하여 법령에 따라 제재조치가 이루어진 경우 이는 법령에 근거한 일방적인 법집행행위로서 처분이지만, ② -법령에는 근거가 없고- 단지 계약에 근거하여 제재조치를 취한 경우는 계약상의 행위일 뿐 처분은 아니라는 것이 판례의 입장이다.

판례 > 행정청이 일방적인 의사표시로 자신과 상대방 사이의 법률관계를 종료시킨 경우, 의사표시가 처분인지 또는 공법상 계약관계의 의사표시인지 판단하는 방법

"행정청이 자신과 상대방 사이의 법률관계를 일방적인 의사표시로 종료시켰다고 하더라도 곧바로 의사표시가 행정청으로서 공권력을 행사하여 행하는 행정처분이라고 단정할 수는 없고, 관계 법령이 상대방의 법률관계에 관하여 구체적으로 어떻게 규정하고 있는지에 따라 의사표시가 항고소송의 대상이 되는 행정처분에 해당하는지 아니면 공법상 계약관계의 일방 당사자로서 대등한 지위에서 행하는 의사표시인지를 개별적으로 판단하여야 한다(대판 2015.8.27, 2015두41449)."

☞ 중소기업기술정보진흥원장이 갑 주식회사와 중소기업 정보화지원사업 지원대상인 사업의 지원에 관한 협약(공법상 계약)을 체결하였는데, 협약이 갑 회사에 책임이 있는 사업실패로 해지되었다는 이유로 협약에서 정한 대로 지급받은 정부지원금을 반환할 것을 통보한 사안에서, 협약의 해지 및 그에 따른 환수통보는 행정청이 우월한 지위에서 행하는 공권력의 행사로서 행정처분에 해당한다고 볼 수 없다고 한 사례

판례 > 한국환경산업기술원장의 연구개발중단조치 및 연구비 집행중지조치가 처분에 해당한다고 한 사례

"(과학기술기본법과 동법의 위임에 따라 국가연구개발사업의 관리 등에 필요한 사항을 규율하는 국가연구개발사업의 관리 등에 관한 규정에 따라 한국환경산업기술원장이 환경기술개발사업 협약을 체결한 갑 주식회사 등에게 연차평가 실시 결과 절대평가 60점 미만으로 평가되었다는 이유로 연구개발중단조치 및 연구비 집행중지조치를 한 사안에서) 각 조치는 갑 회사 등의 권리·의무에 직접적인 영향을 미치는 행위로서 항고소송의 대상이 되는 행정처분에 해당한다(대판 2015.12.24, 2015두264)."

(3) 공법상 합동행위와의 구별

공법상 계약과 공법상 합동행위(예: 조합의 설립)는 복수의 의사표시의 합치로 성립하는 쌍방행위라는 점에서는 공통되나, 공법상 계약은 서로 반대방향의 의사표시의 합치에 의하여 상반되는 법률효과(예: 계약을 통한 권리와 의무발생)를 발생하는 데 반하여, 공법상의 합동행위는 같은 방향의 의사표시의 합치에 의하여 동일한 의미의 법률효과를 발생시킨다는 점에서 구별된다.

II. 공법상 계약의 유용성과 문제점

1. 공법상 계약의 유용성

공법상 계약은 사회기반시설에 대한 민간투자법과 관련하여 국가 또는 지방자치단체와 개인 사이에 민간투자에 관한 계약이 체결되는 것과 같이 급부행정, 경제촉진 및 조성행정 영역에서 매우 유용하게 활용되고 있다.

공법상 계약은 ① 경제행정상 요구되는 구체적인 사정에 탄력적으로 대응할 수 있고, ② 사인을 행정의 파트너로 인식하면서 합의에 의한 행정을 실현할 수 있으며, ③ 사실관계나 법률

관계가 불분명할 때 문제해결을 용이하게 할 수 있다는 점 등에서 그 유용성이 있다.

2. 공법상 계약의 문제점

이와 같이 유용성에도 불구하고 독일과 달리 공법상 계약에 관한 일반법적 규정도 없고, 개별법에서도 공법상 계약에 관한 규정을 찾기가 쉽지 않다. 이에 따라 행정법관계에서 공법상 계약이 허용되는지, 허용된다면 과연 어떠한 형태로, 어느 정도까지 허용될 수 있는지(예컨대, 법령에서 행정청에게 허가를 하도록 규정하고 있는데, 행정청이 허가를 하는 대신 이를 공법상 계약으로 대체해도 되는지) 등이 논란이 되고 있다.

Ⅲ. 공법상 계약의 종류

1. 행정주체 간의 공법상 계약

국가와 공공단체 또는 공공단체 상호간에 공법적 효과발생을 목적으로 체결되는 계약이다(예: 하천이나 도로와 같은 공물의 관리나 경비의 부담에 관한 지방자치단체간의 협의(도로법 24, 하천법 9)).

2. 사인 상호간의 공법상 계약

사인 상호간에 체결되는 공법상 계약의 예는 그리 많지 않으나 토지보상법상의 협의를 들 수 있다.[5]

3. 행정주체와 사인 간의 공법상 계약

(1) 정부계약, 재산관리계약, 영조물의 이용관계에 관한 계약의 경우

공법상 계약 가운데 가장 중요하고 빈번한 형태는 행정주체와 사인 간의 공법상 계약이다. 그런데 공법상 계약은 공법적 효과의 발생을 목적으로 하는 계약이기 때문에, 국가나 지방자치단체가 주체가 되는 물품조달계약이나 건설도급계약 등은 국가재정법, 지방재정법, 공유재산법, 국가계약법 등에 의하여 공법적인 규제와 통제의 대상이 된다 하더라도 그 성질은 사법상 계약이다. 또한 국공유재산의 임대차, 매매계약, 영조물의 이용관계도 대부분 사법상 계약이다.

---

5 공익사업(예: 택지개발사업)과 사업의 시행자(예: A건설회사)가 결정되면, 우선 사업시행자에게는 토지수용권한이 부여되고, 이에 따라 사업시행자와 토지·건물의 소유자 간에 협의를 통하여 수용(소유권 박탈)을 하게 된다. 여기에서의 협의는 공익사업의 시행자와 소유자 간에 체결되는 계약으로서, 학설은 여기에서 사업시행자는 순수한 사인이 아니라 토지수용권한이 위탁된 공무수탁사인으로 보아야 하기 때문에 이를 공법상 계약으로 보지만, 판례는 이를 사법상 계약으로 보고 있다. 협의가 이루어지지 않으면 사업자의 신청에 따라 토지수용위원회가 재결을 함으로써 수용이 이루어진다.

판례 > 공공계약의 법적 성질

국가를 당사자로 하는 계약이나 공공기관운영법의 적용 대상인 공기업이 일방 당사자가 되는 계약(이하 편의상 '공공계약')은 국가 또는 공기업(이하 '국가 등')이 사경제의 주체로서 상대방과 대등한 지위에서 체결하는 사법(私法)상의 계약으로서 본질적인 내용은 사인 간의 계약과 다를 바가 없으므로, 법령에 특별한 정함이 있는 경우를 제외하고는 서로 대등한 입장에서 당사자의 합의에 따라 계약을 체결하여야 하고 당사자는 계약의 내용을 신의성실의 원칙에 따라 이행하여야 하는 등(국가계약법 제5조 제1항) 사적 자치와 계약자유의 원칙을 비롯한 사법의 원리가 원칙적으로 적용된다(대판 2012.12.27, 2012다15695; 대판 2015.10.15, 2015다206270, 206287; 대판 2018.2.13, 2014두11328; 대판 2020.5.14, 2018다298409).

판례 > 지방자치단체가 사인과 체결한 시설 위탁운영협약의 법적 성격

"이 사건 협약은 지방자치단체인 피고가 사인인 원고 등에게 이 사건 시설의 운영을 위탁하고 그 위탁운영비용을 지급하는 것을 내용으로 하는 용역계약으로서, 상호 대등한 입장에서 당사자의 합의에 따라 체결한 사법상 계약에 해당한다(대판 2017.1.25, 2015다205796 등 참조)(대판 2019.10.17, 2018두60588)."

다만 영조물의 이용관계 중에서도 이용관계가 강제되고 이용의 대가를 사용료의 형태로서 부과하여 체납시에는 국세징수법의 예에 따라 강제징수하는 경우에는 공법상 계약으로 보아야 한다.

(2) 현행법상 행정주체와 사인 간의 공법상 계약

현행법상 인정되는 행정주체와 사인 간의 공법상 계약은 비교적 그 수가 경미한데, 대표적으로는 납세보증계약,[6] 국유재산법·지방재정법에 의한 공법상의 증여계약으로서의 기부채납,[7] 사회기반시설에 대한 민간투자법(민간투자법)에 의한 사회간접자본시설의 건설과 운영을 대상으로 하는 실시협약, 지방자치단체와 사인간의 환경관리협약, 과학기술기본법령상의 사업협약[8]

6 납세보증계약: 조세채무자가 조세채무를 이행하기 어려워 납세보증인을 세우고(국세기본법 2 12호 참조), 이 경우 세무서장과 납세보증인 간에 체결하는 납세보증에 관한 계약.

7 기부채납이란 행정주체가 사인에게 일정한 편의나 혜택을 제공하는 대가로 사인의 재산을 무상으로 받는 것을 말한다(예: 공익목적으로 개인용도의 도로(사도)를 개설해 주되 일정 기간 후 도로의 소유권을 도로관리청에 무상으로 귀속시키는 것).

8 한국연구재단의 두뇌한국(BK)21 사업에 관한 한국연구재단과 대학과의 협약(대판 2014.12.11, 2012두28704).

등을 들 수 있다.

Ⅳ. 법적 근거와 한계

1. 공법상 계약의 법적 근거

법률유보의 관점에서 공법상 계약에 법적 근거가 필요한가 하는 것이 문제인데, 이에 관해서는 ① 전부유보설의 관점에서 공법상 계약은 근거법규에 의하여 그 체결과 성립이 명시적으로 수권된 경우에 한하여 가능하다는 부정설, ② 계약은 당사자의 자유로운 의사표시의 합치에 의하여 성립하는 것이므로 사법상의 계약과 마찬가지로 명시적 법적 근거가 없다 하더라도 성립할 수 있다는 긍정설(다수설), ③ 계약의 종류별로 그 기능을 고려하여 개별적으로 결정되어야 한다는 절충설이 있다. ④ 계약의 특성을 고려하면 공법상 계약은 법적 근거가 없더라도 성립할 수 있다는 긍정설의 입장이 타당하다. ⑤ 이와 관련하여 행정기본법 제27조 제1항은 '공법상 법률관계에 관한 계약을 체결할 수 있다'고 하여 공법상 계약에 관한 법적 근거를 두고 있는데, 이는 공법관계에서도 계약이 가능함을 규정한 것이라는 점에서, 이와 같은 규정이 없더라도 공법상 계약이 가능하다고 보아야 할 것이다(긍정설). ⑥ 다만 행정행위에 갈음하는 공법상 계약의 경우에는 행정행위에 대한 법적 근거는 필요하다.

2. 한계

(ⅰ) 공법상 계약은 법령에 위반되어서는 안 된다(법률우위의 원칙).

(ⅱ) 공법상 계약의 대상이 기속행위인 경우에는 계약당사자는 다만 법에서 규정하고 있는 바를 합의할 수밖에 없다. 계약의 대상이 재량행위인 경우에는 이와 같은 한계는 없지만 재량권행사의 한계를 준수하여야 한다.

(ⅲ) 그 밖에도 공법상 계약은 행정법의 일반원칙을 준수하여야 하고, 특히 제3자의 권리를 침해하지 말아야 한다. 이와 관련하여 행정기본법은 '행정청은 공법상 계약의 상대방을 선정하고 계약 내용을 정할 때 공법상 계약의 공공성과 제3자의 이해관계를 고려하여야 한다(행정기본법 27 ②)'고 규정하고 있다.

(ⅳ) 공법상 계약을 체결할 때 계약의 목적 및 내용을 명확하게 적은 계약서를 작성하여야 한다(행정기본법 27 ① 후단).

Ⅴ. 공법상 계약의 특수성

1. 실체법적 특수성

(1) 계약의 체결·형식·절차

다수를 대상으로 하는 경우 공법상 계약은 행정주체가 계약내용을 일방적으로 정하는 부합계약(附合契約)[9]의 형식을 취하기도 한다.

공법상 계약은 그 계약의 내용이 수도, 전기와 같은 일상생활에 필수적인 공공재화를 제공하는 것인 경우에는 계약의 체결이 강제되기도 한다.

공법상 계약을 체결할 때 계약서를 작성하여야 한다(행정기본법 27 ① 후단).

(2) 계약의 변경·해제

행정주체는 공익상의 사유로 일방적으로 계약을 변경하거나 해제할 수 있지만, 상대방의 경우는 공익상의 사유가 아닌 한 계약해제권이 제한될 수 있다.

2. 절차법적 특수성

(1) 강제절차

계약당사자가 계약상의 의무를 이행하지 않는 경우, 행정청이 직접 강제할 수 있다는 별도의 규정이 없는 한, 민법이 유추적용되어야 하므로, 행정청은 계약상대방의 의무불이행이 있더라도 원칙적으로 법원의 도움 없이는 이를 강제집행할 수 없다.

(2) 행정쟁송절차

공법상 계약에 관한 쟁송은 공법상의 권리관계에 관한 소송인 당사자소송에 의하여야 할 것이다. 판례도 공법상 계약에 관한 분쟁은 공법상 분쟁으로서 당사자소송으로 다투어야 한다는 입장이다.

판례 > [1] 공법상 계약의 한쪽 당사자가 다른 당사자를 상대로 하는 소송(=공법상 당사자소송)
[2] 행정소송으로 제기하여야 할 사건을 민사소송으로 잘못 제기한 경우, 수소법원이 취하여야 할 조치

"[1] 공법상 계약의 한쪽 당사자가 다른 당사자를 상대로 그 이행을 청구하는 소송 또는 이행의무

---

9 부합계약: 계약의 일방당사자가 계약내용을 미리 결정하여 상대방은 계약내용을 정할 자유가 없는 계약. 예컨대 수도·전기 등의 공급계약, 보험계약.

의 존부에 관한 확인을 구하는 소송은 공법상 법률관계에 관한 분쟁이므로 분쟁의 실질이 공법상 권리·의무의 존부·범위에 관한 다툼이 아니라 손해배상액의 구체적인 산정방법·금액에 국한되는 등의 특별한 사정이 없는 한 공법상 당사자소송으로 제기하여야 한다.
[2] 원고가 고의 또는 중대한 과실 없이 행정소송으로 제기하여야 할 사건을 민사소송으로 잘못 제기한 경우, 수소법원으로서는 만약 그 행정소송에 대한 관할도 동시에 가지고 있다면 이를 행정소송으로 심리·판단하여야 하고, 그 행정소송에 대한 관할을 가지고 있지 아니하다면 관할법원에 이송하여야 한다(대판 2023.6.29, 2021다250025)."

판례 > 서울특별시립무용단원의 해촉에 대한 소송

"서울특별시립무용단 단원의 위촉은 공법상의 계약이라고 할 것이고, 따라서 그 단원의 해촉에 대하여는 공법상의 당사자소송으로 그 무효확인을 청구할 수 있다(대판 1995.12.22, 95누4636)."

판례 > 공중보건의사 채용계약 해지에 관한 쟁송방법

"공중보건의사 채용계약 해지의 의사표시에 대하여는 대등한 당사자간의 소송형식인 공법상의 당사자소송으로 그 의사표시의 무효확인을 청구할 수 있는 것이지, 이를 항고소송의 대상이 되는 행정처분이라는 전제하에서 그 취소를 구하는 항고소송을 제기할 수는 없다(대판 1996.5.31, 95누10617)."

제 5 장

행정상 사실행위

행정상 사실행위는 아무런 법적 효과를 발생시키지 않는 일체의 행정작용을 총칭하는 개념으로 대부분의 행정작용이 사실행위이다(예: 경찰관의 불심검문, 가택출입, 총기사용 등, 공공시설의 설치와 관리, 대집행의 실행, 급전의 지급, 단순한 권고나 알림 등). 사실행위는 이와 같이 극히 다양하고 이질적인 내용을 지닌 여러 행위들에 대한 집합개념에 불과한 것이므로 사실행위를 하나의 행정작용으로 유형화하기가 쉽지 않다.

현재로서는 '비공식적 행정작용'과 비공식적 행정작용의 한 유형으로서 '행정지도'가 사실행위의 유형으로 설명되고 있는 정도이다.

제1절 사실행위

Ⅰ. 의의

행정법상 사실행위(Realakt)는 -법적 효과를 발생시키는 것이 아니라- 사실상의 결과만을 가져오는 행정주체의 행위를 말한다.

Ⅱ. 종류

사실행위의 종류는 ① 물리적(物理的) 사실행위(예: 공공시설의 설치·관리)와 정신적 사실행위(예: 행정조사, 행정지도), ② 행정행위 등의 집행행위로서 행하여지는 사실행위(예: 대집행의 실행)와 독립적 사실행위(예: 불심검문), ③ 행정내부적 사실행위(예: 행정내부에서의 문서정리)와 외부적 사실행위(예: 도로의 설치) 등으로 구분될 수 있으나, ④ 가장 중요한 것은 '공권력의 행사'의 여부에 따른 권력적 사실행위(예: 영업소 폐쇄조치, 단수조치, 대집행의 실행)와 비권력적 사실행위(예: 행정지도)의 구분이다. 왜냐하면 행정쟁송법상 처분개념과 관련하여 학설·판례는 전자는 처분으로 보지만, 후자의 경우 처분성을 인정하지 않기 때문이다.

III. 한계

사실행위도 행정작용이므로 행정작용의 적법요건(주체·내용·형식·절차요건)을 준수하여야 한다. 즉 사실행위에도 행정의 법률적합성의 원칙이 적용되므로, 사실행위는 법령에 위반할 수 없고(법률우위), 권력적·침익적 사실행위에는 법적 근거가 필요하다(법률유보). 그 밖에도 행정법의 일반원칙을 준수하여야 한다.

IV. 사실행위에 대한 행정구제*

1. 행정쟁송

행정심판법과 행정소송법은 항고쟁송의 대상이 되는 '처분'에 대하여 "행정청이 행하는 구체적 사실에 관한 법집행으로서의 공권력의 행사 또는 그 거부와 그 밖에 이에 준하는 행정작용"으로 정의하고 있는데, 사실행위가 여기에 포함될 수 있는가 하는 것이 문제이다.

(1) 권력적 사실행위의 경우

권력적 사실행위가 '구체적 사실에 관한 법집행'으로서 '공권력을 행사'하는 경우에는 처분이라는 것이 학설의 입장이다. 판례도 권력적 사실행위의 처분성을 인정한 바 있다[판례]. 다만 권력적 사실행위이지만, 경찰의 단순한 미행행위와 같이, '구체적 사실에 관한 법집행'으로 보기 어려운 경우는 처분성이 인정되지 않는다고 하겠다.

판례 > 단수조치가 항고소송의 대상이 되는 행정처분인지 여부

> "단수처분은 항고소송의 대상이 되는 행정처분에 해당한다(대판 1979.12.28, 79누218)."

권력적 사실행위에 처분성이 인정되어 이에 대한 취소소송이 제기되더라도, 사실행위가 단기에 실행되는 경우는 이른바 협의의 소익(권리보호의 필요성, 분쟁의 현실성)이 부인되어 소송이 각하될 것이다.[1] 따라서 이와 같이 단기간에 종료되는 권력적 사실행위에 대해서는 집행정지를

---

* 행정고시(2002년), 행정고시(일반행정)(2010년).

1 예컨대, 위법한 건축물에 대한 대집행(철거)행위는 권력적 사실행위로서 처분성이 인정되지만, 이에 대한 취소소송이 제기되더라도 소송계속 중 이미 건축물이 철거되었다면 취소를 통하여 철거된 건축물이 되살아날 수는 없는 것이므로, 이 경우 소송요건으로서 요구되는 '소송을 통하여 권리를 보호하여야 할 현실적 필요성, 즉 협의의 소익'이 없으므로 소송이 각하된다는 의미이다. 소 제기시 소송요건을 갖추지 못하면 '각하', 소송요건을 갖추어도 원고의 소송상 청구가 이유가 없으면 '기각'된다.

신청하는 것이 효과적인 권리구제수단이 될 수 있다.[2][3]

(2) 비권력적 사실행위의 경우

비권력적 사실행위는 '공권력 행사'로서의 실체가 없기 때문에 처분개념에 포함된다고 보기 어렵다. 판례는 국민의 구체적 권리의무에 직접적 변동을 초래하지 않는 행위이기 때문에 처분성이 인정되지 않는다는 입장이다.

판례 > 항고소송의 대상이 되는 행정처분의 의미

"항고소송의 대상이 되는 행정처분이라 함은 행정청의 공법상 행위로서 특정사항에 대하여 법규에 의한 권리의 설정 또는 의무의 부담을 명하며 기타 법률상 효과를 발생케 하는 등 국민의 구체적 권리의무에 직접적 변동을 초래하는 행위를 말하고 행정권 내부에서의 행위나 알선, 권유, 사실상의 통지 등과 같이 상대방 또는 기타 관계자들의 법률상 지위에 직접적인 법률적 변동을 일으키지 아니하는 행위는 항고소송의 대상이 될 수 없다(대판 1993.10.26, 93누6331)."

(3) 경고 등의 처분성 문제

비권력적 사실행위와 관련하여 행정청의 경고·권고·추천·설명 등도 처분인가 하는 것이 문제인데, 일반적으로 대부분의 경고 등은 법적 효과도 없고 상대방에 대한 구속력도 없다는 점에서 비권력적 사실행위로 볼 수 있을 것이다.

그러나, 예컨대 행정청의 경고가 대외적으로 공표되어 영업이나 명예에 치명적인 영향을 미치는 등 침익적 성질이 강한 경우도 있을 수 있기 때문에 모든 경고의 법적 성질을 비권력적 사실행위라고 단정하기는 어렵다.

결국 경고 등의 처분성 문제는 개별적으로 검토해 보아야 한다. 예컨대 경고가 단순한 정보제공이나 알림 수준을 넘어 상대방에게 불이익을 줄 목적으로 행사되는 등의 '공권력의 행사'

---

2 행정소송법 제23조(집행정지) ① 취소소송의 제기는 처분등의 효력이나 그 집행 또는 절차의 속행에 영향을 주지 아니한다.
② 취소소송이 제기된 경우에 처분등이나 그 집행 또는 절차의 속행으로 인하여 생길 회복하기 어려운 손해를 예방하기 위하여 긴급한 필요가 있다고 인정할 때에는 본안이 계속되고 있는 법원은 당사자의 신청 또는 직권에 의하여 처분등의 효력이나 그 집행 또는 절차의 속행의 전부 또는 일부의 정지(이하 "執行停止"라 한다)를 결정할 수 있다. …

3 소송을 제기하더라도 처분의 집행이 정지하지 않는 것이 원칙이다(집행부정지의 원칙, 행소법 23 ①). 그렇지만 회복하기 어려운 손해를 방지하기 위하여 당사자의 신청이나 법원직권으로 처분의 집행을 정지할 수 있다(행소법 23 ②). 이에 따라 취소소송을 제기하면서 집행정지신청을 하는 것이 효과적이라는 의미이다.

로서의 성질이 인정된다면 이를 권력적 사실행위로 보아 처분으로 보아야 할 것이다.

2. 행정상 손해배상과 결과제거청구권

사실행위가 위법하게 개인의 권익을 침해한 경우 행정상 손해배상이 문제된다. 사실행위도 행정작용이므로, 국가배상법 제2조의 공무원의 직무상 위법행위나 제5조의 영조물의 설치·관리상의 하자에 해당된다. 따라서 국가배상법상의 요건이 충족되면 손해배상청구가 가능하다.

그 밖에도 행정상 결과제거청구권[4]의 법리에 따라 위법한 결과의 제거나 위법하게 수거된 물건의 반환을 청구할 수도 있다.

3. 행정상 손실보상

적법한 사실행위로 인하여 생명·신체 또는 재산상의 특별한 희생이 발생한 경우에 관계 법령에 따라 손실보상청구권이 발생할 수 있다.

제2절 비공식적 행정작용

Ⅰ. 의의

비공식적 행정작용은 이른바 정형화된 행정작용 이외의 경고·권고·정보제공·상담·협의·협상·조정·지도와 같은 비구속적인 일체의 사실행위를 의미한다.

실무에서는 비공식적 행정작용이 자주 활용되고 있다. 예컨대 위반업소에 대하여 영업정지·취소, 과징금과 같은 법이 정한 제재처분으로 대응하는 것보다는 경고나 명단유포와 같은 비공식적 대응이 행정목적 실현에 보다 효과적일 수 있기 때문이다. 이와 같이 비공식적 행정작용은 정식 행정작용보다 효과적·탄력적이고, 시간과 경비를 절약할 수 있으며, 나아가 협의·협상·조정 등을 통하여 분쟁을 조기에 해결할 수 있다는 등의 장점이 있다. 하지만 법을 우회하거나 회피함으로써 법치행정의 원리와 충돌된다는 지적도 있다.

---

4 결과제거청구권(Folgenbeseitigungsanspruch)은 위법한 행정작용의 결과로 계속 남아 있는 위법상태를 제거해 줄 것을 요청할 수 있는 권리이다. 예컨대 물건압류처분의 취소 후 압류된 물건을 반환해 줄 것을 청구하거나, 또는 행정청의 명예훼손발언을 취소해 줄 것을 요구하는 경우가 이에 해당한다.

II. 허용성 · 효과 · 한계

행정의 행위형식에는 제한이 없으므로, 비공식적 행정작용도 원칙적으로 허용된다. 그러나 비공식적 행정작용은 원칙적으로 비권력적 사실행위로서 법적 구속력이 없다. 그러나 법적 구속력이 없다 하더라도 행정작용인 이상 행정작용으로서의 적법요건(주체 · 내용 · 형식 · 절차요건)을 준수하여야 한다. 특히 관련 사무에 대한 정당한 권한이 있어야 하고, 법률우위원칙, 그밖에 행정법의 일반원칙을 준수하여야 한다.

제3절 행정지도

I. 의의

행정지도란 "행정기관이 그 소관사무의 범위 안에서 일정한 행정목적을 실현하기 위하여 특정인에게 일정한 행위를 하거나 하지 아니하도록 지도 · 권고 · 조언 등을 하는 행정작용"을 말한다(행정절차법 2 3호).

II. 행정지도의 필요성과 문제점

1. 필요성(순기능)

행정지도는 비권력적 사실행위로서 법적 근거를 요하지 않고, 지도를 통하여 다양한 정보를 제공하는 등 법이 정한 공식 행정작용보다 효과적 · 탄력적으로 행정목적을 실현할 수 있고, 또한 공권력발동으로 인한 마찰이나 저항을 지도를 통한 국민의 협조로 대체할 수 있다는 장점이 있다.

2. 문제점(역기능)

그러나 행정지도는 비권력적 행위이지만 실제로 사실상의 구속력을 동반하는 경우가 많다는 점 때문에 오히려 행정기관들이 비공식적인 행정지도를 남용할 우려가 있고, 이를 통하여 국민의 권익이 침해되더라도, 행정지도는 비권력적 사실행위로서 처분성이 인정되지 않고, 또한 손해배상에서 인과관계를 인정하기 어려운 점 등 행정구제가 상당히 어렵다는 문제가 있다.

III. 법적 근거

행정지도에 작용법적 근거도 필요한가 하는 문제인데, 오늘날 대부분의 견해는 행정지도에 따를 것인가는 상대방이 임의적으로 정하는 것이라는 점에서 법적 근거를 요하지 않는다고 보고 있다. 이 견해가 통설적 견해이자 타당하다.

일부에서는 일정한 행위를 규제하는 것을 내용으로 하는 규제적 행정지도 또는 사실상의 강제력을 가지는 행정지도에는 법적 근거가 필요하다고 주장하기도 하는데, 행정지도는 본래 법률의 불비(不備)에 신속하게 대응하기 위한 것이고, 지도에 따를 것인지는 상대방이 임의적으로 판단하는 것이라는 점에서 행정지도 자체에 법적 근거를 요구하기는 어렵다고 판단된다.

IV. 행정지도의 원칙과 방식

행정절차법은 제6장에서 행정지도의 원칙과 방식 등에 관하여 규정하고 있다.

1. 행정지도의 원칙: 과잉금지·비강제성·불이익조치결부금지

행정지도는 그 목적 달성에 필요한 최소한도에 그쳐야 하며, 행정지도의 상대방의 의사에 반하여 부당하게 강요하여서는 아니 된다(행정절차법 48 ①).

행정기관은 행정지도의 상대방이 행정지도에 따르지 아니하였다는 것을 이유로 불이익한 조치를 하여서는 아니 된다(행정절차법 48 ②).

2. 행정지도의 방식: 행정지도의 명확성 및 행정지도 실명제·서면교부청구

행정지도를 하는 자는 그 상대방에게 그 행정지도의 취지 및 내용과 신분을 밝혀야 하고, 행정지도가 말로 이루어지는 경우에 상대방이 그 내용을 적은 서면의 교부를 요구하면 그 행정지도를 하는 자는 직무 수행에 특별한 지장이 없으면 이를 교부하여야 한다(행정절차법 49).

3. 의견제출권 보장

행정지도의 상대방은 해당 행정지도의 방식·내용 등에 관하여 행정기관에 의견제출을 할 수 있다(행정절차법 50).

4. 다수인을 대상으로 하는 행정지도의 경우 공통사항 공표

행정기관이 같은 행정목적을 실현하기 위하여 많은 상대방에게 행정지도를 하려는 경우에는 특별한 사정이 없으면 행정지도에 공통적인 내용이 되는 사항을 공표하여야 한다(행정절차법 51).

Ⅴ. 한계

행정지도도 행정작용이므로 행정작용으로서의 적법요건(주체·내용·형식·절차요건)을 준수하여야 한다. 특히 관련 사무에 대한 정당한 권한이 있어야 하고, 법률우위원칙, 그 밖에 행정법의 일반원칙을 준수하여야 한다. 특히 행정절차법은 제6장에서 행정지도의 원칙과 방식 등을 규정하고 있으므로 이를 준수하여야 한다.

Ⅵ. 행정지도에 대한 행정구제*

1. 행정쟁송
- ○ 일부 견해: 처분성 인정
- ○ 통설과 판례: 비권력적 사실행위로 처분성 부인

2. 행정상 손해배상
- ○ 행정지도와 발생한 손해 사이의 인과관계 입증 어려움
- ○ 인과관계가 인정되면 국가 등의 배상책임 성립

3. 행정상 손실보상
- ○ 비권력작용인 한 손실보상청구권 인정 어려움
- ○ 강제력을 가지는 예외적 경우는 보상 가능할 수도 있음

1. 행정쟁송**

행정쟁송과 관련하여 통설과 판례는 행정지도는 비권력적 사실행위로서 행정쟁송법상의 처분성이 인정되지 않는다는 입장이다. 따라서 행정지도에 대해서는 항고소송을 제기할 수 없다.

판례 > 세무당국의 거래중지요청 행위가 항고소송의 대상이 될 수 있는지 여부

"항고소송의 대상이 되는 행정처분은 행정청의 공법상의 행위로서 상대방 또는 기타 관계자들의 법률상 지위에 직접적으로 법률적인 변동을 일으키는 행위를 말하는 것이므로 세무당국이 소외 회사에 대하여 원고와의 주류거래를 일정기간 중지하여 줄 것을 요청한 행위는 권고 내지 협조를 요청하는 권고적 성격의 행위로서 소외 회사나 원고의 법률상의 지위에 직접적인 법률상의 변동을 가져오는 행정처분이라고 볼 수 없는 것이므로 항고소송의 대상이 될 수 없다(대판 1980.10.27, 80누395)."

* 법원행정고시(2006년), 사법시험(2000년).
** 5급공채(2018년).

2. 행정상 손해배상

위법한 행정지도로 손해가 발생한 경우 국가배상을 청구할 수 있으나, 이 경우 국가배상법 제2조가 정한 배상책임의 요건[5]을 갖추어야 한다. 그런데 행정지도는 상대방의 임의적인 동의나 협력을 전제로 하는 것이어서 「동의는 불법행위의 성립을 조각(阻却)[6]한다」는 법언(法諺)[7]에 따라 행정지도와 발생한 손해 사이의 인과관계가 인정되지 않아 국가 등의 배상책임을 인정하기 어려운 경우가 대부분이다.

그러나 상대방이 행정지도에 따를 수밖에 없었던 경우, 즉 상대방에게 선택의 임의성이 없는 경우에는 행정지도와 손해 사이에 인과관계를 인정하여 국가 등의 배상책임이 성립한다고 보아야 할 것이다.

판례 > 적법한 행정지도와 부당하게 강요하는 위법한 행정지도에서의 행정주체의 손해배상책임

> "피고가 1995.1.3. 이전에 원고에 대하여 행한 행정지도는 원고의 임의적 협력을 얻어 행정목적을 달성하려고 하는 비권력적 작용으로서 강제성을 띤 것이 아니지만, 1995.1.3. 행한 행정지도는 그에 따를 의사가 없는 원고에게 이를 부당하게 강요하는 것으로서 행정지도의 한계를 일탈한 위법한 행정지도에 해당하여 불법행위를 구성하므로, 피고는 1995.1.3.부터 원고가 피고로부터 "원고의 어업권은 유효하고 향후 어장시설공사를 재개할 수 있으나 어업권 및 시설에 대한 보상은 할 수 없다."는 취지의 통보를 받은 1998.4.30.까지 원고가 실질적으로 어업권을 행사할 수 없게 됨에 따라 입은 손해를 배상할 책임이 있다.
>
> 1995.1.3. 이전의 피고의 행정지도가 강제성을 띠지 않은 비권력적 작용으로서 행정지도의 한계를 일탈하지 아니하였다면 그로 인하여 원고에게 어떤 손해가 발생하였다 하더라도 피고는 그에 대한 손해배상책임이 없다(대판 2008.9.25, 2006다18228)."

3. 행정상 손실보상

적법한 '공권력행사'로 인하여 개인에게 재산상의 특별한 희생이 발생한 경우에는 이에 대한 손실보상청구권이 인정된다. 그런데 행정지도는 '비권력작용'으로 '공권력행사'가 아니라는 점에서 손실보상청구권의 인정이 용이하지 않다.

---

5 ① 공무원의 행위일 것, ② 직무행위일 것, ③ 직무를 집행하면서 행한 행위일 것, ④ 고의·과실이 있을 것, ⑤ 위법할 것, ⑥ 타인에게 손해가 발생할 것.

6 조각이란 방해하거나 물리침을 의미한다. 예컨대 위법성조각사유란 위법한 행위이나, 예컨대 '정당방위'와 같이, 위법성을 배척할만한 특별한 사유를 말한다.

7 법에 관한 속담이나 격언.

제 6 장

확 약

Ⅰ. 개념

확약(Zusicherung)이란 행정행위를 하거나 하지 않을 것을 내용으로 하는 행정청의 구속력 있는 약속을 말한다(예: 인허가의 발급 약속).

확약은 독일의 확약에 관한 법리를 수용한 것인데, 본래 독일에서 학설·판례로 인정되어 왔던 것은 확언(Zusage)의 법리였다. 확언이란 '특정한 행정조치를 하거나 하지 않겠다는 행정청의 구속적 약속'으로, 확언의 대상은 행정행위를 포함한 모든 행정작용이다. 확약은 확언의 한 유형으로서 오로지 '행정행위의 발급 또는 불발급에 대한 확언'을 의미한다.

행정절차법은 "법령등에서 당사자가 신청할 수 있는 처분을 규정하고 있는 경우 행정청은 당사자의 신청에 따라 장래에 어떤 처분을 하거나 하지 아니할 것을 내용으로 하는 의사표시(이하 "확약"이라 한다)를 할 수 있다(행정절차법 40의2 ①)."고 하여, 확약을 '처분의 발급 또는 미발급에 대한 행정청의 약속'으로 규정하고 있다.

Ⅱ. 확약의 법적 성질

확약을 행정행위로 볼 수 있는가 하는 것이 확약의 법적 성질의 문제이다.

독일에서도 이에 관하여 논란이 있었는데, 확약은 단지 스스로를 구속하는 효력만을 가지고 있을 뿐 행정행위로서의 특성을 결여하고 있다는 점에서 행정행위로서의 성질을 부인하는 견해가 많다.

우리나라에서 ① 다수의 견해는 확약은 행정청이 확약을 통하여 장래에 일정한 의무를 부담하게 된다는 점에서 행정행위의 일종으로 보고 있으나, ② 확약은 행정행위를 통한 종국적인 법적 규율(endgültige Regelung)을 약속하는 것이지 종국적 규율 그 자체는 아니므로 행정행위가 아니라는 견해도 있다. ③ 판례는 확약의 행정행위로서의 성질을 부인하는 입장이다.

판례 > 어업권면허처분에 선행하는 우선순위결정의 성질

"어업면허권에 선행하는 우선순위결정은 행정청이 우선권자로 결정된 자의 신청이 있으면 어업권면허처분을 하겠다는 것을 약속하는 행위로서 강학상의 확약에 불과하고 행정처분은 아니므로, 우선순위결정에 공정력이나 불가쟁력과 같은 효력은 인정되지 아니하며 … (대판 1995.1.20, 94누6529)."

생각건대 최종적인 행정행위가 있으면 확약은 소멸되고, 또한 사정변경이 있으면 확약의 구속력이 소멸되는 점을 고려하면 확약 그 자체를 행정행위로 보기는 어렵다. 확약의 처분성이 인정되지 않더라도 종국적 결정을 다투면 되므로 권리구제에서도 문제가 없다.

Ⅲ. 유사개념과의 구별

(ⅰ) 확약은 행정청을 구속한다는 점에서 행정청의 구속력 없는 견해표명과 같은 단순한 알림(Auskunft)과 구분된다.

(ⅱ) 확약은 단독행위라는 점에서 쌍방행위인 공법상 계약과 구분되나, 확약에 의한 급부의 약속이나 계약에 의한 급부의 약속은 실질적으로 동일한 성질을 가진다고 볼 수도 있다.

(ⅲ) 확약은 최종적인 결정이 아니라는 점에서 전체 허가요건 가운데 일부 요건에 대하여 종국적이고 구속적으로 확정하는 예비결정이나 전체 허가대상 가운데 그 일부에 대한 종국적인 결정인 부분허가와 구분된다.[1]

(ⅳ) 확약은 약속만 할 뿐 구체적인 법률관계를 형성하지 않는다는 점에서 법률관계를 최종적으로 결정하기에 앞서 잠정적으로 결정하는 잠정적 행정행위(가행정행위)와도 구분된다.[2]

Ⅳ. 확약의 근거와 한계

1. 확약의 근거

확약의 법리는 독일의 학설·판례에 의하여 정립된 것인데, ① 독일의 판례는 확약의 근거를 신의성실의 원칙 또는 신뢰보호원칙에서 구하고 있으나, ② 다수설은 본 처분권한 속에 확약에 대한 권한도 포함되어 있다고 본다.

생각건대 신뢰보호원칙은 확약의 근거가 아니라 확약이 구속력을 가지는 근거로 보아야 한

1 예비결정·부분허가에 관하여는 위 '행정행위의 종류' 참조.
2 잠정적 행정행위에 관하여는 위 '행정행위의 종류' 참조.

다. 즉 행정청이 스스로 한 약속에 구속되는 이유는 행정청의 약속을 신뢰한 상대방을 보호하기 위해서라는 것이다. 처분권한이 있는 행정청으로서는 해당 처분에 관한 약속도 할 수 있다고 보아야 하므로 학설(다수설)의 입장이 타당하다.

2. 확약의 한계

(i) 확약도 행정작용이라는 점에서 행정작용으로서의 적법요건(주체·내용·형식·절차요건)을 갖추어야 한다. 따라서 확약의 대상이 되는 행정행위에 대한 정당한 권한이 있어야 하고, 확약은 법령에 반하지 않아야 하며, 행정법의 일반원칙을 준수하여야 하고, 확약의 대상이 실현가능하고 명확하여야 한다. 행정절차법은 "확약은 문서로 하여야 한다(행정절차법 40의2 ②). 행정청은 다른 행정청과의 협의 등의 절차를 거쳐야 하는 처분에 대하여 확약을 하려는 경우에는 확약을 하기 전에 그 절차를 거쳐야 한다(행정절차법 40의2 ③)."고 규정하고 있으므로 이를 준수하여야 한다.

(ii) 확약은 재량행위뿐 아니라 기속행위에 대해서도 가능한가에 대하여 논란이 있는데, 기속행위의 경우에도 행정행의의 발급 여부를 미리 알게 됨으로서 법적 불안정을 제거할 필요성(예지(豫知)이익·대처이익)은 있는 것이므로 확약이 가능하다는 것이 다수견해이다.

(iii) 행정행위로서의 요건을 모두 갖춘 경우에도 확약이 가능한가에 대하여도 논란이 있는데, 재량행위의 경우 행정행위에 대한 약속을 통하여 재량권행사를 구속할 수 있고, 기속행위의 경우에도 위와 같이 법적 불안정을 제거할 필요성이 있으므로 확약이 가능하다는 것이 다수의 입장이다.

V. 확약의 효과

1. 구속력

확약의 효과는 행정청이 상대방에 대하여 확약된 대로의 행정행위를 하거나 하지 않아야 할 의무를 부담하는 것이다. 이러한 구속력은 신뢰보호원칙에 의하여 인정되는 것이다.

2. 사정변경에 의한 구속력의 상실

확약의 기초가 되었던 사실적·법적 상황이 변경되면, 사정변경에 따라 확약의 구속력이 상실된다. 이와 관련하여 행정절차법은 "행정청은 ① 확약을 한 후에 확약의 내용을 이행할 수 없을 정도로 법령등이나 사정이 변경되거나 ② 확약이 위법한 경우에는 확약에 기속되지 아니한다(행정절차법 40의2 ④)."고 규정하고 있다. 독일 연방행정절차법 제38조 제3항도 "확약의 전제가 되었던 사실 및 법적 상황이 변경되어 행정청이 사후에 발생한 사실을 알았더라면 확약을 하지 않았을 것으로 인정되는 경우 또는 확약이 법적으로 허용되지 않는 경우에는 행정청은 더 이상 확약에 구속되지 아니한다."고 규정하고 있다. 사정변경에 의한 구속력의 상실이라는 점에서 확약의 구속력은 행정행위의 경우보다 약하고 불안정적이라 할 수 있다.

제 7 장

행정절차와 행정정보

제1절 행정절차법

제 1 항 개설

Ⅰ. 행정절차의 개념

행정절차는 일반적으로 ① 넓은 의미로는 행정작용에 있어 행정청이 밟아야 하는 모든 절차를 말한다. 여기에는 행정입법절차, 행정계획절차, 제1차적 행정처분절차, 행정계약절차 등의 사전절차와 행정집행절차, 행정심판절차 등의 사후절차가 모두 포함된다.[1] ② 좁은 의미로 행정절차는 사전절차, 즉 행정에 관한 제1차적 결정절차를 의미한다.

Ⅱ. 행정절차의 이념과 기능

행정절차는 자기방어기회를 사전에 제공함으로써 헌법 제10조가 보장하는 인간의 존엄성을 추구하는 것을 궁극적인 이념으로 한다. 구체적으로 행정절차는 다음과 같은 기능을 수행한다.

1. 민주주의의 실현(행정의 민주화)

행정절차는 국민의 행정참여를 보장하고 이를 통하여 국민의 의사가 행정과정에 반영될 수 있다는 점에서 민주주의원리를 실현하는 기능을 한다.

2. 법치주의의 보장(행정의 공정성·적정성 보장)

행정절차는 행정의 투명성·예측가능성을 부여하고, 행정권 발동의 남용을 방지하는 등 행정의 공정성과 적정성을 보장하는 제도로서 궁극적으로는 법치주의의 이념을 실현시키는 기능을 한다.

1 사전절차와 사후절차는 '제1차적 행정결정'을 기준으로 한다.

3. 행정의 능률성 제고

행정절차는 절차를 통하여 의견이 수렴되면서 분쟁을 미연에 방지할 수 있어 행정의 능률을 향상시킬 수 있다. 그리고 행정절차를 법제화함으로써 행정과정이 어느 정도 표준화되는 점도 신속하고 능률적인 행정을 가능하게 한다.

4. 사전적 권리구제(사법부담의 경감)

행정절차는 절차를 거치면서 갈등이나 분쟁이 해소되는 등 사전적·예방적 권리구제절차로도 기능할 수 있다. 이에 따라 법원의 부담도 경감될 수 있다.

제 2 항 외국의 행정절차

Ⅰ. 영미법계 국가

행정절차는 본래 영·미에서 발달한 제도이다. 영국은 자연적 정의(natural justice)에 입각하여 행정절차가 발달해 왔는데, 자연적 정의는 "누구도 자신의 사건에 대한 심판관이 될 수 없다(No one shall be a judge in his own case)"는 편견배제의 원칙과 "누구든 변명의 기회 없이 비난당하지 아니한다(No one shall be condemned unheard)" 또는 "양당사자로부터 들어야 한다(Both sides must be heard)"라는 쌍방청문의 원칙으로 구성되어 있다. 이러한 절차적 원칙은 1958년 행정심판소 및 심사에 관한 법률(The Tribunals and Inquiries Act)이 제정됨으로써 재결절차의 공정성·통일성에 대한 제도적 보장으로 확립되었다.

미국은 수정헌법 제5조와 제14조에 규정된 적법절차조항(due process of law)에 의거하여 행정절차법이 정립·발전하였다. 미국은 1946년 행정절차법(Administrative Procedure Act)을 제정하였는데, 미국 행정절차법은 ① 규칙제정(rulemaking)절차, ② 우리나라의 행정처분에 해당하는 재결(adjudication)절차, ③ 사법심사에 관한 규정으로 구성되어 있고, 행정절차로는 정식절차인 ① 통지(notice), ② 청문(hearing), ③ 결정절차가 있으면서, 동시에 약식절차도 광범하게 인정하고 있다.

Ⅱ. 대륙법계 국가

1. 독일 연방행정절차법

독일 연방행정절차법(Verwaltungsverfahrensgesetz)은 전문 103개조로, ① 공식절차(고지·청문·구술변론·결정), ② 비공식절차(일반절차), ③ 계획확정절차, ④ 대량절차, ⑤ 행정행위, ⑥ 공법상 계약, ⑦ 권리구제절차로 구성되어 있다.

독일 연방행정절차법의 특징은 이와 같은 절차법적 규정뿐만 아니라 행정행위, 공법상의 계약과 같은 실체법적 규정도 아울러 두고 있다는 점이다. 이러한 점에서 독일 연방행정절차법은 실제로 행정법의 '통칙(通則)'[2]으로서의 역할을 수행하고 있다.

2. 네덜란드의 일반행정법

1994년부터 시행된 네덜란드의 일반행정법은 일종의 행정절차법이라고 평가할 수 있다. 네덜란드에서는 행정절차법이나 행정소송법이 단행법률이 아니라 관련법률에 흩어져 있어서 이를 일반행정법으로 정비한 것인데, 이 법은 행정절차, 행정쟁송 외에도 행정법의 기본개념에 관한 규정을 포함하고 있어 '행정법분야의 법전화'[3]를 어느 정도 이루었다는 점이 특징적이다.

3. 일본의 행정수속법(行政手續法)

일본은 1993년 11월 행정수속법(행정절차법)을 제정·공포함으로써 우리나라 행정절차법 제정에 많은 영향을 미쳤다. 일본 행정절차법은 행정처분절차를 중심으로 행정지도와 처분절차에 관한 최소한의 규정만 두고 있다.

제 3 항 행정절차의 법적 근거

Ⅰ. 헌법적 근거

행정절차의 헌법적 근거에 대하여 ① 혹자는 헌법 제10조(인간의 존엄성), 제37조(기본권의 포괄성 및 제한의 법률유보) 기타 법치국가·민주국가원리 등에서 헌법상의 행정절차보장의 근거를 찾는 견해도 있으나, ② 대다수의 학자 및 헌법재판소는 행정절차의 헌법적 근거를 헌법 제12조[4]

2 통칙이란 공통적으로 적용되는 규칙을 말한다. 행정법의 통칙이란 행정청의 개념, 행정행위의 무효와 취소, 철회, 행정입법, 행정계획, 공법상 계약, 행정절차 등에 관한 일반법적 규정을 의미한다.

3 법전(法典)이란 체계적으로 구성된 법률의 묶음을 말하기도 하고, 성문화된 통칙(일반법)을 의미하기도 한다. 여기에서는 헌법전, 민법전, 형법전, 상법전과 같이 해당 법분야의 일반적 규정들을 모아 놓은 법규범을 의미한다. 즉 행정의 실체적 내용, 행정절차, 이의신청, 행정심판 등 행정 전반에 걸친 일반법을 의미한다.

4 제12조 ① 모든 국민은 신체의 자유를 가진다. 누구든지 법률에 의하지 아니하고는 체포·구속·압수·수색 또는 심문을 받지 아니하며, 법률과 적법한 절차에 의하지 아니하고는 처벌·보안처분 또는 강제노역을 받지 아니한다.

에서 찾고 있다. 즉 이 견해는 헌법 제12조는 형사사법권(刑事司法權)의 발동에 대한 적법절차조항이지만 행정절차에도 유추적용된다고 보고 있다(헌재결 1992.12.24, 92헌가8; 헌재결 1994.7.29, 90헌바35).

II. 행정절차법과 개별법

행정절차에 관한 일반법인 행정절차법은 1996년 12월 31일 제정되었다. 행정절차법은 약 30여 년간 우여곡절을 겪은 끝에 제정된 것이다. 그러나 행정절차법은 그간 학계의 요구에도 불구하고, 실체법적 규정들은 제외하고 일본 행정절차법과 유사하게 최소한의 절차규정만을 규정하고 있다. 한편 행정절차법은 그 후에도 15차례에 걸쳐 부분적으로만 개정되었는데, 2022년 1월에는 확약, 위반사실의 공표, 행정계획, 인허가의제와 같은, 실체법적으로도 중요한 의미를 가지는 규정들을 신설하는 법개정이 있었다.

행정절차법 이외에도 여러 개별법에서도 통지·의견청취·진술기회부여·청문·협의·조정 등 다양한 절차에 관한 규정을 두고 있다.

III. 그 밖의 관계법령

그 밖에도 행정절차와 직간접으로 관련된 법령으로는 민원사무처리에 관한 일반법인 민원처리에 관한 법률, 규제의 신설·강화를 위한 의견수렴이나 기존규제의 폐지 또는 개선에 관한 의견제출 등을 규정하고 있는 행정규제기본법, 행정업무의 간소화·표준화·과학화 및 정보화를 도모하기 위한 행정효율과 협업 촉진에 관한 규정 등이 있다.

제 4 항 행정절차법의 내용

I. 행정절차법의 구성

행정절차법은 총칙, 처분절차, 신고·확약·위반사실의 공표 등의 절차, 행정상 입법예고절차, 행정예고절차, 행정지도, 국민참여의 확대 및 보칙으로 총 8장 70개조로 구성되어 있다.

우리 행정절차법은 실체법적 규정이 없이 주로 절차규정으로만 구성되어 있고, 절차규정도 사전절차, 즉 제1차적 처분절차에 한정하고 있다.

II. 총칙

1. 목적

행정절차법은 국민의 행정참여를 도모함으로써 행정의 공정성·투명성 및 신뢰성을 확보하고 국민의 권익을 보호하는 것을 목적으로 한다(행정절차법 1).

2. 적용범위*

행정절차법은 이 법이 정하고 있는 처분, 신고, 확약, 위반사실 등의 공표, 행정계획, 행정상 입법예고, 행정예고 및 행정지도 절차에 관하여 다른 법률에 특별한 규정이 있는 경우를 제외하고는 이 법에서 정한 바에 따른다고 하여 이 법이 행정절차에 관한 일반법임을 명확히 하고 있다(행정절차법 3 ①).

행정절차법은 동법의 적용이 제외되는 사항으로 9개의 사항을 규정하고 있는데, 구체적으로는 ① 국회 또는 지방의회의 의결을 거치거나 동의 또는 승인을 받아 행하는 사항, ② 법원 또는 군사법원의 재판에 의하거나 그 집행으로 행하는 사항, ③ 헌법재판소의 심판을 거쳐 행하는 사항, ④ 각급 선거관리위원회의 의결을 거쳐 행하는 사항, ⑤ 감사원이 감사위원회의 결정을 거쳐 행하는 사항, ⑥ 형사·행형 및 보안처분 관계법령에 의하여 행하는 사항, ⑦ 국가안전보장·국방·외교 또는 통일에 관한 사항 중 행정절차를 거칠 경우 국가의 중대한 이익을 현저히 저해할 우려가 있는 사항, ⑧ 심사청구·해양안전심판·조세심판·특허심판·행정심판, 그 밖의 불복절차에 따른 사항, ⑨ 병역법에 따른 징집·소집, 외국인의 출입국·난민인정·귀화, 공무원 인사 관계 법령에 따른 징계와 그 밖의 처분, 이해 조정을 목적으로 하는 법령에 따른 알선·조정·중재(仲裁)·재정(裁定) 또는 그 밖의 처분 등 해당 행정작용의 성질상 행정절차를 거치기 곤란하거나 거칠 필요가 없다고 인정되는 사항과 행정절차에 준하는 절차를 거친 사항으로서 대통령령으로 정하는 사항이다. 이에 따라 행정절차법 시행령 제2조는 ① 병역법, 예비군법, 민방위기본법, 비상대비자원 관리법, 대체역의 편입 및 복무 등에 관한 법률에 따른 징집·소집·동원·훈련에 관한 사항, ② 외국인의 출입국·난민인정·귀화·국적회복에 관한 사항, ③ 공무원 인사관계 법령에 의한 징계 기타 처분에 관한 사항 등 총 11개 항목의 적용제외사항을 규정하고 있다.

판례 > 국가에 대한 행정처분에도 행정절차법 제21조 내지 제23조가 적용되는지 여부(적극)

"행정절차법상 '당사자 등'에서 국가를 제외하지 않고 있고, '국가를 상대로 하는 행정행위'는 제3조

* 5급공채(2018년).

제2항에 해당하지 않는다. … 따라서 국가에 대한 행정처분을 함에 있어서도 사전통지, 의견청취, 이유제시와 관련한 행정절차법이 그대로 적용된다고 보아야 한다(대판 2023.9.21, 2023두39724)."

판례 > 공무원 인사관계 법령에 의한 처분에 대하여 행정절차법의 적용이 배제되는 범위

"행정과정에 대한 국민의 참여와 행정의 공정성, 투명성 및 신뢰성을 확보하고 국민의 권익을 보호함을 목적으로 하는 행정절차법의 입법목적과 행정절차법 제3조 제2항 제9호의 규정 내용 등에 비추어 보면, 공무원 인사관계 법령에 의한 처분에 관한 사항 전부에 대하여 행정절차법의 적용이 배제되는 것이 아니라 성질상 행정절차를 거치기 곤란하거나 불필요하다고 인정되는 처분이나 행정절차에 준하는 절차를 거치도록 하고 있는 처분의 경우에만 행정절차법의 적용이 배제되는 것으로 보아야 할 것이다. … (대판 2007.9.21, 2006두20631)."

판례는 국가공무원법상 직위해제처분은 행정작용의 성질상 행정절차를 거치기 곤란하거나 불필요하다고 인정되는 사항 또는 행정절차에 준하는 절차를 거친 사항에 해당하기 때문에 행정절차법의 규정이 적용되지 않는다고 한다.

판례 > 국가공무원법상 직위해제처분에 행정절차법 규정이 적용되는지 여부(소극)

"… 국가공무원법 등은 직위해제와 관련하여 … 해당 공무원에게 방어의 준비 및 불복의 기회를 보장하고 … 사후적으로 소청이나 행정소송을 통하여 충분한 의견진술 및 자료제출의 기회를 보장하고 있다. …

그렇다면 국가공무원법상 직위해제처분은 구 행정절차법 제3조 제2항 제9호, 동법 시행령 제2조 제3호에 의하여 당해 행정작용의 성질상 행정절차를 거치기 곤란하거나 불필요하다고 인정되는 사항 또는 행정절차에 준하는 절차를 거친 사항에 해당하므로, 처분의 사전통지 및 의견청취 등에 관한 행정절차법의 규정이 별도로 적용되지 아니한다고 봄이 상당하다(대판 2014.5.16, 2012두26180)."

3. 신뢰보호, 행정의 투명성, 행정업무혁신

행정절차법 제4조 제2항[5]은 국세기본법 제18조 제3항과 더불어 신뢰보호원칙의 실정법적 근거로 언급되고 있다. 다만 이 조항은 신뢰보호의 이념을 구체화하는 규정을 두는 데 그치고

5 행정절차법 제4조(신의성실 및 신뢰보호) ② 행정청은 법령등의 해석 또는 행정청의 관행이 일반적으로 국민들에게 받아들여졌을 때에는 공익 또는 제3자의 정당한 이익을 현저히 해칠 우려가 있는 경우를 제외하고는 새로운 해석 또는 관행에 따라 소급하여 불리하게 처리하여서는 아니 된다.

있을 뿐, 신뢰보호원칙의 의의나 요건·효과 등을 규정한 것은 아니다.

행정절차법 제5조[6]는 행정의 투명성을 규정하고 있으나, 여기서의 투명성은 엄격하게는 명확성을 의미하는 것이다.

행정절차법 제5조의2는 균등하고 질 높은 행정서비스, 정보통신기술의 활용을 통한 행정절차의 적극적 혁신, 행정청이 생성하거나 취득하여 관리하고 있는 데이터의 행정과정에의 활용 등을 내용을 하는 '행정업무의 혁신'을 규정하고 있다.

4. 행정청의 관할 및 협조

행정청이 그 관할에 속하지 아니하는 사안을 접수하였거나 이송받은 경우에는 지체 없이 이를 관할 행정청에 이송하여야 하고 그 사실을 신청인에게 통지하여야 한다(행정절차법 6 ①). 그리고 행정청의 관할이 분명하지 아니한 경우에는 해당 행정청을 공통으로 감독하는 상급 행정청이 그 관할을 결정하며, 공통으로 감독하는 상급 행정청이 없는 경우에는 각 상급 행정청이 협의하여 그 관할을 결정한다(행정절차법 6 ②).

한편 행정절차법은 행정절차의 원활한 수행을 위하여 행정협업의 방식을 통한 행정청 간의 협조(행정절차법 7)와 응원(행정절차법 8)을 규정하고 있다.

5. 송달

송달은 행정절차에서 하나의 기술적인 과정이지만 당사자는 행정청의 의사결정과정에 대한 통지를 통하여 절차의 진행을 알 수 있는 것이므로 중요한 의미를 갖는다. 송달은 우편, 교부 또는 정보통신망 이용 등의 방법으로 하되, 송달받을 자의 주소·거소(居所)·영업소·사무소 또는 전자우편주소로 한다(행정절차법 14 ①). 교부에 의한 송달은 수령확인서를 받고 문서를 교부함으로써 하며, 송달하는 장소에서 송달받을 자를 만나지 못한 경우에는 그 사무원·피용자(被傭者) 또는 동거인으로서 사리를 분별할 지능이 있는 사람에게 문서를 교부할 수 있다. 다만 문서를 송달받을 자 또는 그 사무원등이 정당한 사유 없이 송달받기를 거부하는 때에는 그 사실을 수령확인서에 적고, 문서를 송달할 장소에 놓아둘 수 있다(행정절차법 14 ②). 정보통신망을 이용한 송달은 송달받을 자가 동의하는 경우에 한한다. 이 경우 송달받을 자는 송달받을 전자우편주소 등을 지정하여야 한다(행정절차법 14 ③). 주소 등을 확인할 수 없거나 송달이 불가능한 경우에는 송달받을 자가 알기 쉽도록 관보, 공보, 게시판, 일간신문 중 하나 이상에 공고하

---

6 행정절차법 제5조(투명성) ① 행정청이 행하는 행정작용은 그 내용이 구체적이고 명확하여야 한다.
② 행정작용의 근거가 되는 법령등의 내용이 명확하지 아니한 경우 상대방은 해당 행정청에 그 해석을 요청할 수 있으며, 해당 행정청은 특별한 사유가 없으면 그 요청에 따라야 한다.
③ 행정청은 상대방에게 행정작용과 관련된 정보를 충분히 제공하여야 한다.

고 인터넷에도 공고하여야 하는데, 이 경우 개인정보법에 따라 개인정보를 보호하여야 한다(행정절차법 14 ④, ⑤). 송달은 다른 법령 등에 특별한 규정이 있는 경우를 제외하고는 해당 문서가 송달받을 자에게 도달됨으로써 그 효력이 발생한다(행정절차법 15 ①). 또한 정보통신망을 이용하여 전자문서로 송달하는 경우에는 송달받을 자가 지정한 컴퓨터 등에 입력된 때에 도달된 것으로 본다(행정절차법 15 ②). 만약 송달받을 자의 주소를 통상의 방법으로 확인할 수 없거나 송달 자체가 불가능한 경우에는 송달받을 자가 알기 쉽도록 관보·공보·게시판·일간신문 중 하나 이상에 공고하고 인터넷에도 공고하여야 한다(행정절차법 14 ④). 이 경우에는 다른 법령등에 특별한 규정이 있는 경우를 제외하고는 공고일부터 14일이 지난 때에 그 효력이 발생한다. 다만, 긴급히 시행하여야 할 특별한 사유가 있어 효력 발생 시기를 달리 정하여 공고한 경우에는 그에 따른다(행정절차법 15 ③).

Ⅲ. 처분절차*

처분절차는 행정절차법의 중심이다. 행정절차법은 처분을 신청에 의한 처분(수익처분)과 당사자에게 의무를 부과하거나 권익을 제한하는 처분(불이익처분)으로 구분하고, 양 절차에 공통되는 사항과 고유한 사항을 규정하고 있다.

1. 공통사항

수익처분과 불이익처분의 공통사항으로 처분기준의 설정·공표(행정절차법 20), 처분의 이유제시(행정절차법 23), 처분의 방식(행정절차법 24), 처분의 정정(행정절차법 25), 고지(행정절차법 26)가 있다.

(1) 처분기준의 설정·공표

① 행정절차법 규정

행정청은 필요한 처분기준을 구체적으로 정하여 공표하여야 하는데(행정절차법 20 ①), 이는 행정의 자의적인 법집행을 방지하고 처분에 대한 국민의 예측가능성을 부여하기 위한 것이다. 행정기본법 제24조에 따른 인허가의제의 경우 관련 인허가 행정청은 관련 인허가의 처분기준을 주된 인허가 행정청에 제출하여야 하고, 주된 인허가 행정청은 제출받은 관련 인허가의 처분기준을 통합하여 공표하여야 한다. 처분기준을 변경하는 경우에도 또한 같다(행정절차법 20 ②). 행정청은 처분의 성질상 현저히 곤란하거나 공공의 안전 또는 복리를 현저히 해치는 것으로 인정될 만한 상당한 이유가 있는 경우에는 처분기준을 공표하지 않을 수 있다(행정절차

* 사법시험(1996년), 입법고시(2003년), 입법고시(2006년), 입법고시(2024년).

법 20 ③). 당사자등은 공표된 처분기준이 명확하지 아니한 경우 해당 행정청에 그 해석 또는 설명을 요청할 수 있고, 이 경우 해당 행정청은 특별한 사정이 없으면 그 요청에 따라야 한다(행정절차법 20 ④).

판례 > 처분기준을 구체적으로 정하여 공표할 의무를 부과한 취지 및 예외를 정한 제20조 제2항에 따라 처분기준을 따로 공표하지 않거나 개략적으로만 공표할 수 있는 경우

"… 처분의 성질상 처분기준을 미리 공표하는 경우 행정목적을 달성할 수 없게 되거나 행정청에 일정한 범위 내에서 재량권을 부여함으로써 구체적인 사안에서 개별적인 사정을 고려하여 탄력적으로 처분이 이루어지도록 하는 것이 오히려 공공의 안전 또는 복리에 더 적합한 경우도 있다. 그러한 경우에는 행정절차법 제20조 제2항에 따라 처분기준을 따로 공표하지 않거나 개략적으로만 공표할 수도 있다(대판 2019.12.13, 2018두41907)."

② 처분기준의 법형식 및 재판규범성 문제

행정절차법은 처분기준의 법형식에 관하여 아무런 규정을 두고 있지 않다. 따라서 처분기준을 법령의 형식을 정할 수도 있고 행정규칙의 형식으로 정할 수도 있다. 이와 관련하여 판례는 '법령의 구체적 위임을 받아 제정된 것이 아닌 한, 원칙적으로 대외적 구속력이 없는 행정규칙에 해당한다'고 보고 있다(대판 2020.12.24, 2018두45633). 한편 처분기준을 법령으로 정한 입법례가 상당히 많은데, 이 가운데 제재처분기준을 정하고 있는 법령(예: 청소년보호법 시행령 39 ② 별표 9, 식품위생법 시행규칙 89 별표 23)의 경우 판례는 이를 대통령령으로 정한 경우는 법규명령으로 보나, 부령으로 정한 경우는 행정규칙(법규명령형식의 행정규칙)으로 본다.

③ 처분기준을 설정하지 않은 것이 독립적인 위법사유가 되는지의 문제

처분기준을 설정하지 않은 것이 위법한가 하는 것과 관련하여, ① 처분기준이 설정되지 않고 처분하더라도 처분의 효력에 영향이 없다는 부정설, ② 기준의 설정·공표가 의무규정으로 되어 있으므로 이를 행하지 않은 경우 독자적인 위법사유가 된다는 긍정설이 대립되는데, ③ 처분기준을 설정하지 않은 것은 행정절차법 위반으로서 위법하다고 보아야 하므로 긍정설이 타당하다. ④ 이와 관련하여 판례는 '행정청이 처분기준 사전공표 의무를 위반하여 미리 공표하지 아니한 기준을 적용하여 처분을 하였다고 하더라도, 그러한 사정만으로 곧바로 해당 처분에 취소사유에 이를 정도의 흠이 존재한다고 볼 수는 없다'는 입장이다(대판 2020.12.24, 2018두45633).

④ 설정된 처분기준과 다른 기준으로 처분한 것이 독립한 위법사유인지의 문제*

처분기준과 다른 기준으로 처분한 것이 위법한가 하는 것이 문제인데, ① 대체로는 처분기준

이 행정규칙이라는 점을 전제하여, 행정규칙인 처분기준과 다른 기준으로 처분하는 경우 위법하다고 볼 수 없으나 예외적으로 평등원칙·신뢰보호원칙과 같은 행정법의 일반원칙을 위반한 것으로서 위법하다고 볼 수 있다는 입장이다. ② 그러나 법령에 규정된 처분기준과 다른 기준으로 처분한 경우 원칙적으로는 법령위반으로 위법하다고 보아야 할 것이다.

(2) 처분의 이유제시*

1. 의의: 행정절차법 23	**5. 이유제시 하자의 치유: ① 부정설, ② 제한적 긍정설(다수설 및 판례)**
2. 기능	**6. 하자치유의 시간적 한계: 행정쟁송 제기 전까지(다수설 및 판례)**
3. 이유제시의 하자와 그 효과	
4. 이유제시의 방법과 정도	

① 의의

행정청은 처분을 할 때에는 ① 신청 내용을 그대로 인정하는 처분인 경우, ② 단순·반복적인 처분 또는 경미한 처분으로서 당사자가 그 이유를 명백하게 알 수 있는 경우, ③ 긴급히 처분을 할 필요가 있는 경우를 제외하고는 당사자에게 그 근거와 이유를 제시하여야 한다(행정절차법 23 ①). 그러나 ②와 ③의 경우에도 당사자의 요청이 있는 경우에는 그 근거와 이유를 제시하여야 한다(행정절차법 23 ②).

② 이유제시의 기능

이유제시 또는 이유부기(理由附記)는 처분의 근거와 이유를 제시하도록 함으로써 ① 상대방에 대한 설득기능, ② 쟁점정리를 통한 권리구제기능, ③ 행정의 신중성과 투명성을 제고함으로써 행정 스스로의 통제기능을 수행한다.

③ 이유제시의 하자와 그 효과

이유제시의 하자는 독자적인 위법사유가 된다. 그러나 그 위법의 효과는 무효인지 취소인지는 중대명백설에 따라 개별적으로 판단하여야 한다.

④ 이유제시의 방법과 정도

이유제시는 어떠한 근거와 이유에서 당해 처분이 있었는지를 알 수 있을 정도로 구체적으로 제시하여야 한다. 그러나 당사자가 처분의 근거와 이유를 충분히 알 수 있는 경우에는 그 근거와 이유가 구체적으로 명시되어 있지 않았다 하여 처분이 위법한 것으로 되는 것은 아니다.

---

* 사법시험(2015년), 5급공채(재경)(2012년), 5급공채(재경)(2013년), 5급공채(2021년).

판례 > 이유제시에서 위반사실을 특정하지 아니하여 위법하다고 한 사례

"면허의 취소처분에는 그 근거가 되는 법령이나 취소권 유보의 부관 등을 명시하여야 함은 물론 처분을 받은 자가 어떠한 위반사실에 대하여 당해 처분이 있었는지를 알 수 있을 정도로 사실을 적시할 것을 요하며 … (대판 1990.9.11, 90누1786)."

판례 > 처분의 근거와 이유가 구체적으로 명시되어 있지 않은 처분이라도 절차상 위법하지 않은 경우

"… 처분서에 기재된 내용과 관계 법령 및 당해 처분에 이르기까지 전체적인 과정 등을 종합적으로 고려하여, 처분 당시 당사자가 어떠한 근거와 이유로 처분이 이루어진 것인지를 충분히 알 수 있어서 그에 불복하여 행정구제절차로 나아가는 데에 별다른 지장이 없었던 것으로 인정되는 경우에는 처분서에 처분의 근거와 이유가 구체적으로 명시되어 있지 않았다고 하더라도 그로 말미암아 그 처분이 위법한 것으로 된다고 할 수는 없다(대판 2009.12.10, 2007두20348 참조) (대판 2013.11.14, 2011두18571; 대판 2019.12.13, 2018두41907)."

⑤ 이유제시 하자의 치유

이유제시 하자에 대한 사후추완이 가능한가와 관련하여 ① 이유제시 하자의 치유는 원칙적으로 허용될 수 없다는 견해(부정설)가 있으나, ② 다수설과 판례는 원칙적으로는 허용될 수 없고, 다만 예외적으로, 행정행위의 불필요한 반복을 피하고 국민의 권리를 침해하지 않는 범위에서 구체적 사정에 따라 합목적적으로 인정될 수 있다(대판 2002.7.9, 2001두10684)는 입장이다(제한적 긍정설).

판례 > 납세의무자가 납세의 산출근거를 알고 있었던 것이 기재사항누락의 하자를 치유하는 사유가 되는지 여부

"납세고지서에 세액산출근거 등의 기재사항이 누락되었거나 과세표준과 세액의 계산명세서가 첨부되지 않았다면 적법한 납세의 고지라고 볼 수 없으며, 위와 같은 납세고지의 하자는 납세의무자가 그 나름대로 산출근거를 알고 있다거나 사실상 이를 알고서 쟁송에 이르렀다 하더라도 치유되지 않는다(대판 2002.11.13, 2001두1543)."

⑥ 하자치유의 시간적 한계

하자의 치유는 행정쟁송 제기 이전까지만 가능하다는 견해와 그 이후에도 가능하다는 견해가 있는데, 전자가 다수설이자 판례(대판 1984.4.10, 83누393)의 입장이다.

(3) 처분의 방식

다른 법령 등에 특별한 규정이 있는 경우를 제외하고는 처분은 문서의 형식으로 하여야 하며, 당사자등의 동의가 있거나 당사자가 전자문서로 처분을 신청한 경우에는 전자문서로 할 수 있다(행정절차법 24 ①). 다만 공공의 안전 또는 복리를 위하여 긴급히 처분을 할 필요가 있거나 사안이 경미한 경우에는 말, 전화, 휴대전화를 이용한 문자 전송, 팩스 또는 전자우편 등 문서가 아닌 방법으로 처분을 할 수 있다. 이 경우에도 당사자의 요청이 있는 경우에는 문서를 주어야 한다(행정절차법 24 ②). 이를 위반한 처분은 하자가 중대·명백하여 무효이다(대판 2019.7.11, 2017두38874). 처분을 하는 문서에는 그 처분 행정청 및 담당자의 소속·성명과 연락처를 적어야 한다(행정절차법 24 ③).

(4) 처분의 정정

행정청은 처분에 오기(誤記), 오산(誤算) 또는 그 밖에 이에 준하는 명백한 잘못이 있을 때에는 직권으로 또는 신청에 따라 지체 없이 정정하고 그 사실을 당사자에게 통지하여야 한다(행정절차법 25).

(5) 고지

행정청이 처분을 할 때에는 당사자에게 그 처분에 관하여 행정심판 및 행정소송을 제기할 수 있는지 여부, 그 밖에 불복(不服)[7]을 할 수 있는지 여부, 청구절차 및 청구기간, 그 밖에 필요한 사항을 알려야 한다(행정절차법 26). 이를 불복고지(不服告知)라고도 하는데, 불복수단에 대하여 알려주는 것은 당사자의 효과적인 권리구제를 위하여 매우 중요한 의미를 가진다. 행정심판법 제58조도 불복고지에 관한 규정을 두고 있는데, 동법은 행정심판에 관한 사항만 고지하도록 규정하고 있는데 비하여, 행정절차법은 행정심판·행정소송·그 밖의 불복절차에 관한 사항을 고지하도록 폭넓게 규정하고 있는 점이 다르다.

2. 신청에 의한 처분(수익처분)의 절차

(1) 신청의 방식

행정청에 처분을 구하는 신청은 법령등에 특별한 규정이 있거나 행정청이 미리 다른 방법을 정하여 공시한 경우를 제외하고는 문서로 하여야 한다(행정절차법 17 ①). 신청인이 전자문서로서 신청하는 경우에는 행정청의 컴퓨터 등에 입력된 때에 신청한 것으로 본다(행정절차법 17 ②).

---

7 행정법에서 불복이란 행정청의 결정에 대하여 이의신청 등을 하거나 행정쟁송을 제기하는 것을 말한다.

(2) 행정청의 신청접수 및 처리의무

행정청은 신청을 접수한 경우에는 신청인에게 접수증을 주어야 한다(행정절차법 17 ④).

행정청은 신청에 흠이 있는 경우에는 상당한 기간을 정하여 지체 없이 보완을 요구하여야 하고, 신청인이 이 기간 내에 보완을 하지 아니하였을 때에는 그 이유를 구체적으로 밝혀 접수된 신청을 되돌려 보낼 수 있다(행정절차법 17 ⑤, ⑥).

행정청은 다수의 행정청이 관여하는 처분을 구하는 신청을 접수한 경우에는 관계 행정청과의 신속한 협조를 통하여 그 처분이 지연되지 아니하도록 하여야 한다(행정절차법 18).

(3) 처리기간의 설정·공표

행정청은 신청인의 편의를 위하여 처분의 처리기간을 종류별로 미리 정하여 공표하여야 한다(행정절차법 19 ①). 부득이한 경우 해당 처분의 처리기간의 범위에서 한 번만 그 기간을 연장할 수 있데, 이 경우 처리기간의 연장 사유와 처리 예정 기한을 지체 없이 신청인에게 통지하여야 한다(행정절차법 19 ②, ③). 행정청이 정당한 처리기간 내에 처리하지 아니하였을 때에는 신청인은 해당 행정청 또는 그 감독 행정청에 신속한 처리를 요청할 수 있다(행정절차법 19 ④).

행정절차법은 '처리기간 설정'의 법형식에 대하여 아무런 언급이 없는데, 이를 법으로 정한다는 것은 현실적으로 기대하기 어려울 것이다. 따라서 행정규칙으로 처리기간을 설정하는 경우가 많을 것인데, 이와 같이 행정규칙으로 규정된 처리기간을 가정한다면, 이는 행정쟁송법상 '부작위'[8]의 인정에 있어 합리적인 판단기준이 될 수는 있겠으나, 처리기간을 준수하지 않은 것이 독자적인 위법사유가 될 수는 없을 것이다.[9] 판례도 같은 입장이다.

판례 > 행정절차법상 처분·민원의 처리기간에 관한 규정이 강행규정인지 여부(소극)/처리기간을 지나 처분을 한 경우 절차상 하자로 볼 수 있는지 여부(소극)

"처분이나 민원의 처리기간을 정하는 것은 신청에 따른 사무를 가능한 한 조속히 처리하도록 하기 위한 것이다. 처리기간에 관한 규정은 훈시규정에 불과할 뿐 강행규정이라고 볼 수 없다. 행정청이 처리기간이 지나 처분을 하였더라도 이를 처분을 취소할 절차상 하자로 볼 수 없다(대판 2019.12.13, 2018두41907)."

8 "부작위"라 함은 행정청이 당사자의 신청에 대하여 상당한 기간 내에 일정한 처분을 하여야 할 법률상 의무가 있음에도 불구하고 이를 하지 아니하는 것을 말한다(행소법 2 2호).

9 행정규칙으로 정해진 처리기간이 지나도록 신청에 대한 아무런 응답이 없었다면 이를 행정청의 부작위로 볼 수 있겠지만, 행정규칙 위반으로 곧 그 부작위가 위법하다고 할 수는 없다는 의미이다.

3. 불이익처분의 절차*

1. **불이익처분의 개념**
   (1) 행정절차법 21
   (2) 수익적 행정행위의 거부처분도 불이익 처분에 해당하는지 여부
   ① 긍정설, ② 부정설(다수설),
   ③ 판례: 부정설, ④ 결어: 부정설 타당
2. **사전통지**
   (1) 행정절차법 21 ①
   (2) 사전통지 생략사유(행정절차법 21 ④)
3. **의견제출**
   (1) 의의
   (2) 예외(행정절차법 22 ④)
   (3) 사전통지 또는 의견제출절차 위반의 효과
4. **청문**
   (1) 의의
   (2) 청문의 실시요건
   (3) 청문의 생략사유(행정절차법 22 ④)
   (4) 청문절차의 위반의 효과

불이익처분절차는 처분의 사전통지와 의견청취절차(의견제출·청문·공청회)로 구성되어 있다. 그러나 처분기준의 설정, 이유제시, 고지 등의 절차는 처분의 공통절차로서 불이익처분에도 적용됨은 물론이다.

(1) 행정절차법상의 불이익처분의 개념

행정절차법은 사전통지의 대상이 되는 처분을 '당사자에게 의무를 부과하거나 권익을 제한하는 처분'으로 제한하고 있는데(행정절차법 21 ①), 이를 '행정절차법상 불이익처분'이라고 한다.[10]

이와 관련하여 불이익처분에 '수익적 행정행위의 거부처분'도 포함되는지 논란이 있는데, ① 거부처분도 당사자의 권익을 제한하는 처분이라는 점에서 불이익처분에 해당한다는 견해도 있지만, ② 다수설과 판례는 수익적 행정행위의 거부의 경우 신청에 따라 아직 권익이 부여된 것이 아니므로 '당사자의 권익을 제한하는 처분'에 해당한다고 할 수 없다는 입장이다. ③ 생각건대 현실적으로 '단순한 신청의 거부'까지 처분의 사전통지나 의견제출의 대상이 되도록 요구하기에는 무리가 있다고 판단되므로 다수설의 입장이 타당하다.

---

* 변호사시험(2013년), 변호사시험(2014년), 변호사시험(2021년), 변호사시험(2022년), 사법시험(2008년), 사법시험(2011년), 행정고시(일반행정)(2010년), 5급공채(재경)(2013년), 5급공채(2018년), 5급공채(행정)(2021년), 5급공채(행정)(2023년).

10 '불이익처분'은 행정절차법에서만 규정하는 개념이다. 불이익처분은 사전통지의 대상이 되는 처분인데, 현실적으로 수익처분의 거부와 같은 모든 침익적 처분을 사전통지의 대상으로 할 수 없기 때문에, 침익적 처분 중 '적극적인 의무부과(예: 시정명령)나 권리제한(예: 자격취소)'의 경우만을 사전통지의 대상으로 제한하고, 이를 '침익적 처분'이라는 개념과 구분하기 위해서 별도로 '불이익처분'으로 개념정의를 한 것이다.

판례 > 신청에 대한 거부처분이 행정절차법상 처분의 사전통지대상이 되는지 여부

"… 신청에 따른 처분이 이루어지지 아니한 경우에는 아직 당사자에게 권익이 부과되지 아니하였으므로 특별한 사정이 없는 한 신청에 대한 거부처분이라고 하더라도 직접 당사자의 권익을 제한하는 것은 아니어서 신청에 대한 거부처분을 여기에서 말하는 '당사자의 권익을 제한하는 처분'에 해당한다고 할 수 없는 것이어서 처분의 사전통지대상이 된다고 할 수 없다(대판 2003.11.28, 2003두674)."

불이익처분의 당사자란 행정청의 처분에 대하여 직접 그 상대가 되는 자를 의미한다.

판례 > 유원시설업자[11] 또는 체육시설업자 지위승계신고를 수리하는 경우, 종전 유원시설업자 또는 체육시설업자에 대하여 사전통지를 하여야 하는지 여부(적극)

"… 행정청이 당사자에게 의무를 과하거나 권익을 제한하는 처분을 할 때에는 당사자 등에게 처분의 사전통지를 하고 의견제출의 기회를 주어야 하며, 여기서 당사자란 행정청의 처분에 대하여 직접 그 상대가 되는 자를 의미한다.

… 행정청이 관광진흥법 또는 체육시설법의 규정에 의하여 유원시설업자 또는 체육시설업자 지위승계신고를 수리하는 처분은 종전 유원시설업자 또는 체육시설업자의 권익을 제한하는 처분이고, 종전 유원시설업자 또는 체육시설업자는 그 처분에 대하여 직접 그 상대가 되는 자에 해당한다고 보는 것이 타당하므로, 행정청이 그 신고를 수리하는 처분을 할 때에는 행정절차법 규정에서 정한 당사자에 해당하는 종전 유원시설업자 또는 체육시설업자에 대하여 위 규정에서 정한 행정절차를 실시하고 처분을 하여야 한다(대판 2012.12.13, 2011두29144)."

(2) 처분의 사전통지(notice, Bekanntgabe)

행정청은 불이익처분을 하는 경우에는 처분의 제목·당사자의 성명 또는 명칭과 주소·처분하려는 원인이 되는 사실과 처분의 내용 및 법적 근거·이에 대하여 의견을 제출할 수 있다는 뜻과 의견을 제출하지 아니하는 경우의 처리방법·의견제출기관의 명칭과 주소·의견제출기한·그 밖에 필요한 사항을 미리 당사자 등에게 통지하여야 한다(행정절차법 21 ①).

행정청은 청문을 하려면 청문이 시작되는 날부터 10일 전까지 위의 사항(이 중 의견제출에 관한 사항을 각각 청문 주재자의 소속·직위 및 성명, 청문의 일시 및 장소, 청문에 응하지 아니하는 경우의 처리방법 등 청문에 필요한 사항으로 갈음)을 당사자등에게 통지하여야 한다(행정절차법 21 ②).

---

11 유원시설업(遊園施設業): 유기시설(遊技施設)이나 유기기구(遊技機具)를 갖추어 이를 관광객에게 이용하게 하는 업(다른 영업을 경영하면서 관광객의 유치 또는 광고 등을 목적으로 유기시설이나 유기기구를 설치하여 이를 이용하게 하는 경우를 포함한다)(관광진흥법 3 6호).

사전통지는 ① 공공의 안전 또는 복리를 위하여 긴급히 처분을 할 필요가 있는 경우, ② 법령등에서 요구된 자격이 없거나 없어지게 되면 반드시 일정한 처분을 하여야 하는 경우에 그 자격이 없거나 없어지게 된 사실이 법원의 재판 등에 의하여 객관적으로 증명된 경우, ③ 해당 처분의 성질상 의견청취가 현저히 곤란하거나 명백히 불필요하다고 인정될 만한 상당한 이유가 있는 경우에는 하지 않을 수 있다(행정절차법 21 ④). 특히 ③과 관련하여 판례는 ③의 해당 여부는 '해당 처분의 성질'에 비추어 판단하는 것이라고 하고 있다.

판례 > 행정절차법 제21조 제4항 제3호 소정의 '의견청취가 현저히 곤란하거나 명백히 불필요하다고 인정될 만한 상당한 이유가 있는지 여부'의 판단 기준

"… 여기에서 말하는 '의견청취가 현저히 곤란하거나 명백히 불필요하다고 인정될 만한 상당한 이유가 있는지 여부'는 당해 행정처분의 성질에 비추어 판단하여야 하는 것이지, 청문통지서의 반송 여부, 청문통지의 방법 등에 의하여 판단할 것은 아니며, 또한 행정처분의 상대방이 통지된 청문일시에 불출석하였다는 이유만으로 행정청이 관계 법령상 그 실시가 요구되는 청문을 실시하지 아니한 채 침해적 행정처분을 할 수는 없을 것이므로, 행정처분의 상대방에 대한 청문통지서가 반송되었다거나, 행정처분의 상대방이 청문일시에 불출석하였다는 이유로 청문을 실시하지 아니하고 한 침해적 행정처분은 위법하다(대판 2001.4.13, 2000두3337)."

(3) 의견제출

① 의의

행정절차법은 의견청취제도로서 의견제출·청문·공청회를 규정하고 있다. 이 가운데 정해진 기일에 구술로 의견을 진술하는 청문(聽聞)은 정식 의견청취절차이고 주로 서면으로 의견을 제출하는 의견제출절차는 청문에 비하면 약식절차이다.

여기에서 의견제출은 "행정청이 어떠한 행정작용을 하기 전에 당사자등이 의견을 제시하는 절차로서 청문이나 공청회에 해당하지 아니하는 절차"로 정의되고 있다(행정절차법 2 7호). 행정절차법은 청문이나 공청회의 경우 다른 법령에 이에 관한 규정이 있거나 행정청이 필요하다고 인정하는 경우 또는 인허가 등의 취소, 신분·자격의 박탈, 법인이나 조합 등의 처분을 하는 경우에 이를 실시하도록 규정하고 있는 데 대하여(행정절차법 22 ①, ②), 불이익처분을 할 때 청문이나 공청회를 거치지 아니하는 경우에는 당사자 등에게 의견제출의 기회를 주어야 한다고 규정하고 있으므로(행정절차법 22 ③), 행정절차법상 의견제출절차는 일반적인 의견청취절차라고 할 수 있다. 따라서 불이익처분시 관련 법령상 청문이나 공청회에 관한 규정이 없더라도 의견제출절차는 반드시 거쳐야 한다.

② 의견제출의 예외

행정절차법 제21조 제4항 각 호(사전통지를 하지 않아도 되는 예외적 사항)의 어느 하나에 해당하는 경우와 당사자가 의견진술의 기회를 포기한다는 뜻을 명백히 표시한 경우에는 의견청취를 하지 아니할 수 있다(행정절차법 22 ④).

③ 사전통지 또는 의견제출절차 위반의 효과

행정청이 불이익처분을 하면서 사전통지를 하지 않거나 의견제출의 기회를 부여하지 않으면, 절차상 하자 있는 위법한 처분이 된다.

판례 > 사전통지 또는 의견제출절차의 결여를 절차위반의 위법사유로 본 판례

> "[1] … 행정청이 침해적 행정처분을 함에 있어서 당사자에게 위와 같은 사전통지를 하거나 의견제출의 기회를 주지 아니하였다면 사전통지를 하지 않거나 의견제출의 기회를 주지 아니하여도 되는 예외적인 경우에 해당하지 아니하는 한 그 처분은 위법하여 취소를 면할 수 없다(대판 2004.5.28, 2004두1254)."

④ 의견제출의 방법 및 제출된 의견의 반영

당사자등은 처분 전에 그 처분의 관할 행정청에 서면이나 말로 또는 정보통신망을 이용하여 의견제출을 할 수 있고(행정절차법 27 ①), 이 경우 그 주장을 입증하기 위한 증거자료 등을 첨부할 수 있다(행정절차법 27 ②). 행정청은 처분을 할 때에 당사자등이 제출한 의견이 상당한 이유가 있다고 인정하는 경우에는 이를 반영하여야 하고(행정절차법 27조의2 ①), 의견을 반영하지 아니하고 처분을 한 경우 당사자등이 처분이 있음을 안 날부터 90일 이내에 그 이유의 설명을 요청하면 서면으로 그 이유를 알려야 한다(행정절차법 27조의2 ②).

(4) 청문

① 의의

청문(聽聞, hearing, Anhörung)이란 "행정청이 어떠한 처분을 하기 전에 당사자등의 의견을 직접 듣고 증거를 조사하는 절차"를 말한다(행정절차법 2 5호). 청문은 당사자에게 변명과 유리한 자료를 제출할 기회를 부여함으로써 위법사유의 시정가능성을 고려하고 처분의 신중과 적정을 기하려는 데 그 취지가 있다(대판 2007.11.16, 2005두15700).

② 청문의 실시

가. 청문의 실시요건

청문은 ① 다른 법령 등에서 청문을 하도록 규정하고 있는 경우, ② 행정청이 필요하다고 인정하는 경우, 또는 ③ 인허가 등의 취소, 신분·자격의 박탈, 법인이나 조합 등의 설립허가의 취소를 하는 경우에 실시한다(행정절차법 22 ①). 따라서 이 사유에 해당하지 않는 불이익처분의 경우는 의견제출로 의견청취가 이루어진다. ③의 당사자의 청문 신청권은 2014년 법개정으로 신설된 것이다.

나. 청문의 개시

행정청이 청문을 실시하고자 하는 경우에는 청문기일의 10일 전까지 불이익처분의 내용에 대하여 당사자등에게 통지하여야 한다(행정절차법 21 ②). 다만 제21조 제4항 각 호(사전통지를 하지 않아도 되는 예외적 사항)의 어느 하나에 해당하는 경우와 당사자가 의견진술의 기회를 포기한다는 뜻을 명백히 표시한 경우에는 의견청취를 하지 아니할 수 있다(행정절차법 22 ④).

판례 > '의견청취가 현저히 곤란하거나 명백히 불필요하다고 인정될 만한 상당한 이유가 있는 경우'에 해당하는지 판단하는 기준 및 이때 처분상대방이 이미 행정청에 위반사실을 시인하였다거나 처분의 사전통지 이전에 의견을 진술할 기회가 있었다는 사정을 고려하여야 하는지 여부(소극)

"행정절차법 제22조 제4항, 제21조 제4항 제3호 … 에서 '의견청취가 현저히 곤란하거나 명백히 불필요하다고 인정될 만한 상당한 이유가 있는 경우'에 해당하는지는 해당 행정처분의 성질에 비추어 판단하여야 하며, 처분상대방이 이미 행정청에 위반사실을 시인하였다거나 처분의 사전통지 이전에 의견을 진술할 기회가 있었다는 사정을 고려하여 판단할 것은 아니다(대판 2016.10.27, 2016두41811; 대판 2017.4.7, 2016두63224)."

다. 청문 주재자

행정청은 소속 직원 또는 대통령령으로 정하는 자격을 가진 사람 중에서 청문 주재자를 공정하게 선정하여야 한다(행정절차법 28 ①). 다수 국민의 이해에 관계되는 등 행정청이 필요가 있다고 인정하는 경우에는 청문주재자를 2명 이상으로 선정할 수 있다(행정절차법 28 ②). 행정청은 청문이 시작되는 날부터 7일 전까지 청문 주재자에게 청문과 관련한 필요한 자료를 미리 통지하여야 한다(행정절차법 28 ③).

라. 청문의 진행

청문 주재자가 청문을 시작할 때에는 먼저 예정된 처분의 내용, 그 원인이 되는 사실 및 법적 근거 등을 설명하여야 한다(행정절차법 31 ①). 당사자등은 의견을 진술하고 증거를 제출할 수 있으며, 참고인이나 감정인 등에게 질문할 수 있다(행정절차법 31 ②).

마. 증거조사

청문 주재자는 당사자에 의하여 제출된 증거뿐 아니라 직권으로 또는 당사자의 신청에 따라 필요한 조사를 할 수 있으며, 당사자 등이 주장하지 아니한 사실에 대하여도 조사할 수 있다(행정절차법 33 ①).

바. 청문조서와 청문 주재자의 의견서

청문 주재자는 제목, 청문 주재자의 소속·성명 등 인적 사항, 당사자 등의 주소·성명 또는 명칭 및 출석 여부, 청문의 일시 및 장소, 당사자 등의 진술의 요지 및 제출된 증거, 청문의 공개 여부 및 공개 또는 비공개의 이유, 증거조사를 한 경우에는 그 요지 및 첨부된 증거, 기타 필요한 사항이 기재된 청문조서를 작성하여야 한다(행정절차법 34 ①).

청문 주재자는 ① 청문의 제목, ② 처분의 내용·주요사실 또는 증거, ③ 종합의견, ④ 그 밖에 필요한 사항을 기재한 의견서를 작성하여야 한다(행정절차법 34조의2).

사. 청문의 종결 및 재개

청문 주재자는 해당 사안에 대하여 당사자등의 의견진술, 증거조사가 충분히 이루어졌다고 인정하는 경우에는 청문을 마칠 수 있다(행정절차법 35 ①). 청문 주재자가 청문을 종결하는 경우 지체 없이 청문조서를 비롯한 관계 서류를 행정청에 제출하여야 한다(행정절차법 35 ④). 행정청은 처분을 행함에 있어서 청문주재자가 제출한 청문조서, 청문주재자의 의견서, 그 밖의 관계 서류 등을 충분히 검토하고 상당한 이유가 있다고 인정하는 경우에는 청문결과를 반영하여야 한다(행정절차법 35조의2).

행정청은 청문을 마친 후 처분을 할 때까지 새로운 사정이 발견되어 청문을 재개(再開)할 필요가 있다고 인정할 때에는 제35조 제4항에 따라 받은 청문조서 등을 되돌려 보내고 청문의 재개를 명할 수 있다(행정절차법 36).

③ 청문절차 위반의 효과*

청문절차를 결여한 처분은 절차상 하자 있는 위법한 처분이 된다. 위법의 효과는 중대명백설에 따라 개별적으로 판단해 보아야 할 것이다. 판례는 청문절차의 결여를 취소사유로 보고 있다.

판례 > 청문절차 결여의 위법사유로 보면서 이를 취소사유에 해당한다고 본 판례

"… 행정청이 특히 침해적 행정처분을 할 때 그 처분의 근거 법령 등에서 청문을 실시하도록 규정하고 있다면, 행정절차법 등 관련 법령상 청문을 실시하지 않아도 되는 예외적인 경우에 해당하지 않

* 입법고시(2009년).

는 한 반드시 청문을 실시하여야 하며, 그러한 절차를 결여한 처분은 위법한 처분으로서 취소사유에 해당한다(대판 2007.11.16, 2005두15700)."

(5) 문서의 열람 및 비밀유지

당사자 등은 의견제출의 경우에는 처분의 사전 통지가 있는 날부터 의견제출기한까지, 청문의 경우에는 청문의 통지가 있는 날로부터 청문이 끝날 때까지 행정청에 대하여 해당 사안의 조사결과에 관한 문서 기타 해당 처분과 관련되는 문서의 열람 또는 복사를 요청할 수 있다. 이 경우 행정청은 다른 법령에 따라 공개가 제한되는 경우를 제외하고는 그 요청을 거부할 수 없으며, 거부시에는 그 이유를 소명하여야 한다(행정절차법 37 ①, ③). 이와 관련하여 과거에는 이 규정이 청문절차에서만 인정되는 것처럼 규정되어 논란이 있었는데, 2021년 법개정을 통하여 의견제출절차에도 적용되는 것임을 명백히 하였다.

누구든지 의견제출 또는 청문을 통하여 알게 된 사생활이나 경영상 또는 거래상의 비밀을 정당한 이유 없이 누설하거나 다른 목적으로 사용하여서는 아니 된다(행정절차법 37 ⑥).

(6) 공청회*

① 공청회의 의의와 실시요건

공청회란 "행정청이 공개적인 토론을 통하여 어떠한 행정작용에 대하여 당사자등, 전문지식과 경험을 가진 사람, 기타 일반인으로부터 의견을 널리 수렴하는 절차"를 말한다(행정절차법 2 6호).

공청회는 ① 다른 법령 등에서 공청회를 개최하도록 규정하고 있는 경우, ② 해당 처분의 영향이 광범위하여 널리 의견을 수렴할 필요가 있다고 행정청이 인정하는 경우 또는 ③ 국민생활에 큰 영향을 미치는 처분으로서 대통령령으로 정하는 처분에 대하여 대통령령으로 정하는 수 이상의 당사자등이 공청회 개최를 요구하는 경우에 개최한다(행정절차법 22 ②).

공청회는 특정인의 권리보호를 위한 절차라기보다는 처분의 객관성이나 공정성을 확보하기 위한 의견수렴의 의미가 더 크다고 하겠다.

② 공청회의 통지·공고

행정청이 공청회를 개최하고자 하는 경우에는 공청회 개최 14일 전까지 제목, 일시 및 장소, 주요내용, 발표자에 관한 사항, 발표신청 방법 및 신청기한, 정보통신망을 통한 의견제출, 기타 공청회 개최에 필요한 사항을 당사자등에게 통지하고, 관보·공보, 인터넷 홈페이지 또는 일간신문 등에 공고하는 등의 방법으로 널리 알려야 한다. 다만, 공청회 개최를 알린 후 예정대로

* 행정고시(1998년).

개최하지 못하여 새로 일시 및 장소 등을 정한 경우에는 공청회 개최 7일 전까지 알려야 한다(행정절차법 38).

③ 온라인공청회

행정청은 위의 공청회와 병행하여서만 정보통신망을 이용한 공청회(온라인공청회)를 실시할 수 있다(행정절차법 38조의2 ①). 다만 국민의 안전·권익보호 등의 사유로 온라인공청회를 단독으로 개최할 수 있다(행정절차법 38조의2 ②). 온라인공청회를 실시하는 경우에는 누구든지 정보통신망을 이용하여 의견을 제출하거나 제출된 의견 등에 대한 토론에 참여할 수 있다(행정절차법 38조의2 ④).

④ 공청회의 진행

행정청은 해당 공청회의 사안과 관련된 분야에 전문적 지식이 있거나 그 분야에 종사한 경험이 있는 사람으로서 대통령령으로 정하는 자격을 가진 사람 중에서 공청회의 주재자를 선정한다(행정절차법 38조의3 ①). 공청회의 주재자는 공청회를 공정하게 진행하여야 하며, 공청회의 원활한 진행을 위하여 발표 내용을 제한할 수 있고, 질서유지를 위하여 발언 중지 및 퇴장 명령 등 필요한 조치를 할 수 있다(행정절차법 39 ①).

⑤ 공청회 결과의 반영 및 재개최

행정청은 처분을 할 때에 공청회, 온라인공청회 및 정보통신망 등을 통하여 제시된 사실 및 의견이 상당한 이유가 있다고 인정하는 경우에는 이를 반영하여야 한다(행정절차법 39조의2).

행정청은 공청회를 마친 후 처분을 할 때까지 새로운 사정이 발견되어 공청회를 다시 개최할 필요가 있다고 인정할 때에는 공청회를 다시 개최할 수 있다(행정절차법 39조의3).

Ⅳ. 신고, 확약 및 위반사실 등의 공표 등의 절차

1. 신고절차

행정절차법은 "법령 등에서 '행정청에 대하여 일정한 사항을 통지함으로써 의무가 끝나는 신고'를 규정하고 있는 경우 신고를 관장하는 행정청은 신고에 필요한 구비서류와 접수기관 기타 법령 등에 의하여 신고에 필요한 사항을 게시(인터넷 등을 포함한 게시)하거나 이에 대한 편람을 갖추어 두고 누구나 열람할 수 있도록 하여야 한다(행정절차법 40 ①)."고 하여 우선 자기완결적 공법행위로서의 신고(수리를 요하지 않는 신고)만을 대상으로 규정하고 있는 것이다.

따라서 행정절차법은 ① 신고서의 기재사항에 흠이 없고, ② 필요한 구비서류가 첨부되어 있으며, ③ 기타 법령 등에 규정된 형식상의 요건에 적합한 경우에는 '신고서가 접수기관에 도달된 때'에 신고 의무가 이행된 것으로 본다고 규정하여(행정절차법 40 ②), 수리를 요하지 않는 신고의 경우 신고가 행정청에 제출되어 접수된 때 신고의 법적 효과가 발생한다는 것을 분명히 하고 있다.

행정청은 신고의 요건을 갖추지 못한 신고서가 제출된 경우에는 지체 없이 상당한 기간을 정하여 신고인에게 보완을 요구하여야 하고, 신고인이 이 기간 내에 보완을 하지 아니하였을 때에는 그 이유를 구체적으로 밝혀 해당 신고서를 되돌려 보내야 한다(행정절차법 40 ③, ④). 여기에서 신고의 거부 또는 반려행위에 대하여 다수설과 판례는 이는 수리를 요하지 않는 신고의 경우로서 행정쟁송법상의 처분성인 인정되지 않는다고 본다. 그러나 대법원은 건축법상의 건축신고의 반려행위에 대하여 종전의 입장을 바꿔 항고소송의 대상이 된다고 하였다(대판 2010.11.18, 2008두167).

2. 확약

법령등에서 당사자가 신청할 수 있는 처분을 규정하고 있는 경우 행정청은 당사자의 신청에 따라 장래에 어떤 처분을 하거나 하지 아니할 것을 내용으로 하는 의사표시(확약)를 할 수 있다(행정절차법 40의2 ①).

확약은 문서로 하여야 한다(행정절차법 40의2 ②). 행정청은 다른 행정청과의 협의 등의 절차를 거쳐야 하는 처분에 대하여 확약을 하려는 경우에는 확약을 하기 전에 그 절차를 거쳐야 한다(행정절차법 40의2 ③).

행정청은 ① 확약을 한 후에 확약의 내용을 이행할 수 없을 정도로 법령등이나 사정이 변경되거나, ② 확약이 위법한 경우에는 확약에 기속되지 아니하는데(행정절차법 40의2 ④), 이는 확약 이후의 사정변경으로 인하여 확약의 구속력이 상실됨을 규정한 것이다. 행정청은 확약이 제4항 각 호의 어느 하나에 해당하여 확약을 이행할 수 없는 경우에는 지체 없이 당사자에게 그 사실을 통지하여야 한다(행정절차법 40의2 ⑤).

3. 위반사실등의 공표

행정청은 법령에 따른 의무를 위반한 자의 성명·법인명, 위반사실, 의무 위반을 이유로 한 처분사실 등(위반사실등)을 법률로 정하는 바에 따라 일반에게 공표할 수 있는데(행정절차법 40의3 ①), 이는 공표에 관한 일반법적 근거라 할 수 있다.

행정청은 위반사실등의 공표를 하기 전에 사실과 다른 공표로 인하여 당사자의 명예·신용 등이 훼손되지 아니하도록 객관적이고 타당한 증거와 근거가 있는지를 확인하여야 한다(행정절차법 40의3 ②).

행정청은 위반사실등의 공표를 할 때에는 미리 당사자에게 그 사실을 통지하고 의견제출의 기회를 주어야 한다. 다만, ① 공공의 안전 또는 복리를 위하여 긴급히 공표를 할 필요가 있는 경우, ② 해당 공표의 성질상 의견청취가 현저히 곤란하거나 명백히 불필요하다고 인정될 만한 타당한 이유가 있는 경우 또는 ③ 당사자가 의견진술의 기회를 포기한다는 뜻을 명백히 밝힌 경우에는 그러하지 아니하다(행정절차법 40의3 ③). 제3항에 따라 의견제출의 기회를 받은 당사자는 공표 전에 관할 행정청에 서면이나 말 또는 정보통신망을 이용하여 의견을 제출할 수 있다(행정절차법 40의3 ④).

위반사실등의 공표는 관보, 공보 또는 인터넷 홈페이지 등을 통하여 한다(행정절차법 40의3 ⑥).

행정청은 위반사실등의 공표를 하기 전에 당사자가 공표와 관련된 의무의 이행, 원상회복, 손해배상 등의 조치를 마친 경우에는 위반사실등의 공표를 하지 아니할 수 있다(행정절차법 40의3 ⑦).

행정청은 공표된 내용이 사실과 다른 것으로 밝혀지거나 공표에 포함된 처분이 취소된 경우에는 그 내용을 정정하여, 정정한 내용을 지체 없이 해당 공표와 같은 방법으로 공표된 기간 이상 공표하여야 한다. 다만, 당사자가 원하지 아니하면 공표하지 아니할 수 있다(행정절차법 40의3 ⑧).

4. 행정계획

행정청은 행정청이 수립하는 계획 중 국민의 권리의무에 직접 영향을 미치는 계획을 수립하거나 변경·폐지할 때에는 관련된 여러 이익을 정당하게 형량하여야 하는데(행정절차법 40의4), 이는 행정계획에서의 형량명령을 명문화한 것이다.

V. 행정상 입법예고절차

행정상 입법예고는 국민의 권리와 의무 또는 일상생활과 밀접한 관련이 있는 법령 등을 제정하거나 개정하는 경우 행정청으로 하여금 이를 예고하도록 하여 국민의 의견을 널리 구하고 이를 입법에 반영하기 위한 제도이다.

'법령 등'을 제정·개정 또는 폐지하려는 경우에는 해당 입법안을 마련한 행정청은 이를 예고하여야 한다. 다만 ① 신속한 국민의 권리 보호 또는 예측 곤란한 특별한 사정의 발생 등으로 입법이 긴급을 요하는 경우, ② 상위 법령등의 단순한 집행을 위한 경우, ③ 입법내용이 국민의 권리·의무 또는 일상생활과 관련이 없는 경우, ④ 단순한 표현·자구를 변경하는 경우 등 입법내용의 성질상 예고의 필요가 없거나 곤란하다고 판단되는 경우, ⑤ 예고함이 공공의 안전 또는 복리를 현저히 해칠 우려가 있는 경우에는 예고를 하지 아니할 수 있다(행정절차법 41 ①).

행정청은 입법안의 취지, 주요 내용 또는 전문(全文)을 ① 법령의 입법안을 입법예고하는 경우에는 관보 및 법제처장이 구축·제공하는 정보시스템을 통하여, ② 자치법규의 입법안을 입법예고하는 경우에는 공보를 통하여 공고하여야 하며, 추가로 인터넷, 신문 또는 방송 등을 통하여 공고할 수 있다(행정절차법 42 ①). 입법예고기간은 예고할 때 정하되, 특별한 사정이 없으면 40일(자치법규는 20일) 이상으로 한다(행정절차법 43).

누구든지 예고된 입법안에 대하여 의견을 제출할 수 있다(행정절차법 44 ①). 행정청은 해당 입법안에 대한 의견이 제출된 경우 특별한 사유가 없으면 이를 존중하여 처리하여야 하며, 의견을 제출한 자에게 그 제출된 의견의 처리결과를 통지하여야 한다(행정절차법 44 ③, ④). 행정청은 입법안에 관하여 공청회를 개최할 수 있다(행정절차법 45).

VI. 행정예고절차

행정청은 정책, 제도 및 계획("정책등")을 수립·시행하거나 변경하려는 경우에는 이를 예고하여야 한다. 다만 ① 신속하게 국민의 권리를 보호하여야 하거나 예측이 어려운 특별한 사정이 발생하는 등 긴급한 사유로 예고가 현저히 곤란한 경우, ② 법령등의 단순한 집행을 위한 경우, ③ 정책등의 내용이 국민의 권리·의무 또는 일상생활과 관련이 없는 경우 또는 ④ 정책등의 예고가 공공의 안전 또는 복리를 현저히 해칠 우려가 상당한 경우에는 예고하지 아니할 수 있다(행정절차법 46 ①).

법령등의 입법을 포함하는 행정예고는 입법예고로 갈음할 수 있다(행정절차법 46 ②). 행정예고기간은 예고 내용의 성격 등을 고려하여 정하되, 20일 이상으로 한다(행정절차법 46 ③). 제3항에도 불구하고 행정목적을 달성하기 위하여 긴급한 필요가 있는 경우에는 행정예고기간을 단축할 수 있다. 이 경우 단축된 행정예고기간은 10일 이상으로 한다(행정절차법 46 ④).

행정청은 매년 자신이 행한 행정예고의 실시 현황과 그 결과에 관한 통계를 작성하고, 이를 관보·공보 또는 인터넷 등의 방법으로 널리 공고하여야 한다(행정절차법 46조의2).

행정청은 정책등안(案)의 취지, 주요 내용 등을 관보·공보나 인터넷·신문·방송 등을 통하여 공고하여야 한다. 행정예고의 방법, 의견제출 및 처리, 공청회 및 온라인공청회에 관하여는 공청회 및 행정상 입법예고에 관한 규정들을 준용한다(행정절차법 47 ①, ②).

VII. 행정지도절차

이에 관하여는 '행정지도'편에서 설명하였으므로 여기에서는 생략한다.

Ⅷ. 국민참여 활성화 등

행정청은 행정과정에서 국민의 의견을 적극적으로 청취하고 이를 반영하도록 노력하여야 하고, 행정청은 국민에게 다양한 참여방법과 협력의 기회를 제공하도록 노력하여야 하며, 구체적인 참여방법을 공표하여야 한다(행정절차법 52 ①, ②).

행정청은 정부시책이나 행정제도 및 그 운영의 개선에 관한 국민의 창의적인 의견이나 고안(국민제안)을 접수·처리하여야 한다(행정절차법 52의2 ①).

행정청은 주요 정책 등에 관한 국민과 전문가의 의견을 듣거나 국민이 참여할 수 있는 온라인 또는 오프라인 창구를 설치·운영할 수 있다(행정절차법 52의3).

행정청은 국민에게 영향을 미치는 주요 정책 등에 대하여 국민의 다양하고 창의적인 의견을 널리 수렴하기 위하여 정보통신망을 이용한 정책토론(온라인 정책토론)을 실시할 수 있다(행정절차법 53 ①).

제 5 항 절차상 하자 있는 행정행위의 효력*

1. **절차적 하자의 의의**
2. **절차적 하자의 효과: 위법한 처분**
3. **절차적 하자의 독자적 위법성**
   (1) 문제
   (2) 학설: ① 소극설(부정설), ② 적극설(긍정설)
   (3) 판례: 적극설
4. **절차적 하자의 위법성 정도**
   ◦ 중대명백설에 따라 판단
   ◦ 원칙적으로 취소사유

1. 절차상 하자의 독자적 위법성 여부의 문제

절차상 하자는 처분의 적법요건(주체·내용·형식·절차) 중 절차요건에 흠이 있는 경우를 말한다.

절차상 하자의 유형으로는 법이 정한 협력절차의 결여, 사전통지나 의견청취절차의 결여, 이유제시의 결여, 송달방법의 하자 등으로 다양하다.

행정행위가 실체적으로는 적법하나 단지 절차상 하자만 있는 경우 이 절차상 하자만을 이유로 무효로 되거나 취소될 수 있는지 문제이다. 이는 특히 기속행위와 관련하여 문제가 된다. 재량행위의 경우에는 절차상 하자를 이유로 행정행위를 취소한 이후 적법한 절차를 거치면서 기존 결정과는 다른 결론에 이르게 될 수도 있다. 그러나 기속행위의 경우 법이 정한 요건을

* 법원행정고시(2008년), 사법시험(2006년), 사법시험(2008년), 사법시험(2009년), 사법시험(2015년), 행정고시(일반행정)(2010년), 5급공채(재경)(2011년), 5급공채(재경)(2012년), 5급공채(재경)(2013년), 5급공채(행정)(2014년), 5급공채(2018년), 5급공채(2021년).

모두 구비하면 법이 정한 효과를 부여하여야 하기 때문에, 실체적으로 적법한 기속행위가 절차상 하자를 이유로 취소되더라도 결국 적법한 절차를 거쳐 동일한 행정행위를 하게 될 것이다. 특히 이와 같은 경우 절차상 하자가 행정행위의 독자적인 위법사유가 되는가 하는 것이 문제되는 것인데, 이에 관하여는 학설이 대립되고 있다.

2. 학설

(1) 소극설(부정설)

소극설은 ① 행정절차는 적정한 행정결정을 확보하기 위한 것이고, ② 적법한 절차를 거쳐 다시 처분하더라도 결국 동일한 처분을 하는 것은 행정경제·소송경제[12]에 반한다는 점(행정비능률·법원부담가중)을 논거로 하고 있다.

(2) 적극설(긍정설)

적극설은 ① 적정한 절차는 적정한 결정을 하기 위한 전제가 되어야 하는 것이고, ② 적법한 절차를 거치면 종전과는 다른 결정에 도달할 수도 있으며, ③ 소극설에 따를 경우 기속행위의 경우에는 절차적 규제를 담보할 수단이 없어지게 되는데, 법정 절차를 준수하지 않아도 행정처분이 적법한 것으로 인정된다면 이는 법치행정의 원리에 정면으로 위배된다는 점 등을 논거로 들고 있다. 적극설의 논거가 타당하며, 이 설이 우리나라의 지배적 견해이다.

3. 판례

판례는 사전통지 또는 의견제출절차의 결여(대판 2004.5.28, 2004두1254), 청문절차의 결여(대판 2007.11.16, 2005두15700), 이유제시의 결여(대판 1985.5.28, 84누289), 심의절차의 누락(대판 2007.3.15, 2006두15806), 도시관리계획 변경시 주민의견청취절차의 누락(대판 2015.1.29, 2012두11164), 법인세부과처분시 과세전적부심사 기회의 미부여(대판 2016.4.15, 2015두52326)를 절차위반의 위법사유로 인정하고 있어 적극설의 입장이다.

판례 > 행정청이 침해적 행정처분을 하면서 당사자에게 행정절차법상의 사전 통지를 하거나 의견제출의 기회를 주지 않은 경우, 그 처분이 위법한지 여부(원칙적 적극)

"행정절차법은 제21조, 제22조에서 사전통지와 의견청취에 관하여 정하고 있다. … 따라서 행정청이 침해적 행정처분을 하면서 당사자에게 행정절차법상의 사전 통지를 하거나 의견제출의 기회를

12 '행정경제'나 '소송경제'란 행정제도나 소송제도의 능률성과 실용성을 도모하는 것을 말한다. 예컨대 불필요한 행정절차 또는 소송절차를 반복하는 것은 행정경제 또는 소송경제에 반한다.

주지 않았다면, 사전통지를 하지 않거나 의견제출의 기회를 주지 않아도 되는 예외적인 경우에 해당하지 않는 한, 그 처분은 위법하여 취소를 면할 수 없다(대판 2020.7.23, 2017두66602)."

4. 절차적 하자의 위법성 정도

절차상 하자에 어떠한 효과(무효 또는 취소)를 부여할 것인가에 대해서 명문의 규정을 두고 있는 경우도 있지만(예: 국가공무원법 13 ②),[13] 규정이 없는 경우가 일반적이다.

명문의 규정이 없는 경우에 절차상 하자가 무효사유인지 취소사유인지는 결국 중대명백설에 따라 개별적으로 판단하여야 할 것이다.

판례는 대부분의 절차적 하자를 취소사유로 보고 있으나, 절차위반으로 인하여 그 절차가 지향하는 목적을 형해화할 정도의 하자가 있는 경우는 중대하고 명백한 하자로서 무효로 보고 있다. 한편 해당 행정행위와 관계가 없거나 해당 행정행위에 영향을 미치지 않는 절차를 준수하지 않더라도 이를 절차상 하자로 볼 수는 없을 것이다.

판례 > 심의절차 누락을 절차위반의 위법사유(취소사유)로 본 판례

"행정청이 학교보건법 소정의 … 금지행위 및 시설의 해제 여부에 관한 행정처분을 하면서 절차상 … (학교환경위생정화위원회의의) 심의를 누락한 흠이 있다면 그와 같은 흠을 가리켜 '위 행정처분의 효력에 아무런 영향을 주지 않는다거나 경미한 정도에 불과하다고 볼 수는 없으므로,' 특별한 사정이 없는 한 이는 행정처분을 위법하게 하는 취소사유가 된다(대판 2007.3.15, 2006두15806)."

판례 > 의결기관인 입지선정위원회가 위법하게 구성되어 의결한 경우, 그 의결의 하자는 중대·명백하여 무효사유에 해당한다고 한 사례

"입지선정위원회는 폐기물처리시설의 입지를 선정하는 의결기관이고, … (구) 폐기물처리시설 설치촉진 및 주변지역 지원 등에 관한 법률에 정한 입지선정위원회가 그 구성방법 및 절차에 관한 같은 법 시행령의 규정에 위배하여 군수와 주민대표가 선정·추천한 전문가를 포함시키지 않은 채 임의로 구성되어 의결을 한 경우, 그에 터잡아 이루어진 폐기물처리시설 입지결정처분의 하자는 중대한 것이고 객관적으로도 명백하므로 무효사유에 해당한다(대판 2007.4.12, 2006두20150)."

---

13 국가공무원법 제13조(소청인의 진술권) ① 소청심사위원회가 소청 사건을 심사할 때에는 대통령령등으로 정하는 바에 따라 소청인 또는 제76조 제1항 후단에 따른 대리인에게 진술 기회를 주어야 한다. ② 제1항에 따른 진술 기회를 주지 아니한 결정은 무효로 한다.

판례 > 도시계획위원회의 심의를 거치지 않은 것이 불허가처분의 취소사유인지 여부

"개발행위허가에 관한 사무를 처리하는 행정기관의 장이 일정한 개발행위를 허가하는 경우에는 국토계획법 제59조 제1항에 따라 도시계획위원회의 심의를 거쳐야 할 것이나, 개발행위허가의 신청 내용이 허가 기준에 맞지 않는다고 판단하여 개발행위허가신청을 불허가하였다면 이에 앞서 도시계획위원회의 심의를 거치지 않았다고 하여 이러한 사정만으로 곧바로 그 불허가처분에 취소사유에 이를 정도의 절차상 하자가 있다고 보기는 어렵다. 다만 행정기관의 장이 도시계획위원회의 심의를 거치지 아니한 결과 개발행위 불허가처분을 함에 있어 마땅히 고려하여야 할 사정을 참작하지 아니하였다면 그 불허가처분은 재량권을 일탈·남용한 것으로서 위법하다고 평가할 수 있을 것이다(대판 2015.10.29, 2012두28728)."

판례 > 민원인에게 회의일정 등을 통지하지 않은 것이 민원사항에 대한 거부처분의 취소사유인지 여부

"… 민원조정위원회를 개최하면서 민원인에게 회의일정 등을 사전에 통지하지 아니하였다 하더라도, 이러한 사정만으로 곧바로 민원사항에 대한 행정기관의 장의 거부처분에 취소사유에 이를 정도의 흠이 존재한다고 보기는 어렵다. 다만 행정기관의 장의 거부처분이 재량행위인 경우에, 위와 같은 사전통지의 흠결로 민원인에게 의견진술의 기회를 주지 아니한 결과 민원조정위원회의 심의과정에서 고려대상에 마땅히 포함시켜야 할 사항을 누락하는 등 재량권의 불행사 또는 해태로 볼 수 있는 구체적 사정이 있다면, 거부처분은 재량권을 일탈·남용한 것으로서 위법하다(대판 2015.8.27, 2013두1560)."

제 6 항 절차상 하자의 치유*

하자의 치유에 관한 논의가 절차상 하자에도 적용될 수 있는가 하는 것이 절차상 하자의 치유 문제이다.

이에 관하여는 ① 행정결정의 신중성의 확보와 자의배제를 이유로 절차상 하자의 치유를 인정하지 않는 견해(부정설)도 있지만, ② 국민의 권익을 침해하지 않는 범위 내에서 합목적적·제한적으로 하자의 치유를 인정하는 견해(제한적 긍정설)가 통설이다. ③ 판례도 제한적 긍정설의 입장이다(대판 2002.7.9, 2001두10684).

* 변호사시험(2014년).

판례 > 청문절차 결여의 하자 치유를 인정한 판례

> "… 행정청이 청문서 도달기간을 다소 어겼다하더라도 영업자가 이에 대하여 이의하지 아니한 채 스스로 청문일에 출석하여 그 의견을 진술하고 변명하는 등 방어의 기회를 충분히 가졌다면 청문서 도달기간을 준수하지 아니한 하자는 치유되었다고 봄이 상당하다(대판 1992.10.23, 92누2844)."

3. 하자치유의 시간적 한계

하자의 치유시기와 관련하여 ① 행정쟁송 제기 이전까지만 가능하다는 견해와 ② 쟁송제기 이후에도 가능하다는 견해가 있는데, ③ 전자의 입장이 다수설이자 판례의 입장이다.

제 7 항 특별 행정절차제도

행정절차에 관한 일반법인 행정절차법 이외에도 특별한 행정절차를 규정하고 있는 개별법들이 있다. 예컨대 정보공개법에 의한 정보공개절차, 부패방지권익위법에 의한 고충민원처리절차, 행정규제기본법에 의한 행정규제심사절차, 민원 처리에 관한 법률(민원처리법)에 의한 민원처리절차 등이 그것이다.

제2절 행정정보공개와 개인정보보호

제 1 항 개설

오늘날의 정보화사회는 생활의 편리성을 향상시키기도 하지만, 다른 한편으로는 정보의 독점이나 정보로부터의 소외, 사생활침해와 같은 문제도 발생시킨다. 이와 같은 문제에 대응하기 위한 제도가 ① 공공기관이 보유하고 있는 정보를 공개하는 법제와 ② 개인정보를 보호하는 법제이다.

제 2 항 정보공개제도

Ⅰ. 정보공개제도의 의의

정보공개제도는 행정청을 비롯한 공공기관이 보유하고 있는 정보를 공개하는 것을 말한다. 정보공개제도는 공공기관이 보유한 정보에 대한 개인의 접근권을 보장하고, 이를 통하여 행정의 공정화·민주화를 실현하려는 데 목적이 있다.

Ⅱ. 정보공개청구권의 헌법적 근거

정보공개청구권은 국민의 '알권리'에서 도출된다고 보는 것이 일반적인 견해이다. 헌법상의 알권리는 ① 국가 등이 개인의 정보에의 접근을 위법·부당하게 방해하는 것을 배제하는 소극적 측면과 더불어 ② 국가 등에 필요한 정보의 공개를 요구하는 적극적 측면을 모두 포함하고 있다.

알권리의 헌법적 근거에 대해서는 ① 헌법 제21조의 표현의 자유로 보는 견해, ② 헌법 제10조의 행복추구권으로 보는 견해, ③ 표현의 자유(헌법 21)·국민주권(헌법 1)·행복추구권(헌법 10)·인간다운 생활을 할 권리(헌법 34) 등으로 보는 견해 등이 있으나, 헌법재판소는 표현의 자유로 본다.[14]

14 국민의 자유와 권리는 헌법에 열거되지 아니한 이유로 경시되지 아니한다(헌법 37 ①). 알권리는 헌법에 열거되지는 않았지만 표현의 자유에서 도출되는, 헌법에 의하여 보장되는 국민의 기본권이라는 의미이다.

Ⅲ. 공공기관의 정보공개에 관한 법률*

정보공개법은 1996년 12월에 제정되어 1998년부터 시행되었다. 이 법은 처음에는 전문 25개조였으나, 여러 차례의 개정을 거쳐 현재에는 전문 29개조로 구성되어 있다.

1. 목적과 정의

정보공개법은 공공기관이 보유·관리하는 정보에 대한 국민의 공개 청구 및 공공기관의 공개의무에 관하여 필요한 사항을 정함으로써 국민의 알권리를 보장하고 국정(國政)에 대한 국민의 참여와 국정 운영의 투명성을 확보함을 목적으로 하고 있다(정보공개법 1).

여기에서 '정보'란 공공기관이 직무상 작성 또는 취득하여 관리하고 있는 문서(전자문서 포함) 및 전자매체를 비롯한 모든 형태의 매체 등에 기록된 사항을 말하고, '공개'란 공공기관이 정보를 열람하게 하거나 그 사본·복제물을 교부하는 것 또는 전자정부법 제2조 제10호의 규정에 의한 정보통신망을 통하여 정보를 제공하는 것 등을 말한다(정보공개법 2 1호, 2호).

2. 정보공개의 주체와 정보공개의 원칙

정보공개의 주체는 공공기관이다. 이와 관련하여 정보공개법은 '공공기관'을 국가기관, 지방자치단체, 공공기관운영법 제2조에 따른 공공기관, 지방공기업법에 따른 지방공사 및 지방공단, 그 밖에 대통령령으로 정하는 기관으로 폭넓게 규정하고 있다(정보공개법 2 3호). 여기에서 대통령령으로 정하는 기관이란 ① 유아교육법, 초·중등교육법 및 고등교육법에 따른 각급 학교 또는 그 밖의 다른 법률에 따라 설치된 학교, ② 지방자치단체 출자·출연 기관의 운영에 관한 법률 제2조 제1항에 따른 출자기관 및 출연기관, ③ 특별법에 따라 설립된 특수법인, ④ 사회복지사업법 제42조 제1항에 따라 국가나 지방자치단체로부터 보조금을 받는 사회복지법인과 사회복지사업을 하는 비영리법인, ⑤ ④ 외에 보조금 관리에 관한 법률 제9조 또는 지방재정법 제17조 제1항 각 호 외의 부분 단서에 따라 국가 또는 지방자치단체로부터 연간 5천만원 이상의 보조금을 받는 기관 또는 단체를 말한다(정보공개법 시행령 2).

공공기관이 보유·관리하는 정보는 이 법이 정하는 바에 따라 적극적으로 공개함을 원칙으로 한다(정보공개법 3). 이와 관련하여 공공기관이 정보를 보유·관리하고 있지 아니하여 정보공개 청구를 거부한 경우 그 정보공개 거부처분에 대한 취소소송을 제기하더라도 취소를 구할 법률상 이익(협의의 소익)이 인정되지 않는다.[15]

---

* 사법시험(2006년), 행정고시(일반행정)(2009년), 5급공채(일반행정)(2011년).

15 '좁은 의미(狹義)의 소익'은 소송을 통하여 처분을 취소할 현실적인 필요가 있는가 하는 것으로, '권리보호의 필요성', '분쟁의 현실성'으로도 표현된다. 공공기관이 정보를 보유하고 있지 않은 경우 거부처분

판례 > **정보를 공공기관이 보유하고 있지 않은 경우, 정보공개 거부처분에 대하여 취소를 구할 법률상 이익이 있는지 여부(원칙적 소극) 및 공개를 구하는 정보를 공공기관이 보유·관리하는 점에 대한 증명책임의 소재**

"… 만일 공개청구자가 특정한 바와 같은 정보를 공공기관이 보유·관리하고 있지 않은 경우라면 특별한 사정이 없는 한 해당 정보에 대한 공개거부처분에 대하여는 취소를 구할 법률상 이익이 없다. 이와 관련하여 공개청구자는 그가 공개를 구하는 정보를 공공기관이 보유·관리하고 있을 상당한 개연성이 있다는 점에 대하여 입증할 책임이 있으나, 공개를 구하는 정보를 공공기관이 한때 보유·관리하였으나 후에 그 정보가 담긴 문서들이 폐기되어 존재하지 않게 된 것이라면 그 정보를 더 이상 보유·관리하고 있지 않다는 점에 대한 증명책임은 공공기관에 있다(대판 2013.1.24, 2010두18918)."

3. 적용범위

정보공개에 관하여는 다른 법률에 특별한 규정이 있는 경우를 제외하고는 정보공개법이 정하는 바에 따른다(정보공개법 4 ①). 이는 정보공개법이 행정정보공개에 관한 일반법임을 명시한 것이다.

다만 국가안전보장에 관련되는 정보 및 보안 업무를 관장하는 기관에서 국가안전보장과 관련된 정보의 분석을 목적으로 수집하거나 작성한 정보에 대해서는 이 법을 적용하지 아니한다(정보공개법 4 ③).

정보공개법은 이 법과 조례와의 관계에 관하여 "지방자치단체는 그 소관 사무에 관하여 법령의 범위에서 정보공개에 관한 조례를 정할 수 있다."고 규정하고 있는데(정보공개법 4 ②), 이는 정보공개법 제정 이전에 이미 대부분의 지방자치단체들이 정보공개조례를 제정하여 시행하고 있던 상황을 추인(追認)[16]한 것이다.

정보공개법이 제정되지 못하고 보류되고 있는 상황에서, 청주시의회는 1991년 전격적으로 청주시 정보공개조례를 통과시켰고, 청주시장은 이 조례가 법률의 근거 없이 제정되었다면 대법원에 조례안의 재의결을 취소하는 소송을 제기하였다.

지방자치법 제22조는 "지방자치단체는 법령의 범위 안에서 그 사무에 관하여 조례를 제정할 수 있다. 다만, 주민의 권리 제한 또는 의무 부과에 관한 사항이나 벌칙을 정할 때에는 법률의 위임이 있어야 한다."고 규정하고 있는데, 대법원은 '정보공개'는 -주민의 권리를 신장

이 취소되더라도 공공기관으로서는 이 취소판결에 따라 공개할 정보가 없기 때문에 '정보공개 거부처분 취소소송'은 현실적으로 소송을 통하여 분쟁을 해결할 의미가 없는 것이다.

16 '추인'이란 지나간 사실을 소급하여 추후에 인정하는 것을 말한다.

시키는 것이지- 위 단서조항의 내용에 해당하지 않는다는 점에서 조례의 제정에 법령의 위임(특별수권)이 있어야 하는 것은 아니라고 하여 정보공개조례를 적법하다고 판단하였다(대판 1992.6.23, 92추17).

이 판결에 따라 각 지방자치단체에서 정보공개조례를 제정하여 시행하게 되었고, 정보공개조례는 정보공개법이 제정되기 이전에 지방자치단체 차원에서 정보공개청구권의 법적 근거로 중요한 기능을 수행하였다. 정보공개에 관하여는 지방자치단체가 국가보다 먼저 법제화를 이루었고, 이러한 상황이 정보공개법을 제정하는 데 커다란 영향을 미쳤다.

4. 정보공개청구권자

'모든 국민'은 정보의 공개를 청구할 권리를 가진다(정보공개법 5 ①). 여기에서의 국민에는 자연인은 물론 법인, 권리능력 없는 사단·재단도 포함된다[판례1].

이와 같이 정보공개청구권은 '모든' 국민들이 가진다는 점에서 '일반적 청구권'이다.[17] 이에 따라 공개를 요구하는 정보가 개인과 아무런 관련이 없다 하더라도 정보공개를 청구할 수 있다[판례2]. 그러나 정보공개의 목적, 즉 '국민의 알권리 실현'과 무관하게 정보공개청구권을 남용하는 경우에는 청구권의 행사가 허용되지 않는다[판례3]. 이 경우 공공기관이 정보공개를 거부하더라도 위법하다고 할 수 없을 것이다.

판례 1 > (구) 정보공개법 제6조 제1항의 국민의 범위(시민단체도 포함되는지 여부)

"(구) 정보공개법 제6조 제1항은 "모든 국민은 정보의 공개를 청구할 권리를 가진다."고 규정하고 있는데, 여기에서 말하는 국민에는 자연인은 물론 법인, 권리능력 없는 사단·재단도 포함되고, 법인, 권리능력 없는 사단·재단 등의 경우에는 설립목적을 불문하며, 한편 정보공개청구권은 법률상 보호되는 구체적인 권리이므로 청구인이 공공기관에 대하여 정보공개를 청구하였다가 거부처분을 받은 것 자체가 법률상 이익의 침해에 해당한다.

권리능력 없는 사단(社團)인 원고(충주환경운동연합)에게 이 사건 정보공개를 청구할 수 있는 당사자능력과 이 사건 정보공개거부처분의 취소를 구할 법률상 이익이 있다 … (대판 2003.12.12, 2003두8050)."

17 '일반적'이라 함은 공권 성립의 제2요소인 '사익보호성'이 따로 요구되지 않는다는 것을 의미한다. 즉 정보공개법에 의하여 '특정 개인'이 아닌 '일반 국민'의 (정보공개에 대한) 이익이 보호되고 있다는 의미이다.

판례2 > 정보공개 청구권자의 권리구제 가능성 등이 정보의 공개 여부 결정에 영향을 미치는지 여부(소극)

"정보공개법은 … 정보공개 청구권자가 공개를 청구하는 정보와 어떤 관련성을 가질 것을 요구하거나 정보공개청구의 목적에 특별한 제한을 두고 있지 아니하므로 정보공개 청구권자의 권리구제 가능성 등은 정보의 공개 여부 결정에 아무런 영향을 미치지 못한다(대판 2017.9.7, 2017두44558)."

판례3 > 국민의 정보공개청구가 권리의 남용에 해당하는 것이 명백한 경우, 정보공개청구권의 행사를 허용해야 하는지

"… 국민의 정보공개청구는 정보공개법 제9조에 정한 비공개 대상 정보에 해당하지 아니하는 한 원칙적으로 폭넓게 허용되어야 하지만, 실제로는 해당 정보를 취득 또는 활용할 의사가 전혀 없이 정보공개 제도를 이용하여 사회통념상 용인될 수 없는 부당한 이득을 얻으려 하거나, 오로지 공공기관의 담당공무원을 괴롭힐 목적으로 정보공개청구를 하는 경우처럼 권리의 남용에 해당하는 것이 명백한 경우에는 정보공개청구권의 행사를 허용하지 아니하는 것이 옳다(대판 2014.12.24, 2014두9349)."

외국인의 경우 ① 국내에 일정한 주소를 두고 거주하거나 학술·연구를 위하여 일시적으로 체류하는 자이거나 ② 국내에 사무소를 두고 있는 법인 또는 단체인 경우에는 정보공개를 청구할 수 있다(정보공개법 5 ②).

5. 비공개대상정보*

공공기관이 보유하고 있는 정보는 공개 대상이 된다. 다만 ① 다른 법률 또는 법률이 위임한 명령(국회규칙·대법원규칙·헌법재판소규칙·중앙선거관리위원회규칙·대통령령 및 조례)에 따라 비밀 또는 비공개 사항으로 규정된 정보[판례1], ② 국가안전보장·국방·통일·외교관계 등에 관한 사항으로서 공개될 경우 국가의 중대한 이익을 현저히 해할 우려가 있다고 인정되는 정보[판례2], ③ 공개될 경우 국민의 생명·신체 및 재산의 보호에 현저한 지장을 초래할 우려가 있다고 인정되는 정보, ④ 진행 중인 재판에 관련된 정보[판례3]와 범죄의 예방, 수사, 공소의 제기 및 유지, 형의 집행, 교정, 보안처분에 관한 사항으로서 공개될 경우 그 직무수행을 현저히 곤란하게 하거나 형사피고인의 공정한 재판을 받을 권리를 침해한다고 인정할 만한 상당한 이유가 있는 정보, ⑤ 감사·감독·검사·시험·규제·입찰계약·기술개발·인사관리·의사결정 과정

* 사법시험(2006년), 행정고시(일반행정)(2009년), 5급공채(일반행정)(2011년), 5급공채(행정)(2015년).

또는 내부검토 과정에 있는 사항 등으로서 공개될 경우 업무의 공정한 수행이나 연구·개발에 현저한 지장을 초래한다고 인정할 만한 상당한 이유가 있는 정보[판례4,5,6,7], ⑥ 해당 정보에 포함되어 있는 이름·주민등록번호 등 개인에 관한 사항으로서 공개될 경우 개인의 사생활의 비밀 또는 자유를 침해할 우려가 있다고 인정되는 정보[판례8](다만, (ⅰ) 법령이 정하는 바에 따라 열람할 수 있는 정보, (ⅱ) 공공기관이 공표를 목적으로 작성하거나 취득한 정보로서 개인의 사생활의 비밀과 자유를 부당하게 침해하지 않는 정보, (ⅲ) 공공기관이 작성하거나 취득한 정보로서 공개하는 것이 공익 또는 개인의 권리 구제를 위하여 필요하다고 인정되는 정보[판례9], (ⅳ) 직무를 수행한 공무원의 성명·직위, (ⅴ) 공개하는 것이 공익을 위하여 필요한 경우로써 법령에 따라 국가 또는 지방자치단체가 업무의 일부를 위탁 또는 위촉한 개인의 성명·직업에 관한 정보는 제외), ⑦ 법인·단체 또는 개인의 경영·영업상 비밀에 관한 사항으로서 공개될 경우 이들의 정당한 이익을 현저히 해할 우려가 있다고 인정되는 정보[판례10](다만 (ⅰ) 사업활동에 의하여 발생하는 위해로부터 사람의 생명·신체 또는 건강을 보호하기 위하여 공개할 필요가 있는 정보, (ⅱ) 위법·부당한 사업활동으로부터 국민의 재산 또는 생활을 보호하기 위하여 공개할 필요가 있는 정보는 제외), ⑧ 공개될 경우 부동산 투기·매점매석 등으로 특정인에게 이익 또는 불이익을 줄 우려가 있다고 인정되는 정보는 공개하지 않을 수 있다(정보공개법 9 ①).

공공기관은 위의 사유에 해당하는 정보가 기간의 경과 등으로 인하여 비공개의 필요성이 없어진 경우에는 당해 정보를 공개 대상으로 하여야 한다(정보공개법 9 ②).

판례 1 > 정보공개법 제9조 제1항 제1호의 비공개대상정보

[1] "국가정보원의 조직·소재지 및 정원에 관한 정보는 특별한 사정이 없는 한 국가안전보장을 위하여 비공개가 필요한 경우로서 (구) 국가정보원법 제6조에서 정한 비공개 사항에 해당하고, 결국 정보공개법 제9조 제1항 제1호에서 말하는 '다른 법률에 의하여 비공개 사항으로 규정된 정보'에도 해당한다고 보는 것이 타당하다(대판 2013.1.24, 2010두18918)."

[2] "학교폭력예방 및 대책에 관한 법률(이하 '학교폭력예방법') 제21조 제1항, 제2항, 제3항 및 같은법 시행령 제17조 규정들의 내용, 학교폭력예방법의 목적, 입법 취지, 특히 학교폭력예방법 제21조 제3항이 학교폭력대책자치위원회[18]의 회의를 공개하지 못하도록 규정하고 있는 점 등에 비추어, 학교폭력대책자치위원회의 회의록은 정보공개법 제9조 제1항 제1호의 '다른 법률 또는 법률이 위임한 명령에 의하여 비밀 또는 비공개 사항으로 규정된 정보'에 해당한다(대판 2010.6.10, 2010두2913)."

18 2019.8.30. 법개정으로 '학교폭력대책심의위원회'로 개정.

판례2 > 보안관찰법 소정의 보안관찰 관련 통계자료가 정보공개법 제7조 제1항 제2호, 제3호 소정의 비공개대상정보에 해당하는지 여부

"… 보안관찰법 소정의 보안관찰 관련 통계자료는 … 정보공개법 제7조 제1항 제2호 소정의 공개될 경우 국가안전보장·국방·통일·외교관계 등 국가의 중대한 이익을 해할 우려가 있는 정보, 또는 제3호 소정의 공개될 경우 국민의 생명·신체 및 재산의 보호 기타 공공의 안전과 이익을 현저히 해할 우려가 있다고 인정되는 정보에 해당한다(대판 2004.3.18, 2001두8254 전원합의체)."

판례3-1 > '진행 중인 재판에 관련된 정보'의 범위

" … 법원 이외의 공공기관이 위 규정이 정한 '진행 중인 재판에 관련된 정보'에 해당한다는 사유로 정보공개를 거부하기 위하여는 반드시 그 정보가 진행 중인 재판의 소송기록 그 자체에 포함된 내용의 정보일 필요는 없으나, 재판에 관련된 일체의 정보가 그에 해당하는 것은 아니고 진행 중인 재판의 심리 또는 재판 결과에 구체적으로 영향을 미칠 위험이 있는 정보에 한정된다고 보는 것이 타당하다(대판 2018.9.28, 2017두69892)."

판례3-2 > '수사에 관한 사항으로서 공개될 경우 직무수행을 현저히 곤란하게 한다고 인정할 만한 상당한 이유가 있는 정보'의 취지와 요건

"… '수사에 관한 사항으로서 공개될 경우 그 직무수행을 현저히 곤란하게 한다고 인정할 만한 상당한 이유가 있는 정보'를 비공개대상정보로 규정한 취지는 수사의 방법 및 절차 등이 공개되어 수사기관의 직무수행에 현저한 곤란을 초래할 위험을 막고자 하는 것으로서, … 수사의 방법 및 절차 등이 공개됨으로써 수사기관의 직무수행을 현저히 곤란하게 한다고 인정할 만한 상당한 이유가 있어야만 위 비공개대상정보에 해당한다. 여기에서 '공개될 경우 그 직무수행을 현저히 곤란하게 한다고 인정할 만한 상당한 이유가 있는 정보'란 당해 정보가 공개될 경우 수사 등에 관한 직무의 공정하고 효율적인 수행에 직접적이고 구체적으로 장애를 줄 고도의 개연성이 있고 그 정도가 현저한 경우를 의미하며 … (대판 2017.9.7, 2017두44558)."

판례4 > 정보공개법 제9조 제1항 제5호의 대상정보, 의미와 판단기준 등

"[1] … '감사·감독·검사·시험·규제·입찰계약·기술개발·인사관리·의사결정과정 또는 내부검토 과정에 있는 사항'은 비공개대상정보를 예시적으로 열거한 것이라고 할 것이므로 의사결정과정에 제공된 회의관련자료나 의사결정과정이 기록된 회의록 등은 의사가 결정되거나 의사가 집행된 경우에는 더 이상 의사결정과정에 있는 사항 그 자체라고는 할 수 없으나, 의사결정과정에 있는 사항에 준하는 사항으로서 비공개대상정보에 포함될 수 있다.
[2] … '공개될 경우 업무의 공정한 수행에 현저한 지장을 초래한다고 인정할 만한 상당한 이유가 있는 경우'라 함은 … 공개될 경우 업무의 공정한 수행이 객관적으로 현저하게 지장을 받을 것이라는 고도의 개연성이 존재하는 경우를 의미한다고 할 것이고, 여기에 해당하는지 여부는 비공개에 의하여 보호되는 업무수행의 공정성 등의 이익과 공개에 의하여 보호되는 국민의 알권리의 보장과 국정에 대한 국민의 참여 및 국정운영의 투명성 확보 등의 이익을 비교·교량하여 구체적인 사안에 따라 신중하게 판단되어야 한다.
[3] 학교환경위생구역 내 금지행위(숙박시설) 해제결정에 관한 학교환경위생정화위원회의 회의록에 기재된 발언내용에 대한 해당 발언자의 인적사항 부분에 관한 정보는 정보공개법 제7조 제1항 제5호 소정의 비공개대상에 해당한다(대판 2003.8.22, 2002두12946)."

판례5 > 치과의사 국가시험 문제지와 정답지가 비공개대상정보인지 여부

"[1] … 시험정보로서 공개될 경우 업무의 공정한 수행에 현저한 지장을 초래하는지 여부는 같은 법 및 시험정보를 공개하지 아니할 수 있도록 하고 있는 입법 취지, 당해 시험 및 그에 대한 평가행위의 성격과 내용, 공개의 내용과 공개로 인한 업무의 증가, 공개로 인한 파급효과 등을 종합하여 개별적으로 판단되어야 한다.
[2] 치과의사 국가시험에서 채택하고 있는 문제은행 출제방식이 출제의 시간·비용을 줄이면서도 양질의 문항을 확보할 수 있는 등 많은 장점을 가지고 있는 점, 그 시험문제를 공개할 경우 발생하게 될 결과와 시험업무에 초래될 부작용 등을 감안하면, 위 시험의 문제지와 그 정답지를 공개하는 것은 시험업무의 공정한 수행이나 연구·개발에 현저한 지장을 초래한다고 인정할 만한 상당한 이유가 있는 경우에 해당하므로, 정보공개법 제9조 제1항 제5호에 따라 이를 공개하지 않을 수 있다(대판 2007.6.15, 2006두15936)."

판례6 > 대학수학능력시험 원데이터가 비공개대상정보에 해당하는지 여부

"… '2002학년도부터 2005학년도까지의 대학수학능력시험 원데이터'는 연구 목적으로 그 정보의 공개를 청구하는 경우, 공개로 인하여 초래될 부작용이 공개로 얻을 수 있는 이익보다 더 클 것이라고 단정하기 어려우므로 그 공개로 대학수학능력시험 업무의 공정한 수행이 객관적으로 현저하게 지장을 받을 것이라는 고도의 개연성이 존재한다고 볼 수 없어 위 조항의 비공개대상정보에 해당하지 않는다(대판 2010.2.25, 2007두9877)."

판례7 > 독립유공자서훈 공적심사위원회의 회의록이 비공개대상정보인지 여부

"… 독립유공자서훈 공적심사위원회의 회의록은 정보공개법 제9조 제1항 제5호에서 정한 '공개될 경우 업무의 공정한 수행에 현저한 지장을 초래한다고 인정할 만한 상당한 이유가 있는 정보'에 해당한다(대판 2014.7.24, 2013두20301)."

판례8 > 불기소처분 기록이나 내사기록 중 피의자신문조서 등 조서에 기재된 피의자 등의 인적사항 이외의 진술내용이 개인의 사생활의 비밀 또는 자유를 침해할 우려가 인정되는 경우 비공개대상정보에 해당하는지 여부(적극)

"정보공개법 제9조 제1항 제6호의 … 비공개대상정보에는 성명·주민등록번호 등 '개인식별정보'뿐만 아니라 그 외에 정보의 내용에 따라 '개인에 관한 사항의 공개로 인하여 개인의 내밀한 내용의 비밀 등이 알려지게 되고, 그 결과 인격적·정신적 내면생활에 지장을 초래하거나 자유로운 사생활을 영위할 수 없게 될 위험성이 있는 정보'도 포함된다. 따라서 불기소처분 기록이나 내사기록 중 피의자신문조서 등 조서에 기재된 피의자 등의 인적사항 이외의 진술내용 역시 개인의 사생활의 비밀 또는 자유를 침해할 우려가 인정되는 경우에는 위 비공개대상정보에 해당한다(대판 2017.9.7, 2017두44558)."

판례9 > '공개하는 것이 공익 또는 개인의 권리 구제를 위하여 필요하다고 인정되는 정보'에 해당하는지 여부의 판단 방법

"정보공개법 제9조 제1항 제6호 단서 (다)목은 '공공기관이 작성하거나 취득한 정보로서 공개하는 것이 공익이나 개인의 권리 구제를 위하여 필요하다고 인정되는 정보'를 비공개대상정보에서 제외하고 있다. 여기에서 '공개하는 것이 공익 또는 개인의 권리 구제를 위하여 필요하다고 인정되는 정보'에 해당하는지 여부는 비공개에 의하여 보호되는 개인의 사생활의 비밀 등 이익과 공개에 의하여 보호되는 국정운영의 투명성 확보 등의 공익 또는 개인의 권리 구제 등 이익을 비교·교량하여 구체적 사안에 따라 신중히 판단하여야 한다.

고속철도 역의 유치위원회에 지방자치단체로부터 지급받은 보조금의 사용 내용에 관한 서류 일체 등의 공개를 청구한 사안에서, 공개청구한 정보 중 개인의 성명은 비공개에 의하여 보호되는 개인의 사생활 등의 이익이 국정운영의 투명성 확보 등의 공익보다 더 중요하여 비공개대상정보에 해당한다(대판 2009.10.29, 2009두14224)."

판례10 > '법인 등의 경영·영업상 비밀'의 의미 및 그에 해당하는 정보인지 판단하는 방법

"정보공개법 제9조 제1항 제7호에서 정한 '법인 등의 경영·영업상 비밀'은 '타인에게 알려지지 아니함이 유리한 사업활동에 관한 일체의 정보' 또는 '사업활동에 관한 일체의 비밀사항'을 의미하는 것이고 공개 여부는 공개를 거부할 만한 정당한 이익이 있는지에 따라 결정되어야 하는데, 그러한 정당한 이익이 있는지는 정보공개법의 입법 취지에 비추어 엄격하게 판단해야 한다(대판 2011.11.24, 2009두19021; 대판 2020.5.14, 2020두31408, 2020두31415(병합))."

6. 정보공개절차

(1) 정보공개의 청구

정보의 공개를 청구하는 자는 해당 정보를 보유하거나 관리하고 있는 공공기관에 ① 청구인의 성명·생년월일·주소 및 연락처(전화번호·전자우편주소 등). 다만, 청구인이 법인 또는 단체인 경우에는 그 명칭, 대표자의 성명, 사업자등록번호 또는 이에 준하는 번호, 주된 사무소의 소재지 및 연락처, ② 청구인의 주민등록번호(본인임을 확인하고 공개 여부를 결정할 필요가 있는 정보를 청구하는 경우로 한정), ③ 공개를 청구하는 정보의 내용 및 공개방법을 적은 정보공개청구서를 제출하거나 말로써 정보의 공개를 청구할 수 있다(정보공개법 10 ①).

(2) 공공기관의 결정

공공기관은 청구를 받은 날부터 10일 이내에 공개 여부를 결정하여야 한다. 그러나 부득이한 때에는 10일의 범위에서 공개 여부 결정기간을 연장할 수 있다. 이 경우 공공기관은 연장된 사실과 연장사유를 청구인에게 지체 없이 문서로 통지하여야 한다(정보공개법 11 ①, ②).

공개 청부된 공개 대상 정보의 전부 또는 일부가 제3자와 관련이 있다고 인정할 때에는 그 사실을 제3자에게 지체 없이 통지하여야 하며, 필요한 경우에는 그의 의견을 들을 수 있다(정보공개법 11 ③).

7. 정보공개의 방법

(1) 공개결정의 통지 및 공개방법*

공공기관은 정보의 공개를 결정한 경우에는 공개일시·공개장소 등을 분명히 밝혀 청구인에게 통지하여야 한다(정보공개법 13 ①).

공공기관은 청구인이 사본 또는 복제물의 교부를 원하는 경우에는 이를 교부하여야 한다(정

* 5급공채(행정)(2015년).

보공개법 13 ②). 공개 대상 정보의 양이 너무 많아 정상적인 업무수행에 현저한 지장을 초래할 우려가 있는 경우에는 해당 정보를 일정 기간별로 나누어 제공하거나 사본·복제물의 교부 또는 열람과 병행하여 제공할 수 있다(정보공개법 13 ③).

판례 > 사본 또는 출력물 교부의 방법으로 공개방법을 선택하여 공개청구를 한 경우, 공공기관이 그 공개방법을 선택할 재량권이 있는지 여부

"정보공개를 청구하는 자가 공공기관에 대해 정보의 사본 또는 출력물의 교부의 방법으로 공개방법을 선택하여 정보공개청구를 한 경우에 공개청구를 받은 공공기관으로서는 법 제8조 제2항에서 규정한 정보의 사본 또는 복제물의 교부를 제한할 수 있는 사유에 해당하지 않는 한 정보공개청구자가 선택한 공개방법에 따라 정보를 공개하여야 하므로 그 공개방법을 선택할 재량권이 없다고 해석함이 상당하다(대판 2004.8.20, 2003두8302)."

공공기관은 정보를 공개하는 경우에 그 정보의 원본이 더럽혀지거나 파손될 우려가 있거나 그 밖에 상당한 이유가 있다고 인정할 때에는 그 정보의 사본·복제물을 공개할 수 있다(정보공개법 13 ④).

공공기관은 정보의 비공개 결정을 한 경우에는 그 사실을 청구인에게 지체 없이 문서로 통지하여야 하고, 이 경우 비공개 이유와 불복의 방법 및 절차를 구체적으로 밝혀야 한다(정보공개법 13 ⑤).

(2) 부분공개

공개 청구한 정보가 이 법이 정하는 비공개 대상 정보에 해당하는 부분과 공개 가능한 부분이 혼합되어 있는 경우로서 공개 청구의 취지에 어긋나지 아니하는 범위에서 두 부분을 분리할 수 있는 경우에는 비공개 대상 정보에 해당하는 부분을 제외하고 공개하여야 한다(정보공개법 14).

판례 > 공개가 가능한 정보에 한하여 일부취소를 명할 수 있는지 여부 및 정보의 부분 공개가 허용되는 경우의 의미

"법원은 … 공개를 거부한 정보에 비공개사유에 해당하는 부분과 그렇지 않은 부분이 혼합되어 있고, 공개청구의 취지에 어긋나지 않는 범위 안에서 두 부분을 분리할 수 있음을 인정할 수 있을 때에는 공개가 가능한 정보에 국한하여 일부취소를 명할 수 있다. 이러한 <u>정보의 부분 공개가 허용되는 경우란 그 정보의 공개방법 및 절차에 비추어 당해 정보에서 비공개대상정보에 관련된 기술 등을 제외 혹은 삭제하고 나머지 정보만을 공개하는 것이 가능하고 나머지 부분의 정보만으로도 공개</u>

의 가치가 있는 경우를 의미한다(대판 2009.12.10, 2009두12785)."

(3) 정보의 전자적 공개

공공기관은 전자적 형태로 보유·관리하는 정보에 대하여 청구인이 전자적 형태로 공개하여 줄 것을 요청하는 경우에는 그 정보의 성질상 현저히 곤란한 경우를 제외하고는 청구인의 요청에 따라야 한다(정보공개법 15 ①).

공공기관은 전자적 형태로 보유·관리하지 아니하는 정보에 대하여 청구인이 전자적 형태로 공개하여 줄 것을 요청한 경우에는 정상적인 업무수행에 현저한 지장을 초래하거나 그 정보의 성질이 훼손될 우려가 없으면 그 정보를 전자적 형태로 변환하여 공개할 수 있다(정보공개법 15 ②).

판례 > 청구인에게 특정한 정보공개방법을 지정하여 청구할 수 있는 법령상 신청권이 있는지 여부(적극) / 공공기관이 청구인이 신청한 공개방법 이외의 방법으로 공개하기로 하는 결정을 한 경우 일부 거부처분을 한 것인지 여부(적극) 및 이에 대하여 항고소송으로 다툴 수 있는지 여부(적극)

"(정보공개법 제13조, 제15조는 정보의 효율적 활용을 도모하고 청구인의 편의를 제고함으로써 국민의 알권리를 충실하게 보장하려는 것이므로) 청구인에게는 특정한 공개방법을 지정하여 정보공개를 청구할 수 있는 법령상 신청권이 있다.

따라서 공공기관이 공개청구의 대상이 된 정보를 공개는 하되, 청구인이 신청한 공개방법 이외의 방법으로 공개하기로 하는 결정을 하였다면, 이는 정보공개청구 중 정보공개방법에 관한 부분에 대하여 일부 거부처분을 한 것이고, 청구인은 그에 대하여 항고소송으로 다툴 수 있다(대판 2016.11.10, 2016두44674)."

(4) 즉시공개

정보공개법은 ① 법령 등에 따라 공개를 목적으로 작성된 정보, ② 일반국민에게 알리기 위하여 작성된 각종 홍보자료, ③ 공개하기로 결정된 정보로서 공개에 오랜 시간이 걸리지 아니하는 정보, ④ 그 밖에 공공기관의 장이 정하는 정보로서 즉시 또는 말로 처리가 가능한 정보에 대해서는 제11조에 따른 정보공개 절차를 거치지 아니하고 공개하도록 하고 있다(정보공개법 16).

8. 비용부담

정보의 공개 및 우송 등에 소요되는 비용은 실비의 범위에서 청구인이 부담한다. 다만 공개를 청구하는 정보의 사용 목적이 공공복리의 유지·증진을 위하여 필요하다고 인정되는 경우에는 그 비용을 감면할 수 있다(정보공개법 17 ①, ②).

9. 불복구제절차

(1) 청구인의 권리보호

정보공개법은 청구인의 불복구제절차로서 이의신청·행정심판·행정소송을 규정하고 있다. 정보공개법 제5조 제1항은 모든 국민을 정보공개청구권자로 규정하고 있으므로 정보공개와 관련된 행정쟁송에서 청구인적격이나 원고적격을 인정하는 데에는 어려움이 없지만, 청구인의 권리보호를 명확하게 하고, 행정쟁송에서 정보와 관련된 특성을 고려하기 위하여 불복구제에 관한 별도의 규정을 둔 것으로 이해된다.

① 이의신청

청구인이 공공기관의 비공개 또는 부분공개 결정에 대하여 불복이 있거나 정보공개 청구 후 20일이 경과하도록 정보공개 결정이 없는 때에는 공공기관으로부터 정보공개 여부의 결정 통지를 받은 날 또는 정보공개 청구 후 20일이 경과한 날부터 30일 이내에 해당 공공기관에 문서로 이의신청을 할 수 있다(정보공개법 18 ①).

국가기관등은 이의신청이 있는 경우에는 심의회의 심의를 이미 거친 경우 등을 제외하고 심의회를 개최하여야 한다(정보공개법 18 ②).

공공기관은 이의신청을 받은 날부터 7일 이내에 그 이의신청에 대하여 결정하고 그 결과를 청구인에게 지체 없이 문서로 통지하여야 한다. 부득이한 때에는 7일의 범위에서 연장할 수 있으며, 연장사유를 청구인에게 통지하여야 한다(정보공개법 18 ③).

공공기관은 이의신청을 각하 또는 기각하는 결정을 한 경우에는 청구인에게 행정심판 또는 행정소송을 제기할 수 있다는 사실을 결과 통지와 함께 알려야 한다(정보공개법 18 ④).

② 행정심판

청구인이 공공기관의 결정에 대하여 불복이 있거나 정보공개 청구 후 20일이 경과하도록 정보공개 결정이 없는 때에는 행정심판법에서 정하는 바에 따라 행정심판을 청구할 수 있다. 이 경우 국가기관 및 지방자치단체 외의 공공기관의 결정에 대한 감독행정기관은 관계 중앙행정기관의 장 또는 지방자치단체의 장으로 한다(정보공개법 19 ①). 청구인은 이의신청 절차를 거치지 아니하고 행정심판을 청구할 수 있다(정보공개법 19 ②).

③ 행정소송

청구인이 공공기관의 결정에 대하여 불복이 있거나 정보공개 청구 후 20일이 경과하도록 정보공개 결정이 없는 때에는 행정소송법에서 정하는 바에 따라 행정소송을 제기할 수 있다(정보공개법 20 ①).

(2) 제3자의 권리보호

정보공개법은 제3자의 권리보호에 관한 규정을 두고 있다. 먼저 제3자는 자신과 관련된 정보가 공개 청구된 사실을 통지받은 날부터 3일 이내에 해당 공공기관에 대하여 자신과 관련된 정보를 공개하지 아니할 것을 요청할 수 있다(정보공개법 21 ①).

제3자의 비공개 요청에도 불구하고 공공기관이 공개 결정을 한 때에는 공개 결정 이유와 공개실시일을 분명히 밝혀 지체 없이 문서로 통지하여야 하며, 제3자는 해당 공공기관에 문서로 이의신청을 하거나 행정심판 또는 행정소송을 제기할 수 있다. 이 경우 이의신청은 통지를 받은 날부터 7일 이내에 하여야 한다(정보공개법 21 ②).

공공기관은 제3자의 비공개요청에도 불구하고 정보공개를 결정한 때에는 공개 결정일과 공개실시일 사이에 최소한 30일의 간격을 두어야 한다(정보공개법 21 ③).

제 3 항 개인정보보호제도*

Ⅰ. 개인정보보호제도의 의의 및 외국의 입법례

오늘날의 정보화사회에서는 개인의 사생활 보호를 위하여 공공기관이나 금융기관을 비롯한 사인이 개인정보를 수집·저장·유출·공개하는 등의 행위를 일정한 목적하에서만 할 수 있도록 제한하거나 또는 개인에게도 자기 정보에 관하여 스스로 통제할 수 있는 권리가 보장될 필요가 있다. 개인정보보호제도는 이와 같은 필요성에 따라 헌법상 보장된 개인의 사생활의 비밀과 자유라는 기본권실현의 관점에서 개인정보를 보호하기 위하여 개인정보의 처리·관리, 정보주체의 권리보장 등을 정하고 있는 법제도이다.

유럽과 미국에서는 오래 전부터 개인의 사생활 또는 프라이버시를 보호하기 위한 법률이 제정되어 시행되고 있다(미국의 프라이버시법(1973), 스웨덴의 데이터보호법(1973), 프랑스의 행정과 국민 간의 관계개선에 관한 법률(1978), 영국의 개인정보보호법(1984)). 독일에서는 1983년 연방헌법재판소가 인구조사판결(Volkszählungsurteil)에서 개인이 자신의 정보를 보호하고 사용방법

---

* 5급공채(행정)(2014년).

을 스스로 정하는 권리를 가지고 있다고 판시한 바 있었는데, 독일 기본법[19] 제2조 제1항(인격의 자유로운 발현에 관한 기본권)에 근거한 "정보의 자기결정권(das Recht auf informationelle Selbstbestimmung)"이란 정보주체인 개인이 자신의 정보가 언제, 어떠한 방법과 조건하에 수집·저장·처리·공개될 수 있는가를 스스로 결정하는 권리를 말한다.[20] 이 결정 이후 1990년에는 연방개인정보보호법(Bundesdatenschutzgesetz)이 제정되었다.

II. 개인정보보호의 법적 근거

헌법 제17조는 "모든 국민은 사생활의 비밀과 자유를 침해받지 아니한다."고 규정하여 사생활보호를 위한 명문의 규정을 두고 있다. 그러나 사생활은 헌법 제17조뿐만 아니라, 헌법 제10조[21]의 인간의 존엄과 가치 및 행복, 자유민주주의적 기본질서 규정, 국민주권원리 등에 의하여 포괄적으로 보장되는 권리라고 할 것이다.

대법원은 사생활보호의 헌법적 근거로 헌법 제10조와 제17조를 들면서, 이들은 사생활 침해를 배제하는 소극적 권리뿐 아니라 자기정보를 자율적으로 통제할 수 있는 적극적 권리도 보장하는 것으로 해석하고 있고, 헌법재판소는 헌법 제17조와 제10조, 자유민주주의적 기본질서 규정, 국민주권원리 등을 이념적 기초로 하는 독자적 기본권으로서 헌법에 명시되지 아니한 기본권으로 보고 있다.

판례 > 헌법 제10조 및 제17조에 의한 사생활의 비밀과 자유의 보호 범위

"헌법 제10조와 제17조는 개인의 사생활 활동이 타인으로부터 침해되거나 사생활이 함부로 공개되지 아니할 소극적인 권리는 물론, 오늘날 고도로 정보화된 현대사회에서 자신에 대한 정보를 자율적으로 통제할 수 있는 적극적인 권리까지도 보장하려는 데에 그 취지가 있는 것으로 해석된다(대판 1998.7.24, 96다42789)."

---

19 독일 '기본법(Grundgesetz)'은 독일 헌법을 말한다.

20 우리 헌법재판소는 "개인정보자기결정권은 자신에 관한 정보가 언제 누구에게 어느 범위까지 알려지고 또 이용되도록 할 것인지를 그 정보주체가 스스로 결정할 수 있는 권리, 즉 정보주체가 개인정보의 공개와 이용에 관하여 스스로 결정할 권리"라고 정의하고 있다(헌재결 2005.5.26, 99헌마513 등). 대법원도 "헌법 제10조의 인간의 존엄과 가치, 행복추구권과 헌법 제17조의 사생활의 비밀과 자유에서 도출되는 개인정보자기결정권은 자신에 관한 정보가 언제 누구에게 어느 범위까지 알려지고 또 이용되도록 할 것인지를 정보주체가 스스로 결정할 수 있는 권리라고 정의하고 있다"(대판 2016.3.10, 2012다105482).

21 대한민국 헌법 제10조 모든 국민은 인간으로서의 존엄과 가치를 가지며, 행복을 추구할 권리를 가진다. 국가는 개인이 가지는 불가침의 기본적 인권을 확인하고 이를 보장할 의무를 진다.

판례 > 개인정보자기결정권의 헌법상 근거

"개인정보자기결정권의 헌법상 근거로는 헌법 제17조의 사생활의 비밀과 자유, 헌법 제10조 제1문의 인간의 존엄과 가치 및 행복추구권에 근거를 둔 일반적 인격권 또는 위 조문들과 동시에 우리 헌법의 자유민주적 기본질서 규정 또는 국민주권원리와 민주주의원리 등을 고려할 수 있으나, 개인정보자기결정권으로 보호하려는 내용을 위 각 기본권들 및 헌법원리들 중 일부에 완전히 포섭시키는 것은 불가능하다고 할 것이므로, 그 헌법적 근거를 굳이 어느 한두 개에 국한시키는 것은 바람직하지 않은 것으로 보이고, 오히려 개인정보자기결정권은 이들을 이념적 기초로 하는 독자적 기본권으로서 헌법에 명시되지 아니한 기본권이라고 보아야 할 것이다(헌재결 2005.5.26, 99헌마513 등)."

개인정보 보호에 관한 법률로 처음 제정된 것이 1994년 "공공기관의 개인정보보호에 관한 법률"이다. 그런데 이 법은 공공기관에 의한 개인정보 처리에 대한 보호만을 규율하고 있었고, 민간부분에서의 개인정보 보호를 위하여 "정보통신망 이용촉진 및 정보보호 등에 관한 법률"이 따로 제정되어 있어서, 우리나라의 개인정보 보호법제는 공공부문과 민간부문으로 이원화되어 있었다. 이러한 문제를 해소하고 개인정보 보호를 통일적으로 규율하기 위하여 2011년 공공기관의 개인정보보호에 관한 법률을 폐지하고 개인정보 보호법을 제정하였다.

개인정보 보호법(정보보호법)은 개인정보 보호에 관한 일반법으로서의 성격을 가진다. 이외에도 정보통신망 이용촉진 및 정보보호 등에 관한 법률, 신용정보의 이용 및 보호에 관한 법률, 통신비밀보호법 등의 여러 법률에서 개인정보보호에 관한 규정을 두고 있다. 이하에서는 개인정보 보호법에 관하여만, 그 주요내용을 위주로 설명하기로 한다.

III. 개인정보 보호법

1. 개인정보의 의의 및 개인정보 보호법의 지위

먼저 개인정보 보호법의 보호대상인 '개인정보'란 살아 있는 개인에 관한 정보로서 (가) 성명, 주민등록번호 및 영상 등을 통하여 개인을 알아볼 수 있는 정보, (나) 해당 정보만으로는 특정 개인을 알아볼 수 없더라도 다른 정보와 쉽게 결합하여 알아볼 수 있는 정보(이 경우 쉽게 결합할 수 있는지 여부는 다른 정보의 입수 가능성 등 개인을 알아보는 데 소요되는 시간, 비용, 기술 등을 합리적으로 고려하여야 한다), 또는 (다) 가목 또는 나목을 제1호의2에 따라 가명처리함으로써 원래의 상태로 복원하기 위한 추가 정보의 사용·결합 없이는 특정 개인을 알아볼 수 없는 정보(가명정보)를 말한다(정보보호법 2 1호). '가명처리'란 개인정보의 일부를 삭제하거나 일부 또는 전부를 대체하는 등의 방법으로 추가 정보가 없이는 특정 개인을 알아볼 수 없도록 처리하는 것을 말한다(정보보호법 2 1호의2).

판례는 '개인정보자기결정권의 보호대상이 되는 개인정보는 개인의 신체, 신념, 사회적 지위, 신분 등과 같이 개인의 인격주체성을 특징짓는 사항으로서 그 개인의 동일성을 식별할 수 있게 하는 일체의 정보라고 할 수 있고, 반드시 개인의 내밀한 영역이나 사사(私事)의 영역에 속하는 정보에 국한되지 않고 공적 생활에서 형성되었거나 이미 공개된 개인정보까지 포함한다'고 하여 개인정보의 범위를 폭넓게 인정하고 있다.[22]

'개인정보처리자'란 업무를 목적으로 개인정보파일을 운용하기 위하여 스스로 또는 다른 사람을 통하여 개인정보를 처리하는 공공기관, 법인, 단체 및 개인 등을 말한다(정보보호법 2 5호).

'개인정보파일'이란 개인정보를 쉽게 검색할 수 있도록 일정한 규칙에 따라 체계적으로 배열하거나 구성한 개인정보의 집합물을 말한다(정보보호법 2 4호).

그리고 '공공기관'이란 ① 국회, 법원, 헌법재판소, 중앙선거관리위원회의 행정사무를 처리하는 기관, 중앙행정기관(대통령 소속 기관과 국무총리 소속 기관 포함) 및 그 소속 기관, 지방자치단체, ② 그 밖의 국가기관 및 공공단체로서 (ⅰ) 국가인권위원회법 제3조에 따른 국가인권위원회, (ⅱ) 고위공직자범죄수사처 설치 및 운영에 관한 법률 제3조 제1항에 따른 고위공직자범죄수사처, (ⅲ) 공공기관운영법 제4조에 따른 공공기관, (ⅳ) 지방공기업법에 따른 지방공사와 지방공단, (ⅴ) 특별법에 따라 설립된 특수법인, (ⅵ) 초·중등교육법, 고등교육법, 그 밖의 다른 법률에 따라 설치된 각급 학교를 말한다(정보보호법 2 6호, 동법 시행령 2).

개인정보 보호법은 개인정보의 처리 및 보호에 관하여 다른 법률에 특별한 규정이 있는 경우를 제외하고는 이 법에서 정하는 바에 따른다고 하여 개인정보 보호법이 개인정보 보호에 관한 일반법임을 명시하고 있다(정보보호법 6 ①).

2. 개인정보 보호 원칙

개인정보처리자는 ① 개인정보의 처리 목적을 명확하게 하여야 하고 그 목적에 필요한 범위에서 최소한의 개인정보만을 적법하고 정당하게 수집하여야 하며, ② 개인정보의 처리 목적에 필요한 범위에서 적합하게 개인정보를 처리하여야 하고, 그 목적 외의 용도로 활용할 수 없으며, ③ 개인정보의 처리 목적에 필요한 범위에서 개인정보의 정확성, 완전성 및 최신성이 보장되도록 하여야 하고, ④ 개인정보의 처리 방법 및 종류 등에 따라 정보주체의 권리가 침해받을 가능성과 그 위험 정도를 고려하여 개인정보를 안전하게 관리하여야 하며, ⑤ 개인정보 처리방침 등 개인정보의 처리에 관한 사항을 공개하여야 하고, 열람청구권 등 정보주체의 권리를 보장하여야 하며, ⑥ 정보주체의 사생활 침해를 최소화하는 방법으로 개인정보를 처리하여야 하고,

22 헌재결 2005.7.21, 2003헌마282 등; 대판 2016.3.10, 2012다105482.

⑦ 개인정보를 익명 또는 가명으로 처리하여도 개인정보 수집목적을 달성할 수 있는 경우 익명처리가 가능한 경우에는 익명에 의하여, 익명처리로 목적을 달성할 수 없는 경우에는 가명에 의하여 처리될 수 있도록 하여야 하며, ⑧ 이 법 및 관계 법령에서 규정하고 있는 책임과 의무를 준수하고 실천함으로써 정보주체의 신뢰를 얻기 위하여 노력하여야 한다(정보보호법 3).

3. 개인정보의 처리

(1) 개인정보의 수집, 이용, 제공 등

① 개인정보의 수집·이용·제공

개인정보처리자는 정보주체의 동의를 받거나, 법률에 특별한 규정이 있거나 법령상 의무를 준수하기 위하여 불가피하거나, 공공기관이 법령 등에서 정하는 소관 업무의 수행을 위하여 불가피한 경우 등 제15조 제1항이 정하는 요건 중 어느 하나에 해당하는 경우에는 개인정보를 수집할 수 있으며 그 수집 목적의 범위에서 이용할 수 있다(정보보호법 15 ①).

개인정보처리자는 당초 수집 목적과 합리적으로 관련된 범위에서 정보주체에게 불이익이 발생하는지 여부, 암호화 등 안전성 확보에 필요한 조치를 하였는지 여부 등을 고려하여 대통령령으로 정하는 바에 따라 정보주체의 동의 없이 개인정보를 이용할 수 있다(정보보호법 15 ③).

개인정보처리자는 정보주체의 동의를 받거나, 개인정보를 수집한 목적 범위에서 개인정보를 제공하는 경우에는 정보주체의 개인정보를 제3자에게 제공(공유 포함)할 수 있다(정보보호법 17 ①).

② 개인정보의 수집·이용·제공의 제한

개인정보처리자는 개인정보를 수집하는 경우 그 목적에 필요한 최소한의 개인정보를 수집하여야 한다. 이 경우 최소한의 개인정보 수집이라는 입증책임은 개인정보처리자가 부담한다(정보보호법 16 ①).

개인정보처리자는, 제18조 제2항 각호 중 어느 하나에 해당하는 경우가 아니면, 개인정보를 법에 규정된 범위를 초과하여 이용하거나 제3자에게 제공하여서는 아니 된다(정보보호법 18 ①, ②).

개인정보처리자로부터 개인정보를 제공받은 자는 정보주체로부터 별도의 동의를 받거나 다른 법률에 특별한 규정이 있는 경우를 제외하고는 개인정보를 제공받은 목적 외의 용도로 이용하거나 이를 제3자에게 제공하여서는 아니 된다(정보보호법 19).

③ 개인정보의 파기

개인정보처리자는, 다른 법령에 따라 보존하여야 하는 경우가 아니면, 보유기간의 경과, 개인정보의 처리 목적 달성, 가명정보의 처리 기간 경과 등 그 개인정보가 불필요하게 되었을 때에는 지체 없이 그 개인정보를 파기하여야 하고(정보보호법 21 ①), 개인정보를 파기할 때에는 복구 또는 재생되지 아니하도록 조치하여야 한다(정보보호법 21 ②).

④ 동의를 받는 방법

개인정보처리자는 개인정보의 처리에 대하여 정보주체(제22조의2 제1항에 따른 법정대리인 포함)의 동의를 받을 때에는 각각의 동의 사항을 구분하여 정보주체가 이를 명확하게 인지할 수 있도록 알리고 각각 동의를 받아야 하고(정보보호법 22 ①), 정보주체의 동의 없이 처리할 수 있는 개인정보에 대해서는 그 항목과 처리의 법적 근거를 정보주체의 동의를 받아 처리하는 개인정보와 구분하여 제30조 제2항에 따라 공개하거나 전자우편 등의 방법으로 정보주체에게 알려야 한다(정보보호법 22 ③).

개인정보처리자는 정보주체가 동의를 하지 않는다는 이유로 재화 또는 서비스의 제공을 거부하여서는 아니 된다(정보보호법 22 ⑤).

(2) 개인정보의 처리 제한

① 민감정보, 고유식별정보 및 주민등록번호의 처리 제한

개인정보처리자는, 개인정보의 처리에 대한 동의와 별도로 동의를 받거나 법령에서 민감정보의 처리를 요구하거나 허용하는 경우가 아닌 한, 사상·신념, 노동조합·정당의 가입·탈퇴, 정치적 견해, 건강, 성생활 등에 관한 정보, 그 밖에 정보주체의 사생활을 현저히 침해할 우려가 있는 유전자검사 등의 결과로 얻어진 유전정보, 형의 실효 등에 관한 법률 제2조 제5호에 따른 범죄경력자료에 해당하는 정보, 개인의 신체적, 생리적, 행동적 특징에 관한 정보로서 특정 개인을 알아볼 목적으로 일정한 기술적 수단을 통해 생성한 정보, 인종이나 민족에 관한 정보(민감정보)를 처리하여서는 아니 된다(정보보호법 23 ①, 동법 시행령 18).

개인정보처리자는 개인정보의 처리에 대한 동의와 별도로 동의를 받거나 법령에서 구체적으로 고유식별정보의 처리를 요구하거나 허용하는 경우를 제외하고는 법령에 따라 개인을 고유하게 구별하기 위하여 부여된 식별정보로서 ① 주민등록번호, ② 여권번호, ③ 운전면허의 면허번호, ④ 외국인등록번호(고유식별정보)를 처리할 수 없다(정보보호법 24 ①, 동법 시행령 19).

제24조 제1항에도 불구하고 개인정보처리자는 ① 법령등에서 구체적으로 주민등록번호의 처리를 요구하거나 허용한 경우, ② 정보주체 또는 제3자의 급박한 생명, 신체, 재산의 이익을 위하여 명백히 필요하다고 인정되는 경우 또는 ③ 주민등록번호 처리가 불가피한 경우로서 개인정보 보호위원회(이하 보호위원회)가 고시로 정하는 경우가 아니면 주민등록번호를 처리할 수 없다(정보보호법 24조의2 ①). 개인정보처리자는 주민등록번호가 분실·도난·유출·위조·변조 또는 훼손되지 아니하도록 암호화 조치를 통하여 안전하게 보관하여야 한다(정보보호법 24조의2

②). 개인정보처리자는 제1항 각 호에 따라 주민등록번호를 처리하는 경우에도 정보주체가 인터넷 홈페이지를 통하여 회원으로 가입하는 단계에서는 주민등록번호를 사용하지 아니하고도 회원으로 가입할 수 있는 방법을 제공하여야 한다(정보보호법 24조의2 ③).

② 영상정보처리기기의 설치·운영 제한

(i) 고정형 영상정보처리기기의 설치·운영 제한

누구든지 ① 법령에서 구체적으로 허용하고 있는 경우, ② 범죄의 예방 및 수사를 위하여 필요한 경우, ③ 시설의 안전 및 관리, 화재 예방을 위하여 정당한 권한을 가진 자가 설치·운영하는 경우, ④ 교통단속을 위하여 정당한 권한을 가진 자가 설치·운영하는 경우, ⑤ 교통정보의 수집·분석 및 제공을 위하여 정당한 권한을 가진 자가 설치·운영하는 경우, ⑥ 촬영된 영상정보를 저장하지 아니하는 경우로서 대통령령으로 정하는 경우를 제외하고는 공개된 장소에 고정형 영상정보처리기기를 설치·운영하여서는 아니 된다(정보보호법 25 ①).

누구든지 불특정 다수가 이용하는 목욕실, 화장실, 발한실(發汗室), 탈의실 등 개인의 사생활을 현저히 침해할 우려가 있는 장소의 내부를 볼 수 있도록 고정형 영상정보처리기기를 설치·운영하여서는 아니 된다. 다만, 교도소, 정신보건 시설 등 법령에 근거하여 사람을 구금하거나 보호하는 시설로서 대통령령으로 정하는 시설에 대하여는 그러하지 아니하다(정보보호법 25 ②).

(ii) 이동형 영상정보처리기기의 운영 제한

업무를 목적으로 이동형 영상정보처리기기를 운영하려는 자는 ① 제15조 제1항 각 호의 어느 하나에 해당하는 경우, ② 촬영 사실을 명확히 표시하여 정보주체가 촬영 사실을 알 수 있도록 하였음에도 불구하고 촬영 거부 의사를 밝히지 아니한 경우 등을 제외하고는 공개된 장소에서 이동형 영상정보처리기기로 사람 또는 그 사람과 관련된 사물의 영상(개인정보에 해당하는 경우로 한정)을 촬영하여서는 아니 된다(정보보호법 25조의2 ①).

누구든지 불특정 다수가 이용하는 목욕실, 화장실, 발한실, 탈의실 등 개인의 사생활을 현저히 침해할 우려가 있는 장소의 내부를 볼 수 있는 곳에서 이동형 영상정보처리기기로 사람 또는 그 사람과 관련된 사물의 영상을 촬영하여서는 아니 된다. 다만, 인명의 구조·구급 등을 위하여 필요한 경우에는 그러하지 아니하다(정보보호법 25조의2 ②).

③ 업무위탁에 따른 개인정보의 처리 제한

개인정보처리자가 제3자에게 개인정보의 처리 업무를 위탁하는 경우에는 ① 위탁업무 수행목적 외 개인정보의 처리 금지에 관한 사항, ② 개인정보의 기술적·관리적 보호조치에 관한 사항 등이 포함된 문서에 의하여야 한다(정보보호법 26 ①).

④ 영업양도 등에 따른 개인정보의 이전 제한

개인정보처리자는 영업의 전부 또는 일부의 양도·합병 등으로 개인정보를 다른 사람에게 이전하는 경우에는 미리 ① 개인정보를 이전하려는 사실, ② 개인정보를 이전받는 자(영업양수자 등)의 성명, 주소, 전화번호 및 그 밖의 연락처, ③ 정보주체가 개인정보의 이전을 원하지 아니하는 경우 조치할 수 있는 방법 및 절차를 서면 등의 방법으로 해당 정보주체에게 알려야 한다(정보보호법 27 ①, 동법 시행령 29 ①).

⑤ 가명정보

개인정보처리자는 통계작성, 과학적 연구, 공익적 기록보존 등을 위하여 정보주체의 동의 없이 가명정보를 처리할 수 있다(정보보호법 28조의2 ①). 제28조의2에도 불구하고 서로 다른 개인정보처리자 간의 가명정보의 결합은 보호위원회 또는 관계 중앙행정기관의 장이 지정하는 전문기관이 수행한다(정보보호법 28조의3 ①).

개인정보처리자는 가명정보를 처리하는 경우에는 원래의 상태로 복원하기 위한 추가 정보를 별도로 분리하여 보관·관리하는 등 해당 정보가 분실·도난·유출·위조·변조 또는 훼손되지 않도록 대통령령으로 정하는 바에 따라 안전성 확보에 필요한 기술적·관리적 및 물리적 조치를 하여야 한다(정보보호법 28조의4 ①).

가명정보를 처리하는 자는 특정 개인을 알아보기 위한 목적으로 가명정보를 처리해서는 아니 된다(정보보호법 28조의5 ①). 개인정보처리자는 가명정보를 처리하는 과정에서 특정 개인을 알아볼 수 있는 정보가 생성된 경우에는 즉시 해당 정보의 처리를 중지하고, 지체 없이 회수·파기하여야 한다(정보보호법 28조의5 ②).

4. 정보주체의 권리

(1) 개인정보 열람청구권

정보주체는 개인정보처리자가 처리하는 자신의 개인정보에 대한 열람을 해당 개인정보처리자에게 요구할 수 있다(정보보호법 35 ①). 개인정보처리자는 열람을 요구받았을 때에는 원칙적으로 10일 이내에 정보주체가 해당 개인정보를 열람할 수 있도록 하여야 한다(정보보호법 35 ③, 동법 시행령 41 ④).

개인정보처리자는 법률에 따라 열람이 금지되거나 제한되는 경우, 다른 사람의 생명·신체를 해할 우려가 있거나 다른 사람의 재산과 그 밖의 이익을 부당하게 침해할 우려가 있는 경우 등의 사유가 있는 경우에는 정보주체에게 그 사유를 알리고 열람을 제한하거나 거절할 수 있다(정보보호법 35 ④).

(2) 개인정보 전송요구권

정보주체는 개인정보 처리 능력 등을 고려하여 대통령령으로 정하는 기준에 해당하는 개인정보처리자에 대하여 (i) 정보주체가 전송을 요구하는 개인정보가 정보주체 본인에 관한 개인정보일 것, (ii) 전송을 요구하는 개인정보가 개인정보처리자가 수집한 개인정보를 기초로 분석·가공하여 별도로 생성한 정보가 아닐 것, (iii) 전송을 요구하는 개인정보가 컴퓨터 등 정보처리장치로 처리되는 개인정보일 것의 요건을 모두 충족하는 개인정보를 자신에게로 전송할 것을 요구할 수 있다(정보보호법 35조의2 ①).

정보주체는 매출액, 개인정보의 보유 규모, 개인정보 처리 능력, 산업별 특성 등을 고려하여 대통령령으로 정하는 기준에 해당하는 개인정보처리자에 대하여 제1항에 따른 전송 요구 대상인 개인정보를 기술적으로 허용되는 합리적인 범위에서 개인정보관리 전문기관 또는 제29조에 따른 안전조치의무를 이행하고 대통령령으로 정하는 시설 및 기술 기준을 충족하는 자에게 전송할 것을 요구할 수 있다(정보보호법 35조의2 ②).

(3) 개인정보 정정·삭제청구권

자신의 개인정보를 열람한 정보주체는, 다른 법령에서 그 개인정보가 수집 대상으로 명시되어 있는 경우가 아닌 한, 개인정보처리자에게 그 개인정보의 정정 또는 삭제를 요구할 수 있다(정보보호법 36 ①). 개인정보처리자는 다른 법령에 특별한 절차가 규정되어 있는 경우를 제외하고는 지체 없이 그 개인정보를 조사하여 정보주체의 요구에 따라 정정·삭제 등 필요한 조치를 한 후 그 결과를 정보주체에게 알려야 한다(정보보호법 36 ②).

(4) 개인정보 처리정지청구권

정보주체는 개인정보처리자에 대하여 자신의 개인정보 처리의 정지를 요구하거나 개인정보 처리에 대한 동의를 철회할 수 있다. 이 경우 공공기관에 대하여는 제32조에 따라 등록 대상이 되는 개인정보파일 중 자신의 개인정보에 대한 처리의 정지를 요구할 수 있다(정보보호법 37 ①).

개인정보처리자는, 법률에 특별한 규정이 있거나 법령상 의무를 준수하기 위하여 불가피한 경우, 다른 사람의 생명·신체를 해할 우려가 있거나 다른 사람의 재산과 그 밖의 이익을 부당하게 침해할 우려가 있는 경우 등의 사유가 있는 경우를 제외하고는, 개인정보 처리의 정지를 요구를 받았을 때에는 지체 없이 개인정보 처리의 전부를 정지하거나 일부를 정지하여야 한다(정보보호법 37 ②).

5. 권리보호

(1) 손해배상

정보주체는 개인정보처리자의 개인정보 보호법 위반행위로 손해를 입으면 개인정보처리자에게 손해배상을 청구할 수 있다. 이 경우 그 개인정보처리자는 고의 또는 과실이 없음을 입증하지 아니하면 책임을 면할 수 없다(정보보호법 39 ①). 개인정보처리자의 고의 또는 중대한 과실로 인하여 개인정보가 분실·도난·유출·위조·변조 또는 훼손된 경우로서 정보주체에게 손해가 발생한 때에는 법원은 그 손해액의 5배를 넘지 아니하는 범위에서 손해배상액을 정할 수 있다. 다만, 개인정보처리자가 고의 또는 중대한 과실이 없음을 증명한 경우에는 그러하지 아니하다(정보보호법 39 ③).

제39조 제1항에도 불구하고 정보주체는 개인정보처리자의 고의 또는 과실로 인하여 개인정보가 분실·도난·유출·위조·변조 또는 훼손된 경우에는 300만원 이하의 범위에서 상당한 금액을 손해액으로 하여 배상을 청구할 수 있다. 이 경우 해당 개인정보처리자는 고의 또는 과실이 없음을 입증하지 아니하면 책임을 면할 수 없다(정보보호법 39조의2 ①). 제39조에 따라 손해배상을 청구한 정보주체는 사실심의 변론이 종결되기 전까지[23] 그 청구를 제1항에 따른 청구로 변경할 수 있다(정보보호법 39조의2 ③).

판례 > 「개인정보 보호법」 제39조 제1항에 따라 손해배상을 청구하는 경우 개인정보처리자가 「개인정보 보호법」을 위반한 행위를 하였다는 사실의 주장·증명책임 소재(=정보주체)

> "한편, 「개인정보 보호법」 제39조 제1항은 "정보주체는 개인정보처리자가 이 법을 위반한 행위로 손해를 입으면 개인정보처리자에게 손해배상을 청구할 수 있다. 이 경우 그 개인정보처리자는 고의 또는 과실이 없음을 입증하지 아니하면 책임을 면할 수 없다."라고 규정하고 있다. 이 규정은 정보주체가 개인정보처리자의 「개인정보 보호법」 위반행위로 입은 손해의 배상을 청구하는 경우에 개인정보처리자의 고의나 과실을 증명하는 것이 곤란한 점을 감안하여 그 증명책임을 개인정보처리자에게 전환하는 것일 뿐이고, 개인정보처리자가 「개인정보 보호법」을 위반한 행위를 하였다는 사실 자체는 정보주체가 주장·증명하여야 한다(대판 2024.5.17, 2018다262103)."

23 '사실심(事實審)'이란 소송 사건에서 법률문제뿐만 아니라 사실문제까지도 심리(審理)·판단하는 심급(審級)을 말한다. 반면 '법률심(法律審)'은 소송 사건에 관하여 사실심에서 행한 재판이 법령에 위배되는지를 심사하고 재판하는 상급심을 말한다. 민사소송에서 제1심과 항고심이 사실심이고, 상고심은 법률심이다.
'변론종결'이란 변론(당사자가 주장, 입증 등 소송자료를 제출하는 심리절차)이 판결을 할 상태에 이르렀다고 인정되는 경우 법원이 그 종결을 선고하는 것을 말한다.

(2) 개인정보에 관한 분쟁조정

개인정보에 관한 분쟁의 조정을 위하여 개인정보 분쟁조정위원회(이하 "분쟁조정위원회")를 둔다(정보보호법 40 ①). 개인정보와 관련한 분쟁의 조정을 원하는 자는 분쟁조정위원회에 분쟁조정을 신청할 수 있다(정보보호법 43 ①). 분쟁조정위원회는 분쟁조정 신청을 받은 날부터 60일 이내에 이를 심사하여 조정안을 작성하여야 한다. 다만, 부득이한 사정이 있는 경우에는 분쟁조정위원회의 의결로 처리기간을 연장할 수 있다(정보보호법 44 ①). 국가 및 지방자치단체, 개인정보 보호단체 및 기관, 정보주체, 개인정보처리자는 정보주체의 피해 또는 권리침해가 다수의 정보주체에게 같거나 비슷한 유형으로 발생하는 경우로서 대통령령으로 정하는 사건에 대하여는 분쟁조정위원회에 일괄적인 분쟁조정(집단분쟁조정)을 의뢰 또는 신청할 수 있다(정보보호법 49 ①).

(3) 행정쟁송

개인정보처리자가 행정심판법 또는 행정소송법상의 행정청인 경우 개인정보처리자의 처분에 대하여 행정심판을 청구하거나 행정소송을 제기할 수 있다.

(4) 개인정보 단체소송

① 개인정보 단체소송의 의의

개인정보 단체소송이란 개인정보처리자가 개인정보 보호법에 따른 집단분쟁조정을 거부하거나 집단분쟁조정의 결과를 수락하지 아니한 경우에 법원에 권리침해 행위의 금지·중지를 구하는 소송을 말한다(정보보호법 51).

② 원고

개인정보 단체소송의 원고는 ① 소비자기본법 제29조에 따라 공정거래위원회에 등록한 소비자단체로서 (i) 정관에 따라 상시적으로 정보주체의 권익증진을 주된 목적으로 하는 단체이고 (ii) 단체의 정회원수가 1천 명 이상이며 (iii) 소비자기본법 제29조에 따른 등록 후 3년이 경과한 경우이거나, ② 비영리민간단체 지원법 제2조에 따른 비영리민간단체로서 (i) 법률상 또는 사실상 동일한 침해를 입은 100명 이상의 정보주체로부터 단체소송의 제기를 요청받았고 (ii) 정관에 개인정보 보호를 단체의 목적으로 명시한 후 최근 3년 이상 이를 위한 활동실적이 있으며 (iii) 단체의 상시 구성원수가 5천 명 이상이고 (iv) 중앙행정기관에 등록되어 있는 단체이다(정보보호법 51).

위 단체들은 단체 자신의 고유한 권리침해를 다투는 것이 아니라 다수 정보주체의 권리침해를 다툰다는 점에서 개인정보 단체소송은 이타적(利他的) 단체소송[24]이다. 만약 이 단체소송의

24 단체소송(Verbandsklage)은 단체가 원고로서 다투는 소송으로 여기에는 ① 단체가 구성원의 권리침해를 다투는 소송(이기적 단체소송)과 ② 단체가 일반적 공익(예: 환경보호, 자연보호, 기념물보호 등)의

피고가 행정주체인 경우에는 이는 행정소송으로서의 객관소송에 해당한다. 행정소송법에 따르면 민중소송이나 기관소송과 같은 객관소송은 다른 법률이 정한 경우에만 허용되는데(행소법 45),[25][26] '행정주체를 상대로 하는 개인정보 단체소송'은 개인정보 보호법이 정한 객관소송으로 볼 수 있기 때문이다. 다만 개인정보 보호법은 이와 같은 분쟁의 공·사법적 성질을 구분하지 아니하고 개인정보 단체소송을 아래에 보는 바와 같이 민사법원의 관할로 하고 있다. 단체소송의 원고는 변호사를 소송대리인으로 선임하여야 한다(정보보호법 53).

③ 전속관할[27]

단체소송의 소는 피고의 주된 사무소 또는 영업소가 있는 곳, 주된 사무소나 영업소가 없는 경우에는 주된 업무담당자의 주소가 있는 곳의 지방법원 본원 합의부의 관할에 전속한다(정보보호법 52 ①).

④ 소송허가

단체소송을 제기하는 단체는 소장과 함께 원고 및 그 소송대리인, 피고, 정보주체의 침해된 권리의 내용을 기재한 소송허가신청서를 법원에 제출하여야 한다(정보보호법 54 ①).

법원은 개인정보처리자가 분쟁조정위원회의 조정을 거부하거나 조정결과를 수락하지 아니하였고, 소송허가신청서의 기재사항에 흠결이 없을 경우에 한하여 결정으로 단체소송을 허가한다(정보보호법 55 ①).

⑤ 확정판결의 효력

원고의 청구를 기각하는 판결이 확정된 경우 이와 동일한 사안에 관하여는 다른 단체는 단체소송을 제기할 수 없다. 다만, 판결이 확정된 후 그 사안과 관련하여 국가·지방자치단체 또는 국가·지방자치단체가 설립한 기관에 의하여 새로운 증거가 나타난 경우이거나 기각판결이 원고의 고의로 인한 것임이 밝혀진 경우에는 그러하지 아니하다(정보보호법 56).

침해를 다투는 소송(이타적 단체소송)이 있다.

25 행정소송법 제45조(소의 제기) 민중소송 및 기관소송은 법률이 정한 경우에 법률에 정한 자에 한하여 제기할 수 있다.

26 행정소송에는 항고소송과 당사자소송(이상 주관소송), 민중소송과 기관소송(이상 객관소송)이 있는데(행소법 3), 행정소송법은 주관소송을 원칙으로 하기 때문에, 객관소송은 다른 법률에서 정하는 경우에만 예외적으로 허용된다(행소법 45 참조).

27 전속관할이란 재판의 적정이나 공정 등의 공익적 요구에 따라 특정법원만이 배타적으로 관할권을 갖는 것을 말한다.

제 8 장

행정의 실효성확보

제1절 개설

행정법상 부과된 의무를 이행하지 않거나 이를 위반하는 경우 행정주체는 이행을 강제하거나 위반행위에 대하여 제재를 함으로써 행정목적을 실현하여야 하는데, 이와 같은 강제 또는 제재수단을 '행정의 실효성 확보수단(의무이행확보수단)'이라고 한다.

독일은 1953년부터 행정강제에 관한 일반법으로서 행정집행법을 제정하여 시행하고 있으나, 우리나라에는 이 분야 전반을 아우르는 일반법은 없다.

전통적으로 행정의 실효성확보수단은 크게 ① 의무이행을 강제하는 행정강제와 ② 의무불이행에 대하여 제재를 가하는 행정벌(行政罰)[1]로 나뉜다. 양자는 모두 의무이행확보수단이지만, 행정강제는 의무이행의 '강제'이고 행정벌은 의무불이행에 대한 '제재'라는 점에서, 그리고 행정강제는 '직접적'으로 의무이행을 실현시키지만 행정벌은 제재를 부과함으로써 심리적 압박 등을 통하여 '간접적'으로 의무이행을 강제한다는 점에서 차이가 있다. ③ 한편 전통적인 행정강제와 행정벌로만 의무이행을 확보하는 데 한계에 부딪히면서 과징금·부과금·가산금 같은 금전적인 제재수단, 전기·수도 등의 공급거부·위반사실의 공표·인·허가의 정지·취소 등의 제재처분 등과 같은 '새로운' '간접적 의무이행확보수단'들이 계속 등장하고 있다. 일반적으로 이러한 수단들을 –전통적 수단에 대응하는 개념으로– '새로운 의무이행확보수단'이라고 부른다.

---

1 행정벌은 행정법상 의무를 이행하지 않은 데 대하여 과하는 제재로서 ① 형법상의 형벌을 과하는 행정형벌과 ② 의무불이행이 단순한 질서문란행위로서 이에 대하여 과하는 행정질서벌(과태료)이 있다. 거의 대부분의 법률들의 맨 마지막에 '벌칙'에 관한 장이 있는데, 이 장은 위반행위에 대한 벌칙(행정형벌) 규정과 과태료(행정질서벌) 규정으로 구성되어 있다.

실효성 확보수단의 체계

	전통적 수단	새로운 수단
직접적 강제수단	행정상 강제집행　대집행 강제금(집행벌) 직접강제 행정상 강제징수 행정상 즉시강제 행정조사	
간접적 강제수단	행정벌　행정형벌 행정질서벌(과태료)	금전적 수단　과징금·부과금 가산금·가산세 비금전적 수단　공급거부 공표 관허사업의 제한 제재처분

행정의 실효성확보수단과 관련하여, 대집행에 관한 일반법으로 행정대집행법, 행정상 강제징수의 일반법 역할을 하는 국세징수법, 행정조사에 관한 일반법인 행정조사기본법, 행정질서벌에 관한 일반법인 질서위반행위규제법이 있다.

2021년 제정된 행정기본법은 이와 같이 현존하는 분야별 일반법들과의 관계를 고려하여, 제30조(행정상 강제)에서 행정상 강제집행, 행정상 즉시강제를 정의하는 규정을 두면서, 기존의 일반법이 없는 이행강제금·직접강제·즉시강제·과징금에 관하여 별도로 규정을 하고 있다(행정기본법 28, 31-33). 향후에는 -독일의 행정집행법과 같이- 행정의 실효성 확보수단에 관한 통합일반법을 제정하는 것이 과제이다.

제2절 행정상 강제집행*

제 1 항 행정상 강제집행의 의의

행정상 강제집행(Verwaltungsvollstreckung)은 행정법상 부과된 의무를 이행하지 않는 경우 행정기관이 강제로 장래에 향하여 그 의무를 이행하게 하거나 이행된 것과 같은 상태를 실현하는 작용을 말한다.

* 5급공채(재경)(2012년).

제 2 항 행정상 강제집행의 근거

과거에는 행정행위를 할 수 있는 권한에 강제집행권도 포함되는 것으로 보았다. 그러나 오늘날 행정상 강제집행에 별도의 법적 근거가 필요하다는 것이 일반적인 견해이다. 이는 법률유보의 최하한인 침해유보의 관점에서도 당연히 요구된다.

우리나라에는 ① 행정상 강제의 유형·이행강제금·직접강제·즉시강제·과징금 등을 규정하고 있는 행정기본법이 있고(행정기본법 28, 30-33), ② 대집행에 관한 일반법으로서 행정대집행법, ③ 행정상 강제징수의 일반법으로서의 지위를 가지고 있는 국세징수법, ④ 기타 토지보상법, 출입국관리법 등 행정상 강제집행에 관한 개별적 규정을 두고 있는 법률이 있다.

제 3 항 행정상 강제집행의 수단

행정상 강제집행의 수단으로는 ① 대집행, ② 강제금(집행벌), ③ 직접강제, ④ 행정상 강제징수가 있다.

제1. 대집행*

Ⅰ. 대집행의 의의와 법적 근거

대집행(Ersatzvornahme)이란 의무자가 행정상 의무(법령등에서 직접 부과하거나 행정청이 법령등에 따라 부과한 의무)로서 타인이 대신하여 행할 수 있는 의무를 이행하지 아니하는 경우 … 행정청이 의무자가 하여야 할 행위를 스스로 하거나 제3자에게 하게 하고 그 비용을 의무자로부터 징수하는 것(행정기본법 30 ① 1호)을 말한다.[2]

행정기본법은 "행정상 강제 조치에 관하여 이 법에서 정한 사항 외에 필요한 사항은 따로 법률로 정한다(행정기본법 30 ②)."고 규정하고 있고, 대집행을 위한 일반법으로 행정대집행법이 있다.

---

* 행정고시(재경)(2005년).

2 대집행의 대표적인 경우는 '건축물의 철거'이다.

'타인이 대신하여 행할 수 있는 행위'란 -선거에서의 투표와 같이 오로지 본인만이 할 수 있는 행위(일신전속(一身專屬)적인 비대체적 행위)가 아니라- '불법부착물의 제거'와 같이 남들도 대신할 수 있는 행위(대체적(代替的) 행위)를 말한다.

이와 같이 대집행은 행정청이 의무자를 대신하여 강제집행을 한다는 것으로서, 행정법상의 '대체적 작위(作爲)의무의 불이행(不履行)'을 강제하기 위한 수단이다.

행정대집행법은 "법률에 의하여 직접 명령되었거나 또는 법률에 의거한 행정청의 명령에 의한 행위로서 타인이 대신하여 행할 수 있는 행위를 의무자가 이행하지 아니하는 경우 … 행정청은 스스로 의무자가 하여야 할 행위를 하거나 또는 제3자로 하여금 이를 하게 하여 그 비용을 의무자로부터 징수할 수 있다(행정대집행법 2)."고 규정하고 있다.

대집행은 이른바 '대체적 작위의무'의 불이행에 대한 행정상 강제수단이다.

II. 대집행의 법률관계

대집행은 행정청이 직접 할 수도 있고(자기집행), 제3자로 하여금 이를 하게 할 수도 있다(제3자 집행).

제3자 집행의 경우 대집행주체인 행정청, 대집행실행자인 제3자, 의무자의 3자 간의 관계가 형성된다. ① 먼저 행정청과 제3자 사이에는 통상 대집행에 대한 계약이 체결되는데, 이를 사법상 계약으로 보는 것이 일반적이다(다수설). ② 제3자와 의무자간에는 원칙적으로 아무런 법률관계도 성립하지 않는다. ③ 행정청과 의무자의 관계는 공법관계이다. 의무자는 행정청에게 대집행비용을 납부하여야 하고 행정청은 의무자에 대하여 대집행비용에 대한 공법상 비용상환 청구권을 갖는다.

III. 대집행의 요건*

I. 대집행의 의의와 법적 근거
II. 대집행의 요건: 행정기본법 30 ① 1호
1. 대체적 작위의무의 불이행이 있을 것
   (1) 공법상 의무의 불이행
   (2) 대체적(代替的) 작위의무의 불이행
      1) 대체적 작위의무
      2) 비대체적 작위의무의 경우
         (i) 물건의 반출은 대집행 가능
         (ii) 토지·건물의 인도의무는 비대체적 작위의무
         (iii) 대체적 작위의무의 불이행이 존재하여 행정대집행이 가능한 경우
         (iv) 토지보상법 제89조의 경우
            가. 학설
               ① 대집행을 할 수 없다는 견해
               ② 행정대집행법 제2조의 예외로 보는 견해
               ③ 합리적·목적론적 해석이 필요하다는 견해
            나. 판례: 부정적인 입장임
      3) 부작위의무의 경우
2. 다른 수단으로써 그 이행을 확보하기 곤란할 것
3. 그 불이행을 방치함이 심히 공익을 해할 것으로 인정될 것

* 행정고시(일반행정)(2011년).

대집행의 요건은 ① 법령 또는 법령에 의거하여 부과된 대체적 작위의무의 불이행이 있을 것, ② 다른 수단으로써 그 이행을 확보하기 곤란할 것, ③ 그 불이행을 방치함이 심히 공익을 해할 것으로 인정될 것이다(행정기본법 30 ① 1호; 행정대집행법 2).

1. 대체적 작위의무의 불이행

(1) 의무의 불이행

(i) 대집행의 대상이 되는 의무는 법령에 의하여 직접 부과되었거나 또는 법령에 근거한 행정청의 처분에 의하여 부과된 의무이다.

(ii) 이와 같은 의무는 '공법상의 의무'이어야 한다.

판례 > 협의취득시 건물소유자가 협의취득대상 건물에 대하여 약정한 철거의무가 행정대집행법에 의한 대집행의 대상이 되는지 여부

"행정대집행법상 대집행의 대상이 되는 대체적 작위의무는 공법상 의무이어야 할 것인데, (구) 공공용지의 취득 및 손실보상에 관한 특례법(2002.2.4. 법률 제6656호 공익사업을 위한 토지 등의 취득 및 보상에 관한 법률 부칙 제2조로 폐지)에 따른 토지 등의 협의취득[3]은 공공사업에 필요한 토지 등을 그 소유자와의 협의에 의하여 취득하는 것으로서 공공기관이 사경제주체로서 행하는 사법상 매매 내지 사법상 계약의 실질을 가지는 것이므로, 그 협의취득시 건물소유자가 매매대상 건물에 대한 철거의무를 부담하겠다는 취지의 약정을 하였다고 하더라도 이러한 철거의무는 공법상의 의무가 될 수 없고, 이 경우에도 행정대집행법을 준용하여 대집행을 허용하는 별도의 규정이 없는 한 위와 같은 철거의무는 행정대집행법에 의한 대집행의 대상이 되지 않는다(대판 2006.10.13, 2006두7096)."

(2) 대체적 작위의무*

대집행의 대상이 되는 의무는 대체적(代替的) 작위의무(① 대체적 의무이어야 하고 ② 작위의무)이다. 따라서 타인이 대신하여 행할 수 없는 비대체적인 의무나 부작위의무는 대집행의 대상이 될 수 없다.

---

* 사법시험(2010년).

3 공익사업으로 토지수용(소유권 박탈)을 하게 되면, 먼저 ① 사업시행자와 토지소유자가 '협의'하여 소유권을 이전받고, ② 협의가 안 되면 토지수용위원회에 재결신청을 하여, ③ 토지수용위원회가 수용재결(재결과 동시에 보상금액도 결정하는 것이 일반적임)을 함으로써 강제로 수용의 법적 효과가 발생한다. ④ 물론 이에 대하여 토지소유자가 이의신청, 행정소송으로 다툴 수 있다.
여기서는 '①단계의 협의'를 말하는 것으로 학자들은 이를 공익사업과 관련된 것으로서 공법상 계약으로 보나 판례는 사법상 계약으로 본다. 따라서 판례는 협약시 계약의 일방당사자가 일정한 의무를 부담하겠다고 약정을 하는 경우 이 의무 또한 사법상 의무라는 것이다.

'대체적 작위의무'와 관련하여서는 아래 3가지의 문제점이 있다.

(i) '토지 · 건물 등의 인도(引渡)[4]의무 자체'가 대집행의 대상이 되는 의무인지 여부

이 경우 ① 토지 · 건물에 놓인 물건을 반출(搬出)하는 것은 대체적 작위의무이므로 대집행의 대상이 될 수 있으나, ② 토지 · 건물 등의 점유자로부터 그 점유를 이전받으려면 점유자가 퇴거(退去)하여야 하는데 '퇴거'는 '일신전속적 행위'로서 '비대체적 작위의무'이므로 대집행의 대상이 될 수 없고, 이에 대해서는 직접강제, 경찰관 직무집행법상의 위험발생방지조치(경직법 5), 형법상의 공무집행방해죄의 적용 등의 다른 수단을 통하여 의무이행을 확보할 수밖에 없다[판례1].

그러나 행정청이 건물철거의무의 불이행과 같은 대체적 작위의무의 불이행이 이미 존재하여 행정대집행이 가능한 경우에는 더 이상 토지 · 건물의 인도의무가 문제되지 않는다. 따라서 대집행 과정에서 부수적으로 그 토지 · 건물의 점유자들에 대한 퇴거 조치를 할 수 있다[판례2].

판례1 > 점유자의 퇴거 및 명도의무가 행정대집행법에 의한 대집행의 대상인지 여부

"도시공원시설인 매점의 관리청이 그 공동점유자 중의 1인에 대하여 소정의 기간 내에 위 매점으로부터 퇴거하고 이에 부수하여 그 판매 시설물 및 상품을 반출하지 아니할 때에는 이를 대집행하겠다는 내용의 계고처분은 <u>그 주된 목적이 매점의 원형을 보존하기 위하여 점유자가 설치한 불법 시설물을 철거하고자 하는 것이 아니라, 매점에 대한 점유자의 점유를 배제하고 그 점유이전을 받는 데 있다고 할 것인데, 이러한 의무는 그것을 강제적으로 실현함에 있어 직접적인 실력행사가 필요한 것이지 대체적 작위의무에 해당하는 것은 아니어서 직접강제의 방법에 의하는 것은 별론으로 하고 행정대집행법에 의한 대집행의 대상이 되는 것은 아니다</u>(대판 1998.10.23, 97누157)."

판례2 > 행정청이 행정대집행의 방법으로 건물철거의무의 이행을 실현할 수 있는 경우에는 건물철거 대집행 과정에서 부수적으로 그 건물의 점유자들에 대한 퇴거 조치를 할 수 있는지 여부(적극)

"… 건물의 점유자가 철거의무자일 때에는 건물철거의무에 퇴거의무도 포함되어 있는 것이어서 별도로 퇴거를 명하는 (민사상) 집행권원이 필요하지 않다(대판 2008.12.24, 2007다75099 참조). … 따라서 <u>행정청이 행정대집행의 방법으로 건물철거의무의 이행을 실현할 수 있는 경우에는 건물철거 대집행 과정에서 부수적으로 그 건물의 점유자들에 대한 퇴거 조치를 할 수 있는 것이고</u>, 그 점유자들이 적법한 행정대집행을 위력을 행사하여 방해하는 경우 형법상 공무집행방해죄가 성립하

4 '인도(引渡)'란 물건에 대한 사실상의 지배를 넘겨주는 것(이전)을 말한다. 일본식 용어인 '명도(明渡)'로도 쓰인다.

므로(대판 2011.4.28, 2007도7514 참조), … (대판 2017.4.28, 2016다213916)."

☞ 대판 1998.10.23, 97누157은 적법한 건물에서 처분상대방의 점유를 배제하고 그 점유이전을 받기 위하여 행정대집행 계고처분을 한 사안에 관한 것으로서 그 처분의 주된 목적이 건물의 인도라는 비대체적 작위의무의 이행을 실현하고자 하는 경우이어서 행정대집행의 대상이 될 수 없다고 판단한 사례인 반면, 이 사건의 사안은 위법한 건물에 대한 철거 대집행의 과정에서 부수적으로 점유자에 대한 퇴거조치를 실현할 수 있는 경우이어서 사안을 달리함

(ii) 토지·건물의 인도의무와 토지보상법 규정

한편 토지·건물 등의 인도의무와 관련하여 토지보상법 제43조는 '토지 또는 물건의 이전의무'를 규정하고 있고, 제89조는 '토지보상법상 의무불이행에 대한 대집행'을 규정하고 있는데, 여기에서 물건의 이전의무는 대체적 작위의무이므로 문제가 없는데, 토지의 이전의무는 비대체적 작위의무인데 대집행의 대상이 될 수 있는지가 문제이다.

이에 관하여는 ① 대집행은 대체적 작위의무에만 가능하므로 위 조항들을 근거로 대집행을 할 수 없다는 견해, ② 위 조항들을 행정대집행법 제2조의 예외로 보는 견해, ③ 토지보상법 제89조가 무의미하지 않도록 합리적·목적론적 해석이 필요하다는 견해 등이 있다. ④ 판례는 부정적이다. ⑤ 생각건대 토지의 인도의무 불이행에 대하여 토지보상법 제89조에 따른 대집행이 허용되는지 여부는 구체적인 경우마다 개별적으로 판단해 보아야 한다. 예컨대 비대체적 작위의무인 '토지의 인도의무' 그 자체가 대집행의 대상인 경우는 허용될 수 없겠지만, 예컨대 토지소유자가 토지수용위원회의 수용재결 이후에 보상금을 이미 수령하였다면 이로써 토지의 인도의무를 이행하였다고 보아야 할 것이므로 이 경우는 대집행이 가능하다고 보아야 할 것이다.

판례 > (구) 공유재산 및 물품 관리법 제83조가 '대체적 작위의무'가 아닌 의무에 대하여도 대집행을 허용하는 취지인지 여부

"(구) 공유재산 및 물품 관리법(2010.2.4. 법률 제10006호로 개정되기 전의 것) 제83조는 "정당한 사유 없이 공유재산을 점유하거나 이에 시설물을 설치한 때에는 행정대집행법 제3조 내지 제6조의 규정을 준용하여 철거 그 밖의 필요한 조치를 할 수 있다."라고 정하고 있는데, 위 규정은 대집행에 관한 개별적인 근거 규정을 마련함과 동시에 행정대집행법상의 대집행 요건 및 절차에 관한 일부 규정만을 준용한다는 취지에 그치는 것이고, 대체적 작위의무에 속하지 아니하여 원칙적으로 대집행의 대상이 될 수 없는 다른 종류의 의무에 대하여서까지 강제집행을 허용하는 취지는 아니다(대판 2011.4.28, 2007도7514)."

판례 > 도시개발사업의 시행자가 지장물에 관하여 지장물의 가격으로 보상한 경우 토지보상법 제43조에 따라 지장물을 인도할 의무가 있는지 여부(원칙적 적극)

"사업시행자가 지장물에 관하여 토지보상법 제75조 제1항 단서 제2호에 따라 지장물의 가격으로 보상한 경우 특별한 사정이 없는 한 지장물의 소유자는 사업시행자에게 지장물을 인도할 의무가 있다(대판 2022.11.17, 2022다242342)."

(iii) 부작위의무는 대집행의 대상이 될 수 없다. 부작위의무에 대해서 대집행이 가능하려면 부작위의무의 근거법령에서 부작위의무 위반에 대하여 적극적 조치를 명하는 등의 작위의무를 부과하는 규정(전환규범)에[5] 따라 작위의무가 부과되고, 그 후 이러한 작위의무의 불이행이 있어야 한다.[6] 판례도 같은 입장이다.

판례 > 금지규정에서 작위의무 명령권이 당연히 도출되는지 여부

"(구) 주택건설촉진법(현 주택법) 제38조 제2항은 공동주택 및 부대시설·복리시설의 소유자·입주자·사용자 등은 부대시설 등에 대하여 도지사의 허가를 받지 않고 사업계획에 따른 용도 이외의 용도에 사용하는 행위 등을 금지하고, 그 위반행위에 대하여 위 (구) 주택건설촉진법 제52조의2 제1호에서 1천만원 이하의 벌금에 처하도록 하는 벌칙규정만을 두고 있을 뿐, 건축법 제69조 등과 같은 부작위의무 위반행위에 대하여 대체적 작위의무로 전환하는 규정을 두고 있지 아니하므로 위 금지규정으로부터 그 위반결과의 시정을 명하는 원상복구명령을 할 수 있는 권한이 도출되는 것은 아니다. 결국 행정청의 원고에 대한 원상복구명령은 권한 없는 자의 처분으로 무효라고 할 것이고, 위 원상복구명령이 당연무효인 이상 후행처분인 계고처분의 효력에 당연히 영향을 미쳐 그 계고처분 역시 무효로 된다(대판 1996.6.28, 96누4374)."

☞ 공동주택(아파트) 단지 안에 용도가 유치원으로 정해진 건물을 임대한 甲이 무단히 철제울타리를 치고 조경사업을 한 경우 행정청이 조경시설과 철제울타리를 강제철거(대집행)할 수 있는가 하는 것이 문제인데, 주택법은 '정해진 용도 이외의 다른 용도로 사용하지 말 것(금지)'을 규정하면서 벌칙만 규정할 뿐, 이른바 금지의무 위반에 대한 전환규범이 없기 때문에, 벌칙을 과하는 것 이외에 금지의무위반 자체를 대집행할 수는 없다.

---

5 법령에서 부작위의무(금지의무)를 규정하면서 '이를 위반하는 경우 시정명령 등 필요한 조치를 할 수 있다'고 규정함으로써 부작위의무를 작위의무로 전환시키는 규정을 '전환규범'이라고 부르기도 한다.

6 예컨대 도로법은 정당한 사유 없이 도로에 토석, 입목·죽(竹) 등 장애물을 쌓아놓는 행위를 금지(부작위의무)하고 있고(도로법 75), 이 의무를 위반한 경우 물건의 이전, 그 밖에 필요한 처분을 하거나 조치를 명할 수 있다(전환규범)고 규정하고 있다(도로법 96). 이러한 도로법 제96조에 의하여 부과된 장애물을 제거하라는 명령(부작위의무를 작위의무로 전환)이 있고 이를 이행하지 않아야 비로소 대집행이 가능해진다.

2. 다른 수단으로는 이행확보가 곤란할 것

비례원칙상 대집행보다 침익성이 덜한 다른 수단으로는 의무이행을 강제할 수 없는 경우이어야 한다. 따라서 대집행보다 침익성이 덜한 수단이 존재하면 대집행을 할 수 없다.

3. 그 불이행을 방치하는 것이 심히 공익을 해하는 것일 것

대체적 작위의무의 불이행을 방치하는 것이 '심히 공익을 침해하는지'는 '요건판단'의 문제로서 행정청의 재량이 인정되지 않는다. 그리고 여기에는 고도의 전문적인 지식이 요구되지 않으므로 판단여지가 인정되지 않는다. 따라서 행정청이 구체적인 경우에 개별적으로 이 요건의 충족 여부를 판단하여야 하고 이러한 행정청의 판단은 전면적으로 사법심사의 대상이 된다.

IV. 대집행의 절차

대집행절차는 계고, 대집행영장에 의한 통지, 대집행의 실행, 비용징수로 이루어진다(행정대집행법 3).

1. 계고(戒告)*

대집행을 하려면 상당한 이행기한을 정하여 그 기한까지 이행되지 아니할 때에는 대집행을 한다는 뜻을 미리 문서로써 계고하여야 한다(행정대집행법 3 ①). 다만 비상시 또는 위험이 절박하여 계고를 할 여유가 없을 때에는 계고절차를 거치지 아니하고 대집행을 할 수 있다(행정대집행법 3 ③).

대집행 계고의 법적 성질은 준법률행위적 행정행위로서의 통지로서 항고쟁송의 대상이 되는 처분이다(통설·판례).

'상당한 이행기간'은 사회통념[7]에 따라 상대방의 의무이행이 객관적으로 가능한 기간이라고 하여야 할 것이다.

2. 대집행영장에 의한 통지

의무자가 계고를 받고 지정기한까지 그 의무를 이행하지 아니할 때에는 당해 행정청은 대집행영장으로써 대집행을 할 시기, 대집행을 시키기 위하여 파견하는 집행책임자의 성명과 대집행에 요하는 비용의 개산(槪算)에 의한 견적액을 의무자에게 통지하여야 한다(행정대집행법 3

* 5급공채(일반행정)(2012년).

7 사회통념(社會通念)이란 사회 일반에 널리 퍼져 있는 공통된 사고방식을 의미한다.

②). 다만 위험이 절박하거나 기타 신속한 실시가 요구되는 경우에는 예외적으로 생략될 수 있다(행정대집행법 3 ③).

대집행영장에 의한 통지의 법적 성질도 준법률행위적 행정행위로서 통지로서 항고쟁송의 대상이 되는 처분이다.

3. 대집행의 실행

대집행영장에 의하여 지정된 기간까지 의무의 이행이 이루어지지 않는 경우에는 대집행이 실행된다.

대집행 실행은 공권력을 행사하여 대집행을 하는 것이므로 그 법적 성질은 권력적 사실행위이다. 따라서 항고쟁송의 대상이 되는 처분성이 인정된다.

대집행을 하기 위하여 현장에 파견되는 집행책임자는 그가 집행책임자라는 것을 표시한 증표를 휴대하여 대집행시에 이해관계인에게 제시하여야 한다(행정대집행법 4 ③).

대집행의 실행시 의무자가 저항하는 경우 이를 실력으로 배제할 수 있는가 하는 것이 문제인데, 독일 행정집행법 제15조 제2항은 대집행주체의 물리력사용을 명문으로 규정하고 있으나 우리나라에는 이러한 규정이 없다. 생각건대 원칙은 허용되지 않는다고 보아야 하겠으나, 부득이한 경우 대집행에 수반된 것이라 판단되는 정도의 최소한의 실력행사는 가능하다고 보는 것이 다수의 견해이다.

4. 비용징수

대집행이 종료되면 대집행에 소요된 비용과 납부기간을 의무자에게 문서로써 통지하여 그 납부를 명하고(행정대집행법 5), 일정한 기간까지 비용의 납부가 이루어지지 않는 경우에는 국세징수법의 예에 따라 강제징수한다(행정대집행법 6 ①). 비용의 납부명령은 금전급부의무를 부과하는 하명(下命)으로서의 성질을 가진다.

Ⅴ. 대집행에 대한 구제*

1. 행정심판

행정대집행법은 "대집행에 대하여는 행정심판을 제기할 수 있다."고 규정하고 있는데(행정대집행법 7), 대집행의 각 절차(① 계고, ② 대집행영장에 의한 통지, ③ 대집행의 실행, ④ 비용징수) 중 계고, 대집행영장에 의한 통지, 비용납부명령은 행정행위로서 처분성이 인정되고, 대집행의 실

* 입법고시(2008년), 5급공채(일반행정)(2012년).

행(아래의 대집행에 대한 항고소송에서 상세 설명)도 권력적 사실행위로서 처분성이 인정되므로 행정심판을 청구할 수 있다.

2. 행정소송(대집행에 대한 항고소송)

① 계고·대집행영장에 의한 통지·비용납부명령은 행정행위이므로 당연히 항고소송의 대상이 되는 처분이다. 다만 대집행이 완료되면 취소소송으로 취소하여야 할 '권리보호의 필요성(협의의 소익)'이 없으므로 취소소송을 제기하더라도 부적법 각하될 것이다. 이 경우에는 위법한 대집행으로 인한 손해배상청구를 통하여 권리구제를 도모하여야 할 것이다.

② '대집행의 실행'이 처분인가에 대해서는 논란이 있을 수 있는데, 권력적 사실행위로서 행정쟁송법상 '공권력의 행사'에 해당하므로 처분성이 인정된다(통설). 다만 처분성이 인정되더라도 대집행이 완료된 경우에는 권리보호의 필요성(협의의 소익)이 부인된다. 이 경우를 대비하여 대집행의 실행이 완료되기 전에 집행정지를 신청하는 것이 의미 있을 것이다.[8]

제2. 강제금(집행벌)

1. 의의: 행정기본법 30 ① 2호
2. 강제금의 성질 및 행정벌과의 동시부과 가능성
3. 강제금의 부과대상인 의무
(1) 문제
(2) 학설
(3) 판례
(4) 건축법 80
3. 강제금의 법적 근거
4. 강제금의 부과
(1) 반복부과
(2) 의무를 이행한 경우
(3) 의무이행을 위한 적법한 신청 등을 한 경우
(4) 의무의 내용을 초과하는 경우
(5) 의무이행기회가 제공되지 않은 경우
5. 강제금에 대한 구제
(1) 농지법상의 불복유형
(2) 건축법상 불복유형

Ⅰ. 강제금의 의의

강제금(Zwangsgeld)은 행정법상 의무를 이행하지 않는 경우에 그 이행을 강제하기 위하여 부과하는 금전부담이다(행정기본법 30 ① 2호).[9] 이를 집행벌(Zwangsstrafe)이라고도 하는데, 강

8 '집행정지신청'의 의미에 대해서는 앞 '권력적 사실행위에 대한 행정구제' 참조.

9 행정기본법 제30조(행정상 강제) ① 행정청은 행정목적을 달성하기 위하여 필요한 경우에는 법률로 정하는 바에 따라 필요한 최소한의 범위에서 다음 각 호의 어느 하나에 해당하는 조치를 할 수 있다.
2. 이행강제금의 부과: 의무자가 행정상 의무를 이행하지 아니하는 경우 행정청이 적절한 이행기간을

제금은 처벌을 하는 것이 아니라 의무이행을 강제하는 것이기 때문에 강제금이 더 적절한 용어이다. 실정법상 이행강제금이라고도 하는데, 행정기본법도 이행강제금이라는 용어를 사용하고 있다.

판례 > (구) 건축법상 이행강제금의 법적 성격

"(구) 건축법상 이행강제금은 시정명령의 불이행이라는 과거의 위반행위에 대한 제재가 아니라, 시정명령을 이행하지 않고 있는 건축주 등에 대하여 다시 상당한 이행기한을 부여하고 기한 안에 시정명령을 이행하지 않으면 이행강제금이 부과된다는 사실을 고지함으로써 의무자에게 심리적 압박을 주어 시정명령에 따른 의무의 이행을 간접적으로 강제하는 행정상의 간접강제 수단에 해당한다(대판 2016.7.14, 2015두46598[이행강제금부과처분무효확인 등])."

II. 강제금의 성질 및 행정벌과의 동시부과 가능성

대집행과 직접강제는 직접 의무이행을 강제하는 '직접적' 강제수단이지만, 강제금은 금전부담으로 심리적 압박을 가하여 의무이행을 강제하는 '간접적' 강제수단이다.

강제금은 '장래'에 대한 의무이행을 확보하는 '행정강제' 수단이고 '행정벌'은 '과거'의 의무불이행에 대한 제재로서 양자는 그 목적·성질 등이 다르므로, 같은 의무위반행위에 대하여 양자가 모두 부과될 수 있다.

판례 > 형벌과 건축법상의 이행강제금이 이중처벌이 아니라고 본 사례

"… 이행강제금은 … 일정한 금전적 부담을 과할 뜻을 미리 계고함으로써 의무자에게 심리적 압박을 주어 장래에 그 의무를 이행하게 하려는 행정상 간접적인 강제집행 수단의 하나로서 과거의 일정한 법률위반 행위에 대한 제재로서의 형벌이 아니라 장래의 의무이행의 확보를 위한 강제수단일 뿐이어서 범죄에 대하여 국가가 형벌권을 실행한다고 하는 과벌에 해당하지 아니하므로 헌법 제13조 제1항이 금지하는 이중처벌금지의 원칙이 적용될 여지가 없을 뿐 아니라, …(헌재결 2011.10.25, 2009헌바140)."

III. 강제금의 부과대상인 의무

'강제금의 목적'은 금전부담으로 심리적 압박을 가함으로써 '장래에 대한 의무이행을 확보하

부여하고, 그 기한까지 행정상 의무를 이행하지 아니하면 금전급부의무를 부과하는 것

는 것'이다. 따라서 강제금 부과의 대상이 되는 의무는 작위의무이든 부작위의무이든 가리지 않는다고 보아야 할 것이다.

그런데 이와 관련하여 '대체적 작위의무'의 불이행에 대하여 대집행을 할 수 있는데도, 이에 대한 강제금 부과가 허용되는지 논란이 있다. 이에 대하여는 ① 대집행이 가능하므로 강제금을 인정할 필요가 없다는 견해도 있을 수 있으나, ② 강제금이 대집행보다 실효적인 수단이 될 수 있으므로 강제금을 인정하는 것이 타당하다(다수설).[10] ③ 헌법재판소는 다수설과 같은 입장이다. 최근 대법원은 건축법상 이행강제금을 시정명령 불이행에 대한 강제수단으로 정의하고 있어 다수설과 같은 입장이라고 볼 수 있다(위 대판 2016.7.14, 2015두46598 참조). ④ 건축법 제80조도 대체적 작위의무인 시정명령의 불이행에 대하여 이행강제금을 부과하도록 규정하고 있고,[11] 행정기본법 제30조 제1항 제2호도 '행정상 의무를 이행하지 않는 경우 이행강제금을 부과'하는 것으로 규정하고 있다. ⑤ 생각건대 현실적으로 대체적 작위의무의 불이행에 대하여 언제나 대집행이 가능한 것만은 아니므로 다수설이 타당하다.

판례 > 이행강제금은 대체적 작위의무의 위반에 대하여도 부과될 수 있다고 본 사례

"전통적으로 행정대집행은 대체적 작위의무에 대한 강제집행수단으로, 이행강제금은 부작위의무나 비대체적 작위의무에 대한 강제집행수단으로 이해되어 왔으나, 이는 이행강제금제도의 본질에서 오는 제약은 아니며, 이행강제금은 대체적 작위의무의 위반에 대하여도 부과될 수 있다(헌재결 2004.2.26, 2001헌바80·84·102·103, 2002헌바26(병합) 전원재판부)."

IV. 강제금의 법적 근거

강제금은 침익적인 수단이므로 침해유보의 관점에서 보더라도 법적 근거가 필요하다. 이와 관련하여 강제금에 관한 일반법은 없고, 일부 개별법에서 규정되고 있다(건축법 80, 농지법 63, 부동산 실권리자명의 등기에 관한 법률 6 등).

---

10 강제금은 최근 들어 매우 빈번하게 활용되는 효과적인 강제수단이다. 예컨대 오늘날 여러 가지 이유로 위법건축물에 대한 철거가 용이하지 않은 경우가 많다. 이 경우 의무를 이행할 때까지 이행강제금을 반복부과해서 스스로 시정하도록 하는 것이 '의무의 강제이행'의 관점에서 훨씬 효과적일 수 있다.

11 건축법 제80조(이행강제금) ① 허가권자는 제79조 제1항에 따라 시정명령을 받은 후 시정기간 내에 시정명령을 이행하지 아니한 건축주등에 대하여는 그 시정명령의 이행에 필요한 상당한 이행기한을 정하여 그 기한까지 시정명령을 이행하지 아니하면 다음 각 호의 이행강제금을 부과한다.

Ⅴ. 강제금의 부과

1. 강제금의 부과

(1) 부과횟수, 부과금액의 상한 제한

강제금의 목적상 강제금은 의무를 이행할 때까지 반복하여 부과할 수 있다.[12] 그러나 강제금의 반복부과가 상대방에게 가혹할 수 있으므로 일부 법률에서는 부과횟수에 대한 일정한 제한을 두기도 한다.[13]

(2) 행정기본법 규정

행정기본법은 이행강제금 부과의 근거가 되는 법률에는 이행강제금에 관하여 ① 부과·징수 주체, ② 부과 요건, ③ 부과 금액, ④ 부과 금액 산정기준 및 ⑤ 연간 부과 횟수나 횟수의 상한을 명확하게 규정하여야 한다고 규정하고 있다. 다만, 제4호 또는 제5호를 규정할 경우 입법목적이나 입법취지를 훼손할 우려가 크다고 인정되는 경우로서 (1) 합의제행정기관의 의결로 부과금액이 결정되거나, (2) 법률에서 직접 부과상한을 규정하는 경우에는 제외한다(행정기본법 31 ①). 따라서 -단서에 해당하는 경우가 아닌 한- 이행강제금 부과를 규정하는 법률에서는 '부과횟수'를 규정하여야 한다.

2. 가중·감경사유

행정청은 ① 의무 불이행의 동기, 목적 및 결과, ② 의무 불이행의 정도 및 상습성, ③ 그 밖에 행정목적을 달성하는 데 필요하다고 인정되는 사유를 고려하여 이행강제금의 부과 금액을 가중하거나 감경할 수 있다(행정기본법 31 ②).

3. 부과절차

행정청은 이행강제금을 부과하기 전에 미리 의무자에게 적절한 이행기간을 정하여 그 기한까지 행정상 의무를 이행하지 아니하면 이행강제금을 부과한다는 뜻을 문서로 계고(戒告)하여

---

12 "이행강제금은 위법건축물의 원상회복을 궁극적인 목적으로 하므로 … 위법건축물이 존재하는 한 계속하여 부과할 수밖에 없으며, 만약 통산 부과횟수나 상한액의 제한을 두면 위반자에게 위법건축물의 현상을 고착할 수 있는 길을 열어 주게 됨으로써 이행강제금의 본래의 취지를 달성할 수 없게 되므로 건축법에서 이행강제금의 통산 부과횟수나 통산 부과상한액을 제한하는 규정을 두고 있지 않다고 하여 침해 최소성의 원칙에 반한다고 할 수는 없다(헌재결 2011.10.25, 2009헌바140)."

13 건축법 제80조(이행강제금) ⑤ 허가권자는 최초의 시정명령이 있었던 날을 기준으로 하여 1년에 2회 이내의 범위에서 해당 지방자치단체의 조례로 정하는 횟수만큼 그 시정명령이 이행될 때까지 반복하여 제1항 및 제2항에 따른 이행강제금을 부과·징수할 수 있다.

야 한다(행정기본법 31 ③).

행정청은 의무자가 제3항에 따른 계고에서 정한 기한까지 행정상 의무를 이행하지 아니한 경우 이행강제금의 부과 금액·사유·시기를 문서로 명확하게 적어 의무자에게 통지하여야 한다(행정기본법 31 ④).

4. 반복부과

행정청은 의무자가 행정상 의무를 이행할 때까지 이행강제금을 반복하여 부과할 수 있다. 다만, 의무자가 의무를 이행하면 새로운 이행강제금의 부과를 즉시 중지하되, 이미 부과한 이행강제금은 징수하여야 한다(행정기본법 31 ⑤).

이와 관련하여 판례는 이행명령을 받은 의무자가 그 명령을 이행한 경우라면 이행명령에서 정한 기간을 지나서 이행한 경우라도 강제금을 부과할 수 없다고 하고 있다(대판 2014.12.11, 2013두15750; 대판 2016.6.23, 2015두36454).

※ 참고: 공정거래법상 이행강제금

다만 판례는 **공정거래법상 이행강제금**은 종래의 과징금 제도를 폐지하고 과거의 의무위반행위에 대한 제재와 장래 의무 이행의 간접강제를 통합하여 시정조치 불이행기간에 비례하여 제재금을 부과하도록 하는 제도라고 보고 있다. 따라서 공정거래법상 이행강제금이 부과되기 전에 시정조치를 이행하거나 부작위 의무를 명하는 시정조치 불이행을 중단한 경우 과거의 시정조치 불이행기간에 대하여 이행강제금을 부과할 수 있다고 하고 있다(대판 2019.12.12, 2018두63563 참조).

5. 강제징수

행정청은 이행강제금을 부과받은 자가 납부기한까지 이행강제금을 내지 아니하면 국세강제징수의 예 또는 지방행정제재·부과금의 징수 등에 관한 법률에 따라 징수한다(행정기본법 31 ⑥).

6. 관련 판례

(i) 시정명령을 받은 의무자가 그 의무이행을 위하여 적법한 신청 또는 신고를 하였으나 행정청이 이를 위법하게 거부한 경우에는 -별다른 사정이 없는 한- 그 시정명령의 불이행을 이유로 강제금을 부과할 수 없다(대판 2018.1.25, 2015두35116).

(ii) 이행하여야 할 의무의 내용을 초과하는 것을 '불이행의 내용'으로 하여 강제금을 부과할 수 없다(대판 2015.6.24, 2011두2170).

(iii) 시정명령의 이행 기회가 제공되지 아니하였다가 뒤늦게 시정명령의 이행 기회가 제공된 경우라면 시정명령의 이행 기회가 제공되지 아니한 과거의 기간에 대한 강제금을 부과할 수 없다(대판 2016.7.14, 2015두46598).

VI. 강제금에 대한 구제

강제금에 대해서는 개별법상 두 가지 불복유형이 있다.

① 먼저 강제금에 대하여 과태료에 준하는 불복방법[14]을 규정하는 경우로서, 예컨대 농지법 제63조는 이행강제금 부과처분에 불복하는 자는 처분을 고지받은 날부터 30일 이내에 시장·군수 또는 구청장에게 이의를 제기할 수 있도록 하고(농지법 63 ⑥), 이행강제금 부과처분을 받은 자가 이의를 제기하면 시장·군수 또는 구청장은 지체 없이 관할 법원에 이 사실을 통보하여야 하며, 통보를 받은 관할 법원은 비송사건절차법에 따른 과태료 재판에 준하여 재판을 하도록 규정하고 있다(농지법 63 ⑦). 따라서 농지법상 이행강제금 부과'처분'은 처분이라는 용어에도 불구하고 과태료재판의 대상으로 규정되어 있는 이상 이를 행정쟁송법상의 처분이라 할 수 없다.

판례 > 농지법상 이행강제금 부과처분이 행정소송법상 항고소송의 대상이 되는지 여부

"… 농지법 제62조 제1항에 따른 이행강제금 부과처분에 불복하는 경우에는 비송사건절차법에 따른 재판절차가 적용되어야 하고, 행정소송법상 항고소송의 대상은 될 수 없다(대판 2019.4.11, 2018두42955)."

② 2005년 개정 전의 (구) 건축법도 이행강제금의 징수를 농지법처럼 과태료 징수에 준하는 것으로 규정하고 있었으나, 현행 건축법 제80조는 강제금에 대한 불복수단에 관하여 아무런 규정을 두고 있지 않다. 따라서 건축법상 이행강제금의 부과는 금전급부명령(하명)으로서 처분에 해당하므로, 이에 대하여 불복이 있는 경우 행정쟁송법에 따라 행정심판을 청구하거나 항고소송을 제기하면 된다.

---

14 과태료 부과는 행정청이 하지만, 과태료에 이의를 제기하면 재판절차로 옮겨서 법원의 재판에서 과태료 부과 여부가 다투어지는 방식이다(질서위반행위규제법 제3장, 제4장 참조).

제3. 직접강제*

1. 행정상 직접강제의 의의와 법적 근거: 행정기본법 30 ① 3호
2. 직접강제의 요건과 절차: 행정기본법 32
3. 직접강제에 대한 구제
   (1) 처분의 개념
   (2) 직접강제의 처분성

Ⅰ. 직접강제의 의의

행정상 직접강제는 "의무자가 행정상 의무를 이행하지 아니하는 경우 행정청이 의무자의 신체나 재산에 실력을 행사하여 그 행정상 의무의 이행이 있었던 것과 같은 상태를 실현하는 것(행정기본법 30 ① 3호)"을 말한다(예: 폐쇄명령의 불이행에 대한 영업소폐쇄조치·감염병방지를 위한 강제예방접종 등).

Ⅱ. 직접강제의 법적 근거

직접강제는 직접 의무를 실현시키는 점에서 매우 효과적인 강제수단이지만, 다른 한편으로는 재산이나 신체에 직접 실력행사를 한다는 점에서 권익침해요소가 강하기 때문에, 이를 행정강제의 일반적인 수단으로 하기 어려워, 일부 법률에서만 개별적으로 규정하고 있을 뿐이다(예: 식품위생법 제79조(폐쇄조치)·공중위생관리법 제11조(공중위생영업소의 폐쇄)·출입국관리법 제46조(강제퇴거)·군사기지 및 군사시설 보호법 제11조(장애물 등에 대한 조치)·먹는물관리법 제46조(폐쇄조치)·학원의 설립·운영 및 과외교습에 관한 법률 제19조(학원 등에 대한 폐쇄) 등).

그러나 기존의 강제수단들만으로는 의무이행의 실효성을 확보하는 데 일정한 한계가 발생하면서 오늘날 직접강제를 도입하는 입법례가 점차 증가하고 있는 추세이다.

한편 행정기본법은 직접강제를 행정상 강제의 한 유형으로 규정하고(행정기본법 30 ① 3호), 그 요건과 절차를 규정하여(행정기본법 32), 직접강제에 관한 일반적인 법적 근거를 마련하였다.

Ⅲ. 직접강제의 요건과 절차

직접강제는 행정대집행이나 이행강제금 부과의 방법으로는 행정상 의무이행을 확보할 수 없거나 그 실현이 불가능한 경우에 실시하여야 한다(행정기본법 32 ①).

직접강제를 실시하기 위하여 현장에 파견되는 집행책임자는 그가 집행책임자임을 표시하는

* 변호사시험(2021년).

증표를 보여 주어야 한다(행정기본법 32 ②).

직접강제의 계고 및 통지에 관하여는 행정기본법 제31조 제3항 및 제4항을 준용한다(행정기본법 32 ③).

Ⅳ. 직접강제의 내용과 한계

직접강제의 내용·절차·한계는 개별법마다 달리 규정하고 있는데, 아래에서는 대표적으로 식품위생법의 경우를 설명한다.

식품위생법은 직접강제로서 폐쇄조치를 규정하고 있다. 즉 무허가·무등록·무신고영업을 하는 경우 또는 허가 또는 등록이 취소되거나 영업소 폐쇄명령을 받은 후에도 계속하여 영업을 하는 경우에는 관할 행정청은 해당 영업소를 폐쇄하기 위하여 관계 공무원에게 ① 해당 영업소의 간판 등 영업 표지물의 제거나 삭제, ② 해당 영업소가 적법한 영업소가 아님을 알리는 게시문 등의 부착, ③ 해당 영업소의 시설물과 영업에 사용하는 기구 등을 사용할 수 없게 하는 봉인(封印)의 조치를 하게 할 수 있다(식품위생법 79 ①).

한편 직접강제를 규정하는 개별법에서 행정기본법상 절차 이외에 별도의 절차규정을 두고 있으면 이를 반드시 준수하여야 한다.

식품위생법은 폐쇄조치는 그 영업을 할 수 없게 하는 데에 '필요한 최소한의 범위에 그쳐야 한다'고 하여 비례원칙에 근거한 직접강제의 한계를 규정하고 있다(식품위생법 79 ④).

Ⅴ. 직접강제에 대한 구제*

폐쇄조치, 강제퇴거 등의 직접강제수단은 권력적 사실행위로서 행정쟁송법상의 처분에 해당하므로, 항고쟁송의 대상이 된다.

또한 위법한 직접강제로 인하여 손해가 발생한 경우에는 국가배상법이 정하는 바에 따라 국가배상청구가 가능하다.

제4. 행정상 강제징수

Ⅰ. 행정상 강제징수의 의의

행정상 강제징수란 "의무자가 행정상 의무 중 금전급부의무를 이행하지 아니하는 경우 행정

* 5급공채(재경)(2012년).

청이 의무자의 재산에 실력을 행사하여 그 행정상 의무가 실현된 것과 같은 상태를 실현하는 것(행정기본법 30 ① 4호)"을 말한다.

II. 행정상 강제징수의 법적 근거

국세징수법은 본래 국세징수에 관한 일반법이지만, 대부분의 법률들이 강제징수에 관하여 국세징수법에 따르도록 규정하고 있어서[15] 국세징수법은 행정상 강제징수에 관한 실질적인 일반법으로서 기능하고 있다.

III. 행정상 강제징수의 절차

국세징수법이 정하는 행정상 강제징수의 절차는 독촉 및 강제징수(압류, 매각, 청산)로 구성되어 있다.

1. 독촉

관할 세무서장은 납세자가 국세를 지정납부기한까지 완납하지 아니한 경우 지정납부기한이 지난 후 10일 이내에 체납된 국세에 대한 독촉장을 발급하여야 한다(국세징수법 10 ①). 관할 세무서장은 제1항 본문에 따라 독촉장을 발급하는 경우 독촉을 하는 날부터 20일 이내의 범위에서 기한을 정하여 발급한다(국세징수법 10 ②).

독촉장의 발부 없이 압류를 한 경우 그 압류처분은 절차상 하자가 있어 위법하다(대판 1984.9.25, 84누107). 다만 이 절차상 하자는 압류처분을 무효로 하는 중대하고 명백한 하자가 되지 아니한다(대판 1988.6.28, 87누1009).

2. 강제징수

(1) 강제징수

관할 세무서장은 납세자가 제10조에 따른 독촉 또는 제9조 제2항에 따른 납부기한 전 징수의 고지를 받고 지정된 기한까지 국세 또는 체납액을 완납하지 아니한 경우 재산의 압류, 압류재산의 매각·추심 및 청산의 절차에 따라 강제징수를 한다(국세징수법 24).

---

15 군인연금법 제16조(급여의 환수) ③ 국방부장관은 제1항 또는 제2항에 따라 급여액을 환수할 때에 환수금 또는 이자를 내야 할 사람이 기한까지 내지 아니하면 국세체납처분의 예에 따라 징수할 수 있다.

(2) 압류

압류는 체납액의 징수를 확보하기 위하여 체납자가 재산을 사실상 또는 법률상으로 처분하는 것을 금지하는 강제행위이다.

관할 세무서장은 ① 납세자가 제10조에 따른 독촉을 받고 독촉장에서 정한 기한까지 국세를 완납하지 아니하거나, ② 제9조 제2항에 따라 납부고지를 받고 단축된 기한까지 국세를 완납하지 아니한 경우에는 납세자의 재산을 압류한다(국세징수법 31 ①).

재산압류의 대상은 원칙적으로 조세채무자의 일반재산이다. 그러나 체납자 또는 그와 생계를 같이하는 가족의 생활에 필수불가결한 일정 재산은 압류가 금지 또는 제한된다(국세징수법 41, 42).

세무서장은 국세를 징수하기 위하여 필요한 재산 외의 재산을 압류할 수 없다(국세징수법 32).

관할 세무서장은 압류와 관계되는 체납액의 전부가 납부 또는 충당되거나, 국세 부과의 전부를 취소하거나, 여러 재산을 한꺼번에 공매(公賣)하는 경우로서 일부 재산의 공매대금으로 체납액 전부를 징수하거나, 총 재산의 추산(推算)가액이 강제징수비를 징수하면 남을 여지가 없어 강제징수를 종료할 필요가 있는 경우 등에는 압류를 즉시 해제하여야 한다(국세징수법 57 ①).

(3) 매각

매각은 통화를 제외한 압류재산을 금전으로 환가(換價)하는 것을 말한다. 압류재산은 공매[16] 또는 수의계약[17]으로 매각한다(국세징수법 65 ①). 공매는 경쟁입찰 또는 경매의 방법으로 한다(국세징수법 65 ②).

공매는 우월한 공권력의 행사로서 항고소송의 대상이 되는 처분이다(대판 1984.9.25, 84누201). 그러나 공매통지는 단순한 알림이고, 재공매결정은 행정기관의 내부적인 의사결정에 불과하므로 처분이 아니다(대판 2007.7.27, 2006두8464; 대판 2011.3.24, 2010두25527). 한편 공매통지는 공매의 절차요건이므로 공매통지를 하지 않았거나 위법하게 한 경우 그 공매처분은 절차상 하자 있는 위법한 처분이 된다(대판 2008.11.20, 2007누18154 선원합의체).

(4) 청산

압류한 금전, 채권·유가증권·그 밖의 재산권의 압류에 따라 체납자 또는 제3채무자로부터 받은 금전, 압류재산의 매각대금 및 그 매각대금의 예치 이자, 교부청구에 따라 받은 금전은 압류재산과 관계되는 체납액, 교부청구를 받은 체납액·지방세 또는 공과금, 압류재산과 관계되는 전세권·질권·저당권 또는 가등기담보권에 의하여 담보된 채권, 주택임대차보호법 또는

---

16 공매(公賣): 법률에 의하여 공공 기관이 강제적으로 물건을 처분하여 돈으로 바꾸는 일.
17 수의계약(隨意契約): 경쟁이나 입찰에 의하지 않고 상대편을 임의로 선택하여 체결하는 계약.

상가건물 임대차보호법에 따라 우선변제권이 있는 임차보증금 반환채권, 근로기준법 또는 근로자퇴직급여 보장법에 따라 우선변제권이 있는 임금, 퇴직금, 재해보상금 및 그 밖에 근로관계로 인한 채권, 압류재산과 관계되는 가압류채권, 집행문이 있는 판결정본에 의한 채권에 배분한다(국세징수법 94, 96). 국세 관련 채권의 징수순위는 강제징수비·국세(가산세 제외)·가산세의 순서에 따른다(국세징수법 3).

3. 압류·매각의 유예

관할 세무서장은 체납자가 국세청장이 성실납세자로 인정하는 기준에 해당하거나, 재산의 압류나 압류재산의 매각을 유예함으로써 체납자가 사업을 정상적으로 운영할 수 있게 되어 체납액의 징수가 가능하게 될 것이라고 관할 세무서장이 인정하는 경우 체납자의 신청 또는 직권으로 그 체납액에 대하여 강제징수에 따른 재산의 압류 또는 압류재산의 매각을 유예할 수 있다(국세징수법 105 ①).

IV. 행정상 강제징수에 대한 구제

행정상 강제징수에 대하여 불복이 있는 경우에는 국세기본법·행정심판법·행정소송법이 정한 바에 따라 행정쟁송을 제기할 수 있다.

조세법상의 행정심판은 일반행정심판과는 달리 국세기본법 제55조 이하에서 특별한 절차를 규정하고 있다. 국세기본법 또는 세법에 따른 처분으로서 위법 또는 부당한 처분을 받거나 필요한 처분을 받지 못하여 권익을 침해당한 자는 이의신청(임의적 절차)·심사청구(국세심사위원회) 또는 심판청구(조세심판원) (이상 행정소송의 필요적 전심절차)를 할 수 있고, 이러한 불복절차를 거친 후에 최종적으로 행정소송을 제기할 수 있다.[18]

독촉 및 강제징수(압류·매각·청산)는 처분성이 인정되므로 항고쟁송의 대상이 될 수 있다.*
그리고 강제징수를 구성하는 압류, 매각, 청산 상호간에는 선행행위의 단순위법의 흠이 후행행

---

* 5급공채(행정)(2016년).

18 임의적 절차란 거쳐도 되고 안 거쳐도 되는 절차를 말하고, 필요적 절차란 반드시 거쳐야 하는 절차를 말한다. 그리고 전심(前審)이란 이전의 심급을 말한다. 즉 행정심판을 거쳐 행정소송을 제기한 경우 행정심판은 행정소송의 전심절차가 된다.

이의신청은 처분청에 이의를 제기하는 절차로 법령에서 이의신청절차를 규정하고 있는 경우에만 인정된다.

조세법상의 처분에 대해서는 조세의 전문적인 특성상 심사청구와 심판청구라는 특별한 행정심판절차를 규정하고 있는데, 이 가운데 반드시 하나는 거쳐야만 행정소송을 제기할 수 있다. 이를 필요적 전심절차라 한다.

위에 승계된다(전통적 견해 및 판례).

행정쟁송과 더불어 과세공무원의 고의 또는 과실로 손해를 입은 경우에 국가 등을 상대로 손해배상을 청구할 수 있음은 물론이다.

제3절 새로운 의무이행확보수단

Ⅰ. 개설

오늘날 대집행·행정상 강제징수·행정벌과 같은 전통적인 수단만으로는 의무를 이행하게 하기 어려운 경우가 적지 않다.[19] 이에 따라 전형적인 수단들의 문제를 보완하기 위하여 과징금·공급거부·관허사업의 제한 등 다양한 새로운 수단들이 등장하게 되었다.

Ⅱ. 과징금*

1. 의의: 행정기본법 28 ①	**3. 과징금에 대한 구제: 금전급부하명으로서 항고쟁송의 대상이 되는 처분**
2. 유형	

1. 의의

과징금이란 행정법상의 의무불이행에 대하여 이로 인하여 발생한 경제적 이익을 박탈하기 위하여 부과하거나 또는 의무불이행에 대하여 행정처분(예: 영업의 취소·정지)에 갈음하여 부과하는 금전적 제재를 말한다.

[판례상 과징금 정의]

대법원은 과징금을 "행정법상의 의무를 위반한 자에 대하여 당해 위반행위로 얻게 된 경제적 이익을 박탈하기 위한 목적으로 부과되는 금전적인 제재(대판 1999.5.28, 99두1517)"라고

* 사법시험(2006년).

19 예컨대 도심에 초고층빌딩이 줄지어 서 있는 경우 이 중 하나를 대집행으로 철거하는 것은 쉽지 않은 일이다. 행정상 강제징수도 체납자의 신용이나 명예에 대한 침해가 강해 이를 강력하게 행사하기 어려운 점이 있다. 행정벌의 경우에도 철저한 단속도 쉽지 않고 행정형벌을 부과로 전과자가 늘어난다는 문제도 있다.

하면서도 "위반행위에 대한 제재의 성격과 함께 위반행위에 따르는 불법적인 경제적 이익을 박탈하기 위한 부당이득 환수로서의 성격도 가지고" 있는 것(대판 2023.10.12, 2022두68923)으로 이해하고 있고, 헌법재판소는 "행정법상의 의무위반행위에 대하여 행정청이 의무위반행위로 인한 불법적인 이익을 박탈하거나, 혹은 당해 법규상의 일정한 행정명령의 이행을 강제하기 위하여 의무자에게 부과 · 징수하는 금전(헌재결 2001.5.31, 99헌가18)"으로 이해하고 있다.

행정기본법은 "행정청은 법령등에 따른 의무를 위반한 자에 대하여 법률로 정하는 바에 따라 그 위반행위에 대한 제재로서 과징금을 부과할 수 있다(행정기본법 28 ①)."고 하여, -불법적 이익의 박탈 등과 같은 제한 없이- '의무위반에 대한 제재로서' 과징금을 부과할 수 있다는, 과징금 부과의 일반적인 법적 근거를 규정하고 있다.

2. 유형

과징금의 유형은 크게 두 가지로 분류할 수 있다.

(i) 첫째는, 의무위반행위로 얻게 된 불법적 이익을 박탈하기 위하여 부과되는 과징금이다. 이 유형의 과징금은 공정거래법(102 이하)에서 처음 도입되었는데, (예컨대 독과점으로 인한) 불법적 이득을 환수·박탈하는 측면과 위반행위자에 대하여 제재를 가하는 측면을 함께 가지고 있다. '본래적 의미의 과징금'이라고 부르기도 한다.

(ii) 둘째는, 다수 국민이 이용하는 사업 또는 공공에 미치는 영향이 큰 사업의 시행자(예: 시내버스운송사업자)가 의무를 위반하여 이에 대한 제재로서 영업정지 등을 하여야 하는 경우 영업이 정지되면 다수 국민 또는 공중에 대한 피해가 크기 때문에 공익적 관점에서 영업을 계속하게 하고 영업정지 대신 계속 영업함으로 인하여 얻게 되는 이익을 박탈하는 과징금이다.[20] 이 유형의 과징금은, '불법적 이익의 박탈'이기는 하지만 영업정지처분에 갈음하여 부과된다는 점에서 이를 '변형된 과징금'으로 부르기도 한다.

(iii) 입법례에 따라서는 '의무불이행에 따른 금전적 제재로서 과징금'을 규정하기도 하는데, 행정기본법에서 따로 과징금의 유형을 규정하고 있지 않고 있는 상황에서, 이러한 유형의 과징금을 제3의 과징금 유형으로 볼 수 있는지, 그렇게 보는 것이 바람직한지에 대해서는 논란이 있다. 과징금은 제재수단이라는 점에서 그 유형을 법으로 정할 필요가 있다.

(iv) 과징금과 관련하여 이에 유사한 금전제재로 부과금이 있다. 부과금은 주로 일정한 환경

20 그 예로는 여객자동차 운수사업법(88), 석유 및 석유대체연료 사업법(14), 식품위생법(82), 주차장법(24조의2), 건설산업기본법(82), 대기환경보전법(37), 물환경보전법(66) 등이 있다.

기준을 초과하여 오염물질을 배출하는 업소에 대하여 부과되는 금전적 제재이다.[21] 부과금도 과징금과 같이 금전적 제재이지만,[22] 과징금은 '불법적 이익을 박탈'하기 위한 것인데 비하여, 부과금은 궁극적으로 '오염물질의 배출기준을 준수'하도록 하기 위한 것이라는 점에서 차이가 있다.

3. 과징금에 대한 입법기준 등

(1) 과징금에 대한 입법기준

과징금의 근거가 되는 법률은 ① 과징금의 부과·징수 주체, ② 부과 사유, ③ 상한액, ④ 가산금을 징수하려는 경우 그 사항, ⑤ 과징금 또는 가산금 체납 시 강제징수를 하려는 경우 그 사항을 명확하게 규정하여야 한다(행정기본법 28 ②).

(2) 과징금의 납부기한 연기 및 분할 납부

과징금은 한꺼번에 납부하는 것을 원칙으로 한다. 다만 ① 재해 등으로 재산에 현저한 손실을 입은 경우, ② 사업 여건의 악화로 사업이 중대한 위기에 처한 경우, ③ 과징금을 한꺼번에 내면 자금 사정에 현저한 어려움이 예상되는 경우, ④ 그 밖에 이에 준하는 경우로서 대통령령으로 정하는 사유가 있는 경우에는 납부기한을 연기하거나 분할 납부하게 할 수 있으며, 이 경우 필요하다고 인정하면 담보를 제공하게 할 수 있다(행정기본법 29).

4. 과징금에 대한 구제

과징금이나 부과금의 부과는 제재적 또는 강제적 성격의 급전급부하명으로서, 항고쟁송의 대상이 되는 처분이다.

Ⅲ. 가산금·가산세

가산금은 행정법상 금전급부의무의 불이행에 대하여 금전적 제재를 말한다.[23] 가산세는 세법에서 규정하는 의무의 성실한 이행을 확보하기 위하여 세법에 따라 산출한 세액에 가산하여 징수하는 금액을 말한다(국세기본법 2 4호). 가산세는 세법상 의무위반에 대하여 세금의 형태로 가하는 제재이다(대판 1992.4.28, 91누9848).

---

21 그 예로는 대기환경보전법 제35조(배출부과금), 물환경보전법 제41조(배출부과금) 등을 들 수 있다.

22 헌법재판소는 부과금도 과징금의 한 유형으로 파악하고 있다(헌재결 2001.5.31, 99헌가18).

23 2020년부터 국세징수법에 따른 가산금과 국세기본법에 따른 납부불성실가산세가 납부지연가산세로 통합되고 국세의 가산금제도는 폐지된다.

Ⅳ. 공급거부

1. 의의

공급거부는 행정법상의 의무위반자에 대하여 전기·전화·수도·도시가스와 같은 공공재화나 그 밖의 행정서비스의 공급을 거부하는 것을 말한다. 이들은 보통 일상생활에 필수불가결한 경우가 많아서 그 공급을 거부하는 것은 의무이행을 압박하는 데 효과적인 수단이 될 수 있다.

2. 법적 근거와 그 한계

공공재화는 사람의 생존에 필수적인 것이라는 점에서 그 공급을 거부하는 것은 침익적인 성질이 매우 강하다. 따라서 법률유보의 최하한인 침해유보의 관점에서 공급거부에는 반드시 법적 근거가 필요하다.

그리고 법적 근거가 있더라도 공공재화는 생활필수재라는 점에서 비례원칙·평등원칙 등 행정법의 일반원칙을 엄격하게 준수하여야 한다. 특히 공급거부와 관련하여 문제가 되는 것은 '비례원칙 가운데 적합성의 원칙(부당결부의 금지)'인데, '공급을 거부하는 사유'와 '공급이 거부되는 재화나 서비스' 사이에 객관적 관련성이 있어야 한다. 객관적 관련성 없으면 공급거부는 부당결부로서 위법한 것이 된다.

이와 관련하여 과거 (구) 건축법 제69조(2006.5.9. 법률 제7696호로 개정되기 전의 것)는 건축허가권자로 하여금 건축법 또는 건축법상의 의무를 위반한 건축물에 대하여 전기·전화·수도의 공급자, 도시가스사업자 또는 관계행정기관의 장에게 전기·전화·수도 또는 도시가스공급시설의 설치 또는 공급의 중지를 요청할 수 있도록 하고, 이러한 요청을 받은 자는 특별한 이유가 없는 한 이에 응하도록 규정하고 있었다. 이에 대해서는 건축법위반과 아무런 관련이 없는 '다른 법령에 의하여 공급되는 전기·전화·수도·도시가스의 공급을 중지'해줄 것을 요청하는 것은 부당결부로서 비례원칙, 특히 적합성의 원칙(부당결부금지의 원칙)에 반한다는 견해들이 제기되었고, 동 조항의 내용은 2005.11.8. 건축법 개정으로 삭제되었다.

3. 공급거부에 대한 구제

(1) 공급거부의 처분성

공급거부가 항고쟁송의 대상이 되는 처분인가 하는 것이 문제인데, 이론적으로는 권력적 사실행위로서 '공권력의 행사'에 해당하므로 처분이라고 보아야 할 것이다.

관련문제로서 단수조치의 처분성과 관련하여 대법원은, 단수처분취소소송에서 단수조치가 처분임을 전제로 하여 판시하고 있으므로(대판 1985.12.24. 84누598), 단수조치의 처분성을 인정하고 있다고 볼 수 있다.

(2) 공급거부 요청행위의 처분성

한편 행정기관이 공급자에게 공급거부를 요청하는 경우 이 '요청행위'는 단순한 '권고적 행위'에 불과한 것이므로 이를 항고소송의 대상이 되는 처분으로 보기는 어렵다는 것이 다수의 견해이다. 판례도 같은 입장이다(대판 1996.3.22, 96누433).

V. 공표*

1. 의의
2. 법적 성질: 비권력적 사실행위
3. 법적 근거
4. 공표의 절차
5. 공표에 대한 구제
(1) 공표가 항고소송의 대상이 되는 처분 인지 여부
① 처분성을 인정하려는 견해, ② 비권력적 사실행위로 처분이 아님(통설)
(2) 공법상 결과제거청구(당사자소송)
(3) 행정상 손해배상(국가배상)

1. 의의

공표(公表)란 행정법상 의무불이행 또는 의무위반 사실을 널리 일반에게 공개하여 의무자에게 간접적·심리적 압박을 가함으로써 필요한 의무이행을 확보하는 수단이다. 행정절차법은 '위반사실등의 공표'를 규정하면서, "법령에 따른 의무를 위반한 자의 성명·법인명, 위반사실, 의무 위반을 이유로 한 처분사실 등(이하 "위반사실등"이라 한다)을 법률로 정하는 바에 따라 일반에게 공표"하는 것이라 하고 있다(행정절차법 40의3 ①).

공표는 의무자의 불명예·불이익에 대한 압박이라는 간접적 강제를 통하여 비교적 단기간 내에 저렴한 비용으로 행정목적을 달성할 수 있다는 장점이 있지만, 개인의 사생활이나 명예·신용 등에 대한 심각한 침해를 야기할 수도 있다는 점에서 비례원칙과 같은 행정법의 일반원칙을 엄격하게 준수하여야 한다.

2. 법적 성질

공표는 그 자체로는 어떠한 법률효과를 발생시키지도 않고, 행정청이 우월한 입장에서 일방적으로 명령하거나 강제하는 권력작용으로 볼 수도 없다. 따라서 공표 그 자체의 법적 성질은 비권력적 사실행위라고 보아야 할 것이다.

---

* 입법고시(2010년), 행정고시(2001년).

3. 법적 근거

공표는 비권력적 사실행위이지만, 실제로 개인의 인격이나 사생활을 심각하게 침해할 수도 있으므로 이러한 경우는 침해유보의 관점에서 법적 근거가 요구된다. 그러나 이와 같은 침익적 요소가 없는 경우에는 법적 근거 없이도 공표가 가능하다. 요컨대 공표에 법적 근거가 필요한가 하는 문제는 공표의 내용, 개인의 권익침해의 내용과 정도, 국민의 알권리와의 관계 등을 고려하여 개별적으로 결정하여야 할 것이다.

최근 공표에 관한 입법례가 늘고 있는데, 그 예로는 고액·상습체납자의 명단공개(국세징수법 114), 석유사업법 위반사실의 공표(석유사업법 39조의2), 식품위생법 위반사실의 공표(식품위생법 84), 부당한 공동행위의 금지 규정을 위반하여 시정명령을 받은 사실의 공표(공정거래법 42, 49) 등을 들 수 있다.

한편 2021년 법개정으로 신설된 행정절차법 제40조의3은 공표에 관한 일반적 법적 근거라 할 수 있고, 이로써 공표에 관한 법률유보의 문제는 입법적으로 해결되었다고 할 수 있겠다.

4. 공표의 절차

행정절차법은 위반사실등의 공표를 할 때에는 미리 당사자에게 그 사실을 통지하고 의견제출의 기회를 주어야 하고, 위반사실등의 공표는 관보, 공보 또는 인터넷 홈페이지 등을 통하여 하도록 하는 등 공표에 관한 절차를 규정하고 있다(행정절차법 40의3 ③~⑧).

5. 공표에 대한 구제

공표가 항고소송의 대상이 되는 처분인가 하는 것이 문제인데, ① 공표는 비권력적 사실행위로서 행정쟁송법상의 처분에 해당하지 않는다. ② 이에 대하여 공표를 '권력적 사실행위' 또는 '공권력 행사에 준하는 행정작용'으로 보아 처분성을 인정하자는 견해 등이 있지만, ③ 공표는 의무불이행 또는 위반 '사실을 알리는 것'이므로 강제력을 동반한 권력적 행위 또는 이에 준하는 행위로 보기는 어렵다고 생각된다.

그런데 항고쟁송을 통한 공표의 취소는 권리구제에 별 의미가 없을 수 있다. 오히려 ① 공표로 침해된 권리에 대하여 공법상 결과제거청구권의 법리에 따라 당사자소송의 형태로 위법한 공표의 철회 또는 명예회복을 위한 적절한 조치 등(예: 정정공고)을 요구한다든지, ② 위법한 공표로 인하여 발생한 손해에 대하여 국가배상을 청구하는 것이 권리구제에 더 도움이 될 것이다.

VI. 관허사업의 제한*

1. 의의

관허(官許)사업의 제한이란 행정법상 의무이행을 강제하기 위하여 행정청의 인허가 등을 제한하는 것을 말한다.

2. 법적 근거

관허사업의 제한은 침익적 행위이므로 반드시 법적 근거가 필요하다. 관허사업제한의 입법례는 두 가지 유형으로 구분해 볼 수 있다.

(1) 의무위반대상물에 대한 관허사업의 제한

이는 행정법상 의무위반의 대상물에 대하여 인허가 등을 제한하는 경우이다. 대표적으로 건축법은 허가권자로 하여금 허가나 승인이 취소된 건축물 또는 시정명령을 받고 이행하지 아니한 건축물에 대하여 다른 법령에 따른 영업이나 그 밖의 행위를 허가하지 아니하도록 요청할 수 있도록 하고, 이러한 요청을 받은 자는 특별한 이유가 없으면 요청에 따르도록 규정하고 있다(건축법 79 ②, ③).

(2) 의무위반자에 대한 관허사업의 제한

이는 행정법상의 의무를 위반한 자에 대하여 인허가 등을 제한하는 경우이다. 대표적으로 국세징수법 제112조는 관할 세무서장은 납세자가 허가 등을 받은 사업과 관련된 세금을 체납하였을 때 해당 사업의 주무관청에 그 납세자에 대하여 허가 등의 갱신과 그 허가 등의 근거 법률에 따른 신규 허가 등을 하지 아니할 것을 요구할 수 있고(국세징수법 112 ①), 또한 허가 등을 받아 사업을 경영하는 자가 해당 사업과 관련된 세금을 3회 이상 체납한 경우로서 그 체납액이 500만원 이상일 때에는 그 주무관청에 사업의 정지 또는 허가 등의 취소를 요구할 수 있다고 규정하고 있다(국세징수법 112 ②). 관할 세무서장의 요구에 대하여 해당 주무관청은 정당한 사유가 없는 한 이에 따라야 하고 그 조치결과를 즉시 관할 세무서장에게 알려야 한다(국세징수법 112 ④). 이와 같은 유형으로는 병역법 제76조 제2항, 질서위반행위규제법 제52조가 있다.

3. 문제점

관허사업의 제한은, 공급거부의 경우와 마찬가지로, 비례원칙 중, 특히 적합성의 원칙(부당결부금지의 원칙) 위반 여부가 문제된다. 이에 대해서는 '위법한 건축물과 그 건축물에서의 타인의 영업', 그리고 '납부의무를 불이행한 체납자와 그 체납자의 다른 영업활동'과는 서로 객관적 관련성이 있다고 하기 어려워 부당결부의 문제가 있고(적합성 원칙 위반), 나아가 직업의 자유에 대한 과잉제한으로 위헌의 소지가 있다(상당성 원칙 위반)는 것이 일반적인 견해이다. 한편 국세징수법 제112조는 과거에는 단순히 국세체납자의 허가 등을 제한하는 것으로만 규정하고 있어 부당결부의 문제가 제기되었으나, 2019년 법개정을 통하여 체납의 원인이 되는 사업에 대한 허가 등만 제한하는 것으로 변경하였다. 이로써 부당결부의 문제를 어느 정도는 피할 수 있게 되었다.

Ⅶ. 제재처분(인허가의 취소·정지 등)

1. 의의: 행정기본법 2 5호)
2. 법적 근거
- 예: 식품위생법 75, 공중위생관리법 11, 도로교통법 93 등
- 행정기본법 22 ①

3. 제재처분시 고려사항: 행정기본법 22 ②
4. 제재처분의 제척기간: 행정기본법 23

1. 의의

제재처분이란 법령등에 따른 의무를 위반하거나 이행하지 아니하였음을 이유로 당사자에게 의무를 부과하거나 권익을 제한하는 처분을 말한다. 다만, 행정기본법 제30조 제1항 각 호에 따른 행정상 강제는 제외한다(행정기본법 2 5호). 제재처분은 대체로 행정법상 의무불이행에 대한 제재로서 인허가의 취소·정지, 과징금 등의 불이익을 부과하는 '간접적인 의무이행 확보수단'으로, 대다수 법률들이 제재처분을 규정하고 있다.

2. 법적 근거

제재처분은 침익적 처분이므로 반드시 법적 근거가 있어야 한다. 행정청의 인허가 등에 관한 규정을 두고 있는 대부분의 법률들은 이와 더불어 인허가 등의 취소·정지나 영업소폐쇄명령과 같은 제재처분을 규정하고 있는데(예: 공중위생관리법 11, 도로교통법 93 등), 이와 관련하여 행정기본법은 '제재처분의 근거가 되는 법률에는 제재처분의 주체, 사유, 유형 및 상한을 명확하게 규정하여야 한다'고 하여(행정기본법 22 ①), 제재처분에 대한 침해유보, 명확성의 원칙, 중요사항의 의회유보 등을 규정하고 있다.

※ 식품위생법
제75조(허가취소 등) ① 식품의약품안전처장 또는 특별자치시장·특별자치도지사·시장·군수·

구청장은 영업자가 다음 각 호의 어느 하나에 해당하는 경우에는 대통령령으로 정하는 바에 따라 영업허가 또는 등록을 취소하거나 6개월 이내의 기간을 정하여 그 영업의 전부 또는 일부를 정지하거나 영업소 폐쇄(제37조 제4항에 따라 신고한 영업만 해당한다. 이하 이 조에서 같다)를 명할 수 있다.

⑤ 제1항 및 제2항에 따른 행정처분의 세부기준은 그 위반 행위의 유형과 위반 정도 등을 고려하여 총리령으로 정한다.

※ 식품위생법 시행규칙

제89조(행정처분의 기준) 법 제71조, 법 제72조, 법 제74조부터 법 제76조까지 및 법 제80조에 따른 행정처분의 기준은 별표 23과 같다.

식품위생법 시행규칙 [별표 23]

행정처분 기준(제89조 관련)

Ⅰ. 일반기준

1. 둘 이상의 위반행위가 적발된 경우로서 위반행위가 다음 각 목의 어느 하나에 해당하는 경우에는 가장 중한 정지처분 기간에 나머지 각각의 정지처분 기간의 2분의 1을 더하여 처분한다.
   가. 영업정지에만 해당하는 경우
   나. 한 품목 또는 품목류(식품등의 기준 및 규격 중 같은 기준 및 규격을 적용받아 제조·가공되는 모든 품목을 말한다. 이하 같다)에 대하여 품목 또는 품목류 제조정지에만 해당하는 경우

…

15. 다음 각 목의 어느 하나에 해당하는 경우에는 행정처분의 기준이, 영업정지 또는 품목·품목류 제조정지인 경우에는 정지처분 기간의 2분의 1 이하의 범위에서, 영업허가 취소 또는 영업장 폐쇄인 경우에는 영업정지 3개월 이상의 범위에서 각각 그 처분을 경감할 수 있다.

…

Ⅱ. 개별기준

1. 식품제조·가공업 등

위반사항	근거 법령	행정처분기준		
		1차 위반	2차 위반	3차 위반
1. 법 제4조를 위반한 경우 가. 썩거나 상하여 인체의 건강을 해칠 우려가 있는 것	법 제72조 및 법 제75조	영업정지 1개월과 해당 제품 폐기	영업정지 3개월과 해당 제품 폐기	영업허가·등록취소 또는 영업소 폐쇄와 해당 제품 폐기

3. 제재처분시 고려사항*

행정청은 재량행위인 제재처분을 하는 경우 ① 위반행위의 동기, 목적 및 방법, ② 위반행위의 결과, ③ 위반행위의 횟수, ④ 그 밖에 제1호부터 제3호까지에 준하는 사항으로서 대통령령으로 정하는 사항을 고려하여야 한다(행정기본법 22 ②).

4. 제재처분의 제척기간

행정청은 법령등의 위반행위가 종료된 날부터 5년이 지나면 해당 위반행위에 대하여 제재처분(인허가의 정지·취소·철회, 등록 말소, 영업소 폐쇄와 정지를 갈음하는 과징금 부과를 말한다. 이하 이 조에서 같다)을 할 수 없다(행정기본법 23 ①). 이는 제재처분의 제척기간에 관한 규정으로, '위반행위가 종료된 날부터 5년'이 지나면 행정청의 제재처분권한이 소멸된다. 또한 여기에서 괄호 안의 제재처분의 종류를 규정한 것은, '제척기간의 대상이 되는 제재처분의 종류'를 제한하여야 할 필요성 때문에, 괄호 안의 제재처분으로만 제한하여 제척기간이 적용되도록 한 것이다.

다만 ① 거짓이나 그 밖의 부정한 방법으로 인허가를 받거나 신고를 한 경우, ② 당사자가 인허가나 신고의 위법성을 알고 있었거나 중대한 과실로 알지 못한 경우, ③ 정당한 사유 없이 행정청의 조사·출입·검사를 기피·방해·거부하여 제척기간이 지난 경우, ④ 제재처분을 하지 아니하면 국민의 안전·생명 또는 환경을 심각하게 해치거나 해칠 우려가 있는 경우에는 제1항의 제척기간에 관한 규정이 적용되지 않는다(행정기본법 23 ②). 이는 상대방에게 귀책사유로 인허가 등에 대한 상대방의 신뢰를 보호할 가치가 없거나 중대한 공익을 위하여 제재처분이 필요한 경우 등을 규정한 것이다.

행정청은 제1항에도 불구하고 행정심판의 재결이나 법원의 판결에 따라 제재처분이 취소·철회된 경우에는 재결이나 판결이 확정된 날부터 1년(합의제행정기관은 2년)이 지나기 전까지는 그 취지에 따른 새로운 제재처분을 할 수 있는데(행정기본법 23 ③), 이는 제재처분이 행정쟁송에서 취소된 경우에는 그 재결이나 판결이 확정된 날부터 1년까지로 새로운 제재처분의 제척기간을 제한한 것이다. 합의제행정기관의 경우는 처분까지 소요되는 시간이 일반적으로 더 긴 점을 고려하여 2년까지로 한 것이다.

행정기본법은 위의 제척기간에 관한 규정에도 불구하고 다른 법률에서 짧거나 긴 기간을 규정하고 있으면 그 법률에서 정하는 바에 따른다고 하여(행정기본법 23 ④), 다른 법률의 특칙을 인정하고 있다.

---

* 변호사시험(2023년).

5. 관련문제

법령의 제재처분에 관한 규정은 ① 부령(또는 총리령)에 규정된 제재처분 기준의 법적 성질 문제와 ② 가중적 제재처분의 협의의 소익 인정 문제와 관련이 있다.

(ⅰ) 먼저 판례는 ① 부령에 규정된 제재처분기준은 그 법적 성질을 행정규칙으로, ② 대통령에 규정된 처분기준은 법규명령으로 보고 있다(법규명령형식의 행정규칙의 문제).

(ⅱ) 제재처분이 가중적(예: 1차 위반 영업정지 1개월, 2차 위반 영업정지 3개월, 3차 위반 영업소 폐쇄)으로 규정되어 있는 경우, 예컨대 1차 위반에 따른 1개월 영업정지처분의 정지기간이 지난 후에도 이에 대한 취소소송이 가능한가 하는 것이 문제이다. 이 1차 위반에 따른 영업정지처분이 취소되지 않으면 다음 위반시 이보다 더 가중된 제재처분을 받게 되므로 소송을 통하여 이와 같은 법적 불이익을 제거할 현실적인 필요성, 즉 협의의 소익(권리보호의 필요성)이 인정되는가 하는 문제이다. 이와 관련하여 판례는 가중적 처분기준이 ① 법률이나 대통령령으로 규정되어 있는 경우에는 협의의 소익을 인정하고 있으나, ② 부령으로 규정된 경우는 과거 한 때는 협의의 소익을 부인하였다가 2006년 입장을 변경하여 현재는 협의의 소익을 인정하고 있다(대판 2006.6.22, 2003두1684 전원합의체).

(ⅲ) 한편 가중적 제재처분기준이 적용되기 위해서는 실제 선행 '위반행위'가 있고 그에 대하여 유효한 제재처분이 이루어졌음에도 다시 '같은 내용의 위반행위'가 적발된 경우이면 족하다. 따라서 선행 제재처분이 반드시 법령에 명시된 내용대로 이루어져야 한다거나 적법한 처분이어야 하는 것은 아니다(대판 2020.5.28, 2017두73693).

(ⅳ) 효력기간이 정해진 제재처분의 경우 그 효력기간이 경과하면 이로써 처분의 효력이 소멸되므로, 그 후 동일한 사유로 다시 제재처분을 하는 것은 위법한 이중처분이 된다(대판 2022.2.11, 2021두40720).

제4절 행정상 즉시강제*

1. 의의: 행정기본법 30 ① 5호
2. 법적 성질
3. 법적 근거

○ 행정기본법 제30조 제1항 제5호, 제33조
○ 경찰관직무집행법상의 위험방지를 위한 출입(경직법 7)

* 법원행정고시(2007년), 변호사시험(2021년).

4. 행정상 즉시강제의 한계(적법성): 행정기본법 33 ①
① 급박성, ② 소극성, ③ 비례원칙
5. 즉시강제의 절차: 행정기본법 33 ②
6. 즉시강제와 영장주의
(1) 영장불요설
(2) 영장필요설
(3) 절충설
(4) 결어
7. 즉시강제에 대한 구제
(1) 행정쟁송
○ 권력적 사실행위로서 처분
○ 그러나 협의의 소익 문제
(2) 행정상 손해전보
○ 국가배상
○ 행정상 손실보상
(3) 인신보호법상의 구제

Ⅰ. 개설

1. 행정상 즉시강제의 의의

행정상 즉시강제란 현재의 급박한 행정상의 장해를 제거하기 위한 경우로서 ① 행정청이 미리 행정상 의무 이행을 명할 시간적 여유가 없는 경우 또는 ② 그 성질상 행정상 의무의 이행을 명하는 것만으로는 행정목적 달성이 곤란한 경우에 행정청이 곧바로 국민의 신체 또는 재산에 실력을 행사하여 행정목적을 달성하는 것을 말한다(행정기본법 30 ① 5호).

본래 행정상 상대방에게 의무를 부과하고 이를 이행하지 않았을 때 이행을 강제하는 것이 일반적인데, 행정상 즉시강제는 그 성질상 사전에 의무를 부과하지 않고 직접 강제력을 행사하는 강제수단이라는 데 특징이 있다(예: 위험에 처한 자를 긴급하게 피난시키는 경우, 긴급한 소방활동에 방해가 되는 물건을 급히 제거하여야 하는 경우 등).

2. 행정상 강제집행 등과의 구별

행정상 강제집행은 '사전에 의무를 부과하고 이를 이행하지 않는 것'이 전제되어 있지만 행정상 즉시강제에는 의무부과와 의무불이행이 반드시 전제되어 있지 않다는 점에서 차이가 있다.

행정상 즉시강제는 직접 행정상 필요한 상태를 실현하는 것을 목적으로 하지만, 행정조사는 조사 그 자체만을 목적으로 한다는 점에서 차이가 있다. 그러나 권력적인 행정조사는 즉시강제와 구별이 어려운 경우도 있다.

행정상 즉시강제는 장래에 대하여 행정상 필요한 상태를 실현하는 작용이라는 점에서 과거의 행정상 의무불이행에 대한 제재인 행정벌과 구별된다.

Ⅱ. 행정상 즉시강제의 법적 성질

행정상 즉시강제는 행정상 필요한 상태를 '일방적으로 강제'한다는 점에서 그 법적 성질은 권력적 사실행위이다.

Ⅲ. 행정상 즉시강제의 법적 근거

행정상 즉시강제는 의무의 존재를 전제로 하지 않고도 직접 상대방의 신체나 재산에 실력을 행사한다는 점에서 침익적 성질이 매우 강하므로 법률유보의 최하한인 침해유보설의 입장에서도 당연히 법적 근거가 요구된다. 행정상 즉시강제에 대하여는 즉시강제에 관한 일반적 규정으로는 행정기본법 제30조 제1항 제5호, 제33조가 있고, 즉시강제를 규정하고 있는 법률로는 일반법적 성질을 가지는 경찰관 직무집행법, 그 외에 소방기본법·감염병예방법·도로교통법·재난 및 안전관리 기본법 등 여러 개별법들이 있다.

Ⅳ. 행정상 즉시강제의 수단

1. 대인적 강제

(1) 경찰관 직무집행법상의 수단

경찰관 직무집행법상 대인적 강제수단으로는 보호조치(경직법 4 ①), 위험발생의 방지를 위한 피난 또는 억류조치(경직법 5 ① 2호), 범죄의 예방과 제지(경직법 6) 등이 있다.

한편 경찰장비·경찰장구·분사기 등·무기의 사용·경찰착용기록장치의 사용(경직법 10, 10의2, 10의3, 10의4, 10의5)은, 사전 의무부과나 경고 후에 사용되는 것인 한, 즉시강제라기보다는 직접강제로 보는 것이 합리적이다.

(2) 개별법상의 수단

감염병예방법상 감염병환자에 대한 강제치료나 강제입원(감염병예방법 42), 감염병환자 등에 대한 강제 건강진단 또는 예방접종(감염병예방법 46), 감염병병원체에 감염되었다고 의심되는 사람에 대한 일정기간 입원 또는 격리(감염병예방법 47, 49), 출입국관리법상의 강제퇴거(출입국관리법 46), 보호조치(출입국관리법 51), 소방기본법상의 원조강제(소방기본법 24 ①) 등이 사전에 구체적인 의무를 부과할 시간적 여유 없이 즉시 강제된 경우라면 행정상 즉시강제에 해당된다. 하지만 그렇지 않은 경우에는 상대방이 이행하여야 할 구체적인 의무가 전제되어 있다고 보아야 하므로 직접강제로 보아야 할 것이다.

2. 대물적 강제

경찰관 직무집행법상의 대물적 강제의 예로는 무기·흉기 등 위험을 야기할 수 있는 물건의 임시영치를 들 수 있다(경직법 4 ③).

개별법상의 대물적 강제로는, 예컨대 소방활동을 위한 긴급출동시 소방자동차의 통행과 소방활동에 방해가 되는 주차 또는 정차된 차량 및 물건 등의 제거 또는 이동(소방기본법 25 ③), 재난시 응급조치를 하여야 할 급박한 사정에 따른 장애물의 변경 또는 제거(재난 및 안전관리 기본법 45) 등을 들 수 있다.

3. 대가택(對家宅) 강제

대가택 강제란 소유자나 점유자의 의사와 관계없이 가택이나 영업소 등에 출입하여 행정상 필요한 상태를 실현하는 작용으로, 그 수단으로 경찰관 직무집행법상의 위험방지를 위한 출입(경직법 7), 식품위생법상의 출입·검사(식품위생법 22), 총포화약법상의 출입·검사(총포화약법 44) 등을 들 수 있다.

이러한 출입·검사에 대해서, ① 출입·검사가 긴급하게 위험을 제거 또는 방지하기 위한 경우를 제외하고는 직접강제라고 보아야 한다는 견해, ② 행정조사의 한 형태로 보는 견해도 있는데, ③ 법률에서는 출입·검사를 규정하면서 –사전예고 등에 관한 규정 없이– 증표를 제시하는 규정만 두고 있고, 일반적으로 출입·검사는 위험방지 또는 단속을 위하여 예고 없이 이루어지므로 사전에 출입·검사 사실을 미리 통보하지 않는다는 점에서 즉시강제로 보더라도 무리는 없다.

Ⅴ. 행정상 즉시강제의 한계

행정상 즉시강제도 행정작용으로서 주체·내용·형식·절차의 적법요건을 준수하여야 하고, 특히 침익적 작용이라는 점에서 법치행정의 원리(법률우위·법률유보)와 행정법의 일반원칙을 매우 엄격하게 준수하여야 한다.

구체적으로 행정상 즉시강제는 법적 근거가 필요하고, 법령에 위배될 수 없다. 또한 ① 목전에 급박한 위험을 제거하기 위한 것이어야 하고(급박성), ② 이와 같은 위험을 제거하기 위한 소극적인 목적을 위한 것이어야 하며(소극성), ③ 다른 수단으로는 그 목적달성이 곤란하고 즉시강제를 하더라도 그 필요 최소한도에 그쳐야 한다(비례원칙) (헌재결 2002.10.31, 2000헌가12; 대판 2008.11.13, 2007도9794). 이와 관련하여 행정기본법은 "즉시강제는 다른 수단으로는 행정목적을 달성할 수 없는 경우에만 허용되며, 이 경우에도 최소한으로만 실시하여야 한다(행정기본법 33 ①)."고 규정하고 있다.

절차요건과 관련하여, 즉시강제를 실시하기 위하여 현장에 파견되는 집행책임자는 그가 집행책임자임을 표시하는 증표를 보여 주어야 하며, 즉시강제의 이유와 내용을 고지하여야 한다(행정기본법 33 ②).

VI. 행정상 즉시강제와 영장주의

즉시강제의 절차요건과 관련하여 행정상 즉시강제에 헌법상 영장주의(헌법 12 ③,[24] 16[25])가 적용되는가에 대하여 견해가 나뉜다.

1. 영장불요설

헌법상 영장주의는 원래 형사사법절차[26]에서 인신(人身)을 보호하기 위하여 마련된 제도로서 긴급한 경우를 전제로 하는 행정상 즉시강제에는 원칙적으로 적용되지 않는다는 견해이다.

2. 영장필요설

헌법상 영장주의를 형사작용에 한정하여 적용하는 것은 헌법규정을 부당하게 축소하는 것이라는 점에서 행정상 즉시강제에도 적용된다는 견해이다.

3. 절충설

헌법상 영장주의는 형사사법권의 발동뿐 아니라 행정상 즉시강제에도 적용되는 것이 원칙이지만, 행정목적을 달성하기 위하여 불가피한 경우에는 예외적으로 영장주의가 적용되지 않는다는 견해이다(통설 및 판례).

4. 결어

결론적으로 절충설의 입장이 타당하다. 하지만 긴급을 요하는 행정상 즉시강제의 성질상 '예외적으로 영장주의의 적용이 배제되는 경우'가 오히려 대부분일 것이다. '영장주의의 적용되지

---

24 헌법 제12조 ③ 체포·구속·압수 또는 수색을 할 때에는 적법한 절차에 따라 검사의 신청에 의하여 법관이 발부한 영장을 제시하여야 한다. …

25 헌법 제16조 … 주거에 대한 압수나 수색을 할 때에는 검사의 신청에 의하여 법관이 발부한 영장을 제시하여야 한다.

26 형사사법(刑事司法)절차란 형사사건의 접수·수사·기소·불기소·재판·형집행 등의 국가의 형벌권행사 과정을 의미한다.

않는 예외적인 경우'인지는 구체적인 사건마다 개별적으로 판단해 보아야 할 것이다.

(i) 우선 긴급을 요하는 대부분의 즉시강제는 성질상 영장주의가 적용되기 어렵다.

(ii) 또한 출입·검사의 경우도 영장주의를 요구하는 경우 그 목적을 달성할 수 없는 경우가 대부분이다. 이와 같은 이유에서 각 개별법에서는 출입·검사하는 공무원에게 증표를 제시하도록 규정하여 영장주의의 적용에 대신하는 경우가 많다(예: 총포화약법 44 ②).

(iii) 그러나 행정상 즉시강제가 장기간에 걸쳐 계속되거나 개인의 신체나 재산에 대한 침해가 중대한 경우 등에는 반드시 영장주의가 적용되어야 할 것이다. 이 경우 긴급을 요한다면 사후에라도 영장을 발부받도록 하여야 할 것이다(예: 조세범 처벌절차법 9).

VII. 행정상 즉시강제에 대한 구제*

1. 행정쟁송

행정상 즉시강제는 그 법적 성질이 권력적 사실행위이므로 항고소송의 대상이 되는 처분이라는 것이 일반적인 견해이다. 그러나 처분성이 인정되더라도 대부분의 즉시강제는 단기간에 종료되기 때문에 협의의 소익(권리보호의 필요성)이 부인되는 경우가 많을 것이다.[27]

2. 행정상 손해배상과 행정상 손실보상

위법한 행정상 즉시강제로 인하여 손해가 발생한 경우에는 국가배상법에 따라 국가 등을 상대로 손해배상을 청구할 수 있다.

적법한 행정상 즉시강제로 인하여 재산상의 손실이 발생한 경우 그 손실이 특별한 희생에 해당되는 경우에는 정당한 보상을 하여야 한다. 이와 관련하여 개별법에서 손실보상에 관한 규정을 두고 있는 경우도 있다(소방기본법 49의2, 재난 및 안전관리 기본법 64, 자연재해대책법 68 등).

3. 인신보호법상의 구제

행정상 즉시강제로 인하여 인신의 자유가 부당하게 제한되는 경우에는 인신보호법에 따라 법원에 구제를 청구할 수 있다(인신보호법 2 ①, 3, 13 ①).

---

* 행정고시(일반행정)(2010년).

27 이에 관하여는 위 '권력적 사실행위에 대한 구제' 참조.

제5절 행정조사

Ⅰ. 행정조사의 의의

행정조사란 행정기관이 정책을 결정하거나 직무를 수행하는 데 필요한 정보나 자료를 수집하기 위하여 현장조사·문서열람·시료채취 등을 하거나 조사대상자에게 보고요구·자료제출요구 및 출석·진술요구를 행하는 활동을 말한다(행정조사기본법 2 1호).

행정조사에는 강제성을 띠는 권력적인 조사도 있고, 인구조사와 같은 비권력적인 조사도 있다. 권력적 조사는 과거 행정상 즉시강제의 한 유형으로 다루어지기도 하였으나, 최근에는 행정조사를 독립적인 행정작용의 한 유형으로 고찰하는 것이 일반화되었다.

행정조사는 침익적 요소가 있고, 또한 행정의 조사권 남용의 우려도 있어 2007년 행정조사에 관한 기본원칙·행정조사의 방법 및 절차 등에 관한 공통적인 사항을 규정한 행정조사기본법이 제정되었다.

Ⅱ. 행정조사의 법적 근거

행정조사 가운데 권력적 조사는 법률유보의 최하한인 침해유보의 관점에서 반드시 법적 근거가 요구된다. 그러나 비권력적 조사는 반드시 법적 근거가 요구되는 것은 아니다. 행정조사기본법도 "행정기관은 법령등에서 행정조사를 규정하고 있는 경우에 한하여 행정조사를 실시할 수 있다. 다만, 조사대상자의 자발적인 협조를 얻어 실시하는 행정조사의 경우에는 그러하지 아니하다."라고 규정하고 있다(행정조사기본법 5).

행정조사의 실정법적 근거로는 행정조사에 관한 일반법인 행정조사기본법이 있고, 그 외에 개별법상 근거로 국세기본법상의 세무조사(국세기본법 81의4 이하),* 경찰관 직무집행법상의 불

* 사법시험(2014년).

심검문(경직법 3), 공정거래법상의 위반행위의 조사(공정거래법 81), 토지보상법상의 사업준비를 위한 토지의 조사(토지보상법 9), 국세징수법상의 질문·검사(국세징수법 27), 감염병예방법상의 조사(감염병예방법 42) 등을 들 수 있다.

III. 행정조사의 종류

행정조사는 권력성 유무에 따라 권력적 조사(예: 공정거래위원회의 위반행위에 대한 조사)와 비권력적 조사(예: 인구총조사)로, 대상에 따라 대인적 조사(예: 불심검문)·대물적 조사(예: 시설물에 대한 검사)·대가택적 조사(예: 토지에의 출입·조사)로, 조사를 직접 강제하는 실효성확보수단의 유무에 따라 직접 개인의 신체나 재산에 대한 실력행사를 가하여 필요한 자료를 수집하는 직접적 조사(예: 강제출입)와 출입이나 조사를 거부하거나 방해한 경우 이에 대한 벌칙이나 기타의 제재수단(예: 행정형벌의 부과)을 통하여 조사의 실효성을 확보하는 간접적 조사 등으로 구분할 수 있다.

IV. 행정조사의 방법

1. 조사의 방법

행정조사기본법은 대인적 조사로서 출석·진술 요구(행정조사기본법 9), 보고요구와 자료제출요구(행정조사기본법 10), 대물적 조사로서 현장조사(행정조사기본법 11)·시료 채취(행정조사기본법 12)를 규정하고 있다. 한편 정보통신수단을 통한 행정조사도 가능하다(행정조사기본법 28).

2. 공동조사

행정기관의 장은 ① 당해 행정기관 내의 2 이상의 부서가 동일하거나 유사한 업무분야에 대하여 동일한 조사대상자에게 행정조사를 실시하는 경우 또는 ② 서로 다른 행정기관이 대통령령으로 정하는 분야에 대하여 동일한 조사대상자에게 행정조사를 실시하는 경우에는 공동조사를 하여야 한다(행정조사기본법 14 ①).

3. 중복조사의 제한

정기조사 또는 수시조사를 실시한 행정기관의 장은 동일한 사안에 대하여 동일한 조사대상자를 재조사 하여서는 아니 된다(행정조사기본법 15 ①).

V. 행정조사의 실시

1. 개별조사계획의 수립

행정조사를 실시하고자 하는 행정기관의 장은 사전통지를 하기 전에 개별조사계획을 수립하여야 한다. 개별조사계획에는 조사의 목적·종류·대상·방법 및 기간 등이 포함되어야 한다(행정조사기본법 16).

2. 조사의 사전통지

행정조사를 실시하고자 하는 행정기관의 장은 출석요구서, 보고요구서·자료제출요구서 및 현장출입조사서를 조사개시 7일 전까지 조사대상자에게 서면으로 통지하여야 한다(행정조사기본법 17 ①).

3. 제3자에 대한 보충조사

행정기관의 장은 조사대상자에 대한 조사만으로는 당해 행정조사의 목적을 달성할 수 없거나 조사대상이 되는 행위에 대한 사실 여부 등을 입증하는 데 과도한 비용 등이 소요되는 경우 제3자에 대하여 보충조사를 할 수 있다(행정조사기본법 19 ①).

4. 자발적인 협조에 따라 실시하는 행정조사

행정기관의 장이 조사대상자의 자발적인 협조를 얻어 행정조사를 실시하고자 하는 경우 조사대상자는 문서·전화·구두 등의 방법으로 당해 행정조사를 거부할 수 있다(행정조사기본법 20 ①). 조사대상자가 조사에 응할 것인지에 대한 응답을 하지 아니하는 경우에는 특별한 규정이 없는 한 그 조사를 거부한 것으로 본다(행정조사기본법 20 ②).

5. 의견제출

조사대상자는 사전통지의 내용에 대하여 행정기관의 장에게 의견을 제출할 수 있다(행정조사기본법 21 ①). 행정기관의 장은 제1항에 따라 조사대상자가 제출한 의견이 상당한 이유가 있다고 인정하는 경우에는 이를 행정조사에 반영하여야 한다(행정조사기본법 21 ②).

6. 조사권 행사의 제한

조사원은 사전에 발송된 사항에 한하여 조사대상자를 조사하되, 사전통지한 사항과 관련된 추가적인 행정조사가 필요할 경우에는 조사대상자에게 추가조사의 필요성과 조사내용 등에 관한 사항을 서면이나 구두로 통보한 후 추가조사를 실시할 수 있다(행정조사기본법 23 ①).

7. 조사결과의 통지

행정기관의 장은 특별한 규정이 없는 한 행정조사의 결과를 확정한 날부터 7일 이내에 그 결과를 조사대상자에게 통지하여야 한다(행정조사기본법 24).

8. 자율신고 및 자율관리에 대한 혜택 부여

행정기관의 장은 조사사항을 조사대상자로 하여금 스스로 신고하도록 하는 제도를 운영할 수 있다(행정조사기본법 25 ①). 그리고 자율신고를 장려하기 위해서 행정기관의 장은 자율신고를 하는 자와 자율관리체제를 구축하고 자율관리체제의 기준을 준수한 자에 대하여는 행정조사의 감면 또는 행정·세제상의 지원을 하는 등 필요한 혜택을 부여할 수 있다(행정조사기본법 27).

VI. 행정조사의 한계

1. 행정조사의 내용적 한계

행정조사도 행정작용이므로 법치행정의 원리와 행정법의 일반원칙에 의한 한계를 준수하여야 하는데, 이와 관련하여 행정조사기본법은 제4조에서 행정조사의 기본원칙을 규정하고 있다.

2. 행정조사와 실력행사

행정조사를 거부하거나 방해하는 경우에 조사 공무원은 이에 관한 명시적인 규정이 없음에도 실력을 행사하여 필요한 조사를 할 수 있는가 하는 것이 문제이다. ① 부정설은 명문의 규정이 없는 한 행정청은 실력으로 상대방의 저항을 배제하고 필요한 조사를 할 수 없다는 입장이다. ② 긍정설은 강제조사에는 조사방해를 배제하는 것도 포함되므로 비례원칙의 한계 내에서 실력행사를 할 수 있다고 본다. ③ 생각건대, 강제조사의 경우 조사 이외에 별 다른 수단이 없고 또한 조사하여야 할 급박하고 합리적인 사유가 존재한다면, 정당한 조사를 위하여 필요최소한도의 거부나 방해행위의 배제는 허용된다고 보아야 할 것이다. 긍정설이 타당하다.

VII. 행정조사와 영장주의

헌법 제12조 제3항 및 제16조의 영장주의가 행정조사에도 적용되는가 하는 문제와 관련하여, 영장불요설, 영장필요설, 절충설이 있는데, 절충설이 다수설이다.

절충설은 대체로 ① 행정조사가 형사소추[28]절차로 이행되는 경우에는 당연히 영장이 필요하고(조세범 처벌절차법 제9조처럼 영장주의를 규정하고 있는 입법례도 있다), ② 그 밖에도 권력적 조사에는 원칙적으로 영장주의가 적용되어야 하지만, 긴급을 요하거나 성질상 영장주의를 요구하기 어려운 사정이 있는 경우에는 예외가 인정된다는 입장이다. 판례도 같다(대판 1976.11.9, 76도2703).

Ⅷ. 위법한 행정조사에 따른 행정결정의 효과*

행정조사(예: 출입조사)는 어떠한 행정정책이나 결정(예: 제재처분)을 위한 준비로 행하여지는 것이 일반적이다. 이 경우 행정조사가 행정결정에 앞서 이루어지더라도 양자는 서로 다른 독자적 제도이지, 하나의 목적을 위하여 하나의 절차를 구성하고 있는 것은 아니다. 그런데 문제는 선행 행정조사가 위법한 경우 이에 근거한 행정결정도 위법한가 하는 것이다. 이에 관하여는 학설이 대립된다.

① 먼저 적극설은 행정조사와 행정결정은 하나의 과정을 구성하는 것이므로 적정절차의 관점에서 행정조사에 중대한 위법사유가 있는 때에는 이를 기초로 한 행정결정도 위법하게 된다는 견해이다. 적극설의 입장을 취하면서도 이 경우 행정조사가 위법하다는 것은 '행정결정의 절차상의 하자'로 볼 수 있다는 견해도 있다.

② 소극설은 행정조사가 법령에서 특히 행정행위의 전제요건으로 규정되어 있는 경우를 제외하고는 양자는 서로 별개의 제도로 볼 수 있는 것이고, 따라서 이 경우 조사의 위법이 행정행위를 위법하게 만들지 않는다는 견해이다.

③ 판례는 적극설과 같은 입장이다.

④ 행정조사가 위법한 경우 -행정조사가 행정결정과 하나의 절차를 구성하고 있는지 여부와 관계없이- 위법한 조사를 근거로 한 행정결정도 위법하게 된다고 보는 것이 법치행정의 원리에 부합한다는 점에서 적극설과 판례의 입장이 타당하다.

판례 > 부정한 목적의 세무조사를 기초로 한 과세처분이 위법한지 여부(적극)

"세무조사가 과세자료의 수집 또는 신고내용의 정확성 검증이라는 본연의 목적이 아니라 부정한 목

* 법원행정고시(2024년), 변호사시험(2018년), 변호사시험(2022년), 사법시험(2014년).

28 형사소추(刑事訴追)란 검사가 피고인을 기소하여 그 형사 책임을 추궁하는 일을 말한다.

적을 위하여 행하여진 것이라면 이는 세무조사에 중대한 위법사유가 있는 경우에 해당하고 이러한 세무조사에 의하여 수집된 과세자료를 기초로 한 과세처분 역시 위법하다. …(대판 2016.12.15, 2016두47659)."

판례 > 위법한 세무 재조사에 기초하여 이루어진 과세처분의 위법 여부(적극)

"과세처분이 구 국세기본법 제81조의4 제2항을 위반한 위법한 재조사에 기초하여 이루어졌다면 위법하다고 보아야 한다(대판 2017.12.13, 2015두3805[증여세부과처분취소])."

판례 > 위법한 혈액 채취 조사 결과를 근거로 한 운전면허 정지·취소 처분이 위법한지 여부(원칙적 적극)

"음주운전 여부에 대한 조사 과정에서 운전자 본인의 동의를 받지 아니하고 또한 법원의 영장도 없이 채혈조사를 한 결과를 근거로 한 운전면허 정지·취소 처분은 도로교통법 제44조 제3항을 위반한 것으로서 특별한 사정이 없는 한 위법한 처분으로 볼 수밖에 없다(대판 2016.12.27, 2014두46850[자동차운전면허취소처분취소])."

IX. 행정조사에 대한 구제*

1. 행정쟁송

(1) 권력적 행정조사의 경우

권력적 행정조사는 권력적 사실행위로서 행정쟁송법상의 처분성이 인정된다고 하는 것이 일반적인 견해이다. 다만 권력적 조사가 단기간에 종료되는 경우에는 협의의 소익(권리보호의 필요성)이 부인되어 쟁송이 각하될 것이다.

(2) 관련문제: 세무조사결정의 처분성**

국세기본법은 세무조사를 하는 경우 조사를 받을 납세자에게 조사를 시작하기 20일(재조사결정으로 재조사를 하는 경우에는 7일) 전에 조사대상 세목, 조사기간 및 조사 사유, 그 밖에 대통령령으로 정하는 사항을 통지하도록 규정하고 있다(국세기본법 81의7 ①). 이는 세무조사를 하기로 한 '결정'을 사전에 상대방에서 통지하라는 취지로, 여기에서의 '세무조사결정'이 처분인가

* 사법시험(2015년).

** 변호사시험(2018년), 사법시험(2014년).

하는 것이 문제이다. 대법원은 최종적인 과세처분을 다툴 수 있게 하는 것에 앞서 세무조사결정을 다툴 수 있게 함으로써 분쟁을 조기에 해결할 수 있는 점 등을 들어 세무조사결정을 처분으로 보고 있다(대판 2011.3.10, 2009두23617). 이 판례를 지지하는 견해가 다수이다.

2. 행정상 손해배상

위법한 행정조사로 인하여 손해를 입은 자는 국가배상법이 정한 바에 따라 국가나 지방자치단체를 상대로 손해배상을 청구할 수 있다.

3. 행정상 손실보상

적법한 행정조사로 인하여 재산상의 특별한 희생이 발생한 경우에는 이에 대한 손실을 보상해 주어야 한다. 이와 관련하여 손실보상을 규정하고 있는 입법례가 있다(국토계획법 131, 행정조사기본법 12 ② 등).

제6절 행정벌

제1. 행정벌의 의의

행정벌이란 행정법상의 의무위반행위에 대하여 과(科)하는 벌로서 여기에는 행정형벌(형법상의 벌)과 행정질서벌(과태료)이 있다. 대부분의 법률들은 행정법상 의무를 위반한 경우에 대하여 형벌이나 과태료에 과하는 벌칙규정을 두고 있는데, 이러한 벌칙들을 행정벌이라 하고, 행정벌이 과해지는 의무위반행위를 행정범[29]이라 한다.

행정벌은 '과거'에 발생한 의무위반에 대하여 제재를 가함으로써 행정법상 의무이행을 강제하는 '간접적' 강제수단이라는 점에서, 행정법상 의무불이행에 대하여 '직접적으로' '장래'에 향하여 의무이행을 강제하는 행정상 강제집행과 구별된다.

행정벌은 거의 모든 법률들이 규정하고 있을 정도로 널리 활용되고 있는 강제수단이지만, ① 이중처벌금지의 원칙에 따라 반복하여 부과될 수 없고, ② 벌금형의 경우 벌금액보다 위반행위로 얻는 경제적인 이익이 더 큰 경우에는 제재로서의 효과가 떨어지며, ③ 의무위반행위에 대

29 일반적으로 형사범(刑事犯)은 형사법을 위반하는 행위로서 형벌이 과해지는 행위를 말하고, 행정범(行政犯)은 행정법상의 의무를 위반한 행위로서 행정벌이 과해지는 행위를 말한다.

하여 행정형벌이 증가함으로써 이에 따른 전과자의 수도 아울러 늘어나게 되는 등의 문제가 있다. 이를 해결하기 위해서는 무엇보다도 행정벌에 관한 이론 및 제도를 전반적으로 재정비할 필요가 있는데, 특히 행정형벌은 중대한 의무위반행위로만 제한하되 처벌을 보다 엄격하게 하고, 그 밖의 위반행위는 범칙금이나 과태료로 전환하는 것이 바람직하다.

제2. 행정벌과 형사벌의 구별

행정벌에는 행정형벌과 행정질서벌이 있는데, 전자는 행정법상의 의무위반에 대하여 과해지는 형법상의 형벌이고, 후자는 행정법상의 단순한 질서문란행위에 대하여 부과되는 과태료이다. 문제는, 행정형벌이나 형사벌 모두 형벌을 제재로서 과한다는 점에서, 양자를 구별할 필요가 있는가, 그리고 필요가 있다면 어떠한 기준으로 구별할 것인가 하는 것인데, 이에 대하여는 견해가 나뉘고 있다.

Ⅰ. 부정설

행정형벌이나 형사벌 모두 형벌을 과한다는 점에서 서로 질적인 차이가 없다는 견해로 일부 형법학자들의 견해이다.

Ⅱ. 긍정설

대체로 형사범은 반도덕성·반사회성이 국가의 명령이나 금지를 기다릴 필요가 없는 자연범이고, 행정범은 그 자체로서는 반도덕성·반사회성은 없으나 실정법에 규정을 둠으로써 비로소 범죄로 처벌되는 법정범이라는 성질상의 차이가 있으므로 구별되어야 한다는 것이 행정법학자들의 일반적인 견해이다.[30]

Ⅲ. 결어

일반적으로 형사범은 이를 금지하는 규정이 없더라도 그 범행의 반윤리성이나 반사회성이 사회적으로 널리 인식되어 있는 데 반하여, 행정범의 경우 그 행위의 범죄성과 처벌성을 법으로

30 '자연범'이란 살인이나 강도처럼 법규범에 의하지 아니하고도 그 행위 자체가 반사회적이고 반도덕적인 범행을 말하고, 법정범이란 행위 자체에는 반도덕성이나 반사회성이 없으나 행정상의 필요에 따라 정해진 법규범에 위반하는 범행을 말한다.

규정하기 이전에는 그 행위가 법적으로 비난받아 마땅한 행위인지 알기 어려운 경우가 대부분이다. 이러한 점에서 양자는 구별된다고 할 수 있지만, 양자의 구분이 절대적인 것은 아니다.

제3. 행정벌의 근거

행정벌도 처벌이라는 점에서 죄형법정주의[31]에 따라 반드시 법률의 근거가 있어야 한다. 우리나라에는 행정벌에 관한 일반법은 없고, 대부분의 법률이 개별적으로 벌칙규정을 두고 있을 뿐이다. 그러나 행정질서벌인 과태료에 관한 일반법으로서 2007년 질서위반행위규제법이 제정되었다.

법률이 벌칙규정을 법규명령에 위임할 수 있는가 하는 문제와 관련하여, 죄형법정주의의 원칙상 행위의 구성요건과 처벌은 반드시 법률로 정하여야 하지만, 법률에서 구성요건의 구체적 기준과 형의 최고한도를 정하여 위임하는 것은 허용된다는 것이 통설·판례의 입장이다.

지방자치단체가 조례로 행정벌을 규정하기 위해서도 법률의 근거가 필요한데, 이와 관련하여 지방자치법은 지방자치단체로 하여금 조례위반행위 또는 공공시설부정사용자 등에 대하여 조례로써 과태료를 정할 수 있도록 하고 있다(지자법 34, 156 ②).

제4. 행정벌의 종류

행정벌은 여러 기준에 따라 다양하게 분류할 수 있지만, 그 내용에 따라 행정형벌과 행정질서벌로 나누는 것이 통설적인 입장이다.

Ⅰ. 행정형벌

행정형벌은 행정법상의 의무위반에 대하여 형법에 형명(刑名)이 있는 형벌(사형·징역·금고·자격상실·자격정지·벌금·구료·과료·몰수)을 과하는 행정벌을 말한다. 행정형벌은 형법상의 형벌이 과하여 지는 것이므로 원칙적으로 형법총칙이 적용되며, 그 과벌절차도 형사소송절차에 의하는 것이 원칙이다. 다만 예외적으로 간이절차인 즉결심판이나 통고처분절차에 의하는 경우도 있다.

---

31 '죄형법정주의'란 어떤 행위가 범죄인가 아닌가, 또는 그 범죄에 대하여 어떤 형벌을 내릴 것인가 하는 것은 법률에 의해서만 정할 수 있다는 원칙을 말한다.

II. 행정질서벌*

행정질서벌이란 행정질서를 유지하기 위하여 요구되는 의무에 위반하는 자에 대하여 형법상의 형벌이 아닌 과태료가 부과되는 행정벌을 말한다. 행정질서벌인 과태료는 신고·등록·서류비치 등의 의무를 태만히 하는 것과 같이 간접적으로 행정상의 질서에 장해를 줄 위험성이 있는 정도의 단순한 의무태만에 대한 제재로서 부과된다.

과태료는 형벌이 아니므로 형법총칙이 적용되지 않으며, 과태료의 부과절차는 질서위반행위규제법에 따른다.

헌법재판소는 행정법상의 의무위반행위에 대하여 행정형벌을 과할지 행정질서벌을 과할지는 입법권자가 결정할 입법재량에 속한다고 보고 있다(헌재결 1994.4.28, 91헌바14).

III. 관련문제

1. 행정형벌과 행정질서벌의 병과가능성

행정형벌과 행정질서벌을 병과(倂科)할 수 있는가 하는 문제와 관련하여 학설이 나뉜다.

① 부정설은 행정형벌과 행정질서벌은 모두 행정벌이므로 일사부재리의 원칙 또는 이중처벌금지의 원칙에 따라 양자를 동시에 과할 수 없다는 입장으로, 다수설이다.

② 긍정설은 동일인이라도 그 대상행위가 다른 경우 양자를 각각 부과하는 것은 이중처벌에 해당하지 않는다고 한다.

③ 판례는 행정질서벌과 행정형벌은 그 성질이나 목적을 달리하는 별개의 것이고, 또한 동일한 위반행위라 할지라도 처벌 내지 제재대상이 되는 기본적 사실관계로서의 행위를 달리할 수도 있으므로 양자의 병과는 일사부재리의 원칙에 반하지 않는다는 입장이다(대판 1996.4.12, 96도158; 헌재결 1994.6.30, 92헌바38).

④ 생각건대, 행정형벌과 행정질서벌 모두 행정벌이라는 관점에서 현실적으로 법률들은 벌칙규정에서 형벌의 대상과 과태료의 대상이 서로 중복되지 않도록 규정하고는 있다. 그러나 과태료는 형벌이 과해지는 것이 아니라는 점에서 행정형벌과 차이가 있을 뿐 아니라 법의 목적·보호법익의 관점에서 제재의 필요성·강도 등에서도 양자는 차이가 있다는 점에서 판례의 입장이 타당하다.

2. 행정형벌의 행정질서벌화

행정형벌을 행정질서벌로 전환하자는 논의는 오래전부터 있어왔다. 행정범은 법정범으로

---

* 사법시험(2005년).

서 행정형벌로 많은 국민들이 전과자가 되는 문제가 발생하기 때문에 비교적 경미한 의무위반행위에 대하여 징역형이나 벌금형을 과하기보다는 가급적 금전적 제재를 부과하는 것으로 전환하는 것이 필요하다는 것이다. 이와 같은 행정형벌의 행정질서벌화는 세계적인 추세이기도 하다.

그러나 행정형벌을 무조건 행정질서벌로 전환하는 것만이 능사는 아니다. 이 경우에도 중대한 범칙행위를 합리적으로 선별해서 이에 대해서는 형벌의 기준을 보다 강화하여야 한다. 과태료의 대상이나 액수를 지나치게 확대하거나 높이는 등의 남용도 방지하여야 한다. 이를 위해서는 질서위반행위에 대한 제재로서 범칙금과 과태료로 이원화된 제도를 범칙금(약식 행정형벌)으로 통합(과태료 제도의 폐지)하고 이러한 통합 범칙금에 대한 일반법을 제정하는 제도개선이 필요하다. 이렇게 된다면, '행정형벌의 행정질서벌화'는 행정형벌을 약식 행정형벌인 범칙금으로 전환하라는 의미가 될 것이다.

제5. 행정벌의 특수성

Ⅰ. 행정형벌과 형법총칙

행정형벌은 형벌이 부과되므로 형법총칙이 적용된다. 그러나 행정범은 형사범과 성질상 차이가 있으므로 형법총칙을 적용함에 있어서는 행정형벌의 특수성을 고려하여야 한다. 이와 관련하여 형법 제8조는 "본법 총칙은 타법령에 정한 죄에 적용된다. 단, 그 법령에 특별한 규정이 있는 때에는 예외로 한다."고 규정하고 있다.

Ⅱ. 행정형벌의 특수성

행정형벌에 관하여 명문의 규정상 또는 규정의 해석상 형법총칙의 적용이 배제되는 경우를 구체적으로 살펴본다.

1. 고의

형법 제13조는 "죄의 성립요소인 사실을 인식하지 못한 행위는 벌하지 아니한다."고 하여, 죄의 성립에 원칙적으로 고의가 있음을 요건으로 하고 있다. 여기에서 고의의 성립을 위해서는 '사실에 대한 인식'이 있어야 한다. 한편 형법 제16조는 "자기의 행위가 법령에 의하여 죄가 되지 아니하는 것으로 오인한 행위는 그 오인에 정당한 이유가 있는 때에 한하여 벌하지 아니한다."고 규정하여 법률의 착오(금지착오)가 있더라도 원칙적으로 처벌되는 것으로 규정하고 있다.

이와 관련하여 행정범의 경우 고의의 성립에 사실의 인식 이외에 '위법성의 인식'이 필요한가 하는 것이 문제인데, 이와 관련하여서는 위법성인식불요설, 위법성인식필요설, 위법성인식가능성설 등의 학설이 있지만, 행정은 공익실현을 위하여 객관적 질서를 창설하고 유지하는 행위라는 점에서 경우에 따라서는 법령의 존재를 몰랐다는 등의 이유로 위법성에 대한 인식이 결여되어 있더라도 행정범의 성립을 인정할 필요도 있다는 점에서 위법성의 인식이 필요한지 여부는 구체적인 사안마다 개별적으로 판단해 보아야 할 것이다.

개별법 가운데에는 행정형벌의 특수성을 고려하여 명문으로 형법 제16조의 적용을 배제하는 규정을 두고 있는 경우도 있다(담배사업법 31).

2. 과실

형법 제14조는 과실 있는 행위는 법률에 특별한 규정이 있는 경우에 한하여 처벌한다고 규정하고 있다. 이와 관련하여 행정범의 경우 과실범 처벌규정이 없더라도 과실범을 처벌할 수 있는지 문제이다. 원칙적으로 과실범 처벌규정이 없는데 처벌하는 것은 죄형법정주의에 반하는 것으로서 허용되지 않지만, 행정범의 경우 규정 해석상 과실범의 가벌성(可罰性)이 인정되는 경우라면 과실범을 처벌할 수 있다고 보는 것이 판례의 입장이다.

판례 > (구) 대기환경보전법 제57조 제6호 규정이 과실범도 처벌하는 규정인지 여부

"(구) 대기환경보전법(1992.12.8. 법률 제4535호로 개정되기 전의 것)의 입법목적이나 제반 관계 규정의 취지 등을 고려하면, 법정의 배출허용기준을 초과하는 배출가스를 배출하면서 자동차를 운행하는 행위를 처벌하는 위 법 제57조 제6호의 규정은 자동차의 운행자가 그 자동차에서 배출되는 배출가스가 소정의 운행 자동차 배출허용기준을 초과한다는 점을 실제로 인식하면서 운행한 고의범의 경우는 물론 과실로 인하여 그러한 내용을 인식하지 못한 과실범의 경우도 함께 처벌하는 규정이다(대판 1993.9.10, 92도1136)."

3. 법인의 책임

형사범의 경우 법인의 범죄능력을 부인하는 것이 통설·판례이다. 그런데 행정범의 경우에는 행정의 실효성 확보 때문에 행위자와 법인을 모두 처벌하는 양벌규정을 두기도 한다(소방기본법 55, 건축법 112, 문화유산의 보존 및 활용에 관한 법률 102 등). 이와 같은 규정이 있는 경우에는 법인에 대한 처벌이 가능하다. 그러나 명문의 규정이 없는 경우에는 죄형법정주의의 관점에서 법인에 대한 처벌은 허용되지 않는다.

판례 > 폐기물관리법 제67조 양벌규정의 취지 및 위 양벌규정이 폐기물처리시설의 설치·운영자가 아니면서 그러한 업무를 실제로 집행하는 자에 대한 처벌의 근거 규정이 되는지 여부(적극)

"폐기물관리법 제67조는 "법인의 대표자나 법인 또는 개인의 대리인, 사용인, 그 밖의 종업원이 그 법인 또는 개인의 업무에 관하여 제63조부터 제66조까지의 어느 하나에 해당하는 위반행위를 하면 그 행위자를 벌하는 외에 그 법인 또는 개인에게도 해당 조문의 벌금형을 과한다."라고 정하고 있다. 이 규정의 취지는 위 제66조 등의 벌칙 규정이 적용되는 폐기물처리시설의 설치·운영자가 아니면서 그러한 업무를 실제로 집행하는 자가 있을 때 벌칙 규정의 실효성을 확보하기 위하여 적용대상자를 해당 업무를 실제로 집행하는 자까지 확장하여 그 행위자도 아울러 처벌하려는 데 있다(대판 2017.11.14, 2017도7492)."

한편 헌법재판소는 과거 이 양벌규정이 '귀책사유가 없는 법인에 대하여 행위자(예컨대 종업원)와 동일한 형벌을 과'하는 것은 형사법상의 기본원리인 책임주의[32]에 반한다고 하여 위헌이라고 하였다(헌재결 2009.7.30, 2008헌가14). 이에 따라 현재 법인의 처벌규정에는 '다만, 법인이 그 위반행위를 방지하기 위하여 해당 업무에 관하여 상당한 주의와 감독을 게을리하지 아니한 경우에는 그러하지 아니하다.'는 단서조항이 추가되었다.

신구 사행행위[33] 등 규제 및 처벌특례법 제31조 비교

구법(2006.3.24. 법률 제7901호)	현행법
제31조 (양벌규정) 법인의 대표자나 법인 또는 개인의 대리인·사용인 기타의 종업원이 그 법인 또는 개인의 업무에 관하여 제30조의 규정에 의한 위반행위를 한 때에는 행위자를 벌하는 외에 그 법인 또는 개인에 대하여도 동조의 벌금형을 과한다.	제31조(양벌규정) 법인의 대표자나 법인 또는 개인의 대리인, 사용인, 그 밖의 종업원이 그 법인 또는 개인의 업무에 관하여 제30조의 위반행위를 하면 그 행위자를 벌하는 외에 그 법인 또는 개인에게도 해당 조문의 벌금형을 과(科)한다. 다만, 법인 또는 개인이 그 위반행위를 방지하기 위하여 해당 업무에 관하여 상당한 주의와 감독을 게을리하지 아니한 경우에는 그러하지 아니하다.

4. 타인의 행위에 대한 책임

형사범의 경우 행위자 이외의 자를 처벌하는 경우는 없으나, 행정범의 경우는 자기의 감독

32 '책임주의'란 책임이 없는 사람에게 형벌을 가할 수 없다는 형법원리를 말한다.

33 '사행행위(射倖行爲)'란 여러 사람으로부터 재물이나 재산상의 이익을 모아 우연적(偶然的) 방법으로 득실(得失)을 결정하여 재산상의 이익이나 손실을 주는 행위를 말한다(사행행위규제법 2 1호).

하에 있는 타인의 비행[34]에 대하여 감독자로서의 책임을 묻기 위하여 행위자 이외에도 감독자를 처벌하는 규정을 두는 경우가 있다(예: 식품위생법 100).

이 경우 타인의 행위에 대하여 감독자 등이 지는 책임의 성질에 대하여는 ① 과거 타인에 대신하여 지는 대위(代位)책임 또는 무과실책임이라는 견해도 있었으나, 이는 책임주의에 반하는 것이다. ② 따라서 오늘날은 감독자로서 상당한 주의와 감독을 하지 아니하였다는 과실책임 또는 자기책임이라고 하는 것이 통설 및 판례의 입장이다.

한편 헌법재판소는, 위 '법인의 책임'에서와 마찬가지로, 이 양벌규정이 '종업원과 감독자에게 동일한 형을 과하는 것은 책임주의에 반하여 헌법에 위반된다고 하였고(헌재결 2009.7.30, 2008헌가10), 이에 따라 오늘날은 양벌규정에 '다만, 법인 또는 개인이 그 위반행위를 방지하기 위하여 해당 업무에 관하여 상당한 주의와 감독을 게을리하지 아니한 경우에는 그러하지 아니하다.'라는 단서조항이 추가되었다.

5. 책임능력

형사범의 경우에는 심신장애인, 청각 및 언어 장애인의 행위는 벌하지 아니하거나 그 벌을 감경하며(형법 10, 11), 14세 미만의 자의 행위는 벌하지 아니한다(형법 9). 그러나 행정범의 경우에는 이들 규정의 적용을 배제하거나 제한하는 규정을 두는 경우가 있다(예: 담배사업법 31).

6. 공범

행정범의 경우 형법의 공범에 관한 규정 중 공동정범(형법 30)·교사범(형법 31)·종범(형법 32) 등에 관한 규정의 적용을 배제하거나(선박법 39), 종범감경규정(형법 32 ②)을 배제하는 등(담배사업법 31) 명문으로 형법의 공범규정에 대한 특별규정을 두고 있는 경우가 있다.

그러나 이와 같은 특별규정이 없는 경우 형법상의 공범규정이 행정범에 그대로 적용되는가 하는 것이 문제인데, ① 우선 행정법상의 의무가 일반인에 대한 것인 때에는 형법상 공범규정이 행정범에도 적용된다. ② 그러나 행정법상의 의무가 특정인에 한정된 것인 때에는 ⑴ 행정법상의 의무위반행위를 교사·방조하는 행위를 처벌하는 것은 단속목적을 위해서도 합리적이라는 적극설도 있지만, ⑵ 행정법상의 의무자가 아닌 자가 의무위반행위를 교사·방조한 것을 처벌할 수 없다는 소극설이 다수설이다.

7. 누범·경합범·작량감경

행정범에 대하여 형법상의 경합범에 관한 규정의 적용을 배제하거나(담배사업법 31, 조세범 처

34 '비행(非行)'이란 잘못되거나 그릇된 행위를 말한다.

벌법 20, 관세법 278) 작량감경[35]에 관한 규정의 적용을 배제하는 경우도 있다(담배사업법 31).

Ⅲ. 행정질서벌의 특수성

1. 행정질서벌에 관한 일반법으로서의 질서위반행위규제법의 적용

행정질서벌인 과태료에 대해서는 각 개별법에서 개별적으로 규정하고 있다가 2007년 과태료에 관한 일반법으로서 질서위반행위규제법이 제정되면서 과태료의 부과·징수, 재판 및 집행 등의 절차에 관하여는 이 법이 우선하여 적용되게 되었다(질서위반행위규제법 5).

과태료는 형벌이 부과되는 제재가 아니므로 형법총칙이 적용되지 않지만, 질서위반행위규제법은 제2장에서 형법총칙과 유사하게 행정질서벌에 필요한 총칙적인 내용들을 규정하고 있다.

2. 행정질서벌에 관한 총칙규정

(1) 고의·과실

질서위반행위규제법은 고의 또는 과실이 없는 질서위반행위는 과태료를 부과하지 아니한다고 규정하고 있다(질서위반행위규제법 7).

과거에는 과태료는 단순한 질서위반행위에 대한 제재라는 점에서 고의·과실이 있는지 여부를 불문하고 객관적인 질서위반에 대하여 부과하는 것으로 이해하였는데(대판 1994.8.26, 94누6949), 이제는 질서위반행위규제법 제7조로 인하여 과태료부과에도 행위자의 고의 또는 과실이 있는지를 검토해 보아야 한다(대결 2011.7.14, 2011마364).

(2) 위법성의 착오

자신의 행위가 위법하지 아니한 것으로 오인하고 행한 질서위반행위는 그 오인에 정당한 이유가 있는 때에 한하여 과태료를 부과하지 아니한다(질서위반행위규제법 8).

(3) 책임연령과 심신장애

① 14세가 되지 아니한 자의 질서위반행위는 과태료를 부과하지 아니한다. 다만, 다른 법률에 특별한 규정이 있는 경우에는 그러하지 아니하다(질서위반행위규제법 9).

② 심신장애 및 심신미약자의 질서위반행위는 과태료를 부과하지 않거나 감경한다. 그러나 스스로 심신장애 상태를 일으켜 질서위반행위를 한 자에 대하여는 그러하지 아니하다(질서위반행위규제법 10).

---

35 '작량감경(酌量減輕)'이란 법률적으로는 특별한 사유가 없더라도 범죄의 정상에 참작할 만한 사유가 있다고 판단되는 경우에 법원이 그 형을 줄이거나 가볍게 하는 것으로, 정상참작과 같은 말이다.

(4) 법인의 처리 등

법인의 대표자, 법인 또는 개인의 대리인·사용인 및 그 밖의 종업원이 업무에 관하여 법인 또는 그 개인에게 부과된 법률상의 의무를 위반한 때에는 법인 또는 그 개인에게 과태료를 부과한다(질서위반행위규제법 11).

(5) 다수인의 질서위반행위 가담

2인 이상이 질서위반행위에 가담한 때에는 각자가 질서위반행위를 한 것으로 본다(질서위반행위규제법 12 ①). 신분에 의하여 성립하는 질서위반행위에 신분이 없는 자가 가담한 때에는 신분이 없는 자에 대하여도 질서위반행위가 성립한다(질서위반행위규제법 12 ②). 신분에 의하여 과태료를 감경 또는 가중하거나 과태료를 부과하지 아니하는 때에는 그 신분의 효과는 신분이 없는 자에게는 미치지 아니한다(질서위반행위규제법 12 ③).

(6) 수개의 질서위반행위의 처리

하나의 행위가 2 이상의 질서위반행위에 해당하는 경우에는 각 질서위반행위에 대하여 정한 과태료 중 가장 중한 과태료를 부과한다(질서위반행위규제법 13 ①). 전항의 경우를 제외하고, 다른 법령에 특별한 규정이 없는 한, 2 이상의 질서위반행위가 경합하는 경우에는 각 질서위반행위에 대하여 정한 과태료를 각각 부과한다(질서위반행위규제법 13 ②).

(7) 과태료의 산정

행정청 및 법원은 과태료를 정함에 있어서 ① 질서위반행위의 동기·목적·방법·결과, ② 질서위반행위 이후의 당사자의 태도와 정황, ③ 질서위반행위자의 연령·재산상태·환경, ④ 그 밖에 과태료의 산정에 필요하다고 인정되는 사유를 고려하여야 한다(질서위반행위규제법 14).

(8) 과태료의 소멸시효

과태료는 행정청의 과태료 부과처분이나 법원의 과태료 재판이 확정된 후 5년간 징수하지 아니하거나 집행하지 아니하면 시효로 인하여 소멸한다(질서위반행위규제법 15 ①).

3. 행정질서벌과 제재처분의 병과가능성

행정법상의 의무위반행위에 대하여 과태료를 부과하는 이외에도 영업정지와 같은 제재처분을 부과할 수 있는가 하는 문제와 관련하여, 행정질서벌과 달리 제재처분은 행정벌이 아니기 때문에 가능하다고 할 것이다.

제6. 행정벌의 과벌절차

Ⅰ. 행정형벌의 과벌절차

1. 일반적인 과벌절차

행정형벌은 원칙적으로 형사소송법이 정하는 바에 따라 형사소송절차에서 법원이 과한다. 이와 같은 일반적인 과벌(課罰)절차에 대하여 통고처분이라는 약식 과벌절차도 있다.

2. 통고처분

1. 행정형벌의 의의	3. 통고처분의 절차
2. 약식행정형벌로서 통고처분의 의의	4. 통고처분에 대한 불복(특히 통고처분의 처분성)

(1) 통고처분의 의의

통고처분은 조세범·관세범·출입국사범·교통사범 등과 같이 비교적 경미한 범칙행위에 대하여 정식의 형사사법절차를 진행하지 않는 대신 행정청이 범칙금이라는 금전적인 제재를 통고하고 이를 납부하면 당해 위반행위에 대한 형사소추를 면제해주는 과벌절차를 말한다. 통고처분은 대량의 범법사건들을 간편하고 신속하게 처리할 수 있고, 나아가 형사법원도 업무부담을 줄일 수 있다는 장점이 있다.

(2) 통고처분의 절차

통고처분에 관한 일반법은 없고 여러 법률에서 개별적으로 정하고 있는데, 일반적으로는 범칙행위에 대하여 행정청이 범칙금을 납부할 것을 통고하고(출입국관리법 102), 이에 따라 범칙금을 납부하면 동일한 사건에 대하여 다시 처벌받지 않지만(출입국관리법 106), 만약 범칙금을 납부하지 않으면 행정청이 이를 고발할 수 있고, 이로써 일반적 형사소송절차로 이행된다.

(3) 통고처분에 대한 불복

통고처분은 일정기간 내에 이를 이행하지 않으면 그 효력이 소멸되면서 형사소송절차로 이행된다. 따라서 통고처분은 처분이 아니기 때문에 항고소송으로 다툴 수는 없고, 형사소송절차에서 그 위법·부당 여부를 다투어야 한다(대판 1995.6.29, 95누4674; 헌재결 1998.5.28, 96헌바4). 한편 이에 대하여 통고처분을 행정행위로 보는 견해도 있다.

3. 즉결심판

20만원 이하의 벌금, 구류 또는 과료에 해당하는 행정형벌은 즉결심판에 관한 절차법(즉결심판법)에 따라 즉결심판에 의하여 과하여질 수 있다. 즉결심판은 지방법원, 지원 또는 시·군법원의 판사가 심리·판결하며(즉결심판법 2), 경찰서장이 이를 청구·집행한다(즉결심판법 3 ①). 즉결심판에 불복하는 자는 즉결심판의 선고·고지를 받은 날부터 7일 이내에 정식재판청구서를 경찰서장에게 제출하고, 경찰서장은 이를 지체없이 판사에게 송부하여야 한다(즉결심판법 14 ①). 이로써 형사소송절차가 개시된다.

즉결심판은 20만원 이하의 벌금 또는 구류나 과료에 처할 범죄사건을 심판하는 절차로서(법원조직법 34 ③) 일반형사범에 대하여도 적용되는 절차이므로, 행정형벌에만 특수한 과벌절차는 아니다.

II. 행정질서벌의 과벌절차

질서위반행위규제법 시행 이전에는 과태료의 과벌절차는 각 개별법이 정한 바에 따라 달랐는데, 동법이 제정됨으로써 행정질서벌인 과태료의 부과절차가 통일되었다.

1. 과태료 부과·징수절차

(1) 사전통지 및 의견제출

행정청이 질서위반행위에 대하여 과태료를 부과하고자 하는 때에는 미리 당사자에게 이를 통지하고, 10일 이상의 기간을 정하여 의견을 제출할 기회를 주어야 한다(질서위반행위규제법 16 ①). 당사자는 의견 제출 기한 이내에 대통령령으로 정하는 방법에 따라 행정청에 의견을 진술하거나 필요한 자료를 제출할 수 있다(질서위반행위규제법 16 ②). 행정청은 당사자가 제출한 의견에 상당한 이유가 있는 경우에는 과태료를 부과하지 아니하거나 통지한 내용을 변경할 수 있다(질서위반행위규제법 16 ③).

(2) 과태료의 부과

행정청은 의견 제출 절차를 마친 후에 서면(당사자가 동의하는 경우에는 전자문서 포함)으로 과태료를 부과하여야 한다(질서위반행위규제법 17 ①). 서면에는 질서위반행위, 과태료 금액, 그 밖에 대통령령으로 정하는 사항을 명시하여야 한다(질서위반행위규제법 17 ②).

(3) 과태료 부과의 제척기간

행정청은 질서위반행위가 종료된 날(다수인이 질서위반행위에 가담한 경우에는 최종행위가 종료된 날)부터 5년이 경과한 경우에는 해당 질서위반행위에 대하여 과태료를 부과할 수 없다(질서위반행위규제법 19 ①). 그러나 법원의 과태료부과결정이 있는 경우에는 그 결정이 확정된 날부터 1년이 경과하기 전까지는 과태료를 정정부과하는 등 해당 결정에 따라 필요한 처분을 할 수 있다(질서위반행위규제법 19 ②).

(4) 이의제기 및 법원에의 통보

행정청의 과태료 부과에 불복하는 당사자는 과태료 부과 통지를 받은 날부터 60일 이내에 해당 행정청에 서면으로 이의제기를 할 수 있다(질서위반행위규제법 20 ①). 이의제기가 있는 경우 행정청의 과태료 부과처분은 그 효력을 상실한다(질서위반행위규제법 20 ②).

이의제기를 받은 행정청은 이의제기를 받은 날부터 14일 이내에 이에 대한 의견 및 증빙서류를 첨부하여 관할 법원에 통보하여야 한다(질서위반행위규제법 21 ①).

2. 질서위반행위의 재판 및 집행

행정청의 통보에 따라 과태료 사건은 과태료 재판절차로 이행된다(질서위반행위규제법 26). 과태료 사건의 관할법원은 별도의 규정이 없는 한 당사자의 주소지의 지방법원 또는 그 지원이 된다(질서위반행위규제법 25). 법원은 행정청의 통보가 있는 경우 이를 즉시 검사에게 통지하여야 한다(질서위반행위규제법 30).

법원은 심문기일을 열어 당사자의 진술을 들어야 한다(질서위반행위규제법 31 ①). 법원은 검사의 의견을 구하여야 하고, 검사는 심문에 참여하여 의견을 진술하거나 서면으로 의견을 제출하여야 한다(질서위반행위규제법 31 ②). 법원은 상당하다고 인정하는 때에는 이러한 심문 없이 과태료 재판을 할 수 있는데(질서위반행위규제법 44), 이를 약식재판이라 한다. 당사자와 검사는 약식재판의 고지를 받은 날부터 7일 이내에 이의신청을 할 수 있다(질서위반행위규제법 45 ①). 만약 법원이 이의신청이 적법하다고 인정하면 약식재판은 그 효력을 잃게 되고, 이 경우 법원은 제31조 제1항에 따른 심문을 거쳐 다시 재판하여야 한다(질서위반행위규제법 50).

과태료 재판은 이유를 붙인 결정으로써 한다(질서위반행위규제법 36조 ①). 결정은 당사자와 검사에게 고지함으로써 효력이 생긴다(질서위반행위규제법 37 ①). 당사자와 검사는 과태료 재판에 대하여 즉시항고를 할 수 있다. 이 경우 항고는 집행정지의 효력이 있다(질서위반행위규제법 38 ①). 과태료 재판은 검사의 명령으로써 집행한다. 이 경우 그 명령은 집행력 있는 집행권원과 동일한 효력이 있다(질서위반행위규제법 42 ①). 과태료 재판의 집행절차는 민사집행법에 따르거나 국세 또는 지방세 체납처분의 예에 따른다(질서위반행위규제법 42 ②).

행정법

제2부
행정구제법

제1편 행정구제의 관념
제2편 행정상 손해전보
제3편 행정쟁송

제1편

행정구제의 관념

Ⅰ. 행정구제의 의의

행정구제라 함은 행정작용으로 인하여 침해된 개인의 권리·이익을 구제해주는 절차를 말하고, 이에 관한 법을 행정구제법이라 한다.

법치국가는 인권보장을 목적으로 하는 것이므로, 개인의 권익을 침해하였을 때에는 이에 대한 구제수단이 마련되어 있어야 한다. 이런 의미에서 행정구제는 법치국가의 중요한 구성요소이다.

행정구제는 '국민의 권익보호(법치국가의 목적)'와 '행정의 법적 통제(법치국가의 수단)'를 목적으로 한다. 양자는 서로 불가분의 관계이기도 하고 대립적이기도 하다. 즉 행정의 적법성 통제는 곧 국민의 권익보호로 이어지지만, 경우에 따라 행정의 합법성을 우선하는 것이 오히려 국민의 권익을 침해하는 결과가 되기도 한다. 따라서 양자의 적절한 조화가 요구된다.

Ⅱ. 행정구제법의 체계*

행정구제는 사전구제와 사후구제로 나누어 볼 수 있다.

사전구제란 행정작용으로 인한 권익침해가 발생하기 이전에 이를 예방하는 권익구제절차를 말한다(행정절차, 민원처리제도 등).

사후구제란 행정작용으로 인하여 권익이 침해된 경우 이를 시정하거나 그로 인한 손해를 전보[1]하여 주는 권익구제절차를 말한다. 사후구제는 행정쟁송제도(행정심판·행정소송)와 행정상 손해전보제도(행정상 손해배상·행정상 손실보상)로 구성되어 있다.[2] 한편 행정기본법은 처분의 재심사(37)[3]를 규정하고 있는데, 이는 처분을 쟁송으로 다툴 수 없게 된 경우에도 일정한 재심사 사유가 있을 경우 처분의 취소 등을 신청할 수 있게 하는 제도라는 점에서, '처분' 이후에 구제(사후구제)라 할 수 있다.

행정구제는 일반적으로 사후구제가 중심적 위치를 차지한다. 따라서 사전구제제도는 여기에서 간단히 살펴보는데, 행정절차와 민원처리제도는 '행정절차'에서 이미 검토하였으므로, 고충

---

* 행정고시(재경)(2010년), 사법시험(2008년).

1 '전보(塡補)'란 메꾸어주는 것을 말한다.

2 행정쟁송은 행정심판위원회를 비롯한 행정심판기관이 판정하는 행정심판과 법원이 판정하는 행정소송을 말한다. 행정상 손해배상은 위법한 행정작용으로 인하여 발생한 손해를 배상해 주는 것이고, 행정상 손실보상은 적법한 공권력행사로 인하여 발생한 개인의 특별한 희생을 전보하여 주는 것이다. 행정쟁송은 행정작용으로 인하여 침해된 권리의 원상회복에 중점을 두는 반면, 손해전보제도는 권리침해를 금전적으로 갚아주는 것이라는 점에서, 전자를 권리의 '존속보호', 후자는 권리의 '보상보호'라고도 한다.

3 2023.4.23. 시행.

민원처리제도만 살펴본다.

Ⅲ. 국민권익위원회에 의한 고충민원처리제도

감사원, 대통령비서실, 국무총리비서실, 기타 행정기관도 각 기관에 제출된 민원을 처리하기도 하지만, 현재 민원처리에 대하여 가장 중요한 역할을 수행하고 있는 것은 국민권익위원회에 의한 고충민원처리이다.

1. 설치

국민권익위원회는 고충민원의 처리와 이에 관련된 불합리한 행정제도를 개선하고, 부패의 발생을 예방하며 부패행위를 효율적으로 규제하기 위한 목적으로 국무총리 소속으로 설치되었다(부패방지권익위법 1, 11).

고충민원이란 행정기관 등의 위법·부당하거나 소극적인 처분 및 불합리한 행정제도로 인하여 국민의 권리를 침해하거나 국민에게 불편 또는 부담을 주는 사항에 관한 민원을 말한다(부패방지권익위법 2 5호).

2. 구성 및 운영

국민권익위원회는 위원장 1명을 포함한 15명의 위원으로 구성한다(부패방지권익위법 13 ①). 위원회는 재적위원 과반수의 출석으로 개의하고 출석위원 과반수의 찬성으로 의결한다(부패방지권익위법 19 ①).

3. 기능

국민권익위원회는 고충민원처리와 관련하여 ① 고충민원의 조사와 처리 및 이와 관련된 시정권고 또는 의견표명, ② 고충민원을 유발하는 관련 행정제도 및 그 제도의 운영에 개선이 필요하다고 판단되는 경우 이에 대한 권고 또는 의견표명, ③ 위원회가 처리한 고충민원의 결과 및 행정제도의 개선에 관한 실태조사와 평가, ④ 민원사항에 관한 안내·상담 및 민원사항 처리실태 확인·지도, ⑤ 온라인 국민참여포털의 통합 운영과 정부민원안내콜센터의 설치·운영, ⑥ 시민고충처리위원회의 활동과 관련한 협력·지원 및 교육, ⑦ 다수인 관련 갈등 사항에 대한 중재·조정 및 기업애로 해소를 위한 기업고충민원의 조사·처리 등의 기능을 수행한다(부패방지권익위법 12).

4. 시민고충처리위원회

지방자치단체 및 그 소속 기관에 관한 고충민원의 처리와 행정제도의 개선 등을 위하여 각 지방자치단체에 시민고충처리위원회를 둘 수 있다(부패방지권익위법 32 ①).

5. 고충민원의 처리

누구든지(국내에 거주하는 외국인 포함) 국민권익위원회 또는 시민고충처리위원회에 고충민원을 신청할 수 있다. 이 경우 하나의 위원회에 대하여 고충민원을 제기한 신청인은 다른 위원회에 대하여도 고충민원을 신청할 수 있다(부패방지권익위법 39 ①).

위원회는 고충민원을 접수한 경우에는 지체 없이 그 내용에 관하여 필요한 조사를 하여야 한다(부패방지권익위법 41 ①).

위원회는 접수된 고충민원이 ① 고도의 정치적 판단을 요하거나 국가기밀 또는 공무상 비밀에 관한 사항, ② 국회·법원·헌법재판소·선거관리위원회·감사원·지방의회에 관한 사항, ③ 수사 및 형집행에 관한 사항으로서 그 관장기관에서 처리하는 것이 적당하다고 판단되는 사항 또는 감사원의 감사가 착수된 사항, ④ 행정심판, 행정소송, 헌법재판소의 심판이나 감사원의 심사청구 그 밖에 다른 법률에 따른 불복구제절차가 진행 중인 사항, ⑤ 법령에 따라 화해·알선·조정·중재 등 당사자 간의 이해조정을 목적으로 행하는 절차가 진행 중인 사항, ⑥ 판결·결정·재결·화해·조정·중재 등에 따라 확정된 권리관계에 관한 사항 또는 감사원이 처분을 요구한 사항, ⑦ 사인 간의 권리관계 또는 개인의 사생활에 관한 사항, ⑧ 행정기관등의 직원에 관한 인사행정상의 행위에 관한 사항, ⑨ 그 밖에 관계 행정기관 등에서 직접처리하는 것이 타당하다고 판단되는 사항 중 어느 하나에 해당하는 경우에는 그 고충민원을 관계 기관 등에 이송할 수 있다. 다만 관계 행정기관 등에 이송하는 것이 적절하지 아니하다고 인정하는 경우에는 그 고충민원을 각하할 수 있다(부패방지권익위법 43 ①).

위원회는 조사 중이거나 조사가 끝난 고충민원에 대한 공정한 해결을 위하여 필요한 조치를 당사자에게 제시하고 합의를 권고할 수 있다(부패방지권익위법 44).

위원회는 다수인이 관련되거나 사회적 파급효과가 크다고 인정되는 고충민원의 신속하고 공정한 해결을 위하여 필요하다고 인정하는 경우에는 당사자의 신청 또는 직권에 의하여 조정을 할 수 있다(부패방지권익위법 45 ①).

위원회는 고충민원에 대한 조사결과 처분 등이 위법·부당하다고 인정할 만한 상당한 이유가 있는 경우에는 관계 행정기관 등의 장에게 적절한 시정을 권고할 수 있다(부패방지권익위법 46 ①). 위원회는 고충민원에 대한 조사결과 신청인의 주장이 상당한 이유가 있다고 인정되는 사안에 대하여는 관계 행정기관 등의 장에게 의견을 표명할 수 있다(부패방지권익위법 46 ②).

권익위원회는 고충민원을 조사·처리하는 과정에서 법령 그 밖의 제도나 정책 등의 개선이 필요하다고 인정되는 경우에는 관계 행정기관 등의 장에게 이에 대한 합리적인 개선을 권고하거나 의견을 표명할 수 있다(부패방지권익위법 47).

위원회의 권고 또는 의견을 받은 관계 행정기관 등의 장은 이를 존중하여야 하며, 그 권고 또는 의견을 받은 날부터 30일 이내에 그 처리결과를 권익위원회에 통보하여야 한다(부패방지권익위법 50 ①). 제1항에 따른 권고를 받은 관계 행정기관 등의 장이 그 권고내용을 이행하지 아니하는 경우에는 그 이유를 권익위원회에 문서로 통보하여야 한다(부패방지권익위법 50 ②).

고충민원의 조사·처리과정에서 관계 행정기관 등의 직원이 고의 또는 중대한 과실로 위법·부당하게 업무를 처리한 사실을 발견한 경우 국민권익위원회는 감사원 또는 관계 행정기관 등의 감독기관(감독기관이 없는 경우에는 해당 행정기관 등)에, 시민고충처리위원회는 해당 지방자치단체에 감사를 의뢰할 수 있다(부패방지권익위법 51 ①).

위원회는 ① 위원회의 권고 또는 의견표명의 내용, ② 위원회의 권고 또는 의견에 따른 관계 행정기관의 장의 처리결과, ③ 권고내용의 불이행사유를 공표할 수 있다. 다만, 다른 법률의 규정에 따라 공표가 제한되거나 개인의 사생활의 비밀이 침해될 우려가 있는 경우에는 그러하지 아니하다(부패방지권익위법 53).

6. 고충민원의 신청과 행정심판과의 관계

고충민원은 '행정 전반'에 걸친 민원을 제기하는 것이라는 점에서, 행정청의 '처분이나 부작위'에 대한 불복수단인 행정심판과 구별된다. 따라서 고충민원을 신청한 것은 행정심판청구가 아니다. 다만 예외적으로 신청서가 행정심판과 관련된 행정청(처분청 또는 행정심판기관)에 보내진 경우에는 행정심판이 청구된 것으로 본다(대판 1995.9.29, 95누5332).

제2편

행정상 손해전보

제 1 장

개 설

Ⅰ. 행정상 손해전보: 행정상 손해배상과 손실보상

행정상 손해전보란 국가작용으로 인하여 발생한 손해나 손실을 전보하여 주는 것으로, 행정상 손해배상과 행정상 손실보상을 합쳐 부르는 개념이다. 행정상 손해배상은 '고의 또는 과실에 의한 위법(위법·과실)'한 직무행위에 의하여 발생한 손해를 배상(賠償)해 주는 제도이고, 행정상 손실보상은 '공공필요에 의한 적법(적법·무과실)'한 공권력행사로 인하여 발생한 손실을 보상(補償)하여 주는 제도이다.[1]

※ 참고: 국가책임제도의 연혁

역사적으로 손실보상제도가 국가배상제도보다 더 먼저 형성·발전되었다. 독일의 경우 1794년 프로이센 일반국가법(ALP: Allgemeines Landrecht für die preußischen Staaten) 서장(Einleitung) 제74조, 제75조에서 '전체의 이익이 개인의 이익에 우선됨으로써 발생한 특별한 희생에 대한 보상'을 규정하고 있었던 데에 비하여, 행정상 손해배상제도는 가해자인 공무원과 피해자인 국민 사이의 민법상 불법행위책임(사법관계)으로만 인식되다가 1910년경에 와서야 공무원의 불법행위에 대하여 국가 대신 책임진다는 국가의 대위(代位)책임이 제도화되었다.

이상과 같이 행정상 손실보상과 손해배상은 역사적인 발전과정에서 보더라도 개념적·제도적으로 구분되어 별도의 제도로 성립·발전하였다.

Ⅱ. 양 제도의 접근 경향

양 제도는 서로 다른 제도이지만, '국가작용으로 인한 권리침해에 대하여 국가가 책임을 짐으로써 피해자를 두텁게 보호한다'는 관점에서 보면 양 제도가 피해자구제를 위하여 발전해 가

1 예컨대, ① 공무원이 법령상 주어진 관리감독의무를 이행하지 않아 사고가 발생하여 재산상의 피해가 발생한 것을 국가가 배상하는 경우가 행정상 손해배상이고, ② 도로를 개설할 공공의 필요에 따라 도로부지의 토지 및 건물에 대한 개인의 재산권을 박탈(수용)하고 그 재산적 피해(도로개설을 위한 '특별'한 희생)를 보상하는 경우가 행정상 손실보상이다.

면서 서로 접근해 가는 경향을 보이기도 한다. 예를 들면, 양 제도는 본래 '위법·과실의 행정상 손해배상'과 '적법·무과실의 행정상 손실보상'으로 구분되는데, 그 사이에 존재하는 중간영역(위법·무과실)[2]의 경우에는 권리구제가 불가능하다는 문제가 있었다. 이에 대하여 독일의 연방대법원(Bundesgerichtshof: BGH)[3]은 수용유사침해와 수용적 침해라는 판례이론을 통하여 손실을 보상하면서 권리구제에 만전을 기하고 있다. 이러한 판례이론은 국가행위의 위법 또는 적법성의 기준보다는 개인에게 발생한 권리침해를 메꾸어 주려는 데 그 초점을 맞추고 있어서 양 제도의 통합적 접근이 가능함을 보여주고 있다.

그러나 행정상 손해배상과 손실보상을 국가책임으로 통합하는 것이 국민의 권리구제 차원에서는 바람직한 것이기는 하지만, 행정상 손해배상의 경우와는 달리 손실보상의 경우는 대상과 내용을 단일의 법률로 법제화하는 것이 매우 어렵다는 점에서[4] 양 제도 사이에 일정한 간격이 있음을 부인하기 어렵다.

실정법상 행정상 손해전보로서 손해배상과 손실보상제도가 구분되고 있으므로, 아래에서는 제도의 구분을 전제로 설명하기로 한다.

---

2 예컨대, 도로개설을 위하여 토지를 수용(收用)하였는데, 도로개설의 법적 근거가 없어 수용(재산권 박탈)이 위법하게 되는 경우는, 도로개설이라는 공공필요를 고려하면 '무과실'의 행위이지만, 결과적으로 수용행위는 '위법'한 경우가 된다. 이 경우는 손해배상의 요건도, 손실보상의 요건도 모두 충족하지 못하는 경우가 되어 법제상으로는 권리구제가 어렵다.

3 독일은 연방에 연방대법원 이외에 연방대법원급의 연방행정재판소, 연방노동재판소, 연방재정재판소, 연방사회재판소로 연방대법원이 전문화되어 있다. 즉 대법원이 5개로 나뉘어 있는 셈이다. 독일은 국가책임(손해배상과 손실보상)에 관한 공법이 따로 없어서 이에 관한 사건은 -연방행정재판소가 아니라- 연방대법원 관할이다.

수용유사침해는 '위법·무과실'의 재산권 침해로서, 만약 적법하였더라면 수용에 해당되었을 재산권침해를 말하고(위 위법한 재산권수용의 예), 수용적 침해란 적법한 행정작용의 부수적 결과로서 의도되지 않은, 비정형적인 재산권 침해를 말한다(지하철공사로 인근 건물에 균열이 생긴 경우).

4 공공의 필요에 따라 불가피하게 재산권을 침해하게 되는 경우 이 침해의 유형이나 정도가 워낙 천차만별이어서 보상이 필요한 경우를 일률적으로 정하기 어렵고, 보상의 문제는 국가재정과도 관련이 있어 법률로 쉽게 정할 수 있는 문제는 아니다.

제 2 장

행정상 손해배상

제1절 행정상 손해배상제도의 의의

행정상 손해배상제도는 국가 또는 공공단체의 위법한 직무행위로 인하여 개인에게 가하여진 손해를 배상하여 주는 제도이다.

행정상 손해배상은 행위의 위법성과 행위자의 과실을 요건으로 하고 있는 점(위법·과실)에서 민사상 불법행위책임과 같다. 그러나 배상주체가 공무원 개인이 아닌 행정주체이고 또한 손해의 발생이 행정작용에 의한 것이라는 점에서 구별된다.

국가배상책임은 주권면책사상(Sovereign Immunity)으로 인하여 20세기에 들어와서야 비로소 인정되었다. 그 이전에는 공무원의 위법한 직무행위로 인한 손해에 대하여 공무원 개인이 민사상 손해배상책임을 질 뿐 국가는 배상책임을 지지 않았다. 그러나 점차 피해자를 더 두텁게 보호하여야 하는 등의 이유 때문에 오늘날에는 국가의 배상책임을 인정하는 경향이 일반화되었다.

제2절 우리나라의 행정상 손해배상제도

Ⅰ. 헌법적 근거

현행 헌법 제29조 제1항은 “공무원의 직무상 불법행위로 손해를 받은 국민은 법률이 정하는 바에 의하여 국가 또는 공공단체에 정당한 배상을 청구할 수 있다. 이 경우 공무원 자신의 책임은 면제되지 아니한다.”고 규정하여 공무원의 불법행위로 인한 국가배상책임을 헌법적으로 명시하고 있다.

II. 국가배상법

1. 국가배상법의 지위

헌법규정에 따라 1951년 국가배상법이 제정되었다. 국가배상법은 제8조에서 "국가나 지방자치단체의 손해배상 책임에 관하여는 이 법에 규정된 사항 외에는 민법에 따른다. 다만, 민법 외의 법률에 다른 규정이 있을 때에는 그 규정에 따른다."고 하여 국가나 지방자치단체의 손해배상책임에 관한 일반법임을 명시하고 있다. 이에 따라 ① 민법 이외의 특별규정이 있는 경우에는(예: 우편법 제5장, 원자력손해배상법 3) 여기에 따르고, ② 특별규정이 없으면 국가배상법이 적용되며, ③ 국가배상법에 규정이 없으면 민법이 적용된다. 외국인이 피해자인 경우에는 해당 국가와 상호 보증이 있는 경우에만 국가배상법이 적용된다(국배법 7).[1]

2. 국가배상법의 법적 성격

국가배상법의 성격에 관하여는 견해가 나뉘는데, ① 먼저 사법설은 국가배상법을 손해배상에 관한 민법의 특별법으로서 사법이라고 본다. 이 설에 따를 경우 국가배상청구소송은 민사소송으로서 민사법원의 관할이 된다. 판례의 견해이기도 하다(대판 1972.10.10, 69다701). ② 반면 공법설은 국가배상법은 공법적 원인에 의하여 발생하는 국가의 배상책임을 규율하고 있으므로 공법이라고 한다(다수설). 이 설에 따를 경우 국가배상청구소송은 행정소송으로서 당사자소송의 형태로 행정사건 담당 법원에 제기하여야 한다. ③ 판례는 오래전부터 소송실무상 국가배상사건을 민사사건으로 다루고 있지만, 위법한 직무행위로 인한 피해에 대하여 공무원이 아닌 국가에게 배상책임을 물리는 것은 피해자를 보호하고 법치국가원리를 실현하고자 하는 취지라는 점에서 사법의 영역에서의 문제와는 구별되어야 한다. 따라서 공법설이 타당하다. 지난 2013년 입법예고된 행정소송법개정안 제3조 제2호도 행정상 손해배상청구소송을 당사자소송으로 규정한 바 있다.

3. 배상책임의 유형

국가배상법은 배상책임의 유형으로 ① 동법 제2조의 공무원의 위법행위로 인한 손해배상책임과 ② 제5조의 공공시설의 설치·관리상의 하자로 인한 손해배상책임을 규정하고 있다.

---

1 '상호 보증'이란 외국인의 본국법에 우리의 국가배상법과 같은 규정이 있어야 하고, 이에 따라 우리 국민이 해당 외국에서 국가배상청구를 할 수 있는 경우여야 한다는 것을 의미한다(한·일 사이에 상호보증을 인정한 사례. 대판 2015.6.11, 2013다208388).

제3절 공무원의 위법행위로 인한 손해배상

1. 행정상 손해배상의 의의

2. 국배법 제2조의 배상책임의 요건

① 공무원, ② 직무, ③ 직무집행,
④ 고의·과실, ⑤ 법령위반(위법),
⑥ 타인에게 손해 발생

(1) 공무원

○ 넓은 의미의 공무원(통설·판례)

(2) 직무

1) 범위: 광의설

2) 부작위(권한의 불행사·권한해태·직무소홀)

① 학설

② 판례

3) 입법작용

① 법률에 근거한 처분에 의한 손해의 경우

② 법률에 의하여 직접 손해가 발생한 경우

4) 사법(司法)작용

① 학설

② 판례

(3) 직무를 집행하면서: 외형설

(4) 고의·과실

1) 고의

2) 과실

- 평균적 공무원, 객관적 주의의무 등

3) 과실의 객관화

(5) 법령위반

1) 법령위반의 관념에 관한 학설 및 판례

○ ① 결과불법설, ② 상대적 위법성설, ③ 행위위법설(광의·협의), ④ 직무의무위반설 등

○ 판례: 광의의 행위위법설

2) 법령위반의 의미

3) 특히 부작위에 의한 위반

① 문제의 소재

② 학설

③ 판례

4) '작위의무의 불이행(권한의 불행사)'이 위법하게 되는 경우

(6) 타인에게 손해가 발생할 것

국가배상법 제2조는 제1항에서 "국가나 지방자치단체는 공무원 또는 공무를 위탁받은 사인이 직무를 집행하면서 고의 또는 과실로 법령을 위반하여 타인에게 손해를 입히거나, 자동차손해배상보장법에 따라 손해배상의 책임이 있을 때에는 이 법에 따라 그 손해를 배상하여야 한다."고 하고, 제2항에서는 "제1항 본문의 경우에 공무원에게 고의 또는 중대한 과실이 있으면 국가나 지방자치단체는 그 공무원에게 구상(求償)할 수 있다."고 하여 공무원의 위법한 직무집행으로 인한 국가와 지방자치단체의 손해배상책임을 명시적으로 규정하고 있다.

Ⅰ. 배상책임의 요건*

국가배상법 제2조에 따라 국가나 지방자치단체의 배상책임이 성립하기 위해서는 ① 공무원

* 사법시험(2009년), 행정고시(2006년), 변호사시험(2019년), 5급공채(2024년).

의 행위일 것, ② 직무행위일 것, ③ 직무를 집행하면서 행한 행위일 것, ④ 고의·과실이 있을 것, ⑤ 위법할 것, ⑥ 타인에게 손해가 발생할 것이라는 요건이 충족되어야 한다.

1. 공무원

여기에서의 공무원은 넓은 의미로 널리 공무를 위탁받아 이에 종사하는 자를 포함한다고 보는 것이 통설·판례의 입장이다(대판 2001.1.5, 98다39060).

여기에서의 공무원에는 국가(행정부·입법부·사법부) 및 지방자치단체 소속의 모든 공무원이 포함된다.

국가배상법은 '공무원 또는 공무를 위탁받은 사인'을 위법행위의 주체로 명시적으로 규정하고 있으므로 공무를 위탁받아 수행하는 사인도 공무원에 해당한다.

판례는 집행관,[2] 소집중인 향토예비군[3] 등을 공무원으로 보고 있으나, 의용소방대원은 공무원이 아니라고 보고 있다.[4] 그러나 국가배상을 인정하는 법의 취지를 고려할 때 공무원을 넓게 해석하는 것이 타당하다는 점에서 의용소방대원도 국가배상법상의 공무원으로 보아야 할 것이다.

2. 직무

(1) 직무의 범위

국가배상법 제2조에서 말하는 '직무'의 범위에 관하여는 ① 좁게, 권력작용만을 의미한다는 협의설(狹義說), ② 넓게, 권력작용과 국가배상법 제5조에 규정된 것을 제외한 비권력작용을 포함한다는 광의설(廣義說), ③ 가장 넓게, 권력작용과 비권력작용 이외에 사경제작용도 포함된다는 최광의설(最廣義說)이 있으나, ④ 광의설이 타당하다. 국고관계는 사법관계이므로, 이에 대한 손해배상책임도 민법에 의하여야 할 것이다(대판 2004.4.9, 2002다10691).

(2) 직무행위의 내용

광의설에 따르면 직무의 내용은 권력작용과 비권력작용이 된다. 다만 비권력작용 가운데 공공시설의 설치·관리작용은 국가배상법 제5조가 적용되므로 여기에서는 제외된다. 직무행위는 행정작용뿐 아니라 입법작용이나 사법(司法)작용도 모두 포함한다.

'직무'와 관련하여, 특히 부작위, 입법작용, 사법작용으로 인한 손해에 대한 국가의 배상책임이 문제된다.

---

2 대판 1966.7.26, 66다854.
3 대판 1970.5.6, 70다471.
4 대판 1978.7.11, 78다584.

(3) 부작위(권한의 불행사 · 권한해태 · 직무소홀)*

1. 문제 — 적용설
2. 학설: ① 사익보호성 불요설, ② 사익보호성
3. 판례: ②의 입장

공무원의 직무행위에는 적극적인 작위뿐 아니라 권한을 행사하지 않거나 직무를 소홀히 하는 등의 소극적인 부작위도 포함된다. 예컨대 화재사건과 관련하여 공무원이 소방 관련법상 부과된 소방검사의무라는 직무를 제대로 수행하지 않았을 경우 이와 같은 공무원의 직무소홀 또는 부작위도 직무행위에 포함된다.

그런데 이러한 부작위로 손해가 발생한 경우 국가가 배상책임을 지는지가 문제될 수 있다. 왜냐하면 공무원은 단지 법령상의 직무를 소홀히 한 것일 뿐 적극적으로 피해를 발생시킨 것은 아니기 때문이다. 이러한 직무소홀의 경우 해당 직무(예: 소방검사) 규정이 공익뿐 아니라 사익도 보호하고 있는가(사익보호성)[5]에 따라 국가배상책임 여부를 판단할 것인지가 문제인데, 이에 대해서는 ① 직무의 사익보호성은 항고소송의 원고적격의 문제(개인적 공권의 문제)로 국가배상에는 적용되지 않는다는 견해도 있으나, ② 공무원에게 부과된 직무상 의무가 공익뿐 아니라 사익도 보호하기 위한 것인 경우에는 국가배상책임을 인정하여야 한다는 것이 판례 및 다수설이다. ③ 국가배상청구권도 공권이므로 그 성립에는 사익보호성이 요구되고, 사익보호성을 적용함으로써 국가배상책임의 인정범위가 넓어진다는 점에서 ②가 타당하다.

판례 > 국가배상에서의 직무의 사익보호성, 상당인과관계[6]의 판단기준

"공무원에게 부과된 직무상 의무의 내용이 단순히 공공 일반의 이익을 위한 것이거나 행정기관 내부의 질서를 규율하기 위한 것이 아니고 전적으로 또는 부수적으로 사회구성원 개인의 안전과 이익을 보호하기 위하여 설정된 것이라면, 공무원이 그와 같은 직무상 의무를 위반함으로 인하여 피해자

* 사법시험(2013년), 5급공채(재경)(2011년).

5 사익보호성은 개인적 공권 성립의 제2요소이다. 즉 개인에게 공권이 인정되려면 ① 행정청에게 의무가 있어야 하고, ② 의무를 부과하는 규정이 공익뿐만 아니라 사익도 보호하여야 한다. 이 사익보호성은 본래 개인적 공권과 관련된 이론인데, 직무소홀의 경우 국가배상책임의 인정 여부에도 이 이론을 적용해서, 공무원의 직무에 관한 규정이 사익도 보호하는 경우 직무소홀에 대해서는 국가가 배상책임을 진다고 보는 것이 다수설과 판례이다. 예컨대 화재사건에서 공무원이 소방검사 권한을 제대로 행사하지 않은 경우 소방검사 규정은 소방안전이라는 공익뿐 아니라 화재로부터 개인의 생명 · 신체 · 재산 등을 보호하기 위한 목적도 있으므로(사익보호성 인정), 발생된 피해에 대하여 국가가 배상책임을 진다는 것이다.

6 '상당(相當)인과관계'란 어떤 원인이 있으면 보통 그러한 결과가 발생하리라고 인정되는 관계를 말한다.

가 입은 손해에 대하여는 상당인과관계가 인정되는 범위 내에서 국가가 배상책임을 지는 것이고, 이 때 상당인과관계의 유무를 판단함에 있어서는 일반적인 결과발생의 개연성은 물론 직무상 의무를 부과하는 법령 기타 행동규범의 목적이나 가해행위의 태양 및 피해의 정도 등을 종합적으로 고려하여야 할 것이다(대판 2021.6.10, 2017다286874).

선박안전법이나 유선및도선업법의 각 규정은 공공의 안전 외에 일반인의 인명과 재화의 안전보장도 그 목적으로 하는 것이라고 할 것이므로 국가 소속 선박검사관이나 시 소속 공무원들이 직무상 의무를 위반하여 시설이 불량한 선박에 대하여 선박중간검사에 합격하였다 하여 선박검사증서를 발급하고, 해당 법규에 규정된 조치를 취함이 없이 계속 운항하게 함으로써 화재사고가 발생한 것이라면, 화재사고와 공무원들의 직무상 의무위반행위와의 사이에는 상당인과관계가 있다(대판 1993.2.12, 91다43466)."

"(부산2저축은행 발행의 후순위사채에 투자한 원고들이 사채발행회사, 외부감사인, 증권회사, 신용평가회사, 금융감독원, 대한민국 등을 상대로 손해배상을 청구한 사안에서) 금융위원회의 설치 등에 관한 법률의 입법취지 등에 비추어 볼 때, 피고 금융감독원에 금융기관에 대한 검사·감독의무를 부과한 법령의 목적이 금융상품에 투자한 투자자 개인의 이익을 직접 보호하기 위한 것이라고 할 수 없으므로, 피고 금융감독원 및 그 직원들의 위법한 직무집행과 부산2저축은행의 후순위사채에 투자한 원고들이 입은 손해 사이에 상당인과관계가 있다고 보기 어렵다(대판 2015.12.23, 2015다210194)."

(4) 입법작용

1) 법률에 근거한 처분에 의한 손해의 경우

처분이 있은 이후 처분의 근거법이 위헌으로 무효가 되었다면, 당해 처분은 법률상 근거가 없는, 위법한 처분이 된다. 그러나 이 때 국가배상법 제2조에 따른 국가배상책임이 인정되려면 공무원의 법집행에 과실이 있어야 하는데, 처분을 할 당시에는 근거법이 위헌으로 결정된 것이 아니었기 때문에 이 법을 집행한 공무원에게 직무행위의 과실을 물을 수는 없다. 따라서 국가배상책임이 인정되지 않는다.

2) 법률에 의하여 직접 손해가 발생한 경우

법률이 직접 개인에게 손해를 발생시킨 경우 국가배상책임이 인정되려면 이 법률의 입법과정상의 과실을 입증하여야 하는데, 국회의 입법과정에서의 과실은, 구체적인 입법의무를 명백히 고의적으로 이행하지 않는 등의 극히 예외적인 경우를 제외하고는, 입증이 사실상 어렵다 할 것이다(대판 2008.5.29, 2004다33469).

(5) 사법(司法)작용

위법한 재판작용으로 인하여 개인에게 손해를 발생시킨 경우에는 국가에 대하여 손해배상을 청구할 수 있다. 그러나 판결이 상소나 재심에 의하여 번복되는 경우에 관계 법관의 재판작용에 대하여 국가배상을 청구할 수 있는가에 대해서는 논란이 있다.

생각건대 재판작용도 국가의 직무행위이므로 이에 대한 국가배상책임이 가능하여야 하는데, 다만 재판작용의 특수성, 법관의 독립성 등을 고려할 때, 재판행위가 명백히 위법하다고 볼 만한 특별한 사정이 있는 경우이거나 당사자의 권리구제를 위하여 불가피하게 요구되는 특수한 사정이 있는 경우 등으로만 제한하여 인정하여야 할 것이다.

판례도 법관이 재판에 관한 권한을 명백하게 어긋나게 행사하였다고 할 만한 특별한 사정이 있는 경우로만 제한하여 국가배상책임을 인정하고 있다(대판 2001.10.12, 2001다47290). 재판에 대한 불복절차나 시정절차가 없는 경우에는 부당한 재판에 대한 국가배상책임을 인정할 수 있지만(대판 2003.7.11, 99다24218), 그와 같은 절차가 마련되어 있는 경우라면, 부득이한 사정이 없는 한, 이와 같은 절차를 통하여 시정을 구하지 않는 경우에는 그러하지 아니하다(대판 2022.3.17, 2019다226975).

3. 직무를 집행하면서*

'직무를 집행하면서'란 ① 직무행위 자체는 물론이고, ② 객관적으로 직무행위의 외형(外形)을 갖추고 있는 행위를 포함한다고 보는 것이 통설과 판례이다(외형설).

4. 고의 · 과실**

1. 고의	○ 의의
○ 의의	○ 판례: 평균적 공무원, 객관적 주의의무 등
2. 과실	**3. 과실의 객관화 경향**

(1) 의미

국가배상법 제2조는 과실책임주의[7]에 입각하고 있으므로 국가배상책임의 성립에 공무원의 고의 · 과실이 필요하다. 여기에서 고의란 일정한 결과가 발생할 것을 알고 있는 경우이고, 과실이란 공무원으로서 일반적으로 요구되는 주의의무를 게을리 한 경우를 의미한다.

판례도 공무원의 직무집행상의 과실을 그 직무를 수행하면서 '평균적 공무원'이 통상 갖추어야 할 '객관적 주의의무'를 게을리한 것으로 보고 있다(대판 2021.6.10, 2017다286874).

---

* 사법시험(2004년), 입법고시(2001년).

** 사법시험(2009년), 변호사시험(2019년).

7 고의 또는 과실로 다른 것에 손해를 끼친 경우에 한하여 그 배상 책임을 지는 원칙을 말한다.

[과실에 관한 판례]

“행정청이 법령해석이 확립되기 전에 어느 한 견해를 취한 것이 결과적으로 위법하게 되었다고 하더라도 처분 당시 그 이상을 성실한 평균적 공무원에게 기대하기 어려웠던 경우라면 특별한 사정이 없는 한 과실로 인한 것이라고 볼 수는 없다(대판 2004.6.11, 2002다31018).”

“공무원이 확립된 법령의 해석에 어긋나는 견해를 고집하여 계속하여 위법한 처분을 한다면, 이는 그 공무원의 고의 또는 과실로 인한 것이다(대판 2007.5.10, 2005다31828).”

“행정입법에 관여한 공무원이 다양한 요소를 고려하여 나름대로 합리적인 근거를 찾아 어느 하나의 견해에 따라 경과규정을 두는 등의 조치 없이 새 법령을 그대로 시행하거나 적용하였다 하더라도 이런 경우까지 과실이 있다고 할 수는 없다(대판 2013.4.26, 2011다14428).”

“공무원이 일반의 공무원을 표준으로 하여 볼 때 객관적 주의의무를 결하여 그 행정처분이 객관적 정당성을 상실하였다고 인정될 정도에 이른 경우에 국가배상법 제2조가 정한 국가배상책임의 요건을 충족하였다고 봄이 상당하다(대판 2012.5.24, 2012다11297).”

“일반적으로 공무원이 관계법규를 알지 못하거나 필요한 지식을 갖추지 못하고 법규의 해석을 그르쳐 행정처분을 하였다면 그가 법률전문가 아닌 행정직 공무원이라고 하여 과실이 없다고는 할 수 없다(대판 1981.8.25, 80다1598).”

(2) 과실의 객관화 경향

국가배상법 제2조의 배상책임의 요건인 ‘과실’을 공무원 개인의 주관적인 요소에만 의존하여 판단하는 것은 피해자구제의 측면에서 바람직하지 못하다.

이에 따라, 예컨대 과실을 ① ‘평균적 공무원의 주의력’을 기준으로 파악한다거나, ② ‘국가작용의 흠’ 정도로 완화시키거나, ③ 위법성과 과실 중 어느 하나가 입증되면 다른 요건도 인정된다고 보거나, ④ 독일처럼 가해공무원을 특정할 필요 없이 그 가해공무원이 속한 조직의 과실을 인정하는 조직과실(Organisationsverschulden)[8]등과 같이 과실을 객관화하여 과실의 입증을 용이하게 하려는 경향이 있다.

위 판례에서도 ‘평균적’ 공무원, ‘객관적’ 주의의무와 같이, 가급적 ‘객관적인 표지’에 의하여 과실을 보다 용이하게 입증할 수 있도록 하려는 경향을 보이고 있다.

(3) 입증책임의 완화

고의 또는 과실의 입증책임은 원칙적으로 피해자인 원고가 부담하는 것이 일반적이다. 그러

8 예컨대 교통표지판 담당자의 휴가로 인하여 필요한 교통표지판이 제때 설치되지 않음으로써 교통사고가 발생하였다면 담당공무원이 속한 행정청의 과실을 인정하는 것이다.

나 공무원의 직무행위를 잘 알 수 없는 피해자의 입장에서 공무원의 과실을 입증하기가 쉽지 않다. 따라서 피해자를 보다 공정하고 두텁게 보호하기 위해서 필요한 경우에는 원고의 입증책임을 적절히 줄여줄 필요가 있다.

(4) 가해공무원의 특정

공무원의 과실을 인정하는 데 있어서 발생된 손해가 공무원의 직무행위에 의한 것이라고 인정되는 것이라면 가해공무원이 특정되지 않더라도 과실 여부를 판단할 수 있다.

5. 법령위반*

1. 법령위반의 관념에 관한 학설 및 판례
- ○ 학설: ① 결과불법설, ② 상대적 위법성설, ③ (광의와 협의의) 행위위법설, ④ 직무의무위반설 등
- ○ 판례: 광의의 행위위법설

2. 법령위반의 의미
- ○ 법령
- ○ 위반

3. 특히 부작위에 의한 위반
- (1) 문제
- (2) 학설
  - ○ 명문의 규정이 필요하다는 견해
  - ○ 헌법 및 행정법의 일반원칙으로부터도 당연히 도출될 수 있다는 견해
- (3) 판례: 법령에 근거가 없더라도 작위의무 인정 가능

공무원의 직무행위는 '법령을 위반한 것(=위법)'이어야 한다. 법령위반의 관념에 관하여는 학설의 대립이 있다.

(1) 법령위반의 관념에 관한 학설 및 판례[9]

1) 결과불법설

이 설은 국가배상법상의 법령위반을 -공무원의 직무'행위'가 법령에 위반하는가가 아니라-

---

* 사법시험(1996년), 사법시험(2009년), 변호사시험(2019년), 5급공채(2021년).

9 국가배상법상 '법령위반'은 곧 '위법'을 의미한다.

'위법'은 본래 '적법요건(주체·내용·형식·절차요건)을 준수하지 않는 것'을 의미하는데, 한 마디로 말하면, '실정법을 위반하거나 행정법의 일반원칙(비례원칙·평등원칙·신뢰보호원칙 등)을 위반한 경우'를 말한다.

그런데 국가배상법은 피해자를 두텁게 보호하려고 공무원에 비하여 금전적 능력이 충분한 국가·지방자치단체로 하여금 배상하도록 하는 취지라는 점에서 배상책임의 요건인 '(국가배상에서의) 위법'의 범위를 '취소소송과 같은 항고소송에서의 처분의 위법'보다 더 넓게 보아야 한다는 의견들이 제시되었다(이른바 위법 개념의 상대화).

이러한 논의에 따라, '취소소송에서의 위법'과 '국가배상에서의 위법'이 같아야 한다는 견해도 있게 되었고, 후자가 더 넓어야 한다는 견해도 있게 된 것이다. 여기에서는 이와 같은 위법에 대한 관념의 차이를 설명하려는 것이다.

직무행위의 '결과'가 위법한 것이라고 한다. 이 설에 따르면 행위의 결과 발생한 손해를 기준으로 위법 여부를 판단하게 되므로 위법의 개념이 상당히 확장될 가능성이 크다.

2) 상대적 위법성설

이 설은 '취소소송에서의 위법' 개념과는 달리 피해자와의 관계에서의 침해행위의 형태를 기준으로 '국가배상에서의 위법' 개념을 달리 정하려는 견해이다(위법성 개념의 상대화).

3) 행위위법설

이 설은 법치행정의 관점에서 공무원의 직무행위의 적법요건을 갖추었는지를 기준으로 위법성 여부를 판단하여야 한다는 견해로, 여기에는 ① '국가배상에서의 위법'과 '취소소송에서의 위법'은 동일하다고 보는 협의(狹義)의 행위위법설과 ② '국가배상에서의 위법'은 '취소소송에서의 위법'뿐 아니라 '널리 신의성실·공서양속·권력남용금지[10] 등의 위반도 포함'된다고 보는 광의(廣義)의 행위위법설(통설)이 있다.

4) 판례

판례는 국가배상책임에 있어 법령위반은 '법령위반'뿐 아니라 '널리 신의성실·공서양속·권력남용금지 등의 위반도 포함'되는 것으로 보고 있어 광의의 행위위법설의 입장이다.

판례 > 국가배상책임에 있어 '법령 위반'의 의미

> "국가배상책임에 있어서 공무원의 가해행위는 '법령에 위반한' 것이어야 하고, 법령 위반이라 함은 엄격한 의미의 법령 위반뿐만 아니라 인권존중, 권력남용금지, 신의성실, 공서양속 등의 위반도 포함하여 널리 그 행위가 객관적인 정당성을 결여하고 있음을 의미한다고 할 것이다(대판 2009.12.24, 2009다70180; 대판 2020.4.29, 2015다224797; 대판 2022.7.14, 2017다266771)."
> "헌법상 과잉금지의 원칙 내지 비례의 원칙을 위반하여 국민의 기본권을 침해한 국가작용은 국가배상책임에 있어 법령을 위반한 가해행위가 된다(대판 2022.9.29, 2018다224408)."

판례는 법령위반을 해석할 때 '공무원의 직무집행이 현저히 합리성을 결여하고 있는지'를 추가적인 위법판단의 기준으로 삼고 있다(대판 1997.7.25, 94다2480; 대판 2015.8.27, 2012다

10 '신의성실'은 상대편의 신뢰에 어긋나지 아니하도록 성의 있게 행동하여야 한다는 민법의 원칙이고, '공서양속'은 공공의 질서와 선량한 풍속을 아울러 이르는 말로 법적 판단의 기준이 되는 사회적 타당성이 인정되는 도덕관이고, '권력남용금지'는 권리의 행사가 사회 질서에 위반되는 경우에는 정당한 권리 행사로 인정되지 않고 그 법률 효과도 발생하지 않는다는 민법의 원칙에서 비롯된 것으로 권력을 지나치게 행사해서는 안 된다는 원칙이다. 이들 원칙은 모든 법 영역에 적용되는 '법의 일반원칙'이라고 이해되고 있다.

204587; 대판 2020.6.4, 2015다233807). 이 점에서 판례는 광의의 행위위법설을 취하고 있다고 판단된다.

판례 > 국가배상책임의 성립요건으로서의 '법령위반'

"[다수의견] 구 국가안전과 공공질서의 수호를 위한 대통령긴급조치(1975.5.13. 대통령긴급조치 제9호)는 위헌·무효임이 명백하고, 그 발령부터 적용·집행에 이르는 일련의 국가작용은, 전체적으로 보아 공무원이 직무를 집행하면서 객관적 주의의무를 소홀히 하여 그 직무행위가 객관적 정당성을 상실한 것으로서 위법하다(대판 2022.8.30, 2018다212610 전원합의체)."

5) 결어

국가배상은 공무원의 위법한 직무행위로 인하여 발생한 손해에 대하여 피해자 구제에 만전을 기하기 위하여 상대적으로 자력(資力)이 풍부한 국가나 지방자치단체가 배상책임을 지도록 하는 제도이기 때문에, 국가배상책임의 요건을 어느 정도 완화해서 해석할 필요가 있다. 이러한 취지를 고려하면 위법 개념을 취소소송에서보다 다소 넓게 이해하는 광의의 행위위법설이 타당하다고 하여야 할 것이다.

하지만 이 설이 추가적인 위법의 기준으로 보는 '신의성실·공서양속·권력남용금지 등'은 '법의 일반원칙'으로서 당연히 '행정법의 일반원칙'에 포함되는 것이기 때문에, -관념적으로는 차이가 있을지언정- 법적용의 실제에 있어서는 '취소소송의 위법'만을 법령위반으로 보는 협의의 행위위법설과 아무런 차이가 없다.

(2) 법령위반의 의미

1) 법령

공무원의 직무상 불법행위는 법령에 위반한 것이어야 한다. 여기에서의 법령이란 현행 법령 이외에도 행정법의 일반원칙도 포함된다. 광의의 행위위법설에서 말하는 '인권존중, 권력남용금지, 신의성실, 공서양속 등'도 법의 일반원칙으로서 여기에 포함된다.

2) 위반

위반이라 함은 현행 법령이나 행정법의 일반원칙(법의 일반원칙 포함)에 위배됨을 말한다. 이와 관련하여 몇 가지 관련사항을 검토해 보기로 한다.

① 부당한 재량권행사

공무원의 직무집행이 재량권의 한계 내에서 단순히 재량을 그르친 부당한 경우, 이는 합목적성을 결여[11]한 것이지만 여전히 '적법'한 것이므로, 국가배상법상 '법령위반'에 해당한다고 보기 어렵다. 다만 위법과 부당은 사실상 구별하기 어렵다는 문제는 있다.

② 행정규칙 위반

행정규칙이 대외적 구속력을 가지는 예외적인 경우(예: 법령보충규칙)를 제외하고는, 일반적으로 대외적 구속력이 없는 행정규칙 위반은 법령위반에 해당하지 않는다.

③ 부작위에 의한 위반*

법령위반은 소극적인 부작위로도 가능한데, 다만 이 경우 작위의무가 존재하여야 한다.

이와 관련하여 '작위의무에 관한 명문의 법적 근거가 없더라도 작위의무를 인정할 수 있는가'하는 것이 문제이다. 생각건대 행정주체는 국민의 생명·신체·재산 등에 관한 기본권을 보호하여야 할 의무가 있고, 이러한 보호의무는 명문의 규정에 의해서만이 아니라 헌법 및 행정법의 일반원칙으로부터도 당연히 도출될 수 있다고 보아야 할 것이다[판례1]. 그러나 행정입법의 경우에는 법률규정 자체 또는 헌법재판소의 위헌결정으로부터 행정청의 입법의무가 바로 도출된다고 보기는 어렵다[판례2].

판례1 > 명문의 규정 없이도 공무원의 작위의무가 도출되는지 여부

"… 여기서 '법령에 위반하여'라고 하는 것이 엄격하게 형식적 의미의 법령에 명시적으로 공무원의 작위의무가 규정되어 있는데도 이를 위반하는 경우만을 의미하는 것은 아니고, 국민의 생명, 신체, 재산 등에 대하여 절박하고 중대한 위험상태가 발생하였거나 발생할 우려가 있어서 국민의 생명, 신체, 재산 등을 보호하는 것을 본래적 사명으로 하는 국가가 초법규적, 일차적으로 그 위험 배제에 나서지 아니하면 국민의 생명, 신체, 재산 등을 보호할 수 없는 경우에는 형식적 의미의 법령에 근거가 없더라도 국가나 관련 공무원에 대하여 그러한 위험을 배제할 작위의무를 인정할 수 있을 것 … (대판 2005.6.10, 2002다53995)."

---

* 사법시험(1997년), 사법시험(2009년), 사법시험(2013년), 입법고시(2001년), 5급공채(재경)(2011년), 5급공채(2021년).

11 합목적성을 결여하였다는 의미는 '적법하기는 하지만 타당하지 않다', 즉 '적법하지만 최선의 선택은 아니다'라는 의미이다(예: 위반행위가 적발된 이후 1년이 넘어서야 법령의 규정에 따라 제재처분을 한 경우(행정청의 제재처분권의 행사기간(제척기간)에 관한 규정은 따로 없음), 이 제재처분은 (형식적으로는) 법령을 준수한 것이지만, 가급적이면 상식적으로 납득이 되는 시점 안에 처분하는 것이 더 바람직하다고 판단된다는 점에서 부당하다고 할 수 있음).

판례2 > 법률규정 자체 또는 헌법재판소의 위헌결정으로부터 행정입법 의무가 바로 인정되는지 여부

"… 관련 법률 자체로 보건복지부장관에게 원고들에 대한 치과의사전문의 자격시험 응시자격 부여 등 경과조치에 관한 사항과 관련한 행정입법 의무가 곧바로 도출된다고 보기는 어렵다(대판 2018.6.15, 2017다249769[손해배상(기)])."

④ '작위의무의 불이행(권한의 불행사)'이 위법하게 되는 경우

공무원이 작위의무를 이행하지 않는 경우, 이러한 공무원의 '권한의 불행사(부작위)'가 '현저하게 불합리하다고 인정되는 경우'이거나 '현저하게 합리성을 잃어 사회적 타당성이 없는 경우'에는 직무상 의무를 위반한 것으로서 위법하게 된다[판례 3,4].

판례3 > 경찰관의 권한의 불행사가 직무상의 의무를 위반하여 위법한지 여부

"… 경찰관에게 권한을 부여한 취지와 목적에 비추어 볼 때 구체적인 사정에 따라 경찰관이 권한을 행사하여 필요한 조치를 취하지 아니하는 것이 현저하게 불합리하다고 인정되는 경우에는 그러한 권한의 불행사는 직무상의 의무를 위반한 것이 되어 위법하게 된다(대판 2017.11.9, 2017다228083; 대판 2022.7.14, 2017다290538)."

판례4 > 소방공무원이 권한을 행사하지 아니한 것이 직무상 의무를 위반하여 위법하게 되는지 여부

"… 소방공무원의 행정권한 행사가 관계 법률의 규정 형식상 소방공무원의 재량에 맡겨져 있더라도 소방공무원에게 그러한 권한을 부여한 취지와 목적에 비추어 볼 때 구체적인 상황 아래에서 소방공무원이 권한을 행사하지 아니한 것이 현저하게 합리성을 잃어 사회적 타당성이 없는 경우에는 소방공무원의 직무상 의무를 위반한 것으로서 위법하게 된다(대판 2016.8.25, 2014다225083)."

3) 선결문제로서의 위법 여부의 판단

위법한 처분으로 인하여 손해를 입은 개인이 국가배상청구소송을 제기한 경우에 수소법원인 민사법원이 당해 처분의 위법 여부를 스스로 판단할 수 있는가 하는 문제가 행정행위의 공정력 또는 구성요건적 효력과 관련하여 문제된다.

공정력은 단순한 절차적 효력일 뿐 적법성까지 추정되는 것은 아니므로, 민사법원이 행정행위의 효력을 부인(취소)하지 않는 한, 그 위법성을 스스로 심리·판단할 수 있다고 보아야 할 것이다(긍정설로서 다수설 및 판례).

4) 국가배상법상의 법령위반과 취소소송에서의 위법성*

1. 동일성 여부
- ○ 위법성 동일설: 협의와 광의의 행위위법설
- ○ 위법성 상대화설: 결과불법설, 상대적 위법성설

2. 취소소송의 기판력이 후소인 국가배상소송에 미치는지 여부
- (1) 기판력부정설
- (2) 기판력긍정설
- (3) 제한적 긍정설
- (4) 취소소송의 소송물을 근거로 한 제한적 긍정설
- (5) 판례: 기판력부정설
- (6) 결어

① 동일성 여부

이미 언급한 바와 같이, '위법'의 개념과 관련하여 '취소소송에서의 위법'의 개념과 '국가배상에서의 위법'의 개념이 동일하다는 견해(위법성 동일설)와 후자가 전자보다 넓다는 견해(위법성 상대화설)가 있다. 대체로 '동일설'에 해당되는 경우가 행위위법설이고, '상대화설'에 해당되는 경우가 상대적 위법성설과 결과불법설이다. 행위위법설은 위법의 개념은 동일하지만 그 범위를 엄격하게 해석하느냐에 따라 협의설과 광의설로 나뉜다.

② 취소소송의 기판력이 후소인 국가배상소송에 미치는지 여부

'위법의 개념이 취소소송과 국가배상에서 동일한가' 하는 문제는 '취소소송이 확정된 이후에 국가배상청구소송을 제기한 경우 취소소송에서의 판결의 기판력이 후소인 국가배상소송에 미치는가' 하는 문제와 관련되어 있다.[12]

㈎ 기판력부정설

위법성 상대화설의 입장으로, 취소소송과 국가배상에서의 위법은 서로 다른 개념이므로, 취소소송에서의 판결의 기판력은 국가배상소송에 영향을 미치지 않는다는 견해이다.

판례는 '행정처분이 나중에 항고소송에서 위법하다고 판단되어 취소되더라도 그것만으로 행정처분이 공무원의 고의나 과실로 인한 불법행위를 구성한다고 단정할 수 없다(대판 2021.6.30, 2017다249219; 대판 2022.4.28, 2017다233061)'고 하여 기판력부정설의 입장으로 보인다.

---

* 사법시험(2010년), 5급공채(일반행정)(2013년), 5급공채(2024년), 변호사시험(2015년), 변호사시험(2018년), 변호사시험(2023년).

12 예컨대 취소소송에서 인용판결(원고승소판결)은 '처분이 위법하다'는 것인데, 만약 취소소송과 국가배상소송에서 위법 개념이 동일하면, 후소인 국가배상소송에서도 처분의 위법성이 그대로 인정될 것이다(전소의 기판력이 후소에 그대로 미침). 그러나 국가배상소송에서의 위법 개념이 더 넓은 개념이라면 취소소송에서 인용판결로서 처분의 위법이 확정되었다 하더라도 곧 국가배상소송에서 위법이 인정된다고 할 수 없다(전소의 기판력이 후소에 미치지 않음).

(나) 기판력긍정설

위법성 동일설 가운데 협의의 행위위법설은 취소소송에서와 국가배상에서의 위법은 동일하므로, 취소소송의 판결의 기판력은 국가배상소송에 영향을 미친다고 본다.

(다) 제한적 긍정설

위법성 동일설의 가운데 광의의 행위위법설은 취소소송에서와 국가배상에서의 위법은 차이가 있을 수 있으므로, 최소소송에서의 인용판결의 기판력은 국가배상소송에 영향을 미치지만, 기각판결의 기판력은 미치지 않는다고 본다.[13]

(라) 취소소송의 소송물을 근거로 한 제한적 긍정설

위 견해들은 모두 취소소송의 소송물(Streitgegenstand)[14]을 '처분의 위법성'으로 보고 있지만, 취소소송은 주관소송으로서 '당해 처분이 위법하여 본인의 권리를 침해하고 있다는 당사자의 법적 주장'을 소송물로 하므로, 취소소송과 국가배상에서의 위법개념이 동일한가의 여부와 관계없이, 취소소송의 인용판결은 국가배상소송에 영향을 미치지만 기각판결은 미치지 않는다고 보게 된다. 이 견해가 타당하다.[15]

6. 타인

타인이란 가해행위를 한 공무원과 이에 가담한 자 이외의 모든 자를 말한다. 피해자가 군인, 군무원 또는 경찰공무원 등의 경우에는 일정한 요건하에 특례가 인정되고 있는데, 이에 관하여는 후술한다.

7. 손해의 발생과 인과관계

(i) 손해란 법익침해의 결과로 발생한 불이익을 말하는 것으로서, 적극적 손해·소극적 손해, 재산적 손해, 생명·신체·정신적 손해를 모두 포함한다.

---

13 '기각판결의 기판력이 미치지 않는다'는 의미는, 국가배상에서의 위법의 개념이 더 넓기 때문에, 취소소송에서 위법하지 않다(따라서 청구의 기각)고 판단했더라도 국가배상에는 위법할 수 있다는 의미이다.

14 '소송물'이란 '소송에서 다투어지고 있는 것'을 의미한다. 이는 '소송의 대상'과는 구별이 된다. 예컨대 취소소송은 '처분'을 대상으로 하고, 그 소송에서 '어떤 처분이 위법하다는 원고의 주장'이 소송물로서 다투어지고 있는 것이다.

15 행정소송은 개인의 주관적인 권리의 구제를 주된 목적으로 하는 주관소송(원고적격이 본인의 권리가 침해된 자로 제한됨)과 행정의 객관적인 적법성 보장을 주된 목적으로 하는 객관소송(원고적격이 행정의 적법성에 이해관계 있는 자로 확장 가능함)으로 구분할 수 있다. 우리나라 행정소송은 주관소송을 원칙으로 하고, 객관소송은 법률이 정한 경우에만 허용된다(행소법 45). 주관소송에서는 '본인의 권리가 침해되었다는 주장'이 다투어지고, 객관소송에서는 '행정의 위법성'이 다투어지는데, 행정소송은 주관소송임에도 '처분의 위법성'이 소송물이라는 것이 다수설과 판례의 입장이다.

(ii) 국가배상청구권이 성립하려면 가해행위와 손해의 발생 사이에 상당인과관계가 있어야 한다. 상당인과관계를 판단할 때는 일반적인 결과 발생의 개연성, 법령 등의 목적, 가해행위의 태양 및 피해의 정도 등을 종합적으로 고려하여야 한다(대판 2017.11.9, 2017다228083).

II. 배상책임

1. 배상책임자

(1) 배상책임의 주체

국가배상법상 배상책임의 주체는 국가 또는 지방자치단체이다. 헌법은 배상책임의 주체를 "국가 또는 공공단체"로 규정하고 있으나, 국가배상법은 이를 "국가 또는 지방자치단체"로 한정하고 있으므로, 지방자치단체 이외의 공공단체(공공조합, 영조물법인, 공법상 재단)의 배상책임은 민법에 의하여야 한다.

국가배상법이 배상책임의 주체를 공공단체 중 지방자치단체로 한정한 것과 관련하여 ① 헌법 제29조에 위반된다는 견해도 있지만, ② 국가재정정책적 측면을 고려하여 국가와 지방자치단체로 한정할 현실적인 필요성 때문이라고 보아야 할 것이다.[16]

(2) 사무의 귀속주체로서의 배상책임자

국가배상법 제2조 제1항이 국가 또는 지방자치단체가 배상책임을 진다고 하는 것은 사무의 귀속주체에 따라 국가사무는 국가가, 지방자치단체의 사무는 지방자치단체가 배상책임을 진다는 것을 의미한다.

따라서 지방자치단체의 장에게 위임된 기관위임사무의 경우 당해 사무를 위임한 행정주체가 사무의 귀속주체로서 배상책임을 진다(대판 1996.11.8, 96다21331).[17]

(3) 비용부담자로서의 배상책임자

국가배상법 제6조 제1항은 "제2조·제3조 및 제5조에 따라 국가나 지방자치단체가 손해를

16 국가배상은 국가나 지방자치단체 공무원의 위법한 직무행위에 대하여 국가나 지방자치단체가 대신 배상책임을 짐으로써 피해자를 두텁게 보호하고자 하는 취지로, 공공조합이나 영조물 법인 등의 소속 구성원(공무원이 아님)의 불법행위로 인한 피해까지 국고에서 배상하도록 하는 경우 국고의 지나친 지출을 초래할 수 있다.

17 기관위임사무란 어떤 행정사무가 특정 행정기관에 위임되어 수행되는 사무를 말한다, 예컨대 국토교통부장관의 허가권한이 부산시장(지방자치단체의 집행기관)에 위임되어 수행되는 경우 이 허가사무는 기관위임사무이다. 이 경우 기관위임사무는 여전히 국토교통부장관의 사무이고 다만 사무의 수행만이 부산시장에게 위임될 뿐이다.

배상할 책임이 있는 경우에 공무원의 선임·감독 또는 영조물의 설치·관리를 맡은 자와 공무원의 봉급·급여, 그 밖의 비용 또는 영조물의 설치·관리 비용을 부담하는 자가 동일하지 아니하면 그 비용을 부담하는 자도 손해를 배상하여야 한다."고 규정하고 있다.

예컨대 국가가 관할권을 가지고 있지만 지방자치단체가 비용을 부담하는 '국영공비(國營公費) 사업'[18]이나 '지방자치단체의 공무원이 기관위임사무를 처리하는 경우' 배상책임자가 누구인가 하는 문제와 관련하여, 국가배상법은 피해자구제의 관점에서 사무의 귀속주체와 사무의 비용부담자가 다를 경우 피해자가 양자 중 선택하여 배상청구를 할 수 있도록 규정하고 있는 것이다.

이 경우 손해를 배상한 자는 내부관계에서 그 손해를 배상할 책임이 있는 자에게 구상할 수 있다(국배법 6 ②). 여기에서 '내부관계에서 그 손해를 배상할 책임이 있는 자'는 '공무원의 선임·감독 또는 영조물의 설치·관리를 맡은 자'라고 보는 것이 일반적인데, 이에 관한 상세는 국가배상법 제5조 부분에서 설명한다.

2. 배상액

(1) 배상기준

손해배상액은 원칙적으로 공무원의 가해행위와 상당인과관계가 있는 모든 생명·신체·재산·정신적인 손해를 정당한 가격으로 환산한 금액이어야 한다.

이와 관련하여 국가배상법은 제3조에서 배상액 산정의 구체적인 기준들을 규정하고 있다. 구체적으로 국가배상법은 생명·신체에 대한 손해와 물건의 멸실·훼손으로 인한 손해에 대한 배상액 기준을 정해 놓고 있으며(국배법 3 ①-③), 그 밖의 손해는 불법행위와 상당한 인과관계가 있는 범위에서 배상하도록 하고 있다(국배법 3 ④). 그 밖에도 생명·신체에 대한 손해에 따른 정신적 고통에 대한 위자료도 배상하도록 하고 있다(국배법 3 ⑤).

(2) 배상기준의 성질

국가배상법 제3조의 배상기준과 관련하여, ① 이는 단순한 기준에 불과하다는 기준액설과 ② 배상액의 상한기준을 정한 것이라는 한정액설이 대립하고 있다. ③ 배상기준을 한정액으로 보게 되면 민사상의 불법행위책임에 훨씬 못 미치게 되어 피해자에게 불리하며 이는 정당한 배상을 규정한 헌법 제29조에도 반한다. 따라서 기준액설이 타당하다(다수설 및 판례).

18 '국영공비'에서 '국(國)'은 국가, '공(公)'은 지방자치단체를 의미한다. 즉 국가가 권한에 속하는 일을 지방자치단체가 비용을 부담한다는 것을 의미한다. 예컨대 국도(國道)를 국가와 A지방자치단체와 협약을 통하여 A지방자치단체가 비용을 들여 관리하는 경우가 이에 해당한다.

3. 군인·군무원 등에 대한 특례

(1) 국가배상법의 규정

국가배상에서 공무원은 가해자일 수도 있지만, 경우에 따라 피해자가 될 수도 있다. 이와 관련하여 헌법 제29조와 국가배상법 제2조 제1항 단서는 공무원 가운데 군인·군무원·경찰공무원·향토예비군대원에 대하여는 특례를 두어 이들이 전투·훈련 등 직무 집행과 관련하여 전사(戰死)·순직(殉職)하거나 공상(公傷)을 입은 경우 본인이나 그 유족이 다른 법령에 따라 재해보상금·유족연금·상이연금 등의 보상을 지급받을 수 있을 때에는 국가배상법과 민법에 따른 손해배상을 청구할 수 없도록 하고 있다.

이 특례규정의 취지는 위험성이 높은 직무에 종사하는 공무원에 대하여는 사회보장차원에서 별도의 보상 또는 지원제도가 마련되어 있으므로, 이와 중복되는 국가배상을 이중으로 청구하지 못하도록 하는 데 있다.[19]

(2) 특례규정에 대한 논란

특례규정에 대해서는 국가배상은 위법한 직무행위로 인한 손해에 대한 배상이라는 점에서 사회보장이나 국가헌신에 대한 공로에 대한 보상과 다르다는 것을 논거로 이와 같은 배상금지 규정은 문제가 있다고 보는 것이 일반적인 견해이다. 그러나 현실적으로 다른 법령을 통하여 사회보장적 보상이나 지원을 충분히 받을 수 있다는 점, 국가의 재정정책적 측면도 고려하여야 한다는 점 등에서 국가배상청구를 배제하는 것이 현실적으로 불가피해 보이는 측면도 있다.

대법원은 특례규정의 취지를 과다한 재정지출과 피해 군인 등 사이의 불균형을 방지하는 데 있다고 보고 있다(대판 2002.5.10, 2000다39735). 헌법재판소는 국가배상법 제2조 제1항 단서의 특례규정에 대하여 합헌이라고 하였다(헌재결 2001.2.22, 2000헌바38 전원재판부).

(3) 특례규정의 적용요건*

1) 군인·군무원·경찰공무원·향토예비군대원일 것

공익근무요원(대판 1997.3.28, 97다4036)과 현역병으로 입대하였으나 교도소 경비교도로 전임 임용된 자(대판 1998.2.10, 97다45914)는 여기에서의 군인 등에 해당하지 않는다. 반면 전투경찰순경은 경찰공무원에 해당된다(헌재결 1996.6.13, 94헌마118).

---

* 변호사시험(2019년).

19 이와 같은 중복적인 의미의 배상청구를 금지하고 있는 것을 '이중배상금지'라고도 하는데, 엄격히 말하면, 사회보장으로서의 보상과 위법한 직무행위로 인한 배상은 서로 다른 제도이므로, 보상을 받는다고 해서 그 후 국가배상을 청구하는 것이 '이중'의 '배상'청구는 아니다. 따라서 '이중배상'이라는 용어가 적절치 않고, 혹시 이 용어가 사용되더라도 이는 '보상이 있는 경우에는 이와 중복되는 의미의 배상은 금지된다'는 의미라고 보아야 할 것이다.

2) 전투·훈련 등 직무 집행과 관련하여 전사·순직하거나 공상을 입은 경우일 것

여기에서 직무집행은 전투·훈련 또는 이에 준하는 직무집행뿐만 아니라 '일반 직무집행'도 포함된다(대판 2011.3.10, 2010다85942).

3) 본인이나 그 유족이 다른 법령에 따라 재해보상금·유족연금·상이연금 등의 보상을 지급받을 수 있을 것

따라서 별도의 국가보상을 받을 수 없는 경우에는 국가배상을 청구할 수 있다(대판 1996.2.14, 96다28066).

특례규정은 타법에 의한 보상을 받을 수 있는 경우 추가로 국가배상을 청구하지 못한다는 것이므로, 이를 넘어 국가배상을 받은 경우 일률적으로 국가유공자법상 보상금 등 보훈급여금의 지급을 금지하는 취지로까지 해석하기는 어렵다.

판례 > 직무집행과 관련하여 공상을 입은 군인 등이 국가배상을 받은 다음 국가유공자법이 정한 보훈급여금의 지급을 청구하는 경우 보훈급여금의 지급을 거부할 수 있는지 여부

"… 전투·훈련 등 직무집행과 관련하여 공상을 입은 군인 등이 먼저 국가배상법에 따라 손해배상금을 지급받은 다음 「국가유공자 등 예우 및 지원에 관한 법률」(2013.5.22. 법률 제11817호로 개정되기 전의 것, 이하 '(구) 국가유공자법')이 정한 보상금 등 보훈급여금의 지급을 청구하는 경우 피고로서는 … 국가배상법에 따라 손해배상을 받았다는 사정을 들어 보상금 등 보훈급여금의 지급을 거부할 수 없다고 보아야 한다.

… 국가배상법 제2조 제1항 단서의 입법취지, (구) 국가유공자법이 정한 보상과 국가배상법이 정한 손해배상의 목적과 산정방식의 차이 등을 고려하면, (구) 국가배상법 제2조 제1항 단서가 (구) 국가유공자법 등에 의한 보상을 받을 수 있는 경우 추가로 국가배상법에 따른 손해배상청구를 하지 못한다는 것을 넘어 국가배상법상 손해배상금을 받은 경우 일률적으로 (구) 국가유공자법상 보상금 등 보훈급여금의 지급을 금지하는 취지로까지 해석하기는 어렵다(대판 2017.2.3, 2014두40012 [보훈급여지급비대상결정처분취소])."

4. 배상청구권의 양도 등의 금지

생명·신체의 침해로 인한 국가배상을 받을 권리는 이를 양도하거나 압류하지 못한다(국배법 4). 이는 사회보장적 관점에서 배상금청구권자를 보호하기 위한 것이다.

5. 배상청구권의 소멸시효

국가배상법에는 이에 대하여 별도의 규정이 없으므로, 국가배상법 제8조의 규정에 의하여

민법 제766조의 규정이 적용되어, 피해자나 그 법정대리인이 손해 및 그 가해자를 안 날로부터 3년이 지나면 배상청구권은 시효로 소멸한다(민법 766 ①).

손해와 그 가해자를 알지 못한 경우에는, 국가배상법 제8조 단서 및 국가재정법 제96조 제2항에 따라, 불법행위를 한 날로부터 5년이 경과하면 배상청구권이 소멸된다.

한편 소멸시효의 주장이 신의성실의 원칙에 반하는 권리남용에 해당되는 경우에는 국가배상청구권은 시효로 소멸되지 않는다(대판 2011.1.13, 2009다103950).

III. 국가배상의 청구절차

1. 임의적 결정전치주의

(구) 국가배상법은 국가배상소송은 배상심의회의 배상금지급 또는 기각의 결정을 거친 후에 제기할 수 있다고 규정하여 소송을 하기에 앞서 반드시 배상심의회의 결정을 거치도록 하는 필요적 결정전치주의를 취하고 있었다. 그러나 이러한 결정전치가 오히려 권리구제를 지연시키는 문제가 있어 2000년 법개정을 통하여 "이 법에 의한 손해배상 소송은 배상심의회에 배상신청을 하지 아니하고도 이를 제기할 수 있다(국배법 9)."고 함으로써 배상심의회의 결정을 임의적 결정전치주의로 변경하였다.

2. 배상심의회

배상심의회는 국가나 지방자치단체에 대한 배상신청사건을 심의·결정하는 합의제행정기관이다.

배상심위회는 법무부에 설치되는 본부심의회, 군인이나 군무원이 타인에게 입힌 손해에 대한 배상신청사건을 심의하기 위하여 국방부에 설치되는 특별심의회가 있으며, 본부심의회와 특별심의회 밑에 지구심의회가 있다(국배법 10).

본부심의회와 특별심의회는 지구심의회로부터 송부받은 사건, 재심신정사건, 그 밖에 법령에 따라 그 소관에 속하는 사항을 심의·처리한다(국배법 11 ①). 각 지구심의회는 그 관할에 속하는 국가나 지방자치단체에 대한 배상신청사건을 심의·처리한다(국배법 11 ②).

3. 배상금의 지급신청

배상금을 지급받으려는 자는 그 주소지·소재지 또는 배상원인 발생지를 관할하는 지구심의회에 배상신청을 하여야 한다(국배법 12 ①).

손해배상의 원인을 발생하게 한 공무원의 소속 기관의 장은 피해자나 유족을 위하여 제1항의 신청을 권장하여야 한다(국배법 12 ②).

4. 심의와 결정

지구심의회는 배상신청을 받으면 지체 없이 증인심문·감정·검증 등 증거조사를 한 후 그 심의를 거쳐 4주일 이내에 배상금 지급결정, 기각결정 또는 각하결정을 하여야 한다(국배법 13 ①).

배상심의회는 배상결정을 하면 그 결정을 한 날부터 1주일 이내에 그 결정정본을 신청인에게 송달하여야 한다(국배법 14 ①).

5. 신청인의 동의와 배상금지급

배상결정을 받은 신청인은 지체 없이 그 결정에 대한 동의서를 첨부하여 국가나 지방자치단체에 배상금 지급을 청구하여야 한다(국배법 15 ①). 배상결정을 받은 신청인이 배상금 지급을 청구하지 아니하거나 지방자치단체가 대통령령으로 정하는 기간 내에 배상금을 지급하지 아니하면 그 결정에 동의하지 아니한 것으로 본다(국배법 15 ③).

6. 재심신청

지구심의회에서 배상신청이 기각 또는 각하된 신청인은 결정정본이 송달된 날부터 2주일 이내에 그 심의회를 거쳐 본부심의회나 특별심의회에 재심을 신청할 수 있다(국배법 15조의2 ①).

본부심의회나 특별심의회는 재심신청에 대하여 심의를 거쳐 4주일 이내에 다시 배상결정을 하여야 한다(국배법 15조의2 ③).

본부심의회나 특별심의회는 배상신청을 각하한 지구심의회의 결정이 법령에 위반되면 사건을 그 지구심의회에 환송할 수 있다(국배법 15조의2 ④).

본부심의회나 특별심의회는 배상신청이 각하된 신청인이 잘못된 부분을 보정하여 재심신청을 하면 사건을 해당 지구심의회에 환송할 수 있다(국배법 15조의2 ⑤).

Ⅳ. 배상책임의 성질*

1. 문제
2. 학설
(1) 대위책임설
(2) 자기책임설
(3) 중간설
(4) 절충설
3. 판례
4. 결어

* 사법시험(2016년), 5급공채(재경)(2011년), 5급공채(2020년).

국가배상법 관계는 배상책임자(국가 또는 지방자치단체), 가해자(공무원), 피해자로 구성된다. 국가나 지방자치단체는 피해자에 대하여 국가배상법에 의한 배상책임이 있고, 가해자는 피해자에 대하여 민법에 의한 배상책임이 있다. 이 경우 피해자는 어느 법에 의하여 누구를 상대로 손해배상을 청구할 것인가(피해자의 선택적 청구권의 문제), 가해자의 불법행위에 대하여 국가나 지방자치단체가 손해를 배상한 경우, 국가 등은 가해자에 대하여 구상권을 행사할 수 있는가(공무원의 국가에 대한 구상책임 문제) 하는 것이 문제인데, 이는 배상책임의 성질에 대한 이해와 관련이 있다. 이에 관하여는 견해가 나뉜다.

국가배상법 관계 개요

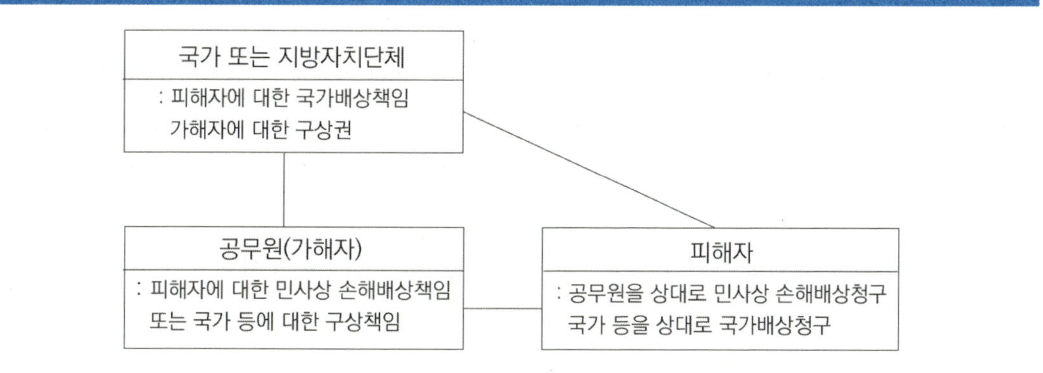

1. 학설

(1) 대위책임설

이 설은 국가배상책임은 국가가 공무원의 책임을 대신하여 지는 대위(代位)책임이라고 본다. 공무원의 책임이 국가의 책임이 될 수는 없지만, 상대적으로 자력이 풍부한 국가가 공무원을 대신하여 책임지도록 함으로써 피해자를 보다 두텁게 보호할 수 있기 때문이라는 것이다. 이 설이 종래 통설이었고 현재에도 다수설이다.

이 설에 의하면, 국가가 공무원을 대신하여 배상하는 것이므로, 피해자는 국가배상만 청구할 수 있을 뿐, 공무원에 대한 민사상 손해배상을 청구할 수 없다(선택적 청구권의 부인).

한편 국가는 공무원을 대신하여 배상하였으므로, 공무원에게 구상권을 행사할 수 있다(구상권 인정). 다만 국가배상법은 "공무원이 고의 또는 중대한 과실이 있는 때에는 국가 또는 지방자치단체는 그 공무원에게 구상할 수 있다(국배법 2 ②)."고 규정함으로써 경과실의 경우에는 공무원의 구상책임을 면책하고 있는데, 이는 공무원의 사기저하를 방지하기 위한 정책적인 고려에 따른 것이다.

(2) 자기책임설

이 설은 국가의 배상책임은 행정기관(공무원)의 행위라는 점에서 국가 자신이 직접 부담하는 자기책임이라고 본다.

자기책임설의 입장에서 국가는 스스로 자신의 책임을 부담하는 것이므로, 공무원 개인의 민사책임은 이와는 무관한 것이 된다. 따라서 피해자는 국가를 상대로 국가배상을 청구하거나 공무원 개인을 상대로 민사상의 손해배상을 청구할 수 있다(선택적 청구권의 인정).

이 설에 의하면 국가가 손해를 배상하더라도 이는 자기책임에 따른 배상이므로 공무원에 대한 구상권은 인정되지 않는다(구상권의 부인).

(3) 중간설

중간설은 공무원의 위법행위가 경과실(경미한 과실)에 의한 경우에는 국가의 배상책임을 자기책임으로 보고, 고의·중과실(중대한 과실)에 의한 경우에는 당해 행위는 국가기관의 행위로서의 지위를 넘어서는 것이므로 대위책임으로 본다. 중간설은 피해자의 선택적 청구권은 인정되지 않는다고 본다.

국가의 구상권과 관련하여, 경과실의 경우에는 자기책임이므로 구상권이 인정되지 않지만, 고의·중과실의 경우에는 대위책임이므로 구상권이 인정된다.

(4) 절충설

절충설은 국가배상에 있어 피해자보호·공무원의 위법행위 억제·안정된 공무수행 보장·국고의 안정 등의 다양한 관점을 고려하여 대위책임설과 자기책임설을 절충하는 견해이다.

즉 이 설에 의하면 공무원의 위법행위가 경과실에 의한 경우 국가의 배상책임은 자기책임이지만, 공무원의 사기저하를 방지하기 위하여 –대위책임설과 자기책임설을 절충하여– 피해자의 선택적 청구권(대위책임설의 입장)과 국가의 구상권(자기책임설의 입장)을 모두 부인한다.

한편 공무원의 위법행위가 고의·중과실에 의한 경우 이는 이미 국가기관의 행위로서의 품위를 상실한 것이기는 하지만 직무행위로서의 외형을 갖추고 있는 이상 피해자를 두텁게 보호하기 위하여 국가가 일종의 자기책임을 지는 것으로 본다. 이 경우 –역시 대위책임설과 자기책임설을 절충하여– 공무원의 민사상의 책임(자기책임설의 입장)과 국가에 대한 구상책임(대위책임설의 입장)을 모두 인정한다.

배상책임의 성질에 관한 학설 요약

	대위책임설	자기책임설	중간설	절충설
선택적 청구권 (공무원의 민사책임)	부인	인정	부인	경과실: 부인 (자기책임) 고의·중과실: 인정 (자기책임)
국가의 구상권 (공무원의 구상책임)	인정	부인	경과실: 부인 (자기책임) 고의·중과실: 인정 (대위책임)	경과실: 부인 (자기책임) 고의·중과실: 인정 (자기책임)

2. 판례

판례는 배상책임의 성질에 관한 문제를 공무원 개인이 민사상 손해배상책임을 지느냐를 중심으로 파악한다.

대법원은 1996년 전원합의체판결을 통하여 이 문제에 대한 종래의 판례의 입장을 다음과 같이 정리하였다. 즉 ① 공무원의 위법행위가 경과실에 기한 경우에는 이에 대한 손해배상책임을 전적으로 국가가 부담하고 공무원에게는 책임(민사상의 손해배상책임 및 구상책임)을 부담시키지 아니하며, ② 고의·중과실에 기한 경우에는 기관행위로서의 품격을 상실한 것이지만 그 행위가 공무원의 직무집행행위로서의 외관을 갖추고 있는 한 피해자인 국민을 두텁게 보호하기 위하여 국가와 공무원 개인이 중첩적으로 배상책임을 부담하되, 만약 국가가 배상한 경우에는 공무원 개인에게 구상할 수 있다고 보고 있다.

판례는 결국 위 절충설과 같은 입장인데, 국가배상사건에서 공무원 개인의 민사상의 배상책임이 인정되는가 하는 것을 문제로 하기 때문에 스스로 제한적 긍정설이라 부르고 있다.

판례 > 공무원 개인의 손해배상책임 유무(제한적 긍정설)

국가배상법 제2조 제1항 본문 및 제2항의 입법 취지는 공무원의 직무상 위법행위로 타인에게 손해를 끼친 경우에는 변제자력이 충분한 국가 등에게 선임감독상 과실 여부에 불구하고 손해배상책임을 부담시켜 국민의 재산권을 보장하되, 공무원이 직무를 수행함에 있어 경과실로 타인에게 손해를 입힌 경우에는 그 직무수행상 통상 예기할 수 있는 흠이 있는 것에 불과하므로, 이러한 공무원의 행위는 여전히 국가 등의 기관의 행위로 보아 그로 인하여 발생한 손해에 대한 배상책임도 전적으로 국가 등에만 귀속시키고 공무원 개인에게는 그로 인한 책임을 부담시키지 아니하여 공무원의 공무집행의 안정성을 확보하고, 반면에 공무원의 위법행위가 고의·중과실에 기한 경우에는 비록 그 행위가 그의 직무와 관련된 것이라고 하더라도 그와 같은 행위는 그 본질에 있어서 기관행위로서의 품격을 상실하여 국가 등에게 그 책임을 귀속시킬 수 없으므로 공무원 개인에게 불법행위로 인한 손해배상책임을 부담시키되, 다만 이러한 경우에도 그 행위의 외관을 객관적으로 관찰하여 공무원의 직무집행으로 보여질 때에는 피해자인 국민을 두텁게 보호하기 위하여 국가 등이 공무원 개인과 중첩적으로 배상책임을 부담하되 국가 등이 배상책임을 지는 경우에는 공무원 개인에게 구상할 수 있도록 함으로써 궁극적으로 그 책임이 공무원 개인에게 귀속되도록 하려는 것이라고 봄이 합당하다.

공무원이 직무수행 중 불법행위로 타인에게 손해를 입힌 경우에 국가 등이 국가배상책임을 부담하는 외에 공무원 개인도 고의 또는 중과실이 있는 경우에는 불법행위로 인한 손해배상책임을 진다고 할 것이지만, 공무원에게 경과실뿐인 경우에는 공무원 개인은 손해배상책임을 부담하지 아니한다고 해석하는 것이 헌법 제29조 제1항 본문과 단서 및 국가배상법 제2조의 입법취지에 조화되는 올바른 해석이다(대판 1996.2.15, 95다38677 전원합의체).

한편 판례는 '공무원의 중과실이란 거의 고의에 가까운 현저한 주의를 결여한 상태를 의미한다'고 하고 있다(대판 2021.1.28, 2019다260197; 대판 2021.11.11, 2018다288631).

3. 결어

국가배상법 제2조는 공무원 개인의 주관적인 책임(고의·과실)을 배상책임의 요건으로 하고 있고(과실책임주의), 공무원에 대한 국가의 구상권을 규정하고 있는 점에서 기본적으로 대위책임을 근본으로 하고 있다고 할 수 있다.

다만 국가배상은 논리만의 문제는 아니고, 법치국가원리에 따른 피해자의 권리구제·공무원의 불법행위 억제·안정된 공무수행 보장·국고의 안정 등의 다양한 가치들을 조화시켜야 할 정책적 판단의 문제이기도 하다. 이러한 관점에서 위 대법원 판결도 이와 같은 가치들의 조화를 꾀한 결과이다. 결론적으로, 국가배상의 법관계는 '국가의 피해자에 대한 손해배상관계를 내용으로 하는 공법관계'라는 점에서 논리적으로는 공무원 개인의 민사상의 배상책임을 부인하는 것이 타당하지만, 국가배상에서 고려하여야 할 다양한 요소들을 감안하면 절충설(제한적 긍정설)이 현실적인 대안이라고 판단된다.

V. 공무원의 구상책임

1. 의의와 기능
2. 법적 성질
3. 범위

(i) 국가배상법은 국가나 지방자치단체는 공무원에게 고의·중과실이 있으면 그 공무원에게 구상할 수 있다고 규정하고 있다(국배법 2 ②). 이는 '손해부담의 공평'을 기하기 위한 것으로서, 공무원의 불법행위를 억제하고 국가재정의 부담을 완화하는 기능을 한다.

(ii) 구상권은 재량행위로 규정되어 있으므로 국가 등은 구상권을 행사할 수 있는 것이지, 반드시 행사하여야 하는 것은 아니다. 구상권을 행사하는 경우 국가 등은 손해의 공평분담이라는 견지에서 신의칙상 상당하다고 인정되는 한도 내에서만 구상권을 행사할 수 있다(대판 2016.6.9, 2015다200258).

(iii) 공무원이 구상책임을 지려면 '공무원에게 고의·중과실이 있는 경우'이어야 한다. 따라서 경과실이 있는 경우 공무원은 구상책임을 부담하지 않는데, 이는 소신 있는 직무행위를 담보하기 위한 것이다. 만약 경과실이 있는 가해공무원이 배상을 한 경우 그 공무원은 국가에 대한 구상권을 취득한다(대판 2014.8.20, 2012다54478).*

VI. 국가와 지방자치단체의 자동차손해배상책임

1. 관련 규정 및 규정의 적용

국가배상법은 "국가나 지방자치단체는 … 자동차손해배상 보장법에 따라 손해배상의 책임이 있을 때에는 이 법에 따라 그 손해를 배상하여야 한다(국배법 2 ①)."고 규정하고 있고, 자동차손해배상보장법은 "자기를 위하여 자동차를 운행하는 자는 그 운행으로 다른 사람을 사망하게 하거나 부상하게 한 경우에는 그 손해를 배상할 책임을 진다(자동차손해배상보장법 3)."고 규정하고 있다.

한편 국가배상법은 "국가나 지방자치단체의 손해배상 책임에 관하여는 이 법에 규정된 사항 외에는 민법에 따른다. 다만, 민법 외의 법률에 다른 규정이 있을 때에는 그 규정에 따른다(국배법 8)."고 규정하고 있으므로, 공무원이 자동차를 운행하다가 인적 피해를 일으킨 경우에는, 우선 자동차손해배상 보장법 제3조가 적용되고, 이에 따라 자동차손해배상책임이 있으면 그 손해배상은 국가배상법에 따르게 된다.

2. 자동차손해배상책임의 성립요건과 적용

자동차손해배상보장법 제3조는 '자기를 위하여 자동차를 운행하는 자'가 '그 운행으로 다른 사람을 사망하게 하거나 부상하게 하는 경우'를 배상책임의 요건으로 하고 있다. 여기에서 '자기를 위하여' 운행한다는 요건과 관련하여 국가의 배상책임이 인정되기 위해서는 공무원이 개

* 사법시험(2016년).

인의 이익이 아닌 '공무를 위하여' 차량을 운행한 것이어야 한다.

따라서 ① 국가가 '국가의 이익을 위하여 자동차를 운행한 자'인 경우에는, 국가가 자동차손해배상보장법상의 배상책임을 부담하게 되고, 공무원 개인은 자동차손해배상책임을 부담하지 아니한다. 이 경우 배상은 국가배상법에 따른다. ② 그런데 공무원이 '개인의 이익을 위하여 자동차를 운행한 경우'에는, 운행에 대한 책임이 국가가 아닌 공무원에게 귀속되므로, 공무원 개인이 자동차손해배상보장법상의 배상책임을 부담하여야 한다. 따라서 이때에는 공무원의 자동차의 운행이 경과실에 의한 것인지 고의 또는 중과실에 의한 것인지 가리지 않고 배상책임을 부담하게 된다(대판 1996.3.8, 94다23876).

제4절 공공시설 등의 하자로 인한 손해배상

Ⅰ. 국가배상법 제5조와 의의

국가배상법 제5조는 "도로·하천, 그 밖의 공공의 영조물(營造物)의 설치나 관리에 하자가 있기 때문에 타인에게 손해를 발생하게 하였을 때에는 국가나 지방자치단체는 그 손해를 배상하여야 한다."고 규정하고 있다.

제5조의 공공시설 등의 하자로 인한 국가의 손해배상책임은 -제2조가 공무원의 주관적 책임을 요구하는 과실책임주의에 입각하고 있는 것과는 달리- 국가의 무과실책임을 규정하고 있는 것이다(통설).

II. 배상책임의 요건*

국가배상법 제5조에 의한 국가배상책임은 ① 공공의 영조물, ② 설치 또는 관리상의 하자, ③ 손해의 발생을 요건으로 한다.

1. 도로·하천 그 밖의 공공의 영조물

영조물(營造物, Öffentliche Anstalt)이란 일정한 행정목적을 위한 인적·물적 종합시설(예: 국공립의 교육·의료·보건·체육·문화시설 등)을 말한다. 그런데 제5조는 도로나 하천을 영조물의 예로 규정하고 있는 것으로 보아, 여기에서의 영조물은 실제로는 도로나 하천과 같은 공공의 목적에 제공된 유체물(대판 1995.1.24, 94다45302)로서, 강학상 공물(公物)에 해당한다. 따라서 여기에는 인공공물(도로·상하수도·관공서의 청사·발전설비·철도 등), 자연공물(하천·호수·해변 등), 동산(자동차·항공기·선박 등) 및 동물(경찰견·군견 등) 등이 포함된다.

본조의 공공의 영조물은 국유재산법상의 행정재산[20]을 포함하는 개념이다. 따라서 행정재산의 설치 또는 관리상의 하자로 발생한 손해에 대하여는 국가와 지방자치단체의 배상책임이 성립한다. 다만 국유재산 중 일반재산은 행정재산을 제외한 모든 국유재산을 말하는데(국유재산법 6 ③), 이러한 일반재산에 관한 국가의 행위는 이른바 국고행위에 해당되므로 위의 공공의 영조물의 범위에서도 제외된다. 따라서 일반재산의 설치·관리상의 하자로 발생한 손해에 대해서는 민법규정에 의한다.[21]

판례 > 국가의 철도운행사업과 관련하여 발생한 사고로 인한 손해배상청구에 관하여 적용될 법규 (공무원의 직무상 과실을 원인으로 한 경우=민법, 영조물 설치·관리의 하자를 원인으로 한 경우=국가배상법)

"국가 또는 지방자치단체라 할지라도 공권력의 행사가 아니고 단순한 사경제의 주체로 활동하였을 경우에는 그 손해배상책임에 국가배상법이 적용될 수 없고 민법상의 사용자책임 등이 인정되는 것이고 <u>국가의 철도운행사업은 국가가 공권력의 행사로서 하는 것이 아니고 사경제적 작용이라 할 것</u>

* 사법시험(2001년), 사법시험(2010년), 입법고시(1998년), 행정고시(1995년), 5급공채(2019년).

20 행정재산에는 국가나 지방자치단체가 직접 사용하기 위한 공용재산(예: 정부청사), 직접 일반공중이 사용하기 위한 공공용재산(예: 도로), 정부기업이 직접 그 사무용·사업용 또는 당해 기업에 종사하는 직원의 주거용으로 사용하거나 사용하기로 결정한 기업용재산 및 법령이나 그 밖의 필요에 따라 국가가 보존하는 보존재산이 포함된다(국유재산법 6 ②).

21 국유재산 중 행정재산에 관한 법관계는 공법관계로 공법이 적용되지만, 일반재산에 관한 법관계는 국고관계(행정상 사법관계)로서 사법이 적용된다.

이므로, 이로 인한 사고에 공무원이 간여하였다고 하더라도 국가배상법을 적용할 것이 아니고 일반 민법의 규정에 따라야 하나…, 공공의 영조물인 철도시설물의 설치 또는 관리의 하자로 인한 불법행위를 원인으로 하여 국가에 대하여 손해배상청구를 하는 경우에는 국가배상법이 적용된다 … (대판 1999.6.22, 99다7008)."

2. 설치 또는 관리의 하자

(1) 의의

'영조물의 설치 또는 관리상의 하자'란 영조물을 설치하거나 관리하는 데 있어서 '영조물이 일반적으로 갖추어야 할 안전성을 결여한 것'을 의미한다.

이와 같은 안전성의 결여를 판단하는 데에는 당해 영조물에 관한 여러 사정들이 종합적으로 고려되어야 할 것인데, 이에 더하여 '관리자의 주의의무위반이라는 주관적인 귀책사유'도 고려하여야 하는가 하는 것이 문제이다. 이에 관하여는 학설이 나뉜다.

(2) 학설

1) 객관설

영조물의 하자를 객관적으로 판단하는 견해로 영조물의 하자 발생에 있어 관리자의 주의의무 위반이라는 과실의 유무는 문제되지 않는다는 견해이다. 따라서 통상 공물이 갖추어야 할 안전성에 객관적인 하자가 있으면 관리자의 안전관리행위와 관계없이 국가배상책임이 인정된다. 객관설은 제5조의 배상책임을 순수한 무과실책임으로 이해한다. 종래 통설이다.

2) 주관설(의무위반설)

주관설은 영조물의 하자를 관리자의 주의의무(안전확보의무 내지 사고방지의무) 위반에 기인한 물적 위험상태로 본다. 이러한 의미에서 의무위반설이라고도 한다. 이 설은 제5조는 절대적인 무과실책임이 아니고, 하자의 발생에 관리자의 주의의무위반이라는 주관적 귀책사유가 요구되는 과실책임으로 이해한다. 따라서 영조물에 객관적 하자가 있어 손해가 발생하더라도 관리자의 주의의무위반이나 귀책사유가 없으면 국가배상책임은 성립하지 않는다.

주관설에 대해서는 하자의 판단에 주관적 요소를 도입하여 국가배상책임을 축소시키기 때문에 피해자구제의 관점에서 바람직하지 않다는 비판이 제기되는데, 이에 대해서 관리자의 주의의무를 객관화하면 이런 문제를 실질적으로 해소할 수 있다고 주장하기도 한다.

3) 절충설

절충설은 제5조의 하자를 영조물 자체의 물적 결함상태뿐 아니라, 관리자의 안전관리의무위반도 포함시켜 이해하는 입장이다. 즉 영조물 자체의 통상적인 안전성에 객관적인 결함이 존재하거나, 이와 같은 결함이 존재하지 않더라도 관리자의 주의의무위반이 있으면 하자의 존재를 인정하는 것이다(객관설+주관설). 절충설은 엄격히 객관설적 하자와 주관설적 하자를 모두 하자로 보는 것이므로, -객관설과 주관설의 절충이 아니라 객관설과 주관설의- 병합설로 부르는 것이 더 정확하다.

4) 위법·무과실책임설

이 설은 영조물의 객관적 하자라는 물적인 상태에 초점을 두는 객관설과는 달리 제5조는 '설치 또는 관리'라는 행위에 따른 책임(행위책임)으로 보면서 제5조는 -제2조와는 달리- 공무원의 고의·과실을 요건으로 하고 있지 않으므로 공무원 개인의 고의·과실 여부와 무관하게 안전확보의무라는 국가의 의무를 제대로 이행하지 않은 행위책임을 국가가 부담하는 것이라고 본다. 결국 이 설은 제5조에 의한 책임은 국가의 위법·무과실 책임이라고 한다.

(3) 판례

(i) 판례는 영조물의 하자를 '영조물이 그 용도에 따라 통상 갖추어야 할 안전성을 갖추지 못한 상태에 있음을 말하는 것'으로 보면서 제5조의 배상책임을 무과실책임으로 보아, 기본적으로는 객관설의 입장을 취하고 있다(대판 2010.7.22, 2010다33354, 33361; 대판 2022.7.28, 2022다225910).

(ii) 한편 일부 판례에서 영조물의 설치·관리상의 하자와 관련하여 '설치·관리자가 사회통념상 일반적으로 요구되는 정도의 방호조치의무를 다하였는지 여부'와 '영조물의 기능상 결함으로 인한 손해발생의 예견가능성과 회피가능성이 있었는지의 여부'를 판단의 기준으로 삼고 있다.

판례 > '영조물의 설치 또는 관리의 하자'의 판단 기준

"국가배상법 제5조 제1항 소정의 영조물의 설치 또는 관리의 하자라 함은 영조물이 그 용도에 따라 통상 갖추어야 할 안전성을 갖추지 못한 상태에 있음을 말하는 것으로서, 영조물이 완전무결한 상태에 있지 아니하고 그 기능상 어떠한 결함이 있다는 것만으로 영조물의 설치 또는 관리에 하자가 있다고 할 수 없는 것이고, 위와 같은 안전성의 구비 여부를 판단함에 있어서는 당해 영조물의 용도, 그 설치장소의 현황 및 이용 상황 등 제반 사정을 종합적으로 고려하여 설치 관리자가 그 영조물의 위험성에 비례하여 사회통념상 일반적으로 요구되는 정도의 방호조치의무를 다하였는지 여부를 그 기준으로 삼아야 할 것이며, 객관적으로 보아 시간적·장소적으로 영조물의 기능상 결함으로 인한 손해발생의 예견가능성과 회피가능성이 없는 경우, 즉 그 영조물의 결함이 영조물의 설치관리자의 관리행위가 미칠 수 없는 상황 아래에 있는 경우에는 영조물의 설치·관리상의 하자를 인정할 수 없다.

… 만일 가변차로에 설치된 두 개의 신호기에서 서로 모순되는 신호가 들어오는 고장을 예방할 방법이 없음에도 그와 같은 신호기를 설치하여 그와 같은 고장을 발생하게 한 것이라면, … 설령 적정전압보다 낮은 저전압이 원인이 되어 위와 같은 오작동이 발생하였고 그 고장은 현재의 기술수준상 부득이한 것이라고 가정하더라도 그와 같은 사정만으로 손해발생의 예견가능성이나 회피가능성이 없어 영조물의 하자를 인정할 수 없는 경우라고 단정할 수 없다(대판 2001.7.27, 2000다56822)."
※ 대판 2022.7.28, 2022다225910

또한 판례는 하천의 범람으로 인한 침수사고와 관련하여 '하천정비계획 등에서 정한 계획홍수량이나 계획홍수위가 잘못 책정되거나 변경을 하여야 함에도 이를 게을리 하였다는 특별한 사정이 있었는지의 여부'를 기준으로 삼아, 이와 같은 사정이 없이 계획에서 정한 홍수량에 따라 하천이 관리되고 있다면 그 하천은 관리상의 하자가 없다고 판단하고 있다(대판 2007.9.21, 2005다65678).

이와 같이 판례가 객관설의 입장을 취하면서도 설치·관리자의 '방호조치의무'나 '손해발생의 예견가능성 또는 회피가능성'을 하자 판단의 기준으로 삼고 있는 것과 관련하여 주관설 또는 위법·무과실책임설을 취하고 있다는 견해도 있고, 판례는 기본적으로는 객관설의 입장에서 다만 하자에 일정한 주관적인 사정을 고려하고 있는 것이라는 점에서 이를 '수정된(변형된) 객관설'로 보아야 한다는 견해도 있다.

(4) 결어

(i) 국가배상법의 체계와 목적상 제2조의 과실책임과 제5조의 무과실책임을 근본적으로 구별하고자 한 것이 입법자의 명백한 의도였으며, 판례도 이러한 입장을 일관되게 유지하고 있다고 판단된다. 따라서 제5조는 영조물의 '객관적' 하자에 대한 배상책임을 규정한 것으로 보는 객관설이 타당하다.

(ii) 판례에서 언급되고 있는, 관리자가 주의의무를 다했는지 또는 손해발생의 예견가능성이 없었는지 등은 '하자의 존재를 판단하는 기준'이 아니라 '이미 발생한 객관적 하자'와 '발생된 손해' 사이의 인과관계의 문제로 보아야 한다.[22]

22 예컨대 도로에 갑자기 무거운 물건이 떨어져 구멍이 생겼고 여기에 뒤따라오던 차량의 바퀴가 끼면서 차량이 전복되는 교통사고가 발생한 경우, 도로에는 이미 '객관적인 하자'가 존재한다고 보아야 한다. 다만 국가배상책임이 인정되려면 이 하자와 이로 인하여 발생한 손해 사이에 인과관계가 있어야 하는데, 이 경우는 불가항력적인 사고로 이러한 사고의 발생을 예견할 수 없었다는 점에서 국가배상책임에 요구되는 인과관계가 인정된다고 보기 어려울 것이다. 결국 판례에 언급된 관리자의 주의의무, 손해발생의 예견 또는 회피가능성의 문제는 하자의 성립에 관한 것이 아니라 인과관계에 관한 것이라고 이해하는 것이 합리적이다.

(iii) 따라서 결론적으로 제5조의 하자는 관리자의 주의의무와 관계없이 그 발생 여부를 객관적으로 판단하여야 한다. 다만 주의할 점은 여기에서의 하자는 '객관적으로 갖추어야 할 안전성의 결여'를 의미하는 것이지 단순한 '물적 결함'을 의미하는 것이 아니라는 것이다. 나아가 여기에서 안전성에는 '기능상·작동상의 안전성'도 포함되는 것으로 보아야 한다.[23]

(5) 관련문제: 영조물의 설치·관리상 하자로서 이용상 하자*

1. 의의	**3. 위험지역으로 이주한 경우 가해자의 면책 등**
2. 판단기준	**4. 공항소음방지법, 군소음보상법의 제정**

1) 의의

예컨대 공공시설물(예: 비행장, 사격장 등)에서 발생하는 소음으로 인하여 주변거주자들에게 피해가 발생하는 경우 우리나라에서는 이를 '공공시설물의 관리상 하자'로 보고 있다.[24] 판례는 이를 '영조물이 공공의 목적에 이용되는 경우'로 표현하고 있으므로 이를 편의상 '이용상 하자'로 부르기로 한다.

2) 판단기준

영조물의 '이용상 하자'는 영조물이 공공의 목적에 이용됨에 있어 그 이용상태 및 정도가 일정한 한도를 초과하여 제3자에게 사회통념상 참을 수 없는 피해를 입히는 것을 말한다. 영조물의 공공성, 피해의 내용과 정도, 이를 방지하기 위하여 노력한 정도 등을 판단기준으로 한다(대판 2004.3.12, 2002다14242).

3) 위험지역으로 이주한 경우 가해자의 면책 등

판례는 피해자가 소음 등 공해의 위험지역으로 이주한 경우 그 위험의 존재를 인식하고 그로 인한 피해를 용인하면서 접근한 것으로 볼 수 있다면 가해자의 면책을 인정할 수도 있지만(대판 2004.3.12, 2002다14242), 여러 사정에 비추어 위험의 존재를 인식하고 그로 인한 피해를 용인하면서 접근한 것으로 볼 수 없는 경우에는 가해자의 면책을 인정할 수 없고 손해배상액

---

* 5급공채(2019년).

23 예컨대 수문(水門)에 하자가 있다고 해서 바로 설치·관리상 하자가 인정되는 것은 아니고 이로 인하여 수문이 갖추어야 할 안전성이 결여될 때 비로소 제5조의 하자가 있는 것이다. 나아가 이 수문에 물적인 결함은 없지만 수문이 닫혀 있어야 하는 상황에서 열려 있는 경우와 같은 작동상의 결함의 경우도 통상 갖추어야 할 객관적 안전성이 결여된 것이므로 제5조의 하자가 있는 경우라고 보아야 한다.

24 본래 비행장이나 군용사격장과 같은 '공공의 필요'에 따른 시설물의 경우는 그 시설물의 설치가 적법한 것이라는 점에서 이를 설치할 때 '소음 등 발생되는 피해(특별한 희생)에 대한 손실보상'을 하는 것이 논리적인데, 시설물의 설치 이후에 소음으로 인한 피해가 문제되자 이를 '국가배상법 제5조의 영조물의 관리상 하자로 보아 국가배상으로 문제를 해결'하고 있는 것이다.

의 산정에 있어 형평의 원칙상 이와 같은 사정을 과실상계에 준하여 감액사유로 고려할 수 있을 뿐이라는 입장이다(대판 2005.1.27, 2003다49566).

4) 공항소음방지법, 군소음보상법의 제정

① 공항소음 방지 및 소음대책지역 지원에 관한 법률의 제정

2010년 공항소음 방지 및 소음대책지역 지원에 관한 법률(공항소음방지법)이 제정되었는데, 동법은 소음대책지역을 지정·고시하고, 손실보상을 포함한 사업계획을 수립하여, 손실보상, 토지매수, 주민지원사업을 하는 것을 주요내용으로 하고 있다.

② 군용비행장·군사격장 소음 방지 및 피해 보상에 관한 법률의 제정

2019년 군용비행장·군사격장 소음 방지 및 피해 보상에 관한 법률(군소음보상법)이 제정되었는데, 동법은 군용비행장 및 군사격장과 관련하여 소음대책지역을 지정·고시하고, 소음피해 보상에 관한 기본계획을 수립하여 보상금을 지급하는 것을 주요내용으로 하고 있다.

③ 보상 등의 규정에 따른 손실보상 등의 가능

위와 같이 소음이 충분히 예상되는 공공시설물의 경우는 소음피해에 대한 손실보상이나 주민지원 등이 가능하게 되었다. 이로써 종래 '이용상 하자'로 다루어지던 문제들의 상당 부분은 '행정상 손실보상'의 문제로 전환되었다. 다만, 위 시설물에서 야기된 소음피해가 설치·관리상 하자로 발생한 경우에는 여전히 국가배상의 문제로 다투어질 수 있을 것이다.

3. 손해의 발생과 인과관계

영조물의 설치·관리상의 하자와 발생된 손해 사이에 상당인과관계가 있어야 한다. 따라서 국가는 이와 같은 상당인과관계가 있는 범위 내에서만 배상책임을 지게 된다.

4. 면책사유

(1) 불가항력

영조물이 통상 갖추어야 할 안전성을 갖춘 이상 천재지변과 같은 불가항력적 사유로 인하여 발생된 손해에 대해서는 국가의 배상책임이 면책된다.

판례 > 600년 또는 1,000년 발생빈도의 강우량에 의한 하천 범람이 불가항력적인 재해로서 관리청에게 책임이 없는지 여부

"이 사건 사고지점의 제방은 100년 발생빈도를 기준으로 책정된 계획홍수위보다 30cm 정도 더 높

았던 사실, 이 사건 사고 당시 사고지점 상류지역의 강우량은 600년 또는 1,000년 발생빈도의 강우량이어서 이 사건 사고지점의 경우 계획홍수위보다 무려 1.6m 정도가 넘는 수위의 유수가 흘렀다고 추정되는 사실 및 이 사건 사고 이전에는 위 사고지점에 하천이 범람한 적이 없었던 사실을 인정할 수 있는바, … 위와 같이 계획홍수위를 훨씬 넘는 유수에 의한 범람은 예측가능성 및 회피가능성이 없는 불가항력적인 재해로 보아 그 영조물의 관리청에게 책임을 물을 수 없다 할 것이다(대판 2003.10.23, 2001다48057)."

그러나 위와 같은 불가항력적인 경우를 제외하고는, 영조물이 갖추어야 할 통상적인 안전성을 결여한 경우에는 국가배상책임이 인정된다. 이와 관련하여 판례는 우리나라에서 집중호우는 예상하기 어려운 정도의 기상이변에 해당한다고 보기 어려워 면책사유가 될 수 없다고 보고 있다(대판 2000.5.26, 99다53247).

(2) 예산부족

예산부족은 배상액 산정의 참작사유는 될 수 있으나 국가배상책임의 면책사유가 될 수 없는 것이 원칙이다. 다만 막대한 예산이 소요되는 예외적인 경우라면 국가배상책임이 인정되지 않을 수도 있을 것이다.

Ⅲ. 배상책임*

1. 배상책임자**

□ **배상책임자**

1. 국가와 지방자치단체
2. 비용부담자로서의 배상책임자
   (1) 국가배상법의 규정
   ㅇ국가배상법 제6조
   (2) 공무원의 선임·감독자 등의 의미
   ㅇ'영조물의 설치·관리를 맡은 자'='영조물의 관리주체'
   ㅇ'영조물의 설치·관리 비용을 부담하는 자'='영조물의 비용부담자'
   ㅇ'국영공비(國營公費)사업'이나 '기관위임사무'의 경우
   (3) 공무원의 봉급·급여 등의 비용부담자 등
   ① 학설: ⑴ 형식적 비용부담자설, ⑵ 실질적 비용부담자설, ⑶ 병합설(다수설)
   ② 판례: 병합설
   ③ 결어: 병합설 타당
   (4) 최종적 배상책임자

* 5급공채(2019년).

** 입법고시(2001년), 입법고시(2004년).

○ 국가배상법 제6조 제2항
○ 누가 최종적인 배상책임자인지
① 사무귀속자설(관리자설, 관리자 책임설)
② 비용부담자설
③ 기여도설
④ 판례
(1) 사무귀속자설
(2) 지위가 중복되는 경우 기여도설
⑤ 결어: 판례가 타당

(1) 국가와 지방자치단체

국가배상법 제5조에 의한 배상책임의 주체는 공공의 영조물의 관리주체인 국가와 지방자치단체이다. 배상책임의 주체에 관한 설명은 제2조에서 기술한 바와 같다.

(2) 비용부담자로서의 배상책임자

1) 국가배상법의 규정

국가배상법 제6조는 "제2조·제3조 및 제5조에 따라 국가나 지방자치단체가 손해를 배상할 책임이 있는 경우에 공무원의 선임·감독 또는 영조물의 설치·관리를 맡은 자와 공무원의 봉급·급여, 그 밖의 비용 또는 영조물의 설치·관리 비용을 부담하는 자가 동일하지 아니하면 그 비용을 부담하는 자도 손해를 배상하여야 한다(국배법 6 ①)."고 규정하여, 비용부담자도 배상책임자가 될 수 있음을 규정하고 있다.

이와 같이 '사무귀속주체나 관리주체' 외에 '비용부담주체'도 배상책임을 질 수 있도록 한 것은 피해자가 배상청구의 상대방을 잘못 선택함으로써 불이익을 당하지 않도록 하기 위한 것이다.

2) 공무원의 선임·감독자 등의 의미

학설과 판례는 '공무원의 선임·감독 또는 영조물의 설치·관리를 맡은 자'를 '사무의 귀속주체 또는 영조물의 관리주체(예: 사무를 위임한 국가)'로 이해하고, '공무원의 봉급·급여, 그 밖의 비용 또는 영조물의 설치·관리 비용을 부담하는 자'를 '사무 또는 영조물의 비용부담자(예: 사무를 위임받아 처리하는 지방자치단체)'로 이해한다.

국가배상법 제6조 제1항에서 말하는 공무원의 선임·감독자와 비용부담자가 동일하지 않은 경우란 국가가 관할권을 가지고 있지만 지방자치단체가 비용을 부담하는 '국영공비(國營公費)사업'이나 '기관위임사무'의 경우를 말한다.

3) 비용의 범위

'공무원의 봉급·급여, 그 밖의 비용 또는 영조물의 설치·관리 비용을 부담하는 자'와 관련하여, 여기에서의 '비용'에는 봉급·급여뿐 아니라 당해 사무집행에 소요되는 일체의 비용을 말한다.

4) 공무원의 봉급·급여 등의 비용부담자 등

① 학설

국가배상법 제6조 제1항에서 말하는 비용부담자의 의미와 관련하여서는, ① 대외적으로 비용을 부담하는 자를 의미한다는 형식적 비용부담자설, ② 실질적·궁극적 비용부담자를 의미한다는 실질적 비용부담자설, ③ 형식적 비용부담자와 실질적 비용부담자를 모두 포함한다고 보는 병합설이 있는데, 병합설이 다수설이다.

② 판례

판례는 형식적 비용부담자의 배상책임을 인정하기도 하고, 실질적 비용부담자의 배상책임을 인정하기도 하여, 병합설을 취하고 있는 것으로 보인다.

판례 1 > 지방자치단체의 장이 기관위임사무를 처리하는 경우, 지방자치단체의 비용부담자(형식적 비용부담자)로서의 배상책임을 인정한 사례

"국가배상법 제6조 제1항 소정의 '공무원의 봉급·급여 기타의 비용'이란 … 대외적으로 그러한 경비를 지출하는 자는 경비의 실질적·궁극적 부담자가 아니더라도 그러한 경비를 부담하는 자에 포함된다.

… 지방자치단체의 장이 기관위임된 국가행정사무를 처리하는 경우 그에 소요되는 경비의 실질적·궁극적 부담자는 국가라고 하더라도 당해 지방자치단체는 국가로부터 내부적으로 교부된 금원으로 그 사무에 필요한 경비를 대외적으로 지출하는 자이므로, 이러한 경우 지방자치단체는 국가배상법 제6조 제1항 소정의 비용부담자로서 공무원의 불법행위로 인한 같은 법에 의한 손해를 배상할 책임이 있다(대판 1994.12.9, 94다38137)."

판례 2 > 서울특별시 영등포구가 여의도광장에서 차량진입으로 일어난 인신사고에 관하여 국가배상법 제6조의 비용부담자(실질적 비용부담자)로서의 배상책임을 인정한 사례

"… 서울특별시는 여의도광장 … 관리사무 중 일부를 영등포구청장에게 권한위임하고 있어, … 여의도광장의 관리비용부담자는 그 위임된 관리사무에 관한 한 관리를 위임받은 영등포구청장이 속한 영등포구가 되므로, 영등포구는 여의도광장에서 차량진입으로 일어난 인신사고에 관하여 국가배상법 제6조 소정의 비용부담자로서의 손해배상책임이 있다(대판 1995.2.24, 94다57671)."

③ 결어

국가배상법 제6조 제1항은 피해자가 배상청구의 상대방을 잘못 선택함으로써 입게 되는 불이익을 방지하기 위한 것이고, 또한 국민의 입장에서는 실질적·형식적 부담자를 구별하기가 용이하지 않으므로, 양자 모두 배상책임을 부담한다고 보는 병합설이 타당하다.

5) 최종적 배상책임자

국가배상법 제6조 제2항은 "제1항의 경우에 손해를 배상한 자는 내부관계에서 그 손해를 배상할 책임이 있는 자에게 구상할 수 있다."고 규정하고 있는데, 이 규정만으로는 '공무원의 선임·감독 또는 영조물의 설치·관리를 맡은 자'와 '공무원의 봉급·급여, 그 밖의 비용 또는 영조물의 설치·관리 비용을 부담하는 자' 사이에 누가 최종적인 배상책임자인지 불분명하다. 이에 관하여는 학설이 나뉜다.

① 사무귀속자설(관리자설, 관리자책임설)

이 설은 사무의 귀속주체가 최종적인 배상책임자가 된다는 견해이다. 우리나라의 다수설이다.

② 비용부담자설

이 설은 비용부담자가 부담하는 비용에는 손해배상금도 포함되어 있다는 것을 논거로 당해 사무의 비용부담자가 최종적인 배상책임자가 된다는 견해이다. 일본의 다수설이다.

③ 기여도설

이 설은 손해발생의 기여정도에 따라 최종적인 배상책임자가 정하여져야 한다는 견해이다.

④ 판례

판례의 입장은 명확치 않은데, 사무귀속자설을 원칙으로 하면서[판례1], 다만 관리자와 비용부담자의 지위가 중첩되는 경우에는 기여도설을 취한 것으로 보인다[판례2].

판례 1 > 지방자치단체장이 경찰서장에게 교통신호기 설치·관리권한을 위임한 후 교통신호기 고장으로 교통사고가 발생한 경우 최종적인 배상책임자

"(안산시장이 국가에 구상금을 청구한 사건에서) … 교통신호기의 관리사무는 원고(안산시장)가 안산경찰서장에게 그 권한을 기관위임한 사무로서 피고(대한민국) 소속 경찰공무원들은 원고의 사무를 처리하는 지위에 있으므로, **원고가 그 사무에 관하여 선임·감독자에 해당**하고, 그 교통신호기 시설은 지방자치법 제132조 단서의 규정에 따라 원고의 비용으로 설치·관리되고 있으므로, 그 신호기의 설치·관리의 비용을 실질적으로 부담하는 비용부담자의 지위도 아울러 지니고 있는 반면, 피고는 단지 그 소속 경찰공무원에게 봉급만을 지급하고 있을 뿐이므로, 원고와 피고 사이에서 이 사건 손해배상의 궁극적인 책임은 전적으로 원고에게 있다고 봄이 상당하다(대판 2001.9.25, 2001다41865)."

판례2 > 국가배상법 제6조 소정의 사무귀속자와 비용부담자로서의 지위가 두 행정 주체 모두에 중첩된 경우, 내부적 부담 부분의 결정 기준

"… 광역시와 국가 모두가 도로의 점유자 및 관리자, 비용부담자로서의 책임을 중첩적으로 지는 경우에는, 광역시와 국가 모두가 국가배상법 제6조 제2항 소정의 궁극적으로 손해를 배상할 책임이 있는 자라고 할 것이고, 결국 광역시와 국가의 내부적인 부담 부분은, 그 도로의 인계·인수 경위, 사고의 발생 경위, 광역시와 국가의 그 도로에 관한 분담비용 등 제반 사정을 종합하여 결정함이 상당하다 할 것이며, 원고(광주광역시)는 그가 지급한 손해배상액 중 원고의 부담 부분을 초과하는 금액에 한하여 피고(대한민국)에게 구상할 수 있다 할 것이다(대판 1998.7.10, 96다42819)."

⑤ 결어

결론적으로 사무의 귀속주체와 비용의 부담주체는 결부되어야 한다는 원칙(견련성(牽連性)의 원칙, Konnexitätsprinzip)에 비추어 보더라도 사무귀속자가 최종적인 배상책임자가 되는 것이 타당하다. 다만 사무귀속자의 지위가 수인에게 중복적으로 인정되는 경우에는 이들 모두 공동으로 최종적 배상책임자가 된다고 보아야 하고, 이 경우 최종적인 배상은 손해발생의 기여도에 따라 결정되도록 하는 것이 합리적일 것이다.

6) 원인책임자에 대한 구상

공공시설 등의 하자로 인하여 국가나 지방자치단체가 국가배상법 제5조 제1항에 의하여 손해를 배상한 경우, 손해의 원인에 대하여 책임을 질 자가 따로 있으면 국가나 지방자치단체는 그 자에게 구상할 수 있다(국배법 5 ②).

2. 배상액 등

배상액, 배상청구권의 양도, 배상청구권의 주체와 시효 등은 국가배상법 제2조의 경우와 같다.

제 3 장

행정상 손실보상

제1절 행정상 손실보상제도의 개관*

1. 행정상 손실보상의 의의

행정상 손실보상이란 공공필요에 따른 적법한 공권력행사에 의하여 개인의 재산권에 특별한 희생이 발생하였을 때 개인의 재산권보장과 전체적인 공평부담 차원에서 이를 갚아주는 것을 말한다. 예컨대 공익사업(도로건설·주택공급 등)을 위하여 법률의 규정에 따라 토지 등 개인재산을 강제로 수용(박탈)·사용·제한하는 경우에,[1] 이와 같은 재산권 침해행위는 공공필요에 따라

---

* 변호사시험(2020년).

1 공익사업과 손실보상의 기본적 구조

예컨대 도시에 거주자에 비하여 주택이 부족한 경우, 행정주체는 공익사업으로 주택공급사업을 시행하는데, 이때 이 사업은 행정주체(A)가 직접 시행자가 되기도 하고 민간사업자(B건설회사)를 지정하여 시행자가 되도록 하기도 한다. 사업시행자(행정주체든 민간사업자이든)는 주택공급사업의 대상토지에 토지나 건물소유자들을 대상으로 개별적으로 매수협의를 한다. 이때 협의가 이루어지지 않으면 사업시행자가 토지수용위원회에 신청하고 토지수용위원회가 수용재결(보상금액을 정하여 수용재결을 하는 것

적법하게 이루어진 것이지만, 이로 인한 침해가 수인한도를 벗어나 특정개인들에게 요구되는 특별한 희생에 해당하는 경우에는, 그로 인한 손실은 전체적인 공평부담이라는 관점에서 적절히 보상해 주어야 하는 것이다.[2]

이에 따라 헌법 제23조 제3항도 "공공필요에 의한 재산권의 수용·사용 또는 제한 및 그에 대한 보상은 법률로써 하되, 정당한 보상을 지급하여야 한다."고 규정하고 있다.

2. 손실보상청구권의 성질

(1) 학설

① 공권설은 행정상 손실보상청구권은 공공필요에 의한 공권력행사라는 공법적 원인에 의한 것이므로 공권이라는 견해이다. 이에 따르면 이에 대한 소송은 행정소송으로서 당사자소송이 된다.

② 반면 사권설은 손실보상의 내용이 금전지급이라는 점에서 사법상의 금전지급청구권과 다르지 않다는 견해이다. 이에 따르면 이에 대한 소송은 민사소송이 된다.

(2) 판례

이에 대한 판례의 입장은 기본적으로 다음의 두 가지로 구분해 볼 수 있다.

① 우선 판례는 손실보상의 내용이 사법상의 권리(예: 어업권)라면 그 보상청구권도 사법상의 권리이므로 이에 대한 소송은 민사소송으로 하여야 한다는 입장이다(대판 1998.2.27, 97다46450).

② 한편 판례는 공익사업으로 인한 손실보상청구권은 공법상의 권리로 보아 이에 관한 소송은 행정소송에 의하여야 한다고 보고 있다(대판 2012.10.11, 2010다23210).

(3) 결어

행정상 손실보상제도는 손실보상의 원인행위가 공법에 근거한 공권력행사이기 때문에 인정되는 공법에 특유한 권리구제라는 점에서 공권설이 타당하다.

이 일반적이다)을 함으로써 토지나 건물을 수용하고 공익사업을 진행한다.

2 수인한도(受忍限度)란 참을 수 있는 한도를 말하는 것으로, 예컨대 토지수용(토지소유권의 박탈)은 재산권의 침해가 수인한도를 벗어나는 경우이다. 이와 같이 재산권의 침해가 수인한도를 벗어난 경우는 재산권의 '특별한 희생이 있는 경우'로서 손실보상이 이 요구되는 경우이다. 반대로 수인한도 내에서의 재산권 침해는 특별한 희생이 아니므로 손실보상청구권이 인정되지 않는다.

제2절 행정상 손실보상의 이론적 근거

행정상 손실보상에 대한 이론적 근거로서 과거에는 ① 기득권 침해에 대한 보상이라는 기득권설, ② 개별법에 의하여 보상이 이루어지는 것은 국가의 은혜라는 은혜설이 있었으나, 오늘날은 ③ 공공필요에 의한 재산권의 침해행위로 인하여 개인에게 발생한 특별한 희생을 보상하는 것이라는 특별희생설이 통설이다. 특별희생사상은 독일의 헌법적 관습법으로 불리는 1794년 프로이센일반국가법(ALP: Allgemeines Landrecht für die preußischen Staaten) 서장(Einleitung)에 명문으로 규정된 데에서 비롯되었다. 동법 서장 제74조는 공공복리가 개인의 이익에 우선함을 규정하면서 제75조는 이로 인하여 희생된 권리에 대한 보상을 규정하고 있었다.

제3절 행정상 손실보상의 법적 근거*

Ⅰ. 헌법적 근거

1. 행정상 손실보상의 근거로서의 헌법 제23조

행정상 손실보상의 헌법적 근거는 헌법 제23조이다. 동조는 제1항에서 국민의 재산권을 보장하면서 법률로써 보장되는 재산권의 내용과 그에 대한 제한 등을 정하도록 규정하고 있다. 제3항에서는 공용수용·공용사용·공용제한(공용침해)[3]과 이에 대한 보상을 법률로 규정하도록 하면서, 보상을 하는 경우 정당한 보상을 하도록 하고 있다.

헌법 제23조 ① 모든 국민의 재산권은 보장된다. 그 내용과 한계는 법률로 정한다.
② 재산권의 행사는 공공복리에 적합하도록 하여야 한다.
③ 공공필요에 의한 재산권의 수용·사용 또는 제한 및 그에 대한 보상은 법률로써 하되, 정당한 보상을 지급하여야 한다.

---

* 입법고시(2006년), 입법고시(2011년), 사법시험(1998년), 행정고시(1996년), 변호사시험(2020년).

3 수용은 재산권의 박탈을, 사용은 재산권의 일시적 사용을, 제한은 재산권의 사용·수익 등의 제한을 의미한다. 공공의 필요에 의한 수용·사용·제한을 각각 공용수용·공용사용·공용제한이라 하고, 편의상 이를 합하여 공공의 필요에 의한 재산권침해(공용침해)라고 한다.

2. 경계이론에 의한 손실보상

(1) 경계이론에 따른 손실보상의 인정

예컨대 어떤 법률이 헌법 제23조 제1항에 따라 재산권을 제한하는 규정을 두고 있는데, 이 제한이 재산권의 내재적 제약[4]의 범위 내라면 이를 수인하여야 하고 이에 대한 보상이 필요 없지만, 만약 수인한도를 벗어나서 특별한 희생이 존재한다면 동조 제3항에 따라 보상할 수 있는가 하는 것이 문제이다.

독일 헌법인 기본법 제14조는 재산권에 관하여 우리 헌법 제23조와 매우 유사한 구조를 취하고 있는데, 크게 다른 점은, 우리 헌법은 제23조 제3항에서 '수용·사용·제한'을 규정하고 있는데, 기본법 제14조 제3항은 '수용'만을 규정하고 있다는 것이다.[5]

독일 연방대법원(BGH)은 재산권의 내용규정(제1항)과 공용수용에 따른 보상규정(제3항)은 정도의 차이가 있을 뿐 다른 제도가 아니라는 점에서, 제1항의 재산권의 내재적 한계를 벗어나 특별한 희생이 존재하면 제3항에 따라 보상이 가능하다고 보았다. 즉 제1항의 경계를 벗어나면 제3항에 의한 보상이 가능하다는 것이다. 이를 경계이론이라 한다. 경계이론은 재산권의 가치보장[6]에 중점을 두는 것으로서 어떠한 재산권침해행위가 특별한 희생에 해당되어 보상이 주어져야 하는가의 여부를 중요시한다고 할 수 있다. 우리나라 대법원도 경계이론을 취하고 있다고 할 수 있다.

(2) 공용침해행위의 다양성

법률에서 공공필요에 의한 재산권침해(공용침해)를 규정하면서 이에 대한 보상규정을 두고 있는 경우에는 손실보상에 별 문제가 없다. 그러나 실제로는 공용침해를 규정하면서 보상규정이 없는 경우도 많고(예: 개발제한구역의 지정으로 인한 개발행위 등의 제한(공용제한)을 규정하면서

---

4 재산권 행사는 공공복리에 적합하여야 하는데(헌법 23 ②), 이에 따라 국민의 기본권인 재산권에는 공공복리에 적합하여야 할 일정한 헌법적 한계가 내재(內在)해 있다. 예컨대 공공의 이익을 위하여 재산권의 행사는 국민들이 수인가능한 정도의 범위 안에서 제한될 수도 있다. 이와 같이 재산권은 공공복리를 위하여 불가피하게 제한될 수 있는데, 이를 '재산권의 내재적 한계' 또는 '재산권의 사회기속'에 따른 제한(내재적 제약)이라고 한다. 재산권의 침해가 내재적 제약 안의 것이면 국민은 이를 수인하여야 하고 이러한 침해에 대해서는 보상이 인정되지 않지만, 내재적 제약을 벗어나서 재산권에 '특별한 희생'이 발생한 경우에는 이에 대한 보상이 필요하다.

5 독일 기본법 제14조 제3항이 '수용'만을 규정하고 있다는 점에서 우리 헌법 제23조 제3항의 경우와 다르다고 보는 견해(예: 정하중, 행정법개론, 591면 이하)도 있지만, 독일 기본법상의 수용에는 사용과 제한도 포함되는 것으로 이해하는 견해(예: 홍정선, 행정법특강, 508면)도 있다.

6 기본권은 가급적이면 기본권 자체에 대한 침해를 하지 말아야 한다(기본권의 존속보장) 그러나 공공복리 등의 이유로 부득이하게 침해한 경우에는 침해에 대한 보상이 보장되어야 한다(기본권의 보상보장 또는 가치보장). 다시 말해서 권리는 침해하지 않는 것이 우선이고(존속보호), 부득이하게 침해한 경우에는 차선으로 그에 대한 보상 등으로 침해된 만큼 갚아주어야 한다(보상보호).

별도의 보상규정이 없는 경우), 또는 공익사업을 시행하는 과정에서 사업지 밖에서 의도하지 않았던 재산권 침해행위가 발생하는 경우(예: 지하철공사로 인근 건물에 균열이 생긴 경우)도 있다. 경우에 따라서는 이와 같은 공용침해행위가 공공필요에 의한 적법한 의도로 시작되었지만 결과적으로 위법한 경우도 있다.

이와 같이 전형적인 공용침해 이외의 다양한 공용침해행위에 대하여도 권리구제가 필요함은 물론이다. 그러나 이론상으로는 행정상 손해배상(위법·과실)과 행정상 손실보상(적법·무과실)의 사이(위법·무과실)에는 권리구제가 제대로 이루어지지 않는 문제가 발생하였다.

(3) 당연해석을 통한 수용유사침해, 수용적 침해법리의 인정과 확대

위와 같은 문제를 해결하기 위하여 독일 연방대법원은 '적법한 재산권 침해가 보상된다면, 위법한 재산권 침해는 당연히 구제되어야 한다'는 당연해석을 통하여 이른바 수용유사침해(enteignungsgleicher Eingriff)[7]와 수용적 침해(enteignender Eingriff)[8] 이론을 정립하여 이에 대한 손실보상을 인정하였다.

이들 법리는 재산적 가치가 없는 권리에 대한 침해에 대해서도 그대로 인정되었다. 따라서 생명·신체와 같은 비재산적 가치에 대한 적법한 침해를 희생보상, 위법한 침해를 희생유사침해라 하여 이에 대한 손실보상도 인정하였다.

3. 분리이론과 불가분조항

(1) 연방헌법재판소의 자갈채취결정

이와 같은 독일 연방대법원의 판례이론은 계속하여 확대되다가 독일 연방헌법재판소의 자갈채취결정[9]을 통하여 그 인정범위가 축소되기에 이르렀다.

자갈채취사건은 구 물관리법에 의하여 자기 토지에서 골재채취업을 하던 자가 자기 토지가 수도보호구역에 위치함으로 인하여 관할행정청에 신법의 규정에 따라 다시 골재채취허가를 신청하였다가 거부되자 법원에 손실보상을 청구한 사건인데, 이 사건에서 물관리법 규정의 합헌성 여부가 문제되었다.

이에 대하여 연방헌법재판소는 '수용을 규정하는 법률에 보상규정이 없는 경우 당해 법률은 위헌이고 이에 근거한 처분은 위법한 처분'이라고 하였다. 그러나 '보상규정이 없으므로 관계인은 이 경우 보상을 청구할 수 없고, 다만 당해 처분의 취소만을 구할 수 있을 뿐'이라고 하였다.

---

7 수용유사침해는 위법·무과실의 재산권 침해로서, 만약 적법하였더라면 공용수용에 해당되었을 재산권 침해를 말한다.

8 수용적 침해란 사업지 밖에서 발생하는 비의도적·비정형적인 재산권 침해를 말한다.

9 Naßauskiesungsbeschluß, BverfGE 58, 300(제2편 제4장 제1절 I 참조).

(2) 분리이론과 불가분조항이론

연방헌법재판소는 독일 기본법 제14조 제3항에 의한 보상은 '수용을 규정하고 있는 법률에서 이에 대한 보상규정을 두고 있는 경우 이에 따라 이루어지는 보상'으로 공용수용의 개념을 한정하였다. 즉 연방대법원이 제14조 제1항의 경계를 벗어난 침해에 대하여 제3항을 근거로 손실보상을 인정해온 데 대하여(경계이론), 연방헌법재판소는 제14조 제3항에 의한 손실보상은 수용법률에 규정된 보상규정에 의하여 보상이 되는 경우만을 의미한다고 보아 제14조 제1항과 동조 제3항은 서로 관련이 없다고 본 것이다(분리이론).

나아가 연방헌법재판소는 '수용을 규정하는 법률'에는 '보상규정'이 반드시 있어야 한다, 즉 수용규정과 보상규정은 불가분의 관계에 있다는 불가분조항(부대조항)이론에 따라 보상규정이 없는 수용처분은 위법한 처분으로서 이에 대해서는 제14조 제3항에 의한 보상이 아니므로 이를 근거로 보상할 수 없고, 따라서 1차적 권리구제수단인 취소소송으로 이를 다투어야 한다. 이 경우 보상을 청구하려면 -제14조 제3항이 아닌- 다른 법원칙이나 근거규정을 근거로 하여야 한다고 하였다.

요컨대 분리이론은 재산권의 내용규정(제1항)은 재산에 대한 권리와 의무를 일반·추상적으로 확정하는 것이고, 공용수용 규정(제3항)은 공공필요에 따라 재산권을 박탈하는 것이므로 서로 별개의 제도라고 본다. 분리이론은 재산권의 존속보장에 중점을 두는 것으로, 예컨대 내재적 제약을 벗어나는 재산권침해의 경우 이에 대하여 보상규정을 둠으로써 재산권을 보호하는 것이 원칙이라는, 재산권의 존속보호에 중점을 두고 있다. 우리나라 헌법재판소도 분리이론을 취하고 있는 것으로 판단된다.

판례 > (구) 도시계획법 제21조에 대한 위헌소원

"도시계획법 제21조에 규정된 개발제한구역제도 그 자체는 원칙적으로 합헌적인 규정인데, 다만 개발제한구역의 지정으로 말미암아 일부 토지소유자에게 사회적 제약의 범위를 넘는 가혹한 부담이 발생하는 예외적인 경우에 대하여 보상규정을 두지 않은 것에 위헌성이 있는 것이고, 보상의 구체적 기준과 방법은 헌법재판소가 결정할 성질의 것이 아니라 광범위한 입법형성권을 가진 입법자가 입법정책적으로 정할 사항이므로, 입법자가 보상입법을 마련함으로써 위헌적인 상태를 제거할 때까지 위 조항을 형식적으로 존속케 하기 위하여 헌법불합치결정을 하는 것인바, 입법자는 되도록 빠른 시일내에 보상입법을 하여 위헌적 상태를 제거할 의무가 있고, 행정청은 보상입법이 마련되기 전에는 새로 개발제한구역을 지정하여서는 아니되며, 토지소유자는 보상입법을 기다려 그에 따른 권리행사를 할 수 있을 뿐 개발제한구역의 지정이나 그에 따른 토지재산권의 제한 그 자체의 효력을 다투거나 위 조항에 위반하여 행한 자신들의 행위의 정당성을 주장할 수는 없다(헌재결 1998.12.24, 89헌마214, 90헌바16, 97헌바78(병합) 전원재판부)."

(3) 자갈채취결정 이후

자갈채취결정으로 분리이론과 불가분조항이론에 의하여 제14조 제3항을 근거로 수용유사침해와 수용적 침해에 의한 보상을 인정할 수 없게 되었다. 이로써 보상범위는 축소되었지만 그 후 연방대법원은 프로이센일반국가법 총칙편 제74조·제75조의 희생보상을 근거로 하여 계속하여 수용유사침해·수용적 침해이론을 견지하고 있다. 이로써 수용유사침해·수용적 침해는 기본법 제14조 제3항과는 독립적으로 존재하는 보상법리가 되었다.

4. 우리나라 헌법의 경우

우리나라 헌법 제23조도 분리이론과 불가분조항 이론에 따라 판단할 수 있는가 하는 데 논란이 있는데, 이 이론은 재산권의 존속보장을 우선하는 헌법해석에 충실한 이론이기는 하지만, 우리 헌법구조상 이를 그대로 채택하기는 어렵다. 왜냐하면 독일 기본법 제14조 제3항은 '수용'에 관해서만 규정하고 있고, 수용과 같은 재산권 박탈행위에는 반드시 보상규정이 필요하다는 것(불가분조항)이 합리적으로 요구되지만, 우리 헌법 제23조는 수용뿐 아니라 사용·제한도 규정하고 있고, 사용이나 제한의 경우는 매우 다양한 형태로 나타날 수 있어 이에 대하여 항상 보상이 요구된다고 단정하기 어렵기 때문이다. 따라서 우리나라의 경우 불가분조항 이론을 엄격하게 적용하는 데에는 분명히 한계가 있다.

그리고 분리이론에 따라 공용침해를 규정하는 법률에 보상규정이 없어, 제3항에 의한 보상이 불가능하다고 하는 경우, 독일처럼 프로이센일반국가법상 희생보상과 같은 손실보상의 관습헌법적 근거가 없는 우리나라에서는 손실보상을 위한 마땅한 법적 근거가 없어 권리구제에 공백이 생기기 때문이다. 이러한 점에서 보면, 현재 우리나라의 헌법에서는 경계이론의 입장이 권리구제의 측면에서 보다 타당하지 않을까 생각된다.

II. 실정법적 근거*

우리 헌법 제23조 제3항에 따라 여러 개별법에서 공용침해를 규정하면서 손실보상을 규정하기도 한다.

---

* 입법고시(2006년), 입법고시(2011년).

그러나 법률이 공용침해를 규정하면서 이에 따른 손실보상규정을 두고 있지 않은 경우, 공용침해에 따른 손실보상을 규정할 것을 정하고 있는 헌법 제23조 제3항과 관련하여, 공용침해를 받은 개인이 이에 대한 손실보상을 청구할 수 있는지 문제이다. 이에 관하여는 학설이 대립되고 있다.

1. 학설

(1) 방침규정설

이 설은 헌법 제23조 제3항의 규정은 일종의 방침규정(Programmvorschrift)이므로 보상규정을 둘 것인가 하는 문제는 입법자의 재량껏 판단할 문제라고 본다. 따라서 보상규정이 없으면 손실보상을 청구할 수 없다고 한다.

(2) 직접효력설

직접효력설은 헌법 제23조 제3항이 직접 국민에 대하여 효력을 가진다고 보아, 보상규정이 없더라도 헌법 제23조 제3항을 근거로 손실보상을 청구할 수 있다고 본다. 직접효력설은 '보상은 법률로써 하라'는 헌법 제23조 제3항은 '반드시 보상규정을 두라'는 의미가 아니라 '보상이 필요한 경우라면 그 보상의 구체적인 내용이나 방법 등을 '법률'로 정하라'는 의미로 본다. 따라서 보상규정이 없더라도, 직접 헌법 제23조 제3항을 근거로 손실보상청구권을 도출할 수 있다고 한다.

(3) 위헌무효설

위헌무효설은 불가분조항 이론에 따라 공용침해를 규정하는 법률에 보상규정이 없다면 이는 위헌으로 무효이고, 이 경우 공용침해행위는 위헌법률에 근거한 위법한 행위가 되므로 이로 인한 재산적 피해에 대해서는 국가배상을 청구할 수 있다고 한다.

(4) 유추적용설

유추적용설(혹은 간접효력설)은 손실보상규정이 없는 경우에는 헌법 제23조 제1항(재산권보장), 헌법 제11조(평등권), 헌법 제23조 제3항 및 관계 법률의 손실보상규정 등을 유추적용하여 손실보상을 청구할 수 있다고 보는 견해이다.

유추적용설의 내용이 명확하지는 않지만, 여기에는 독일의 수용유사침해의 법리와 유사하게 손실보상청구권이 인정되는 것이 바람직하다고 보는 견해도 있다.

2. 학설에 대한 평가 및 결론

(i) 방침규정설은 기본권이 실질적으로 보장되고 있는 현대의 법치국가에서는 그 근거를 상실하였다고 보아야 할 것이다.

(ii) 위헌무효설은 근본적으로 헌법 제23조 제3항을 불가분조항으로 이해한다. 그러나 우리 헌법 제23조 제3항은 독일과 달리 수용뿐 아니라 사용과 제한도 규정하고 있어 이를 불가분조항으로 보기 어렵다.

또한 국가배상을 청구한다고 하여도, 법률의 입법과정에서의 입법자의 과실을 입증하기 어렵고, 또한 법집행 당시 위헌이 확정된 것이 아닌 한 이를 집행한 공무원에게 과실이 있다고 보기 어려워서 국가배상으로 권리구제가 곤란하다.

(iii) 유추적용설은, 공용침해행위의 유형이나 방법 등이 매우 다양한데, 이에 대한 보상규정이 없는 한, 관련된 보상규정 등을 유추하는 것만으로 손실보상을 하기에는 현실적인 어려움이 있다는 문제가 있다.

나아가 수용유사침해의 법리를 적용한 손실보상의 경우에도 우리 판례가 이 법리를 채택하고 있지 않다는 문제가 있다.

(iv) 직접효력설의 경우에도, 유추적용설의 경우와 마찬가지로, 법률에 구체적인 보상규정이 없는 한 보상에 대한 판단이 어렵다는 문제가 있다.

(v) 결론적으로 이 문제는 ① 궁극적으로는 보상이 필요한 경우라고 판단된다면 법률에 보상규정을 두는 것이 가장 바람직한 해결책이고, ② 보상규정이 없다면 수용유사침해와 같은 이론을 통하여서라도 보상이 가능하다고 하는 것이 공백 없는 권리구제를 추구하는 법치국가의 이념에 부합하는 것이 될 것이다. ③ 그러나 수용유사침해와 같은 이론도 받아들일 수 없다면 결국에는 직접효력설에 따라 헌법 제23조 제3항의 '정당한 보상'을 근거로 손실보상청구권을 인정할 수밖에 없다고 생각된다.

3. 관련 판례

(1) 대법원

대법원은 대체로 경계이론에 입각하고 있다고 할 수 있다[판례1]. 헌법 제23조 제3항이 직접 효력을 가지는가에 관하여 아직 대법원의 판례가 없지만, 대법원은 공용침해로 인한 재산권 침해의 경우에 '관련보상규정을 유추'하여 손실보상을 인정하려는 경향이 있는 것으로 판단된다[판례2]. 그러나 이와 같은 관련보상규정이 없는 경우에도 손실보상을 인정한 경우도 있다[판례3].

판례1 > 개발제한구역 지정에 관한 도시계획법 제21조의 위헌 여부

"도시계획법 제21조의 규정에 의하여 개발제한구역 안에 있는 토지의 소유자는 재산상의 권리 행사에 많은 제한을 받게 되고 그 한도 내에서 일반 토지소유자에 비하여 불이익을 받게 됨은 명백하지만, '도시의 무질서한 확산을 방지하고 도시주변의 자연환경을 보전하여 도시민의 건전한 생활환경을 확보하기 위하여 또는 국방부장관의 요청이 있어 보안상 도시의 개발을 제한할 필요가 있다고 인정되는 때'(도시계획법 제21조 제1항)에 한하여 가하여지는 그와 같은 제한으로 인한 토지소유자의 불이익은 공공의 복리를 위하여 감수하지 아니하면 안 될 정도의 것이라고 인정되므로, 그에 대하여 손실보상의 규정을 두지 아니하였다 하여 도시계획법 제21조의 규정을 헌법 제23조 제3항, 제11조 제1항 및 제37조 제2항에 위배되는 것으로 볼 수 없다(대판 1996.6.28, 94다54511)."

판례2-1 > 하천법상 국유화된 제외지의 소유자에 대한 손실보상의 유무

"하천법(1971.1.19 법률 제2292호로 개정된 것) 제2조 제1항 제2호, 제3조에 의하면 제외지는 하천구역에 속하는 토지로서 법률의 규정에 의하여 당연히 그 소유권이 국가에 귀속된다고 할 것인바 한편 동법에서는 위 법의 시행으로 인하여 국유화가 된 제외지의 소유자에 대하여 그 손실을 보상한다는 직접적인 보상규정을 둔 바가 없으나 동법 제74조의 손실보상요건에 관한 규정은 보상사유를 제한적으로 열거한 것이라기보다는 예시적으로 열거하고 있으므로 국유로 된 제외지의 소유자에 대하여는 위 법조를 유추적용하여 관리청은 그 손실을 보상하여야 한다(대판 1987.7.21, 84누126)."

판례2-2 > (구) 수산업법상 어업허가를 받고 허가어업에 종사하던 어민이 공유수면매립사업의 시행으로 피해를 입게 된 경우, 손실보상청구권이 있는지 여부

"… 적법한 어업허가를 받고 허가어업에 종사하던 중 공유수면매립사업의 시행으로 피해를 입게 되는 어민들이 있는 경우 그 공유수면매립사업의 시행자로서는 위 (구) 공공용지의취득및손실보상에관한특례법시행규칙(1991.10.28. 건설부령 제493호로 개정되기 전의 것) 제25조의2의 규정을 유추적용하여 위와 같은 어민들에게 손실보상을 하여 줄 의무가 있다(대판 1999.11.23, 98다11529)."

판례3 > 보상규정이 없는 경우 손실보상의 인정 여부

"토지구획정리사업으로 말미암아 본 건 토지에 대한 환지를 교부하지 않고 그 소유권을 상실케 한 데 대한 본 건과 같은 경우에 손실보상을 하여야 한다는 규정이 본법에 없다 할지라도 이는 법리상 그 손실을 보상하여야 할 것이다(대판 1972.11.28, 72다1597)."

위 [판례2,3]의 경우는 생업에 대한 피해, 소유권의 박탈 등 중대한 재산권침해의 경우이다. 이 경우는 '특별한 희생'이 있는 경우로서 ① 법률에 보상규정을 두어 손실을 보상하는 것이 가장 바람직하고, ② 보상규정을 두기 어려웠다면 수용유사침해법리를 통하여서라도 보상을 인정하여야 한다. ③ 그러나 보상규정도 없고 수용유사침해법리도 인정되지 않는다면, 관련된 보상규정을 유추하거나 또는 직접 헌법 제23조 제3항을 근거해서라도 보상을 해주어야 한다. 대법원 판례는 ③의 입장이라고 할 수 있다.

(2) 헌법재판소

헌법재판소는 분리이론과 불가분조항이론에 입각하고 있는 것으로 판단된다. 헌법재판소는 우리 헌법 제23조 제3항은 국가에게 명시적으로 수용 등의 경우 그 보상에 관한 입법의무를 부과하고 있다는 입장이다. 따라서 이러한 입법의무를 불이행한 것에 대하여 위헌결정을 하거나[판례1] 또는 헌법불합치결정을 통하여 보상입법을 촉구하고 있다[판례2].

판례 1 > 헌법상 명시된 입법의무가 있으나 보상입법을 하지 않은 것이 위헌인지 여부

"<u>우리 헌법은 제헌 이래 현재까지 일관하여 재산의 수용, 사용 또는 제한에 대한 보상금을 지급하도록 규정하면서 이를 법률이 정하도록 위임함으로써 국가에게 명시적으로 수용 등의 경우 그 보상에 관한 입법의무를 부과</u>하여 왔…다(헌재결 1994.12.29, 89헌마2)."

판례 2 > 도시계획법 제21조의 위헌 여부

"도시계획법 제21조에 규정된 개발제한구역제도 그 자체는 원칙적으로 합헌적인 규정인데, 다만 개발제한구역의 지정으로 말미암아 일부 토지소유자에게 사회적 제약의 범위를 넘는 가혹한 부담이 발생하는 예외적인 경우에 대하여 보상규정을 두지 않은 것에 위헌성이 있는 것이고, …

입법자가 도시계획법 제21조를 통하여 국민의 재산권을 비례의 원칙에 부합하게 합헌적으로 제한하기 위해서는, 수인의 한계를 넘어 가혹한 부담이 발생하는 예외적인 경우에는 이를 완화하는 보상규정을 두어야 한다(헌재결 1998.12.24, 89헌마214, 90헌바16, 97헌바78(병합) 전원재판부)."

제4절 손실보상청구권의 요건(공용침해의 요건)*

Ⅰ. 공공의 필요**

공용침해행위는 공공의 필요에 의한 것이어야 한다. '공공의 필요'는 불확정개념으로, 일반적으로 공공복리를 실현하기 위하여 공익사업이 요구되는 경우를 말한다(예: 다수인의 통행에 필요하여 도로를 개설하는 경우). 따라서 국가의 재정적 수요나 단순한 미래의 개발욕구를 충족시키기 위한 재산권 침해행위는 공공의 필요가 존재한다고 볼 수 없다.

사인이 수행하는 공익사업의 경우에도 공공필요성이 인정되어 개인에 대한 재산권침해가 허용될 수 있는가 하는 것이 문제인데, 이를 사인을 위한 수용(Enteignung zugunsten Privater)이라고 한다(예: 사회기반시설에 대한 민간투자법 제20조, 경제자유구역의 지정 및 운영에 관한 특별법 제13조 등). 개인이나 사기업이라 하더라도 이윤의 추구와 함께 공익사업을 수행한다는 사실이 객관적으로 담보될 수 있는 경우에 한해서만 사인을 위한 수용이 가능하다.

Ⅱ. 재산권

공용침해는 재산권에 대한 것이어야 한다(비재산적 가치에 대한 침해의 경우에는 희생보상·희생유사침해가 문제된다). 여기에서 재산권은 원칙적으로 현재 법적으로 보호받는 재산적 가치 있는 권리를 말한다. '현재의 재산적 가치'만을 의미하므로 '기대이익'은 여기에 포함되지 않는다.

Ⅲ. 침해

개인 재산권에 대한 고권적 침해행위, 즉 공용침해행위가 있어야 한다.

침해의 유형은 재산권을 박탈하는 공용수용, 재산권의 박탈에는 이르지 아니하는 일시적 사용인 공용사용, 그리고 소유자 기타 권리자에 의한 재산권의 사용 및 수익을 제한하는 공용제한이 있다(헌법 23 ③).

손실보상에서의 공용침해행위는 공공의 필요에 의한 적법한 것이어야 하고(만약 침해행위가 공공의 필요에 의한 것이기는 하지만 위법한 경우에는 수용유사침해가 문제된다), 의도적이어야 한다

---

* 변호사시험(2020년).

** 사법시험(2007년).

(비의도적 침해의 경우에는 수용적 침해가 문제된다).

재산권에 대한 직접적이고 고권적인 침해(unmittelbarer hoheitlicher Eingriff)이어야 한다.

IV. 특별한 희생*

손실보상이 인정되기 위해서는 재산권에 대한 공용침해로 인하여 개인에게 수인한도를 벗어나는 '특별한 희생'이 발생하여야 한다. '특별한 희생'의 구별기준에 대해서는 오랫동안 논쟁이 있었는데, 이를 크게 형식설과 실질설로 구분할 수 있다.

1. 형식설

형식설은 평등원칙을 형식적으로 해석하여, '특정된 자'에게 재산권 침해가 가해졌는가 하는 것을 기준으로 하는 견해로서, ① 공권력주체가 공익을 위하여 개별행위에 의하여 특정인 또는 한정된 범위의 사람의 재산권을 침해하면 특별한 희생에 해당한다는 개별행위설, ② 독일 연방대법원이 개별행위설을 수정하여 발전시킨 견해로, 특정인 또는 특정한 집단에 대하여 다른 자들에게는 요구되지 아니하는 희생이 불평등하게 강제되는 경우에 특별한 희생이 있다고 보는 특별희생설이 있다.

2. 실질설

형식설이 말하는 '특정인 또는 특정한 집단에 대한 침해인가' 하는 것은 '형식적'인 기준으로 이것만으로는 실제 특별한 희생에 해당하는지를 판단하기 어렵다는 문제가 있다. 이에 실질설은 재산권 침해의 중대성, 재산권의 보호가치성·효용성 등의 실질적인 기준으로 특별한 희생 여부를 판단하려는 견해이다.

실질설에는 ① 독일연방행정재판소의 견해로, 재산권 침해의 중대성(Eingriffsschwere)과 정도(Eingriffsstiefe)를 기준으로 특별한 희생 여부를 판단하는 중대성설을 비롯하여, ② 재산적 보호가치 있는 권리에 대한 침해인지를 기준으로 하는 보호가치성설, ③ 특정인의 재산권 전부가 박탈되거나 또는 그 실체가 감소하는지를 기준으로 하는 실체감소설, ④ 수인가능한 것인지를 기준으로 하는 수인가능성설, ⑤ 재산권이 본래 가지고 있던 목적과 기능에 위배되는지를 기준으로 하는 목적위배설, ⑥ 재산권의 사적 효용을 박탈하는지를 기준으로 하는 사적 효용설, ⑦ 보상 여부의 결정에 있어서도 구체적인 상황을 고려하여야 한다는 상황구속성설,[10] ⑧ 재산권

---

* 사법시험(1998년), 행정고시(1996년).

10 상황에 구속된다는 것은 상황에 제약을 받는다(situationsbedingt)는 의미이다. 동일한 공용침해행위라 할지라도 보상이 요구되는 경우인지는 각각의 개별적인 상황에 따라 달리 판단될 수 있다는 의미이다.

의 사회적 구속(내재적 한계)을 기준으로 하는 사회적 구속성설 등 다양한 견해들이 제시되고 있다.

3. 결어

특별희생 여부는 위 어느 하나의 기준만으로 구별하는 것보다는 구체적인 사안별로 형식적 기준과 실질적 기준을 보완적으로 적용하여 구별하는 것이 타당할 것이다. 독일 연방대법원은 형식설(특별희생설)과 실질설(중대성설), 상황구속성설 등을 연결하여 판단하는 경향에 있다.

판례 > 국립공원지정에 따른 토지재산권의 제한에 대하여 손실보상규정을 두지 않은 (구) 자연공원법 제4조가 토지소유자의 재산권을 과도하게 침해하는지 여부

"… 토지에 대한 사용제한이 언제 토지재산권의 내재적 한계로서 허용되는 사회적 제약의 범위를 넘어 특별한 재산적 손해를 발생시키는가의 문제를 판단함에 있어서, 다음의 2가지 관점이 유용한 기준을 제공한다.

첫째, 토지소유자가 종래 합법적으로 허용된 사용가능성을 이미 현실적으로 행사했는가 하는 점이 중요한 의미를 가진다. …

둘째, 사용제한으로 인하여 토지소유자에게 법적으로 허용되는 사적 효용을 가져오는 사용방법이 없기 때문에 토지재산권의 사적 효용성이 폐지된 경우에도, 사회적 제약의 한계를 넘는 특별한 재산적 손해가 발생하였다고 보아 수용적 효과를 인정해야 한다.

… 입법자가, 국립공원구역지정 후 토지를 종래의 목적으로도 사용할 수 없거나 토지를 사적으로 사용할 수 있는 방법이 없이 공원구역내 일부 토지소유자에 대하여 가혹한 부담을 부과하면서 아무런 보상규정을 두지 않은 경우에는 비례의 원칙에 위반되어 당해 토지소유자의 재산권을 과도하게 침해하는 것이라고 할 수 있다(헌재결 2003.4.24, 99헌바110, 2000헌바46(병합))."

제5절 행정상 손실보상의 내용

Ⅰ. 손실보상의 기준

헌법 제23조 제3항에서의 "정당한 보상"의 의미와 관련하여 완전보상설과 상당보상설이 대립하고 있다.

1. 완전보상설

완전보상설은 '정당한 보상'은 피침해재산의 객관적 재산가치를 완전하게 보상하여야 한다는 완전보상을 의미하는 것이라고 본다. 대법원과 헌법재판소의 입장이다(대판 2001.9.25, 2000두2426; 헌재결 1990.6.25, 89헌마107).

2. 상당보상설

상당보상설은 '정당한 보상'은 피침해재산의 성질 및 정도, 침해행위의 공익성, 사회적·경제적 여건 등을 고려하여 사회통념에 비추어 객관적으로 타당한 보상을 의미한다고 본다. 따라서 개별법령상 보상기준이 헌법적으로 객관·타당한 것이라면 경우에 따라 재산권의 객관적 가치에 못 미치더라도 위헌은 아니라는 견해이다.

상당보상은 독일 기본법 제14조 제3항("보상은 공공과 이해관계인의 이익을 정당하게 형량하여 결정되어야 한다.")이 대표적인 예이다.

3. 결어

행정상 손실보상은 피침해재산권의 객관적 가치를 기준으로 하는 것이 원칙이 되어야 하지만, 재산권의 사회적 구속성을 고려하면, 재산권의 본질적 내용을 침해하지 않는 한, 입법자가 정한 보상기준이 시가를 하회(下廻)한다 하더라도 사회적 합리성이 인정되는 경우에는 역시 합헌으로 보아야 할 것이다.

II. 손실보상의 원칙 및 보상의 방법과 지급

손실보상의 원칙 및 보상의 방법 등에 대하여는 토지보상법 제61조 이하에서 규정하고 있다.

1. 사업시행자보상의 원칙

손실보상에 있어 보상권자는 재산권이 침해된 자이고, 보상의무자는 공용침해행위를 통하여 직접 수익한 자이다. 이와 관련하여 토지보상법은 직접 수익자인 사업시행자가 보상하도록 하고 있다(토지보상법 61).

2. 사전보상(선급)의 원칙

사업시행자는 원칙적으로 해당 공익사업을 위한 공사에 착수하기 이전에 토지소유자와 관계인에게 보상액 전액을 지급하여야 한다(토지보상법 62).

3. 현금보상의 원칙과 예외

손실보상은 현금으로 지급하는 것이 원칙이다(토지보상법 63 ①).

다만 예외적으로 현물보상이 이루어지기도 하는데, 예컨대 공익사업의 시행으로 조성한 토지로 보상하는 대토(代土)보상(토지보상법 63 ① 단서)[11]을 하기도 하고, 환지(換地)[12]의 제공이나 건축물로 보상이 이루어지기도 한다(도시개발법 40). 손실보상은 채권으로 보상될 수도 있고(토지보상법 63 ⑦), 증권으로도 보상되는 경우도 있다(징발법 22조의2).

4. 개인별 보상과 일시급의 원칙

손실보상은 원칙적으로 토지소유자나 관계인에게 개인별로 하여야 한다(토지보상법 64).

손실보상은 원칙적으로 선불·개별불·일시불으로 지급하여야 하는데, 다만 동일한 사업지역에 보상시기를 달리하는 동일인 소유의 토지 등이 여러 개 있는 경우 토지소유자나 관계인이 요구할 때에는 한꺼번에 보상금을 지급하도록 하여야 한다(토지보상법 65).

Ⅲ. 현행법상 손실보상의 기준 및 내용

1. 개설

현행 헌법 제23조 제3항에 따라 도로법·하천법·산림보호법·수산업법을 비롯한 다수의 개별법에서 보상의 기준이나 방법 등을 규정하고 있다. 이 가운데에 대부분의 법률들이 손실보상에 관한 토지보상법의 규정을 준용하도록 규정하고 있어 토지보상법은 실제로 손실보상에 관한 일반법으로서의 역할을 하고 있다. 이러한 점에서 이하에서는 손실보상의 기준 및 내용에 관한 토지보상법 규정을 살펴본다.

2. 재산권 보상

(1) 취득하는 토지의 보상

협의나 재결에 의하여 취득하는 토지에 대하여는 부동산 가격공시에 관한 법률(부동산공시법)에 따른 공시지가[13]를 기준으로 하여 보상하되, 그 공시기준일부터 가격시점까지의 관계 법령

---

11 '대토보상'이란 토지로 보상하는 것을 말한다.

12 '환지'란 토지로 교환한다는 의미로, 공익사업 이전의 토지를 공익사업 이후의 새로운 토지로 바꾸어주는 것을 말한다.

13 부동산공시법에 의하여 국토교통부장관이 토지이용상황이나 주변환경 기타 자연적·사회적 조건이 유사한 일단의 토지 중에서 선정한 표준지에 대하여 매년 공시기준일 현재의 적정가격을 조사·평가하고 중앙부동산평가위원회의 심의를 거쳐 공시하는 표준지의 단위면적당 가격(부동산공시법 2 5호), 즉 표준

에 따른 그 토지의 이용계획, 해당 공익사업으로 인한 지가의 영향을 받지 아니하는 지역의 대통령령으로 정하는 지가변동률, 생산자물가상승률과 그 밖에 그 토지의 위치·형상·환경·이용상황 등을 고려하여 평가한 적정가격으로 보상하여야 한다(토지보상법 70 ①).

(2) 사용하는 토지의 보상

협의 또는 재결에 의하여 사용하는 토지에 대하여는 그 토지와 인근 유사토지의 지료(地料), 임대료, 사용방법, 사용기간 및 그 토지의 가격 등을 고려하여 평가한 적정가격으로 보상하여야 한다(토지보상법 71 ①).

(3) 제한하는 토지의 보상

토지보상법은 취득하는 토지 및 사용하는 토지에 대한 보상을 규정하면서 토지에 대한 제한에 관하여는 아무런 보상규정을 두고 있지 않다. 그러나 동법 시행규칙 제23조 제1항은 공법상 제한을 받는 토지에 대하여는 제한받는 상태대로 평가하고, 다만, 그 공법상 제한이 당해 공익사업의 시행을 직접 목적으로 하여 가하여진 경우에는 제한이 없는 상태를 상정하여 평가하도록 하고 있다.[14]

토지에 대한 제한과 관련하여 특히 문제가 되는 것은 개발제한구역과 장기미집행도시계획의 경우이다. 이에 관하여는 개발제한구역법 제17조, 국토계획법 제47조에서 손실을 완화하는 조치로서 토지의 매수청구권을 규정하고 있을 뿐이다.

한편 도로법(99)·철도안전법(46) 등과 같은 개별법에서 토지에 대한 공용제한행위에 대한 보상을 규정하고 있는 경우도 있다.

(4) 토지 이외의 재산권보상

1) 잔여지에 대한 수용청구권*

사업시행자는 동일한 소유자에게 속하는 일단의 토지의 일부가 취득되거나 사용됨으로 인하

지공시지가를 말한다.

개별공시지가는 개발이익환수에 관한 법률에 의한 개발부담금의 부과 그 밖의 다른 법령이 정하는 목적을 위한 지가산정에 사용하도록 하기 위하여 시장·군수 또는 구청장이 시·군·구부동산평가위원회의 심의를 거쳐 결정·공시하는 매년 공시지가의 공시기준일 현재 관할구역 안의 개별토지의 단위면적당 가격을 말한다(부동산공시법 11 ①).

* 5급공채(행정)(2015년).

14 토지보상법 시행규칙 제23조(공법상 제한을 받는 토지의 평가) ① 공법상 제한을 받는 토지에 대하여는 제한받는 상태대로 평가한다. 다만, 그 공법상 제한이 당해 공익사업의 시행을 직접 목적으로 하여 가하여진 경우에는 제한이 없는 상태를 상정하여 평가한다.
② 당해 공익사업의 시행을 직접 목적으로 하여 용도지역 또는 용도지구 등이 변경된 토지에 대하여는 변경되기 전의 용도지역 또는 용도지구 등을 기준으로 평가한다.

여 잔여지의 가격이 감소하거나 그 밖의 손실이 있을 때 또는 잔여지에 통로·도랑·담장 등의 신설이나 그 밖의 공사가 필요할 때에는 그 손실이나 공사의 비용을 보상하여야 한다. 다만, 잔여지의 가격 감소분과 잔여지에 대한 공사의 비용을 합한 금액이 잔여지의 가격보다 큰 경우에는 사업시행자는 그 잔여지를 매수할 수 있다(토지보상법 73 ①).

동일한 소유자에게 속하는 일단의 토지의 일부가 협의에 의하여 매수되거나 수용됨으로 인하여 잔여지를 종래의 목적에 사용하는 것이 현저히 곤란할 때에는 해당 토지소유자는 사업시행자에게 잔여지를 매수하여 줄 것을 청구할 수 있으며, 사업인정 이후에는 관할 토지수용위원회에 수용을 청구할 수 있다(토지보상법 74 ①).[15]

2) 지상물건에 대한 보상

토지를 제외한 건축물·입목·공작물 기타 토지에 정착한 물건에 대하여는 이전에 필요한 비용으로 보상하여야 한다. 다만, 다음의 경우에는 ① 건축물 등의 이전이 어렵거나 그 이전으로 인하여 건축물 등을 종래의 목적대로 사용할 수 없게 된 경우, ② 건축물 등의 이전비가 그 물건의 가격을 넘는 경우, ③ 사업시행자가 공익사업에 직접 사용할 목적으로 취득하는 경우 당해 물건의 가격으로 보상하여야 한다(토지보상법 75 ①).

3) 권리에 대한 보상

광업권·어업권·양식업권 및 물(용수시설을 포함한다) 등의 사용에 관한 권리에 대하여는 투자비용, 예상 수익 및 거래가격 등을 고려하여 평가한 적정가격으로 보상하여야 한다(토지보상법 76 ①). 광업권·어업권은 각각 광업법 시행규칙·수산업법 시행령에 따라 보상한다(동법 시행규칙 43, 44).

(5) 일실(逸失)손실의 보상

1) 영업의 휴업·폐지에 따르는 보상

영업을 폐업하거나 휴업함에 따른 영업손실에 대하여는 영업이익과 시설의 이전비용 등을 고려하여 보상하여야 한다(토지보상법 77 ①).

공익사업의 시행으로 인하여 영업을 폐지하는 경우의 영업손실은 2년간의 영업이익에 영업용 고정자산·원재료·제품 및 상품 등의 매각손실액을 더한 금액으로 평가한다(동법 시행규칙 46 ①).

---

15 예컨대 개인 소유의 토지의 3분의2가 도로개설구역에 포함되어 수용되는 경우, 남은 3분의1의 토지(잔여지)로는 종래의 목적대로 사용할 수 없게 되더라도 원칙적으로는 도로개설구역 밖에서 발생한 재산권 침해이므로 종래의 손실보상의 범위에 속하지 않는다. 그러나 이에 대한 권리구제의 필요성이 크므로, 손실보상 대신, 토지소유자가 사업시행자에게 잔여지를 사라고 요청할 수 있는 권리(토지매수청구권)를 인정함으로써 권리구제를 도모할 수 있게 된다. 이를 토지매수청구제도라고 한다.

공익사업의 시행으로 인하여 영업장소를 이전하여야 하는 경우의 영업손실은 휴업기간에 해당하는 영업이익과 영업장소 이전 후 발생하는 영업이익감소액에 ① 휴업기간중의 영업용 자산에 대한 감가상각비·유지관리비와 인건비 등 고정적 비용, ② 영업시설·원재료·제품 및 상품의 이전에 소요되는 비용 및 그 이전에 따른 감손상당액, ③ 이전광고비 및 개업비 등 영업장소를 이전함으로 인하여 소요되는 부대비용을 합한 금액으로 평가한다(동법 시행규칙 47 ①).

2) 농업의 폐지·이전에 따르는 보상

농업의 손실에 대하여는 농지의 단위면적당 소득 등을 고려하여 실제 경작자에게 보상하여야 한다. 다만, 농지소유자가 해당 지역에 거주하는 농민인 경우에는 농지소유자와 실제 경작자가 협의하는 바에 따라 보상할 수 있다(토지보상법 77 ②).

농업의 폐지·이전에 따르는 보상은 농업·축산업·잠업별로 보상한다(동법 시행규칙 48-50).

판례 > 영농손실액 보상의 성격

"토지보상법 시행규칙 제48조에서 정한 영농손실액 보상(이하 '영농보상')은 … 농민이 기존 농업을 폐지한 후 새로운 직업 활동을 개시하기까지의 준비기간 동안에 농민의 생계를 지원하는 간접보상이자 생활보상으로서의 성격을 가진다(대판 2020.4.29, 2019두32696)."

☞ 판례는 영농보상을 장래의 2년간 일실소득을 보상한다는 점에서 간접보상이자 생활보상이라 하고 있지만, 영농보상은 농지가 공익사업시행지구에 포함됨에 따른 보상이라는 점에서 기본적으로는 재산권보상이다. 장래의 소득에 대한 보상이 포함된다는 점에서 생활보상적인 성격도 있다고 할 수는 있다.

3) 근로자에 대한 보상

휴직하거나 실직하는 근로자의 임금손실에 대하여는 근로기준법에 따른 평균임금 등을 고려하여 보상하여야 한다(토지보상법 77 ③).

(6) 실비변제(實費辨濟)적 보상

토지보상법은 재산권의 박탈 등으로 인하여 비용이 지출되는 경우 그 비용을 보상하는 규정을 두기도 하는데, 잔여지의 공사비(토지보상법 73)·건축물 등의 이전비(토지보상법 75 ①)·과수 등의 이식료(동법 시행규칙 37 ②)·묘목의 임시이전료(동법 시행규칙 38 ②)·가축의 이전비(동법 시행규칙 49 ④) 등의 보상이 이에 해당된다.

Ⅳ. 생활보상*

1. 개설

(1) 대인적 보상과 대물적 보상

대인적(對人的) 보상은 침해를 받는 자의 주관적 가치 중심의 보상을 말하는 것으로 이 경우 보상기준 설정이 매우 어려워 오늘날 대인적 보상을 취하는 입법례는 찾기 어렵다. 오늘날 대부분의 국가들은 시장에서의 객관적 교환가치를 보상액으로 하는 대물적(對物的) 보상을 취하고 있다(토지보상법 70 ②).

(2) 손실보상의 새로운 국면

전형적인 손실보상은 공익사업지 안에 해당되는 토지 등을 수용하고 이에 대한 객관적 가치를 보상하는 것이다(예: 도로개설사업을 하면서 개설될 도로에 해당하는 토지를 수용하고 이에 대한 보상을 하는 경우).

그러나 오늘날 댐·공항·항만·산업단지·대규모 택지 등과 같이 공익사업의 규모가 대형화하면서 마을 전체나 대부분이 수용되는 경우들이 발생하게 되었고, 이 경우 마을 주민들의 이주 문제, 생활재건 문제, 소수 잔존자들에 대한 생활대책 문제, 마을 공동체의 복원 문제 등 종래의 전형적인 손실보상제도만으로는 해결하기 어려운 새로운 문제들을 야기하게 되었는데, 이와 관련하여 논의되는 것이 생활보상의 문제이다.

2. 생활보상

1. 생활보상의 개념: ① 좁은 의미, ② 넓은 의미
2. 법적 근거
(1) 헌법적 근거
① 헌법 제34조·제23조 결합설(다수설), ② 헌법 제34조설, ③ 헌법재판소와 대법원은 헌법 제34조설
(2) 법적 근거
3. 생활보상의 내용
① 이주정착금·이농비 등과 같은 생활비보상, ② 소수잔존자보상, ③ 이주대책을 포함하는 생활재건조치, ④ 주민지원사업 등

(1) 생활보상의 개념

생활보상은 전형적인 재산권 침해에 대한 보상을 넘어서 생활기반의 상실 등과 같은 생활에 대한 침해에 대하여 '침해 이전의 생활상태와 동등하거나 유사한 생활상태를 실현'해 주는 것을 말한다.

---

* 행정고시(재경)(2005년).

예컨대, 댐 건설로 한 마을이 수몰된 경우, 이로 인하여 침해된 재산권은 기존의 손실보상(토지·지상물건에 대한 보상, 이전비 보상, 농업이나 영업에 대한 보상 등)으로 해결되지만, 마을 주민을 이주시키거나, 이주로 인한 정착 문제, 강제적인 이주에 따른 직업전환의 문제 등은 '재산권 보상'으로 해결 안 되는, 또 다른 보상의 문제인 것이다. 이와 같이 생활보상은 생활기반이 상실된 개인의 생활재건을 위한 총액보상이라는 의미에서 종래의 대물적 보상을 넘어서는 대인적 보상이라고 할 수 있다.

※ 참고: 생활보상에 대한 이해와 범위

생활보상에 대해서는 이를 ① 좁은 의미로, 재산권보상 이외의 생활에 대한 보상만으로 이해하기도 하고, ② 넓은 의미로, 재산권보상과 생활에 대한 보상이 모두 포함되는 것으로 이해하기도 하는 등 상당한 차이가 있다.

① 생활보상을 좁은 의미로 보게 되면, 재산권보상을 제외하고, 이주정착금·이농비 등과 같은 생활비보상·이주대책을 포함하는 생활재건조치·소수잔존자보상 등을 생활보상이라고 보게 되지만, ② 넓은 의미로 보게 되면, 여기에 -위에서 검토한- 일실손실보상이나 실비변제적 보상을 포함하여 모두 생활보상으로 보게 된다.

생각건대 생활보상은 종래의 재산권보상만으로는 권리구제가 불충분하기 때문에 등장한 개념이라는 점에서 종래의 재산권보상을 제외한 좁은 의미로 파악하는 견해가 타당하다.

(2) 법적 근거

1) 헌법적 근거

생활보상의 헌법적 근거에 대하여는, ① 헌법 제23조 제3항의 재산권 보상과 제34조의 인간다운 생활을 할 권리의 보장이 결합하여 생활보상의 헌법적 근거가 된다고 이해하는 견해(헌법 제34조·제23조 결합설, 다수설)와 ② 헌법 제23조 제3항은 재산권 보상에 관한 것으로 재산권보상으로 메워지지 않는 생활이익의 상실에 대한 보상은 헌법 제34조가 그 근거가 되어야 한다는 견해(헌법 제34조설)가 대립된다. ③ 이는 생활보상을 넓게 보느냐(결합설), 좁게 보느냐(헌법 제34조설)에 따른 것인데, 협의의 생활보상 개념이 타당하다는 점에서 헌법 제34조설이 타당하다. ④ 헌법재판소와 대법원도 헌법 제34조설을 취하고 있는 것으로 보인다.

판례 > 이주대책의 의미

"이주대책은 헌법 제23조 제3항에 규정된 정당한 보상에 포함되는 것이라기보다는 이에 부가하여 이주자들에게 종전의 생활상태를 회복시키기 위한 생활보상의 일환으로서 국가의 정책적인 배려에 의하여 마련된 제도라고 볼 것이다(헌재결 2006.2.23, 2004헌마19)."

"이주대책은 공익사업의 시행에 필요한 토지 등을 제공함으로 인하여 생활의 근거를 상실하게 되는 이주대책대상자들에게 종전 생활상태를 원상으로 회복시키면서 동시에 인간다운 생활을 보장하여 주기 위하여 마련된 제도이다(대판 2011.6.23, 2007다63089, 63096 전원합의체)."

2) 법적 근거

생활보상에 관한 일반법은 없고, 토지보상법의 이주정착금·이주대책 등, 그 밖에 산업입지 및 개발에 관한 법률(산업입지법), 댐건설 및 주변지역지원 등에 관한 법률(댐건설법)의 이주대책 등 여러 법률에서 산발적으로 규정되어 있다.

(3) 생활보상의 내용*

생활보상은 -협의의 개념에 따라- 이주정착금·이농비 등과 같은 생활비보상·소수잔존자보상·이주대책을 포함하는 생활재건조치·주민지원사업 등을 내용으로 한다.

1) 이주정착금

토지보상법(토지보상법 78 ①, 동법 시행령 41, 동법 시행규칙 53)과 댐건설법(댐건설법 39, 동법 시행령 31)은 사업시행자로 하여금 이주대책을 수립·실시하지 아니하는 경우이거나 이주대책대상자가 이주정착지가 아닌 다른 지역으로 이주하려는 경우 등에 이주대책대상자 등에게 이주 정착지원금과 생활 안정지원금을 지원을 할 수 있도록 하고 있다.

2) 주거이전비·동산의 이전비 보상

토지보상법은 공익사업시행지구에 편입되는 주거용 건축물의 소유자나 세입자에 대하여 가구원수에 따라 각각 2월분 또는 4개월분의 주거이전비를 보상하도록 하고 있다(동법 시행규칙 54 ①, ②).

또한 토지 등의 취득 또는 사용에 따라 이전하여야 하는 동산에 대하여 이전에 소요되는 비용 및 그 이전에 따른 감손상당액을 보상하도록 하고(동법 시행규칙 55 ①), 공익사업시행지구에 편입되는 주거용 건축물의 거주자가 해당 공익사업시행지구 밖으로 이사를 하거나 사업시행자가 지정하는 해당 공익사업시행지구 안의 장소로 이사를 하는 경우에도 이사비를 보상하도록 하고 있다(동법 시행규칙 55 ②).

3) 이농비·이어비 보상

토지보상법은 영위하던 농업·어업을 계속할 수 없게 되어 다른 지역으로 이주하는 농민·어

* 사법시험(2006년).

민이 받을 보상금이 없거나 그 총액이 국토교통부령으로 정하는 금액에 미치지 못하는 경우에는 그 금액 또는 그 차액을 보상하도록 하고 있다(토지보상법 78 ⑦, 동법 시행규칙 56).

4) 사업폐지 등에 대한 보상

토지보상법은 건축물의 건축을 위한 건축허가 등 관계법령에 의한 절차를 진행 중이던 사업 등이 폐지·변경 또는 중지되는 경우 그 사업 등에 소요된 법정수수료 그 밖의 비용 등의 손실을 보상하도록 하고 있다(동법 시행규칙 57).

5) 소수잔존자에 대한 보상

토지보상법은 1개 마을의 주거용 건축물이 대부분 공익사업시행지구에 편입됨으로써 잔여 주거용 건축물 거주자의 생활환경이 현저히 불편하게 되어 이주가 부득이한 경우에는 당해 건축물 소유자의 청구에 의하여 그 소유자의 토지 등을 공익사업시행지구에 편입되는 것으로 보아 보상하도록 하고 있다(동법 시행규칙 61).

6) 생활재건조치

생활재건조치는 공익사업의 시행으로 인하여 생활의 기반을 상실하게 되는 자들에 대하여 생활재건을 지원하기 위한 각종 조치를 말한다. 생활보상은 '침해 이전과 같은 생활상태로의 회복'을 목적으로 한다는 점에서, 보상금이 아니라 하더라도, 이와 같은 목적에 부합하는 지원 등의 각종 조치들도 생활보상의 한 형태로 볼 수 있다.[16]

① 이주대책*

생활재건조치의 대표적인 것이 이주대책인데, 이주대책에 관하여는 토지보상법의 규정이 일반적인 규정이라고 할 수 있다.

사업시행자는 이주대책대상자를 위하여 이주대책을 수립·실시하여야 한다(토지보상법 78 ①). 이주대책은 특별한 경우를 제외하고 이주대책대상자 중 이주정착지에 이주를 희망하는 자의 가구 수가 10호 이상인 경우에 수립·실시한다(동법 시행령 40 ②, 동법 시행규칙 53 ①).

한편 산업입지법도 사업시행자로 하여금 산업단지의 개발로 인하여 생활의 근거를 상실하게 되는 자(이주자)에 대한 이주대책 등을 수립·시행하도록 하고 있다. 동법은 이 경우 토지보상법이 정하는 바에 따르도록 하고 있다(산업입지법 36 ①).

② 기타 생활재건조치

이주대책 이외에도 생활재건을 지원하기 위한 다양한 대책들이 강구되고 있다. 현행법상으

* 사법시험(2007년).

16 헌법재판소가 이주대책과 같은 생활재건조치를 생활보상의 일환으로 파악(헌재결 2006.2.23, 2004헌마19)하고 있음은 이미 살펴보았다.

로는 ① 이주대책대상자·댐건설로 인한 수몰이주민에 대한 주택도시기금의 우선적 지원(토지보상법 78 ③, 댐건설법 40 ①), ② 이주대책대상자·이주자 등의 우선적 고용 또는 고용알선(토지보상법 78조 ⑧, 산업입지법 36 ②), ③ 수몰이주민을 위한 직업훈련 등 생계지원을 위한 조치(댐건설법 40 ③) 등이 있다.

③ 주민지원사업

최근 들어 특정지역의 지정이나 특정시설의 설치와 관련하여 해당 지역 또는 주변지역 주민들에 대한 일종의 생활보상 차원에서 각종 지원사업을 규정하는 입법례가 늘고 있다. 이들은 개법법률에서 개별적으로 규정되기도 하고(예: 개발제한구역법 16), 지원사업 자체를 내용으로 하는 단행법률의 형태로 규정되기도 한다[예: 댐건설법·발전소주변지역 지원에 관한 법률(발전소주변지역법)·폐기물처리시설 설치촉진 및 주변지역지원 등에 관한 법률(폐기물시설촉진법)·송·변전설비 주변지역의 보상 및 지원에 관한 법률(송전설비주변법)]. 지원사업의 내용은 각 법률마다 차이가 있지만, 대체로 주민지원사업·주민복지사업·지역정비나 개발 또는 소득증대사업 등으로 이루어져 있다.

V. 간접손실(사업손실)의 보상*

1. 의의	3. 명문의 규정이 없는 경우(판례)
2. 토지보상법 규정	

1. 의의

간접손실(사업손실)이란 공익사업의 시행 또는 완성 후의 시설이 간접적으로 사업지 밖의 재산권 등에 미치는 손실을 말한다(예: 소유하고 있는 토지의 대부분이 공익사업에 편입됨으로써 그 잔여지에 발생한 손실·공사 중의 소음·진동으로 인한 사업지 밖에서의 피해·장기간의 공사에 따르는 교통불편이나 인근 상점의 영업손실 등).[17]

간접손실보상의 성격과 관련하여 이를 ① 재산권보상으로 보는 견해, ② 생활보상으로 보는 견해, ③ 생활보상과 더불어 손실보상의 새로운 문제로 보는 견해 등 다양한 견해가 존재하는

* 사법시험(2006년).

17 최근 군용비행장 및 군사격장에서 발생하는 소음으로 인한 피해를 보상하는 내용 등을 담고 있는 "군용비행장·군사격장 소음 방지 및 피해 보상에 관한 법률(군소음보상법)"이 제정되어 시행되고 있는데, 동법은 소음의 정도에 따라 제1종 구역, 제2종 구역 및 제3종 구역으로 소음대책지역을 지정·고시하고, 이를 보상기준 중 하나로 하여 보상금을 지급하는 것을 주요내용으로 하고 있다(군소음보상법 5, 14 등). 동법은 군용비행장·군사격장 '주변'에서의 소음피해에 대한 보상을 규정하고 있다는 점에서 간접손실보상의 입법례라 할 수 있다.

데, ④ 간접손실보상은 '사업지 밖에서 발생한 손실'이 '특별한 희생'에 해당되어 보상을 하는 것으로, 이와 같은 '사업지 밖에서의 손실'은 재산적 가치에 대한 손실(예: 지하철 공사로 인근 건물에 균열이 생긴 경우)일 수도 있고 생활이익의 상실(예: 수몰지역의 발생으로 인한 주변지역주민들에 대한 생활지원)일 수도 있으므로, 이를 일률적으로 볼 것은 아니다.

2. 토지보상법의 규정

간접손실보상과 관련하여 토지보상법은 공익사업으로 인한 잔여지에 대한 보상·잔여지에 대한 매수청구· 기타 토지에 관한 비용보상 등을 규정하고 있다.

(1) 잔여지에 대한 보상

잔여지의 가격이 감소하거나 그 밖의 손실이 있거나 공사가 필요한 경우 이에 대한 손실을 보상하거나 공사의 비용을 보상하며, 잔여지를 종래의 목적에 사용하는 것이 현저히 곤란할 때에는 토지소유자에게 잔여지의 매수청구권이 인정된다(토지보상법 73, 74).

(2) 기타 토지에 관한 비용보상

1) 잔여지 외의 토지에 필요한 공사비의 보상

사업시행자는 취득하거나 사용하는 토지 외의 토지에 통로·도랑·담장 등의 신설이나 그 밖의 공사가 필요할 때에는 그 비용의 전부 또는 일부를 보상하여야 한다(토지보상법 79 ①).

2) 공익사업시행지구 밖의 대지 등의 보상

공익사업시행지구 밖의 대지(조성된 대지를 말한다)·건축물·분묘 또는 농지(계획적으로 조성된 유실수단지 및 죽림단지를 포함한다)가 산지나 하천 등에 둘러싸여 교통이 두절되거나 경작이 불가능하게 된 경우에는 그 소유자의 청구에 의하여 이를 공익사업시행지구에 편입되는 것으로 보아 보상하여야 한다(토지보상법 시행규칙 59).

3) 공익사업시행지구 밖의 건축물에 대한 보상

소유농지의 대부분이 공익사업시행지구에 편입됨으로써 건축물(건축물의 대지 및 잔여농지를 포함한다. 이하 이 조에서 같다)만이 공익사업시행지구 밖에 남게 되는 경우로서 그 건축물의 매매가 불가능하고 이주가 부득이한 경우에는 그 소유자의 청구에 의하여 이를 공익사업시행지구에 편입되는 것으로 보아 보상하여야 한다(토지보상법 시행규칙 60).

4) 소수잔존자에 대한 보상

소수의 잔여 주거용 건축물 거주자의 이주가 부득이한 경우 당해 건축물 소유자의 청구에 의하여 그 소유자의 토지 등을 공익사업시행지구에 편입되는 것으로 보아 보상하여야 한다(토지보상법 시행규칙 61).

5) 공익사업시행지구 밖의 공작물 등에 대한 보상

공익사업시행지구 밖에 있는 공작물 등이 그 본래의 기능을 다할 수 없게 되는 경우에는 그 소유자의 청구에 의하여 이를 공익사업시행지구에 편입되는 것으로 보아 보상하여야 한다(토지보상법 시행규칙 62).

6) 공익사업시행지구 밖의 어업의 피해에 대한 보상

해당 공익사업시행지구 인근에 있는 어업에 피해가 발생한 경우 사업시행자는 실제 피해액을 확인할 수 있는 때에 그 피해에 대하여 보상하여야 한다(토지보상법 시행규칙 63 ①).

7) 공익사업시행지구 밖의 영업손실에 대한 보상

공익사업시행지구 밖에서 영업손실의 보상대상이 되는 영업을 하고 있는 자가 그 장소에서 영업을 계속할 수 없거나 일정 기간 휴업하는 것이 불가피한 경우에는 그 영업자의 청구에 의하여 당해 영업을 공익사업시행지구에 편입되는 것으로 보아 보상하여야 한다(토지보상법 시행규칙 64 ①).

8) 공익사업시행지구 밖의 농업의 손실에 대한 보상

경작하고 있는 농지의 3분의 2 이상에 해당하는 면적이 공익사업시행지구에 편입됨으로 인하여 당해지역에서 영농을 계속할 수 없게 된 농민에 대하여는 공익사업시행지구 밖에서 그가 경작하고 있는 농지에 대하여도 영농손실액을 보상하여야 한다(토지보상법 시행규칙 65).

3. 명문의 규정이 없는 경우의 보상*

사업지 밖에서 발생한 간접손실에 대하여 명문의 규정이 없는 경우에도 보상이 가능한가 하는 것이 문제인데, 이는 독일 연방대법원의 수용적 침해 법리와도 관련이 있는 문제이다. 우리 대법원은, 수용적 침해 법리를 채택하지는 않고 있지만, 법원은 보상에 관한 명문의 규정이 없다 하더라도, '① 그러한 손실이 발생하리라는 것을 쉽게 예견할 수 있고, ② 그 손실의 범위도 구체적으로 특정할 수 있는 경우에는, ③ 관련 규정 등을 유추적용하여 보상할 수 있다'고 하고 있다.

판례 > 간접손실이 발생한 경우, 명문의 규정이 없더라도 관련 보상규정을 유추적용할 수 있는지 여부

"… 공공사업의 시행 결과 공공사업시행지구 밖에서 발생한 간접손실에 관하여 그 피해자와 사업시행자 사이에 협의가 이루어지지 아니하고, 그 보상에 관한 명문의 근거 법령이 없는 경우라고 하더라도 … 공공사업의 시행으로 인하여 그러한 손실이 발생하리라는 것을 쉽게 예견할 수 있고, 그 손실의 범위도 구체적으로 이를 특정할 수 있는 경우에는 그 손실의 보상에 관하여 (구) 공공용지의취득및손실보상에관한특례법시행규칙의 관련 규정 등을 유추적용할 수 있다(대판 2004.9.23, 2004다25581)."

* 사법시험(2006년).

VI. 보상액의 결정 및 불복절차

1. 보상액의 결정

보상액의 결정에 관하여는 일반법이 없고 각 개별법에서 다양하게 규정하고 있으나, 토지보상법이 일반법의 역할을 하고 있으므로, 아래에서는 토지보상법의 규정을 중심으로 살펴본다.

(1) 협의에 의한 보상액의 결정

사업시행자는 토지 등에 대한 보상에 관하여 토지소유자 및 관계인과의 협의절차를 거쳐야 한다(토지보상법 16, 26). 이 당사자 간의 협의를 통하여 일차적으로 보상액이 결정될 수 있다. 토지보상법 이외에도, 예컨대 하천법(76 ②), 도로법(99 ②), 공유수면법(32 ②) 등에서도 재결의 신청에 앞서 당사자와의 협의를 거치도록 하고 있다.

토지보상법에 따른 손실보상의 협의의 법적 성질에 대해서는 공법상 계약설과 사법상 계약설이 대립되고 있는데, 판례는 공공기관이 사경제주체로서 행하는 사법상 계약의 실질을 가지는 것이라는 입장이다(대판 2014.4.24, 2013다218620).

한편 판례는 협의취득이 사법상 계약의 성질을 가진다는 관점에서 수용재결이 있은 후에도 협의취득절차가 가능하다는 입장이다(대판 2017.4.13, 2016두64241).

(2) 재결에 의한 보상액의 결정

(i) 당사자 간의 협의가 성립되지 아니하거나 협의를 할 수 없을 때에는 사업시행자는 사업인정고시가 된 날부터 1년 이내에 관할 토지수용위원회에 재결[18]을 신청할 수 있다(토지보상법 28 ①). 재결신청은 사업시행자가 하는 것으로, 피수용자는 이를 신청할 수 없다. 다만 사업인정고시가 된 후 협의가 성립되지 아니하였을 때에는 토지소유자와 관계인은 서면으로 사업시행자에게 재결을 신청할 것을 청구할 수 있고(토지보상법 30 ①), 사업시행자는 제1항에 따른 청구를 받았을 때에는 그 청구를 받은 날부터 60일 이내에 관할 토지수용위원회에 재결을 신청하여야 한다(토지보상법 30 ②).

사업시행자의 재결신청에 대하여 토지수용위원회는 ① 수용결정과 동시에 ② 손실보상액도 결정하여 재결한다(토지보상법 50 ①).

(ii) 한편 위와 같이 토지수용위원회에서 수용결정과 보상액을 동시에 하는 경우도 있지만,

---

18 '재결(裁決)'이란 일반적으로 행정기관이 심리하여 판정한 결과를 말한다. 행정기관도 어떠한 사안에 대하여 법원의 재판과 유사한 절차를 거쳐 판정하는 경우가 있는데(예: 행정심판위원회나 토지수용위원회에서 심리과정을 거쳐 결정하는 경우), 그럼에도 행정기관은 법원이 아니기 때문에 법원의 결정을 판결이라 부르는 것과 구별하는 의미에서 이를 재결이라고 부른다. 요컨대 재결은 행정기관이 재판절차와 유사한 절차를 거쳐서 내리는 결정을 의미한다.

재산권 침해행위는 선행되어 있고, 따라서 토지수용위원회에서는 보상액만 결정하는 경우도 있다(하천법 76 ③, 도로법 99 ③, 공유수면법 32 ③).

2. 보상액결정에 대한 불복절차*

1. 이의신청
- (1) 이의의 신청(토지보상법 83)
- (2) 이의신청에 대한 재결(토지보상법 84)
- (3) 이의신청에 대한 재결의 효력(토지보상법 86)
- (4) 집행부정지(토지보상법 88)

2. 행정소송
- (1) 행정소송의 제기(토지보상법 85 ①)
- (2) 소송의 대상(원처분주의와 재결주의)
- (3) 집행부정지

3. 보상금증감소송
- (1) 보상금증감소송의 의의
- (2) 보상금증감소송의 성질
  - ① 형식적 당사자소송
  - ② 소송의 성질: (1) 형성소송설, (2) 확인 및 이행소송설, (3) 확인 및 이행소송설 타당
- (3) 보상금증감소송의 범위
- (4) 보상금증감소송의 당사자적격 및 소송대상
  - ① 당사자적격: '토지소유자 또는 관계인' 또는 '사업시행자'
  - ② 소송의 대상: 보상금에 관한 법률관계

(1) 이의신청(재결에 대한 불복절차)

1) 이의의 신청

중앙토지수용위원회의 제34조에 따른 재결에 이의가 있는 자는 중앙토지수용위원회에 이의를 신청할 수 있다(토지보상법 83 ①). 지방토지수용위원회의 제34조에 따른 재결에 이의가 있는 자는 해당 지방토지수용위원회를 거쳐 중앙토지수용위원회에 이의를 신청할 수 있다(토지보상법 83 ②).[19] 제1항 및 제2항에 따른 이의의 신청은 재결서의 정본을 받은 날부터 30일 이내에 하여야 한다(토지보상법 83 ③).

2) 이의신청에 대한 재결

중앙토지수용위원회는 제83조에 따른 이의신청을 받은 경우 제34조에 따른 재결이 위법하거나 부당하다고 인정할 때에는 그 재결의 전부 또는 일부를 취소하거나 보상액을 변경할 수 있다(토지보상법 84 ①).

---

* 사법시험(2007년), 사법시험(2010년), 입법고시(2001년), 변호사시험(2020년), 5급공채(2023년).

19 본래 이의신청은 처분청에 이의를 제기하는 경우를 말하고, 행정심판은 처분청이 아닌 행정심판기관에 불복을 제기하는 것을 말한다. 여기에서의 이의신청은 처분청이 아닌 별도의 기관(토지수용위원회)에 이의를 제기한다는 점에서 일종의 행정심판에 해당한다. 다만 행정심판법에 의한 행정심판(일반행정심판)이 아닌 개별법에 의한 행정심판이라는 점에서 이는 특별행정심판이라 할 수 있다.

3) 이의신청에 대한 재결의 효력

제85조 제1항에 따른 기간 이내에 소송이 제기되지 아니하거나 그 밖의 사유로 이의신청에 대한 재결이 확정된 때에는 민사소송법상의 확정판결이 있은 것으로 보며, 재결서 정본은 집행력 있는 판결의 정본과 동일한 효력을 가진다(토지보상법 86 ①).[20]

4) 집행부정지

제83조에 따른 이의의 신청은 사업의 진행 및 토지의 수용 또는 사용을 정지시키지 아니한다(토지보상법 88).[21]

(2) 행정소송*

1) 행정소송의 제기

사업시행자, 토지소유자 또는 관계인은 제34조에 따른 재결에 불복할 때에는 재결서를 받은 날부터 90일 이내에, 이의신청을 거쳤을 때에는 이의신청에 대한 재결서를 받은 날부터 60일 이내에 각각 행정소송을 제기할 수 있다. 이 경우 사업시행자는 행정소송을 제기하기 전에 이의신청에 대한 재결에 따라 늘어난 보상금을 공탁하여야 하며, 보상금을 받을 자는 공탁된 보상금을 소송이 종결될 때까지 수령할 수 없다(토지보상법 85 ①).

2) 소송의 대상(원처분주의와 재결주의)[22]

(i) 토지보상법 제85조 제1항은 '제34조에 따른 재결(수용재결)에 불복할 때'와 '이의신청에 대한 재결(이의재결)에 불복할 때' 각각 행정소송을 제기할 수 있다고 규정하여 우선 원처분(수용재결)에 대하여 행정소송을 제기할 수 있음은 분명하다.

(ii) 여기에서 '이의신청을 거쳐 제기하는 행정소송'의 경우에 소송의 대상이 원처분(수용재결)인가 재결(이의재결)인가 하는 것이 문제가 될 수 있는데, 이 경우에도 원처분주의에 따라 원처분을 대상으로 하여야 하고, 이의신청에 대한 재결은 재결 그 자체에 고유의 위법사유가 있는 경우로 한정된다고 보아야 할 것이다. 판례도 같은 입장이다.

---

* 5급공채(행정)(2015년), 5급공채(행정)(2023년).

20 이의신청에 대한 재결을 기간 내에 더 이상 다투지 않으면 이 재결은 확정되어 민사소송에서의 확정판결처럼 더 이상 다툴 수 없게 되고 수용재결을 강제할 수 있는 집행력이 생긴다는 의미이다.

21 집행부정지(執行不停止)란 '집행이 정지되지 않는다'는 의미로, 이의신청을 하더라도 공익사업의 진행이나 수용재결 등이 정지되지 않는다는 의미이다.

22 행정청의 원처분에 대하여 원처분에 대한 불복에 따른 재결을 거쳐 행정소송을 제기하려는 경우 원처분을 대상으로 하는 경우를 원처분주의, 재결을 대상으로 하는 경우를 재결주의라 한다. 우리 행정소송법은 원처분을 대상으로 하도록 하고, 재결의 경우는 재결 자체에 고유한 위법 사유가 있는 경우에만 재결취소소송을 허용하고 있다(행정소송법 19 단서 참조).

판례 > 수용재결에 불복하여 이의신청을 거친 후 취소소송을 제기하는 경우 피고적격(=수용재결을 한 토지수용위원회) 및 소송대상(=수용재결)

> "… 수용재결에 불복하여 취소소송을 제기하는 때에는 이의신청을 거친 경우에도 수용재결을 한 중앙토지수용위원회 또는 지방토지수용위원회를 피고로 하여 수용재결의 취소를 구하여야 하고, 다만 이의신청에 대한 재결 자체에 고유한 위법이 있음을 이유로 하는 경우에는 그 이의재결을 한 중앙토지수용위원회를 피고로 하여 이의재결의 취소를 구할 수 있다고 보아야 한다(대판 2010.1.28, 2008두1504)."

3) 집행부정지

제85조에 따른 행정소송의 제기는 사업의 진행 및 토지의 수용 또는 사용을 정지시키지 아니한다.

(3) 보상금증감소송*

1) 보상금증감소송의 의의

토지보상법은 동법 제85조 제1항에 따라 제기하려는 행정소송이 보상금의 증감(增減)에 관한 소송인 경우 그 소송을 제기하는 자가 토지소유자 또는 관계인일 때에는 사업시행자를, 사업시행자일 때에는 토지소유자 또는 관계인을 각각 피고로 한다고 규정하고 있다(토지보상법 85 ②). 이는 수용재결 자체를 다투는 것이 아니라, 수용재결 중 보상금에 관한 결정과 관련하여 보상액의 증액 또는 감액을 다투는 것으로서 이를 보상금증감소송이라고 부르기도 한다.

2) 보상금증감소송의 성질

① 형식적 당사자소송

보상금증감소송은 형식적으로는 대등당사자인 사업시행자와 토지소유자(또는 관계인) 간의 보상금의 증감을 둘러싼 다툼이라는 점에서 당사자소송이지만, 실질적으로는 처분청(토지수용위원회)의 처분(수용재결)을 다툰다는 점에서 항고소송의 성질도 가진다.[23] 이와 같이 대립하는 대등 당사자 간에 실질적으로는 행정청의 처분을 다투면서도 직접 처분의 효력을 다투는 것이 아니라 그로 인하여 형성된 법률관계만을 다투는 것을 형식적 당사자소송[24]이라 하는데, 보상

---

* 변호사시험(2020년), 5급공채(행정)(2023년).

23 행정소송의 종류에는 항고소송·당사자소송·기관소송·민중소송이 있다(행정소송법 3). 이 가운데 항고소송은 행정청의 처분을 다투는 소송(따라서 피고는 항상 처분청)이고(처분의 취소소송·무효등확인소송·부작위위법확인소송이 있다), 당사자소송은 대등한 당사자들이 공법상 법률관계를 다투는 소송이다(공법상 일정한 지위의 확인소송, 공법상 금전지급청구소송, 공법상 계약에 관한 소송 등).

24 당사자소송은 공법상 법률관계의 당사자들이 다투는 소송으로 대부분은 실질적 당사자소송이다. 이에

금증감소송이 이에 해당한다.

② 소송의 성질

보상금증감소송의 성질과 관련하여서는, ① 이 소송의 실질은 재결에서 결정한 보상액의 취소·변경을 구하는 것으로 이를 형성소송이라고 보는 견해(형성소송설)와 ② 보상금증감소송은 보상금 지급의무의 이행 또는 확인을 구하는 소송이라고 보는 견해(확인 및 이행소송설)가 대립되고 있다. ③ 생각건대 보상금증감소송에서는 청구권의 존부가 아니라 상대방의 보상금의 증·감액의무의 확인 및 이행이 다투어지고 있다고 보아야 하므로 확인 및 이행소송설이 타당하다.[25]

3) 보상금증감소송의 범위

보상금증감소송은 보상금의 증감을 다투는 소송으로, 예컨대 손실보상의 방법(금전보상·현물보상 등), 보상항목의 인정(잔여지에 대한 보상 여부), 이전이 곤란한 물건의 수용, 보상면적을 다투는 경우 등이 그 대상이 될 수 있다.

판례 > 공익사업에 건축물의 일부가 편입됨에 따라 잔여 건축물에 손실을 입은 자가 재결절차를 거치지 않은 채 곧바로 사업시행자를 상대로 잔여 건축물 가격감소 또는 보수비에 관한 손실보상을 청구할 수 있는지 여부(소극) 및 이는 수용대상토지에 대하여 재결절차를 거친 경우에도 마찬가지인지 여부(적극) / 이때 재결절차를 거쳤는지는 보상항목별로 판단해야 하는지 여부(적극)

"(생략) … 피보상자별로 어떤 토지, 물건, 권리 또는 영업이 손실보상대상에 해당하는지, 나아가 그 보상금액이 얼마인지를 심리·판단하는 기초 단위를 보상항목이라고 할 수 있는데(대판 2018.5.15, 2017두41221 참조), 재결절차를 거쳤는지 여부는 보상항목별로 판단하여야 한다.

토지보상법 시행규칙 제35조 제1항의 잔여 건축물 가격감소에 관한 손실보상은 건축물의 일부가 취득 또는 사용됨으로 인하여 잔여 건축물의 가격이 감소된 경우를 요건으로 하여 공익사업시행지구에 편입되기 전 잔여 건축물의 가격에서 공익사업시행지구에 편입된 후의 잔여 건축물의 가격을 뺀 금액을 손실보상하는 것이고, 같은 조 제2항의 잔여 건축물 보수비에 관한 손실보상은 잔여 건축물에 보수가 필요한 경우를 요건으로 하여 건축물의 잔여부분을 종래의 목적대로 사용할 수 있도록 그 유용성을 동일하게 유지하는 데 통상 필요하다고 볼 수 있는 공사에 사용되는 비용을 손실보상하는 것으로, 그 법률상 근거, 요건, 손실보상의 대상 및 범위, 평가방법이 다르고, 잔여 건축물 가격감소에 관한 손실보상은 소극적 손실을, 잔여 건축물 보수비에 관한 손실보상은 적극적 손실을

반하여 실질은 처분(예: 수용재결)을 다투는 소송이지만, 형식적으로는 당사자소송의 형식(예: 당사자 간의 보상금액에 관한 다툼)을 취하는 경우들이 있는데 이를 형식적 당사자소송이라 한다.

25 소송은 그 성질에 따라 형성의 소, 확인의 소, 이행의 소로 구분한다. 형성소송은 취소·변경과 같은 법률관계의 형성을 구하는 소송이고, 확인소송은 법률관계의 존부 또는 유·무효의 확인을 구하는 소송이며, 이행소송은 -채무의 변제, 배상금의 지급, 처분의 발급 등과 같은- 상대방의 이행을 구하는 소송이다.

각 보상하는 것으로서 그 보상의 성질이 관념적으로도 구분되므로, 토지보상법 시행규칙 제35조 제1항의 잔여 건축물 가격감소에 관한 손실보상과 같은 조 제2항의 잔여 건축물 보수비에 관한 손실보상은 보상항목을 달리하는 것이라고 봄이 상당하다.

따라서 잔여 건축물 보수비에 관한 손실보상을 받으려는 건축물 소유자는 잔여 건축물 보수비에 관한 손실보상청구의 소를 제기하기 전에 그에 관한 적법한 재결을 거쳐야 한다. 잔여 건축물 가격감소에 관한 손실보상에 관한 재결만을 받은 이후 제기한 잔여 건축물 가격감소에 관한 손실보상청구의 소에서 잔여 건축물 보수비에 관한 손실보상청구를 구하는 것은 적법한 재결절차를 거치지 못한 것으로 부적법하여 허용되지 않는다고 보아야 한다(대판 2024.1.25, 2023두49172[손실보상금])."

4) 보상금증감소송의 당사자적격 및 소송대상

(i) 보상금증감소송의 당사자적격은 '토지소유자 또는 관계인' 또는 '사업시행자'이다. 즉 보상금증감소송은 소송을 제기하는 자가 '토지소유자 또는 관계인'일 때에는 '사업시행자'를, '사업시행자'일 때에는 '토지소유자 또는 관계인'을 각각 피고로 한다. 보상금증감소송은 항고소송이 아니라 형식적 당사자소송이므로 재결청인 토지수용위원회는 피고가 될 수 없다. 그리고 사업시행자가 국가 또는 지방자치단체인 경우에는 '국가 또는 지방자치단체'가 피고가 되는 것이지 행정청이 피고가 되는 것은 아니다.

(ii) 보상금증감소송의 대상은 재결이 아니라 보상금에 관한 법률관계이다. 보상금증감소송은 항고소송이 아니다. 따라서 재결 그 자체의 효력을 다투는 것이 아니다. 보상금증감소송에서는 보상금에 관한 재결을 전제로 하면서 보상금의 증감만을 다투는 것으로 이 소송의 대상은 보상금에 관한 법률관계라고 보아야 할 것이다.

판례 > 어떤 보상항목이 토지보상법상 손실보상대상에 해당함에도 관할 토지수용위원회가 사실을 오인하거나 법리를 오해함으로써 손실보상대상에 해당하지 않는다고 잘못된 내용의 재결을 한 경우, 피보상자가 제기할 소송과 그 상대방

"어떤 보상항목이 토지보상법상 손실보상대상에 해당함에도 관할 토지수용위원회가 사실을 오인하거나 법리를 오해함으로써 손실보상대상에 해당하지 않는다고 잘못된 내용의 재결을 한 경우에는, 피보상자는 관할 토지수용위원회를 상대로 그 재결에 대한 취소소송을 제기할 것이 아니라, 사업시행자를 상대로 토지보상법 제85조 제2항에 따른 보상금증감소송을 제기하여야 한다(대판 2018.7.20, 2015두4044; 대판 2019.11.28, 2018두227)."

제 4 장

수용유사침해·수용적 침해·희생보상·결과제거청구권

제1절 수용유사침해·수용적 침해·희생보상청구권

Ⅰ. 이론적 배경

국가책임제도가 '위법·과실의 손해배상책임'과 '적법·무과실의 손실보상책임'으로 이원화되어 있음에 따라 '위법·무과실의 재산권침해', '적법행위의 부수적 결과로서의 재산권침해', '비재산적 가치에 대한 침해' 등과 같이 손해배상과 손실보상의 중간에 놓여 있는 영역에 대해서는 권리구제의 공백이 발생하게 된다.

이 문제를 해결하기 위하여 독일 연방대법원은 당연해석(적법한 행위로 인한 손실을 보상하여야 한다면 위법한 행위로 인한 손실은 당연히 보상되어야 한다)을 통하여 '위법한 공용침해행위로 인한 수용유사침해', '사업지 밖에서의 비의도적인 수용적 침해에 대한 보상'을 인정하였고, 나아가 '비재산적 가치에 대한 침해'에 대해서도 희생보상과 희생유사침해 보상을 인정하였다.

한편 위법한 행정작용으로 인하여 야기된 위법상태의 제거를 요청할 수 있는 권리인 결과제거청구권(원상회복청구권)도 계속되는 권리침해의 제거를 통한 권리구제를 목적으로 한다는 점에서 전통적인 국가책임제도를 보완하기 위한 것이라 할 수 있다.

한편 1981년 독일 연방헌법재판소가 자갈채취결정에서 ① 재산권의 내용 및 한계규정(기본법 14 ①)과 수용보상규정(기본법 14 ③)은 다른 것이라는 '분리이론'과 ② 기본법 제14조 제3항에 의한 수용은 '수용과 보상을 규정하는 법률에 의한 수용'만을 의미한다는 '수용규정과 보상규정의 불가분조항이론'을 판시함에 따라 수용유사침해와 수용적 침해의 인정범위가 축소되었으나, 그 이후 독일 연방대법원은 프로이센일반국가법 총칙편 제74조·제75조의 희생보상을 근거로 하여 계속하여 이 이론들을 유지하고 있다.

우리나라의 경우에도 수용유사침해와 수용적 침해 이론이 오랫동안 논의되었지만 판례가 이를 받아들이지 않고 있다.

II. 수용유사침해

1. 개념

수용유사침해이론은 초기에는 적법한 공권력 행사로 인하여 재산권에 그 내재적 제약을 넘어 특별한 희생이 가하여졌으나 당해 법률에 보상규정이 없는 경우에 그 손실을 전보해 주기 위하여 독일 연방대법원에 의하여 정립된 이론이었다.

그러나 연방헌법재판소의 자갈채취결정을 계기로 수용유사침해의 개념은 독일 기본법 제14조 제3항과 분리됨으로써 수정되기에 이르렀다.

이에 따르면 수용유사침해(Enteignungsgleicher Eingriff)는 공공필요에 의한 공권력행사에 의하여 직접 재산권에 가하여진 위법한 침해를 말한다. 즉 수용유사침해는 위법하게 재산권에 직접적으로 가해진 침해로서, 만약 적법했더라면 공용수용에 해당되었을 침해를 말한다.

2. 법적 근거

초기에 수용유사침해에 대한 보상의 법적 근거는 독일 기본법 제14조 제3항이었다. 그러나 독일 연방헌법재판소의 자갈채취결정 이후 독일 연방대법원은 헌법적 관습법인 프로이센 일반국가법 총칙편 제74조, 제75조의 희생보상을 근거로 계속해서 수용유사침해를 인정하고 있다.

3. 성립요건

수용유사침해의 요건은 침해의 위법성을 제외하면 공용수용의 경우와 거의 유사하다. 수용유사침해는 일반적으로 ① 공공의 필요, ② 재산권에 대한 고권적·직접적 침해, ③ 특별한 희생, ④ 침해의 위법성을 성립요건으로 한다.

수용유사침해는 특히 위법한 침해여야 하는데, 여기에서 위법한 경우로는 ① 침해가 법적 근거 없이 이루어졌거나, ② 공용침해와 보상을 규정하고 있는 법률을 위법하게 집행하였거나, ③ 공용침해는 규정하면서 보상규정이 없는 경우의 침해 등을 들 수 있다.

4. 수용유사침해의 인정 여부

(i) 우리나라에 수용유사침해이론을 도입할 수 있는가 하는 문제와 관련하여 ① 우리나라는 독일의 프로이센 일반국가법상의 희생보상과 같은 관습법적인 근거가 없어 인정하기 어렵다는 부정설과 ② 공용침해행위에 해당하지만 손실보상규정이 없는 경우에 대한 권리구제이론으로 우리에게도 유용하다는 긍정설이 있다.

(ii) 판례는 과거 1980년에 있었던 'MBC주식 강제증여사건'과 관련하여, 원심인 서울고등

법원이 '이 사건 주식수용은 법률의 근거 없이 개인의 재산권을 수용함으로써 발생한 수용유사적 침해이므로 이로 인하여 특별한 희생을 당한 자는 그 손실보상을 청구할 권리가 있다(서울고판 1992.12.24, 92나20073)'고 하였으나, 대법원은 "우리 법제하에서 그와 같은 이론을 채택할 수 있는 것인가는 별론으로 하더라도 …"라고 하여 이 이론의 채택 여부에 대하여는 아무런 판단을 하지 않았다.

판례 > 공무원이 강박으로 사인 소유의 방송사 주식을 국가에 증여하게 한 것이 수용유사침해에 해당하는지 여부

"원심이 들고 있는 수용유사적 침해의 이론은 국가 기타 공권력의 주체가 위법하게 공권력을 행사하여 국민의 재산권을 침해하였고 그 효과가 실제에 있어서 수용과 다름없을 때에는 적법한 수용이 있는 것과 마찬가지로 국민이 그로 인한 손실의 보상을 청구할 수 있다는 내용으로 이해되는데, 과연 우리 법제하에서 그와 같은 이론을 채택할 수 있는 것인가는 별론으로 하더라도 위에서 본 바에 의하여 이 사건에서 피고 대한민국의 이 사건 주식취득이 그러한 공권력의 행사에 의한 수용유사적 침해에 해당한다고 볼 수는 없다(대판 1993.10.26, 93다6409)."

(iii) 생각건대 독일과 같은 헌법적 관습법이 없더라도 우리 헌법의 재산권보장규정·보상규정·평등권규정 등의 유기적인 해석을 통하여 수용유사침해에 따른 손실보상을 인정하는 것이 보상규정이 없는 공용침해행위에 대한 권리구제의 공백을 메울 수 있다는 점에서 긍정설이 타당하다고 생각한다.

III. 수용적 침해

1. 개념

수용적 침해(Eenteignender Eingriff)란 공공의 필요에 의한 적법한 행정작용의 부수적 결과로서 의도되지 않은, 비정형적인 재산권 침해를 말한다(예: 장기간의 지하철공사로 인하여 인근 상점의 매상이 격감하는 경우, 폐기물처리시설을 설치·운영하는 과정에서 인근주민에게 예상치 못한 재산상의 피해가 발생하는 경우 등).

2. 수용적 침해 이론의 변천

(1) '보상과 조절을 요하는 재산권의 내용 및 한계규정'과 '보상'

수용적 침해이론은 독일 연방헌법재판소의 '보상과 조절을 요하는 재산권의 내용 및 한계

규정(ausgleichspflichtige Inhalts-und Schrankenbestimmung, '보상을 요하는 재산권의 내용규정'으로 줄임)'이라는 판례이론을 통하여 그 범위가 축소되게 되었다.[1]

이 이론은 재산권 침해행위가 기본법 제14조 제1항 제2문(헌법에 의하여 보장되는 재산권의 내용과 한계는 법률로 정한다)에 따른 것으로 재산권의 내재적 제약에 해당하는 경우는 국가의 보상의무는 없지만, 예외적으로 수인한도를 넘어서는 경우에는 법률에 의한 보상의무가 요구된다는 것이다. 다시 말해서 재산권 침해행위가 재산권의 내재적 제약을 넘어서는 것으로 예상되는 경우에는 법률에 이에 대한 손실보상을 규정하여야 한다는 것이다. 예컨대 장기간의 도로공사로 인한 인근 주민의 수인한도를 넘는 피해가 사전에 충분히 예상이 가능한 것이라면 이 경우는 법률에 보상규정을 두어 보상을 하도록 하는 것이 피해자구제를 위하는 것이 된다는 것이다(이른바 '구제적 보상규정' 이론).

이렇게 볼 때, 수용적 침해는 공권력행사의 결과로 발생한 예상치 못한 재산권 침해에 대하여 보상규정이 없더라도 보상을 요한다는 이론이지만, '보상을 요하는 재산권의 내용규정'은 재산권침해로 특별한 희생이 충분히 예상되는 경우에는 보상규정을 마련하여 보상을 하여야 한다는 이론으로, 만약 이 경우 보상규정이 없으면 재산권침해를 규정한 법률은 기본법 제14조 제1항(우리 헌법 23 ①)에 반하여 위헌이 된다.

(2) 인정범위의 축소

종래의 수용적 침해 이론은 재산권침해로 인한 특별한 희생이 예상되는 경우에는 더 이상 적용될 수 없게 되었다. 왜냐하면 이 경우는 '보상을 요하는 재산권의 내용규정' 이론에 따라 법률에 보상규정을 두어 보상을 하여야 하기 때문이다.

그러나 비록 그 범위는 축소되었지만, 예컨대 하수도공사로 인하여 인근 건물에 균열 등의 손상이 발생한 경우와 같이, 객관적으로도 사전에 예상이 불가능한 피해에 대하여는 여전히 수용적 침해에 따른 손실보상이 인정될 수 있다.

3. 법적 근거

수용적 침해에 대한 보상의 법적 근거는 수용유사침해의 경우와 같다.

---

1 독일 연방헌법재판소는, 독일 헤쎈주 출판법이 예외 없이 모든 출판물의 견본품 1부를 무상으로 국가도서관에 납부하도록 규정한 것이 헌법에 합치하는지 여부가 문제된 '출판물 의무납본사건'에서, '납본의무는 수용(기본법 제14조 제3항)이 아니고 재산권의 내용규정(동조 제1항)과 관련된 것이고, 예외 없이 모든 출판물을 보상 없이 의무적으로 납본하도록 하는 것은 비례원칙과 평등원칙에 반하는 부담으로 기본법 제14조 제1항에 합치하지 않는다'고 판시하였다.

4. 성립요건

수용적 침해가 성립하기 위해서는 ① 공공필요에 의한 재산권 침해가 있어야 하고, ② 적법한 행정작용의 부수적 결과로 인한 비의도적·비정형적인 손해이어야 하며, ③ 예컨대 공사로 인하여 인근 건물에 균열이 생기는 것과 같이 재산권에 대한 직접적 침해이어야 하고, ④ 특별한 희생이 있어야 한다. 다만 특별한 희생은 예상할 수 없는 경우이어야 한다. 충분히 예견될 수 있는 경우에는 '보상을 요하는 재산권의 내용규정' 이론에 따라 별도의 보상규정을 마련하여 권리구제를 하여야 하므로 수용적 침해가 인정되지 않는다.

5. 수용적 침해의 인정 여부

우리나라에서의 수용적 침해 법리의 인정 여부와 관련하여서는 ① 우리 헌법은 의도적인 공용침해와 보상을 규정하는 것이어서 수용적 침해에 적용될 수 없다는 견해(수용적 침해 부정설), ② 헌법 제23조 제3항에 따라 보상이 가능하다는 견해(직접적용설), ③ 헌법 제11조, 제23조 제1항, 제23조 제3항 등의 규정들을 종합적으로 고려하여 수용적 침해에 대한 보상이 가능할 수 있다는 견해(간접적용설) 등이 있다. ④ 한편 판례는 공익사업지의 밖에서 발생한 간접손실에 대하여 별도의 보상규정이 없는 경우에도 예외적으로 공공사업의 시행으로 인하여 그러한 손실이 발생하리라는 것을 쉽게 예견할 수 있고, 그 손실의 범위도 구체적으로 이를 특정할 수 있는 경우에는, 관련 규정 등을 유추적용하여 보상할 수 있다고 한 바 있다(대판 2004.9.23, 2004다25581). ⑤ 생각건대 수용적 침해는 '예상하기 어려운 부수적 결과로 인한 피해'라는 점에서 이에 대한 적절한 보상입법을 기대하기 어려운 측면이 있으므로 간접적용설에 따라 수용적 침해에 대한 보상을 인정하는 것이 바람직하다.

Ⅳ. 희생보상청구권*

1. 의의
2. 법적 근거
3. 성립요건
① 행정주체의 공공의 필요에 의한 공권력 행사가 있어야 함
② 생명·신체 등의 비재산적 가치에 대한 침해가 있어야 함
③ 침해행위가 적법하여야 함
④ 특별한 희생이 있어야 함
4. 희생유사침해
5. 희생보상청구권의 인정 여부

* 변호사시험(2021년).

1. 의의

희생보상청구권(Aufopferungsanspruch)이란 공익실현을 위한 공권력 행사로 인하여 발생한 개인의 비재산적 가치에 대한 특별한 희생을 보상하는 것을 말한다(예: 예방접종으로 인한 감염·장애·사망에 대한 보상).

수용·수용유사침해·수용적 침해 모두 재산적 가치에 대한 침해와 관련된 것인데, 생명·신체·건강과 같은 비재산적 가치도 당연히 보장되어야 한다는 취지에서 인정되는 것이 희생보상청구권이다.

우리나라의 경우 현행법상 ① 예방접종 등에 따른 피해의 국가보상(감염병예방법 71), ② 명령에 따른 소방활동으로 인한 사망·부상에 대한 보상(소방기본법 49의2 ① 2호), ③ 산불방지작업 또는 인명구조작업으로 인한 사망·부상에 대한 보상(산림보호법 44) 등은 희생보상청구권의 법리와 관련하여 매우 의미 있는 규정이라고 할 수 있다.

판례 > (구) 전염병예방법 제54조의2에 따른 국가보상

"… (구) 전염병예방법에 의한 피해보상제도가 수익적 행정처분의 형식을 취하고는 있지만, (구) 전염병예방법의 취지와 입법 경위 등을 고려하면 실질은 피해자의 특별한 희생에 대한 보상에 가까우므로 … (대판 2014.5.16, 2014두274)."

2. 법적 근거

희생보상청구권은 헌법적 관습법으로서의 효력을 지닌 프로이센일반국가법 총칙편 제74조, 제75조의 희생보상원리를 근거로 인정되고 있다.

3. 성립요건

희생보상청구권이 성립하기 위해서는 ① 행정주체의 공공의 필요에 의한 공권력행사가 있어야 하고, ② 생명·신체 등의 비재산적 가치에 대한 침해가 있어야 하며, ③ 침해행위가 적법하여야 하고, ④ 특별한 희생이 있어야 한다.

4. 보상

희생보상은 당해 침해행위로 인한 재산적 손해(의료비·간호비·소득상실분 등)만을 내용으로 하고, 정신적 손해는 이에 포함되지 않는다는 것이 독일 연방대법원의 입장이다.

5. 희생유사침해

독일의 학설과 판례는 비재산적 가치의 희생에 대한 보상에 있어서도 적법한 침해로 인한 희생보상을 확장하여 위법한 침해에 대한 희생유사침해로 인한 보상을 인정하고 있다.

6. 희생보상청구권의 인정 여부

우리나라에서의 희생보상청구권의 인정 여부와 관련하여서는 ① 비재산적 가치의 침해에 대한 명문의 보상규정이 없는 한 보상청구가 허용될 수 없다는 견해(입법보상설)와 ② 헌법의 여러 규정들에 의하여 희생보상청구권을 인정하자는 견해(간접적용설)가 있다. ③ 생각건대 기본권규정·평등원칙·법치국가원리·손실보상 등에 관한 헌법규정들을 근거로 하여 희생보상청구권을 도출할 수 있다고 보는 것이 합리적이라는 점에서 간접적용설이 타당하다.

제2절 공법상 결과제거청구권*

I. 의의

공법상 결과제거청구권(Folgenbeseitigungsanspruch)은 위법한 행정작용의 결과로 남아 있는 위법상태를 제거해 줄 것을 요청할 수 있는 공법상 권리이다(예: 토지수용처분의 취소 후 행정청이 수용된 토지를 반환하지 않고 있는 경우 이를 반환해 줄 것을 청구하거나, 또는 공직자가 공식석상에서 명예훼손발언을 한 경우 이를 취소해 줄 것을 요구하는 경우). 결과제거청구권은 위법한 결과의 제거를 통한 원상회복청구권(Wiederherstellungsanspruch)이다. 이 법리는 독일의 학설을 통하여 성립·발전되다가 판례에 의하여 수용된 것으로 민법상 소유권에 기한 방해배제청구권과 유사하다.

II. 법적 근거

독일에서는 결과제거청구권의 주요 법적 근거로 법치국가원리·자유권적 기본권규정(불법에서의 강제를 수인하지 않을 권리)을 들고 있는데, 이는 우리나라에서도 마찬가지라고 할 수 있다.

---

* 행정고시(재경)(2005년).

Ⅲ. 요건

1. 행정주체의 행정작용

결과제거청구권은 행정작용을 전제로 한다. 행정작용은 권력작용인 경우가 일반적이겠으나, 비권력작용의 경우에도 결과제거청구권이 인정된다.

2. 권리침해

재산적 가치 또는 개인의 신용·명예 등의 비재산적 가치에 대한 개인의 권리에 대한 침해가 있어야 한다.

3. 침해의 위법성

행정작용으로 인한 권리침해가 위법하여야 한다. 위법한 침해행위는 통상 작위로 발생한다. 따라서 부작위의 경우에는 결과제거가 문제되지 않는다. 다만 사후에 발생한 사정으로 행정작용이 위법하게 되는 경우에는 위법상태에서의 부작위는 위법한 침해행위가 된다고 보아야 할 것이다(예: 사후에 압류해제가 되었음에도 행정청이 압류한 물건을 반환하지 않는 경우).

행정행위의 집행결과의 제거를 요청하는 '집행결과제거청구권'의 경우에는 –행정행위의 공정력 때문에- 집행된 행정행위가 취소되었거나 처음부터 무효이어야 한다. 그렇지 않으면 행정행위가 유효하므로 '집행결과의 위법'이 발생했다고 보기 어렵기 때문이다(예: 압류처분이 있는 경우 압류물건에 대한 반환청구를 하려면, ① 압류처분이 취소된 이후에 하든지, ② 압류처분에 대한 취소청구와 동시에 하여야 한다).

4. 위법한 침해상태의 계속

위법한 침해가 결과제거청구권의 행사시까지 계속되어야 한다.

5. 인과관계

행정작용과 발생된 결과 사이에 인과관계가 존재하여야 한다.

6. 결과제거의 가능성 및 기대가능성

원상회복이 가능하고, 법적으로 허용되어야 하며, 또한 결과제거의무자에 있어서 기대가능한 것이어야 한다.

Ⅳ. 결과제거청구권의 내용과 범위(한계)

(i) 결과제거청구권은 원상회복청구권인데, 여기에서의 원상회복은 민법상의 소유권에 기한 방해배제청구권처럼 가설적인 상태로의 완벽한 회복을 대상으로 하는 것이 아니라, 행정작용에 의한 침해가 있기 전 또는 그와 동등한 정도의 상태로의 회복을 의미한다(예: 마당이 도로로 편입되면서 1년생 과실수가 제거되었으나, 도로편입이 1년이 지나 위법하게 되어 결과제거를 청구한 경우 2년생 과실수가 아니라 침해 이전 상태인 1년생 과실수를 식재하면 된다).

(ii) 결과제거청구권은 직접 야기된 위법한 결과만을 제거하는 것이다. 따라서 간접적인 결과, 특히 제3자의 개입을 통하여 초래된 결과의 제거를 내용으로 하지 않는다(예: 행정청이 무주택자를 사회복지시설에 3개월간 입주시키도록 명령하였으나 3개월이 지나도록 아무런 조치를 취하지 않고 있는 경우, 이에 대한 결과제거청구는 무주택자가 퇴소하게 해 줄 것을 내용으로 하는 것이지, 무주택자가 야기한 손해에 대한 원상회복까지 요구할 수는 없다).

Ⅴ. 쟁송절차

결과제거청구권은 공법상의 권리이므로(다수설), 이에 대한 소송은 당사자소송이 되어야 한다. 경우에 따라서는 처분의 취소소송에 당사자소송으로서의 결과제거청구소송을 병합하여 제기할 수도 있을 것이다(행소법 10). 그러나 실제로는 당사자소송에 대한 이해 부족으로 민사소송에 의하는 경우가 대부분이다.

제3편

행정쟁송

제 1 장

개 설

제1절 행정쟁송의 의의와 기능

행정쟁송(行政爭訟)은 행정에 관한 분쟁에 대한 법적 심판을 말한다. 행정쟁송은 법치주의를 실현하기 위한 행정상의 권리구제절차이다.

행정쟁송은 주관적 측면에서 '국민의 권리보호'와 객관적 측면에서 '행정에 대한 법적 통제'를 목적으로 한다. 행정쟁송에는 이 두 이념이 상호 조화를 이루면서 융합되어 있다.

제2절 행정쟁송의 종류

Ⅰ. 정식쟁송과 약식쟁송

① 당사자에서 구술변론의 기회가 주어지고 ② 독립한 기관이 판정하는 경우를 정식쟁송이라 하고, 그렇지 못한 경우를 약식쟁송이라 한다. 법원이 판단하는 행정소송은 정식쟁송이지만, 행정기관이 판단하는 행정심판은 약식쟁송이라 할 수 있다.

Ⅱ. 시심적(始審的) 쟁송과 복심적(覆審的) 쟁송

시심적 쟁송은 법률관계를 형성하는 1차적 행정결정이 쟁송의 형식으로 이루어지는 경우를 말하고(예: 토지수용이라는 법률관계를 최초로 형성하게 되는 토지수용위원회의 수용재결), 복심적 쟁송은 이미 존재하는 행정작용을 다투는 쟁송을 말한다(예: 처분에 대한 항고쟁송).

III. 주관적 쟁송과 객관적 쟁송

주관적 쟁송은 개인의 권리구제를 주된 목적으로 하는 쟁송(항고쟁송과 당사자쟁송)이고, 객관적 쟁송은 행정의 객관적인 적법·타당성 통제를 주된 목적으로 하는 쟁송(기관쟁송과 민중쟁송)이다.

IV. 항고쟁송과 당사자쟁송

항고쟁송은 행정청의 처분이나 재결을 다투는 쟁송이고, 당사자쟁송은 대등한 당사자끼리 공법상 법률관계를 다투는 쟁송이다.

V. 민중쟁송과 기관쟁송

민중쟁송은 공직선거법상의 선거쟁송과 같이 직접적 이해관계를 가지지 않는 다수에 의하여 제기되는 쟁송을 말하고, 기관쟁송은 국가 또는 공공단체의 기관 상호간에 제기되는 쟁송[예: 지방자치단체의 장(집행기관)이 지방의회(의결기관)의 의결을 다투는 소송(지자법 120 ③, 192 ④)]을 말한다.

VI. 행정심판과 행정소송

행정심판은 행정에 관한 분쟁을 '행정기관이' 판정하는 절차이고, 행정소송은 '법원이' 판정하는 절차이다. 이와 관련하여 각각 행정심판법과 행정소송법이 제정되어 시행되고 있다. 일반적으로 행정심판과 행정소송을 총칭하여 행정쟁송이라 부른다.

제 2 장

행정심판

Ⅰ. 행정심판의 개념

행정심판은 행정기관이 행하는 행정법상의 분쟁에 대한 심리·판정절차를 말한다. 행정심판은 법원이 아닌 행정기관이 심판의 주체라는 점에서 약식쟁송이지만, 헌법적 근거가 있는 행정구제제도이다(헌법 107 ③: 재판의 전심절차로서 행정심판을 할 수 있다. 행정심판의 절차는 법률로 정하되, 사법절차가 준용되어야 한다).

행정심판은 권리구제절차라는 점에서 사법작용으로서의 성질도 있지만, 다른 한편으로 행정심판의 재결은 그 자체가 행정행위라는 점에서 행정작용이라고 하는 이중적인 성격을 가지고 있다.

① 광의의 행정심판은 행정기관에 의한 모든 분쟁해결절차로서 행정심판법상의 행정심판뿐 아니라 각 개별법상의 이의신청, 심사청구, 심판청구 등의 행정분쟁해결절차를 포함한다(실질적 의미의 행정심판). ② 협의로는 행정심판법상의 행정심판만을 의미한다(형식적 의미의 행정심판).

Ⅱ. 행정심판의 기능

행정심판은 재판의 전심절차로서 행하여지는 약식쟁송이지만, ① 행정의 자율적인 자기통제 및 행정감독, ② 행정심판을 통한 행정의 전문적 지식활용으로 사법기능의 보충, ③ 행정심판을 통한 권리구제로 사법부담의 경감, ④ 권리구제의 신속성과 비용절감 등의 매우 중요한 기능을 수행한다.

행정심판은 대체로 '행정의 자율적 통제'와 '국민의 권리구제'가 그 주요 기능인데, 최근 들어 법원의 판결에 비하여 행정심판 재결에 소요되는 기간이 상대적으로 짧고 또한 심판청구에 비용이 들지 않는다는 점에서 행정심판청구가 크게 증가하였다. 이와 더불어 행정심판의 기능에 있어서도 '국민의 권리구제'라는 기능이 점차 더욱 강조되고 있다.

Ⅲ. 행정심판의 유형

1. 쟁송분류기준에 따른 행정심판의 분류

행정심판도 관념적으로는 일반적인 쟁송분류기준에 따라 ① 주관적 권리보호를 목적으로 하는 주관적 심판과 행정의 적법성·합목적성 통제를 목적으로 하는 객관적 심판, ② 주관적 심판은 다시 처분의 위법·부당을 다투어 이를 취소·변경하는 쟁송절차인 항고심판(예: 행정심판법상의 행정심판)과 대등한 당사자 사이의 행정상 법률관계에 대한 다툼을 심판하는 쟁송절차인 당사자심판(예: 토지수용위원회의 수용재결), ③ 객관적 심판은 다시 다수에 의하여 청구하는 민중심판과 행정기관 상호간에 청구하는 기관심판으로 구분해 볼 수 있다. 이 중에서 행정심판법은 항고심판(취소심판·무효등확인심판·의무이행심판)만을 규정하고 있다.

2. 특별행정심판

(1) 행정심판법상 행정심판의 특례의 제한

행정심판법은 가급적이면 행정심판법에 따른 행정심판을 갈음하는 특별한 행정불복절차(특별행정심판)나 행정심판절차에 대한 특례를 다른 법률로 정하지 못하도록 하면서 부득이한 경우에는 중앙행정심판위원회와 미리 협의하도록 규정하고 있다(행심법 4 ①, ③).

(2) 특별행정심판과 문제점

그러나 이러한 특례제한규정에도 불구하고 현실적으로는 별도의 전문성과 특수성이 필요한 영역에서는 개별법에 의하여 특별행정심판절차가 규정되고 있다[예: 조세심판(조세심판원), 특허심판(특허심판원), 토지수용재결에 대한 이의신청(중앙토지수용위원회), 공무원의 징계처분에 대한 불복(소청심사위원회) 등]. 특별행정심판은 일반 행정심판에 비하여 보다 전문성과 특수성이 필요하다고 하여 인정되는 것인데, 전문성·특수성 관점에서 특별행정심판으로 볼 수 있는지 애매한 경우가 많다는 문제가 있다.

Ⅳ. 다른 행정상 불복방법과의 구별

1. 이의신청

1. 의의
(1) 의의 및 문제점
2. 행정기본법 이전의 논의
(2) 이의신청과 행정심판과의 관계

(1) 의의

이의신청은 위법·부당한 행정작용으로 인하여 권리가 침해된 자가 처분청에 대하여 그러한 행위의 취소를 구하는 절차를 말한다. 행정심판법상 행정심판이 처분청의 직근 상급행정청 등에 소속된 행정심판위원회에 불복을 청구하는 것인데 반하여, 이의신청은 행정불복을 처분청에 제기한다는 점에서 차이가 있다.

(2) 행정기본법 이전의 논의

1) 개별법상 이의신청제도의 불일치 문제

행정기본법은 이의신청에 관한 일반적인 규정을 두고 있는데, 그 이전에는 이의신청에 관한 일반법이 없었기 때문에 개별법에서 이의신청을 규정하는 경우에 한하여 인정되었다. 그런데 문제는 이의신청을 규정하는 개별법이 많고 또한 그 용어·기간·절차·형식 등이 다양하게 규정되어 이를 파악하는 것이 용이하지 않다는 점이다.

2) 이의신청과 행정심판과의 관계

이의신청절차의 성질이나 행정심판법에 의한 행정심판과의 관계에 대하여는 사실 정하여진 바가 없다. 여기에서 특히 문제가 되는 것은 이의신청을 거친 이후에 행정심판을 청구할 수 있는가 하는 것이다. 실제로 개별법상의 이의신청이 행정심판에 갈음하는 특별행정심판인지, 아니면 행정심판과는 별도의 이의신청인지 항상 명확한 것만은 아니다. 전자의 경우는 행정심판이 허용되지 않고 후자의 경우는 허용되기 때문에 권리구제수단의 활용이라는 관점에서 양자의 구별은 매우 중요하다.

요컨대, 이의신청을 거친 당사자가 이의신청에 대한 결정에 불복하여 행정심판을 청구할 수 있는가 하는 문제는, 이를 허용하는 명문의 규정이 없는 한, 이의신청을 규정하고 있는 취지(행정의 전문성·특수성 등의 이유로 행정심판의 특례로서 이의신청이 필요한 경우인지 여부 등), 이의신청절차가 행정구제절차로서의 객관성·공정성·전문성 등을 갖추고 있는지 여부, 행정심판을 허용하는 것이 행정에 대한 적법성통제 및 개인의 권익구제의 측면에서 의미가 있는지의 여부(이의신청과의 중복 여부, 신속한 권리구제의 필요 여부 등) 등을 종합적으로 검토하여 판단할 수밖에 없다.

(3) 행정기본법의 이의신청 규정

1) 이의신청에 관한 일반적 규정

먼저 행정기본법은 "행정청의 처분에 이의가 있는 당사자는 처분을 받은 날부터 30일 이내에 해당 행정청에 이의신청을 할 수 있다(행정기본법 36 ①)."고 규정하여 이의신청에 관한 일반적인 규정을 마련하였다.[1] 이에 따라 개별법령에 이의신청에 관한 규정이 없더라도 행정기본법에 따라 이의신청을 할 수 있게 되었다.

2) 이의신청 절차 및 행정쟁송과의 관계

행정청은 제1항에 따른 이의신청을 받으면 그 신청을 받은 날부터 14일 이내에 그 이의신청에 대한 결과를 신청인에게 통지하여야 한다(행정기본법 36 ②).

제1항에 따라 이의신청을 한 경우에도 그 이의신청과 관계없이 행정심판법에 따른 행정심판 또는 행정소송법에 따른 행정소송을 제기할 수 있다(행정기본법 36 ③). 따라서 처분청에 대한 이의신청인 한, 이의신청을 거친 후에도 행정심판을 청구할 수 있다.

이의신청에 대한 결과를 통지받은 후 행정심판 또는 행정소송을 제기하려는 자는 그 결과를 통지받은 날부터 90일 이내에 행정심판 또는 행정소송을 제기할 수 있다(행정기본법 36 ④). 다른 법률에서 이의신청과 이에 준하는 절차에 대하여 정하고 있는 경우에도 그 법률에서 규정하지 아니한 사항에 관하여는 이 조에서 정하는 바에 따른다(행정기본법 36 ⑤).

판례 > 공공기관의 비공개 결정 또는 부분 공개 결정에 대한 이의신청을 거쳐 취소소송을 제기하는 경우, 제소기간의 기산점(=이의신청에 대한 결과를 통지받은 날)

"정보공개법 제18조 제1항, 제3항, 제4항, 제20조 제1항, 행정소송법 제20조 제1항의 규정 내용과 그 취지 등을 종합하여 보면, 청구인이 공공기관의 비공개 결정 또는 부분 공개 결정에 대한 이의신청을 하여 공공기관으로부터 이의신청에 대한 결과를 통지받은 후 취소소송을 제기하는 경우 그 제소기간은 이의신청에 대한 결과를 통지받은 날부터 기산한다고 봄이 타당하다(대판 2023.7.27, 2022두52980)."

다만 ① 공무원 인사 관계 처분에 관한 사항, ② 국가인권위원회의 결정, ③ 노동위원회의 의결을 거쳐 행하는 사항, ④ 형사, 행형 및 보안처분 관계 법령에 따라 행하는 사항, ⑤ 외국인의 출입국·난민인정·귀화·국적회복에 관한 사항, ⑥ 과태료 부과 및 징수에 관한 사항에 관하여는 행정기본법 제36조를 적용하지 아니한다(행정기본법 36 ⑦). 따라서 이 사항들에 대한 이의신청은 각 개별법이 정하는 바에 따라야 한다.

1 2023.3.24. 시행.

(4) 지방자치법 제157조의 경우

지방자치법 제157조 제4항은 "사용료·수수료 또는 분담금의 부과나 징수에 대하여 행정소송을 제기하려면 제4항에 따른 결정을 통지받은 날부터 90일 이내에 처분청을 당사자로 하여 소를 제기하여야 한다."고 규정하면서, 제6항에서 "이의신청의 방법과 절차 등에 관하여는 지방세기본법 제90조와 제94조부터 제100조까지의 규정을 준용한다."고 하고 있다. 이에 따라 준용되는 지방세기본법 제98조 제1항은 "이 법 또는 지방세관계법에 따른 이의신청 또는 심사청구의 대상이 되는 처분에 관한 사항에 대하여는 행정심판법을 적용하지 아니한다."고 규정하고 있다.[2] 위 규정들을 문리적으로 해석하면, 지방자치법상의 이의신청을 거친 이후에는 행정심판법상 행정심판을 청구할 수 없는 것처럼 보인다.

하지만 지방자치법상 이의신청은 전문성·특수성이 요구되는 절차라 보기 어렵기 때문에 특별행정심판이라고 볼 수 없다. 따라서 행정심판을 청구할 수 없다는 명문의 규정이 없는 한 행정심판 청구가 가능하다고 보아야 할 것이다.

2. 청원

헌법 제26조 및 청원법에 의한 청원도 행정에 대한 권리구제절차라는 점에서는 행정심판과 같으나, 행정심판의 재결에는 법적 구속력이 인정되지만, 청원에 대한 결정에는 구속력이 없다는 점 등에서 차이가 있다.

3. 고충민원

고충민원은 '행정 전반'에 걸친 민원을 제기하는 것이라는 점에서, 행정청의 '처분이나 부작위'에 대한 불복수단인 행정심판과 구별된다. 이러한 점에서 판례는 고충민원신청을 행정소송의 전심절차로서 요구되는 행정심판청구로 보지 않는다.

제2절 행정심판법과 행정심판의 종류

Ⅰ. 행정심판법의 일반법적 지위

행정심판법은 과거의 소원법(1951.8.3, 법률 제221호)을 대체한 것으로 행정심판에 관한 일반

---

2 '세법상 처분'에 대해서는 심사청구·심판청구라는 특별행정심판을 거치도록 되어 있다(국세기본법 7장 참조). 따라서 세법상 처분이 아닌 경우는 준용되지 않는다고 보는 것이 합리적인 해석이다.

법의 지위를 가진다. 행정심판법 제3조 제1항은 "행정청의 처분 또는 부작위에 대하여는 다른 법률에 특별한 규정이 있는 경우 외에는 이 법에 따라 행정심판을 청구할 수 있다."고 규정하여 행정심판법이 일반법임을 명시하고 있다.

II. 행정심판법의 개정

(i) 1985.10.1. 소원법을 대체하여 행정심판법이 새로 제정되면서 ① 행정심판의 대상을 행정청의 '위법·부당'한 처분이나 부작위로 하고, ② 행정심판의 종류로 세 가지의 '항고심판(취소심판·무효등확인심판·의무이행심판)'을 규정하였으며, ③ 행정심판기관을 '재결청(재결기능, 예: 서울시장)과 행정심판위원회(심리·의결기능, 예: 서울시 행정심판위원회)'로 구분하여 규정하였다.

(ii) 행정심판법은 약 10여 년간 시행되다가 행정편의 위주로 운영되어 국민의 권익구제수단으로서의 기능이 미흡하다는 문제가 있어 대폭 개정되어 1996.4.1.부터 시행되었다. 주요 개정내용은 ① 행정심판위원회의 위원수를 증가시키고 민간인위원이 과반수가 되도록 하였고, ② 심판청구를 처분청을 경유하여 하도록 하였던 것(경유제도)을 직접 재결청에 제출할 수 있게 하였으며, ③ 구술심리를 확대하였고, ④ 직접처분제도를 도입하였다는 것 등이다.

(iii) 2008년 부패방지권익위법이 제정되어 종래의 국무총리행정심판위원회, 국민고충처리위원회, 국가청렴위원회가 국민권익위원회로 통합되었다. 이에 따라 2008년 행정심판법도 ① 국무총리행정심판위원회를 국민권익위원회에 두고, ② 종래의 재결청 제도를 폐지하고 행정심판의 심리·재결을 모두 행정심판위원회가 맡도록 하는 등의 개정이 있었다. 재결청제도가 폐지됨으로써 행정심판기관은 행정심판위원회로 단일화되었다.

(iv) 행정심판법은 2010년 전부개정되었는데, 주요내용은 ① 국무총리행정심판위원회의 명칭을 중앙행정심판위원회로 변경하고, ② 행정청의 처분이나 부작위 때문에 발생할 수 있는 당사자의 중대한 불이익이나 급박한 위험을 막기 위하여 당사자에게 임시지위를 부여할 수 있는 임시처분제도를 도입한 것 등이다.

(v) 2017년에는 ① 재결의 실효성을 높이기 위하여 거부처분에 대한 취소재결이나 무효등확인재결에 따르는 재처분의무 규정을 신설하고, ② 재처분의무에 대한 실효성 확보를 위하여 간접강제제도를 도입하였다. 그리고 ③ 사회적 약자에게 대리인을 선임하여 지원하는 규정(행심법 18조의2)과 ④ 양 당사자 간의 합의가 가능한 사건의 경우 행정심판위원회가 개입·조정하는 규정(행심법 43조의2)을 신설하였다.

Ⅲ. 행정심판법상 행정심판의 종류*

현행 행정심판법은 항고심판으로서 취소심판, 무효등확인심판, 의무이행심판을 규정하고 있다.

1. 취소심판

(1) 의의

취소심판이란 행정청의 위법 또는 부당한 처분을 취소하거나 변경하는 행정심판을 말한다(행심법 5 1호). 취소심판은 이미 행하여진 처분을 다툰다는 점에서 복심적 심판이고 처분을 다툰다는 점에서 항고심판이다. 여기에서의 '변경'**은 -취소소송에서의 '변경'이 일부취소를 의미하는 것과는 달리- '적극적 변경'까지 포함하는데, 이는 -행정소송과는 달리- 행정심판에서는 '적극적 변경'이 권력분립원칙에 반하지 않기 때문이다. 취소심판은 행정심판의 가장 대표적인 유형이고, 행정심판법도 취소심판을 중심적으로 규정하고 있다.

취소심판은 청구기간의 제한이 있고(행심법 27), 집행부정지의 원칙(행심법 30)·사정재결(행심법 44) 등이 적용된다.

(2) 성질

취소심판의 성질에 관하여는 형성적 쟁송설과 확인적 쟁송설이 대립하는데, 취소심판은 취소라는 법률관계의 형성을 가져온다는 점에서 형성적 쟁송설이 타당하다.

(3) 재결

취소심판의 청구가 부적법한 경우에는 각하재결, 이유가 없는 경우에는 기각재결을 한다. 취소심판의 청구가 이유가 있으면 인용재결을 하는데, 구체적으로는 ① 처분을 취소·변경하는 재결(형성재결)을 하거나 ② 처분을 다른 처분으로 변경할 것을 피청구인에게 명하는 재결(이행재결)을 한다(행심법 43 ③).

한편 심판청구가 이유 있어도 이를 인용하는 것이 공공복리에 크게 위배된다고 인정되는 경우에는 심판청구를 기각하는 재결을 할 수 있는데, 이를 사정재결이라 한다(행심법 44 ①).

2. 무효등확인심판

(1) 의의

무효등확인심판이란 행정청의 처분의 효력 유무 또는 존재 여부를 확인하는 행정심판을 말

* 5급공채(일반행정)(2011년), 사법시험(2012년).

** 변호사시험(2022년).

한다(행심법 5 2호).

무효등확인심판은 취소심판과는 달리, 청구기간이나 사정재결에 관한 규정이 적용되지 않는다(행심법 27 ⑦, 44 ③).

무효등확인심판은 그 내용에 따라 유효확인심판·무효확인심판·실효확인심판·존재확인심판·부존재확인심판으로 구분될 수 있다.

(2) 성질

무효등확인심판의 성질에 대해서는 확인적 쟁송설·형성적 쟁송설·준형성적 쟁송설이 대립하는데, 이 가운데 통설인 준형성적 쟁송설은 무효등확인심판은 실질적으로는 확인적 쟁송이지만 형식적으로는 처분의 효력을 다투므로 형성적 쟁송의 성질도 아울러 가진다는 견해이다.

(3) 재결

무효등확인심판의 청구가 이유 있다고 인정되면 행정심판위원회는 처분의 효력 유무 또는 처분의 존재 여부를 확인하는 재결을 한다(행심법 43 ④). 여기에는 유효확인재결·무효확인재결·실효확인재결·존재확인재결·부존재확인재결이 있게 된다.

3. 의무이행심판*

□ **거부처분에 대한 대하여 취소심판 청구가 가능한지 여부**
1. 학설
   ○ 의무이행심판만 허용된다는 견해
   ○ 취소심판도 가능하다는 견해(통설)
2. 거부처분에 대한 취소심판 가능
3. 행정심판법 49 ② 신설: 입법적 해결

(1) 의의

의무이행심판이란 당사자의 신청에 대한 '행정청의 위법 또는 부당한 거부처분이나 부작위'에 대하여 일정한 처분을 하도록 하는 행정심판을 말한다(행심법 5 3호).

현행 행정소송법상 항고소송에는 소극적 처분에 대한 의무이행소송이 규정되어 있지 않고 부작위위법확인소송만 규정되어 있다. 이는 우리 행정소송법이 권력분립원칙을 고려한 사법소극주의를 취하고 있기 때문이다.[3] 그러나 행정심판은 권력분립의 문제를 야기하지 않기 때문에

---

* 사법시험(2007년), 5급공채(2018년).

3 사법(司法)적극주의란 권력분립상 사법이 행정에 대하여 적극적 이행을 요구할 수 있도록 하는 것을 말하고, 사법소극주의란 사법이 행정의 1차적 판단이 위법한지 여부만 판단하는 데 그쳐야 한다는 것을

의무이행심판이 규정되고 있는 것이다.

한편 의무이행심판은 부작위뿐 아니라 거부처분도 대상으로 하는데, 행정심판법상 처분개념(행심법 2 제1호)에는 거부처분도 포함된다고 볼 것이므로, 거부처분의 경우 당사자는 취소심판이나 의무이행심판 중 어느 하나, 또는 양자를 동시에 청구할 수 있다. 과거에는 거부처분에 대해서는 의무이행심판만이 허용되는 것으로 보는 견해도 있어 논란이 있었으나,* 행정심판법은 2017년 법개정을 통하여 거부처분에 대한 취소재결이나 무효등확인재결에 따르는 재처분 의무 규정을 신설하여(행심법 49 ②) 거부처분에 대한 취소심판이 가능함을 명시적으로 규정함으로써 이 문제는 입법적으로 해결되었다.

거부처분에 대한 의무이행심판의 경우에는 이미 처분이 존재하므로 심판청구기간의 제한을 받지만, 부작위에 대한 의무이행심판의 경우에는 청구기간의 제한이 없다(행심법 27 ⑦). 의무이행심판에도 취소심판과 같이 사정재결에 관한 규정이 적용된다(행심법 44 ③).

(2) 성질

의무이행심판은 행정청으로 하여금 일정한 처분을 할 것을 명하는 재결을 구하는 것이므로 이행쟁송의 성질을 가진다.

(3) 재결

의무이행심판의 청구가 이유가 있으면 행정심판위원회는 지체 없이 ① 신청에 따르는 처분을 하는 재결을 하거나(처분재결, 형성재결), ② 처분을 할 것을 피청구인에게 명하는 재결을 한다(처분명령재결, 이행재결).

당사자의 신청을 거부하거나 부작위로 방치한 처분의 이행을 명하는 재결이 있으면 행정청은 지체 없이 이전의 신청에 대하여 재결의 취지에 따라 처분을 하여야 한다(재결의 기속력, 행심법 49 ③).

이행재결이 있음에도 피청구인이 아무런 처분을 하지 않을 경우에는 행정심판위원회는 당사자가 신청하면 기간을 정하여 서면으로 시정을 명하고 그 기간에 이행하지 아니하면 직접 처분을 하거나 간접강제를 할 수 있다(행심법 50 ①, 50조의2 ①).

말한다. 행정청의 부작위나 거부처분에 대하여 일정한 처분을 하도록 하는 것을 내용으로 하는 의무이행소송은 사법적극주의의 표현이고, 행정청의 부작위가 위법한지만을 판단하는 데 그치는 부작위위법확인소송은 권력분립상 사법이 행정의 고유한 판단권을 침해해서는 안 된다는 것을 고려한 사법소극주의의 표현이다.

* 사법시험(2012년).

제3절 행정심판의 청구

제 1 항 개설

행정심판절차는 크게 ① 청구인의 심판청구, ② 행정심판위원회의 심리, ③ 행정심판위원회의 재결로 구성되는데, 구체적으로, ⒜ 먼저 행정청은 처분을 할 때 처분의 상대방에게 해당 처분에 대하여 행정심판을 청구할 수 있는지, 행정심판을 청구하는 경우의 심판청구절차 및 심판청구기간을 알려야 한다(불복고지). 행정심판은 ⒝ 청구인이 관계 행정청을 피청구인으로 하여(행정심판의 당사자), ⒞ 행정청의 처분이나 부작위에 대하여(행정심판의 대상), ⒟ 행정심판위원회(행정심판기관)나 처분청에, ⒠ 청구기간 내에 행정심판을 청구함으로써 그 절차가 개시되고, 행정심판위원회가 심리하여 재결한다. 이하에서는 이와 같은 행정심판의 절차에 따라 설명하기로 한다.

제 2 항 불복고지*

Ⅰ. 불복고지의 의의

행정심판법 제58조는 행정청이 처분을 할 때에는 처분의 상대방에게 해당 처분에 대하여 행정심판을 청구할 수 있는지, 행정심판을 청구하는 경우의 심판청구 절차 및 심판청구 기간을 알리도록 하고, 또한 이해관계인이 요구하면 해당 처분이 행정심판의 대상이 되는 처분인지, 행정심판의 대상이 되는 경우 소관 위원회 및 심판청구 기간을 지체 없이 알려 주도록 하고 있는데, 이를 불복고지(不服告知)라 한다.

Ⅱ. 불복고지의 성질

불복고지는 행정심판에 관한 사항을 알리는 데 불과하므로 비권력적 사실행위이다. 판례는 고지의무를 이행하지 않았다 하더라도 그 처분이 위법하다고 할 수 없다는 입장이다.

* 변호사시험(2022년), 5급공채(2022년).

 **판례 > 고지의무의 불이행과 면허취소처분의 하자유무**

"자동차운수사업법 제31조 등의 규정에 의한 사업면허의 취소 등의 처분에 관한 규칙(교통부령) 제7조 제3항의 고지절차에 관한 규정은 행정처분의 상대방이 그 처분에 대한 행정심판의 절차를 밟는데 있어 편의를 제공하려는데 있으며 처분청이 위 규정에 따른 고지의무를 이행하지 아니하였다고 하더라도 경우에 따라서는 행정심판의 제기기간이 연장될 수 있는 것에 그치고 이로 인하여 심판의 대상이 되는 행정처분에 어떤 하자가 수반된다고 할 수 없다(대판 1987.11.24, 87누529)."

III. 불복고지의 종류

1. 직권에 의한 고지

행정청이 처분을 할 때에는 처분의 상대방에게 ① 해당 처분에 대하여 행정심판을 청구할 수 있는지, ② 행정심판을 청구하는 경우의 심판청구 절차 및 심판청구 기간을 알려야 한다(행심법 58 ①).

2. 이해관계인의 요구에 의한 고지

행정청은 이해관계인이 요구하면 ① 해당 처분이 행정심판의 대상이 되는 처분인지, ② 행정심판의 대상이 되는 경우 소관 위원회 및 심판청구 기간을 지체 없이 알려 주어야 한다. 이 경우 서면으로 알려 줄 것을 요구받으면 서면으로 알려 주어야 한다(행심법 58 ②).

IV. 불고지(不告知)·오고지(誤告知)의 효과

행정청이 고지를 하지 않거나 잘못 고지한 경우, 이와 같은 불고지 또는 오고지가 당해 처분의 효력에는 영향을 미치지 않으나(대판 1987.11.24, 87누529), 행정심판법은 이에 대하여 일정한 절차상의 제재를 규정하고 있다.

1. 심판청구서 제출기관의 불고지·오고지

행정청이 제58조에 따른 고지를 하지 아니하거나 잘못 고지하여 청구인이 심판청구서를 다른 행정기관에 제출한 경우에는 그 행정기관은 그 심판청구서를 지체 없이 정당한 권한이 있는 피청구인에게 보내야 하고, 심판청구서를 보낸 행정기관은 지체 없이 그 사실을 청구인에게 알려야 한다(행심법 23 ②, ③).

행정심판법 제27조에 따른 심판청구 기간을 계산할 때에는 피청구인이나 위원회 또는 다른 행정기관에 심판청구서가 제출되었을 때에 행정심판이 청구된 것으로 본다(행심법 23 ④).

2. 심판청구 기간의 불고지·오고지

행정심판은 처분이 있음을 알게 된 날부터 90일 이내에 청구하여야 하고(행심법 27 ①), 처분이 있었던 날부터 180일이 지나면 청구하지 못한다(행심법 27 ③).

행정청이 심판청구 기간을 제1항에 규정된 기간보다 긴 기간으로 잘못 알린 경우 그 잘못 알린 기간에 심판청구가 있으면 그 행정심판은 제1항에 규정된 기간에 청구된 것으로 본다(행심법 27 ⑤).

행정청이 심판청구 기간을 알리지 아니한 경우에는 제3항에 규정된 기간에 심판청구를 할 수 있다(행심법 27 ⑥).

제 3 항 행정심판의 대상

Ⅰ. 개설

행정심판법 제3조 제1항은 행정심판의 대상을 '위법·부당한 처분이나 부작위'로 명시하고 있다.

행정심판법은 심판의 대상을 특정하여 열거하지 아니하고 포괄적으로 '위법·부당한 처분이나 부작위'로만 규정하고 있는 점에서 행정심판사항에 관하여 열기(列記)주의가 아니라 개괄주의를 채택하고 있다고 할 수 있다. 그러나 '모든 행정작용'을 대상으로 하는 것이 아니라, '처분(또는 처분의 부작위)'만을 대상으로 하고 있다는 점에서, 엄밀히는, '처분개괄주의'에 불과하다.

행정심판법은 '처분과 부작위'를 대상으로 하는데, 행정소송이 위법한 경우만을 대상으로 하는 데 비하여, 행정심판은 위법뿐 아니라 부당한 경우도 포함하고 있다. '부당'은 위법하지는 않으면서 단순히 재량을 그르치거나 공익을 위반한 경우, 즉 적법하지만 최선의 결정(타당)은 아니었다는 의미로 이해되고 있다. 행정소송은 권력분립의 관점에서 위법한 경우만을 대상으로 할 수밖에 없지만, 행정심판은 행정의 자기통제수단으로서 권력분립의 문제를 발생시키지 않기 때문에 부당도 통제할 수 있는 것이다.

적법·위법, 타당·부당의 체계

<table>
<tr><td colspan="2">적법</td><td rowspan="2">위법</td></tr>
<tr><td>타당</td><td>부당</td></tr>
</table>

II. 행정청의 처분 또는 부작위

'처분'이란 행정청이 행하는 구체적 사실에 관한 법집행으로서의 공권력의 행사 또는 그 거부, 그 밖에 이에 준하는 행정작용을 말한다(행심법 2 1호).[4]

'부작위'란 행정청이 당사자의 신청에 대하여 상당한 기간 내에 일정한 처분을 하여야 할 법률상 의무가 있는데도 처분을 하지 아니하는 것을 말한다(행심법 2 2호).

행정심판법상 처분이나 부작위 개념은 행정소송법상 처분이나 부작위 개념과 동일하므로 이에 관한 상세한 설명은 행정소송법에서 하기로 한다.

III. 예외사항

행정심판이 행정청의 처분이나 부작위를 대상으로 한다고 하더라도, ① 대통령의 처분 또는 부작위에 대하여는 다른 법률에서 행정심판을 청구할 수 있도록 정한 경우 외에는 행정심판을 청구할 수 없다(행심법 3 ②). 또한 ② 행정심판은 재심청구를 인정하고 있지 않으므로, 심판청구에 대한 재결이 있으면 그 재결 및 같은 처분 또는 부작위에 대하여 다시 행정심판을 청구할 수 없다(행심법 51).

제 4 항 행정심판기관

I. 개설

행정심판기관이란 행정심판청구를 심리·재결하는 행정기관을 말한다. 2008년 개정 전 (구) 행정심판법에서는 행정심판기관이 심판청구사건에 대하여 심리·의결하는 권한을 가진 행정심판위원회와 위원회의 의결에 따라 재결만 하는 권한을 가진 재결청으로 이원화되어 있었다. 그러나 행정심판과 관련된 기관의 구조가 복잡하고 행정심판사건의 처리기간만 늘어나는 문제가 있어 법개정을 통하여 재결청 제도를 폐지하고 행정심판위원회로 행정심판기관을 단일화하였다.

4 행정기본법도 "처분이란 행정청이 구체적 사실에 관하여 행하는 법 집행으로서 공권력의 행사 또는 그 거부와 그 밖에 이에 준하는 행정작용을 말한다(행정기본법 2 4호)."고 하여 행정심판법상 처분과 사실상 동일하게 정의하고 있다.

II. 행정심판위원회

1. 종류

(1) 해당 행정청 소속 행정심판위원회

다음의 행정청 또는 그 소속 행정청(행정기관의 계층구조와 관계없이 그 감독을 받거나 위탁을 받은 모든 행정청을 말하되, 위탁을 받은 행정청은 그 위탁받은 사무에 관하여는 위탁한 행정청의 소속 행정청으로 본다)의 처분 또는 부작위에 대한 심판청구에 대하여는 다음의 행정청에 두는 행정심판위원회에서 심리·재결한다(행심법 6 ①).

① 감사원, 국가정보원장, 그 밖에 대통령령으로 정하는 대통령 소속기관의 장
② 국회사무총장·법원행정처장·헌법재판소사무처장 및 중앙선거관리위원회사무총장
③ 국가인권위원회, 그 밖에 지위·성격의 독립성과 특수성 등이 인정되어 대통령령으로 정하는 행정청

(2) 중앙행정심판위원회

다음 각 호의 행정청의 처분 또는 부작위에 대한 심판청구에 대하여는 국민권익위원회에 두는 중앙행정심판위원회에서 심리·재결한다(행심법 6 ②).

① 제6조 제1항에 따른 행정청 외의 국가행정기관의 장 또는 그 소속 행정청
② 특별시장·광역시장·특별자치시장·도지사·특별자치도지사(특별시·광역시·특별자치시·도 또는 특별자치도의 교육감 포함) 또는 특별시·광역시·특별자치시·도·특별자치도의 의회(의장, 위원회의 위원장, 사무처장 등 의회 소속 모든 행정청 포함)
③ 지방자치법에 따른 지방자치단체조합 등 관계 법률에 따라 국가·지방자치단체·공공법인 등이 공동으로 설립한 행정청. 다만, 제6조 제3항 제3호에 해당하는 행정청은 제외한다.

(3) 시·도지사 소속 행정심판위원회

다음 각 호의 행정청의 처분 또는 부작위에 대한 심판청구에 대하여는 시·도지사 소속으로 두는 행정심판위원회에서 심리·재결한다(행심법 6 ③).

① 시·도 소속 행정청
② 시·도의 관할구역에 있는 시·군·자치구의 장, 소속 행정청 또는 시·군·자치구의 의회(의장, 위원회의 위원장, 사무국장, 사무과장 등 의회 소속 모든 행정청 포함)
③ 시·도의 관할구역에 있는 둘 이상의 지방자치단체(시·군·자치구)·공공법인 등이 공동으로 설립한 행정청

(4) 직근 상급행정기관에 두는 행정심판위원회

제6조 제2항 제1호에도 불구하고 법무부 및 대검찰청 소속 특별지방행정기관(직근 상급행정기관이나 소관 감독행정기관이 중앙행정기관인 경우 제외)의 장의 처분 또는 부작위에 대한 심판청구에 대하여는 해당 행정청의 직근 상급행정기관에 두는 행정심판위원회에서 심리·재결한다(행심법 6 ④, 동법시행령 3).

(5) 특별행정심판위원회

개별법에 따라서는 제3의 기관을 행정심판기관으로 규정하고 있는 경우도 있다. 예컨대 국세기본법상의 조세심판원, 국가공무원법상의 소청심사위원회, 특허법상의 특허심판원, 토지보상법상의 토지수용위원회 등이 이에 해당한다. 그러나 이와 같은 특별행정심판의 경우 전문성이나 특수성이라는 관점에서 특별행정심판으로 볼 것인지 애매한 경우도 있음은 이미 언급하였다.

2. 구성 및 회의

(1) 행정심판위원회

행정심판위원회(중앙행정심판위원회 제외)는 위원장 1명을 포함하여 50명 이내의 위원으로 구성한다(행심법 7 ①).

행정심판위원회의 회의는 위원장과 위원장이 회의마다 지정하는 8명의 위원(그중 제7조 제4항에 따른 위촉위원은 6명 이상으로 하되, 제7조 제3항에 따라 위원장이 공무원이 아닌 경우에는 5명 이상)으로 구성한다. 다만, 국회규칙, 대법원규칙, 헌법재판소규칙, 중앙선거관리위원회규칙 또는 대통령령(제6조 제3항에 따라 시·도지사 소속으로 두는 행정심판위원회의 경우에는 해당 지방자치단체의 조례)으로 정하는 바에 따라 위원장과 위원장이 회의마다 지정하는 6명의 위원(그중 제7조 제4항에 따른 위촉위원은 5명 이상으로 하되, 제7조 제3항에 따라 공무원이 아닌 위원이 위원장인 경우에는 4명 이상)으로 구성할 수 있다(행심법 7 ⑤).

행정심판위원회는 제7조 제5항에 따른 구성원 과반수의 출석과 출석위원 과반수의 찬성으로 의결한다(행심법 7 ⑥).

행정심판위원회의 조직과 운영, 그 밖에 필요한 사항은 국회규칙, 대법원규칙, 헌법재판소규칙, 중앙선거관리위원회규칙 또는 대통령령으로 정한다(행심법 7 ⑦).

(2) 중앙행정심판위원회

중앙행정심판위원회는 위원장 1명을 포함하여 70명 이내의 위원으로 구성하되, 위원 중 상임위원은 4명 이내로 한다(행심법 8 ①).

중앙행정심판위원회의 위원장은 국민권익위원회의 부위원장 중 1명이 되며, 위원장이 없거나 부득이한 사유로 직무를 수행할 수 없거나 위원장이 필요하다고 인정하는 경우에는 상임위원(상임으로 재직한 기간이 긴 위원 순서로, 재직기간이 같은 경우에는 연장자 순서)이 위원장의 직무를 대행한다(행심법 8 ②).

중앙행정심판위원회의 회의(제8조 제6항에 따른 소위원회 회의 제외)는 위원장, 상임위원 및 위원장이 회의마다 지정하는 비상임위원을 포함하여 총 9명으로 구성한다(행심법 8 ⑤).

중앙행정심판위원회는 심판청구사건 중 도로교통법에 따른 자동차운전면허 행정처분에 관한 사건(소위원회가 중앙행정심판위원회에서 심리·의결하도록 결정한 사건 제외)을 심리·의결하게 하기 위하여 4명의 위원으로 구성하는 소위원회를 둘 수 있다(행심법 8 ⑥).

중앙행정심판위원회 및 소위원회는 각각 제8조 제5항 및 제6항에 따른 구성원 과반수의 출석과 출석위원 과반수의 찬성으로 의결한다(행심법 8 ⑦).

중앙행정심판위원회는 위원장이 지정하는 사건을 미리 검토하도록 필요한 경우에는 전문위원회를 둘 수 있다(행심법 8 ⑧).

중앙행정심판위원회, 소위원회 및 전문위원회의 조직과 운영 등에 필요한 사항은 대통령령으로 정한다(행심법 8 ⑨).

3. 제척·기피·회피

공정한 심판을 위하여 행정심판법은 위원의 제척(除斥, 행심법 10 ①), 기피(행심법 10 ②), 회피(행심법 10 ⑦)를 규정하고 있다.

4. 권한

행정심판위원회는 심판청구사건을 심리·재결하는 권한을 가진다. 심리와 관련하여서는 행정심판 참가요구권(행심법 21 ①), 집행정지 결정 및 취소권(행심법 30 ②, ④), 자료제출요구권(행심법 35 ①), 증거조사권(행심법 36 ①), 심리권(행심법 39, 40) 등의 권한을 가지고, 재결과 관련하여서는 재결권(행심법 43), 사정재결권(행심법 44 ①) 등의 권한을 가진다.

한편 행정심판위원회는 재결의 기속력을 담보하기 위하여 피청구인이 재처분의무를 이행하지 아니하는 경우 직접 처분할 수 있는 권한과 간접강제를 할 수 있는 권한을 가진다(행심법 50 ①, 50조의2 ①).

제 5 항 행정심판의 당사자와 관계인

행정심판은 헌법 제107조 제3항에 따라 사법절차에 준하는 절차를 마련하고 있다. 이에 따라 청구인과 피청구인이 대립당사자가 되고 여기에 참가인과 대리인과 같은 관계인이 관여할 수 있다.

Ⅰ. 청구인

1. 의의

행정심판의 청구인이란 행정심판을 청구하는 자를 말한다. 청구인은 원칙적으로 자연인과 법인이지만, 법인 아닌 사단 또는 재단으로서 대표자 또는 관리인이 정하여져 있는 경우에는 그 사단이나 재단의 이름으로 심판청구를 할 수 있다(행심법 14).

2. 청구인적격*

(1) 행정심판법 규정

청구인적격이란 행정심판의 청구인이 될 수 있는 자격을 말한다. 행정심판법 제13조는 취소심판은 처분의 취소 또는 변경을 구할 법률상 이익이 있는 자, 무효등확인심판은 처분의 효력 유무 또는 존재 여부의 확인을 구할 법률상 이익이 있는 자, 의무이행심판은 처분을 신청한 자로서 행정청의 거부처분 또는 부작위에 대하여 일정한 처분을 구할 법률상 이익이 있는 자가 청구할 수 있다고 규정하고 있다(행심법 13 ①, ② 및 ③).

한편 행정심판법은 협의의 소익과 관련하여 제13조 제1항 제2문에서 "처분의 효과가 기간의 경과, 처분의 집행 그 밖의 사유로 소멸된 뒤에도 그 처분의 취소로 회복되는 법률상 이익이 있는 자의 경우에도 또한 같다."고 규정하고 있다. 협의의 소의 이익에 관한 상세는 행정소송편에서 다룬다.

(2) 청구인적격에 대한 입법상 과오 여부

1) 문제의 소재

행정심판은 위법뿐 아니라 부당한 처분도 심판대상으로 하고 있다(행심법 1, 5). 그런데 행정심판법 제13조가 청구인적격과 관련하여 -행정소송에서와 마찬가지로- "법률상 이익이 있는 자"라고 규정하고 있는 것이 부당한 처분도 심판대상으로 하고 있는 행정심판법과 부합하지 않는 입법상 과오라는 논란이 있다. 왜냐하면 법률상 이익(=법적 보호이익=공권)은 위법한 처분으로 침해되는 것이지 -적법하지만- 부당한 처분으로는 침해된다고 하기가 어려워 보이기 때문이다. 이에 관하여는 과오설과 비과오설이 대립하고 있다.

---

* 법원행정고시(2006년).

2) 과오설

이 설은 부당한 행위로는 법률상 이익이 침해되지 않으므로, 행정심판법이 청구인적격을 원고적격과 마찬가지로 법률상 이익이 있는 자로만 규정하고 있는 것은 입법상의 과오라고 보는 견해이다.

3) 비과오설

이 설은 과오설에 대한 반론으로 제기된 견해로, 부당한 행위에 의해서도 권리가 침해될 수 있고, 청구인적격은 요건심리단계에서의 문제이고, 처분의 위법·부당 여부는 본안심리단계에서의 문제이므로,[5] 청구인적격을 '법률상 이익이 있는 자'로 규정하더라도 '부당' 통제가 가능하다는 점에서 입법상의 과오가 아니라는 견해이다.

4) 결어

결론적으로 '청구인적격 문제'와 '처분의 위법·부당 여부'는 구별되어야 한다는 점에서 과오설은 양자를 상호 관련된 문제로 혼동하고 있다고 생각된다. 법률상 이익(공권)은 위법하게 침해될 수도 있고 부당하게 침해될 수도 있다. 행정심판은 법률상 이익의 부당한 침해도 심판의 대상으로 삼겠다는 취지이므로, 청구인적격이 '법률상 이익이 있는 자'로 제한되더라도 행정심판의 대상에서 '부당한 처분'이 제외되는 것은 아니다. 따라서 행정심판의 청구인적격을 '법률상 이익'으로 제한하는 것이 입법적인 과오라고 볼 수는 없다.

II. 피청구인

행정심판은 처분을 한 행정청(의무이행심판의 경우에는 청구인의 신청을 받은 행정청)을 피청구인으로 하여 청구하여야 한다(행심법 17 ①).

여기에서 '행정청'이란 "행정에 관한 의사를 결정하여 표시하는 국가 또는 지방자치단체의 기관, 그 밖에 법령 또는 자치법규에 따라 행정권한을 가지고 있거나 위탁을 받은 공공단체나 그 기관 또는 사인"을 말한다(행심법 2 4호).

행정심판법이 행정심판의 피청구인을 권리의 귀속주체인 국가나 지방자치단체로 하지 않고 처분청으로 한 것은 행정심판의 편의성과 분쟁해결의 적정성을 도모하기 위한 것이다.

---

5 쟁송의 단계는 관념적으로 ① 쟁송요건을 구비하였는지를 심리하는 요건심리와 ② 당사자의 주장이 티유가 있는지를 심리하는 본안심리가 있다. 요건심리에 요건을 못 갖추면 쟁송은 각하되고, 요건을 갖추면 본안심리로 가게 된다. 본안심리에서 당사자의 주장이 이유가 있으면 인용을 하고 이유가 없으면 기각을 한다.

III. 행정심판의 관계인

1. 참가인

행정심판의 결과에 이해관계[6]가 있는 제3자나 행정청은 해당 심판청구에 대한 위원회나 소위원회의 의결이 있기 전까지 그 사건에 대하여 심판참가를 할 수 있는데(행심법 20 ①), 이에 따라 행정심판에 참가하는 자를 참가인이라 한다. 심판참가제도는 행정심판의 적정성·공정성 등을 도모하기 위한 것뿐 아니라 참가인의 권익보호를 위한 것이다.

심판참가에는 ① 심판참가를 하려는 자가 참가신청을 하고 이에 대하여 위원회가 허가함에 따라 참가하는 '참가인의 신청에 의한 심판참가(행심법 20 ②, ⑤)'와 ② 위원회가 필요하다고 인정하여 그 행정심판 결과에 이해관계가 있는 제3자나 행정청에 그 사건 심판에 참가할 것을 요구함에 따라 참가하는 '위원회의 요구에 따른 심판참가(행심법 21)'가 있다.

2. 대리인

청구인은 법정대리인 외에 ① 청구인의 배우자, 청구인 또는 배우자의 사촌 이내의 혈족, ② 청구인이 법인이거나 제14조에 따른 청구인 능력이 있는 법인이 아닌 사단 또는 재단인 경우 그 소속 임직원, ③ 변호사, ④ 다른 법률에 따라 심판청구를 대리할 수 있는 자, ⑤ 그 밖에 위원회의 허가를 받은 자 중 어느 하나에 해당하는 자를 대리인으로 선임할 수 있다(행심법 18 ①). 피청구인은 그 소속 직원 또는 위 ③부터 ⑤까지의 어느 하나에 해당하는 자를 대리인으로 선임할 수 있다(행심법 18 ②). 한편 청구인이 경제적 능력으로 인해 대리인을 선임할 수 없는 경우에는 위원회에 국선대리인을 선임하여 줄 것을 신청할 수 있다(행심법 18의2).

제 6 항 심판청구기간

취소심판이나 거부처분에 대한 의무이행심판을 청구하는 경우에는 행정심판법이 정한 일정한 기간 안에 청구하여야 한다. 심판청구기간을 제한하는 것은 행정법관계의 조속 확정을 통하여 법적 안정성을 도모하여야 할 필요가 있기 때문이다.

무효등확인심판이나 부작위에 대한 의무이행심판을 청구하는 경우에는 행정심판기간에 관한 행정심판법의 규정이 적용되지 않는데(행심법 27 ⑦), 이는 무효나 부존재, 부작위의 성질에 따른 것이다.

---

6 여기에서 이해관계는 행정심판의 결과로 직접 자기의 법률상 이익이 침해되는 경우를 의미한다고 보는 것이 다수설 및 판례의 입장이다.

Ⅰ. 심판청구기간의 원칙

(ⅰ) 행정심판은 처분이 있음을 알게 된 날부터 90일 이내에 청구하여야 한다(행심법 27 ①). 이 기간은 불변기간이고(행심법 27 ④), 이 기간의 준수 여부는 위원회의 직권조사사항이다. 여기에서 '처분이 있음을 알게 된 날'이란 처분이 있음을 현실적으로 알게 된 날을 의미한다(대판 2002.8.27, 2002두3850).

(ⅱ) 행정심판은 처분이 있었던 날부터 180일이 지나면 청구하지 못한다(행심법 27 ③). 이와 같은 180일의 기간을 둔 것은 법적 안정성을 고려한 것이다. 여기에서 '처분이 있은 날'이란 처분이 효력이 발생한 날을 말한다(대판 1977.11.22, 77누195).

(ⅲ) '처분이 있음을 알게 된 날부터 90일'과 '처분이 있었던 날부터 180일' 중 어느 하나라도 경과하면 행정심판을 청구할 수 없다.

Ⅱ. 심판청구기간의 예외

1. 90일에 대한 예외

청구인이 천재지변, 전쟁, 사변, 그 밖의 불가항력으로 인하여 처분이 있음을 알게 된 날부터 90일 이내에 심판청구를 할 수 없었을 때에는 그 사유가 소멸한 날부터 14일 이내에 행정심판을 청구할 수 있다. 다만, 국외에서 행정심판을 청구하는 경우에는 그 기간을 30일로 한다(행심법 27 ②). 이 기간은 불변기간이다(행심법 27 ④).

2. 180일에 대한 예외

정당한 사유가 있는 경우에는 처분이 있었던 날부터 180일이 지나도 행정심판을 청구할 수 있다(행심법 27 ③ 단서). 여기에서 무엇이 '정당한 사유'인가 하는 것은 건전한 사회통념에 따라 판단하여야 할 것이다.

Ⅲ. 심판청구일자

행정심판법 제27조에 따른 심판청구 기간을 계산할 때에는 피청구인이나 위원회 또는 다른 행정기관에 심판청구서가 제출되었을 때에 행정심판이 청구된 것으로 본다(행심법 23 ④).

Ⅳ. 특별법상의 심판청구기간

개별법에 따라서는 행정심판법이 정한 바와는 달리 심판청구기간을 정하고 있는 경우도 있다. 예컨대 소청심사청구기간은 처분이 있은 것을 안 날부터 30일 이내이고(국가공무원법 76 ①), 토지수용재결에 대한 이의신청기간도 재결서의 정본을 받은 날부터 30일 이내이다(토지보상법 83 ③).

제 7 항 심판청구의 방식과 절차

Ⅰ. 심판청구의 방식

심판청구는 서면으로 하여야 한다(행심법 28 ①). 처분에 대한 심판청구의 경우에는 심판청구서에 ① 청구인의 이름과 주소 또는 사무소(그 외의 장소에서 송달받기를 원하면 송달장소를 추가로 적어야 한다), ② 피청구인과 위원회, ③ 심판청구의 대상이 되는 처분의 내용, ④ 처분이 있음을 알게 된 날, ⑤ 심판청구의 취지와 이유, ⑥ 피청구인의 행정심판 고지 유무와 그 내용이 포함되어야 한다(행심법 28 ②). 부작위에 대한 심판청구의 경우에는 위 ①, ②, ⑤의 사항과 그 부작위의 전제가 되는 신청의 내용과 날짜를 적어야 한다(행심법 28 ③).

Ⅱ. 심판청구서의 제출과 처리

1. 심판청구의 선택주의

행정심판을 청구하려는 자는 제28조(심판청구의 방식)에 따라 심판청구서를 작성하여 피청구인이나 위원회에 제출하여야 한다(행심법 23 ①).

과거에는 피청구인에 의한 신속한 권리구제를 위하여 반드시 피청구인을 거쳐서 심판청구서를 제출하도록 하였었다(경유제도). 그러나 오히려 절차를 지연시키는 역기능이 문제됨에 따라 오늘날 이를 임의적 경유절차로 개정하게 된 것이다.

2. 피청구인의 처리

(1) 심판청구서 등의 접수·처리

피청구인이 심판청구서를 접수하거나 송부받으면 10일 이내에 심판청구서(제23조 제1항·제2항의 경우만 해당)와 답변서를 위원회에 보내야 한다(행심법 24 ①).

피청구인은 처분의 상대방이 아닌 제3자가 심판청구를 한 경우에는 지체 없이 처분의 상대방에게 그 사실을 알려야 한다(행심법 24 ④).

피청구인은 답변서에 ① 처분이나 부작위의 근거와 이유, ② 심판청구의 취지와 이유에 대응하는 답변, ③ 제3자가 심판청구를 한 경우에는 처분의 상대방의 이름·주소·연락처와 의무 이행 여부를 명확하게 적어야 한다(행심법 24 ⑥).

(2) 피청구인의 직권취소 등

심판청구서를 받은 피청구인은 그 심판청구가 이유 있다고 인정하면 심판청구의 취지에 따라 직권으로 처분을 취소·변경하거나 확인을 하거나 신청에 따른 처분을 할 수 있다. 이 경우 서면으로 청구인에게 알려야 한다(행심법 25 ①).

(3) 위원회의 심판청구서 등의 접수·처리

위원회는 심판청구서를 받으면 지체 없이 피청구인에게 심판청구서 부본을 보내야 한다(행심법 26 ①). 위원회는 피청구인으로부터 답변서가 제출된 경우 답변서 부본을 청구인에게 송달하여야 한다(행심법 26 ②).

Ⅲ. 심판청구의 변경

심판청구의 변경이란 심판청구의 계속[7] 중에 청구의 취지나 이유[8]를 변경하는 것을 말하는데, 청구인은 청구의 기초에 변경이 없는 범위에서 청구의 취지나 이유를 변경할 수 있다(행심법 29 ①). 여기에서 '청구의 기초에 변경이 없는 범위'란 사건의 동일성을 깨뜨리지 않는 범위를 말한다. 상세는 행정소송에서 살핀다.

행정심판이 청구된 후에 피청구인이 새로운 처분을 하거나 심판청구의 대상인 처분을 변경한 경우에는 청구인은 새로운 처분이나 변경된 처분에 맞추어 청구의 취지나 이유를 변경할 수 있다(행심법 29 ②).

Ⅳ. 전자정보처리조직을 통한 심판청구

행정심판법에 따른 행정심판 절차를 밟는 자는 심판청구서와 그 밖의 서류를 전자문서화하고 이를 정보통신망을 이용하여 위원회에서 지정·운영하는 전자정보처리조직(행정심판 절차에

7 소송에서 계속(係屬)이란 어떤 사건이 특정 법원에 심판대상으로 되어 있는 상태를 말한다.

8 소송에서 청구취지란 원고가 해당 소송에서 청구하는 판결의 주문(主文) 내용(예: A처분을 취소한다)을 말한다. 청구이유란 원고의 소송상 청구의 근거를 말한다.

필요한 전자문서를 작성·제출·송달할 수 있도록 하는 하드웨어, 소프트웨어, 데이터베이스, 네트워크, 보안요소 등을 결합하여 구축한 정보처리능력을 갖춘 전자적 장치)을 통하여 제출할 수 있다(행심법 52 ①).

제 8 항 심판청구의 효과

행정심판이 청구되면 행정심판위원회는 행정심판을 심리·재결할 의무를 부담하고(행심법 6, 43 이하), 청구인은 행정심판을 받을 권리를 가지게 된다.

그 밖에도 행정심판이 청구되면 처분의 집행이 정지되는 집행정지효과가 있으나, 행정심판법은 심판청구가 있더라도 처분의 효력이나 그 집행 또는 절차의 속행에 영향을 주지 아니한다고 규정하여 집행부정지를 원칙으로 하고 있다(행심법 30). 이에 관하여는 아래 가구제에서 설명한다.

제 9 항 심판청구의 취하

청구인이나 참가인은 심판청구에 대하여 제7조 제6항 또는 제8조 제7항에 따른 의결이 있을 때까지 서면으로 심판청구를 취하할 수 있다(행심법 42 ①, ②).

제 10 항 가구제

Ⅰ. 가구제수단
- ① 침익적 처분(예: 영업정지·취소)에 대한 집행정지제도
- ② 수익처분의 신청을 거부하는 처분이나 부작위에 대한 임시처분제도

Ⅱ. 집행정지
1. 집행부정지의 원칙(행심법 30 ①)
2. 집행정지
   - (1) 의의
   - (2) 요건(행심법 30 ②, ③)
     - ◦ 적극적 요건
     - ◦ 소극적 요건

Ⅲ. 임시처분(행정심판법상 가처분제도)
1. 의의와 요건(행심법 31 ①, ②)
2. 임시처분의 보충성(행심법 31 ③)

행정심판의 재결 이전에 잠정적으로 청구인의 권리를 보전할 수 있는 일정한 조치를 가구제라 한다.

행정심판에서의 가구제제도로는 ① 침익처분(예: 영업정지·취소)에 대한 집행정지제도와 ② 수익처분의 거부처분이나 부작위에 대한 임시처분제도가 있다. 행정소송에서는 집행정지 이외에 임시처분과 같은 적극적 형태의 가구제제도가 없다.

Ⅰ. 집행정지

1. 집행부정지의 원칙

행정심판법은 심판청구가 있더라도 처분의 효력이나 그 집행 또는 절차의 속행에 영향을 주지 아니한다고 규정하여 집행부정지(執行不停止)를 원칙으로 하고 있다(행심법 30 ①).

2. 집행정지*

(1) 의의

행정심판법은 심판청구와 관련하여 처분의 집행이 정지되지 않는 것을 원칙으로 하면서도, 처분의 집행으로 인한 중대한 손해의 발생을 예방하기 위하여 예외적으로 집행정지를 인정하고 있다.

이와 관련하여 행정심판법은 "위원회는 처분, 처분의 집행 또는 절차의 속행 때문에 중대한 손해가 생기는 것을 예방할 필요성이 긴급하다고 인정할 때에는 직권으로 또는 당사자의 신청에 의하여 처분의 효력, 처분의 집행 또는 절차의 속행의 전부 또는 일부의 정지를 결정할 수 있다(행심법 30 ②)."고 규정하고 있다.

(2) 요건

집행정지의 요건은 크게 적극적 요건과 소극적 요건으로 구분된다. 적극적 요건으로 ① 처분의 존재, ② 심판청구의 계속, ③ 중대한 손해의 예방, ④ 긴급한 필요성의 존재가 요구되고, 소극적 요건으로 ⑤ 집행정지가 공공복리에 중대한 영향을 미칠 우려가 없어야 한다(행심법 30 ②, ③).

(3) 대상

집행정지결정의 대상은 처분의 효력, 처분의 집행 또는 절차의 속행의 전부 또는 일부의 정지이다. 다만 처분의 효력정지는 처분의 집행 또는 절차의 속행을 정지함으로써 그 목적을 달성할 수 있는 때에는 허용되지 아니한다(행심법 30 ②).

---

* 사법시험(2012년).

(4) 절차

집행정지 신청은 심판청구와 동시에 또는 심판청구에 대한 제7조 제6항 또는 제8조 제7항에 따른 위원회나 소위원회의 의결이 있기 전까지, 집행정지 결정의 취소신청은 심판청구에 대한 제7조 제6항 또는 제8조 제7항에 따른 위원회나 소위원회의 의결이 있기 전까지 신청의 취지와 원인을 적은 서면을 위원회에 제출하여야 한다(행심법 30 ⑤).

집행정지결정은 위원회가 한다(행심법 30 ②). 그러나 위원회의 심리·결정을 기다릴 경우 중대한 손해가 생길 우려가 있다고 인정되면 위원장은 직권으로 위원회의 심리·결정을 갈음하는 결정을 할 수 있다. 이 경우 위원장은 지체 없이 위원회에 그 사실을 보고하고 추인을 받아야 하며, 위원회의 추인을 받지 못하면 위원장은 집행정지에 관한 결정을 취소하여야 한다(행심법 30 ⑥).

(5) 집행정지의 취소

위원회는 집행정지를 결정한 후에 집행정지가 공공복리에 중대한 영향을 미치거나 그 정지사유가 없어진 경우에는 직권으로 또는 당사자의 신청에 의하여 집행정지 결정을 취소할 수 있다(행심법 30 ④).

제4항에도 불구하고 위원회의 심리·결정을 기다릴 경우 중대한 손해가 생길 우려가 있다고 인정되면 위원장은 직권으로 위원회의 심리·결정을 갈음하는 결정을 할 수 있다. 이 경우 위원장은 지체 없이 위원회에 그 사실을 보고하고 추인을 받아야 하며, 위원회의 추인을 받지 못하면 위원장은 집행정지 취소에 관한 결정을 취소하여야 한다(행심법 30 ⑥).

II. 임시처분*

1. 의의

임시처분은 처분 또는 부작위가 위법·부당하다고 상당히 의심되는 경우로서 처분 또는 부작위 때문에 당사자가 받을 우려가 있는 중대한 불이익이나 당사자에게 생길 급박한 위험을 막기 위하여 임시지위를 정해주는 가구제 수단이다(행심법 31 ①).

가구제제도로서 집행정지는 소극적으로 침익적 처분의 집행을 정지하여 현상을 유지시키는 기능만 할 뿐이어서 잠정적인 권리구제수단으로서 일정한 한계가 있었다. 이에 따라 행정심판법은 수익처분의 신청을 거부하는 처분이나 부작위에 대한 임시처분제도를 도입함으로써 적극적으로 당사자의 임시적 권익보호를 할 수 있도록 한 것이다.

---

* 사법시험(2012년), 5급공채(2018년).

2. 요건

(1) 적극적 요건

1) 심판청구의 계속

이에 관한 명문의 규정은 없으나, 임시처분의 경우는 본안청구와 관련된 것이므로, 집행정지의 경우와 마찬가지로, 심판청구가 계속 중이어야 한다.

2) 처분 또는 부작위가 위법·부당하다고 상당히 의심되는 경우일 것

집행정지의 경우에는 처분의 위법·부당 여부에 관하여는 명시적인 규정을 두고 있지 않지만, 임시처분의 경우에는 본안판단에 앞서 -잠정적이나마- 처분이 있은 것과 같은 상태를 실현하는 것이라는 점에서, 집행정지보다는 보다 엄격하게, '처분 또는 부작위가 위법·부당하다고 상당히 의심되는 경우'를 요건으로 요구하고 있는 것이다.

3) 당사자가 받을 우려가 있는 중대한 불이익이나 당사자에게 생길 급박한 위험을 막기 위한 것일 것

이 요건은 집행정지에서의 '중대한 손해가 생기는 것을 예방할 필요성이 긴급하다고 인정할 때'에 준하여 판단하면 될 것이다.

(2) 소극적 요건

임시처분에 관하여는 집행정지에 관한 제30조 제3항부터 제7항까지의 규정이 준용되므로(행심법 31 ②), 임시처분이 공공복리에 중대한 영향을 미칠 우려가 있을 때에는 허용되지 아니한다.

3. 임시처분의 보충성

임시처분은 제30조 제2항에 따른 집행정지로 목적을 달성할 수 있는 경우에는 허용되지 아니한다(행심법 31 ③).

4. 임시처분의 결정 및 취소

위원회는 직권 또는 당사자의 신청에 의하여 임시처분을 결정할 수 있다(행심법 31 ①).

위원회는 임시처분을 결정한 후에 임시처분이 공공복리에 중대한 영향을 미치거나 그 처분 사유가 없어진 경우에는 직권으로 또는 당사자의 신청에 의하여 임시처분 결정을 취소할 수 있다(행심법 31 ②, 30 ④).

위원회의 심리·결정을 기다릴 경우 중대한 불이익이나 급박한 위험이 생길 우려가 있다고

인정되면 위원장은 직권으로 위원회의 심리·결정을 갈음하는 결정을 할 수 있다. 이 경우 위원장은 지체 없이 위원회에 그 사실을 보고하고 추인을 받아야 하며, 위원회의 추인을 받지 못하면 위원장은 임시처분 또는 임시처분 취소에 관한 결정을 취소하여야 한다(행심법 31 ②, 30 ⑥).

제4절 행정심판의 심리

행정심판의 심리라 함은 심판청구에 대한 재결을 하기 위하여 관계인의 주장 및 증거·자료를 수집·조사하는 일련의 절차를 말한다.

Ⅰ. 요건심리와 본안심리

행정심판의 심리는 단계적으로 심판청구에 대한 요건심리와 본안심리로 구분된다. ① 요건심리는 행정심판의 청구요건(청구인적격·피청구인적격·처분이나 부작위의 존재·심판청구기간·심판청구서의 구비 등)을 구비하였는가에 관한 심리이다. 요건이 불비되어 심판청구가 부적법하지만 보정할 수 있다고 인정하면 보정할 것을 요구하거나 직권으로 보정하고, 그렇지 않은 경우에는 각하재결을 한다. ② 행정심판의 청구요건이 모두 구비되어 행정심판이 적법하게 청구된 경우에는 본안심리로 청구인의 주장이 이유가 있는지의 여부를 심리한다. 본안심리의 결과 청구인의 청구가 이유 있는 경우에는 그 청구를 인용하는 재결을 하고, 이유가 없는 경우에는 기각하는 재결을 한다.

Ⅱ. 심리의 범위

행정심판의 심리는 처분이나 부작위의 위법 여부(법률문제)뿐 아니라 타당·부당 여부를 포함한 사실문제에까지 미친다.

그 밖에 심판범위와 관련하여 불고불리(不告不理)의 원칙과 불이익변경금지의 원칙이 적용된다.[9]

9 불고불리란 소송에서 원고가 청구하지 아니한 사실은 심리하지 않는 것을 말한다. 불이익변경금지란 행정심판을 통하여 원처분보다 불리한 재결을 하는 것이 금지되는 것을 말한다.

Ⅲ. 심리의 절차

1. 심리절차의 기본원칙

(1) 대심주의(對審主義)

행정심판은 심리에 있어 대립하는 당사자 쌍방에게 공격·방어방법을 제출할 대등한 기회를 보장하는 대심구조를 바탕으로 하고 있다.

(2) 직권심리주의

위원회는 사건을 심리하기 위하여 필요하면 직권으로 증거조사를 할 수 있고(행심법 36 ①), 당사자가 주장하지 아니한 사실에 대하여도 심리할 수 있다(행심법 39). 행정심판법이 증거조사와 심리에 있어 직권탐지주의(Untersuchungsmaxime)[10]를 채택한 것은 행정심판의 기능이 국민의 권익구제뿐만 아니라 행정작용의 적법·타당성 통제에도 있기 때문이다.

(3) 서면심리주의와 구술심리주의

행정심판법은 "행정심판의 심리는 구술심리나 서면심리로 한다(행심법 40 ①)."고 하여 서면심리와 구술심리를 동등한 심리방식으로 규정하고 있다. 다만, "당사자가 구술심리를 신청한 경우에는 서면심리만으로 결정할 수 있다고 인정되는 경우 외에는 구술심리를 하여야 한다(행심법 40 ① 단서)."고 하여 당사자가 구술심리를 신청한 경우 원칙적으로 구술심리를 받을 권리를 부여하면서도 위원회가 '서면심리만으로 결정할 수 있다고 인정하는 경우'에는 구술심리를 받을 권리가 제한될 수 있도록 하고 있다. 이는 행정심판위원회의 회의구성 및 운영상황 등을 고려하여 현실적으로 그 제한의 필요성이 있기 때문에 규정된 것이다.

(4) 비공개주의

행정심판법에는 심리의 공개 여부에 대한 명문의 규정이 없다. 그러나 행정심판의 심리에 있어 서면심리주의가 중심이 되고 있고, 또한 직권심리가 인정되고 있는 점을 고려하면 심리의 비공개를 원칙으로 하고 있다고 이해된다.

2. 답변서의 제출 및 주장의 보충

피청구인이 심판청구서를 접수하거나 송부받으면 10일 이내에 심판청구서(제23조 제1항·제2항의 경우만 해당)와 답변서를 위원회에 보내야 한다(행심법 24 ①).

당사자는 심판청구서·보정서·답변서·참가신청서 등에서 주장한 사실을 보충하고 다른

---

10 직권탐지란 소송에서 법원이 당사자의 주장에 관계없이 직권으로 사실을 탐지하고 조사하는 것을 말한다.

당사자의 주장을 다시 반박하기 위하여 필요하면 위원회에 보충서면을 제출할 수 있다(행심법 33 ①).

3. 증거서류 등의 제출 및 증거조사

당사자는 심판청구서·보정서·답변서·참가신청서·보충서면 등에 덧붙여 그 주장을 뒷받침하는 증거서류나 증거물을 제출할 수 있다(행심법 34 ①).

위원회는 사건을 심리하기 위하여 필요하면 직권으로 또는 당사자의 신청에 의하여 증거조사를 할 수 있다(행심법 36 ①).

4. 심리의 병합과 분리

위원회는 필요하면 관련되는 심판청구를 병합하여 심리하거나 병합된 관련 청구를 분리하여 심리할 수 있다(행심법 37).

5. 당사자의 절차적 권리

당사자에게는 ① 위원에 대한 기피신청권(행심법 10 ②), ② 당사자의 절차적 권리에 중대한 영향을 미치는 위원회의 결정에 대한 이의신청권(행심법 16 ⑧, 17 ⑥, 20 ⑥, 29 ⑦), ③ 보충서면제출권(행심법 33), ④ 증거서류 등의 제출권(행심법 34), ⑤ 증거조사신청권(행심법 36 ①), ⑥ 구술심리신청권(행심법 40 ①) 등의 절차적 권리가 보장되고 있다.

제5절 행정심판의 재결

Ⅰ. 재결의 의의

재결이란 심판청구에 대한 심리를 거쳐 행정심판위원회가 내리는 결정을 말한다. 재결은 행정심판위원회의 행정행위(준법률행위적 행정행위로서 확인)이면서 동시에 재판작용에 준하는 성질을 가진다.

II. 재결기간

재결은 제23조에 따라 피청구인 또는 위원회가 심판청구서를 받은 날부터 60일 이내에 하여야 한다. 다만, 부득이한 사정이 있는 경우에는 위원장이 직권으로 30일을 연장할 수 있다(행심법 45 ①).

위원장은 제1항 단서에 따라 재결 기간을 연장할 경우에는 재결 기간이 끝나기 7일 전까지 당사자에게 알려야 한다(행심법 45 ②).

III. 재결방식

재결은 서면으로 한다(행심법 46 ①). 재결서에는 ① 사건번호와 사건명, ② 당사자·대표자 또는 대리인의 이름과 주소, ③ 주문, ④ 청구의 취지, ⑤ 이유, ⑥ 재결한 날짜가 포함되어야 한다(행심법 46 ②). 재결서에 적는 이유에는 주문 내용이 정당하다는 것을 인정할 수 있는 정도의 판단을 표시하여야 한다(행심법 46 ③).

IV. 재결의 범위

재결의 범위도 심리의 범위와 마찬가지로 불고불리의 원칙과 불이익변경금지의 원칙이 적용된다. 즉 위원회는 심판청구의 대상이 되는 처분 또는 부작위 외의 사항에 대하여는 재결하지 못하고(행심법 47 ①), 심판청구의 대상이 되는 처분보다 청구인에게 불리한 재결을 하지 못한다(행심법 47 ②).

V. 재결의 송달과 효력발생

위원회는 지체 없이 당사자에게 재결서의 정본을 송달하여야 한다. 이 경우 중앙행정심판위원회는 재결 결과를 소관 중앙행정기관의 장에게도 알려야 한다(행심법 48 ①). 재결은 청구인에게 제1항 전단에 따라 송달되었을 때에 그 효력이 생긴다(행심법 48 ②).

위원회는 재결서의 등본을 지체 없이 참가인에게 송달하여야 한다(행심법 48 ③). 처분의 상대방이 아닌 제3자가 심판청구를 한 경우 위원회는 재결서의 등본을 지체 없이 피청구인을 거쳐 처분의 상대방에게 송달하여야 한다(행심법 48 ④).

VI. 재결의 종류*

1. 개관

행정심판의 재결에는 ① 심판청구의 요건불비를 이유로 하는 각하재결(행심법 43 ①), ② 청구가 이유 없음을 이유로 하는 기각재결(행심법 43 ②), ③ 청구가 이유가 있어 당사자의 청구를 받아들이는 인용재결이 있다.

한편 위원회는 당사자의 권리 및 권한의 범위에서 당사자의 동의를 받아 심판청구의 신속하고 공정한 해결을 위하여 조정을 할 수 있다. 다만, 그 조정이 공공복리에 적합하지 아니하거나 해당 처분의 성질에 반하는 경우에는 그러하지 아니하다(행심법 43조의2 ①). 위원회는 제1항의 조정을 함에 있어서 심판청구된 사건의 법적·사실적 상태와 당사자 및 이해관계자의 이익 등 모든 사정을 참작하고, 조정의 이유와 취지를 설명하여야 한다(행심법 43조의2 ②). 조정은 당사자가 합의한 사항을 조정서에 기재한 후 당사자가 서명 또는 날인하고 위원회가 이를 확인함으로써 성립한다(행심법 43조의2 ③). 성립한 조정에 대해서는 재결에 관한 행정심판법 제48조부터 제50조까지, 제50조의2, 제51조의 규정이 준용된다(행심법 43조의2 ④).

2. 인용재결

(1) 취소재결

위원회는 취소심판의 청구가 이유가 있다고 인정하면 처분을 취소 또는 다른 처분으로 변경하거나(형성재결) 처분을 다른 처분으로 변경할 것을 피청구인에게 명한다(이행재결) (행심법 43 ③). 따라서 취소심판의 인용재결에는 취소재결·변경재결·변경명령재결[11]이 있다.

취소심판에서의 '취소'에는 전부취소뿐 아니라 일부취소도 포함된다. 그리고 '변경'의 의미는 소극적인 일부취소뿐 아니라 새로운 처분으로 대체하는 적극적인 변경도 포함된다(행정소송에서의 변경은 권력분립의 원칙상 소극적인 일부취소만을 의미한다는 점에서 차이가 있다).** 취소심판에는 변경명령재결과 같은 이행재결이 인정된다는 점에서 이행판결이 인정되지 않는 항고소송과 차이가 있다.

(2) 무효등확인재결

위원회는 무효등확인심판의 청구가 이유가 있다고 인정하면 처분의 효력 유무 또는 처분의 존재 여부를 확인한다(행심법 43 ④). 따라서 무효등확인재결에는 유효확인재결·무효확인재결·

* 법원행정고시(2006년), 사법시험(2007년), 5급공채(일반행정)(2011년), 5급공채(2024년).

** 변호사시험(2022년).

11 취소명령재결은 없다.

존재확인재결·부존재확인재결이 있다. 명문의 규정은 없지만 실효확인재결도 인정된다는 것이 일반적인 견해이다.

(3) 의무이행재결*

위원회는 의무이행심판의 청구가 이유가 있다고 인정하면 지체 없이 신청에 따른 처분을 하거나(형성재결) 처분을 할 것을 피청구인에게 명한다(이행재결)(행심법 43 ⑤). 따라서 의무이행재결에는 처분재결과 처분명령재결이 있다.

이행재결인 처분명령재결은 처분청에게 일정한 처분의무를 부과하는 것이므로, 처분명령재결이 있으면 행정청은 지체 없이 이전의 신청에 대하여 재결의 취지에 따라 처분을 하여야 한다(행심법 49 ③). 이 때 ① 그 처분이 기속행위인 경우에는 당사자가 신청한 특정한 처분을 하는 특정처분의 이행명령이 되지만, ② 재량행위인 경우에는 어떠한 처분이든 재량에 따른 처분을 하도록 명하는, 재량행사의 이행명령이 된다. 위원회는 처분청이 제49조 제3항에도 불구하고 처분을 하지 아니하는 경우에는 당사자가 신청하면 기간을 정하여 서면으로 시정을 명하고 그 기간에 이행하지 아니하면 직접 처분을 하거나 간접강제를 할 수 있다(행심법 50 ①, 50조의2 ①).

3. 사정재결

(1) 의의

사정재결이란 심판청구가 이유가 있다고 인정하는 경우에도 이를 인용하는 것이 공공복리에 크게 위배된다고 인정하여 그 심판청구를 기각하는 재결을 말한다(행심법 44 ①).

(2) 인정이유

사정재결은 청구의 인용으로 인한 개인의 권리보호가 결과적으로 공익에 중대한 침해를 가져올 경우 공공의 이익을 우선시킴으로써 이를 시정하기 위한 예외적인 제도이다. 요컨대 사정재결은 공익우선이라는 관점에서 공·사익을 조절하기 위하여 예외적으로 인정되는 제도이다(예컨대, '댐설치를 위한 공유수면점용허가'에 대하여 취소심판이 청구된 경우, 점용허가가 위법하다 하더라고 댐이 가지는 국가적 이익이 크다고 판단하여 기각재결을 하는 경우).

(3) 위법·부당의 명시

위원회는 사정재결을 하는 경우에는 재결의 주문에서 그 처분 또는 부작위가 위법하거나 부당하다는 것을 구체적으로 밝혀야 한다(행심법 44 ① 2문). 이는 사정재결이 있더라도 당해 처분

---

* 사법시험(2007년).

은 위법·부당함을 분명히 한 것이고, 청구인이 처분의 위법·부당을 다시 주장하여야 할 때 재결서만으로도 이를 입증할 수 있도록 한 것이다.

(4) 구제방법·불복

위원회가 사정재결을 할 때에는 청구인에 대하여 상당한 구제방법을 취하거나 상당한 구제방법을 취할 것을 피청구인에게 명할 수 있다(행심법 44 ②). 사정재결에 불복하는 자는 당연히 행정소송을 제기하여 이를 다툴 수 있다.

(5) 사정재결의 적용제한

무효등확인심판에는 사정재결이 인정되지 않는다(행심법 44 ③). 취소가 아닌, 무효인 처분에 대해서까지 공익을 우선시켜야 할 이유는 없기 때문이다.

Ⅶ. 재결의 효력*

행정심판법은 재결의 효력과 관련하여 기속력과 기속력의 실효성을 담보하기 위한 직접처분에 관하여만 규정하고 있지만, 이하에서는 형성력·기속력·불가변력도 같이 설명한다.

1. 형성력

처분을 취소하거나 변경하는 취소·변경재결은 형성력을 가진다. 따라서 위원회가 당해 처분을 취소하거나 변경하면 별도의 취소·변경을 기다릴 것 없이 당해 처분은 처분시에 소급하여 소멸되거나 변경된다(대세효, 對世效). 판례의 입장도 같다(대판 1998.4.24, 97누17131).

2. 기속력

(1) 의의

심판청구를 인용하는 재결은 피청구인과 그 밖의 관계 행정청을 기속하는데(행심법 49 ①), 이를 재결의 기속력이라 한다. 여기에서 '기속'의 의미는 피청구인과 그 밖의 관계 행정청이 재결의 취지에 따라야 할 의무를 부담한다는 것이다.[12] 기속력은 인용재결에 인정되는 효력이므로, 각하재결이나 기각재결에는 기속력이 문제되지 않는다.

---

* 사법시험(2014년), 5급공채(일반행정)(2011년), 5급공채(2024년).

12 일반적으로 법적 효력이 미치는 것을 '법에 구속된다'고 표현한다. 이때 이 구속이 일반인을 향한 것인 경우는 '구속'으로, 행정청을 향한 것인 경우에는 '기속(羈束)'으로 표현하기도 한다. 따라서 -반드시 그런 것은 아니지만- '기속'이라는 표현은 행정청을 구속한다는 의미라고 이해하면 된다.

(2) 기속력의 내용

1) 반복금지의무(소극적 의무)

인용재결이 있으면 피청구인과 그 밖의 관계 행정청은 동일한 상황 하에서 인용재결에 저촉되는 동일한 처분을 반복할 수 없는데, 이를 반복금지의무라 한다.

2) 재처분의무(적극적 의무)

① 의의

재결에 의하여 취소되거나 무효 또는 부존재로 확인되는 처분이 당사자의 신청을 거부하는 것을 내용으로 하는 경우 그 처분을 한 행정청은 재결의 취지에 따라 다시 이전의 신청에 대한 처분을 하여야 하고(행심법 49 ②), 당사자의 신청을 거부하거나 부작위로 방치한 처분의 이행을 명하는 재결이 있으면 행정청은 지체 없이 이전의 신청에 대하여 재결의 취지에 따라 처분을 하여야 하는데(행심법 49 ③), 이를 재처분의무라 한다. 이에 따라 행정청은 '재결의 취지에 따라야 할 의무(재결의 취지에 반해서는 안 될 의무)'와 '재처분을 하여야 할 의무'를 부담하게 된다.[13]

재처분의무는 이행재결에 인정되는 효력이므로, 취소·변경재결과 같은 형성재결에는 원칙적으로 재처분의무가 문제되지 않으나, 행정심판법은 재결의 실효성을 높이기 위하여 거부처분에 대한 취소재결이나 무효등확인재결과 같은 형성재결과 확인재결의 경우에도 재처분의무를 인정하고 있다.

② 거부처분취소심판의 인용재결에 따른 재처분의무 인정 여부*

1. 과거의 논의 **2. 학설** ○ ① 원천적 부인설, ② 근거규정이 없음을 이유로 하는 부정설, ③ 긍정설	**3. 판례: 긍정설** **4. 결어: 긍정설 타당** **5. 행정심판법 49 ② 신설: 입법적 해결**

(i) 과거의 논의

(구) 행정심판법 제49조 제2항은 거부처분이나 부작위에 대한 처분명령재결(이행재결)의 경우만을 규정하고 있어서, 동 조항이 거부처분에 대한 취소재결(무효등확인재결 포함)에도 적용되는 것인지(즉 거부처분취소재결에도 재처분의무가 발생하는지)에 대해서 논란이 있었다. 이에 대해서는 행정심판법상 처분개념(행심법 2 1호)에는 거부처분도 포함되므로, (구) 행정심판법 제49조 제2항은 거부처분취소재결에도 당연히 적용된다고 보는 것이 다수설의 입장이었고 행정심판의

---

* 사법시험(2014년), 5급공채(일반행정)(2011년).

13 종래 행정심판법은 의무이행재결에 대한 재처분의무(행심법 49 ③)만 규정하고 있었으나, 2017.4.18. 법개정을 통하여 거부처분에 대한 취소재결이나 무효등확인재결에 대한 재처분의무(행심법 49 ②)를 신설하였다.

현실이었다. (구) 행정심판법 제49조 제2항이 명문으로 '처분의 이행을 명하는 재결이 있으면'이라고 규정하고 있어서 입법적인 개선은 필요했었다.

(ii) 입법적 해결

이에 따라 2017.4.18. 행정심판법 개정을 통하여 거부처분에 대한 취소재결이나 무효등확인재결에 따른 재처분의무 규정이 신설됨으로써 이 문제는 입법적인 해결을 보게 되었다.

③ 절차상의 하자를 이유로 처분을 취소하는 재결에 대한 재처분의무

신청에 따른 처분이 절차의 위법 또는 부당을 이유로 재결로써 취소된 경우에도 재처분의무에 관한 규정이 준용되므로(행심법 49 ④), 이 경우 행정청은 지체 없이 이전의 신청에 대하여 재결의 취지에 따라 처분을 하여야 한다.

3) 결과제거의무

취소재결이나 무효확인재결이 있게 되면, 행정청은 위법·부당한 처분에 의하여 야기된 위법한 결과를 제거하여 원상으로 회복할 의무를 부담한다.

(3) 기속력의 객관적 범위

기속력은 재결의 주문 및 그 전제가 된 요건사실의 인정과 판단, 즉 처분 등의 구체적 위법사유에 관한 판단에만 미치고, 재결의 결론과 직접 관련이 없는 방론이나 간접사실 등에 대한 판단에는 미치지 않는다(대판 2017.2.9, 2014두40029).

3. 불가변력

재결은 당사자의 참여와 심리를 거쳐 이루어지는 준사법적 판단이므로 통상적인 행정행위와는 달리 재결을 한 위원회도 이를 취소하거나 변경할 수 없다.

4. 재결의 실효성 확보수단으로서의 직접처분과 간접강제

1. 직접처분
- (1) 집행력과 직접처분
- (2) 직접처분의 의의(행심법 50 ①)
- (3) 직접처분의 한계
  - ① 직접처분을 할 수 없는 경우
    - ○ 행정심판법 제50조 제1항 단서
    - ○ '처분의 성질상 직접처분이 불가능한 경우'
    - ○ '그 밖의 불가피한 사유로 직접처분이 불가능한 경우'

2. 간접강제
- (1) 의의(행심법 50의2)
- (2) 요건
- (3) 배상금의 법적 성격

(1) 직접처분*

1) 직접처분의 의의

행정심판법 제50조 제1항은 "위원회는 피청구인이 제49조 제3항에도 불구하고 처분을 하지 아니하는 경우에는 당사자가 신청하면 기간을 정하여 서면으로 시정을 명하고 그 기간에 이행하지 아니하면 직접 처분을 할 수 있다."고 규정하고 있다.

직접처분은 피청구인이 위원회의 이행명령재결에 따르지 않을 경우 위원회가 직접 처분할 수 있도록 하는 제도로서 청구인의 권리구제 강화와 재결의 실효성을 확보하기 위하여 1996년 행정심판법 개정을 통하여 도입된 것이다.

2) 직접처분의 한계

행정심판법 제50조 제1항은 위원회의 직접처분권을 규정하면서도, 단서에서 "다만, 그 처분의 성질이나 그 밖의 불가피한 사유로 위원회가 직접 처분을 할 수 없는 경우에는 그러하지 아니하다."라고 규정하고 있다.

단서규정에서 말하는 '처분의 성질상 직접처분이 불가능한 경우'로는 '재량권 행사', '자치사무', '정보공개', '예산이 수반되는 경우' 등을 들 수 있고, '그 밖의 불가피한 사유로 직접처분이 불가능한 경우'로는 '처분당시의 특수한 상황인 민원의 발생', '사업기간의 재설정 필요', '의무이행재결 이후에 사정변경 -법적 또는 사실적 상황의 변경- 이 생긴 경우' 등을 들 수 있다.

(2) 간접강제**

1) 의의

간접강제란 행정청이 거부처분에 대한 취소재결이나 무효등확인재결 또는 거부처분이나 부작위에 대한 의무이행재결에 따른 처분을 하지 아니하는 경우에 위원회가 행정청에게 일정한 배상을 명하는 제도를 말한다(행심법 50의2).

행정심판법은 재결의 실효성을 확보하기 위한 제도로서 직접처분제도만을 규정하고 있었는데, 직접처분은 이행명령재결에 국한된 것이고 또한 직접처분에 일정한 한계가 존재하기 때문에 이것만으로는 재결의 실효성을 제대로 확보하기가 어려웠다. 이에 2017.4.18. 행정심판법을 개정하여, 재처분의무를 이행하지 아니하는 경우에, 행정소송법(행소법 34)에서와 마찬가지로, 일종의 강제금을 부과함으로써 의무이행을 확보하는 것을 내용으로 하는 간접강제제도를 도입하게 된 것이다.

---

* 5급공채(일반행정)(2011년), 5급공채(2018년).

** 5급공채(2018년).

2) 요건

간접강제를 하기 위해서는 ① 재결에 의하여 취소되거나 무효 또는 부존재로 확인되는 처분이 당사자의 신청을 거부하는 것을 내용으로 하는 경우이거나(행심법 49 ②) 또는 당사자의 신청을 거부하거나 부작위로 방치한 처분의 이행을 명하는 재결이 있어야 한다(행심법 49 ③). 또는 신청에 따른 처분이 절차의 위법 또는 부당을 이유로 취소되어야 한다(행심법 49 ④). ② 그리고 그럼에도 행정청이 재처분을 하지 않아야 한다.

3) 배상금의 법적 성격

간접강제결정에 근거한 배상금은 재결의 취지에 따른 재처분의 지연에 대한 제재나 손해배상이 아니라 재처분의 이행에 관한 심리적 강제수단이다. 따라서, 행정소송에서와 마찬가지로, 행정청이 간접강제결정에서 정한 기간이 경과한 후에라도 재처분을 하면 이로써 간접강제의 목적은 달성되는 것이므로 처분상대방이 더 이상 배상금을 추심하는 것은 허용되지 않는다고 보아야 할 것이다.

5. 관련문제: 불합리한 법령 등의 개선 요구

중앙행정심판위원회는 심판청구를 심리·재결할 때에 처분 또는 부작위의 근거가 되는 명령 등(대통령령·총리령·부령·훈령·예규·고시·조례·규칙 등)이 법령에 근거가 없거나 상위 법령에 위배되거나 국민에게 과도한 부담을 주는 등 크게 불합리하면 관계 행정기관에 그 명령 등의 개정·폐지 등 적절한 시정조치를 요청할 수 있다(행심법 59 ①).

제1항에 따른 요청을 받은 관계 행정기관은 정당한 사유가 없으면 이에 따라야 한다(행심법 59 ②).

Ⅷ. 재결에 대한 불복

(ⅰ) 행정심판법 제51조는 "심판청구에 대한 재결이 있으면 그 재결 및 같은 처분 또는 부작위에 대하여 다시 행정심판을 청구할 수 없다."고 규정하여 재심판청구를 금지하고 있다. 따라서 행정심판의 재결에 대하여 불복이 있는 자는 원처분 또는 -재결 자체의 위법사유가 있는 경우에는- 재결을 대상으로 행정소송을 제기할 수밖에 없다.

(ⅱ) 위원회의 인용재결에 대하여 피청구인이 행정소송을 제기할 수 있는지가 문제인데 인용재결은 피청구인을 기속하므로(행심법 49 ①) 행정심판의 재결에 불복할 수 없다고 보아야 할 것이다.

제 3 장

행정소송

제1절 개설

제 1 항 개설

제1. 행정소송의 의의와 기능

Ⅰ. 행정소송의 의의

행정소송이란 독립한 법원이 행정청의 위법한 행정작용으로 인한 권익침해를 구제하고, 공법상의 법률관계에 관한 다툼을 해결하는 정식 행정쟁송을 말한다. 행정소송은 사법부에 의하여 이루어지는 순수한 사법작용이다.

행정소송은 행정법상의 법률관계에 관한 분쟁해결절차라는 점에서 민사소송이나 형사소송과 구별된다.

행정소송은 공법상의 분쟁에 관한 소송이라는 점에서 헌법소송과 공통되나, 헌법소송은 원칙적으로 헌법적 분쟁을 대상으로 하고 행정소송은 법률관계에 관한 분쟁을 대상으로 한다는 점에서 차이가 있다.

행정소송과 행정심판은 행정쟁송제도이지만, ① 심판기관이 독립한 법원이고, ② 구술변론이 절차적으로 보장되어 있는 정식쟁송이라는 점에서 약식쟁송인 행정심판과 구별된다.

Ⅱ. 행정소송의 기능

행정소송의 목적은 ① 국민의 권리구제와 ② 행정의 적법성통제이다. 즉 행정소송은 법치행정에 따라 행정의 법률적합성을 통제하고 위법하게 침해된 국민의 권리를 구제해 주는 기능을 수행하여야 한다.

제2. 행정소송의 본질

연혁적으로 ① 대륙법계 국가 중에 행정재판소가 행정부에 설치된 경우(행정제도국가)가 있었고, ② 반면 영·미는 공·사법의 구별 없이 모든 쟁송을 사법재판소의 관할로 통일하였기 때문에(사법제도국가), 행정소송이 행정작용인가 사법작용인가 하는 논란이 있었다. 그러나 오늘날에는 대부분의 국가들이 사법제도국가화하면서 행정소송의 본질을 사법작용으로 이해하고 있다.

제3. 행정소송의 연혁과 특수성

Ⅰ. 행정소송의 헌법적 근거

우리나라는 행정사건의 심판권을 사법의 관할로 하고 있다. 현행 헌법 제101조 제1항은 "사법권은 법관으로 구성된 법원에 속한다."고 규정하고 있는데, 여기에서 '사법'의 개념에는 민사소송이나 형사소송뿐 아니라 행정소송도 당연히 포함된다고 보는 것이 일반적이다.

다른 한편 헌법 제107조 제2항은 "명령·규칙 또는 처분이 헌법이나 법률에 위반되는 여부가 재판의 전제가 된 경우에는 대법원은 이를 최종적으로 심사할 권한을 가진다."고 하여 대법원을 비롯한 각급법원에 행정소송의 심리·판단권을 부여하고 있다.

Ⅱ. 행정소송제도의 연혁

1. 1951년 행정소송법

행정소송에 관한 일반법인 행정소송법은 1951년 제정되었다. 본문 14개조로 원칙적인 규정만 있었다.

2. 1984년 행정소송법 전부개정

30여 년이 지난 1984년 행정심판법과 함께 행정소송법의 대폭적인 개정이 이루어졌다. 현재 행정소송법이 개정되지 못하고 있어 이 법의 골격이 오늘에까지 이르고 있다.

주요 개정내용은 ① 행정소송의 종류를 항고소송·당사자소송·민중소송·기관소송으로 하고, ② 항고소송의 종류를 취소소송·무효등확인소송·부작위위법확인소송으로 하며, ③ 처분개념과 원고적격을 확대하고, ④ 협의의 소익을 규정하는 것 등이었다.

3. 1994년 행정소송법 개정

1994년 법원조직법(법률 제4756호) 개정으로 과거 2심제 행정재판제도가 3심제로 변경되었다. 사법제도개선과 관련하여 행정소송법이 일부 개정되는데, 그 개정내용은 행정재판의 1심법원으로서 행정법원의 설치, 행정심판의 임의절차화와 같이 파급효과가 매우 큰 사안들이었다. 주요내용으로 ① 전문법원으로 지방법원급의 행정법원이 신설되었다. 다만 우선 서울에만 설치하고, 타 지역에서는 행정법원이 설치될 때까지 지방법원본원이 관할하도록 하였다(법원조직법(법률 제4765호) 부칙 2). 그리고 ② 행정소송을 제기하려면 행정심판을 거쳐야 했는데(행정심판전치주의), 행정심판을, 일부 예외를 제외하고, 원칙적으로 행정소송의 임의적 전심절차로 규정하였다(행소법 18 ①).

4. 그 이후의 행정소송법 개정작업과 전부개정법률안의 입법예고

지속적으로 행정소송법의 개정 필요성이 제기됨에 따라 2007년, 2011년, 2013년 행정소송법 전부개정안을 마련하여 국회에 제출하였으나 각각 국회 임기만료로 폐기되었다. 그러나 2013년에 마련된 행정소송법 전부개정법률안은 입법예고까지 완료된 것으로서 개정될 가능성이 높았던 법률안이었다. 이 가운데 주목할 만한 내용들을 간략히 살펴본다.

① 항고소송으로서 처분의 발급을 요구하는 이행소송인 '의무이행소송을 도입'하고, 부작위위법확인소송을 그대로 존치하도록 하였다. ② 가구제 중 침익처분에 대한 집행정지제도 이외에, 수익처분에 대한 가구제로서 가처분을 도입하였다. 가처분이 도입되면, 예컨대 기한부 처분(어업면허, 체류기간연장 등)에 대한 갱신처분을 거부할 경우, 판결확정시까지 임시로 어업활동, 체류가 가능해진다. ③ 결과제거의무는 현행법상 취소판결의 기속력으로 규정되어 있었는데, 이를 일반화하여 행정청의 일반적인 결과제거의무를 명문으로 규정하였다. ④ 성질상 행정소송이지만 편의상 민사소송으로 다루어지던 행정상 손해배상·부당이득반환 등 공법상 원인으로 발생하는 법률관계에 관한 소송을 행정소송의 대상으로 명시하였다. 이로써 공법관계에 관한 소송은 당사자소송의 대상이라는 이론을 실무에도 그대로 관철시킬 수 있게 되었고(이론과 실무의 일치), 이로써 무엇보다도 향후 당사자소송이 활성화되는 중요한 계기가 될 것이라는 점에서 이 규정의 의의는 실로 대단히 크다고 할 수 있다.

5. 2023년 행정소송규칙 제정

행정재판이 3심제가 된 이후 행정판례가 축적됨으로써 행정소송절차는 발전을 거듭했다. 행정소송법 개정 지연으로 행정소송절차의 발전을 반영되지 못하여 대법원은 행정소송규칙을 제정하여 행정소송절차의 개선 사항들을 명문화하였다. 주요 내용으로 ① 당사자소송의 예시를 나열하여 불확정성을 줄이고자 하였고(제19조), ② 처분사유 추가·변경의 법리를 명문화하여 법원의 심판범위를 명확히 하고 처분 상대방의 방어권을 보장하였다(제9조). ③ 집행정지 결정의 종기를 본안판결 선고일부터 30일 이내의 범위에서 정하도록 함으로써 당사자의 예측가능성을 높였다(제10조). ④ 사정판결시 처분등을 취소하는 것이 현저히 공공복리에 적합하지 아니한지 여부의 판단시점을 사실심 변론 종결시로 명확히 하여 국민의 예견가능성을 확보하게 했다(제14조). ⑤ 항고소송 중 조정권고를 할 수 있는 근거를 명시하고 당사자 등과 협의가 필요한 경우 심문을 할 수 있도록 하였다(제15조). 금번 행정소송규칙의 제정은 행정소송법의 개정 지연을 보완하면서 국민의 적정하고 신속한 재판청구권 행사를 통한 행정상 권익 보호에 이바지할 것으로 기대된다.

Ⅲ. 행정소송의 특수성

행정소송도 정식소송절차라는 점에서 민사소송과 같지만, 권력분립을 전제로 행정법관계에 관한 분쟁을 대상으로 하고 있다는 점에서 민사소송과는 상당히 다른 특수성이 있다. 특히 '행정청의 처분 등에 불복하는 소송유형인 항고소송'이나 '항고소송의 경우 피고가 행정청'인 점 등도 민사소송과는 완전히 다른, 행정소송의 특유한 점이다.

행정소송의 특수성을 반영하는 행정소송법 규정으로는, 예컨대 항고소송(행소법 4), 재판관할(행소법 9), 관련청구소송의 이송 및 병합(행소법 10), 피고적격(행소법 13), 행정심판과의 관계(행소법 18), 제소기간(행소법 20), 집행정지(행소법 23), 직권심리(행소법 26), 사정판결(행소법 28), 취소판결 등의 기속력(행소법 30) 등이 있다.

제4. 행정소송의 한계

Ⅰ. 개설

본래 행정소송법은 열기주의(列記主義)가 아니라 널리 위법한 행정작용이나 공권력행사나 공법상의 법률관계를 대상으로 하는 개괄주의를 채택하고 있기 때문에 원칙적으로 모든 행정작용에 대하여 행정소송이 가능하여야 한다.

그런데 행정소송법은 항고소송의 경우 '처분 등(처분과 재결)'만을 그 대상으로 하고, 행정소송의 종류도 제한적으로만 규정하고 있어, 실제로 처분에 해당하지 않는 행정작용(예: 비권력적 사실행위, 행정입법 등) 등 행정소송이 미치지 않는 행정작용들이 존재한다.

이와 같이 행정작용 중 행정소송의 재판권이 미치지 않는 경우를 행정소송의 한계라 하는데, 구체적으로 행정소송은 ① '사법'작용이라는 점에서 사법의 본질에서 비롯되는 한계와 ②

'행정'에 관한 소송이라는 점에서 권력분립에서 비롯되는 한계가 있다.

II. 사법의 본질에서 나오는 한계

사법은 ① 구체적인 권리의무관계에 대한 분쟁을 ② 재판에서 법적용을 통하여 해결하는 작용이다. 이에 따라 행정소송도 ① 구체적 권리의무관계에 관한 쟁송일 것(구체적 사건성), ② 법적용을 통하여 해결 가능할 것(법적 해결가능성)이라는 사법 본질에서 비롯되는 한계가 있다.

1. 구체적인 권리의무관계에 관한 쟁송으로서의 한계(구체적 사건성)

(1) 단순한 사실문제 및 순수한 학술적·예술적 문제

단순한 사실관계의 확인이나 판단, 순수한 학술적·예술적 차원에서의 논쟁과 같은 행위들은 구체적인 권리의무관계에 관한 것이 아니므로 행정소송의 대상이 되지 않는다(대판 1990.11.23, 90누3553).

(2) 반사적 이익

법률상 이익이 아닌, 사실상의 이익에 불과한 반사적 이익이 침해된 경우에는 행정소송으로 구제받을 수 없다.

(3) 법령의 효력과 해석

일반적으로 법령의 효력과 해석은 구체적인 법률관계가 아니므로 이에 관한 다툼은 행정소송의 대상이 되지 않는다고 이해되고 있다.

이와 관련하여 헌법 제107조는 구체적 규범통제를 규정하고 있는데, 즉 법률의 위헌 여부, 명령·규칙 또는 처분의 위헌·위법 여부가 '재판의 전제가 되는 경우에' 전자는 헌법재판소(헌법 107 ①), 후자는 대법원(헌법 107 ②)에 의하여 심사될 수 있다.

그런데 헌법이 이와 같은 구체적 규범통제를 정책적으로 선택했기 때문에 법령 그 자체가 사법의 심사대상이 되지 않는 것이지, 사법의 본질상 법령의 효력이나 해석 문제를 행정소송의 재판대상으로 삼을 수 없는 것이기 때문은 아니다(예컨대 독일 행정재판소법은 법률하위명령(법규명령이나 조례)에 대한 추상적 규범통제(독일 행정재판소법 47)를 인정하고 있다). 따라서 입법정책적으로 법령의 효력이나 해석 문제를 행정소송의 대상이 될 수 있도록 하더라도 이를 사법본질에 반하는 것이라고 할 수 없다.

(4) 객관소송

행정소송법은 구체적인 법률관계에서 권리가 침해된 자를 구제해 주는, 주관소송을 원칙으로 하고 있으므로, 행정의 적법성 보장을 주된 내용으로 하는 객관소송은 법률이 별도로 정한 경우에만 허용된다(행소법 45).

2. 법적용을 통한 해결가능성에 의한 한계(법적 해결가능성)

행정소송이 가능하려면 법적용을 통하여 분쟁이 해결될 수 있어야 한다. 다시 말해서 법적으로 해결될 수 없는 문제에는 행정재판권이 미치지 못한다.

(1) 방침규정

방침규정(또는 훈시규정)은 단순히 행정작용에 대한 일정한 방침만을 규정하는 것에 불과하기 때문에 이를 법적으로 주장할 수 없다고 보아야 할 것이다.

(2) 통치행위

통치행위는 법으로부터 자유로운 행정영역으로 대체로 고도의 정치적 의미를 지닌 국가기관의 행위에 대하여 사법심사가 가능함에도 재판통제에서 제외되는 행위이다.

(3) 특별권력관계

과거에는 특별권력발동에 대해서는 사법심사가 배제되었지만, 오늘날 특별권력관계에는 법치주의가 전면적으로 적용되므로, 특별권력관계 내에서의 행위인가의 여부와 관계없이 행정쟁송법상 처분성이 인정되면 사법심사의 대상이 된다고 보아야 한다(다수설 및 판례).

(4) 재량행위 · 판단여지 · 계획재량

(i) 과거에는 재량행위에는 공권이 인정되지 않는다고 보아 재량행위는 사법심사의 대상이 되지 않는다고 보았다(청구각하설). 그러나 오늘날에는 재량행위라도 재량행위인지의 여부, 재량행위인 경우 재량권행사의 한계를 준수했는지의 여부는 사법심사의 대상이 된다(청구기각설)는 것이 통설과 판례의 입장이다.

(ii) 판단여지는 요건규정상의 불확정개념에 대한 판단에 있어 고도의 전문성 · 기술성 · 정책성 등의 이유로 행정청에게 인정되는 독자적인 판단권을 의미하는 것으로, 판단여지가 인정되면 행정청의 판단 내용에 대해서는 사법심사가 미치지 않는다. 다만 판단여지가 인정되는 경우인지, 인정되더라도 판단의 일반적인 원칙과 기준을 준수했는지의 여부는 판단여지의 한계로서 사법심사의 대상이 된다.

(iii) 계획재량은 행정청이 계획을 수립함에 있어서 가지는 광범위한 형성의 자유를 말한다. 계획재량의 경우에도 그 재량적 판단에 대해서는 사법심사가 미치지 않으므로 이 범위 내에서 행정재판권의 한계가 있지만, 계획의 원칙과 절차를 준수하였는지 여부, 특히 형량명령을 준수하였는지 여부(형량의 결함 · 결여 · 과오 · 불평등이 없는지)에 대해서는 사법심사가 미친다.

III. 권력분립상의 한계

1. 권력분립원칙과 행정소송

행정소송은 사법부에 의한 사법작용으로서 권력분립상 재판을 통하여 행정부의 고유한 권한을 침해할 수 없다는 한계가 있다. 이 권력분립상의 한계는, 앞서 살핀, 사법작용으로서 사법의 본질에서 나오는 한계이기도 하다.

2. 행정상 이행소송의 인정 여부*

1. 문제
2. 행정상 이행소송의 허용 여부
(1) 논점
① 적극적 변경이 가능한지
② 처분의 이행을 명령하는 의무이행소송이 인정되는지
③ 처분 이외의 행정작용의 이행을 명령하는 일반이행소송이 인정되는지
(2) 학설
① 소극설(부정설)
② 적극설(긍정설)
③ 제한적 허용설(절충설)
(3) 판례
(4) 결어
(5) 입법동향: 2013년 입법예고한 행정소송법 전부개정법률안

(1) 문제의 제기

행정소송의 권력분립적 한계의 문제는 현행 행정소송법상 이행소송이 가능한가 하는 것이다. 즉 법원의 이행판결이 권력분립원칙상 행정의 고유한 권한을 침해하는 것인지 여부가 문제되는 것이다. 구체적으로 이 문제는 행정상 이행소송[1] 또는 (예방적) 부작위청구소송[2]의 허용 문제로 논의되고 있다.

(2) 행정상 이행소송의 허용 여부

현행 행정소송법상 ① 법원이 행정청의 처분을 일부취소함에 그치지 않고 적극적으로 변경할 수 있는지, ② 법원이 행정청에 대하여 처분의무를 이행하도록 명령하는 의무이행소송이 인

* 사법시험(2008년), 사법시험(2011년).

1 행정소송으로서 이행소송이란 법원이 행정청에 대하여 일정한 행정작용을 이행할 것을 명하는 소송을 말한다. 입법례로는 독일의 행정행위의 발급을 구하는 의무이행소송(Verpflichtungsklage), 행정행위 이외의 행위 또는 급부 등을 구하는 일반이행소송(Allgemeine Leistungsklage), 영·미의 직무집행명령(writ of mandamus)이 있다. 일본은 2004년 행정소송법 개정으로 의무이행소송을 도입하였다.

2 행정소송으로서 예방적 부작위청구소송은 행정청이 어떤 행정작용을 하지 말 것을 사전적으로 요구하는 소송을 말한다. 독일은 부작위청구소송(Unterlassungsklage)을 일반이행소송의 한 형태로 인정하고 있고, 영·미는 금지명령(injunction)을 인정하고 있다. 일본은 2004년 법개정으로 금지소송을 도입하였다.

정되는지, 나아가 ③ 법원이 처분 이외의 행정작용(비처분적 행정작용)에 대해서도 행정청에게 그 이행을 명령하는 일반이행소송(예: 교통안전시설의 설치와 같은 사실행위의 이행을 명령하는 소송)이 인정되는지가 문제이다. 이에 관하여는 학설이 대립되고 있다.

1) 학설

① 소극설(부정설)

소극설은 권력분립의 원칙상 행정에 대한 1차적인 판단권은 행정권에 있어야 한다는 점에서, (i) 취소소송에서 처분의 '변경'은 소극적 변경, 즉 일부취소만을 의미하는 것으로 보고, (ii) 현행 행정소송법상 의무이행소송은 허용되지 않는다는 견해이다.

② 적극설(긍정설)

적극설은 권력분립의 원칙을 권력 상호간의 적극적인 견제와 균형으로 이해하여, (i) 취소소송에서 '변경'은 일부취소에 그치는 것이 아니라 적극적 변경을 의미하는 것으로 보고, (ii) 법치국가원리·헌법상 기본권보장·행정소송의 목적·재판청구권 등에 비추어 행정소송법 제3조(행정소송의 종류) 및 제4조(항고소송)를 예시적인 것으로 볼 수 있으므로, 무명항고소송(법정외 항고소송)[3]으로서 의무이행소송이 허용된다는 견해이다.

③ 제한적 허용설(절충설)

이 견해는 의무이행소송을 원칙적으로 부인하고 취소소송에서의 '변경'의 의미를 일부취소로 보면서도 예외적으로 부작위위법확인소송만으로는 부작위에 대한 실효성 있는 권리구제를 기대하기 어려운 경우에 한하여 제한적으로 의무이행소송을 허용하자는 입장이다.[4]

2) 판례

판례는 소극설의 입장이다. 이에 따라 적극적 형성판결, 의무이행소송, 작위의무확인소송을 모두 부인한다.

---

3 항고소송의 종류(행소법 4)와 관련하여, 확립된 용어는 아니나, 법률에 명시적 규정이 있는 항고소송을 유명(有名)항고소송 또는 법정(法定)항고소송, 법률에 규정이 없는 항고소송을 무명(無名)항고소송 또는 비법정(非法定) 또는 법정외(法定外)항고소송이라 부른다.

행정소송의 종류(행소법 3)와 관련하여, 마찬가지로 법률에 규정되어 있는가를 기준으로 유명(또는 법정)행정소송과 무명(또는 비법정 또는 법정외)행정소송으로 구분하여 부른다.

4 이는 과거 의무이행소송 도입 전 일본 판례가 취하고 있는 입장으로, 그 당시 일본에서는 의무이행소송의 허용 여부를 둘러싸고 ① 전면 부정하는 부정설, ② 보충적으로만 인정하는 보충설, ③ 법원은 독립적으로 의무이행판결을 할 수 있다는 독립설이 대립되고 있었고, 판례는 보충설을 취하면서 의무이행소송이 인정되기 위한 요건을 제시하고 이 요건이 충족되어야 한다는 입장이었다.

판례 > 행정소송법상 이행판결이나 형성판결을 구하는 소송이 허용되는지 여부

"현행 행정소송법상 행정청으로 하여금 일정한 행정처분을 하도록 명하는 이행판결을 구하는 소송이나 법원으로 하여금 행정청이 일정한 행정처분을 행한 것과 같은 효과가 있는 행정처분을 직접 행하도록 하는 형성판결을 구하는 소송은 허용되지 아니한다(대판 1997.9.30, 97누3200)."

판례 > 행정소송법상 장래에 행정청이 일정한 내용의 처분을 할 것 또는 하지 못하도록 할 것을 구하는 소송이 허용되는지 여부(소극)

"(산업화약류 제조·판매·수입업 등을 목적으로 하는 갑 주식회사가 총포·화약안전기술협회를 상대로 총포화약법 제58조 제2항과 같은 법 시행령 제78조 제1항 제3호에 근거한 회비납부의무의 부존재 확인 및 이미 납부한 회비에 대한 부당이득반환을 구한 사안에서) 현행 행정소송법에서는 장래에 행정청이 일정한 내용의 처분을 할 것 또는 하지 못하도록 할 것을 구하는 소송(의무이행소송, 의무확인소송 또는 예방적 금지소송)은 허용되지 않는다(대판 2021.12.30, 2018다241458)."

판례 > 행정청의 부작위에 대한 작위의무의 이행이나 확인을 구하는 행정소송이 허용되는지 여부

"… 행정소송법상 행정청의 부작위에 대하여는 부작위위법확인소송만 인정되고 작위의무의 이행이나 확인을 구하는 행정소송은 허용될 수 없다(대판 1992.11.10, 92누1629)."

3) 결어

(i) 취소소송에서의 '변경'은 소극적 변경, 즉 일부취소만이 가능하다. 소송에서 처분을 적극적으로 변경하는 것은 행정의 1차적 판단권을 침해하는 것이 되어 권력분립의 원칙에 반하기 때문이다.

(ii) 행정청의 부작위의 경우, 행정청은 당사자의 신청에 따른 일차적 판단권을 '부작위'의 형태로 행한 것이므로, 법원이 이에 대하여 이행판결을 하더라도 권력분립의 원칙을 침해하는 것이 아니다. 따라서 법치국가원리 등에서 요구되는 '공백 없는 권리구제'에 따라 행정소송법 제3조 및 제4조를 예시규정으로 보아 의무이행소송이 허용된다고 보아야 한다.

(iii) 나아가 항고소송으로서 의무의행소송은 '처분의 발급'에 국한된 것이므로, '공백 없는 권리구제의 관점'에서 비처분적 행정작용의 이행을 구하는 일반이행소송도 허용하는 것이 바람직하다. 이 경우 일반이행소송은 당사자소송의 한 유형으로 인정하면 될 것이다.

4) 입법동향

2013년 입법예고된 행정소송법 전부개정법률안은 항고소송의 종류를 규정한 제4조에서 종래의 취소소송·무효등확인소송·부작위위법확인소송 이외에 제4호로 의무이행소송을 규정하면서 이를 '행정청의 위법한 거부처분이나 부작위에 대하여 처분을 하도록 하는 소송'이라고 정의한 바 있다.

(3) 행정상 부작위청구소송의 허용 여부*

1. 행정상 부작위청구소송의 의의
- ○ 행정상 부작위청구소송(부작위소송, 중지소송)
- ○ 우리나라에서는 예방적 부작위청구소송만 논의

2. 학설 및 판례
- ① 소극설(부정설)
- ② 적극설(긍정설)
- ③ 제한적 허용설
- ④ 판례: 부정설

3. 결어

4. 입법동향

1) 행정상 부작위청구소송의 의의

행정상 부작위청구소송(부작위소송, 중지소송)이란 어떠한 행정행위나 그 밖의 행정작용을 하지 말아줄 것을 요구하는 행정소송을 말한다. 행정상 부작위청구소송에는 ① 정보제공·경고·공공시설물로부터의 공해행위 등과 같은 행정청의 사실행위 등을 중지하여 줄 것을 요구하는 중지소송과 ② 회복하기 어려운 권익침해를 사전에 예방할 목적으로 특정한 행정행위나 법규범의 제정을 하지 말아 줄 것을 요구하는 예방적 부작위청구소송이 있다. 우리나라에서는 중지소송은 제외하고 예방적 부작위청구소송에 국한하여 논의하는 것이 일반적이다.

부작위청구소송은 소극적인 형태의 이행소송이라는 점에서 이에 관한 논의는 위에서 설명한 행정상 이행소송의 가부에 관한 논의와 유사하다.

2) 학설 및 판례

① 소극설(부정설)은 행정의 1차적 판단권은 행정권에 있어야 한다는 점에서 예방적 부작위청구소송은 허용되지 않는다는 입장이다. ② 적극설(긍정설)은 '공백 없는 권리구제의 요구'에 따라 예방적 부작위청구소송을 인정하는 것이 권력분립의 원칙에도 부합한다는 견해로 오늘날의 다수설이다. ③ 제한적 허용설은, 의무이행소송의 경우와 마찬가지로, 현행 항고소송만으로는 효과적인 권리구제를 기대하기 어려운 경우에 한하여 제한적으로 예방적 부작위청구소송을 인정하자는 입장이다. ④ 판례는 이행소송의 경우와 마찬가지로 예방적 부작위청구소송을 부인하는 입장이다(대판 2021.12.30, 2018다241458).

---

* 변호사시험(2012년), 사법시험(2013년), 5급공채(2019년).

3) 결어

행정소송법 제4조를 예시규정으로 볼 수 있는 근거가 충분하므로, 일반이행소송의 한 유형으로 부작위청구소송을 인정할 수 있다고 본다. 부작위청구소송의 내용은 ① '비처분적 행정작용'으로 인한 침해를 '장래에 대하여 중지해줄 것'을 요구하는 '중지소송'과 ② 장래에 대한 '처분이나 법규명령의 제정'을 하지 말아 줄 것을 요구하는 '예방적 부작위청구소송'으로 구분하는 것이 '공백 없는 권리구제'의 측면에서 바람직하다.

4) 입법동향

2007년 행정소송법개정안에는 예방적 부작위소송에 관한 규정이 있었고, 이를 "행정청이 장래에 위법한 처분을 할 것이 임박한 경우에 그 처분을 금지하는 소송"이라고 정의하여 '처분에 대한 예방적 부작위청구소송'으로 한정하고 있었다. 그러나 2013년 입법예고한 행정소송법 전부개정법률안에는 부작위청구소송에 관한 규정이 포함조차 되어 있지 않았다.

제 2 항 행정소송의 종류*

Ⅰ. 성질에 의한 분류

행정소송은 그 소송의 성질별로 ① 행정상 법률관계의 형성(발생·변경·소멸)을 가져오는 판결을 구하는 '형성의 소', ② 특정한 권리 또는 법률관계의 존부를 확인하는 판결을 구하는 '확인의 소', ③ 일정한 행위(작위·부작위·급부·수인)에 대한 명령을 구하는 '이행의 소'로 분류될 수 있다.

Ⅱ. 내용에 의한 분류

행정소송법은 행정소송을 그 내용에 따라 항고소송·당사자소송·민중소송·기관소송으로 나누고(행소법 3), 다시 항고소송을 취소소송·무효등확인소송·부작위위법확인소송으로 나누고 있다(행소법 4).

1. 항고소송

항고소송은 행정청의 처분 등이나 부작위에 대하여 제기하는 소송이다(행소법 3 1호). 항고소송은 '처분'에 대한 소송이고, 따라서 피고가 항상 처분청이라는 점이 특징적이다. 현행법상 항

* 5급공채(일반행정)(2011년).

고소송의 종류는 다음과 같다:

(1) 취소소송: 행정청의 위법한 처분 등을 취소 또는 변경하는 소송(행소법 4 1호)

(2) 무효등확인소송: 행정청의 처분 등의 효력 유무 또는 존재여부를 확인하는 소송(행소법 4 2호)

(3) 부작위위법확인소송: 행정청의 부작위가 위법하다는 것을 확인하는 소송(행소법 4 3호)

2. 당사자소송

당사자소송은 행정청의 처분 등을 원인으로 하는 법률관계에 관한 소송 그 밖에 공법상의 법률관계에 관한 소송으로서 그 법률관계의 한쪽 당사자를 피고로 하는 소송이다(행소법 3 2호).

당사자소송은 대등한 당사자 사이에 공법상의 법률관계를 다투는 소송으로, 당사자소송에는 형식적 당사자소송과 실질적 당사자소송이 있다.

그동안 행정소송은 취소소송을 중심으로 하여 이해되고 운영되어온 결과(취소소송중심주의), 당사자소송은 거의 활용되지 않았다. 오늘날은 당사자소송의 활용론이 매우 활발하게 논의되고 있고, 2023년 제정된 행정소송규칙은 당사자소송으로 손실보상금에 관한 소송, 그 존부 또는 범위가 구체적으로 확정된 공법상 법률관계 그 자체에 관한 소송, 처분에 이르는 절차적 요건의 존부나 효력 유무에 관한 소송, 공법상 계약에 따른 권리·의무의 확인 또는 이행청구 소송을 명시하고 있다(행정소송규칙 19 1-4호).

요컨대 당사자소송은 포괄적인 형태의 행정소송유형이라 할 수 있으므로, 처분만을 대상으로 하는 항고소송과는 달리, 비처분적 행정작용으로 인한 권리구제수단으로 매우 폭넓게 활용될 수 있다는 장점이 있다. 공백 없는 권리구제를 위해서도 당사자소송의 활용 폭이 획기적으로 넓어질 필요가 있다.

3. 민중소송

민중소송은 국가 또는 공공단체의 기관이 법률에 위반되는 행위를 한 때에 직접 자기의 법률상 이익과 관계없이 그 시정을 구하기 위하여 제기하는 소송이다(행소법 3 3호). 민중소송의 예로는 선거소송(공직선거법 222)과 국민투표무효소송(국민투표법 92)이 있다.

4. 기관소송

기관소송은 국가 또는 공공단체의 기관상호간에 있어서의 권한의 존부 또는 그 행사에 관한 다툼이 있을 때에 이에 대하여 제기하는 소송이다(행소법 3 4호). 그런데 헌법재판소법 제2조의 규정에 의하여 헌법재판소의 관장사항으로 되는 소송은 제외되는데(행소법 3 4호 단서), 특히 '국가기관 상호간, 국가기관과 지방자치단체 간 및 지방자치단체 상호간의 권한쟁의에 관한 심판'과 같이 독립된 단체 상호간의 다툼은 기관소송에서 제외되는 결과, –논란은 있지만– 기관소송은 독립된 단체의 내부기관 간의 다툼만이 그 대상이 된다. 기관소송의 예로는 지방자치단체의 집행기관인 지방자치단체의 장이 의결기관인 지방의회의 의결에 대하여 대법원에 제소하는 지방자치법 제120조 제3항, 제192조 제4항을 들 수 있다.

제 3 항 행정소송의 일반적 절차

행정소송은 원고가 행정법관계에 관한 다툼에 대하여 피고를 상대로 소송을 제기함으로써 절차가 개시되고, 원고의 소송상의 청구에 대하여 요건심리와 본안심리를 거쳐 최종적으로 법원이 판결을 함으로써 절차가 종료된다. 이하에서 이와 같은 절차에 따라 설명한다.

Ⅰ. 행정소송의 제기

행정소송은 오로지 원고의 소송제기에 의해서만 그 절차가 개시될 수 있다. 행정소송이 제기되면 법원에 당해 사건이 계속(係屬)되게 되고, 법원은 이를 심리·판결할 의무를 부담한다. 그리고 당사자는 동일한 사건에 대하여 다시 소를 제기하지 못하게 된다(중복제소금지).

Ⅱ. 행정소송의 심리

행정소송의 심리는 요건심리와 본안심리로 구분된다.

(ⅰ) 요건심리에서는 '행정소송의 제기요건(소송요건)'을 구비하였는지, 즉 행정소송의 허용성(Zuläßigkeit der Klage)을 심사하는데, 제소요건으로는 일반적으로는 ① 재판관할, ② 원고적격, ③ 피고적격, ④ 행정소송의 대상, ⑤ 제소기간, ⑥ 행정심판과의 관계, ⑦ 소제기의 형식 등을 들 수 있다.

(ⅱ) 소송요건을 모두 갖추었다고 판단되면, 본안심리를 하게 되는데, 본안심리는 당사자의 소송상의 청구가 이유가 있는지 여부, 즉 청구의 이유 유무(Begründetheit der Klage)에 대한 심리이다.

Ⅲ. 행정소송의 판결

행정소송의 제기요건을 구비하지 못하면, 소는 부적법한 것으로서 각하(却下)된다.

본안심리에서 사건이 종국판결을 내릴 수 있을 정도로 성숙되면 법원은 심리를 종결하고 판결을 내리게 되는데, 당사자의 청구가 이유가 있으면 인용판결을 하고, 이유가 없으면 기각판결을 한다. 다만 원고의 청구가 이유 있다고 인정하는 경우에도 처분 등을 취소하는 것이 현저히 공공복리에 적합하지 아니하다고 인정하는 때에는 법원은 원고의 청구를 기각할 수 있다(사정판결, 행소법 28).

처분 등을 취소하는 확정판결은 그 사건에 관하여 당사자인 행정청과 그 밖의 관계행정청을 기속하는 효력이 있다. 특히 판결에 의하여 취소되는 처분이 당사자의 신청을 거부하는 것을 내용으로 하는 경우에는 그 처분을 행한 행정청은 판결의 취지에 따라 다시 이전의 신청에 대한 처분을 하여야 할 재처분의무를 부담하게 된다(행소법 30).

제2절 항고소송

제 1 항 취소소송

제1목 개설

Ⅰ. 취소소송의 의의

취소소송이란 행정청의 위법한 처분 등을 취소 또는 변경하는 소송을 말한다(행소법 4 1호).

취소소송의 종류로는 처분취소소송(거부처분취소소송 포함)·처분변경소송·재결취소소송·재결변경소송·판례상 인정되는 무효선언을 구하는 의미의 취소소송[5]이 있다. 취소소송은 행정소송의 중심적 지위를 차지하고 있다.

5 '무효선언을 구하는 의미의 취소소송'은, 행정행위의 무효와 취소를 구별하기 어려운 상황에서 일반적으로 가장 많이 제기되는 취소소송을 제기하였으나 심리결과 해당 처분이 취소가 아니라 무효라고 판단되는 경우, 원칙적으로는 소송을 취하하고 다시 무효확인소송을 제기하여야 하나, 이미 심리가 끝난 상태인 점을 고려하면 소송을 무용하게 반복하는 것이 되어 소송경제에 반하고 당사자에게 가혹하기 때문에, 취소소송의 수소법원이 취소소송에서 무효확인을 하는 소송을 말한다. 소송경제와 효과적 권리구제를 위하여 판례상 예외적으로 인정되는 제도이다.

판례 > 취소소송에 의한 처분의 취소(쟁송취소)에 수익적 행정행위의 취소·철회의 제한에 관한 법리가 적용되는지 여부(소극)

"수익적 행정처분에 대한 취소권 등의 행사는 기득권의 침해를 정당화할 만한 중대한 공익상의 필요 또는 제3자의 이익보호의 필요가 있는 때에 한하여 허용될 수 있다는 법리는, 처분청이 수익적 행정처분을 직권으로 취소·철회하는 경우에 적용되는 법리일 뿐 쟁송취소의 경우에는 적용되지 않는다(대판 2019.10.17, 2018두104)."

※ 변경의 의미와 일부취소*

1. 변경의 의미(=일부취소)

취소소송에서 '변경'의 의미와 관련하여 적극적 변경을 의미한다는 견해(적극설)도 있으나, 권력분립의 원칙상 소극적 변경, 즉 일부취소만을 의미한다는 견해(소극설)가 타당하다. 판례도 소극설의 입장이다.[6]

2. 일부취소에 대한 판례의 입장

한편 일부취소와 관련하여 판례는 외형상 하나의 처분이라고 하더라도 가분성이 있거나 그 처분대상의 일부가 특정될 수 있어야 일부취소가 가능하다는 입장이다(대판 2000.2.11, 99두7210).

이에 따라 판례는 한 사람이 여러 종류의 자동차운전면허를 취득하거나 이를 취소 또는 정지하는 경우 이를 서로 별개의 것으로 보아 -취소사유가 다른 면허와 공통되거나 면허를 받은 사람에 관한 것이 아닌 한- 일부취소가 가능하다고 보고 있으나[판례1], 과징금처분[판례2]처럼 재량행위의 경우에는 법원은 재량권의 범위 내에서 어느 정도가 적정한 것인지에 관하여는 판단할 수 없어 그 전부를 취소할 수밖에 없다는 입장이다.

판례1 > 한 사람이 여러 종류의 자동차운전면허를 취득한 경우 이를 취소 또는 정지할 때 서로 별개의 것으로 취급해야 하는지 여부(적극)

"한 사람이 여러 종류의 자동차운전면허를 취득하는 경우뿐 아니라 이를 취소 또는 정지하는 경우에 있어서도 서로 별개의 것으로 취급하는 것이 원칙이고, 다만 취소사유가 특정의 면허에 관한 것이 아니고 다른 면허와 공통된 것이거나 운전면허를 받은 사람에 관한 것일 경우에는 여러 면허를 전부 취소할 수도 있다(대판 2012.5.24, 2012두1891)."

---

* 변호사시험(2022년).

6 앞 '행정상 이행소송의 인정 여부' 참조.

판례2 〉 **과징금 부과처분이 재량권을 일탈·남용하여 위법한 경우, 법원이 적정하다고 인정되는 부분을 초과한 부분만 취소할 수 있는지 여부(소극)**

"과징금 부과 관청이 이를 판단하면서 재량권을 일탈·남용하여 과징금 부과처분이 위법하다고 인정될 경우, 법원으로서는 과징금 부과처분 전부를 취소할 수밖에 없고, 법원이 적정하다고 인정되는 부분을 초과한 부분만 취소할 수는 없다(대판 2010.7.15, 2010두7031)."

판례3 〉 **여러 개의 위반행위에 대한 하나의 제재처분 중 일부의 위반행위에 대한 제재처분 부분만이 위법한 경우 제재처분 전부를 취소할 수 있는지 여부(소극)**

"행정청이 여러 개의 위반행위에 대하여 하나의 제재처분을 하였으나, 위반행위별로 제재처분의 내용을 구분하는 것이 가능하고 여러 개의 위반행위 중 일부의 위반행위에 대한 제재처분 부분만이 위법하다면, 법원은 제재처분 중 위법성이 인정되는 부분만 취소하여야 하고 제재처분 전부를 취소하여서는 아니 된다(대판 2020.5.14, 2019두63515)."

II. 취소소송의 성질

취소소송은 처분을 다투는 것이므로 항고소송이며 복심적 소송이다. 또한 권리가 침해된 개인을 구제하는 것이므로 주관소송이다.

취소소송의 성질에 관하여는 ① 처분의 효력을 소멸시키는 소송이라는 형성소송설, ② 처분의 위법성을 확인하는 소송이라는 확인소송설, ③ 형성소송과 확인소송의 성질을 모두 갖는다는 구제소송설이 대립되나, ④ 처분 등의 취소·변경이라는 법률관계의 형성을 가져온다는 점에서 형성소송설이 타당하다(통설 및 판례). 행정소송법 제29조 제1항은 "처분등을 취소하는 확정판결은 제3자에 대하여도 효력이 있다."고 하여 취소판결의 대세효(對世效)를 명문으로 인정하고 있는데, 이는 형성소송에 특유한 것이라 할 수 있다.

III. 취소소송의 소송물

1. 의의

소송물(訴訟物, Streitgegenstand)이란 소송에서 심리를 행하고 판결을 하여야 하는 구체적 사항, 즉 소송의 객체를 말한다. 이에 따르면 취소소송의 소송물은 취소소송에서 다투어지고 있는 구체적 사항, 즉 원고의 소송상의 청구를 의미한다.

2. 학설 및 판례

취소소송의 소송물에 대해서는 ① 처분 등의 위법성 그 자체(처분 등의 위법성 일반)로 보는 견해(다수설), ② 위법한 처분 등으로 인한 위법상태의 배제로 보는 견해, ③ 처분 등의 위법성 및 처분 등의 취소를 구하는 원고의 법적 주장으로 보는 견해 등이 있다. 판례는 ①설의 입장이다(대판 1990.3.23, 89누5386).

3. 결어

취소소송은 주관소송으로서 '권리가 침해된 자'에게 원고적격이 주어지고 침해된 개인의 권리를 구제하는 것이라는 점을 고려하면, 취소소송을 '처분 등의 위법성을 확인하는 소송'이라든지 '위법상태를 배제하는 소송'이라고 볼 수 없다. 따라서 취소소송에서는 결국 '위법한 처분 등으로 인하여 자신의 권리가 침해되었으므로 이를 취소·변경해달라는 원고의 소송상의 청구'가 다투어지고 있다고 보는 ③설이 타당하다. ③설이 독일의 지배적 견해이며, 우리나라의 유력설이다.

Ⅳ. 다른 소송과의 관계

1. 취소소송과 무효등확인소송과의 관계*

(i) 취소소송과 무효등확인소송은 기본적으로 상호 독립된 별개의 소송유형이다. 따라서 각 소송의 제기요건을 구비하는 한 각각의 소송을 제기하면 된다.

(ii) 양 소송은 서로 별개의 소송유형이지만, 취소와 무효의 구별이 상대적으로 어렵다는 점에서, 무효인 처분에 대하여 취소소송이 제기된 경우, 법원은 '무효선언을 구하는 의미의 취소소송'을 인정하기도 한다(대판 1999.4.27, 97누6780).

(iii) 그러나 반대로 무효확인소송에서 해당 처분에 취소사유가 있다고 판단되는 경우는 당해 소송에서 취소판결을 할 수는 없고, 취소소송의 제소기간 내에 제기된 경우에는 법원은 원고에게 처분등의 취소를 구하지 아니하는 취지인지를 명확히 하도록 촉구할 수 있다(행정소송규칙 16). 당사자의 취지가 -무효뿐 아니라- 처분의 취소도 구하는 것이라면 취소소송의 제기요건을 구비하여 취소소송으로 청구취지를 변경하도록 하여야 할 것이다.[7][8]

---

* 변호사시험(2018년).

7 왜냐하면 ① 취소사유보다는 무효사유가 더 큰 하자이고, ② 취소소송은 제소기간이 있지만 무효확인소송은 제소기간이 없기 때문에 이를 인정하면 취소소송의 제소기간에 관한 규정이 의미 없어지게 되기 때문이다.

8 사법연수원, 행정구제법 2010, 16면 이하 참조.

2. 취소소송과 당사자소송과의 관계

행정행위에 단순위법의 하자가 있는 경우에, 취소소송에서 그 행정행위가 취소되지 않는 한, 행정행위의 공정력으로 인하여 당사자소송을 포함한 다른 소송에서 그 행정행위의 효력을 부인할 수 없다(예: 취소사유가 있는 과징금부과처분은 이를 취소소송을 통해서만 처분의 효력을 소멸시킬 수 있을 뿐이므로, 처분이 취소되지 않는 한, 당사자소송을 통하여 부당이득반환을 청구할 수 없다).[9]

제2목 취소소송의 제기

제1. 취소소송의 제기요건

취소소송은 ① 재판관할, ② 원고적격(협의의 소익 포함), ③ 피고적격, ④ 행정소송의 대상, ⑤ 제소기간, ⑥ 행정심판과의 관계, ⑦ 소제기의 형식 등의 제기요건을 갖추어야 한다.

Ⅰ. 취소소송의 재판관할

1. 사물관할

취소소송의 제1심 관할법원은 행정법원이다(행소법 9 ①). 과거에는 피고의 소재지를 관할하는 고등법원이었으나, 1994년 법원조직법(40의4) 및 행정소송법(9)의 개정으로 전문법원으로 지방법원급의 행정법원을 신설하면서 행정법원으로 변경하였다. 다만 행정법원은 서울에만 설치하도록 하고, 행정법원이 설치되지 않은 지역은 행정법원이 설치될 때까지 해당 지방법원 본원이 관할하도록 하였다(법원조직법(법률 제4765호) 부칙 ②).

2. 토지관할

취소소송의 제1심 관할법원은 피고의 소재지를 관할하는 행정법원으로 한다(행소법 9 ①). 다만 ① 중앙행정기관, 중앙행정기관의 부속기관과 합의제행정기관 또는 그 장, 또는 ② 국가의 사무를 위임 또는 위탁받은 공공단체 또는 그 장을 피고로 하여 취소소송을 제기하는 경우에는 대법원소재지를 관할하는 행정법원에 제기할 수 있다(행소법 9 ②). ③ 국가의 사무를 위임 또는 위탁받은 공공단체 또는 그 장에 대하여 그 지사나 지역본부 등 종된 사무소의 업무와 관련이 있는 소를 제기하는 경우에는 그 종된 사무소의 소재지를 관할하는 행정법원에 제기할 수 있다(행정소송규칙 5 ①).

---

9 대판 2001.4.27, 2000다50237; 대판 2021.12.30, 2018다241458.

3. 관할법원에의 이송

관할권이 없는 법원에 소송이 제기된 경우에 법원은 결정으로 이를 관할법원에 이송하여야 한다(행소법 7, 민소법 34 ①). 이와 같은 관할이송은 원고의 고의 또는 중대한 과실 없이 행정소송이 심급을 달리하는 법원에 잘못 제기된 경우에도 적용된다(행소법 7).

4. 관련청구소송의 이송 및 병합

관련청구소송의 이송 및 병합은 서로 관련성이 있는 여러 개의 청구를 하나의 소송절차에서 심판하도록 함으로써 심리의 중복이나 모순·저촉을 방지하고 당사자나 법원의 부담을 경감하기 위한 것이다.

행정소송법은 취소소송과 관련청구소송이 각각 다른 법원에 계속되고 있는 경우에 이를 취소소송이 계속된 법원으로 이송할 수 있고(행소법 10 ①), 취소소송에 관련청구소송을 병합하거나 피고외의 자를 상대로 한 관련청구소송을 취소소송이 계속된 법원에 병합하여 제기할 수 있다(행소법 10 ②)고 하여 관련청구소송의 이송 및 병합에 관한 규정을 두고 있다.

II. 취소소송의 당사자

1. 당사자

취소소송의 당사자와 관련하여 행정소송법은 원고(행소법 12), 피고(행소법 13), 공동소송인(행소법 15), 참가인(행소법 16, 17)에 관한 규정을 두고 있다. 그 밖에도 명문의 규정은 없으나 민사소송법에 따라 소송대리인으로서 취소소송에의 참가가 허용된다. 원고적격과 피고적격은 별도로 설명한다.

※ 단체소송*

1. 의의

단체소송(Verbandsklage)은 공·사법상 단체가 원고로서 다투는 행정소송으로, 여기에는 ① 단체가 구성원의 권리침해를 다투는 소송(이기적 단체소송)과 ② 단체가 일반적 공익(예: 환경보호, 자연보호, 기념물보호 등)의 침해를 다투는 소송(이타적 단체소송)이 있다.

2. 입법례

이타적 단체소송의 입법례로는 독일의 여러 주의 자연보호법을 들 수 있다. 법에 의하여 인정된 일정

* 행정고시(재경)(2010년), 변호사시험(2019년).

한 자연보호단체는 행정절차에 참여하거나, 개인의 이해와 관계없이 일정한 자연침해행위에 대하여 당사자적격을 가진다.

3. 인정가능성
단체소송도 일종의 객관소송이므로 원칙적으로 허용되지 않으며, 법률이 정한 경우에만 예외적으로 허용된다(행소법 45).

2. 공동소송

행정소송법은 "수인의 청구 또는 수인에 대한 청구가 처분 등의 취소청구와 관련되는 청구인 경우에 한하여 그 수인은 공동소송인이 될 수 있다(행소법 15)."고 규정하고 있다.

3. 소송참가

소송참가란 소송의 계속 중에 소송의 결과에 대하여 이해관계를 가지는 소송 외의 제3자가 자기의 이익을 위하여 소송절차에 참가하는 것을 말한다. 취소소송의 경우에는 소송의 대상이 되는 처분 등에 수인의 이해관계가 얽혀 있는 경우가 많을 뿐 아니라, 제3자효 행정행위와 같이 처분의 상대방이 아닌 제3자의 권익에 영향을 미치는 경우가 적지 않고, 나아가 취소판결은 제3자에 대하여 대세효를 가지기 때문에 소송참가의 필요성은 매우 크다고 하겠다.

이에 따라 행정소송법은 제3자의 소송참가를 명문으로 규정함과 동시에 행정청의 소송참가도 규정하고 있다(행소법 16, 17). 소송참가에 관한 규정은 다른 항고소송은 물론(행소법 38), 당사자소송(행소법 44 ①)과 민중소송·기관소송에도 준용된다(행소법 46 ①).

Ⅲ. 취소소송의 소의 이익*

1. 취소소송에서의 소의 이익 -원고적격과 협의의 소익-

소익(訴益)이란 법적 분쟁에 대하여 소송을 통하여 구제받을 가치가 있는 이익을 의미한다. 소익은 주관적 관점에서는 원고적격을 의미하지만, 객관적 관점에서는 소송을 제기하여야 할 실익, 즉 협의의 소익(분쟁의 현실성·권리보호의 필요성)을 의미한다.

원고적격과 협의의 소익은 서로 구별되는 개념인데,[10] 행정소송법은 같은 조에서 함께 규정

* 변호사시험(2012년), 변호사시험(2013년), 변호사시험(2016년), 변호사시험(2019년), 변호사시험(2021년), 사법시험(2006년), 사법시험(2011년), 입법고시(2006년), 행정고시(재경)(2008년), 행정고시(일반행정)(2009년), 행정고시(재경)(2009년), 행정고시(일반행정)(2010년), 5급공채(재경)(2011년), 5급공채(행정)(2017년), 5급공채(2019년).

10 예컨대, 갑(甲)에 대한 30일 영업정지처분에 대하여 취소소송을 제기하는 경우, 甲이 취소소송을 제기할

하고 있다(제12조 제1문은 원고적격, 제2문은 협의의 소익을 규정하고 있다).

2. 취소소송의 원고적격

1. 원고적격의 의의
2. 법률상 이익에 관한 학설
(1) 권리구제설(권리회복설)
(2) 법률상 보호이익설
(3) 보호가치 있는 이익설
(4) 적법성보장설
(5) 결어: '법률상 이익'='법률상 보호이익'='공권'
3. 법률상 이익의 내용
4. 법률상 이익의 판단
(1) 판단시점
(2) 판단기준
5. 원고적격의 확대: 이웃소송, 경쟁자소송, 경원자소송
6. 이웃소송
(1) 의의
(2) 판례
7. 경쟁자소송
(1) 의의
(2) 원고적격 인정 기준
8. 경원자소송
(1) 의의
(2) 원고적격 인정 기준

(1) 원고적격의 의의

원고적격이란 취소소송에서의 원고가 될 수 있는 자격을 말한다. 이와 관련하여 행정소송법은 "취소소송은 처분 등의 취소를 구할 법률상 이익이 있는 자가 제기할 수 있다(행소법 12 1문)."고 규정하고 있다.

(2) '법률상 이익'에 관한 학설

1) 권리구제설(권리회복설)

전통적인 견해로, 취소소송은 '권리(공권)'를 침해당한 자만이 제기할 수 있다는 견해이다.

2) 법률상 보호이익설

공권은 아니라 하더라도 관련법을 목적론적으로 해석하여 '법률상 보호이익(법에 의하여 보호되는 이익=법적 보호이익)'이 침해되면 취소소송의 원고적격이 인정된다는 견해이다. 여기에서의 '법률상 보호이익'은 전통적인 의미에서 이해되어 오던 공권 개념보다는 더 넓은 개념이라는 의미로 사용되고 있다.

3) 보호가치 있는 이익설

소송을 통하여 보호할 가치가 있다고 판단되는 이익이 침해된 경우에도 취소소송의 원고적

자격이 있는가 하는 것은 '원고적격'의 문제이고, 영업정지로 30일이 경과한 이후에도 취소소송을 통하여 영업정지처분의 취소를 구할 실익이 있는가 하는 것은 '협의의 소익'의 문제이다.

격을 인정하자는 견해이다. '보호가치 있는 이익'은 법에 의하여 보호되고 있는 이익은 아니지만 구제에 대한 사회적 필요성이라는 사실관계의 판단에 따라 원고적격을 인정하는 이익이어서 원고적격이 지나치게 확대될 우려가 있다.

4) 적법성보장설

법률상 이익을 행정의 적법성에 대한 이해관계로 파악하는 견해이다. 이는 사실상 취소소송을 객관소송화하는 것으로서, 주관소송을 원칙으로 하는 현행 행정소송법제하에서는 관철되기 어렵다.

5) 결어

행정소송법 제12조 제1문의 '법률상 이익'은 법에 의하여 보호되는 이익이라고 보아야 하고, 또한 공권도 그 성립요건으로 사익보호성(법에 의하여 개인의 이익이 보호되어야 함)을 요구한다는 점에서 공권과도 같은 개념이라고 보아야 할 것이다(즉, '법률상 이익'='법률상 보호이익'='공권'). 따라서 법률상 이익은 결국 공권을 의미한다고 보아야 할 것이다.

(3) 법률상 이익의 내용

법률상 이익은 '법에 의하여 보호되는 개별적·직접적·구체적 이익'이어야 한다. 따라서 국민이 공통적으로 가지는 일반적·간접적·추상적 이익이나, 제3자의 사실상의 간접적인 경제적 이해관계는 법률상 이익이 아니다.

판례 > 처분의 직접 상대방이 아닌 제3자에게 항고소송으로 다툴 원고적격이 인정되는 경우

"행정처분의 직접 상대방이 아닌 제3자라고 하더라도 당해 행정처분으로 인하여 법률상 보호되는 이익을 침해당한 경우에는 취소소송을 제기하여 그 당부의 판단을 받을 자격이 있다. 여기에서 말하는 법률상 보호되는 이익은 당해 처분의 근거 법규와 관련 법규에 의하여 보호되는 개별적·직접적·구체적 이익이 있는 경우를 말하고, 공익보호의 결과로 국민 일반이 공통적으로 가지는 일반적·간접적·추상적 이익과 같이 사실적·경제적 이해관계를 갖는 데 불과한 경우는 포함되지 아니한다. 또 당해 처분의 근거 법규와 관련 법규에 의하여 보호되는 법률상 이익은 당해 처분의 근거 법규의 명문 규정에 의하여 보호받는 법률상 이익, 당해 처분의 근거 법규에 의하여 보호되지는 아니하나 당해 처분의 행정목적을 달성하기 위한 일련의 단계적인 관련 처분들의 근거 법규에 의하여 명시적으로 보호받는 법률상 이익, 당해 처분의 근거 법규 또는 관련 법규에서 명시적으로 당해 이익을 보호하는 명문의 규정이 없더라도 근거 법규와 관련 법규의 합리적 해석상 그 법규에서 행정청을 제약하는 이유가 순수한 공익의 보호만이 아닌 개별적·직접적·구체적 이익을 보호하는 취지가 포함되어 있다고 해석되는 경우까지를 말한다(대판 2013.9.12, 2011두33044; 대판 2021.2.4, 2020두48772 등 참조) (대판 2023.1.12, 2022두56630)."

(4) 법률상 이익의 판단

① 법률상 이익(사익보호성)이 존재하는지를 판단하는 데에는, (1) 해당 법령 및 관련 법령의 규정 및 그 취지를 검토하고(제1단계: 해당 법령 및 관련 법령의 명시적 규정), (2) 이로써 사익보호 여부가 분명치 않은 경우에는 목적론적 해석을 하고(2단계: 목적론적 해석), (3) 최후로 기본권으로부터 직접 공권이 도출될 수 있는지를 검토하여야 한다(3단계: 기본권의 직접적용)는 견해가 일반적이고 타당하다. ② 판례도 마찬가지이다(대판 2015.7.23, 2012두19496 등).

(5) 원고적격의 확대

원고적격은 특히 인근주민 혹은 경쟁관계에 있는 자와 같은 제3자의 보호와 관련하여 문제된다. 침익적 처분의 상대방은 법령상 보호되는 공권의 침해 또는 자유권적 기본권의 침해를 이유로 원고적격을 인정하는 데 문제가 없지만(상대방이론), 제3자효 행정행위의 제3자의 경우에는 처분의 직접 상대방이 아니라는 점에서 관련 법규정의 해석 등을 통한 원고적격의 인정 여부가 문제되는 것이다.

중요한 점은 과거에는 반사적 이익으로 보았던 것도 법령의 목적론적 해석방법 등을 통하여 법률상 이익으로 봄으로써 원고적격이 확대되는 경향을 보이고 있다는 점이다. 제3자보호의 유형으로는 이웃소송, 경쟁자소송, 경원자소송의 유형을 들 수 있다.[11]

1) 이웃소송(린인(隣人)소송)*

㈎ 의의

이웃소송은 특정인에게 발급된 수익처분이 이웃하는 제3자에게 침익적인 효과를 가져오는 경우에 이 제3자가 본인의 권리가 침해되었음을 이유로 특정인에게 발급된 처분을 행정소송으로 다투는 유형을 말한다.

㈏ 판례의 경향

과거에는 이웃하는 제3자의 이해관계를 반사적 이익으로 보는 경향이 많았으나, 법규범의 목적론적 해석을 통하여 원고적격이 점차 확대되는 경향에 있다. 특히 환경법 영역에서의 원고적격의 확대가 두드러진 현상이다.

---

* 사법시험(2002년), 사법시험(2006년), 사법시험(2015년), 입법고시(1998년), 입법고시(2003년), 입법고시(2006년), 행정고시(재경)(2010년).

11 이에 관하여는 개인적 공권 편에서도 다루었다.

판례 > 토사채취 허가지의 인근 주민들에게 토사채취허가의 취소를 구할 법률상 이익이 있는지 여부

"(구) 산림법(2002.12.30. 법률 제6841호로 개정되기 전의 것) 및 그 시행령, 시행규칙들의 규정 취지는 산림의 보호·육성, 임업생산력의 향상 및 산림의 공익기능의 증진을 도모함으로써 그와 관련된 공익을 보호하려는 데에 그치는 것이 아니라 그로 인하여 직접적이고 중대한 생활환경의 피해를 입으리라고 예상되는 토사채취 허가 등 인근 지역의 주민들이 주거·생활환경을 유지할 수 있는 개별적 이익까지도 보호하고 있다고 할 것이므로, 인근 주민들이 토사채취허가와 관련하여 가지게 되는 이익은 위와 같은 추상적, 평균적, 일반적인 이익에 그치는 것이 아니라 처분의 근거 법규 등에 의하여 보호되는 직접적·구체적인 법률상 이익이라고 할 것이다(대판 2007.6.15, 2005두9736)."

판례 > 환경상 이익의 침해를 이유로 공장설립승인처분의 취소 등을 구할 원고적격을 인정받기 위한 요건

"… (구) 산업집적활성화 및 공장설립에 관한 법률(2006.3.3. 법률 제7861호로 개정되기 전의 것) 제8조 제4호, 이에 따른 산업자원부 장관의 공장입지기준고시(제2004-98호) 제5조 제1호, 국토계획법 제58조 제3항의 위임에 따른 동법 시행령(2006.8.17. 대통령령 제19647호로 개정되기 전의 것) 제56조 제1항 [별표 1] 제1호 (라)목 (2) 규정 취지는, 공장설립승인처분과 그 후속절차에 따라 공장이 설립되어 가동됨으로써 그 배출수 등으로 인한 수질오염 등으로 직접적이고도 중대한 환경상 피해를 입을 것으로 예상되는 주민들이 환경상 침해를 받지 아니한 채 물을 마시거나 용수를 이용하며 쾌적하고 안전하게 생활할 수 있는 개별적 이익까지도 구체적·직접적으로 보호하려는 데 있다. 따라서 수돗물을 공급받아 이를 마시거나 이용하는 주민들로서는 위 근거 법규 및 관련 법규가 환경상 이익의 침해를 받지 않은 채 깨끗한 수돗물을 마시거나 이용할 수 있는 자신들의 생활환경상의 개별적 이익을 직접적·구체적으로 보호하고 있음을 증명하여 원고적격을 인정받을 수 있다(대판 2010.4.15, 2007두16127)."

판례 > 행정처분으로 인하여 환경상 이익이 침해될 것으로 예상되는 영향권의 범위가 관련 법규에 규정되어 있는 경우, 영향권 범위 안 주민들과 범위 밖 주민들에 대한 원고적격 판단 기준

"… 행정처분의 근거 법규 또는 관련 법규에 그 처분으로써 이루어지는 행위나 사업으로 인하여 환경상 이익의 침해를 받으리라고 예상되는 영향권의 범위가 규정되어 있는 경우에는, 그 영향권 내의 주민들에 대하여는 당해 처분으로 인하여 직접적이고 중대한 환경피해가 발생할 수 있음을 예상할 수 있고, 이와 같은 환경상 이익은 주민 개개인에 대하여 개별적으로 보호되는 직접적·구체적 이익으로서 그들에 대하여는 특단의 사정이 없는 한 환경상 이익에 대한 침해 또는 침해 우려가 있는 것으로 사실상 추정되어 원고적격이 인정되는 것이고, 그 영향권 밖의 주민들은 당해 처분으로 그 처분 전과 비교하여 수인한도를 넘는 환경피해를 받거나 받을 우려가 있다는 자신의 환경상 이익에 대한 침해 또는 침해 우려가 있음을 입증하여야만 비로소 원고적격이 인정된다(대판 2015.12.10, 2011두32515)."

판례 > 폐기물매립시설 경계로부터 2km 이내인 간접영향권 지정 가능 범위 내에 거주하는 원고들에게 주변영향지역 결정을 다툴 원고적격이 인정되는지

"폐기물처리시설 설치촉진 및 주변지역지원 등에 관한 법률 시행령 제18조 제1항 별표2 제2호 나. 목의 취지는, 폐기물매립시설의 부지 경계선으로부터 2킬로미터 이내, 폐기물소각시설의 부지 경계선으로부터 300미터 이내에는 폐기물처리시설의 설치 운영으로 환경상 영향을 미칠 가능성이 있으므로, 그 범위 안에서 거주하는 주민들 중에서 선정한 주민대표로 하여금 지원협의체의 구성원이 되어 환경상 영향조사, 주변영향지역 결정, 주민지원사업의 결정에 참여할 수 있도록 함으로써, 그 주민들이 폐기물처리시설 설치·운영으로 인한 환경상 불이익을 보상받을 수 있도록 하려는 데 있다. 위 범위 안에서 거주하는 주민들이 폐기물처리시설의 주변영향지역 결정과 관련하여 갖는 이익은 주민 개개인에 대하여 개별적으로 보호되는 직접적·구체적 이익으로서 그들에 대하여는 특단의 사정이 없는 한 환경상 이익에 대한 침해 또는 침해 우려가 있는 것으로 사실상 추정되어 원고적격이 인정된다(대판 2018.8.1, 2014두42520)."

2) 경쟁자소송*

(가) 의의

경쟁자소송이란 경쟁관계에 있는 기존업자와 신규업자간의 경쟁자관계에서 기존업자가 신규업자에게 부여된 사업자면허나 각종의 허가 등을 행정소송으로 다투는 유형을 말한다.

(나) 판례

대법원은 '면허나 인허가 등의 수익처분의 근거가 되는 법률이 해당 업자들 사이의 과당경쟁으로 인한 경영의 불합리를 방지하는 것도 그 목적으로 하고 있는 경우인가'를 원고적격 인정의 중요한 기준으로 삼고 있다.

판례 > 경쟁자소송의 당사자적격

"일반적으로 면허나 인허가 등의 수익적 행정처분의 근거가 되는 법률이 해당 업자들 사이의 과당경

* 변호사시험(2012년), 사법시험(1998년), 행정고시(재경)(2009년).

쟁으로 인한 경영의 불합리를 방지하는 것도 목적으로 하고 있는 경우, 다른 업자에 대한 면허나 인허가 등의 수익적 행정처분에 대하여 미리 같은 종류의 면허나 인허가 등의 수익적 행정처분을 받아 영업을 하고 있는 기존의 업자는 경업자에 대하여 이루어진 면허나 인허가 등 행정처분의 상대방이 아니라 하더라도 당해 행정처분의 취소를 구할 당사자적격이 있다(대판 2018.4.26, 2015두53824)."

3) 경원자소송*

(가) 의의

경원자소송은 수익처분을 신청한 수인이 서로 경쟁관계에 있는 경우에 일방에 대한 수익처분의 발급을 수익처분을 얻지 못한 타방이 행정소송으로 다투는 유형을 말한다.

(나) 판례

대법원은 경원관계가 존재하는 경우 일방에 대한 허가처분이 타방에 대한 불허가처분이 될 수밖에 없는 경우에 불허가처분을 받은 경원자에게 법률상의 이익이 있다고 보고 있다.

판례 > 경원관계에 있어서 경원자에 대하여 이루어진 허가 등 처분의 상대방이 아닌 자가 그 처분의 취소를 구할 당사자적격이 있는지 여부

"인·허가 등의 수익적 행정처분을 신청한 수인이 서로 경쟁관계에 있어서 일방에 대한 허가 등의 처분이 타방에 대한 불허가 등으로 귀결될 수밖에 없는 때(이른바 경원관계에 있는 경우로서 동일대상지역에 대한 공유수면매립면허나 도로점용허가 혹은 일정지역에 있어서의 영업허가 등에 관하여 거리제한규정이나 업소개수제한규정 등이 있는 경우를 그 예로 들 수 있다) 허가 등의 처분을 받지 못한 자는 비록 경원자에 대하여 이루어진 허가 등 처분의 상대방이 아니라 하더라도 당해 처분의 취소를 구할 당사자적격이 있다 할 것이고, 다만 구체적인 경우에 있어서 그 처분이 취소된다 하더라도 허가 등의 처분을 받지 못한 불이익이 회복된다고 볼 수 없을 때에는 당해 처분의 취소를 구할 정당한 이익이 없다고 할 것이다(대판 1992.5.8, 91누13274)."

4) 관련문제: 행정기관이 항고소송의 원고가 될 수 있는지 여부

대법원은 행정기관에 대한 처분이 존재하고 이로 인한 불이익도 명확하지만 이를 기관소송이나 권한쟁의심판으로 다툴 수 없는 경우에는 항고소송을 통한 주관적 구제대상이 될 수 있다고 하여 항고소송의 원고적격을 인정하고 있다.

* 사법시험(2011년), 행정고시(재경)(2008년), 5급공채(행정)(2014년), 5급공채(2024년).

판례 > 법령이 행정기관으로 하여금 다른 행정기관을 상대로 제재적 조치를 할 수 있도록 하면서 이와 관련하여 과태료나 형사처벌을 규정하고 있는 경우, 제재적 조치의 상대방인 행정기관에게 항고소송 원고로서의 당사자능력과 원고적격을 인정할 수 있는지 여부

"[1] … 법령이 특정한 행정기관 등으로 하여금 다른 행정기관을 상대로 제재적 조치를 취할 수 있도록 하면서, 그에 따르지 않으면 그 행정기관에 대하여 과태료를 부과하거나 형사처벌을 할 수 있도록 정하는 경우가 있다. 이러한 경우에는 단순히 국가기관이나 행정기관의 내부적 문제라거나 권한 분장에 관한 분쟁으로만 볼 수 없다. 행정기관의 제재적 조치의 내용에 따라 '구체적 사실에 대한 법집행으로서 공권력의 행사'에 해당할 수 있고, 그러한 조치의 상대방인 행정기관이 입게 될 불이익도 명확하다. 그런데도 그러한 제재적 조치를 기관소송이나 권한쟁의심판을 통하여 다툴 수 없다면, 제재적 조치는 그 성격상 단순히 행정기관 등 내부의 권한 행사에 머무는 것이 아니라 상대방에 대한 공권력 행사로서 항고소송을 통한 주관적 구제대상이 될 수 있다고 보아야 한다.
[2] (국민권익위원회가 소방청장에게 인사와 관련하여 부당한 지시를 한 사실이 인정된다며 이를 취소할 것을 요구하기로 의결하고 그 내용을 통지하자 소방청장이 국민권익위원회 조치요구의 취소를 구하는 소송을 제기한 사안에서) … 처분성이 인정되는 국민권익위원회의 조치요구에 불복하고자 하는 소방청장으로서는 조치요구의 취소를 구하는 항고소송을 제기하는 것이 유효·적절한 수단으로 볼 수 있으므로 소방청장은 예외적으로 당사자능력과 원고적격을 가진다(대판 2018.8.1, 2014두35379 [징계처분등])."

3. 협의의 소익(권리보호의 필요성)*

1. 의의
- ○ 행정소송법 제12조 제2문
- ○ '협의의 소익' = '권리보호의 필요성' 또는 '분쟁의 현실성'

2. 협의의 소익으로서 법률상 이익의 의미

3. 협의의 소익이 인정되지 않는 경우

4. 처분 등의 효과가 소멸된 경우
- (1) 협의의 소익이 없는 것이 원칙
- (2) 협의의 소익이 인정되는 경우
  - ① 동일한 사유로 위법한 처분이 반복될 구체적인 위험성이 있는 경우
  - ② 처분의 취소로 보호되는 직접적·구체적 이익이 있는 경우

5. 가중적 제재처분의 경우 협의의 소익
- (1) 문제
- (2) 법률 또는 대통령령에 규정된 경우
- (3) 시행규칙에 규정된 경우
  - 1) 종래의 판례
  - 2) 판례변경

* 사법시험(2013년), 5급공채(일반행정)(2013년), 변호사시험(2015년), 변호사시험(2023년), 5급공채(행정)(2017년), 5급공채(2020년), 5급공채(2024년).

(1) 의의

행정소송법 제12조 제2문은 "처분 등의 효과가 기간의 경과, 처분 등의 집행 그 밖의 사유로 인하여 소멸된 뒤에도 그 처분 등의 취소로 인하여 회복되는 법률상 이익이 있는 자의 경우에는 또한 같다."고 하여 이 경우에도 취소소송을 제기할 수 있음을 규정하고 있다.

동조 제1문에서의 '법률상 이익'이 취소소송에서의 보호대상인 '권리'라면, 제2문에서의 '법률상 이익'은 취소소송을 통한 '권리보호의 필요성 또는 분쟁의 현실성'을 의미하는 것으로서 이를 '협의의 소익'이라 한다(대판 2020.12.24, 2020두30450).

취소소송도 다른 소송과 마찬가지로 '소송을 통하여 다툼을 해결하여야 할 현실적인 필요성'이 있어야 허용된다. 예컨대 영업정지기간이 이미 지나서 영업정지처분을 취소소송으로 다투는 것은 협의의 소익이 존재하지 않아 허용되지 않는다.

협의의 소익은 과도한 재판청구는 금지되어야 한다는 소송경제의 원칙과 소권이 남용되어서는 안 된다는 소송법상의 신의성실의 원칙에 근거하는 것이다.

(2) 협의의 소익으로서 '법률상 이익'의 의미

행정소송법 제12조 제2문의 '법률상 이익'의 의미와 관련하여, ① 명예·신용 등의 인격적 이익은 포함되지 않는다는 견해, ② 인격적 이익, 재산적 이익, 불이익의 제거와 같은 사회적 이익도 인정될 수 있다는 견해, ③ 정치적·경제적·사회적·문화적 이익까지 포함하는 것으로 보는 견해 등이 주장되고 있다.

생각건대 '협의의 소익'으로서의 '법률상 이익'은 권리보호의 필요성을 의미하는 것이므로, '원고적격'에서의 '법적으로 보호되는 이익'에 한정할 이유는 없으므로, 적어도 각종 제도상의 불이익을 제거하여야 할 이익도 포함된다고 보아야 할 것이다.

(3) 협의의 소익이 인정되지 않는 경우

협의의 소익(권리보호의 필요성)이 없는 경우로 행정소송법은 ① 처분 등의 효과가 소멸된 경우(행소법 12 2문)를 규정하고 있지만, 그 외에도 ② 보다 간단한 방법으로 권리보호가 가능한 경우, ③ 소송으로 다툴 실제적 효용이나 이익이 없는 경우(예: 오로지 이론적 관심에서 소송이 제기된 경우 또는 보다 실효적이고 직접적인 권리구제수단이 있는 경우), ④ 소권이 남용(예: 피고나 법원에 피해나 불편을 초래할 목적으로 소제기를 한 경우) 또는 실효된 경우 등을 들 수 있다. 위 ①의 경우는 아래 별도로 설명한다.

※ 협의의 소익이 부인된 경우

① 기간이 경과된 경우

단순하게 정지기간이 경과한 후에는, 별다른 법률상 이익의 침해가 없는 한, 그 정지의 취소를 구할 법률상 이익이 없다(대판 1993.7.27, 93누3899).

② 인허가처분의 효력기간의 경과

공유수면점용허가취소처분취소소송 중에 공유수면점용허가기간이 만료된 경우(대판 1991.7.23, 90누6651)와 같이 인허가처분의 취소를 다투는 과정에서 허가기간의 만료로 처분이 실효된 경우에는 소송에서 취소처분이 취소되더라도 원상회복이 불가능한 경우이므로 취소처분의 취소를 구할 이익이 없다.

③ 처분의 집행 또는 공사완료로 처분의 효력이 소멸된 경우*

건축허가에 따른 건축공사가 완료된 이후에 건축허가의 취소를 구하는 경우(대판 2007.4.26, 2006두18409), 대집행 완료 이후에 대집행계고처분의 취소를 구한 경우(대판 1993.6.8, 93누6164)와 같이 처분의 집행 또는 공사완료로 처분의 효력이 소멸된 경우에는 처분의 취소를 구할 법률상 이익이 없다.

④ 후행처분이 이미 존재하는 경우

후행처분이 이미 존재하는 상황에서 선행처분을 다투는 것이 의미가 없는 경우에는 선행처분의 취소를 구할 법률상 이익이 없다(대판 1999.10.8, 99두6873; 대판 1998.9.4, 97누19588).

그러나 취임승인이 취소된 학교법인의 정식이사들로서는 그 취임승인취소처분 및 임시이사 선임처분에 대한 각 취소를 구할 법률상 이익이 있다(대판 2007.7.19, 2006두19297).

⑤ 병역처분변경·병역의무이행·불합격처분후 합격의 경우

보충역편입처분 및 공익근무요원소집처분의 취소를 구하는 소의 계속 중 병역처분변경신청에 따라 제2국민역편입처분으로 병역처분이 변경된 경우 종전 보충역편입처분 등의 취소를 구할 소의 이익이 없다(대판 2005.12.9, 2004두6563).

공익근무요원 소집해제신청을 거부당한 자가 계속하여 공익근무요원으로 복무한 후 복무기간만료를 이유로 소집해제처분을 받은 경우 거부처분의 취소를 구할 소의 이익이 없다(대판 2005.5.13, 2004두4369).

치과의사국가시험 불합격처분 이후 새로 실시된 국가시험에 합격하였거나(대판 1993.11.9, 93누6867), 사법시험 제1차 시험 불합격처분 이후 새로 실시된 사법시험 제1차 시험에 합격한 경우(대판 1996.2.23, 95누2685)에는 불합격처분의 취소를 구할 법률상 이익이 없다.

⑥ 과징금 부과처분(선행처분) 후 자진신고 등을 이유로 과징금 감면처분(후행처분)을 한 경우

후행처분은 실제로 납부하여야 할 최종적인 과징금액을 결정하는 종국적 처분이고 선행처분은 일종의 잠정적 처분으로서, 후행처분이 있을 경우 선행처분은 후행처분에 흡수되어 소멸

* 사법시험(2002년).

하므로, 위와 같은 경우 선행처분의 취소를 구하는 소는 이미 효력을 잃은 처분의 취소를 구하는 것으로 부적법하다(대판 2015.2.12, 2013두987).

⑦ 미보유정보에 대한 정보공개청구의 경우

공개청구자가 특정한 바와 같은 정보를 공공기관이 보유·관리하고 있지 않은 경우라면 특별한 사정이 없는 한 해당 정보에 대한 공개거부처분에 대하여는 취소를 구할 법률상 이익이 없다(대판 2013.1.24, 2010두18918).

⑧ 더 이상 존재하지 않는 공원조성계획의 변경을 구하는 입안제안 반려처분의 취소를 구하는 경우

공원조성계획을 변경하여 달라는 변경입안제안(=공원조성계획의 변경신청)이 반려되고 그 후 위 토지가 도시자연공원구역으로 변경·지정된 경우 변경입안제안 반려처분의 취소를 구할 소의 이익이 없다(대판 2015.12.10, 2013두14221).

⑨ 도시개발구역의 지정이 해제되어 도시개발사업 시행자 지정신청을 거부한 처분의 취소를 구하는 경우

도시개발구역이 지정·고시된 날로부터 3년이 되는 날까지 실시계획의 인가가 신청되지 아니하여 그 다음날 지정이 해제된 것으로 간주된 이상 도시개발사업시행자 지정 거부처분의 취소를 구할 이익이 없다(대판 2016.2.18, 2015두3362).

⑩ 대지 또는 건축물의 소유권 이전에 관한 고시의 효력이 발생한 후 조합원 등이 정비사업을 위하여 이루어진 수용재결이나 이의재결의 취소 또는 무효확인을 구하는 경우

도시 및 주거환경정비법상 정비사업의 공익적·단체법적 성격과 이전고시에 따라 이미 형성된 법률관계를 유지하여 법적 안정성을 보호할 필요성이 현저한 점 등을 고려할 때, 이전고시의 효력이 발생한 이후에는 조합원 등이 해당 정비사업을 위하여 이루어진 수용재결이나 이의재결의 취소 또는 무효확인을 구할 법률상 이익이 없다(대판 2017.3.16, 2013두11536).

⑪ 소송 계속 중 행정청이 처분을 직권취소한 경우/기존업자가 경업자에게 불리한 처분의 무효확인 또는 취소를 구하는 경우

무효확인 또는 취소소송 계속 중 처분청이 처분을 직권취소하면 존재하지 않는 처분을 대상으로 한 항고소송이 되어 원칙적으로 소의 이익이 없다.

경업자에 대한 행정처분이 경업자에게 불리한 내용이라면 그와 경쟁관계에 있는 기존의 업자에게는 특별한 사정이 없는 한 유리할 것이므로 기존의 업자가 그 행정처분의 무효확인 또는 취소를 구할 이익은 없다(대판 2020.4.9, 2019두49953).

(4) 처분 등의 효과가 소멸된 경우*

1) 협의의 소익(권리보호의 필요성)이 없는 것이 원칙

처분에 효력기간이 정하여져 있는 경우, 기간의 경과로 처분의 효력은 상실되므로 이 경우

* 입법고시(2007년), 행정고시(일반행정)(2006년), 행정고시(재경)(2009년).

처분의 취소를 구할 법률상 이익이 없는 것이 원칙이다(대판 2004.7.8, 2002두1946). 또한 처분을 취소한다 하더라도 원상회복이 불가능한 경우에도 그 처분의 취소를 구할 이익이 없는 것이 원칙이다(대판 2007.1.11, 2004두8538).

2) 협의의 소익(권리보호의 필요성)이 인정되는 경우

처분의 효력이 상실된 경우에도 처분의 취소로 인하여 회복되는 이익이 있는 경우에는 예외적으로 권리보호의 필요성이 인정된다(행소법 12 2문).

이와 같은 경우로는 ① 동일한 사유로 위법한 처분이 반복될 구체적인 위험성이 있는 경우[판례1], ② 처분의 취소로 당해 법률이나 다른 법률에 의하여 보호되는 직접적·구체적 이익이 있는 경우(예: 세법 등 다른 법률에 의한 혜택을 받을 수 있는 경우, 위반횟수에 따른 가중적 제재처분을 피할 수 있는 경우 등)를 들 수 있다[판례2].

판례1 > 동일한 사유로 위법한 처분이 반복될 구체적인 위험성이 있는 경우

"… 같은 소송 당사자 사이에서 그 행정처분과 같은 사유로 위법한 처분이 반복될 위험이 있어 행정처분의 위법성을 확인하거나 불분명한 법률문제를 해명할 필요가 있는 경우 등에는 행정의 적법성 확보와 그에 대한 사법통제, 국민의 권리구제 확대 등의 측면에서 여전히 그 처분의 취소를 구할 법률상 이익이 있다(대판 2007.7.19, 2006두19297 참조) (대판 2018.4.12, 2017두67834)."

판례2 > 당해 법률이나 다른 법률에 의하여 보호되는 직접적·구체적 이익이 있는 경우

"공장등록이 취소된 후 그 공장시설물이 철거되었다 하더라도 대도시 안의 공장을 지방으로 이전할 경우 조세특례제한법상의 세액공제 및 소득세 등의 감면혜택이 있고, 공업배치및공장설립에관한법률상의 간이한 이전절차 및 우선 입주의 혜택이 있는 경우, 그 공장등록취소처분의 취소를 구할 법률상의 이익이 있다(대판 2002.1.11, 2000두3306)."

3) 이른바 가중적 제재처분의 경우 협의의 소익에 관한 판례*

① 문제의 소재

가중적 제재처분이란 법령위반횟수에 따라 행정적 제재의 정도가 점차 가중되는 처분을 말한다(예: 식품위생법상 일반음식점에서 청소년 주류제공시 1차위반 영업정지 2개월, 2차위반 영업정지 3개월, 3차위반 영업허가 취소 또는 영업소 폐쇄). 여기에서는 정지기간이 이미 경과되었다 하더라도 정지처분의 취소를 통하여 '제재의 가중을 피할 이익(장래에 불이익하게 취급되지 않을 이익)'

* 입법고시(2007년), 사법시험(2003년), 사법시험(2013년), 행정고시(2000년).

이 협의의 소익으로서 인정되겠는가 하는 것이 문제이다.

② 법률 또는 대통령령에 규정된 경우

판례는 가중적 제재처분에 관한 행정처분기준이 법률이나 대통령령에 규정된 경우에는 법률상 이익(협의의 소익, 권리보호의 필요성)을 인정하고 있다(대판 2005.3.25, 2004두14106). 이러한 경우에도 실제로 가중적 제재처분을 받을 가능성이 없다면 당연히 법률상 이익이 인정되지 않는다고 보아야 할 것이다(대판 2000.4.21, 98두10080).

③ 시행규칙에 규정된 경우

(i) 판례는 과거에 가중적 제재처분기준이 시행규칙에 규정되어 있는 경우 협의의 소익을 인정하지 않는 것이 기본적인 입장이었다. 그러나 협의의 소익을 인정한 경우도 있었다(대판 1993.12.21, 93누21255).

(ii) 그러나 1995년 전원합의체 판결을 통하여 시행규칙에 규정된 가중적 제재처분의 경우 협의의 소익을 인정하지 않는 것이 대법원의 입장임을 확인하였다(대판 1995.10.17, 94누14148 전원합의체).

(iii) 그러다 2006년 전원합의체 판결을 통하여 이러한 경우에도 불이익을 제거할 법률상 이익(권리보호의 필요성)이 인정된다고 입장을 변경하였다(대판 2006.6.22, 2003두1684 전원합의체). 이에 따라 오늘날 시행규칙에 규정된 가중적 제재처분의 경우에도 협의의 소익이 인정되게 되었다.

※ 협의의 소익을 인정한 경우*

① 가중적 제재처분의 경우(대판 2005.3.25, 2004두14106)

② 입영 이후에 현역병입영통지처분의 취소를 구하는 경우(대판 2003.12.26, 2003두1875)

③ 지방의회의원 임기만료 이후에 제명의결의 취소를 구하는 경우

지방의회 의원에 대한 제명의결 취소소송 계속 중 의원의 임기가 만료된 경우, 제명의결의 취소로 의원의 지위를 회복할 수는 없다 하더라도 제명의결시부터 임기만료일까지의 기간에 대한 월정수당의 지급을 구할 수 있는 등 여전히 그 제명의결의 취소를 구할 법률상 이익이 있다(대판 2009.1.30, 2007두13487).

④ 징계처분·파면처분·직위해제처분의 취소를 구하는 경우

징계처분을 받은 후 정년이 초과된 경우 징계처분의 취소로 신분이 회복되는 것은 아니고, 또한 급료청구소송이나 명예침해 등으로 인한 손해배상청구소송에서는 그 전제로서 징계처분의 취소를 주장하여 구제를 받을 수 있다 할 것이므로 징계처분의 취소만을 따로 독립하여 소

* 행정고시(일반행정)(2005년), 행정고시(재경)(2009년), 행정고시(일반행정)(2011년).

로 다툴 실익이 없다(대판 1984.6.12, 82다카139).

그러나 그 외에 징계처분으로 인한 권리구제를 위하여 징계처분의 취소가 필요하다면 그 취소를 구할 실익이 있다고 하여야 할 것이다(대판 1977.7.12, 74누147).

그리고 파면처분의 경우 일반사면이 있었다고 할지라도 파면처분으로 이미 상실된 공무원 지위가 회복될 수 없으므로 그 취소를 구할 법률상 이익이 있다(대판 1983.2.8, 81누121).

직위해제처분의 경우 인사규정 등에서 직위해제처분에 따른 효과로 승진·승급에 제한을 가하는 등의 법률상 불이익을 규정하고 있다면 직위해제처분을 받은 근로자는 이러한 법률상 불이익을 제거하기 위하여 그 실효된 직위해제처분에 대한 구제를 신청할 이익이 있다(대판 2010.7.29, 2007두18406).*

⑤ 불합격처분·퇴학처분의 취소를 구하는 경우

대학입학고사 불합격처분의 취소를 구하는 소송 계속 중 당해 연도의 입학시기가 지나고 입학정원에 못 들어가게 된 경우라 할지라도 당해 연도의 합격자로 인정되면 다음년도의 입학시기에 입학할 수도 있다고 할 것이므로 불합격처분의 취소를 구할 법률상 이익이 있다(대판 1990.8.28, 89누8255).

고등학교졸업이 대학입학자격이나 학력인정으로서의 의미밖에 없다고 할 수 없으므로 고등학교졸업학력검정고시에 합격하였다 하여 고등학교 학생으로서의 신분과 명예가 회복될 수 없는 것이므로 퇴학처분을 받은 자로서는 퇴학처분의 위법을 주장하여 그 취소를 구할 법률상 이익이 있다(대판 1992.7.14, 91누4737).

⑥ 수익처분의 경원관계에서 처분을 못 받은 자가 거부처분의 취소를 구하는 경우

경원자에 대한 수익처분의 취소로 원고에게 수익처분이 이루어질 가능성을 완전히 배제할 수는 없으므로, 특별한 사정이 없는 한 경원관계에서 허가 등 처분을 받지 못한 사람은 자신에 대한 거부처분의 취소를 구할 소의 이익이 있다(대판 2015.10.29, 2013두27517).

⑦ 과징금부과처분과 과징금감면기각처분의 취소를 구하는 소를 함께 제기한 경우

공정거래위원회가 과징금 부과와 감면 여부를 분리·심리하여 별개로 의결한 후 과징금부과처분과 별도의 처분서로 과징금감면기각처분을 하였다면, 원칙적으로 2개의 처분이 각각 성립한 것이고, 처분의 상대방으로서는 각각의 처분에 대하여 함께 또는 별도로 불복할 수 있다. 따라서 과징금 등 처분과 동시에 감면기각처분의 취소를 구하는 소를 함께 제기했더라도, 특별한 사정이 없는 한 감면기각처분의 취소를 구할 소의 이익이 부정된다고 볼 수 없다(대판 2016.12.27, 2016두43282; 대판 2017.1.12, 2016두35199).

⑧ 외국인이 타인 명의의 여권으로 난민신청을 한 데 대한 난민불인정처분의 취소를 구하는 경우

외국 국적의 甲이 위명(僞名, 가짜이름)인 '乙' 명의의 여권으로 대한민국에 입국한 뒤 乙 명의로 난민 신청을 하였으나 법무부장관이 乙 명의를 사용한 甲을 직접 면담하여 조사한 후 甲

* 5급공채(일반행정)(2011년).

에 대하여 난민불인정 처분을 한 경우 처분의 상대방은 허무인(虛無人, 존재하지 않는 사람)이 아니라 '乙'이라는 위명을 사용한 甲이므로 甲은 처분의 취소를 구할 법률상 이익이 있다(대판 2017.3.9, 2013두16852).

⑨ 의제된 인허가가 취소되고 주된 행정행위도 취소된 경우 주된 행정행위의 취소와 별도로 의제된 인허가의 취소를 구하는 경우

의제된 인허가가 사후에 취소되면서 이와 더불어 주된 행정행위도 취소된 경우 주된 행정행위의 취소를 다투는 것과는 별도로 의제된 인허가의 취소를 다툴 필요가 있다(대판 2018.7.12, 2017두48734).

⑩ 공장설립승인처분이 취소되었으나 그 승인처분에 기초한 공장건축허가처분이 잔존하는 경우에 공장건축허가처분의 취소를 구하는 경우

개발제한구역 안에서의 공장설립을 승인한 처분이 위법하다는 이유로 쟁송취소되었다고 하더라도 그 승인처분에 기초한 공장건축허가처분이 잔존하는 이상, 공장설립승인처분이 취소되었다는 사정만으로 인근 주민들의 환경상 이익이 침해되는 상태나 침해될 위험이 종료되었다거나 이를 시정할 수 있는 단계가 지나버렸다고 단정할 수는 없고, 인근 주민들은 여전히 공장건축허가처분의 취소를 구할 법률상 이익이 있다(대판 2018.7.12, 2015두3485).

⑪ 공공기관에 대하여 정보공개를 청구하였다가 공개거부처분을 받은 청구인이 공개거부처분의 취소를 구하는 경우

국민의 정보공개청구권은 법률상 보호되는 구체적인 권리이므로, 공공기관에 대하여 정보의 공개를 청구하였다가 공개거부처분을 받은 청구인은 행정소송을 통하여 그 공개거부처분의 취소를 구할 법률상의 이익이 있고, 공개청구의 대상이 되는 정보가 이미 공개되어 있다거나 다른 방법으로 손쉽게 알 수 있다는 사정만으로 소의 이익이 없다거나 비공개결정이 정당화될 수 없다(대판 2007.7.13, 2005두8733; 대판 2010.12.23, 2008두13101; 대판 2022.5.26, 2022두33439; 대판 2022.5.26, 2022두34562 등).

Ⅳ. 취소소송의 피고적격*

1. 처분청

취소소송은 다른 법률에 특별한 규정이 없는 한 그 처분 등을 행한 행정청을 피고로 한다(행소법 13 ①).

본래 피고는 권리의무의 귀속주체인 국가나 지방자치단체가 되는 것이 원칙이나, 행정소송법은 소송수행의 편의를 도모하기 위하여 처분청을 피고로 규정하고 있다.

행정청에는 단독기관(예: 장관, 시·도지사 등)뿐 아니라 합의제 행정기관(예: 토지수용위원회, 공

* 사법시험(2012년), 행정고시(재경)(2007년).

정거래위원회 등)도 포함된다.

처분성이 인정되는 처분적 조례(예: 두밀분교폐지조례)에 대한 항고소송의 경우에는 조례를 공포한 지방자치단체의 장(교육·학예에 관한 조례의 경우 교육감)이 피고가 된다(대판 1996.9.20, 95누8003).

2. 처분청에 대한 예외

(1) 다른 법률에 특별한 규정이 있는 경우

예컨대, 국가공무원법상 대통령의 국가공무원에 대한 징계처분, 그 밖에 본인의 의사에 반한 불리한 처분에 대한 행정소송의 경우 소속장관이 피고가 되고(국가공무원법 16), 경찰공무원법상의 처분에 대한 행정소송의 경우 경찰청장 또는 해양경찰청장이 피고가 된다(경공법 34). 그 밖에도 국회의장의 처분에 대해서는 국회사무총장(국회사무처법 4 ③), 대법원장의 처분에 대해서는 법원행정처장(법원조직법 70), 헌법재판소장의 처분에 대해서는 사무처장(헌재법 17 ⑤)이 각각 피고가 된다.

(2) 권한의 위임·위탁의 경우

행정소송법은 행정소송법을 적용함에 있어 법령에 의하여 행정권한의 위임 또는 위탁을 받은 행정기관, 공공단체 및 그 기관 또는 사인을 행정청에 포함시키고 있다(행소법 2 ②). 따라서 행정권한의 위임 또는 위탁이 있는 경우에는 실제로 처분을 한 수임관청이나 수탁기관이 피고가 된다. 행정권한이 공법인(예: 한국도로공사·공무원연금관리공단·근로복지공단 등)에게 위임된 경우 공법인의 대표자가 아니라 공법인 그 자체가 피고가 된다.

(3) 권한승계의 경우

처분 등이 있은 뒤에 그 처분 등에 관계되는 권한이 다른 행정청에 승계된 때에는 이를 승계한 행정청을 피고로 한다(행소법 13 ① 단서).

(4) 처분청이 없게 된 경우

처분 등을 행한 행정청이 없게 된 때에는 그 처분 등에 관한 사무가 귀속되는 국가 또는 공공단체를 피고로 한다(행소법 13 ②).

3. 피고경정

원고가 피고를 잘못 지정한 때에는 법원은 원고의 신청에 의하여 결정으로써 피고의 경정을 허가할 수 있다(행소법 14 ①). 한편 소의 변경으로 인하여 피고의 경정이 필요한 경우도 있을 수 있다. 이와 같은 필요에 따라 행정소송법은 소의 변경으로 인한 피고경정을 인정하고 있다(행소법 21).

Ⅴ. 취소소송의 대상적격(처분 등의 존재)*

> **1. 행정쟁송법상의 처분**
> **2. 처분개념에 관한 학설**
> ① 일원설(실체법상의 처분개념설)
> ② 이원설(쟁송법상의 처분개념설)
> ③ 형식적 행정행위론
> ④ 결어
> ∘ 일원설이 타당하나, 실정법상 처분개념이 더 넓음
> ∘ 판례: 도시·군관리계획, 단수조치, 처분법규 처분성 인정
> **3. 처분의 개념적 요소**
> ∘ 행정청의 처분은, ① 행정청이 행하는, ② 구체적 사실에 관한 법집행으로서, ③ 공권력을 행사하거나 거부하는, ④ 국민의 권리의무에 직접 영향을 미치는 공법행위

취소소송은 '처분 등(처분·재결)'을 대상으로 한다. 이를 취소소송의 대상적격이라 한다.

1. 처분 등의 개념

행정소송법은 "'처분 등'이라 함은 행정청이 행하는 구체적 사실에 관한 법집행으로서의 공권력의 행사 또는 그 거부와 이에 준하는 행정작용 및 행정심판에 대한 재결을 말한다."고 정의하고 있다(행소법 2 ① 2호).[12]

2. 처분개념과 행정행위 개념의 동일성 여부에 관한 학설

행정소송법상 처분개념이 학문상 행정행위의 개념과 동일한가에 대하여 논란이 있다.[13] ① 일원설(실체법상의 처분개념설)은 실체법상의 처분(행정행위)과 쟁송법상의 처분(행정쟁송법상 처분)은 동일한 개념이어야 한다는 견해다. 이 견해는 행정행위와 처분을 같은 개념으로 이해하면서 '항고소송의 대상이 될 수 없는 여타의 행정작용(비처분적 행정작용)'에 대해서는 이에 대한 별도의 행정소송제도를 마련하여야 한다고 주장한다. ② 이원설(쟁송법상의 처분개념설)은 '항

---

* 변호사시험(2018년), 변호사시험(2021년), 변호사시험(2024년), 사법시험(2008년), 사법시험(2012년), 행정고시(일반행정)(2006년), 행정고시(일반행정)(2008년), 5급공채(일반행정·재경)(2011년), 5급공채(재경)(2013년), 5급공채(2018년).

12 행정기본법도 "처분이란 행정청이 구체적 사실에 관하여 행하는 법 집행으로서 공권력의 행사 또는 그 거부와 그 밖에 이에 준하는 행정작용을 말한다(행정기본법 2 4호)."고 하여 행정소송법상 처분과 사실상 동일하게 정의하고 있다.

13 이에 관하여는 행정행위편에서 이미 검토하였으므로, 여기에서는 간략하게만 언급한다.

고소송을 통한 권리구제의 확대'에 중점을 두어 항고소송의 대상이 되는 처분개념은 행정행위 개념과 관계없이 확대되어야 한다는 입장으로, 처분개념이 행정행위 개념보다 넓어야 한다고 주장한다. ③ 이원설의 주장을 더 확장하여 '형식적 행정행위론'은 '공권력행사로서의 실체를 가지고 있지 않지만 국민생활을 일방적으로 규율하거나 개인의 법익에 대하여 계속적으로 사실상의 지배력을 미치는 행위'에 대해서는 쟁송법상 처분으로 인정하자고 주장한다. ④ 생각건대, 이론적 관점에서는, 권리구제를 확대하려면 별도의 소송유형을 마련하는 것이 바람직하므로, 일원설이 타당하다. 그렇지만 실제에 있어서는 행정소송법이 처분을 '공권력의 행사·거부·그 밖에 이에 준하는 행정작용'으로 정의하여, '권력적 단독행위인 공법행위(행정행위)'보다 더 넓다. 실제로 판례도 종래의 행정행위뿐 아니라 도시·군관리계획과 같은 행정계획(대판 1982.3.9, 80누105)이나 단수조치(대판 1979.12.28, 79누218)와 같은 권력적 사실행위, 처분법규(대판 1996.9.20, 95누8003)의 경우에도 처분성을 인정하고 있다. 이하에서 처분개념을 요소별로 나누어 검토해 보기로 한다.

3. 처분의 개념적 요소

(1) 행정청의 행위

행정소송법상 처분은 행정청이 행한다. 여기에서 행정청이란 행정에 관한 의사를 결정하여 표시하는 국가 또는 지방자치단체의 기관과 그 밖에 법령등에 따라 행정에 관한 의사를 결정하여 표시하는 권한을 가지고 있거나 그 권한을 위임 또는 위탁받은 공공단체 또는 그 기관이나 사인(私人)을 말한다(행정기본법 2 2호).

① 행정청에는 단독기관뿐 아니라 합의제기관(공정거래위원회·노동위원회 등)도 포함된다. ② 행정청에는 법령에 의하여 행정권한의 위임 또는 위탁을 받은 행정기관, 공공단체 및 그 기관 또는 사인이 포함된다(행소법 2 ②). ③ 국회와 법원도 소속공무원에 대한 임면과 징계 등 행정권한을 행사하는 범위 내에서 행정청이 될 수 있다. ④ 지방자치단체는 행정부에 속하는 공법상의 법인이므로 지방자치단체의 기관인 지방의회(예: 지방의회의원에 대한 징계의결)도 행정청에 포함된다.

판례 > 항고소송을 제기할 수 있는 상대가 되는 행정청의 의의

"… 행정청에는 … 특정한 공공사무를 행하는 공법인인 특수행정조직 등이 이에 해당한다.
대한주택공사가 … 시행한 택지개발사업 및 이에 따른 이주대책에 관한 처분은 항고소송의 대상이 된다(대판 1992.11.27, 92누3618)."

판례 > 행정소송의 대상이 되는 행정처분의 의의

"상대방의 권리를 제한하는 행위라 하더라도 행정청 또는 그 소속기관이나 권한을 위임받은 공공단체의 행위가 아닌 한 이를 행정처분이라고 할 수는 없다(대결 2010.11.26, 2010무137)."

판례 > 지방의회의 의장선임의결이 행정처분으로서 항고소송의 대상이 되는지 여부

"지방의회의 의사를 결정공표하여 그 당선자에게 이와 같은 의장으로서의 직무권한을 부여하는 지방의회의 의장선거는 행정처분의 일종으로서 항고소송의 대상이 된다고 할 것이다(대판 1995.1.12, 94누2602)."

(2) 법적 규율

1) 처분의 개념적 요소로서 '법적 규율'의 문제

'법적 규율(Regelung)'이란 법률관계의 발생·변경·소멸을 가져오는 것을 의미한다. 행정소송법은 처분을 '법적 효과를 가져오는 행위'로 명시하지 않고 '공권력의 행사 또는 그 거부'라고만 규정하고 있어, '법적 규율'이 처분의 개념적 요소인가 논란이 있을 수 있다. 그러나 판례는 처분을 행정청의 '공법상 행위'로서 국민의 권리의무에 직접 영향을 미치는 행위로 이해함으로써 '법적 규율'을 처분의 개념적 요소로 파악하고 있다[판례].

판례 > 행정처분의 의미, 판단기준

"항고소송의 대상이 되는 행정처분이란 원칙적으로 행정청의 공법상 행위로서 특정 사항에 대하여 법규에 의한 권리 설정 또는 의무 부담을 명하거나 기타 법률상 효과를 발생하게 하는 등으로 일반 국민의 권리의무에 직접 영향을 미치는 행위를 가리키는 것이…다.

한편 행정청의 어떤 행위가 항고소송의 대상이 될 수 있는지는 추상적·일반적으로 결정할 수 없고, 구체적인 경우 행정처분은 행정청이 공권력 주체로서 행하는 구체적 사실에 관한 법집행으로서 국민의 권리의무에 직접적으로 영향을 미치는 행위라는 점을 염두에 두고, 관련 법령의 내용과 취지, 행위의 주체·내용·형식·절차, 그 행위와 상대방 등 이해관계인이 입는 불이익과의 실질적 견련성, 그리고 법치행정 원리와 당해 행위에 관련한 행정청 및 이해관계인의 태도 등을 참작하여 개별적으로 결정해야 한다(대판 2012.9.27, 2010두3541)."

2) '법적 규율'의 내용

① 외부적 행위

'법적 규율'은 행정조직 내부가 아니라 행정 외부적 관계, 즉 대국민적 관계에서 상대방에게 권리·의무의 변동을 가져오는 것을 의미한다.

판례 > 행정결정이 내부전산망에 입력되었으나 당사자에게 통보하지 않은 경우 '처분'에 해당하지 않는지 여부(소극)

"… 입국금지결정은 법무부장관의 의사가 공식적인 방법으로 외부에 표시된 것이 아니라 단지 그 정보를 내부전산망인 '출입국관리정보시스템'에 입력하여 관리한 것에 지나지 않으므로, 위 입국금지결정은 항고소송의 대상이 될 수 있는 '처분'에 해당하지 않는다(대판 2019.7.11, 2017두38874)."

② 직접적·법적 효과

'법적 규율'은 직접 권리·의무관계의 발생·변경·소멸을 가져오는 행위이다. 따라서 이러한 법적 효과가 없는 순수한 사실행위는 처분이 아니다(대판 1993.10.26, 93누6331).

(3) 구체적 사실에 관한 법집행으로서의 공권력의 행사 또는 그 거부

1) 구체적 사실에 관한 법집행

'구체적 사실에 관한 법집행'행위라 함은 그 행위가 '개별성'과 '구체성'을 띠어야 한다는 것을 의미한다. '개별적'이란 처분의 상대방이 특정되어 있는 것을 의미하고, '구체적'이란 대상이 되는 행위가 특정 사건임을 의미한다.

처분이 '개별성·구체성을 띠는 법집행'행위라는 점에서 '일반적·추상적인 입법'은 처분이 아니다(다만 두밀분교폐지조례와 같은 처분법규는 예외적으로 처분성 인정).

한편 구체적인 사건을 대상으로 하지만 그 상대방이 불특정적인 일반처분(일반성·구체성)도 처분에 해당한다.

2) 공권력의 행사

'공권력의 행사'는 대체로 행정주체의 고권적이고 일방적인 행위(권력작용)를 의미한다. 일방적·강제적으로 행하여지는 권력적 사실행위도 이에 해당한다. 행정청의 비권력작용이나 국고작용, 대등한 관계에서 이루어지는 공법상 계약 등은 '공권력의 행사'가 아니다.

판례 > 병무청장이 병역의무 기피자의 인적사항 등을 인터넷에 게시하는 것이 공권력의 행사인지 여부

"병무청장이 병역의무 기피자의 인적사항 등을 인터넷 홈페이지에 게시하는 등의 방법으로 공개한 경우 병무청장의 공개결정을 항고소송의 대상이 되는 행정처분으로 보아야 한다. (이 경우) 병무청장의 공개는 병역법에 근거하여 이루어지는 공권력의 행사에 해당한다 … (대판 2019.6.27, 2018두49130)."

판례 > 공공기관운영법령에 따른 입찰참가자격제한조치가 처분에 해당하는지 여부(적극)

"공공기관운영법 제39조 제2항과 그 하위법령에 따른 입찰참가자격제한 조치는 '구체적 사실에 관한 법집행으로서의 공권력의 행사'로서 행정처분에 해당한다. 공공기관운영법은 공공기관을 공기업, 준정부기관, 기타공공기관으로 구분하고(제5조), 그중에서 공기업, 준정부기관에 대해서는 입찰참가자격제한처분을 할 수 있는 권한을 부여하였다(대판 2020.5.28, 2017두66541)."

3) 공권력행사의 거부*

1. 거부처분의 의의
2. 거부처분의 성립요건
(1) 판례
◦① 신청한 행위가 처분일 것, ② 그 거부행위가 법률관계에 변동을 일으키는 것일 것, ③ 당사자에게 법규상 또는 조리상의 신청권이 있을 것
(2) 학설
◦① 대상적격설, ② 본안문제설, ③ 원고적격설, ④ 결: 원고적격설 타당

① 거부처분의 의의

'공권력행사의 거부'는 곧 거부처분을 의미한다. 거부처분은 처분을 구하는 당사자의 신청에 대하여 처분의 발급을 거부하는 행정청의 행정작용을 말한다.

② 거부처분의 성립요건

㈎ 판례

거부처분의 성립요건과 관련하여 판례는 (1) 신청한 행위가 처분이어야 하고, (2) 그 거부행위가 신청인의 법률관계에 변동을 일으키는 것이어야 하며, (3) 당사자에게 처분의 발급을 요구할 법규상 또는 조리[14]상의 신청권이 있어야 한다는 입장이다. 그러면서 판례는 여기에서 신청권

* 변호사시험(2013년), 변호사시험(2016년), 변호사시험(2020년), 변호사시험(2021년), 사법시험(2008년), 사법시험(2012년), 사법시험(2013년), 행정고시(일반행정)(2008년), 5급공채(행정)(2014년).

14 조리(Natur der Sache)는 '사물의 본질적 법칙' 또는 '정의의 관념상 반드시 그러해야 할 것으로 인정되는 것'을 말한다. 위 '행정법의 일반원칙' 참조.

은 '일반 국민에게 인정되는' 추상적 신청권이라고 하고 있다.

판례 > ① 거부처분의 요건, ② 신청권 존부의 판단기준

"국민의 적극적 신청행위에 대하여 행정청이 그 신청에 따른 행위를 하지 않겠다고 거부한 행위가 항고소송의 대상이 되는 행정처분에 해당하는 것이라고 하려면, 그 신청한 행위가 공권력의 행사 또는 이에 준하는 행정작용이어야 하고, 그 거부행위가 신청인의 법률관계에 어떤 변동을 일으키는 것이어야 하며, 그 국민에게 그 행위발동을 요구할 법규상 또는 조리상의 신청권이 있어야 한다.

거부처분의 처분성을 인정하기 위한 전제요건이 되는 신청권의 존부는 구체적 사건에서 신청인이 누구인가를 고려하지 않고 관계 법규의 해석에 의하여 일반 국민에게 그러한 신청권을 인정하고 있는가를 살펴 추상적으로 결정되는 것이고, 신청인이 그 신청에 따른 단순한 응답을 받을 권리를 넘어서 신청의 인용이라는 만족적 결과를 얻을 권리를 의미하는 것은 아니므로, 국민이 어떤 신청을 한 경우에 그 신청의 근거가 된 조항의 해석상 행정발동에 대한 개인의 신청권을 인정하고 있다고 보이면 그 거부행위는 항고소송의 대상이 되는 처분으로 보아야 하고, 구체적으로 그 신청이 인용될 수 있는가 하는 점은 본안에서 판단하여야 할 사항이다(대판 2009.9.10, 2007두20638)."

판례 > 신청권을 인정한 판례

건축물대장의 작성 신청권(대판 2009.2.12, 2007두17359)·건축물대장의 용도변경신청권(대판 2009.1.30, 2007두7277)·주택건설업자의 수의계약에 의한 택지공급신청권(대판 2007.12.13, 2006두19068)·검사임용신청자의 임용신청에 대한 응답을 요구할 권리(대판 1991.2.12, 90누5825)·도시계획입안신청권(대판 2004.4.28, 2003두1806)·도시계획시설결정의 변경신청권(대판 2015.3.26, 2014두42742)·개발사업시행자가 납부한 개발부담금 중 그 부과처분 후에 납부한 학교용지부담금에 해당하는 금액에 대하여 개발부담금의 환급에 필요한 처분을 할 것을 신청할 권리(대판 2016.1.28, 2013두2938), 학교용지부담금 환급신청(대판 2016.1.28, 2013두2938), 건축허가 철회신청(대판 2017.3.15, 2014두41190), 산업단지개발계획 변경신청(대판 2017.8.29, 2016두44186).

판례 > 신청권을 부인한 판례

제소기간이 경과되어 불가쟁력이 생긴 행정처분에 대한 변경신청권(대판 2007.4.26, 2005두11104)·당연퇴직공무원의 복직 또는 재임용 신청권(대판 2006.3.10, 2005두562)·산림복구준공통보 취소신청권(대판 2006.6.30, 2004두701)·도지정문화재 지정처분의 취소 또는 해제 신청권(대판 2001.9.28, 99두8565)·산림훼손허가를 얻은 자의 산림훼손 용도변경신청권(대판 1998.10.13,

97누13764)·민원인이 요구하는 행정기관의 행위에 대한 실체적 신청권(대판 1999.8.24, 97누7004)·주민의 도시계획의 변경을 청구할 권리(대판 1994.1.28, 93누22029)·철거민의 시영아파트 특별분양신청권(대판 1993.5.11, 93누2247)·토지형질변경허가의 철회 또는 변경을 요구할 권리(대판 1997.9.12, 96누6219)*·행정청에 대한 국민의 제3자에 대한 건축허가의 취소나 준공검사의 취소 또는 제3자 소유의 건축물에 대한 철거 등의 조치를 요구할 권리(대판 1999.12.7, 97누17568)·중요무형문화재 보유자의 추가인정을 요구할 권리(대판 2015.12.10, 2013두20585), 산재보험적용사업장 변경신청(대판 2016.7.14, 2014두47426).

(나) 학설

판례가 거부처분의 성립요건으로 신청권의 존재를 요구하고 있는 것에 대하여, (1) 부작위의 경우와 마찬가지로 신청권을 거부처분의 요건으로 보아야 한다는 견해(대상적격설), (2) 신청권의 존재 여부는 본안판단의 문제라고 보는 견해(본안문제설), (3) 신청권의 존재는 거부처분의 성립요건이 아니라 원고적격의 문제라고 보는 견해(원고적격설)가 있다.

(다) 결어

판례가 거부처분의 성립요건으로 신청권의 존재를 요구하는 것은 소송제기의 남발을 방지하려는 것으로 보인다. 그러나 원고자 신청권이 있는가 하는 것은 원고적격의 문제이고, 이로써도 남소는 얼마든지 통제가 가능하다고 이해되므로, 원고적격설이 타당하다.

③ 관련문제: 반복된 거부처분**

판례는 새로운 신청에 따른 반복된 거부처분은 새로운 거부처분이 있는 것으로 보아야 한다는 입장이다(대판 1992.10.27, 92누1643).

판례 > 수익적 행정행위 신청에 대한 거부처분이 있은 후 당사자가 다시 신청하고 행정청이 이를 다시 거절한 경우, 새로운 거부처분인지 여부(원칙적 적극)

"수익적 행정행위 신청에 대한 거부처분은 당사자의 신청에 대하여 관할 행정청이 거절하는 의사를 대외적으로 명백히 표시함으로써 성립되고, 거부처분이 있은 후 당사자가 다시 신청을 한 경우에는 신청의 제목 여하에 불구하고 그 내용이 새로운 신청을 하는 취지라면 관할 행정청이 이를 다시 거절하는 것은 새로운 거부처분으로 봄이 원칙이다(대판 2019.4.3, 2017두52764[예방접종피해보상거부처분취소]; 대판 2021.1.14, 2020두50324[이주대책대상자제외처분취소])."

---

* 행정고시(일반행정)(2008년).

** 변호사시험(2021년).

"나아가 어떠한 처분이 수익적 행정처분을 구하는 신청에 대한 거부처분이 아니라고 하더라도, 해당 처분에 대한 이의신청의 내용이 새로운 신청을 하는 취지로 볼 수 있는 경우에는, 그 이의신청에 대한 결정의 통보를 새로운 처분으로 볼 수 있다(대판 2022.3.17, 2021두53894[지적재조사사업조정금이의신청기각처분취소청구의소])."

(4) 그 밖에 이에 준하는 행정작용

'그 밖에 이에 준하는 행정작용'이 무엇인지 명확하게 정해진 바는 없다. ① 쟁송법상의 처분개념설이나 형식적 행정행위론은, 처분개념을 확대하자는 주장으로, 권력적 사실행위·행정내부행위·행정지도 일부·행정조사·행정규칙·경고 등을 들고 있다. ② 반면 실체법상의 처분개념설은, 처분과 행정행위는 동일한 개념이라는 주장으로, 권력적 사실행위·일반처분·처분법규 등을 들고 있다.

요컨대 이론상 강학상의 행정행위가 곧 쟁송법상 처분이기 때문에, -처분개념을 확대하려야 할 현실적인 필요성을 인정한다 하더라도- '그 밖에 이에 준하는 행정작용'은 유연한 해석을 통하여 행정행위의 범주를 확대해 가는 정도로 이해하는 것이 바람직하다. 그 밖에 비처분적 행정작용에 대해서는 -처분 개념을 무작정 확대하는 것이 아니라- '이에 대한 별도의 소송을 인정'함으로써 권리구제를 도모하는 것이 바람직하다.

4. 처분에 관한 판례*

판례는 기본적으로 "행정처분이란 원칙적으로 행정청의 공법상 행위로서 … 일반 국민의 권리의무에 직접 영향을 미치는 행위(대판 2012.9.27, 2010두3541)"라고 하여 처분을 행정행위의 개념과 거의 동일하게 보고 있는 입장이다.

다만 처분의 판단기준과 관련하여 "… 행정처분은 … 국민의 권리의무에 직접적으로 영향을 미치는 행위라는 점을 염두에 두고, 관련 법령의 내용과 취지, 행위의 주체·내용·형식·절차, 그 행위와 상대방 등 이해관계인이 입는 불이익과의 실질적 견련성,[15] 그리고 법치행정 원리와 당해 행위에 관련한 행정청 및 이해관계인의 태도 등을 참작하여 개별적으로 결정해야 한다(대판 2020.1.16, 2019다264700)."라고 하여 처분의 개념을 확대할 수 있는 여지를 인정하고 있다.

한편 판례는 처분인지가 불분명한 경우에는 그에 대한 불복방법 선택에 중대한 이해관계를 가지는 상대방의 인식가능성과 예측가능성을 중요하게 고려하여야 한다고 하고 있다.

---

* 사법시험(2005년), 행정고시(일반행정)(2009년), 행정고시(재경)(2011년).

15 견련성(牽連性): 법률로 규율하는 특정한 행위와 이에 반드시 결부되는 행위가 서로 얽히어 관계를 가지게 되는 성질. 즉 서로 간의 관련성을 말한다.

판례 > 행정청의 행위가 항고소송의 대상이 되는지 판단하는 기준

"행정청의 행위가 항고소송의 대상이 될 수 있는지는 추상적·일반적으로 결정할 수 없고, 구체적인 경우에 관련 법령의 내용과 취지, 그 행위의 주체·내용·형식·절차, 그 행위와 상대방 등 이해관계인이 입는 불이익 사이의 실질적 견련성, 법치행정의 원리와 그 행위에 관련된 행정청이나 이해관계인의 태도 등을 고려하여 개별적으로 결정하여야 한다(대판 2020.1.16, 2019다264700; 대판 2020.10.15, 2020다222382; 대판 2021.2.4, 2020두48772; 대판 2021.12.30, 2018다241458; 대판 2023.2.2, 2020두48260 등)."

판례 > 행정청의 행위가 '처분'에 해당하는지 불분명한 경우, 이를 판단하는 방법

"행정청의 행위가 '처분'에 해당하는지가 불분명한 경우에는 그에 대한 불복방법 선택에 중대한 이해관계를 가지는 상대방의 인식가능성과 예측가능성을 중요하게 고려하여 규범적으로 판단하여야 한다(대판 2020.4.9, 2019두61137; 대판 2021.1.14, 2020두50324; 대판 2021.12.30, 2018다241458)."

"피고가 2019.1.31. 공공감사법 제23조에 따라 감사결과 및 조치사항을 통보한 뒤, 그와 동일한 내용으로 2020.10.22. 시정명령을 내리면서 그 근거법령으로 유아교육법 제30조를 명시하였다면, 공공감사법 제23조에 따라 통보된 조치사항을 이행하지 않은 경우와 유아교육법 제30조에 따른 시정명령을 이행하지 않은 경우에 당사자가 입는 불이익이 다르므로, 위 시정명령에 대하여도 처분성을 인정하여 그 불복기회를 부여할 필요성이 있다(대판 2022.9.7, 2022두42365 [시정명령처분 무효확인])."

※ 참고: 처분에 관한 판례

1. 처분성을 인정한 판례
   ① 특별행정법관계: 교육대학 장의 학생에 대한 퇴학처분(대판 1991.11.22, 91누2144).
   ② 부분허가·사전통보: (1) 원자로 및 관계시설의 부지사전승인(대판 1998.9.4, 97누19588), (2) 폐기물처리업사업계획의 부적정통보(대판 1998.4.28, 97누21086).
   ③ 행정행위의 부관: 부담(대판 1994.1.25, 93누13537; 대판 1992.1.21, 91누1264).
   ④ 거부처분: (1) 건축신고의 반려행위(대판 2010.11.18, 2008두167), (2) 건축주명의변경 신고수리거부처분(대판 1992.3.31, 91누4911), (3) 도시계획입안제안의 거부행위(대판 2004.4.28, 2003두1806), (4) 대학교원의 임용기간만료의 통지(대판 2004.4.22, 2000두7735), (5) 건축허가 철회신청의 거부(대판 2017.3.15, 2014두41190), (6) 주민등록번호 변경신청의 거부(대판

2017.6.15, 2013두2945), (7) 산업단지개발계획 변경신청의 거부(대판 2017.8.29, 2016두44186), (8) 국방전력발전업무훈령에 의한 연구개발확인서 발급의 거부(대판 2020.1.16, 2019다264700).

⑤ 내부적 행위: (1) 장해등급결정(대판 2002.4.26, 2001두8155). (2) 사업인정(대판 1995.12.5, 95누4889), (3) 표준지공시지가결정(대판 2008.8.21, 2007두13845), (4) 개별공시지가결정(대판 1993.1.15, 92누12407), (5) 지방의회 의원징계의결(대판 1993.11.26, 93누7341), (5) 근로복지공단의 개별 사업장의 사업종류 변경결정(대판 2020.4.9, 2019두61137).*

⑥ 반복된 행위: (1) 동일한 내용의 새로운 신청에 대한 반복된 거부처분(대판 2000.3.29, 2000두6084), (2) 감염병예방법상 2차 거부통보(대판 2019.4.3, 2017두52764), (3) 2차 이주대책대상자 제외결정(대판 2021.1.14, 2020두50324), (4) 건축법상 이행강제금 납부의 최초 독촉(대판 2009.12.24, 2009두14507).

⑦ 제재조치·취소: (1) 조달청장의 입찰참가자격정지조치(대판 1983.12.27, 81누366), (2) 건축협의의 취소(대판 2014.2.27, 2012두22980), (3) 한국환경산업기술원장의 연구개발중단조치 및 연구비집행중지조치(대판 2015.12.24, 2015두264), (4) 진주의료원 폐업결정(대판 2016.8.30, 2015두60617), (5) 공공감사법에 근거한 감사결과 및 조치사항 통보 이후에 유아교육법에 근거한 동일 내용의 시정명령(대판 2022.9.7, 2022두42365).

⑧ 처분법규·고시: (1) 두밀분교폐지조례(대판 1996.9.20, 95누8003), (2) 약제급여·비급여목록 및 급여상한금액표(대판 2006.9.22, 2005두2506).

⑨ 행정규칙에 근거한 처분: (1) 상대방의 권리의무에 직접 영향을 미치는 경우 항고소송의 대상이 되는 행정처분에 해당(대판 2012.9.27, 2010두3541), (2) 국방전력발전업무훈령에 의한 연구개발확인서 발급(대판 2020.1.16, 2019다264700), (3) 공급자관리지침(행정규칙)에 근거한 등록취소 및 그에 따른 일정 기간의 거래제한조치(대판 2020.5.28, 2017두66541).

⑩ 행정계획: (1) 도시계획결정(대판 1982.3.9, 80누105), (2) 관리처분계획(대판 2002.12.10, 2001두6333), (3) 택지개발계획승인(대판 1992.8.14, 91누11582).

⑪ 국·공유재산: (1) 행정재산의 사용허가(대판 2001.6.15, 99두509), (2) 국·공유재산 무단사용자에 대한 변상금부과처분(대판 2014.7.16, 2011다76402).

⑫ 권고·경고·통지: (1) 금융감독원장의 문책경고(대판 2005.2.17, 2003두14765), (2) 공정거래위원회의 경고(헌재결 2012.6.27, 2010헌마508), (3) 불문경고(대판 2002.7.26, 2001두3532),** (4) 과학기술기본법령상 사업협약의 해지통보(대판 2014.12.11, 2012두28704), (5) 검사에 대한 검찰총장의 경고조치(대판 2021.2.10, 2020두47564), (6) 총포·화약안전기술협회의 회비납부통지(대판 2021.12.30, 2018다241458).

⑬ 임용제외처분: 교장의 승진임용 제외처분(대판 2018.3.27, 2015두47492), 총장임용제청 제외

* 행정고시(재경)(2009년).

** 행정고시(일반행정)(2009년).

처분(대판 2018.6.15, 2016두57564).*

⑭ 기타: (1) 병역기피자의 인적 사항 등의 공개결정(대판 2019.6.27, 2018두49130), (2) 군인연금법상 유족연금수급권 이전 결정(대판 2019.12.27, 2018두46780), (3) 총포화약법상 안정도시험 검사명령(대판 2021.12.30, 2018다241458), (4) 공정거래위원회의 입찰참가자격제한 요청 결정(대판 2023.2.2, 2020두48260; 대판 2023.4.27, 2020두47892).

2. 처분성을 인정하지 않은 판례

① 통치행위: 대통령의 계엄선포행위(대판 1997.4.17, 96도3376; 대판 1982.9.14, 82도1847; 대판 1981.4.28, 81도874; 대판 1980.8.26, 80도1278).

② 확약: 어업권면허에 선행하는 우선순위결정(대판 1995.1.20, 94누6529).

③ 행정행위의 부관: 부담을 제외한 부관(대판 2001.6.15, 99두509; 대판 1993.10.8, 93누2032; 대판 1991.12.13, 90누8503).

④ 공부에의 기재 또는 정정행위: 지적도(대판 2002.4.26, 2000두7612; 대판 1990.5.8, 90누554)·건축물관리대장(대판 2001.6.12, 2000두7777; 대판 1995.5.26, 95누3428; 대판 1989.12.12, 89누5348) 등에의 기재 및 정정행위.

⑤ 내부적 행위: (1) 국세환급금결정 및 결정신청에 대한 환급거부결정(대판 2010.2.25, 2007두18284), (2) 감사원의 징계 요구와 재심의결정(대판 2016.12.27, 2014두5637), (3) 보건복지부장관의 의대정원 증원발표(대결 2024.6.19, 2024무689).

⑥ 거부처분: (1) 당연퇴직 공무원의 복직신청거부(대판 2005.11.25, 2004두12421), (2) 산재보험 적용사업장 변경신청의 거부(대판 2016.7.14, 2014두47426).

⑦ 반복된 행위: 행정대집행법상 2차, 3차 계고처분(대판 1994.10.28, 94누5144; 대판 1994.2.22, 93누21156).

⑧ 행정입법: (1) 의료법시행규칙(부령)(대판 2007.4.12, 2005두15168), (2) 기획재정부장관이 제정한 일본산 공기압 전송용 밸브에 대한 덤핑방지관세의 부과에 관한 규칙(대판 2022.12.1, 2019두48905).

⑨ 행정계획: (1) 환지계획(대판 1999.8.20, 97누6889), (2) 하수도정비기본계획(대판 2002.5.17, 2001두10578), (3) 도시기본계획(대판 2002.10.11, 2000두8226), (4) 혁신도시 최종입지 선정행위(대판 2007.11.15, 2007두10198), (5) 4대강 살리기 마스터플랜(대결 2011.4.21, 2010무111 전원합의체).

⑩ 공기업 근무관계(사법관계): 한국마사회의 기수에 대한 징계처분(대판 2008.1.31, 2005두8269).

⑪ 비권력적 사실행위: (1) 공무원에 대한 단순서면경고(대판 1991.11.12, 91누2700), (2) 단전요청(대판 1996.3.22, 96누433), (3) 방송통신위원회가 방송사업자에게 한 고지방송명령(대판 2023.7.13, 2016두34257).

* 5급공채(2019년).

⑫ 통지: (1) 당연퇴직사유에 따른 퇴직발령(대판 1995.11.14, 95누2036), (2) 공매통지(대판 2011.3.24, 2010두25527), (3) 대학자체징계요구통보(대판 2014.12.11, 2012두28704), (4) 중소기업기술정보진흥원장의 협약해지 및 그에 따른 정부지원금 환수통보(대판 2015.8.27, 2015두41449), (5) 보조금지급신청에 대하여 위임행정청인 경기도지사가 한 통보(대판 2023.2.23, 2021두44548).
⑬ 행정질서벌: 과태료부과(대판 2012.10.11, 2011두19369).
⑭ 제재조치: 수도권매립지관리공사의 입찰자격제한조치(대판 2010.11.26, 2010무137).
⑮ 공법상 근무계약: 시립합창단원에 대한 재위촉 거부(대판 2001.12.11, 2001두7794).
⑯ 기타: (1) 금융감독위원회의 파산신청(대판 2006.7.28, 2004두13219). (2) 국가인권위원회의 진정 각하 또는 기각결정(헌재 2008.11.27, 2006헌마440), (3) 법관명예퇴직수당지급거부(대판 2016.5.24, 2013두14863).

(3) 경정처분의 경우*

1) 문제의 소재

예컨대 행정청이 과세처분을 한 후 이를 감액하거나 증액하는 처분을 하는 경우가 있다. 이 경우 당초처분에 대하여 감액 또는 증액된 처분을 경정처분(更正處分)이라 하는데, 이 경우 당초처분과 경정처분 가운데 어느 것이 항고소송의 대상이 되는가 하는 것이 문제이다.

2) 학설

이에 대하여는 ① 당초처분과 경정처분은 독립된 처분으로 별개의 소송대상이라는 설, ② 경정처분만이 소송의 대상이 된다는 설, ③ 경정처분에 의하여 수정된 당초의 처분이 소송의 대상이라는 설 등이 제시되고 있다.

3) 판례

판례는 ① 감액경정처분의 경우 소송의 대상은 경정처분으로 인하여 감액된 당초처분이라고 보고 있다. 이 경우 제소기간도 당초처분을 기준으로 판단하여야 한다(대판 2009.5.28, 2006두16403; 대판 2012.9.27, 2011두27247). ② 증액경정처분의 경우는 증액경정처분만이 소송의 대상이 된다고 하고 있다(대판 2000.9.8, 98두16149).

(4) 종전처분을 변경하는 내용의 후속처분의 경우**

1) 문제의 소재

예컨대 행정청이 영업제한시간 및 의무휴업일 지정처분을 한 후 종전처분에서의 영업제한시

* 변호사시험(2014년), 변호사시험(2017년), 5급공채(일반행정)(2013년).
** 사법시험(2017년).

간을 일부 연장하는 것을 내용으로 하는 후속처분을 하는 경우에 종전처분과 후속처분 중 어느 것이 항고소송의 대상이 되는가 하는 것이 문제이다.

2) 판례

대법원은 영업시간제한등처분취소 사건에서, 후속처분이 종전처분을 완전히 대체하는 것이거나 주요 부분을 실질적으로 변경하는 내용인 경우가 아닌 한, 후속처분에도 불구하고 종전처분이 여전히 항고소송의 대상이 된다고 하고 있다(대판 2015.11.19, 2015두295 전원합의체).

후행처분이 선행처분의 주요 부분을 실질적으로 변경하는 경우 선행처분의 효력은 상실되지만, 선행처분의 일부만 소폭 변경하는 경우에는 선행처분은 후행처분에 의하여 변경되지 아니한 범위 내에서 그대로 존속한다(대판 2020.4.9, 2019두49953; 대판 2022.7.28, 2021두60748).

5. 재결

1. 의의 ○ 원처분주의 ○ 재결주의 **2. 행정소송법(원처분주의): 행정소송법 19 단서**	**3. 재결취소소송의 사유** ○ 재결취소소송 ○ '재결 자체의 고유한 위법'

(1) 재결의 개념

취소소송의 대상이 되는 '처분 등'은 처분과 행정심판에 대한 재결을 의미한다(행소법 2 ① 1호). 따라서 행정심판에 대한 재결도 취소소송의 대상이 된다.

(2) 원처분주의*

처분에 대하여 행정심판의 재결을 거쳐 취소소송을 제기하는 경우, ① 원처분주의는 원처분에 대해서만 취소소송을 제기할 수 있고, 재결 자체의 고유한 위법을 다투려면 재결취소소송을 제기하여야 하는 제도이다. ② 재결주의는 재결에 대해서만 취소소송을 제기할 수 있도록 하되 재결취소소송에서는 재결의 위법뿐 아니라 원처분의 위법도 주장할 수 있는 제도를 말한다. ③ 행정소송법은 "재결취소소송의 경우에는 재결 자체에 고유한 위법이 있음을 이유로 하는 경우에 한한다(행소법 19 단서)."고 규정하여 원처분주의를 채택하고 있다.

(3) 재결취소소송의 사유

재결취소소송은 재결 자체에 고유한 위법이 있음을 이유로 하는 경우에만 가능하다. 따라서

* 5급공채(행정)(2023년).

원처분의 위법을 이유로 하는 재결취소소송은 불가능하다. 여기에서 '재결 자체의 고유한 위법'이란 재결 자체에 주체·형식·절차·내용요건상의 하자가 있는 경우를 의미한다.

(4) 인용재결의 경우, 소송의 대상*

> **1. 형성재결**
> **2. 이행재결**
> ○ 이행재결인지 이행재결에 따른 처분인지 논란
> ○ ① 병존설, ② 재결설, ③ 처분설
> ○ 판례: 병존설
> ○ 병존설 및 판례 타당
> **3. 일부인용재결(일부취소재결)과 변경재결중 취소소송의 대상**
> (1) 문제
> (2) 학설
> ○ ① '일부취소되고 남은 원처분' 또는 '변경된 원처분'이라는 견해, ② 일부취소재결의 경우 남은 원처분, 변경재결의 경우 변경재결이라는 견해
> (3) 판례
> ○ 변경재결의 경우 원처분
> ○ 일부취소재결에 대한 판례 없음
> **4. 결어**
> ○ 원처분설(①의 견해) 타당

1) 형성재결·이행재결

① 형성재결

형성재결(예: 취소재결)이 있으면 그 자체로 법률관계가 형성(예: 처분의 취소)되고 처분청의 별도의 행위를 요하는 것이 아니므로, 형성재결의 경우에는 형성재결 그 자체가 취소소송의 대상이 된다(대판 1997.12.23, 96누10911).

② 이행재결

이행재결에 의하여 행정청이 처분을 하고 이행재결 자체에 고유한 위법이 있는 경우에, 취소소송의 대상이 이행재결인지 이행재결에 따른 처분인지 논란이 있다.

이에 대해서는 ① 이행재결과 처분이 각각 취소소송의 대상이 되어야 한다는 견해(병존설), ② 이행재결이 취소소송의 대상이 되어야 한다는 견해(재결설), ③ 이행재결에 따른 처분만이 취소소송의 대상이 되어야 한다는 견해(처분설)가 대립하고 있다. ④ 판례는 이행재결취소소송과 처분취소소송이 모두 가능하다는 입장이다(대판 1993.9.28, 92누15093). ⑤ 이행재결과 이행재결에 따른 처분은 별개의 처분으로 보아야 하므로 병존설 및 판례의 입장이 타당하다.

2) 일부인용재결(일부취소재결)과 변경재결**

일부인용재결(예: 영업정지 2개월을 1개월로 감경)과 변경재결(영업정지처분을 과징금부과처분으로

---

* 사법시험(2013년), 5급공채(2020년).

** 사법시험(2013년), 5급공채(2020년).

변경)이 있은 후에도 당사자가 여전히 불복하고자 하는 경우 재결과 원처분 중 어느 것을 취소소송의 대상으로 하여야 하는지 문제이다.

이에 대해서는 ① '일부취소되고 남은 원처분' 또는 '변경된 원처분'이 소송의 대상이 된다는 견해, ② 일부취소재결의 경우에는 남은 원처분이 소송의 대상이 되나, 변경재결의 경우에는 변경재결로 원처분은 취소되므로 변경재결을 소송의 대상으로 하여야 한다는 견해가 대립되고 있다. ③ 판례는 변경재결과 관련하여 원처분주의 원칙상 재결 자체에 고유한 위법이 없는 한 원처분이 취소소송의 대상이 된다는 입장이다(대판 1993.8.24, 93누5673). 일부취소재결에 대한 판례는 없다. ④ 생각건대 원처분주의에 따를 때 원처분으로 보는 ①의 견해 및 판례가 타당하다.

(5) 원처분주의의 예외*

개별법에서 원처분주의에 대한 예외로 재결을 취소소송의 대상으로 하는 재결주의를 채택하고 있는 경우가 있다. 그 예로 ① 감사원의 변상판정에 대한 재심의판정(감사원법 36 ①, 40 ②), ② 중앙노동위원회의 재심처분(노동위원회법 26 ①), ③ 특허심판원의 심결(특허법 186, 189, 디자인보호법 166, 상표법 162, 실용신안법 33) 등이 있다.

6. 처분 등의 위법주장

취소소송의 제기요건으로서 처분 등이 존재하는 것만으로는 부족하고, 처분이 위법하다는 당사자의 주장이 있어야 한다. 이는 취소소송의 소송물이 '처분의 위법성과 처분이 위법하다는 당사자의 주장'인 것과 관련이 있다.

VI. 제소기간**

1. 의의

제소기간은 소송제기가 허용되는 기간을 말한다. 행정소송법에서 취소소송은 처분 등이 있음을 안 날부터 90일 이내 또는 처분 등이 있은 날부터 1년 이내에 제기하도록 하고 있는데(행소법 20), 이와 같이 제소기간을 제한하는 것은 공익실현을 내용으로 하는 행정법관계를 조속하게 확정함으로써 법률관계의 안정성을 도모하여야 할 필요가 있기 때문이다. 제소기간의 도과 여부는 법원의 직권조사사항이다.

---

* 사법시험(2013년), 5급공채(2020년).

** 사법시험(2009년), 입법고시(2003년), 행정고시(2006년), 변호사시험(2019년).

2. 처분이 있음을 안 날부터 90일

(1) 행정심판을 거치지 않은 경우

취소소송은 처분 등이 있음을 안 날부터 90일 이내에 제기하여야 한다(행소법 20 ① 본문). '처분이 있음을 안 날'이라 함은 당사자가 통지, 공고 기타의 방법에 의하여 당해 처분이 있었다는 사실을 현실적으로 안 날을 의미하고 구체적으로 그 행정처분의 위법 여부를 판단한 날을 가리키는 것은 아니다(대판 1991.6.28, 90누6521).

(2) 행정심판을 거친 경우

다른 법률에서 당해 처분에 대한 행정심판의 재결을 거치지 아니하면 취소소송을 제기할 수 없다고 규정한 경우(행소법 18 단서)와 그 밖에 행정심판청구를 할 수 있는 경우 또는 행정청이 행정심판청구를 할 수 있다고 잘못 알린 경우에 행정심판청구가 있은 때의 제소기간 또한 90일이며, 그 기간은 재결서의 정본을 송달받은 날부터 기산한다(행소법 20 ① 단서).

(3) 불변기간

이상의 90일의 제소기간은 불변기간으로 한다(행소법 20 ③). 불변기간이라 함은 법정기간으로 법원 등이 이를 변경할 수 없는 기간을 말한다.

3. 처분이 있은 날부터 1년

(1) 행정심판을 거치지 않은 경우

취소소송은 처분 등이 있은 날부터 1년을 경과하면 이를 제기하지 못한다(행소법 20 ②). '처분이 있은 날'이라 함은 상대방이 있는 행정처분의 경우는 특별한 규정이 없는 한 의사표시의 일반적 법리에 따라 그 행정처분이 상대방에게 고지되어 효력이 발생한 날을 의미한다(대판 1990.7.13, 90누2284). '처분이 있음을 안 날'과 '처분이 있은 날' 중 어느 하나의 기간이 만료되면 제소기간이 종료된다.

(2) 행정심판을 거친 경우

다른 법률에서 당해 처분에 대한 행정심판의 재결을 거치지 아니하면 취소소송을 제기할 수 없다고 규정한 경우와 그 밖에 행정심판청구를 할 수 있는 경우 또는 행정청이 행정심판청구를 할 수 있다고 잘못 알린 경우에 행정심판청구가 있은 때(행소법 20 단서)의 제소기간은 재결이 있은 날부터 1년이다(행소법 20 ②).

(3) 정당한 사유가 있는 경우

정당한 사유가 있는 경우에는 1년이 경과하여도 제소할 수 있다(행소법 20 ② 단서). 여기에서 '정당한 사유'란 불확정 개념으로서 그 존부는 사안에 따라 제소기간 경과의 원인 등 여러 사정을 종합하여 지연된 제소를 허용하는 것이 사회통념상 상당하다고 할 수 있는가에 의하여 판단하여야 한다(대판 1991.6.28, 90누6521).

처분의 직접상대방이 아닌 제3자는 처분이 있음을 곧바로 알 수 없기 때문에 처분이 있은 날부터 1년 이내에 처분이 있음을 알았다는 특별한 사정이 없는 한 '정당한 사유'가 있는 때에 해당한다고 보아야 할 것이다.

4. 무효인 처분의 경우

제소기간에 관한 규정은 무효등확인소송에는 준용되지 않는다(행소법 38). 따라서 무효등확인소송의 경우에는 제소기간에 제한이 없다. 처분의 하자가 중대하고 명백한 경우에는 처음부터 효력이 없으므로 언제든지 무효를 주장할 수 있기 때문이다.

5. 소의 변경·추가적 병합의 경우 제소기간준수의 기준시점

① 소의 종류를 변경하는 경우에는 새로운 소에 대한 제소기간은 처음에 소를 제기한 때를 기준으로 하여야 한다(행소법 21 ④, 14 ④).

② 청구취지를 변경하여 종전의 소가 취하되고 새로운 소가 제기된 것으로 보게 되는 경우에 새로운 소에 대한 제소기간의 준수 등은 원칙적으로 소의 변경이 있은 때를 기준으로 하여야 한다(대판 2004.11.25, 2004두7023). 그러나 경우에 따라서는 최초의 소가 제기된 때를 기준으로 정하여야 하거나(대판 2013.7.11, 2011두27544), 제소기간 준수 여부를 따로 따질 필요가 없는 경우(대판 2012.11.29, 2010두7796)도 있다.

③ 청구의 추가적 병합의 경우 제소기간의 준수 여부는 추가·변경신청이 있은 때를 기준으로 한다(대판 2004.12.10, 2003두12257).

④ 동일한 행정처분에 대하여 무효확인소송을 제기하였다가 그 후 취소소송을 추가적으로 병합한 경우, 주된 청구인 무효확인소송이 취소소송의 제소기간 내에 제기되었다면 추가로 병합된 취소소송도 적법하게 제기된 것으로 본다(대판 2005.12.23, 2005두3554).

VII. 행정심판의 전치(前置)*

1. 개설

(1) 행정심판전치의 의의

행정심판의 전치란 행정소송을 제기함에 앞서 먼저 행정청에 의한 행정심판절차를 거치도록

* 변호사시험(2023년).

하는 제도이다. 행정심판의 전치를 필수적으로 요구하는 것을 행정심판전치주의라 한다.

(2) 제도의 취지와 문제점

행정심판의 전치는 ① 행정청 스스로 시정할 수 있는 기회를 부여하고, ② 행정사건에 대한 행정의 전문성을 활용하며, ③ 행정심판을 통한 신속한 권리구제를 도모하고, ④ 이를 통하여 법원의 소송부담을 경감하는 데 그 취지가 있다.

그러나 행정심판의 전치는 ① 행정심판은 약식쟁송이고, ② 행정심판에서 권리구제가 안 될 경우 오히려 권리구제가 지연될 수 있으며, ③ 심판청구기간이 짧은 경우 자칫 기간경과로 인하여 행정소송제기가 불가능해진다는 등의 문제가 있다.

(3) 현행법 규정(임의적 행정심판전치의 원칙)

(구) 행정소송법은 행정심판전치주의를 원칙으로 하였으나, 현행법은 "취소소송은 법령의 규정에 의하여 당해 처분에 대한 행정심판을 제기할 수 있는 경우에도 이를 거치지 아니하고 제기할 수 있다. 다만 다른 법률에 당해 처분에 대한 행정심판의 재결을 거치지 아니하면 취소소송을 제기할 수 없다는 규정이 있는 때에는 그러하지 아니하다(행소법 18 ①)."고 규정하여 원칙적으로 행정심판은 취소소송의 임의적 전심절차가 되었다. 다만 예외로 다른 법률을 통해서 행정심판전치주의가 요구될 수 있다(예외적 행정심판전치주의).

(4) 행정심판의 범위

행정심판의 전치와 관련하여, 여기에서의 행정심판에는 행정심판법에 따른 행정심판 이외에도 개별법에 의한 행정심판(예: 국세기본법상 이의신청·심사청구·심판청구, 국가공무원법상 소청, 도로교통법상 이의신청 등)도 포함한다. 감사원법에 의한 심사청구도 여기에 포함된다.

2. 예외적 행정심판전치주의

(1) 예외적 행정심판전치주의의 내용

다른 법률에서 행정심판을 반드시 거치도록 규정하고 있는 경우(행소법 18 ① 단서, 예외적 행정심판전치주의)에는 행정심판을 거치지 않으면 취소소송을 제기할 수 없다(예: 국가공무원법 제16조, 지방공무원법 제20조의2, 국세기본법 제56조, 관세법 제120조, 도로교통법 제142조 등).

(2) 행정심판전치주의의 예외

행정소송법은 예외적 행정심판전치주의의 경우에도 이 규정이 적용되지 않는 예외를 규정하고 있는데, 그 예외에 해당하는 경우를 ① 행정심판은 청구하되 재결을 거칠 필요가 없는 경우와 ② 행정심판조차 청구하지 않아도 되는 경우로 구분하고 있다(행소법 18 ②, ③). 이 경우 원고가 그 사유를 소명하여야 한다(행소법 18 ④).

1) 행정심판의 재결을 거칠 필요가 없는 경우(행소법 18 ②)

① 행정심판청구가 있은 날로부터 60일이 지나도 재결이 없는 때(재결의 부당한 지연으로 인하여 발생하는 당사자의 불이익 방지 취지), ② 처분의 집행 또는 절차의 속행으로 생길 중대한 손해를 예방하여야 할 긴급한 필요가 있는 때, ③ 법령의 규정에 의한 행정심판기관이 의결·재결을 하지 못할 사유가 있을 때(예: 위원회의 미구성), ④ 그 밖의 정당한 사유가 있는 때에는 행정심판의 재결을 거치지 아니하고 취소소송을 제기할 수 있다.

2) 행정심판을 거칠 필요가 없는 경우(행소법 18 ③)

① 동종사건에 관하여 이미 행정심판의 기각재결이 있은 때, ② 서로 내용상 관련되는 처분 또는 같은 목적을 위하여 단계적으로 진행되는 처분 중 어느 하나가 이미 행정심판의 재결을 거친 때, ③ 행정청이 사실심의 변론종결 후 소송의 대상인 처분을 변경하여 당해 변경된 처분에 관하여 소를 제기하는 때, ④ 행정청이 행정심판을 거칠 필요가 없다고 잘못 알린 때에는 행정심판을 제기함이 없이 취소소송을 제기할 수 있다.

(3) 처분변경으로 인한 소의 변경의 경우

취소소송이 제기된 이후 행정청의 처분변경으로 인하여 소가 변경된 경우(행소법 22 ①), 이는 행정청의 처분변경으로 인한 것이므로, 제18조 제1항 단서의 규정에 의한 행정심판전치의 요건을 갖춘 것으로 본다(행소법 22 ③).

(4) 적용범위

① 행정심판전치주의는 부작위위법확인소송에는 적용되지만, 무효등확인소송에는 적용이 없다(행소법 38 ①, ②).

② 무효선언을 구하는 의미의 취소소송의 경우에도 -취소소송이므로- 행정심판전치주의가 적용되어야 한다는 견해(긍정설)가 다수설 및 판례(대판 1990.8.28, 90누1892)이다.

③ 행정심판은 항고쟁송이므로 행정심판전치주의에 관한 규정은 당사자소송에는 준용되지 않는다(행소법 44).

④ 처분의 상대방이 아닌 제3자가 취소소송을 제기하는 경우에도 행정심판전치주의의 적용이 배제되지 않는다(대판 1989.5.9, 88누5150).

⑤ 2단계 이상의 행정심판절차가 규정되어 있는 경우(예: (구) 국세기본법상 심사청구와 심판청구), 모든 단계의 행정심판을 거치라는 명문의 규정이 없는 한 하나의 행정심판절차를 거치는 것으로 족하다는 것이 일반적인 견해이다.

⑥ 행정심판의 청구기간을 경과한 부적법한 심판에 대하여 행정심판위원회가 부적법을 간과한 채 재결을 하였다 하더라도 행정심판전치주의의 요건을 충족하지 못한 것이 된다(대판 1991.6.25, 90누8091).

Ⅷ. 소장

행정소송은 법원에 서면형식의 소장을 제출함으로써 제기한다.

제2. 소의 변경*

Ⅰ. 의의

소의 변경이란 소송 중에 원고가 소송의 대상인 청구를 변경하는 것을 말하며, 청구의 변경이라고도 한다.

행정소송법은 소의 변경과 관련하여 ① 소의 종류의 변경과 ② 처분변경으로 인한 소의 변경을 규정하고 있다. 그런데 민사소송법이 청구의 변경만을 허용하고 있는 점(민소법 262, 263)을 고려하면, 이러한 행정소송법의 규정은 민사소송법의 특례가 된다. 이에 따라 ③ 민사소송법에 따른 청구의 변경도 가능하다(행소법 8 ②).

Ⅱ. 소의 종류의 변경

1. 의의

법원은 취소소송을 당해 처분 등에 관계되는 사무가 귀속하는 국가 또는 공공단체에 대한 당사자소송 또는 취소소송 외의 항고소송으로 변경하는 것이 상당하다고 인정할 때에는 청구의 기초에 변경이 없는 한 사실심의 변론종결시까지 원고의 신청에 의하여 결정으로써 소의 변경을 허가할 수 있다(행소법 21 ①).

이와 같은 소의 종류의 변경은 피고의 변경을 수반할 수 있다는 점에서 교환적 변경의 경우에 한하며 추가적 변경은 허용되지 않는다고 할 것이다.[16]

---

* 법원행정고시(2007년).

16 소의 변경에는 종전의 청구를 취하하고 새로운 청구를 하는 교환적 변경과 종전의 청구를 유지하면서 새로운 청구를 제기하는 추가적 변경이 있다.

2. 요건

① 취소소송이 계속(係屬)되고 있어야 한다.

② 취소소송을 취소소송외의 항고소송(무효등확인소송 또는 부작위위법확인소송) 또는 당해 처분 등에 관계되는 사무가 귀속하는 국가 또는 공공단체에 대한 당사자소송으로 변경하는 것이어야 한다.

③ 청구의 기초에 변경이 없어야 한다.[17]

④ 소의 종류의 변경에 상당한 이유가 있어야 한다.

⑤ 사실심의 변론종결시까지 원고의 신청이 있어야 한다.

III. 처분변경으로 인한 소의 변경

1. 의의

행정청이 소송의 대상인 처분을 소가 제기된 후 변경한 때에는 법원은 원고의 신청에 의하여 결정으로써 청구의 취지 또는 원인의 변경을 허가할 수 있다(행소법 22 ①).

2. 요건

① 소송의 대상인 처분이 소가 제기된 후 행정청에 의하여 변경되어야 한다. 이 경우 변경은 소극적·적극적 변경을 불문하고, 또는 처분청에 의한 변경뿐 아니라 감독청에 의한 변경도 포함한다.

② 원고는 처분의 변경이 있음을 안 날로부터 60일 이내에 신청하여야 한다(행소법 22 ②).

3. 제소기간의 기준시점

소의 종류의 변경에서와 달리, 행정소송법 제21조에는 피고경정(14 ②, ④, ⑤)규정을 준용하는 규정을 두고 있지 않다.

판례는 취소소송에서 청구취지의 변경으로 소가 변경된 경우 변경된 새로운 소에 대한 제소기간의 준수는 '원칙적으로' 소의 변경이 있은 때를 기준으로 하여야 한다는 입장이다. 다만 일정한 경우 예외를 인정하고 있다(대판 2019.7.4, 2018두58431; 대판 2013.7.11, 2011두27).

17 '청구의 기초'라는 개념은 신·구 청구간의 관련성을 의미한다. '청구의 기초에 변경이 없어야 한다'는 의미는 취소소송에 의하여 구제받으려고 하는 원고의 법률상 이익의 동일성이 유지되고 있는 것을 의미한다는 것이 일반적인 견해이다.

Ⅳ. 다른 항고소송에의 준용

소의 종류의 변경에 관한 제21조의 규정은 무효등확인소송이나 부작위위법확인소송을 취소소송 또는 당사자소송으로 변경하는 경우에 준용한다(행소법 37).

처분변경으로 인한 소의 변경에 관한 제22조의 규정은 무효등확인소송(행소법 38 ①)과 당사자소송(행소법 44 ①)에 준용된다. 그러나 부작위위법확인소송은 처분이 존재하지 아니하므로 처분변경으로 인한 소의 변경도 인정되지 아니한다(행소법 38 ②).

Ⅴ. 민사소송법에 의한 소의 변경

1. 민사소송법에 의한 소의 변경

민사소송법은 청구의 변경만을 허용하고 있어(민소법 262, 263), 소의 종류의 변경과 처분변경으로 인한 소의 변경에 관한 행정소송법 규정(행소법 21, 22)은 민사소송법의 특례가 된다.

행정소송법에 별도의 규정이 없으면 민사소송법의 규정이 준용되므로(행소법 8 ②), 이에 따라 행정소송에서도 민사소송법 제262조에 의한 청구의 변경이 가능하다고 할 것이다. 즉 소의 종류를 변경하거나 처분변경으로 소를 변경하는 것이 아니라, 단지 청구를 변경하는 것이 이에 해당한다(예: 일부취소를 전부취소로 변경).

2. 행정소송과 민사소송 간의 소의 변경

행정소송법은 행정소송과 민사소송 사이의 소의 변경에 관하여는 아무런 규정을 두고 있지 않아, 이와 같은 소의 변경이 허용되는지에 관하여 견해의 대립이 있는데, 판례는 '① 민사소송의 수소법원이 행정소송에 대한 관할을 동시에 가지고 있다면 이를 행정소송으로 변경하여 심리·판단하여야 하고, ② 그 행정소송에 대한 관할을 가지고 있지 아니하다면, 행정소송으로서 부적법한 경우가 아닌 이상, 관할법원에 이송하여야 한다는 입장이다. 다만 항고소송을 민사소송으로 변경하는 것에 대한 판례는 아직 없다.

판례 > 행정소송으로 제기하여야 할 사건을 민사소송으로 잘못 제기한 경우, 수소법원이 취하여야 할 조치

"원고가 고의 또는 중대한 과실 없이 행정소송으로 제기하여야 할 사건을 민사소송으로 잘못 제기한 경우, 수소법원으로서는 만약 그 행정소송에 대한 관할을 동시에 가지고 있다면 이를 행정소송으로 심리·판단하여야 하고, 그 행정소송에 대한 관할을 가지고 있지 아니하다면, 소송요건을 결하고 있음이 명백하여 어차피 부적법하게 되는 경우가 아닌 이상, 이를 관할법원에 이송하여야 한다(대판 2018.7.26, 2015다221569).”

판례 > 항고소송 사건을 민사소송으로 잘못 제기하였으나 수소법원이 항고소송에 대한 관할도 동시에 가지고 있는 경우 수소법원의 조치

“항고소송으로 제기하여야 할 사건을 민사소송으로 잘못 제기한 경우에 수소법원이 그 항고소송에 대한 관할도 동시에 가지고 있다면, 전심절차를 거치지 않았거나 제소기간을 도과하는 등 항고소송으로서의 소송요건을 갖추지 못했음이 명백하여 항고소송으로 제기되었더라도 어차피 부적법하게 되는 경우가 아닌 이상, 원고로 하여금 항고소송으로 소 변경을 하도록 석명권을 행사하여 행정소송법이 정하는 절차에 따라 심리·판단하여야 한다(대판 2020.1.16, 2019다264700).”

제3. 취소소송 제기의 효과

Ⅰ. 법원 등에 대한 효과(주관적 효과)

취소소송이 적법하게 제기되면, 사건은 법원에 계속되어 법원은 이를 심리하여 판결할 의무를 부담하게 되고, 당사자는 법원에 계속되어 있는 사건에 대하여 다시 소를 제기하지 못한다(민소법 259).

Ⅱ. 처분에 대한 효과(객관적 효과)

취소소송이 제기되면 처분의 집행이 정지되는 집행정지효과가 있으나, 행정소송법은 집행부정지를 원칙으로 하면서, 예외적으로 집행정지를 인정하고 있다(행소법 23). 이에 관하여는 아래 가구제에서 설명한다.

제4. 가구제*

1. **가구제의 의의**
   ㅇ가구제

ㅇ① 침익적 처분(예: 영업정지, 인허가취소, 철거명령 등)에 대한 집행정지제도

* 사법시험(2007년), 사법시험(2008년), 사법시험(2011년), 변호사시험(2020년).

② 수익적 처분(예: 인허가의 발급, 급부결정 등)의 신청을 거부하는 처분이나 부작위에 대한 가처분제도

2. 집행정지제도

(1) 집행부정지의 원칙

(2) 집행정지의 의의(행소법 23 ②)

(3) 집행정지의 요건

◦ 적극적 요건: ① 본안소송의 계속, ② 처분 등의 존재, ③ 회복하기 어려운 손해의 예방, ④ 긴급한 필요

◦ 소극적 요건: ⑤ 공공복리에 중대한 영향을 미칠 우려가 없을 것

◦ 본안청구가 이유 없음이 명백하지 아니할 것

3. 가처분제도

(1) 의의

(2) 가처분의 항고소송에의 준용 여부

① 적극설(긍정설)

② 소극설(부정설)

③ 제한적 긍정설

④ 판례: 소극설

⑤ 결어

Ⅰ. 개설

가구제란 판결이 확정되기 전에 잠정적으로 원고의 권리를 보전(保全)하기 위한 제도를 말한다. 행정소송에서의 가구제제도로는 ① 침익적 처분(예: 영업정지, 인허가취소, 철거명령 등)에 대한 집행정지제도와 ② 수익처분(예: 인허가의 발급, 급부결정 등)의 신청을 거부하는 처분이나 부작위에 대한 가처분제도를 생각해 볼 수 있다. 현행 행정소송법은 집행정지제도에 관한 규정은 두고 있으나 가처분에 관한 규정은 없다.

Ⅱ. 집행정지제도*

1. 집행부정지의 원칙

행정소송법은 "취소소송의 제기는 처분 등의 효력이나 그 집행 또는 절차의 속행에 영향을 주지 아니한다(행소법 23 ①)."고 하여 집행이 정지되지 않음을 원칙으로 규정하고 있다.

과거에는 집행부정지를 행정행위의 공정력의 실정법적 근거로 이해하는 견해도 있었으나, 오늘날 소송제기에 의하여 처분의 집행을 정지시킬 것인가는 개인의 권리구제나 행정의 원활성 등을 고려한 입법정책적인 판단의 문제로 보는 것이 일반적이다. 우리나라는 집행부정지를 원칙으로 하면서도 예외적으로 집행정지를 인정하고 있고, 반대로 독일은 집행정지를 원칙으로 하면서 예외적으로 집행부정지를 인정하고 있다.

* 변호사시험(2013년), 사법시험(1998년), 입법고시(2004년), 행정고시(2002년), 행정고시(일반행정)(2007년), 5급공채(2019년).

2. 집행정지의 의의

행정소송법은 "취소소송이 제기된 경우에 처분 등이나 그 집행 또는 절차의 속행으로 인하여 생길 회복하기 어려운 손해를 예방하기 위하여 긴급한 필요가 있다고 인정할 때에는 본안이 계속되고 있는 법원은 당사자의 신청 또는 직권에 의하여 처분 등의 효력이나 그 집행 또는 절차의 속행의 전부 또는 일부의 정지를 결정할 수 있다(행소법 23 ②)."고 규정하고 있다.

행정소송법이 집행부정지를 원칙으로 하면서도 예외적으로 집행정지를 인정하고 있는 것은 원활한 행정운영과 국민의 권리구제라는 요청을 조화시키기 위한 것이다.

3. 집행정지의 요건

집행정지가 결정되기 위해서는 '적극적 요건'으로서 ① 본안소송이 계속되고, ② 처분 등이 존재하며, ③ 회복하기 어려운 손해를 예방하기 위한 것이어야 하고, ④ 긴급한 필요가 있어야 하며, '소극적 요건'으로서 ⑤ 공공복리에 중대한 영향을 미칠 우려가 없어야 한다. 국민의 권리구제라는 측면에서 이와 같은 집행정지요건의 완화된 해석이 필요하다.

(1) 본안소송의 계속

집행정지를 위해서는 본안소송이 계속 중이어야 한다(대결 1988.6.14, 88두6). 집행정지신청은 취소소송의 제기 후 또는 적어도 소제기와 동시에 하여야 하고, 제소 이전에 집행정지신청을 할 수 없다. 이 점에서 본안소송 제기 전에 가능한 민사소송에서의 가처분과 차이가 있다.

(2) 처분 등의 존재

1) '처분 등'이 존재할 것

집행정지는 본안소송의 대상이 되는 처분 등의 효력에 대한 정지를 구하는 것이므로 처분 등이 존재하여야 한다.

2) 거부처분*

1. 문제
2. 학설: ① 긍정설, ② 부정설, ③ 제한적 긍정설
3. 판례: 부정설
4. 결어
○ 제한적 긍정설 타당

○ ① 허가기간연장신청 거부처분의 집행정지로 허가의 효력이 지속되는 이익, ② 체류기간연장신청 거부처분의 집행정지로 강제출국을 당하지 않을 이익 등의 경우

* 사법시험(2004년), 사법시험(2012년), 행정고시(일반행정)(2007년), 행정고시(재경)(2011년), 변호사시험(2020년).

집행정지는 소극적으로 처분이 없던 종전의 상태를 유지시키는 것이지 적극적으로 종전의 상태를 변경시키는 것이 아니라는 점에서 신청에 대한 거부처분의 경우 집행정지가 허용되는가 하는 것이 문제이다.

① 학설

(a) 긍정설

거부처분에 대한 집행정지결정에 따라 행정청의 재처분의무가 발생한다고 볼 수 있으므로 거부처분에 대한 집행정지의 이익이 있다는 견해이다.

(b) 부정설

거부처분의 집행을 정지하더라도 거부처분이 없었던 것과 같은 상태로 되돌아가는 데에 불과하고, 행정소송법은 집행정지결정과 관련하여 기속력에 관한 제30조 제1항만 준용할 뿐 재처분의무에 관한 제30조 제2항은 준용하지 않고 있기 때문에 행정청에게 재처분의무가 생기는 것이 아니므로 거부처분에 대한 집행정지의 이익이 없다는 견해이다.

(c) 제한적 긍정설

원칙적으로 부정설의 입장이 타당하지만, 거부처분의 집행정지로 신청인에게 법적 이익이 있는 경우에는 예외적으로 거부처분에 대한 집행정지신청이 허용된다는 견해이다.

② 판례

대법원은 부정설의 입장이다(대결 1995.6.21, 95두26; 대결 2005.1.17, 2004무48).

③ 결어

제한적 긍정설의 입장이 타당하다. 예컨대 ① 인허가에 기간이 붙은 경우 기간연장신청거부처분의 집행정지결정으로 인허가의 효력이 지속되는 이익, ② 외국인체류기간연장신청 거부처분의 집행정지결정으로 강제출국을 당하지 않을 이익 등 거부처분의 집행정지로 신청인에게 법적 이익이 있을 수 있는 경우에는 집행정지신청이 허용된다고 보는 것이 제도의 취지에 부합한다.

(3) 회복하기 어려운 손해예방의 필요

처분 등이나 그 집행 또는 절차의 속행으로 인하여 생길 회복하기 어려운 손해를 예방하기 위한 것이어야 한다. 여기에서 '회복할 수 없는 손해'란 '특별한 사정이 없는 한 금전으로 보상할 수 없는 손해로서 금전보상이 불능한 경우뿐만 아니라 금전보상으로는 사회관념상 행정처분을 받은 당사자가 참고 견딜 수 없거나 참고 견디기가 현저히 곤란한 경우의 유형·무형의 손해'를 말한다(대결 2018.7.12, 2018무600).

‘기업의 이미지나 신용의 훼손’이 ‘회복하기 어려운 손해’에 해당한다고 하기 위해서는 ‘사업 자체를 계속할 수 없거나 중대한 경영상의 위기를 맞게 될 것으로 보이는 등의 사정이 존재하여야’ 한다(대결 2003.4.25, 2003무2).

(4) 긴급한 필요

‘긴급한 필요’는 회복하기 어려운 손해가 발생할 가능성이 시간적으로 절박하여 이를 예방하기 위하여 본안판결까지 기다릴 시간적인 여유가 없는 경우를 말한다.

(5) 공공복리에 중대한 영향을 미칠 우려가 없을 것(소극적 요건)

이상에서의 집행정지의 적극적 요건이 충족되더라도 집행을 정지하는 것이 공공복리에 중대한 영향을 미칠 우려가 없어야 한다(행소법 23 ③). 여기에서의 ‘공공복리’는 그 처분의 집행과 관련된 구체적이고도 개별적인 공익을 말한다(대결 1999.12.20, 99무42).

판례 > 의대증원 증원에 대한 집행정지신청

“행정소송법 제23조 제3항이 집행정지의 또 다른 요건으로 ‘공공복리에 중대한 영향을 미칠 우려가 없을 것’을 규정하고 있는 취지는, 집행정지 여부를 결정함에 있어서 신청인의 손해뿐만 아니라 공공복리에 미칠 영향을 아울러 고려해야 한다는 데 있고, 따라서 공공복리에 미칠 영향이 중대한지는 절대적 기준에 의하여 판단할 것이 아니라, 신청인의 ‘회복하기 어려운 손해’와 ‘공공복리’ 양자를 비교·교량하여, 전자를 희생하더라도 후자를 옹호하여야 할 필요가 있는지에 따라 상대적·개별적으로 판단되어야 한다(대결 2024.6.19, 2024무689).”

☞ 증원배정 처분이 집행됨으로 인해 의대 재학 중인 신청인들이 입을 수 있는 손해에 비하여 증원배정의 집행이 정지됨으로써 공공복리에 중대한 영향이 발생할 우려가 크다는 이유로, 증원배정에 대한 집행정지는 허용되지 않는다고 한 사례.

(6) 본안청구가 이유 없음이 명백하지 아니할 것

행정소송법상 규정은 없지만, ‘본안청구가 이유 없음이 명백하지 아니할 것’을 집행정지의 소극적 요건으로 볼 수 있는지 논란이 있다.

집행정지제도는 본래 본안에서의 청구의 인용 여부와는 관련이 없지만, 원고의 가구제를 위한 제도라는 점을 고려하면, ‘청구가 인용되지 않을 것이 “명백”한 경우’라면 집행정지를 통해서 가구제를 할 이유가 없다고 할 것이다. 따라서 -행정의 원활한 수행과 집행정지의 남용 방지의 관점에서도- ‘본안청구가 이유 없음이 명백하지 아니할 것’을 집행정지의 소극적 요건으로 하는 것이 타당하다는 것이 일반적인 견해이다. 판례도 같은 입장이다(대결 1997.4.28, 96두75).

4. 집행정지요건의 주장책임

판례는 집행정지의 적극적 요건에 관한 주장·소명책임은 원칙적으로 신청인에게 있고(대결 2011.4.21, 2010무111), 집행정지의 소극적 요건에 대한 주장·소명책임은 행정청에게 있다는 입장이다(대결 1999.12.20, 99무42).

5. 집행정지결정의 절차

(1) 절차

집행정지는 법원이 당사자의 신청 또는 직권에 의하여 결정한다. 당사자가 집행정지결정을 신청함에 있어서는 그 이유에 대한 소명이 있어야 한다(행소법 23 ④). 집행정지의 결정 또는 기각의 결정에 대하여는 즉시항고할 수 있다. 이 경우 집행정지의 결정에 대한 즉시항고에는 결정의 집행을 정지하는 효력이 없다(행소법 23 ⑤).

(2) 처분의 일부정지

처분의 내용이 가분적(可分的)인 경우에는 그 일부에 대해서만 정지하는 것이 가능하다(예: 압류재산의 일부에 대해서만 압류의 집행 정지). 어떠한 경우가 가분적인가 하는 것은 처분의 구체적 내용에 따라 개별적으로 판단하여야 할 것이다(예: 공무원면직처분에 대하여 급료 부분과 그 밖의 공무원의 지위에 관한 부분은 불가분적이므로 일부정지가 허용되지 않음[18]).

6. 집행정지결정의 내용

처분의 효력정지는 처분이 가지는 효력 자체를 정지시키는 것으로서 처분이 실질적으로는 없는 것과 같은 상태가 된다. 다만 처분의 효력정지는 처분의 집행 또는 절차의 속행을 정지함으로써 그 목적을 달성할 수 있는 때에는 허용되지 아니한다(행소법 23 ② 단서).

처분의 집행정지란 처분의 강제적인 집행을 정지하는 것을 의미한다. 예컨대 철거명령에 대한 집행정지신청에서 철거명령을 강제집행하기 위한 대집행을 정지시키는 것이 이에 해당한다.

절차의 속행정지는 처분에 따르는 후속조치를 정지시키는 것을 말한다. 예컨대 대집행계고에 대한 집행정지신청에서 대집행영장에 의한 통지나 대집행의 실행 등 절차의 속행을 정지하는 경우가 이에 해당한다.

7. 집행정지결정의 효력

집행정지결정이 있으면 처분의 효력이 일시적으로 정지하여 처분이 없었던 것과 같은 상태

18 사법연수원, 행정구제법 2010, 223면 참조.

가 된다(집행정지결정의 형성력). 그리고 집행정지결정은 당사자인 행정청과 그 밖의 관계행정청을 기속한다(행소법 23 ⑥, 집행정지결정의 기속력).

법원이 집행정지를 결정하는 경우 그 종기는 본안판결 선고일부터 30일 이내의 범위에서 정한다(행정소송규칙 10 본문). 다만, 법원은 당사자의 의사, 회복하기 어려운 손해의 내용 및 그 성질, 본안 청구의 승소가능성 등을 고려하여 달리 정할 수 있다(행정소송규칙 10 단서). 집행정지결정은 장래에 향하여 효력을 가지므로, 처분발급시로 소급하는 것이 아니라 정지결정시점부터 효력이 발생한다. 집행정지결정의 효력은 결정 주문에서 정한 종기까지 존속하고, 그 종기가 도래하면 당연히 소멸한다. 따라서 효력기간이 정해져 있는 제재적 행정처분에 대한 취소소송에서 법원이 본안소송의 판결 선고 시까지 집행정지결정을 하면, 처분에서 정해 둔 효력기간(집행정지결정 당시 이미 일부 집행되었다면 그 나머지 기간)은 판결 선고 시까지 진행하지 않다가 판결이 선고되면 그때 집행정지결정의 효력이 소멸함과 동시에 처분의 효력이 당연히 부활하여 처분에서 정한 효력기간이 다시 진행한다. 이러한 법리는 행정심판위원회가 행정심판법 제30조에 따라 집행정지결정을 한 경우에도 그대로 적용된다(대판 2022.2.11, 2021두40720).

집행정지결정이 실효되어 처분을 다시 집행할 수 있게 되면, 처분청으로서는 당초 집행정지결정이 없었던 경우와 동등한 수준으로 해당 처분이 집행되도록 필요한 조치를 취하여야 한다(대판 2020.9.3, 2020두34070).

8. 집행정지결정의 취소

집행정지의 결정이 확정된 후 집행정지가 공공복리에 중대한 영향을 미치거나 그 정지사유가 없어진 때에는 당사자의 신청 또는 직권에 의하여 결정으로써 집행정지결정을 취소할 수 있다(행소법 24 ①).

III. 가처분제도*

1. 의의

가처분이란 다툼이 있는 권리관계에 관하여 임시의 지위를 보전하는 것을 목적으로 하는 가구제제도를 말한다. 행정소송법상 가처분제도는 수익처분(예: 인허가의 발급, 급부결정 등)의 신청을 거부하는 처분이나 부작위에 대한 가구제제도를 말한다.

행정소송법에는 가처분에 관한 규정은 없고 집행정지만을 규정하고 있을 뿐이다. 이와 관련하여, 명문의 규정은 없지만, 민사집행법상 가처분 규정을 행정소송법에 준용할 수 있는가 하

* 변호사시험(2013년), 변호사시험(2020년), 사법시험(2013년).

는 것이 문제이다.

2. 가처분의 항고소송에의 준용 여부

(1) 적극설(긍정설)

행정소송법에는 특별히 민사집행법상의 가처분을 배제하는 규정이 없고, 행정소송법 제8조 제2항은 "행정소송에 관하여 이 법에 특별한 규정이 없는 사항에 대하여는 법원조직법과 민사소송법 및 민사집행법의 규정을 준용한다."고 규정하고 있으므로, 민사집행법상의 가처분규정이 행정소송에 준용될 수 있다는 견해이다.

(2) 소극설(부정설)

권력분립원칙상 행정처분에 대한 가처분을 하는 것은 사법권의 범위를 벗어나는 것이라는 점에서 민사집행법상의 가처분에 관한 규정은 행정소송에 준용될 수 없다는 견해이다.

(3) 제한적 긍정설

집행정지만으로는 가구제의 목적을 달성할 수 없는 경우에는 가처분이 인정될 수 있다는 견해이다.

(4) 판례

판례는 "민사소송법상의 가처분으로써 행정청의 어떠한 행정행위의 금지를 구하는 것은 허용될 수 없다(대결 1992.7.6, 92마54)."고 하여 소극설과 같은 입장이다.

(5) 결어

행정소송법이 명문으로 이행소송이나 예방적 금지소송을 규정하고 있지 않을 뿐, 이와 같은 소송유형을 인정하는 것이 전혀 불가능한 것만은 아니라는 점을 고려하면, 행정소송법에 가처분에 관한 규정이 없다고 하더라도 가처분을 허용하는 것이 불가능하지만은 않다고 생각된다.

한편 2013년 입법예고된 행정소송법 개정안에는 수익처분에 대한 사전 권리구제절차로서 가처분에 관한 규정이 있었다. 이 규정이 있으면, 예컨대 기한부 처분(어업면허, 체류기간연장 등)에 대한 갱신처분을 거부할 경우, 긴급한 필요가 인정되면 판결확정시까지 임시로 어업활동, 체류를 할 수 있게 된다. 동 개정안은 국회의 임기만료로 폐기되었지만, 가처분제도는 향후 도입될 가능성이 높아 개정안을 소개해 둔다.

행정소송법 개정안

제26조(가처분) ① 처분 등이나 부작위가 위법하다는 현저한 의심이 있는 경우로서 다음 각 호의 어느 하나에 해당하는 때에는 본안이 계속되고 있는 법원은 당사자의 신청에 따라 결정으로써 가처분을 할 수 있다.

1. 다툼의 대상에 관하여 현상이 바뀌면 당사자가 권리를 실행하지 못하거나 그 권리를 실행하는 것이 매우 곤란할 염려가 있어 다툼의 대상에 관한 현상을 유지할 긴급한 필요가 있는 경우
2. 다툼이 있는 법률관계에 관하여 당사자의 중대한 손해를 피하거나 급박한 위험을 피하기 위하여 임시의 지위를 정하여야할 긴급한 필요가 있는 경우

3. 당사자소송과 가처분

당사자소송에는 집행정지에 관한 규정이 준용되지 않는다(행소법 44). 이는 당사자소송의 경우에는 집행정지와 같은 가구제에 관한 별도의 특례규정이 없다는 것을 의미하므로, 행정소송법 제8조 제2항에 따라 민사집행법이 준용될 수 있다(일반적 견해 및 판례).

제3목 취소소송의 심리

Ⅰ. 개설

소송의 심리란 법원이 판결의 기초가 되는 소송자료를 수집하는 절차를 말한다.

심리에 관한 원칙으로는 당사자주의와 직권주의가 있다. 당사자주의란 소송절차에서 당사자에게 주도권을 부여하는 원칙으로, 여기에는 처분권주의와 변론주의가 있다. 처분권주의는 소송의 개시·종료·범위의 결정을 원고의 의사에 맡기는 원칙을 말하며, 변론주의는 재판의 기초가 되는 자료의 수집·제출을 당사자의 권능과 책임으로 하는 원칙을 말한다. 이에 대하여 직권주의는 소송절차에서 법원의 주도권을 인정하는 원칙을 말한다.

형사소송은 직권주의를 원칙을 한다. 당사자주의는 민사소송의 기본원칙이나 행정소송에도 원칙적으로 적용된다. 다만 행정소송은 공익실현과 밀접한 관련이 있어 직권탐지주의 등 민사소송에 관한 특칙이 인정된다(행소법 25, 26).

Ⅱ. 심리의 내용

1. 요건심리

요건심리란 소송의 제기요건을 구비하여 소송이 적법하게 제기되었는지를 심리하는 것을 말

한다. 요건심리결과 소송요건을 갖추지 못하면 소송은 부적법 각하된다.

소송요건은 사실심의 변론종결시까지는 구비되어야 한다. 요건의 구비여부는 법원의 직권조사사항이다.

2. 본안심리

취소소송이 적법하게 제기되면 법원은 본안심리를 한다. 본안심리란 당사자의 소송상의 청구가 이유가 있는지를 심리하는 것을 말한다. 본안심리 결과 청구가 이유 있으면 인용판결을 하고, 이유가 없으면 기각판결을 한다.

III. 심리의 범위

1. 법률문제와 사실문제

법원은 행정사건심리에 있어 소송의 대상이 된 처분의 법률문제뿐만 아니라 사실문제도 심리한다. 다만 예외적으로 고도의 전문적·기술적 지식을 요하는 한정된 행정영역에서 요건판단에 행정청의 판단여지가 인정되는 경우에는 이에 대한 법원의 심리가 제한될 수 있다.

2. 재량문제

행정청의 재량처분도 행정소송의 대상이 됨은 물론이다(행소법 27 참조). 이에 따라 재량처분이 취소소송의 대상이 되면 법원은 이를 각하하여서는 안 되고, 본안에서 재량권의 일탈·남용 여부를 심사하여 인용 여부를 판단하여야 한다(청구기각설). 다만 법원의 심사는 일탈·남용 여부에 대한 심사로 제한되고, 부당 여부는 심사할 수 없다.

3. 불고불리의 원칙과 예외

법원은 소제기가 없으면 재판할 수 없고, 소제기가 있더라도 당사자가 신청한 사항에 대하여 신청의 범위 내에서 심리·판단하여야 한다. 다만 행정소송법은 불고불리원칙에 대한 예외로서 법원의 직권심리를 규정하고 있다(행소법 26).

IV. 심리의 원칙

1. 민사소송법상 심리원칙의 준용

행정소송법에 특별한 규정이 없는 한 민사소송법이 준용되므로(행소법 8 ②), 민사소송에서의 공개심리주의, 구술심리주의, 변론주의 등이 행정소송에도 적용된다.

이에 대하여 행정소송법은 행정소송에 특수한 절차로서 법원의 직권심리(행소법 26)와 행정심판기록의 제출명령(행소법 25)에 관하여 규정하고 있다.

2. 변론주의와 직권탐지주의

(1) 의의

변론주의란 재판의 기초가 되는 자료의 수집을 당사자의 권능과 책임으로 하는 원칙을 말한다. 이에 대하여 직권탐지주의란 법원이 직권으로 소송자료를 수집할 수 있는 원칙을 말한다.

행정소송법 제26조는 "법원은 필요하다고 인정할 때에는 직권으로 증거조사를 할 수 있고, 당사자가 주장하지 아니한 사실에 대하여도 판단할 수 있다."고 규정하여 법원의 직권심리를 규정하고 있는데, 이 규정의 의미에 대해서는 학설의 대립이 있다.

(2) 학설 및 판례

1) 변론주의보충설

행정소송은 변론주의를 기본적인 구조로 하면서, -공익과 밀접한 관련이 있다는 점에서- 직권탐지주의가 보충적으로 가미될 수 있다는 견해이다(다수설).

2) 직권탐지주의설

행정소송의 목적이 국민의 권리구제뿐 아니라 행정의 적법성통제에도 있고, 공익 또는 제3자의 이익과 밀접한 관련이 있다는 점에서, 법원은 당사자가 주장하지 아니한 사실에 대해서도 직권으로 탐지하여 재판의 자료로 할 수 있다는 견해이다.

3) 판례

판례는 변론주의보충설의 입장이라고 판단된다. 판례는 행정소송에서는 법원이 필요하다고 인정할 때 기록에 나타나 있는 사항에 관하여서만 직권으로 증거조사를 하고 이를 기초로 하여 판단할 수 있을 따름이라고 한다(대판 2013.8.22, 2011두26589). 다만 기록에 나타나 있다면 당사자가 주장하지 않았더라도 이를 직권으로 심리·판단할 수 있다는 입장이다(대판 2011.2.10, 2010두20980).

(3) 결어

행정소송법의 취지는 행정소송도 변론주의를 기본구조로 하고 있는 것으로 이해된다. 다만 공익실현작용으로서의 성격이 강한 행정소송의 경우에는 법원의 직권심리권한이 민사소송의 경우보다는 더 넓어야 한다고 이해하는 것이 합리적이다. 따라서 변론주의보충설이 타당하지만, '직권심리주의의 보충적 가미'에 엄격하게 제한될 필요는 없다고 생각된다.

3. 행정심판기록제출명령

법원은 당사자의 신청이 있는 때에는 결정으로써 재결을 행한 행정청에 대하여 행정심판에 관한 기록의 제출을 명할 수 있고(행소법 25 ①), 제출명령을 받은 행정청은 지체 없이 당해 행정심판에 관한 기록을 법원에 제출하여야 한다(행소법 25 ②). 취소소송은 행정청을 상대로 하는 소송이라는 점에서 원고의 주장과 입증을 용이하게 하기 위한 취지로 이해된다.

V. 입증책임

1. 의의

입증책임에는 주관적·객관적 입증책임이 있는데, 주관적 입증책임은 변론주의하에서 당사자가 패소를 면하기 위하여 증거를 제출하여 주장사실을 증명하여야 하는 책임을 말하고, 객관적 입증책임은 증거가 제출되지 않아서 증명을 요하는 사실이 진위불명이 된 결과 자기에게 유리한 법률효과가 인정되지 아니함으로써 불리한 법적 판단을 받게 되는 당사자 일방의 불이익을 말한다.

행정소송과 관련하여서는 주로 취소소송을 중심으로 하는 항고소송에서의 객관적 입증책임의 분배문제가 논의되고 있다.

2. 취소소송에서의 입증책임의 분배

입증책임의 분배란 어떤 사실의 존부가 증명되지 않은 경우에 그 불이익을 누구에게 부담시킬 것인가 하는 문제이다. 이에 관하여는 학설의 대립이 있다.

1) 학설

① 원고책임설

행정행위는 공정력에 의하여 적법한 것으로 추정되기 때문에 처분의 위법성에 대한 입증책임은 원고에게 있다는 견해이다. 오늘날 공정력이 적법성까지 추정하는 것은 아니라는 견해가 일반화되었으므로 이 설은 그 근거를 상실하였다.

② 피고책임설

행정의 법률적합성원칙상 처분은 적법하여야 하므로, 그 위법 여부에 대한 입증책임은 피고인 행정청이 부담하여야 한다는 견해이다.

③ 입증책임분배설(법률요건분류설)

입증책임에 관한 별도의 규정이 없는 한 민사소송법상의 입증책임분배의 원칙에 따라야 한다는 견해이다(다수설).

따라서 취소소송에서 ① 행정청의 권한행사규정(~한 경우에는 ~한 처분을 할 수 있다)의 경우 권한행사를 주장하는 자가 요건사실에 대한 입증책임을 지고(적극적 처분의 경우는 행정청, 소극적 처분의 경우는 원고), ② 행정청의 권한불행사규정(~한 경우에는 ~한 처분을 할 수 없다)의 경우 권한불행사를 주장하는 자가 요건사실에 대한 입증책임을 진다고 본다(적극적 처분의 경우 원고, 소극적 처분의 경우 행정청).

④ 독자분배설

행정상 법률관계는 민사관계와는 다른 특수성이 있으므로 입증책임의 분배기준도 민사소송에서와는 달리 정해져야 한다는 견해이다.

2) 판례

판례는 입증책임분배설의 입장을 취하고 있다(대판 2016.5.27, 2013두1126).

3) 결어

기본적으로 공격방어의 대등이라는 관점에서 입증책임분배설이 타당하다. 다만 이 경우 입증책임분배설이 원칙이 되어야 한다는 의미이므로, 이 설을 기준으로 하면서 구체적인 경우에 취소소송의 특수성이 반영되도록 하여야 할 것이다.

4) 참고: 소송요건사실에 대한 입증책임

취소소송의 제기요건은 직권조사사항이지만, 그 존부가 불분명할 때에는 소송요건을 결한 부적법한 소로 되어 원고에게 불이익하게 판단되므로 이에 대한 입증책임은 원고가 부담한다.

제4목 취소소송의 판결

제1. 판결의 의의 및 인용·기각판결

Ⅰ. 의의

판결이란 법원이 구체적인 쟁송을 해결하기 위하여 소송절차를 거쳐 내리는 결정을 말한다.

II. 인용판결과 기각판결*

인용판결이란 본안심리의 결과 원고의 청구가 이유 있다고 판단하여 그 청구의 전부 또는 일부를 받아들이는 판결을 말한다. 취소소송의 인용판결은 처분 등을 취소 또는 변경하는 판결인데, 이를 통하여 위법한 처분 등의 취소 또는 변경이라는 형성적 효과가 발생한다.

여기에서 변경의 의미는 -권력분립적 고려에 의하여- 소극적 변경(일부취소)만을 의미한다. 판례는 일부취소는 외형상 하나의 처분이라고 하더라도 가분성이 있거나 그 처분대상의 일부가 특정될 수 있어야 가능하다는 입장이다(대판 2000.2.11, 99두7210).

이에 따라 영업정지처분 등이 재량권남용에 해당되어 위법하면 그 처분의 취소를 명할 수 있을 뿐 어느 정도가 적정한 영업정지기간인가를 정하는 것은 행정청의 권한이므로 적정 영업정지기간을 초과하는 부분을 가려서 일부취소하지 않고 전부를 취소하여야 한다(대판 1982.6.22, 81누375). 과징금부과처분의 경우에도 법원이 적정하다고 인정되는 부분을 초과한 부분만 취소할 수는 없다(대판 2010.7.15, 2010두7031). 다만, 한 사람이 여러 종류의 자동차운전면허를 취득하거나 이를 취소 또는 정지하는 경우 이를 서로 별개의 것으로 보아 -취소사유가 다른 면허와 공통되거나 면허를 받은 사람에 관한 것이 아닌 한- 일부취소가 가능하다(대판 2012.5.24, 2012두1891).[19]

기각판결은 원고의 청구가 이유 없다 하여 이를 배척하는 판결을 말한다. 다만 원고의 청구가 이유 있는 경우에도 예외적으로 청구를 기각하는 경우가 있는데 이를 사정판결이라 한다.

제2. 위법성 판단의 기준시*

1. 문제
2. 학설 및 판례
(1) 처분시설(處分時說)
(2) 판결시설(判決時說)
(3) 절충설
(4) 판례: 처분시설
(5) 결어: 처분시설 타당

처분 이후에 당해 처분의 근거가 된 법령이 개폐되거나 사실상태가 변경된 경우에 법원은 어느 시점의 사실상태 및 법상태를 기준으로 처분의 위법성을 판단하여야 하는지가 문제이다. 이에 관하여는 처분시설과 판결시설이 대립되고 있다.

* 변호사시험(2014년), 변호사시험(2022년), 사법시험(2006년).
19 이에 관하여는 위 '취소소송의 의의' 참조.

1. 처분시설(處分時說)

처분의 위법성판단은 처분시의 법령 및 사실상태를 기준으로 하여야 한다는 견해이다(통설). 처분시설은 판결시를 기준으로 하면 행정의 일차적 판단권을 침해하는 것이 되어 권력분립의 원칙에 위배되고 법원이 감독청의 역할을 하는 것이 된다는 점을 논거로 들고 있다.

2. 판결시설(判決時說)

취소소송의 본질을 처분으로 인하여 형성된 위법상태의 배제로 보아 처분의 위법성판단은 판결시의 법령 및 사실상태를 기준으로 하여야 한다는 견해이다.

3. 절충설

원칙적으로 처분시설을 취하면서, 예외적으로 계속적 효력을 가지는 처분(예: 건축물의 사용금지처분)이나 미집행처분(예: 집행되지 않고 있는 철거명령)에 대한 취소소송에서는 판결시를 기준으로 하자는 견해이다.

특히 거부처분취소소송과 관련하여, 거부처분취소소송의 인용판결은 행정소송법 제30조 제2항에 따라 행정청의 재처분의무[20]를 발생시킨다는 점을 고려하여, 거부처분의 위법성판단은 판결시를 기준으로 하자고 주장하기도 한다.

4. 판례

판례는 처분시설의 입장이다(대판 2007.5.11, 2007두1811; 대판 2015.5.28, 2015두36256).

판례 > 항고소송에서 처분의 위법 여부를 판단하는 기준 시기(=처분 당시) 및 이는 신청에 따른 처분의 경우도 마찬가지인지 여부(적극)

"항고소송에서 처분의 위법 여부는 특별한 사정이 없는 한 그 처분 당시를 기준으로 판단하여야 한다. 이는 신청에 따른 처분의 경우에도 마찬가지이다. 새로 개정된 법령의 경과규정에서 달리 정함이 없는 한, 처분 당시에 시행되는 개정 법령과 그에서 정한 기준에 의하여 신청에 따른 처분의 발급 여부를 결정하는 것이 원칙이고, 그러한 개정 법령의 적용과 관련하여서는 개정 전 법령의 존속에 대한 국민의 신뢰가 개정 법령의 적용에 관한 공익상의 요구보다 더 보호가치가 있다고 인정되는 경우에 그러한 국민의 신뢰를 보호하기 위하여 그 적용이 제한될 수 있는 여지가 있을 따름이다(대판 2020.1.16, 2019다264700)."

---

* 행정고시(재경)(2009년), 행정고시(일반행정)(2010년), 변호사시험(2020년).

20 '재처분의무'란 행정청이 법원의 인용판결에 따라 일정한 처분을 하여야 할 의무를 말한다.

5. 결어

취소소송은 과거의 위법한 처분으로 인하여 법률상 이익을 침해받은 자가 법률상 이익의 침해를 이유로 그 시정을 구하는 것이므로 위법성의 판단시점은 처분시를 기준으로 하는 것이 타당하다.

판결시를 기준으로 하면, 처분시 기준으로 위법한 처분이 적법하게 되는 경우도 있어 당사자에게 유리하지만은 않다. 그리고 예외적으로 계속적 효력을 가진 처분이든 거부처분이든, 판결시를 기준으로 하여 인용판결을 하게 되면 변경된 상황에서의 행정청의 1차적 판단권을 침해하는 문제가 발생할 수도 있다.

제3. 처분사유의 추가·변경*

1. 의의	**3. 허용요건 및 한계**
2. 허용성	(1) 기본적 사실관계의 동일성
(1) 긍정설	(2) 소송물의 동일성(처분의 동일성)
(2) 부정설	(3) 시간적 한계
(3) 개별적 결정설	① 추가·변경사유의 기준시
(4) 제한적 긍정설	② 추가·변경의 허용시점

Ⅰ. 의의

처분사유의 추가·변경이란 처분 당시에 존재하였으나 행정청이 처분사유로 제시하지 않았던 사실상·법률상의 근거를 사후에 행정소송절차에서 처분의 적법성을 유지하기 위하여 새로이 추가하거나 그 내용을 변경하는 것을 말한다.[21] 2023년 제정 행정소송규칙은 그동안의 판례를 반영하여 처분사유의 추가·변경의 근거와 한계를 명문화하였다(행정소송규칙 9).

Ⅱ. 구분

① 처분사유의 추가·변경은 '처분시에 존재하였던 사유'를 사후에 추가하는 것이라는 점에서 '처분 이후에 발생한 새로운 사유'는 처분사유의 추가·변경과는 관련이 없다.

---

* 사법시험(2008년), 사법시험(2012년), 입법고시(2024년), 행정고시(일반행정)(2009년), 5급공채(2018년), 변호사시험(2023년).

21 예컨대, 처분청이 자연경관 훼손 및 민원발생을 사유로 개발행위허가를 거부하였는데, 거부처분취소소송에서 당해 거부처분의 적법성을 유지하기 위하여 경사도 위반 등의 사유를 추가하는 것이 이에 해당된다.

② 처분사유의 추가·변경은 '처분사유의 사후변경'이라는 점에서 '처분의 사후변경(행정행위의 사후변경)'과 구별된다.

③ 처분사유의 추가·변경은 처분시에 이유가 제시되었으나 사후에 사유를 추가·변경하는 것이라는 점에서 '처분시에 이유제시가 되지 않았거나 불충분하여 하자가 있는 것을 사후에 추완함으로써 이유제시의 하자를 치유하는 것'과 구별된다.

④ 처분사유의 추가·변경은 위법성 판단의 기준시와 관련하여 처분시설을 취하는 경우 문제된다. 판결시설을 취하면 피고인 처분청은 처분 이후에도 다른 법적·사실적 상황을 주장할 수 있으므로 얼마든지 처분사유의 추가·변경이 가능하다.

III. 허용성

행정소송규칙 제정 전에는 처분사유의 추가·변경을 허용할 것인지에 관한 논의가 학설·판례에 맡겨져 있다.

1. 긍정설

취소소송의 소송물을 처분의 위법성 일반으로 보아 처분사유의 추가·변경은 원칙적으로 제한되지 않는다는 견해이다.

2. 부정설

취소소송의 소송물을 그 처분사유에 특정된 처분의 위법성으로 보아 처분사유의 추가·변경은 허용되지 않는다는 견해이다.

3. 개별적 결정설

처분사유의 추가·변경은 처분의 유형 및 소송의 유형에 따라 그 허용범위를 달리 정하여야 한다는 견해이다.

4. 제한적 긍정설

분쟁의 일회적 해결·소송경제 및 원고의 보호를 고려할 때 '기본적 사실관계의 동일성'이 유지되는 범위 내에서 사실심 변론종결시까지 처분사유의 추가·변경이 가능하다는 견해이다 [다수설 및 판례(대판 2011.11.24, 2009두19021)]. 이 입장이 행정소송규칙으로 반영되었다.

5. 결어

처분사유의 추가·변경을 인정하는 취지는, 예컨대 처분청이 처분 당시에는 존재하였으나 제시하지 않았던 다른 사유를 들어 또다시 동일한 거부처분을 하는 것보다는 당해 취소소송에서 처분 당시 존재하였던 사유를 추가·변경함으로써 당해 분쟁의 일회적 해결·소송경제·실체적 진실의 발견·공익보장 등에 기여하기 위한 데 있다. 그러나 이를 무제한 허용하면 이유제시제도의 취지를 훼손하거나 원고의 방어권을 침해하는 문제도 있으므로, 일정한 한계 내에서만 제한적으로 허용하는 것이 타당하다.

결국 처분사유의 추가·변경의 문제는 이를 허용할 것인가 말 것인가 하는 문제보다는 이를 어떠한 요건하에서 제한적으로 허용할 것인가 하는 문제로 귀결된다.

Ⅳ. 허용요건 및 한계

1. 기본적 사실관계의 동일성*

판례는 처분사유의 추가·변경은 '기본적 사실관계의 동일성'이 인정되는 한도 내에서만 허용되고, 기본적 사실관계의 동일성 유무는 그 기초인 사회적 사실관계가 기본적인 점에서 동일한지에 따라 결정되어야 한다고 한다(대판 2011.11.24, 2009두19021).

판례 > 기본적 사실관계의 동일성을 인정한 판례

[1] 주택신축을 위한 산림형질변경허가신청에 대하여 행정청이 거부처분을 하면서 당초 준농림지역에서의 행위제한이라는 사유와 나중에 추가한 자연경관 및 생태계의 교란, 국토 및 자연의 유지와 환경보전 등 중대한 공익상의 필요라는 사유(대판 2004.11.26, 2004두4482).

[2] 토지형질변경 불허가처분의 당초 국립공원에 인접한 미개발지의 합리적인 이용대책 수립시까지 그 허가를 유보한다는 사유와 추가한 국립공원 주변의 환경·풍치·미관 등을 크게 손상시킬 우려가 있으므로 공공목적상 원형유지의 필요가 있는 곳으로서 형질변경허가 금지 대상이라는 사유(대판 2001.9.28, 2000두8684).

[3] 폐기물처리사업계획 부적정 통보처분의 당초 사업예정지에 폐기물처리시설을 설치할 경우 인근 농지의 농업경영과 농어촌 생활유지에 피해를 줄 것이 예상되어 농지법에 의한 농지전용이 불가능하다는 사유와 추가한 사업예정지에 폐기물처리시설을 설치할 경우 인근 주민의 생활이나 주변 농업활동에 피해를 줄 것이 예상되어 폐기물처리시설 부지로 적절하지 않다는 사유(대판

* 법원행정고시(2007년), 행정고시(일반행정)(2009년), 5급공채(2018년).

2006.6.30, 2005두364).

[4] 처분청이 처분 당시 적시한 구체적 사실을 변경하지 아니하는 범위 내에서 단지 처분의 근거 법령만을 추가·변경하는 것(대판 2011.5.26, 2010두28106).

[5] '위 토지가 건축법상 도로에 해당하여 건축을 허용할 수 없다'는 사유와 '위 토지가 인근 주민들의 통행에 제공된 사실상의 도로인데, 주택을 건축하여 주민들의 통행을 막는 것은 사회공동체와 인근 주민들의 이익에 반하므로 갑의 주택 건축을 허용할 수 없다'는 사유(대판 2019.10.31, 2017두74320).

판례 > 기본적 사실관계의 동일성을 부인한 판례

[1] 입찰참가자격을 제한시킨 당초의 처분 사유인 정당한 이유 없이 계약을 이행하지 않은 사실과 새로 주장한 계약의 이행과 관련하여 관계 공무원에게 뇌물을 준 사실(대판 1999.3.9, 98두18565).

[2] 원고의 건축신고와 관련된 행정심판이 계속 중이므로 그 건축신고 건이 종결되지 않은 상황에서 이 사건 신청을 처리할 수 없다는 당초의 처분사유와 원고가 이 사건 건축물을 건축하면서 사전 허가 없이 토지의 형질변경행위를 하였다거나 이 사건 토지가 하천구역으로 지정·고시될 예정이어서 이 사건 신청을 받아들일 수 없다는 취지로 추가한 사유들(대판 2009.2.12, 2007두17359).

[3] 금융위원회위원장 등이 현재 대법원에 재판 진행 중인 사안이 포함되어 있다는 이유로 정보공개법 제9조 제1항 제4호에 따라 공개를 거부한 사안에서 금융위원회위원장 등이 당초 거부처분 사유로 위 정보가 대법원 2007두11412호로 진행 중인 재판에 관련된 정보였다는 취지를 명기하였다면 이와 전혀 별개 사건인 서울중앙지방법원 2006고합1352, 1295, 1351호로 진행 중인 재판에 관련된 정보에도 해당한다며 처분사유를 추가로 주장하는 것(대판 2011.11.24, 2009두19021).

[4] 처분의 근거 법령을 변경하는 것이 종전 처분과 동일성을 인정할 수 없는 별개의 처분을 하는 것과 다름없는 경우(대판 2011.5.26, 2010두28106)

[5] 갑 등이 관할 구청장에게 재단법인 을의 기본재산 처분에 관한 정보공개를 청구하였으나 해당 정보가 정보공개법 제9조 제1항 제4호, 제7호 등에 해당한다는 이유로 비공개결정을 한 사안에서 제4호, 제5호, 제7호는 입법 취지가 다를 뿐 아니라 내용과 범위 및 요건이 달라 구청장이 처분사유로 추가한 제5호의 사유(대판 2012.4.12, 2010두24913).

[6] 피고가 당초 처분의 근거로 제시한 사유가 실질적인 내용이 없다고 보는 경우, '산업단지 안에 새로운 폐기물시설부지를 마련할 시급한 필요가 없다'는 점을 거부처분의 사유로 추가하는 것은 그 기본적 사실관계가 동일한지 여부를 판단할 대상조차 없는 것이므로, 소송단계에서 처분사유를 추가하여 주장할 수 없다(대판 2017.8.29, 2016두44186).

[7] 명의신탁등기 과징금과 장기미등기 과징금은 위반행위의 태양, 부과 요건, 근거 조항을 달리하므

로, 각 과징금 부과처분의 사유는 상호 간에 기본적 사실관계의 동일성이 없다(대판 2017.5.17, 2016두53050).

[8] 처분사유에 기존 '건축법 제11조 위반'에서 '건축법 제20조 제3항 위반'을 추가하는 것(대판 2021.7.29, 2021두34756)

2. 소송물의 동일성(처분의 동일성)

처분사유의 변경은 취소소송의 소송물의 동일성을 유지하는 범위 내에서만 가능하다. 만약 처분사유의 변경으로 소송물이 변경되면, 이는 청구의 변경에 해당되기 때문이다.

3. 시간적 한계

처분의 위법성 판단의 기준시를 통설·판례인 처분시로 보면, 처분사유의 추가·변경은 처분시에 존재하는 사유에 한정된다.

처분사유의 추가·변경은 사실심 변론종결시까지만 허용된다(대판 1999.8.20, 98두17043).

제4. 사정판결*

Ⅰ. 의의

원고의 청구가 이유 있다고 인정하는 경우에도 처분 등을 취소하는 것이 현저히 공공복리에 적합하지 아니하다고 인정하는 때에는 법원은 원고의 청구를 기각할 수 있다(행소법 28 ①). 이에 따라 원고의 청구를 기각하는 판결을 사정판결이라 한다.

사정판결은 처분이 위법함에도 공익보호가 보다 중요하다고 판단하여 공익을 우선시키는 것으로서 법치행정의 원리 및 개인의 권리보호에 대한 중대한 예외에 해당한다. 따라서 공익보호를 위하여 예외적으로 불가피한 경우에만 허용되어야 하고, 법률에 의하여 그 대상과 요건도 엄격하게 해석·적용되어야 한다(대판 2000.2.11, 99두7210).

Ⅱ. 요건

1. 원고의 청구가 이유가 있을 것

취소소송의 본안심리를 통하여 처분 등이 위법하다는 원고의 청구가 이유가 있다고 판단되

* 행정고시(재경)(2009년).

어야 한다.

2. 처분 등을 취소하는 것이 현저히 공공복리에 적합하지 아니할 것

원고의 청구가 이유 있다고 인정하는 경우에도 처분 등을 취소하는 것이 현저히 공공복리에 적합하지 아니하다고 인정되어야 한다.

현저히 공공복리에 적합하지 아니한가의 여부를 판단함에 있어서는 위법·부당한 행정처분을 취소·변경하여야 할 필요성과 그로 인하여 발생할 수 있는 공공복리에 반하는 사태 등을 비교·형량하여 그 적용 여부를 판단하여야 한다(대판 2016.7.14, 2015두4167).

법원은 사정판결을 할 때 그 처분등을 취소하는 것이 현저히 공공복리에 적합하지 아니한지 여부는 사실심 변론을 종결할 때를 기준으로 판단한다(행정소송규칙 14).

3. 법원의 직권에 의한 사정판결의 인정 여부

사정판결을 위하여 당사자의 주장이나 항변 없이도 법원이 직권으로 사정판결을 할 수 있는지에 대하여 ① 행정소송에도 변론주의가 적용되므로 당사자의 주장·항변 없이 법원이 직권으로 사정판결을 할 수 없다는 견해가 다수설이나, ② 판례는 행정소송법 제26조, 제28조 제1항 전단을 근거로 당사자의 명백한 주장이 없는 경우에도 기록에 나타난 사실을 기초로 하여 법원이 직권으로 사정판결을 할 수 있다는 입장이다(대판 1992.2.14, 90누9032). ③ 사정판결은 극히 예외적으로 허용되는 것이고, 또한 행정소송법 제26조(직권심리)는 공정·타당한 재판을 위한 것으로서 사정판결의 근거로 보기 어렵다는 점에서 다수설의 입장이 타당하다.

Ⅲ. 원고의 보호를 위한 조치

1. 사정조사 및 소송비용

법원은 사정판결을 함에 있어서는 미리 원고가 입게 될 손해의 정도와 배상방법 그 밖의 사정을 조사하여야 한다(행소법 28 ②). 사정판결에 의하여 취소청구가 기각된 경우에는 소송비용은 피고의 부담으로 한다(행소법 32).

2. 주문에서 그 처분 등이 위법함을 명시할 것

사정판결을 하는 경우 법원은 그 판결의 주문에서 그 처분 등이 위법함을 명시하여야 한다(행소법 28 ① 제2문).

3. 원고에 대한 권리구제

원고는 피고인 행정청이 속하는 국가 또는 공공단체를 상대로 손해배상, 제해시설의 설치 그 밖에 적당한 구제방법의 청구를 당해 취소소송 등이 계속된 법원에 병합하여 제기할 수 있다(행소법 28 ③).

Ⅳ. 적용범위

사정판결은 취소소송에서만 허용될 뿐 무효등확인소송과 부작위위법확인소송에는 사정판결에 관한 행정소송법 제28조가 준용되지 않는다.

① 과거에 무효등확인소송에도 사정판결을 인정하여야 한다는 견해가 있었으나, ② 무효의 경우에는 유지시켜줄 효력이 처음부터 없어서 무효등확인소송에는 사정판결이 인정되지 않는다는 것이 다수설 및 판례(대판 1996.3.22, 95누5509)의 입장이다.

제5. 판결의 효력

행정소송법은 취소소송의 판결의 효력에 관하여 제3자에 대한 효력(행소법 29)과 기속력(행소법 30)만을 규정하고 있다. 그러나 취소소송의 판결에는 그 외에도 자박력·확정력·형성력·집행력 등의 효력이 있다.

Ⅰ. 자박력(自縛力)

취소소송에 있어서도 판결이 선고되면 선고법원 자신도 이에 구속되어 판결의 내용을 취소·변경할 수 없게 된다. 이를 판결의 자박력 또는 불가변력이라 한다. 자박력은 선고법원에 대한 효력이다.

Ⅱ. 확정력

확정력에는 형식적 확정력(불가쟁력)과 실질적 확정력(기판력)이 있다.

1. 형식적 확정력

법원이 한 종국판결에 대하여 당사자는 상소(上訴)를 통하여 그 효력을 다툴 수 있는데, 더 이상 상소를 할 수 없을 때 판결은 최종적으로 확정되는데, 이 경우 판결이 가지는 구속력을 형식적 확정력이라 한다. 이를 불가쟁력이라고도 한다. 형식적 확정력은 법원의 판결에 불복할 수 있는 자에 대한 효력이다.

2. 실질적 확정력(기판력)*

(1) 기판력(旣判力)의 의의

기판력(실질적 확정력)이란 판결이 확정되면 이후의 절차에서 당사자는 그에 반하는 주장을 할 수 없고 법원도 그와 모순·저촉되는 판단을 할 수 없는 판결의 구속력을 말한다.

기판력은 소송절차의 반복과 재판에서의 모순을 방지하기 위한 것이다. 따라서 기판력이 발생되면, 당사자는 동일소송물을 대하여 다시 소를 제기할 수 없다(반복금지효). 그리고 당사자는 후소에서 기판력이 있는 전소의 확정판결의 내용에 반하는 주장을 할 수 없고, 법원 또한 이에 모순·저촉되는 판단을 할 수 없다(모순금지효).

(2) 기판력의 범위

1) 주관적 범위

기판력은 당해 소송의 당사자 및 참가인에 대한 효력이다. 따라서 당사자 및 이와 동일시할 수 있는 승계인·보조참가인에게 미친다. 한편 취소소송의 피고는 처분을 행한 행정청이므로 당해 취소소송에서의 기판력은 당해 처분의 효력이 귀속되는 국가 또는 공공단체에도 미친다(대판 1998.7.24, 98다10854).

2) 객관적 범위

기판력은 판결의 주문(主文)[22]에 나타난 소송물에 관한 판단에만 미치고, 판결이유에서 제시된 그 전제가 되는 구체적인 위법사유에 관한 판단에는 미치지 않는다(대판 2000.2.25, 99다55472).

취소소송의 인용판결은 처분의 위법성에 기판력을 미치며, 기각판결은 그 적법성에 한하여 기판력을 미친다.

3) 시간적 범위

기판력은 사실심의 변론종결시를 기준으로 하여 효력을 발생한다. 확정판결은 변론종결시까지 제출된 서류 등을 기준으로 내려지는 것이므로 변론종결 이전의 사유에는 일률적으로 기판력이 미친다(대판 1992.2.25, 91누6108).

---

* 입법고시(2013년), 5급공채(일반행정)(2013년).

22 주문: 판결의 결론 부분. 청구의 적부(適否)에 대한 판단·소송 비용 등이 표기된다.

(3) 기판력과 국가배상청구소송*

1. 국가배상법상의 법령위반과 취소소송에서의 위법성의 동일성 여부 (1) 법령위반의 관념에 관한 학설 및 판례 1) 결과불법설 2) 상대적 위법성설 3) 행위위법설: ① 협의의 행위위법설, ② 광의의 행위위법설(종래 통설) 4) 직무의무위반설 5) 판례: 광의의 행위위법설	(2) 소결 **2. 취소소송의 기판력이 후소인 국가배상소송에 미치는지 여부** (1) 기판력부정설 (2) 기판력긍정설 (3) 제한적 긍정설 (4) 취소소송의 소송물을 근거로 한 제한적 긍정설 (5) 판례: 기판력부정설

취소소송에서의 판결의 기판력이 후소인 국가배상청구소송에 미치는가 하는 것이 문제이다.[23]

1) 기판력부정설

위법성 상대화설의 입장으로, 취소소송에서의 위법과 국가배상에서의 위법은 서로 다른 개념이므로, 취소소송에서의 판결의 기판력은 국가배상소송에 영향을 미치지 않는다는 견해이다.

판례는 "행정처분이 나중에 항고소송에서 위법하다고 판단되어 취소되더라도 그것만으로 행정처분이 공무원의 고의나 과실로 인한 불법행위를 구성한다고 단정할 수 없다(대판 2021.6.30, 2017다249219)."고 하여 기판력부정설의 입장으로 보인다.

판례 > 어떠한 행정처분이 항고소송에서 취소된 경우, 그 기판력으로 곧바로 국가배상책임이 인정되는지 여부(소극) 및 이 경우 국가배상책임이 인정되기 위한 요건과 판단 기준

"어떠한 행정처분이 항고소송에서 취소되었다고 할지라도 그 기판력으로 곧바로 국가배상책임이 인정될 수는 없고, '공무원이 직무를 집행하면서 고의 또는 과실로 법령을 위반하여 타인에게 손해를 입힌 때'라고 하는 국가배상법 제2조 제1항의 요건이 충족되어야 한다(대판 2022.4.28, 2017다233061[손해배상])."

2) 기판력긍정설

위법성 동일설 가운데 협의의 행위위법설은 취소소송에서와 국가배상에서의 위법은 동일하

* 사법시험(2010년), 5급공채(일반행정)(2013년), 변호사시험(2015년), 변호사시험(2018년), 변호사시험(2023년).

23 이는 취소소송에서의 위법과 국가배상에서의 위법이 동일한가 하는 문제와 관련이 있다. 이에 관하여는 이미 국가배상편에서 살펴보았고, 내용도 동일하다(국가배상편, 국가배상법상의 법령위반과 취소소송에서의 위법성 참조).

므로, 취소소송의 판결의 기판력은 국가배상소송에 영향을 미친다고 본다.

3) 제한적 긍정설

위법성 동일설 가운데 광의의 행위위법설은 취소소송에서와 국가배상에서의 위법은 차이가 있을 수 있으므로, 최소소송에서의 인용판결의 기판력은 국가배상소송에 영향을 미치지만, 기각판결의 기판력은 미치지 않는다고 본다.

4) 취소소송의 소송물을 근거로 한 제한적 긍정설

이상의 세 견해는 취소소송의 소송물을 '처분의 위법성'으로 보고 있지만, 취소소송은 주관소송으로서 '당해 처분이 위법하여 본인의 권리를 침해하고 있다는 당사자의 법적 주장'을 소송물로 하므로, 취소소송과 국가배상에서의 위법개념이 동일한가의 여부와 관계없이, 취소소송의 인용판결은 국가배상소송에 영향을 미치지만 기각판결은 미치지 않는다고 보게 된다. 이 견해가 타당하다.

Ⅲ. 형성력

1. 의의

판결의 형성력이란 법원의 판결에 따라 법률관계의 발생·변경·소멸을 가져오는 효력을 말한다.

2. 내용

(1) 형성효

취소소송은 형성소송이므로 취소판결이 있으면 별도의 행정청의 행위 없이 처분이 취소되는 형성적 효과를 발생시킨다(대판 1991.10.11, 90누5443).

(2) 소급효

처분을 취소하는 판결이 확정되면 그 처분은 처분시에 소급하여 소멸한다. 다만 벌칙과 관련되어 있거나, 기타 취소판결의 소급효를 인정하는 것이 법적 안정성을 침해하는 경우에는 소급효가 제한될 수도 있다고 보아야 할 것이다.

(3) 제3자효

처분 등을 취소하는 확정판결은 제3자에 대하여도 효력이 있다(행소법 29 ①). 이는 판결의 제3자에 대한 형성력(대세효)을 말하는 것으로 제3자도 판결을 용인하여야 한다는 것(대판

1986.8.19, 83다카2022)을 의미한다. 그 취지는 소송당사자와 제3자 사이에 소송의 결과가 달라지는 것을 방지하고 그 법률관계를 통일적으로 규율하려는 데 있다.

행정소송법은, 판결의 형성력이 제3자에게도 미치기 때문에, 제3자를 보호하기 위하여 제3자의 소송참가(행소법 16) 및 재심청구(행소법 31)를 규정하고 있다.

3. 형성력에 의한 법률관계의 형성

판결의 형성력에 따라 취소판결이 있으면 당해 처분은 소급하여 취소되므로, 취소된 처분을 전제로 하여 행하여진 처분이나 법률관계도 원칙적으로 소급하여 효력을 상실한다(대판 2012.3.29, 2008다95885).

4. 형성력의 준용

행정소송법 제29조 제1항의 취소판결의 형성력은 집행정지결정 또는 집행정지결정의 취소결정에 준용되고(행소법 29 ②), 무효등확인소송에도 준용된다(행소법 38 ①).

IV. 기속력*

Ⅰ. **기속력의 의의와 성질**
- ○ 의의
- ○ 성질: 기판력설, 특수효력설(통설), 판례는 불분명

Ⅱ. **내용**
- 1. 반복금지효
- 2. 재처분의무
  - (1) 의의
  - (2) 거부처분의 취소판결에 따른 재처분의무
  - (3) 절차의 하자를 이유로 한 취소판결에 따른 재처분의무
- 3. 결과제거의무

Ⅲ. **효력범위**
- 1. 주관적 범위
- 2. 객관적 범위
  - (1) 절차 또는 형식에 위법이 있는 경우
  - (2) 내용에 위법이 있는 경우
- 3. 시간적 범위

1. 의의

판결의 기속력이란 취소판결의 취지에 따르도록 당사자인 행정청과 그 밖의 관계행정청을

* 법원행정고시(2007년), 변호사시험(2013년), 변호사시험(2020년), 변호사시험(2023년), 사법시험(2003년), 사법시험(2007년), 사법시험(2009년), 사법시험(2012년), 입법고시(2008년), 입법고시(2010년), 행정고시(재경)(2005년), 행정고시(일반행정)(2010년), 5급공채(재경)(2012년), 5급공채(행정)(2014년), 5급공채(2022년).

구속하는 효력을 말한다. 기속력은 취소판결의 실효성을 확보하기 위하여 행정청에 대하여 판결의 취지에 따를 의무를 부과하는 효력이다.

행정소송법 제30조 제1항은 "처분 등을 취소하는 확정판결은 그 사건에 관하여 당사자인 행정청과 그 밖의 관계행정청을 기속한다."고 규정하고 있다.

기속력은 인용판결의 실효성을 확보하기 위한 것이므로, 인용판결에만 인정되는 효력이다. 따라서 기각판결의 경우에는 기속력이 없으므로 처분청은 당해 처분을 직권으로 취소해도 된다.

2. 성질

기속력의 성질에 관하여는 ① 기속력은 기판력의 당연한 결과로서 소송의 당사자인 행정청에게 기판력이 미치는 것이라는 기판력설도 있지만, ② 기속력은 취소판결의 실효성을 확보하기 위하여 실정법이 별도로 인정한 효력으로 보아야 한다는 특수효력설이 통설이고, 타당하다. ③ 판례의 입장은 분명치 않다. 판례는 기속력과 기판력이라는 용어를 혼동하여 사용하고 있다.

3. 내용

기속력은 소극적 효력으로서 ① 반복금지효와 적극적 효력으로서 ② 재처분의무 ③ 결과제거의무를 그 내용으로 한다(대판 2020.4.9, 2019두49953 참조).

(1) 반복금지효

취소판결이 확정되면 당사자인 행정청 및 관계행정청은 동일한 사안에서 동일한 당사자에 대하여 동일한 내용의 처분을 반복할 수 없게 되는데, 이를 반복금지효라 한다.

(2) 재처분의무

1) 의의

재처분의무란 행정청이 취소판결의 취지에 따라 일정한 처분을 하여야 할 의무를 말한다. 이에 따라 행정청은 ① '판결의 취지에 따라야 할 의무(판결의 취지에 반해서는 안 될 의무)'와 ② '재처분을 하여야 할 의무'를 부담하게 된다.

재처분의무는 취소판결의 실효성 및 원고의 실질적 권리구제를 확보하기 위한 것이다. 행정청이 재처분의무를 이행하지 않는 경우에는 간접강제를 할 수 있다(행소법 34).

2) 거부처분의 취소판결에 따른 재처분의무

행정소송법 제30조 제2항은 "판결에 의하여 취소되는 처분이 당사자의 신청을 거부하는 것을 내용으로 하는 경우에는 그 처분을 행한 행정청은 판결의 취지에 따라 다시 이전의 신청에 대한 처분을 하여야 한다."고 하여 거부처분의 취소판결에 따른 재처분의무를 규정하고 있다.

3) 절차의 하자를 이유로 한 취소판결에 따른 재처분의무

신청에 따른 처분(인용처분)이 절차의 위법을 이유로 취소되는 경우에도 행정청은 재처분의무를 부담한다(행소법 30 ③).

이와 관련하여 행정소송법 제30조 제3항은 당연한 것을 규정한 주의규정에 불과하다는 해석도 있지만, 절차상 하자도 처분의 독자적인 취소사유가 될 수 있다는 의미로 보아야 할 것이다.

여기에서 '절차의 위법'이란 절차요건뿐만 아니라 주체·형식요건도 포함하는 것으로 이해하여야 할 것이다.[24]

(3) 결과제거의무

취소판결이 있게 되면, 행정청은 위법한 처분으로 인하여 야기된 상태를 제거하여야 할 의무를 부담한다(예: 압류처분의 취소 후 압류물건 반환의무). 이러한 의무에 대응하여 상대방은 공법상 결과제거청구권을 가진다.

4. 효력범위

(1) 주관적 범위

취소판결의 기속력은 당사자인 행정청과 그 밖의 관계행정청을 기속한다.

(2) 객관적 범위

판결의 실효성 확보를 위하여 인정되는 효력으로서 판결의 주문뿐만 아니라 그 전제가 되는 처분 등의 구체적 위법사유에 관한 이유 중의 판단에 대하여도 인정된다.

따라서 취소소송에서 소송의 대상이 된 거부처분을 실체법상의 위법사유에 기하여 취소하는 판결이 확정된 경우에는 당해 거부처분을 한 행정청은 원칙적으로 신청을 인용하는 처분을 하여야 하고, 사실심 변론종결 이전의 사유를 내세워 다시 거부처분을 하는 것은 확정판결의 기속력에 저촉되어 허용되지 아니한다(대판 2001.3.23, 99두5238).

1) 절차 또는 형식에 위법이 있는 경우

절차 내지 형식의 위법을 이유로 처분을 취소하는 판결이 확정된 경우에 그 확정판결의 기속력은 확정판결에 적시된 절차 내지 형식의 위법사유에 한하여 미친다.

따라서 처분권자가 그 확정판결에 적시된 위법사유를 보완하여 행한 새로운 처분은 확정판

24 행정작용의 적법요건은 주체·내용·형식·절차요건으로 구분할 수 있다. 내용요건[법치행정원리(법률우위·법률유보)와 행정법의 일반원칙 준수, 내용의 명확·실현가능성]은 '실질적 요건'이고, 나머지는 '형식적 요건'으로 구분할 수도 있을 것이다.

결에 의하여 취소된 종전의 처분과는 별개의 처분으로서 확정판결의 기속력에 저촉되는 것은 아니다(대판 2005.1.14, 2003두13045).

2) 내용에 위법이 있는 경우

처분시를 기준으로 그 이전에 존재하였던 다른 사유를 근거로 다시 처분할 수 있는가 하는 것이 문제인데, 이는 처분사유의 추가·변경과도 관련이 있는 것으로, 판결의 기속력은 판결주문 및 이유에서 판단된 위법사유와 기본적 사실관계의 동일성[25]이 인정되는 사유에 미친다고 하여야 할 것이다(대판 1992.7.14, 92누2912). 왜냐하면 동일성이 인정되는 기존의 사유로 사실상 동일한 처분이 반복되는 것을 방지하여야 하기 때문이다.

따라서 행정청은 처분 이전에 존재하였던 사유로서 처분사유와 기본적 사실관계의 동일성이 없는 사유를 근거로 재처분하는 것은 기속력에 저촉되지 않으므로 가능하다(대판 1991.8.9, 90누7326).

(3) 시간적 범위

기속력은 처분시를 기준으로 그때까지 존재하였던 사유에 한하고, 그 이후에 생긴 사유에는 미치지 않는다. 따라서 처분시에 존재하던 사유를 들어 동일한 처분을 하는 것은 기속력에 저촉되는 것으로서 허용될 수 없다. 그러나 처분 이후의 사유를 들어 다시 동일한 처분을 하는 것은 재처분의무를 이행한 것이 된다(대판 2011.10.27, 2011두14401).

한편 도시·군계획의 수립과 같은 계획재량이 인정되는 영역에서는, 도시·군관리계획의 입안 제안(입안신청) 거부처분에 대하여 취소판결이 있은 이후에 행정청이 다시 이익형량을 한 결과 당사자가 제안(신청)한 것과는 다른 내용의 계획을 수립하더라도 재처분의무를 이행한 것이 된다(대판 2020.6.25, 2019두56135).

V. 집행력과 간접강제*

1. 행정소송과 집행력

집행력이란 이행판결에 의한 이행의무를 강제집행 할 수 있는 효력을 말한다. 집행력은 본래 이행판결에 인정되는 효력인데, 행정소송법은 이행소송을 규정하고 있지 않기 때문에, 취소판결의 실효성을 확보하기 위하여 취소판결에 따른 재처분의무를 규정하고 있고, 다시 이러한

* 변호사시험(2013년), 사법시험(2013년), 5급공채(일반행정)(2011년), 5급공채(행정)(2014년), 5급공채(2022년).

25 기본적 사실관계의 동일성에 관하여는 처분사유의 추가·변경편 참조.

재처분의무의 실효성확보수단으로 간접강제제도를 규정하고 있는 것이다.

2. 간접강제

(1) 의의

간접강제란 행정청이 거부처분취소판결이나 부작위위법확인판결이 확정되었음에도 행정소송법 제30조 제2항의 규정에 의한 처분을 하지 아니하는 경우에 법원이 행정청에게 일정한 배상을 할 것을 명하는 제도를 말한다(행소법 34 ①, 38 ②).

간접강제는 민사집행법의 간접강제(민사집행법 261)와 유사한 제도로서, 이는 비대체적 작위의무의 이행을 간접적으로 강제하기 위한 것이다.

(2) 요건

간접강제를 하기 위해서는 ① 거부처분취소판결이나 부작위위법확인판결이 확정되어야 한다. 이 경우 신청에 따른 처분이 절차의 위법을 이유로 취소된 경우를 포함한다. ② 그리고 거부처분취소판결 등이 확정되었음에도 행정청이 재처분을 하지 않아야 한다. 이와 관련하여 판례는 행정청의 재처분이 무효인 경우에도 재처분이 없는 것과 마찬가지로 보아 '재처분을 하지 않은 경우'에 해당한다고 보고 있다(대결 2002.12.11, 2002무22).

(3) 절차

행정청이 재처분의무를 이행하지 아니한 때에는 ① 당사자는 제1심 수소법원에 간접강제를 신청하여야 한다. ② 제1심 수소법원은 당사자의 신청이 이유가 있을 때에는 상당한 기간을 정하고 행정청이 그 기간 내에 이행하지 아니하는 때에는 그 지연기간에 따라 일정한 배상을 명하거나 즉시 손해배상을 명하는 결정을 한다. 행정소송법 제33조가 준용됨에 따라 간접강제결정은 피고 또는 참가인이었던 행정청이 소속하는 국가 또는 공공단체에 그 효력을 미친다(행소법 33, 34 ②). ③ 간접강제결정이 있음에도 행정청이 재처분을 하지 않으면, 신청인은 그 간접강제결정을 집행권원으로 하여 집행문을 부여받아 배상금을 추심할 수 있다. ④ 간접강제신청에 따른 인용결정 및 기각결정에 대해서는 즉시항고를 할 수 있다(민사집행법 261 ②).

(4) 적용범위

간접강제규정은 부작위위법확인소송에도 준용된다(행소법 38 ②). 그러나 무효등확인판결의 경우 판결의 기속력 및 재처분의무에 관한 규정(행소법 30)은 준용되면서도 간접강제를 준용하는 규정이 없어(행소법 38 ①), 무효등확인판결에도 간접강제가 허용되는지에 대하여 논란이 있다.

이에 대하여 ① 부정설과 긍정설이 대립하고 있는데, ② 판례는 부정설의 입장이다(대결

1998.12.24, 98무37). ③ ④ 생각건대 거부처분에 무효의 하자가 있는 경우에는 행정청의 재처분을 통하여 당사자를 보호하여야 할 필요가 더욱 크다고 판단되므로, 긍정설이 타당하다.

(5) 배상금의 법적 성격

간접강제결정에 근거한 배상금은 확정판결의 취지에 따른 재처분의 지연에 대한 제재나 손해배상이 아니라 재처분의 이행에 관한 심리적 강제수단(일종의 강제금)이다. 따라서 행정청이 간접강제결정에서 정한 기간이 경과한 후에라도 재처분을 하면 이로써 간접강제의 목적은 달성되는 것이므로 처분상대방이 더 이상 배상금을 추심하는 것은 허용되지 않는다(대판 2004.1.15, 2002두2444).

제6. 기타사항

Ⅰ. 명령·규칙에 대한 위헌·위법판결의 공고

명령·규칙에 대한 구체적 규범통제의 결과 위법한 명령 등으로서 무효로 확정되더라도, 당해 명령 등은 당해 사건에서만 적용이 배제될 뿐 공식절차에 의하여 폐지되지 않는 한 형식적으로는 유효한 것으로 남게 된다. 이 경우 보통은 무효로 확정된 명령 등을 다른 사건에 적용하지 않지만, 행정청이 이를 적용할 가능성이 여전히 남아 있게 된다. 이와 같은 구체적 규범통제에서 비롯되는 문제를 방지하기 위하여 행정소송법 제6조는 행정소송에 대한 대법원판결에 의하여 명령·규칙이 헌법 또는 법률에 위반된다는 것이 확정된 경우에는 대법원은 지체 없이 그 사유를 행정안전부장관에게 통보하여야 하고, 해당 명령·규칙의 소관 행정청에도 그 취지를 통보하여야 한다(행정소송규칙 2 ①). 통보를 받은 행정안전부장관은 지체 없이 이를 관보에 게재하도록 하고 있다(행소법 6). 또한 대법원 외의 법원의 판결에 의하여 명령·규칙이 헌법 또는 법률에 위반된다는 것이 확정된 경우에는 그 법원은 해당 재판서 정본을 지체 없이 대법원에 송부하여야 한다(행정소송규칙 2 ②).

Ⅱ. 상고와 재심*

1. 상고

행정소송과 관련하여 (구) 행정소송법 제9조 제2항은 "고등법원의 재판에 대하여는 대법원에 상고할 수 있다."는 규정이 있었으나, 1994년 행정소송법은 항고소송의 제1심 관할법원을

* 사법시험(2011년).

고등법원에서 지방법원급의 행정법원으로 개정하면서 행정소송도 3심제가 보장되었으므로, 이 상고조항을 폐지하였다. 이에 따라 행정소송도 민사소송·가사소송과 더불어 상고심법의 적용을 받게 되었다(상고심법 2). 따라서 행정사건에서도 상고이유에 상고심법 제4조 제1항이 정하고 있는 각호가 규정하는 사유가 포함되어 있지 않으면 상고가 기각된다.

2. 재심

행정소송법은 본인의 귀책사유 없이 소송참가를 할 수 없는 경우에 대비하여 제3자에 의한 재심청구를 규정하고 있다. 즉 "처분 등을 취소하는 판결에 의하여 권리 또는 이익의 침해를 받은 제3자는 자기에게 책임 없는 사유로 소송에 참가하지 못함으로써 판결의 결과에 영향을 미칠 공격 또는 방어방법을 제출하지 못한 때에는 이를 이유로 확정된 종국판결에 대하여 재심의 청구를 할 수 있다(행소법 31 ①)." 제3자의 재심청구는 확정판결이 있음을 안 날로부터 30일 이내, 판결이 확정된 날로부터 1년 이내에 제기하여야 하며, 이 기간은 불변기간이다(행소법 31 ②, ③).

제7. 판결 이외의 취소소송의 종료

취소소송은 법원의 종국판결에 의하여 종료되나, 그 외에도 소의 취하[26]·청구의 포기·인낙,[27] 재판상의 화해[28]와 같은 당사자의 행위 등에 의해서도 종료될 수 있다.

법원은 신속하고 공정한 분쟁 해결과 국민의 권익 구제를 위하여 필요하다고 인정하는 경우에는 소송계속 중인 사건에 대하여 직권으로 소의 취하, 처분등의 취소 또는 변경, 그 밖에 다툼을 적정하게 해결하기 위해 필요한 사항을 서면으로 권고할 수 있다(행정소송규칙 15 ①).

제5목 소송비용

행정소송의 비용은 민사소송법 규정에 따라 패소자가 부담하고, 일부패소의 경우에는 각 당사자가 분담하는 것이 원칙이다(민소법 98, 101).

다만 원고의 취소청구가 사정판결로 기각되거나 행정청이 처분 등을 취소 또는 변경함으로

---

26 소의 취하란 원고가 제기한 소의 전부 또는 일부를 철회하는 취지의 법원에 대한 일방적인 의사표시이다.

27 청구의 포기란 변론 또는 준비절차에서 원고가 자신의 소송상의 청구가 이유 없음을 자인하는 법원에 대한 일방적인 의사표시를 말하고, 청구의 인낙(認諾)이란 피고가 원고의 소송상 청구가 이유 있음을 자인하는 법원에 대한 일방적인 의사표시를 말한다.

28 재판상 화해란 당사자 쌍방이 소송계속 중 소송의 대상인 법률관계에 관한 주장을 서로 양보하여 소송을 종료시키기로 하는 합의를 말한다.

인하여 청구가 각하 또는 기각된 경우에는 소송비용은 피고의 부담으로 한다(행소법 32). 이 경우 실질적으로는 원고가 승소한 것이기 때문이다.

소송비용에 관한 재판이 확정된 때에는 피고 또는 참가인이었던 행정청이 소속하는 국가 또는 공공단체에 그 효력이 미친다(행소법 33).

제 2 항 무효등확인소송*

Ⅰ. 개설

1. 의의 및 종류

무효등확인소송이란 행정청의 처분 등의 효력 또는 존재 여부를 확인하는 소송을 말한다(행소법 4 2호).

처분의 무효 또는 부존재의 경우 처분의 외형이 남아있음으로 인하여 불이익이 있을 수 있으므로 처분의 상대방 또는 이해관계인으로서는 처분 등의 효력 또는 존재 여부를 확인해 둘 필요가 있다. 이에 무효등확인소송이 독립된 하나의 소송유형으로 규정되고 있다.

무효등확인소송의 종류로는 ① 유효확인소송, ② 무효확인소송, ③ 존재확인소송, ④ 부존재확인소송, 그리고 ⑤ 실효확인소송 등이 있다. ⑥ 한편 취소와 무효의 구별이 상대적으로 어렵다는 점에서 법원은 '무효선언을 구하는 의미의 취소소송'을 인정하기도 한다(대판 1999.4.27, 97누6780). ⑦ 일반적으로 행정처분의 무효확인을 구하는 소에는 원고가 그 처분의 취소를 구하지 아니한다고 밝히지 아니한 이상 그 처분이 만약 당연무효가 아니라면 그 취소를 구하는 취지도 포함되어 있는 것으로 보아야 한다는 것이 판례의 기본적인 입장이다(대판 1994.12.23, 94누477).

2. 성질

무효등확인소송은 주관소송으로서 처분 등의 효력 유무 또는 존재 여부를 확인하는 확인소송이다. 다만 무효등확인판결의 효력은 취소판결과 같이 제3자에게도 미치기 때문에 이 점에서는 형성적 성질도 아울러 가지고 있다(준형성소송)고 할 수 있다.[29]

3. 적용규정

무효등확인소송에도 형성소송적인 성격이 있으므로 취소소송에 관한 행정소송법의 대부분

* 변호사시험(2018년), 행정고시(2003년).

29 무효등확인심판의 경우도 확인적 쟁송이지만 처분의 효력을 다툰다는 점에서 형성적 쟁송의 성질도 아울러 가진다는 준형성적 쟁송설이 통설이다.

의 규정, 예컨대 재판관할, 피고적격, 집행정지, 소의 변경, 직권심리주의, 판결의 효력 등에 관한 규정들이 준용된다. 그러나 행정심판전치주의, 제소기간, 사정판결에 관한 규정은 준용되지 않는데(행소법 38 ①), 무효등확인소송은 무효인 처분을 대상으로 하는 것이기 때문이다.

4. 당사자소송과의 관계

무효확인소송과 당사자소송의 관계에 관하여는 ① 항고소송으로 해결이 가능한 경우에는 항고소송만이 가능하고 당사자소송은 제기할 수 없다는 견해(무효확인소송 우선설)도 있으나, ② 무효인 처분에는 공정력이 인정되지 않으므로, 무효확인소송과 당사자소송은 병렬적으로 제기할 수 있다는 견해가 다수설이다(병렬적 관계설). 다수설에 따르면, 예컨대 무효인 과세처분의 경우, 항고소송으로서 과세처분무효확인소송과 당사자소송으로서 조세채무부존재확인소송이 가능하다.

II. 소의 제기

무효등확인소송을 제기하려면, ① 재판관할, ② 원고적격(협의의 소익 포함), ③ 피고적격, ④ 처분 등, ⑤ 제소기간, ⑥ 행정심판과의 관계, ⑦ 소제기의 형식 등의 제기요건을 갖추어야 한다. 이하에서는 취소소송에 관한 규정이 준용되는 경우는 생략하고, 원고적격과 협의의 소익에 관해서만 설명한다.

1. 원고적격

무효등확인소송은 처분 등의 효력 유무 또는 존재 여부의 확인을 구할 법률상 이익이 있는 자가 제기할 수 있다(행소법 35).

여기에서의 '법률상 이익'은 무효확인소송의 특수성 때문에 ① '원고적격'뿐 아니라 ② '협의의 소익'도 포함한다. '협의의 소익'에 관한 문제는 아래에서 별도로 설명한다.

무효등확인소송도 주관소송이므로 여기에서 원고적격으로서의 '법률상 이익'은 취소소송의 경우와 마찬가지로 '법적으로 보호되는 이익(공권)'을 의미한다(대판 2006.3.16, 2006두330 전원합의체).

2. 협의의 소익(권리보호의 필요성)*

1. 확인의 이익	(1) 문제
2. 확인의 이익과 무효등확인소송의 보충성	(2) 학설: ① 긍정설(즉시확정이익설),

* 사법시험(2015년), 입법고시(2010년).

② 부정설	적용
(3) 판례	② 판례 변경: 부정설
① 종전 판례: 무효등확인소송의 보충적	(4) 결어

(1) 협의의 소익으로서의 '확인의 이익'

행정소송법 제35조는 제12조 제2문과 같이 별도의 협의의 소익에 관한 규정을 두고 있지는 않지만, 여기에서의 '법률상 이익이 있는 자'는 ① '원고적격이 있는 자(무효인 처분 등으로 본인의 공권이 침해된 자)'뿐만 아니라 ② '소송으로 무효등의 확인을 구할 필요성이 있는 자(확인의 이익이 있는 자)'를 포함하는 의미이다.

여기에서 후자를 협의의 소익(권리보호의 필요성)이라 한다. 무효등확인소송에서의 협의의 소익은 '무효확인을 구할 이익(확인의 이익)'이다.

판례 > 행정처분에 대한 무효확인의 소에 있어서 확인의 이익의 의미

"행정처분에 대한 무효확인의 소에 있어서 확인의 이익은 그 대상인 법률관계에 관하여 당사자 사이에 분쟁이 있고, 그로 인하여 원고의 권리 또는 법률상의 지위에 불안·위험이 있어 판결로써 그 법률관계의 존부를 확정하는 것이 위 불안·위험을 제거하는 데 필요하고도 적절한 경우에 인정된다 할 것이므로, 원고의 권리가 존재하지 아니하고, 그 판결을 받는다 할지라도 그 권리가 회복될 가능성이 전혀 없다면 그러한 원고의 확인의 소는 그 확인의 이익이 없다(대판 2002.6.14, 2002두1823)."

"행정처분의 무효확인 또는 취소를 구하는 소에서, 비록 행정처분의 위법을 이유로 무효확인 또는 취소 판결을 받더라도 그 처분에 의하여 발생한 위법상태를 원상으로 회복시키는 것이 불가능한 경우에는 원칙적으로 그 무효확인 또는 취소를 구할 법률상 이익이 없고, 다만 원상회복이 불가능하더라도 그 무효확인 또는 취소로써 회복할 수 있는 다른 권리나 이익이 남아있는 경우 예외적으로 법률상 이익이 인정될 수 있을 뿐이다(대판 2016.6.10, 2013두1638)."

판례 > 환지처분이 공고되어 효력을 발생하게 된 이후에 취소나 무효확인을 구할 법률상 이익이 있는지 여부

"(구) 토지구획정리사업법(2000.1.28. 법률 제6252호로 폐지되기 전의 것) 제61조에 의한 환지처분은 사업시행자가 환지계획구역의 전부에 대하여 구획정리사업에 관한 공사를 완료한 후 환지계획에 따라 환지교부 등을 하는 처분으로서, 일단 공고되어 효력을 발생하게 된 이후에는 환지 전체의 절차를 처음부터 다시 밟지 않는 한 그 일부만을 따로 떼어 환지처분을 변경할 길이 없으므로,

그 환지확정처분의 일부에 대하여 취소나 무효확인을 구할 법률상 이익은 없다(대판 2013.2.28, 2010두2289)."

판례 > 수용재결의 무효확인을 구할 소의 이익이 인정되지 않는 경우

"별도의 협의취득 절차에 따라 이 사건 토지에 관하여 참가인 앞으로 소유권이전등기가 마쳐진 것이라면 설령 원고가 이 사건 수용재결의 무효확인 판결을 받더라도 원고로서는 이 사건 토지의 소유권을 회복시키는 것이 불가능하고, 나아가 그 무효확인으로써 회복할 수 있는 다른 권리나 이익이 남아 있다고도 볼 수 없다(대판 2017.4.13, 2016두64241)."

(2) 확인의 이익과 무효등확인소송의 보충성

행정소송법 제35조에서의 '확인의 이익'을 판단하는 데 '별도의 형성소송이나 이행소송 등을 통하여 보다 효과적인 권리구제가 가능한지 여부'가 그 요건으로 요구되는지가 문제이다. 이는 결국 무효등확인소송에도 민사소송에서와 같이 '형성소송이나 이행소송으로 권리구제가 가능하다면 확인의 이익이 인정되지 않는다'고 하는, '형성소송 또는 이행소송에 대한 확인소송의 보충성'이 무효등확인소송에도 적용되는가 하는 것이다.

1) 학설

① 긍정설(즉시확정이익설)

이 견해는 민사소송에서의 확인의 이익과 같이 무효등확인소송의 경우에도 '즉시확정의 이익'이 필요하다고 한다. 즉 처분의 무효를 전제로 한 이행소송과 같이 보다 효과적인 권리구제수단이 존재하는 경우에는 무효등확인소송이 인정되지 않는다는 것이다. 따라서 무효등확인소송도 무효를 전제로 하는 현재의 법률관계에 관한 소송으로 구제되지 않을 때에만 보충적으로 인정된다고 본다.

② 부정설

다수설인 부정설은 ⓐ 무효등확인소송도 행정청의 처분을 다투는 '항고소송'이고, ⓑ 우리 행정소송법은 일본과 달리 무효등확인소송의 보충성을 규정하고 있지 않으며, ⓒ 무효등확인소송에서도 취소판결의 기속력이 준용되고 있어 민사소송과 달리 무효등확인판결로도 판결의 실효성을 확보할 수 있으므로 민사소송에서와 같이 분쟁의 궁극적 해결을 위한 확인의 이익 여부를 논할 이유가 없다는 것을 논거로, 무효등확인소송의 보충적 적용을 부인한다.

2) 판례

① 종전의 판례는 별도의 다른 유효한 구제수단이 있는 경우에는 무효등확인소송의 확인의 이익을 인정하지 않았다(무효등확인소송의 보충적 적용).

② 그러나 대법원은 전원합의체판결로 입장을 변경하여, 부정설과 같은 논거로 무효확인소송의 보충성이 요구되는 것은 아니라고 판시하였다(대판 2008.3.20, 2007두6342 전원합의체). 이에 따라 무효등확인소송에서 '확인을 구할 법률상 이익'을 판단함에 있어 행정처분의 무효를 전제로 한 이행소송 등과 같은 직접적인 구제수단이 있는지 여부를 따질 필요가 없다고 하고 있다(대판 2019.2.14, 2017두62587).

3) 결어

행정소송은 민사소송에 비하여 특수성이 존재하고, 또한 처분의 무효와 취소사유의 구별이 분명치 않기 때문에, 무효확인소송의 제기를 제한적으로 해석할 이유가 없다는 점에서 부정설이 들고 있는 논거와 결론이 타당하다.

Ⅲ. 심리

1. 심리의 범위 등

무효등확인소송의 심리에 관하여도 취소소송에 관한 규정을 준용된다(행소법 25, 26, 38 ①).

2. 입증책임

(1) 학설

1) 취소소송의 경우와 동일하게 보는 견해

무효등확인소송도 항고소송의 일종으로 처분의 위법성을 다투는 소송이므로 취소소송에서와 동일하게 입증책임분배설에 따라야 한다는 입장이다.

2) 원고책임설

① 무효등확인소송과 취소소송은 형식상 차이가 있고, ② 하자의 중대·명백성은 특별한 예외적인 사유이며, ③ 무효등확인소송은 제소기간에 제한 없어 증거가 없어질 수 있기 때문에 원고가 입증책임을 부담하여야 한다는 입장이다.

3) 피고책임설

무효는 취소에 비하여 처분의 흠이 더욱 중대하며 명백한 경우이므로 이것이 적법하다는 입증책임은 피고인 행정청이 부담하는 것이 원칙이라는 입장이다.

(2) 판례

판례는 "행정처분의 당연무효를 주장하여 그 무효확인을 구하는 행정소송에 있어서는 원고에게 그 행정처분이 무효인 사유를 주장·입증할 책임이 있다(대판 1992.3.10, 91누6030)."고 하여 원고책임설의 입장이다.

(3) 결어

원고가 무효사유를 주장하더라고 그러한 사유의 존재는 원고가, 부존재는 행정청이 입증을 하도록 하는 것이 행정소송의 취지나 당사자간의 공평이라는 소송의 이념에도 부합한다고 생각되므로, 입증책임의 분배문제를 취소소송의 경우와 달리 볼 이유는 없다.

Ⅳ. 판결

무효등확인소송의 판결과 그 효력에 대하여는 대체로 취소소송의 판결에서 논의한 내용이 그대로 타당하다.

사정판결과 관련하여, 무효등확인소송에는 사정판결을 준용하다는 규정이 없는데, 이와 관련해서 무효등확인소송에도 사정판결이 허용되는지에 대하여 논란이 있다. 다수설과 판례(대판 1996.3.22, 95누5509)는 부정적인 입장이다.

판결의 효력과 관련하여 취소판결의 효력에 관한 규정은 무효등확인소송에도 준용되므로(행소법 29, 38 ①), 제3자에 대하여도 무효등확인판결의 효력이 미친다. 따라서 제3자를 보호하기 위한 소송참가와 재심청구가 인정된다(행소법 16, 31, 38 ①). 또한 무효등확인소송에도 기속력이 인정된다(행소법 30 ①, 38 ①).

간접강제와 관련하여 무효등확인판결의 경우 간접강제를 준용하는 규정이 없어(행소법 38 ①), 간접강제가 허용되는지 논란이 있다. 판례는 부정적이나(대결 1998.12.24, 98무37), 거부처분에 무효의 하자가 있는 경우에는 행정청의 재처분을 통하여 당사자를 보호하여야 할 필요가 취소의 경우보다 더욱 크다고 판단되므로, 무효등확인판결에도 간접강제를 허용할 필요가 있다.

Ⅴ. 선결문제

행정소송법은 처분 등의 효력 유무 또는 존재 여부가 민사소송의 선결문제로 되어 당해 민사소송의 수소법원이 이를 심리·판단하는 경우에는 제17조(행정청의 소송참가), 제25조(행정심판기록의 제출명령), 제26조(직권심리) 및 제33조(소송비용에 관한 재판의 효력)의 규정을 준용한다고 규정하고 있다(행소법 11 ①). 그리고 이 경우 당해 수소법원은 그 처분 등을 행한 행정청에게 그 선결문제로 된 사실을 통지하도록 하고 있다(행소법 11 ②).

이 규정의 취지는 민사소송이라 할지라도 그 본안의 선결문제가 행정사건이고, 이에 따라 민사법원이 행정사건에 대하여 심리·판단하는 경우에는 행정소송의 특수성을 반영하여 항고소송에 준하여 심리·판단하도록 하는 데 있다.

다만 행정소송법 제11조 제1항은 '처분 등의 효력 유무 또는 존재 여부가 민사소송의 선결문제로 되는 경우'만을 규정하고 있고 '위법 여부'를 선결문제로 심리할 수 있는지의 여부가 행정행위의 공정력 또는 구성요건적 효력의 문제로 논란이 있으나 '위법 여부'의 경우에도 행정소송법 제11조가 유추적용된다고 볼 것이다.

행정소송법은 '민사소송의 선결문제'로 되는 경우만 규정하고 있으나, 형사소송의 선결문제로 된 경우도 행정소송법 제11조를 준용한다고 보아야 할 것이다.

제 3 항　부작위위법확인소송*

1. 의의(행소법 4 3호).
2. 부작위의 의의(행소법 2 ① 2호)
3. 부작위의 성립요건
(1) 당사자의 신청이 있을 것
1) 당사자의 신청행위가 있을 것
2) 법규상·조리상 신청권 문제
(i) 판례
(ii) 학설
① 대상적격의 문제로 보는 견해
② 본안판단의 문제로 보는 견해
③ 원고적격의 문제로 보는 견해로 나뉨
(iii) 결어: 원고적격설 타당
(2) 상당한 기간이 지났을 것
(3) 처분을 하여야 할 법률상 의무가 있을 것
(4) 아무런 처분도 하지 않았을 것
4. 원고적격
(1) 부작위위법확인을 구할 법률상 이익
(2) 법률상 이익: 신청권의 존재
◦ ① 대상적격의 문제이자 원고적격의 문제로 보는 견해, ② 원고적격의 문제로 보는 견해, ③ 본안판단의 문제로 보아 단순한 신청만 있으면 족하다는 견해 등
◦ 법률상 이익: 법적 보호이익 또는 공권

Ⅰ. 개설

1. 의의

부작위위법확인소송이란 행정청의 부작위가 위법하다는 것을 확인하는 소송을 말한다(행소법 4 3호).

* 행정고시(1999년).

부작위위법확인소송은 행정청의 부작위가 위법함을 확인함으로써 행정청의 적극적 처분을 신속하게 하도록 하여 소극적인 위법상태를 제거하는 것을 목적으로 한다(대판 2000.2.25, 99두11455).

부작위에 의한 권리침해에 대하여는 원칙적으로 의무이행소송이 인정되어야 하지만, 현행 행정소송법은 권력분립원칙을 고려하여 부작위위법확인소송을 인정하는 데 그치고 있다(사법소극주의). 이에 대해서 현행법하에서도 법해석을 통하여 이행소송이 인정될 수 있는가에 대한 논란이 있지만, 판례는 부정적인 입장이다(대판 1997.9.30, 97누3200).[30]

다만 부작위위법확인소송에는 인용판결의 실효성을 담보하기 위하여 거부처분의 취소에 대한 확정판결시의 재처분의무와 간접강제에 대한 규정이 준용되고 있다.

2. 성질

부작위위법확인소송은 주관소송으로서 행정청의 부작위가 위법함을 확인하는 확인소송이다. 한편 부작위위법확인소송은 '처분의 부작위'만을 대상으로 하기 때문에 취소소송·무효등확인소송과 함께 항고소송에 속한다(행소법 4).

3. 소송물

일반적으로 부작위위법확인소송의 소송물을 부작위의 위법성으로 이해하고 있지만, 부작위위법확인소송은 주관소송이라는 점에서 '부작위가 위법하다는 원고의 법적 주장'을 소송물로 한다고 보아야 한다.

4. 적용규정

부작위위법확인소송도 '처분'의 부작위를 대상으로 하는 항고소송이라는 점에서 취소소송에 관한 대부분의 규정이 여기에도 준용된다.

다만 적극적인 처분을 전제로 하는 처분변경으로 인한 소의 변경(행소법 22), 집행정지(행소법 23, 24), 사정판결(행소법 28), 사정판결로 인한 피고의 소송비용부담(행소법 32) 등은 취소소송의 규정은 준용되지 않는다(행소법 38 ②).

II. 소의 제기

부작위위법확인소송의 소송요건은 취소소송의 경우와 거의 같다. 그러나 취소소송에서 '처

30 행정소송의 권력분립상의 한계 참조.

분 등의 존재'를 소송요건으로 하는 것 대신 부작위위법확인소송의 경우 '부작위의 존재'를 소송요건으로 하고 있는 점, 무효등확인소송과는 달리 제소기간이나 예외적 행정심판전치주의의 적용이 있는 점이 다르다.

부작위위법확인소송을 제기하려면, ① 재판관할, ② 부작위의 존재, ③ 원고적격, ④ 피고적격, ⑤ 제소기간, ⑥ 행정심판, ⑦ 소제기의 형식 등의 제기요건을 갖추어야 한다. 이 가운데 취소소송에 관한 규정이 준용되거나 내용이 중복되는 경우는 생략한다.

1. 부작위*

(1) 부작위의 의의

부작위란 행정청이 당사자의 신청에 대하여 상당한 기간 내에 일정한 처분을 하여야 할 법률상 의무가 있음에도 불구하고 이를 하지 아니하는 것을 말한다(행소법 2 2호).

(2) 부작위의 성립요건

1) 당사자의 신청이 있을 것

① 당사자의 신청행위가 있을 것

행정청의 부작위가 존재하려면 당사자의 신청이 있어야 한다. 여기에서의 당사자의 신청은 단지 당사자의 신청행위가 있는 것으로 족하다. 따라서 당사자의 신청이 적법한 것인지는 고려할 필요가 없다.

② 그 외에 당사자의 법규상·조리상의 신청권이 있어야 하는지의 문제

(i) 판례는 거부처분의 성립요건에서와 마찬가지로, 부작위의 성립요건으로 당사자의 법규상 또는 조리상의 신청권이 있어야 한다고 보고 있다. 판례는 신청권의 존재를 '부작위의 존재'라는 대상적격의 문제로 보면서 동시에 원고적격의 문제로 보고 있다(대판 1992.6.9, 91누11278).

(ii) 이에 대하여 학설은 신청권의 존부를 ① 대상적격의 문제로 보는 견해, ② 본안판단의 문제로 보는 견해, ③ 원고적격의 문제로 보는 견해로 나뉜다.

① 대상적격설은 부작위의 성립에 당사자의 신청에 대하여 처분을 하여야 할 법률상의 의무가 있을 것을 요구하고 있는 점 등에서 부작위의 성립은 당사자의 신청권이 있는 경우에 한정된다고 한다.

② 본안판단설은 신청권의 존재 여부는 본안에서 판단할 문제라고 본다.

③ 원고적격설은 '원고에게' 신청권이 있는가 하는 문제는 대상의 문제가 아닌 원고적격의

---

* 사법시험(2007년), 5급공채(행정)(2016년), 5급공채(2018년).

문제이고, 실제로 '신청권이 존재'하는가 하는 문제는 본안에서 판단할 문제로 본다.

(iii) 결어: 결론적으로 신청권의 존부는 원고로서의 자격에 관한 문제로 보아야 한다.

원고적격이나 대상적격 모두 소송요건을 구성하는 것으로 어떠한 소송요건을 결하더라도 원고의 청구가 각하된다는 점을 고려하면, 신청권의 존부를 '대상의 문제'로 볼 이유는 없다. 따라서 원고적격설이 타당하다.

2) 상당한 기간이 지났을 것

상당한 기간이란 사회통념상 신청에 따르는 처리에 소요되는 기간을 의미한다. 이와 관련하여 행정절차법 제19조(처리기간의 설정·공표), 민원처리법 제36조(민원처리기준표의 고시 등)에 따라 공표 또는 고시된 처리기간이 경과되면, 특별한 사정이 없는 한, 상당한 기간이 경과했다고 볼 것이다. 다만 이 경우 처리기간의 경과로 그 부작위가 위법한 것은 아니다. 왜냐하면 이들 규정은 강행규정이라기보다는 주의규정으로 보아야 할 것이기 때문이다.

판례 > 행정절차법이나 민원처리법상 처리기간에 관한 규정이 강행규정인지 여부(소극)

"처분이나 민원의 처리기간을 정하는 것은 신청에 따른 사무를 가능한 한 조속히 처리하도록 하기 위한 것이다. 처리기간에 관한 규정은 훈시규정에 불과할 뿐 강행규정이라고 볼 수 없다. 행정청이 처리기간이 지나 처분을 하였더라도 이를 처분을 취소할 절차상 하자로 볼 수 없다(대판 2019.12.13, 2018두41907)."

3) 처분을 하여야 할 법률상 의무가 있을 것

행정청에게 처분을 하여야 할 법률상 의무가 있어야 한다. 여기에서 처분이란 행정소송법상의 처분을 말한다. 따라서 이에 해당하지 않는 행위는 부작위위법확인소송의 대상이 되는 부작위라 할 수 없다(대판 1991.11.8, 90누9391).

판례 > [1] 검사가 압수 해제된 것으로 간주된 압수물의 환부신청에 대하여 아무런 결정·통지도 하지 아니한 경우, 부작위위법확인소송의 대상이 되는지 여부
[2] 검사에 대한 압수물 환부이행청구소송이 허용되는지 여부

[1] "형사본안사건에서 무죄가 선고되어 확정되었다면 형사소송법 제332조 규정에 따라 검사가 압수물을 제출자나 소유자 기타 권리자에게 환부하여야 할 의무가 당연히 발생한 것이고, 권리자의 환부신청에 대한 검사의 환부결정 등 어떤 처분에 의하여 비로소 환부의무가 발생하는 것은 아니므로 압수가 해제된 것으로 간주된 압수물에 대하여 피압수자나 기타 권리자가 민사소송으로 그 반환을

구함은 별론으로 하고 검사가 피압수자의 압수물 환부신청에 대하여 아무런 결정이나 통지도 하지 아니하고 있다고 하더라도 그와 같은 부작위는 현행 행정소송법상의 부작위위법확인소송의 대상이 되지 아니한다."

[2] "검사에게 압수물 환부를 이행하라는 청구는 행정청의 부작위에 대하여 일정한 처분을 하도록 하는 의무이행소송으로 현행 행정소송법상 허용되지 아니한다"(대판 1995.3.10, 94누14018[부작위위법확인])."

4) 아무런 처분도 하지 않았을 것

부작위가 성립하려면 행정청이 아무런 처분도 하지 않아야 한다. 만약 당사자의 신청을 거부하였다면 부작위가 아니라 거부처분이 문제된다.

2. 원고적격

(1) 부작위위법확인을 구할 법률상 이익

부작위위법확인소송은 처분의 신청을 한 자로서 부작위의 위법의 확인을 구할 법률상 이익이 있는 자만이 제기할 수 있다(행소법 36).

(2) 법률상 이익: 신청권의 존재

여기에서 '처분을 신청한 자로서 부작위위법확인을 구할 법률상 이익'과 관련하여 원고의 신청권이 존재하여야 하는가에 대하여 견해가 대립된다. 이 문제는 '부작위의 존재'에서 살펴본 견해대립과 연결된 것으로서, 이에 관하여는 ① 당사자의 신청권의 존재를 대상적격(부작위의 존재)의 문제이자 원고적격의 문제로 보는 견해, ② 원고적격의 문제로 보는 견해, ③ 본안판단의 문제로 보아 단순한 신청만 있으면 족하다는 견해 등이 있다.

생각건대, ① '법률상 이익'이 있는가 하는 문제는 원고적격에 관한 것이다. ② 여기서의 법률상 이익은 법적 보호이익 또는 공권을 의미하므로, 원고가 단순히 신청한 사실만으로는 부족하고, 적어도 신청할 '권리'가 있어야 한다. ③ 다만 신청권은 법규정의 해석을 통하여 도출될 수 있는 것만으로 충분하고, 신청권이 실제로 존재하는가는 본안에서 판단하여야 할 문제이다.

(3) 제3자의 원고적격

취소소송에서와 마찬가지로, 부작위의 직접상대방이 아닌 제3자라 하더라도 부작위위법확인을 받을 법률상 이익이 있는 경우에는 원고적격이 인정된다.

(4) 권리보호의 필요성(협의의 소익)

부작위위법확인소송의 경우에도 원고적격 이외에 권리보호의 필요성이 있어야 한다[판례1].

부작위의 위법 여부의 판단 기준시는 판결시(사실심의 구두변론 종결시)이므로, 부작위위법확인소송 제기의 전후를 통하여 판결시까지 행정청이 그 신청에 대하여 적극 또는 소극의 처분을 함으로써 부작위상태가 해소된 때에는 협의의 소익을 상실하여 당해 소송은 각하된다(대판 1990.9.25, 89누4758).

3. 제소기간

취소소송의 제소기간에 관한 규정은 부작위위법확인소송에도 준용된다(행소법 20, 38 ②).

그런데 문제는 행정심판을 거치는 경우에는 재결이 존재하므로 제소기간에 관한 규정을 적용하면 되지만, 행정심판을 거치지 않는 경우에는 처분 등이 존재하지 않아 여기에 제소기간을 적용하는 것이 무의미하다는 점이다. 이 경우는 제소기간에 제한이 없다는 견해가 다수설이자 판례(대판 2009.7.23, 2008두10560)이다.

4. 행정심판

부작위위법확인소송은 행정심판과 일정한 관련이 있으므로 행정소송법은 부작위위법확인소송에서 행정심판에 관한 취소소송의 규정을 준용하고 있다(행소법 18, 38 ②). 여기에서 전치되는 행정심판은 의무이행심판이다.

5. 가구제

(1) 집행정지

행정소송법상 집행정지제도는 처분의 존재를 그 요건으로 하므로 취소소송과 무효등확인소송에만 인정되고 부작위위법확인소송에는 적용되지 않는다.

(2) 가처분

부작위위법확인소송의 경우 단지 부작위가 위법함을 확인하는 데 그친다는 점에서 당해 처분을 임시로 발급할 것을 명할 수 있는 가처분이 허용된다고 보기는 어려울 것이다.

6. 소의 변경

행정소송법은 소의 종류의 변경(행소법 21)은 부작위위법확인소송에도 준용하면서(행소법 37), 처분변경으로 인한 소의 변경(행소법 22)은 준용하지 않고 있다(행소법 38 ②). 이와 관련하여, 예컨대 부작위위법확인소송을 제기한 후 행정청이 거부처분을 한 경우 처분변경으로 인하여 이를 거부처분취소소송으로 변경하는 것이 허용되는지 문제이다.

이에 대해서는 ① 행정소송법 제22조는 부작위위법확인소송에 준용되지 않기 때문에 소의 변경이 허용되지 않는다는 부정설과 ② 행정소송법 제22조가 준용되지 않는 것은 입법의 불비이므로 행정소송법 제37조를 확대해석하여 소의 변경을 허용하여야 한다는 긍정설(다수설)이 대립되고 있다. ③ 생각건대 부정설에 따르면 행정청의 처분변경으로 원고는 새로운 소송을 제기하여야 하는 것이 되어 원고에게만 지나치게 가혹하므로 긍정설이 타당하다.

Ⅲ. 심리

부작위위법확인소송의 심리에 관하여도 취소소송에 관한 규정이 준용되므로(행소법 25, 26, 38 ②), 취소소송에서의 심리범위나 심리원칙이 그대로 적용된다.

1. 심리의 범위

1. 학설 (1) 절차적 심리설 (2) 실체적 심리설	**2. 판례: 절차적 심리설** **3. 결어: 절차적 심리설 타당**

부작위위법확인소송에서 법원의 심리범위에 관하여 논란이 있다.

(1) 학설

1) 절차적 심리설

부작위위법확인소송의 수소법원은 부작위의 위법 여부만을 심사하여야 하며, 실체적인 내용을 심사하는 것은 허용되지 않는다는 견해이다(다수설).

2) 실체적 심리설

법원은 단순히 행정청의 부작위의 적부에 대한 심리에 그치지 않고, 신청의 실체적 내용이 이유 있는지도 심리하여 그에 대한 적정한 처리방향에 관한 법률적 판단을 하여야 한다는 견해이다.

(2) 판례

판례는 부작위위법확인소송을 '행정청의 부작위의 위법함을 확인함으로써 행정청의 응답을 신속하게 하여 부작위 내지 무응답이라고 하는 소극적인 위법상태를 제거하는 것을 목적으로 하는 소송(대판 1993.4.23, 92누17099)'으로 보고 있어 절차적 심리설의 입장이다.

(3) 결어

현행 행정소송법상 의무이행소송 대신 부작위위법확인소송을 규정한 취지상 부작위위법확인소송에서 실체적 내용심리까지 요구하기는 어렵다고 판단된다.

그러나 이론상 명문의 규정이 없더라도 이행소송이 가능하다고 판단되므로, 원고의 권리보호의 관점에서 일정한 한계를 설정하고 이 범위 내에서 실체적 심리를 하는 것은 가능하다고 보아야 할 것이다.

2. 위법성 판단의 기준시

부작위의 경우 처분이 존재하지 않으므로 그 위법판단은 판결시(사실심의 구두변론종결시)를 기준으로 한다(대판 1999.4.9, 98두12437).

IV. 판결

1. 판결의 종류

부작위위법확인소송의 판결과 그 효력에 대하여는 대체로 취소소송의 경우와 같다. 다만 부작위위법확인소송의 경우에는 사정판결이 문제되지 않는다.

2. 판결의 기속력과 재처분의무

1. 부작위위법확인소송의 인용판결의 기속력
2. 재처분의무의 의미
(1) 단순한 응답의무로 보는 견해(다수설 및 판례)
(2) 적극적 처분을 하여야 한다는 견해
(3) 결어

(1) 부작위위법확인소송의 인용판결의 기속력

부작위위법확인판결에 대해서는 취소판결의 기속력에 관한 규정이 준용된다(행소법 30, 38 ②). 따라서 부작위위법확인소송의 청구를 인용하는 판결이 확정된 경우에는 그 판결의 취지에 따라 다시 이전의 신청에 대한 처분을 하여야 한다.

(2) 재처분의무의 의미

판결의 취지에 따르는 이전의 신청에 대한 처분이 무엇을 의미하는가에 대하여는 학설의 대립이 있다.

1) 단순한 응답의무로 보는 견해

부작위위법확인소송은 행정청의 부작위가 위법함을 확인하는 데 그치는 것이므로 행정청은 판결의 취지에 따라 단순히 신청에 대한 응답의무를 부담하는 데 그친다는 견해이다(다수설 및 판례). 따라서 기속행위의 경우에도 거부처분을 하여도 판결의 기속력으로서 재처분의무를 이행한 것이 된다고 한다. 이 거부처분에 대하여 원고는 다시 거부처분취소소송을 제기하여 행정청의 처분발급의무를 확보할 수 있다고 한다.

2) 적극적 처분을 하여야 한다는 견해

부작위위법확인판결의 기속력으로서 재처분의무는 당초 신청된 처분의 발급의무를 의미한다는 견해이다. 이 견해는 ① 부작위의 성립요건으로 법규상·조리상의 신청권이 있을 것을 요구하면서 재처분의무를 단순한 응답의무에 불과하다고 보는 것은 균형이 맞지 않고, ② 기속력에 따라 거부처분을 한 경우 이에 대하여 다시 거부처분취소소송을 통하여 권리구제를 받으라는 것은 매우 우회적인 권리구제가 되어 부당하다는 점 등을 논거로 들고 있다.

3) 결어

당사자의 신청에 따른 행정청의 부작위가 위법하다는 것은 -이를 다시 거부하는 것이 아니라- 일정한 적극적인 처분을 하여야 한다는 의미로 이해하는 것이 자연스러운 해석이고 원고의 권리구제에 보다 충실하다는 점에서, 적극적 처분의무로 이해하는 견해가 타당하다.

3. 간접강제

부작위위법확인소송에도 거부처분취소판결의 간접강제에 관한 취소소송의 규정이 준용된다(행소법 34, 38 ②).

제3절 당사자소송

제 1 항 개설

1. 의의: 행소법 3 2호	○ 형식적 당사자소송
2. 항고소송과 당사자소송의 구별	**4. 원고적격과 피고적격**
3. 종류	(1) 원고적격
○ 실질적 당사자소송	(2) 피고적격

Ⅰ. 의의

당사자소송이란 행정청의 처분 등을 원인으로 하는 법률관계에 관한 소송, 그 밖에 공법상의 법률관계에 관한 소송으로서 법률관계의 한쪽 당사자를 피고로 하는 소송을 말한다(행소법 3 2호).

항고소송은 행정주체가 우월한 지위에서 일방적으로 행하는 처분을 다투는 소송으로서 행정소송의 특수성을 보여주는 가장 전형적인 경우이지만, 당사자소송은 피고가 반드시 행정청이 아닐 뿐만 아니라 원고와 피고가 대등한 관계에서 공법상의 법률관계를 다툰다는 점에서, 그 대상이 공법상의 법률관계라는 점이 사법상의 법률관계를 다투는 민사소송과 다를 뿐, 민사소송과 매우 유사하다고 할 수 있다.[31]

Ⅱ. 당사자소송의 성질과 활용

당사자소송은 개인의 권리구제를 목적으로 하는 주관소송이다. 당사자소송은 공법상의 법률관계를 다투는 소송으로 이로써 법률관계가 최초로 형성된다는 점에서 시심적 소송이다. 당사자소송은 소송물의 내용에 따라 이행의 소, 확인의 소로 구분될 수 있다.

당사자소송은 '포괄적인 성격의 소송'으로 이를 활용하기에 따라서는 비처분적 행정작용에 대해서까지 공백없이 권리구제가 가능한, 매우 유용한 소송유형이다. 하지만 현재의 항고소송, 특히 취소소송 중심인 현실에서 당사자소송이 거의 활용되지 않고 있다.

더 나아가 당사자소송의 대상이 되어야 할 행정상 손해배상·부당이득반환 등이 소송실무상 민사소송의 대상이 되고 있다. 이는 민·형사사건 중심의 우리나라 법조실무 때문이라고 생각된다. 하지만 우리나라 법체계는 공·사법을 이원적으로 구별하고 있고, 공법상 법률관계에는 공익적 요소가 포함되어 있으므로, 이들을 당사자소송의 대상으로 전환하여야 한다. 2013년 입법예고된 행정소송법 개정안도 '성질상 행정소송이지만 편의상 민사소송으로 다루어지던 행정상 손해배상·부당이득반환 등 공법상 원인으로 발생하는 법률관계에 관한 소송을 당사자소송의 대상으로 명시'한 바 있었다.

최근 2023년에 제정된 행정소송규칙은 당사자소송 개념의 불확정성, 행정의 발전에 따른 당사자소송의 확대 경향 등으로 인해, 소송 방법 선택의 착오로 인한 이송, 심리의 중복 등 절차의 낭비나 지연을 줄이기 위하여 당사자소송의 대상에 관한 규정을 상세하게 두었다.

31 예컨대 행정청이 과세처분을 부과한 경우, 과세처분 자체를 다투는 것은 항고소송이고, 이 과세처분의 위법을 원인으로 하는 법률관계, 즉 과세처분의 위법을 전제로 이미 납부한 세금의 반환을 요구하는 부당이득반환문제를 다투는 것은 당사자소송이다.

Ⅲ. 종류

당사자소송에는 실질적 당사자소송과 형식적 당사자소송이 있는데, 대부분이 실질적 당사자소송이다. 2023년 행정소송규칙은 법이론이나 재판실무를 통해 정립된 당사자소송의 대상과 종류를 예시하여 규정하고 있다(제19조).

> ※ 행정소송규칙
>
> 제19조(당사자소송의 대상) 당사자소송은 다음 각 호의 소송을 포함한다.
>
> 1. 다음 각 목의 손실보상금에 관한 소송
>   가. 「공익사업을 위한 토지 등의 취득 및 보상에 관한 법률」 제78조제1항 및 제6항에 따른 이주정착금, 주거이전비 등에 관한 소송
>   나. 「공익사업을 위한 토지 등의 취득 및 보상에 관한 법률」 제85조제2항에 따른 보상금의 증감(增減)에 관한 소송
>   다. 「하천편입토지 보상 등에 관한 특별조치법」 제2조에 따른 보상금에 관한 소송
> 2. 그 존부 또는 범위가 구체적으로 확정된 공법상 법률관계 그 자체에 관한 다음 각 목의 소송
>   가. 납세의무 존부의 확인
>   나. 「부가가치세법」 제59조에 따른 환급청구
>   다. 「석탄산업법」 제39조의3제1항 및 같은 법 시행령 제41조제4항제5호에 따른 재해위로금 지급청구
>   라. 「5·18민주화운동 관련자 보상 등에 관한 법률」 제5조, 제6조 및 제7조에 따른 관련자 또는 유족의 보상금 등 지급청구
>   마. 공무원의 보수·퇴직금·연금 등 지급청구
>   바. 공법상 신분·지위의 확인
> 3. 처분에 이르는 절차적 요건의 존부나 효력 유무에 관한 다음 각 목의 소송
>   가. 「도시 및 주거환경정비법」 제35조제5항에 따른 인가 이전 조합설립변경에 대한 총회결의의 효력 등을 다투는 소송
>   나. 「도시 및 주거환경정비법」 제50조제1항에 따른 인가 이전 사업시행계획에 대한 총회결의의 효력 등을 다투는 소송
>   다. 「도시 및 주거환경정비법」 제74조제1항에 따른 인가 이전 관리처분계획에 대한 총회결의의 효력 등을 다투는 소송
> 4. 공법상 계약에 따른 권리·의무의 확인 또는 이행청구 소송

1. 실질적 당사자소송

실질적 당사자소송이란 처분 등을 원인으로 하는 법률관계에 대한 소송 또는 그 밖에 공법상의 법률관계에 관한 소송으로서 법률관계의 한쪽 당사자를 피고로 하는 소송이다.

(1) 처분 등을 원인으로 하는 공법상의 법률관계에 관한 소송

① 처분 등의 무효를 전제로 하는 공법상의 부당이득반환청구소송, ② 국가배상청구소송 등이 이에 속한다. 실무상 민사소송으로 하고 있다.

(2) 그 밖에 공법상의 법률관계에 관한 소송

1) 공법상의 신분·지위·기타 법률관계의 효력 등의 확인소송*

판례 > 관련 판례

① 도시재개발조합에 대하여 조합원 자격 확인을 구하는 소송(대판 1996.2.15, 94다31235 전원합의체)
② 납세의무부존재확인의 소(대판 2000.9.8, 99두2765)
③ 도시환경정비사업조합에 대한 설립인가처분이 있은 후 조합설립행위에 대한 무효 확인을 구하는 소(대판 2010.4.8, 2009다27636)**
④ 주택재건축정비사업조합을 상대로 조합설립변경 결의 또는 사업시행계획 결의의 효력 등을 다투는 소송(대판 2010.7.29, 2008다6328)
⑤ 수신료 징수권한 여부를 다투는 소송(대판 2008.7.24, 2007다25261)
⑥ 고용·산재보험료 납부의무 부존재확인의 소, 이 경우 피고(근로복지공단)(대판 2016.10.13, 2016다221658)
⑦ 갱신기대권을 가지는 기간제 시립교향악단 단원들이 재위촉 거부의 무효를 주장하며 제기하는 단원 지위 확인 등 소송(대판 2017.10.12, 2015두44493)
⑧ 도시계획시설사업 시행자인 원고가 피고들 소유의 토지를 재료적치장, 임시통로로 일시 사용하기 위해 국토계획법 제130조 제3항에 따라 피고들을 상대로 동의의 의사표시를 구하는 소송(대판 2019.9.9, 2016다262550)
⑨ 도시정비법에 따른 정비기반시설의 소유권 귀속에 관한 소송(대판 2018.7.26, 2015다221569)

---

* 5급공채(재경)(2013년).
** 사법시험(2014년).

2) 공법상 금전지급청구소송

판례 > 관련 판례

① 토지보상법령에 의하여 주거용 건축물의 세입자에게 인정되는 주거이전비 보상청구소송(대판 2008.5.29, 2007다8129)
② 하천구역 편입토지 보상에 관한 특별조치법에 정한 하천편입 토지소유자의 보상청구권에 기하여 손실보상금의 지급을 구하거나 손실보상청구권의 확인을 구하는 소송(대판 2006.11.9, 2006다23503)
③ 하천법 부칙(1984.12.31.) 제2조 제1항 및 '법률 제3782호 하천법 중 개정법률 부칙 제2조의 규정에 의한 보상청구권의 소멸시효가 만료된 하천구역 편입토지 보상에 관한 특별조치법' 제2조 제1항에서 정하고 있는 손실보상청구소송(대판 2006.5.18, 2004다6207 전원합의체)
④ 지방소방공무원이 소속 지방자치단체를 상대로 초과근무수당의 지급을 구하는 소송(대판 2013.3.28, 2012다102629)
⑤ 공무원연금관리공단이 공무원연금법령의 개정에 따라 퇴직연금 중 일부 금액에 대하여 지급거부의 의사표시를 한 경우 미지급 퇴직연금의 지급을 구하는 소송(대판 2004.12.24, 2003두15195)*
⑥ 군인연금법상 급여청구소송(대판 1995.9.15, 93누18532)
⑦ 보조사업자에 대한 지방자치단체의 보조금반환청구(대판 2011.6.9, 2011다2951)
⑧ 국가에 대한 납세의무자의 부가가치세 환급세액 지급청구(대판 2013.3.21, 2011다95564 전원합의체)
⑨ 법관명예퇴직수당지급청구(대판 2016.5.24, 2013두14863)
⑩ 지방자치단체의 장이 징수위탁에 응하지 아니하는 등의 특별한 사정이 있는 경우에 도시개발사업조합이 환지처분의 공고로 조합원에게 부과된 청산금의 지급을 구하는 소송(대판 2017.4.28, 2013다1211)

3) 공법상 계약에 관한 소송

판례 > 관련 판례

① 서울특별시립무용단원의 해촉의 무효확인을 구하는 소송(대판 1995.12.22, 95누4636)
[관련 판례: 시립합창단원에 대한 재위촉 거부가 처분이 아니라고 본 판례(대판 2001.12.11, 2001두7794)]
② 공중보건의사 채용계약 해지에 대한 소송(대판 1996.5.31, 95누10617)
③ 지방전문직공무원 채용계약 해지 의사표시에 대한 무효확인청구소송(대판 1993.9.14, 92누4611)

* 변호사시험(2013년), 변호사시험(2024년).

④ 산업기술혁신 촉진법에 따른 산업기술개발사업에 관한 협약(공법상 계약)상 정산의무의 존부·범위에 관한 분쟁(대판 2023.6.29, 2021다250025)

4) 공법상 결과제거청구소송

공행정작용으로 인하여 야기된 위법한 결과의 제거를 통하여 위법 이전의 원상을 회복해 줄 것을 요구하는 결과제거청구권은 공법상의 권리이므로 이에 관한 쟁송절차는 당사자소송에 의하여야 할 것이다.

2. 형식적 당사자소송

1. 의의

2. 법적 근거

(1) 토지보상법 제85조 제2항의 보상금 증감소송

(2) 특허법 제191조, 디자인보호법(제166조)·실용신안법(제33조)

3. 일반적 허용성

○ ① 긍정설, ② 부정설(다수설), ③ 결어: 부정설이 타당

(1) 의의

형식적 당사자소송이란 행정청의 처분 등에 의하여 형성된 법률관계에 관하여 다툼이 있는 경우에, 당해 처분 등의 효력을 다툼이 없이 직접 그 처분 등에 의하여 형성된 법률관계에 대하여 그 한쪽 당사자를 대상으로 하여 제기하는 소송을 말한다.

형식적 당사자소송은 실질적으로는 처분 등의 효력을 다투는 항고소송의 성질을 가지고 있지만, 형식적으로는 당사자소송의 형식으로 대등당사자 사이에 처분 등에 의하여 형성된 법률관계를 다투는 것이다.[32]

이와 같이 형식적 당사자소송은 '외형상'으로는 처분을 다투고 있는 것으로 보이지만 '당사자소송의 형식'으로 처분에 의하여 형성된 법률관계만을 다투게 하는 것이 당사자들 사이에 발생한 분쟁의 해결에 보다 합리적이라는 점에서 인정되는 것이다.

형식적 당사자소송의 성질에 관하여 처분이 다투어진다는 점에서 항고소송의 일종으로 이해하는 견해도 있으나, 처분은 불복의 외형일 뿐 대등당사자가 처분으로 인한 법률관계 그 자체를 다투는 것이므로 당사자소송이라고 보아야 할 것이다.

---

32 예: 토지보상법상 토지수용위원회의 수용재결에 대하여 보상금의 증감을 다투는 소송(토지보상법 85 ②). 보상금증감소송은 대등당사자인 사업시행자와 토지소유자(또는 관계인) 간의 보상금의 증감을 둘러싼 다툼이라는 점에서 형식상 당사자소송으로 하지만, 외형적으로는 처분청(토지수용위원회)의 처분(수용재결)이 다투어진다는 점에서 항고소송의 성질도 가진다.

(2) 법적 근거

1) 토지보상법

토지보상법 제85조 제2항은 동법 제85조 제1항에 따라 제기하려는 행정소송이 보상금의 증감(增減)에 관한 소송인 경우 그 소송을 제기하는 자가 토지소유자 또는 관계인일 때에는 사업시행자를, 사업시행자일 때에는 토지소유자 또는 관계인을 각각 피고로 한다고 규정하고 있다. 이는 수용재결 자체를 다투는 것이 아니라, 수용재결 중 보상금에 관한 결정과 관련하여 보상액의 증액 또는 감액을 다투는 것으로서 이를 보상금증감소송이라고 부르기도 한다.[33]

2) 특허법 등

특허법 제191조는 특허법에 따른 보상금 또는 대가에 관한 소송에 있어서는 보상금을 지급할 관서 또는 출원인·특허권자 등을 피고로 하여야 한다고 규정하고 있는데, 이는 특허권수용 등을 다투는 것이 아니라, 이러한 처분에 따른 보상금 등을 다투는 것이므로 이 역시 형식적 당사자소송이라 할 수 있다. 특허법 제191조는 디자인보호법(제166조)·실용신안법(제33조)에도 준용된다.

(3) 일반적 허용성

행정소송법 제3조 제2호(당사자소송의 정의)를 근거로 형식적 당사자소송이 '일반적으로' 허용되는가 하는 것이 문제이다.[34]

이에 대해서는 ① 형식적 당사자소송을 특별히 제한하는 규정이 없으면 행정소송법 제3조 제2호를 근거로 일반적으로 형식적 당사자소송을 인정할 수 있다는 긍정설과 ② 명문의 규정이 없는 한 인정할 수 없다는 부정설(다수설)이 대립된다. ③ 생각건대 형식적 당사자소송은 소송경제상 예외적으로 당사자소송을 제기할 수 있도록 하는 제도이므로, 형식적 당사자소송을 제기할 수 있는 요건과 절차를 개별법으로 명시하는 것이 필요하다는 점에서 부정설이 타당하다.

Ⅳ. 적용규정

당사자소송에도 취소소송에 관한 규정이 광범위하게 준용된다. 관련청구의 이송과 병합(행소법 10, 44 ②), 소의 변경(행소법 21, 42), 그 밖에도 피고경정, 공동소송, 제3자의 소송참가, 행

33 이에 관하여는 행정상 손실보상편 참조.

34 예컨대 도로법 제99조 제3항은 손실보상금에 관하여 협의가 이루어지지 않는 경우 토지수용위원회에 재결을 신청할 수 있다고 규정하고 있지만, 그 외에 토지보상법 제85조 제2항과 같이 보상금의 증감을 다투는 소송에 관한 별도의 규정이 없는데, 이 경우 행정소송법 제3조 제2호(당사자소송의 정의)를 근거로 형식적 당사자소송이 인정될 수 있는가 하는 것이다.

정청의 소송참가, 처분변경으로 인한 소의 변경, 행정심판기록의 제출명령, 직권심리주의, 취소판결의 기속력, 소송비용의 부담, 소송비용에 관한 재판의 효력 등에 관한 취소소송의 규정이 당사자소송에 준용된다(행소법 44조 ①).

반면에 피고적격, 소송대상, 행정심판전치주의, 제소기간, 집행정지,* 사정판결, 제3자의 재심청구 등에 관한 규정은 당사자소송의 성격상 준용되지 않는다.

이하에서는 준용되는 내용은 설명을 생략한다.

제 2 항 당사자 및 참가인

Ⅰ. 원고적격

행정소송법은 항고소송과는 달리 당사자소송의 원고적격에 관하여 별도의 규정을 두고 있지 않다. 당사자소송도 민사소송과 유사하므로, 행정소송법 제8조 제2항의 취지에 따라 민사소송의 경우와 같이 권리보호의 이익이 있는 자가 원고가 된다고 보면 될 것이다.

판례 > 급부를 받을 권리가 발생하지 않은 상태에서 당사자소송이나 민사소송으로 급부의 지급을 소구하는 것이 허용되는지 여부(소극)

> "급부를 받을 권리가 신청에 따른 행정청의 결정으로 발생하는 경우에는, 행정청의 결정을 대상으로 항고소송을 제기하고, 취소·무효확인판결의 기속력에 따른 재처분을 통하여 구체적인 권리를 인정받은 다음 비로소 공법상 당사자소송으로 급부의 지급을 구하여야 하고, 구체적인 권리가 발생하지 않은 상태에서 곧바로 행정청이 속한 국가나 지방자치단체 등을 상대로 한 당사자소송이나 민사소송으로 급부의 지급을 소구하는 것은 허용되지 않는다(대판 2020.10.15, 2020다222382; 대판 2021.12.16, 2019두45944)."

Ⅱ. 피고적격

당사자소송은 법률관계의 당사자를 직접 피고로 하는 소송이므로 원칙적으로 권리의무의 주체일 것이 요구된다. 따라서 당사자소송은 항고소송과는 달리 국가·공공단체 그 밖의 권리주체를 피고로 한다(행소법 39). 국가가 피고가 되는 경우에는 법무부장관이 피고가 된다(국가소송법 2). 지방자치단체가 피고가 되는 경우에는 지방자치단체의 장이 피고가 된다(지자법 101).

* 5급공채(행정)(2023년).

제 3 항 소송의 제기

Ⅰ. 소송의 대상

당사자소송의 대상은 처분 등을 원인으로 하는 법률관계 그 밖에 공법상의 법률관계이다. 이러한 공법상 법률관계는 매우 포괄적이므로, 당사자소송은 포괄적인 소송으로서의 역할을 할 수 있는 것이다.

Ⅱ. 제소기간

당사자소송은 민사소송과 같이 특별한 제소기간이 없으나 법령에 제소기간이 정하여져 있는 경우에는 그 기간은 불변기간으로 한다(행소법 41).

Ⅲ. 행정심판

당사자소송에는 취소소송의 행정심판에 관한 규정이 준용되지 않는다. 그러나 손실보상청구와 관련하여 행정심판전치주의를 규정하고 있는 경우에는 이를 준수하여야 한다(예: 징발법 24조의2).

제4절 객관소송

제 1 항 객관소송의 개념

행정소송은 개인의 주관적인 권리의 구제를 주된 목적으로 하므로 주관소송을 원칙으로 한다. 그러나 때로는 공익보호를 위하여 행정의 적법성통제를 위한 행정소송이 허용되는 경우도 있는데, 이와 같은 소송을 객관소송이라 한다. 객관소송은 법률이 정한 경우에만 허용되는데, 행정소송법은 객관소송의 유형으로 민중소송(공익소송)과 기관소송(행소법 45)을 규정하고 있다.

※ 관련문제: 단체소송*

1) 의의

공법상의 단체나 사법상의 단체가 단체를 위한 취소소송에서의 당사자능력이나 당사자적격이 인정되는지가 문제이다. 단체소송(Verbandsklage)은 단체가 원고로서 다투는 소송으로 여기에는 ① 단체가 구성원의 권리침해를 다투는 소송(이기적 단체소송)과 ② 단체가 일반적 공익(예: 환경보호, 자연보호, 기념물보호 등)의 침해를 다투는 소송(이타적 단체소송)이 있다.

2) 원고적격

이기적 단체소송의 경우에는, 국가가 지방자치단체의 주민의 권리를 침해하는 경우에 지방자치단체가 이를 다툴 수 없는 것과 마찬가지로, 단체는 구성원의 권리침해를 다툴 수 없다.

이타적 단체소송의 경우에는 원칙적으로 단체의 원고적격이 인정되지 않는다.

3) 입법례

이타적 단체소송의 입법례로는 독일의 여러 주의 자연보호법을 들 수 있다. 법에 의하여 인정된 일정한 자연보호단체는 행정절차에 참여하거나, 개인의 이해와 관계없이 일정한 자연침해행위에 대하여 당사자적격을 가진다.

4) 인정가능성

단체소송도 일종의 객관소송이므로 원칙적으로 허용되지 않지만, 법률이 정한 경우에는 허용될 수 있다(행소법 45). 개인정보보호법은 일정한 요건을 갖춘 소비자단체나 비영리민간단체로 하여금 법원에 권리침해 행위의 금지·중지를 구하는 개인정보단체소송을 도입한 바 있다(개인정보보호법 제7장).

5) 집단소송

독일의 단체소송과 유사한 제도로 미국의 집단소송(class action)이 있다. 집단소송은 공동의 이해관계를 가진 집단의 1인 또는 수인이 그 집단의 이익을 위하여 소송을 수행하는 것을 말한다.

제 2 항 민중소송

Ⅰ. 의의

민중소송이란 국가 또는 공공단체의 기관이 법률에 위반되는 행위를 한 때에 직접 자기의 법률상 이익과 관계없이 그 시정을 구하기 위하여 제기하는 소송을 말한다(행소법 3 3호).

민중소송은 행정작용에 의하여 침해된 특정인의 법률상 이익을 구제해 주는 소송이 아니라

---

* 행정고시(재경)(2010년), 변호사시험(2019년).

행정주체의 위법한 법집행을 시정하거나 법집행의 공정성을 담보하기 위한 소송으로서 그 성격은 객관소송이다.

민중소송은 법률이 정한 경우에 법률에 정한 자에 한하여 제기할 수 있다(행소법 45).

II. 민중소송의 예

민중소송의 예로는 ① 선거소송(공직선거법 222), ② 당선소송(공직선거법 223), ③ 국민투표무효소송(국민투표법 92), ④ 주민소송(지자법 17), ⑤ 주민투표소송(주민투표법 25 ②) 등을 들 수 있다.

정보공개법 제5조의 일반적 정보공개청구권에 따른 소송이 민중소송인지 논란이 있으나, 이를 행정소송법 제45조에 의한 별도의 법률에 의한 소송이라고 보기 어렵고, 또한 정보공개법상 행정소송(정보공개법 20)은 정보공개청구를 한 자로 국한되므로 이는 주관소송으로 보아야 할 것이다.

III. 적용규정

민중소송에 적용될 법규정은 일차적으로는 각 민중소송을 규정하고 있는 법령에서 정한다. 만약 각 법령에 특별한 규정이 없으면, ① 처분 등의 취소를 구하는 소송에는 그 성질에 반하지 아니하는 한 취소소송에 관한 규정을 준용하고, ② 처분 등의 효력 유무 또는 존재 여부나 부작위의 위법 확인을 구하는 소송에는 그 성질에 반하지 아니하는 한 각각 무효등확인소송 또는 부작위위법확인소송에 관한 규정을 준용하며, ③ 그 외의 소송에는 그 성질에 반하지 아니하는 한 당사자소송에 관한 규정을 준용한다(행소법 46 ①, ②, ③).

제 3 항 기관소송

I. 의의

기관소송이란 국가 또는 공공단체의 기관 상호간에 있어서의 권한의 존부 또는 그 행사에 관한 다툼이 있는 때에 이에 대하여 제기하는 소송을 말한다. 다만, 헌법재판소법 제2조의 규정에 의하여 헌법재판소의 관장사항으로 되어 있는 소송(권한쟁의심판)은 기관소송에서 제외한다(행소법 3 4호).

기관소송은 개인의 법률상의 이익침해를 다투는 것이 아니라 법령에 의하여 부여된 행정기관의 권한을 다투는 것이므로 그 소송의 성질은 객관소송이다.

따라서 기관소송은 법률이 정한 경우에 법률에 정한 자에 한하여 제기할 수 있다(행소법 45).

II. 권한쟁의심판과의 관계, 권한쟁의심판 및 기관소송의 당사자

행정기관 간의 권한다툼, 즉 기관쟁의(Organstreit)와 관련하여서 헌법재판소법은 헌법재판소의 권한쟁의심판으로 ① 국가기관 상호간의 권한쟁의심판, ② 국가기관과 지방자치단체 간의 권한쟁의심판, ③ 지방자치단체 상호간의 권한쟁의심판을 규정하고 있다(헌재법 2 4호, 62 ①).

행정소송법은 헌법재판소의 관장사항으로 되어 있는 소송을 기관소송에서 제외한다고 규정하고 있으므로, 결국 행정소송으로서의 기관소송으로는, 전체 기관쟁의 가운데 권한쟁의심판을 제외하면, 행정주체 내부기관 간의 권한다툼(예: 지방자치단체의 내부기관인 집행기관(지방자치단체의 장)과 의결기관(지방의회) 간의 권한다툼)만이 남게 된다.

결국 현행 헌법재판소법 및 행정소송법상, 권한쟁의심판은 국가기관 상호간·국가기관과 지방자치단체간·지방자치단체 상호간이 당사자가 될 수 있고, 기관소송은 동일한 법주체의 내부기관 상호간만이 당사자가 될 수 있다(다수설).

III. 기관소송의 예

현행법상 기관소송의 예로는 지방자치법 제120조 제3항, 제192조 제4항 등에 의한 소송 및 지방교육자치에 관한 법률 제28조 제3항에 의한 소송을 들 수 있다.[35]

1. 지방자치법상 기관소송

(1) 지방의회의 재의결에 대한 지방자치단체장의 소송(지자법 120 ③)

지방자치단체의 장은 지방의회가 재의결한 사항이 법령에 위반된다고 인정되면 대법원에 소를 제기할 수 있는데(지자법 120 ③),[36] 이는 지방자치단체 내부기관인 의결기관과 집행기관 간의 권한에 관한 다툼이므로 전형적인 기관소송이다.

(2) 감독청의 재의요구에 따른 지방의회의 재의결에 대한 지방자치단체장의 소송(지자법 192 ④)

지방자치단체의 장은 감독청의 재의요구(지자법 192 ①, ②)에 따라 지방의회가 재의결한 사

---

35 '지방자치단체의 내부기관인 집행기관과 의결기관 간의 다툼'만이 기관소송에 해당한다. 따라서 감독기관(예: 행정안전부장관)과 지방의회(예: 서울시의회) 간의 다툼은 기관소송으로 볼 수 없다.

36 지방자치단체의 장(집행기관)과 지방의회(의결기관) 간의 소송을 대법원에만 제기할 수 있도록 한 것은, 단체장과 지방의회의원의 임기가 4년인 점을 고려하여, 1번의 제소로 분쟁을 조기에 종식함으로써 적절한 행정수행(공익실현)을 보장하기 위한 것이다.

항이 법령에 위반된다고 판단되면 재의결된 날부터 20일 이내에 대법원에 소를 제기할 수 있다(지자법 192 ④).

이 경우의 소송은, 감독청의 재의요구에 따라 지방의회가 재의결한 것이지만, 그 제소 요건상 제120조 제3항의 소송과 동일하므로 기관소송으로 보아야 할 것이다(다수설). 감독청의 재의요구에 따른 것이라는 점에서 이를 감독소송의 일종으로 보는 견해도 있다.

(3) 감독청의 제소지시에 따른 지방자치단체장의 소송(지자법 192 ⑤, ⑥)

감독청의 재의요구에 따라 지방의회가 재의결한 사항이 법령에 위반된다고 판단됨에도 불구하고 해당 지방자치단체의 장이 소를 제기하지 않으면 시·도에 대해서는 주무부장관이, 시·군 및 자치구에 대해서는 시·도지사(제2항에 따라 주무부장관이 직접 재의 요구 지시를 한 경우에는 주무부장관)가 그 지방자치단체의 장에게 제소를 지시할 수 있다. 이에 따라 지방자치단체의 장은 제소지시를 받은 날부터 7일 이내에 제소하여야 한다(지자법 192 ⑤, ⑥).

이 소송은, 감독청의 제소지시가 있다고 하더라도, 다투어지고 있는 것은 감독청의 권한행사가 아니라 지방의회의 재의결에 따른 지방자치단체의 장의 권한이므로, 기관소송으로 이해하는 것이 타당하다.

(4) 감독청이 직접 제기하는 소송(지자법 192 ⑤, ⑦)

감독청의 재의요구에 따라 지방의회가 재의결한 사항이 법령에 위반된다고 판단됨에도 불구하고 해당 지방자치단체의 장이 소를 제기하지 않으면 시·도에 대해서는 주무부장관이, 시·군 및 자치구에 대해서는 시·도지사(제2항에 따라 주무부장관이 직접 재의 요구 지시를 한 경우에는 주무부장관)는 직접 제소할 수 있다. 이 경우 감독청은 제6항의 기간(재의결된 날부터 20일에 제소지시기간 7일을 더한 기간)이 지난 날부터 7일 이내에 제소할 수 있다(지자법 192 ⑤, ⑦).

이 소송을 기관소송으로 보는 견해도 있으나, 이는 동일 법주체 내부기관 간의 소송이 아니므로, 지방자치법상의 특수한 형태의 소송이라고 보아야 할 것이다.

(5) 감독청의 자치사무에 대한 처분에 대한 지방자치단체장의 소송(지자법 188 ⑥)

지방자치단체의 사무에 관한 그 장의 명령이나 처분이 법령에 위반되거나 현저히 부당하여 공익을 해친다고 인정되면 감독청은 지방자치단체에 대하여 기간을 정하여 서면으로 시정할 것을 명하고, 그 기간에 이행하지 아니하면 이를 취소하거나 정지할 수 있다(지자법 188 ①~④). 지방자치단체의 장은 자치사무에 관한 명령이나 처분의 취소 또는 정지에 대하여 이의가 있으면 그 취소처분 또는 정지처분을 통보받은 날부터 15일 이내에 대법원에 소를 제기할 수 있다(지자법 188 ⑥).

이에 대하여 ① 이를 기관소송으로 보는 견해도 있으나, ② 이는 감독청의 감독권행사(취소·정지처분)에 대한 지방자치단체장의 불복소송으로 보아야 하므로 항고소송으로 보는 것이 타당하다.

(6) 감독청의 위임사무에 대한 이행명령에 대한 지방자치단체장의 소송(지자법 189 ⑥)

지방자치단체의 장이 법령의 규정에 따라 그 의무에 속하는 기관위임사무의 관리와 집행을 명백히 게을리 하고 있다고 인정되면 감독청은 지방자치단체에 대하여 기간을 정하여 서면으로 이행할 사항을 명령할 수 있다(지자법 189 ①, ④). 지방자치단체의 장은 이행명령에 이의가 있으면 이행명령서를 접수한 날부터 15일 이내에 대법원에 소를 제기할 수 있다(지자법 189 ⑥).

이에 대하여 ① 기관소송으로 보는 견해, ② 감독청의 명령에 대한 불복소송이라는 점에서 항고소송으로 보는 견해, ③ 특수한 형태의 소송으로 보는 견해 등이 있는데, ④ 이 소송의 대상은, 자치사무에 대한 감독청의 감독'처분'과는 달리, 위임사무에 대한 감독청의 명령인데, 이는 행정내부기관 간의 행위라는 점에서 처분이 아니다. 그러나 지방자치법은 독립한 법인인 지방자치단체에 대한 명령이라는 점에서 별도로 이에 대한 소송을 허용하고 있다고 보아야 하므로, 이 소송은 특수한 형태의 소송으로 보는 것이 타당하다.

판례 > 직무이행명령과 이에 대한 이의소송 제도의 취지

"직무이행명령 및 이에 대한 이의소송 제도의 취지는 … 주무부장관에게는 그 사무집행의 실효성을 확보하기 위하여 지방자치단체의 장에 대한 직무이행명령과 그 불이행에 따른 후속 조치를 할 권한을 부여하는 한편, 해당 지방자치단체의 장에게는 직무이행명령에 대한 이의의 소를 제기할 수 있도록 함으로써, 국가위임사무의 관리·집행에 관한 두 기관 사이의 분쟁을 대법원의 재판을 통하여 합리적으로 해결함으로써 그 사무집행의 적법성과 실효성을 보장하려는 데 있다(대판 2013.6.27, 2009추206)."

2. 지방교육자치에 관한 법률상 기관소송

교육자치법상 기관소송은 지방자치법의 경우에 준하여 판단하면 될 것이다. 즉 ① 동법 제28조 제3항에 의한 소송은 지방의회의 재의결에 따라 교육감이 하는 소송이므로 기관소송으로 보아야 할 것이고, ② 제28조 제4항 및 제5항에 의한 소송은 교육부장관의 제소지시에 따라 교육감이 하는 소송이므로 기관소송으로 보아야 할 것이며, ③ 제28조 제4항 및 제6항에 의한 소송은 교육부장관이 직접 제소하는 것이므로 일종의 특수한 형태의 소송으로 보아야 할 것이다.

IV. 적용규정

기관소송에 적용될 법규정은 일차적으로는 각 기관소송을 규정하고 있는 법령에서 정한다. 만약 각 법령에 특별한 규정이 없으면, ① 처분 등의 취소를 구하는 소송에는 그 성질에 반하지 아니하는 한 취소소송에 관한 규정을 준용하고, ② 처분 등의 효력 유무 또는 존재 여부나 부작위의 위법의 확인을 구하는 소송에는 그 성질에 반하지 아니하는 한 각각 무효등확인소송 또는 부작위위법확인소송에 관한 규정을 준용하며, ③ 그 외의 소송에는 그 성질에 반하지 아니하는 한 당사자소송에 관한 규정을 준용한다(행소법 46 ①, ②, ③).

제 4 장

처분의 재심사

1. 의의

처분의 재심사는 처분이 쟁송을 통하여 더 이상 다툴 수 없게 된 경우에도 일정한 사유가 존재하는 경우 처분청에 처분의 취소·변경 등을 신청함으로써 처분청이 이를 재심사하는 제도를 말한다(행정기본법 37). 소송에서의 재심제도와 동일한 취지이다.

2. 재심사 대상과 사유

당사자는 처분(제재처분 및 행정상 강제는 제외한다. 이하 이 조에서 같다)이 행정심판, 행정소송 및 그 밖의 쟁송을 통하여 다툴 수 없게 된 경우(법원의 확정판결이 있는 경우는 제외한다)라도 ① 처분의 근거가 된 사실관계 또는 법률관계가 추후에 당사자에게 유리하게 바뀐 경우, ② 당사자에게 유리한 결정을 가져다주었을 새로운 증거가 있는 경우 또는 ③ 민사소송법 제451조에 따른 재심사유에 준하는 사유가 발생한 경우 등 대통령령으로 정하는 경우에는 해당 처분을 한 행정청에 처분을 취소·철회하거나 변경하여 줄 것을 신청할 수 있다(행정기본법 37 ①).

재심사의 대상과 관련하여, (1) 처분의 재심사는 '법적 안정성'을 후퇴시켜서라도 '구체적 타당성'을 도모하고자 하는 제도라는 점에서, '제재처분과 행정상 강제'는 제외하고 있다. (2) 법원의 확정판결이 있는 경우에도, 이 경우 재심사를 허용하면 판결의 기판력과 충돌될 수 있다는 점을 고려하여, 제외하고 있다.

처분의 재심사 사유와 관련하여, 처분의 재심사는 '법적 안정성'보다 '구체적 타당성'에 대한 요구가 더 큰 경우에 고려할 수 있는 제도로 이해하는 것이 타당하기 때문에, '법적 안정성'이 심각하게 침해되는 경우에는 위 재심사 사유에 해당하더라도 재심사가 허용되지 않을 수 있다.

3. 재심사 신청요건

제1항에 따른 신청은 해당 처분의 절차, 행정심판, 행정소송 및 그 밖의 쟁송에서 당사자가 중대한 과실 없이 제1항 각 호의 사유를 주장하지 못한 경우에만 할 수 있다(행정기본법 37 ②).

제1항에 따른 신청은 당사자가 제1항 각 호의 사유를 안 날부터 60일 이내에 하여야 한다. 다만, 처분이 있은 날부터 5년이 지나면 신청할 수 없다(행정기본법 37 ③).

4. 재심사 절차

제1항에 따른 신청을 받은 행정청은 특별한 사정이 없으면 신청을 받은 날부터 90일(합의제행정기관은 180일) 이내에 처분의 재심사 결과(재심사 여부와 처분의 유지·취소·철회·변경 등에 대한 결정을 포함한다)를 신청인에게 통지하여야 한다. 다만, 부득이한 사유로 90일(합의제행정기관은 180일) 이내에 통지할 수 없는 경우에는 그 기간을 만료일 다음 날부터 기산하여 90일(합의제행정기관은 180일)의 범위에서 한 차례 연장할 수 있으며, 연장 사유를 신청인에게 통지하여야 한다(행정기본법 37 ④).

제4항에 따른 처분의 재심사 결과 중 처분을 유지하는 결과에 대해서는 행정심판, 행정소송 및 그 밖의 쟁송수단을 통하여 불복할 수 없다(행정기본법 37 ⑤).

5. 직권취소·철회와의 관계

행정청의 제18조에 따른 취소와 제19조에 따른 철회는 처분의 재심사에 의하여 영향을 받지 아니한다(행정기본법 37 ⑥). 이는 처분의 재심사와 처분의 직권취소·철회는 각각 다른 제도임을 분명히하고자 하는 규정이다. 따라서, 예컨대, 처분의 재심사 신청이 받아들여지지 않는 경우라 할지라도 행정청은 직권취소나 철회를 할 수 있다.

6. 적용배제

① 공무원 인사 관계 처분에 관한 사항, ② 노동위원회의 의결을 거쳐 행하는 사항, ③ 형사, 행형 및 보안처분 관계 법령에 따라 행하는 사항, ④ 외국인의 출입국·난민인정·귀화·국적회복에 관한 사항, ⑤ 과태료 부과 및 징수에 관한 사항 또는 ⑥ 개별 법률에서 그 적용을 배제하고 있는 경우에는 이 조를 적용하지 않는다(행정기본법 37 ⑧). 이는 위 사항에 고유한 특수성을 고려하여 재심사 대상에서 제외한 것이다.

행정법

제3부
행정법각론

제1편

지방자치법

제 1 장

지방자치의 개념

제1절 지방자치의 의의

지방자치란 독립한 공법상 법인(公法人)인 지방자치단체가 자기지역의 사무를 그 구성원의 의사결정에 따라 자기책임 하에서 수행하는 특수한 행정형태를 말한다. 지방자치의 개념은 역사적으로 주민자치와 단체자치의 개념을 중심으로 형성되어 왔다.

Ⅰ. 주민자치(정치적 의미의 지방자치)

주민자치란 주로 영미에서 발달한 자치개념으로서 주민이 행정에 참여하는 것을 특징으로 하는 지방자치를 말한다. 여기에서 행정에 참여하는 주민은 무보수·명예직으로 활동하는 것이 원칙이다. 주민자치는 정치적 원리로서의 자치개념이라고 한다.

Ⅱ. 단체자치(법적 의미의 지방자치)

유럽대륙을 중심으로 발달한 단체자치란 독립한 법인격을 갖는 지역단체가 그 고유사무를 자기책임으로 수행하는 것을 특징으로 하는 지방자치를 말한다. 단체자치는 주민 중심의 자치행정이라기보다는 지방자치단체의 의사결정기관과 집행기관의 기관자치를 의미한다. 이러한 의미의 단체자치는 법적 의미의 지방자치라고도 한다.

Ⅲ. 양 개념의 결합

지방자치는 그 나라의 상황에 따라 다양한 형태를 띠고 있어 주민자치와 단체자치는 하나의 이상적인 관념에 불과하다. 따라서 실제에 있어서 어느 나라든 양자가 다소간에 상호보완적·융합적인 형태로 결합되는 경향을 보이고 있다.

우리나라는 지방자치단체에게 독립한 법인격을 부여하고 자치권을 보장하는 등 기본적으로는 단체자치에 입각하고 있으면서도, 주민참여와 같은 주민자적 요소를 가미하고 있다.

제2절 지방자치의 본질

Ⅰ. 자치권의 성질

지방자치단체의 자치권의 성질에 관하여는 ① 선국가적(先國家的)인 지방자치단체의 고유한 권한이라는 견해(고유권설), ② 국가로부터 전래(傳來)된 권한이라는 견해(전래권설), ③ 지방자치단체가 가지는 기본권유사의 권리라는 견해(신고유권설)가 있으나, ④ 지방자치단체는 선국가적[1]인 것이 아니라 국가의 구성부분[2]이라는 점에서 전래권설이 타당하다(통설).

Ⅱ. 간접국가행정으로서의 지방자치

한편 지방자치단체에 의한 행정사무의 수행은 독립한 공법인인 지방자치단체가 국가행정을 수행하는 것이라는 점에서 간접국가행정이기도 하다.

제3절 지방자치의 기능

지방자치는 다음과 같이 헌법의 기본원리(민주국가원리 · 법치국가원리 · 사회국가원리)를 실현하거나 행정을 합리화하는 중요한 기능을 수행한다.

Ⅰ. 민주국가원리의 실현기능

지방자치는 지방선거를 비롯한 주민참여 등을 통하여 아래로부터 위로의 민주주의의 구축과

1 '선국가적(先國家的)'이라는 의미는 '국가 이전(以前)'이라는 의미로, '국가와는 무관한' 또는 '국가와 독립된' 또는 '초(超)국가적'이라는 의미로 이해할 수 있다.
2 '국가의 구성부분'이라는 것은 '국가 안에 지방자치단체가 존재한다'는 의미이다.

사회적 통합에 기여한다.

1. 주민참여

지방자치는 중앙집권적인 민주주의에서 보다 주민들의 참여를 용이하게 하고, 이를 통하여 해당 지역의 민주주의적 질서를 보다 강화하는 데 기여한다.

2. 통합기능

지방자치의 주민참여기능은 주민들로 하여금 적극적으로 정치적 의사를 형성할 수 있는 가능성을 확대시킨다. 즉 지방자치에 의한 분권화된 사회에서는 국가 차원에서 정치적인 소수자가 지역 차원에서는 다수자가 될 수 있는 가능성을 부여한다. 이를 통하여 국가 차원에서 소외된 소수자에게 소외를 극복하고 사회적으로 통합될 수 있는 기회가 주어질 수 있다.

3. 교육기능

지방자치는 지역문제에 대한 관심을 높이고 지방선거나 지역행정에 참여하게 함으로써 민주주의를 교육하는 기능을 수행한다. 이 점에서 지방자치를 민주주의의 학교라고 부른다.

II. 법치국가원리와 지방자치

1. 권력분립적 기능

지방자치는 국가권력 중 행정권을 중앙과 지방으로 수직적으로 분화시키는 것이다, 이로써 지방자치는 지방분권에 기여한다. 특히 이와 수직적 권력분립은 종래 수평적 권력분립이 행정권과 입법권의 융합으로 그 기능을 잃고 있는 문제를 보완하여 권력의 집중으로 인한 권력의 남용을 방지하는 기능도 갖는다.

2. 행정의 법률적합성 보장

지방자치는 행정권한의 수직적 분권을 통하여 민주적 정당성을 획득한 지방자치단체를 둠으로써 국가의사의 결정주체가 다원화되고, 이를 통하여 행정의 법률적합성을 보장하는 데 기여한다.

3. 권리보호기능

지방자치의 법치국가적 기능, 즉 권력분립적 기능이나 행정의 합법성보장기능 등은 궁극적으로 주민의 권리보호를 강화한다.

III. 사회국가원리와 지방자치

사회국가원리는 사회 내의 갈등과 대립, 사회적 불평등을 극복하고 실질적인 자유와 평등을 실현할 수 있도록 사회를 조정함으로써 궁극적으로는 사회평화와 사회안정을 꾀하는 것을 내용으로 하는 헌법원리이다. 사회국가원리를 실현하기 위해서는 사회의 다양한 이해관계 속에 나타나 있는 주민들의 구체적인 요구가 만족될 수 있어야 하는데, 이러한 주민들의 요구는 대체로 지방자치단체를 통하여 그 지역의 범위 안에서 우선적으로, 그리고 보다 용이하게 수렴 또는 통합될 수 있다. 이러한 점에서 지방자치를 통하여 사회국가원리에 입각한 주민들의 생활관계의 동가치성이 보다 용이하게 실현될 수 있다.

제4절 지방자치법의 법원

지방자치의 법원으로는 우선 지방자치에 관하여 규정하고 있는 헌법 제117조·제118조가 최상위의 법원이다. 헌법은 지방자치권의 보장에 관하여 규정하면서, 지방자치단체의 종류 및 지방자치단체의 조직과 운영에 관한 사항을 법률로 정하도록 하고 있다.

지방자치에 관하여는 여러 단행법률들이 존재하는데, 지방자치에 관한 일반법인 지방자치법 이외에도, 지방교육자치에 관한 법률·지방교육재정교부금법·지방재정법·지방세기본법·지방세법·국세와 지방세의 조정 등에 관한 법률·지방교부세법·지방공기업법·지방공무원법·지방자치분권 및 지역균형발전에 관한 특별법(지방분권균형발전법) 등이 있다.

제 2 장

지방자치의 헌법적 보장

제1절 지방자치권의 헌법적 보장

헌법 제117조 제1항은 "지방자치단체는 주민의 복리에 관한 사무를 처리하고 재산을 관리하며, 법령의 범위안에서 자치에 관한 규정을 제정할 수 있다."고 규정하고 있는데, 일반적으로 이를 '지방자치권에 대한 헌법상의 제도적 보장'으로 이해하고 있다. '제도적 보장'은 지방자치라는 제도가 자의적인 입법권행사로 완전히 폐지되거나 형해화(形骸化)[1]되지 않도록 헌법이 보장한다는 것을 의미한다.[2] 이 점에서 제도적 보장은 입법권에 대한 제한을 의미한다. 그러나 지방자치제도의 핵심영역(Kernbereich) 또는 본질적 내용(Wesensgehalt)을 침해하지 않는 한도 내에서 입법에 의한 자치권제한은 허용된다. 오늘날 제도적 보장의 내용으로 지방자치단체의 존립보장, 객관적 법제도보장 그리고 주관적 법적 지위의 보장을 드는 것이 일반적이다.

Ⅰ. 지방자치단체의 존립보장(권리주체성 보장)

지방자치단체의 존립(存立)보장이라 함은 국가조직 내에 '독립된 권리의무의 귀속주체(독립한 법인격 주체)'로서 '지방자치단체'라고 하는 행정유형이 반드시 존재하여야 한다는 것을 의미한다. 이로써 지방자치조직의 존립이 헌법에 의하여 보장되는 것이다. 따라서 국가는 입법으로 지방자치제도 그 자체를 폐지할 수 없다. 다만 존립보장은 개별 지방자치단체의 존립을 보장하는 것은 아니므로, 개별 지방자치단체의 경계변경이나 폐치·분합은 가능하다.

---

1 형해화: 내용은 없이 뼈대만 있게 된다는 뜻으로, 형식만 있고 가치나 의미가 없게 됨을 뜻한다.

2 즉 어떤 법률이 지방자치제도를 폐지하거나 지방자치제도의 본질적인 내용(=핵심영역)을 침해하면 헌법 제117조 위반의 위헌법률로 무효가 된다는 것이다. 결국 제도적 보장은 헌법이 법률로부터 지방자치'제도' 자체가 폐지되거나 본질적으로 침해되지 않도록 보장한다는 의미이다.

II. 지방자치단체의 객관적 법제도보장

객관적 법제도보장은 제도보장의 가장 핵심적인 내용으로, 지방자치단체에게 '① 자기지역 내의 모든 사무를(전권한성), ② 자기책임으로(자기책임성) 처리할 수 있는 권한'을 보장하는 것이다.

1. 전권한성의 보장

객관적 법제도보장은 지방자치단체에게 그 지역의 모든 사무에 대한 권한을 보장해 주는 것을 내용으로 한다. 이를 보편성 또는 전권한성(全權限性)의 원칙이라고 한다. 즉 어떤 사무가 지방자치단체의 사무인가 하는 것은 법률에 따로 규정이 없더라도 그 지역의 모든 사무가 지방자치단체의 사무로 인정된다는 것이다.

여기에서 '지역사무'가 무엇을 의미하는가와 관련하여, 독일 연방헌법재판소는 그 지역에 뿌리를 두고 있거나 그 지역과 특별한 관계가 있는 사무로 이해하고 있다.[3] 이와 같이 '지역(관련)성'은 자치사무(지역사무)와 국가사무를 구별하는, 가장 중요한 기준이다. 다만 지역성 인정 여부는 오늘날의 시대변화에 맞게 탄력적으로 해석하여야 할 것이다.

2. 자기책임성의 보장

자기책임성(Eigenverantwortlichkeit)은 지방자치단체가 국가의 지시에 기속되지 않고 자기사무를 스스로 합목적적이라고 판단하는 바에 따라 수행하는 것을 말한다. 오늘날의 통설에 따르면 지방자치단체가 자기책임으로 처리할 수 있는 권한으로는 지역고권, 인사고권, 재정고권, 조직고권, 계획고권, 조세고권 그리고 조례고권 등이 있다.

III. 주관적 법적 지위의 보장

지방자치단체는 공법상의 사단법인으로서 법인격을 가진 권리주체이므로, 헌법상 지방자치권 보장을 주장할 수 있는 주관적 법적 지위가 인정된다. 따라서 자치권이 침해된 경우 지방자치단체에게는 행정소송·위헌법률심사 및 권한쟁의심판 등의 쟁송수단이 인정된다. 다만 헌법상 보장되는 자치권 침해에 대한 헌법소원은 인정되지 않고 있는데, 헌법상 제도적 보장에 대한 가장 유효·적절한 권한보호수단이라는 점에서 이의 도입이 시급하다.

---

3 예컨대 BVerfGE 79, 127 (151).

제2절 지방자치권의 제한 및 그 한계

Ⅰ. 지방자치권의 제한

헌법상 보장되는 자치권은 무한하게 보장되는 것이 아니라 '법령의 범위 안에서'만 보장된다. 입법권자는 법률을 통하여 지방자치단체가 수행해야할 사무의 범위를 정함으로써 지방자치단체의 전권한성을 제한하거나 또는 지방자치단체의 사무수행의 종류나 방법 등에 관한 규정을 둠으로써 지방자치단체의 자기책임성을 제한할 수 있다.

Ⅱ. 지방자치권 제한의 한계

그러나 지방자치권의 제한에는 일정한 한계가 있는데, 자치권을 제한하는 법률은 공익과 비례원칙 등 공법의 일반원칙에 부합하여야 하고, 어떠한 경우에도 자치권의 핵심영역(본질적 내용)을 침해해서는 안 된다.

1. 핵심영역침해금지의 원칙

'자치권의 핵심영역(Kernbereich)'이란 헌법에 의해 절대적으로 보호되는 자치권의 본질적이고도 핵심적인 내용을 말한다. 제도적 보장이론의 기본적인 취지는 불가침의 핵심영역을 인정함으로써 법률에 의한 자의적인 자치권침해를 방지하고 이를 통하여 최소한 지방자치제도 그 자체를 보호하는 것이다.

무엇이 핵심영역인가에 관하여는 ① 독일 연방헌법재판소의 역사적 해석방법론, ② 법률에 의한 자치권 침해를 제외하고도 지방자치권이 충분하다고 인정될 수 있는지에 따라 결정하는 독일 연방행정재판소의 공제방법론, ③ 어떤 제도의 본질적인 진수(Essentiale)에 따라 지방자치권의 핵심영역을 정하려는 견해 등이 있는데, 어느 하나의 기준에만 의존할 수 없고 위 학설들 및 구체적인 정황 등을 종합적으로 고찰하여 결정하여야 할 것이다.

2. 핵심영역 이외의 자치권보장영역에서의 자치권제한의 한계

자치권의 전체 보장영역 중에서 핵심영역을 제외한 나머지 영역을 주변영역(Randbereich)이라 부르는데, 이러한 자치권의 주변영역은 필요에 따라서는 입법적인 제한이 가능한데, 그 제한이 정당화되기 위해서는 일반적으로 공익 및 비례원칙을 준수하여야 한다.

3. 자치권제한의 한계로서 조화의 원칙

조화의 원칙(Das Prinzip praktischer Konkordanz)은 헌법상 보호되는 양 법익이 서로 충돌되더라도 성급한 법익형량이나 추상적인 가치형량을 통하여 어느 하나의 법익만이 실현되는 것 보다는, 일정한 한계를 설정하여 그 안에서 양 법익이 최상으로 실현될 수 있도록 하여야 한다는 원칙이다.

조화의 원칙에 따르면 어떠한 우월한 공익이 존재한다고 해서 바로 지방자치권 침해가 정당화되는 것이 아니라, 당해 지방자치단체의 권한을 충분히 고려한 후에도 자치권을 침해할 수밖에 없는 초지역적 공익이 합리적으로 요구될 때 그 침해가 정당화될 수 있다. 그러나 이 경우에도 지방자치단체의 권한이 완전히 배제되어서는 안 되고, 지방자치단체에게는 전체 헌법체계 안에서 주어진 기능을 실현할 수 있는 최소한의 여지가 남아있어야 한다.

제 3 장

지방자치단체

제1절 지방자치단체의 개념

지방자치단체에 관한 정의 규정은 없으나, 지방자치단체는 주민에 의하여 선출된 기관으로 하여금 주민의 복리에 관한 사무를 수행하기 위하여 지역적으로 조직된 공법상의 사단법인으로 정의할 수 있다. 지방자치법도 지방자치단체는 법인으로 한다고 규정하고 있다(지자법 3 ①). 지방자치단체는 구역·주민·자치권을 그 구성요소로 한다.

제2절 지방자치단체의 능력

지방자치단체는 공법인으로서 공법상 권리·의무의 주체가 될 수 있는 권리능력을 가진다. 그리고 지방자치단체의 장(또는 그 대리인)을 통하여 법률행위를 할 수 있는 행위능력을 가진다. 이에 따라 지방자치단체는 소송의 당사자로서 소송상의 행위를 할 수 있다.

제3절 지방자치단체와 기본권

지방자치단체는 행정주체로서 국민의 기본권을 보장하여야 할 의무를 부담하는 것이지, 기본권을 향유할 수 있는 주체가 될 수 없다.

지방자치권 보장에 따라 지방자치단체는 일련의 자치고권을 가지는데, 이는 그 지역적인 사무를 자기책임으로 수행할 수 있는 '권한'을 보장하는 것이지 기본권을 보장하는 것은 아니다.

다만 주관적 법적 지위의 보장과 관련하여 지방자치단체에게는 자치권보호를 위하여 쟁송을 제기할 권리가 인정된다. 이 범위 내에서 지방자치단체는 헌법상의 재판청구권을 가질 수는 있다.

지방자치단체의 기본권 주체성이 부인됨에 따라 지방자치단체는 헌법소원을 제기할 수 없다(헌재결 1998.3.26, 96헌마345). 다만 독일의 경우는 지방자치단체만 청구할 수 있는 '지방자치단체의 헌법소원'을 인정하고 있다(독일 기본법 제93조 제1항 제4b호).

제4절 지방자치단체의 종류

헌법은 지방자치단체의 종류를 법률로 정하도록 하고 있다(헌법 117 ②). 이에 따라 지방자치법은 지방자치단체의 종류를 보통지방자치단체와 특별지방자치단체로 규정하고 있다(지자법 2).

Ⅰ. 보통지방자치단체

보통지방자치단체는 그 조직과 사무가 일반적이고 보편적인 지방자치단체를 말한다. 보통지방자치단체에는 광역지방자치단체(특별시·광역시·특별자치시·도·특별자치도)와 기초지방자치단체(시·군·자치구)가 있다(지자법 2 ①, ② 1호, 2호).

특별시·광역시·특별자치시·도·특별자치도(통상 '시·도'라 한다)는 정부의 직할로 두고, 시는 도 또는 특별자치도의 관할 구역 안에, 군은 광역시·도 또는 특별자치도의 관할 구역 안에 두며, 자치구는 특별시와 광역시의 관할 구역 안에 둔다(지자법 3 ②). 여기에서 직할 또는 관할구역 안에 둔다는 것은 통제를 의미하는 것이 아니라 그 관할구역 안에 위치한다는 것을 의미한다.

광역지방자치단체와 기초지방자치단체는 모두 독립한 법인으로서(지자법 3 ①) 이들은 별도의 규정이 없는 한 원칙적으로 서로 대등한 관계이며, 상하 또는 감독관계를 구성하는 것은 아니다. 별도의 규정으로는 분쟁조정권(지자법 165), 위임사무 감독권(지자법 185), 자치사무 감사권(지자법 190) 등을 들 수 있다.

Ⅱ. 특별지방자치단체

특별지방자치단체는 특정한 목적을 수행하기 위하여 필요한 경우에 설치되는 지방자치단체이다. 따라서 특별지방자치단체의 자치권은 특정한 목적에 한정된다. 특별지방자치단체는 지방자치법 제2조 제3항에 의하여 설치되는 것과 별도의 법률의 규정(예: 지방자치법 제176조에 의하여 설립되는 지방자치단체조합)에 의하여 설치되는 것으로 구분할 수 있다. 이와 관련하여 지방자치법은 2021년 법개정으로 특별지방자치단체의 설치 등에 관하여는 제12장에서 정하는 바에 따른다고 규정하면서(지자법 2 ③), 제12장에서 13개 조문에 걸쳐 특별지방자치단체의 설치, 기관구성, 운영에 관한 규정을 신설하였는데, 그렇다면 -지방자치법 제12장이 아니라- 지방자치법 제176조에 의하여 설치되는 지방자치단체조합은 특별지방자치단체가 아니라는 것인지 논란의 여지가 생겼다.

제5절 지방자치단체의 명칭과 구역

Ⅰ. 구역

지방자치단체의 구역이란 지방자치단체의 권한이 미치는 지역적 범위를 말한다.

Ⅱ. 명칭, 폐치·분합·경계변경 등

지방자치법은 지방자치단체의 명칭과 구역을 바꾸거나 지방자치단체를 폐지하거나 설치(폐치)하거나 나누거나 합칠 때(분합)에는 법률로 정하도록 하고(지자법 5 ①), 구역변경 중 관할 구역 경계변경과 지방자치단체의 한자 명칭의 변경은 대통령령으로 정하도록 하면서, 이 경우 경계변경의 절차는 제6조에서 정한 절차에 따른다고 규정하고 있다(지자법 5 ②).

지방자치단체의 폐치·분합, 구역변경(경계변경은 제외), 명칭변경 때에는 관계 지방의회의 의견을 들어야 한다. 다만, 주민투표법 제8조에 따라 주민투표를 한 경우에는 그러하지 아니하다(지자법 5 ③).

Ⅲ. 매립지 등이 속할 지방자치단체의 결정

공유수면법에 따른 매립지와 공간정보법상 지적공부에 등록이 누락되어 있는 토지는, 지방자치법 제5조 제1항, 제2항에도 불구하고, 제5조 제5항부터 제8항까지의 규정에 따라 행정안전부장관이 소속 지방자치단체를 결정한다(지자법 5 ④).

매립지의 경우에는 매립면허관청 또는 관련 지방자치단체의 장이, 지적공부 누락토지의 경우에는 지적소관청이 행정안전부장관에게 그 지역이 속할 지방자치단체의 결정을 신청하여야 한다(지자법 5 ⑤). 행정안전부장관은 신청을 받은 후 지체 없이 신청내용을 20일 이상 관보나 인터넷 홈페이지에 게재하는 등의 방법으로 널리 알리고, 이 기간이 끝나면 ① 신청내용에 대하여 이의가 제기된 경우에는 제166조에 따른 지방자치단체중앙분쟁조정위원회의 심의·의결에 따라 매립지 또는 누락토지가 속할 지방자치단체를 결정하고, ② 신청내용에 대하여 이의가 제기되지 아니한 경우에는 위 중앙분쟁조정위원회의 심의·의결을 거치지 아니하고 신청내용에 따라 매립지 또는 누락토지가 속할 지방자치단체를 결정한 후, 그 결과를 면허관청이나 지적소관청, 관계 지방자치단체의 장 등에게 통보하고 공고하여야 한다(지자법 5 ⑥, ⑦). 관계 지방자치단체의 장은 제4항부터 제7항까지의 규정에 따른 행정안전부장관의 결정에 이의가 있으면 그 결과를 통보받은 날부터 15일 이내에 대법원에 소송을 제기할 수 있다(지자법 5 ⑨). 행정안전부장관은 제9항에 따른 소송 결과 대법원의 인용결정이 있으면 그 취지에 따라 다시 결정하여야 한다(지자법 5 ⑩).

판례 > [1] 지방자치법에서 매립지 관할 귀속에 관한 의결·결정의 기준 등을 구체적으로 규정하지 않은 것이 지방자치제도의 본질을 침해하거나 명확성원칙, 법률유보원칙에 반하는지 여부(소극)

[2] 매립지 관할 귀속 결정의 신청권자로 규정한 '관련 지방자치단체의 장'에 기초 지방자치단체의 장이 포함되는지 여부(적극)

[3] 매립지가 속할 지방자치단체를 정할 때 폭넓은 형성의 재량을 가지는지 여부(적극)

"[1] … (구)지방자치법 제4조 제3항부터 제7항(현 제5조 제4항부터 제8항)이 매립지 관할 귀속에 관한 의결·결정의 실체적 결정기준이나 고려요소를 구체적으로 규정하지 않았다고 하더라도 지방자치제도의 본질을 침해하였다거나 명확성원칙, 법률유보원칙에 반한다고 볼 수 없다.
[2] (구)지방자치법 제4조 제4항에서 매립지 관할 귀속 결정의 신청권자로 규정한 '관련 지방자치단체의 장'에는 해당 매립지와 인접해 있어 그 매립지를 관할하는 지방자치단체로 결정될 가능성이 있는 '기초 및 광역 지방자치단체의 장'을 모두 포함한다.
[3] 행정안전부장관 및 소속 위원회는 매립지가 속할 지방자치단체를 정할 때 폭넓은 형성의 재량을 가진다. 다만 그 형성의 재량은 무제한적인 것이 아니라, 관련되는 제반 이익을 종합적으로 고려하여 비교·형량하여야 하는 제한이 있다. 행정안전부장관 및 소속 위원회가 그러한 이익형량을 전혀 하지 않았거나 이익형량의 고려 대상에 마땅히 포함해야 할 사항을 누락한 경우 또는 이익형량을 하였으나 정당성·객관성이 결여된 경우에는 그 관할 귀속 결정은 재량권을 일탈·남용한 것으로 위법하다. … (대판 2021.2.4, 2015추528[평택당진항매립지일부구간귀속지방자치단체결정취소])."

Ⅳ. 지방자치단체의 관할 구역 경계변경 등

지방자치단체의 장은 관할 구역과 생활권과의 불일치 등으로 인하여 주민생활에 불편이 큰 경우 등 대통령령으로 정하는 사유가 있는 경우에는 행정안전부장관에게 경계변경이 필요한 지역 등을 명시하여 경계변경에 대한 조정을 신청할 수 있다. 이 경우 지방자치단체의 장은 지방의회 재적의원 과반수의 출석과 출석의원 3분의 2 이상의 동의를 받아야 한다(지자법 6 ①).

행정안전부장관은 경계변경에 대한 조정 신청을 받으면 지체 없이 그 신청 내용을 관계 지방자치단체의 장에게 통지하고, 20일 이상 관보나 인터넷 홈페이지에 게재하는 등의 방법으로 널리 알려야 하며, 이 기간이 끝난 후 지체 없이 당사자 간 경계변경에 관한 사항을 효율적으로 협의할 수 있도록 경계변경자율협의체(협의체)를 구성·운영할 것을 관계 지방자치단체의 장에게 요청하여야 한다(지자법 6 ③, ④). 관계 지방자치단체는 지체 없이 협의체를 구성하고, 경계변경 여부 및 대상 등에 대하여 행정안전부장관의 요청을 받은 날부터 120일 이내에 협의를 하여야 한다(지자법 6 ⑤).

행정안전부장관은 ① 관계 지방자치단체가 120일 이내에 협의체를 구성하지 못한 경우 또는 ② 관계 지방자치단체가 120일 이내에 경계변경 여부 및 대상 등에 대하여 합의를 하지 못한 경우에는 중앙분쟁조정위원회의 심의·의결을 거쳐 경계변경에 대하여 조정할 수 있다(지자법 6 ⑦).

행정안전부장관은 ① 협의체의 협의 결과 관계 지방자치단체 간 경계변경에 합의를 하고, 관계 지방자치단체의 장이 제6항에 따라 그 내용을 각각 알린 경우 또는 ② 중앙분쟁조정위원회가 제7항에 따른 심의 결과 경계변경이 필요하다고 의결한 경우 지체 없이 그 내용을 검토한 후 이를 반영하여 경계변경에 관한 대통령령안을 입안하여야 한다(지자법 6 ⑨).

Ⅴ. 시, 구, 읍·면·동

1. 시의 설치

시는 그 대부분이 도시의 형태를 갖추고 인구 5만 이상이 되어야 한다(지자법 10 ①). 다만 시와 군을 통합한 지역, 인구 5만 이상의 도시 형태를 갖춘 지역이 있는 군 등의 요건을 갖춘 지역은 도농 복합형태의 시로 할 수 있다(지자법 10 ②). 시에는 도시의 형태를 갖춘 지역에는 동을, 그 밖의 지역에는 읍·면을 두되, 자치구가 아닌 구를 둘 경우에는 그 구에 읍·면·동을 둘 수 있다(지자법 3 ④).

특별자치시와 관할구역 안에 시 또는 군을 두지 아니하는 특별자치도의 하부행정기관에 관한 사항은 따로 법률로 정하는데(지자법 3 ⑤), 제주자치도는 지방자치법 제2조 제1항 및 제3조

제2항의 규정에 불구하고 그 관할구역 안에 지방자치단체인 시와 군을 두지 아니한다(제주특별법 10 ①). 제주도는 이와 같은 제주특별법의 시행에 따라 특별자치도가 되면서, 제주자치도에는 광역지방자치단체만 존재하고 종래의 기초지방자치단체였던 시·군이 폐지되었다. 제주자치도의 관할구역 안에 지방자치단체가 아닌 시(행정시)를 두고, 행정시에는 도시의 형태를 갖춘 지역에는 동을, 그 밖의 지역에는 읍·면을 둔다(제주특별법 10 ②, 16 ①).

2. 자치구의 설치

특별시와 광역시, 특별자치시의 관할 구역 안에는 지방자치단체인 구(자치구)를 설치하고(지자법 3 ②), 자치구의 자치권의 범위는 법령으로 정하는 바에 따라 시·군과 다르게 할 수 있다(지자법 2 ②).

3. 자치구가 아닌 구와 읍·면·동의 설치

특별시·광역시 및 특별자치시가 아닌 인구 50만 이상의 시에는 자치구가 아닌 구를 둘 수 있고, 군에는 읍·면을 두며, 시와 구(자치구를 포함한다)에는 동을, 읍·면에는 리를 둔다(지자법 3 ③).

읍은 그 대부분이 도시의 형태를 갖추고 인구 2만 이상이 되어야 한다. 다만, 군사무소 소재지의 면, 읍이 없는 도농 복합형태의 시에서 그 면 중 1개 면은 인구 2만 미만인 경우에도 읍으로 할 수 있다(지자법 10 ③).

자치구가 아닌 구와 읍·면·동의 명칭과 구역은 종전과 같이 하고, 이를 폐지하거나 설치하거나 나누거나 합칠 때에는 행정안전부장관의 승인을 받아 그 지방자치단체의 조례로 정한다. 다만, 명칭과 구역의 변경은 그 지방자치단체의 조례로 정하고, 그 결과를 특별시장·광역시장·도지사에게 보고하여야 한다(지자법 7 ①).

리의 구역은 자연 촌락을 기준으로 하되, 그 명칭과 구역은 종전과 같이 하고, 명칭과 구역을 변경하거나 리를 폐지하거나 설치하거나 나누거나 합칠 때에는 그 지방자치단체의 조례로 정한다(지자법 7 ②).

인구 감소 등 행정여건 변화로 인하여 필요한 경우 그 지방자치단체의 조례로 정하는 바에 따라 2개 이상의 면을 하나의 면으로 운영하는 등 행정 운영상 면(행정면)을 따로 둘 수 있다(지자법 7 ③).

동·리에서는 행정 능률과 주민의 편의를 위하여 그 지방자치단체의 조례로 정하는 바에 따라 하나의 동·리를 2개 이상의 동·리로 운영하거나 2개 이상의 동·리를 하나의 동·리로 운영하는 등 행정 운영상 동·리(행정동·행정리)를 따로 둘 수 있다(지자법 7 ④).

행정동·리에 그 지방자치단체의 조례로 정하는 바에 따라 하부 조직을 둘 수 있다(지자법 7 ⑤, ⑥).

제 4 장

지방자치단체의 주민

제1절 주민의 의의

지방자치단체의 구역 안에 주소를 가진 자는 지방자치단체의 주민이 된다(지자법 16).

외국인의 경우 출입국관리법(31)에 의하여 외국인등록을 하면 그 등록지가 속하는 지방자치단체의 주민이 된다.

주민(Einwohner) 가운데 지방자치단체의 선거에서 선거권을 가진 주민을 시민(Bürger)이라고 부르기도 한다.

판례 > 법인도 '주민'이 될 수 있는지 여부

"법인이 해당 지방자치단체의 구역 안에 주된 사무소 또는 본점을 두고 있지 않더라도 '사업소'를 두고 있다면 구 지방자치법 제138조에 따른 분담금 납부의무자인 '주민'에 해당한다(대판 2022.4.14, 2020두58427 [상수도시설분담금부과처분무효확인])."

제2절 주민의 권리

Ⅰ. 참여권

주민은 법령으로 정하는 바에 따라 주민생활에 영향을 미치는 지방자치단체의 정책의 결정 및 집행 과정에 참여할 권리를 가진다(지자법 17 ①).

이 규정은 2021년 지방자치법 전부개정에서 신설된 것으로서, 이 규정만으로는 구체적으로 어떠한 경우에 참여할 수 있는지를 특정하기 어렵다는 점에서 주민참여에 관한 추상적·선언적 의미의 규정이라고 할 수 있을 것이다.

Ⅱ. 공공재산 · 공공시설이용권*

주민은 법령으로 정하는 바에 따라 소속 지방자치단체의 재산과 공공시설을 이용할 권리를 가진다(지자법 17 ②).

여기에서 지방자치단체의 재산이란 현금 외의 모든 재산적 가치가 있는 물건과 권리를 말하고(지자법 159 ①), 공공시설이란 주민의 복지를 증진하기 위하여 설치하는 시설을 말한다(지자법 161 ①).

주민의 공공재산 및 공공시설이용권은 지방자치단체에 대한 주민의 공권이다. 따라서 지방자치단체는 정당한 사유가 없는 한 주민에게 공공시설을 이용할 수 있도록 하여야 할 의무를 부담한다.

Ⅲ. 균등한 행정혜택을 받을 권리

지방자치단체의 주민은 재산과 공공시설의 이용권 이외에도 당해 지방자치단체로부터 균등하게 행정의 혜택을 받을 권리를 가진다(지자법 17 ②).

위 규정은 지방자치단체의 주민은 누구나 동일한 자격으로 균등한 행정서비스를 받을 수 있다는 선언적 의미를 가지고 있다. 대법원도 "(구)지방자치법 제13조 제1항은 주민이 지방자치단체로부터 행정적 혜택을 균등하게 받을 수 있다는 권리를 추상적이고 선언적으로 규정한 것으로서, 위 규정에 의하여 주민이 지방자치단체에 대하여 구체적이고 특정한 권리가 발생하는 것이 아닐 뿐만 아니라, 지방자치단체가 주민에 대하여 균등한 행정적 혜택을 부여할 구체적인 법적 의무가 발생하는 것도 아니다(대판 2008.6.12, 2007추42)."고 하고 있다.

Ⅳ. 선거권 · 피선거권**

1. 선거권

국민인 주민은 법령으로 정하는 바에 따라 그 지방자치단체에서 실시하는 지방의회의원과 지방자치단체의 장의 선거(지방선거)에 참여할 권리를 가진다(지자법 17 ③). 이는 헌법 제24조에 의해 보호되는 기본권으로 인정된다(헌재결 2016.10.27, 2014헌마797).[1]

---

* 행정고시(재경)(2007년), 행정고시(재경)(2011년).

** 입법고시(2005년).

1 국민대표기관의 선출을 위한 대통령, 국회의원 선거와 지방의회의원 및 지방자치단체의 장 선출을 위한 지방선거는 대의제 민주주의의 구현방법이라는 점에서는 동일한 의미의 선거라고 할 수 있으나, 헌법은

구체적으로 18세 이상으로서 선거인명부작성기준일 현재 ① 주민등록법 제6조 제1항 제1호 또는 제2호에 해당하는 사람으로서 해당 지방자치단체의 관할 구역에 주민등록이 되어 있거나, ② 주민등록법 제6조 제1항 제3호에 해당하는 사람으로서 주민등록표에 3개월 이상 계속하여 올라 있고 해당 지방자치단체의 관할구역에 주민등록이 되어 있거나, ③ 출입국관리법 제10조에 따른 영주의 체류자격 취득일 후 3년이 경과한 외국인으로서 같은 법 제34조에 따라 해당 지방자치단체의 외국인등록대장에 올라 있는 사람은 그 구역에서 선거하는 지방자치단체의 의회의원 및 장의 선거권이 있다(공직선거법 15 ②).

2. 피선거권

선거일 현재 계속하여 60일 이상(공무로 외국에 파견되어 선거일전 60일후에 귀국한 자는 선거인명부작성기준일부터 계속하여 선거일까지) 해당 지방자치단체의 관할구역에 주민등록(국내거소신고인명부에 올라 있는 경우 포함)이 되어 있는 주민으로서 18세 이상의 국민은 그 지방의회의원 및 지방자치단체의 장의 피선거권이 있다. 이 경우 60일의 기간은 그 지방자치단체의 설치·폐지·분할·합병 또는 구역변경(제28조 각 호의 어느 하나에 따른 구역변경 포함)에 의하여 중단되지 아니한다(공직선거법 16 ③).

V. 주민투표권

1. 의의

지방자치단체의 장은 주민에게 과도한 부담을 주거나 중대한 영향을 미치는 지방자치단체의 주요 결정사항 등에 대하여 주민투표에 부칠 수 있다(지자법 18 ①). 이에 따라 주민은 주민투표권을 가진다.

지방자치법은 주민투표의 대상·발의자·발의요건, 그 밖에 투표절차 등에 관한 사항은 따로 법률로 정하도록 하고 있고(지자법 18 ②), 이에 따라 주민투표법이 제정되어 있다.

헌법재판소는 "지방자치법 및 이에 근거한 주민투표법이 정하는 주민투표권은 법률이 보장하는 참정권이라고 할 수 있으므로, 주민투표권이 침해되더라고 기본권으로서의 참정권의 침해에 해당하지 않는다(헌재결 2008.12.26, 2005헌마1158)."고 보고 있다.

이러한 선거제도를 규정하는 방식에 차이를 두고 있다. 특히 헌법 제118조 제2항에서는 "지방의회의 조직·권한·**의원선거**와 지방자치단체의 장의 **선임방법** 기타 지방자치단체의 조직과 운영에 관한 사항은 법률로 정한다."고 규정하여, 지방의회 의원의 선거와는 달리, 지방자치단체의 장의 선거권이 헌법상 보장되는 기본권인지 여부가 문제가 되었으나 헌법재판소는 헌법상 보장되는 기본권으로 인정하였다.

2. 주민투표권자

18세 이상의 주민 중 투표인명부 작성기준일 현재 ① 그 지방자치단체의 관할 구역에 주민등록이 되어 있는 사람, ② 출입국관리 관계 법령에 따라 대한민국에 계속 거주할 수 있는 자격(체류자격변경허가 또는 체류기간연장허가를 통하여 계속 거주할 수 있는 경우 포함)을 갖춘 외국인으로서 지방자치단체의 조례로 정한 사람에게는 주민투표권이 있다. 다만, 공직선거법 제18조에 따라 선거권이 없는 사람에게는 주민투표권이 없다(주민투표법 5 ①). 주민투표권자의 연령은 투표일 현재를 기준으로 산정한다(주민투표법 5 ②).

3. 주민투표의 대상

주민에게 과도한 부담을 주거나 중대한 영향을 미치는 지방자치단체의 주요결정사항은 주민투표에 부칠 수 있다(주민투표법 7 ①).

그러나 ① 법령에 위반되거나 재판중인 사항, ② 국가 또는 다른 지방자치단체의 권한 또는 사무에 속하는 사항, ③ 지방자치단체가 수행하는 예산 편성·의결 및 집행 또는 회계·계약 및 재산관리 사무처리에 관한 사항, ④ 지방세·사용료·수수료·분담금 등 각종 공과금의 부과 또는 감면에 관한 사항, ⑤ 행정기구의 설치·변경에 관한 사항과 공무원의 인사·정원 등 신분과 보수에 관한 사항, ⑥ 다른 법률에 의하여 주민대표가 직접 의사결정주체로서 참여할 수 있는 공공시설의 설치에 관한 사항(다만, 제9조 제5항의 규정에 의하여 지방의회가 주민투표의 실시를 청구하는 경우에는 그러하지 아니하다), ⑦ 동일한 사항(그 사항과 취지가 동일한 경우를 포함한다)에 대하여 주민투표가 실시된 후 2년이 경과되지 아니한 사항은 주민투표에 부칠 수 없다(주민투표법 7 ②).

4. 주민투표의 실시요건

① 지방자치단체의 장은 주민 또는 지방의회의 청구에 의한 경우에는 주민투표를 실시하여야 하고, 주민의 의견을 듣기 위하여 필요하다고 판단하는 경우에는 주민투표를 실시할 수 있다(주민투표법 9 ①).

② 18세 이상 주민 중 제5조 제1항 각 호의 어느 하나에 해당하는 사람(같은 항 각 호 외의 부분 단서에 따라 주민투표권이 없는 사람 제외. 이하 "주민투표청구권자")은 주민투표청구권자 총수의 20분의 1 이상 5분의 1 이하의 범위에서 지방자치단체의 조례로 정하는 수 이상의 서명으로 그 지방자치단체의 장에게 주민투표의 실시를 청구할 수 있다(주민투표법 9 ②).

③ 지방의회는 재적의원 과반수의 출석과 출석의원 3분의 2 이상의 찬성으로 그 지방자치단체의 장에게 주민투표의 실시를 청구할 수 있다(주민투표법 9 ⑤).

④ 지방자치단체의 장은 직권에 의하여 주민투표를 실시하고자 하는 때에는 그 지방의회 재적의원 과반수의 출석과 출석의원 과반수의 동의를 얻어야 한다(주민투표법 9 ⑥).

5. 주민투표결과의 확정

주민투표에 부쳐진 사항은 주민투표권자 총수의 4분의 1 이상의 투표와 유효투표수 과반수의 득표로 확정된다. 다만, ① 전체 투표수가 주민투표권자 총수의 4분의 1에 미달되는 경우이거나 ② 주민투표에 부쳐진 사항에 관한 유효득표수가 동수인 경우에는 찬성과 반대 양자를 모두 수용하지 아니하거나, 양자택일의 대상이 되는 사항 모두를 선택하지 아니하기로 확정된 것으로 본다(주민투표법 24 ①).

지방자치단체의 장 및 지방의회는 주민투표결과 확정된 내용대로 행정·재정상의 필요한 조치를 하여야 한다(주민투표법 24 ⑤). 지방자치단체의 장 및 지방의회는 주민투표결과 확정된 사항에 대하여 2년 이내에는 이를 변경하거나 새로운 결정을 할 수 없다. 다만, 제1항 단서의 규정에 의하여 찬성과 반대 양자를 모두 수용하지 아니하거나 양자택일의 대상이 되는 사항 모두를 선택하지 아니하기로 확정된 때에는 그러하지 아니하다(주민투표법 24 ⑥).

6. 주민투표쟁송

주민투표의 효력에 관하여 이의가 있는 주민투표권자는 주민투표권자 총수의 100분의 1 이상의 서명으로 제24조 제3항에 따라 주민투표결과가 공표된 날부터 14일 이내에 관할선거관리위원회 위원장을 피소청인으로 하여 시·군·구의 경우에는 시·도 선거관리위원회에, 시·도의 경우에는 중앙선거관리위원회에 소청할 수 있다(주민투표법 25 ①).

소청인은 제1항에 따른 소청에 대한 결정에 불복하려는 경우 관할선거관리위원회위원장을 피고로 하여 그 결정서를 받은 날(결정서를 받지 못한 때에는 결정기간이 종료된 날)부터 10일 이내에 시·도의 경우에는 대법원에, 시·군·구의 경우에는 관할 고등법원에 소를 제기할 수 있다(주민투표법 25 ②).

VI. 조례의 제정·개폐청구권*

1. 의의

주민들은 조례를 제정하거나 개정하거나 폐지할 것을 청구할 수 있는데, 이와 같은 주민의 권리를 조례제정·개폐청구권이라 한다(지자법 19 ①).

지방자치법은 조례의 제정·개정 또는 폐지 청구의 청구권자·청구대상·청구요건 및 절차 등에 관한 사항은 따로 법률로 정하도록 하고 있고(지자법 19 ②), 이에 따라 주민조례발안에 관한 법률(주민조례발안법)[2]이 제정되었다.

---

* 변호사시험(2022년).

2 2022.1.13. 시행.

2. 청구의 주체·요건·상대방

18세 이상의 주민으로서 ① 해당 지방자치단체의 관할 구역에 주민등록이 되어 있는 사람, ② 출입국관리법 제10조에 따른 영주(永住)할 수 있는 체류자격 취득일 후 3년이 지난 외국인으로서 같은 법 제34조에 따라 해당 지방자치단체의 외국인등록대장에 올라 있는 사람(공직선거법 제18조에 따른 선거권이 없는 자 제외, 이하 '청구권자')은 해당 지방자치단체의 의회(지방의회)에 조례를 제정하거나 개정 또는 폐지할 것을 청구('주민조례청구')할 수 있다(주민조례발안법 2).

청구권자가 주민조례청구를 하려는 경우에는 주민조례발안법 제5조 제1항 각 호의 구분에 따른 기준 이내에서 해당 지방자치단체의 조례로 정하는 청구권자 수 이상이 연대 서명하여야 한다(주민조례발안법 5 ①).

청구의 상대방은 해당 지방의회이다(주민조례발안법 2).

3. 청구의 대상

조례제정·개폐청구는 지방의회의 조례제정권이 미치는 모든 사항을 청구의 대상으로 하는 것이 원칙이다.

다만 ① 법령을 위반하는 사항, ② 지방세·사용료·수수료·부담금을 부과·징수 또는 감면하는 사항, ③ 행정기구를 설치하거나 변경하는 사항, ④ 공공시설의 설치를 반대하는 사항은 청구대상에서 제외된다(주민조례발안법 4).

4. 청구절차

청구권자가 주민조례청구를 하려는 경우에는 청구인의 대표자('대표자')를 선정하여야 하고, 선정된 대표자는 대표자 증명서를 발급받아야 한다(주민조례발안법 6). 대표자는 청구권자에게 청구인명부에 서명할 것을 요청할 수 있는데(주민조례발안법 7), 대표자는 제6조 제2항에 따른 대표자증명서발급에 대한 공표가 있은 날부터 시·도의 경우에는 6개월 이내에, 시·군 및 자치구의 경우에는 3개월 이내에 제7조 제1항에 따른 서명과 전자서명을 요청하여야 한다(주민조례발안법 8 ①). 대표자는 청구인명부에 서명한 청구권자의 수가 제5조 제1항에 따른 해당 지방자치단체의 조례로 정하는 청구권자 수 이상이 되면 제8조 제1항에 따른 서명요청 기간이 지난 날부터 시·도의 경우에는 10일 이내에, 시·군 및 자치구의 경우에는 5일 이내에 지방의회의 의장에게 청구인명부를 제출하여야 한다(주민조례발안법 10).

지방의회의 의장은 다음 각 호의 어느 하나에 해당하는 경우로서 제4조, 제5조 및 제10조 제1항(제11조 제5항에서 준용하는 경우를 포함한다)에 따른 요건에 적합한 경우에는 주민조례청구를 수리하고, 요건에 적합하지 아니한 경우에는 주민조례청구를 각하하여야 한다(주민조례발안법 12 ①). 지방의회는 제12조 제1항에 따라 주민청구조례안이 수리된 날부터 1년 이내에 주민청구조례안을 의결하여야 한다(주민조례발안법 13 ①).

Ⅶ. 규칙의 제정·개폐 의견제출권

주민은 제29조에 따른 규칙(권리·의무와 직접 관련되는 사항으로 한정한다)의 제정, 개정 또는 폐지와 관련된 의견을 해당 지방자치단체의 장에게 제출할 수 있는데(지자법 20 ①), 이를 주민의 규칙제정·개폐 의견제출권이라 한다. 2021년 법개정으로 신설되었다.

법령이나 조례를 위반하거나 법령이나 조례에서 위임한 범위를 벗어나는 사항은 제1항에 따른 의견 제출 대상에서 제외한다(지자법 20 ②).

지방자치단체의 장은 제1항에 따라 제출된 의견에 대하여 의견이 제출된 날부터 30일 이내에 검토 결과를 그 의견을 제출한 주민에게 통보하여야 한다(지자법 20 ③).

제1항에 따른 의견 제출, 제3항에 따른 의견의 검토와 결과 통보의 방법 및 절차는 해당 지방자치단체의 조례로 정한다(지자법 20 ④).

Ⅷ. 주민감사청구권*

1. 의의

지방자치단체의 19세 이상의 주민은 일정 수 이상의 주민이 연대 서명하여, 시·도에서는 주무부장관에게, 시·군 및 자치구에서는 시·도지사에게 그 지방자치단체와 그 장의 권한에 속하는 사무의 처리가 법령에 위반되거나 공익을 현저히 해친다고 인정되면 감사를 청구할 수 있는데, 이러한 주민의 권리를 주민감사청구권이라 한다(지자법 21 ①).

2. 청구주체·요건·상대방

주민감사청구는 지방자치단체의 18세 이상의 주민이 할 수 있는데, 그 요건은 시·도는 300명, 제198조에 따른 인구 50만 이상 대도시는 200명, 그 밖의 시·군 및 자치구는 150명 이내에서 그 지방자치단체의 조례로 정하는 수 이상의 18세 이상의 주민이 연대 서명하여 할 수 있다. 주민감사청구의 상대방은 시·도에서는 주무부장관, 시·군 및 자치구에서는 시·도지사이다(지자법 21 ①).

---

* 5급공채(일반행정)(2012년).

3. 청구의 대상

주민감사청구는 지방자치단체와 그 장의 권한에 속하는 사무의 처리가 법령에 위반되거나 공익을 현저히 해친다고 인정되는 사항을 대상으로 한다. 다만 ① 수사나 재판에 관여하게 되는 사항, ② 개인의 사생활을 침해할 우려가 있는 사항, ③ 다른 기관에서 감사하였거나 감사 중인 사항(다만, 다른 기관에서 감사한 사항이라도 새로운 사항이 발견되거나 중요 사항이 감사에서 누락된 경우와 제22조 제1항에 따라 주민소송의 대상이 되는 경우에는 그러하지 아니하다), ④ 동일한 사항에 대하여 제22조 제2항 각 호의 어느 하나에 해당하는 소송이 진행 중이거나 그 판결이 확정된 사항은 감사청구의 대상에서 제외한다(지자법 21 ②).

4. 청구기한

주민감사청구는 사무처리가 있었던 날이나 끝난 날부터 2년이 지나면 제기할 수 없다(지자법 21 ③).

IX. 주민소송권*

1. 의의

지방자치법 제21조 제1항에 따라 공금의 지출에 관한 사항 등을 감사청구한 주민은 그 감사청구한 사항과 관련이 있는 위법한 행위나 업무를 게을리 한 사실에 대하여 해당 지방자치단체의 장을 상대방으로 하여 소송을 제기할 수 있는데, 이와 같은 주민의 권리를 주민소송권이라 한다(지자법 22 ①).

2. 원고

'지방자치법 제21조 제1항에 따라 공금의 지출에 관한 사항, 재산의 취득·관리·처분에 관한 사항, 해당 지방자치단체를 당사자로 하는 매매·임차·도급 계약이나 그 밖의 계약의 체결·이행에 관한 사항 또는 지방세·사용료·수수료·과태료 등 공금의 부과·징수를 게을리한 사항을 감사청구한 주민'이 주민소송의 원고가 된다(지자법 22 ①).

그러나 주민소송이 진행 중이면 다른 주민은 같은 사항에 대하여 별도의 소송을 제기할 수 없다(지자법 22 ⑤).

---

* 변호사시험(2021년), 사법시험(2010년), 행정고시(일반행정)(2006년), 행정고시(일반행정)(2008년), 5급공채(행정)(2017년).

판례 > 주민감사청구가 부적법하다고 오인되어 각하된 경우, 감사청구한 주민은 주민소송을 제기할 수 있는지 여부(적극)

"주민감사청구가 지방자치법에서 정한 적법요건을 모두 갖추었음에도, 감사기관이 해당 주민감사청구가 부적법하다고 오인하여 더 나아가 구체적인 조사·판단을 하지 않은 채 각하하는 결정을 한 경우에는, 감사청구한 주민은 위법한 각하결정 자체를 별도의 항고소송으로 다툴 필요 없이, 지방자치법이 규정한 다음 단계의 권리구제절차인 주민소송을 제기할 수 있다고 보아야 한다(대판 2020.6.25, 2018두67251)."

3. 소송의 대상 및 제소사유*

소송의 대상은 '공금의 지출에 관한 사항, 재산의 취득·관리·처분에 관한 사항, 해당 지방자치단체를 당사자로 하는 매매·임차·도급 계약이나 그 밖의 계약의 체결·이행에 관한 사항 또는 지방세·사용료·수수료·과태료 등 공금의 부과·징수를 게을리한 사항에 대하여 감사청구한 사항과 관련이 있는 위법한 행위나 업무를 게을리 한 사실'이다.

주민소송은 주민소송의 대상이 되는 감사청구한 사항에 대하여 ① 주무부장관이나 시·도지사가 감사청구를 수리한 날부터 60일(제21조 제9항 단서에 따라 감사기간이 연장된 경우에는 연장기간이 끝난 날)이 지나도 감사를 끝내지 아니한 경우, ② 제21조 제9항 및 제10항에 따른 감사결과 또는 제21조 제12항에 따른 조치요구에 불복하는 경우, ③ 제21조 제12항에 따른 주무부장관이나 시·도지사의 조치요구를 지방자치단체의 장이 이행하지 아니한 경우 또는 ④ 제21조 제12항에 따른 지방자치단체의 장의 이행 조치에 불복하는 경우에 제기할 수 있다(지자법 22 ①).

판례 > 주민소송의 대상 판단 기준

"주민소송의 대상은 주민감사를 청구한 사항과 관련이 있는 것으로 충분하고, 주민감사를 청구한 사항과 반드시 동일할 필요는 없다. 주민감사를 청구한 사항과 관련성이 있는지 여부는 주민감사청구사항의 기초인 사회적 사실관계와 기본적인 점에서 동일한지 여부에 따라 결정되는 것이며 … (대판 2020.7.29, 2017두63467)."

판례 > 주민소송에서 처분의 위법성을 판단하는 기준

"주민소송에서 다툼의 대상이 된 처분의 위법성은 행정소송법상 항고소송에서와 마찬가지로 헌법,

* 5급공채(행정)(2016년).

법률, 그 하위의 법규명령, 법의 일반원칙 등 객관적 법질서를 구성하는 모든 법규범에 위반되는지 여부를 기준으로 판단하여야 하는 것이지, 해당 처분으로 지방자치단체의 재정에 손실이 발생하였는지만을 기준으로 판단할 것은 아니다(대판 2019.10.17, 2018두104)."

판례 > '재산의 취득·관리·처분에 관한 사항'에 해당하는지 여부*

"도로 등 공물이나 공공용물을 특정 사인이 배타적으로 사용하도록 하는 점용허가가 도로 등의 본래 기능 및 목적과 무관하게 그 사용가치를 실현·활용하기 위한 것으로 평가되는 경우에는 주민소송의 대상이 되는 재산의 관리·처분에 해당한다(대판 2016.5.27, 2014두8490)."

판례 > '공금의 부과·징수를 게을리한 사항'에 해당하는지 여부

"이행강제금은 지방자치단체의 재정수입을 구성하는 재원 중 하나로서 '지방세외수입금의 징수 등에 관한 법률'에서 이행강제금의 효율적인 징수 등에 필요한 사항을 특별히 규정하는 등 그 부과·징수를 재무회계 관점에서도 규율하고 있으므로, 이행강제금의 부과·징수를 게을리한 행위는 주민소송의 대상이 되는 공금의 부과·징수를 게을리한 사항에 해당한다(대판 2015.9.10, 2013두16746)."

4. 피고

해당 지방자치단체의 장(해당 사항의 사무처리에 관한 권한을 소속 기관의 장에게 위임한 경우에는 그 소속 기관의 장)이 주민소송의 피고가 된다(지자법 22 ①).

5. 주민소송의 종류

지방자치법 제22조 제2항은 주민소송을 4가지의 유형으로 구분하고 있다.

(1) 제1호 소송: 중지청구소송

제1호 소송은 해당 행위를 계속하면 회복하기 곤란한 손해를 발생시킬 우려가 있는 경우 그 행위의 전부나 일부를 중지할 것을 요구하는 소송(지자법 22 ② 1호)을 말하는데, 이를 중지청구소송(지자법 22 ③)이라 한다.

이 소송은 부작위를 구하는 소극적 형태의 이행소송이다. 제1호 소송의 대상이 되는 행위는

* 5급공채(행정)(2017년).

처분에 국한된다고 할 수 없다. 따라서 여기에는 비권력적인 행위도 포함된다고 보아야 할 것이다.

중지청구소송은 해당 행위를 중지할 경우 생명이나 신체에 중대한 위해가 생길 우려가 있거나 그 밖에 공공복리를 현저하게 저해할 우려가 있으면 제기할 수 없다(지자법 22 ③).

(2) 제2호 소송

제2호 소송은 행정처분인 해당 행위의 취소 또는 변경을 요구하거나 그 행위의 효력 유무 또는 존재 여부의 확인을 요구하는 소송을 말한다(지자법 22 ② 2호).

이 소송은 처분의 취소 또는 무효확인을 구하는 소송이다. 다만 제2호 주민소송으로서의 무효확인소송의 경우 행정소송법과는 달리 제소기간의 제한이 있다(지자법 22 ④ 2호).

(3) 제3호 소송

제3호 소송은 게을리한 사실의 위법 확인을 요구하는 소송을 말한다(지자법 22 ② 3호). 이 소송은 부작위의 위법확인을 구하는 소송인데, 행정소송법상 부작위위법확인소송은 '처분의 부작위'로 대상을 한정하고 있지만, 제3호 주민소송에서의 부작위(게을리한 사실)에는 처분에 대한 부작위인가를 불문한다고 보아야 할 것이다. 따라서 사실행위에 대한 부작위도 여기에 포함된다고 볼 것이다.

(4) 제4호 소송

1) 의의

제4호 소송은 해당 지방자치단체의 장 및 직원, 지방의회의원, 해당 행위와 관련이 있는 상대방에게 손해배상청구 또는 부당이득반환청구를 할 것을 요구하는 소송을 말하는데, 다만 그 지방자치단체의 직원이 회계관계직원 등의 책임에 관한 법률(회계직원책임법) 제4조에 따른 변상책임을 져야 하는 경우에는 변상명령을 할 것을 요구하는 소송이다(지자법 22 ② 4호).

2) 제4호 소송의 종류

제4호 소송에는 ① 제4호의 본문에 따른 소송과 ② 단서에 따른 소송이 함께 규정되어 있다. 전자의 경우는 해당 지방자치단체의 장에게 손해배상 또는 부당이득반환청구를 하도록 요구하는 소송이고, 후자의 경우는 변상명령을 하도록 요구하는 소송이다.

3) 인용판결의 효과

(가) 본문에 따른 소송의 경우

지방자치단체의 장은 제22조 제2항 제4호 본문에 따른 소송에 대하여 손해배상청구나 부당이득반환청구를 명하는 판결이 확정되면 그 판결이 확정된 날부터 60일 이내를 기한으로 하여 당사자에게 그 판결에 따라 결정된 손해배상금이나 부당이득반환금의 지불을 청구하여야 한다(지자법 23 ①). 지방자치단체는 제1항에 따라 지불청구를 받은 자가 같은 항의 기한 내에 손해배상금이나 부당이득반환금을 지급하지 아니하면 손해배상·부당이득반환의 청구를 목적으로 하는 소송을 제기하여야 한다(지자법 23 ②).

(나) 단서에 따른 소송의 경우

지방자치단체의 장은 제22조 제2항 제4호 단서에 따른 소송에 대하여 변상할 것을 명하는 판결이 확정되면 그 판결이 확정된 날부터 60일 이내를 기한으로 하여 당사자에게 그 판결에 따라 결정된 금액을 변상할 것을 명령하여야 한다(지자법 24 ①). 제1항에 따라 변상할 것을 명령받은 자가 같은 항의 기한 내에 변상금을 지급하지 아니하면 지방세 체납처분의 예에 따라 징수할 수 있다(지자법 24 ②). 제1항에 따라 변상할 것을 명령받은 자는 이에 불복하는 경우 행정소송을 제기할 수 있다. 다만 행정심판법에 따른 행정심판청구는 제기할 수 없다(지자법 24 ③).

판례 > [1] 제4호소송을 제기하려면 상대방, 재무회계행위의 내용, 감사청구와의 관련성, 손해배상금 내지 부당이득금 등을 특정하여야 하는지 여부(적극)
[2] 제4호소송에 따른 손해배상청구의 경우, 공무원에게 위법행위에 대한 고의 또는 중과실이 있어야 하는지 여부(적극)

"[1] 제4호 주민소송 판결이 확정되면 지방자치단체의 장인 피고는 상대방에 대하여 그 판결에 따라 결정된 손해배상금이나 부당이득반환금의 지불 등을 청구할 의무가 있으므로, 제4호 주민소송을 제기하는 자는 상대방, 재무회계행위의 내용, 감사청구와의 관련성, 상대방에게 요구할 손해배상금 내지 부당이득금 등을 특정하여야 한다.
[2] 상대방인 지방자치단체의 장이나 공무원은 국가배상법 제2조 제2항, 회계직원책임법 제4조 제1항의 각 규정 내용 및 취지 등에 비추어 볼 때, 그 위법행위에 대하여 고의 또는 중대한 과실이 있는 경우에 제4호 주민소송의 손해배상책임을 부담하는 것으로 보아야 한다(대판 2020.7.29, 2017두63467)."

6. 제소기간

주민소송은 ① 제1호 소송은 해당 60일이 끝난 날(제21조 제9항 단서에 따라 감사기간이 연장된 경우에는 연장기간이 끝난 날), ② 제2호 소송은 해당 감사결과나 조치요구내용에 대한 통지를 받은 날, ③ 제3호 소송은 해당 조치를 요구할 때에 지정한 처리기간이 끝난 날, ④ 제4호 소송은 해당 이행 조치결과에 대한 통지를 받은 날부터 90일 이내에 제기하여야 한다(지자법 22 ④).

7. 관할법원

제2항에 따른 소송은 해당 지방자치단체의 사무소 소재지를 관할하는 행정법원(행정법원이 설치되지 아니한 지역에서는 행정법원의 권한에 속하는 사건을 관할하는 지방법원본원)의 관할로 한다(지자법 22 ⑨).

X. 주민소환권

1. 의의

주민소환이란 주민의 의사에 의하여 공직자를 공직에서 해임시키는 것을 말한다. 주민소환은 주민투표와 더불어 지방자치행정에 대한 강력한 직접민주적 주민참여제도이다.

지방자치법은 "지방자치단체의 주민은 그 지방자치단체의 장 및 지방의회의원(비례대표 지방의회의원은 제외한다)을 소환할 권리를 가진다."고 규정하고 있는데, 이를 주민소환권이라 한다(지자법 25 ①).

지방자치법은 주민소환의 투표 청구권자·청구요건·절차 및 효력 등에 관하여는 따로 법률로 정하도록 하고 있고(지자법 25 ②), 이에 따라 주민소환에 관한 법률(주민소환법)이 제정되어 있다.

주민소환제도를 정치적인 절차로 설계할 것인지 아니면 사법적인 절차로 설계할 것인지는 입법자의 정책재량에 속하는 사항인데, 우리나라 주민소환법은 주민소환의 청구사유에 아무런 제한을 두고 있지 않다는 점에서 주민소환을 정치적인 절차로 설정한 것으로 이해할 수 있겠다(헌재결 2009.3.26, 2007헌마843).

2. 주민소환 투표권자·청구요건·대상자·청구제한기간

(1) 투표권자

주민소환투표권자는 주민소환투표인명부 작성기준일 현재 ① 19세 이상의 주민으로서 당해 지방자치단체 관할구역에 주민등록이 되어 있는 자(공직선거법 제18조의 규정에 의하여 선거권이 없는 자 제외) 또는 ② 19세 이상의 외국인으로서 출입국관리법 제10조의 규정에 따른 영주의 체류자격 취득일 후 3년이 경과한 자 중 같은 법 제34조의 규정에 따라 당해 지방자치단체 관할구역의 외국인등록대장에 등재된 자이다(주민소환법 3 ①).

(2) 청구요건

주민소환투표의 실시를 청구하기 위해서는 ① 특별시장·광역시장·도지사(시·도지사)의 경우 당해 지방자치단체의 주민소환투표청구권자 총수의 100분의 10 이상, ② 시장·군수·자치구의 구청장의 경우 당해 지방자치단체의 주민소환투표청구권자 총수의 100분의 15 이상, ③ 지역선거구시·도의회의원(지역구시·도의원) 및 지역선거구자치구·시·군의회의원(지역구자치구·시·군의원)의 경우 당해 지방의회의원의 선거구 안의 주민소환투표청구권자 총수의 100분의 20 이상에 해당하는 주민의 서명으로 그 소환사유를 서면에 구체적으로 명시하여 관할선거관리위원회에 청구하여야 한다(주민소환법 7 ①).

(3) 대상자

주민소환은 그 지방자치단체의 장 및 지방의회의원(비례대표 지방의회의원 제외)을 대상으로 한다(지자법 25 ①).

(4) 청구제한기간

주민소환법 제7조 제1항 내지 제3항의 규정에도 불구하고 ① 선출직 지방공직자의 임기개시일부터 1년이 경과하지 아니한 때, ② 선출직 지방공직자의 임기만료일부터 1년 미만일 때 또는 ③ 해당선출직 지방공직자에 대한 주민소환투표를 실시한 날부터 1년 이내인 때에는 주민소환투표의 실시를 청구할 수 없다(주민소환법 8).

3. 주민소환투표의 실시

주민소환투표는 관할선거관리위원회는 주민소환투표일과 주민소환투표안을 공고하여 주민소환투표를 발의하고(주민소환법 12), 공고일부터 20일 이상 30일 이하의 범위 안에서 관할선거관리위원회가 주민소환투표일을 정하여 투표를 실시한다(주민소환법 13).

주민소환은 주민소환투표권자(주민소환투표권자) 총수의 3분의 1이상의 투표와 유효투표 총수 과반수의 찬성으로 확정된다(주민소환법 22 ①). 주민소환이 확정된 때에는 주민소환투표대상자는 그 결과가 공표된 시점부터 그 직을 상실한다(주민소환법 23 ①).

4. 주민소환투표쟁송

(1) 주민소환투표소청

주민소환투표의 효력에 관하여 이의가 있는 해당 주민소환투표대상자 또는 주민소환투표권자(주민소환투표권자 총수의 100분의 1 이상의 서명을 받아야 한다)는 제22조 제3항의 규정에 의하여 주민소환투표결과가 공표된 날부터 14일 이내에 관할선거관리위원회 위원장을 피소청인으로 하여 지역구시·도의원, 지역구자치구·시·군의원 또는 시장·군수·자치구의 구청장을 대상으로 한 주민소환투표에 있어서는 특별시·광역시·도선거관리위원회에, 시·도지사를 대상으로 한 주민소환투표에 있어서는 중앙선거관리위원회에 소청할 수 있다(주민소환법 24 ①).

(2) 주민소환투표소송

제1항의 규정에 따른 소청에 대한 결정에 관하여 불복이 있는 소청인은 관할선거관리위원회 위원장을 피고로 하여 그 결정서를 받은 날(결정서를 받지 못한 때에는 공직선거법 제220조 제1항의 규정에 의한 결정기간이 종료된 날)부터 10일 이내에 지역구시·도의원, 지역구자치구·시·군의원 또는 시장·군수·자치구의 구청장을 대상으로 한 주민소환투표에 있어서는 그 선거구를 관할하는 고등법원에, 시·도지사를 대상으로 한 주민소환투표에 있어서는 대법원에 소를 제기할 수 있다(주민소환법 24 ②).

XI. 정보공개청구권

지방자치법은 "지방자치단체는 사무처리의 투명성을 높이기 위하여 '공공기관의 정보공개에 관한 법률(정보공개법)'에서 정하는 바에 따라 지방의회의 의정활동, 집행기관의 조직, 재무 등 지방자치에 관한 정보(지방자치정보)를 주민에게 공개하여야 한다."고 하여, 지방자치단체에 지방자치와 관련된 정보의 공개의무를 부과하고 있다(지자법 26 ①).

따라서 이에 대응하여 주민들은 지방자치단체에 대하여 지방자치정보를 공개할 것을 요구할 수 있는 권리를 가진다고 할 수 있다. 그러나 이와 같은 주민들의 정보공개청구권은 정보공개법에 의해서도 인정되는 것이라는 점에서 이 조항의 의의는 주민들의 권리를 규정한 것이라기보다는 지방자치단체의 정보공개의무를 규정한 것이라는 데 있다고 할 수 있다.

XII. 청원권*

청원법과는 별도로 지방자치법은 주민들의 청원권에 관한 규정을 두고 있다. 즉 지방자치단체의 주민은 지방의회에 청원할 수 있는데, 이 경우 지방의회의원의 소개를 받아 지방의회에 청원서를 제출하여야 한다(지자법 85 ①).

---

* 변호사시험(2022년).

제3절 주민의 의무

Ⅰ. 비용분담의무

주민은 법령으로 정하는 바에 따라 소속 지방자치단체의 비용을 분담하여야 하는 의무를 진다데(지자법 27). 그 밖에도 주민은 노력·물품제공의무를 부담하기도 한다(예: 도로법 83 재해 발생시 토지 등의 일시 사용 등).

판례 > 법인도 구 지방자치법 제138조에 따른 분담금 납부의무자가 될 수 있는지 여부(적극)

> "법인이 특정한 지방자치단체에서 인적·물적 설비를 갖추고 계속적으로 사업을 영위하면서 해당 지방자치단체의 재산 또는 공공시설의 설치로 특히 이익을 받는 경우에는 구 지방자치법 제138조에 따른 분담금 납부의무자가 될 수 있다(대판 2022.4.14, 2020두58427 [상수도시설분담금부과처분무효확인])."

Ⅱ. 연결강제·이용강제

공공의 필요를 위하여 주민의 토지를 공공의 사용에 제공하도록 강제될 수 있는데(예: 상하수도 설치를 위한 토지이용강제), 이를 연결강제(또는 이용제공강제)라 한다. 한편 주민이 일정한 시설(예: 공설화장시설)을 이용하도록 강제되는 경우 이를 이용강제라 한다.

제4절 주민참여

Ⅰ. 주민참여의 의의와 유형

주민참여는 지방자치단체의 주민이 직접 또는 간접적인 형태로 지방행정에 참여하는 것을 말한다.

주민참여는 ① 의사결정과정에 참여하는 경우와 ② 행정과정에 참여하는 경우로 구분해 볼 수 있다.

주민참여 유형

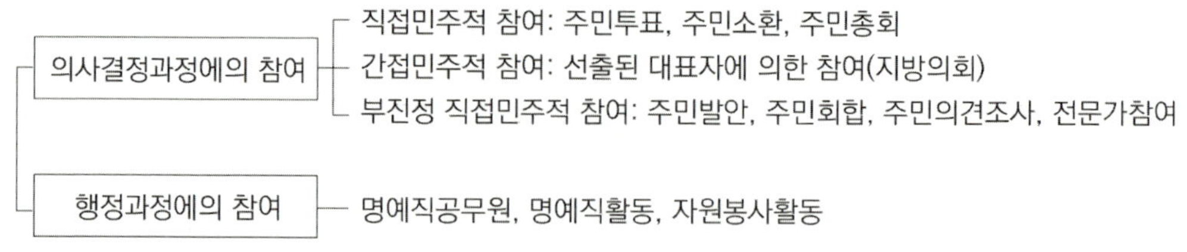

① 의사결정에 참여하는 경우는 다시 (1) 주민들이 직접 지방자치단체의 의사결정을 하는 '직접민주적 주민참여'로서 (a) 주민투표, (b) 주민소환, (c) 주민총회 등이 있다. (2) 주민들이 선출한 대표자를 통하여 지방자치단체의 의사를 결정하는 '간접민주적 주민참여'로는 오늘날 지방의회제도가 대표적이다. (3) 주민들이 지방자치단체의 의사결정에 관여하지만 결정은 하지 않는 '부진정 직접민주적 주민참여'로는 (a) 주민발안, (b) 주민회합, (c) 주민의견조사, (d) 전문가 참여 등이 있다.

② 행정과정에 참여하는 유형으로는 (1) 명예직공무원으로서 활동하거나, (2) 명예직활동을 하거나 (3) 자원봉사활동을 통하여 참여하는 경우 등이 있다.[3]

1. 직접민주적 주민참여

(1) 주민투표

주민투표는 직접 주민에게 지방자치단체의 의사결정권을 보장하는 제도이다. 지방자치법은 주민에게 과도한 부담을 주거나 중대한 영향을 미치는 지방자치단체의 주요 결정사항 등에 대하여 주민투표에 부칠 수 있도록 하고 있고(지자법 14), 지방자치법에 의하여 별도로 제정된 주민투표법에서 주민투표의 대상·발의자·발의요건·투표절차 등에 관한 사항을 규정하고 있다.

(2) 주민소환

주민소환(Bürgerabwahl)은 지방자치단체의 장 및 지방의회의원을 임기 전에 해임하도록 주민이 결정하는 제도이다. 지방자치법은 주민소환권에 관하여 규정하고 있으며(지자법 20), 지방자치법에 의하여 별도로 제정된 주민소환법에서 주민소환의 투표 청구권자·청구요건·절차 및 효력 등에 관하여 규정하고 있다.

(3) 주민총회

주민총회는 지방자치단체의 주민이 모두 모여 지방자치단체의 의사를 결정하는 제도이다.

3 이기우, 지방자치이론, 75면 이하.

주민총회는 매우 작은 규모의 지방자치단체의 경우에만 가능할 것이다.

2. 부진정 직접민주적 주민참여

(1) 주민발안

주민발안(Bürgerantrag)은 주민이 지방의회로 하여금 일정한 기간 내에 특정한 안건을 심의하고 의결하도록 하는 제도를 말한다. 우리나라에서는 인정되지 않고 있다.

(2) 주민회합

주민회합(Bürgerversammlung)은 주민과 지방자치단체의 담당자들이 의견을 교환하는 제도를 말한다.

(3) 주민의견조사

주민의견조사는 특정 사안에 대한 의사결정을 위하여 주민들의 의견을 묻는 제도를 말한다.

(4) 전문가 참여

전문가참여는 의사결정의 전문성을 높이기 위하여 지방자치단체의 주민이 전문가로서 그 의사결정에 참여하는 것을 말한다.

3. 행정과정에 대한 주민참여

지방행정과정에 참여하는 유형으로는 ① 직업관료가 아닌 자로서 개인적인 직업과 겸하여 공직을 수행하는 명예직공무원으로서의 행정참여와, ② 선거참관활동과 같은 명예직활동을 통한 행정참여, ③ 자원봉사활동을 통한 행정참여 등이 있다.

제 5 장

지방자치단체의 기관

지방자치단체의 기관구성과 관련하여 집행기능과 의결기능을 분리하여 별도의 기관이 담당하게 할 것인지(기관대립형), 양 기능을 하나의 기관이 수행하게 할 것인지(기관통합형) 여부는 그 나라의 입법적 선택의 문제로서 각 나라마다 서로 차이가 있다. 보통 기관대립형의 경우는 집행기관(지방자치단체의 장)과 의결기관(주민대표기관)이 따로 구성되고, 기관통합형의 경우는 주민대표기관(평의회, 지방의회 등 다양한 명칭으로 불림)의 대표가 곧 지방자치단체의 장이 되기도 한다.

헌법 제118조에 따라 지방자치법은 지방자치단체의 의결기관으로서 지방의회와 집행기관으로서 지방자치단체의 장을 규정하고 있어서 우리나라 지방자치법은 기관대립형을 취하고 있다고 할 수 있다. 한편 지방교육자치에 관한 법률은 교육·학예에 관한 심의·의결기관으로 시·도의회에 두는 교육위원회와 집행기관으로 교육감을 규정하고 있다.

한편 2021년 지방자치법 개정으로 '따로 법률로 정하는 바에 따라 주민투표를 거쳐 지방자치단체의 장의 선임방법을 포함한 지방자치단체의 기관구성 형태를 달리 할 수 있다(지자법 4 ①, ②)'는 규정을 신설하여, 주민들이 기관구성을 선택할 수 있도록 규정하고 있다.

제1절 지방의회

지방의회는 주민의 보통·평등·직접·비밀선거에 따라 선출된 지방의원으로 구성되는 지방자치단체의 의사결정기관이다. 지방의회로는 특별시·광역시·도의회, 시·군·(자치)구의회가 있다.

제 1 항 지방의회의 법적 지위

① 주민의 대표기관: 지방의회는 지방자치단체의 주민의 직접선거에 의하여 선출되는 주민

의 대표기관이다. 여기에서 대표기관이란 주민들을 대표한다는 의미이고 법적으로 지방자치단체를 대표한다는 의미는 아니다.

② 의결기관: 지방의회는 지방자치단체 내의 최고 의사결정기관이다. 따라서 지방의회는 조례의 제정·개정 및 폐지, 예산의 심의·확정, 결산의 승인 등과 같은 지방자치단체의 주요사항들을 의결한다(지자법 47 ①).

③ 집행기관의 통제기관: 지방자치법은 지방자치단체의 기관으로 집행기관과 의결기관을 두도록 하여(기관대립형) 의결기관인 지방의회가 집행기관에 대한 통제 기능을 수행하도록 하고 있다.

④ 행정기관: 지방의회는 헌법상 의미에서의 의회(국회)는 아니다. 지방자치는 국가의 행정권을 중앙과 지방으로 수직적으로 분권한 것이므로 지방자치단체는 행정부의 구성부분이고, 지방의회는 지방자치단체의 내부기관이므로 그 법적 성격은 행정기관이다. 지방의회는 중요 의결사항으로서 조례를 제정한다는 점에서 입법기능을 수행하고 있기는 하지만, 이 조례도 형식적으로는 행정입법인 것이다.

제 2 항 지방의회의원 및 지방의회의 구성

Ⅰ. 지방의회의원

1. 지방의회의원의 지위

① 지방의회의원은 지방의회의 구성원으로서, 주민의 대표자로서의 지위를 가진다. ② 과거에는 지방의회의원의 직은 명예직이었으나, 오늘날 행정의 전문성 및 의원의 직무전념성 등을 고려하여 명예직을 유급직으로 전환하였다.

2. 신분의 발생*

지방의회의원은 주민이 보통·평등·직접·비밀선거에 따라 선출한다(지자법 38). 지방의회의원의 임기는 4년이다(지자법 39).

3. 지방의회의원의 권리와 의무

(1) 권리

지방의회의원은 ① 지방의회 의장·부의장 등 기관의 선거권과 피선거권, 발의권·질문권·

* 행정고시(재경)(2009년).

질의권·표결권 등의 기관구성 및 의사참여권, ② 의정활동비 등 수급권(지자법 40 ①), ③ 상해·사망 등의 보상금수급권(지자법 42 ①) 등의 권리가 인정된다.

(2) 의무

지방의회의원은 ① 국회의원, 다른 지방의회의 의원, 국가공무원·지방공무원 등의 직을 겸직할 수 없고(지자법 43 ①), 해당 지방자치단체, 제43조 제5항 각 호의 어느 하나에 해당하는 기관·단체 및 그 기관·단체가 설립·운영하는 시설과 영리를 목적으로 하는 거래를 하여서는 아니 되며(지자법 44 ④), 소관 상임위원회의 직무와 관련된 영리행위를 하지 못한다(지자법 44 ⑤). ② 지방의회의원은 공공의 이익을 우선하여 양심에 따라 그 직무를 성실히 수행하여야 하고(지자법 44 ①), 청렴의 의무를 지며, 의원으로서의 품위를 유지하여야 하고(지자법 44 ②), 지위를 남용하여 재산상의 권리·이익 또는 직위를 취득하거나 다른 사람을 위하여 그 취득을 알선하여서는 아니 된다(지자법 44 ③).

II. 지방의회의 구성

1. 의장과 부의장

(1) 의장·부의장의 선거와 임기

지방의회는 의원 중에서 시·도의 경우 의장 1명과 부의장 2명을, 시·군 및 자치구의 경우 의장과 부의장 각 1명을 무기명투표로 선출하여야 한다(지자법 57 ①). 지방의회의 의장선임의결은 행정처분으로서 항고소송의 대상이 된다(대판 1995.1.12, 94누2602). 의장과 부의장의 임기는 2년이다(지자법 57 ③).

(2) 의장의 직무와 부의장의 직무대리

지방의회의 의장은 의회를 대표하고 의사(議事)를 정리하며, 회의장 내의 질서를 유지하고 의회의 사무를 감독한다(지자법 49). 지방의회의 부의장은 지방의회의 의장이 부득이한 사유로 직무를 수행할 수 없을 때에는 그 직무를 대리한다(지자법 59).

(3) 의장불신임의 의결

지방의회의 의장이나 부의장이 법령을 위반하거나 정당한 사유 없이 직무를 수행하지 아니하면 지방의회는 불신임을 의결할 수 있다(지자법 62 ①). 불신임의결은 행정처분으로서 항고소송의 대상이 된다(대결 1994.10.11, 94두23).

2. 위원회

지방의회는 조례로 정하는 바에 따라 위원회를 둘 수 있다(지자법 64 ①). 위원회의 종류는 소관 의안과 청원 등을 심사·처리하는 상임위원회와 특정한 안건을 심사·처리하기 위한 특별위원회 두 가지로 한다(지자법 64 ②). 지방의회의원의 윤리강령과 윤리실천규범 준수 여부 및 징계에 관한 사항을 심사하기 위하여 윤리특별위원회를 둔다(지자법 65 ①). 윤리특별위원회는 지방의회의원의 윤리강령과 윤리실천규범 준수 여부 및 지방의회의원의 징계에 관한 사항을 심사하기 전에 제66조에 따른 윤리심사자문위원회의 의견을 들어야 하며 그 의견을 존중하여야 한다(지자법 65 ②). 지방의회의원의 겸직 및 영리행위 등에 관한 지방의회의 의장의 자문과 지방의회의원의 윤리강령과 윤리실천규범 준수 여부 및 징계에 관한 윤리특별위원회의 자문에 응하기 위하여 윤리특별위원회에 윤리심사자문위원회를 둔다(지자법 66 ①). 위원회에는 위원장과 위원의 자치입법활동을 지원하기 위하여 지방의회 의원이 아닌 전문지식을 가진 위원(전문위원)을 둔다(지자법 68 ①).

Ⅲ. 지방의회의 회의

1. 회의의 원칙

지방의회 회의는 지방의회에 제출된 의안은 회기 중에 의결되지 못한 것 때문에 폐기되지 아니하고(회기계속의 원칙, 지자법 79), 지방의회에서 부결된 의안은 같은 회기 중에 다시 발의하거나 제출할 수 없는 것(일사부재의의 원칙, 지자법 80)이 원칙이다. 지방의회의 회의는 원칙적으로 공개한다(지자법 75 ①).

2. 의안의 발의

지방의회에서 의결할 의안은 지방자치단체의 장이나 조례로 정하는 수 이상의 지방의회의원의 찬성으로 발의한다(지자법 76 ①). 위원회는 그 직무에 속하는 사항에 관하여 의안을 제출할 수 있다(지자법 76 ②).

3. 의결

의결 사항은 지방자치법에 특별히 규정된 경우 외에는 재적의원 과반수의 출석과 출석의원 과반수의 찬성으로 의결한다(지자법 73 ①). 의장은 의결에서 표결권을 가지며, 찬성과 반대가 같으면 부결된 것으로 본다(지자법 73 ②).

지방의회의 의결은 일반적으로 외부적으로 직접 법적 효력을 발생하지는 않는다. 따라서 의결은 행정행위가 아니라 지방의회의 내부적 의사결정으로 보아야 할 것이다.

제 3 항 지방의회의 권한

Ⅰ. 의결권

지방자치법은 지방의회의 의결사항을 열기주의 방식으로 제한적으로 열거하고 있는데, 이에 따르면 지방의회는 ① 조례의 제정·개정 및 폐지, ② 예산의 심의·확정, ③ 결산의 승인, ④ 법령에 규정된 것을 제외한 사용료·수수료·분담금·지방세 또는 가입금의 부과와 징수, ⑤ 기금의 설치·운용, ⑥ 중요 재산의 취득·처분, ⑦ 공공시설의 설치·처분, ⑧ 법령과 조례에 규정된 것을 제외한 예산 외의 의무부담이나 권리의 포기, ⑨ 청원의 수리와 처리, ⑩ 외국 지방자치단체와의 교류협력에 관한 사항, ⑪ 그 밖에 법령에 따라 그 권한에 속하는 사항을 의결한다(지자법 47 ①).

Ⅱ. 조례제정권

지방의회는 의결기관으로서 조례제정권을 가지는데, 이에 관하여는 별도로 설명한다.

Ⅲ. 행정사무감사·조사권

지방의회는 매년 1회 그 지방자치단체의 사무(자치사무)에 대하여 시·도에서는 14일의 범위에서, 시·군 및 자치구에서는 9일의 범위에서 감사를 실시하고, 지방자치단체의 사무 중 특정 사안에 관하여 본회의 의결로 본회의나 위원회에서 조사하게 할 수 있다(지자법 49 ①).

지방자치단체 및 그 장이 위임받아 처리하는 국가사무와 시·도의 사무(단체위임사무 및 기관위임사무)에 대하여 국회와 시·도의회가 직접 감사하기로 한 사무 외에는 그 감사를 각각 해당 시·도의회와 시·군 및 자치구의회가 할 수 있다. 이 경우 국회와 시·도의회는 그 감사결과에 대하여 그 지방의회에 필요한 자료를 요구할 수 있다(지자법 49 ③). 본래 위임사무, 특히 기관위임사무의 경우 지방의회의 관여가 불가능한 것이 원칙이나, 지방자치법은 자체감사를 존중하고 감사의 중복으로 인한 혼란을 방지하기 위하여 이에 대한 일정한 예외를 규정하고 있는 것이다.

Ⅳ. 출석·답변 및 서류제출요구권

지방의회의 본회의나 위원회는 그 의결로 안건의 심의와 직접 관련된 서류의 제출을 해당 지방자치단체의 장에게 요구할 수 있고(지자법 48 ①), 지방의회나 그 위원회는 지방자치단체의 장이나 관계 공무원에게 지방의회에 출석·답변하도록 요구할 수 있다(지자법 51 ②).

Ⅴ. 승인권

지방의회는 지방자치단체의 장이 행한 선결처분에 대한 승인권을 가진다. 지방의회에서 승인을 받지 못하면 그 선결처분은 그때부터 효력을 상실한다(지자법 122 ②, ③).

Ⅵ. 선거권

지방의회는 의장·부의장 및 임시의장을 선출하고(지자법 57, 60), 위원회의 위원을 선임하며(지자법 64 ③), 결산검사위원을 선임한다(지자법 150 ①).

Ⅶ. 청원의 수리 및 처리권

지방의회는 의원의 소개를 받아 제출된 청원을 수리하고 처리한다(지자법 87 ①). 지방의회가 채택한 청원으로서 그 지방자치단체의 장이 처리하는 것이 타당하다고 인정되는 청원은 의견서를 첨부하여 지방자치단체의 장에게 이송하고, 이 경우 지방자치단체의 장은 청원을 처리하고 그 처리결과를 지체 없이 지방의회에 보고하여야 한다(지자법 88 ①, ②).

Ⅷ. 자율권*

지방의회는 그 조직·내부운영·의원의 자격 등에 대하여 자주적으로 이를 정할 수 있는 자율권으로서, ① 내부조직권(의장의 선임·위원회의 설치 등), ② 내부운영권(의회규칙·회의규칙 제정권), ③ 내부경찰권(회의의 질서유지권·방청인에 대한 단속권 등), ④ 의원자격심사 및 징계권을 가진다.

---

* 행정고시(재경)(2009년).

제 4 항 조례제정권*

Ⅰ. 조례의 의의

조례는 지방자치단체가 자치권의 범위 내에서 그 지역주민들을 위하여 제정하는 법규범을 말한다. 조례는 주민들을 구속하는 대외적 구속력을 가진다는 점에서 법규범이고, 일정 지역에서 효력을 가진다는 점에서 지역법이다. 그리고 자주적인 자치권에 의하여 제정된 것이라는 점에서 자주법이다.

조례는 법규명령과 마찬가지로 행정입법이지만, ① 법규명령은 국가입법권에 의한 것이고, 조례는 지방자치단체의 조례제정권에 의한 것이라는 점, ② 법규명령(위임명령)은 상위 법령의 위임이 있어야만 제정되는 타율입법으로서 특별수권의 원칙이 엄격히 요구되지만, 조례는 지방자치단체의 자치권에 따라 제정되는 자율입법으로서 특별수권이 요구되는 경우라 하더라도 법규명령의 경우처럼 엄격하게 요구되지 않는다는 점에서 차이가 있다.

Ⅱ. 조례제정권의 근거

헌법 제117조 제1항은 "지방자치단체는 … 법령의 범위 안에서 자치에 관한 규정을 제정할 수 있다."고 규정하여 지방자치단체의 자치입법권을 인정하고 있고, 지방자치법 제28조 제1항은 "지방자치단체는 법령의 범위에서 그 사무에 관하여 조례를 제정할 수 있다. 다만, 주민의 권리 제한 또는 의무 부과에 관한 사항이나, 벌칙을 정할 때에는 법률의 위임이 있어야 한다."고 하여 헌법을 구체화하고 있다.

이처럼 자치입법권의 하나로서 헌법에 의하여 보장되는 지방자치단체의 조례제정권을 특히 조례고권(Satzungshoheit) 또는 조례자치(Satzungsautonomie)라 한다.

한편 지방자치법 제28조 제2항은 2021년 전부개정으로 신설된 것으로, "법령에서 조례로 정하도록 위임한 사항은 그 법령의 하위 법령에서 그 위임의 내용과 범위를 제한하거나 직접 규정할 수 없다."고 규정하고 있는데, 이는 하위 법령에 의한 지방자치권 침해를 제한하기 위한 것이다.

Ⅲ. 조례의 종류

조례는 법령의 위임 여부에 따라 자치조례와 위임조례로, 조례제정의 재량 여부에 따라 임

---

* 입법고시(2003년).

의조례와 의무조례로 분류할 수 있다. 그 밖에도 조례 중에는 행정내부적 조례, 추가조례, 초과조례 등이 있다.

1. 자치조례와 위임조례

자치조례는 헌법 제117조와 지방자치법 제28조 제1항의 규정에 근거하여 별도의 법령의 위임 없이 지방자치단체의 사무에 대하여 자주적으로 제정하는 조례를 말한다.

위임조례는 법령의 개별적인 위임에 의하여 제정되는 조례를 말한다. 실제로는 자치조례보다는 위임조례가 압도적으로 많다. 한편 기관위임사무는 원칙적으로 조례가 아닌 규칙의 제정대상인데, 개별법령에서 기관위임사무를 조례로 정하도록 규정하고 있는 경우에는 조례의 제정대상이 될 수 있다. 이와 같은 조례도 위임조례라 할 수 있다.

2. 임의조례와 의무조례

임의조례는 당해 지방자치단체의 사무에 관한 입법재량에 따라 제정하는 조례를 말하고, 의무조례는 법령에 의하여 반드시 제정하여야 하는 조례를 말한다.

3. 행정내부적 조례

조례는 일반·추상적인 형식의 법규범으로서 대외적인 구속력이 있는 것이 원칙이지만, 경우에 따라서는 행정내부적인 관계를 규율하는 조례도 있다.

4. 추가조례·초과조례*

국가법령에서 규정하지 아니한 사항을 조례로 정하는 경우 이를 추가조례라고 부르기도 한다. 그리고 국가법령에서는 일정한 요건이나 기준을 정하고 조례로 이를 보다 강화하는 경우 이를 초과조례라고 부르기도 한다.

IV. 조례의 적법요건**

1. 주체요건: 지방의회
2. 형식 및 절차요건: 지자법 36, 76 등
3. 내용요건
(1) 조례제정권의 보장(일반수권)

* 행정고시(2006년).

** 사법시험(2006년), 사법시험(2010년), 입법고시(2024년), 행정고시(일반행정)(2007년), 5급공채(재경)(2012년), 5급공채(행정)(2023년), 변호사시험(2015년).

(2) 조례제정권의 사항적 범위
(3) 조례제정권과 법치행정의 원리
1) 법률우위
2) 법률유보
(가) 일반수권
(나) 특별수권
① 침해유보와 특별수권
② 지방자치법 28 ① 단서의 위헌 여부
⑴ 문제의 소재
⑵ 학설
○ 위헌설
○ 합헌설
⑶ 판례
⑷ 결어
③ 추가조례와 초과조례의 경우
○ 문제
○ 수익적 조례의 경우
○ 침익적 조례의 경우
(다) 포괄수권
(라) 조례의 위임한계 준수 여부 판단 기준(판례 참조)
(마) 벌칙
(4) 행정법의 일반원칙 등
(5) 명확성·실현가능성

조례의 제정은 행정작용이라는 점에서 행정작용의 적법요건(주체·내용·형식·절차)을 갖추어야 한다.

1. 주체요건

조례는 지방의회의 의결사항이다(지자법 47 ① 1호). 따라서 조례의 제정주체는 지방의회이다.

2. 형식 및 절차요건

조례는 성문의 법규범이므로 문서의 형식으로 하여야 한다.

조례안은 지방자치단체의 장이나 조례로 정하는 수 이상의 지방의회의원의 찬성으로 발의한다(지자법 76 ①). 위원회도 그 직무에 속하는 사항에 관하여 의안을 제출할 수 있다(지자법 76 ②). 주민은 조례의 제정·개폐를 청구할 수 있다(지자법 19 ①).

조례안이 지방의회에서 의결되면 의장은 의결된 날부터 5일 이내에 그 지방자치단체의 장에게 이를 이송하여야 한다(지자법 32 ①). 지방자치단체의 장은 이송받은 조례안에 대하여 이의가 있으면 20일 이내에 이유를 붙여 지방의회로 환부(還付)하고, 재의(再議)를 요구할 수 있다. 이 경우 지방자치단체의 장은 조례안의 일부에 대하여 또는 조례안을 수정하여 재의를 요구할 수 없다(지자법 32 ③). 재의요구를 받은 지방의회가 재의에 부쳐 재적의원 과반수의 출석과 출석의원 3분의 2 이상의 찬성으로 전과 같은 의결을 하면 그 조례안은 조례로서 확정된다(지자법 32 ④). 지방자치단체의 장이 20일 이내에 공포하지 아니하거나 재의요구를 하지 아니할 때에도 그 조례안은 조례로서 확정된다(지자법 32 ⑤).

조례에 대한 사후통제수단으로서 지방자치법은 사후보고제도를 채택하고 있다. 즉 조례를 제정·개정·폐지할 경우 지방의회에서 이송된 날부터 5일 이내에 시·도지사는 행정안전부장관에게, 시장·군수 및 자치구의 구청장은 시·도지사에게 그 전문을 첨부하여 각각 보고하여야 하며, 보고를 받은 행정안전부장관은 이를 관계 중앙행정기관의 장에게 통보하여야 한다(지자법 35).

3. 내용요건

(1) 조례제정권의 보장(일반수권)

헌법 제117조와 지방자치법 제28조 제1항은 지방자치단체의 조례제정권을 보장하고 있다. 이들은 지방자치단체에게 조례제정에 대한 일반수권(Generalermächtigung) 규정[1]이다. 따라서 이들 규정에 의하여 지방자치단체는 그 지역사무에 대하여 별도의 구체적인 법령의 위임이 없더라도 조례를 제정할 수 있다.

(2) 조례제정권의 사항적 범위*

지방자치법 제28조 제1항은 "지방자치단체는 '그 사무에 관하여' 조례를 제정할 수 있다."고 규정하고 있는데, 여기에서 '그 사무'가 어떠한 사무를 의미하는가 하는 것이 문제이다.

이와 관련하여 지방자치법 제13조 제1항은 지방자치단체의 사무범위와 관련하여 "지방자치단체는 관할 구역의 '자치사무'와 '법령에 따라 지방자치단체에 속하는 사무(단체위임사무)'를 처리한다."고 규정하고 있으므로, 결국 조례의 제정대상은 자치사무와 단체위임사무가 된다.

기관위임사무는 조례의 제정대상이 될 수 없다(대판 2020.9.3, 2019두58650; 대판 2022.4.28, 2021추5036). 그러나 개별법령에서 기관위임사무를 조례로 정하도록 규정하고 있는 경우에는 예외적으로 기관위임사무가 조례의 제정대상이 될 수는 있다(대판 2000.5.30, 99추85).

(3) 조례제정권과 법치행정의 원리

헌법 제117조와 지방자치법 제28조 제1항은 지방자치단체는 '법령의 범위 안에서' 또는 '법령의 범위에서' 조례를 제정할 수 있다고 규정하고 있다. 여기에서 '법령'은 법률뿐 아니라 법규명령, 그 밖의 법률하위규범도 포함한다는 것이 일반적인 견해이다.

헌법 및 지방자치법이 규정하고 있는 '법령의 범위 안에서' 또는 '법령의 범위에서'[2]는 구체

---

* 변호사시험(2017년), 입법고시(2009년), 행정고시(재경)(2009년).

1 일반수권이라 권한을 포괄적으로 수권하는 것을 말한다. 권한을 개별적인 사항에 국한하여 수권하는 경우를 특별수권이라 한다.

2 (구)지방자치법 제22조는 -헌법과 마찬가지로- '법령의 범위 안에서'라고 규정하고 있었으나, 2021년

적으로 법치행정의 원리, 즉 '법률우위의 원칙'과 '법률유보의 원칙'을 준수하여야 함을 의미하는 것으로 해석된다.

1) 법률우위

(개) 의의

'법령의 범위 안에서'는 우선 법률우위의 원칙을 의미한다. 이 점에 대해서는 학설이 일치한다. 즉 지방자치단체도 국가의 한 구성부분이라는 점에서 지방자치단체에 의한 행정은 상위 법령에 저촉되어서는 안 된다. 법률우위원칙에 반하는 조례는 무효이다(대판 2004.7.22, 2003추51).

2021년 전부개정으로 신설된 지방자치법 제28조 제2항은 하위법령이 상위법령의 근거 없이 상위법령이 조례에 위임한 사항을 제한할 수 없음을 규정함으로써 법률우위의 원칙, 조례제정권의 보장을 명확히 하고 있다.

한편 지방자치법이 규정하고 있는 지방자치단체의 집행기관과 지방의회의 고유권한을 침해하는 조례도 법률우위원칙에 반하는 위법한 조례로서 무효이다(대판 2001.11.27, 2001추57).

(내) 광역 및 기초지방자치단체의 조례의 관계

시·군 및 자치구의 조례나 규칙은 시·도의 조례나 규칙을 위반하여서는 아니 된다(지자법 30). 따라서 시·도의 조례에 반하는 시·군·구의 조례는 법률우위원칙 위반으로 무효가 된다.

(대) 관련판례

① 법령 위반

판례 > 조례가 관광진흥법 시행령에 없는 내용을 규정하여 상위 법령에 위배된다고 한 사례

"관광진흥법 제54조 제1항이 조성계획을 변경할 때에는 시·도지사의 승인을 받을 필요가 없는 '경미한 사항'을 대통령령으로 정하도록 규정하고 있고, 같은 법 시행령 제47조 제1항에서 '경미한 사항'을 제1호부터 제3호까지 열거하고 있음에도, 위 조례안이 관광진흥법 시행령 제47조 제1항에 없는 내용을 규정한 것은 상위 법령에 위배되어 효력이 없다(대판 2013.9.27, 2011추94)."

전부개정된 지방자치법 제28조 제1항은 이를 '법령의 범위에서'라고 개정하였다. 그 취지는 조례에 대한 법령의 제한을 완화하기 위한 것이다. 하지만 조례는 법령의 범위를 벗어날 수 없는 점, 헌법은 여전히 '법령의 범위 안에서'로 규정하고 있는 점에서 그 의미는 종전의 '법령의 범위 안에서'와 다르지 않다고 판단된다.

판례 > 대중교통 소외지역 주민 교통복지 증진에 관한 조례안이 상위법령에 위배되는지 여부

"갑 지방자치단체 내 대중교통 소외지역에 거주하는 주민들의 사전요청에 따른 택시 운행과 해당 주민에 대한 운행요금의 보조 등에 관한 사항을 정한 '갑 지방자치단체 대중교통 소외지역 주민 교통복지 증진에 관한 조례안'의 보조금 지급사무는 자치사무에 해당하고, 위 조례안이 여객자동차 운수사업법령상 합승금지 조항 등에 위배되지 않는다(대판 2015.6.24, 2014추545)."

판례 > 인천광역시 지하도상가 관리 운영 조례 일부개정 조례안(이하 '이 사건 조례안') 부칙 제3조 제4항이 공유재산법에 위배되는지 여부(적극)

"행정재산인 지하도상가를 제3자에게 사용, 수익하게 하거나 양도하는 것을 금지하는 규정을 신설함과 동시에 마련된 '2년간'의 유예기간 규정에 대하여 이를 '5년간'으로 연장한 이 사건 조례안 부칙 제3조 제4항은 공유재산법에 위반된다(대판 2022.10.27, 2022추5026[조례안재의결무효확인])."

판례 > 경상남도 업무협약 체결 및 관리에 관한 조례안 제6조 제1항이 법령에 위반되는지 여부(적극)

"위 조례안 제6조 제1항은 공무원의 비밀유지의무를 규정한 지방공무원법 제52조, 공공기관의 정보공개에 관한 법률 제9조 제1항 제7호, 사회기반시설에 대한 민간투자법 제51조의3 제1항 등에 위반되므로 조례안에 대한 재의결은 효력이 없다(대판 2023.7.13, 2022추5149[조례안재의결무효확인])."

② 지방자치단체의 장의 고유의 권한 침해*

판례 > 지방의회가 법령에 규정이 없는데도 집행기관의 고유권한을 침해하는 새로운 견제장치를 만들 수 있는지 여부

"지방의회가 선임한 검사위원이 결산에 대한 검사 결과, 필요한 경우 결산검사의견서에 추징, 환수, 변상 및 책임공무원에 대한 징계 등의 시정조치에 관한 의견을 담을 수 있고, 그 의견에 대하여 시장이 시정조치 결과나 시정조치 계획을 의회에 알리도록 하는 내용의 개정조례안은 지방의회가 법령에 의하여 주어진 권한의 범위를 넘어서 집행기관에 대하여 새로운 견제장치를 만드는 것에 해당하여 위법하다(대판 2009.4.9, 2007추103)."

"'서울특별시 서초구 장학재단 설립 및 운영에 관한 조례 일부 개정 조례안' 제6조 단서에서 종전

* 5급공채(행정)(2015년).

조례에 예산 출연의 기준으로서 출연금의 상한을 추가한 것이 법령에 근거가 없는 새로운 견제장치를 만들어 지방자치단체장의 고유권한인 예산안 편성권을 본질적으로 침해하였다고 볼 수 없다(대판 2014.11.13, 2013추128)."

판례 > '부산광역시 공공기관의 인사검증 운영에 관한 조례안'이 법령에 위배되어 무효인지 여부(적극)

"부산광역시의회가 부산광역시장이 임명 또는 추천하는 지방공기업법에 따라 시에 설립된 공사·공단 또는 정원이 100인 이상인 시에서 출연한 기관의 어느 하나에 해당되는 공공기관의 장에 대한 인사검증을 내용으로 하는 이 사건 조례안에 대한 재의결은 ① 지방자치단체의 장의 권한을 제약하고, ② 지방자치법 제28조 제1항 단서에 위반되며, ③ 개인정보 보호법 제15조 제1항에 위반되어 전부 효력이 부인되어야 할 것이다(대판 2016.11.10, 2014추19; 대판 2017.12.5, 2016추5162 참조) (대판 2023.3.9, 2022추5118)."

판례 > 조례안이 지방자치단체장의 고유한 집행권을 침해하는 것인지 여부

"… 이 사건 조례안은 지방자치단체장이 경로당에 대한 지원계획을 수립하고, 예산 편성 전까지 그에 대해 군의회와 협의하여야 한다고 규정하고 있기는 하나, 지방자치단체장이 반드시 그 협의 결과에 따라야 하는 등의 법기관의 협력이 필요하다는 점에 비추어 보면, 이 사건 조례안이 지방자치단체장의 고유한 집행권을 침해하는 것으로 보기는 어렵다(대판 2009.8.20, 2009추77)."

"(화천군의회가 의결한 '화천군 관내 고등학교 학생 교육비 지원 조례안'에 대하여 화천군수가 도의 자치사무에 관한 것이라는 등의 이유로 재의를 요구하였으나 군의회가 조례안을 재의결하여 확정한 사안에서) 위 조례안이 집행기관인 지방자치단체장 고유의 재량권을 침해하였다거나 예산배분의 우선순위 결정에 관한 적 구속은 없을 뿐만 아니라, 오히려 지방자치단체 사무의 원활한 집행을 위해서는 집행기관과 입법지방자치단체장의 권한을 본질적으로 침해하여 위법하다고 볼 수 없다(대판 2013.4.11, 2012추22)."

판례 > 지방의회가 집행기관의 고유 권한에 속하는 사항의 행사에 관하여 사전에 적극적으로 개입할 수 있는지 여부(소극) 및 개입이 허용되는 범위

"지방자치법상 지방자치단체의 집행기관과 지방의회는 서로 분립되어 각기 그 고유 권한을 행사하되 상호 견제의 범위 내에서 상대방의 권한 행사에 대한 관여가 허용된다. 지방의회는 집행기관의 고유 권한에 속하는 사항의 행사에 관하여 사전에 적극적으로 개입하는 것은 허용되지 않으나, 견제의 범위 내에서 소극적 · 사후적으로 개입하는 것은 허용된다.

전라북도의회가 의결한 '전라북도교육청 행정기구 설치 조례 일부 개정조례안'은 직속기관들이 전라북도교육청 소속임을 분명하게 하기 위하여 해당 직속기관의 명칭에 '교육청'을 추가하거나 지역 명칭을 일부 변경하는 것에 불과한데, … 지방의회가 '이미 설치된 교육청의 직속기관'의 명칭을 변경하는 것은 사후적 · 소극적 개입에 해당하므로, 위 조례 개정안이 '지방의회의 포괄적인 조례 제정 권한'의 한계를 벗어난 것이라고 보기는 어렵다(대판 2021.9.16, 2020추5138)."

"… 지방자치단체의 행정기구와 정원기준 등에 관한 규정 제3조 제1항의 규정에 비추어 지방자치단체의 장은 집행기관에 속하는 행정기관 전반에 대하여 조직편성권을 가진다고 해석되는 점을 종합해 보면, 지방자치단체의 장은 합의제 행정기관을 설치할 고유의 권한을 가지며 이러한 고유권한에는 그 설치를 위한 조례안의 제안권이 포함된다고 봄이 상당하므로, 지방의회가 합의제 행정기관의 설치에 관한 조례안을 발의하여 이를 그대로 의결, 재의결하는 것은 지방자치단체장의 고유권한에 속하는 사항의 행사에 관하여 지방의회가 사전에 적극적으로 개입하는 것으로서 관련 법령에 위반되어 허용되지 않는다(대판 2009.9.24, 2009추53)."

판례 > **상위 법령에서 지방자치단체의 장에게 부여한 기관구성원 임명·위촉권을 하위 법규인 조례로써 제약할 수 있는지 여부(원칙적 소극) 및 지방의회가 위와 같은 제약을 규정하는 조례를 제정할 수 있는지 여부(원칙적 소극)**

"상위 법령에서 지방자치단체의 장에게 기관구성원 임명·위촉권한을 부여하면서도 임명·위촉권의 행사에 대한 지방의회의 동의를 받도록 하는 등의 견제나 제약을 규정하고 있거나 그러한 제약을 조례 등에서 할 수 있다고 규정하고 있지 아니하는 한, 당해 법령에 의한 임명·위촉권은 지방자치단체의 장에게 전속적으로 부여된 것이라고 보아야 한다. 따라서 하위 법규인 조례로써는 지방자치단체장의 임명·위촉권을 제약할 수 없고, 지방의회의 지방자치단체 사무에 대한 비판, 감시, 통제를 위한 행정사무감사 및 조사권 행사의 일환으로 위와 같은 제약을 규정하는 조례를 제정할 수도 없다.

③ 지방의회의 고유한 권한 침해

판례 > **지방의회의 행정 감시·통제기능을 제한·박탈하거나 제3의 기관 또는 집행기관 소속의 특정 행정기관에게 일임하는 조례의 효력**

"지방자치단체의 집행기관의 사무집행에 관한 감시·통제기능은 지방의회의 고유권한이므로 이러한 지방의회의 권한을 제한·박탈하거나 제3의 기관 또는 집행기관 소속의 어느 특정 행정기관에 일임하는 내용의 조례를 제정한다면 이는 지방의회의 권한을 본질적으로 침해하거나 그 권한을 스스로 저버리는 내용의 것으로서 지방자치법령에 위반되어 무효이다(대판 1997.4.11, 96추138)."

2) 법률유보*

헌법 제117조와 지방자치법 제28조 제1항에 규정된 '법령의 범위 안에서' 또는 '법령의 범위에서'는 법률우위뿐만 아니라 '법률유보의 원칙'도 준수하여야 함을 의미한다.

(가) 일반수권

헌법 제117조와 지방자치법 제28조 제1항은 지방자치단체의 조례제정에 대한 일반수권으로서 지방자치단체는 그 지역사무에 대하여 별도의 법적 근거가 없더라도 조례를 제정할 수 있다.

(나) 특별수권

① 침해유보와 특별수권

조례가 주민의 자유와 재산을 침해하는 것을 내용으로 하는 경우에는 별도의 법적 근거가 필요하다. 이와 관련하여 지방자치법 제28조 제1항 단서는 "주민의 권리 제한 또는 의무 부과에 관한 사항이나 벌칙을 정할 때에는 법률의 위임이 있어야 한다."고 규정하고 있다.

판례 > 주민의 권리제한 또는 의무부과에 관한 사항이나 벌칙을 조례로 제정하는 경우로서 법률의 위임이 있어야 하는지 여부

"이 사건 담배자동판매기설치금지조례들은 담배소매업을 영위하는 주민들에게 자판기 설치를 제한하는 것을 내용으로 하고 있으므로 주민의 직업선택의 자유 특히 직업수행의 자유를 제한하는 것이 되어 지방자치법 제15조(현행 제22조) 단서 소정의 주민의 권리의무에 관한 사항을 규율하는 조례라고 할 수 있으므로 지방자치단체가 이러한 조례를 제정함에 있어서는 법률의 위임을 필요로 한다(헌재결 1995.4.20, 92헌마264, 279(병합))."

"학생인권조례안은 전체적으로 헌법과 법률의 테두리 안에서 이미 관련 법령에 의하여 인정되는 학생의 권리를 열거하여 그와 같은 권리가 학생에게 보장되는 것임을 확인하고 학교생활과 학교 교육과정에서 학생의 인권 보호가 실현될 수 있도록 내용을 구체화하고 있는 데 불과할 뿐, … 교사나 학생의 권리를 새롭게 제한하는 것이라고 볼 수 없으므로, 국민의 기본권이나 주민의 권리 제한에서 요구되는 법률유보원칙에 위배된다고 할 수 없고, 내용이 법령의 규정과 모순·저촉되어 법률우위원칙에 어긋난다고 볼 수 없다(대판 2015.5.14, 2013추98)."

"건축위원회의 위원이 되려는 자에게 정보공개동의서에 서명하도록 하고, 건축위원회의 회의를 녹취하도록 하며, 행정사무조사 시 위원 전원의 실명으로 회의록을 제출하도록 한 「부산광역시 건축조례 일부개정 조례안」 규정들은 법률유보원칙, 개인정보 보호법 등 상위법령에 위배되지 않는다(대판 2022.7.28, 2021추5067)."

* 행정고시(재경)(2006년), 5급공채(행정)(2014년).

② 지방자치법 제28조 제1항 단서의 위헌 여부

(1) 문제의 소재

지방자치법 제28조 제1항 단서조항이 지방자치단체의 조례제정권을 보장하고 있는 헌법 제117조에 합치되는지의 여부가 문제이다.

(2) 학설

① 위헌설은 동 조항은 최소한 고유사무에 대하여는 헌법 제117조에 반하는 것이라고 한다. ② 반면 합헌설은, 주민의 자유와 권리를 제한하는 조례(침익적 조례)는, 동 조항이 아니더라도, 이미 헌법 제37조 제2항의 기본권제한에 관한 법률유보[3]에 의하여 제한을 받는 것이기 때문에,[4] 동 조항은 헌법 제37조 제2항을 확인하는데 불과한 것으로서 헌법에 반하는 것은 아니라고 한다.

(3) 판례

대법원과 헌법재판소 모두 합헌이라는 입장이다(대판 1995.5.12, 94추28; 헌재결 1995.4.20, 92헌마264, 279(병합)).

(4) 결어

침익적 조례가 곧 국민으로서의 기본권을 제한하는 것일 때에는 헌법 제37조 제2항을 근거로 그 조례의 제정에 법률의 근거가 필요하다고 보아야 하므로 합헌설이 타당하다.

③ 추가조례와 초과조례의 경우

법률유보와 관련하여 법률에서 정하지 않은 사항을 추가하는 조례(추가조례) 및 법률에서 정한 기준을 초과하여 설정하는 조례(초과조례)가 가능한지 문제이다.

먼저 수익적 내용의 조례는 법률의 급부기준을 초과하는 사항도 규율할 수 있을 뿐 아니라 법률에서 규율하지 않은 사항도 추가적으로 규율할 수 있다고 보아야 할 것이다(대판 1997.4.25, 96추244; 대판 2007.12.13, 2006추52).

반면 주민의 권리를 제한하거나 의무를 부과하는 조례의 경우, 법령이 정하고 있는 기준을 강화하는 것이 각 지방의 특수한 사정을 고려하여 자율적으로 정하는 것을 허용하는 것으로

---

3 헌법 제37조 ② 국민의 모든 자유와 권리는 국가안전보장·질서유지 또는 공공복리를 위하여 필요한 경우에 한하여 '법률로써 제한'할 수 있으며, 제한하는 경우에도 자유와 권리의 본질적인 내용을 침해할 수 없다.

'기본권제한의 법류유보'란 헌법 제37조 제2항이 기본권을 제한하는 경우에는 '법률'로 제한하도록, 즉 기본권제한을 법률에 유보하고 있다는 의미이다.

4 기본권을 제한하는 내용(=주민의 권리를 제한하거나 의무를 부과하는 내용)의 조례를 제정하려면, 헌법 제37조 제2항에 따라 법률에서 그 근거가 있어야 한다는 의미이다.

해석되는 경우 추가조례 또는 초과조례가 허용된다는 견해도 있으나, 침익적 조례의 경우에는 이에 대한 법률의 명시적인 위임을 요한다고 보아야 할 것이다(대판 1997.4.25, 96추251).*

(다) 포괄수권

조례제정에 법령의 위임이 요구되는 경우에도 포괄적인 수권으로 족하고, 법규명령의 경우와 같이 특별수권이 엄격히 요구되는 것은 아니다. 왜냐하면 조례는 지방자치권에 근거한 자주법이기 때문이다. 이 점에서 법령의 위임이 있어야만 제정이 가능한 법규명령(위임명령)과 다른 점이다. 따라서 법률이 조례에 입법권을 위임하는 경우에 그 위임은 구체적일 것임을 요하지 아니하고, 단지 포괄적인 것으로 족하다(대판 2014.12.24, 2013추81).

판례 > 법률의 위임 없이 주민의 권리를 제한하거나 의무를 부과하는 사항을 정한 조례의 효력(무효) / 법률이 조례에 포괄적으로 위임한 경우, 지방자치단체가 주민의 권리의무에 관한 사항을 조례로 제정할 수 있는지 여부(한정 적극)

"(구)지방자치법 제22조, 행정규제기본법 제4조 제3항에 따르면 지방자치단체가 조례를 제정할 때 내용이 주민의 권리 제한 또는 의무 부과에 관한 사항이나 벌칙인 경우에는 법률의 위임이 있어야 한다. 법률의 위임 없이 주민의 권리를 제한하거나 의무를 부과하는 사항을 정한 조례는 효력이 없다.

그러나 법률에서 조례에 위임하는 방식에 관해서는 법률상 제한이 없다. 조례의 제정권자인 지방의회는 선거를 통해서 지역적인 민주적 정당성을 지니고 있는 주민의 대표기관이다. 헌법 제117조 제1항은 지방자치단체에 포괄적인 자치권을 보장하고 있다. 따라서 조례에 대한 법률의 위임은 법규명령에 대한 법률의 위임과 같이 반드시 구체적으로 범위를 정하여 할 필요가 없다. 법률이 주민의 권리의무에 관한 사항에 관하여 구체적으로 범위를 정하지 않은 채 조례로 정하도록 포괄적으로 위임한 경우에도 지방자치단체는 법령에 위반되지 않는 범위 내에서 주민의 권리의무에 관한 사항을 조례로 제정할 수 있다(대판 2017.12.5, 2016추5162)."

(라) 벌칙

조례로 벌칙을 정할 때에는 법률의 위임이 있어야 한다(지자법 22 단서). 이에 따라 지방자치법은 "지방자치단체는 조례를 위반한 행위에 대하여 조례로써 1천만원 이하의 과태료를 정할 수 있다."고 규정하고 있다(지자법 27 ①).

(4) 행정법의 일반원칙 등

조례도 행정입법으로서 행정법의 일반원칙을 준수하여야 하고, 기본권을 존중하여야 하는

---

* 행정고시(재경)(2006년), 5급공채(재경)(2012년), 변호사시험(2015년).

등 입법권의 일반적 한계를 준수하여야 한다.

판례 > 조례의 위임한계 준수 여부 판단기준

"특정 사안과 관련하여 법령에서 조례에 위임을 한 경우 조례가 위임의 한계를 준수하고 있는지 여부를 판단할 때는 당해 법령 규정의 입법목적과 규정 내용, 규정의 체계, 다른 규정과의 관계 등을 종합적으로 살펴야 하고, 수권 규정에서 사용하고 있는 용어의 의미를 넘어 그 범위를 확장하거나 축소하여 위임 내용을 구체화하는 단계를 벗어나 새로운 입법을 하였는지 여부 등도 아울러 고려하여야 한다(대판 2018.8.30, 2017두56193)."

판례 > 어느 시행령이나 조례의 규정이 모법에 저촉되어 무효인지 판단하는 기준

"어느 시행령이나 조례의 규정이 모법에 저촉되는지가 명백하지 않는 경우에는 모법과 시행령 또는 조례의 다른 규정들과 그 입법 취지, 연혁 등을 종합적으로 살펴 모법에 합치된다는 해석도 가능한 경우라면 그 규정을 모법위반으로 무효라고 선언해서는 안 된다(대판 2014.1.16, 2011두6264)."

판례 > 금산군 가축사육 제한구역 조례가 위임의 한계를 준수하고 있는지 여부(적극)

"(가축분뇨법 '위임조항'의 위임에 따라 닭의 가축사육제한구역을 '주거밀집지역으로부터 900m'로 규정한 '금산군 가축사육 제한구역 조례' 제3조 제1항 제1호 [별표 2] '주거밀집지역 설정에 따른 가축종류별 거리제한'이 위임조항의 위임범위를 벗어난 것인지가 문제 된 사안에서) 위 조례 조항은 위임조항의 '지역주민의 생활환경보전'을 위하여 '주거밀집지역으로 생활환경의 보호가 필요한 지역'을 그 의미 내에서 구체화한 것이고, 위임조항에서 정한 가축사육 제한구역 지정의 목적 및 대상에 부합하고 위임조항에서 위임한 한계를 벗어났다고 볼 수 없다(대판 2019.1.31, 2018두43996)."

판례 > 청송군 도시계획 조례 제23조의2 제1항 제1호, 제2호가 상위법령의 위임한계를 일탈하였는지 여부

"위 조례 조항이 '고속도로, 국도, 지방도, 군도, 면도 등 주요도로에서 1,000미터 내'와 '10호 이상 주거 밀집지역, 관광지, 공공시설 부지 경계로부터 500미터 내'의 태양광발전시설 입지를 제한하고 있다고 하여 국토계획법령에서 위임한 한계를 벗어난 것이라고 볼 수 없다(대판 2019.10.17, 2018두40744)."

판례 > 양주시 폐기물관리조례 제6조가 위임한계를 벗어났는지 여부(소극)

"양주시 폐기물관리조례 제6조는 폐기물관리법 제8조 제3항의 명시적인 위임에 따라 제정된 것으로, 제1항에서 청결유지명령의 내용을 수권 규정인 폐기물관리법 제8조 제3항의 문언과 동일하게 '필요한 조치'라고 규정하고 있고, 제2항 각호에서 청결유지명령의 대상이 되는 행위의 요건을 세분화·구체화하여 규정하고 있으므로, 위 조례 제6조가 수권 규정의 위임의 범위나 한계를 벗어나 법률유보의 원칙에 위배된다고 할 수 없다(대판 2020.6.25, 2019두39048)."

판례 > 독서실 열람실 내 남녀별 좌석을 구분 배열하도록 하고 그 위반 시 교습정지처분을 할 수 있도록 한 「전라북도 학원의 설립·운영 및 과외교습에 관한 조례」 제11조 제1호, 위 조례 시행규칙 제15조 제1항 [별표 3]이 헌법상 기본권을 침해하는지 여부(적극)

"이 사건 조례 조항은 과잉금지원칙에 반하여 독서실 운영자의 직업수행의 자유와 독서실 이용자의 일반적 행동자유권 내지 자기결정권을 침해하는 것으로 헌법에 위반된다고 보아야 한다(대판 2022.1.27, 2019두59851 [교습정지처분 취소])."

판례 > 위임명령의 법리는 조례가 법률로부터 위임받은 사항을 다시 지방자치단체장이 정하는 '규칙' 등에 재위임하는 경우에도 적용되는지 여부(적극)

"[1] 위임명령은 법률이나 상위명령에서 구체적으로 범위를 정한 개별적인 위임이 있을 때에 가능하고, … 적어도 위임명령에 규정될 내용 및 범위의 기본사항이 구체적으로 규정되어 있어서 누구라도 당해 법률이나 상위법령으로부터 위임명령에 규정될 내용의 대강을 예측할 수 있어야 한다. … 이러한 법리는 조례가 법률로부터 위임받은 사항을 다시 지방자치단체장이 정하는 '규칙' 등에 재위임하는 경우에도 적용된다.

[2] 서초구의회가 의결한 '시가표준액 9억원 이하의 1가구 1개 주택을 소유한 개인에 대하여 지방세법이 정한 재산세의 세율을 표준세율의 100분의 50으로 감경하는' 내용의 '서울특별시 서초구 구세 조례 일부 개정 조례안'은 근거조항의 위임범위의 한계를 일탈하였다거나 조세법률주의, 포괄위임금지 원칙, 조세법률의 명확성 원칙, 지방세특례제한법의 절차, 조세평등주의 등에 위배되어 무효라고 볼 수 없다(대판 2022.4.14, 2020추5169)."

(5) 명확성·실현가능성

조례의 내용은 명확하고 실현가능하여야 한다.

V. 조례의 효력발생

지방자치단체의 장은 지방의회가 의결하여 이송한 조례안을 받은 날로부터 20일 이내에 공포하여야 한다(지자법 32 ②). 지방자치단체의 장이 제2항의 기간에 공포하지 아니하거나 재의요구를 하지 아니할 때에도 그 조례안은 조례로서 확정된다(지자법 32 ⑤).

지방자치단체의 장은 확정된 조례를 지체 없이 공포하여야 한다. 제5항에 따라 조례가 확정된 후 또는 지방의회의 재의결에 따른 확정조례가 지방자치단체의 장에게 이송된 후 5일 이내에 지방자치단체의 장이 공포하지 아니하면 지방의회의 의장이 이를 공포한다(지자법 32 ⑥).

조례는 특별한 규정이 없으면 공포한 날부터 20일이 지나면 효력을 발생한다(지자법 32 ⑧).

VI. 조례의 하자*

1. 조례의 하자와 그 효과

조례가 적법요건을 갖추지 못하면 그 조례는 하자(흠) 있는 위법한 조례가 된다. 위법한 조례는 무효이다(대판 2013.9.27, 2011추94). 조례도 법규범이기 때문에 처분법규가 아닌 한 그 자체로 취소소송의 대상이 되지 않기 때문이다.

2. 위법한 조례에 근거한 처분

위법한 조례는 무효이므로, 위법한 조례에 근거한 처분은 그 근거법이 없는 것이 되어 위법하다. 이 경우 처분의 하자는 중대하나 명백하다고 보기는 어려우므로, 그 하자는 취소사유가 된다고 보아야 할 것이다. 판례도 같은 입장이다(대판 2009.10.29, 2007두26285).

VII. 조례에 대한 통제**

1. 지방자치단체 장에 의한 통제
- (1) 재의요구와 지방자치법 제120조에 의한 제소
  - 1) 재의요구
  - 2) 제36조와 제120조와의 관계
  - 3) 제120조 제3항에 의한 소송의 법적 성격
- (2) 감독청의 재의요구에 따른 지방의회 재의결에 대한 지방자치단체장의 소송(지자법 192 ④)

* 변호사시험(2017년).

** 사법시험(2004년), 입법고시(2009년), 행정고시(재경)(2006년), 행정고시(일반행정)(2008년), 5급공채(행정)(2014년).

(3) 감독청의 제소지시에 따른 지방자치단체장의 소송(지자법 192 ⑤, ⑥)

2. 감독청에 의한 통제

(1) 감독청의 재의요구

(2) 재의결에 대하여 감독청이 직접 제기하는 소송(지자법 192 ⑤, ⑦)

(3) 재의요구 불응에 대하여 감독청이 직접 제기하는 소송(지자법 192 ⑧)

3. 법원에 의한 통제

4. 헌법재판소에 의한 통제

5. 주민에 의한 통제

1. 지방자치단체 장에 의한 통제*

(1) 재의요구와 지방자치법 제120조에 의한 제소

지방자치단체의 장은 지방의회로부터 이송받은 조례안에 대하여 이의가 있으면 20일 이내에 이유를 붙여 지방의회로 환부하고, 재의를 요구할 수 있다(지자법 32 ③).

한편 재의요구에 대한 지방의회의 재의결에 대하여 지방자치법 제120조는 지방의회의 재의결이 법령에 위반된다고 인정되면 대법원에 제소할 수 있다고 규정하고 있는데(지자법 120 ①, ③), 제32조는 이와 같은 별도의 제소 규정이 없다. 따라서 제32조에 의한 조례안의 재의결에 대하여 지방자치법 제120조 제3항에 의하여 대법원에 제소할 수 있는가 하는 것이 문제이다. 생각건대 조례안도 지방의회의 의결사항이고 제120조와 제32조의 재의결요건이 동일한 점 등을 고려하면 제120조 제3항에 의한 제소가 가능하다고 볼 것이다(대판 1999.4.27, 99추23).

지방자치법 제120조 제3항에 의한 소송은 독립한 공법상의 법주체인 지방자치단체의 지방의회(의결기관)와 지방자치단체의 장(집행기관) 상호간의 권한에 관한 다툼이므로 전형적인 기관소송이다.

(2) 감독청의 재의요구에 따른 지방의회의 재의결에 대한 지방자치단체장의 소송(지자법 192 ④)

지방자치단체의 장은 감독청의 재의요구(지자법 192 ①, ②)에 따라 지방의회가 재의결한 사항이 법령에 위반된다고 판단되면 재의결된 날부터 20일 이내에 대법원에 소를 제기할 수 있다(지자법 192 ④).

이 경우의 소송은, 감독청의 재의요구에 따라 지방의회가 재의결한 것이지만, 그 제소 요건상 제120조 제3항의 소송과 동일하므로 기관소송으로 보아야 할 것이다(다수설).

(3) 감독청의 제소지시에 따른 지방자치단체장의 소송(지자법 192 ⑤, ⑥)

감독청의 재의요구에 따라 지방의회가 재의결한 사항이 법령에 위반된다고 판단됨에도 불구하고 해당 지방자치단체의 장이 소를 제기하지 않으면 감독청은 그 지방자치단체의 장에게 제

* 5급공채(행정)(2015년).

소를 지시할 수 있다. 이에 따라 지방자치단체의 장은 제소지시를 받은 날부터 7일 이내에 제소하여야 한다(지자법 192 ⑤, ⑥).

이 소송은, 감독청의 제소지시가 있다고 하더라도, 다투어지고 있는 것은 감독청의 권한행사가 아니라 지방의회의 재의결에 따른 지방자치단체의 장의 권한이므로, 기관소송으로 이해하는 것이 타당하다.

2. 감독청에 의한 통제*

(1) 감독청의 재의요구

지방의회의 의결이 법령에 위반되거나 공익을 현저히 해친다고 판단되면 시·도에 대하여는 주무부장관이, 시·군 및 자치구에 대하여는 시·도지사가 재의를 요구하게 할 수 있고, 재의요구를 받은 지방자치단체의 장은 의결사항을 이송받은 날부터 20일 이내에 지방의회에 이유를 붙여 재의를 요구하여야 한다(지자법 192 ①).

시·군 및 자치구의회의 의결이 법령에 위반된다고 판단됨에도 불구하고 시·도지사가 제1항에 따라 재의를 요구하게 하지 아니한 경우 주무부장관이 직접 시장·군수 및 자치구의 구청장에게 재의를 요구하게 할 수 있고, 재의 요구 지시를 받은 시장·군수 및 자치구의 구청장은 의결사항을 이송받은 날부터 20일 이내에 지방의회에 이유를 붙여 재의를 요구하여야 한다(지자법 192 ②). 이는 2021년 법개정을 통하여 신설된 것으로서, 시·도지사가 감독권을 행사하지 않는 경우에 장관이 직접 시장·군수·구청장에게 감독권을 행사할 수 있도록 하기 위한 것이다.

(2) 재의결에 대하여 감독청이 직접 제기하는 소송(지자법 192 ⑤, ⑦)

감독청의 재의요구에 따라 지방의회가 재의결한 사항이 법령에 위반된다고 판단됨에도 불구하고 해당 지방자치단체의 장이 소를 제기하지 않으면 감독청은 직접 제소할 수 있다. 이 경우 감독청은 지방의회의 재의결이 있은 후 20일이 경과한 날부터 7일 이내에 제소할 수 있다(지자법 192 ⑤, ⑦).

이 소송을 기관소송으로 보는 견해도 있으나, 이는 동일 법주체 내부기관 간의 소송이 아니므로, 지방자치법상의 특수한 형태의 소송이라고 보아야 할 것이다.

판례 > 행정자치부장관에게 (구)지방자치법 제172조 제4항, 제6항에 따라 군의회를 상대로 조례안 재의결무효확인의 소를 제기할 원고적격이 인정되는지(소극)

"지방의회 의결의 재의와 제소에 관한 (구)지방자치법 제172조 제4항, 제6항의 문언과 입법 취지, 제·개

* 5급공채(행정)(2023년).

정 연혁 및 지방자치법령의 체계 등을 종합적으로 고려하여 보면, 아래에서 보는 바와 같이 (구)지방자치법 제172조 제4항, 제6항에서 지방의회 재의결에 대하여 제소를 지시하거나 직접 제소할 수 있는 주체로 규정된 '주무부장관이나 시·도지사'는 시·도에 대하여는 주무부장관을, 시·군 및 자치구에 대하여는 시·도지사를 각 의미한다고 해석하는 것이 타당하다(대판 2016.9.22, 2014추521 전원합의체)."

☞ 행정자치부장관이 원고가 되어 강화군의회를 상대로 '강화군 도서지역 주민들에게 정주지원금을 지급하기로 하는 강화군의 조례안이 지방재정법 등에 위배된다'고 주장하면서 조례안재의결의 무효확인을 청구한 사건에서, 지방자치법 제172조에 따라 군의회를 상대로 조례안재의결 무효확인의 소를 제기할 수 있는 원고적격은 시·도지사에게 있을 뿐이고 행정자치부장관은 군의회를 상대로 한 소의 원고가 될 수 없다고 보아 소를 각하한 사안. 이와 같은 다수의견에 대하여, 주무부장관에게는 군의회를 상대로 재의결무효확인의 소를 제기할 원고적격이 인정된다고 보아야 한다는 취지의 반대의견이 있음

(3) 재의요구 불응에 대하여 감독청이 직접 제기하는 소송(지자법 192 ⑧)

제192조 제1항 또는 제2항에 따라 지방의회의 의결이 법령에 위반된다고 판단되어 주무부장관이나 시·도지사로부터 재의요구지시를 받은 지방자치단체의 장이 재의를 요구하지 아니하는 경우(법령에 위반되는 지방의회의 의결사항이 조례안인 경우로서 재의요구지시를 받기 전에 그 조례안을 공포한 경우를 포함한다)에는 주무부장관이나 시·도지사는 제1항에 따른 기간이 지난 날부터 7일 이내에 대법원에 직접 제소할 수 있다(지자법 192 ⑧).

이 소송은 감독청이 지방의회를 상대로 제기하는 소송으로서, 동일 법주체 내부기관 간의 소송이 아니므로, 지방자치법상의 특수한 형태의 소송이라고 보아야 할 것이다. 그리고 공포된 조례안을 다투는 경우에는 피고가 지방자치단체의 장이라는 점에서 조례안에 대한 감독청의 소송은 특수한 형태의 규범통제소송이라고 이해된다.[5]

3. 법원에 의한 통제*

주민은 조례에 근거한 처분에 대한 항고소송에서 간접적으로 조례의 위법을 다툴 수 있다(헌법 107 ②, 구체적 규범통제). 그러나 조례가 처분법규인 경우에는 직접 항고소송의 대상이 된다(두밀분교폐지조례, 대판 1996.9.20, 95누8003).

---

* 입법고시(2009년).

5 同旨: 홍정선, 행정법특강, 931면.

4. 헌법재판소에 의한 통제

조례의 제정도 헌법재판소법 제68조 제1항에서 말하는 '공권력'에 포함되므로 조례가 기본권을 직접 침해하는 경우에는 조례에 대한 헌법소원을 제기할 수 있다[헌재결 1994.12.29, 92헌마216; 헌재결 1995.4.20, 92헌마264, 279(병합)].

5. 주민에 의한 통제

주민은 조례를 직접적으로 통제할 수는 없고, 지방자치법 제19조에 따라 조례의 제정개폐청구권을 행사하는 간접적인 방식만으로 통제할 수 있을 뿐이다.

제2절 집행기관

지방자치단체의 사무를 실현하는 집행기관으로는 지방자치단체의 장과 그 소속기관이 있다. 지방자치단체의 장으로는 특별시에 특별시장, 광역시에 광역시장, 특별자치시에 특별자치시장, 도와 특별자치도에 도지사, 시에 시장, 군에 군수, 자치구에 구청장이 있다(지자법 93).

제 1 항 지방자치단체의 장의 지위

Ⅰ. 지방자치단체의 대표기관

지방자치단체의 장은 지방자치단체가 행하는 사무를 대외적으로 대표한다(지자법 114). 그 효과는 지방자치단체에 귀속된다.

Ⅱ. 지방자치단체의 집행기관(행정수반)

지방자치단체의 장은 그 지방자치단체의 사무와 법령에 따라 그 지방자치단체의 장에게 위임된 사무를 관리하고 집행(지자법 116)하는 지방자치단체의 집행기관이다. 지방자치단체의 장은 지방행정사무를 수행하는 행정청이다.

Ⅲ. 국가행정기관

지방자치단체의 장은 예외적으로 법령에 의하여 국가사무를 위임받아 수행하는 범위 내에서는 국가행정기관으로서 사무를 수행하는 것이 된다.

제 2 항 지방자치단체의 장의 신분과 권한

Ⅰ. 신분의 발생

지방자치단체의 장은 주민의 보통·평등·직접·비밀선거에 따라 선출된다(지자법 107). 지방자치단체의 장의 임기는 4년으로 하며, 지방자치단체의 장의 계속 재임은 3기에 한한다(지자법 108).

Ⅱ. 권한

1. 지방자치단체의 대표권 및 사무총괄권

지방자치단체의 장은 당해 지방자치단체를 대표하고 사무를 총괄하는 권한을 가진다(지자법 114).

2. 지휘·감독권·임면권 등

지방자치단체의 장은 하부행정기관(자치구가 아닌 구의 구청장, 읍장·면장, 동장)에 대하여 지휘·감독권을 가진다(지자법 133). 시·도지사는 위임사무에 관하여 시·군 및 자치구를 지도·감독한다(지자법 185).

지방자치단체의 장은 소속 직원을 지휘·감독하고 법령과 조례·규칙으로 정하는 바에 따라 소속 직원에 대한 임면권을 가진다(지자법 118).

3. 주민투표부의권

지방자치단체의 장은 주민에게 과도한 부담을 주거나 중대한 영향을 미치는 지방자치단체의 주요 결정사항 등에 대하여 주민투표에 부칠 수 있다(지자법 18).

4. 재무에 관한 권한

지방자치단체의 장은 지방채발행권(지자법 139 ①)·예산안편성권(지자법 142 ①) 등의 재무에 관한 권한을 가진다.

5. 지방의회에 대한 권한

지방자치단체의 장은 지방자치단체의 최고집행기관으로서 최고의결기관인 지방의회의 활동에 대하여 의회출석·진술권(지자법 51 ①), 지방의회의 임시회의 소집요구권(지자법 54 ③), 지방의회에 제출할 안건의 공고권(지자법 55), 의안의 발의권(지자법 76 ①), 조례안 공포권(지자법 32 ②), 재의요구권(지자법 32 등) 및 선결처분권(지자법 122) 등의 권한을 가진다. 이하에서는 재의요구권과 선결처분권에 관해서만 설명한다.

(1) 재의요구권*

지방자치단체의 장의 지방의회에 대한 재의요구로는 ① 조례안에 대한 재의요구(지자법 32 ③), ② 법령에 위반한 지방의회의결에 대한 재의요구(지자법 120 ①), ③ 예산상 집행불가능한 의결에 대한 재의요구 등(지자법 121 ①, ②), ④ 주무부장관이나 시·도지사의 요구에 의한 재의요구(지자법 192 ①)가 있다.

(2) 선결처분권**

지방자치단체의 장은 지방의회가 지방의회의원이 구속되는 등의 사유로 제73조에 따른 의결정족수에 미달될 때와 지방의회의 의결사항 중 주민의 생명과 재산보호를 위하여 긴급하게 필요한 사항으로서 지방의회를 소집할 시간적 여유가 없거나 지방의회에서 의결이 지체되어 의결되지 아니할 때에는 선결처분(先決處分)을 할 수 있다(지자법 122 ①).

지방자치단체의 장의 선결처분권은 지방의회의 협력을 기대하기 어려운 예외적인 경우에 인정되는 일종의 긴급권이다.

선결처분은 지체 없이 지방의회에 보고하여 승인을 받아야 한다(지자법 122 ②). 지방의회에서 제2항의 승인을 받지 못하면 그 선결처분은 그때부터 효력을 상실한다(지자법 122 ③). 지방자치단체의 장은 제2항이나 제3항에 관한 사항을 지체 없이 공고하여야 한다(지자법 122 ④).

6. 규칙제정권***

(1) 의의와 성질

지방자치법은 "지방자치단체의 장은 법령 또는 조례의 범위에서 그 권한에 속하는 사무에 관하여 규칙을 제정할 수 있다(지자법 29)."고 규정하고 있다.

---

* 사법시험(2004년).
** 행정고시(2004년).
*** 행정고시(재경)(2007년).

규칙은 조례와 더불어 자치입법의 한 형식이고, 행정기관인 지방자치단체의 장이 제정한다는 점에서 행정입법이다.

규칙은 원칙적으로 법규범으로서 대외적인 구속력을 가진다. 다만 규칙으로 행정내부적인 사항을 규율하는 경우처럼 대외적인 구속력이 없는 규칙도 있을 수 있다.

(2) 법적 근거

규칙제정에 반드시 법적 근거가 요구되는가와 관련하여, 지금까지는 ① 규칙은 일반적으로 지방자치단체의 장이 그 법령이나 조례에 의한 사무를 집행하기 위하여 필요한 사항을 규정하는 것이라는 점에서 지방자치법 제29조에 따라 법령 또는 조례의 위임이 필요하다는 견해와 ② 규칙의 종류를 법령 또는 조례의 위임에 따라 제정되는 위임규칙과 지방자치단체의 장이 직권으로 제정하는 직권규칙으로 나누면서, 전자의 경우에는 위임입법의 법리가 적용되고 후자의 경우는 적용되지 않는다는 견해(다수설)가 있었다. ③ 그러나 2021년 법개정으로 '법령 또는 조례의 범위에서 그 권한에 속하는 사무에 관하여 규칙을 제정할 수 있'으므로, 지방자치단체의 장은 법령이나 조례의 위임이 없더라도 이들을 집행하는 데 필요한 사항을 규정할 수 있다고 보아야 할 것이다. 다만 규칙으로 새로운 사항을 정하기 위해서는 별도의 위임이 필요하다고 보아야 할 것이다.

(3) 규칙의 제정대상 및 한계

1) 규칙의 제정대상*

규칙은 '법령 또는 조례의 범위에서 그 권한에 속하는 사무'에 관하여 제정할 수 있다. 여기에는 자치사무와 위임사무가 모두 포함될 수 있다.

그러나 (i) 기관위임사무의 경우에는, 조례로 정하도록 하는 별도의 규정이 없는 한, 조례의 제정대상이 아니라 규칙의 제정대상이 될 뿐이다(대판 2014.2.27, 2012추145). (ii) 다만 개별 법령에서 기관위임사무를 조례로 정하도록 위임하고 있는 경우에 한하여 조례를 제정할 수 있다(대판 2009.12.24, 2007추141). (iii) 기관위임사무는 조례에 의하여 재위임할 수는 없고, 정부조직법 제6조 제1항 및 행정위임위탁규정 제4조에 의하여 위임기관의 장의 승인을 얻은 후 지방자치단체의 장이 제정한 규칙이 정하는 바에 따라 재위임하는 것만이 가능하다(대판 1995.11.14, 94누13572).

2) 한계

규칙은 '법령 또는 조례가 위임한 범위에서' 제정할 수 있으므로, 상위법령이나 조례에 반할

---

* 변호사시험(2017년), 사법시험(2016년).

수 없다(법률우위의 원칙). 시·군 및 자치구의 조례나 규칙은 시·도의 조례나 규칙을 위반하여서는 아니 된다(지자법 30).

논란이 있겠지만, 규칙이 법령이나 조례를 집행하기 위하여 필요한 사항을 정하는 것인 한, 규칙 제정에 별도의 법령이나 조례의 위임이 요구되지 않는다. 다만 새로운 사항을 정하려면 별도의 법적 근거가 필요하다(법률유보의 원칙). 이 경우 법령이나 조례의 위임은, 포괄적 위임이 가능한 조례의 경우와는 달리, 구체적인 위임이 필요하다고 보아야 할 것이다(특별수권의 원칙).

3) 효력발생 및 보고

규칙은 특별한 규정이 없으면 공포한 날부터 20일이 지나면 효력을 발생한다(지자법 32 ⑧).

제 3 항 보조기관 등

Ⅰ. 보조기관

지방자치법은 집행기관의 장을 보조하는 보조기관으로 특별시·광역시 및 특별자치시에 부시장, 도와 특별자치도에 부지사, 시에 부시장, 군에 부군수, 자치구에 부구청장(부단체장)을 두도록 규정하고 있다(지자법 123 ①).

지방자치단체는 보조기관으로서 그 사무를 분장하기 위하여 필요한 행정기구와 지방공무원을 둘 수 있는데, 이 경우 행정기구의 설치와 지방공무원의 정원은 인건비 등 대통령령으로 정하는 기준에 따라 그 지방자치단체의 조례로 정한다(지자법 125 ①, ②).

Ⅱ. 소속행정기관

지방자치단체는 소관 사무와 관련하여, ① 소방기관·교육훈련기관·보건진료기관·시험연구기관 및 중소기업지도기관 등의 직속기관(지자법 126), ② 특정 업무를 효율적으로 수행하기 위한 사업소(지자법 127), ③ 원격지 주민의 편의와 특정지역의 개발 촉진을 위한 출장소(지자법 128), ④ 소관 사무의 일부를 독립하여 수행하는 합의제 행정기관(지자법 129) 및 ⑤ 자문기관(지자법 130)을 소속행정기관으로 둘 수 있다.

III. 하부행정기관

1. 일반 하부행정기관

하부행정기관이란 지방자치단체의 장에 소속하여 그의 지휘·감독을 받으면서 지방자치단체의 사무를 지역적으로 분담하여 수행하는 행정기관을 의미한다.

지방자치법은 하부행정기관으로 자치구가 아닌 구에 구청장, 읍에 읍장, 면에 면장, 동에 동장을 두도록 하고 있다. 이 경우 면·동은 제4조의2 제3항 및 제4항에 따른 행정면·행정동을 말한다(지자법 131).

2. 제주특별자치도의 하부행정기관

제주특별자치도는 지방자치법 제2조 제1항 및 제3조 제2항의 규정에 불구하고 그 관할구역 안에 지방자치단체인 시와 군을 두지 아니하고(제주특별법 10 ①), 지방자치단체가 아닌 시(행정시)를 두도록 하고 있다(제주특별법 10 ②). 이에 따라 제주특별자치도에는 도지사의 하부행정기관으로 행정시에 도지사가 임명하는 시장과 부시장을 둔다(제주특별법 11 ①, ②; 14 ①, ②).

제3절 교육·학예에 관한 기관

지방자치법은 지방자치단체의 교육·과학 및 체육에 관한 사무를 분장하기 위하여 별도의 기관을 두도록 하고, 이에 관하여 따로 법률로 정하도록 규정하고 있다(지자법 121). 이는 교육·과학 및 체육사무 일부의 전문성·자주성·특수성 등을 고려하여 그 일부 권한을 지방자치단체와는 별도의 기관에 분권(특수행정분권)한다는 취지이다. 이에 따라 제정된 (구) 지방교육자치에 관한 법률은 교육·학예에 관한 별도의 기관으로 교육위원회와 교육감을 두고 있었지만, 2016년 법개정으로 교육위원회 관련 규정이 삭제되어 현재는 지방의회가 교육에 관한 사항을 의결하는 것으로 하였다.

한편 지방자치단체의 교육·학예에 관한 사무는 특별시·광역시 및 도(시·도)의 사무로 한다고 하여(교육자치법 2) 교육자치는 광역지방자치단체에 한하여 인정된다.

제 1 항 교육감

1. 지위

교육감은 시·도의 교육·학예에 관한 사무의 집행기관으로, 교육·학예에 관한 소관 사무로 인한 소송이나 재산의 등기 등에 대하여 당해 시·도를 대표한다(교육자치법 18 ①, ②).

법령에 다른 규정이 없는 한, 국가행정사무 중 시·도에 위임하여 시행하는 사무로서 교육·학예에 관한 사무는 교육감에게 위임하여 행하는데(교육자치법 19), 교육감이 국가행정사무를 위임받아 수행하는 한도 내에서는 국가의 행정기관의 지위에 있게 된다.

교육감은 주민의 보통·평등·직접·비밀선거에 따라 선출되고(교육자치법 43), 임기는 4년이며, 교육감의 계속 재임은 3기에 한정한다(교육자치법 21).

2. 권한

① 교육감은 교육·학예에 관한 사항과 위임된 사항을 관장하고(사무집행권, 교육자치법 20), ② 법령 또는 조례의 범위 안에서 그 권한에 속하는 사무에 관하여 교육규칙을 제정할 수 있으며(교육규칙제정권, 교육자치법 25 ①), ③ 조례 또는 교육규칙으로 정하는 바에 따라 그 권한에 속하는 사무의 일부를 위임하거나(교육자치법 26 ①), 위탁할 수 있고(교육자치법 26 ③), ④ 소속 공무원을 지휘·감독하고 법령과 조례·교육규칙이 정하는 바에 따라 그 임용·교육훈련·복무·징계 등에 관한 사항을 처리한다(직원임용권 등, 교육자치법 27).

⑤ 교육감은 교육·학예에 관한 시·도의회의 의결이 법령에 위반되거나 공익을 현저히 저해한다고 판단될 때에는 재의를 요구할 수 있고, 재의결된 사항이 법령에 위반된다고 판단될 때에는 교육감은 재의결된 날부터 20일 이내에 대법원에 제소할 수 있다(교육자치법 28 ①, ③). 교육부장관은 재의결된 사항이 법령에 위반된다고 판단됨에도 해당교육감이 소를 제기하지 않은 때에는 해당교육감에게 제소를 지시하거나 직접 제소할 수 있다(교육자치법 28 ④). 교육감의 재의요구 및 제소에 관한 사항은 지방자치단체의 장의 경우와 동일하다.

⑥ 교육감은 소관 사무 중 시·도의회의 의결 필요한 사항에 대하여 ① 시·도의회가 성립되지 아니한 때(시·도의회의원의 구속 등의 사유로 지방자치법 제73조의 규정에 따른 의결정족수에 미달하게 된 때를 말한다) 또는 ② 학생의 안전과 교육기관 등의 재산보호를 위하여 긴급하게 필요한 사항으로서 시·도의회가 소집될 시간적 여유가 없거나 시·도의회에서 의결이 지체되어 의결되지 아니한 때에는 선결처분을 할 수 있다(선결처분권, 교육자치법 29 ①).

3. 보조기관 및 소속교육기관

(1) 부교육감

교육감 소속하에 국가공무원으로 보하는 부교육감 1인(인구 800만 명 이상이고 학생 150만 명 이상인 시·도는 2인)을 둔다(교육자치법 30 ①).

(2) 기타 보조기관

교육감 소속하에 기타 필요한 보조기관을 둘 수 있는데, 그 설치·운영 등에 관하여 필요한 사항은 대통령령으로 정한 범위 안에서 조례로 정한다(교육자치법 30 ⑤).

(3) 소속 교육기관

교육감은 그 소관 사무의 범위 안에서 필요한 때에는 대통령령 또는 조례로 정하는 바에 따라 교육기관을 설치할 수 있다(교육자치법 32).

4. 하급교육행정기관

시·도의 교육·학예에 관한 사무를 분장하기 위하여 1개 또는 2개 이상의 시·군 및 자치구를 관할구역으로 하는 하급교육행정기관(교육지원청)을 둔다(교육자치법 34 ①).

교육지원청에 교육장을 두되 장학관으로 보하고, 그 임용에 관하여 필요한 사항은 대통령령으로 정한다(교육자치법 34 ③).

제 2 항 지방교육행정협의회 · 교육감협의체

지방자치단체의 교육·학예에 관한 사무를 효율적으로 처리하기 위하여 지방교육행정협의회를 설치한다(교육자치법 41 ①).

한편 교육감은 상호 간의 교류와 협력을 증진하고, 공동의 문제를 협의하기 위하여 전국적인 협의체를 설립할 수 있다(교육자치법 42 ①).

제 6 장

지방자치단체의 사무

제1절 사무일원론과 사무이원론

Ⅰ. 사무일원론과 사무이원론의 개념

지방자치단체의 사무에 대하여는 사무일원론과 사무이원론의 대립이 있다.

이원론은 지방자치단체가 수행하는 사무를 자치사무와 위임사무로 구분한다. 위임사무는 다시 지방자치단체에 위임된 단체위임사무와 지방자치단체의 특정기관(통상은 지방자치단체의 장, 지자법 115 참조)에 위임된 기관위임사무로 구분한다.

반면 일원론은 지방자치단체가 수행하는 사무는 모두 지방자치단체의 사무로 이해한다. 다만 일원론의 입장에서도 지방자치단체가 수행하는 사무는 임의적 사무(freiwillige Aufgabe)와 의무적 사무(Pflichtaufgabe)로 구분되고, 의무적 사무는 다시 지시로부터 자유로운 사무(Pflichtaufgabe ohne Weisung)와 지시에 따르는 사무(Pflichtaufgabe nach Weisung)로 구분된다.

Ⅱ. 지방자치법 규정

지방자치법 제13조 제1항은 "지방자치단체는 관할 구역의 자치사무와 법령에 따라 지방자치단체에 속하는 사무를 처리한다."고 하여, 지방자치단체의 사무를 '자치사무'와 '법령에 따라 지방자치단체에 속하는 사무'로 구분하고 있다(사무이원론).

제2절 사무배분과 사무처리의 기본원칙

Ⅰ. 자치사무의 판단기준으로서의 지역성

헌법은 지방자치단체에게 '주민복리에 관한 그 지역의 모든 사무'에 대한 처리권한을 보장하고 있으므로, 자치사무와 국가사무의 구분에서 그 사무의 '지역성(Örtlichkeit)'이 중요한 판단기준이 된다. 따라서 법률에서 사무권한의 주체를 정할 때에는 지역과의 밀접한 관련성이 있는지의 여부를 최우선적으로 고려하여야 한다. 반면에 지방자치단체를 넘어서는 범(汎)국가적인 이해관계 또는 전국적 통일성 등이 요구되는 사무는 국가사무로 볼 수 있을 것이다.

Ⅱ. 지방자치법상 사무배분의 기본원칙[1]

1. 중복배제의 원칙

국가는 지방자치단체가 사무를 종합적·자율적으로 수행할 수 있도록 국가와 지방자치단체 간 또는 지방자치단체 상호 간의 사무를 주민의 편익증진, 집행의 효과 등을 고려하여 서로 중복되지 아니하도록 배분하여야 한다(지자법 11 ①, 지방분권법 9 ①).

2. 보충성의 원칙

국가는 제1항에 따라 사무를 배분하는 경우 지역주민생활과 밀접한 관련이 있는 사무는 원칙적으로 시·군 및 자치구의 사무로, 시·군 및 자치구가 처리하기 어려운 사무는 시·도의 사무로, 시·도가 처리하기 어려운 사무는 국가의 사무로 각각 배분하여야 한다(지자법 11 ②, 지방분권법 9 ②).

3. 포괄적 배분의 원칙

국가가 지방자치단체에 사무를 배분하거나 지방자치단체가 사무를 다른 지방자치단체에 재배분하는 때에는 사무를 배분 또는 재배분 받는 지방자치단체가 그 사무를 자기의 책임하에 종합적으로 처리할 수 있도록 관련 사무를 포괄적으로 배분하여야 한다(지자법 11 ③, 지방분권법 9 ③).

---

1 이하의 내용은 지방분권 및 지방행정체제개편에 관한 특별법(지방분권법) 제9조에 규정되어 있던 것을 2021년 지방자치법을 전부개정하면서 동법 제11조에서도 동일 내용을 규정한 것이다.

Ⅲ. 사무처리의 기본원칙

지방자치단체는 사무를 처리할 때 주민의 편의와 복리증진을 위하여 노력하여야 한다(지자법 12 ①).

지방자치단체는 조직과 운영을 합리적으로 하고 규모를 적절하게 유지하여야 한다(지자법 12 ②).

지방자치단체는 법령을 위반하여 사무를 처리할 수 없으며, 시·군 및 자치구는 해당 구역을 관할하는 시·도의 조례를 위반하여 사무를 처리할 수 없다(지자법 12 ③).

Ⅳ. 국가사무의 처리제한

지방자치단체는, 법률에 이와 다른 규정이 있는 경우를 제외하고는, 국가사무 중 ① 외교, 국방, 사법(司法), 국세 등 국가의 존립에 필요한 사무, ② 물가정책, 금융정책, 수출입정책 등 전국적으로 통일적 처리를 할 필요가 있는 사무, ③ 농산물·임산물·축산물·수산물 및 양곡의 수급조절과 수출입 등 전국적 규모의 사무, ④ 국가종합경제개발계획, 국가하천, 국유림, 국토종합개발계획, 지정항만, 고속국도·일반국도, 국립공원 등 전국적 규모나 이와 비슷한 규모의 사무, ⑤ 근로기준, 측량단위 등 전국적으로 기준을 통일하고 조정하여야 할 필요가 있는 사무, ⑥ 우편, 철도 등 전국적 규모나 이와 비슷한 규모의 사무, ⑦ 고도의 기술이 필요한 검사·시험·연구, 항공관리, 기상행정, 원자력개발 등 지방자치단체의 기술과 재정능력으로 감당하기 어려운 사무를 처리할 수 없다(지자법 15).

판례 > 국가하천에 관한 사무가 국가사무에 해당하는지 여부(원칙적 적극) 및 지방자치단체가 비용 일부를 부담한다고 하여 국가사무의 성격이 자치사무로 바뀌는 것인지 여부(소극)

"국가하천에 관한 사무는 다른 법령에 특별한 정함이 없는 한 국가사무로 보아야 한다. 지방자치단체가 비용 일부를 부담한다고 해서 국가사무의 성격이 자치사무로 바뀌는 것은 아니다(대판 2020.12.30, 2020두37406).

제3절 자치사무와 위임사무

제 1 항 자치사무

Ⅰ. 개념과 종류

자치사무는 지방자치단체의 자치권이 미치는 그 지역의 사무로서 원칙적으로 그 사무의 수행 여부(Ob, wether)·수행시기(Wann, when)·수행방법(Wie, how)을 지방자치단체가 국가의 간섭 없이 자기책임으로 정하고 수행할 수 있는 사무를 말한다.

자치사무는 사무수행의 임의성 여부에 따라 지방자치단체가 사무수행 여부를 스스로 정할 수 있는 '임의적 자치사무'와 법령 등에 의하여 의무적으로 수행하여야 하는 '의무적 자치사무'로 구분하기도 한다.

Ⅱ. 자치사무의 특성

1. 사무처리의 자율성

자치사무는 자치권에 근거하여 수행하는 사무이므로 원칙적으로 그 사무의 수행 여부·수행시기·수행방법을 지방자치단체가 자율적으로 결정할 수 있다(다만 의무적 자치사무는 사무수행 여부가 법령 등에 의하여 정해진다).

2. 법적 근거

자치사무는 헌법 제117조 제1항 및 지방자치법 제28조 제1항의 일반수권을 근거로 수행할 수 있으므로 별도의 법령의 근거가 필요 없다. 따라서 법적 근거로 조례나 규칙으로 충분하다.

3. 사무수행비용 부담

사무의 귀속주체와 비용부담주체는 상호 결부되어야 한다는 견련성(牽連性)의 원칙(Konnexitätsprinzip)에 따라 지방자치단체는 그 자치사무의 수행에 필요한 경비를 지출할 의무를 진다(지자법 158 1문). 지방재정법도 "지방자치단체의 관할구역 자치사무에 필요한 경비는 그 지방자치단체가 전액을 부담한다."고 규정하고 있다(지방재정법 20).

4. 입법형식

자치사무는 조례 또는 규칙의 제정대상이 될 수 있다.

5. 지방의회의 관여

자치사무는 지방자치단체의 고유사무이므로 자치사무의 수행에 대하여 지방의회의 관여가 허용된다. 이와 관련하여 지방자치법은 지방자치단체의 사무에 대한 지방의회의 행정사무 감사권 및 조사권(지자법 49)·출석·답변요구권(지자법 51 ②) 등을 규정하고 있다.

6. 자치사무에 대한 감독[2]

자치사무는 감독권자의 지시에서 자유로운 사무이므로, 감독권자는 자치사무의 수행이 적법한지의 여부에 대해서만 감독권을 행사할 수 있다(합법성감독).[3]

Ⅲ. 자치사무의 내용

1. 지방자치법 제13조의 규정

지방자치법 제13조는 제1항에서 "지방자치단체는 관할 구역의 자치사무와 법령에 따라 지방자치단체에 속하는 사무를 처리한다."고 규정하면서, 제2항에서는 "제1항에 따른 지방자치단체의 사무를 예시하면 다음 각 호와 같다."고 규정하고 있다.

2. 자치사무의 범위 및 예시규정

먼저 지방자치법 제13조 제1항은 '자치사무'와 '법령에 따라 지방자치단체에 속하는 사무'를 지방자치단체의 사무로 규정하여 자치사무와 단체위임사무를 구분하지 않고 지방자치단체의 사무를 규정하고 있다. 나아가 제2항에서는 지방자치단체 사무의 범위를 정하면서 해당 사무들을 나열하고 있는데, 제13조 제2항은 일종의 예시규정이다. 따라서 제13조 제2항에 열거된 사무들은 원칙적으로는 지방자치단체의 사무이지만, 자치권의 본질적 내용을 침해하는 것

---

2 지방자치단체의 사무수행에 대한 감독에는 ① 사무수행의 적법 여부를 통제하는 합법성감독(법적 감독, Rechtsaufsicht)과 ② 사무수행의 적정 여부까지 통제하는 합목적성감독(전문감독, Fachaufsicht)이 있다.

3 예컨대 지방자치법은 지방자치단체의 장의 위법·부당한 명령·처분에 대한 감독청의 시정조치권과 관련하여 '자치사무에 관한 명령이나 처분에 대하여는 법령을 위반하는 것에 한하도록' 하고 있고(지자법 188 ⑤), 행정안전부장관이나 시·도지사의 자치사무에 대한 감사의 경우에도 '법령위반사항에 대하여만 실시하도록' 하고 있다(지자법 190 ①).

이 아닌 한, 필요에 따라 법률로써 이를 국가사무로 규정할 수도 있다.

3. 전권한성의 원칙에 따른 자치사무의 추정

지방자치권보장은 지방자치단체에게 주민복리에 관한 그 지역의 모든 사무에 대한 처리권한을 보장하는데, 이를 보편성 또는 전권한성(全權限性)의 원칙이라고 한다. 따라서 지방자치법 제13조 제2항에 열거되지 아니한 사항이라도, 지역관련성이 있는 사무인 한, 전권한성의 원칙에 따라 우선적으로 지방자치단체의 사무로 보아야 할 것이다.

Ⅳ. 자치사무의 배분기준

1. 일반론

(1) 자치사무의 판단기준으로서의 지역성

지방자치단체에게는 '주민복리에 관한 그 지역의 모든 사무'에 대한 권한이 보장되므로, 사무의 '지역성(Örtlichkeit)'이 자치사무와 국가사무를 구분하는 중요한 판단기준이 된다. 따라서 법률에서 사무권한을 정할 때 지역과의 밀접한 관련성이 있는 사무는 지방자치단체의 장의 권한으로 하여야 할 것이다. 반면에 범국가적인 이해관계 또는 전국적 통일성 등이 요구되는 사무는 국가의 권한으로 할 수 있을 것이다.

(2) 지방자치단체 간의 사무배분기준

그렇다면 광역지방자치단체(시·도)와 기초지방자치단체(시·군·자치구) 사이에서는, ① 먼저 지방자치단체의 자치권은 기초지방자치단체에게 우선적으로 인정되는 것이므로, 그 지역에 관한 사무인 한, 전권한성의 원칙에 따라 기초지방자치단체의 사무로 보아야 하고, ② 다만 (1) 기초지방자치단체를 넘어서는 범지역적인 이해관계가 있거나(광역적 사무), (2) 기초지방자치단체의 행정력이나 재정력을 능가하여 광역지방자치단체가 보충적으로 처리하여야 할 필요가 있거나(보충적 사무), (3) 기초지방자치단체 사이를 조정하거나 국가와 기초지방자치단체를 연결해 주는 경우(조정적 사무)에는 광역지방자치단체의 사무로 볼 수 있을 것이다.

2. 지방자치법상의 기준

(1) 사무배분기준

㈎ 시·도(특별시·광역시·특별자치시·도·특별자치도)

① 행정처리 결과가 2개 이상의 시·군 및 자치구에 미치는 광역적 사무

② 시·도 단위로 동일한 기준에 따라 처리되어야 할 성질의 사무
③ 지역적 특성을 살리면서 시·도 단위로 통일성을 유지할 필요가 있는 사무
④ 국가와 시·군 및 자치구 사이의 연락·조정 등의 사무
⑤ 시·군 및 자치구가 독자적으로 처리하기에 부적당한 사무
⑥ 2개 이상의 시·군 및 자치구가 공동으로 설치하는 것이 적당하다고 인정되는 규모의 시설을 설치하고 관리하는 사무(지자법 14 ① 1호)

㈏ 시·군·자치구

시·도가 처리하는 것으로 되어 있는 사무를 제외한 사무. 다만, 인구 50만 이상의 시에 대하여는 도가 처리하는 사무의 일부를 직접 처리하게 할 수 있다(지자법 14 ① 2호).

(2) 기초지방자치단체 우선의 원칙

시·도와 시·군 및 자치구는 사무를 처리할 때 서로 경합하지 아니하도록 하여야 하며, 사무가 서로 경합하면 시·군 및 자치구에서 먼저 처리한다(지자법 14 ③).

제 2 항 단체위임사무

Ⅰ. 개념

단체위임사무란 국가 또는 상급지방자치단체의 사무를 법령의 위임에 따라 지방자치단체에 위임하여 처리하는 사무를 말한다.

지방자치법상 단체위임사무는 법령에 따라 지방자치'단체'에 속하는 사무(지자법 13 ①), 지방자치'단체'가 위임받아 처리하는 국가사무(지자법 185 ①), '시·군 및 자치구'가 위임받아 처리하는 시·도의 사무(지자법 185 ②)로 표현되고 있으나, 실제로 단체위임사무의 예를 찾아보기는 어렵다.

Ⅱ. 단체위임사무의 특성

1. 사무의 성격

단체위임사무는 위임자인 국가 또는 광역지방자치단체의 사무이지, 위임받은 지방자치단체의 사무가 아니다. 따라서 단체위임사무를 수행함에 있어서 위임자의 지시에 따라야 하지만, 지방자치단체의 자율성이 어느 정도 인정된다.

2. 법적 근거

단체위임사무를 수행하는 지방자치단체는 사무수행의무를 부담하게 될 뿐 그 사무권한은 위임자에게 있다. 따라서 지방자치단체에게 사무를 위임하는 경우에는 법적 근거를 요한다.

3. 사무수행비용 부담·손해배상책임

사무의 귀속주체와 비용부담의 주체는 서로 결부되어야 한다는 견련성(牽連性)의 원칙에 따라 단체위임사무의 수행에 소요되는 비용은 위임자가 부담하여야 한다. 지방자치법도 "국가사무나 지방자치단체사무를 위임할 때에는 이를 위임한 국가나 지방자치단체에서 그 경비를 부담하여야 한다(지자법 158 단서)."고 규정하고 있다.

단체위임사무의 수행에 있어 불법행위로 인하여 손해가 발생하면 사무의 위임자인 국가 또는 광역지방자치단체가 사무의 귀속주체로서 배상책임을 부담한다. 그러나 국가배상법 제6조에 따라 비용부담자인 지방자치단체도 배상책임을 부담하게 된다.

4. 입법형식

단체위임사무는 논리적으로는 조례의 제정대상이 될 수 없으나, 지방자치법 제28조 제1항이 단체위임사무와 자치사무의 구분 없이 '지방자치단체의 사무에 관하여 조례를 제정할 수 있다'고 규정하고 있으므로, 해석상 단체위임사무도 조례의 제정대상이 될 수 있다.

5. 지방의회의 관여*

단체위임사무에 대해서는 지방의회의 관여가 허용된다. 단체위임사무는 자치사무는 아니지만 '지방자치단체'의 사무이기 때문이다. 지방자치법도 지방자치단체의 사무에 대한 지방의회의 행정사무 감사권 및 조사권(지자법 49 ①)에 관하여 규정하고 있다.

6. 위임자의 감독

단체위임사무는 위임자의 사무이므로 위임자는 단체위임사무의 수행에 대하여 합목적성의 통제까지 할 수 있다.

---

* 행정고시(2001년).

제 3 항 기관위임사무

I. 개념

기관위임사무란 국가 또는 광역지방자치단체의 사무를 지방자치단체의 장이 위임받아 처리하는 사무를 말한다. 여기에서 기관위임은 기관차용(Organleihe)이라고도 하는데, 국가 등의 사무를 '지방자치단체의 집행기관(지방자치단체의 장)'을 차용하여 수행한다는 의미이다.

지방자치법상 기관위임사무는 지방자치'단체의 장'이 위임받아 처리하는 국가사무(지자법 185 ①), '시·군 및 자치구의 장'이 위임받아 처리하는 시·도의 사무(지자법 185 ②)로 표현되고 있다. 지방자치단체가 수행하는 위임사무는 거의 기관위임사무인데, 이와 관련하여 지방자치법 제115조는 "시·도와 시·군 및 자치구에서 시행하는 국가사무는 시·도지사와 시장·군수 및 자치구의 구청장에게 위임하여 수행하는 것을 원칙으로 한다. 다만, 법령에 다른 규정이 있는 경우에는 그러하지 아니하다."고 규정하여 위임사무는 원칙적으로 기관위임사무로 수행됨을 규정하고 있다.

II. 기관위임사무의 특성

1. 사무의 성격

기관위임사무는 위임자인 국가 또는 광역지방자치단체의 사무이므로, 지방자치단체의 장은 위임자의 지위에서 수행하는 것이고, 위임자의 지시나 감독에 엄격하게 기속된다.

2. 법적 근거

기관위임사무를 수임하는 지방자치단체는 사무수행의무를 부담하게 될 뿐 그 사무권한은 위임자에게 있다. 따라서 기관위임사무의 경우에는 법적 근거를 요한다.

이와 관련하여 정부조직법 제6조 제1항은 "행정기관은 법령으로 정하는 바에 따라 그 소관사무의 일부를 보조기관 또는 하급행정기관에 위임하거나 다른 행정기관·지방자치단체 또는 그 기관에 위탁 또는 위임할 수 있다."고 규정하고 있는데, 이는 기관위임에 대한 일반적인 법적 근거라 할 수 있다.

3. 사무수행비용 부담·손해배상책임*

기관위임사무의 수행에 소요되는 비용도 견련성(牽連性)의 원칙에 따라 위임자가 부담하여야

---

* 사법시험(2004년).

한다. 지방자치법도 "국가사무나 지방자치단체사무를 위임할 때에는 이를 위임한 국가나 지방자치단체에서 그 경비를 부담하여야 한다(지자법 158 단서)."고 규정하고 있다.

기관위임사무의 수행에 있어 불법행위로 인하여 손해가 발생하면 위임자인 국가 또는 광역지방자치단체가 사무의 귀속주체로서 배상책임을 부담한다. 그러나 국가배상법 제6조에 따라 비용부담자인 지방자치단체도 배상책임을 부담하게 된다.

4. 입법형식

기관위임사무는 위임자의 사무이므로 논리적으로는 지방자치단체의 장의 권한에 속하는 사무를 정하는 규칙의 제정대상이 될 수 없다. 그러나 지방자치법 제29조가 위임사무와 자치사무의 구분 없이 '법령 또는 조례의 범위에서 그 권한에 속하는 사무에 관하여 규칙을 제정할 수 있다'고 규정하고 있으므로, 해석상 기관위임사무도 규칙의 제정대상이 될 수 있다. 논리상 문제가 있지만, 법령이 기관위임사무에 대하여 조례로 정하도록 규정하고 있는 경우에는 조례의 제정대상이 될 수도 있다.

5. 지방의회의 관여

기관위임사무는 위임자의 사무이므로 원칙적으로 지방의회의 관여가 허용되지 않는다. 다만 지방자치법은 기관위임사무에 대해서도 일정한 요건 하에서 지방의회가 감사할 수 있도록 규정함으로써 기관위임사무에 대하여 지방의회의 예외적인 관여를 허용하고 있는데(지자법 49 ③), 이는 자체감사를 존중하고 감사의 중복으로 방지하기 위한 취지로 예외를 허용하고 있는 것이다.

6. 위임자의 감독

기관위임사무는 위임자의 사무이므로 위임자는 기관위임사무의 수행에 대하여 합목적성의 통제까지 할 수 있다.

제 4 항 자치사무와 위임사무의 비교

자치사무·단체위임사무·기관위임사무의 특성을 표로 정리해 보면 다음과 같다.

	자치사무	단체위임사무	기관위임사무
사무처리의 자율성	자율적 처리 가능	어느 정도의 자율성 인정	자율성 없음
사무의 성격	지자체 사무	위임자 사무	위임자 사무
법적 근거	불요(지자법 28 ① 단서의 경우 필요)	필요	필요
비용부담	지자체 부담	위임자 부담	위임자 부담
손해배상책임	지자체 부담	위임자 · 지자체 부담	위임자 · 지자체 부담
입법형식	조례 · 규칙	조례	규칙
지방의회의 관여	허용	허용	불허(예외 지자법 49 ③)
위임자의 감독	합법성감독	합법성 및 합목적성 감독	합법성 및 합목적성 감독

제 5 항 자치사무와 기관위임사무의 구별*

1. 학설
① 법령상 사무권한의 주체로 판단하는 견해
② 법령의 취지와 내용으로 판단하는 견해
2. 판례: ②의 견해
3. 결어: ①의 견해가 타당

Ⅰ. 구별기준의 문제

자치사무인지 기관위임사무인지를 판단할 수 있는 구체적인 기준을 정하고 있는 규정은 없어서, 어떠한 기준에 의하여 자치사무와 기관위임사무를 구별할 것인지가 문제된다.

Ⅱ. 학설

이에 관해서는 ① 개별법령에서 사무권한의 주체를 국가기관의 장으로 규정하고 있는지 지방자치단체의 장으로 규정하고 있는지에 따라 국가사무와 자치사무를 구별하자는 견해와 ② 개별법령에서 사무권한의 주체를 지방자치단체의 장으로 규정하고 있는 경우에도 개별법령의 취지와 내용을 판단하여 국가주도적으로 처리되어야 할 사무인 경우에는 기관위임사무, 지방자치단체가 자율적으로 처리할 수 있는 사무인 경우에는 자치사무로 보는 견해가 있다.

---

* 변호사시험(2017년), 변호사시험(2018년), 행정고시(재경)(2010년), 5급공채(2019년).

III. 판례

대법원은 법령에서 사무권한의 주체를 지방자치단체의 장으로 규정하고 있는 경우에도 '법령의 규정 형식과 취지를 우선 고려하여야 하지만, 그 밖에 그 사무의 성질이 전국적으로 통일적인 처리가 요구되는 사무인지, 그에 관한 경비부담과 최종적인 책임귀속의 주체가 누구인지 등도 함께 고려하여야 한다."는 입장이다(대판 2013.5.23, 2011추56; 대판 2020.9.3, 2019두58650).

IV. 결어

생각건대 헌법상 지방자치권보장의 관점에서 법령상 사무권한의 주체가 지방자치단체의 장으로 규정하여 수행하는 사무는 원칙적으로 자치사무로 보아야 한다. 이 점에서 학설 ①이 타당하다. 따라서 법령상 자치사무로 규정되어 있는 것을 기관위임사무로 해석하는 대법원의 해석방법은 헌법상 지방자치권 보장의 의미를 오해하고 있는 것이라고 생각한다.

다만, 예외적으로, A법령상 자치사무가 B법령상의 국가(또는 광역지방자치단체)사무와 연계된 사무로서 국가사무를 단순히 집행하는 사무인 경우에는 기관위임사무로 볼 여지는 있다. 하지만 이러한 입법은 올바른 입법례는 아니다.

제 7 장

지방자치단체 상호간의 관계

제1절 지방자치단체 상호간의 협력

Ⅰ. 협력의 원칙과 방식

지방자치단체는 다른 지방자치단체로부터 사무의 공동처리에 관한 요청이나 사무처리에 관한 협의·조정·승인 또는 지원의 요청을 받으면 법령의 범위에서 협력하여야 한다(지자법 164 ①). 관계 중앙행정기관의 장은 지방자치단체 간의 협력 활성화를 위하여 필요한 지원을 할 수 있다(지자법 164 ②).

지방자치단체의 협력은 다양한 방식으로 행하여질 수 있겠으나, 지방자치법은 협력방식으로 ① 사무위탁, ② 행정협의회의 구성, ③ 지방자치단체조합의 설립, ④ 지방자치단체의 장 등의 협의체의 설립을 통한 협력방식을 규정하고 있다.

Ⅱ. 사무의 위탁

지방자치단체나 그 장은 소관 사무의 일부를 다른 지방자치단체나 그 장에게 위탁하여 처리하게 할 수 있다(지자법 168 ①). 사무위탁의 성질은 일종의 공법상의 계약이라고 보는 것이 일반적인 견해이다.

Ⅲ. 행정협의회

지방자치단체는 2개 이상의 지방자치단체에 관련된 사무의 일부를 공동으로 처리하기 위하여 관계 지방자치단체 간의 행정협의회를 구성할 수 있다(지자법 169 ①).

행정협의회는 다수의 지방자치단체가 상호간에 이익이 되는 공동의 사무를 처리하기 위하여 설립한 임의적 협의체라고 할 수 있다. 이와 관련하여 지방자치법은 "행정안전부장관이나 시·

도지사는 공익상 필요하면 관계 지방자치단체에 대하여 행정협의회를 구성하도록 권고할 수 있다."고 규정하고 있다(지자법 169 ③).

지방자치법은 "지방자치단체의 장은 시·도가 구성원이면 행정안전부장관과 관계 중앙행정기관의 장에게, 시·군 또는 자치구가 구성원이면 시·도지사에게 이를 보고하여야 한다(지자법 169 ① 2문)."고 규정하고 있지만, 행정협의회는 반드시 동급의 지방자치단체들로만 구성되어야 하는 것은 아니다.

Ⅳ. 지방자치단체조합

지방자치단체의 종류와 관련하여, 보통지방자치단체 외에 특정한 목적을 수행하기 위하여 필요하면 따로 특별지방자치단체를 설치할 수 있는데(지자법 2 ③), 지방자치단체조합은 2개 이상의 지방자치단체가 하나 또는 둘 이상의 사무를 공동으로 처리하기 위하여 설립한 공법인인 특별지방자치단체이다(지자법 176 ①, ②).

시·도가 구성원인 지방자치단체조합은 행정안전부장관의, 시·군 및 자치구가 구성원인 지방자치단체조합은 1차로 시·도지사의, 2차로 행정안전부장관의 지도·감독을 받는다(지자법 180 ①).

Ⅴ. 지방자치단체의 장 등의 협의체

지방자치단체의 장이나 지방의회의 의장은 상호간의 교류와 협력을 증진하고, 공동의 문제를 협의하기 위하여 ① 시·도지사, ② 시·도의회의 의장, ③ 시장·군수·자치구의 구청장, ④ 시·군·자치구의회의 의장의 구분에 따라 각각 전국적 협의체를 설립할 수 있다(지자법 182 ①). 그리고 제1항 각 호의 전국적 협의체가 모두 참가하는 지방자치단체 연합체를 설립할 수 있다(지자법 182 ②).

이 규정에 따라 현재 대한민국시도지사협의회, 대한민국시장군수구청장협의회, 대한민국시도의회의장협의회, 대한민국시군자치구의회의장협의회 등 지방 4대 협의체가 구성되어 있다. 그러나 전국적 협의체가 모두 참가하는 지방자치단체 연합체는 아직 설립되지 않고 있다.

협의체나 연합체는 지방자치에 직접적인 영향을 미치는 법령 등에 관한 의견을 행정안전부장관에게 제출할 수 있으며(지자법 182 ④), 지방자치와 관련된 법률의 제정·개정 또는 폐지가 필요하다고 인정하는 경우에는 국회에 서면으로 의견을 제출할 수 있다(지자법 182 ⑥).

제2절 지방자치단체 상호간의 분쟁조정

Ⅰ. 분쟁조정제도

지방자치단체 상호간이나 지방자치단체의 장 상호간 사무를 처리할 때 의견이 달라 다툼이 생기면 다른 법률에 특별한 규정이 없으면 행정안전부장관이나 시·도지사가 당사자의 신청에 따라 조정할 수 있다(지자법 165 ①).

Ⅱ. 분쟁조정절차

분쟁조정절차는 분쟁의 당사자인 지방자치단체의 신청으로 개시된다(지자법 165 ① 본문).

다만 그 분쟁이 공익을 현저히 저해하여 조속한 조정이 필요하다고 인정되면 당사자의 신청이 없어도 직권으로 조정할 수 있다(지자법 165 ① 단서). 그러나 이 경우에는 그 취지를 미리 당사자에게 알려야 한다(지자법 165 ②).

행정안전부장관이나 시·도지사가 제1항의 분쟁을 조정하고자 할 때에는 관계 중앙행정기관의 장과의 협의를 거쳐 제166조에 따른 지방자치단체중앙분쟁조정위원회나 지방자치단체지방분쟁조정위원회의 의결에 따라 조정하여야 한다(지자법 165 ③).

행정안전부장관이나 시·도지사는 제1항의 조정에 대하여 결정을 하면 서면으로 지체 없이 관계 지방자치단체의 장에게 통보하여야 한다(지자법 165 ④).

Ⅲ. 조정결정의 이행 및 비용부담

조정결정을 통보받은 지방자치단체의 장은 그 조정결정사항을 이행하여야 한다(지자법 165 ④).

조정결정사항 중 예산이 수반되는 사항에 대하여는 관계 지방자치단체는 필요한 예산을 우선적으로 편성하여야 한다(지자법 165 ⑤).

행정안전부장관이나 시·도지사는 제1항의 조정결정에 따른 시설의 설치 또는 역무의 제공으로 이익을 받거나 그 원인을 일으켰다고 인정되는 지방자치단체에 대하여는 그 시설비나 운영비 등의 전부나 일부를 행정안전부장관이 정하는 기준에 따라 부담하게 할 수 있다(지자법 165 ⑥).

행정안전부장관이나 시·도지사는 제4항부터 제6항까지의 규정에 따른 조정결정사항이 성실히 이행되지 아니하면 그 지방자치단체에 대하여 제189조를 준용하여 이행하게 할 수 있다(지자법 165 ⑦).

판례 > [1] 자치사무가 다른 지방자치단체나 그 주민의 보호할 만한 가치가 있는 이익을 침해하는 경우, 분쟁조정 대상 사무가 될 수 있는지 여부(적극)
[2] 지방자치단체가 조정결정을 성실히 이행하지 않은 경우 직무이행명령을 할 수 있는지 여부(적극)

"[1] 지방자치단체의 자치사무라도 당해 지방자치단체에 내부적인 효과만을 발생시키는 것이 아니라 그 사무로 인하여 다른 지방자치단체나 그 주민의 보호할 만한 가치가 있는 이익을 침해하는 경우에는 지방자치법 제148조에서 정한 분쟁조정 대상 사무가 될 수 있다.
[2] (구)지방자치법 제148조 제7항, 제170조 제1항에 의하면, (구)지방자치법 제148조에서 정한 분쟁조정 대상 사무가 될 수 있는 자치사무에 관하여 분쟁조정결정이 있었음에도 조정결정사항을 성실히 이행하지 않은 지방자치단체에 대하여는 제148조 제7항에 따라 제170조를 준용하여 지방자치단체를 대표하는 지방자치단체의 장에 대하여 조정결정사항의 이행을 위하여 직무이행명령을 할 수 있다(대판 2016.7.22, 2012추121)."

판례 > 분쟁조정결정에 대한 불복 방법

"행정자치부장관이나 시·도지사의 분쟁조정결정에 대하여는 후속의 이행명령을 기다려 대법원에 이행명령을 다투는 소를 제기한 후 그 사건에서 이행의무의 존부와 관련하여 분쟁조정결정의 위법까지 함께 다투는 것이 가능할 뿐, 별도로 분쟁조정결정 자체의 취소를 구하는 소송을 대법원에 제기하는 것은 지방자치법상 허용되지 아니한다. 나아가 분쟁조정결정은 상대방이나 내용 등에 비추어 행정소송법상 항고소송의 대상이 되는 처분에 해당한다고 보기 어려우므로, 통상의 항고소송을 통한 불복의 여지도 없다(대판 2015.9.24, 2014추613)."

Ⅳ. 분쟁조정위원회

지방자치단체 상호간의 분쟁조정과 행정협의회의 협의사항의 조정에 필요한 사항을 심의·의결하기 위하여 행정안전부에 지방자치단체중앙분쟁조정위원회와 시·도에 지방자치단체지방분쟁조정위원회를 둔다(지자법 166 ①).

제3절 지방자치단체에 대한 국가의 협력

Ⅰ. 상호협력의무

2021년 전부개정된 지방자치법은 제9장에서 "국가와 지방자치단체 간의 관계"[1]를 규정하면서, 맨 처음 조문에서 "국가와 지방자치단체는 주민에 대한 균형적인 공공서비스 제공과 지역 간 균형발전을 위하여 협력하여야 한다(지자법 183)."고 규정하고 있는데, 이는 지방자치를 위하여 국가와 지방자치단체가 서로 협력하여야 한다는 것을 기본원칙으로 천명한 것이다.

Ⅱ. 국가의 협력(지도·지원)

중앙행정기관의 장이나 시·도지사는 지방자치단체의 사무에 관하여 조언 또는 권고하거나 지도할 수 있으며, 이를 위하여 필요하면 지방자치단체에 자료의 제출을 요구할 수 있다(지자법 184 ①). 국가나 시·도는 지방자치단체가 그 지방자치단체의 사무를 처리하는 데에 필요하다고 인정하면 재정지원이나 기술지원을 할 수 있다(지자법 184 ②). 지방자치단체의 장은 제1항의 조언·권고 또는 지도와 관련하여 중앙행정기관의 장이나 시·도지사에게 의견을 제출할 수 있다(지자법 184 ③).[2]

이와 같은 국가의 지도와 지원은 넓은 의미에서는 지방자치단체에 대한 국가의 감독수단이라고 할 수 있다. 헌법상 지방자치단체의 자치권보장·전권한성의 원칙·보충성의 원칙 등의 관점에서 그 지역사무는 해당 지방자치단체가 수행하는 것이 원칙이다. 따라서 국가의 기본적 역할은 이와 같은 사무수행을 지도하고 후원하는 것이 되어야 한다. 이와 같은 지도·후원은 지방자치단체에 대한 친화적 자세의 원칙[3]의 관점에서 국가감독의 기본원칙이 되어야 한다.

Ⅲ. 중앙지방협력회의

국가와 지방자치단체 간의 협력을 도모하고 지방자치 발전과 지역 간 균형발전에 관련되는

---

1 제9장이 제목이 종전의 "국가의 지도·감독"에서 "국가와 지방자치단체 간의 관계"로 수정되었다.

2 2021년 법개정으로 제3항이 신설되었다.

3 지방자치단체 친화적 자세의 원칙(Das Prinzip des gemeindefreundlichen Verhaltens)이란 헌법상의 지방자치권보장으로부터 도출할 수 있는 지방자치법의 일반원칙으로서 국가와 지방자치단체와의 관계에서 국가는 지방자치단체에 친화적인 자세를 취하여야 한다는 원칙을 말한다.

중요 정책을 심의하기 위하여 중앙지방협력회의를 둔다(지자법 186 ①). 지방자치법은 중앙지방협력회의의 구성과 운영에 관한 사항을 따로 법률로 정하도록 하고 있고(지자법 186 ②), 이에 따라 중앙지방협력회의의 구성 및 운영에 관한 법률(중앙지방협력회의법)이 제정되었다.

중앙지방협력회의(협력회의)는 ① 국가와 지방자치단체 간 협력, ② 국가와 지방자치단체의 권한, 사무 및 재원의 배분, ③ 지역 간 균형발전, ④ 지방자치단체의 재정 및 세제에 영향을 미치는 국가 정책, ⑤ 지방자치 발전에 관한 사항을 심의한다(중앙지방협력회의법 2). 협력회의는 대통령, 국무총리, 재정경제부장관, 교육부장관, 행정안전부장관, 기획예산처장관, 국무조정실장, 법제처장, 특별시장·광역시장·특별자치시장·도지사·특별자치도지사, 지방자치법 제182조 제1항 제2호부터 제4호까지의 규정에 따른 전국적 협의체의 대표자 및 그 밖에 대통령령으로 정하는 사람으로 구성하고, 의장은 대통령, 부의장은 국무총리와 대한민국시도지사협의회의 대표자가 공동으로 한다(중앙지방협력회의법 3 ①, ②). 국가 및 지방자치단체는 협력회의의 심의 결과를 존중하고 성실히 이행하여야 하며, 심의 결과에 따른 조치 계획 및 이행 결과를 협력회의에 보고하여야 한다(중앙지방협력회의법 4 ①, ②).

Ⅳ. 행정협의조정위원회

중앙행정기관의 장과 지방자치단체의 장이 사무를 처리할 때 의견을 달리하는 경우 이를 협의·조정하기 위하여 국무총리 소속으로 행정협의조정위원회를 둔다(지자법 187 ①).

행정협의조정위원회는 지방자치단체와 중앙행정기관의 소통을 할 수 있는 제도이다. 이를 통하여 지방자치단체는 자신의 이해관계를 중앙행정기관에 알리는 기회로 삼을 수 있다는 점에서 지방자치단체의 참여의 한 형태로 볼 수도 있을 것이다.

제 8 장

지방자치단체에 대한 통제

지방자치단체에 대한 통제는 그 유형별로 ① 입법적 통제(국회에 의한 통제), ② 사법적 통제(법원 및 헌법재판소에 의한 통제), ③ 행정적 통제(정부 및 광역지방자치단체에 의한 통제·지방자치단체 내부적 통제), ④ 주민에 의한 통제로 구분하여 볼 수 있다.

제 1 항 입법적 통제

국가의 입법적 통제는 국회가 법률의 제·개정 또는 예산심의·국정감사·국정조사 등을 통하여 지방자치단체의 권한행사를 통제하는 것을 말한다.

제 2 항 사법적 통제

국가의 사법적 통제는 지방자치단체의 권한행사의 적법성·합헌성에 대한 법원 및 헌법재판소의 심사를 통한 통제를 말한다.

Ⅰ. 법원에 의한 통제

1. 행정소송

지방자치단체의 권한행사에 대한 법원에 의한 통제수단으로는 항고소송·당사자소송·기관소송·민중소송이 있다.

2. 기관소송

특히 지방자치단체 기관 상호간에 권한에 대한 다툼이 있는 경우에는 기관소송을 제기하여 권한침해를 통제할 수 있다.

기관소송이란 국가 또는 공공단체의 기관 상호간에 있어서의 권한의 존부 또는 그 행사에 관한 다툼이 있는 때에 이에 대하여 제기하는 소송을 말한다. 다만, 헌법재판소법 제2조의 규정에 의하여 헌법재판소의 관장사항으로 되어 있는 소송(권한쟁의심판)은 기관소송에서 제외한다(행소법 3 4호).

현행법상 기관소송의 예로는 지방자치법 제120조 제3항, 제192조 제4항 등에 의한 소송 및 지방교육자치에 관한 법률 제28조 제3항에 의한 소송을 들 수 있다.

II. 헌법재판소에 의한 통제

1. 권한쟁의심판

헌법재판소법은 헌법재판소의 관장사항으로 권한쟁의심판을 규정하고 있고(헌재법 2 4호), 권한쟁의심판으로 ① 국가기관 상호간의 권한쟁의심판, ② 국가기관과 지방자치단체 간의 권한쟁의심판, ③ 지방자치단체 상호간의 권한쟁의심판을 규정하고 있다(헌재법 62 ①). 이에 따라 지방자치단체의 권한행사에 대하여 국가 또는 타 지방자치단체는 권한쟁의심판을 통하여 권한침해행위를 통제할 수 있다.

2. 헌법소원

지방자치단체의 공권력 행사 또는 불행사로 기본권이 침해된 자는 헌법소원심판을 청구할 수 있다(헌재법 68 ①).

다만 지방자치단체는 행정주체로서 국민의 기본권을 보장하여야 할 의무를 부담하는 것이지 기본권을 향유할 수 있는 주체가 될 수 없다고 보아야 할 것이므로, 그 기본권 주체성이 부인되어 헌법소원심판을 청구할 수 없다(헌재결 1998.3.26, 96헌마345).

제 3 항 행정적 통제

I. 통제기관에 따른 행정적 통제

행정적 통제는 행정부 내에서의 통제를 말하는 것으로서, 이를 통제기관에 따라서 ① 정부에 의한 통제, ② 광역지방자치단체에 의한 통제, ③ 지방자치단체 내부적 통제(집행기관과 의결기관 상호간의 통제)로 구분해 볼 수 있다(통제기관에 따른 분류).

II. 사무유형에 따른 행정적 통제

> □ **지방자치단체의 사무수행 이행방안 및 권리 구제수단**
> 1. 시정명령(지자법 188)
>   (1) 시정명령
>   (2) 취소·정지
>   (3) 지방자치단체의 장의 제소
> 2. 이행명령(지자법 189)
>   (1) 이행명령
>   (2) 대집행 등
>   (3) 지방자치단체의 장의 제소

한편 행정적 통제수단으로서 국가나 광역지방자치단체의 감독은 합법성 감독(법적 감독)과 합목적성 감독(전문감독)으로 나눌 수 있는데, 이를 사무유형별로 나누어 검토할 필요가 있다(사무유형에 따른 분류).

1. 자치사무에 대한 감독

(1) 감독청

광역지방자치단체(시·도)에 대하여는 주무부장관이, 기초지방자치단체(시·군·구)에 대하여는 시·도지사가 감독청이 된다(지자법 188 ①, 192 ①).

(2) 법적 근거와 한계

자치사무에 대한 국가 등의 감독은 침해유보의 관점에서도 반드시 법적 근거가 요구된다. 자치사무에 대한 감독의 일반적인 법적 근거로는 지방자치법 제188조, 제190조, 제192조를 들 수 있다.

자치사무에 대한 감독은 합법성 감독에 그친다. 이는 헌법 및 법률에 의하여 지방자치단체의 자치사무에 대한 자치권이 보장되고 있기 때문이다.

(3) 감독수단

1) 조언·권고

중앙행정기관의 장이나 시·도지사는 지방자치단체의 사무에 관하여 조언 또는 권고하거나 지도할 수 있으며, 이를 위하여 필요하면 지방자치단체에 자료의 제출을 요구할 수 있다(지자법 184 ①).

2) 보고·감사

행정안전부장관이나 시·도지사는 지방자치단체의 자치사무에 관하여 보고를 받거나 서류·장부 또는 회계를 감사할 수 있다(지자법 190 ①). 감사는 법령위반사항에 대하여만 실시하고,

이 경우 행정안전부장관 또는 시·도지사는 감사를 실시하기 전에 해당 사무의 처리가 법령에 위반되는지 여부 등을 확인하여야 한다(지자법 190 ①, ②).

3) 승인유보

㈎ 의의

승인유보란 지방자치단체의 행위에 감독청의 승인·동의 등을 요구하는 것을 말한다(예: 지방자치법 제176조 제1항에 따른 지방자치단체조합의 설립에 대한 감독청의 승인).

㈏ 법적 근거

지방자치단체에 대한 감독청의 승인유보는 개별적인 사안마다 개별적으로 규정되는 것이 일반적이다[예: 지방자치법상 자치구가 아닌 구 등의 폐치분합에 대한 행정안전부장관의 승인(지자법 7 ①).

㈐ 승인의 법적 효력

사전적 승인을 요하는 행위에 있어서의 승인은 지방자치단체의 특정한 행위에 대한 효력발생요건이다.

4) 재의요구명령과 제소*

㈎ 재의요구명령

지방의회의 의결이 법령에 위반되거나 공익을 현저히 해친다고 판단되면 시·도에 대하여는 주무부장관이, 시·군 및 자치구에 대하여는 시·도지사가 재의를 요구하게 할 수 있고, 재의요구를 받은 지방자치단체의 장은 의결사항을 이송받은 날부터 20일 이내에 지방의회에 이유를 붙여 재의를 요구하여야 한다(지자법 192 ①).

시·군 및 자치구의회의 의결이 법령에 위반된다고 판단됨에도 불구하고 시·도지사가 제1항에 따라 재의를 요구하게 하지 아니한 경우 주무부장관이 직접 시장·군수 및 자치구의 구청장에게 재의를 요구하게 할 수 있고, 재의 요구 지시를 받은 시장·군수 및 자치구의 구청장은 의결사항을 이송받은 날부터 20일 이내에 지방의회에 이유를 붙여 재의를 요구하여야 한다(지자법 192 ②). 이는 2021년 법개정으로 신설된 것으로서, 시·도지사가 감독권을 행사하지 않는 경우에는 장관이 직접 시장·군수·구청장에게 감독권을 행사할 수 있도록 한 것이다.

제1항 또는 제2항의 요구에 대하여 재의의 결과 재적의원 과반수의 출석과 출석의원 3분의 2 이상의 찬성으로 전과 같은 의결을 하면 그 의결사항은 확정된다(지자법 192 ③).

㈏ 지방자치단체의 장의 제소

지방자치단체의 장은 제2항에 따라 재의결된 사항이 법령에 위반된다고 판단되면 재의결된

---

* 변호사시험(2018년), 입법고시(2009년), 행정고시(재경)(2007년), 행정고시(일반행정)(2008년).

날부터 20일 이내에 대법원에 소를 제기할 수 있다. 이 경우 필요하다고 인정되면 그 의결의 집행을 정지하게 하는 집행정지결정을 신청할 수 있다(지자법 192 ④). 이 소송은 기관소송이다.

㈐ 감독청의 제소지시 및 직접 제소

주무부장관이나 시·도지사는 재의결된 사항이 법령에 위반된다고 판단됨에도 불구하고 해당 지방자치단체의 장이 소를 제기하지 아니하면 시·도에 대해서는 주무부장관이, 시·군 및 자치구에 대해서는 시·도지사(제2항에 따라 주무부장관이 직접 재의 요구 지시를 한 경우에는 주무부장관)가 그 지방자치단체의 장에게 제소를 지시하거나 직접 제소 및 집행정지결정을 신청할 수 있다(지자법 192 ⑤). 여기에서 감독청의 제소지시에 따라 지방자치단체의 장이 제기하는 소송은 일종의 기관소송으로 볼 수 있다. 한편 감독청이 직접 제소하는 경우 이 소송을 기관소송으로 이해하는 견해도 있으나, 이는 동일 법주체 내부기관간의 소송이 아니므로, 지방자치법상의 특수한 형태의 소송이라고 보아야 할 것이다.

지방의회의 의결이 법령에 위반된다고 판단되어 주무부장관이나 시·도지사로부터 재의요구지시를 받은 지방자치단체의 장이 재의를 요구하지 아니하는 경우(법령에 위반되는 지방의회의 의결사항이 조례안인 경우로서 재의요구지시를 받기 전에 그 조례안을 공포한 경우를 포함한다)에는 주무부장관이나 시·도지사는 대법원에 직접 제소 및 집행정지결정을 신청할 수 있다(지자법 192 ⑧). 이 경우 감독청의 직접 제소에 의한 소송은 감독청이 지방의회를 상대로 제기하는 소송으로서 지방자치법상의 특수한 형태의 소송이라고 보아야 할 것이다.

한편 제1항 또는 제2항에 따른 지방의회의 의결이나 제2항에 따라 재의결된 사항이 둘 이상의 부처와 관련되거나 주무부장관이 불분명하면 행정안전부장관이 재의요구 또는 제소를 지시하거나 직접 제소 및 집행정지결정을 신청할 수 있다(지자법 192 ⑨).

5) 시정명령과 취소·정지*

㈎ 시정명령

지방자치단체의 사무에 관한 그 장의 명령이나 처분이 법령에 위반되거나 현저히 부당하여 공익을 해친다고 인정되면 시·도에 대하여는 주무부장관이, 시·군 및 자치구에 대하여는 시·도지사가 기간을 정하여 서면으로 시정할 것을 명할 수 있다(지자법 188 ① 전단).

주무부장관은 지방자치단체의 사무에 관한 시장·군수 및 자치구의 구청장의 명령이나 처분이 법령에 위반되거나 현저히 부당하여 공익을 해침에도 불구하고 시·도지사가 제1항에 따른 시정명령을 하지 아니하면 시·도지사에게 기간을 정하여 시정명령을 하도록 명할 수 있고(지자법 188 ②), 시·도지사가 제2항에 따른 기간에 시정명령을 하지 아니하면 제2항에 따른 기간이

* 변호사시험(2024년), 사법시험(2004년), 행정고시(일반행정)(2008년), 행정고시(재경)(2010년), 5급공채(2022년).

지난 날부터 7일 이내에 직접 시장·군수 및 자치구의 구청장에게 기간을 정하여 서면으로 시정할 것을 명할 수 있다(지자법 188 ③). 이는 2021년 법개정을 통하여 신설된 것으로, 시·도지사가 감독권을 행사하지 않는 경우 장관이 직접 시장·군수·구청장에게 감독권을 행사할 수 있게 한 것이다.

시정명령은 '지방자치단체의 사무', 즉 자치사무와 단체위임사무를 대상으로 한다. 기관위임사무는 시정명령의 대상이 아니다(대판 2013.5.23, 2011추56).

시정명령은 자치사무에 대한 경우에는 합법성 감독의 관점에서 '위법한 명령이나 처분'만을 대상으로 한다(지자법 188 ⑤). 단체위임사무에 대한 경우에는 위법뿐만 아니라 부당통제도 가능하다.

자치사무에 대한 시정명령은 독립한 공법인인 지방자치단체에 대한 것으로서 행정쟁송법상의 처분에 해당한다. 다만 단체위임사무에 대한 시정명령은 행정내부적 행위이므로 처분성이 없다고 보아야 할 것이다.

㈏ 취소·정지

감독청은 지방자치단체의 장이 시정명령을 정해진 기간에 이행하지 아니하면 시정명령의 대상이었던 명령이나 처분을 취소하거나 정지할 수 있다(지자법 188 ① 후단).

주무부장관은 시·도지사가 시장·군수 및 자치구의 구청장에게 제1항에 따라 시정명령을 하였으나 이를 이행하지 아니한 데 따른 취소·정지를 하지 아니하는 경우에는 시·도지사에게 기간을 정하여 시장·군수 및 자치구의 구청장의 명령이나 처분을 취소하거나 정지할 것을 명하고, 그 기간에 이행하지 아니하면 주무부장관이 이를 직접 취소하거나 정지할 수 있다(지자법 188 ④). 이 조항도 2021년 법개정으로 신설된 것으로, 시·도지사가 감독권을 행사하지 않는 경우 장관이 직접 시장·군수·구청장에게 감독권을 행사할 수 있도록 하는 취지이다.

자치사무에 관한 명령이나 처분의 시정명령, 취소 또는 정지는 법령을 위반하는 것에 한한다(지자법 188 ⑤). 따라서 단체위임사무의 경우에는 법령에 위반하는 경우뿐 아니라 부당한 경우도 취소·정지의 사유가 된다.

지방자치법 제188조에 따른 자치사무에 관한 명령이나 처분에 대한 취소 또는 정지는 자치사무에 대한 감독수단이므로 그 대상이 처분으로 제한되지 않는다(대판 2017.3.30, 2016추5087).

㈐ 지방자치단체의 장의 제소

지방자치단체의 장은 제1항, 제3항 또는 제4항에 따른 자치사무에 관한 명령이나 처분의 취소 또는 정지에 대하여 이의가 있으면 그 취소처분 또는 정지처분을 통보받은 날부터 15일 이내에 대법원에 소를 제기할 수 있다(지자법 188 ⑥). 이 소송은 감독청의 감독권행사(취소·정지처분)에 대한 지방자치단체장의 불복소송으로 보아야 하므로 항고소송으로 보는 것이 타당하다.

판례 > '시정명령'에 대하여 대법원에 그 취소를 구하는 소송을 제기할 수 있는지 여부(소극)*

"… 지방자치법 제169조 제2항은 '시·군 및 자치구의 자치사무에 관한 지방자치단체의 장의 명령이나 처분에 대하여 시·도지사가 행한 취소 또는 정지'에 대하여 해당 지방자치단체의 장이 대법원에 소를 제기할 수 있다고 규정하고 있을 뿐 '시·도지사가 지방자치법 제169조 제1항에 따라 시·군 및 자치구에 대하여 행한 시정명령'에 대하여도 대법원에 소를 제기할 수 있다고 규정하고 있지 않으므로, 이러한 시정명령의 취소를 구하는 소송은 허용되지 않는다(대판 2017.10.12, 2016추5148)."

☞ 서울특별시장이 지구단위계획을 수립하여 도시관리계획으로 결정·고시하면 강남구청장은 그 내용을 국토이용정보체계에 등재하여 일반 국민이 볼 수 있도록 하여야 하는데(국토계획법 50, 32 ⑤, 토지이용규제법 8 ⑧, ⑨), 서울시장은 구청장이 이를 이행하지 않자 지방자치법 제169조 제1항에 따라 시정명령을 하였고, 강남구청장은 제2항의 제소권을 근거로 시정명령의 취소를 구하는 소송을 제기하였는데, 제1항은 시정명령만 규정하고 있고 제2항은 취소·정지처분에 대한 제소만을 규정하고 있어서, 제1항에 따른 시정명령에 대하여 제2항을 근거로 한 제소는 규정되어 있지 않아 허용되지 않으므로 각하한 사례임

☞ 이 판결에서 구청장의 '국토이용정보체계에 등재'사무는 지구단위계획과의 연계사무라는 점, 구청장의 권한이 아닌 의무라는 점(대판 2019.10.18, 2017다202968)을 고려하면, 전체적으로 서울시장의 권한에 속하는 사무로서 '기관위임사무'로 보는 것이 합리적일 것임

※ 참고: 시장·군수·구청장의 국토이용정보체계 등재 의무

"… 국토이용정보체계에 지역·지구 등 지정에 관한 내용을 등재하는 것은 해당 지역·지구 등 지정행위가 유효한 것을 전제로 그 효력 발생일부터 국민들이 그에 관한 내용을 알 수 있도록 하기 위한 것이므로, 시장·군수·구청장은 '다른 법령의 위임에 따라 총리령, 부령 및 자치법규에 규정된 지역·지구 등'의 경우 그 명칭과 근거 법령이 국토교통부장관 고시에 포함되어 있어 해당 지역·지구 등의 지정행위가 유효한 경우에만 중앙행정기관의 장 또는 지방자치단체의 장의 통보에 따라 이를 국토이용정보체계에 등재할 의무가 있다(대판 2019.10.18, 2017다202968)."

* 5급공채(2019년).

2. 단체위임사무에 대한 감독

(1) 감독청·법적 근거·감독권의 범위

'지방자치단체가 위임받아 처리하는 사무'는 단체위임사무를 의미하므로, 지방자치법 제185조는 단체위임사무에 대한 감독권의 일반적인 법적 근거이다. 그 밖에도 단체위임사무에 대한 감독권의 법적 근거로는 지방자치법 제188조, 제192조를 들 수 있다. 단체위임사무는 위임자의 사무이므로 이에 대해서는 합법성 감독뿐 아니라 합목적성의 감독도 가능하다.

(2) 감독수단

1) 조언·권고

단체위임사무도 지방자치단체의 사무이므로 조언·권고에 관한 조항(지자법 184 ①)의 적용을 받는다.

2) 보고·감사

단체위임사무의 경우 위임사무에 대한 감독권(지자법 185)을 근거로 감독청은 필요한 범위 내에서 보고를 받을 수 있다고 볼 것이다.

감사와 관련하여 지방자치법은 지방자치단체에 대한 감사절차를 규정하면서 '제185조에 따른 주무부장관의 위임사무 감사'를 규정하고 있어(지자법 191 ② 1호) 단체위임사무에 대한 감사가 가능하다.

3) 재의요구명령과 제소

재의요구명령 및 이에 따른 제소에 관한 규정(지자법 192)은 단체위임사무에도 적용된다.

4) 시정명령

시정명령 및 이에 따른 취소·정지에 관한 규정(지자법 188)도 단체위임사무에 적용된다. 다만 단체위임사무에 대한 시정명령은 단체위임사무에 관한 명령이나 처분이 위법·부당한 경우에도 가능하고, 감독청의 시정명령은 감독청의 권한에 속하는 사항에 관한 것으로 내부적 행위에 불과하여 처분성이 인정되지 않으며, 따라서 감독청의 취소·정지에 대해서는 대법원에 제소할 수 없다.

3. 기관위임사무에 대한 감독

(1) 감독청·법적 근거·감독권의 범위

'지방자치단체의 장이 위임받아 처리하는 사무'는 기관위임사무를 의미하므로, 지방자치법 제185조는 기관위임사무에 대한 감독권의 일반적인 법적 근거이다. 그 밖에도 기관위임사무에 대한 감독권의 법적 근거로는 지방자치법 제189조가 있다. 기관위임사무는, 단체위임사무와 마찬가지로, 위임자의 사무이므로 이에 대해서는 합법성 감독뿐 아니라 합목적성의 감독도 가능하다.

(2) 감독수단

1) 조언 · 권고

기관위임사무에 대하여는 지방자치법에 조언 · 권고에 관한 규정이 없지만, 조언이나 권고는 비권력적인 행위라는 점, 위임사무에 대한 감독청의 일반적인 감독권(지자법 185, 행정위임위탁규정 6 참조)에 조언 · 권고 등이 포함될 수 있다는 점에서 얼마든지 가능하다고 볼 것이다.

2) 보고 · 감사

단체위임사무와 마찬가지로, 기관위임사무의 경우에도 지방자치법에 별도의 보고에 관한 규정은 없지만, 위임사무에 대한 감독권(지자법 185)을 근거로 감독청은 필요한 범위 내에서 보고를 받을 수 있다고 볼 것이다.

감사와 관련하여서도, 단체위임사무와 마찬가지로, 지방자치법이 '제185조에 따른 주무부장관의 위임사무 감사'를 규정하고 있어(지자법 191 ② 1호) 기관위임사무에 대한 감사가 가능하다.

3) 시정명령

지방자치법 제188조에 규정된 시정명령은 '지방자치단체의 사무', 즉 자치사무와 단체위임사무에만 적용될 뿐, 기관위임사무에는 적용되지 않는다. 기관위임사무에 대한 시정명령이나 취소 · 정지 등의 감독권행사는 위임사무에 대한 일반적인 감독권 규정(지자법 185, 행정위임위탁규정 6)을 근거로 할 수 있을 것이다. 그러나 지방자치법 제188조의 경우와는 달리 시정명령 등에 대한 대법원에의 제소는 허용되지 않는다.

4) 이행명령과 제소*

㈎ 이행명령

한편 지방자치법은 기관위임사무에 대한 감독수단으로 이행명령을 규정하고 있다. 즉 지방자치단체의 장이 법령의 규정에 따라 그 의무에 속하는 국가위임사무나 시 · 도위임사무의 관리와 집행을 명백히 게을리하고 있다고 인정되면 시 · 도에 대하여는 주무부장관이, 시 · 군 및 자치구에 대하여는 시 · 도지사가 기간을 정하여 서면으로 이행할 사항을 명령할 수 있다(지자법 189 ①).

---

* 5급공채(2019년).

주무부장관은 시·도지사가 제1항에 따른 이행명령을 하지 아니하는 경우 시·도지사에게 기간을 정하여 이행명령을 하도록 명할 수 있고(지자법 189 ③), 시·도지사가 제3항에 따른 기간에 이행명령을 하지 아니하면 제3항에 따른 기간이 지난 날부터 7일 이내에 직접 시장·군수 및 자치구의 구청장에게 기간을 정하여 이행명령을 할 수 있다(지자법 189 ④). 이는 2021년 법개정으로 신설된 것으로 시·도지사가 감독권을 행사하지 않는 경우 장관이 직접 시장·군수·구청장에게 감독권을 행사할 수 있도록 한 것이다.

이행명령은 '법령의 규정에 따라 지방자치단체의 장의 의무에 속하는 국가위임사무나 시·도위임사무', 즉 기관위임사무를 대상으로 하는 것으로, 지방자치법 제189조는 자치사무나 단체위임사무에는 적용되지 않는다.

㈏ 대집행 등

주무부장관이나 시·도지사는 해당 지방자치단체의 장이 제1항의 기간에 이행명령을 이행하지 아니하면 그 지방자치단체의 비용부담으로 대집행하거나 행정상·재정상 필요한 조치를 할 수 있다(지자법 189 ②).

주무부장관은 시·도지사가 제1항에 따른 이행명령을 하지 아니하는 경우 시·도지사에게 기간을 정하여 이행명령을 하도록 명할 수 있고(지자법 189 ③), 시·도지사가 제3항에 따른 기간에 이행명령을 하지 아니하면 직접 시장·군수 및 자치구의 구청장에게 기간을 정하여 이행명령을 하고, 그 기간에 이행하지 아니하면 주무부장관이 직접 대집행등을 할 수 있다(지자법 189 ④).

주무부장관은 시·도지사가 시장·군수 및 자치구의 구청장에게 제1항에 따라 이행명령을 하였으나 이를 이행하지 아니한 데 따른 대집행등을 하지 아니하는 경우에는 시·도지사에게 기간을 정하여 대집행등을 하도록 명하고, 그 기간에 대집행등을 하지 아니하면 주무부장관이 직접 대집행등을 할 수 있다(지자법 189 ⑤).

㈐ 지방자치단체의 장의 제소

지방자치단체의 장은 제1항의 이행명령에 이의가 있으면 이행명령서를 접수한 날부터 15일 이내에 대법원에 소를 제기할 수 있다. 이 경우 지방자치단체의 장은 이행명령의 집행을 정지하게 하는 집행정지결정을 신청할 수 있다(지자법 189 ⑥).

여기에서의 소송에 대하여 ① 기관소송으로 보는 견해, ② 감독청의 명령에 대한 불복소송이라는 점에서 항고소송으로 보는 견해, ③ 특수한 형태의 소송으로 보는 견해 등이 있는데, ④ 이 소송의 대상은, 자치사무에 대한 감독청의 감독'처분'과는 달리, 위임사무에 대한 감독청의 명령인데, 이는 행정내부기관 간의 행위라는 점에서 처분이 아니다. 그러나 지방자치법은 독립한 법인인 지방자치단체에 대한 명령이라는 점에서 별도로 이에 대한 소송을 허용하고 있다고 보아야 하므로, 이 소송은 특수한 형태의 소송으로 보는 것이 타당하다.

제 4 항 주민에 의한 통제

주민에 의한 통제는 지방자치행정에의 주민참여의 문제이기도 하다. 즉 의사결정과정·집행과정·감사 등의 사후적 통제과정 등에 주민들이 참여함으로써 지방자치행정을 통제하는 것을 의미한다.

제2편

공무원법

제 1 장 개 설

제1절 공무원제도에 대한 헌법규정

공무원은 국가 또는 지방자치단체의 기관구성자로서 직접 공무를 집행한다. 헌법은 "공무원은 국민 전체에 대한 봉사자이며, 국민에 대하여 책임을 진다(헌법 7 ①). 공무원의 신분과 정치적 중립성은 법률이 정하는 바에 의하여 보장된다(헌법 7 ②)."고 규정하고 있는데, 이는 헌법이 정치적 중립성과 능률성을 요소로 하는 직업공무원제(Berufsbeamtentum)를 선언한 것으로 이해할 수 있다.

제2절 공무원법의 구조

Ⅰ. 공무원법과 행정의 법률적합성원칙

종래의 특별권력관계이론은 공무원의 근무관계를 특별권력의 하나로 보고 그 관계를 행정규칙으로 규율하기도 하였다. 그러나 오늘날 실질적 법치주의가 확립됨에 따라 행정조직이나 공무원법관계에도 법치주의가 적용되게 되었다. 따라서 공무원법관계도 법률에 적합하여야 한다.

Ⅱ. 공무원법의 법원(法源)

공무원법관계의 기본법적 성격을 가지는 법으로는 국가공무원법과 지방공무원법이 있다.

우선 국가공무원의 경우에는 기본법인 국가공무원법을 근간으로 하여 공무원연금법, 공무원임용령, 공무원임용시험령, 공무원징계령 등이 있다. 또한 경찰공무원법, 교육공무원법, 소방공무원법 등 공무원법과 관련된 수많은 개별법령들이 있다.

지방공무원에 대하여는 지방공무원법관계법의 기본법으로서 지방공무원법이 있으며 지방공무원임용령, 지방공무원 징계 및 소청 규정 등이 있다. 지방공무원관계법에는 조례나 규칙과 같은 자치법규도 중요한 법원이다.

III. 공무원의 종류

공무원은 국민의 직접선거에 의하거나 임용권자에 의하여 임용되어 국가 또는 지방자치단체의 업무를 담당하는 자를 총칭한다. 공무원의 종류는 다양한 기준에 의하여 분류할 수 있는데, 대체로 ① 국가에 의하여 임용된 국가공무원과 지방자치단체에 의하여 임용된 지방공무원, ② 실적과 자격에 의하여 임용되고 그 신분이 보장되며 평생토록 공무원으로 근무할 것이 예정되는 경력직공무원[1]과 경력직공무원 외의 특수경력직공무원[2] 등으로 구분할 수 있다.

IV. 공무원법관계의 성질

1. 실질적 법치주의의 보편화

실질적 법치주의의 보편화로 오늘날 공무원에 대한 권리제한은 일반국민에 대한 권리제한과 마찬가지로 법률의 형식을 필요로 하는 것이 원칙이 되었다.

2. 공무원과 기본권제한

실질적 법치주의 하에서 공무원도 일반국민과 마찬가지로 헌법 제37조 제2항에 의하여 공공복리·질서유지·안전보장 등을 이유로 기본권이 제한될 수 있다. 예컨대, 헌법 제33조 제2항은 헌법적으로 공무원인 근로자의 경우 법률이 정하는 자에 한하여 단결권·단체교섭권 및 단체행동권을 인정함으로써 법률을 통하여 공무원의 노동3권을 제한하고 있다. 또한 국가공무원법은 공무원의 정당가입이나 정치활동을 제한 또는 금지하고 있다.

---

1 여기에는 ① 일반직공무원(기술·연구 또는 행정 일반에 대한 업무를 담당하는 공무원)과 ② 특정직공무원(법관, 검사, 외무공무원, 경찰공무원, 소방공무원, 교육공무원, 군인, 군무원, 헌법재판소 헌법연구관, 국가정보원의 직원과 특수 분야의 업무를 담당하는 공무원으로서 다른 법률에서 특정직공무원으로 지정하는 공무원)이 있다(국가공무원법 2 ②).

2 여기에는 ① 정무직공무원으로서 (1) 선거로 취임하거나 임명할 때 국회의 동의가 필요한 공무원, (2) 고도의 정책결정 업무를 담당하거나 이러한 업무를 보조하는 공무원으로서 법률이나 대통령령(대통령비서실 및 국가안보실의 조직에 관한 대통령령만 해당한다)에서 정무직으로 지정하는 공무원과 ② 별정직공무원(비서관·비서 등 보좌업무 등을 수행하거나 특정한 업무 수행을 위하여 법령에서 별정직으로 지정하는 공무원)이 있다(국가공무원법 2 ③).

제 2 장

공무원법관계의 변동

제1절 공무원법관계의 발생

공무원관계는 대부분 임명권자의 임명행위에 의하여 발생한다.

I. 임용과의 구분

임용이란 공무원법관계를 발생·변경·소멸시키는 일체의 행위를 의미하므로 좁은 의미에서 공무원법관계의 발생원인의 하나인 임명보다는 상당히 넓은 개념이다. 일반적으로 임용은 ① 좁은 의미로는 신규채용·승진임용·강임·전직 또는 전보 등을 의미하고, ② 넓은 의미로는 겸임·파견·휴직·직위해제·정직·복직·면직·해임 및 파견도 포함한다.

임용과 관련하여, 판례는 재임용거부처분(임용기간만료통지)은 대학교원의 법률관계에 영향을 주는 것으로서 항고소송의 대상이 되는 처분이고(대판 2004.4.22, 2000두7735 전원합의체), 경우에 따라서는 신규임용중단조치도 항고소송의 대상이 되는 처분에 해당된다고 보고 있다(대판 2004.6.11, 2001두7053).

II. 임명에 의한 공무원법관계의 발생

1. 의의
2. 임명행위의 성질
3. 요건
(1) 결격사유
(2) 성적요건
(3) 요건결여의 효과
① 결격사유의 경우
○ 당연무효(다수설)
○ 판례도 같은 입장(대판 1987.4.14, 86누459)
○ 취소사유로 보는 견해도 있음
② 성적요건의 경우: 취소사유
③ 사실상 공무원

1. 임명의 의의

임명은 특정인에게 공무원의 신분을 설정할 목적으로 이루어지는 임명권자의 형성적 행위이다.

2. 임명행위의 성질

(1) 임명행위의 법적 성질

공무원 임명행위의 법적 성격에 대해서는 단독적 행정행위설, 쌍방적 행정행위(협력을 요하는 행정행위)설, 공법상 계약설 등이 있는데, 임명행위에는 상대방의 임용의사가 필수적으로 요구된다는 점에서 쌍방적 행정행위설이 타당하다.

(2) 협력을 결여한 임명행위의 효력

공무원의 임명에 있어서 상대방의 임용의사와 같은 협력은 필수적인 것이므로 상대방의 신청이나 동의 등의 필요한 협력이 결여된 공무원의 임명행위는 무효라고 보아야 한다.

3. 임명의 요건*

(1) 결격사유

공무원의 결격사유를 규정하고 있는 국가공무원법 제33조(지방공무원법 31)의 각호의 어느 하나에 해당하는 자는 공무원으로 임용될 수 없다. 이러한 결격사유는 공무원의 당연퇴직사유이기도 하다(국가공무원법 69, 지방공무원법 61).

판례 > 국가공무원이 금고 이상의 형의 집행유예를 받아 당연퇴직한 후 형법 제65조에 따라 형의 선고가 효력을 잃게 된 경우, 이미 발생한 당연퇴직의 효력에 영향이 있는지 여부

"당연퇴직제도는 국가공무원법 제33조 제1항 각 호에 규정되어 있는 결격사유가 발생하는 것 자체에 의하여 임용권자의 의사표시 없이 결격사유에 해당하게 된 시점에 당연히 공무원 신분을 상실하게 하는 것이고, 당연퇴직의 효력이 생긴 후에 당연퇴직사유가 소멸한다는 것은 있을 수 없으므로, 국가공무원이 금고 이상의 형의 집행유예를 받은 경우에는 그 이후 형법 제65조에 따라 형의 선고가 효력을 잃게 되었다 하더라도 이미 발생한 당연퇴직의 효력에는 영향이 없다(대판 2011.3.24, 2008다92022)."

(2) 성적요건

공무원의 임용은 시험성적·근무성적, 그 밖의 능력의 실증에 따라 행한다(국가공무원법 26,

---

* 5급공채(2018년).

지방공무원법 25). 공무원은 신규채용의 경우 공개경쟁채용시험으로 채용하고(국가공무원법 28 ①, 지방공무원법 27 ①), 특수한 경우에는 경력경쟁채용시험에 의하여 채용할 수 있다.

(3) 요건결여의 효과*

① 국가공무원법 등이 정한 결격사유는 공무원으로 임용되기 위한 절대적인 소극적 요건이라고 보아야 하므로, 결격사유에 해당하는 경우 그 임명행위는 당연무효이다(다수설). 판례도 같은 입장이다(대판 1987.4.14, 86누459). 취소사유로 보는 견해도 있다. ② 성적요건이 결여된 경우 임명행위는 취소할 수 있는 행위가 된다고 보면 될 것이다. ③ 다만 임용요건이 결여된 공무원이 행한 직무행위는 상대방에 대한 신뢰보호나 행정법관계의 안정성을 위하여 사실상의 공무원(de facto Beamten)이론[1]에 의하여 유효한 것으로 보아야 할 경우도 있을 것이다.

4. 임명의 형식

공무원의 임명은 서면의 형식을 통하여 이루어지는 것이 일반적이다. 그러나 이러한 서면의 교부는 공무원 임명을 확인하는 행위로서의 의미를 가질 뿐이다.

5. 임명의 효력발생

도달주의원칙[2]에 따라 공무원의 임용에 대한 의사표시가 공무원에게 도달되어야 효력이 발생한다(공무원임용령 6 ①, ③ 참조).

제2절 공무원법관계의 변경

Ⅰ. 다른 직위로의 변경

1. 상급직위로의 변경(승진)

승진이란 동일한 직렬[3] 안에서 하위직급에 있는 공무원을 바로 상위직급에 임용하는 것을

* 변호사시험(2013년), 사법시험(2011년), 5급공채(재경)(2013년).

1 '사실상의 공무원'이론이란 공무원이 아닌 자이지만 사실상 공무원으로 보이는 경우 이 자를 공무원이라 믿은 상대방의 신뢰를 보호하기 위하여 공무원의 행위로 본다는 이론(신뢰보호의 관점)을 말한다.

2 도달주의란 사법(私法)에서 의사표시가 상대방에 도달된 때 효력이 발생하도록 하는 것을 말한다.

3 공무원의 계급은 직군(職群)과 직렬(職列)별로 구분한다(국가공무원법 4 ①). 이에 따라 공무원임용령 제3조 제1항 별표1[일반공무원의 직급표]에 일반직공무원의 직군(행정 · 기술 · 관리운영) · 직렬(행정 · 교

말한다.

2. 동위직급 내의 변경(전직 · 전보 · 복직)

(1) 전직

전직(轉職)이란 직렬을 달리하는 임명을 말한다(국가공무원법 5 5호). 예컨대 행정사무관을 외무사무관원으로 임명하는 경우이다. 전직은 상호간에 직렬을 달리하는 변경행위이므로 원칙적으로 전직시험에 의하여야 한다(국가공무원법 28조의3).

(2) 전보

전보(轉補)란 같은 직급 내에서의 보직 변경 또는 고위공무원단 직위 간의 보직 변경을 말한다(국가공무원법 5 6호).

다만 안정적인 직무수행을 위하여 공무원은 특별한 경우를 제외하고는 해당 직위에 임용된 날부터 원칙적으로 3년 이내에 다른 직위에 전보될 수 없다(공무원임용령 45 ①).

(3) 복직

복직(復職)이란 휴직, 직위해제, 정직 중이거나 강등으로 직무에 종사하지 못한 공무원을 직위에 복귀시키는 것을 말한다(공무원임용령 2 2호).

3. 하위직급에로의 변경(강임)

강임(降任)이란 같은 직렬 내에서 하위 직급에 임명하거나 하위 직급이 없어 다른 직렬의 하위 직급으로 임명하거나 고위공무원단에 속하는 일반직공무원을 고위공무원단 직위가 아닌 하위 직위에 임명하는 것을 말한다(국가공무원법 5 4호).

임용권자는 직제 또는 정원의 변경이나 예산의 감소 등으로 인하여 직위가 폐직되거나 강등되어 과원이 된 때 또는 본인이 동의한 경우에는 소속공무원을 강임할 수 있다(국가공무원법 73조의4 ①).

4. 이중직위의 부여 등

(1) 겸임

직위와 직무 내용이 유사하고 담당 직무 수행에 지장이 없다고 인정하면 대통령령 등으로 정하는 바에 따라 경력직공무원 상호 간에 겸임하게 하거나 경력직공무원과 대통령령으로 정하는 관련 교육 · 연구기관, 그 밖의 기관 · 단체의 임직원간에 서로 겸임하게 할 수 있다(국가공

정 · 검찰 · 사회복지 · 세무 등) · 직류 등을 규정하고 있다.

무원법 32조의3).

(2) 파견

국가기관의 장은 국가적 사업의 수행 또는 그 업무 수행과 관련된 행정 지원이나 연수, 그 밖에 능력 개발 등을 위하여 필요하면 소속 공무원을 다른 국가기관·공공단체·국내외의 교육기관·연구기관, 그 밖의 기관에 일정 기간 파견근무하게 할 수 있으며, 국가적 사업의 공동 수행 또는 전문성이 특히 요구되는 특수 업무의 효율적 수행 등을 위하여 필요하면 국가기관 외의 기관·단체의 임직원을 파견받아 근무하게 할 수 있다(국가공무원법 32조의4 ①).

II. 불이익한 직위로의 변경(휴직·직위해제·정직·강임)

1. 휴직

휴직이란 공무원으로서의 신분을 유지하면서도 당해 직위로부터 일정기간 동안 공무원의 근무를 해제하는 행위를 말한다. 휴직 기간이 끝난 공무원이 30일 이내에 복귀 신고를 하면 당연히 복직된다(국가공무원법 73 ③).

2. 직위해제*

(1) 의의 및 법적 성질

직위해제란 공무원 자신에게 그 직위를 보유할 수 없는 일정한 귀책사유가 있어 직위를 부여하지 아니하는 것을 말한다. 직위해제는 본인의 귀책사유로 인한 제재적 의미를 가지는 보직해제행위이므로 공무원 신분은 유지하나 복직이 법적으로 보장되지 않는다는 점에서 휴직과 구별된다. 그리고 직위해제는 예방적으로 당해 공무원에게 잠정적으로 직무에 종사하지 못하도록 하는 것이므로 공무원의 비위행위에 대한 징계와는 그 성질이 다르다(대판 2003.10.10, 2003두5945; 대판 2022.10.14, 2022두45623).

(2) 사유 및 직위의 재부여

임용권자는 ① 직무수행 능력이 부족하거나 근무성적이 극히 나쁜 자, ② 파면·해임·강등 또는 정직에 해당하는 징계 의결이 요구 중인 자, ③ 형사 사건으로 기소된 자(약식명령이 청구된 자는 제외한다), 또는 ④ 고위공무원단에 속하는 일반직공무원으로서 제70조의2 제1항 제2호부터 제5호까지의 사유로 적격심사를 요구받은 자, ⑤ 금품비위, 성범죄 등 대통령령으로 정하는 비위행위로 인하여 감사원 및 검찰·경찰 등 수사기관에서 조사나 수사 중인 자로서 비위

* 5급공채(일반행정)(2011년), 5급공채(2020년).

의 정도가 중대하고 이로 인하여 정상적인 업무수행을 기대하기 현저히 어려운 자에게는 직위를 부여하지 않을 수 있다(국가공무원법 73조의3 ①).

직위를 부여하지 아니한 경우에 그 사유가 소멸되면 임용권자는 지체없이 직위를 부여하여야 한다(국가공무원법 73조의3 ②).

(3) 대기명령·훈련·직권면직

임용권자는 제1항 제2호(직무수행 능력이 부족하거나 근무성적이 극히 나쁜 자)에 따라 직위해제된 자에게 3개월의 범위에서 대기를 명한다(국가공무원법 73조의3 ③).

임용권자 또는 임용제청권자는 대기명령을 받은 자에게 능력 회복이나 근무성적의 향상을 위한 교육훈련 또는 특별한 연구과제의 부여 등 필요한 조치를 하여야 한다(국가공무원법 73조의3 ④).

임용권자는 제73조의3 제3항에 따라 대기 명령을 받은 공무원이 그 기간에 능력 또는 근무성적의 향상을 기대하기 어렵다고 인정된 때에는 징계위원회의 동의를 얻어 직권으로 면직시킬 수 있다(국가공무원법 70 ① 5호, ②). 직위해제의 하자는 직권면직에 승계되지 않는다[판례].

판례 > 직위해제의 하자가 면직처분에 승계되는지 여부

"… 원고는 직위해제 처분에 대하여 소정기간내에 소청심사청구나 행정소송을 제기한 바 없고, 그 후의 면직처분에 대한 불복의 행정소송에서(설사 본건 직위해제처분이 원고주장대로 사실조사도 없이 행한 것이라 하더라도 이것만으로 당연무효의 처분이라고 볼 수 없고 취소사유에 불과하다)직위해제처분의 취소사유를 들어 다시 위법을 주장할 수 없다고 판단하였음은 정당하다 할 것이고… (대판 1970.1.27, 68누10)."

(4) 직위해제의 효력상실, 협의의 소익

□ **직위해제와 협의의 소익**
1. 의의와 법적 성질
2. 직위해제와 협의의 소익
   ◦ 직위해제 후 동일한 사유로 징계처분을 한 경우
   ◦ 직위해제처분에 따른 법률상 불이익이 있는 경우
   ◦ 새로운 직위해제사유에 기한 직위해제처분을 한 경우

직위해제처분은 직위해제한 후 그 직위해제 사유와 동일한 사유를 이유로 징계처분을 하였다면 뒤에 이루어진 징계처분에 의하여 효력을 상실한다.

직위해제처분으로 발생한 효과는 직위해제처분이 실효(失效)되더라도 소급하여 소멸하는 것이 아니므로, 직위해제처분에 따른 효과로 승진·승급에 제한을 가하는 등의 법률상 불이익이 있는 경우에는 이러한 법률상 불이익을 제거하기 위하여 그 실효된 직위해제처분에 대한 구제를 신청할 협의의 소익이 인정된다.

판례 > 직위해제한 후 동일한 사유로 징계처분을 한 경우 직위해제에 대한 구제를 신청할 이익이 있는지 여부

"… 직위해제처분에 기하여 발생한 효과는 당해 직위해제처분이 실효되더라도 소급하여 소멸하는 것이 아니므로, 인사규정 등에서 직위해제처분에 따른 효과로 승진·승급에 제한을 가하는 등의 법률상 불이익을 규정하고 있는 경우에는 직위해제처분을 받은 근로자는 이러한 법률상 불이익을 제거하기 위하여 그 실효된 직위해제처분에 대한 구제를 신청할 이익이 있다(대판 2010.7.29, 2007두18406)."

그러나 행정청이 공무원에 대하여 새로운 직위해제사유에 기한 새로운 직위해제처분을 한 경우, 그 이전 직위해제처분의 취소를 구할 소의 이익(협의의 소익)이 없다.

판례 > 새로운 직위해제사유에 기한 직위해제처분을 한 경우, 그 이전 처분의 취소를 구할 소의 이익이 있는지 여부(소극)

"행정청이 공무원에 대하여 새로운 직위해제사유에 기한 직위해제처분을 한 경우 그 이전에 한 직위해제처분은 이를 묵시적으로 철회하였다고 봄이 상당하므로, 그 이전 처분의 취소를 구하는 부분은 존재하지 않는 행정처분을 대상으로 한 것으로서 그 소의 이익이 없어 부적법하다(대판 2003.10.10, 2003두5945)."

그리고 직위해제처분에는 행정절차법상 당해 행정작용의 성질상 행정절차를 거치기 곤란하거나 불필요하다고 인정되는 사항 또는 행정절차에 준하는 절차를 거친 사항에 해당하므로, 처분의 사전통지 및 의견청취 등에 관한 행정절차법 규정이 적용되지 않는다(대판 2014.5.16, 2012두26180).

3. 정직

정직은 공무원의 신분은 유지하되 일정기간 동안 직무에는 종사하지 못하게 하는 것을 말한다. 정직은 파면·해임·강등·감봉·견책(譴責)과 더불어 징계처분의 하나이다(국가공무원법 79).

정직의 기간은 1월 이상 3월 이하의 기간으로 하고 정직처분을 받은 자는 그 기간 중 보수는 전액을 감한다(국가공무원법 80 ③).

4. 강임

강임(降任)이란 같은 직렬 내에서 하위 직급에 임명하거나 하위 직급이 없어 다른 직렬의 하위 직급으로 임명하거나 고위공무원단에 속하는 일반직공무원을 고위공무원단 직위가 아닌 하위 직위에 임명하는 것을 말한다(국가공무원법 5 4호).

제3절 공무원법관계의 소멸

공무원법관계의 소멸은 당연퇴직으로 인한 경우와 면직에 의한 경우로 구별할 수 있다.

Ⅰ. 당연퇴직*

1. 의의	3. 사유
2. 당연퇴직 통보의 법적 성질	

1. 의의

당연퇴직은 법이 정한 일정한 사유의 발생으로 별도의 처분 없이 당연히 공무원관계가 소멸되는 것을 말한다. 이에 따라 판례는 당연퇴직의 인사발령을 하더라도 이는 퇴직사실을 알리는 관념의 통지에 불과하여 항고소송의 대상이 되는 처분에 해당하지 않는다고 보고 있다.

판례 > 당연퇴직의 효력발생 및 당연퇴직처분이 행정소송의 대상인 행정처분인지 여부

"국가공무원법 제69조에 의하면 공무원이 제33조 각 호의 1에 해당할 때에는 당연히 퇴직한다고 규정하고 있으므로, 국가공무원법상 당연퇴직은 결격사유가 있을 때 법률상 당연히 퇴직하는 것이지 공무원관계를 소멸시키기 위한 별도의 행정처분을 요하는 것이 아니며, 당연퇴직의 인사발령은

* 5급공채(재경)(2013년).

법률상 당연히 발생하는 퇴직사유를 공적으로 확인하여 알려주는 이른바 관념의 통지에 불과하고 공무원의 신분을 상실시키는 새로운 형성적 행위가 아니므로 행정소송의 대상이 되는 독립한 행정처분이라고 할 수 없다(대판 1995.11.14, 95누2036)."*

2. 사유

당연퇴직의 사유는 ① 국가공무원법 제33조 제2호부터 제6호까지, 제6호의2부터 제6호의4까지, 제7호 및 제8호 중 어느 하나에 해당하는 경우 또는 ② 임기제공무원의 근무기간이 만료된 경우이다(국가공무원법 69). 그 밖에도 ③ 사망·정년, ④ 국적상실이 있다.

II. 면직

1. 의의

면직이란 임용권자의 처분으로 공무원법관계를 소멸시키는 것을 말한다. 면직에는 공무원이 원함에 따라 이루어지는 의원(依願)면직과 임용권자의 의사에 의하여 이루어지는 강제면직이 있다.

2. 의원면직**

(1) 의의

의원면직이란 공무원의 사직의 의사표시에 따라 임용권자가 행하는 공무원법관계를 종료시키는 처분을 말한다. 따라서 의원면직의 법적 성질은 상대방의 신청을 요하는 쌍방적 행정행위(협력을 요하는 행정행위)이다. 공무원이 한 사직의 의사표시는 의원면직처분이 있기 전까지 철회 또는 취소할 수 있다(대판 2001.8.24, 99두9971).

(2) 명예퇴직

명예퇴직이란 공무원으로서 20년 이상 근속한 자가 정년 전에 자진하여 퇴직하는 것을 말하며, 이 경우 예산의 범위 안에서 명예퇴직수당을 지급할 수 있다(국가공무원법 74조의2 ①).

---

* 사법시험(2011년).

** 5급공채(2022년).

3. 강제면직

강제면직은 임용권자의 일방적인 면직처분에 의하여 공무원관계를 소멸시키는 행위로서, 징계면직과 직권면직이 있다.

(1) 징계면직

징계면직은 공무원이 법령상의 의무를 위반한 경우 징계책임에 의거하여 국가공무원법 등이 정한 징계절차에 따라 이루어지는 면직을 말한다.

(2) 직권면직

임용권자는 공무원이 ① 직제와 정원의 개폐 또는 예산의 감소 등에 따라 폐직 또는 과원이 되었을 때, ② 휴직 기간이 끝나거나 휴직 사유가 소멸된 후에도 직무에 복귀하지 아니하거나 직무를 감당할 수 없을 때, ③ 제73조의3 제3항에 따라 대기 명령을 받은 자가 그 기간에 능력 또는 근무성적의 향상을 기대하기 어렵다고 인정된 때, ④ 전직시험에서 세 번 이상 불합격한 자로서 직무수행 능력이 부족하다고 인정된 때, ⑤ 병역판정검사·입영 또는 소집의 명령을 받고 정당한 사유 없이 이를 기피하거나 군복무를 위하여 휴직 중에 있는 자가 군복무 중 군무를 이탈하였을 때, ⑥ 해당 직급·직위에서 직무를 수행하는데 필요한 자격증의 효력이 없어지거나 면허가 취소되어 담당 직무를 수행할 수 없게 된 때 또는 ⑦ 고위공무원단에 속하는 공무원이 제70조의2에 따른 적격심사 결과 부적격 결정을 받은 때에는 직권으로 면직시킬 수 있다(국가공무원법 70 ①).

제 3 장

공무원의 권리와 의무

제1절 공무원의 권리

Ⅰ. 신분상의 권리

1. 신분보장권

공무원의 신분은 법률이 정하는 바에 따라 보장된다(헌법 7 ②). 이에 따라 공무원법은 "공무원은 형의 선고, 징계처분 또는 이 법에서 정하는 사유에 따르지 아니하고는 본인의 의사에 반하여 휴직·강임 또는 면직을 당하지 아니한다."고 규정하고 있다(국가공무원법 68, 지방공무원법 60).

2. 직위보유권

공무원은 임용되면 자신에게 적합한 일정한 지위를 부여받을 권리와 자신에게 부여된 권리를 법에서 정한 사유와 절차에 의하지 아니하고는 박탈당하지 않을 권리를 갖게 되는데, 이를 직위보유권이라고 한다.

3. 직무수행권·제복착용권

공무원은 법령에 규정된 내용에 따라서 직무를 수행할 수 있는데, 이와 같은 직무수행권은 직무수행에 대한 권한(Kompetenz)을 의미하는 것으로, 엄격하게 말하면 공무원의 주관적 권리(Recht)는 아니다.

한편 복제가 있는 공무원은 제복을 착용할 권리가 있다(예: 군인, 경찰공무원). 이와 같은 제복착용권은 오늘날은 권리라기보다는 공무수행자임을 식별할 수 있도록 하는 서비스의 기능이 더 강하다.

4. 행정구제청구권(소청 및 행정소송)

(1) 행정공무원의 경우

행정기관 소속 공무원의 징계처분, 그 밖에 그 의사에 반하는 불리한 처분이나 부작위에 대한 소청을 심사·결정하게 하기 위하여 인사혁신처에 소청심사위원회를 둔다(국가공무원법 9 ①). 국회, 법원, 헌법재판소 및 선거관리위원회 소속 공무원의 소청에 관한 사항을 심사·결정하게 하기 위하여 각 기관의 사무처에 각각 소청심사위원회를 둔다(국가공무원법 9 ②).

국가공무원법 제75조에 따른 처분, 그 밖에 본인의 의사에 반한 불리한 처분이나 부작위에 관한 행정소송은 소청심사위원회의 심사·결정을 거치지 아니하면 제기할 수 없다(국가공무원법 16 ①)(필요적 전심절차).

(2) 교원의 경우

각급학교 교원의 징계처분과 그 밖에 그 의사에 반하는 불리한 처분(교육공무원법 제11조의4 제4항 및 사립학교법 제53조의2 제6항에 따른 교원에 대한 재임용 거부처분을 포함한다. 이하 같다)에 대한 소청심사를 하기 위하여 교육부에 교원소청심사위원회를 둔다(교원의 지위 향상 및 교육활동 보호를 위한 특별법 7 ①).

5. 고충심사청구권(고충심사처리제도)

고충심사처리제도는 일종의 공무원민원처리제도로서(국가공무원법 76조의2), 중앙인사관장기관에 중앙고충심사위원회를, 임용권자 또는 임용제청권자 단위로 보통고충심사위원회를 두되, 중앙고충심사위원회의 기능은 소청심사위원회에서 관장한다(국가공무원법 76조의2 ④). 고충심사결정은 항고소송의 대상이 되는 처분이 아니다(대판 1987.12.8, 87누657).

II. 재산상의 권리

1. 보수청구권

공무원은 국가에 대하여 근로를 제공하므로 그 근로의 대가에 대하여 적절한 보수를 청구할 권리를 가진다. 보수란 봉급과 그 밖의 각종 수당을 합산한 금액을 말한다. 다만, 연봉제 적용대상 공무원은 연봉과 그 밖의 각종 수당을 합산한 금액을 말한다(공무원보수규정 4 1호).

공무원의 보수는 근로의 제공에 대한 반대급부의 성격과 공무원의 안정적인 생계를 보장하는 생활급의 성격을 모두 가진다.

2. 연금청구권

공무원연금청구권이란 공무원의 퇴직·사망·재해 등으로 인하여 더 이상 공무원으로서의 근무관계를 지속하기 어려운 경우 본인 또는 유족이 법률이 정하는 바에 따라서 국가에 일정한 급여를 청구할 수 있는 권리를 말한다. 공무원연금제도는 공무원의 생계보장을 위한 사회보험제도 중의 하나로서 이를 위하여 공무원연금법이 제정되어 있다.

판례는 임용 당시 공무원임용결격사유가 있었다면 그 임용행위는 당연무효이므로 임용결격자가 공무원으로 임용되어 사실상 근무하여 왔다고 하더라도 공무원연금법 소정의 퇴직급여 등을 청구할 수 없다는 입장이다(대판 2003.5.16, 2001다61012).

3. 실비변상권

공무원은 보수 외에 대통령령 등으로 정하는 바에 따라 직무 수행에 필요한 실비 변상을 받을 수 있다(국가공무원법 48 ①).

Ⅲ. 공무원노동조합설립·운영권

국가공무원법 제2조 및 지방공무원법 제2조에서 규정하고 있는 공무원(다만, 국가공무원법 제66조 제1항 단서 및 지방공무원법 제58조 제1항 단서에 따른 사실상 노무에 종사하는 공무원과 교원의 노동조합 설립 및 운영 등에 관한 법률의 적용을 받는 교원인 공무원은 제외)은 노동조합을 설립할 수 있는데, 이 경우 국회·법원·헌법재판소·선거관리위원회·행정부·특별시·광역시·도·특별자치도·시·군·구 및 특별시·광역시·도·특별자치도의 교육청을 최소 단위로 한다(공무원노조법 2, 5).

공무원노동조합과 그 조합원은 정치활동을 하여서는 아니 된다(공무원노조법 4).

노동조합에 가입할 수 있는 사람의 범위는 ① 일반직공무원, ② 특정직공무원 중 외무영사직렬·외교정보기술직렬 외무공무원, 소방공무원 및 교육공무원(다만, 교원은 제외), ③ 별정직공무원, ④ ①부터 ③까지의 어느 하나에 해당하는 공무원이었던 사람으로서 노동조합 규약으로 정하는 사람이다(공무원노조법 6 ①).

노동조합의 대표자는 그 노동조합에 관한 사항 또는 조합원의 보수·복지, 그 밖의 근무조건 관하여 교섭하고 단체협약을 체결할 권한을 가진다(공무원노조법 8 ①).

Ⅳ. 공무원직장협의회 설립 · 운영권

국가기관, 지방자치단체 및 그 하부기관에 근무하는 공무원은 공무원의 근무환경 개선, 업무능률 향상 및 고충처리 등을 위한 직장협의회를 설립할 수 있다. 협의회는 기관 단위로 설립하되, 하나의 기관에는 하나의 협의회만을 설립할 수 있다(공무원직협법 1, 2, 5).

공무원의 의무

공무원은 국민 전체에 대한 봉사자이고 직접 공익을 실현하는 행정업무를 담당하고 있다는 점에서 각종 의무를 부담한다. 오늘날 공무원법관계에도 법치주의가 전면적으로 적용되므로 공무원에게 부과되는 의무도 반드시 법적 근거를 요한다.

Ⅰ. 공무원법상의 의무

1. 선서의무

공무원은 취임할 때에 소속 기관장 앞에서 선서하여야 한다. 다만, 불가피한 사유가 있으면 취임 후에 선서하게 할 수 있다(국가공무원법 55).

2. 성실의무

모든 공무원은 법령을 준수하며 성실히 직무를 수행하여야 한다(국가공무원법 56). 성실의무는 공무원에게 부과된 가장 기본적인 중요한 의무로서 최대한으로 공공의 이익을 도모하고 그 불이익을 방지하기 위하여 전인격과 양심을 바쳐서 성실히 직무를 수행하여야 하는 것을 그 내용으로 한다(대판 2017.12.22, 2016두38167).

3. 법령준수의무

모든 공무원은 법령을 준수하며 성실히 직무를 수행하여야 한다(국가공무원법 56).

4. 복종의무

공무원은 직무를 수행할 때 소속 상관의 직무상 명령에 복종하여야 한다(국가공무원법 57).

소속 상관의 직무명령(Dienstbefehl)은 상급공무원이 소속 하급공무원에 대하여 직무상 발하는 명령을 말한다. 직무명령은 대외적인 구속력은 갖지 못하며 대내적으로 관계공무원만을 구속한다.

적법하거나 단순위법·부당한 직무명령에 대해서 공무원이 불복종하는 경우에는 해당 공무원은 징계책임을 부담할 수 있다. 공무원법은 공무원법 또는 공무원법에 따른 명령에 위반한 경우를 징계사유로 규정하고 있기 때문이다(국가공무원법 78 ① 1호).

복종의무와 관련하여 소속 공무원은 위법한 직무명령에도 복종하여야 하는가 하는 것이 문제인데, 이는 공무원에게 직무명령의 위법성에 대한 심사권이 있는가 하는 문제이기도 하다. 먼저 직무명령의 형식요건(주체·형식·절차요건)은 비교적 단순·명백한 것이므로 문제가 없으므로, 이 문제는 결국 실질적 요건(내용요건)에 대한 심사권이 인정되는가 하는 것이다. 이에 대해서는 ① 계층적 조직체계나 법령해석의 혼란을 이유로 실질적 요건에 대한 심사를 부정하는 견해, ② 공무원의 법령준수의무를 들어 실질적 요건에 대한 심사권을 긍정하는 견해, ③ 직무명령의 위법성이 중대하거나 명백한 경우에 한하여 복종의무가 없다고 보는 절충설이 있다(대판 1999.4.23, 99도636). ④ 행정의 법률적합성과 행정조직의 통일성을 고려하면 절충설이 타당해 보인다.

5. 직장이탈금지의무

공무원은 소속 상관의 허가 또는 정당한 사유가 없으면 직장을 이탈하지 못한다(국가공무원법 58 ①).

6. 친절·공정의무

공무원은 국민 전체의 봉사자로서 친절하고 공정하게 직무를 수행하여야 한다(국가공무원법 59).

7. 종교중립의 의무

공무원은 종교에 따른 차별 없이 직무를 수행하여야 한다(국가공무원법 59조의2 ①). 공무원은 소속 상관이 제1항에 위배되는 직무상 명령을 한 경우에는 이에 따르지 아니할 수 있다(국가공무원법 59조의2 ②).

8. 비밀엄수의무

(1) 비밀엄수의 원칙

공무원은 재직 중은 물론 퇴직 후에도 직무상 알게 된 비밀을 엄수하여야 한다(국가공무원법

60). 공무원이 이러한 의무를 위반하는 경우에는 징계책임을 부담하는 이외에 경우에 따라서는 형법상 피의사실공표죄(형법 126)나 공무상 비밀누설죄(형법 127)에 따라서 처벌의 대상이 된다.

(2) 예외

(i) 공무원이 그 직무상 알게 된 사실에 관하여 증인이나 감정인으로서 심문을 받을 경우에는 소속기관의 장의 승인을 받은 사항에 관해서만 진술할 수 있다(형소법 147, 177, 민소법 306).

(ii) 공무원이 직무상 알게 된 비밀이라 하더라도 정보공개법상 공개대상정보에 해당하는 경우에는 공개되어야 한다. 다만 동법 제9조의 비공개대상정보에 해당하는 경우에는 그 공개가 제한될 수도 있다.

(iii) 국회로부터 증언의 요구를 받거나, 국가기관이 서류제출을 요구받은 경우 직무상 비밀을 이유로 증언이나 서류제출을 거부할 수 없다. 다만, 국가기밀에 관한 사항으로서 그 발표로 말미암아 국가안위에 중대한 영향을 미친다는 주무부장관의 소명이 있는 경우에는 그러하지 아니하다(국회에서의 증언·감정 등에 관한 법률 4 ①).

9. 청렴의무*

공무원은 직무와 관련하여 직접적이든 간접적이든 사례·증여 또는 향응을 주거나 받을 수 없다(국가공무원법 61 ①). 또한 공무원은 직무상의 관계가 있든 없든 그 소속 상관에게 증여하거나 소속 공무원으로부터 증여를 받아서는 아니 된다(국가공무원법 61 ②). 공무원이 이러한 청렴의무에 위반하는 경우에는 징계사유가 되며 경우에 따라서는 형법상 뇌물에 관한 죄로 처벌될 수 있다(형법 129-135).

10. 품위유지의무

공무원은 직무의 내외를 불문하고 그 품위를 손상하는 행위를 하여서는 아니 된다(국가공무원법 63). 일반적으로 공무원의 품위손상행위의 예로는 도박·축첩·알코올중독 등을 들 수 있다.

11. 영리영업 및 겸직금지의무

공무원은 공무 외에 영리를 목적으로 하는 업무에 종사하지 못하며 소속 기관장의 허가 없이 다른 직무를 겸할 수 없다(국가공무원법 64 ①).

---

* 행정고시(1997년).

12. 정치운동금지의무

공무원은 국민 전체에 대한 봉사자로서 정치적 중립성을 지켜야 하므로(헌법 7 ②), 정치적 공무원을 제외한 모든 공무원들은 정치운동이 금지된다.

이에 따라 공무원은 정당이나 그 밖의 정치단체의 결성에 관여하거나 이에 가입할 수 없다(국가공무원법 65 ①). 또한 공무원은 선거에서 특정 정당 또는 특정인을 지지 또는 반대하기 위하여 ① 투표를 하거나 하지 아니하도록 권유 운동을 하는 것, ② 서명 운동을 기도·주재하거나 권유하는 것, ③ 문서나 도서를 공공시설 등에 게시하거나 게시하게 하는 것, ④ 기부금을 모집 또는 모집하게 하거나, 공공자금을 이용 또는 이용하게 하는 것, ⑤ 타인에게 정당이나 그 밖의 정치단체에 가입하게 하거나 가입하지 아니하도록 권유 운동을 하는 것을 하여서는 아니 된다(국가공무원법 65 ②). 그리고 공무원은 다른 공무원에게 제1항과 제2항에 위배되는 행위를 하도록 요구하거나, 정치적 행위에 대한 보상 또는 보복으로서 이익 또는 불이익을 약속하여서는 아니 된다(국가공무원법 65 ③). 제3항 외에 정치적 행위의 금지에 관한 한계는 대통령령 등으로 정한다(국가공무원법 65 ④).

공무원이 정치운동금지의무를 위반하면(정치운동죄) 3년 이하의 징역과 3년 이하의 자격정지에 처해진다. 정치운동죄의 공소시효는 10년이다(국가공무원법 84).

13. 집단행위의 금지의무

공무원은 공익과 국민 전체를 위하여 봉사하는 직무를 수행하므로 노동3권을 행사함에 있어서도 일정한 제한을 받을 수 있다(헌법 33 ②).

공무원은 노동운동이나 그 밖에 공무 외의 일을 위한 집단 행위를 하여서는 아니 된다. 다만, 사실상 노무에 종사하는 공무원은 예외로 한다(국가공무원법 66 ①). 여기에서 사실상 노무에 종사하는 공무원의 범위는 대통령령 등으로 정한다(국가공무원법 66 ②).

II. 다른 법률상의 의무

1. 공직자윤리법상의 의무

공직자윤리법은 공무원법상의 공무원의 청렴의무를 보다 구체화하여 ① 공직자의 재산등록의무와 공개의무(공직자윤리법 3, 10, 10조의2), ② 재산신고의무(공직자윤리법 11), ③ 선물의 신고의무(공직자윤리법 15), ④ 취업제한의무(공직자윤리법 17)를 규정하고 있다.

2. 부패방지권익위법상의 의무

부패방지권익위법은 공직자의 청렴의무(부패방지권익위법 7)를 규정하고, 제7조에 따라 공직자가 준수하여야 할 행동강령을 대통령령·국회규칙·대법원규칙·헌법재판소규칙·중앙선거관리위원회규칙 또는 공직유관단체의 내부규정으로 정하도록 하고 있다(부패방지권익위법 8 ①).

3. 병역공개법상의 의무

대통령, 국무총리, 국무위원, 국회의원, 국가정보원의 원장·차장 등 국가의 정무직 공무원 등을 포함하여 병역공개법 제2조 각호에 규정된 공직자는 본인과 본인의 배우자(신고의무자와의 혼인기간 중에 현역 복무를 마친 사람 등 대통령령으로 정하는 사람으로 한다) 및 18세 이상인 직계비속의 병역사항을 신고(정보통신망 이용촉진 및 정보보호 등에 관한 법률에 따른 정보통신망을 이용하여 신고하는 경우를 포함한다)하여야 한다(병역공개법 2, 3).

4. 청탁금지법상의 의무

청탁금지법은 공직자 등에 대한 부정청탁 및 공직자 등의 금품 등의 수수를 금지하고 있다. 구체적으로 공직자등은 사적 이해관계에 영향을 받지 아니하고 직무를 공정하고 청렴하게 수행하여야 하고, 직무수행과 관련하여 공평무사하게 처신하고 직무관련자를 우대하거나 차별해서는 아니 된다(청탁금지법 4).

부정청탁을 받은 공직자등은 그에 따라 직무를 수행해서는 아니 되고, 부정청탁을 받았을 때에는 부정청탁을 한 자에게 부정청탁임을 알리고 이를 거절하는 의사를 명확히 표시하여야 한다(청탁금지법 6, 7).

공직자등은 직무 관련 여부 및 기부·후원·증여 등 그 명목에 관계없이 동일인으로부터 1회에 100만원 또는 매 회계연도에 300만원을 초과하는 금품등을 받거나 요구 또는 약속해서는 아니 되고, 이 경우 소속기관장에게 지체 없이 서면으로 신고하여야 한다(청탁금지법 8, 9).

제 4 장

공무원의 책임

제1절 의의와 종류

공무원의 책임이란 공무원의 위법·부당한 행위에 대하여 공무원이 부담하는 각종 법적인 책임을 의미한다.

공무원의 책임에는 광의로는 징계책임이나 변상책임과 같은 행정법상의 책임·형사법상의 책임·민사법상의 책임이 있다. 이 가운데 아래에서는 행정법상의 책임에 대해서만 설명하기로 한다.

제2절 행정법상의 책임(징계책임과 변상책임)

Ⅰ. 징계책임

1. 징계의 의의와 법적 근거

징계란 공무원의 의무위반에 대하여 법적 제재로서 벌을 가하는 것을 말한다. 여기에서 제재로서 가하여지는 벌을 징계벌이라고 하고, 징계벌을 받게 되는 지위를 징계책임이라 한다.

오늘날 공무원에 대한 징계권행사도 법률유보의 최하한인 침해유보에 따라 법적 근거가 필요하다. 현행법상 징계에 대한 법적 근거로는 일반법적 성격의 국가공무원법과 공무원징계령, 지방공무원법과 지방공무원 징계 및 소청규정이 있으며, 특별규정으로 경찰공무원징계령·교육공무원징계령·소방공무원징계령·법관징계법·검사징계법 등이 있다.

2. 징계사유

국가공무원법[1]은 공무원의 징계사유로 '① 국가공무원법 및 동법에 따른 명령을 위반한 경

1 징계사유는 징계를 규정하고 있는 각 법령마다 다소 차이가 있다. 가장 대표적인 경우가 국가공무원법이다.

우, ② 직무상의 의무(다른 법령에서 공무원의 신분으로 인하여 부과된 의무를 포함한다)를 위반하거나 직무를 태만히 한 때, ③ 직무의 내외를 불문하고 그 체면 또는 위신을 손상하는 행위를 한 때'를 규정하고 있다. 공무원이 징계사유의 어느 하나에 해당하는 때에는 징계의결의 요구를 하여야 하고 징계의결의 결과에 따라 징계처분을 하여야 한다(국가공무원법 78 ①).

3. 징계의 종류

국가공무원법상 징계는 파면·해임·강등·정직·감봉·견책으로 구분되어 있다(국가공무원법 79).

(1) 파면

파면은 가장 중한 징계로 공무원 신분을 박탈하여 공무원법관계를 배제하는 징계처분이다. 파면처분을 받은 자는 처분을 받은 때로부터 5년이 지나지 아니하면 다시 공무원에 임용될 수 없다(국가공무원법 33 7호). 또한 공무원이 재직 중 파면된 때에는 퇴직급여 및 퇴직수당의 일부를 줄여 지급한다(공무원연금법 65 ① 2호).

(2) 해임

해임도 파면과 같이 신분을 박탈하여 공무원법관계의 배제하는 징계처분이다. 해임처분을 받은 자는 처분을 받은 때부터 3년이 지나지 아니하면 다시 공무원에 임용될 수 없다(국가공무원법 33 8호). 금품 및 향응 수수, 공금의 횡령·유용으로 징계에 의하여 해임된 경우에는 대통령령이 정하는 바에 의하여 퇴직급여 및 퇴직수당의 일부를 줄여 지급한다(공무원연금법 65 ① 3호).

(3) 강등

강등은 1계급 아래로 직급을 내리고 3개월간 직무에 종사하지 못하며 그 기간 중 보수는 전액을 감하는 징계처분이다(국가공무원법 80 ①). 강등처분을 받은 자는 직무에 종사하지 못하는 3개월이 끝난 날부터 18개월 동안 보수에 있어 승급이 제한된다(국가공무원법 80 ⑦, 공무원보수규정 14 ① 2호).

(4) 정직

정직이란 공무원 신분을 보유하면서 일정기간 직무에 종사하지 못하도록 하는 징계처분이다. 정직은 1월 이상 3월 이하의 기간으로 하고 정직처분을 받은 자는 보수는 전액을 감한다(국가공무원법 80 ③). 정직처분을 받은 자는 정직처분의 집행이 끝난 날부터 18개월 동안 보수에 있어 승급이 제한된다(국가공무원법 80 ⑦, 공무원보수규정 14 ① 2호).

(5) 감봉

감봉이란 공무원의 보수를 감하는 것을 내용으로 하는 징계처분이다. 감봉은 1월 이상 3월

이하의 기간 동안 보수의 3분의 1을 감한다(국가공무원법 80 ④). 감봉처분을 받은 자는 감봉처분의 집행이 끝난 날부터 12개월 동안 보수에 있어 승급이 제한된다(국가공무원법 80 ⑦, 공무원보수규정 14 ① 2호).

(6) 견책

견책(譴責)은 전과에 대하여 훈계하고 회개하게 하는 징계처분이다(국가공무원법 80 ⑤). 견책을 받은 자는 견책의 집행이 끝난 날부터 6개월 동안 보수에 있어서 승급이 제한된다(국가공무원법 80 ⑦, 공무원보수규정 14 ① 2호).

(7) 불문경고*

1) 의의 및 법적 성질

국가공무원법에 규정된 징계 중 가장 경미한 징계인 '견책'에 대신하여 '불문경고'가 행하여지는 경우가 있다. 불문경고는 국가공무원법상의 징계가 아니라, 일반적으로 행정기관 내 행정규칙에 의한 징계로서 그 법적 성질은 국가나 해당 지방자치단체의 '공무원징계령 시행규칙' 및 관련 규정의 내용에 따라 다를 수 있다.

2) 처분성

판례는 어떠한 처분의 근거가 행정규칙에 규정되어 있다고 하더라도 이로 인하여 상대방의 권리의무에 직접 영향이 있으면 처분으로 보고 있다(대판 2012.9.27, 2010두3541).

이에 따라 행정규칙에 의한 '불문경고'로 인하여 일정한 법적 불이익이 발생하는 경우에는 불문경고를 항고소송의 대상이 되는 처분으로 보고 있다.

판례 > 행정규칙에 의한 징계처분이 처분에 해당하는지 여부

> "행정규칙에 의한 '불문경고조치'가 비록 법률상의 징계처분은 아니지만 위 처분을 받지 아니하였다면 차후 다른 징계처분이나 경고를 받게 될 경우 징계감경사유로 사용될 수 있었던 표창공적의 사용가능성을 소멸시키는 효과와 1년 동안 인사기록카드에 등재됨으로써 그동안은 장관표창이나 도지사표창 대상자에서 제외시키는 효과 등이 있다는 이유로 항고소송의 대상이 되는 행정처분에 해당한다(대판 2002.7.26, 2001두3532)."

3) 불문경고와 징계와의 관련성

징계나 불문경고는 공무원의 비위사실을 원인으로 하고, 처분이라는 점에서 공통된다.

---

* 행정고시(일반행정)(2009년).

그러나 징계는 법률에 근거하고 법률에 의하여 효과가 발생하지만(국가공무원법 79, 80; 지방공무원법 70, 71), 불문경고는 행정규칙에 근거하고 징계와 같은 효력을 발생하지 않으며 행정규칙의 내부적 구속력을 근거로 일정한 법적 효과(예: 인사상의 불이익)가 발생한다는 점에서 차이가 있다.

결론적으로 공무원법은 징계의 종류를 파면, 해임, 강등, 정직, 감봉, 견책으로 구분하고 있으므로 불문경고는 법률에 의한 징계는 아니다. 하지만 실제로는 견책의 감경된 징계처분으로서의 성격을 가지고 있다고 할 수 있다.

4. 징계절차

공무원이 징계사유에 해당하면 징계 의결을 요구하여야 하고 그 징계 의결의 결과에 따라 징계처분을 하여야 한다(국가공무원법 78 ①).

(1) 징계의결요구권자의 징계의결요구

1) 징계의결요구권자

징계 의결 요구는 5급 이상 공무원 및 고위공무원단에 속하는 일반직공무원은 소속 장관이, 6급 이하의 공무원은 소속 기관의 장 또는 소속 상급기관의 장이 한다. 다만, 국무총리·인사혁신처장 및 대통령령 등으로 정하는 각급 기관의 장은 다른 기관 소속 공무원이 징계 사유가 있다고 인정하면 관계 공무원에 대하여 관할 징계위원회에 직접 징계를 요구할 수 있다(국가공무원법 78 ④).

2) 징계의결요구의 법적 성질*

공무원이 징계사유에 해당된다고 인정되면 징계의결요구권자는 징계의결을 요구하여야 하므로, 징계의결요구는 기속행위이다(대판 2007.7.12, 2006도1390).

3) 징계의결요구의 시효

징계의결등의 요구는 징계 등 사유가 발생한 날부터 다음 각 호의 구분에 따른 기간이 지나면 하지 못한다(국가공무원법 83조의2 ①).

1. 징계 등 사유가 다음 각 목의 어느 하나에 해당하는 경우: 10년
   가. 「성매매알선 등 행위의 처벌에 관한 법률」 제4조에 따른 금지행위
   나. 「성폭력범죄의 처벌 등에 관한 특례법」 제2조에 따른 성폭력범죄
   다. 「아동·청소년의 성보호에 관한 법률」 제2조 제2호에 따른 아동·청소년대상 성범죄
   라. 「양성평등기본법」 제3조 제2호에 따른 성희롱

* 5급공채(행정)(2016년).

2. 징계 등 사유가 제78조의2 제1항 각 호의 어느 하나에 해당하는 경우: 5년
3. 그 밖의 징계 등 사유에 해당하는 경우: 3년

(2) 징계위원회의 징계의결

1) 징계위원회

공무원의 징계처분 등(징계처분, 징계부가금 부과처분 또는 징계부가금 감면처분)을 의결하게 하기 위하여 대통령령 등으로 정하는 기관에 징계위원회를 둔다(국가공무원법 81 ①). 징계위원회는 공무원에 대한 징계의 의결을 담당하는 합의제행정기관이다. 징계위원회로는 중앙징계위원회와 보통징계위원회가 있다(공무원 징계령 2).

2) 의결절차

징계위원회는 징계의결요구서를 접수한 날로부터 30일(중앙징계위원회의 경우는 60일) 이내에 징계의결등을 해야 한다. 다만, 부득이한 사유가 있을 때에는 당해 징계위원회의 의결로 30일에 한하여 그 기한을 연기할 수 있다(공무원 징계령 9 ①).

징계위원회는 징계등 혐의자 또는 대리인에게 진술 기회를 주어야 하고, 진술 기회를 주지 아니한 결정은 무효이다(국가공무원법 81 ③; 13 ①, ②).

(3) 징계권자의 징계

공무원의 징계처분등은 징계위원회의 의결을 거쳐 징계위원회가 설치된 소속 기관의 장이 하되, 국무총리 소속으로 설치된 징계위원회에서 한 징계의결 등에 대하여는 중앙행정기관의 장이 한다. 다만, 파면과 해임은 징계위원회의 의결을 거쳐 각 임용권자 또는 임용권을 위임한 상급 감독기관의 장이 한다(국가공무원법 82 ①).

(4) 재심사청구

징계의결등을 요구한 기관의 장은 징계위원회의 의결이 가볍다고 인정하면 그 처분을 하기 전에 다음 각 호의 구분에 따라 심사나 재심사를 청구할 수 있다. 이 경우 소속 공무원을 대리인으로 지정할 수 있다(국가공무원법 82 ②).

1. 국무총리 소속으로 설치된 징계위원회의 의결: 해당 징계위원회에 재심사를 청구
2. 중앙행정기관에 설치된 징계위원회(중앙행정기관의 소속기관에 설치된 징계위원회는 제외한다)의 의결: 국무총리 소속으로 설치된 징계위원회에 심사를 청구
3. 제1호 및 제2호 외의 징계위원회의 의결: 직근 상급기관에 설치된 징계위원회에 심사를 청구

(5) 징계부가금

국가공무원법 제78조에 따라 공무원의 징계 의결을 요구하는 경우 그 징계 사유가 ① 금전, 물품, 부동산, 향응 또는 그 밖에 대통령령으로 정하는 재산상 이익을 취득하거나 제공한 경우 또는 ② 국가재정법에 따른 예산 및 기금 등을 횡령·배임·절도·사기 또는 유용한 경우에는 위 징계사유로 취득하거나 제공한 금전 또는 재산상 이득(금전이 아닌 재산상 이득의 경우에는 금전으로 환산한 금액)의 5배 내의 징계부가금 부과 의결을 징계위원회에 요구하여야 한다(국가공무원법 78조의2 ①).

제1항에 따라 징계부가금 부과처분을 받은 사람이 납부기간 내에 그 부가금을 납부하지 아니한 때에는 처분권자(대통령이 처분권자인 경우에는 처분 제청권자)는 국세강제징수의 예에 따라 징수할 수 있다. 이 경우 체납액 징수가 사실상 곤란하다고 판단되는 경우에는 징수대상자의 주소지를 관할하는 세무서장에게 징수를 위탁한다(국가공무원법 78조의2 ④).

5. 징계에 대한 권리구제*

(1) 소청

1. **소청의 의의**	○ 특별행정심판
○ 국가공무원법 9 ①	2. **소청심사위원회**

1) 의의

소청이란 공무원의 징계처분, 그 밖에 그 의사에 반하는 불리한 처분이나 부작위에 대한 불복신청을 말한다(국가공무원법 9 ①). 소청은 소청을 전담하는 소청심사위원회에서 심리·결정하는 항고쟁송으로서 행정심판의 일종이다.

2) 소청심사위원회**

소청심사는 합의제 행정기관인 소청심사위원회가 한다. 소청심사위원회는 행정기관 소속 공무원의 소청의 경우는 인사혁신처에, 국회·법원·헌법재판소 및 선거관리위원회 소속 공무원의 소청의 경우는 국회사무처·법원행정처·헌법재판소사무처 및 중앙선거관리위원회사무처에 각각 둔다(국가공무원법 9 ①, ②).

(2) 행정소송

소청심사위원회의 결정에 대하여 불복하는 공무원은 행정소송을 제기할 수 있다. 행정소송

* 사법시험(1999년), 사법시험(2008년), 행정고시(일반행정)(2009년), 5급공채(행정)(2016년).

** 사법시험(2009년).

의 대상은 원처분주의에 따라 원징계처분이며, 소청심사위원회의 결정은 그 결정에 고유한 위법사유가 있는 경우에 한하여 행정소송의 대상이 될 수 있다(행소법 19 단서).

징계처분 등에 관한 행정소송은 소청심사위원회의 심사·결정을 거치지 아니하면 제기할 수 없다(국가공무원법 16 ①). 즉 소청심사위원회의 소청절차는 행정소송의 필요적 전심절차이다.

제1항에 따른 행정소송을 제기할 때에는 대통령의 처분 또는 부작위의 경우에는 소속 장관(대통령령으로 정하는 기관의 장을 포함한다. 이하 같다)을, 중앙선거관리위원회위원장의 처분 또는 부작위의 경우에는 중앙선거관리위원회사무총장을 각각 피고로 한다(국가공무원법 16 ②).

(3) 재징계의결의 요구

처분권자(대통령이 처분권자인 경우에는 처분 제청권자)는 ① 법령의 적용, 증거 및 사실 조사에 명백한 흠이 있는 경우, ② 징계위원회의 구성 또는 징계의결 등, 그 밖에 절차상의 흠이 있는 경우 또는 ③ 징계양정 및 징계부가금이 과다한 경우로 소청심사위원회 또는 법원에서 징계처분 등의 무효 또는 취소(취소명령 포함)의 결정이나 판결을 받은 경우에는 다시 징계의결 등을 요구하여야 한다. 다만, ③의 사유로 무효 또는 취소(취소명령 포함)의 결정이나 판결을 받은 감봉·견책처분에 대하여는 징계의결을 요구하지 아니할 수 있다(국가공무원법 78조의3 ①).

II. 변상책임

변상책임이란 공무원의 의무위반행위로 인하여 국가나 지방자치단체에게 재산상의 손해를 발생시키는 경우 이에 대하여 공무원이 부담하는 재산상의 책임을 말한다. 변상책임에는 회계직원책임법에 따른 회계관계직원 등의 변상책임과 국가배상법상의 구상책임이 있다.

제3편

경찰행정법

제1장 서 론
제2장 경찰작용법

제 1 장

서 론

제1절 경찰법 개설

제 1 항 경찰의 개념

제도적 의미로 경찰이란 정부조직법과 경찰법령으로 정하는 경찰조직에 속하는 행정기관의 전체 체계(경찰조직)를 말한다. 즉 행정안전부장관 소속의 경찰청(정부조직법 37 ⑤)과 그 소속기관(지방경찰청, 경찰서 등) (경찰법 13), 제주특별법의 시행에 따라 도입된 제주특별자치도의 자치경찰이 제도적 의미의 경찰이다. 한편 종전의 경찰법이 폐지되고 2021년 제정된 국가경찰과 자치경찰의 조직과 운영에 관한 법률(경찰법)에 따라 시·도 소속으로 시·도자치경찰위원회가 신설되고 경찰사무도 국가경찰사무와 자치경찰사무로 나뉘게 되었는데, 이와 같은 자치경찰제도도 제도적 의미의 경찰에 속한다고 할 수 있겠다.

행정조직법정주의의 원리에 따라 경찰사무의 근거와 한계는 법률이 정한 바에 따르는데(정부조직법 37 ⑤, 경찰법 3, 경직법 2), 이에 따라 제도적 의미의 경찰이 관장하는 사무를 형식적 의미의 경찰이라고 한다. 즉 형식적 의미의 경찰이란 법령에 의하여 경찰조직이 담당하고 있는 경찰사무를 의미한다.

반면에 실질적 의미의 경찰은 내용상의 성질을 기준으로 학문적으로 정립된 개념으로, 오늘날의 지배적인 견해에 따르면, '공공의 안녕과 공공의 질서를 위협하는 위험으로부터 개인이나 공중을 보호하거나, 공공의 안녕이나 공공의 질서에 대한 장해(교란)의 제거를 목적으로 하는 국가적 활동'을 말한다. 실질적 의미의 경찰은 제도적 의미의 경찰에 의해서만 수행되는 것은 아니며, 다른 행정기관에 의해서도 수행될 수 있다.

제 2 항 경찰법의 개념

경찰법은 경찰의 조직과 활동을 규율하는 법으로 정의할 수 있다. 경찰법은 일반경찰법과 특별경찰법으로 구분할 수 있다. 일반경찰법이란 경찰에 관한 일반법으로서 경찰법과 경찰관 직무집행법이 있다. 특별경찰법이란 특별법상으로 규정된 실질적 경찰 관련법으로서 건축법·식품위생법·산림보호법 등에 규정된 경찰규정 등을 들 수 있다.

제 3 항 경찰의 종류

Ⅰ. 국가경찰과 지방자치단체경찰

국가경찰이란 국가사무로서의 경찰사무를 수행하기 위해 국가가 설치·유지하는 경찰을 말하며, 지방자치단체경찰이란 지방자치단체사무로서의 경찰사무를 수행하기 위해 지방자치단체가 설치·유지하는 경찰을 말한다.

Ⅱ. 행정경찰과 사법경찰

행정경찰은 본래적 의미의 경찰로서 사회공공의 안녕과 질서의 유지를 위한 행정작용을 말한다. 이에 대하여 사법(司法)경찰은 범죄의 수사, 범인의 체포 등을 위한 작용을 말한다. 우리나라에서는 행정경찰과 사법경찰을 구분하지 아니하고 일반경찰기관이 양자를 모두 관장하도록 하고 있다(경찰법 3, 경직법 2, 형소법 197).

제2절 경찰조직법

제 1 항 경찰조직의 유형[1]

Ⅰ. 국가일반경찰조직

1. 중앙경찰관청

(1) 경찰청장

치안에 관한 사무를 관장하게 하기 위하여 행정안전부장관 소속으로 경찰청을 두며(경찰법

1 우리나라의 경찰 조직은 "중앙집권적 국가경찰"이며, 예외적으로 제주특별자치도에 "자치경찰"이 설치되어 있다. 한편, 경찰권도 행정권의 일부이므로, 대통령을 수반으로 하는 정부에 속한다(헌법 66 ④). 따라서 경찰권은 대통령과 국무총리의 통할 하에서 이루어진다. 참고로 국가경찰공무원(이하 경찰공무원)의 계급은 치안총감(治安總監), 치안정감(治安正監), 치안감(治安監), 경무관(警務官), 총경(總警), 경정(警正), 경감(警監), 경위(警衛), 경사(警査), 경장(警長), 순경(巡警)으로 구분된다(경공법 3).

12), 경찰청장은 치안총감으로 보한다(경찰법 14 ①). 경찰청장은 국가경찰위원회의 동의를 받아 행정안전부장관의 제청으로 국무총리를 거쳐 대통령이 임명한다. 이 경우 국회의 인사청문을 거쳐야 한다(경찰법 14 ②). 경찰청에 국가수사본부를 두며, 국가수사본부장은 치안정감으로 보한다(경찰법 16 ①).

(2) 해양경찰청장

2017.7.26. 정부조직법 개정으로 국민안전처가 폐지되고 행정안전부로 통합되면서, 해양수산부장관 소속으로 해양경찰청이 부활하였다(정부조직법 47 ②). 해양경찰청에는 청장 1명과 차장 1명을 두되, 청장 및 차장은 경찰공무원으로 보한다(정부조직법 47 ③).

2. 시·도

(1) 시·도경찰청장

경찰청의 사무를 지역적으로 분담·수행하게 하기 위하여 특별시·광역시·특별자치시·도·특별자치도(시·도)에 시·도경찰청을 둔다(경찰법 13). 시·도경찰청장은 경찰청장이 시·도자치경찰위원회와 협의하여 추천한 사람 중에서 행정안전부장관의 제청으로 국무총리를 거쳐 대통령이 임용한다(경찰법 28 ②). 시·도경찰청장은 국가경찰사무에 대해서는 경찰청장의 지휘·감독을, 자치경찰사무에 대해서는 시·도자치경찰위원회의 지휘·감독을 받아 관할구역의 소관 사무를 관장하고 소속 공무원 및 소속 경찰기관의 장을 지휘·감독한다. 다만, 수사에 관한 사무에 대해서는 국가수사본부장의 지휘·감독을 받아 관할구역의 소관 사무를 관장하고 소속 공무원 및 소속 경찰기관의 장을 지휘·감독한다(경찰법 28 ③).

한편, 경찰사무를 지역적으로 분담하여 수행하게 하기 위하여, 시·도경찰청장 소속으로 경찰서를 둔다(경찰법 13). 경찰서에 경찰서장을 두며, 경찰서장은 경무관, 총경 또는 경정으로 보한다(경찰법 30 ①).

(2) 지방해양경찰청장

해양경찰청장의 관장사무를 분장하기 위하여 해양경찰청장 소속으로 지방해양경찰청을 두고, 지방해양경찰청장 소속으로 해양경찰서를 둔다(해양경찰청과 그 소속기관 직제 2 ②).

3. 특별경찰관청

특별경찰관청이란 특정 영역에 대하여 경찰권한을 가진 행정기관으로서 조직상으로는 경찰관청에 속하지 아니하는 행정청을 말한다. 특별경찰관청은 주로 주무부장관, 외청(外廳)[2]의 장,

2 '외청'이란 국가 행정부 소속으로 있으면서 당해 행정부의 내부조직계통 밖의 특수한 사무를 수행하는

지방자치단체의 장, 특별행정기관의 장이 된다.

4. 경찰의결·협의·자문기관

(1) 국가경찰위원회

국가경찰행정에 관하여 제10조 제1항 각 호의 사항을 심의·의결하기 위하여 행정안전부에 국가경찰위원회를 둔다(경찰법 7 ①).

국가경찰위원회는 ① 국가경찰사무에 관한 인사, 예산, 장비, 통신 등에 관한 주요정책 및 경찰 업무 발전에 관한 사항, ② 국가경찰사무에 관한 인권보호와 관련되는 경찰의 운영·개선에 관한 사항, ③ 국가경찰사무 담당 공무원의 부패 방지와 청렴도 향상에 관한 주요 정책사항, ④ 국가경찰사무 외에 다른 국가기관으로부터의 업무협조 요청에 관한 사항, ⑤ 제주특별자치도의 자치경찰에 대한 경찰의 지원·협조 및 협약체결의 조정 등에 관한 주요 정책사항, ⑥ 제18조에 따른 시·도자치경찰위원회 위원 추천, 자치경찰사무에 대한 주요 법령·정책 등에 관한 사항, 제25조 제4항에 따른 시·도자치경찰위원회 의결에 대한 재의 요구에 관한 사항, ⑦ 제2조에 따른 시책 수립에 관한 사항, ⑧ 제32조에 따른 비상사태 등 전국적 치안유지를 위한 경찰청장의 지휘·명령에 관한 사항, ⑨ 그 밖에 행정안전부장관 및 경찰청장이 중요하다고 인정하여 국가경찰위원회의 회의에 부친 사항을 심의·의결한다(경찰법 10 ①).

(2) 시·도자치경찰위원회

자치경찰사무를 관장하게 하기 위하여 특별시장·광역시장·특별자치시장·도지사·특별자치도지사(시·도지사) 소속으로 시·도자치경찰위원회를 둔다(경찰법 18 ①).

시·도자치경찰위원회는 ① 자치경찰사무에 관한 목표의 수립 및 평가, ② 자치경찰사무에 관한 인사, 예산, 장비, 통신 등에 관한 주요정책 및 그 운영지원, ③ 자치경찰사무 담당 공무원의 임용, 평가 및 인사위원회 운영, ④ 자치경찰사무 담당 공무원의 부패 방지와 청렴도 향상에 관한 주요 정책 및 인권침해 또는 권한남용 소지가 있는 규칙, 제도, 정책, 관행 등의 개선, ⑤ 제2조에 따른 시책 수립, ⑥ 제28조 제2항에 따른 시·도경찰청장의 임용과 관련한 경찰청장과의 협의, 제30조 제4항에 따른 평가 및 결과 통보, ⑦ 자치경찰사무 감사 및 감사의뢰, ⑧ 자치경찰사무 담당 공무원의 주요 비위사건에 대한 감찰요구, ⑨ 자치경찰사무 담당 공무원에 대한 징계요구, ⑩ 자치경찰사무 담당 공무원의 고충심사 및 사기진작, ⑪ 자치경찰사무와 관련된 중요사건·사고 및 현안의 점검, ⑫ 자치경찰사무에 관한 규칙의 제정·개정 또는 폐지, ⑬ 지방행정과 치안행정의 업무조정과 그 밖에 필요한 협의·조정, ⑭ 제32조에 따른 비상사태 등 전국적 치안유지를 위한 경찰청장의 지휘·명령에 관한 사무, ⑮ 국가경찰사무·자치

기관(예: 행정안전부 소속의 경찰청, 기후에너지환경부 소속의 기상청 등)을 말한다.

경찰사무의 협력·조정과 관련하여 경찰청장과 협의, ⑯ 국가경찰위원회에 대한 심의·조정 요청, ⑰ 그 밖에 시·도지사, 시·도경찰청장이 중요하다고 인정하여 시·도자치경찰위원회의 회의에 부친 사항에 대하여 심의·의결한다(경찰법 24 ①, 25 ①).

(3) 경찰공무원인사위원회

경찰공무원의 인사에 관한 중요 사항에 대하여 경찰청장 또는 해양경찰청장의 자문에 응하게 하기 위하여 경찰청과 해양경찰청에 경찰공무원인사위원회를 둔다(경공법 5 ①).

5. 경찰집행기관

경찰집행기관이란 경찰행정관청에 의하여 결정된 의사를 대외적으로 집행하는 기관으로서 통상 경찰공무원 개개인을 가리킨다.

II. 제주자치도 자치경찰기관

자치경찰사무를 처리하기 위하여 제주자치도에 국가경찰과 자치경찰의 조직 및 운영에 관한 법률 제18조에 따라 설치되는 제주특별자치도자치경찰위원회(자치경찰위원회) 소속으로 자치경찰단을 둔다(제주특별법 88 ①). 자치경찰은 ① 주민의 생활안전활동에 관한 사무, ② 지역교통활동에 관한 사무, ③ 공공시설 및 지역행사장 등의 지역경비에 관한 사무, ④ 사법경찰관리의 직무를 행할 자와 그 직무범위에 관한 법률에서 자치경찰공무원의 직무로 규정하고 있는 사법경찰관리의 직무, ⑤ 즉결심판에 관한 절차법 등에 따라 도로교통법 또는 경범죄 처벌법 위반에 따른 통고처분 불이행자 등에 대한 즉결심판 청구 사무를 처리한다(제주특별법 90).

제 2 항 청원경찰·경비·소방서

I. 청원경찰

청원경찰이란 ① 국가기관 또는 공공단체와 그 관리 하에 있는 사업장, ② 국내 주재 외국기관, ③ 기타 행정안전부령으로 정하는 중요시설, 사업장 또는 장소의 장 또는 경영자가 경비를 부담할 것을 조건으로 경찰의 배치를 신청하는 경우에 그 기관·시설 또는 사업장 등의 경비를 담당하게 하기 위하여 배치하는 경찰을 말한다(청원경찰법 2).

판례는 국가나 지방자치단체에 근무하는 청원경찰의 근무관계를 공법상의 근무관계로 보고 있다(대판 1993.7.13, 92다47564).

II. 경비

경비업이란 시설경비업무·호송경비업무·신변보호업무·기계경비업무·특수경비업무·혼잡교통유도경비업무의 전부 또는 일부를 도급받아 행하는 영업을 말한다(경비업법 2 1호). 경비업은 법인만이 할 수 있고(경비업법 3), 또한 경비업을 하려면 그 법인의 주사무소의 소재지를 관할하는 시·도경찰청장의 허가를 받아야 한다(경비업법 4).

III. 소방서

소방사무는 위험방지라는 측면에서 경찰사무의 한 부분이지만, 소방기관은 일반경찰기관으로부터 분리되어 있다. 소방기본법상 소방사무는 기본적으로 광역지방자치단체의 사무이다. 소방행정청으로 시·도지사와 소방본부장·소방서장이 있다. 소방본부장 또는 소방서장은 그 소재지를 관할하는 시·도지사의 지휘와 감독을 받는다(소방기본법 3 ②). 소방집행기관으로 소방대가 있다(소방기본법 2 5호).

제 3 항 경찰공무원법

I. 의의와 법원

경찰공무원법이란 경찰행정을 행하는 인적 요소인 경찰공무원의 근무관계를 규율하는 법을 말한다.

국가경찰공무원법의 법원으로는 일반법으로서 경찰공무원법이 있으며, 그 외에도 경찰공무원 임용령, 경찰공무원 승진임용 규정, 경찰공무원 징계령, 경찰공무원 교육훈련규정, 경찰공무원 복무규정 등이 있다.

II. 경찰공무원의 지위 형성

1. 경찰공무원의 임용권자

① 총경 이상의 경찰공무원은 경찰청장 또는 해양경찰청장의 추천을 받아 행정안전부장관 또는 해양수산부장관의 제청으로 국무총리를 거쳐 대통령이 임용한다. 다만, 총경의 전보, 휴직, 직위해제, 강등, 정직 및 복직은 경찰청장 또는 해양경찰청장이 한다(경공법 7 ①). ② 경정

이하의 경찰공무원은 경찰청장 또는 해양경찰청장이 임용한다. 다만, 경정으로의 신규채용, 승진임용 및 면직은 경찰청장 또는 해양경찰청장의 제청으로 국무총리를 거쳐 대통령이 한다(경공법 7 ②). ③ 제주자치도의 도지사는 소속 자치경찰공무원의 임명·휴직·면직과 징계를 행하는 권한을 가진다(제주특별법 107).

2. 경찰공무원의 임용

국가경찰공무원의 경우 ① 경정 및 순경의 신규채용은 공개경쟁시험으로 한다(경공법 10 ①). ② 경위의 신규채용은 경찰대학을 졸업한 사람 및 대통령령이 정하는 자격을 갖추고 공개경쟁시험으로 선발된 사람(경위공개경쟁채용시험합격자)으로 교육훈련을 마치고 정하여진 시험에 합격한 사람으로 한다(경공법 10 ②). ③ 제주자치도 자치경찰공무원의 경우에는 신규임용은 공개경쟁시험에 의하여 행하도록 규정하고 있다(제주특별법 110 ①).

3. 경찰공무원의 지위 소멸

(1) 당연퇴직

국가경찰공무원이 경찰공무원법 제8조 제2항 각 호의 어느 하나에 해당하게 된 경우에는 당연히 퇴직한다(경공법 27). 제주자치도 자치경찰공무원의 결격사유에 관해서는 경찰공무원법 제27조가 준용된다(제주특별법 119 ①).

한편, 경찰공무원은 정년에 달하면 당연 퇴직하는데, 국가경찰공무원의 정년에는 연령정년과 계급정년 2종류가 있다. 경찰공무원의 연령 정년은 60세이며(경공법 30 ① 1호), 계급정년은 치안감(4년), 경무관(6년), 총경(11년), 경정(14년)이다(경공법 30 ① 2호). 자치경찰공무원의 연령정년은 60세로 한다(제주특별법 117).

(2) 면직

1) 의원면직

의원면직이란 경찰공무원의 사직의 의사표시에 따라 임용권자가 행하는 공무원법관계를 종료시키는 처분을 말한다.

2) 강제면직

강제면직은 임용권자의 일방적인 면직처분에 의하여 공무원관계를 소멸시키는 행위이다. 강제면직에는 징계면직과 직권면직이 있다.

제 2 장

경찰작용법

제1절 경찰작용의 근거*

제 1 항 법률유보의 원칙

개인의 자유와 재산을 침해하는 경찰작용은 법률유보의 최하한인 침해유보의 관점에서 반드시 법률의 근거가 필요하다.

경찰작용의 수권은 법기술상 ① 일반수권조항에 의하는 방법, ② 경찰관 직무집행법상 개별적으로 수권하는 방법, ③ 특별경찰법상 개별적으로 수권하는 방법으로 구분할 수 있다.

제 2 항 일반수권조항**

Ⅰ. 일반수권조항의 의의

일반수권조항이란 법에서 포괄적인 형태로 경찰권한을 수권하는 조항을 말한다. 공공의 안녕과 질서유지를 위해서는 포괄적인 수권의 형태로 경찰권한을 발동할 수 있도록 하는 일반조항[1]이 어느 정도는 불가피하다고 할 수 있다. 이에 대해서는 경찰권한의 발동에 '공공의 안녕', '위험' 등 불확정개념을 그 요건으로 하는 것은 명확성의 원칙에 반한다는 비판도 있다.

Ⅱ. 일반수권조항의 인정 여부

현행 경찰관 직무집행법 제2조는 경찰의 직무범위를 규정하면서 제7호에서 "그 밖에 공공의 안녕과 질서유지"를 직무의 하나로 규정하고 있는데, 이에 대해 동 규정을 일반수권조항으로

* 5급공채(일반행정)(2013년).

** 입법고시(2009년), 행정고시(2003년), 행정고시(재경)(2006년).

1 예: 공공의 안녕, 질서유지 및 위험방지를 위하여 필요한 경우에는 경찰권을 행사할 수 있다.

볼 수 있는지가 문제된다.[2]

1. 학설

이에 대해서는 ① 동법 제2조 제7호를 일반수권규정으로 인정하여, 개별법상의 특별수권조항이 없는 경우에 보충적으로 적용할 수 있다는 긍정설, ② 경찰권의 일반수권조항은 명확성의 원칙에 반하기 때문에 허용될 수 없으므로, 동법 제2조 제7호는 임무규정에 불과하며 수권규정이 아니라는 부정설, ③ 동법 제2조 제7호는 임의규정에 불과하지만, 별도의 일반수권조항이 필요하다는 견해가 있다.

2. 판례

'경찰관 직무집행법 제2조에 비추어 청원경찰의 불법개축행위 단속을 정당한 공무집행에 속한다'고 한 판례(대판 1986.1.28, 85도2448)에 대하여, 판례가 긍정설의 입장이라는 견해도 있으나, 판례는 단순히 불법건축행위의 단속이 청원경찰의 직무범위에 속한다는 것을 판시한 것에 불과하다는 반론도 있다.

3. 결어

경찰의 충실한 위해(危害)방지업무를 위해서는 일반수권조항의 필요성을 부인하기는 어렵다. 그러나 경찰관 직무집행법 제2조는 경찰관의 직무범위를 정한 것이지, 경찰권한의 수권조항이라고 보기는 어렵다. 따라서 별도로 일반수권조항을 마련하는 것이 바람직하다.

제 3 항 경찰관 직무집행법상의 개별적 수권조항

경찰관의 직무집행에 관한 일반법인 경찰관 직무집행법은 전형적인 경찰관의 직무를 유형화하여 규정하고 있는데, 이를 표준적 직무행위 또는 표준처분이라 부른다.

---

2 경찰관 직무집행법 제2조(직무의 범위) 경찰관은 다음 각호의 직무를 수행한다.

1. 국민의 생명·신체 및 재산의 보호
2. 범죄의 예방·진압 및 수사

2의2. 범죄피해자 보호

3. 경비·주요 인사(人士) 경호 및 대간첩작전수행
4. 공공안녕에 대한 위험의 예방과 대응을 위한 정보의 수집·작성 및 배포
5. 교통 단속과 교통 위해(危害)의 방지
6. 외국 정부기관 및 국제기구와의 국제협력
7. 그 밖에 공공의 안녕과 질서유지

경찰관 직무집행법상 표준적 직무행위로는 불심검문·보호조치·위험발생의 방지·범죄의 예방과 제지·위험방지를 위한 출입·사실의 확인· 정보의 수집·국제협력·경찰장비의 사용 등이 있다(경직법 3-8의3, 10).

Ⅰ. 불심검문

불심검문이란 범죄행위와 관련이 있다고 판단되는 사람을 정지시켜 질문·동행요구 또는 흉기소지 여부를 조사하는 것을 말한다(경직법 3).

불심검문이 행정상 즉시강제에 해당하는지에 대하여 ① 긍정설과 ② 부정설이 대립된다. ③ 불심검문은 반드시 긴급을 요하는 것이라든지 상대방의 의무가 전제되어 있는 것으로 보기 어렵다는 점에서 이를 일종의 행정조사로 보는 부정설이 타당하다.

Ⅱ. 보호조치 등*

경찰관은 수상한 행동이나 그 밖의 주위 사정을 합리적으로 판단하여 볼 때 정신착란을 일으키거나 술에 취하여 자신 또는 다른 사람의 생명·신체와 재산에 위해를 끼칠 우려가 있는 사람, 자살을 시도하는 사람 또는 미아·병자·부상자 등으로서 적당한 보호자가 없으며 응급구호가 필요하다고 인정되는 사람(다만, 본인이 구호를 거절하는 경우는 제외한다)임이 명백하며 응급구호가 필요하다고 믿을 만한 상당한 이유가 있는 사람(이하 구호대상자)을 발견하였을 때에는 보건의료기관이나 공공구호기관에 긴급구호를 요청하거나 경찰관서에 보호하는 등 적절한 조치를 할 수 있다(경직법 4 ①).

긴급구호를 요청받은 보건의료기관이나 공공구호기관은 정당한 이유 없이 긴급구호를 거절할 수 없다(경직법 4 ②).

보호조치 가운데 강제성을 띤 보호조치는 사전에 의무부과행위 없이 이루어진다는 점에서 행정상 즉시강제의 성질을 가진다.

Ⅲ. 위험발생의 방지

경찰관은 사람의 생명 또는 신체에 위해를 미치거나 재산에 중대한 손해를 끼칠 우려가 있는 천재(天災), 사변(事變), 인공구조물의 파손이나 붕괴, 교통사고, 위험물의 폭발, 위험한 동물

* 입법고시(2001년).

등의 출현, 극도의 혼잡, 그 밖의 위험한 사태가 있을 때에는 ① 그 장소에 모인 사람, 사물(事物)의 관리자, 그 밖의 관계인에게 필요한 경고를 하거나, ② 매우 긴급한 경우에는 위해를 입을 우려가 있는 사람을 필요한 한도에서 억류하거나 피난시키거나, ③ 그 장소에 있는 사람, 사물의 관리자, 그 밖의 관계인에게 위해를 방지하기 위하여 필요하다고 인정되는 조치를 하게 하거나 직접 그 조치를 할 수 있다(경직법 5 ①).

경찰관서의 장은 대간첩 작전의 수행 또는 소요(騷擾) 사태의 진압을 위하여 필요하다고 인정되는 상당한 이유가 있을 때에는 대간첩 작전지역이나 경찰관서·무기고 등 국가중요시설에 대한 접근 또는 통행을 제한하거나 금지할 수 있다(경직법 5 ②).

위험발생방지조치 가운데 사전에 의무부과행위 없이 행하여지는 억류·피난 기타 조치 등은 행정상 즉시강제에 해당한다고 볼 것이다.

Ⅳ. 범죄의 예방과 제지

경찰관은 범죄행위가 목전(目前)에 행하여지려고 하고 있다고 인정될 때에는 이를 예방하기 위하여 관계인에게 필요한 경고를 하고, 그 행위로 인하여 사람의 생명·신체에 위해를 끼치거나 재산에 중대한 손해를 끼칠 우려가 있는 긴급한 경우에는 그 행위를 제지할 수 있다(경직법 6).

사전에 의무부과행위 없이 행하여지는 제지행위는 행정상 즉시강제에 해당한다고 볼 것이다.

판례 > 경찰관 직무집행법 제6조에 따른 경찰관의 제지 조치가 적법한지 판단하는 기준

"경찰관은 형사처벌의 대상이 되는 행위가 눈앞에서 막 이루어지려고 하는 것이 객관적으로 인정될 수 있는 상황이고 그 행위를 당장 제지하지 않으면 곧 인명·신체에 위해를 미치거나 재산에 중대한 손해를 끼칠 우려가 있는 상황이어서, 직접 제지하는 방법 외에는 위와 같은 결과를 막을 수 없는 급박한 상태일 때에만 경찰관 직무집행법 제6조에 의하여 적법하게 그 행위를 제지할 수 있고, 그 범위 내에서만 경찰관의 제지 조치가 적법하다고 평가될 수 있다(대판 2021.11.11, 2018다288631)."

Ⅴ. 위험방지를 위한 출입

1. 일반출입

경찰관은 경찰관 직무집행법 제5조 제1항·제2항 및 제6조에 따른 위험한 사태가 발생하여 사람의 생명·신체 또는 그 재산에 대한 위해가 임박한 때에 그 위해를 방지하거나 피해자를 구조하기 위하여 부득이 하다고 인정하면 합리적으로 판단하여 필요한 한도에서 다른 사람의 토지·건물·배 또는 차에 출입할 수 있다(경직법 7 ①).

일반출입은 경찰관 직무집행법 외에도 식품위생법상의 출입·검사(식품위생법 22), 총포·도검·화약류 등의 안전관리에 관한 법률상의 출입·검사(총포화약법 44) 등이 있다.

2. 다수인의 출입장소에의 출입

흥행장(興行場), 여관, 음식점, 역, 그 밖에 많은 사람이 출입하는 장소의 관리자나 그에 준하는 관계인은 경찰관이 범죄나 사람의 생명·신체·재산에 대한 위해를 예방하기 위하여 해당 장소의 영업시간이나 해당 장소가 일반인에게 공개된 시간에 그 장소에 출입하겠다고 요구하면 정당한 이유 없이 그 요구를 거절할 수 없다(경직법 7 ②). 경찰관은 대간첩 작전 수행에 필요한 때에는 작전지역에서 제2항에 따른 장소를 검색할 수 있다(경직법 7 ③).

3. 성질

① 일반적으로 위험방지를 위한 출입을 즉시강제로 보고 있지만, ② 대부분의 출입·검사는 수인하명을 전제로 한 직접강제라고 보는 견해도 있다. ③ 일률적으로 판단하기는 어렵지만, 대부분의 출입·검사는 예고 없이 행하여지는 점 등을 고려하면, 즉시강제로 보더라도 무리는 없다고 생각된다.

Ⅵ. 사실의 확인 등

1. 사실확인

경찰관서의 장은 직무 수행에 필요하다고 인정되는 상당한 이유가 있을 때에는 국가기관이나 공사(公私)단체 등에 대하여 직무 수행과 관련된 사실을 조회할 수 있다. 다만, 긴급한 경우에는 소속 경찰관으로 하여금 현장에 나가 해당 기관이나 단체의 장의 협조를 받아 그 사실을 확인하게 할 수 있다(경직법 8 ①).

2. 출석요구

경찰관은 미아를 인수할 보호자, 유실물을 인수할 관리자, 사고로 인한 사상자 또는 행정처분을 위한 교통사고 조사에 필요한 사실을 확인하기 위하여 필요하면 관계인에게 출석하여야 하는 사유·일시 및 장소를 명확히 적은 출석 요구서를 보내 경찰관서에 출석할 것을 요구할 수 있다(경직법 8 ②).

Ⅶ. 정보의 수집과 국제협력

1. 정보의 수집 등

경찰관은 범죄·재난·공공갈등 등 공공안녕에 대한 위험의 예방과 대응을 위한 정보의 수집·작성·배포와 이에 수반되는 사실의 확인을 할 수 있다(경직법 8의2 ①).[3]

2. 국제협력

경찰청장 또는 해양경찰청장은 이 법에 따른 경찰관의 직무수행을 위하여 외국 정부기관, 국제기구 등과 자료 교환, 국제협력 활동 등을 할 수 있다(경직법 8의3).

Ⅷ. 경찰장비의 사용 등

1. 경찰장비의 사용

경찰장비란 무기, 경찰장구, 최루제와 그 발사장치, 살수차, 감식기구, 해안 감시기구, 통신기기, 차량·선박·항공기 등 경찰이 직무를 수행할 때 필요한 장치와 기구를 말한다(경직법 10 ②).

경찰관은 직무수행 중 이와 같은 경찰장비를 사용할 수 있으나, 다만, 사람의 생명이나 신체에 위해를 끼칠 수 있는 경찰장비에 대하여는 필요한 안전교육과 안전검사를 실시하여야 한다(경직법 10 ①).

2. 경찰장구의 사용

경찰장구란 경찰관이 휴대하여 범인검거와 범죄 진압 등의 직무수행에 사용하는 수갑, 포승(捕繩), 경찰봉, 방패 등을 말한다(경직법 10조의2 ②).

경찰관은 현행범이나 사형·무기 또는 장기 3년 이상의 징역이나 금고에 해당하는 죄를 범한 범인의 체포 또는 도주 방지, 자신이나 다른 사람의 생명·신체에 대한 방어 및 보호, 공무집행에 대한 항거(抗拒) 제지를 위하여 필요하다고 인정되는 상당한 이유가 있을 때에는 그 사태를 합리적으로 판단하여 필요한 한도에서 경찰장구를 사용할 수 있다(경직법 10조의2 ①).

---

3 기존에는 경찰관의 정보활동과 관련하여 경찰법 제3조와 경직법 제2조 제4호의 '치안정보의 수집·작성 및 배포'를 경찰의 임무로 규정하고 있는 것 이외에, 정보활동을 구체적으로 규율하는 내용을 거의 두고 있지 않아 논란이 되었지만, 2020.12.22. 경직법 개정으로 제8조의2가 신설되고 「경찰관의 정보수집 및 처리 등에 관한 규정」이 제정되어 경찰관이 수집·작성·배포할 수 있는 공공안녕에 대한 위험의 예방과 대응을 위한 정보의 구체적인 범위와 처리 기준, 정보의 수집·작성·배포에 수반되는 사실의 확인 절차 및 한계에 관한 사항이 규정되었다.

3. 분사기 등의 사용

경찰관은 범인의 체포 또는 도주 방지, 또는 불법집회·시위로 인하여 자신이나 다른 사람의 생명·신체와 재산 및 공공시설안전에 대한 현저한 위해의 발생을 억제하기 위하여 부득이한 경우 현장책임자의 판단으로 필요한 최소한의 범위에서 분사기(총포화약법에 따른 분사기와 최루 등의 작용제) 또는 최루탄을 사용할 수 있다(경직법 10조의3).

4. 무기의 사용

무기란 사람의 생명 또는 신체에 위해를 끼칠 수 있도록 제작된 권총·소총·도검 등을 말한다(경직법 10조의4 ②).

경찰관은 범인의 체포, 범인의 도주 방지, 자신이나 다른 사람의 생명·신체의 방어 및 보호, 공무집행에 대한 항거의 제지를 위하여 필요하다고 인정되는 상당한 이유가 있을 때에는 그 사태를 합리적으로 판단하여 필요한 한도에서 무기를 사용할 수 있다. 다만, 형법에 규정된 정당방위와 긴급피난에 해당하는 때 등의 경우를 제외하고는 사람에게 위해를 끼쳐서는 아니 된다(경직법 10조의4 ①).

5. 경찰착용기록장치의 사용

경찰착용기록장치란 경찰관이 신체에 착용 또는 휴대하여 직무수행 과정을 근거리에서 영상·음성으로 기록할 수 있는 기록장치 또는 그 밖에 이와 유사한 기능을 갖춘 기계장치를 말한다(경직법 제10조의5 ②).

경찰관은 직무 수행을 위하여 필요한 경우에는 필요한 최소한의 범위에서 경찰착용기록장치를 사용할 수 있다(경직법 제10조의5 ①).

경찰관이 경찰착용기록장치를 사용하여 기록하는 경우로서 이동형 영상정보처리기기로 사람 또는 그 사람과 관련된 사물의 영상을 촬영하는 때에는 불빛, 소리, 안내판 등 대통령령으로 정하는 바에 따라 촬영 사실을 표시하고 알려야 한다(경직법 제10조의6 ①).

6. 성질

대부분은 경찰장비 등의 사용을 즉시강제로 보지만, 이와 같은 장비들이나 총기는 사전 의무부과나 경고 없이 사용하기 어려우므로 직접강제로 보아야 할 것이다.

제 4 항 특별경찰법상의 개별적 수권조항

경찰관 직무집행법 이외에도 수많은 개별법률(예: 도로교통법·선박법·항공안전법 등 교통분야, 식품위생법·공중위생관리법·풍속영업의 규제에 관한 법률 등 영업분야, 산림자원의 조성 및 관리에 관한 법률·야생생물 보호 및 관리에 관한 법률 등 환경분야)에서는 공공의 안녕과 질서에 대한 위해방지작용에 관한 규정을 두고 있다. 이러한 특별법에 의한 위해방지작용은 경찰기관이 하는 경우도 있으나, 대부분은 일반행정기관이 한다.

제2절 경찰작용의 한계*

1. **법치행정원리상의 한계**
   - ○ 법률유보
   - ○ 법률우위
2. **행정법의 일반원칙상의 한계**
   - (1) 의의
   - (2) 경찰비례의 원칙
   - (3) 경찰공공의 원칙
     - ○ 의의
     - ○ 사생활불가침의 원칙·사주소불가침의 원칙·민사관계불관여의 원칙

제 1 항 법치행정원리상의 한계

경찰작용도 행정작용이므로 행정의 법률적합성의 원칙상 침익적인 경찰권 발동에는 반드시 법률의 근거가 필요하다(법률유보). 아울러 경찰권 발동은 법률의 범위 내에서 이루어져야 한다(법률우위).

제 2 항 행정법의 일반원칙상의 한계

Ⅰ. 의의

경찰작용은 행정의 법률적합성의 원칙을 준수하는 것 이외에도 행정법의 일반원칙을 준수하여야 한다.

---

* 행정고시(일반행정)(2008년), 5급공채(일반행정)(2013년).

II. 경찰소극의 원칙

경찰소극의 원칙이란 경찰권은 소극적으로 위험방지·질서유지를 위해서만 발동될 수 있다는 원칙을 말한다. 따라서 경찰권이 소극목적을 넘어 적극적인 복리증진을 위하여 행사되는 경우 경찰권의 한계를 벗어난 것으로 위법한 것이 된다.

III. 경찰평등의 원칙

경찰평등의 원칙이란 경찰권 발동에 있어서 불합리한 차별을 하여서는 안 된다는 원칙을 말한다. 이는 헌법상 평등원칙을 경찰행정법영역에 적용한 것이다.

IV. 경찰비례의 원칙

1. 의의

경찰비례의 원칙이란 경찰권을 발동하는 경우 공공의 안녕과 질서유지라는 경찰목적과 이를 위한 수단 사이에는 합리적인 비례관계가 있어야 한다는 원칙을 말한다. 비례원칙은 헌법적 근거를 가지는 헌법원칙으로서 모든 행정영역에 적용되는 법원칙이다.

2. 법적 근거

경찰관 직무집행법 제1조 제2항은 "이 법에 규정된 경찰관의 직권은 그 직무수행에 필요한 최소한도 내에서 행사되어야 하며 이를 남용하여서는 아니된다."고 하여 경찰비례의 원칙을 명문화하고 있다. 이러한 의미에서 경찰비례의 원칙은 실정법상의 원칙이기도 하다.

3. 내용

경찰수단(예: 보호조치·위험발생방지)은 경찰목적의 달성에 적합한 것이어야 하고(적합성의 원칙), 적합한 수단 중에서 최소의 침해를 가져오는 것이어야 하며(최소침해의 원칙), 달성하고자 하는 공익이 침해하게 되는 사익보다 우월하여야 한다(상당성의 원칙).

판례 > 경찰비례원칙의 의미 / 경찰관의 직무수행이 위법하게 되는 경우

"구 경찰관 직무집행법 제1조 제2항은 "이 법에 규정된 경찰관의 직권은 그 직무수행에 필요한 최소한도 내에서 행사되어야 하며 이를 남용하여서는 아니 된다."라고 규정하여 경찰비례의 원칙을 명시적으로 선언하고 있다. 이는 경찰행정 영역에서의 헌법상 과잉금지원칙을 표현한 것으로서, 공공의 안녕과 질서유지라는 공익목적과 이를 실현하기 위하여 개인의 권리나 재산을 침해하는 수단 사이에는 합리적인 비례관계가 있어야 한다는 의미를 갖는다.

경찰관이 구체적 상황에 비추어 인적·물적 능력의 범위 내에서 적절한 조치라는 판단에 따라 범죄의 진압 및 수사에 관한 직무를 수행한 경우에는 그러한 직무수행이 객관적 정당성을 상실하여 현저하게 불합리한 것으로 인정되지 않는 한 이를 위법하다고 할 수는 없다. 한편 불법적인 농성 진압의 경우 진압의 필요성, 농성의 태양 및 장소의 상황 등에서 예측되는 피해 발생의 구체적 위험성의 내용 등에 비추어 볼 때 농성 진압을 계속 수행할 것인지 여부 및 그 방법 등이 현저히 합리성을 결하여 위법하다고 평가할 수 있는 때에 그 직무집행이 법령을 위반한 것이라고 할 수 있다(대판 2022.11.30, 2016다26662,26679,26686)."

V. 경찰공공의 원칙*

1. 의의

경찰공공의 원칙이란 경찰권은 공공의 안녕과 질서의 유지를 위해서만 발동될 수 있고, 이와는 직접적인 관계가 없는 개인의 사적 생활에 대해서는 원칙적으로 관여할 수 없다는 원칙을 말한다. 이를 사생활불가침의 원칙·사주소불가침의 원칙·민사관계불관여의 원칙으로 나누어서 설명하는 것이 일반적이다.

2. 사생활불가침의 원칙

사생활불가침의 원칙이란 경찰권은 공공의 안녕과 질서에 관계가 없는 개인의 사생활영역에는 개입할 수 없다는 원칙을 말한다. 그러나 개인의 사생활이 공공의 안녕과 질서에 중대한 위험을 가져올 수 있는 경우에는 경찰개입의 대상이 된다.

3. 사주소불가침의 원칙

사주소불가침의 원칙이란 경찰이 사인의 주소 내에서 일어나는 행위에 대해서는 개입할 수 없다는 원칙을 말한다. 그러나 사주소 내의 행위가 공공의 안녕이나 질서에 직접 중대한 장해를 가져오는 경우(예: 과도한 소음·악취의 발생행위)에는 경찰개입이 가능하다.

---

* 입법고시(2009년), 행정고시(일반행정)(2006년).

4. 민사관계불간섭의 원칙

경찰은 개인의 민사관계에 개입할 수 없다. 다만 민사상의 행위가 특정 당사자의 이해관계를 넘어 공공의 안녕과 질서에 직접 위해를 가하게 되는 경우에는 경찰개입이 가능하다.

VI. 경찰책임의 원칙*

1. **의의**
2. **행위책임**
   (1) 의의
   (2) 행위책임의 귀속
   ○ 조건설, 상당인과관계설, 직접원인제공설 등
   ○ 직접원인제공설이 타당, 지배적인 견해
3. **상태책임**
   (1) 의의
   (2) 상태책임의 주체
   (3) 상태책임의 범위
4. **다수의 책임자의 경우**
   (1) 다수의 행위책임자
   (2) 다수의 상태책임자
   (3) 책임자의 경합
   (4) 상환청구
   ○ ① 긍정설, ② 부정설, ③ 절충설, ④ 부정설이 타당
5. **행정기관의 책임**
   ○ 긍정설(소수설)과 부정설(지배적 견해)
6. **경찰책임의 승계**
   (1) 의의
   (2) 행위책임의 승계
   ○ ① 승계부정설(다수설), ② 대체적 의무의 경우 승계가 인정된다는 견해, ③ 승계부정설이 타당
   (3) 상태책임의 승계
   ○ ① 승계긍정설(지배적 견해), ② 신규책임설, ③ 개별적 판단설 등, ④ 승계긍정설이 타당

1. 의의

경찰책임의 원칙이란 경찰권은 원칙적으로 공공의 안녕과 질서의 위해에 대하여 책임이 있는 자(경찰책임자 또는 교란자)에게 발동되어야 한다는 원칙을 말한다.

경찰책임에는 행위책임과 상태책임이 있으며, 경우에 따라서는 양 책임이 복합된 형태로 나타나기도 한다. 예외적으로 경찰상 위험발생과 무관한 자에게 경찰권이 발동되기도 한다.

2. 행위책임

(1) 의의

행위책임이란 개인이 자신의 행위를 통하여 공공의 안녕과 질서에 대한 위해를 야기함으로

---

* 입법고시(2002년), 행정고시(일반행정)(2010년).

써 발생되는 경찰책임을 말한다. 행위책임은 경찰법상 위해를 직접 야기하는 사람의 행위와 관련된 것이다.

행위책임은 민·형사상의 책임과는 달리 행위자의 의사능력, 행위능력 및 과실 여부와 관계없는 객관적 책임을 의미한다. 또한 행위책임은 자신의 보호·감독 하에 있는 자(보호·감독자의 지시에 종속하는 자)의 행위에 의하여 위해가 발생된 경우에도 인정된다.

(2) 행위책임의 귀속

행위책임이 인정되려면 행위와 발생된 경찰상의 위해 사이에 인과관계가 있어야 한다. 이와 관련하여 조건설, 상당인과관계설, 직접원인제공설 등이 있는데, 공공의 안녕과 질서에 대한 위해를 직접 발생시키는 행위만이 경찰책임의 대상이 된다는 직접원인제공설이 오늘날의 지배적인 견해이고, 타당하다.

이 견해에 따르면, 원칙적으로 위해에 대한 직접적인 원인을 야기하는 자만이 경찰책임을 부담하고 간접적인 원인은 경찰책임과 관련이 없다. 다만 직접원인자의 행위를 의도적으로 야기한 것으로 판단되는 목적적 원인제공자도 행위책임자로서 경찰책임을 부담한다.[4]

3. 상태책임

(1) 의의

상태책임은 공공의 안녕과 질서에 대한 위해가 개인의 행위가 아니라 물건의 상태로부터 발생하는 경우에 이러한 물건을 소유권자 기타 정당한 권리자가 부담하는 경찰책임을 말한다. 상태책임은 물건의 상태로부터 발생하는 객관적인 위해와 관련된다. 따라서 자동차의 소유자는 제3자가 자동차를 불법주차하여 도로교통에 위해를 발생시킨 경우 경찰법상의 상태책임을 부담하게 된다.

상태책임이 인정되려면 물건의 상태와 발생된 위험 사이에 인과관계가 있어야 하는데, 이 경우 역시 -행위책임의 경우와 같이- 직접원인제공설에 따라 판단하면 될 것이다.

(2) 상태책임의 주체

상태책임의 주체는 물건의 소유권자 기타 정당한 권리자이다. 정당한 권리자 이외에 물건에 대한 사실상의 지배권을 행사하는 자가 있는 경우 이들도 상태책임을 부담하게 된다. 다만 자신의 처분권이 법적·사실적으로 미치지 않는 범위(예: 도난·압류 등)에서는 상태책임이 없다.

물건의 소유권자 등이 물건을 양도하거나 권리를 포기하면 원칙적으로 상태책임이 종료된

---

4 예컨대, 상점의 할인광고로 일시에 많은 사람이 모임으로써 인근의 교통장해를 야기한 경우, 모여든 사람들은 교통장해의 직접적 원인자로서, 그리고 상점주인은 목적적 원인제공자로서 경찰권발동의 대상이 된다.

다. 그러나 고의로 소유권이나 지배권을 포기하여 이른바 '주인 없는 물건'으로부터 공공의 안녕과 질서에 대한 위해가 발생하는 경우에는 상태책임자로서의 책임을 상실하지 않는다.

(3) 상태책임의 범위

물건의 소유권자 등은 원인에 관계없이 자신의 물건의 상태로 인한 위험에 대하여 책임을 부담한다. 따라서 소유자 등에게 예상할 수 없거나 위해를 방지할 수 없는 예외적인 상황에서 위험이 발생하는 경우(예: 전쟁 중 폭격으로 인한 건물붕괴 위험 또는 유조차 전복으로 인한 지하수오염 위험이 발생한 경우)에도 원칙적으로 소유자 등은 상태책임을 부담한다.

4. 다수의 책임자의 경우

(1) 다수의 행위책임자

경찰상 위험이 다수의 행위에 의하여 발생한 경우(다수의 행위책임자), 경찰행정청은 재량에 따라 행위책임자 모두에게 또는 그중 일부에 대해서만 경찰권을 발동할 수 있다.

(2) 다수의 상태책임자

다수의 상태책임자가 있는 경우에도 경찰행정청은 재량에 따라 경찰권발동의 대상을 선택할 수 있다.

(3) 책임자의 경합

행위책임과 상태책임이 경합[5]되는 경우 행위책임자가 우선적으로 경찰권발동의 대상이 된다는 견해가 있으나, 이 경우에도 경찰행정청의 재량에 따라 결정되어야 할 것이다.

(4) 상환청구

경찰권발동의 대상이 된 책임자는 그렇지 않은 다른 책임자에게 비용의 일부의 상환을 요구할 수 있을 것인가 하는 것이 문제이다.[6]

이에 대해서는 ① 민법상 연대책임을 유추적용하여 비용상환청구가 가능하다는 견해(긍정설), ② 다수의 책임자는 각각 책임을 지는 것이므로 비용상환청구가 불가능하다는 견해(부정설), ③ 각 행위자 등에게 부과되어 있는 의무내용들이 서로 동일한 경우에는 민법상 연대채무가 유추적용될 수 있다는 견해(절충설)가 있다. ④ 다수의 행위자들은 각각의 경찰책임을 부담

---

5 여기에서 책임이 경합(競合)된다는 것은 책임이 중복되는 것, 즉 행위책임과 상태책임이 모두 있는 경우를 말한다.

6 '상환(償還)'이란 갚거나 돌려주는 것을 말한다. 다수책임자 중 경찰권 발동의 대상이 된 자가 비용을 부담한 경우 발동의 대상이 되지 않은 자들에게 그 비용을 갚아줄 것을 요구할 수 있겠는가 하는 것이다.

하는 것이라는 점, 그리고 경찰권의 발동으로 책임자가 정해지는 것으로 보아야 하는 점에서 부정설이 타당하다.

5. 행정기관의 책임*

행정기관의 행위나 그들이 사용하고 있는 물건에 의하여 경찰상 위험이 발생한 경우 경찰행정청은 이 행정기관에 대하여 경찰권을 발동할 수 있는가 하는 것이 문제이다.

이에 대하여는 부정설이 지배적인 견해이다. 다른 행정기관에 대하여 경찰권을 발동하는 것은 다른 행정기관의 관할권의 침해가 문제될 수 있으므로 다른 행정기관이 경찰상 위해를 야기하더라도 적극적으로 경찰권을 발동할 수 있는 것이 아니라 단순한 위해야기에 대한 경고나 통보 등으로 경찰권행사가 제한된다는 것이다.

그러나 소수설로서 모든 국가기관의 활동이 동가치적으로 볼 수 없기 때문에 다른 행정기관의 임무수행과 경찰상의 목적을 비교형량하여 후자의 이익이 더 큰 경우에 개입이 제한적으로 허용된다는 긍정설도 있다.

6. 경찰책임의 승계**

(1) 의의

경찰책임의 승계는 원래의 행위책임자 또는 상태책임자에게 부과된 경찰책임이 상속인이나 물건의 양수인에게 이전되는 것을 말한다.

원래 경찰책임은 일신전속적이어서 타인에게 이전될 수 없다. 그러나 승계가 부인될 경우 경찰작용의 실효성을 담보하기 어렵다는 문제가 있다.[7] 이에 따라 오늘날 경찰책임의 승계가능성이 논의되고 있다.

(2) 행위책임의 승계

이에 대하여는 ① 행위책임은 특정인에 대한 것이므로 원칙적으로 승계가 인정되지 않는다는 견해(승계부정설)가 다수설이다. ② 한편 경찰법상 의무가 비대체적이면 승계가 안 되고, 대체적이면 승계된다는 견해도 있다.[8] ③ 생각건대 행위책임은 위험을 야기한 자에게만 문제된다

---

* 5급공채(일반행정)(2013년).

** 사법시험(2000년).

7 경찰책임의 승계가 인정되지 않으면, 예컨대 이전 책임자에게 발하여진 명령을 취소하고 상속인 등에 대해서 동일 내용의 명령을 다시 하여야 하는데, 이는 위해를 신속히 제거해야 하는 경찰행정작용의 특성에 부합하지 못 하고, 또한 경찰책임자가 양도나 상속 등을 통하여 경찰처분을 회피할 수 있는 길을 열어주는 것이 될 수도 있다.

8 '비대체적(非代替的)'이란 '대체할 수 없다'는 의미로, 남이 대신할 수 없다는 의미이다.

고 보아야 할 것이라는 점에서 승계부정설이 타당하다.

(3) 상태책임의 승계

상태책임의 승계에 대하여는 ① 물건의 상태와 관련된 책임이므로 승계가 원칙적으로 인정된다는 승계긍정설(지배적 견해), ② 물건의 양수인은 상태책임을 지는데 이는 물건의 양수에 따른 새로운 상태책임이라고 보는 신규책임설, ③ 승계의 경우를 구분하여 개별적으로 판단하여야 한다는 개별적 판단설 등이 있다. ④ 상태책임은 물건의 상태와 관련된 것이므로 승계긍정설이 타당하다.

7. 경찰상 긴급상태

(1) 의의

경찰상의 긴급상태(polizeilicher Notstand)란 공공의 안녕이나 질서에 대한 위험의 극복을 위하여 원래의 경찰책임자가 아닌 제3자에게 예외적으로 경찰권이 발동되는 상태를 말한다.

(2) 요건

경찰상 긴급상태로 인한 경찰권발동의 요건으로는 ① 공공의 안녕과 질서에 대한 위해가 이미 발생하였거나 또는 임박하여야 하고, ② 경찰책임자에 대한 경찰권발동이 불가능하거나 무의미하여야 하며, ③ 이상의 요건이 충족되더라도 비례원칙상 제3자에 대한 경찰권발동이 기대가능[9]한 것이어야 하고, ④ 이 경우 경찰권의 발동은 법적 근거가 있어야 하고 제3자가 입게 되는 손실에 대한 보상규정이 있어야 한다.

9 '기대가능(期待可能)'하다는 것은 예측이 가능하다는 것을 의미한다. 사회통념상 제3자에게 경찰권을 발동하는 것이 받아들여질 수 있다는 의미이다.

제4편

공물법 · 영조물법 · 공기업법

제 1 장

공물법

개설

1. 공물의 의의
2. 공물의 종류
   (1) ① 공공용물, ② 공용물, ③ 공적 보존물 (=보존공물)
   (2) ① 자연공물, ② 인공공물
   (3) ① 국유공물, ② 공유공물, ③ 사유공물 등
   (4) 예정공물

Ⅰ. 공물의 의의

공물은 관습법을 포함하여 법령이나 국가, 지방자치단체 등의 행정주체에 의하여 직접 공적 목적에 제공된 물건을 말한다.

Ⅱ. 공물의 종류

1. 목적에 의한 분류

공물은 그 목적에 따라 ① 공물 중 직접 일반 공중의 공동사용에 제공되는 '공공용물'(도로·공원·하천·항만 등, 국유재산법과 공유재산법상의 공공용재산), ② 행정주체가 직접 자신의 사용에 제공한 '공용물'(관공서의 청사 등 일반행정용의 공용물, 관사 등 공무원용의 공용물, 연병장 등 군용의 공용물 등), ③ 공공용 또는 공용에 제공되는 것은 아니지만, 중요문화재, 천연기념물과 같이 그 물건 자체의 보존을 목적으로 하는 '공적 보존물(=보존공물)'로 분류할 수 있다.

2. 성립과정에 의한 분류

공물은 그 성립과정의 차이에 따라 ① 자연적 상태에서 이미 공적 목적에 제공될 수 있는 실체를 갖추고 있는 '자연공물'(예: 하천, 해변 등)과 ② 행정주체가 인공을 가하여 공적 목적에 제공함으로써 비로소 공물이 되는 '인공공물'(예: 도로, 정부청사 등)로 분류할 수 있다.

3. 소유권의 귀속주체에 따른 분류

공물은 그 소유권자를 기준으로 ① 물건의 소유권이 국가에 있는 '국유공물(예: 국유의 도로, 항만 등)', ② 지방자치단체에 있는 '공유공물'(예: 지방자치단체 소유의 사무용 건물), ③ 사유지상의 도로나 사유의 중요문화재와 같이 소유권은 사인에게 있으나, 행정주체에 의하여 공적 목적에 제공되는 '사유공물'(예: 공도(公道)로 지정된 사인소유의 토지)로 구분할 수 있다.

4. 소유권자와 관리주체의 관계에 따른 분류

공물의 소유권자와 공물의 관리주체의 동일성 여부를 기준으로 ① 공물의 관리주체와 소유권자가 동일한 '자유공물'(예: 국가소유의 사무용 건물)과 ② 공물의 관리주체 이외의 자가 그 물건의 소유권을 갖고 있는 '타유공물'(예: 국가가 사무용 건물로 임차한 사인소유의 건물)로 구분할 수 있다.

5. 예정공물

장래에 어떠한 물건을 공적 목적에 제공할 것임을 정하는 의사표시를 공물의 예정이라고 하며, 그 물건을 '예정공물'이라 한다(예: (구) 하천법(법률 제9605호) 제11조에 따른 하천예정지). 공용지정은 있었으나 형체적 요소를 갖추지 못하여 현실적으로 공용되고 있지 않은 물건도 예정공물로 보며, 예정공물은 공물에 준하여 취급한다(대판 1994.5.10, 93다23442).

제2절 공물의 성립과 소멸*

Ⅰ. 공물의 성립

특정한 물건이 공물로서의 성질을 취득하는 것을 공물의 성립이라 한다. 공물의 성립요건은 공공용물·공용물·공적 보존물에 따라 차이가 있다.

* 행정고시(재경)(2008년).

1. 공공용물의 성립

(1) 형체적 요소

공공용물이 성립하기 위해서는 그 물건이 일반공중의 사용에 제공될 수 있는 형체적 요소가 필요하다. 자연공물은 자연적 상태 그대로 일반공중의 사용에 제공될 수 있으므로 형체적 요소를 위한 별도의 행위가 필요하지 않으나, 인공공물은 일반공중이 사용할 수 있는 형태를 갖추어야 한다. 형체적 요소를 갖추지 못한 물건은 공물로 지정되어도 예정공물에 지나지 않는다.

(2) 공용지정(의사적 요건)

1) 의의

공공용물이 성립하기 위해서는 공용지정이 필요하다(대판 1999.5.25, 98다62046). '공용지정(Widmung)'이란 어떠한 물건을 공적 목적에 제공한다는 것과 이로 인하여 특별한 공법상의 이용질서가 적용된다는 것을 선언하는 법적 행위를 말한다. '공용개시'라고도 한다.

2) 공용지정의 형식

(가) 법령에 의한 공용지정

어떠한 물건이 법령상 요건을 갖춤으로써 공법상의 지위를 얻게 되는 경우를 말한다.

(나) 행정행위에 의한 공용지정

일반적으로는 행정행위에 의한 공용지정(예: 도로법 제25조에 의한 도로구역의 결정고시 등)이 이루어진다. 이는 일반처분으로서 물적 행정행위의 성질을 가진다.

판례 > 도로가 행정재산이 되기 위한 요건

"도로는 도로로서의 형태를 갖추고, 도로법에 따른 노선의 지정이나 인정의 공고 및 도로구역 결정·고시를 한 때 또는 국토계획법이나 도시정비법이 정한 절차를 거쳐 도로를 설치하였을 때에 공공용물로서 공용개시행위가 있다고 할 수 있다(대판 2013.6.27, 2011두22419)."

(3) 권원의 취득

공용지정을 위하여 행정주체는 그 물건에 대한 정당한 권원(=처분권)을 가지고 있어야 한다. 아무런 권원 없이 행한 공용지정은 위법한 것으로 소유자는 손해배상·부당이득반환 또는 결과제거로서 원상회복을 청구할 수 있다.

(4) 공용지정의 하자

(i) 공용지정이 법령의 형식에 의하여 행하여지는 경우에 하자 있는 공용지정은 무효에 해당한다.

(ii) 공용지정이 행정행위의 형식에 의하여 행하여지는 경우에는 중대명백설에 따라 하자가 중대하고 명백한 경우에는 무효이고, 그 외의 경우에는 취소사유가 된다고 할 것이다.

2. 공용물의 성립

공용물이 성립하기 위해서는 ① 먼저 형체적 요소가 필요하다. ② 공용물의 경우 공용지정이 필요한가에 대해서는, 이를 긍정하는 견해도 있으나, 공용물은 행정주체가 자기의 사용에 제공하는 물건이므로 공용지정을 필요로 하지 않는다는 것이 통설이다. ③ 행정주체는 당해 물건에 대하여 정당한 권원을 가져야 한다.

3. 공적 보존물의 성립*

공적 보존물은 ① 일정한 형체적 요소를 갖추는 것 외에 ② 직접 법령의 규정 또는 법령에 근거한 공용지정이 필요하다. ③ 공적 보존물은 물건의 보존에 목적이 있으므로 그 물건에 대한 권리와 관계없다.

II. 공물의 소멸**

1. 의의

2. 공공용물 중 인공공물의 소멸

- ① 형체적 요소를 상실하면 공물로서의 성질을 상실한다는 견해
  ② 형체적 요소의 소멸은 공용폐지의 사유일 뿐이라는 견해
  ③ 판례: 형체적 요소의 상실뿐 아니라 공용폐지 필요

3. 공용물의 소멸

- ① 형체적 요소 상실 등으로 공물로서의 성질을 소멸된다는 견해(다수설)
  ② 판례: 명시적 또는 묵시적 공용폐지가

* 행정고시(재경)(2008년).

** 5급공채(재경)(2012년).

필요하다는 견해
③ 판례 타당
4. 공적 보존물의 소멸
◦ ① 형체적 요소를 상실하면 공물로서의 성질을 상실한다는 견해
② 형체적 요소의 소멸은 공용폐지의 사유일 뿐이라는 견해
③ ②설이 타당

공물이 공물로서 성질을 상실하는 것을 공물의 소멸이라고 한다. 공물은 일반적으로 형체적 요소의 소멸과 공적 목적에의 제공을 폐지시키는 법적 행위인 '공용폐지(Entwidmung)'에 의하여 소멸된다. 공물의 소멸사유도 공물의 성립과 같이 공공용물·공용물 및 공적 보존물에 따라 차이가 있다.

1. 공공용물의 소멸

(1) 자연공물

① 지배적인 견해는 자연적 상태에서 영구확정적으로 멸실[1]되면 별도의 공용폐지가 없어도 공물로서의 성질을 상실한다는 입장이다. ② 반면 판례는 자연공물의 형체적 요소가 소멸되더라도 공용폐지가 있어야 비로소 공물로서의 성질이 소멸된다는 입장이다(대판 1999.4.9, 98다34003; 대판 2007.6.1, 2005도7523). ③ 자연공물이 가지는 공익성을 고려하면 판례의 입장이 타당하다.

(2) 인공공물*

인공공물은 공용폐지에 의하여 공물의 성질을 상실한다.

그러나 인공공물의 형체가 영구확정적으로 멸실되어 그 회복이 사회관념상 불가능하게 된 경우에 별도의 공용폐지 없이 공물의 성질을 상실하는지 여부에 대하여는, ① 이 경우 인공공물은 공물로서의 성질을 상실한다는 견해와 ② 형체적 요소의 소멸은 다만 공용폐지의 사유가 될 뿐이라는 견해가 대립된다. ③ 판례는 형체적 요소가 상실되는 것뿐 아니라 적어도 묵시적 공용폐지가 있었다고 인정될 수 있어야 공물의 성질이 상실된다는 입장이다[판례]. ④ 생각건대 공물의 공익성을 고려하면 판례의 입장이 타당하다.

2. 공용물의 소멸

① 공용물은 형체적 요소의 소멸이나 행정주체의 사실상 사용의 폐지에 의하여 소멸하며, 별도의 공용폐지를 필요로 하지 않는다는 것이 다수설이다. ② 반면에 판례는 공용물의 소멸에도

* 사법시험(2012년).
1 멸실(滅失): 멸망하여 사라짐.

명시적 또는 묵시적 공용폐지가 필요하다는 입장이다(대판 1997.3.14, 96다43508). ③ 공용물의 공익성을 고려하면 판례의 입장이 타당해 보인다.

3. 공적 보존물의 소멸*

공적 보존물은 행정주체의 지정해제의 의사표시에 의하여 공물의 성질을 상실한다. 행정주체는 공적 보존물이 그 가치를 상실한 경우 또는 공익상의 특별한 사유가 있을 경우에는 그 지정을 해제할 수 있다(문화유산법 31, 전통사찰의 보존 및 지원에 관한 법률 5).

공적 보존물의 형체적 요소가 멸실되는 경우에 공물로서 성질을 상실하는지 여부에 관하여는 ① 공물로서의 성질을 상실한다는 견해와 ② 형체적 요소의 소멸은 다만 공용폐지의 사유가 될 뿐이라는 견해가 대립된다. ③ 생각건대 공적 보전물의 경우 복원가능성이 있다는 점을 고려하면 후자가 타당하다.

제3절 공물의 법적 특색**

Ⅰ. 개설

공물에는 공법만 적용되는지, 아니면 사법이 적용되나 공익적 목적에 필요한 범위 내에서만 공법이 적용되는지가 문제이다.

Ⅱ. 공물상의 권리의 성질

1. 공소유권설

이 설은 공물에 대한 사법의 적용을 배제하고 공물에 대한 사권의 성립을 전적으로 부정하며 오로지 공물을 공법의 적용을 받는 공소유권의 대상으로만 보는 입장이다.

2. 사소유권설

이 설은 공물도 사법의 적용을 받고 사권의 대상이 되는 것이 원칙이나, 공적 목적에 제공되

* 행정고시(재경)(2008년).

** 사법시험(2008년).

는 한도 내에서 사법의 적용 및 사권의 행사가 제한된다는 입장이다. 현재 우리나라와 독일·일본의 통설이다.

3. 결어

공물은 사소유권의 대상이 될 수 있는 물건인데 공적 목적에서 여기에 일정한 공법상의 제한을 가하는 것이므로 사소유권설이 타당하다.[2]

Ⅲ. 공물의 실정법상 특색

공물에 관한 일반법으로는 국유재산법과 공유재산법이 있고, 그 외에도 개별법으로 하천법, 도로법, 문화유산법 등이 있다. 이하에서는 실정법이 규정하는 공물에 대한 공법적 특색 중 공통적인 것만 살펴본다.

1. 융통성의 제한(처분 등의 제한)

공물은 그 목적 달성에 필요한 범위 내에서 사법상 거래(예: 매매, 증여, 저당권·지상권 등의 설정)의 대상에서 제외되는 경우가 많은데, 이를 불융통성이라 한다.[3]

판례 > 지방의회의 의결을 거치지 않은 지방자치단체의 중요 재산 처분행위의 효력(무효)

"구 지방자치법(2021.1.12. 법률 제17893호로 전부 개정되기 전의 것, 이하 '구 지방자치법'이라 한다) 제39조 제1항 제6호에서는 지방의회의 의결사항으로 '대통령령으로 정하는 중요 재산의 취득·처분'을 규정하고, 구 지방자치법 시행령(2021.12.16. 대통령령 제32223호로 전부 개정되기 전의 것, 이하 '구 지방자치법 시행령'이라 한다) 제36조 제1항에서는 위 '중요 재산의 취득·처분이란 공유재산 및 물품 관리법 시행령 제7조 제1항에 따른 중요 재산의 취득·처분을 말한다.'고 규정한다.
… 구 공유재산 및 물품 관리법 시행령(2022.4.20. 대통령령 제32601호로 개정되기 전의 것, 이하 '구 공유재산법 시행령'이라 한다) 제7조 제1항은 구 공유재산법 제10조 제1항에 따른 관리계획에 포함되어야 할 사항에 대해 규정하면서 제2호 (나)목으로 '토지 처분의 경우 1건당 토지 면적

---

2 예컨대, 도로법은 제4조에서 "도로를 구성하는 부지, 옹벽, 그 밖의 물건에 대하여는 사권을 행사할 수 없다. 다만, 소유권을 이전하거나 저당권을 설정하는 경우에는 사권을 행사할 수 있다."고 규정하여 사소유권설에 입각하고 있다.

3 예컨대, 국유재산법 및 공유재산법은 국·공유재산에 사권설정을 원칙적으로 금지하고(국유재산법 11 ②, 공유재산법 19 ①), 그 용도나 목적에 장애가 되지 않는 범위에서 그 사용이나 수익을 허용하고 있다(국유재산법 30 ①, 공유재산법 20 ①). 도로법 제4조도 사권의 설정 및 행사를 제한하고 있다.

이 5천㎡(시·군·자치구의 경우에는 2천㎡) 이상인 토지'로 정하고 있다. … 따라서 지방의회 의결을 받아야 하는 중요 재산의 취득·처분에 해당함에도 지방의회의 의결을 받지 아니한 채 중요 재산에 관한 매매계약을 체결하였다면 이는 강행규정인 지방자치법령에 위반된 계약으로서 무효가 된다(대판 2024.7.11, 2024다211762)."

2. 강제집행의 제한

공물이 민사집행법에 의한 강제집행의 대상이 될 수 있는지에 대하여, ① 공물의 목적을 저해할 우려가 있으므로 대상이 될 수 없다는 부정설이 있는데, ② 긍정설은 공물의 융통성을 기준으로, 국유공물과 공유공물은 융통성이 제한되어 있으므로 강제집행의 대상이 될 수 없으나, 사유공물은 융통성이 인정되므로 강제집행이 가능하다고 한다. 긍정설이 통설이다. 민사집행법 제192조는 "국가에 대한 강제집행은 국고금을 압류함으로써 한다."고 규정하여 국유공물에 대한 강제집행을 인정하고 있지 않다.

3. 시효취득의 제한*

1. 문제	③ 완전시효취득설 등, ④ 판례는 부정설
2. 학설 및 판례	**3. 국유재산법 7 ②, 공유재산법 6 ②**
○ ① 부정설(통설), ② 제한적 시효취득설,	

사유공물은 시효취득[4]의 대상이 될 수 있다. 그러나 국유공물·공유공물도 시효취득의 대상이 되는지에 대하여는 ① 융통성이 있으면 시효취득의 대상이 될 수 있다는 입장(제한적 시효취득설), ② 공물에 대한 완전한 시효취득도 가능하다는 입장(완전시효취득설)도 있으나, ③ 관리대상인 공물을 20년간 소유의 의사로 평온·공연히게 점유한다고 할 수 없으므로 원칙적으로 시효취득의 대상이 될 수 없다고 보는 입장(부정설)이 일반적이다. ④ 판례도 부정설의 입장이다. ⑤ 현행 국유재산법(7 ②)과 공유재산법(6 ②)도 일반재산[5]을 제외한 행정재산에 대해서는 시효취득의 대상이 되지 않는다고 규정하고 있다.

---

* 사법시험(2001년), 5급공채(재경)(2012년).

4 민법 제245조(점유로 인한 부동산소유권의 취득기간) ① 20년간 소유의 의사로 평온, 공연하게 부동산을 점유하는 자는 등기함으로써 그 소유권을 취득한다.

5 일반재산(국유재산법 6 ③, 공유재산법 5 ③, 과거 잡종재산)에 대한 법관계는 이른바 국고관계로서 사법관계이므로 사법이 적용된다. 따라서 시효취득의 대상이 될 수 있는 것이다.

판례 > 행정재산의 시효취득 대상 여부

> "행정목적을 위하여 공용되는 행정재산은 공용폐지가 되지 않는 한 사법상 거래의 대상이 될 수 없으므로 취득시효의 대상도 될 수 없다(대판 1983.6.14, 83다카181)."

4. 공용수용의 제한

공물이 공용수용의 대상이 될 수 있는지가 문제된다. ① 다수설인 부정설은 공물을 수용하려면 공용폐지가 선행되어야 한다는 입장이다. ② 이에 대하여 긍정설은 공용폐지가 선행되지 않고도 공용수용의 대상이 될 수 있다고 본다. ③ 판례는 긍정설의 입장이다(대판 1996.4.26, 95누13241).

5. 공물의 범위결정 및 경계확정

행정주체 또는 공물의 관리청은 공용지정을 통하여 공물의 범위 또는 경계를 일방적으로 정하는 처분을 할 수 있는 것이 일반적이다[예: 도로구역의 결정 및 고시(도로법 25), 하천구역의 결정(하천법 10) 등].

6. 공물과 상린관계(相隣關係)

법률에서 공물에 인접한 토지·물건에 대하여 여러 가지 제한을 가하는 규정을 두고 있는 경우가 많다[예: 도로법상의 접도 구역(도로법 40) 및 도로보전입체구역(도로법 45) 등에 대하여 일정한 행위를 제한·금지하거나 일정한 작위의무를 부과하는 것 등]. 이와 같은 규정이 없는 경우에는 민법의 상린관계[6]에 관한 규정(민법 216 이하)이 유추적용된다고 할 것이다.

7. 공물의 설치·관리상의 하자로 인한 손해배상

공물의 설치·관리상의 하자로 타인에게 손해가 발생한 경우에는 국가나 지방자치단체는 국가배상법 제5조에 따라 그 손해를 배상하여야 한다.

8. 공물의 등기

자연공물은 등기 없이도 법률의 규정에 의하여(민법 187) 국유로 되는 경우가 많다(공유수면법 2). 그러나 이러한 규정이 없으면, 공물인 부동산도 부동산등기법에 의한 등기를 하여야 한다.

---

6 '상린(相隣)'이란 '서로 이웃함'을 의미한다. 상린관계란 서로 이웃하고 있는 관계라는 의미이다.

제4절 공물의 관리와 공물경찰

Ⅰ. 공물의 관리

1. 의의

공물주체가 공물의 목적을 달성하기 위하여 행하는 일체의 작용을 '공물의 관리'라 한다.

2. 공물관리권*

(1) 의의 및 성질

공물을 관리하는 공물주체의 권한을 '공물관리권'이라 한다. 공물관리권의 성질에 대해서는 ① 이를 소유권 그 자체의 작용에 불과하다고 보는 소유권설과 ② 공물주체의 공법적 권한에 속하는 물권적 지배권으로 보는 공법상 물권적 지배설(통설·판례)이 있다.

(2) 공물관리권의 행사 형식

공물관리권은 법령의 형식(예: 공물관리규칙)으로 행사할 수도 있고, 법령에 근거한 개별구체적인 형식으로서 행정행위(예: 공물의 사용허가)나 사실행위(예: 도로 등의 공사)등 다양한 형식으로 행사할 수도 있다.

(3) 공물관리권의 내용

공물관리권은, 공물의 범위를 결정[예: 도로구역의 결정(도로법 25)]하거나, 필요한 경우 타인의 토지에 출입하거나 일시 사용하거나 기타 필요한 조치를 취하거나(도로법 81, 하천법 75), 공물의 유지·개축·수선 등을 하거나, 공물의 보전 등을 위하여 사용을 제한[차량운행의 제한(도로법 77), 하천사용의 금지 및 제한(하천법 46, 47) 등]하거나, 공물을 일반공중의 사용에 제공하거나 특정인을 위하여 그 사용권 또는 점용권(예: 도로점용허가, 하천점용허가) 등을 설정하거나, 공물에 대한 사용료 등을 징수하고, 공물의 무단 점용자에게는 변상금을 부과(도로법 72)하는 등의 작용을 내용으로 한다.

3. 공물관리자

공물의 관리는 공물주체가 스스로 행하는 것이 원칙이다. 그러나 예외적으로 공물관리권을

* 사법시험(2008년).

타인에게 위임하는 경우도 있다.[7]

4. 공물관리와 비용부담

공물관리에 소요되는 비용은 공물주체가 부담하는 것이 원칙이나, 국가가 관리하는 공물의 관리비용의 전부 또는 일부를 지방자치단체(도로법 87 ①) 또는 관리청이 아닌 자에게 부담시키거나(도로법 92), 지방자치단체가 관리하는 공물의 관리비용을 전부 또는 일부를 다른 지방자치단체에게 부담시키는 경우(도로법 87 ②)도 있다.

5. 공물설치·관리상의 손해배상 및 손실보상

공물의 설치·관리상의 하자로 인하여 타인에게 손해가 발생한 경우에는 국가 또는 지방자치단체가 그 손해를 배상하여야 한다(국배법 5).

한편, 공물의 설치·관리를 위하여 타인의 재산에 손실을 입힌 경우에는 그 손실을 보상하여야 한다(도로법 97, 99, 하천법 76, 77).

II. 공물경찰

공물경찰이란 경찰행정청이 공물과 관련하여 발생되는 공공의 안녕과 질서에 대한 위해를 예방하고 제거하기 위하여 행하는 작용을 말한다(예: 위해방지를 위한 도로통행의 금지 또는 제한 조치).

동일한 공물에 공물관리권과 공물경찰권이 경합하여 행사되는 경우 이를 구분하는 것이 쉽지는 않지만, 공물관리는 적극적인 관리작용인데 반하여 공물경찰은 소극적으로 공물과 관련된 위해를 방지하는 것을 목적으로 한다는 점, 공물관리권한은 공물주체의 공물에 대한 지배권을 근거로 하지만 공물경찰은 일반경찰권을 근거로 한다는 점, 의무위반이나 의무불이행에 대하여 공물경찰관계에서는 제재나 행정상 강제집행이 가능하지만 공물관리관계에서는 원칙적으로 할 수 없다는 점 등에서 차이가 있다.

7 예컨대, 국가하천의 보수에 관한 공사와 유지·관리를 시·도지사에게 행하게 하거나(하천법 27 ⑥ 단서), 국도의 수선 및 유지에 관한 업무를 시·도지사에게 행하게 하는 것(도로법 23, 31)을 말한다.

제5절 공물의 사용관계*

Ⅰ. 의의

공물의 사용관계란 공물의 사용에 관하여 공물주체와 사용자와의 사이에 발생하는 법률관계를 의미한다.

Ⅱ. 종류

공물의 사용관계는 그 사용방법을 기준으로 일반사용과 특별사용으로 구분된다. 특별사용은 다시 허가사용, 특허사용, 관습상의 특별사용, 행정재산의 목적 외 사용으로 구분된다.

1. 일반사용(Gemeingebrauch)**

(1) 공공용물의 일반사용

1) 의의

공공용물은 일반 공중의 사용에 제공함을 목적으로 하므로, 행정청의 허가와 같은 특별한 행위 없이 자유로이 사용할 수 있는데, 이를 '일반사용'이라 한다(예: 도로의 통행, 공원에서의 산

* 5급공채(행정)(2017년).
** 행정고시(재경)(2011년), 변호사시험(2021년).

책 등). '보통사용' 또는 '자유사용'이라고 부르기도 한다.

2) 법적 성질

공공용물의 일반사용의 법적 성질에 관하여, ① 반사적 이익설은 공물이 일반 공중의 사용에 제공된 결과 그 반사적 이익으로서 사용의 자유를 누리는 것에 불과하다는 입장이다. ② 반면에 공권설은 공물의 일반사용상의 이익을 공법상의 권리로 본다. ③ 공공용물은 일반 공중의 사용에 제공되는 것이므로 이 범위 내에서 개인은 일반사용에 대한 권리는 있다고 보아야 할 것이다. 따라서 공권설이 타당하다.

다만 이 경우 일반사용권은 공공용물의 일반적 사용에 대한 권리일 뿐 특정인에게 사용권이 설정된 것으로 볼 수는 없다. 그러나 예외적으로 특정인에게 직접적이고 구체적인 이익을 부여하고 있는 특별한 사정이 있는 경우에는 일반사용의 폐지처분을 다툴 수 있는 법률상 이익(원고적격)이 인정될 수 있을 것이다.

판례 > 도로용도폐지처분의 취소를 구할 법률상 이익이 있는 자

"일반적으로 도로는 국가나 지방자치단체가 직접 공중의 통행에 제공하는 것으로서 일반국민은 이를 자유로이 이용할 수 있는 것이기는 하나, 그렇다고 하여 그 이용관계로부터 당연히 그 도로에 관하여 특정한 권리나 법령에 의하여 보호되는 이익이 개인에게 부여되는 것이라고까지는 말할 수 없으므로, 일반적인 시민생활에 있어 도로를 이용만 하는 사람은 그 용도폐지를 다툴 법률상의 이익이 있다고 말할 수 없지만, 공공용재산이라고 하여도 당해 공공용재산의 성질상 특정개인의 생활에 개별성이 강한 직접적이고 구체적인 이익을 부여하고 있어서 그에게 그로 인한 이익을 가지게 하는 것이 법률적인 관점으로도 이유가 있다고 인정되는 특별한 사정이 있는 경우에는 그와 같은 이익은 법률상 보호되어야 할 것이고, 따라서 도로의 용도폐지처분에 관하여 이러한 직접적인 이해관계를 가지는 사람이 그와 같은 이익을 현실적으로 침해당한 경우에는 그 취소를 구할 법률상의 이익이 있다(대판 1992.9.22, 91누13212)."

3) 일반사용의 내용과 한계

일반사용의 내용과 한계는 공공용물의 종류에 따라 당해 공물의 공용목적과 관련법령 등에 의하여 정해지는데, 이 경우 사용의 자유를 본질적으로 침해하여서는 안 된다.

한편, 일반사용은 공공의 필요에 따라 공물관리권 또는 공물경찰권에 의하여 제한될 수 있다.

판례 > 공공용물에 대한 일반사용이 적법한 개발행위로 제한되는 불이익이 특별한 손실인지 여부

"일반 공중의 이용에 제공되는 공공용물에 대하여 특허 또는 허가를 받지 않고 하는 일반사용은 다른 개인의 자유이용과 국가 또는 지방자치단체 등의 공공목적을 위한 개발 또는 관리·보존행위를 방해하지 않는 범위 내에서만 허용된다 할 것이므로, 공공용물에 관하여 적법한 개발행위 등이 이루어짐으로 말미암아 이에 대한 일정범위의 사람들의 일반사용이 종전에 비하여 제한받게 되었다 하더라도 특별한 사정이 없는 한 그로 인한 불이익은 손실보상의 대상이 되는 특별한 손실에 해당한다고 할 수 없다(대판 2002.2.26, 99다35300)."

4) 인접주민의 고양된 일반사용*

인접주민은 공공용물에 대한 공간적인 관계를 근거로 일반인의 일반사용의 범위를 넘어서서 사용할 필요성이 있다(예: 물건의 적재·하적을 위하여 차량을 주차시키거나, 건물의 수리·증축 등을 위하여 보도에 일시적으로 건축자재를 적치하는 등의 행위). 이러한 일반사용을 넘어서는 인접주민의 사용을 '인접주민의 고양(高揚)된 일반사용'이라 한다.

인접주민의 고양된 일반사용은 인접주민으로서 일상생활에 불가피한 것이어야 하고, 일반공중의 사용과 조화되어야 한다는 한계가 있다. 이를 넘어서는 사용은 특별사용에 해당되어 행정청의 별도의 허가를 얻어야 한다.

판례 > 인접주민의 공물에 대한 고양된 일반사용권의 보유 여부 판단방법

"공물의 인접주민은 다른 일반인보다 인접공물의 일반사용에 있어 특별한 이해관계를 가지는 경우가 있고, 그러한 의미에서 다른 사람에게 인정되지 아니하는 이른바 고양된 일반사용권이 보장될 수 있으며, 이러한 고양된 일반사용권이 침해된 경우 다른 개인과의 관계에서 민법상으로도 보호될 수 있으나, 그 권리도 공물의 일반사용의 범위 안에서 인정되는 것이므로, 특정인에게 어느 범위에서 이른바 고양된 일반사용권으로서의 권리가 인정될 수 있는지의 여부는 당해 공물의 목적과 효용, 일반사용관계, 고양된 일반사용권을 주장하는 사람의 법률상의 지위와 당해 공물의 사용관계의 인접성, 특수성 등을 종합적으로 고려하여 판단하여야 한다. 따라서 구체적으로 공물을 사용하지 않고 있는 이상 그 공물의 인접주민이라는 사정만으로는 공물에 대한 고양된 일반사용권이 인정될 수 없다(대판 2006.12.22, 2004다68311)."

(2) 공용물의 일반사용

공용물은 직접 행정주체 자신의 사용에 제공함을 목적으로 하므로, 일반사용의 대상이 되지

* 사법시험(2003년).

않는다. 이에 대하여 다수설은 공용물의 경우에도 예외적으로 그 본래의 목적에 반하지 않는 범위에서 일반사용이 허용된다고 하고 있으나(예: 국공립학교 구내의 자유통행 또는 국공립학교 운동장의 사용 등), 이 경우에도 공물주체의 명시적 또는 묵시적 허가에 의한 사용으로 보는 것이 타당하다.

2. 허가사용(Gebraucherlaubnis)

(1) 공공용물의 허가사용

1) 의의

공공의 안녕과 질서에 대한 위해를 방지하거나 사용관계의 조정을 위하여 공공용물의 사용을 일단 금지시키고 그 후에 선별적으로 행정청의 허가를 받아 사용할 수 있도록 하는 것을 '공공용물의 허가사용'이라 한다.[8]

2) 성질

허가사용은 공물의 자유사용에 대한 상대적 금지를 해제하는 행위로서, 공물사용권을 설정받아 사용하는 특허사용과 구별된다.

허가사용의 전제가 되는 상대적 금지는 위험방지·질서유지·사용관계의 조정 등을 위한 것이므로, 이러한 목적을 충족하면(=금지할 필요가 없으면) 그 사용을 허가하여야 한다. 따라서 공공용물의 사용허가는 기속행위이다.[9]

허가사용에 의하여 상대방이 누리는 이익(적법하게 영업할 수 있는 지위의 회복)은 반사적 이익이다.

3) 사용료

공공용물의 사용허가는 상대방에게 이익을 주는 경우가 많으므로, 이에 따라 상대방에게 사용료의 지급의무 등을 내용으로 하는 부담을 과하는 것이 일반적이다. 이를 이행하지 않는 경우에는 강제징수가 인정될 수도 있고, 상대방이 사용료 부과에 대하여 불복하는 경우에는 행정쟁송이 인정된다.

(2) 공용물의 허가사용

직접 행정주체가 사용하는 공용물은 원칙적으로 허가사용이 안 되지만, 예외적으로 그 목적

---

8 다수인의 사용관계의 조정을 위한 금지를 해제하거나(예: 도로구역 안에서의 공작물의 신설을 위한 도로의 일시적 점용허가(도로법 61 ①), 하천에서의 죽목의 운송허가(하천법 33 ①) 등), 위해방지를 위한 금지를 해제하는 것(예: 차마의 운전자는 원칙적으로 보행자전용도로를 통행할 수 없으나, 시·도경찰청장이나 경찰서장이 특히 필요하다고 인정하는 경우에 보행자전용도로를 통행할 수 있는 것(도로교통법 28 ②) 등).

9 다만, 법률의 규정에 따라 재량행위로 규정하고 있는 경우도 있다(예: 집시법 10).

에 반하지 않는 범위에서 허가사용이 인정될 수 있다(예: 관청의 운동장의 사용허가).

3. 특허사용*

(1) 의의

공물관리권에 의하여 특정인에 대하여 특별한 공물사용의 권리를 설정해 주는 것을 '공물사용권의 특허'라고 하고, 이에 따른 공물의 사용을 '공물의 특허사용'이라 한다. 실정법상허가라고 하는 경우도 많다(예: 도로점용허가(도로법 61), 하천부지 또는 유수의 점용허가(하천법 33) 등). 특허사용은 독점적·배타적인 것이 아니라 그 사용목적에 따라서는 일반사용과 병존이 가능하다.

판례 > 도로의 특별사용 여부에 관한 판단 기준**

"도로의 특별사용은 반드시 독점적, 배타적인 것이 아니라 그 사용목적에 따라서는 도로의 일반사용과 병존이 가능한 경우도 있고, 이러한 경우에는 도로점용 부분이 동시에 일반공중의 교통에 공용되고 있다고 하여 도로점용이 아니라고 말할 수 없다(대판 1998.9.22, 96누7342)."

(2) 성질

공물사용권의 특허의 성질에 대하여는 공법상 계약설과 상대방의 협력을 요하는 행정행위설(쌍방적 행정행위설)이 대립되어 왔다. 구체적으로는 실정법의 규정방식에 따라 결정되겠지만, 일반적으로 특허는 쌍방적 행정행위로 이해되고 있다.

또한 특허행위는 특정인을 위하여 일반인에게 인정되지 않는 특별한 공물사용권을 설정하여 주는 설권적 행위이므로, 별다른 규정이 없는 한, 재량행위라는 것이 학설·판례의 입장이다.

판례 > 도로점용허가의 법적 성질

"도로점용허가는 일반사용과 별도로 도로의 특정 부분에 대하여 특별사용권을 설정하는 설권행위이다. 도로관리청은 신청인의 적격성, 점용목적, 특별사용의 필요성 및 공익상의 영향 등을 참작하여 점용허가 여부 및 점용허가의 내용인 점용장소, 점용면적, 점용기간을 정할 수 있는 재량권을 갖는다(대판 2019.1.17, 2016두56721, 56738)."

---

* 법원행정고시(2008년), 사법시험(2008년), 사법시험(2011년), 사법시험(2012년).

** 5급공채(행정)(2017년).

(3) 내용

1) 공물사용권

① 공물사용의 특허를 받은 자는 공물사용권을 취득한다. 공물사용권은 공권이다[판례1].

② 공물사용권은 공물의 특별한 사용을 청구할 수 있는 채권[10]의 성질을 갖는다(통설·판례)[판례2].[11]

판례 1 > 제3자가 하천부지점용허가처분의 취소를 구할 법률상 이익이 있는지 여부

"하천부지점용허가처분의 제3자가 그 취소소송을 제기하기 위한 법률상 이익(원고적격)이 있다고 하기 위해서는, 그가 먼저 하천부지점용허가를 받아 점용허가 기간 중에 있거나 또는 하천법상 동의를 요하는 이해관계인에 해당되거나 아니면 경합하여 하천부지점용허가신청을 한 경우에 해당됨으로써 위 점용허가처분으로 인하여 그의 권리, 이익이 침해되는 결과가 초래되었다고 볼 수 있는 경우이어야 한다(대판 1993.10.8, 93누5017)."

판례 2 > 하천점용허가권의 성질

"하천의 점용허가권은 특허에 의한 공물사용권의 일종으로서 하천의 관리주체에 대하여 일정한 특별사용을 청구할 수 있는 채권에 지나지 아니하고 대세적 효력이 있는 물권이라 할 수 없다(대판 2015.1.29, 2012두27404)."

2) 공물사용권자의 의무

① 공물관리자는 공물의 특허사용의 대가로 점용료 등의 사용료를 징수할 수 있다. 법률에 사용료에 대한 규정이 없는 경우에도 징수할 수 있다는 것이 다수설이다. 특허사용이 오로지 공익을 위한 사용인 경우에는 사용료를 감면할 수 있다(도로법 68, 하천법 37 참조). 사용료납부의무는 공의무의 성질을 가지므로, 행정상 강제징수의 대상이 된다(도로법 69, 하천법 67).

판례 > 도로관리청이 점용료 감면에 관한 재량을 갖는지 여부 및 감면사유로 규정된 것 이외의 사유를 들어 점용료를 감면할 수 있는지 여부

"도로점용허가를 받은 자가 구 도로법 제68조의 감면사유에 해당하는 경우 도로관리청은 감면 여부

---

10 물권은 물건에 대한 지배권(소유권·점유권·지상권 등)을 말하고, 채권은 타인에게 어떠한 행위를 청구할 수 있는 권리(예: 금전의 지급을 요구하는 금전채권)를 말한다.

11 다만, 실정법 중에서는 공물사용권이 물권의 성격을 갖는다는 명문의 규정을 두고 있는 경우가 있다(예: 어업권(수산업법 16 ②), 광업권(광업법 10 ①), 댐사용권(댐건설법 29) 등).

에 관한 재량을 갖지만, 도로관리청이 감면사유로 규정된 것 이외의 사유를 들어 점용료를 감면하는 것은 원칙적으로 허용되지 않는다(대판 2019.1.17, 2016두56721, 56738)."

② 공물사용권자는 특허에 의한 공물사용으로 인한 장해의 예방이나 제거에 필요한 시설을 설치할 의무를 부담할 수 있다. 그리고 특허로 인하여 기존의 권리를 침해하는 경우 이해조정의 관점에서 손실보상의무를 부담할 수 있다(하천법 34, 35).

③ 공물에 정착하는 공작물의 설치를 내용으로 하는 공물사용권을 특허하는 경우에는 사용자에게 공물의 유지·수선 및 원상회복의무를 부과하거나(도로법 73, 하천법 48), 그 비용을 부담할 의무를 부과할 수 있다(도로법 91, 하천법 60).

3) 특허사용관계의 종료

공공용물의 특허사용관계는 ① 공물의 공용폐지 및 형체적 요소의 소멸, ② 공물사용권의 포기, ③ 기한의 도래 및 해제조건의 성취, ④ 특허의 철회 및 취소 등의 사유로 소멸된다.

4. 관습법에 의한 특별사용

(1) 의의

공물사용권은 공물주체의 특허에 의하여 성립되는 것이 원칙이나, 때로는 관습법에 의하여 성립되는 경우도 있다(예: 하천의 용수(用水)권).

(2) 성립

관습법에 의한 공물사용권이 성립하기 위해서는 ① 그 사용이 '오랜 기간에 걸친 동일한 관행'에 의하여 한정된 범위의 사람에 대한 특별한 이익으로 인정되고, ② 그 이용이 일반인으로부터 정당한 사용으로 인식되어야 한다(법적 확신).

(3) 성질

관습법에 의한 공물사용권도 공권이며, 재산권의 성질도 갖는다. 또한 공공용물은 일반공중의 이용에 제공함을 목적으로 하므로, 관습법에 의한 공물사용권이 현저히 침해되지 않는 범위에서 동일한 공물에 대하여 타인이 새로운 사용권을 취득하더라도 이를 권리침해로 볼 수 없다.

5. 행정재산의 목적 외 사용*

1. **의의**
2. **성질**
   (1) 학설
      ① 사법관계설 ② 공법관계설(다수설)
   (2) 검토
      ① 과거 국유재산법: 다수설과 판례는 사법관계설
      ② 현행법: 공법관계설이 타당
   (3) 판례: 특허에 의한 공법관계
3. **허가의 취소와 철회**
4. **변상금의 징수**

(1) 의의

국·공유재산 중 행정재산(국·공유의 공물)은 직접 행정목적에 제공된 재산이므로, 이를 대부·매각·교환·양여 또는 신탁 등을 할 수 없는 것이 원칙이다(국유재산법 27, 공유재산법 19 ①). 그러나 행정재산도 그 용도 또는 목적에 장애가 되지 않는 범위에서 예외적으로 사용을 허가할 수 있는데(국유재산법 30, 공유재산법 20), 이러한 허가에 따른 행정재산의 사용관계를 '행정재산의 목적 외 사용'이라 한다(예: 관공서건물의 일부에서의 다과점·구내서점 등의 영업허가).

행정재산의 목적 외 사용에 대하여 개별법에 규정이 없는 경우에는 국유재산법과 공유재산법의 규정이 적용된다. 공공용물의 목적 외 사용에 대하여는 하천법 제33조, 도로법 제61조 및 제63조, 도시공원 및 녹지 등에 관한 법률 제24조 등에서 규정하고 있으므로, 국유재산법과 공유재산법이 적용되는 대상은 대부분 공용물이다.

(2) 성질

① 사법관계설은 오로지 사용자의 사적 이익을 도모한다는 이유로 사법상의 계약관계로 보지만, ② 통설인 공법관계설은 사용관계의 발생·소멸이 행정행위에 의하여 이루어지므로 공법관계로 본다. ③ 과거 국유재산법이 행정재산의 사용허가에 일반재산의 대부(貸付)에 관한 규정을 준용하고 있어서 그 당시 다수설과 판례는 사법관계설의 입장이었으나, 현행법은 행정재산의 목적 외 사용의 허가, 허가의 취소·철회, 사용료의 부과 및 그에 대한 강제징수를 규정하고 있어 공법관계설이 타당하다. ④ 판례 역시 행정재산의 목적 외 사용을 특허에 의한 공법관계로 본다.

* 사법시험(2007년), 5급공채(일반행정)(2011년), 5급공채(2020년).

판례 > 행정재산의 사용·수익허가의 성질[12]

"국유재산 등의 관리청이 행정재산의 사용·수익에 대한 허가는 순전히 사경제주체로서 행하는 사법상의 행위가 아니라 관리청이 공권력을 가진 우월적 지위에서 행하는 행정처분으로서 특정인에게 행정재산을 사용할 수 있는 권리를 설정하여 주는 강학상 특허에 해당한다(대판 2006.3.9, 2004다31074)."

(3) 허가의 취소 또는 철회

관리청은 상대방의 귀책사유가 있는 경우나 국가 또는 지방자치단체가 직접 공용 또는 공공용으로 사용하기 위하여 필요하게 된 경우에는 그 허가를 취소하거나 철회할 수 있다(국유재산법 36 ①, ②).

판례 > 국유재산법 제36조 제1항 제2호의 사용허가 취소사유인 '사용허가 받은 재산을 다른 사람에게 사용·수익하게 한 경우'에 해당하는 사례

"… 갑은 위 건물을 본인의 주거용으로만 사용하겠다는 뜻을 밝혀 위 국유지의 사용허가를 받고도 위 건물을 제3자에게 임대함으로써 시장이 사용허가 당시 예정하였던 목적과 취지에 반하여 건물 임차인으로 하여금 건물의 점유·사용에 수반하여 국유지를 사용·수익하게 하였으므로 위 건물 임대는 국유재산법 제36조 제1항 제2호에서 사용허가 취소사유로 정한 '사용허가 받은 재산을 다른 사람에게 사용·수익하게 한 경우'에 해당한다(대판 2020.10.29, 2019두43719)."

(4) 변상금의 징수*

국·공유재산을 무단으로 사용하거나 점유한 자에 대하여 그 재산에 대한 사용료나 대부료의 100분의 120에 상당하는 변상금을 징수한다(국유재산법 72 ①, 공유재산법 81 ①). 변상금부과는 처분이므로 항고소송의 대상이 된다. 변상금 징수권은 공법상의 권리로서 민사상 부당이득반환청구권과 법적 성질을 달리하므로, 국가나 지방자치단체는 무단점유자를 상대로 변상금 부과·징수권의 행사와 별도로 국·공유재산의 소유자로서 민사상 부당이득반환청구의 소를 제기할 수 있다(대판 2014.7.16, 2011다76402 전원합의체).

---

* 사법시험(2008년), 사법시험(2016년).

12 2009년 국유재산법의 개정으로 사용·수익허가는 '사용허가'로 그 명칭이 변경되었다.

판례 > 변상금부과의 법적 성격(=처분)

"… 변상금의 부과는 관리청이 공유재산 중 일반재산과 관련하여 사경제 주체로서 상대방과 대등한 위치에서 사법상 계약인 대부계약을 체결한 후 그 이행을 구하는 것과 달리 관리청이 공권력의 주체로서 상대방의 의사를 묻지 않고 일방적으로 행하는 행정처분에 해당한다. 그러므로 만일 무단으로 공유재산 등을 사용·수익·점유하는 자가 관리청의 변상금부과처분에 따라 그에 해당하는 돈을 납부한 경우라면 위 변상금부과처분이 당연 무효이거나 행정소송을 통해 먼저 취소되기 전에는 사법상 부당이득반환청구로써 위 납부액의 반환을 구할 수 없다(대판 2013.1.24, 2012다79828)."

판례 > 무단점유 해당 여부에 관한 판단기준/무단점유에 대한 변상금의 산정기준

"[1] 사용·수익허가 없이 행정재산을 유형적·고정적으로 특정한 목적을 위하여 사용·수익하거나 점유하는 경우 공유재산 및 물품 관리법(이하 '공유재산법'이라 한다) 제81조 제1항에서 정한 변상금 부과대상인 '무단점유'에 해당한다고 봄이 타당하고, 반드시 그 사용이 독점적·배타적일 필요는 없으며, 점유 부분이 동시에 일반 공중의 이용에 제공되고 있다고 하여 점유가 아니라고 할 수는 없다. … 서울광장조례에서 정한 바에 따라 광장사용신고 및 서울특별시장의 사용신고 수리를 거치지 않은 채 서울광장을 무단사용한 경우에는 공유재산법상 변상금 부과대상인 무단점유에 해당한다고 보아야 한다. 즉, 서울광장조례의 서울광장 "사용" 정의규정에 따라 변상금 부과대상인 무단점유인지에 관한 판단이 달라진다고 볼 수는 없다.
[2] '서울광장 사용료 기준'은 서울광장의 사용·수익허가 또는 사용신고 수리에 적용되는 기준일 뿐이고, 이를 서울광장의 무단점유에 따른 변상금 산정·부과에 적용할 수는 없다고 보아야 한다. 서울광장의 무단점유에 따른 변상금은 공유재산법령에서 정한 '무단점유면적 × 해당 공유재산의 면적 단위별 평정가격 × 무단점유기간/연 × 사용요율 × 120%'의 계산식에 실제 무단점유면적과 공유재산법 시행령 제14조 제1항의 위임에 따라 서울특별시 공유재산 및 물품관리 조례 제22조에서 정한 사용요율을 적용하여 산정·부과하여야 한다(대판 2019.9.9, 2018두48298)."

☞ 주간에는 서울광장에서 대형 천막이 설치된 자전거를 세워놓고 1인 시위를 하고, 야간에는 서울특별시청사 부지에 텐트를 설치한 후 취침한 원고에 대하여 무단점유를 이유로 한 변상금이 부과된 사안에서, 원심이 변상금 부과대상인 '무단점유'에 해당한다고 판단한 것은 적절하나, '서울광장'을 무단점유한 부분에 대하여 '서울광장 사용료 기준'을 그대로 적용하여 변상금을 산정·부과하여야 한다고 판단한 것은 위법하다고 한 사례

제 2 장

영조물법

제1절 영조물의 개념과 종류

영조물이란 일정한 행정목적수행의 효율성과 합리성을 도모하기 위하여 설치된 인적·물적 종합시설(예: 국공립의 교육·의료·보건·체육·문화시설 등)을 말한다.

영조물은 ① 관리주체를 기준으로 (1) 국가의 영조물(예: 국립대학·교도소), (2) 지방자치단체의 영조물(예: 시립병원), (3) 특수법인영조물(예: 적십자병원)로, ② 영조물이용의 강제성 여부를 기준으로 (1) 임의사용 영조물(예: 국립도서관·국립병원), (2) 강제사용 영조물(예: 국공립 초등학교 입학)로, ③ 영조물을 이용할 수 있는 인적 범위를 기준으로 (1) 공용영조물(예: 공무원만 이용 가능한 영조물), (2) 공공용영조물(예: 일반인도 이용 가능한 영조물)로, ④ 영조물의 법인격의 유무를 기준으로 (1) 법인영조물과 (2) 비법인영조물 등으로 분류할 수 있다.

제2절 영조물의 이용관계

Ⅰ. 이용관계의 의의 및 성질

영조물의 이용관계란 영조물의 이용에 관한 영조물주체와 영조물이용자 간에 법관계를 말한다.

종래 영조물 이용관계를 특별권력관계의 한 종류로 이해하였으나, 오늘날에는 여기에도 법치주의가 적용된다고 보는 것이 일반적이다.

영조물의 이용관계는 공법적인 경우뿐만 아니라 사법적인 경우도 있고, 경우에 따라서는 공·사법이 혼합적인 경우도 있다.

II. 성립

임의사용 영조물(예: 국립도서관)의 이용관계는 영조물주체와 이용자 간의 공법상 계약 또는 사법상 계약에 의해 성립하는 것이 보통이다. 강제사용 영조물의 이용관계(예: 감염병자의 강제 입원)는 보통 행정행위에 의하여 성립한다.

III. 이용관계의 종류

1. 일반이용(통상이용)

일반이용이란 자유로운 이용 또는 공법상 이용의무에 근거하여 이용하는 것을 말한다. 일반이용에는 공개적인 이용(예: 국립병원의 이용)과 특정인에게만 이용되는 제한이용(예: 국립학교 입학)이 있다.

2. 특별이용

영조물의 특별이용은 영조물의 목적상 이용하도록 정해진 인적 범위에 속하지 않는 사람들이 사용하거나, 영조물을 그 목적과 다르게 사용하는 경우를 말한다. 영조물목적에 적합한 이용의 경우에도 특별이용은 가능하다.

공물의 특별사용과는 달리, 영조물의 특별이용의 경우에는 일반적으로 이용관계의 근거나 내용에 대한 법적 근거가 요구되지 않는다. 따라서 원칙적으로 특별이용에 대한 이용허가신청권뿐만 아니라 이용허가에 대한 무하자재량행사청구권도 인정되지 않는다.[1]

IV. 이용자의 법적 지위

1. 이용자의 권리(영조물이용권)

영조물이용권이란 영조물의 이용자가 법령이 정하는 바에 따라 영조물주체에 대하여 영조물의 이용을 청구할 수 있는 권리를 말한다.

영조물이용권의 성질이 공권인지 사권인지는 근거법규의 형식이 공법적인가 사법적인가에 따라 결정된다.

1 同旨: 홍정선, 행정법특강, 1064면 이하.

2. 영조물주체의 권리

(1) 영조물규칙제정권 · 명령 · 징계권

영조물주체는 필요한 범위 안에서 영조물규칙을 제정할 수 있고, 이에 근거하여 필요한 명령을 할 수 있다. 또한 이용자가 그의 의무를 위반하는 경우에는 제재를 가할 수 있다.

영조물규칙은 그 성질이 행정규칙이라는 것이 일반적인 견해이다. 하지만 영조물 이용관계는 행정내부가 아닐 뿐 아니라(일반인도 이용자이다), 특별권력관계에도 전면적으로 법치주의가 적용되므로, 영조물규칙도 영조물 이용관계를 규율하는 '법'으로 이해하여야 할 것이다.

(2) 이용조건 설정 · 변경권

이용조건은 법령 또는 영조물규칙의 형식으로 설정된다. 영조물 이용관계의 계속 중에도 영조물주체는 법령 개정이나 영조물규칙의 변경에 의하여 이용조건을 변경할 수 있다(대판 1989.7.11, 87누1123).

(3) 이용대가징수권

영조물주체는 영조물을 이용한 대가로서 이용자로부터 이용료(예: 국·공립학교의 수업료)를 징수할 수 있다.

Ⅴ. 종료

영조물의 이용관계는 이용목적의 달성(예: 국공립병원의 퇴원), 이용관계로부터 임의탈퇴(예: 국공립학교의 자퇴), 영조물주체로부터의 배제(예: 국공립도서관의 이용금지), 영조물의 폐지(예: 국공립도서관의 폐관) 등의 사유로 종료된다.

제 3 장

공기업법

제1절 공기업의 개념과 종류

Ⅰ. 공기업의 개념

1. 공기업의 개념에 관한 학설

공기업은 강학상 개념으로, 대체로 주체·공익목적·수익성을 기준으로, '국가 또는 지방자치단체가 직접 국민과 주민의 생존을 배려하기 위하여 경영하는 수익성을 추구하는 기업'으로 이해하고 있다.

2. 공기업의 개념적 요소

(1) 공기업의 주체는 '국가 또는 지방자치단체 및 이들에 의하여 설립된 법인'이다.

(2) 공기업은 '사회의 공익실현'을 목적으로 한다.

(3) 이를 위하여 공기업은 '국민과 주민에게 생존배려를 위하여 필요한 재화와 역무(役務, 서비스)의 제공'을 사업의 내용으로 하여야 한다(공역무의 제공).

(4) 공기업은 '수익성, 즉 영리추구'도 목적으로 한다(수익성).

3. 공기업과 영조물

① 공기업과 영조물은 모두 국가나 지방자치단체가 설치하고, 그 작용이 비권력적인 행정작용이며, 공적 목적을 위한 것이라는 점에서 유사하나, ② 영조물은 공익실현만을 목적으로 하나 공기업은 공익실현 외에 영리추구도 목적으로 한다는 점에서 차이가 있다.

II. 공기업의 종류

1. 경영주체에 따른 분류

(1) 국영기업

국영기업이란 국가가 직접 자기의 경제적 부담에 의하여 관리·경영하는 공기업을 말한다(예: 철도사업, 우편사업). 국가형 공기업 또는 정부기업이라고도 한다. 국영기업의 법적 지위는 행정기관의 일종이다.

(2) 공영기업

공영기업은 지방자치단체가 자기의 경제적 부담으로 설치·경영하는 공기업을 말한다(예: 지방공기업법상의 지방직영기업).

(3) 국영공비기업 또는 공영국비기업

국영공비기업 또는 공영국비기업은 국가와 지방자치단체의 협력에 의하여 수행되는 공기업을 말한다. 전자는 국가가 경영하고(國營) 지방자치단체가 경비를 부담하는(公費) 기업이고(예: 국가가 시행하는 사업의 비용을 지방자치단체가 부담하는 경우), 후자는 지방자치단체가 경영하고(公營) 국가가 경비를 부담하는(國費) 기업을 말한다.

(4) 특수법인기업

특수법인기업은 국가 또는 지방자치단체에 의한 급부행정을 기업의 형태에 의하여 실현하기 위하여 설립된 공법인으로서 회계상으로뿐만 아니라 조직법상으로도 국가 또는 지방자치단체로부터 분리되어 독립한 법인격을 가지는 공기업을 말한다. 공공기관운영법상의 공기업 또는 지방공기업법에 의한 지방공사·공단(예: 서울특별시의 도시철도공사·시설관리공단)이 이러한 특수법인기업에 해당한다.

공공기관운영법의 적용대상인 특수법인기업은 각각 개별법에 의하여 설립되는데, 한국도로공사, 한국토지주택공사 등이 이에 해당한다(예: 한국도로공사법, 한국토지주택공사법). 지방공사와 지방공단은 조례에 의하여 설립된다(지방공기업법 49 ②, 76 ②).

2. 독점 여부에 따른 분류

공기업은 특정 사업에 대한 독점권의 유무에 따라 독점형 공기업과 비독점형 공기업으로 구분할 수 있다.

대체로 공기업의 독점권이 인정되는 경우로는, 성질상 당연히 국가에 독점시켜야 할 경우(화폐의 발행(한국은행법 47)), 기업으로서는 수지가 맞지 않고 공공성이 강하며 전국적으로 통일될 필요가 있는 경우(우편사업(우편법 2)), 공익적 관점에서 사영(私營)을 허용하는 것이 부적절한 경우(수도사업(수도법 12)) 등을 들 수 있다.

제2절 공기업의 특수성

1. 공기업의 개설

(i) 국영기업의 개설은 반드시 법률의 근거를 필요로 하지 않고, 대통령령으로 정하는 바에 따라 예산의 범위 내에서 이를 자유로이 할 수 있다(정부조직법 4).

(ii) 지방자치단체가 지방공기업을 개설하고자 할 때에는 그 설치·운영에 관한 기본사항을 조례로 정하여야 한다(지방공기업법 5).

(iii) 특수법인기업은 특별법(예: 한국석유공사법, 한국토지주택공사법, 대한석탄공사법 등)에 의하여 설립되는 경우가 대부분이며, 상법상 주식회사의 형태로 설립되는 경우(예: 한국감정원)도 있다.

2. 공기업의 조직

(i) 국·공영기업의 조직은 행정조직의 일부를 구성한다. 따라서 국·공영기업의 경영을 담당하는 인적 요소는 원칙적으로 공무원이고, 기업의 목적을 위하여 공용되어 있는 물적 요소는 공물이며, 국·공영기업에는 사기업과는 다른 법적 규율이 적용된다.

(ii) 한편 특수법인기업의 경우에는 국가나 지방자치단체의 조직과는 별도의 법인으로 설립·운영되는 것이므로, 조직법상으로는 국가 등으로부터 독립적이고, 또 특수법인기업의 경영을 담당하는 인적 요소는 원칙적으로 공무원이 아니며, 기업의 목적을 위하여 공용되어 있는 물적 요소는 원칙적으로 공물이 아니다.

3. 공기업의 예산회계

(i) 행정주체의 직영공기업은 당해 사업이 행정기관에 의하여 행정작용의 일부로 행하여지므로, 그 예산회계도 국가나 지방자치단체의 예산회계의 일부로서 원칙적으로는 다른 행정작용과 같이 국가재정법상의 제한을 받는다.

(ii) 특수법인기업은 국가 또는 지방자치단체로부터 독립한 기업이므로, 일반행정기관에 대한 국가재정법과 국가회계법상의 원칙이나 절차는 원칙적으로 적용되지 않는다.

4. 공기업의 경영

(ⅰ) 공기업의 경영은 당해 기업의 목적을 효율적으로 달성하고 경제원칙에 적합하도록 행하여야 한다. 행정주체직영기업은 일반행정조직에 의하여 직접 경영되기 때문에 그 경영관리의 방식은 일반행정의 운영방식과 크게 다르지 않다.

(ⅱ) 국가의 특수법인기업의 경영관리에 관한 기본적 사항은 공공기관운영법이 정하고 있으나, 그 구체적인 내용은 각 공기업의 사업내용 및 성질에 따라 다르다.

5. 공기업의 보호

공기업은 공익사업을 수행하는 주체라는 점에서 각종 부담금을 징수하거나, 토지를 수용·사용하는 등의 공용부담특권(예: 우편법 5), 수수료나 사용료의 체납에 대한 강제징수권(수도법 68, 우편법 24) 등이 인정되기도 한다.

공기업이 수행하는 사업이 그 성질상 반드시 당해 공기업에 의하여 수행되어야 하는 경우에는 법률에 의하여 당해 공기업에 독점권이 보장되기도 한다(예: 우편법 2).

그 밖에도 조세감면(조세특례제한법 72 이하), 국·공유재산의 무상이용(국유재산법 34), 타 재산과의 교환(국유재산법 54), 보조금의 교부(보조금법 17), 손해배상책임의 제한 또는 면제(우편법 39, 40) 등의 재정 및 세제상의 지원을 받기도 한다.

6. 공기업에 대한 감독

공기업은 공공복리와 밀접하게 관련되고 국가나 지방자치단체에 의하여 그 자본이 투자된 것이므로, 공기업의 경영에 대한 감독이 필요한데, 행정주체직영기업은 일반행정조직 내부에서의 감독관계가 그대로 적용되므로, 이하에서는 특수법인기업의 감독을 중심으로 살펴본다.

(1) 재정경제부장관 등에 의한 감독

공공기관운영법상 재정경제부장관에게는 특수법인기업의 경영실적평가권(공공기관운영법 48 ①), 비상임이사 및 감사에 대한 해임 또는 해임건의권(공공기관운영법 35 ②), 각 특수법인기업의 예산편성에 적용되는 경영지침결정권(공공기관운영법 50) 등이 인정된다.

(2) 감사원에 의한 감독

국가 또는 지방자치단체가 자본금의 2분의 1 이상을 출자한 법인의 회계는 감사원의 필요적 검사사항이므로(감사원법 22 ① 3호), 대부분의 특수법인기업의 회계는 감사원의 검사대상이 되며, 그 임원 및 직원의 직무는 감사원의 감찰대상이 된다(감사원법 24).

제3절 공기업의 이용관계

Ⅰ. 의의

개인이 공기업으로부터 역무·재화를 공급받고, 시설을 이용하는 법률관계를 '공기업의 이용관계'라 한다. 일시적 이용관계(예: 공중전화 이용)와 계속적 이용관계(예: 수도공급)가 있다.

Ⅱ. 법적 성질

1. 학설

① 공기업이 공익목적을 가진다는 점에서 그 이용관계를 공법관계로 보는 견해(공법관계설)도 있지만, ② 사기업과 본질적인 차이가 없으므로 원칙적으로 사법관계로 보아야 할 것이다(사법관계설). 다만, 별도의 공법적 규율이 있다면 그 경우는 공법관계로 볼 수 있을 것이다.

2. 성질

(1) 사법관계(원칙)

공기업의 이용관계는 일반적으로 사법이 적용되고, 따라서 사법상의 계약에 의하여 성립하며, 이용관계에 대한 분쟁은 민사소송절차에 의한다.

(2) 공법관계

① 법령이 별도의 공법적 규정(예: 이용대가의 부과·징수에 대한 행정쟁송(지자법 140 ⑤), 행정상 강제징수(수도법 68, 우편법 24) 등)을 두고 있거나, ② 해석상 공법적 규율이 합리적으로 요구되는 경우(예: 이용관계의 공공성이 강하여 사기업과 동일시 할 수 없는 경우 등)는 공법관계라고 할 수 있다. ③ 공기업관계가 공법관계인 경우에도 일부는 공법적, 다른 일부는 사법적 성질을 갖는 공·사법 혼합관계인 경우도 있다(예: 국민임대주택의 임대차관계에서 주택건설자인 지방자치단체와 임차인의 관계는 사법관계이나, 임대료 등에 관한 관계는, 예컨대 강제징수가 가능하므로(주택법 91) 공법관계임).

3. 성립

① 공기업의 이용관계는 보통 사법상의 계약으로 이루어진다.

② 그 밖에 ⑴ 공기업의 이용을 위한 계약이 강제되는 경우(계약강제)(예: 국·공립병원의 예방접종), ⑵ 독점적으로 경영되고 있는 공기업의 이용이 사실상 강제되고 있는 경우(사실상의 이용

강제)(예: 수도·전화·철도), (3) 법률의 규정에 의하여 당연히 이용관계가 설정되는 경우(예: 하수도의 이용), (4) 행정작용에 의하여 이용이 강제되는 경우(예: 감염병환자의 강제격리)도 있다.

4. 내용

(1) 이용자의 권리

1) 공기업이용권

공기업이용권이란 공기업의 이용관계가 성립된 경우에 공기업주체에 대하여 역무 또는 재화의 공급이나 시설의 이용을 청구하는 권리이다.

2) 기타

① 공기업의 이용과 관련하여 손해를 받은 이용자는 손해배상을 청구할 수 있다.

② 기업주체의 위법한 행위로 공기업이용권을 침해당한 이용자는 행정쟁송(공법관계인 경우) 또는 민사소송(사법관계인 경우)을 제기하여 구제를 받을 수 있다.

(2) 공기업주체의 권리

1) 이용조건설정권

공기업주체는 이용자의 이용시간·이용방법·이용료·이용장소 등의 이용조건을 정하거나 변경할 권리를 가진다.

2) 이용대가징수권

공기업주체는 공기업을 이용한 자에게 이용의 대가(사용료, 수수료)를 징수할 수 있다. 이용대가는 조례 또는 공급규정에서 정하며, 공급규정은 통상 주무관청의 승인을 받도록 하고 있다.

5. 종료

이용목적의 완료(예: 우편물 배달), 이용관계에서 임의탈퇴(예: 이용자의 중단신청), 이용관계에서 배제(예: 공기업주체의 해지권행사), 공기업의 폐지 등에 의하여 공기업의 이용관계는 종료된다.

제4절 특허기업

Ⅰ. 특허기업의 개념

특허기업의 개념은 강학상의 개념이다. 특허기업은 협의로는 사인이 행정청으로부터 특허를 받아 경영하는 기업(예: 여객자동차운송사업, 해상운송사업)만을 말하고, 광의로는 법령에 의하여 직접 설립되어 운영되는 특수법인기업(예: 한국조폐공사, 한국토지주택공사)도 포함한다. 일반적으로는 협의의 특허기업을 의미한다.

국·공영기업은 국가나 지방자치단체가 운영하고, 그 소속직원의 신분은 공무원인 반면에 특허기업은 사기업이다.

특수법인기업은 국가나 지방자치단체가 직접 경영에 참여하는 기업형태인데, 특허기업은 행정주체가 특허나 감독 등의 방식으로 경영에 개입하는 기업형태이다.

II. 특허기업의 특허

특허기업의 특허는 국가나 지방자치단체가 공익사업의 독점경영권을 사인에게 설정하여 주는 형성적 행정행위이다. 특허기업의 특허는 상대방의 협력(신청)을 요하는 쌍방적 행정행위이다.

III. 특허기업의 법률관계

특허기업자(예: 특허를 받은 운송사업자)는 특허기업의 특허(예: 운송사업면허)에 의하여 특허기업 경영권(예: 운송사업을 할 수 있는 권리)을 가지는데, 이를 '기업경영권'이라 한다. 기업경영권은 공권으로, 특허기업자는 기업경영권을 침해하는 국가나 지방자치단체의 위법행위에 대하여 행정쟁송으로 다툴 수 있다. 그러나 특허기업자와 제3자 간의 관계는 원칙적으로 사법관계이다. 다만, 예외적으로 법률상 특허기업자에게 부여된 공법상 특권의 행사와 관련된 것은 공법관계이다(예: 특허기업에 의한 타인 토지의 수용·사용). 그 밖에도 특허기업자는 토지의 수용·사용·출입·장애물제거 등의 공용부담권(예: 전기사업법 87 이하)·공물사용권(예: 전기사업법 92) 등이 부여되기도 한다.

한편 특허기업은 공익사업이므로, 특허를 받은 자는 그것을 일정한 기간 내에 개시하여야 할 '기업개시의무'(예: 전기사업법 9 ①)와 개시된 사업을 국가의 허가가 없는 한 휴지·폐지 없이 계속하여야 할 '기업계속의무'(예: 여객자동차 운수사업법 16)를 부담하고, 주무관청으로부터 각종의 감시·감독을 받고 이에 응하여야 할 의무를 부담한다.

제5편

공용부담법

제1절 개설

Ⅰ. 공용부담의 개념

공용부담이란 공익적 목적으로 특정 개인에게 강제적으로 부과되는 공법상의 부담을 말한다.

Ⅱ. 공용부담의 법적 근거

공용부담은 당사자에게 의무를 부과하는 것이므로 침해유보의 관점에서 반드시 법률에 근거가 있어야 한다. 공용부담에 관한 일반적인 법률로는 토지보상법·지방자치법이 있고, 그 외에도 국토계획법·도로법·하천법·철도사업법·도시 및 주거환경정비법 등 다수의 개별법이 있다.

Ⅲ. 공용부담의 유형

1. 인적 공용부담

특정인에게 부과되는 부담으로 ① 부담금, ② 노역·물품부담, ③ 부역·현품부담, ④ 시설부담, ⑤ 부작위부담 등이 있다.

2. 물적 공용부담

재산권에 대하여 가해지는 부담으로 ① 공용제한, ② 공용수용, ③ 공용환지·공용환권이 있다.

제2절 인적 공용부담

Ⅰ. 인적 공용부담의 의의

인적 공용부담이란 특정인에게 작위·부작위 · 급부의무를 부과하는 부담을 말한다.

II. 인적 공용부담의 종류

인적 공용부담은 부담근거에 따라 ① 일정 범위의 개인에게 그 능력에 따라 부과하는 일반부담, ② 특정 공익사업과 특별한 관계에 있는 자에게 부과하는 특별부담(특별부담은 다시 공익사업과의 관계에 따라 수익자부담·원인자부담·손상자부담 등으로 나눌 수 있다), ③ 우연히 특정 공익사업의 수요를 충족시킬 수 있는 자에게 부과하는 우발부담으로 분류할 수 있다.

인적 공용부담은 그 내용에 따라 부담금, 노역·물품, 부역·현품, 시설부담, 부작위부담 등으로 분류할 수 있다.

III. 인적 공용부담의 내용

1. 부담금

(1) 부담금의 의의와 근거

부담금이란 행정주체가 특정의 공익사업과 특별한 이해관계가 있는 당사자에게, 그 사업에 필요한 경비의 전부 또는 일부를 부담하게 하는 공법상의 금전급부의무를 말한다. 부담금관리 기본법(부담금관리법) 제2조는 부담금을 "법률에 따라 금전적 부담의 부과권한을 부여받은 자가 분담금, 부과금, 기여금, 그 밖의 명칭에도 불구하고 재화 또는 용역의 제공과 관계없이 특정 공익사업과 관련하여 법률에서 정하는 바에 따라 부과하는 조세 외의 금전지급의무"로 정의하고 있다.

부담금은 개인의 재산권을 침해하는 것이므로 부담금의 설치에는 법률의 근거를 요한다. 부담금법은 "부담금은 별표에 규정된 법률의 규정에 의하지 아니하고는 설치할 수 없다(부담금관리법 3)."고 하여 부담금의 설치에 법률의 근거가 필요함을 명시하고 있다.

판례 > 총포·도검·화약류 등의 안전관리에 관한 법률에 따른 회비가 공법상 부담금에 해당하는지 여부(적극)

"총포·도검·화약류 등의 안전관리에 관한 법률 제58조 제1항 제3호에 따른 회비는 부담금관리 기본법 별표에 포함되어 있지는 않으나, 공법상 재단법인으로서 총포·화약안전기술협회의 법적 성질과 회비의 조성방법과 사용용도 등을 위 법리에 비추어 살펴보면, 국가 또는 공공단체가 일정한 공행정활동과 특별한 관계에 있는 자에 대하여 그 활동에 필요한 경비를 조달하기 위하여 부담시키는 조세 외의 금전지급의무로서 공법상 부담금에 해당한다고 보아야 한다(대판 2021.12.30, 2018다241458)."

(2) 유형

사업의 종류에 따라 도시계획부담금, 환경개선부담금, 도로부담금, 하천부담금, 농지개량부담금 등 다양한 부담금이 있는데, 이러한 부담금은 그 원인에 따라 수익자부담금, 원인자부담금, 손상자부담금으로 구분할 수 있다. 한편 새로운 행정수요에 원활하게 대처하기 위하여 특별부담금이라는 새로운 유형의 부담금제도가 인정되고 있다.

1) 수익자부담금

수익자부담금이란 특정 공익사업의 시행으로 인하여 특별한 이익을 받는 자에게 그 이익의 범위 내에서 사업경비의 일부를 부과하는 부담금이다(예: 지자법 138).

2) 원인자부담금

원인자부담금이란 특정 공익사업이 필요하게 된 원인을 조성한 자에게 부과하는 부담금이다(예: 도로법 91, 수도법 71).

3) 손상자부담금(=손괴자부담금)

손상자부담금이란 특정의 공익시설을 손상시키거나 손괴(損壞)[1]한 자에게 그 시설의 유지나 수선비 등의 경비 전부 또는 일부를 충당하기 위해 부과하는 부담금이다. 손상자부담금은 넓게는 원인자부담금에 속한다고 볼 수 있을 것이다.

4) 특별부담금

특별부담금은 특별한 공적 과업의 재정에 충당하기 위하여 특정집단에게 부과되는 금전급부의무를 말한다. 이러한 부담금은 특정 공적 과업을 위해서만 별도로 지출·관리된다. 일반적으로 특별부담금은 그 성격에 따라 ① 특정 과업의 수행에 필요한 재정경비를 조성하는 것을 목적으로 하는 '재정충당 특별부담금'과 ② 법적 규제 대신에 금전부담을 지움으로써 간접적으로 일정한 국가목적 달성을 유도하는 것을 목적으로 하는 '유도적 특별부담금'으로 나눌 수 있다(헌재결 2003.1.30, 2002헌바5).

(3) 부과·징수

부담금의 부과는 개인의 재산권을 침해하는 것이므로 법률의 근거가 필요하다. 따라서 부담금 부과의 근거가 되는 법률에는 부담금의 부과 및 징수주체, 설치목적, 부과요건, 산정기준, 산정방법, 부과요율 등이 구체적이고 명확하게 규정되어야 한다(부담금관리법 4).

부담금은 설치목적을 달성하기 위하여 필요한 최소한의 범위에서 공정성 및 투명성이 확보

---

1 손괴(損壞)란 물건을 망가뜨리는 것으로 '손상시킨다'는 말과 같은 뜻이다.

되도록 부과되어야 하며, 특별한 사유가 없으면 하나의 부과대상에 이중으로 부과되어서는 아니 된다(부담금관리법 5 ①).

부담금은 공법상 금전급부의무이므로 불이행시에는 행정상 강제징수 절차에 의하여 징수하게 되는데, 강제징수를 위해서는 법률의 근거를 필요로 한다(예: 도로법 94, 하천법 67).

부담금부과처분은 처분이므로 이에 대하여 불복이 있는 경우에는 행정쟁송절차에 따라 다툴 수 있다.

2. 노역(勞役)·물품(物品)의 부담

노역·물품의 부담이란 특정 공익사업을 위한 노동력 또는 물품 그 자체의 급부의무를 말한다. 여기에서 노동력의 납부의무(도로법 83, 소방기본법 24)를 노역부담이라 하고, 물품의 납부의무를 물품부담이라 한다.

3. 부역(夫役)·현품(現品)의 부담

부역·현품의 부담이란 특정 공익사업의 수요를 충족시키기 위하여 노역·물품 또는 그에 갈음한 금전 중에서 선택적으로 납부할 의무를 부담시키는 것을 말한다. 부역은 노역과 금전 중에서 선택하는 급부의무이고, 현품은 물품과 금전 중에서 선택하는 급부의무이다.

4. 시설부담

공익사업의 수요를 충족하기 위하여 또는 공물의 효용증대를 위하여, 당해 사업과 관계있는 특별한 당사자나 우발적으로 이러한 수요를 충족할 수 있는 지위에 있는 자에게 일정한 시설을 완성하게 하는 의무를 부과하는 인적부담이다.

5. 부작위부담

예컨대 국가의 독점사업을 위하여 사인에게 동종의 사업을 금지하거나(예: 우편법 2 ②), 개인의 사생활보호를 위하여 일정한 행위(예: 우편물의 개봉·훼손 등)를 금지하는 것(예: 우편법 48)과 같이 사인에게 특정한 공익사업을 위하여 부과하는 부작위의무를 말한다.

제3절 공용제한

I. 공용제한의 개념

공용제한이란 특정 공익목적을 위하여 재산권에 대하여 가해지는 공법상의 제한을 말한다. 공용제한은 '재산권'에 가해지는 공법적인 제한이므로, 물적 공용부담에 해당한다.

II. 법적 근거

공용제한은 개인의 재산권 침해를 가져오므로, 반드시 법률의 근거가 필요하다. 공용제한에 관한 일반법은 없으며, 개개의 단행 법률에서 공용제한에 관한 규정이 존재한다(예: 국토계획법 76, 도로법 4 등).

III. 공용제한의 유형

공용제한은 ① 내용을 기준으로 작위의 공용제한(예: 도로법 35)·부작위의 공용제한(예: 도로법 40 ③)·수인의 공용제한(예: 도로법 81)으로 구분할 수 있고, ② 행태를 기준으로 공물제한·부담제한·사용제한으로 구분할 수 있다.

1. 공물제한

사인 소유인 토지나 물건이 공물로 제공되고 있는 경우에, 공물의 목적달성에 필요한 한도 내에서 가해지는 공법상의 제한을 말한다.[2] 공물제한은 사유공물(私有公物)에서 주로 문제된다.

공물제한의 유형으로는, ① 사유재산이 공용이나 공공용에 제공되어 있기 때문에 소유권행사에 대하여 가해지는 공법상의 제한(도로법 4)과 ② 사유재산의 보존 그 자체가 공적 목적을 수행하는 경우(공적 보존물의 경우)에 가해지는 공법상의 제한(예: 문화유산의 수출이나 반출금지의 제한(문화유산법 39))으로 구분할 수 있다.

2 예컨대 사인 소유의 토지가 도로로 사용되고 있음으로써 토지소유권을 행사하는 데 제한을 받는 경우 등을 말한다.

2. 부담제한

(1) 개념

부담제한이란 재산권의 주체에게 공익사업의 수행을 위하여 공법상의 작위·부작위·수인의 의무를 부과하는 것을 말한다. 다시 말하면 공익사업을 위하여 필요한 범위에서 행정주체가 사인소유의 물건에 대하여 일정한 제한을 가하는 것이다.

(2) 유형

1) 내용에 따른 분류

부담제한은 내용에 따라 ① 시설설치·공작물개축(改築)의무[3] 기타 작위의무를 부과하는 작위부담(예: 도로법 40 ④), ② 사업시행에 장해가 되는 건축·토지의 형질변경[4]·식수(植樹) 등의 일정한 행위를 제한·금지하는 부작위부담(예: 도로법 40 ③), ③ 당해 공익사업을 위하여 사업자에 의한 토지형질의 변경, 공작물제거 기타 재산권에 대한 침해행위를 수인하여야 하는 수인부담(문화유산법 44 ④)으로 분류할 수 있다.

2) 목적에 따른 분류

㈎ 계획제한

계획제한이란 도시관리계획, 수도권정비계획 등 행정계획의 목적달성을 위하여 재산권에 가해지는 제한이다(예: 국토계획법 79-81).

㈏ 사업제한

사업제한이란 공익사업의 수행을 위해 타인의 재산권에 가하는 제한을 말한다(예: 사업시행에 장애가 될 건축행위 등에 제한이나 금지(도로법 40 ③), 일정한 작위의무(도로법 40 ④) 및 수인의무의 부과(토지보상법 11) 등).

3. 사용제한(공용사용)

(1) 의의

사용제한이란 공익사업을 수행하기 위하여 타인소유의 토지·물건 등 재산권에 대하여 공법상의 사용권을 설정하고, 당사자에게 이러한 사용을 수인하게 하는 것을 말한다. 공용사용이라고도 한다.

---

3 공작물(工作物) 개축이란 인공으로 제작한 물건(시설)을 고치는 것을 말한다.

4 토지의 형질변경이란 토지를 사용 목적에 맞추어 깎아 내거나 쌓아서 그 형상을 변경하는 것을 말한다. 예컨대 (건축을 할 수 없는) 임야(林野)를 (건축을 할 수 있는) 대지(垈地)로 변경하는 것을 말한다.

(2) 근거

공용사용은 사인의 재산권을 침해하는 것이므로 법률의 근거가 있어야 한다(헌법 23 ③, 37 ②). 토지보상법은 공익사업을 위한 공용사용의 일반적 근거규정을 두고 있고(토지보상법 19, 38), 기타 개별법에서도 공용사용을 규정하고 있다(예: 도로법 81).

Ⅳ. 공용제한과 손실보상

1. 손실보상

개인에게 발생한 손실이 특별한 희생에 해당하는 때에는 정당한 보상을 하여야 한다(헌법 23 ③). 토지보상법은 공용사용으로 인한 보상기준에 관하여 규정하고 있다(토지보상법 71, 72).

2. 개발제한구역의 경우

(1) 의의

국토교통부장관은 도시의 무질서한 확산을 방지하고 도시주변의 자연환경을 보전하여 도시민의 건전한 생활환경을 확보하기 위하여 도시의 개발을 제한할 필요가 있거나 국방부장관의 요청이 있어 보안상 도시의 개발을 제한할 필요가 있다고 인정되면 개발제한구역의 지정 또는 변경(또는 해제)을 도시·군관리계획으로 결정할 수 있다(국토계획법 38 ①, 개발제한구역법 3).

(2) 법적 성질

개발제한구역이 지정되면 당해 구역에서는 일부 행위들을 제외하고 건축물의 건축 및 용도변경, 공작물의 설치, 토지의 형질변경, 죽목(竹木)의 벌채, 토지의 분할, 물건을 쌓아놓는 행위 또는 국토계획법상의 도시·군계획사업의 시행을 할 수 없는 등의 제한이 따른다(개발제한구역법 12 ①). 이와 같은 개발제한구역제도는 전형적인 공용제한(계획제한)에 해당한다.

(3) 개발제한구역의 지정과 손실보상

1) 과거의 논의

① 문제상황

손실보상과 관련하여 문제가 되는 것은 주로 계획제한의 경우이다. 특히 개발제한구역의 지정과 관련하여 국토계획법 이전의 (구) 도시계획법에서는 아무런 보상규정을 두지 않아서 보상규정 없이도 손실보상이 가능한가 하는 것이 논란이 되었다.

② 학설

학설은 ① 개발제한구역의 지정으로 인한 손실은 특별한 희생에 해당되어 보상을 하여야 한다는 견해와 ② 특별한 희생에 해당하지 않는다는 견해들로 나뉘어 있었다.

③ 대법원의 입장

대법원은 계획제한으로 인한 토지소유자의 불이익은 공공복리를 위하여 감수하지 아니하면 안 될 정도의 것이라고 하여 손실보상규정이 없는 것이 위헌은 아니라는 입장이다. 대법원은 대체로 경계이론의 입장이라고 할 수 있다[판례1].

판례1 > 개발제한구역 지정에 관한 도시계획법 제21조의 위헌 여부

"도시계획법 제21조의 규정에 의하여 개발제한구역 안에 있는 토지의 소유자는 재산상의 권리 행사에 많은 제한을 받게 되고 그 한도 내에서 일반 토지소유자에 비하여 불이익을 받게 됨은 명백하지만, '도시의 무질서한 확산을 방지하고 도시주변의 자연환경을 보전하여 도시민의 건전한 생활환경을 확보하기 위하여 또는 국방부장관의 요청이 있어 보안상 도시의 개발을 제한할 필요가 있다고 인정되는 때'(도시계획법 제21조 제1항)에 한하여 가하여지는 그와 같은 제한으로 인한 토지소유자의 불이익은 공공의 복리를 위하여 감수하지 아니하면 안 될 정도의 것이라고 인정되므로, 그에 대하여 손실보상의 규정을 두지 아니하였다 하여 도시계획법 제21조의 규정을 헌법 제23조 제3항, 제11조 제1항 및 제37조 제2항에 위배되는 것으로 볼 수 없다(대판 1996.6.28, 94다54511)."

④ 헌법재판소의 입장

헌법재판소는 개발제한구역제도와 관련하여 제도 그 자체는 원칙적으로 합헌인데, 다만 일부 토지소유자에게 사회적 제약을 넘는 가혹한 부담이 발생하는 예외적인 경우에 대하여 보상규정을 두지 않은 것에 위헌성이 있으므로 이를 완화하는 보상규정을 두어야 한다고 하면서 보상입법을 촉구하는 헌법불합치결정을 하였다[판례2]. 보상입법과 관련하여 헌법재판소는 지정의 해제 또는 토지매수청구권 제도와 같이 금전보상에 갈음하거나 기타 손실을 완화할 수 있는 제도를 보완하는 등 여러 가지 다른 방법을 사용할 수 있다고 하였다. 헌법재판소는 분리이론과 불가분조항이론의 입장이라고 할 수 있다.

판례2 > 도시계획법 제21조의 위헌 여부

"도시계획법 제21조에 규정된 개발제한구역제도 그 자체는 원칙적으로 합헌적인 규정인데, 다만 개발제한구역의 지정으로 말미암아 일부 토지소유자에게 사회적 제약의 범위를 넘는 가혹한 부담이 발생하는 예외적인 경우에 대하여 보상규정을 두지 않은 것에 위헌성이 있는 것이고, 보상의 구체적 기준과 방법은 헌법재판소가 결정할 성질의 것이 아니라 광범위한 입법형성권을 가진 입법자가 입법정책적으로 정할 사항이므로, 입법자가 보상입법을 마련함으로써 위헌적인 상태를 제거할 때까지 위 조항을 형식적으로 존속케 하기 위하여 헌법불합치결정을 하는 것인바, …
입법자가 도시계획법 제21조를 통하여 국민의 재산권을 비례의 원칙에 부합하게 합헌적으로 제한하기 위해서는, 수인의 한계를 넘어 가혹한 부담이 발생하는 예외적인 경우에는 이를 완화하는 보상규정을 두어야 한다. … 재산권의 침해와 공익간의 비례성을 다시 회복하기 위한 방법은 헌법상 반드시 금전보상만을 해야 하는 것은 아니다. 입법자는 지정의 해제 또는 토지매수청구권 제도와 같이 금전보상에 갈음하거나 기타 손실을 완화할 수 있는 제도를 보완하는 등 여러 가지 다른 방법을 사용할 수 있다(헌재결 1998.12.24, 89헌마214, 90헌바16, 97헌바78(병합) 전원재판부)."

2) 개발제한구역의 지정 및 관리에 관한 특별조치법의 제정

헌법재판소의 헌법불합치 결정에 따라 2000년에는 개발제한구역의 지정 및 관리에 관한 특별조치법이 제정되었고, 동법은 존속 중인 건축물 등에 대한 특례(13), 취락지구에 대한 특례(15), 주민지원사업 등(16), 생활비용보조(16조의2), 토지매수청구권(17) 등 -금전보상은 아니지만- 손실을 완화하기 위한 제도를 규정하게 되었다.

제4절 공용수용

제 1 항 공용수용의 의의 및 협의취득

Ⅰ. 공용수용의 의의

공용수용이라 함은 공익사업을 시행하기 위하여 공익사업의 주체가 법령이 정하는 바에 따라 타인의 토지 등을 강제적으로 취득하고 그로 인한 손실을 보상하는 물적 공용부담제도를 말한다.

Ⅱ. 협의취득

공익사업을 위한 토지취득은 강제취득인 공용수용 이외에도 공용수용의 주체와 소유자 사이

의 협의를 통해서도 이루어질 수 있다.

공용수용 이전의 협의취득은 의무적인 것은 아니며 공익사업의 주체가 이 절차를 거칠 것인지의 여부를 결정한다. 공익사업의 주체는 협의에 의하여 취득되지 못한 토지 등에 한하여 공용수용절차를 개시할 수 있다. 그리고 협의절차를 거친 경우에는 공용수용절차에서 의무적인 공용수용절차로 되어 있는 협의절차를 거치지 않아도 된다.

통설은 이 계약의 성질을 공법상 계약으로 보나, 판례는 (구) 토지보상법상의 협의취득계약을 사법상 계약으로 보았다(대판 1984.5.29, 83누635).

제 2 항 공용수용의 법적 근거

공용수용은 재산권을 침해하는 행위이므로 법률의 근거가 있어야 한다(헌법 23 ③). 현행법상 공용수용에 관한 일반법은 토지보상법이고, 그 외에도 도로법, 하천법 등 개별법령에서 공용수용에 관한 규정을 두고 있다.

제 3 항 공용수용의 당사자

Ⅰ. 공용수용의 주체(수용권자)

공용수용의 주체란 토지 등에 대한 수용권자를 말한다. 보통 공익사업은 국가, 공공단체 또는 사인이 사업시행자가 될 수 있는데, 이 경우 수용권자가 누구인가에 관하여 ① 수용권은 국가만 가질 수 있고 사업시행자는 국가에 대하여 수용청구권을 가지고 있음에 불과하다는 국가수용권설, ② 수용권을 수용의 효과를 향수할 수 있는 능력으로 보고 이에 따라 사업시행자를 수용권자로 보는 사업시행자수용권설(다수설) 등이 대립하고 있다. ③ 생각건대, 공익사업의 주체이며 보상을 행하고 재산권을 취득하는 사업시행자를 수용권자로 보는 다수설이 타당하다.

Ⅱ. 공용수용의 상대방(피수용자)

'피수용자'란 수용의 목적물인 재산권의 주체를 말한다. 피수용자는 수용할 토지 또는 물건의 소유자와 그 토지 또는 물건에 대하여 소유권 이외의 권리를 가진 자(관계인)를 포함한다(토지보상법 2 4호, 5호).

제 4 항 공용수용의 목적물(대상)

Ⅰ. 목적물의 종류

토지보상법상 토지의 수용 또는 사용의 대상이 되는 것은 ① 토지 및 이에 관한 소유권 외의 권리, ② 토지와 함께 공익사업을 위하여 필요한 입목(立木), 건물, 그 밖에 토지에 정착된 물건 및 이에 관한 소유권 외의 권리, ③ 광업권·어업권 또는 물의 사용에 관한 권리, ④ 토지에 속한 흙· 돌·모래 또는 자갈에 관한 권리이다(토지보상법 3).

Ⅱ. 목적물의 제한

공용수용은 비례원칙상 공익사업을 위하여 필요한 최소한도에 그쳐야 한다(대판 1987.9.8, 87누395). 또한 ① 치외법권을 가지는 외국대사관 등의 부지·건물과 ② 공익사업에 수용 또는 사용되고 있는 토지 등은 특별히 필요한 경우가 아니면 다른 공익사업을 위하여 수용 또는 사용할 수 없다(토지보상법 19 ②).

이와 관련하여 공물이 공용수용의 대상이 될 수 있는가에 관하여 ① 공물을 다른 공적 목적에 제공하기 위해서는 공용폐지가 선행되어야 한다는 부정설이 다수설이지만, ② 판례는 중요한 공익사업에 제공할 필요가 있는 예외적인 경우에는 공용폐지가 선행되지 않고도 공용수용의 대상이 될 수 있다는 긍정설의 입장이다.

Ⅲ. 목적물의 확장

공익사업에 필요하지 않은 토지 등을 수용하는 것은 원칙상 인정되지 않는다. 그러나 예외적으로 피수용자나 사업시행자의 이익을 위하여 필요한 토지 이외의 토지가 수용의 대상이 되기도 하는데 이를 확장수용(예: 잔여지수용(토지보상법 74), 공용사용에 대한 수용청구(토지보상법 72), 입목 등의 이전대상 물건의 수용(토지보상법 75 ① 단서) 등)이라 한다.

제 5 항 공용수용의 절차

현행법상 공용수용의 절차는 크게 법률수용과 행정수용으로 나눌 수 있다.

법률수용이란 공용수용권이 직접 법률에 의하여 설정되는 경우로서 수용권자가 국가나 공공단체에 한정되고 긴급한 필요가 있을 때에만 예외적으로 인정된다(예: 도로법 83). 이 경우 수용자의 통지에 의하여 또는 보상금액의 결정을 조건으로 즉시 수용의 효과가 발생한다.

행정수용은 공용수용권이 행정행위에 의하여 설정되는 경우로서 공용수용의 통상적인 경우이다. 이하에서는 토지보상법상 공용수용절차를 설명한다.

Ⅰ. 사업인정*

1. 의의

사업인정이란 어떤 사업이 공익사업이라는 것을 인정하고 사업시행자에게 토지를 수용 또는 사용할 권리를 설정하여 주는 행위를 말한다. 토지보상법은 사업인정을 "토지 등을 수용 또는 사용할 사업으로 결정하는 것"이라고 정의하고 있다(토지보상법 2 7호).

2. 법적 성질

(1) 행정행위

사업인정은 수용권을 설정해 주는 행위로서, 이로써 수용할 목적물의 범위가 확정되고, 수용권자가 목적물에 대한 현재 및 장래의 권리자에게 대항할 수 있는 공법상 권한이 생기므로(대판 2019.12.12, 2019두47629), 사업인정은 행정행위로서 항고소송의 대상이 되는 처분이다(대판 1988.12.27, 87누1141).

(2) 형성행위

사업인정에 대하여 ① 사업시행자에게 수용권을 설정하여 준다는 점에서 형성행위라고 보는 형성행위설[다수설 및 판례(대판 2011.1.27, 2009두1051)]과 ② 특정 사업이 공익사업에 해당한다는 것을 확인하는 확인행위설이 대립한다. ③ 수용권이 설정된다는 점에서 형성행위설이 타당하다.

(3) 재량행위

어떤 사업이 토지보상법 제4조 각 호에서 규정하는 공익사업에 해당하는지는 요건판단의 문제이므로 여기에 재량이 인정되지 않는다. 다만 행정청이 그 요건을 판단함에 있어 고도의 전문적·정책적 판단이 필요한 경우에는 판단여지가 인정될 수는 있다.[5]

그러나 당해 사업이 공익사업에 해당한다고 하더라도(요건충족), 그 사업이 공공의 필요에 부합하는지는 행정청의 재량적 판단이 필요하다고 보아야 한다.[6] 판례도 같은 취지이다(대판

---

* 행정고시(일반행정)(2005년).

5 정하중, 행정법개론, 1250면.

6 김동희, 행정법Ⅱ, 394면; 박균성, 행정법강의, 1302면; 홍정선, 행정법특강, 1100면 이하.

1992.11.13, 92누596).

3. 사업인정의 요건*

토지보상법은 사업인정의 요건을 명시적으로 규정하고 있지 않지만, 토지보상법상 사업인정 처분이 행해지기 위해서는 ① 동법 제4조 각 호에 해당하는 공익사업이어야 하고, ② 그 사업의 공공필요성이 인정되어야 하며(헌법 23 ③), ③ 사업시행자에게 해당 공익사업을 수행할 의사와 능력이 있어야 한다(위 대판 2011.1.27, 2009두1051 참조).

4. 사업인정의 절차

(1) 협의 및 의견청취

국토교통부장관은 사업인정을 하려면 관계 중앙행정기관의 장, 시·도지사 및 중앙토지수용위원회와 협의하여야 하며, 미리 사업인정에 이해관계가 있는 자의 의견을 들어야 한다(토지보상법 21).

(2) 사업인정의 고시

국토교통부장관은 사업인정을 하였을 때에는 지체 없이 그 뜻을 사업시행자, 토지소유자 및 관계인, 관계 시·도지사에게 통지하고 사업시행자의 성명이나 명칭, 사업의 종류, 사업지역 및 수용하거나 사용할 토지의 세목을 관보에 고시하여야 한다(토지보상법 22 ①).

5. 사업인정의 효력발생

사업인정은 사업인정이 고시된 날로부터 효력을 발생한다(토지보상법 22 ③). 사업인정을 고시하게 되면 수용할 목적물의 범위가 확정되고, 수용권자에게는 그 목적물의 권리자에게 대항할 수 있는 공법상의 권리가 발생한다(대판 1988.12.27, 87누1141).

6. 사업인정의 실효

사업인정은 ① 사업시행자가 제22조 제1항에 따른 사업인정고시가 된 날부터 1년 이내에 제28조 제1항에 따른 재결신청을 하지 아니한 경우에는 사업인정고시가 된 날부터 1년이 되는 날의 다음 날에 사업인정은 그 효력을 상실한다(토지보상법 23 ①).

② 사업인정고시가 된 후 사업의 전부 또는 일부를 폐지하거나 변경함으로 인하여 토지 등의 전부 또는 일부를 수용하거나 사용할 필요가 없게 되었을 때에는 사업시행자는 지체 없이

* 사법시험(2007년).

사업지역을 관할하는 시·도지사에게 신고하고, 시·도지사는 이에 대한 신고를 받으면 사업의 전부 또는 일부가 폐지되거나 변경된 내용을 관보에 고시하여야 한다. 이에 따라 당해 고시일로부터 그 고시된 내용에 따라 사업인정의 전부 또는 일부는 그 효력을 상실한다(토지보상법 24).

II. 토지조서·물건조서의 작성·보상계획의 공고·열람·보상액 산정·협의

사업인정을 받은 사업시행자는 토지조서 및 물건조서의 작성, 보상계획의 공고·통지 및 열람, 보상액의 산정과 토지소유자 및 관계인(이하 "토지소유자 등")과의 협의 절차를 거쳐야 한다. 이 경우 제14조부터 제16조까지(협의에 의한 취득 또는 사용) 및 제68조(보상액의 산정)를 준용한다(토지보상법 26 ①).

1. 토지조서·물건조서의 작성

토지 및 물건조서는 공익사업을 위해 수용 또는 사용할 필요가 있는 토지 및 그 토지 위에 있는 물건의 내용을 기재하는 사업시행자가 작성하는 문서이다. 사업시행자는 토지조사와 물건조서를 작성하여 서명 또는 날인을 하고 토지소유자와 관계인의 서명 또는 날인을 받아야 한다(토지보상법 26 ①, 14 ①).

2. 보상계획의 공고·열람

사업시행자는 제14조에 따라 토지조서와 물건조서를 작성하였을 때에는 공익사업의 개요, 토지조서 및 물건조서의 내용과 보상의 시기·방법 및 절차 등이 포함된 보상계획을 전국을 보급지역으로 하는 일간신문에 공고하고, 토지소유자 등에게 각각 통지하여야 하며, 제2항 단서에 따라 열람을 의뢰하는 사업시행자를 제외하고는 특별자치도지사, 시장·군수 또는 구청장에게도 통지하여야 한다(토지보상법 26 ①, 15 ①).

3. 보상액 산정

사업시행자는 토지 등에 대한 보상액을 산정하려는 경우에는 감정평가법인등 3인(제2항에 따라 시·도지사와 토지소유자가 모두 감정평가법인등을 추천하지 아니하거나 시·도지사 또는 토지소유자 어느 한쪽이 감정평가법인등을 추천하지 아니하는 경우에는 2인)을 선정하여 토지 등의 평가를 의뢰하여야 한다(토지보상법 26 ①, 68 ①).

4. 협의

(1) 협의의 의의

협의에는 사업인정 전의 협의(토지보상법 16)와 사업인정 후의 협의(토지보상법 26)가 있다. 수용절차로서의 협의는 후자를 의미한다.

협의절차는 의무적인 것으로서 협의를 거치지 않고 재결을 신청하는 것은 위법하다. 다만, 사업인정 이전에 협의절차를 거쳤으나 협의가 성립되지 않고 사업인정을 받은 사업은 토지조서 및 물건조서의 내용에 변동이 없다면 협의절차를 거치지 않을 수 있다. 그러나 이 경우에도 사업시행자 또는 토지소유자 등이 협의를 요구한 때에는 협의하여야 한다(토지보상법 26 ②).

(2) 협의의 성질*

① 사법상 계약설은 협의는 사업시행자가 토지소유자 등과 법적으로 대등한 지위에서 행하는 것으로서 사법상 계약이라고 한다. ② 이에 대하여 공법상 계약설은 협의는 사업시행자가 수용권을 근거로 토지 등의 권리를 취득하는 것이므로 공법상 계약이라고 한다. ③ 공법상 계약설이 통설이나, 판례는 사법상 계약으로 보고 있다(대판 2004.9.24, 2002다68713).

(3) 협의의 효과

협의가 성립되면 공용수용절차는 종결되고 수용의 효과가 발생한다. 즉, 사업시행자는 수용의 개시일까지 보상금을 지급 또는 공탁[7]하고(토지보상법 40), 피수용자는 그 개시일까지 토지·물건을 사업시행자에게 인도 또는 이전함으로써(토지보상법 43), 사업시행자는 목적물에 대한 권리를 취득하고 피수용자는 그 권리를 상실한다(토지보상법 45).

(4) 협의성립의 확인

사업시행자는 협의가 성립된 경우에 사업인정의 고시가 있는 날로부터 1년 이내에 당해 토지소유자 등의 동의를 얻어 관할 토지수용위원회에 협의성립의 확인을 신청할 수 있다(토지보상법 29 ①). 사업시행자가 협의가 성립된 토지의 소재지·지번·지목 및 면적 등 대통령령으로 정하는 사항에 대하여 공증을 받아 협의 성립의 확인을 신청하였을 때에는 관할 토지수용위원회가 이를 수리함으로써 협의 성립이 확인된 것으로 본다(토지보상법 29 ③). 협의의 확인은 재결로 간주되며, 사업시행자, 토지소유자 등은 그 확인된 협의의 성립이나 내용을 다툴 수 없다(토지보상법 29 ④).

---

* 5급공채(행정)(2015년).

7 공탁(供託)이란 법령의 규정에 따라 금전이나 유가 증권 따위를 공탁소에 맡겨 두는 것을 말한다. 공탁소는 지방법원이나 그 지원(支院)의 소재지에 두는, 공탁 사무를 행하는 국가 기관을 말한다.

III. 재결

1. 재결의 의의 및 성질

재결은 협의가 성립되지 않은 경우에 행하는 공용수용의 종국적인 절차로서, 사업시행자가 수용 또는 사용권을 취득하도록 하고 보상액을 결정하는 형성적 행정행위이다.

2. 재결의 신청

제26조에 따른 협의가 성립되지 아니하거나 협의를 할 수 없을 때(제26조 제2항 단서에 따른 협의 요구가 없을 때를 포함한다)에는 사업시행자는 사업인정고시가 된 날부터 1년 이내에 관할 토지수용위원회에 재결을 신청할 수 있다(토지보상법 28 ①).

3. 재결신청의 청구

재결의 신청은 사업시행자만이 가능하다. 토지소유자와 관계인은 사업인정고시가 된 후 협의가 성립되지 아니하였을 때 서면으로 사업시행자에게 재결을 신청할 것을 청구할 수 있다(토지보상법 30 ①).

4. 재결기관(토지수용위원회)

토지 등의 수용과 사용에 관한 재결을 하기 위하여 국토교통부에 중앙토지수용위원회를 두고, 시·도에 지방토지수용위원회를 두는데(토지보상법 49), 이들은 합의제 행정기관이다.

중앙토지수용위원회는 ① 국가 또는 시·도가 사업시행자인 사업과 ② 수용하거나 사용할 토지가 둘 이상의 시·도에 걸쳐 있는 사업의 재결에 관한 사항을 관장하고, 그 외의 사업에 관한 것은 지방토지수용위원회는 관장한다(토지보상법 51).

5. 재결의 절차·내용

(1) 재결의 절차

재결신청을 받은 토지수용위원회는 지체 없이 이를 공고하고, 공고일로부터 14일 이상 관계 서류의 사본을 일반인이 열람할 수 있도록 하며, 그 열람기간 중에 토지소유자 또는 관계인은 의견을 제시할 수 있다(토지보상법 31). 토지수용위원회는 열람기간이 지났을 때에는 지체 없이 해당 신청에 대한 조사 및 심리를 해야 하며(토지보상법 32 ①), -특별한 사유가 없는 한- 심리를 시작한 날부터 14일 이내에 재결을 하여야 한다(토지보상법 35).

(2) 재결의 내용

재결의 내용은 ① 수용하거나 사용할 토지의 구역 및 사용방법, ② 손실보상, ③ 수용 또는 사용의 개시일과 기간, ④ 그 밖에 이 법 및 다른 법률에서 규정한 사항이다(토지보상법 50 ①).

6. 재결의 효과

토지수용위원회의 재결이 있으면 공용수용의 절차는 종결된다. 재결로써 사업시행자는 보상금의 지급 또는 공탁을 조건으로 수용의 개시일에 토지에 대한 권리를 원시취득[8]하고(토지보상법 40, 45), 피수용자가 의무를 이행하지 않는 경우에는 대집행신청권이 발생한다(토지보상법 89). 피수용자는 수용물건의 인도·이전의 의무를 지고, 손실보상청구권 및 환매권[9]을 취득한다. 재결은 수용의 시기까지 사업시행자가 보상금을 지급하거나 공탁하지 않으면 그 효력을 상실한다(토지보상법 42 ①). 사업시행자는 재결의 효력이 상실됨으로 인하여 토지소유자 또는 관계인이 입은 손실을 보상하여야 한다(토지보상법 42 ②).

7. 재결에 대한 불복[10*]

(1) 이의신청과 재결

1) 이의신청

중앙토지수용위원회의 재결에 이의가 있는 자는 중앙토지수용위원회에, 지방토지수용위원회의 재결에 이의가 있는 자는 해당 지방토지수용위원회를 거쳐 중앙토지수용위원회에 이의를 신청할 수 있다(토지보상법 83 ①, ②). 토지보상법상의 이의신청은 행정심판의 일종(특별행정심판)이다.

2) 이의신청에 대한 재결

중앙토지수용위원회는 제83조에 따른 이의신청을 받은 경우 제34조에 따른 재결이 위법하거나 부당하다고 인정할 때에는 그 재결의 전부 또는 일부를 취소하거나 보상액을 변경할 수 있다(토지보상법 84 ①).

3) 이의신청에 대한 재결의 효력

제85조 제1항에 따른 기간 이내에 소송이 제기되지 아니하거나 그 밖의 사유로 이의신청에

---

* 사법시험(2010년).

8 '원시취득(原始取得)'이란 어떤 권리를 다른 사람의 권리에 의존하지 아니하고 독립하여 취득하는 것을 말한다.

9 '환매권(還買權)'이란 공용수용의 목적물이 당해 공익사업에서 필요 없게 되었거나 이용되지 않는 경우에 원래의 피수용자가 일정한 요건하에 이를 매수하여 소유권을 회복할 수 있는 권리를 말한다.

10 이에 관한 상세는 행정상 손실보상(보상액결정에 대한 불복절차) 참조.

대한 재결이 확정된 때에는 민사소송법상의 확정판결이 있은 것으로 보며, 재결서 정본은 집행력 있는 판결의 정본과 동일한 효력을 가진다(토지보상법 86 ①).

(2) 행정소송

1) 행정소송의 제기

사업시행자, 토지소유자나 관계인은 재결에 불복할 때에는 재결서를 받은 날부터 90일 이내에, 이의신청을 거쳤을 때에는 이의신청에 대한 재결서를 받은 날부터 60일 이내에 각각 행정소송을 제기할 수 있다(토지보상법 85 ①).

2) 소송의 대상(원처분주의와 재결주의)

토지보상법 제85조 제1항은 '제34조에 따른 재결(수용재결=원처분)에 불복할 때'와 '이의신청을 거쳤을 때' 각각 행정소송을 제기할 수 있다고 규정하고 있다. 따라서 우선 ① 원처분(수용재결)에 대하여 행정소송을 제기할 수 있다. ② 그 다음으로 '이의신청을 거쳐 제기하는 행정소송'의 경우 소송대상이 원처분인가 재결인가 하는 것이 문제인데, 이 경우도 원처분주의에 따라 원처분을 대상으로 하여야 하고, 이의신청에 대한 재결은 재결 그 자체에 고유의 위법사유가 있는 경우로 한정된다고 보아야 할 것이다. 판례도 같은 입장이다.

3) 보상금증감청구소송

토지보상법 제85조 제1항에 따른 행정소송이 보상금의 증감에 관한 소송인 경우 그 소송을 제기하는 자가 토지소유자나 관계인일 때에는 사업시행자를, 사업시행자일 때에는 토지소유자나 관계인을 각각 피고로 한다(토지보상법 85 ②). 이는 수용재결 자체를 다투는 것이 아니라, 수용재결 중 보상금에 관한 결정과 관련하여 보상액의 증액 또는 감액을 다투는 것으로서 이를 보상금증감소송이라고 부르기도 한다. 이는 형식적 당사자소송이다.

Ⅳ. 화해

토지수용위원회는 그 재결이 있기 전에는 그 위원 3명으로 구성되는 소위원회로 하여금 사업시행자, 토지소유자 등에게 화해를 권고하게 할 수 있다(토지보상법 33 ①). 화해가 성립되어 화해조서에 서명 또는 날인이 된 경우에는 당사자 간에 화해조서와 동일한 내용의 합의가 성립된 것으로 본다(토지보상법 33 ③).

제 6 항 환매권*

Ⅰ. 의의

환매권이란 공익사업을 위해 취득된 토지가 당해 사업에 필요 없게 되었거나 현실적으로 이용되지 않는 경우에 원래의 토지소유자가 환매대금을 지급하고 환매의사를 표시함으로써 사업시행자로부터 토지소유권을 되찾을 수 있는 권리를 말한다.

Ⅱ. 근거

1. 이론적 근거(인정배경)

환매권을 인정하는 이론적 배경에 대해서는 ① 토지소유자의 감정의 존중에서 찾는 전통적인 다수설, ② 공평의 원칙에서 찾는 견해(판례(대판 1993.12.28, 93다34701)의 입장), ③ 헌법의 재산권의 존속보장에서 찾는 유력설(헌법재판소(헌재결 1998.12.24, 97헌마87)의 입장)이 있는데, ④ 이론적인 관점에서는 ③의 견해가 보다 설득력이 있다고 생각된다.

2. 법적 근거(실정법상 근거)

환매권에 법적 근거가 필요한가와 관련하여, 독일의 경우는 명문의 규정이 없더라도 기본법(독일 헌법)상 재산권보장규정에 의하여 환매권이 인정될 수 있다고 하지만, 우리나라 판례는 명문의 규정 없이는 환매권을 인정하지 않는 입장이다(대판 1998.4.10, 96다52359).

현행 실정법상으로는 토지보상법 외에 택지개발촉진법 등에서 환매에 관한 규정을 두고 있다. 이하에서는 토지보상법상의 환매권에 관하여 설명하기로 한다.

---

* 감정평가사시험(2008년), 사법시험(2017년).

Ⅲ. 법적 성질

환매권의 법적 성질에 대하여, ① 공권설은 공법상 주체인 사업시행자에 대하여 사인이 가지는 공법상 권리라고 보고, ② 사권설은 환매는 환매권자 자신의 이익을 위해서 환매의 의사를 표시함으로써 토지를 재취득하는 것이라는 점에서 사법상 권리로 본다. ③ 판례는 사권설의 입장이다(대판 1992.4.24, 92다4673). ④ 생각건대 환매는 공용수용이라는 공법적 원인으로 인한 상태를 다시 원상으로 회복하는 것이라는 점에서 환매권은 공권이라고 보아야 할 것이다.

Ⅳ. 환매의 요건 등

공익사업의 폐지·변경 또는 그 밖의 사유로 취득한 토지의 전부 또는 일부가 필요 없게 된 경우 토지의 협의취득일 또는 수용의 개시일(취득일) 당시의 토지소유자 또는 그 포괄승계인(환매권자)은 다음 각 호의 구분에 따른 날부터 10년 이내에 그 토지에 대하여 받은 보상금에 상당하는 금액을 사업시행자에게 지급하고 그 토지를 환매할 수 있다(토지보상법 91 ①).

1. 사업의 폐지·변경으로 취득한 토지의 전부 또는 일부가 필요 없게 된 경우: 관계 법률에 따라 사업이 폐지·변경된 날 또는 제24조에 따른 사업의 폐지·변경 고시가 있는 날
2. 그 밖의 사유로 취득한 토지의 전부 또는 일부가 필요 없게 된 경우: 사업완료일

취득일부터 5년 이내에 취득한 토지의 전부를 해당 사업에 이용하지 아니하였을 때에는 제1항을 준용한다. 이 경우 환매권은 취득일부터 6년 이내에 행사하여야 한다(토지보상법 91 ②).

환매권자는 사업시행자로부터 환매할 토지가 생겼다는 통지를 받은 날 또는 사업시행자가 공고한 날부터 6개월이 지난 후에는 제91조 제1항 및 제2항에도 불구하고 환매권을 행사하지 못한다(토지보상법 92 ②).

환매가격은 환매권자가 지급받은 보상금에 상당하는 금액이다(토지보상법 91 ①). 토지의 가격이 취득일 당시에 비하여 현저히 변동된 경우 사업시행자와 환매권자는 환매금액에 대하여 서로 협의하되, 협의가 성립되지 아니하면 그 금액의 증감을 법원에 청구할 수 있다(토지보상법 91 ④).

Ⅴ. 공익사업의 변환과 환매

1. 의의

공익사업의 변환이란 국가·지방자치단체·공공기관운영법 제4조에 따른 공공기관 중 대통령령으로 정하는 공공기관이 사업인정을 받아 공익사업에 필요한 토지를 협의취득하거나 수용

한 후 해당 공익사업이 토지보상법 제4조 제1호부터 제5호까지에 규정된 다른 공익사업으로 변경된 경우 별도의 새로운 협의취득이나 수용절차 없이 그 토지를 변경된 공익사업에 이용하도록 하는 제도를 말한다(토지보상법 91 ⑥).

공익사업을 다른 공익사업으로 전환하고자 하는 경우에도 원칙적으로는 환매권자에게 환매한 후 다른 공익사업으로 전환하고 이를 위한 새로운 공용수용절차를 거쳐야 한다. 공익사업의 변환은 이러한 번거로운 절차를 피함으로써 행정력의 낭비와 공익사업의 지연을 방지하기 위한 것이다.

2. 요건

① 사업시행자가 국가·지방자치단체·공공기관의 운영에 관한 법률 제4조에 따른 공공기관 중 대통령령으로 정하는 공공기관이어야 한다.

이와 관련하여 변환된 공익사업의 시행자가 변환되기 전의 사업시행자와 동일하여야 하는지의 여부가 문제되는데, 이에 대하여 판례는 사업시행자가 동일하지 않은 경우에도 공익사업의 변환을 인정하고 있다(대판 1994.1.25, 93다11760).

② 처음 사업인정을 받은 사업에서 토지보상법 제4조 제1호부터 제5호까지에 규정된 다른 공익사업으로 변환하는 것이어야 한다.

판례 > 토지보상법 제91조 제6항에 정한 공익사업의 변환이 인정되는 경우, 환매권 행사가 제한되는지 여부(적극)*

> "토지보상법 제91조 제6항에 정한 공익사업의 변환은 같은 법 제20조 제1항의 규정에 의한 사업인정을 받은 공익사업이 일정한 범위 내의 공익성이 높은 다른 공익사업으로 변경된 경우에 한하여 환매권의 행사를 제한하는 것이므로, 적어도 새로운 공익사업에 관해서도 같은 법 제20조 제1항의 규정에 의해 사업인정을 받거나 또는 위 규정에 따른 사업인정을 받은 것으로 의제하는 다른 법률의 규정에 의해 사업인정을 받은 것으로 볼 수 있는 경우에만 공익사업의 변환에 의한 환매권 행사의 제한을 인정할 수 있다(대판 2010.9.30, 2010다30782)."

3. 효과

토지보상법이 정한 바에 따르는 공익사업으로 변환된 경우 환매권 행사기간은 관보에 해당 공익사업의 변경을 고시한 날부터 기산한다(토지보상법 91 ⑥). 이를 통하여 환매권의 발생요건 중 취득일의 기산일이 공익사업의 변경을 고시한 날로 연기됨으로써 사업시행자는 환매·재협

* 사법시험(2017년).

의 또는 재수용이라는 절차의 번거로움을 피할 수 있게 되지만, 환매권자의 환매권행사는 그만큼 제한되는 결과가 발생하게 된다.

4. 공익사업변환제도의 위헌성

토지보상법 제91조 제6항((구) 토지수용법 71 ⑦)에 대하여는 헌법상 재산권보장과 관련하여 위헌성이 제기되었으나, 헌법재판소는 합헌으로 결정하였다(헌재결 1997.6.26, 96헌바94).

VI. 환매의 절차

사업시행자는 환매할 토지가 생겼을 때에는 지체 없이 그 사실을 환매권자에게 통지하여야 한다. 다만, 사업시행자가 과실 없이 환매권자를 알 수 없는 때에는 대통령령으로 정하는 바에 따라 공고하여야 한다(토지보상법 92 ①). 사업시행자의 통지·공고는 환매권 행사의 요건이 아니고 법률상 당연히 인정되는 환매권 행사의 실효성을 보장하기 위한 것이다. 따라서 사업시행자의 통지나 공고 없이도 토지소유자는 환매권을 행사할 수 있다.

사업시행자의 환매에 관한 통지나 공고가 있는 때에는 통지를 받은 날 또는 공고한 날로부터 6개월이 지나면 환매권은 소멸한다(토지보상법 92 ②).

제5절 공용환지·공용환권

제 1 항 공용환지

I. 의의

공용환지란 토지의 효과적인 이용의 증대를 위하여 일정구역 안의 토지의 구획이나 형질을 변경한 후 권리자의 의사와 무관하게 토지에 대한 권리를 강제적으로 교환·분합(分合)하는 것을 말한다. 공용환지는 물적 공용부담의 한 종류이다. 이하에서는 도시개발법상 공용환지를 설명한다.

II. 도시개발법상 공용환지

1. 환지계획

환지계획은 도시개발사업이 완성되었을 때 토지소유자들에게 기존의 토지 대신 새로운 토지를 배분하는 것에 관한 계획이다. 환지처분은 환지계획에 따라 행해져야 하므로, 환지계획에 의하지 않은 환지처분은 무효가 된다(대판 2000.2.25, 97누5534).

2. 환지예정지의 지정

(1) 의의

환지예정지는 환지처분이 행해지기 전에 종전의 토지를 대신하여 사용하거나 수익하도록 지정된 토지를 말한다. 도시개발사업의 공사가 완료되려면 상당한 시일이 걸리므로, 환지예정지의 지정은 환지처분이 있을 때까지 잠정적으로 환지계획에 의한 환지에 종전의 토지의 사용·수익을 인정해 주는 것이다.

(2) 환지예정지의 지정 및 그 효과

환지예정지가 지정되면 종전의 토지의 소유자와 임차권자등은 환지예정지 지정의 효력발생일부터 환지처분이 공고되는 날까지 환지 예정지나 해당 부분에 대하여 종전과 같은 내용의 권리를 행사할 수 있으며 종전의 토지는 사용하거나 수익할 수 없다(도시개발법 36 ①).

(3) 환지예정지 지정처분에 대한 불복

환지예정지 지정처분은 처분으로서 항고소송의 대상이 되나, 최종적인 환지처분에 앞선 잠정적 처분에 불과하므로 최종적인 환지처분이 있으면 그 효력이 소멸된다. 따라서 환지처분이 공고된 후에는 환지예정지 지정처분에 대한 취소소송은 그 대상이 없는 것이 되므로 법률상 이익(협의의 소익)이 인정되지 않는다(대판 1999.10.8, 99두6873).

3. 환지처분

(1) 의의

환지처분은 사업시행자가 환지계획구역의 전부 또는 그 구역 내의 일부 공구에 대하여 공사를 완료한 후 환지계획에 따라 환지교부 등을 하는 처분이다.

(2) 환지처분의 효과

환지계획에서 정하여진 환지는 그 환지처분이 공고된 날의 다음 날부터 종전의 토지로 보며, 환지계획에서 환지를 정하지 아니한 종전의 토지에 있던 권리는 그 환지처분이 공고된 날이 끝나는 때에 소멸한다(도시개발법 42 ①).

第28조에 따른 환지 계획에 따라 환지처분을 받은 자는 환지처분이 공고된 날의 다음 날에 환지계획으로 정하는 바에 따라 건축물의 일부와 해당 건축물이 있는 토지의 공유지분을 취득한다. 이 경우 종전의 토지에 대한 저당권은 환지처분이 공고된 날의 다음 날부터 해당 건축물의 일부와 해당 건축물이 있는 토지의 공유지분에 존재하는 것으로 본다(도시개발법 42 ④).

체비지는 시행자가, 보류지는 환지 계획에서 정한 자가 각각 환지처분이 공고된 날의 다음 날에 해당 소유권을 취득한다.[11] 다만, 제36조 제4항에 따라 이미 처분된 체비지는 그 체비지를 매입한 자가 소유권 이전 등기를 마친 때에 소유권을 취득한다(도시개발법 42 ⑤).

(3) 환지처분의 변경

환지처분은 사업시행자가 환지계획구역의 전부 또는 그 구역 내의 일부 공구에 대하여 공사를 완료한 후 환지계획에 따라 환지교부 등을 하는 처분으로서 일단 공고되어 그 효력을 발생하게 된 이후에는 환지 전체의 절차를 처음부터 다시 밟지 않은 한 그 일부만을 따로 떼어 환지처분을 변경할 수는 없고(대판 1993.5.27, 92다14878), 그러한 절차를 밟지 아니하고 한 환지변경처분은 무효이다(대판 1998.2.13, 97다49459). 즉, 판례는 환지처분을 불가분의 처분으로 보고, 환지확정처분의 일부취소를 구하는 소송의 협의의 소익을 인정하지 않는다.

(4) 환지처분에 대한 불복

환지처분은 직접 토지소유자 등의 권리의무의 변동을 가져오므로 항고소송의 대상이 되는 처분이다(대판 1999.8.20, 97누6889).

환지처분은 환지계획에 따라 행해져야 하므로, 환지계획에 따르지 않은 환지처분은 무효이다(대판 2000.2.25, 97누5534).

제 2 항 공용환권

Ⅰ. 의의

공용환권이란 토지의 효용을 증진하기 위하여 일정한 지구 내의 토지의 구획·형질을 변경하여 권리자의 의사와 무관하게 종전의 토지 또는 건축물에 관한 소유권 등의 권리를 강제적으로 변환시키는 것을 말한다. 공용환지가 원칙상 토지에 대한 권리로 바꾸어 주는 것인데 비하

---

11 '체비지(替費地)'란 해당 사업에 필요한 재원을 확보하기 위하여 사업주가 토지소유주로부터 취득하여 처분할 수 있는 토지를 말하고, 보류지(保留地)란 환지계획에서 환지로 정하지 않고 보류한 토지를 말한다.

여, 공용환권은 토지나 건축물에 대한 권리로 바꾸어 주는 일종의 입체적 환지방식이다. 공용환권 역시 물적 공용부담의 한 종류이다. 이하에서는 도시 및 주거환경정비법상의 공용환권을 설명한다.

II. 도시 및 주거환경정비법상 공용환권

1. 사업시행의 인가

사업시행자는 정비사업을 시행하려는 경우에는 사업시행계획서에 정관등과 그 밖에 국토교통부령으로 정하는 서류를 첨부하여 시장·군수등에게 제출하고 사업시행계획인가를 받아야 한다(도시정비법 50 ①).

(i) 사업시행인가의 법적 성질과 관련하여 이를 강학상 인가로 볼 것인지 특허로 볼 것인지 논란이 있다. (ii) (도시정비법 제25조 제1항은 재개발·재건축사업은 ① 조합이 시행하거나 ② 토지 등 소유자가 20인 미만인 경우에는 토지 등 소유자가 시행할 수 있도록 규정하고 있는데) 판례는 ① 도시환경정비사업조합이 수립한 사업시행계획의 인가는 강학상 인가지만[판례1], ② 토지 등 소유자가 직접 시행하는 도시환경정비사업에서 토지 등 소유자에 대한 사업시행인가는 강학상 특허라고 하고 있다[판례2]. (iii) 이는 이미 행정주체인 공공조합이 수립한 계획에 대한 인가는 계획의 법률상 효력을 완성시켜주는 보충행위(인가)이나, 사인이 수립한 계획에 대한 인가는 인가로써 사인에게 행정주체의 지위가 부여된다는 점에서 설권적 행위(특허)로 보는 것이다.

판례1 > 도시환경정비사업조합이 수립한 사업시행계획을 인가하는 행정행위의 법적 성질(=인가)

"(구) 도시 및 주거환경정비법(2007.12.21. 법률 제8785호로 개정되기 전의 것)에 기초하여 도시환경정비사업조합이 수립한 사업시행계획은 그것이 인가·고시를 통해 확정되면 이해관계인에 대한 구속적 행정계획으로서 독립된 행정처분에 해당하므로(대결 2009.11.2, 2009마596 결정 참조), 사업시행계획을 인가하는 행정청의 행위는 도시환경정비사업조합의 사업시행계획에 대한 법률상의 효력을 완성시키는 보충행위에 해당한다(대판 2010.12.9, 2010두1248)."

판례2 > 토지 등 소유자가 직접 시행하는 도시환경정비사업에서 토지 등 소유자에 대한 사업시행인가의 법적 성질(=특허)

"[1] … 토지 등 소유자들이 직접 시행하는 도시환경정비사업에서 토지 등 소유자에 대한 사업시행인가처분은 단순히 사업시행계획에 대한 보충행위로서의 성질을 가지는 것이 아니라 (구) 도시정비법상 정비사업을 시행할 수 있는 권한을 가지는 행정주체로서의 지위를 부여하는 일종의 설권적 처분의 성격을 가진다.
[2] 도시환경정비사업을 직접 시행하려는 토지 등 소유자들은 시장·군수로부터 사업시행인가를 받기 전에는 행정주체로서의 지위를 가지지 못한다. 따라서 그가 작성한 사업시행계획은 인가처분의 요건 중 하나에 불과하고 항고소송의 대상이 되는 독립된 행정처분에 해당하지 아니한다고 할 것이다(대판 2013.6.13, 2011두19994)."
"도시환경정비사업을 직접 시행하려는 토지 등 소유자가 작성한 사업시행계획에 대한 정비구역 내 토지 등 소유자 4분의 3 이상의 동의는 이러한 설권적 처분의 절차적 요건에 해당한다(대판 2015.6.11, 2013두15262)."

2. 공용환권의 시행

(1) 분양신청

대지 또는 건축물에 대한 분양을 받으려는 토지등소유자는 분양신청기간 이내에 대통령령이 정하는 방법 및 절차에 따라 사업시행자에게 대지 또는 건축물에 대한 분양신청을 하여야 한다(도시정비법 72 ③).

(2) 관리처분계획*

1) 관리처분계획의 의의

관리처분계획이란 정비사업 시행자가 분양신청기간이 종료된 때 수립하는 대지 및 건축시설에 관한 관리 및 처분에 관한 계획을 말한다. 도시정비법상 관리처분계획은 공용환권계획에 해당한다.

2) 관리처분계획의 성립과 효력발생

사업시행자는 분양신청기간이 종료된 때에는 분양신청의 현황을 기초로 관리처분계획을 수립하여 시장·군수등의 인가를 받아야 한다(도시정비법 74 ①).

㈎ 조합총회의 의결

시행자가 조합인 경우 관리처분계획은 조합총회의 의결을 거쳐야 한다(도시정비법 45 ① 10호). 조합총회의 의결은 처분이 아니라, 복수(複數)의 같은 방향의 의사표시의 합치로 공법적 효과가 발생하는 공법행위(공법상 합동행위)이므로, 조합원은 조합총회의 의결에 대하여 조합을 상대로 민사소송이 아니라 공법상 당사자소송으로 다투어야 한다.

---

* 5급공채(2022년).

판례 > 도시정비법상의 주택재건축정비사업조합을 상대로 관리처분계획안에 대한 조합 총회결의의 효력을 다투는 소송의 법적 성질(=당사자소송)

"도시 및 주거환경정비법(이하 '도시정비법')상 행정주체인 주택재건축정비사업조합을 상대로 관리처분계획안에 대한 조합 총회결의의 효력 등을 다투는 소송은 행정처분에 이르는 절차적 요건의 존부나 효력 유무에 관한 소송으로서 그 소송결과에 따라 행정처분의 위법 여부에 직접 영향을 미치는 공법상 법률관계에 관한 것이므로, 이는 행정소송법상의 당사자소송에 해당한다.
도시정비법상 주택재건축정비사업조합이 같은 법 제48조에 따라 수립한 관리처분계획에 대하여 관할 행정청의 인가·고시까지 있게 되면 관리처분계획은 행정처분으로서 효력이 발생하게 되므로, 총회결의의 하자를 이유로 하여 행정처분의 효력을 다투는 항고소송의 방법으로 관리처분계획의 취소 또는 무효확인을 구하여야 하고, 그와 별도로 행정처분에 이르는 절차적 요건 중 하나에 불과한 총회결의 부분만을 따로 떼어내어 효력 유무를 다투는 확인의 소를 제기하는 것은 특별한 사정이 없는 한 허용되지 않는다(대판 2009.9.17, 2007다2428 전원합의체)."

☞ 도시정비법상의 주택재건축정비사업조합을 상대로 관리처분계획안에 대한 총회결의의 무효확인을 구하는 소를 민사소송으로 제기한 사안에서, 그 소는 행정소송법상 당사자소송에 해당하므로 행정법원의 전속관할에 속한다고 한 사례

(나) 시장·군수의 인가

시장·군수의 인가는 사업시행자의 관리처분계획의 효력을 완성시키는 보충행위로서 강학상 인가에 해당한다(대판 2001.12.11, 2001두7541). 따라서, 인가에 하자가 없다면, 기본행위의 하자를 이유로 인가처분의 취소 또는 무효확인을 구할 협의의 소익이 인정되지 않는다(대판 2001.12.11, 2001두7541).

3) 관리처분계획의 성질과 효력

관리처분계획의 법적 성질은 정비사업 완료 후에 행할 이전고시의 내용을 미리 정하는 것으로 총회의 결의 후 인가를 통하여 확정되는 구속적 행정계획으로 보아야 하고, 관리처분계획이 인가·고시를 통해 확정되면 이해관계인에 대한 구속적 행정계획으로서 항고소송의 대상이 되는 처분에 해당하게 된다.

판례 > 도시정비법상 주택재건축정비사업조합의 법적 지위(=행정주체) / 관리처분계획의 법적 성격(=행정처분)

"도시 및 주거환경정비법(이하 '도시정비법')에 따른 주택재건축정비사업조합(이하 '재건축조합')은

관할 행정청의 감독 아래 도시정비법상의 주택재건축사업을 시행하는 공법인(도시정비법 제38조)으로서, 그 목적 범위 내에서 법령이 정하는 바에 따라 일정한 행정작용을 행하는 행정주체의 지위를 갖는다. 재건축조합이 행정주체의 지위에서 도시정비법 제74조에 따라 수립하는 관리처분계획은 … 구속적 행정계획으로서 재건축조합이 행하는 독립된 행정처분에 해당한다. 재건축조합이 행정주체의 지위에서 수립하는 관리처분계획은 행정계획의 일종으로서 이에 관하여는 재건축조합에 상당한 재량이 인정되므로 …(대판 2022.7.14, 2022다206391)."

(3) 환권처분(관리처분)

1) 환권처분의 의의 및 성질

환권처분이란 환권계획에 따라 권리의 변환을 행하는 것을 말한다. 도시정비법상 환권처분은 이전고시 및 청산에 의하여 행하여진다.

2) 이전고시

이전고시는 준공인가의 고시 또는 공사완료의 고시로 정비사업의 시행이 완료된 이후 관리처분계획에서 정한 사항을 분양받을 자에게 대지 또는 건축물의 소유권을 귀속시키는 처분을 말한다. 도시정비법상의 이전고시는 (구) 도시재개발법상의 분양처분에 해당한다. 이전고시는 환권처분의 성질을 가지며 행정소송법상의 처분으로 항고소송의 대상이 된다(대판 1995.6.30, 95다10570).

이전고시가 있으면 공용환권이 행해진다. 즉, 대지 또는 건축물을 분양받을 자는 대지 및 건축물의 소유권 이전의 내용이 사업시행자에 의해 해당 지방자치단체의 공보에 고시된 날의 다음 날에 종전의 소유권을 상실하고, 그 대지 또는 건축물에 대한 소유권을 취득한다(도시정비법 86 ②).

제6편

건축행정법

제 1 장

건축행정법의 개념

건축행정법은 학문적으로나 실무적으로 그 개념이 제대로 정립되어 있지 않지만, 기본적으로 건축행정법(Baurecht)은 ① 건축계획법(Bauplanungsrecht)과 ② 건축질서법(Bauordnungsrecht)으로 구성되어 있다고 할 수 있다.

건축계획법은 건축공간에 관한 각종 계획·정비·개발 그 밖의 이용규제 등에 관한 내용을 포함하고 있는 법으로 여기에는 (1) 종합계획에 관한 법(예: 국토계획법), (2) 전문계획에 관한 법(예: 항만법)이 있고, 그 밖에도 (3) 도시정비에 관한 법(예: 도시정비법), (4) 토지이용규제 및 개발에 관한 법(예: 토지이용규제기본법, 기업도시개발특별법), (5) 부동산에 관한 법(예: 공간정보법, 부동산 가격공시에 관한 법률, 종합부동산세법) 등이 있다.

건축질서법은 건축물의 안전 등과 같은 질서유지를 위하여 건축물의 건축행위를 규제하는 내용을 포함하고 있는 법으로 가장 대표적인 것이 건축법이다.

우리나라에서는 토지공법(또는 토지행정법, 공간정서법, 지역개발행정법, 부동산공법 등)으로 불리기도 한다.

제 2 장

토지공개념

제1절 개설

Ⅰ. 토지공개념의 유래

우리나라는 1970년부터 급속한 경제성장과 도시화가 이루어지면서 토지에 대한 투기나 토지가격의 급등 등의 부작용이 사회적으로 매우 심각한 문제가 되었다. 이에 1978년 정부가 부동산투기를 근절시키고자 토지이용 및 소유에 관한 고정관념을 공개념으로 유도하겠다고 한 데에서 토지공개념이라는 용어가 유래하였다.

Ⅱ. 토지공개념의 의의

토지공개념은, 확립된 정의는 없지만, 토지는 유한자원으로서 인류 전체의 공유재산이라는 특성이 있다는 점에서 그 공공성과 그에 따른 공적 규제를 강조하는 개념으로 이해할 수 있다. 요컨대 토지공개념은 토지를 보다 공공복리에 적합하도록 이용하게 하기 위하여 토지에 대한 공적 규제를 강화하는 것을 의미한다.

Ⅲ. 토지공개념의 근거

토지공개념의 이론적 근거로는 헌법의 사회국가원리와 토지재산권의 사회기속성을 들 수 있다.

사회국가원리(Sozialstaatsprinzip)는 실질적인 자유와 평등을 실현하는 것을 주된 내용으로 하는 헌법이념이다. 토지공개념은 빈부의 격차, 계층 간의 갈등을 심화시키는 토지소유와 이용에 대하여 적절한 공법적 규제를 함으로써 사회적 정의를 실현하는 것을 내용으로 하는 것이라는 점에서 사회국가원리는 토지공개념의 핵심적인 이론적 근거가 된다.

다른 한편 토지가 갖는 공공성, 유한성, 자연성 등 토지의 특성 때문에 토지재산권은 다른 재산권에 비하여 보다 강한 사회적 구속(Sozialbindung)을 받는다. 토지공개념은 재산권 행사는 공공복리에 적합하여야 한다는 재산권의 사회기속성이 토지재산권에 강화되어 표현된 것이라고 할 수 있다.

제2절 토지공개념의 입법화와 변천

Ⅰ. 토지공개념의 입법내용

토지소유의 편중현상, 지가상승, 부동산투기 현상이 사회적 문제가 되면서 부동산에 대한 규제 필요성이 대두되었다. 이에 따라 1989년 토지공개념에 입각한 세 개의 법률(택지소유상한에 관한 법률 · 개발이익환수에 관한 법률 · 토지초과이득세법)이 제정되었다.

(i) 택지소유상한제란 1가구가 전국 6대 도시 내에 소유하고 있는 택지를 일정 면적[예: 서울의 경우 660㎡(약 200평)] 이상 소유하지 못하도록 하는 제도였다. 이를 초과하여 택지를 취득하려면 택지취득의 허가를 받아야 하며, 가구별 소유상한을 초과하는 가구별 택지에 대해서는 초과소유부담금이 부과되었다.

(ii) 토지초과이득세는 유휴(遊休)토지[1]로부터의 초과이윤의 50%를 세금으로 징수하는 제도이다. 토지초과이득세의 본질은 지가상승으로 얻어지는 전형적인 불로소득에 대한 과세를 강화할 목적으로 유휴토지를 차별적으로 중과세하는 데 있었다.

(iii) 개발부담금제란 토지개발 후의 수입에서 제반 개발비용을 공제하고 남은 금액의 일정 부분을 부담금으로 환수하는 제도이다. 개발이익환수에 관한 법률은 '개발이익'을 '개발사업의 시행이나 토지이용계획의 변경, 그 밖에 사회적 · 경제적 요인에 따라 정상지가 상승분을 초과하여 개발사업을 시행하는 자나 토지 소유자에게 귀속되는 토지 가액의 증가분'으로 정의하고, 이러한 개발이익을 ① 개발사업의 시행자에게 귀속하는 개발이익과 ② 토지소유자에게 귀속하는 개발이익으로 구분하여, 사업시행자의 개발이익에 대하여 개발부담금을 부과하도록 하였다. 개발부담금의 부담률은 법 제정 당시에 개발이익의 100분의 50이었는데, 현재에는 개발이익의 100분의 20(지목변경이 수반되는 사업 등의 경우는 100분의 25)으로 규정되어 있다(개발이익환수법 13).

---

1 유휴토지란 사용되고 있지 않은 토지를 말한다.

II. 토지공개념 3법에 대한 위헌소원

1. 택지소유상한에 관한 법률에 대한 위헌소원[2]

헌법재판소는 택지소유상한에 관한 법률의 위헌소원에 대하여 예외 없이 일정 면적을 초과하는 택지를 취득할 수 없게 한 것, 법 시행 이전부터 택지를 소유하고 있는 개인에 대하여 일률적으로 소유상한을 적용하도록 한 것 등은 과잉금지원칙(비례원칙)에 위반되어 재산권을 과도하게 침해하는 것이라는 점에서 위헌결정을 하였다.

2. 토지초과이득세법에 대한 위헌소원[3]

헌법재판소는 토지초과이득세법에 대하여 기준시가의 산정방법을 전적으로 대통령령에 위임한 것, 토지초과이득세 과세대상인 유휴토지와 관련하여 아무런 기준이나 범위에 제한도 없이 '대통령령이 정하는 토지'를 유휴토지 등의 범위에서 제외할 수 있도록 규정한 것 등이 헌법상 조세법률주의 또는 헌법 제75조의 취지(포괄위임금지 등의 위임입법의 한계)에 위반된다고 하였다.

3. 개발이익환수에 관한 법률에 대한 위헌소원[4]

헌법재판소는 개발부담금 납부의무의 존부와 범위를 결정하는 요소가 되는 개시시점 지가의 산정방법을 구체적인 기준이나 원칙을 정함이 없이 포괄적으로 대통령령에 위임한 것은 헌법 제75조가 규정하는 위임입법의 한계를 벗어났다고 하여 위헌으로 결정하였다.

III. 토지공개념제도의 변천

1. 택지소유상한제의 변천(1998년 법률 폐지)

1997년 이른바 IMF사태 때 택지거래의 활성화를 도모하는 것이 경제위기의 극복에 도움이 된다는 그 당시의 정책적 판단에 따라 택지소유상한에 관한 법률은 1998.9.19.에 폐지되었다. 이에 따라 농지를 제외하고 자유롭게 토지를 취득하고 보유할 수 있게 되었다.

---

2 헌재결 1999.4.29, 94헌바37 외 66건(병합).

3 헌재결 1994.7.29, 92헌바49, 52(병합).

4 헌재결 1998.5.28, 95헌바37; 헌재결 1998.6.25, 95헌바35, 97헌바81, 98헌바5·10(병합).

2. 토지초과이득세제의 변천(1998년 법률 폐지)

1997년말 IMF 이후 토지시장이 침체되어 전국의 토지가격도 계속 하향·안정세를 보이자 토지초과이득세법은 더 이상 존치할 필요가 없다고 판단하여 1998.12.28. 동법을 폐지하였다.

3. 개발부담금제의 변천

개발이익환수에 관한 법률은 토지공개념 3법 가운데 유일하게 지금까지 존속하고 있다. 하지만 거의 해마다 법이 개정되고 있다. 현재는 개발부담금은 2014.1.14. 개발이익환수에 관한 법률 개정에 따라 개별입지사업과 계획입지사업의 경우로 나누어 전자의 경우는 현행대로 25%로 하고, 후자의 경우는 20%로 인하되었다.

IV. 소결

토지공개념은 이를 구체화한 3법 가운데 2개의 법률이 폐지되고, 개발부담금도 완화되면서 크게 후퇴하였다. 그러나 헌법재판소는 토지공개념 자체가 위헌이라고 결정한 것이 아니라, 법률의 일부규정이 위임입법의 원칙·기본권 보장·조세법률주의 등에 위반한다고 판단한 것 뿐이다.

따라서 토지공개념은 재산권행사의 공공복리적합의무를 규정한 헌법 제23조 제2항, 국토와 자원에 대한 국가의 보호의무를 규정한 헌법 제120조 제2항, 산지 기타 국토의 이용·개발과 보전을 위하여 필요한 제한과 의무를 과할 수 있게 규정한 헌법 제122조의 규정을 구체화하는 건축행정법 분야의 지도이념으로서 여전히 작용하고 있다고 보아야 한다.

제 3 장

건축계획법

제1절 공간계획의 기본체계

우리나라 공간계획의 기본체계는 국토기본법에 의한 국토계획과 국토의 계획 및 이용에 관한 법률에 의한 광역도시계획 및 도시·군계획이다.

과거에는 '국가 전체를 대상으로 하는 국토건설종합계획 -이를 바탕으로 전국을 5개의 용도지역으로 나누어 지정하는 국토이용계획- 국토이용계획에서 도시지역으로 지정된 지역에 대해 적용하는 도시계획'이 있었고, 도시계획은 다시 예비적·지침적인 도시기본계획과 이를 구체화하여 구속적으로 정하는 도시계획으로 구분되어 있었다. 그런데 2000년 들어 준농림지역의 난개발이 문제되어, (구)국토건설종합계획법을 국토기본법으로, (구)국토이용관리법과 (구)도시계획법을 통합하여 국토의 계획 및 이용에 관한 법률로 하는 전면적인 개편이 있었다. 이에 따라 비도시지역에서도 도시계획기법을 활용할 수 있게 되었다.

국토의 계획 및 이용에 관한 법률

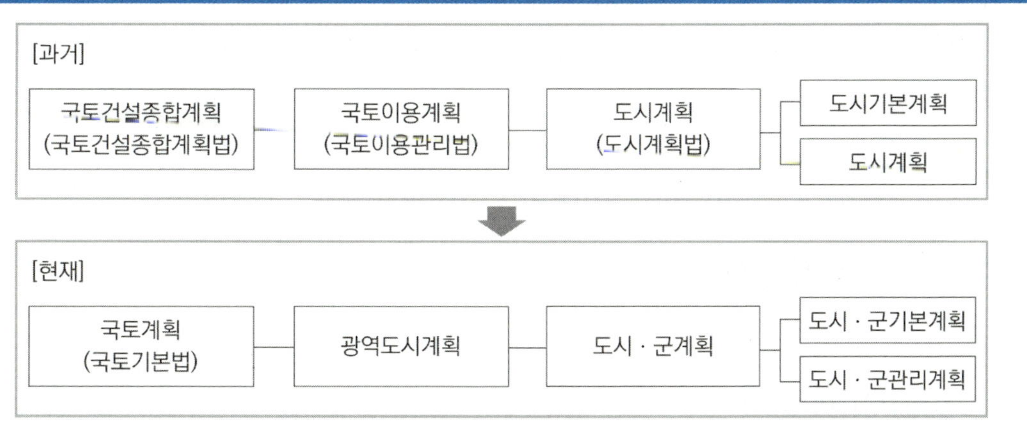

제2절 계획고권

지방자치권에 대한 헌법의 제도적 보장에 따라 지방자치단체에게는 각종 자치고권(高權)들이 보장되는데, 그중 하나로서 지방자치단체의 계획고권(計劃高權)이란 지방자치단체가 국가의 지시에 엄격하게 구속되지 않으면서 고유의 정치적·행정적 형성권 내지 결정권에 따라 자치적으로 자기지역을 건설하거나 토지이용에 관하여 획정(劃定)할 수 있는 권한을 말한다. 계획고권의 핵심적 내용은 지방자치단체의 도시·군계획 수립권한이다.

제3절 계획의 적합의무

공간계획은 계획의 수립주체·수립영역 등에 따라 매우 다양한 계획들로 구성되어 있다. 계획은 그 속성상 끊임없이 지속적이고도 반복적인 피드백(feed back, Rückkoppelung)과정을 전제로 한다. 이러한 과정에서 공간계획은 상호간의 일정한 체계를 갖추어야 한다. 이를 위해서는 하위계획이 상위계획에 부합되어야 하고 상위계획이 하위계획을 고려하여야 하는데 이를 계획의 적합의무(Anpassungsphlicht)라고 한다. 이와 관련하여, 예컨대 국토계획법은 광역도시계획 및 도시·군계획은 국가계획에 부합되어야 하고, 도시·군기본계획은 광역도시계획에 부합되어야 한다고 하여 계획 간의 적합의무를 규정하고 있다(국토계획법 4 ②, ③).

이하에서는 공간계획의 기본체계를 구성하는 국토기본법과 국토의 계획 및 이용에 관한 법률의 주요내용을 살펴보기로 한다.

제4절 국토기본법

Ⅰ. 국토계획의 의의

국토계획이란 국토를 이용·개발 및 보전할 때 미래의 경제적·사회적 변동에 대응하여 국토가 지향하여야 할 발전방향을 설정하고 이를 달성하기 위한 계획을 말한다(국토법 6 ①). 국토계획은 국가계획으로서 최상위의 공간계획이다.

II. 국토계획의 구분

1. 국토종합계획

국토 전역을 대상으로 하여 국토의 장기적인 발전 방향을 제시하는 종합계획으로, 국토종합계획은 초광역권계획, 도종합계획 및 시·군종합계획의 기본이 되며, 부문별계획과 지역계획은 국토종합계획과 조화를 이루어야 한다(국토법 6 ② 1호, 7 ①).

2. 초광역권계획

지역의 경제 및 생활권역의 발전에 필요한 연계·협력사업 추진을 위하여 2개 이상의 지방자치단체가 상호협의하여 선정하거나 지방자치법 제199조의 특별지방자치단체가 설정한 권역으로, 특별시·광역시·특별자치시 및 도·특별자치도의 행정구역을 넘어서는 권역(초광역권)을 대상으로 하여 해당 지역의 장기적인 발전 방향을 제시하는 계획을 말한다(국토법 6 ② 1호의2).

3. 도종합계획

도 또는 특별자치도의 관할구역을 대상으로 하여 해당 지역의 장기적인 발전 방향을 제시하는 종합계획으로, 도종합계획은 해당 도의 관할구역에서 수립되는 시·군종합계획의 기본이 된다(국토법 6 ② 2호, 7 ②).

4. 시·군종합계획

특별시·광역시·특별자치시·시 또는 군(광역시의 군은 제외한다)의 관할구역을 대상으로 하여 해당 지역의 기본적인 공간구조와 장기 발전 방향을 제시하고, 토지이용, 교통, 환경, 안전, 산업, 정보통신, 보건, 후생, 문화 등에 관하여 수립하는 계획으로서 국토계획법에 따라 수립되는 도시·군계획을 말한다(국토법 6 ② 3호).

5. 지역계획

특정 지역을 대상으로 특별한 정책목적을 달성하기 위하여 수립하는 계획으로, 다시 ① 수도권 발전계획(수도권에 과도하게 집중된 인구와 산업의 분산 및 적정배치를 유도하기 위하여 수립하는 계획), ② 지역개발계획(성장 잠재력을 보유한 낙후지역 또는 거점지역 등과 그 인근지역을 종합적·체계적으로 발전시키기 위하여 수립하는 계획), ③ 그 밖에 다른 법률에 따라 수립하는 지역계획으로 구분된다(국토법 6 ② 4호, 16).

지역계획은 국토종합계획을 특정 지역에 대하여 보다 구체적으로 수립하는 계획이다. 계획의 수립주체에 지방자치단체의 장도 포함되어 있으나, 지역계획은 국가계획이다.

지역계획은 그 수립대상지역이나 내용에 있어 광역도시계획과 중복될 수 있다는 점에서 문제가 있다.

6. 부문별계획

국토 전역을 대상으로 하여 특정 부문에 대한 장기적인 발전 방향을 제시하는 계획으로(국토법 6 ② 5호), 이는 '특정 부문'에 대한 계획으로서, 특정시설의 설치를 내용으로 하는 전문계획(Fachpalnung)과는 다른 것이다.

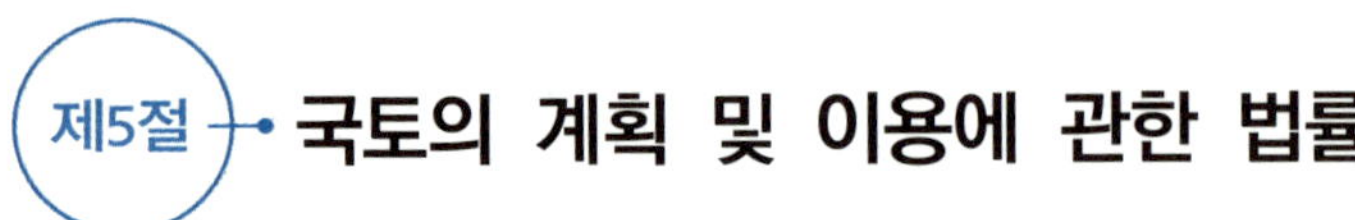

제5절 국토의 계획 및 이용에 관한 법률

Ⅰ. 광역도시계획

광역도시계획이란 광역계획권의 장기발전방향을 제시하는 계획을 말한다(국토계획법 2 1호). 광역계획권은 국토교통부장관 또는 도지사가 지정할 수 있다(국토계획법 10 ①).

광역도시계획은 광역계획권이 지정되어야 수립될 수 있고, 광역계획권은 둘 이상의 광역지방자치단체의 구역을 대상으로 지정될 수 있다는 점에서 국가계획에 속한다.

광역도시계획은 ① 광역계획권이 같은 도의 관할 구역에 속하여 있는 경우에는 관할 시장 또는 군수가 공동으로, ② 광역계획권이 둘 이상의 시·도의 관할 구역에 걸쳐 있는 경우에는 관할 시·도지사가 공동으로, ③ 광역계획권을 지정한 날부터 3년이 지날 때까지 관할 시장 또는 군수로부터 광역도시계획의 승인 신청이 없는 경우에는 관할 도지사가, ④ 국가계획과 관련된 광역도시계획의 수립이 필요한 경우나 광역계획권을 지정한 날부터 3년이 지날 때까지 관할 시·도지사로부터 광역도시계획의 승인 신청이 없는 경우에는 국토교통부장관이 수립한다(국토계획법 11 ①).

시·도지사가 광역도시계획을 수립하거나 변경하려면 국토교통부장관의 승인을(국토계획법 16 ①), 시장 또는 군수가 수립하거나 변경하려면 도지사의 승인을 받아야 한다(국토계획법 16 ⑤).

II. 도시·군계획

도시·군계획이란 특별시·광역시·특별자치시·특별자치도·시 또는 군(광역시의 관할 구역에 있는 군은 제외한다)의 관할 구역에 대하여 수립하는 공간구조와 발전방향에 대한 계획으로서 도시·군기본계획과 도시·군관리계획으로 구분한다(국토계획법 2 2호).

도시·군계획은 지방자치단체의 계획고권에 따라 원칙적으로 지방자치단체가 수립권한을 가지는 지방자치단체의 계획이다.

1. 도시·군기본계획

도시·군기본계획이란 특별시·광역시·특별자치시·특별자치도·시 또는 군의 관할 구역에 대하여 기본적인 공간구조와 장기발전방향을 제시하는 종합계획으로서 도시·군관리계획 수립의 지침이 되는 계획을 말한다(국토계획법 2 3호). 도시·군기본계획은 국민에 대한 직접적인 구속력이 없는 비구속적 계획이다(대판 2002.10.11, 2000두8226).

도시·군기본계획의 수립은 '수립과 확정'으로 구분되어 있다. 도시·군기본계획은 원칙적으로 특별시장·광역시장·특별자치시장·특별자치도지사·시장 또는 군수가 수립한다(국토계획법 18 ①). 도시·군기본계획의 수립이나 변경은 특별시장·광역시장·특별자치시장 또는 특별자치도지사가 확정한다(국토계획법 22 ①). 시장 또는 군수가 도시·군기본계획을 수립하거나 변경하는 경우 도지사의 승인을 받아야 한다(국토계획법 22조의2 ①).

2. 도시·군관리계획

(1) 의의

도시·군관리계획이란 특별시·광역시·특별자치시·특별자치도·시 또는 군의 개발·정비 및 보전을 위하여 수립하는 토지 이용, 교통, 환경, 경관, 안전, 산업, 정보통신, 보건, 복지, 안보, 문화 등에 관한 ① 용도지역·용도지구의 지정 또는 변경에 관한 계획, ② 개발제한구역, 도시자연공원구역, 시가화조정구역, 수산자원보호구역의 지정 또는 변경에 관한 계획, ③ 기반시설의 설치·정비 또는 개량에 관한 계획, ④ 도시개발사업이나 정비사업에 관한 계획, ⑤ 지구단위계획구역의 지정 또는 변경에 관한 계획과 지구단위계획, ⑥ 도시혁신구역의 지정 또는 변경에 관한 계획과 도시혁신계획, ⑦ 복합용도구역의 지정 또는 변경에 관한 계획과 복합용도계획, ⑧ 도시·군계획시설입체복합구역의 지정 또는 변경에 관한 계획을 말한다(국토계획법 2 4호).

도시·군관리계획은 도시·군기본계획을 구체화하여 토지이용이나 건축의 구체적인 내용에 관하여 구속적으로 확정하는 계획이다. 따라서 도시·군관리계획((구) 도시계획법상의 도시계획)의 결정은 특정 개인의 권리 내지 법률상의 이익을 개별적이고 구체적으로 규제하는 효과를 가져오는 처분이다(대판 1982.3.9, 80누105).

도시·군관리계획의 수립은 '입안과 결정'으로 구분되어 있다.

(2) 도시·군관리계획의 입안권자

(i) 도시·군관리계획은, 지방자치단체의 계획고권상, 특별시장·광역시장·특별자치시장·특별자치도지사·시장 또는 군수가 입안하여야 하는 것이 원칙이다(국토계획법 24 ①).

(ii) 다만, 국토교통부장관도 ① 국가계획과 관련된 경우, ② 둘 이상의 시·도에 걸쳐 지정되는 용도지역·용도지구 또는 용도구역과 둘 이상의 시·도에 걸쳐 이루어지는 사업의 계획 중 도시·군관리계획으로 결정하여야 할 사항이 있는 경우 또는 ③ 특별시장·광역시장·특별자치시장·특별자치도지사·시장 또는 군수가 제138조에 따른 기한까지 국토교통부장관의 도시·군관리계획 조정 요구에 따라 도시·군관리계획을 정비하지 아니하는 경우에는 직접 또는 관계 중앙행정기관의 장의 요청에 의하여 도시·군관리계획을 입안할 수 있다(국토계획법 24 ⑤).

(iii) 또한 도지사도 ① 둘 이상의 시·군에 걸쳐 지정되는 용도지역·용도지구 또는 용도구역과 둘 이상의 시·군에 걸쳐 이루어지는 사업의 계획 중 도시·군관리계획으로 결정하여야 할 사항이 포함되어 있는 경우 또는 ② 도지사가 직접 수립하는 사업의 계획으로서 도시·군관리계획으로 결정하여야 할 사항이 포함되어 있는 경우에는 직접 또는 시장이나 군수의 요청에 의하여 도시·군관리계획을 입안할 수 있다(국토계획법 24 ⑥).

(3) 입안제안

주민(이해관계자를 포함한다)은 ① 기반시설의 설치·정비 또는 개량에 관한 사항과 ② 지구단위계획구역의 지정 및 변경과 지구단위계획의 수립 및 변경에 관한 사항, ③ 개발진흥지구 중 공업기능 또는 유통물류기능 등을 집중적으로 개발·정비하기 위한 개발진흥지구 또는 제37조에 따라 지정된 용도지구 중 해당 용도지구에 따른 건축물이나 그 밖의 시설의 용도·종류 및 규모 등의 제한을 지구단위계획으로 대체하기 위한 용도지구로서 대통령령으로 정하는 개발진흥지구의 지정 및 변경에 관한 사항, ④ 도시·군계획시설입체복합구역의 지정 및 변경과 도시·군계획시설입체복합구역의 건축제한·건폐율·용적률·높이 등에 관한 사항에 대하여 도시·군관리계획의 입안권자에게 도시·군관리계획의 입안을 제안할 수 있다(국토계획법 26 ①).[1]

---

1 법조문상 '입안 제안'은 그 실질적 의미로는 '입안 신청'이다. 즉 주민이 관리계획을 직접 작성하여 입안권자에게 그와 같이 입안해 줄 것을 요청하는 것을 의미한다. 따라서 판례는 도시·군관리계획의 입안제안과 관련하여 입안을 요구할 수 있는 법규상 또는 조리상의 신청권을 인정하면서 이러한 신청에 대한 거부행위의 처분성을 인정하고 있고 있는 것이다(대판 2004.4.28, 2003두1806).

(4) 도시·군관리계획의 결정권자

(i) 도시·군관리계획은 시·도지사가 직접 또는 시장·군수의 신청에 따라 결정한다(국토계획법 29 ①).

(ii) ① 제24조 제5항에 따라 국토교통부장관이 입안한 도시·군관리계획, ② 제38조에 따른 개발제한구역의 지정 및 변경에 관한 도시·군관리계획, ③ 제39조 제1항 단서에 따른 시가화조정구역의 지정 및 변경에 관한 도시·군관리계획은 국토교통부장관이 결정하고, ④ 제40조에 따른 수산자원보호구역의 지정 및 변경에 관한 도시·군관리계획은 해양수산부장관이 결정한다(국토계획법 29 ②).

Ⅲ. 용도지역·용도지구·용도구역

용도지역제는 토지를 각각의 용도에 따라 일정한 지역·지구·구역 등으로 구분함으로써 토지의 이용형태를 규제하는 제도이다. 용도지역·용도지구·용도구역이 지정되면 건축물의 건축제한이나 사업제한 등의 일정한 행위제한이 따른다(국토계획법 제6장).

1. 용도지역

용도지역이란 토지의 이용 및 건축물의 용도, 건폐율, 용적률, 높이 등을 제한함으로써 토지를 경제적·효율적으로 이용하고 공공복리의 증진을 도모하기 위하여 서로 중복되지 아니하게 도시·군관리계획으로 결정하는 지역을 말한다(국토계획법 2 15호).

용도지역의 지정(또는 변경)은 국토교통부장관, 시·도지사 또는 대도시 시장이 도시·군관리계획으로 결정한다. 용도지역으로는 ① 도시지역(주거지역·상업지역·공업지역·녹지지역), ② 관리지역(보전관리지역·생산관리지역·계획관리지역), ③ 농림지역, ④ 자연환경보전지역이 있다(국토계획법 36 ①).

2. 용도지구

용도지구란 토지의 이용 및 건축물의 용도·건폐율·용적률·높이 등에 대한 용도지역의 제한을 강화하거나 완화하여 적용함으로써 용도지역의 기능을 증진시키고 경관·안전 등을 도모하기 위하여 도시·군관리계획으로 결정하는 지역을 말한다(국토계획법 2 16호).

용도지구의 지정(또는 변경)은 국토교통부장관, 시·도지사 또는 대도시 시장이 도시·군관리계획으로 결정한다. 용도지구로는 ① 경관지구, ② 고도지구, ③ 방화지구, ④ 방재지구, ⑤ 보호지구, ⑥ 취락지구, ⑦ 개발진흥지구, ⑧ 특정용도제한지구, ⑨ 복합용도지구, ⑩ 그 밖에 대통령령으로 정하는 지구가 있다(국토계획법 37 ①).

3. 용도구역

용도구역이란 토지의 이용 및 건축물의 용도·건폐율·용적률·높이 등에 대한 용도지역 및 용도지구의 제한을 강화하거나 완화하여 따로 정함으로써 시가지의 무질서한 확산방지, 계획적이고 단계적인 토지이용의 도모, 혁신적이고 복합적인 토지활용의 촉진, 토지이용의 종합적 조정·관리 등을 위하여 도시·군관리계획으로 결정하는 지역을 말한다(국토계획법 2 17호).

용도구역으로는 개발제한구역(국토계획법 38)·도시자연공원구역(국토계획법 38조의2)·시가화조정구역(국토계획법 39)·수산자원보호구역(국토계획법 40)이 있다.

Ⅳ. 도시·군계획시설

기반시설이란 ① 도로·철도·항만·공항·주차장 등 교통시설, ② 광장·공원·녹지 등 공간시설, ③ 유통업무설비, 수도·전기·가스공급설비, 방송·통신시설, 공동구 등 유통·공급시설, ④ 학교·운동장·공공청사·문화시설 및 공공필요성이 인정되는 체육시설 등 공공·문화체육시설, ⑤ 하천·유수지(遊水池)·방화설비 등 방재시설, ⑥ 장사시설 등 보건위생시설, ⑦ 하수도·폐기물처리 및 재활용시설, 빗물저장 및 이용시설 등 환경기초시설로서 대통령령으로 정하는 시설을 말한다(국토계획법 2 6호). 이러한 기반시설 중 도시·군관리계획으로 결정된 시설을 도시·군계획시설이라 한다(국토계획법 2 7호).

지상·수상·공중·수중 또는 지하에 기반시설을 설치하려면 그 시설의 종류·명칭·위치·규모 등을 미리 도시·군관리계획으로 결정하여야 한다(국토계획법 43 ①).

도시·군계획시설에 대한 도시·군관리계획의 결정(도시·군계획시설결정)의 고시일부터 10년 이내에 그 도시·군계획시설의 설치에 관한 도시·군계획시설사업이 시행되지 아니하는 경우 그 도시·군계획시설의 부지로 되어 있는 토지 중 지목이 대(垈)인 토지의 소유자는 대통령령으로 정하는 바에 따라 특별시장·광역시장·특별자치시장·특별자치도지사·시장 또는 군수 등에게 그 토지의 매수를 청구할 수 있다(국토계획법 47 ①).

도시·군계획시설결정이 고시된 도시·군계획시설에 대하여 그 고시일부터 20년이 지날 때까지 그 시설의 설치에 관한 도시·군계획시설사업이 시행되지 아니하는 경우 그 도시·군계획시설결정은 그 고시일부터 20년이 되는 날의 다음날에 그 효력을 잃는다(국토계획법 48 ①).

Ⅴ. 지구단위계획

지구단위계획은 도시·군계획 수립대상지역의 일부의 토지이용을 집중적으로 규제하기 위한 일종의 지구상세계획제도이다. 지구단위계획은 환경개선이나 미관증진 등이 필요한 지구를 특정하여 지구단위계획을 수립하고 그 지구 내에서는 수립된 지구단위계획에 부합되도록 건축을 제한함으로써 해당 지구의 토지이용을 체계적으로 관리하기 위한 것이다.

현행법은 지구단위계획을 "도시·군계획 수립 대상지역의 일부에 대하여 토지 이용을 합리화하고 그 기능을 증진시키며 미관을 개선하고 양호한 환경을 확보하며, 그 지역을 체계적·계획적으로 관리하기 위하여 수립하는 도시·군관리계획"으로 정의하고 있다(국토계획법 2 5호).

지구단위계획을 수립하기 위한 지구단위계획구역은 국토교통부장관, 시·도지사, 시장 또는 군수가 지정한다(국토계획법 51). 지구단위계획구역 및 지구단위계획은 도시·군관리계획으로 결정한다(국토계획법 50).

지구단위계획구역에서 건축물(일정 기간 내 철거가 예상되는 경우 등 대통령령으로 정하는 가설건축물은 제외한다)을 건축 또는 용도변경하거나 공작물을 설치하려면 그 지구단위계획에 맞게 하여야 한다. 다만, 지구단위계획이 수립되어 있지 아니한 경우에는 그러하지 아니하다(국토계획법 54).

지구단위계획구역의 지정에 관한 도시·군관리계획결정의 고시일부터 3년 이내에 그 지구단위계획구역에 관한 지구단위계획이 결정·고시되지 아니하면 그 3년이 되는 날의 다음날에 그 지구단위계획구역의 지정에 관한 도시·군관리계획결정은 효력을 잃는다(국토계획법 53 ①).

VI. 개발행위허가

1. 개발행위의 허가

개발행위란 ① 건축물의 건축 또는 공작물의 설치, ② 토지의 형질 변경(경작을 위한 경우로서 대통령령으로 정하는 토지의 형질 변경은 제외한다), ③ 토석의 채취, ④ 토지 분할(건축물이 있는 대지의 분할은 제외한다) 또는 ⑤ 녹지지역·관리지역 또는 자연환경보전지역에 물건을 1개월 이상 쌓아놓는 행위로서 대통령령으로 정하는 행위를 말한다(국토계획법 56 ①).

개발행위를 하려는 자는 특별시장·광역시장·특별자치시장·특별자치도지사·시장 또는 군수의 허가(개발행위허가)를 받아야 한다. 다만, 도시·군계획사업(다른 법률에 따라 도시·군계획사업을 의제한 사업을 포함한다)에 의한 행위는 그러하지 아니하다(국토계획법 56 ①).

2. 개발행위의 기준

특별시장·광역시장·특별자치시장·특별자치도지사·시장 또는 군수는 개발행위허가의 신청 내용이 다음 각 호의 기준에 맞는 경우에만 개발행위허가 또는 변경허가를 하여야 한다(국토계획법 58 ①).

1. 용도지역별 특성을 고려하여 대통령령으로 정하는 개발행위의 규모에 적합할 것. 다만, 개발행위가 농어촌정비법 제2조 제4호에 따른 농어촌정비사업으로 이루어지는 경우 등 대통령령으로 정하는 경우에는 개발행위 규모의 제한을 받지 아니한다.
2. 도시·군관리계획 및 제4항에 따른 성장관리계획의 내용에 어긋나지 아니할 것
3. 도시·군계획사업의 시행에 지장이 없을 것
4. 주변지역의 토지이용실태 또는 토지이용계획, 건축물의 높이, 토지의 경사도, 수목의 상태, 물의 배수, 하천·호소·습지의 배수 등 주변환경이나 경관과 조화를 이룰 것
5. 해당 개발행위에 따른 기반시설의 설치나 그에 필요한 용지의 확보계획이 적절할 것

3. 개발행위허가의 성질*

개발행위허가가 기속행위인지 재량행위인지에 대해서는 논란이 있다. ① 개발행위를 억제적(절대적) 금지의 관점에서 보면 개발행위허가는 예외적 승인으로서 재량행위라 할 수 있으나, ② 국토계획법은 개발행위를 절대적으로 금지한다고 볼 수 없고, 다만 그 허가요건을 비교적 엄격하게 규정하고 있을 뿐이다. 따라서 이러한 엄격한 허가요건을 구비하는 경우라면 개발행위가 허가된다는 취지로 보아 원칙적으로 기속행위라 할 것이다. ③ 다만 -건축허가와 같이- '(허가를 하지 않아야 할) 중대한 공익상의 필요'가 있는 경우에는 허가기준을 충족하더라도 허가를 하지 않을 수 있는데, 이 경우 '중대한 공익상의 필요'는 불문(不文)의 허가'요건'으로 보아야 한다.

④ 판례는 개발행위허가를 재량행위로 보고 있는데, 그 이유는 불확정개념으로 규정된 허가요건의 판단에 재량이 인정된다는 것이다. 그러나 요건판단에는 재량이 인정될 수 없다는 점에서 판례의 판단은 오류가 있다.

판례 > 국토계획법이 정한 용도지역 안에서의 건축허가 요건에 해당하는지 여부가 재량판단의 영역에 속하는지 여부(적극) 및 그에 대한 사법심사의 대상과 판단기준

"국토계획법이 정한 용도지역 안에서의 건축허가는 건축법 제11조 제1항에 의한 건축허가와 국토계획법 제56조 제1항의 개발행위허가의 성질을 아울러 갖는데, <u>개발행위허가는 허가기준 및 금지요건이 불확정개념으로 규정된 부분이 많아 그 요건에 해당하는지 여부는 행정청의 재량판단의 영역에 속한다</u>. 그러므로 그에 대한 사법심사는 행정청의 공익판단에 관한 재량의 여지를 감안하여 원칙적으로 재량권의 일탈이나 남용이 있는지 여부만을 대상으로 하고, 사실오인과 비례·평등의 원칙 위반 여부 등이 그 판단 기준이 된다(대판 2017.3.15, 2016두55490)."

---

* 변호사시험(2024년), 사법시험(2013년).

⑤ 다만 '개발제한구역 안에서의 개발행위허가'는 원칙적으로 금지된 행위를 예외적으로 허가해 주는 예외적 승인으로서 재량행위이다. 이에 대해서는 판례도 같은 입장이다.

판례 > 개발제한구역 내에서의 건축물의 건축 등에 대한 예외적 허가의 법적 성질(=재량행위)

"개발제한구역 내에서는 구역 지정의 목적상 건축물의 건축, 공작물의 설치, 토지의 형질변경 등의 행위는 원칙적으로 금지되고, 다만 구체적인 경우에 위와 같은 구역 지정의 목적에 위배되지 아니할 경우 예외적으로 허가에 의하여 그러한 행위를 할 수 있게 되며, 한편 개발제한구역 내에서의 건축물의 건축 등에 대한 예외적 허가는 그 상대방에게 수익적인 것으로서 재량행위에 속하는 것이라고 할 것이므로 그에 관한 행정청의 판단이 사실오인, 비례·평등의 원칙 위배, 목적위반 등에 해당하지 아니하는 이상 재량권의 일탈·남용에 해당한다고 할 수 없다(대판 2004.7.22, 2003두7606)."

제 4 장

도시정비법

제1절 도시정비법제 개관

도시정비에 관한 법률로 일반법으로서 도시개발법, 도시 및 주거환경정비법이 있고, 이 법률들을 통한 도시재정비사업을 촉진하는 의미에서 도시재정비 촉진을 위한 특별법(도시재정비법)이 있다.

여기에 더하여 도시의 기성 시가지의 일부가 쇠퇴해 가는 현상에 대응하기 위하여 도시재생이 광범위하게 논의되고 있는데, 현재로서는 이와 같은 도시쇠퇴지역의 재생을 위하여 2013년 도시재생 활성화 및 지원에 관한 특별법(도시재생법)이 제정되어 시행되고 있다.

제2절 도시개발법

I. 목적

이 법은 도시개발에 필요한 사항을 규정하여 계획적이고 체계적인 도시개발을 도모하고 쾌적한 도시환경을 조성하기 위하여 제정된 것이다(도시개발법 1).

II. 도시개발구역의 지정

1. 도시개발구역의 정의

도시개발구역이란 도시개발사업을 시행하기 위하여 제3조와 제9조에 따라 지정·고시된 구역을 말한다(도시개발법 2 ① 1호).

2. 도시개발구역의 지정권자

도시개발구역의 지정권자는 원칙적으로 ① 특별시장·광역시장·도지사·특별자치도지사(시·도지사)와 ② 인구 50만 이상의 대도시의 시장(대도시 시장)이다(도시개발법 3 ①).

시장(대도시 시장 제외)·군수 또는 구청장(자치구의 구청장)은 대통령령으로 정하는 바에 따라 시·도지사에게 도시개발구역의 지정을 요청할 수 있다(도시개발법 3 ④).

3. 개발계획의 수립

지정권자는 도시개발구역을 지정하려면 해당 도시개발구역에 대한 도시개발사업의 계획(개발계획)을 수립하여야 한다(도시개발법 4 ①).

개발계획에는 도시개발사업의 시행방식, 토지이용계획, 교통처리계획, 환경보전계획, 도로·상하수도 등 주요 기반시설의 설치계획, 재원조달계획 등의 사항이 포함되어야 한다(도시개발법 5 ①).

4. 도시개발구역지정의 해제

도시개발구역의 지정은 다음 각 호의 어느 하나에 규정된 날의 다음 날에 해제된 것으로 본다(도시개발법 10 ①).

1. 도시개발구역이 지정·고시된 날부터 3년이 되는 날까지 제17조에 따른 실시계획의 인가를 신청하지 아니하는 경우에는 그 3년이 되는 날
2. 도시개발사업의 공사 완료(환지 방식에 따른 사업인 경우에는 그 환지처분)의 공고일

Ⅲ. 도시개발사업의 시행자

도시개발사업의 시행자는 다음 각 호의 자 중에서 지정권자가 지정한다. 다만, 도시개발구역의 전부를 환지 방식으로 시행하는 경우에는 제5호의 토지 소유자나 제6호의 조합을 시행자로 지정한다(도시개발법 11 ①).

1. 국가나 지방자치단체
2. 대통령령으로 정하는 공공기관
3. 대통령령으로 정하는 정부출연기관
4. 지방공기업법에 따라 설립된 지방공사
5. 도시개발구역의 토지 소유자
6. 도시개발구역의 토지 소유자가 도시개발을 위하여 설립한 조합
7. 수도권정비계획법에 따른 과밀억제권역에서 수도권 외의 지역으로 이전하는 법인 중 과

밀억제권역의 사업 기간 등 대통령령으로 정하는 요건에 해당하는 법인

8. 주택법 제4조에 따라 등록한 자 중 도시개발사업을 시행할 능력이 있다고 인정되는 자로서 대통령령으로 정하는 요건에 해당하는 자
9. 건설산업기본법에 따른 토목공사업 또는 토목건축공사업의 면허를 받는 등 개발계획에 맞게 도시개발사업을 시행할 능력이 있다고 인정되는 자로서 대통령령으로 정하는 요건에 해당하는 자

9의2. 부동산개발업의 관리 및 육성에 관한 법률 제4조 제1항에 따라 등록한 부동산개발업자로서 대통령령으로 정하는 요건에 해당하는 자

10. 부동산투자회사법에 따라 설립된 자기관리부동산투자회사 또는 위탁관리부동산투자회사로서 대통령령으로 정하는 요건에 해당하는 자
11. 제1호부터 제9호까지, 제9호의2 및 제10호에 해당하는 자(제6호에 따른 조합은 제외한다)가 도시개발사업을 시행할 목적으로 출자에 참여하여 설립한 법인으로서 대통령령으로 정하는 요건에 해당하는 법인

IV. 실시계획의 작성 및 인가

시행자는 대통령령으로 정하는 바에 따라 도시개발사업에 관한 실시계획을 작성하여야 한다. 이 경우 실시계획에는 지구단위계획이 포함되어야 한다(도시개발법 17 ①). 시행자(지정권자가 시행자인 경우는 제외한다)는 제1항에 따라 작성된 실시계획에 관하여 지정권자의 인가를 받아야 한다(도시개발법 17 ②).

V. 도시개발사업의 시행방식

도시개발사업은 시행자가 도시개발구역의 토지등을 수용 또는 사용하는 방식이나 환지 방식 또는 이를 혼용하는 방식으로 시행할 수 있다(도시개발법 21 ①).

도시개발사업은 순환개발방식으로도 가능하다. 즉 시행자는 도시개발사업을 원활하게 시행하기 위하여 도시개발구역의 내외에 새로 건설하는 주택 또는 이미 건설되어 있는 주택에 그 도시개발사업의 시행으로 철거되는 주택의 세입자 또는 소유자를 임시로 거주하게 하는 등의 방식으로 그 도시개발구역을 순차적으로 개발할 수 있다(도시개발법 21조의2 ①).

시행자는 도시개발사업에 따른 세입자등의 주거안정 등을 위하여 제6조에 따른 주거 및 생활실태 조사와 주택수요 조사 결과를 고려하여 대통령령으로 정하는 바에 따라 임대주택 건설용지를 조성·공급하거나 임대주택을 건설·공급하여야 한다(도시개발법 21조의3 ①).

제3절 도시 및 주거환경정비법

Ⅰ. 목적

이 법은 도시기능의 회복이 필요하거나 주거환경이 불량한 지역을 계획적으로 정비하고 노후·불량건축물을 효율적으로 개량하기 위하여 제정된 것이다(도시정비법 1).

Ⅱ. 정비사업

정비사업이라 함은 도시기능을 회복하기 위하여 정비구역에서 정비기반시설을 정비하거나 주택 등 건축물을 개량 또는 건설하는 다음 각 목의 사업을 말한다(도시정비법 2 2호).

가. 주거환경개선사업: 도시저소득 주민이 집단거주하는 지역으로서 정비기반시설이 극히 열악하고 노후·불량건축물이 과도하게 밀집한 지역의 주거환경을 개선하거나 단독주택 및 다세대주택이 밀집한 지역에서 정비기반시설과 공동이용시설 확충을 통하여 주거환경을 보전·정비·개량하기 위한 사업

나. 재개발사업: 정비기반시설이 열악하고 노후·불량건축물이 밀집한 지역에서 주거환경을 개선하거나 상업지역·공업지역 등에서 도시기능의 회복 및 상권활성화 등을 위하여 도시환경을 개선하기 위한 사업

다. 재건축사업: 정비기반시설은 양호하나 노후·불량건축물에 해당하는 공동주택이 밀집한 지역에서 주거환경을 개선하기 위한 사업

Ⅲ. 정비사업의 시행

(i) 주거환경개선사업은 ① 제24조에 따른 사업시행자가 정비구역에서 정비기반시설 및 공동이용시설을 새로 설치하거나 확대하고 토지등소유자가 스스로 주택을 보전·정비하거나 개량하는 방법, ② 제24조에 따른 사업시행자가 제63조에 따라 정비구역의 전부 또는 일부를 수용하여 주택을 건설한 후 토지등소유자에게 우선 공급하거나 대지를 토지등소유자 또는 토지등소유자 외의 자에게 공급하는 방법, ③ 제24조에 따른 사업시행자가 제69조 제2항에 따라 환지로 공급하는 방법, ④ 제24조에 따른 사업시행자가 정비구역에서 제74조에 따라 인가받은 관리처분계획에 따라 주택 및 부대시설·복리시설을 건설하여 공급하는 방법 또는 이를 혼용하

는 방법으로 한다(도시정비법 23 ①).

(ii) 재개발사업은 정비구역에서 제74조에 따라 인가받은 관리처분계획에 따라 건축물을 건설하여 공급하거나 제69조 제2항에 따라 환지로 공급하는 방법으로 한다(도시정비법 23 ②).

(iii) 재건축사업은 정비구역에서 제74조에 따라 인가받은 관리처분계획에 따라 건축물을 건설하여 공급하는 방법으로 한다(도시정비법 23 ③).

Ⅳ. 사업시행자

(i) 제23조 제1항 제1호에 따른 방법으로 시행하는 주거환경개선사업은 시장·군수등이 직접 시행하되, 토지주택공사등을 사업시행자로 지정하여 시행하게 하려는 경우에는 제15조 제1항에 따른 공람공고일 현재 토지등소유자의 과반수의 동의를 받아야 한다(도시정비법 24 ①). 또한 제23조 제1항 제2호부터 제4호까지의 규정에 따른 방법으로 시행하는 주거환경개선사업은 시장·군수등이 직접 시행하거나 토지주택공사등을 사업시행자로 지정하여 시행할 수 있다(도시정비법 24 ②).

(ii) 재개발사업은 조합이 시행하거나 조합이 조합원의 과반수의 동의를 받아 시장·군수등, 토지주택공사등, 건설업자, 등록사업자 또는 대통령령으로 정하는 요건을 갖춘 자와 공동으로 시행하거나 토지등소유자가 20인 미만인 경우에는 토지등소유자가 시행하거나 토지등소유자가 토지등소유자의 과반수의 동의를 받아 시장·군수등, 토지주택공사등, 건설업자, 등록사업자 또는 대통령령으로 정하는 요건을 갖춘 자와 공동으로 시행할 수 있다(도시정비법 25 ①).

(iii) 재건축사업은 조합이 시행하거나 조합이 조합원의 과반수의 동의를 받아 시장·군수등, 토지주택공사등, 건설업자 또는 등록사업자와 공동으로 시행할 수 있다(도시정비법 25 ②).

Ⅴ. 조합의 설립

1. 조합의 설립 및 추진위원회의 구성*

조합을 설립하려는 경우에는 추진위원회 위원장(이하 "추진위원장")을 포함한 5명 이상의 추진위원회 위원(이하 "추진위원")에 관한 사항과 제34조 제1항에 따른 운영규정에 관한 사항에 대하여 토지등소유자 과반수의 동의를 받아 조합설립을 위한 추진위원회를 구성하여 국토교통부령으로 정하는 방법과 절차에 따라 시장·군수등의 승인을 받아야 한다(도시정비법 31 ① 전단). 한편 판례는 조합설립추진위원회 구성승인처분을 인가로 보고 있다[판례].

---

* 5급공채(행정)(2017년).

판례 > 조합설립추진위원회 구성승인처분의 법적 성질 및 구성승인처분을 다투는 소송 계속 중 조합설립인가처분이 이루어진 경우 구성승인처분에 대하여 취소 또는 무효확인을 구할 법률상 이익이 있는지 여부

"(구) 도시정비법(2009.2.6. 법률 제9444호로 개정되기 전의 것) 제13조 제1항, 제2항, 제14조 제1항, 제15조 제4항, 제5항 등 관계 법령의 내용, 형식, 체제 등에 비추어 보면, 조합설립추진위원회(이하 '추진위원회') 구성승인처분은 조합의 설립을 위한 주체인 추진위원회의 구성행위를 보충하여 그 효력을 부여하는 처분으로서 조합설립이라는 종국적 목적을 달성하기 위한 중간단계의 처분에 해당하지만, 그 법률요건이나 효과가 조합설립인가처분의 그것과는 다른 독립적인 처분이기 때문에, 추진위원회 구성승인처분에 대한 취소 또는 무효확인 판결의 확정만으로는 이미 조합설립인가를 받은 조합에 의한 정비사업의 진행을 저지할 수 없다. 따라서 추진위원회 구성승인처분을 다투는 소송 계속 중에 조합설립인가처분이 이루어진 경우에는, 추진위원회 구성승인처분에 위법이 존재하여 조합설립인가 신청행위가 무효라는 점 등을 들어 직접 조합설립인가처분을 다툼으로써 정비사업의 진행을 저지하여야 하고, 이와는 별도로 추진위원회 구성승인처분에 대하여 취소 또는 무효확인을 구할 법률상의 이익은 없다고 보아야 한다(대판 2013.1.31, 2011두11112)."

2. 조합의 설립인가

시장·군수등, 토지주택공사등 또는 지정개발자가 아닌 자가 정비사업을 시행하려는 경우에는 토지등소유자로 구성된 조합을 설립하여야 한다. 다만, 제25조 제1항 제2호에 따라 토지등소유자가 재개발사업을 시행하려는 경우에는 그러하지 아니하다(도시정비법 35 ①).

재개발사업의 추진위원회(제31조 제7항에 따라 추진위원회를 구성하지 아니하는 경우에는 토지등소유자를 말한다)가 조합을 설립하려면 토지등소유자의 4분의 3 이상 및 토지면적의 2분의 1 이상의 토지소유자의 동의를 받아 정관, 정비사업비와 관련된 자료 등 국토교통부령으로 정하는 서류, 그 밖에 시·도조례로 정하는 서류를 첨부하여 시장·군수등의 인가를 받아야 한다(도시정비법 35 ②).

재건축사업의 추진위원회(제31조 제7항에 따라 추진위원회를 구성하지 아니하는 경우에는 토지등소유자를 말한다)가 조합을 설립하려는 때에는 주택단지의 공동주택의 각 동(복리시설의 경우에는 주택단지의 복리시설 전체를 하나의 동으로 본다)별 구분소유자의 과반수(복리시설로서 대통령령으로 정하는 경우에는 3분의 1 이상으로 한다) 동의(공동주택의 각 동별 구분소유자가 5 이하인 경우는 제외한다)와 주택단지의 전체 구분소유자의 100분의 70 이상 및 토지면적의 100분의 70 이상의 토지소유자의 동의를 받아 제2항 각 호의 사항을 첨부하여 제16조에 따른 정비구역 지정·고시 후 시장·군수등의 인가를 받아야 한다(도시정비법 35 ③).

3. 총회개최 및 의결사항

조합에 조합원으로 구성되는 총회를 두고, 총회는 조합장이 직권으로 소집하거나 조합원 5분의 1 이상 또는 대의원 3분의 2 이상의 요구로 조합장이 소집하며, 조합원 또는 대의원의 요구로 총회를 소집하는 경우 조합은 소집을 요구하는 자가 본인인지 여부를 대통령령으로 정하는 기준에 따라 정관으로 정하는 방법으로 확인하여야 한다(도시정비법 44 ①, ②).

총회는 정관변경, 자금 및 비용 등에 관한 사항, 정비사업비의 사용, 시공자·설계자·감정평가업자·정비사업전문관리업자의 선정 등, 조합임원의 선임 및 해임, 정비사업비의 조합원별 분담내역, 사업시행계획서의 수립 및 변경, 관리처분계획의 수립 및 변경 등에 관한 사항을 의결한다(도시정비법 45 ①).

4. 관련 판례*

Ⅰ. 조합설립인가의 법적 성질
1. 특허와 인가
2. 조합설립인가의 법적 성질
   ○ ① 인가설 ② 특허설
   ○ 판례: 설권적 처분(특허설)
      ① 조합설립인가를 인가로 보는 경우
      ② 조합설립인가를 특허로 보는 경우

Ⅱ. 조합설립결의를 다투는 방법
1. 설립인가처분 전
2. 설립인가처분이 있고 난 후

Ⅲ. 처분에 관한 조합총회결의의 효력을 다투는 방법
1. 조합총회결의의 효력: 공법상의 법률관계이므로 당사자소송
2. 관리처분계획: 항고소송

(1) 조합설립인가의 법적 성질

조합설립인가에 관하여는 (ⅰ) 그 법적 성질이 강학상 인가인지 특허인지 논란이 있다. (ⅱ) 판례는 이와 같은 조합설립의 인가는 조합에 대하여 도시정비법상 정비사업을 시행할 수 있는 권한을 갖는 행정주체(공법인)로서의 지위를 부여하는 일종의 설권적 처분(특허)의 성격을 갖는다고 보고 있다.

판례 > 도시정비법 등 관련 법령에 근거하여 행하는 조합설립인가처분의 법적 성격

" … 주택재개발사업조합은 관할 행정청의 감독 아래 정비구역 안에서 구 도시정비법상 주택재개발사업을 시행하는 목적 범위 내에서 법령이 정하는 바에 따라 일정한 행정작용을 행하는 행정주체의

* 사법시험(2014년), 5급공채(행정)(2017년).

지위를 갖는다. 따라서 조합설립인가처분은 단순히 사인들의 조합설립행위에 대한 보충행위의 성질을 갖는 것이 아니라, 구 도시정비법상 정비사업을 시행할 수 있는 권한을 갖는 행정주체(공법인)의 지위를 부여하는 일종의 설권적 처분의 성격을 갖는다(대판 2012.4.12, 2010다10986)."

"재개발조합설립인가신청에 대한 행정청의 조합설립인가처분은 단순히 사인의 조합설립행위에 대한 보충행위로서의 성질을 가지는 것이 아니라 법령상 일정한 요건을 갖추는 경우 행정주체로서 공법인의 지위를 부여하는 일종의 설권적 처분의 성질을 가진다(대판 2023.8.18, 2022두51901)."

(2) 조합설립결의를 다투는 방법

조합설립인가가 행정주체의 지위를 부여하는 특허라는 점에서, 조합설립결의를 다투는 경우 ① 조합설립인가처분이 있기 전이라면, 민사소송으로 조합을 상대로 조합설립결의의 무효를 다투어야 하겠지만, ② 인가처분이 있고 난 후에는, 행정청을 상대로 조합설립인가처분의 취소 또는 무효확인을 구하는 항고소송의 방법에 의하여야 한다. 이 경우 –이미 조합설립에 대한 인가가 있었기 때문에- 조합을 상대로 조합설립결의의 효력을 다투는 확인의 소는 확인의 이익이 없어 허용되지 않는다.

판례 > 조합설립인가처분이 있은 후에 조합설립결의의 하자를 이유로 그 결의만을 대상으로 무효 등 확인의 소를 제기하는 것이 허용되는지 여부(소극)

"일단 조합설립 인가처분이 있은 경우 조합설립결의는 위 인가처분이라는 행정처분을 하는 데 필요한 요건 중 하나에 불과한 것이어서, 조합설립인가처분이 있은 이후에는 조합설립결의의 하자를 이유로 조합설립의 무효를 주장하는 것은 조합설립인가처분의 취소 또는 무효확인을 구하는 항고소송의 방법에 의하여야 할 것이고, 이와는 별도로 조합설립결의만을 대상으로 그 효력 유무를 다투는 확인의 소를 제기하는 것은 확인의 이익이 없어 허용되지 아니한다 할 것이다(대판 2009.10.15, 2009다30427)."

(3) 처분에 관한 조합총회결의의 효력을 다투는 방법*

조합을 상대로 관리처분계획과 같은 '처분에 관한 조합총회결의'의 효력을 다투는 것은 처분의 위법 여부에 직접 영향을 미치는 공법상의 법률관계를 다투는 것이므로 행정소송법상 당사자소송을 제기하여야 한다.

이 경우 관리처분계획 등에 관한 행정청의 인가가 있으면 관리처분계획은 처분으로서 효력을 발생하게 되므로, 관리처분계획과 같은 처분의 효력을 다투려면 항고소송의 방법으로 관리

* 5급공채(2022년).

처분계획의 취소 또는 무효확인을 구하여야 한다. 이 경우 총회결의부분만을 대상으로 그 효력을 다투는 확인의 소는 허용되지 않는다.

판례 > 관리처분계획의 법적 성질(=처분)

"도시정비법 제48조에 따라 수립하는 관리처분계획은 … 조합원의 재산상 권리·의무 등에 구체적이고 직접적인 영향을 미치게 되므로, 이는 구속적 행정계획으로서 재건축조합이 행하는 독립된 행정처분에 해당한다(대판 2009.9.17, 2007다2428 전원합의체)."

판례 > 사업시행계획 또는 관리처분계획안에 대한 조합총회결의의 효력을 다투는 소송(=행정소송법상 당사자소송)

"행정주체인 재건축조합을 상대로 사업시행계획 또는 관리처분계획에 관한 조합 총회결의의 효력 등을 다투는 소송은 행정처분에 이르는 절차적 요건의 존부나 효력 유무에 관한 소송으로서 그 소송결과에 따라 행정처분의 위법 여부에 직접 영향을 미치는 공법상 법률관계에 관한 것이므로, 이는 행정소송법상의 당사자소송에 해당한다(대판 2010.2.25, 2007다73598)."

판례 > 관리처분계획 등에 대한 행정청의 인가·고시가 있은 후 총회결의의 하자를 이유로 그 결의 부분만을 따로 떼어내어 무효 등 확인의 소를 제기하는 것이 허용되는지 여부(소극)

"관리처분계획에 대하여 관할 행정청의 인가·고시가 있게 되면 관리처분계획은 행정처분으로서 효력이 발생하게 되므로, 총회결의의 하자를 이유로 하여 행정처분의 효력을 다투는 항고소송의 방법으로 관리처분계획의 취소 또는 무효확인을 구하여야 하고, 그와 별도로 행정처분에 이르는 절차적 요건 중 하나에 불과한 총회결의 부분만을 따로 떼어내어 효력 유무를 다투는 확인의 소를 제기하는 것은 특별한 사정이 없는 한 허용되지 않는다(대판 2012.3.29, 2010두7765)."

VI. 사업시행계획인가

사업시행자(제25조 제1항 및 제2항의 규정에 의한 공동시행의 경우를 포함하되, 사업시행자가 시장·군수인 경우 제외)는 정비사업을 시행하고자 하는 경우에는 제52조에 따른 사업시행계획서에 정관등과 그 밖에 국토교통부령이 정하는 서류를 첨부하여 시장·군수에게 제출하고 사업시행계획인가를 받아야 한다. 인가받은 내용을 변경하거나 정비사업을 중지 또는 폐지하고자 하는 경우에도 또한 같다. 다만, 대통령령이 정하는 경미한 사항을 변경하고자 하는 때에는 시장·군수에게 이를 신고하여야 한다(도시정비법 50 ①).

사업시행계획인가의 법적 성질에 관하여는 논란이 있으나, 판례는 ① 도시환경정비사업조합이 수립한 사업시행계획의 인가는 강학상 인가이지만(대판 2010.12.9, 2010두1248), ② 토지 등 소유자가 직접 시행하는 도시환경정비사업에서 토지 등 소유자에 대한 사업시행인가는 강학상 특허라고 하고 있다(대판 2015.6.11, 2013두15262).

사업시행자(시장·군수등 또는 토지주택공사등은 제외)는 사업시행계획인가를 신청하기 전에 미리 총회의 의결을 거쳐야 하며, 인가받은 사항을 변경하거나 정비사업을 중지 또는 폐지하려는 경우에도 또한 같다(도시정비법 50 ⑤). 지정개발자가 정비사업을 시행하려는 경우에는 사업시행계획인가를 신청하기 전에 토지등소유자의 과반수의 동의 및 토지면적의 2분의 1 이상의 토지소유자의 동의를 받아야 한다(도시정비법 50 ⑦).

Ⅶ. 관리처분계획의 인가

관리처분계획이란 정비사업 시행자가 분양신청기간이 종료된 때 수립하는 대지 및 건축시설에 관한 관리 및 처분에 관한 계획을 말한다. 관리처분계획은 재산권에 대한 구체적인 권리관계에 변동을 가져오는 것으로서 항고소송의 대상이 되는 처분이다(대판 2009.9.17, 2007다2428 전원합의체).

사업시행자는 제72조에 따른 분양신청기간이 종료된 때에는 분양신청의 현황을 기초로 관리처분계획을 수립하여 시장·군수등의 인가를 받아야 하며, 관리처분계획을 변경·중지 또는 폐지하려는 경우에도 또한 같다. 다만, 대통령령으로 정하는 경미한 사항을 변경하려는 경우에는 시장·군수등에게 신고하여야 한다(도시정비법 74 ①).

시장·군수의 관리처분계획의 인가는 사업시행자의 관리처분계획의 효력을 완성시키는 보충행위로서 강학상 인가에 해당한다(대판 2001.12.11, 2001두7541).

Ⅷ. 건축물 등의 사용·수익의 중지 및 철거 등

제78조 제4항에 따른 관리처분계획인가의 고시가 있은 때에는 종전의 토지 또는 건축물의 소유자·지상권자·전세권자·임차권자 등 권리자는 제86조에 따른 이전고시가 있는 날까지 종전의 토지 또는 건축물을 사용하거나 수익할 수 없다. 다만, ① 사업시행자의 동의를 받은 경우 또는 ② 토지보상법에 따른 손실보상이 완료되지 아니한 경우에는 그러하지 아니하다(도시정비법 81 ①).

제4절 도시재정비촉진을 위한 특별법

Ⅰ. 목적

이 법은 도시의 낙후된 지역에 대한 주거환경의 개선, 기반시설의 확충 및 도시기능의 회복을 위한 사업을 광역적으로 계획하고 체계적·효율적으로 추진하기 위하여 제정된 것이다(도시재정비법 1).

Ⅱ. 재정비촉진지구의 지정

1. 재정비촉진지구의 정의

재정비촉진지구란 도시의 낙후된 지역에 대한 주거환경의 개선, 기반시설의 확충 및 도시기능의 회복을 광역적으로 계획하고 체계적·효율적으로 추진하기 위하여 지정하는 지구를 말한다. 이 경우 지구의 특성에 따라 다음 각 목의 유형으로 구분한다(도시재정비법 2 1호).

가. 주거지형: 노후·불량 주택과 건축물이 밀집한 지역으로서 주로 주거환경의 개선과 기반시설의 정비가 필요한 지구

나. 중심지형: 상업지역, 공업지역 등으로서 토지의 효율적 이용과 도심 또는 부도심 등의 도시기능의 회복이 필요한 지구

다. 고밀복합형: 주요 역세권, 간선도로의 교차지 등 양호한 기반시설을 갖추고 있어 대중교통 이용이 용이한 지역으로서 도심 내 소형주택의 공급 확대, 토지의 고도이용과 건축물의 복합개발이 필요한 지구

2. 재정비촉진지구 지정

시장(서울특별시·광역시 및 특별자치시를 제외한 인구 50만 이상 대도시의 시장에 대하여는 재정비촉진사업이 필요하다고 인정되는 지역이 그 관할지역 및 다른 시·군·구에 걸쳐 있는 경우로 한정)·군수·구청장(자치구의 구청장)은 특별시장·광역시장 또는 도지사에게 재정비촉진지구의 지정을 신청할 수 있다(도시재정비법 4 ①). 특별시장·광역시장 또는 도지사는 재정비촉진지구의 지정을 신청받은 경우에는 관계 행정기관의 장과 협의를 거쳐 지방도시계획위원회의 심의를 거쳐 재정비촉진지구를 지정한다(도시재정비법 5 ①).

재정비촉진지구는 다음 각 호의 어느 하나 이상에 해당하는 경우에 지정할 수 있다(도시재정

비법 6 ②).

1. 노후·불량 주택과 건축물이 밀집한 지역으로서 주로 주거환경의 개선과 기반시설의 정비가 필요한 경우
2. 상업지역, 공업지역 등으로서 토지의 효율적 이용과 도심 또는 부도심 등의 도시기능의 회복이 필요한 경우
3. 주요 역세권, 간선도로의 교차지 등 양호한 기반시설을 갖추고 있어 대중교통 이용이 용이한 지역으로서 도심 내 소형주택의 공급 확대, 토지의 고도이용과 건축물의 복합개발이 필요한 경우
4. 제2조 제2호 각 목에 따른 여러 사업을 체계적·계획적으로 개발할 필요가 있는 경우
5. 그 밖에 대통령령으로 정하는 경우

III. 재정비촉진사업의 시행

1. 정의

재정비촉진사업이란 재정비촉진지구에서 시행되는 다음 각 목의 사업을 말한다(도시재정비법 2 2호).

가. 도시 및 주거환경정비법에 따른 주거환경개선사업, 재개발사업 및 재건축사업, 빈집 및 소규모 주택 정비에 관한 특례법에 따른 가로주택정비사업 및 소규모 재건축사업
나. 도시개발법에 따른 도시개발사업
다. 도시재생 활성화 및 지원에 관한 특별법에 따른 주거재생혁신지구의 혁신지구재생사업
라. 공공주택 특별법에 따른 도심 공공주택 복합사업
마. 전통시장 및 상점가 육성을 위한 특별법에 따른 시장정비사업
바. 국토의 계획 및 이용에 관한 법률에 따른 도시·군계획시설사업

2. 사업시행자

재정비촉진사업은 제2조 제2호 각 목의 관계 법령에 따른 사업시행자가 시행한다. 다만, 제2조 제2호 가목에 따른 사업은 도시 및 주거환경정비법에도 불구하고 토지등소유자의 과반수가 동의한 경우에는 특별자치시장, 특별자치도지사, 시장·군수·구청장이 재정비촉진사업을 직접 시행하거나 한국토지주택공사나 지방공사를 사업시행자로 지정할 수 있다(도시재정비법 15 ①).

우선사업구역의 재정비촉진사업은 관계 법령에도 불구하고 토지등소유자의 과반수의 동의를 받아 특별자치시장, 특별자치도지사, 시장·군수·구청장이 직접 시행하거나 총괄사업관리자를 사업시행자로 지정하여 시행하도록 하여야 한다(도시재정비법 15 ②).

제5절 도시재생 활성화 및 지원에 관한 특별법

Ⅰ. 특별법의 제정

현재의 도시개발법, 도시정비법, 도시재정비법만 가지고는 도시의 쇠퇴지역에 대한 도시재생에 한계가 있어 도시재생 활성화 및 지원에 관한 특별법을 제정하게 되었다. 이 법이 제정됨에 따라 기존 법제를 통한 기존의 도시정비 및 개발사업을 그대로 유지하면서도, 도시쇠퇴지역에 대한 환경개선과 이에 대한 별도의 지원이 가능해지게 되었다.

Ⅱ. 특별법의 주요내용

1. 도시재생의 정의

도시재생이란 인구의 감소, 산업구조의 변화, 도시의 무분별한 확장, 주거환경의 노후화 등으로 쇠퇴하는 도시를 지역역량의 강화, 새로운 기능의 도입·창출 및 지역자원의 활용을 통하여 경제적·사회적·물리적·환경적으로 활성화시키는 것을 말한다(도시재생법 2 ① 1호).

2. 국가도시재생기본방침의 수립

국가도시재생기본방침이란 도시재생을 종합적·계획적·효율적으로 추진하기 위하여 수립하는 국가 도시재생전략을 말한다(도시재생법 2 ① 2호).

3. 도시재생전략계획의 수립

도시재생전략계획이란 전략계획수립권자가 국가도시재생기본방침을 고려하여 도시 전체 또는 일부 지역, 필요한 경우 둘 이상의 도시에 대하여 도시재생과 관련한 각종 계획, 사업, 프로그램, 유형·무형의 지역자산 등을 조사·발굴하고, 도시재생활성화지역을 지정하는 등 도시재생 추진전략을 수립하기 위한 계획을 말한다(도시재생법 2 ① 3호).

4. 도시재생활성화계획의 수립

도시재생활성화계획이란 도시재생전략계획에 부합하도록 도시재생활성화지역[1]에 대하여 국

1 "도시재생활성화지역"이란 국가와 지방자치단체의 자원과 역량을 집중함으로써 도시재생을 위한 사업의 효과를 극대화하려는 전략적 대상지역으로 그 지정 및 해제를 도시재생전략계획으로 결정하는 지역을

가, 지방자치단체, 공공기관 및 지역주민 등이 지역발전과 도시재생을 위하여 추진하는 다양한 도시재생사업을 연계하여 종합적으로 수립하는 실행계획을 말하며, 주요 목적 및 성격에 따라 다음 각 목의 유형으로 구분한다(도시재생법 2 ① 6호).

가. 도시경제기반형 활성화계획: 산업단지, 항만, 공항, 철도, 일반국도, 하천 등 국가의 핵심적인 기능을 담당하는 도시·군계획시설의 정비 및 개발과 연계하여 도시에 새로운 기능을 부여하고 고용기반을 창출하기 위한 도시재생활성화계획

나. 근린재생형 활성화계획: 생활권 단위의 생활환경 개선, 기초생활인프라 확충, 공동체 활성화, 골목경제 살리기 등을 위한 도시재생활성화계획

5. 도시재생사업

도시재생사업이란 다음 각 목의 사업을 말한다(도시재생법 2 ① 7호).

가. 도시재생활성화지역에서 도시재생활성화계획에 따라 시행하는 일련의 사업

나. 혁신지구에서 혁신지구계획 및 시행계획에 따라 시행하는 사업

다. 도시재생전략계획이 수립된 지역에서 제26조의2에 따라 도시재생활성화지역과 연계하여 시행할 필요가 있다고 인정하는 사업

6. 도시재생활성화를 위한 지원

국가 또는 지방자치단체는 도시재생활성화를 위해 도시재생기반시설의 설치·정비에 필요한 비용 등에 대하여 그 비용의 전부 또는 일부를 해당 사업 또는 업무를 수행하는 자에게 보조하거나 융자할 수 있다(도시재생법27 ①).

전략계획수립권자는 도시재생활성화 및 도시재생사업의 촉진과 지원을 위하여 도시재생특별회계를 설치·운용할 수 있다(도시재생법 28 ①).

국토교통부장관은 도시재생활성화를 위해 관련 정보 및 통계를 개발·검증·관리하는 도시재생종합정보체계를 구축하여야 한다(도시재생법 29 ①).

국가 및 지방자치단체는 도시재생 활성화를 위하여 필요한 경우에는 도시재생사업의 시행자에 대하여 조세특례제한법 및 지방세특례제한법에서 정하는 바에 따라 법인세·소득세·취득세·등록면허세 및 재산세 등의 조세를 감면할 수 있다(도시재생법 31 ①).

전략계획수립권자 또는 구청장등은 도시재생사업의 촉진을 위해 건폐율, 용적률, 주차장 설치기준 및 높이 제한 등의 건축규제에 대한 예외를 둘 수 있다(도시재생법 32).

말한다(도시재생법 2 ① 5호).

7. 도시재생선도지역의 지정

도시재생선도지역이란 도시재생을 긴급하고 효과적으로 실시하여야 할 필요가 있고 주변지역에 대한 파급효과가 큰 지역으로, 국가와 지방자치단체의 시책을 중점 시행함으로써 도시재생 활성화를 도모하는 지역을 말한다(도시재생법 2 ① 8호).

국토교통부장관은 도시재생이 시급하거나 도시재생사업의 파급효과가 큰 지역을 직접 또는 전략계획수립권자의 요청에 따라 도시재생선도지역으로 지정할 수 있고(도시재생법 33 ①), 전략계획수립권자 및 구청장등은 제33조에 따라 지정된 도시재생선도지역에 대하여 도시재생전략계획의 수립 여부와 관계없이 도시재생활성화계획을 수립할 수 있다(도시재생법 34 ①).

8. 특별재생지역

특별재생지역은 2018년 법개정을 통하여 신설되었는데, 특별재생지역이란 재난 및 안전관리 기본법에 따른 특별재난지역으로 선포된 지역 중 피해지역의 주택 및 기반시설 등 정비, 재난 예방 및 대응, 피해지역 주민의 심리적 안정 및 지역공동체 활성화를 위하여 국가와 지방자치단체가 도시재생을 긴급하고 효과적으로 실시하여야 할 필요가 있는 지역을 말한다(도시재생법 2 ① 8의2호).

국토교통부장관은 「재난 및 안전관리 기본법」에 따른 특별재난지역으로 선포된 지역 중 대규모재난피해가 발생한 일부 지역을 전략계획수립권자의 요청에 따라 특별재생지역으로 지정할 수 있고, 이 경우 특별재생지역은 제13조 제4항에도 불구하고 도시재생활성화지역으로 지정된 것으로 본다(도시재생법 35 ①). 전략계획수립권자는 제35조에 따라 지정된 특별재생지역에 대하여 도시재생전략계획의 수립 여부와 관계없이 도시재생활성화계획(특별재생계획)을 수립할 수 있다(도시재생법 36 ①).

9. 혁신지구의 지정 등

한편 2019.8.27. 법개정에 따라 혁신지구의 지정 등에 관한 제8장이 신설되었다. '도시재생혁신지구(혁신지구)'란 도시재생을 촉진하기 위하여 산업·상업·주거·복지·행정 등의 기능이 집적된 지역 거점을 우선적으로 조성할 필요가 있는 지역으로 이 법에 따라 지정·고시되는 지구를 말한다(도시재생법 2 ① 6의2). 전략계획수립권자는 제13조 제4항 각 호의 요건 중 2개 이상을 갖춘 지역의 전부 또는 일부에 대한 도시재생사업의 계획(혁신지구계획)을 확정하거나 승인을 받아 혁신지구를 지정할 수 있다(도시재생법 41 ①).

제 5 장

부동산법

제1절 개설

부동산법은 부동산에 관한 법으로, 이를 다시 부동산공법과 부동산사법으로 구분할 수 있다. 우리나라에서는 부동산공법을 건축행정법(토지공법)에 포함되는 것으로 이해하는 것이 일반적이고, 공법분야에서 부동산법이라 함은 보통 부동산공법을 의미한다.

이렇게 볼 때, 부동산법에는 공간정보의 구축 및 관리 등에 관한 법률, 부동산 가격공시에 관한 법률, 감정평가 및 감정평가사에 관한 법률, 부동산 거래신고 등에 관한 법률, 부동산등기법, 주택법, 건축물의 분양에 관한 법률, 종합부동산세법을 비롯한 부동산세법 등의 법률이 포함된다.

이하에서는 이 가운데 부동산 가격공시에 관한 법률에 의한 부동산가격공시제와 부동산 거래신고 등에 관한 법률에 의한 부동산 거래신고와 토지거래허가에 관하여 살펴본다.

제2절 부동산가격공시

과거 지가공시 및 토지 등의 평가에 관한 법률이 2005년 전부개정으로 부동산가격공시 및 감정평가에 관한 법률로 개명되었다. 이는 종래의 공시지가제도 외에 토지와 건물의 적정가격을 통합평가하여 공시하는 주택가격공시제도를 도입하고, 각 중앙행정기관별로 분산되어 있는 부동산가격의 평가체계를 일원화하기 위한 것이었다. 그러나 이 법률에는 서로 성격이 다른 부동산 가격공시에 관한 사항과 감정평가사 및 감정평가사의 업무에 관한 사항이 함께 규정되어 있어서 2016년 전부개정을 통하여 이를 부동산 가격공시에 관한 법률(부동산공시법)과 감정평가 및 감정평가사에 관한 법률로 나누었다.

Ⅰ. 지가의 공시

1. 표준지공시지가

(1) 표준지공시지가의 의의

표준지공시지가라 함은 표준지의 단위면적당 가격으로(부동산공시법 3 ①), 토지시장의 지가정보를 제공하고 일반적인 토지거래의 지표가 되며, 국가·지방자치단체 등이 그 업무와 관련하여 지가를 산정하거나 감정평가법인등이 개별적으로 토지를 감정평가하는 경우에 그 기준이 된다(부동산공시법 9).

(2) 표준지공시지가의 조사·평가 및 공시

국토교통부장관은 토지이용상황이나 주변환경 그 밖의 자연적·사회적 조건이 일반적으로 유사하다고 인정되는 일단의 토지 중에서 선정한 표준지에 대하여 매년 공시기준일 현재의 단위면적당 적정가격을 조사·평가하고, 제24조의 규정에 따른 중앙부동산가격공시위원회의 심의를 거쳐 이를 공시하여야 한다(부동산공시법 3 ①).

(3) 표준지공시지가에 대한 이의신청

1) 이의신청

표준지공시지가에 대하여 이의가 있는 자는 표준지공시지가의 공시일부터 30일 이내에 서면으로 국토교통부장관에게 이의를 신청할 수 있다(부동산공시법 7 ①).

2) 행정소송과의 관계

판례는 표준지공시지가를 처분으로 보고 있으므로, 이의신청 결과에 불복하는 자는 항고소송을 제기할 수 있다.

(4) 표준지공시지가의 적용

제1호 각 목의 자가 제2호 각 목의 목적을 위하여 지가를 산정할 때에는 그 토지와 이용가치가 비슷하다고 인정되는 하나 또는 둘 이상의 표준지의 공시지가를 기준으로 토지가격비준표를 사용하여 지가를 직접 산정하거나 감정평가법인등에 감정평가를 의뢰하여 산정할 수 있다. 다만, 필요하다고 인정할 때에는 산정된 지가를 제2호 각 목의 목적에 따라 가감(加減) 조정하여 적용할 수 있다(부동산공시법 8).

1. 지가 산정의 주체
   가. 국가 또는 지방자치단체
   나. 「공공기관의 운영에 관한 법률」에 따른 공공기관

다. 그 밖에 대통령령으로 정하는 공공단체

2. 지가 산정의 목적

가. 공공용지의 매수 및 토지의 수용·사용에 대한 보상

나. 국유지·공유지의 취득 또는 처분

다. 그 밖에 대통령령으로 정하는 지가의 산정

(5) 표준지공시지가의 성질

1) 학설

표준지공시지가의 성질에 관하여는 ① 입법행위설, ② 구속력이 없는 행정계획설, ③ 사실행위설, ④ 행정행위설, ⑤ 법규명령의 성질을 가지는 고시로서 처분성은 인정된다는 설 등의 학설이 대립되고 있다.

2) 판례

판례는 "표준지로 선정된 토지의 공시지가에 불복하기 위하여는 부동산공시법 소정의 이의절차를 거쳐 처분청을 상대로 그 공시지가결정의 취소를 구하는 행정소송을 제기하여야 하는 것"이라고 하여 표준지공시지가의 처분성을 인정하고 있다(대판 1998.3.24, 96누6851).

3) 결어

표준지공시지가는 원칙적으로 토지거래의 지표가 되고 토지감정평가의 기준이 되는 것이므로 행정내부적인 일반·추상적 규율, 즉 일종의 행정규칙으로 보아야 할 것이다.

다만 표준지공시지가가 국민의 권리의무관계에 직접적인 영향을 미치는 경우에는 예외적으로 처분성이 인정될 수 있다.[1]

한편 표준지로 선정된 토지에 대하여 해당 토지의 공시지가를 개별공시지가로 보는 경우(부동산공시법 10 ② 2문)에는 처분성이 인정되는데, 이는 표준지공시지가의 처분성이 아니라 개별공시지가의 처분성이 인정되는 것으로 보아야 할 것이다.

2. 개별공시지가

(1) 개별공시지가의 의의

개별공시지가란 개별토지의 단위면적당 가격으로(부동산공시법 10 ①), 국세·지방세 등 각종 세금의 부과, 그 밖의 다른 법령에서 정하는 목적을 위한 지가산정에 사용된다(부동산공시

1 이와 관련하여 판례는 표준지공시지가가 보상금 산정의 기준이 되는 경우 수용보상금증액청구소송에서 '선행처분으로서 그 수용대상 토지가격산정의 기초가 된 비교표준지공시지가결정'의 위법을 독립한 사유로 주장할 수 있다고 보고 있다(대판 2008.8.21, 2007두13845).

법 10 ①).

(2) 개별공시지가의 결정·공시 등

시장·군수 또는 구청장은 매년 공시지가의 공시기준일 현재 관할 구역 안의 개별토지의 단위면적당 가격을 결정·공시하고, 이를 관계 행정기관 등에 제공하여야 한다(부동산공시법 10 ①). 다만, 표준지로 선정된 토지, 조세 또는 부담금 등의 부과대상이 아닌 토지 그 밖에 대통령령이 정하는 토지에 대하여는 개별공시지가를 결정·공시하지 아니할 수 있다. 이 경우 표준지로 선정된 토지에 대하여는 당해 토지의 공시지가를 개별공시지가로 본다(부동산공시법 10 ②).

시장·군수 또는 구청장이 개별공시지가를 결정·공시하는 경우에는 당해 토지와 유사한 이용가치를 지닌다고 인정되는 하나 또는 둘 이상의 표준지의 공시지가를 기준으로 토지가격비준표를 사용하여 지가를 산정하되, 당해 토지의 가격과 표준지공시지가가 균형을 유지하도록 하여야 한다(부동산공시법 10 ④).

(3) 개별공시지가에 대한 이의신청

1) 이의신청

개별공시지가에 대하여 이의가 있는 자는 개별공시지가의 결정·공시일부터 30일 이내에 서면으로 시장·군수 또는 구청장에게 이의를 신청할 수 있다(부동산공시법 11 ①).

2) 행정소송과의 관계

판례는 개별공시지가의 처분성을 인정하고 있으므로, 개별공시지가결정이나 이의신청 결과에 불복하는 자는 항고소송을 제기할 수 있다.

판례 > 개별공시지가에 대하여 이의가 있는 자의 불복방법

"… 부동산 가격공시 및 감정평가에 관한 법률이 이의신청에 관하여 규정하고 있다고 하여 이를 행정심판법 제3조 제1항에서 행정심판의 제기를 배제하는 '다른 법률에 특별한 규정이 있는 경우'에 해당한다고 볼 수 없으므로, 개별공시지가에 대하여 이의가 있는 자는 곧바로 행정소송을 제기하거나 부동산 가격공시 및 감정평가에 관한 법률에 따른 이의신청과 행정심판법에 따른 행정심판청구 중 어느 하나만을 거쳐 행정소송을 제기할 수 있을 뿐 아니라, 이의신청을 하여 그 결과 통지를 받은 후 다시 행정심판을 거쳐 행정소송을 제기할 수도 있다고 보아야 한다(대판 2010.1.28, 2008두19987)."

3) 하자의 승계

판례는 선행 개별공시지가와 후행 과세처분은 서로 별개의 독립된 처분으로서 원칙적으로 양 행위 간의 하자의 승계를 인정하지 않는다. 그러나 예외적으로 '선행 개별공시지가의 위법을 주장할 수 없도록 하는 것은 수인한도를 넘는 불이익을 강요하는 것'인 경우에는 하자의 승계를 인정한다(대판 1994.1.25, 93누8542).

(4) 개별공시지가의 성질

1) 학설

개별공시지가의 성질에 관하여는 ① 입법행위설, ② 행정내부적인 구속력만 가지는 행정계획설, ③ 사실행위설, ④ 행정행위 또는 일반처분으로 보는 행정행위설, ⑤ 법규명령의 성질을 가지는 고시로서 처분성은 인정된다는 설 등의 학설이 대립되고 있다.

2) 판례

판례는 개별토지가격결정은 국민의 권리의무관계에 직접적으로 관계된다는 점에서 처분이라고 보고 있다(대판 1993.1.15, 92누12407; 대판 1994.2.8, 93누111).

3) 결어

개별공시지가는 개인에게 부과되는 각종 납부의무의 직접적인 산정기준으로서 납부의무를 형성하므로 국민의 구체적인 권리의무관계에 직접적인 영향을 미치는 행정행위로서의 성질을 가진다고 보아야 할 것이다. 따라서 판례의 입장은 타당하다.

II. 주택가격의 공시

1. 단독주택가격의 공시

(1) 표준주택가격의 공시

국토교통부장관은 용도지역, 건물구조 등이 일반적으로 유사하다고 인정되는 일단의 단독주택 중에서 선정한 표준주택에 대하여 매년 공시기준일 현재의 적정가격(표준주택가격)을 조사·평가하고, 제24조에 따른 중앙부동산가격공시위원회의 심의를 거쳐 이를 공시하여야 한다(부동산공시법 16 ①).

(2) 개별주택가격의 공시

시장·군수 또는 구청장은 제25조에 따른 시·군·구부동산가격공시위원회의 심의를 거쳐 매년 표준주택가격의 공시기준일 현재 관할 구역 안의 개별주택가격을 결정·공시하고, 이를 관계 행정기관 등에 제공하여야 한다(부동산공시법 17 ①).

(3) 준용

표준주택가격공시에는 표준지 공시지가에 관한 조사·평가 및 공시 등, 조사협조, 열람 등, 이의신청, 타인토지에의 출입 등에 관한 규정들이 준용되고(부동산공시법 16 ⑦), 개별주택가격에 대한 이의신청 및 개별주택가격의 정정에 대해서는 개별공시지가에 대한 이의신청과 정정에 관한 규정이 준용된다(부동산공시법 17 ⑧).

(4) 단독주택가격공시의 성질

표준주택가격의 성질은 표준지공시지가의 성질과 유사하고, 개별주택가격의 성질은 개별공시지가의 성질과 유사하다.

2. 공동주택가격의 공시

국토교통부장관은 공동주택에 대하여 매년 공시기준일 현재의 적정가격(공동주택가격)을 조사·산정하여 제24조에 따른 중앙부동산가격공시위원회의 심의를 거쳐 공시하고, 이를 관계행정기관 등에 제공하여야 한다. 다만, 대통령령이 정하는 바에 따라 국세청장이 국토교통부장관과 협의하여 공동주택가격을 별도로 결정·고시하는 경우를 제외한다(부동산공시법 18 ①).

공동주택가격의 공시에는 표준지공시지가에 관한 조사협조, 열람 등, 이의신청, 타인토지에의 출입 등에 관한 규정이 준용된다(부동산공시법 18 ⑧).

공동주택가격의 성질은 개별주택가격의 경우와 유사하다.

3. 주택가격 공시의 효력

표준주택가격은 국가·지방자치단체 등이 그 업무와 관련하여 개별주택가격을 산정하는 경우에 그 기준이 된다(부동산공시법 19 ①).

개별주택가격 및 공동주택가격은 주택시장의 가격정보를 제공하고, 국가·지방자치단체 등이 과세 등의 업무와 관련하여 주택의 가격을 산정하는 경우에 그 기준으로 활용될 수 있다(부동산공시법 19 ②).

제3절 부동산 거래신고와 토지거래허가

종래 부동산의 거래에 대해서는 부동산 거래신고에 관한 법률상 부동산 거래신고, 외국인토지법상 외국인의 토지취득 신고·허가, 국토계획법상 토지거래허가로 제도가 분산·규정되어 있었는데, 2016년 이를 일원화하여 새로 부동산 거래신고 등에 관한 법률(부동산거래법)을 제정하였다. 이 법은 부동산거래신고(제2장), 외국인의 토지취득 특례(제3장), 토지거래허가(제4장), 부동산 정보관리(제5장)를 규정하고 있는데, 이하에서는 부동산 거래신고와 토지거래허가를 살펴보기로 한다.

Ⅰ. 부동산 거래신고

부동산등의 매수인과 매도인(거래당사자)은 ① 부동산의 매매계약, ② 택지개발촉진법, 주택법 등 대통령령으로 정하는 법률에 따른 부동산에 대한 공급계약, ③ '제2호에 따른 계약을 통하여 부동산을 공급받는 자로 선정된 지위' 또는 '도시정비법 제74조에 따른 관리처분계획의 인가 및 빈집 및 소규모주택 정비에 관한 특례법 제29조에 따른 사업시행계획인가로 취득한 입주자로 선정된 지위'의 매매계약을 체결한 경우 그 실제 거래가격 등 대통령령으로 정하는 사항을 거래계약의 체결일부터 30일 이내에 그 권리의 대상인 부동산 등의 소재지를 관할하는 시장·군수 또는 구청장에게 공동으로 신고하여야 한다. 다만, 거래당사자 중 일방이 국가, 지방자치단체, 대통령령으로 정하는 자의 경우("국가 등")에는 국가 등이 신고를 하여야 한다(부동산거래법 3 ①).

제1항에도 불구하고 거래당사자 중 일방이 신고를 거부하는 경우에는 국토교통부령으로 정하는 바에 따라 단독으로 신고할 수 있다(부동산거래법 3 ②).

공인중개사법 제2조 제4호에 따른 개업공인중개사가 같은 법 제26조 제1항에 따라 거래계약서를 작성·교부한 경우에는 제1항에도 불구하고 해당 개업공인중개사가 같은 항에 따른 신고를 하여야 한다. 이 경우 공동으로 중개를 한 경우에는 해당 개업공인중개사가 공동으로 신고하여야 한다(부동산거래법 3 ③).

제1항부터 제3항까지에 따라 신고를 받은 신고관청은 그 신고 내용을 확인한 후 신고인에게 신고필증을 지체 없이 발급하여야 한다(부동산거래법 3 ⑤).

II. 토지거래허가

1. 토지거래계약허가제의 의의

토지거래계약허가제란 특정한 지역 안에서의 토지거래계약에 관하여 관할행정청의 허가를 받도록 하는 제도를 말한다(부동산거래법 10, 11). 과거에는 (구) 국토계획법 제10장에 규정되어 있던 것을 부동산거래법의 제정으로 동법 제4장으로 이동하였다.

2. 토지거래계약 허가구역의 지정

국토교통부장관 또는 시·도지사는 토지의 투기적인 거래가 성행하거나 지가가 급격히 상승하는 지역과 그러한 우려가 있는 지역으로서 대통령령으로 정하는 지역에 대해서 5년 이내의 기간을 정하여 제11조 제1항에 따른 토지거래계약에 관한 허가구역으로 지정할 수 있다. 이 경우 토지거래계약 허가구역이 둘 이상의 시·도의 관할 구역에 걸쳐 있는 경우에는 국토교통부장관이, 허가구역이 동일한 시·도 안의 일부지역인 경우에는 시·도지사가 지정한다(부동산거래법 10 ①). 토지거래계약 허가구역의 지정은 항고소송의 대상이 되는 처분이다.

판례 > 토지거래허가구역의 지정에 대하여 항고소송을 제기할 수 있는지 여부

> "토지거래계약에 관한 허가구역의 지정은 개인의 권리 내지 법률상의 이익을 구체적으로 규제하는 효과를 가져오게 하는 행정청의 처분에 해당하고, 따라서 이에 대하여는 원칙적으로 항고소송을 제기할 수 있다(대판 2006.12.22, 2006두12883)."

3. 토지거래계약허가

(1) 의의

토지거래계약이란 허가구역에 있는 토지에 관한 소유권·지상권을 이전하거나 설정하는 계약을 말하는데, 토지거래계약을 체결하거나 허가받은 사항을 변경하려는 당사자는 공동으로 대통령령으로 정하는 바에 따라 시장·군수 또는 구청장의 허가를 받아야 한다(부동산거래법 11 ①).

(2) 성질

1) 허가인지 인가인지 여부

① 학설

토지거래계약허가의 법적 성질(허가인가 인가인가)에 관하여는 ① 토지거래라는 자연적 자유를 회복시켜 주는 것이라는 점에서 허가로 보는 견해(허가설), ② 제3자간의 법률행위의 효력을 완성시켜주는 것이라는 점에서 인가로 보는 견해(인가설), ③ 허가와 인가의 양면성을 가진다고 보는 견해(허가·인가양면설)가 있다.

② 판례

판례는 토지거래계약허가를 유동적 무효[2]인 법률행위의 효력을 완성해 주는 인가로서의 성질을 가진다고 보고 있다.

판례 > 토지거래계약허가의 법적 성질

"(토지거래계약)허가가 규제지역 내의 모든 국민에게 전반적으로 토지거래의 자유를 금지하고 일정한 요건을 갖춘 경우에만 금지를 해제하여 계약체결의 자유를 회복시켜 주는 성질의 것이라고 보는 것은 위 법의 입법취지를 넘어선 지나친 해석이라고 할 것이고, 규제지역 내에서도 토지거래의 자유가 인정되나 다만 위 허가를 허가 전의 유동적 무효 상태에 있는 법률행위의 효력을 완성시켜 주는 인가적 성질을 띤 것이라고 보는 것이 타당하다(대판 1991.12.24, 90다12243)."

③ 결어

생각건대 ① 토지거래계약허가는 부동산투기나 급격한 지가상승과 같은 사회적 문제를 방지하고자 하는 취지이고, ② 무허가 토지거래계약에는 -명령적 행정행위에서와 같이- 제재조치 또는 행정벌이 과해질 수 있다는 점에서, 이를 허가로 보아야 할 것이다.

2) 기속행위

토지거래계약허가는 토지거래라는 자연적 자유를 회복시켜주는 의미가 있으므로, 그 허가요건을 갖춘 경우에는 반드시 허가를 해 주어야 한다는 의미에서 기속행위로 보아야 할 것이다. 이에 대해서는 판례도 같은 입장으로 보인다.

판례 > 인근 주민들의 혐오시설 설치 반대가 토지거래계약 불허가 사유가 되는지 여부

"토지거래계약 허가권자는 그 허가신청이 (구)국토이용관리법 제21조의4 제1항 각 호 소정의 불허가 사유에 해당하지 아니하는 한 허가를 하여야 하는 것인데, 인근 주민들이 당해 폐기물 처리장 설치를 반대한다는 사유는 국토이용관리법 제21조의4 규정에 의한 불허가 사유로 규정되어 있지 아니하므로 그와 같은 사유만으로는 토지거래허가를 거부할 사유가 될 수 없다(대판 1997.6.27, 96누9362)."

2 유동적 무효의 의미에 관해서는 아래 '(3) 효과' 부분의 판례 참조.

(3) 효과

허가를 받지 아니하고 체결한 토지거래계약은 그 효력이 발생하지 아니한다(부동산거래법 11 ⑥). 이와 관련하여 판례는 토지거래계약의 무효를 확정적 무효와 유동적 무효로 구분하면서, ① 허가를 받기 전에 체결한 매매계약은 처음부터 그 허가를 배제하거나 잠탈[3]하는 내용의 계약일 경우에는 확정적으로 무효이고, ② 허가받을 것을 전제로 한 계약일 경우에는 허가를 받게 되면 그 계약은 소급하여 유효한 계약이 되고 이와 달리 허가를 받지 못하게 된 때에는 무효로 확정되므로 허가를 받기까지는 유동적 무효라고 하고 있다.[4]

(4) 토지이용에 관한 의무

토지거래계약을 허가받은 자는 대통령령으로 정하는 사유가 있는 경우 외에는 5년의 범위에서 대통령령으로 정하는 기간에 그 토지를 허가받은 목적대로 이용하여야 한다(부동산거래법 17 ①).

(5) 이행강제금

시장·군수 또는 구청장은 제17조 제1항에 따른 토지의 이용 의무를 이행하지 아니한 자에 대하여는 상당한 기간을 정하여 토지의 이용 의무를 이행하도록 명할 수 있고, 제1항에 따른 이행명령이 정하여진 기간에 이행되지 아니한 경우에는 토지 취득가액의 100분의 10의 범위에서 대통령령으로 정하는 금액의 이행강제금을 부과한다(부동산거래법 18 ①, ②).

4. 이의신청

제11조에 따른 처분에 이의가 있는 자는 그 처분을 받은 날부터 1개월 이내에 시장·군수 또는 구청장에게 이의를 신청할 수 있다(부동산거래법 13 ①).

5. 불허가처분을 받은 토지에 관한 매수청구

제11조 제1항에 따른 허가신청에 대하여 불허가처분을 받은 자는 그 통지를 받은 날부터 1개월 이내에 시장·군수 또는 구청장에게 해당 토지에 관한 권리의 매수를 청구할 수 있다(부동산거래법 16 ①).

---

3 잠탈(潛脫)이란 규제나 제도에서 교묘히 빠져나가는 것을 의미한다.

4 " … 관할 도지사의 허가를 받기 전에 체결한 매매계약은 처음부터 그 허가를 배제하거나 잠탈하는 내용의 계약일 경우에는 확정적으로 무효로서 유효하게 될 여지가 없으나, 이와 달리 허가받을 것을 전제로 한 계약일 경우에는 허가를 받을 때까지는 … 확정적 무효의 경우와 다를 바 없지만, 허가를 받게 되면 그 계약은 소급하여 유효한 계약이 되고 이와 달리 허가를 받지 못하게 된 때에는 무효로 확정되므로 허가를 받기까지는 유동적 무효의 상태에 있다고 보아야 할 것이며 … (대판 2000.4.7, 99다68812)."

6. 무허가거래에 대한 제재

(1) 의무위반에 대한 제재처분 등

국토교통부장관, 시·도지사, 시장·군수 또는 구청장은 ① 제11조에 따른 토지거래계약에 관한 허가 또는 변경허가를 받지 아니하고 토지거래계약 또는 그 변경계약을 체결한 자, ② 제11조에 따른 토지거래계약에 관한 허가를 받은 자가 그 토지를 허가받은 목적대로 이용하지 아니한 자 또는 ③ 부정한 방법으로 제11조에 따른 토지거래계약에 관한 허가를 받은 자에게 제11조에 따른 허가 취소 또는 그 밖에 필요한 처분을 하거나 조치를 명할 수 있다(부동산거래법 21).

(2) 벌칙

제11조 제1항에 따른 허가 또는 변경허가를 받지 아니하고 토지거래계약을 체결하거나, 속임수나 그 밖의 부정한 방법으로 토지거래계약 허가를 받은 자는 2년 이하의 징역 또는 계약 체결 당시의 개별공시지가에 의한 해당 토지가격의 100분의 30에 해당하는 금액 이하의 벌금에 처한다(부동산거래법 26 ②).

제 6 장

건축질서법

제1절 개관

건축질서법은 건축물의 건축행위를 규제하는 법으로서, 여기에는 건축행위를 직접 규율하는 법 이외에도 건축질서를 유지 또는 유도하기 위한 법, 건설산업이나 건설환경의 건전성 및 건축문화의 발전을 위한 법 등도 포함시킬 수 있다.

건축질서법은 건축물의 건축행위에 대한 규제법이 중심을 이루고, 여기에 가장 대표적인 것이 건축법이므로, 이하에서는 건축규제와 관련된 건축법의 주요내용을 살펴보기로 한다.

제2절 건축법의 목적과 구성

Ⅰ. 건축법의 목적

건축법은 건축물의 대지·구조·설비 기준 및 용도 등을 정하여 건축물의 안전·기능·환경 및 미관을 향상시킴으로써 공공복리의 증진에 이바지하는 것을 목적으로 한다(건축법 1).

Ⅱ. 건축물의 용도

건축물의 용도는 단독주택·공동주택·제1종 근린생활시설·제2종 근린생활시설·문화 및 집회시설·종교시설·판매시설·운수시설·의료시설·교육연구시설·노유자시설[1]·수련시설·운동시설·업무시설·숙박시설·위락(慰樂)시설·공장·창고시설·위험물 저장 및 처리 시설·자동차 관련 시설·동물 및 식물 관련 시설·자원순환 관련 시설·교정(矯正)시설·국방·군사 시설·방

1 노유자(老幼者): 노인 및 어린이.

송통신시설·발전시설·묘지 관련 시설·관광 휴게시설·그 밖에 대통령령으로 정하는 시설 등 28종으로 구분하되, 각 용도에 속하는 건축물의 세부 용도는 대통령령으로 정한다(건축법 2 ②).

Ⅲ. 건축법의 구성

건축법은 총 10장 113개조로 구성되어 있다. 제2장(건축물의 건축)에서는 건축허가·건축신고·건축허가의 제한·용도변경·착공신고·건축물의 사용승인·건축시공·건축물의 공사감리 등, 제3장(건축물의 유지와 관리)에서는 건축물의 유지관리[2]·건축지도원·건축물대장 등, 제4장(건축물의 대지와 도로)·제5장(건축물의 구조 및 재료 등)·제6장(지역 및 지구의 건축물)·제7장(건축설비)에서는 건축물의 안전을 위하여 건축시 준수하여야 하는 사항으로 대지와 도로의 관계·건축선에 따른 건축제한·건축물의 피난시설과 용도제한·건축물의 내화구조와 방화 벽·건축물의 마감재료·건폐율과 용적률·건축물의 높이제한·건축설비기준·온돌 및 난방설비 등의 시공·승강기 등, 제8장(특별건축구역 등)에서는 도시나 지역의 일부를 특별건축구역으로 지정하는 경우 이에 대한 특례규정, 제8장의2(건축협정)에서는 건축협정의 체결·인가·관리·변경·폐지 및 그에 따른 특례, 제8장의3(결합건축)에서는 결합건축의 대상지와 절차 및 관리, 제9장(보칙)에서는 감독·위반건축물에 대한 조치·이행강제금·건축분쟁조정 등, 제10장(벌칙)에서는 행정형벌·양벌규정·과태료를 규정하고 있다. 아래에서는 주요규정만 살펴보기로 한다.

제3절 건축물의 건축

Ⅰ. 건축허가

1. 건축 관련 입지와 규모의 사전결정

건축법 제11조에 따른 건축허가 대상 건축물을 건축하려는 자는 건축허가를 신청하기 전에 허가권자에게 그 건축물을 해당 대지에 건축하는 것이 건축법이나 다른 법령에서 허용되는지에 대한 사전결정을 신청할 수 있다(건축법 10 ①). 사전결정을 신청하는 자는 건축위원회 심의와 도시교통정비촉진법에 따른 교통영향평가서의 검토를 동시에 신청할 수 있다(건축법 10 ②).

2 2020.5.1. 건축물관리법이 새로 시행됨에 따라, 건축법의 유지·관리에 관한 건축법 규정들은 모두 삭제되고, 이제는 건축물관리법 제12조 이하에서 규정하고 있다.

허가권자는 제1항과 제2항에 따른 신청을 받으면 입지, 건축물의 규모, 용도 등을 사전결정한 후 사전결정 신청자에게 알려야 한다(건축법 10 ④).

사전결정은 예비결정에 해당한다.

2. 건축허가

건축물을 건축하거나 대수선하려는 자는 특별자치시장·특별자치도지사 또는 시장·군수·구청장의 허가를 받아야 한다. 다만, 21층 이상의 건축물 등 대통령령으로 정하는 용도 및 규모의 건축물을 특별시나 광역시에 건축하려면 특별시장이나 광역시장의 허가를 받아야 한다(건축법 11 ①).

허가권자는 다음 각 호의 어느 하나에 해당하는 경우에는 이 법이나 다른 법률에도 불구하고 건축위원회의 심의를 거쳐 건축허가를 하지 아니할 수 있다(건축법 11 ④).

1. 위락시설이나 숙박시설에 해당하는 건축물의 건축을 허가하는 경우 해당 대지에 건축하려는 건축물의 용도·규모 또는 형태가 주거환경이나 교육환경 등 주변 환경을 고려할 때 부적합하다고 인정되는 경우
2. 국토계획법 제37조 제1항 제4호에 따른 방재지구 및 자연재해대책법 제12조 제1항에 따른 자연재해위험개선지구 등 상습적으로 침수되거나 침수가 우려되는 지역에 건축하려는 건축물에 대하여 일부 공간에 거실을 설치하는 것이 부적합하다고 인정되는 경우

3. 건축허가의 법적 성질

(i) 건축허가는 건축의 자유라는 기본권실현의 측면에서 요건을 갖추면 허가를 발급하여야 하는 기속행위이다. 따라서 제11조 제1항의 건축허가는 기속행위이다.

(ii) 제11조 제4항의 건축허가가 재량행위인지 논란이 있다. 이를 재량행위로 보는 견해도 있다.

(iii) 그런데 건축허가는 건축질서와 위험방지 기타 공익을 위한 규제라는 점에서 제4항 제1호와 제2호에 규정된 건축이 주변환경이나 위험방지에 부적합하다고 인정되는 경우라면 건축허가를 하지 말아야 하므로, 이 또한 여전히 기속행위로 보는 것이 타당하다.

4. 건축허가의 취소 등

허가권자는 허가를 받은 자가 다음 각 호의 어느 하나에 해당하면 허가를 취소하여야 한다. 다만, 제1호에 해당하는 경우로서 정당한 사유가 있다고 인정되면 1년의 범위에서 공사의 착수기간을 연장할 수 있다(건축법 11 ⑦).

1. 허가를 받은 날부터 2년(산업집적활성화 및 공장설립에 관한 법률 제13조에 따라 공장의 신

설·증설 또는 업종변경의 승인을 받은 공장은 3년) 이내에 공사에 착수하지 아니한 경우

2. 제1호의 기간 이내에 공사에 착수하였으나 공사의 완료가 불가능하다고 인정되는 경우
3. 제21조에 따른 착공신고 전에 경매 또는 공매 등으로 건축주가 대지의 소유권을 상실한 때부터 6개월이 지난 이후 공사의 착수가 불가능하다고 판단되는 경우

건축위원회의 심의를 받은 자가 심의 결과를 통지 받은 날부터 2년 이내에 건축허가를 신청하지 아니하면 건축위원회 심의의 효력이 상실된다(건축법 11 ⑩).

II. 건축신고

1. 건축신고

제11조에 해당하는 허가 대상 건축물이라 하더라도 다음 각 호의 어느 하나에 해당하는 경우에는 미리 특별자치시장·특별자치도지사 또는 시장·군수·구청장에게 국토교통부령으로 정하는 바에 따라 신고를 하면 건축허가를 받은 것으로 본다(건축법 14 ①).

1. 바닥면적의 합계가 85제곱미터 이내의 증축·개축 또는 재축
2. 국토의 계획 및 이용에 관한 법률에 따른 관리지역, 농림지역 또는 자연환경보전지역에서 연면적이 200제곱미터 미만이고 3층 미만인 건축물의 건축. 다만, 지구단위계획구역 또는 방재지구 등 재해취약지역으로서 대통령령으로 정하는 구역에서의 건축은 제외한다.
3. 연면적이 200제곱미터 미만이고 3층 미만인 건축물의 대수선
4. 주요구조부의 해체가 없는 등 대통령령으로 정하는 대수선
5. 그 밖에 소규모 건축물로서 대통령령으로 정하는 건축물의 건축

2. 건축신고의 법적 성질

① 대법원은 종래 건축신고를 수리를 요하지 않는 신고로 보았고, 따라서 신고를 수리한 행위가 있더라도 이는 처분이 아니라고 하였다(대판 1999.10.22, 98두18435).

② 그러나 대법원은 2010.11.18. 선고 2008두167 전원합의체 판결에서 건축신고가 반려될 경우 무신고로서 재재처분이나 행정벌이 과해질 수 있으므로, 건축신고의 반려행위는 처분이라고 하여 종전의 입장을 변경하였다.

③ 나아가 대법원은 대법원 2011.1.20. 선고 2010두14954 전원합의체 판결에서 인허가의 제 효과를 수반하는 건축신고는 행정청이 그 실체적 요건에 관한 심사를 한 후 수리하여야 하므로 '수리를 요하는 신고'라고 하였다.

3. 신고의 효력상실

제14조 제1항에 따라 신고를 한 자가 신고일부터 1년 이내에 공사에 착수하지 아니하면 그 신고의 효력은 없어진다(건축법 14 ⑤).

III. 건축허가 제한 등

국토교통부장관은 국토관리를 위하여 특히 필요하다고 인정하거나 주무부장관이 국방, 국가유산의 보존, 환경보전 또는 국민경제를 위하여 특히 필요하다고 인정하여 요청하면 허가권자의 건축허가나 허가를 받은 건축물의 착공을 제한할 수 있다(건축법 18 ①).

특별시장·광역시장·도지사는 지역계획이나 도시·군계획에 특히 필요하다고 인정하면 시장·군수·구청장의 건축허가나 허가를 받은 건축물의 착공을 제한할 수 있다(건축법 18 ②).

IV. 용도변경

1. 용도변경의 원칙

건축물의 용도변경은 변경하려는 용도의 건축기준에 맞게 하여야 한다(건축법 19 ①).

2. 시설군(施設群)

시설군은 ① 자동차 관련 시설군, ② 산업 등의 시설군, ③ 전기통신시설군, ④ 문화 및 집회시설군, ⑤ 영업시설군, ⑥ 교육 및 복지시설군, ⑦ 근린생활시설군, ⑧ 주거업무시설군, ⑨ 그 밖의 시설군으로 분류되고 각 시설군에 속하는 건축물의 세부 용도는 대통령령으로 정한다(건축법 19 ④).

3. 용도변경 허가 또는 신고

제22조에 따라 사용승인을 받은 건축물의 용도를 변경하려는 자는 다음 각 호의 구분에 따라 국토교통부령으로 정하는 바에 따라 특별자치시장·특별자치도지사 또는 시장·군수·구청장의 허가를 받거나 신고를 하여야 한다(건축법 19 ②).

1. 허가 대상: 제4항 각 호의 어느 하나에 해당하는 시설군에 속하는 건축물의 용도를 상위군에 해당하는 용도로 변경하는 경우
2. 신고 대상: 제4항 각 호의 어느 하나에 해당하는 시설군에 속하는 건축물의 용도를 하위

군에 해당하는 용도로 변경하는 경우

제4항에 따른 시설군 중 같은 시설군 안에서 용도를 변경하려는 자는 국토교통부령으로 정하는 바에 따라 특별자치시장·특별자치도지사 또는 시장·군수·구청장에게 건축물대장 기재내용의 변경을 신청하여야 한다. 다만, 대통령령으로 정하는 변경의 경우에는 그러하지 아니하다(건축법 19 ③).

Ⅴ. 착공신고 등

허가를 받거나 신고를 한 건축물의 공사를 착수하려는 건축주는 국토교통부령으로 정하는 바에 따라 허가권자에게 공사계획을 신고하여야 한다(건축법 21 ①).

Ⅵ. 건축물의 사용승인

건축주가 건축물의 건축공사를 완료한 후 그 건축물을 사용하려면 허가권자에게 사용승인을 신청하여야 한다(건축법 22 ①). 허가권자는 ① 사용승인을 신청한 건축물이 이 법에 따라 허가 또는 신고한 설계도서대로 시공되었는지의 여부와 ② 감리완료보고서, 공사완료도서 등의 서류 및 도서가 적합하게 작성되었는지의 여부에 대한 검사를 실시하고, 검사에 합격된 건축물에 대하여는 사용승인서를 내주어야 한다(건축법 22 ②).

제4절 건축물의 유지·관리

Ⅰ. 건축물의 유지·관리

관리자는 건축물, 대지 및 건축설비를 건축법이나 녹색건축물 조성 지원법 규정에 적합하도록 관리하여야 한다(건축물관리법 12 ①). 다중이용 건축물 등 대통령령으로 정하는 건축물의 관리자는 건축물의 안전과 기능을 유지하기 위하여 정기점검을 실시하여야 한다(건축물관리법 13 ①). 그 밖에도 특별자치시장·특별자치도지사 또는 시장·군수·구청장은 긴급점검을 요구하거나(건축물관리법 14)·소규모 노후 건축물 등을 점검할 수 있다(건축물관리법 15). 점검결과에 따라 건축물의 안전성 확보를 위하여 필요하다고 인정되는 경우 관리자는 건축물의 안전성 결함의 원인 등을 조사·측정·평가하여 보수·보강 등의 방안을 제시하는 진단을 실시하여야 한다(건축물관리법 16 ①).

II. 건축물대장

특별자치시장·특별자치도지사 또는 시장·군수·구청장은 건축물의 소유·이용 및 유지·관리 상태를 확인하거나 건축정책의 기초 자료로 활용하기 위하여 건축물대장에 건축물과 그 대지의 현황을 적어서 보관하여야 한다(건축법 38 ①).

제5절 위반건축물 등에 대한 조치

I. 허가취소·시정명령 등의 조치

허가권자는 이 법 또는 이 법에 따른 명령이나 처분에 위반되는 대지나 건축물에 대하여 이 법에 따른 허가 또는 승인을 취소하거나 그 건축물의 건축주·공사시공자·현장관리인·소유자·관리자 또는 점유자에게 공사의 중지를 명하거나 상당한 기간을 정하여 그 건축물의 해체·개축·증축·수선·용도변경·사용금지·사용제한, 그 밖에 필요한 조치를 명할 수 있다(건축법 79 ①).

II. 직접강제와 행정조사

허가권자는 시정명령을 하는 경우 국토교통부령으로 정하는 바에 따라 건축물대장에 위반내용을 적어야 한다(건축법 79 ④). 허가권자는 이 법 또는 이 법에 따른 명령이나 처분에 위반되는 대지나 건축물에 대한 실태를 파악하기 위하여 조사를 할 수 있다(건축법 79 ⑤).

III. 관허사업의 제한

허가권자는 허가나 승인이 취소된 건축물 또는 시정명령을 받고 이행하지 아니한 건축물에 대하여는 다른 법령에 따른 영업이나 그 밖의 행위를 허가하지 아니하도록 요청할 수 있다(관허사업의 제한). 다만, 허가권자가 기간을 정하여 그 사용 또는 영업, 그 밖의 행위를 허용한 주택과 대통령령으로 정하는 경우에는 그러하지 아니하다(건축법 79 ②). 제2항에 따른 요청을 받은 자는 특별한 이유가 없으면 요청에 따라야 한다(건축법 79 ③).

IV. 이행강제금

1. 이행강제금의 부과

허가권자는 시정명령을 이행하지 아니한 건축주등에 대하여는 각 호의 이행강제금을 부과한다. 다만, 연면적이 60제곱미터 이하인 주거용 건축물과 제2호 중 주거용 건축물로서 대통령령으로 정하는 경우에는 2분의 1의 범위에서 해당 지방자치단체의 조례로 정하는 금액을 부과한다(건축법 80 ①).

1. 건축물이 제55조와 제56조에 따른 건폐율이나 용적률을 초과하여 건축된 경우 또는 허가를 받지 아니하거나 신고를 하지 아니하고 건축된 경우에는 지방세법에 따라 해당 건축물에 적용되는 1㎡의 시가표준액의 100분의 50에 해당하는 금액에 위반면적을 곱한 금액 이하의 범위에서 위반내용에 따라 대통령령으로 정하는 비율을 곱한 금액
2. 건축물이 제1호 외의 위반 건축물에 해당하는 경우에는 지방세법에 따라 그 건축물에 적용되는 시가표준액에 해당하는 금액의 100분의 10의 범위에서 위반내용에 따라 대통령령으로 정하는 금액

허가권자는 영리목적을 위한 위반이나 상습적 위반 등 대통령령으로 정하는 경우에 제1항에 따른 금액을 100분의 100의 범위에서 해당 지방자치단체의 조례로 정하는 바에 따라 가중하여야 한다(건축법 80 ②).

2. 요건과 절차

허가권자는 이행강제금을 부과하기 전에 이행강제금을 부과·징수한다는 뜻을 미리 문서로써 계고하여야 한다(건축법 80 ③).

허가권자는 이행강제금을 부과하는 경우 금액, 부과 사유, 납부기한, 수납기관, 이의제기 방법 및 이의제기 기관 등을 구체적으로 밝힌 문서로 하여야 한다(건축법 80 ④).

3. 반복부과

허가권자는 최초의 시정명령이 있었던 날을 기준으로 하여 1년에 2회 이내의 범위에서 해당 지방자치단체의 조례로 정하는 횟수만큼 그 시정명령이 이행될 때까지 반복하여 제1항에 따른 이행강제금을 부과·징수할 수 있다(건축법 80 ⑤).

4. 강제징수

허가권자는 시정명령을 받은 자가 이를 이행하면 새로운 이행강제금의 부과를 즉시 중지하되, 이미 부과된 이행강제금은 징수하여야 한다(건축법 80 ⑥).

허가권자는 이행강제금 부과처분을 받은 자가 이행강제금을 납부기한까지 내지 아니하면 지방행정제재·부과금의 징수 등에 관한 법률에 따라 징수한다(건축법 80 ⑦).

5. 이행강제금 부과에 관한 특례

허가권자는 제80조에 따른 이행강제금을 다음 각 호에서 정하는 바에 따라 감경할 수 있다. 다만, 지방자치단체의 조례로 정하는 기간까지 위반내용을 시정하지 아니한 경우는 제외한다(건축법 80조의2 ①).

1. 축사 등 농업용·어업용 시설로서 500제곱미터 이하인 경우는 5분의 1을 감경
2. 그 밖에 위반 동기, 위반 범위 및 위반 시기 등을 고려하여 대통령령으로 정하는 경우에는 100분의 75의 범위에서 대통령령으로 정하는 비율을 감경

제7편

환경행정법

제 1 장 개 요

제1절 환경행정법의 법적 기초

제 1 항 환경행정법의 헌법적 기초

헌법은 "모든 국민은 건강하고 쾌적한 환경에서 생활할 권리를 가지며, 국가와 국민은 환경보전을 위하여 노력하여야 한다(헌법 35 ①).", "환경권의 내용과 행사에 관하여는 법률로 정한다(헌법 35 ②).", "국가는 주택개발정책 등을 통하여 모든 국민이 쾌적한 주거생활을 할 수 있도록 노력하여야 한다(헌법 35 ③)."고 하여, ① 환경의 기본권성, ② 국가와 국민의 환경보전의무, ③ 환경권법률주의, ④ 쾌적한 주거생활에 대한 국가의 의무를 규정하고 있다.

환경권은 인간의 존엄권이나 행복추구권 또는 인간다운 생활을 할 권리에서 도출된 파생적 기본권으로서 복합적 성격을 가진다. 즉 환경권은 한편으로는 각 개인이 소극적으로 공권력이나 제3자의 환경침해를 배제할 수 있는 자유권적 기본권의 성격을 가지며, 다른 한편으로는 적극적으로 국가에 대하여 쾌적한 환경을 조성·유지하여 줄 것을 요구하는 사회권적 기본권의 성격을 가지고 있다. 또한 환경적으로 차별취급 당하지 아니할 권리라는 측면에서 평등권적인 성격을 가지기도 한다.

항고소송에서의 원고적격과 관련하여, 환경침해배제청구권은 자유권적 기본권으로서의 성질을 가지므로 헌법상 환경권의 침해를 근거로 원고적격이 인정될 수 있지만, 쾌적한 환경조성권과 같은 사회권적 기본권은 법률로써 구체화되었을 때 이 법률로 구체화된 권리의 침해를 근거로 원고적격이 인정될 수 있다.

제 2 항 환경행정법의 법원

환경행정법의 법원(法源)으로서는 헌법·법률·명령·자치법규·국제법규 및 조약 등 성문법원과 불문법원이 있으나 법률이 가장 중요한 법원이 되고 있다. 우리나라의 경우 환경에 관한 법률들이 비교적 짧은 시간 내에 양적으로 상당수 증가하였다.

현행 환경행정법제는 환경정책기본법을 기본법으로, ① 환경오염규제를 위한 것으로 가축분뇨의 관리 및 이용에 관한 법률, 실내공기질 관리법, 대기환경보전법, 먹는물관리법, 소음·진동관리법, 물환경보전법, 대기관리권역의 대기환경개선에 관한 특별법, 악취방지법, 화학물질관리법, 인공조명에 의한 빛공해 방지법, 잔류성오염물질 관리법, 토양환경보전법, 폐기물관리법, 폐기물의 국가 간 이동 및 그 처리에 관한 법률, 해양환경관리법 등이 있고, ② 환경보호 또는 보전을 위한 것으로 남극활동 및 환경보호에 관한 법률, 독도 등 도서지역의 생태계 보전에 관한 특별법, 생물다양성 보전 및 이용에 관한 법률, 습지보전법, 야생생물 보호 및 관리에 관한 법률, 자연환경보전법, 지속가능발전 기본법 등이 있으며, ③ 그 밖에도 환경보전이나 보호를 지원·유지·유도 등을 하기 위한 것으로 건설폐기물의 재활용촉진에 관한 법률, 녹색제품 구매촉진에 관한 법률, 물의 재이용 촉진 및 지원에 관한 법률, 자원의 절약과 재활용촉진에 관한 법률, 환경개선비용부담법, 환경교육의 활성화 및 지원에 관한 법률, 환경기술 및 환경산업 지원법, 환경보건법, 환경분야 시험·검사 등에 관한 법률, 환경분쟁 조정 및 환경피해구제 등에 관한 법률, 환경영향평가법 등이 있다.

제2절 환경행정법의 기본원칙*

제 1 항 사전배려원칙(Vorsorgeprinzip)

환경법의 지도원칙으로서 사전배려원칙은 적절한 예방조치를 통하여 환경에 대한 침해가 발생하지 않거나 혹은 환경침해가 불가피한 경우라 하더라도 가능한 한 최소한에 머물러야 한다는 원칙을 말한다.

제 2 항 존속보호원칙(Bestandsschutzprinzip)

사전배려의 원칙에서 파생된 원칙의 하나로 인정되는 존속보호원칙은 환경을 현 상태 그대로 보전하여야 한다는 원칙을 말한다. 다시 말하자면 존속보호원칙은 현 상태를 악화시키는 환경침해를 제거하고 환경을 현재의 상태(status quo)대로 유지하여야 한다는 악화금지

* 입법고시(2001년).

(Verschlechterungsverbot)원칙으로 이해되고 있다.

제 3 항 원인자책임원칙(Verursacherprinzip)

원인자책임원칙은 환경침해에 대하여 원인을 제공하거나 직접적인 피해를 야기한 자가 원상회복, 침해의 제거 또는 이에 필요한 비용을 부담하여야 한다는 원칙을 말한다. 원인자책임원칙은 과거에 단순히 원인자에 대한 비용귀속의 원칙(Kostenzurechnungsprinzip)으로 이해되었으나 오늘날은 이에 머물지 않고 환경정의의 실현을 위하여 환경침해에 대한 실질적 책임을 부담하는 원칙으로 보고 있다.

제 4 항 공동부담원칙(Gemeinlastprinzip)

환경침해에 대한 책임귀속원칙으로서 원인자책임원칙 외에도 공동부담원칙을 들 수 있다. 공동부담원칙에 따르면 환경침해에 대하여 침해를 제거하거나 이에 필요한 비용을 부담하는 주체는 이에 대한 원인을 제공하는 자가 아닌 일반 국민인 납세자이다. 따라서 환경부담금도 원인자부담금의 원칙에 따르면 특별부담금(Sonderabgabe)의 형태로서 특별한 재정적 책임을 야기한 자에 대하여 제한적으로 부과되나, 공동부담원칙에 의하면 전체국민이 환경세(Umweltsteuer)의 형태로 부담하게 된다. 그러나 환경법의 영역에서 환경침해로 인한 실체적 책임의 귀속은 원칙적으로 원인자부담원칙에 의하며 공동부담의 원칙은 오로지 보충적으로 적용되는 데 그친다.

제 5 항 협력의 원칙

협력의 원칙이란 환경보호와 이를 위한 법제정 및 법집행과정에서 국가와 개인이 서로 협력하여야 한다는 원칙을 말한다. 협력의 원칙은 일반적으로 다음의 두 가지 요소를 바탕으로 한다. 하나는 환경행정권을 공공부문과 민간부문에 어떠한 기준을 가지고 배분할 것인가를 결정하는 것이며, 다른 하나는 행정주체가 환경행정을 일방적이 아닌 협력적인 방식으로 수행하도록 하는 것이다.

제 2 장

환경행정의 행위형식

제1절 개요

환경행정의 전통적인 행위수단으로는 명령, 금지, 인허가의 취소, 행정강제, 행정벌 등을 들 수 있다. 여기에 환경계획이나 환경영향평가와 같은 사전적 수단의 중요성이 강조되고 있고, 환경부담금, 행정지도 및 협상과 같은 간접적이고 유도적인 수단들이 적극적으로 활용되고 있다.

제2절 환경계획

Ⅰ. 의의

미래에 대한 예측을 바탕으로 환경보전의 목표를 설정하고 이러한 목표를 실현하기 위하여 다양한 행정수단을 통합·조정하는 작용으로 환경계획이 빈번히 활용되고 있다. 환경계획은 특히 환경법의 기본원칙인 사전배려를 통한 환경의 관리와 통제를 가능하게 하는 중요한 수단으로 인식되고 있다.

Ⅱ. 종류

1. 환경정책기본법상의 환경계획

환경정책기본법상 환경계획으로는 기후에너지환경부장관이 수립하는 국가환경종합계획(환경기본법 14), 시·도지사가 수립하는 시·도 환경계획(환경기본법 18), 시장·군수·구청장이 수립하는 시·군·구의 환경계획(환경기본법 19)이 있다.

2. 분야별 환경보전계획

분야별 환경보전계획으로는 ① 공공폐수처리시설기본계획(물환경보전법 49 ①), ② 자연환경보전기본계획(자연환경보전법 8) 등이 있다.

3. 공간계획상의 환경보전

국토법상의 국토계획, 국토계획법상의 도시·군관리계획과 같은 공간계획들도 환경보호 및 보전에 관한 중요한 사항들을 내용으로 하고 있다는 점에서 환경계획에 속한다고 할 수 있다.

환경기준

Ⅰ. 의의

환경기준이란 국민의 건강을 보호하고 쾌적한 환경을 조성하기 위하여 국가가 달성하고 유지하는 것이 바람직한 환경상의 조건 또는 질적인 수준을 말한다(환경기본법 3 8호).

이러한 환경기준은 ① 환경영향평가에 있어서 평가기준이 되고(환경영향법 7 ②), ② 총량규제의 기준 및 근거가 되며(대기환경보전법 22, 물환경보전법 4), 그리고 ③ 배출시설의 설치의 제한기준(대기환경보전법 23 ⑧, 물환경보전법 33 ⑦)이 된다.

Ⅱ. 환경기준의 설정

국가는 생태계 또는 인간의 건강에 미치는 영향 등을 고려하여 환경기준을 설정하여야 하며, 환경 여건의 변화에 따라 그 적정성이 유지되도록 하여야 한다(환경기본법 12 ①). 환경기준은 대통령령으로 정한다(환경기본법 12 ②). 특별시·광역시·특별자치시·도·특별자치도는 해당 지역의 환경적 특수성을 고려하여 필요하다고 인정할 때에는 해당 시·도의 조례로 제1항에 따른 환경기준보다 확대·강화된 별도의 환경기준(지역환경기준)을 설정 또는 변경할 수 있다(환경기본법 12 ③).

III. 환경기준의 유지

국가 및 지방자치단체는 환경에 관계되는 법령을 제정 또는 개정하거나 행정계획의 수립 또는 사업의 집행을 할 때에는 제12조에 따른 환경기준이 적절히 유지되도록 ① 환경 악화의 예방 및 그 요인의 제거, ② 환경오염지역의 원상회복, ③ 새로운 과학기술의 사용으로 인한 환경오염 및 환경훼손의 예방, ④ 환경오염방지를 위한 재원의 적정 배분을 고려하여야 한다(환경기본법 13).

제4절 환경영향평가

I. 의의

환경영향평가(Umweltverträglichkeitsprüfung)는 특정한 시설의 설치가 자연환경과 인간의 생활환경에 미치는 생태학적·환경적 영향을 분석하여 이러한 시설설치의 타당성 여부를 사전적으로 심사하는 제도이다. 이에 관하여는 환경영향평가법(환경영향법)이 별도로 제정되어 있는데, 동법은 환경영향평가를 전략환경영향평가·환경영향평가·소규모 환경영향평가로 구분하고 있다.

II. 전략환경영향평가

전략환경영향평가란 환경에 영향을 미치는 상위계획을 수립할 때에 환경보전계획과의 부합 여부 확인 및 대안의 설정·분석 등을 통하여 환경적 측면에서 해당 계획의 적정성 및 입지의 타당성 등을 검토하여 국토의 지속가능한 발전을 도모하는 것을 말한다(환경영향법 2 1호).

도시·산업입지·에너지·수자원·하천·관광단지·산지·특정지역 개발에 관한 계획, 항만·도로·철도·공항의 건설에 관한 계획, 개간 및 공유수면의 매립에 관한 계획, 체육시설·폐기물처리시설·국방·군사시설의 설치에 관한 계획, 토석·모래·자갈·광물 등의 채취에 관한 계획 등을 수립하려는 행정기관의 장은 전략환경영향평가를 실시하여야 한다(환경영향법 9 ①).

III. 환경영향평가

환경영향평가란 환경에 영향을 미치는 실시계획·시행계획 등의 허가·인가·승인·면허 또는 결정 등을 할 때에 해당 사업이 환경에 미치는 영향을 미리 조사·예측·평가하여 해로운 환경영향을 피하거나 제거 또는 감소시킬 수 있는 방안을 마련하는 것을 말한다(환경영향법 2 2호).

도시·산업입지·에너지·수자원·하천·관광단지·산지·특정지역 개발사업, 항만·도로·철도·공항의 건설사업, 개간 및 공유수면의 매립사업, 체육시설·폐기물처리시설·국방·군사시설의 설치사업, 토석·모래·자갈·광물 등의 채취사업 등을 하려는 자는 환경영향평가를 실시하여야 한다(환경영향법 22 ①).

IV. 소규모 환경영향평가

소규모 환경영향평가란 환경보전이 필요한 지역이나 난개발이 우려되어 계획적 개발이 필요한 지역에서 개발사업을 시행할 때에 입지의 타당성과 환경에 미치는 영향을 미리 조사·예측·평가하여 환경보전방안을 마련하는 것을 말한다(환경영향법 2 3호).

① 보전이 필요한 지역과 난개발이 우려되어 환경보전을 고려한 계획적 개발이 필요한 지역으로서 대통령령으로 정하는 지역(보전용도지역)에서 시행되는 개발사업이면서 ② 환경영향평가 대상사업의 종류 및 범위에 해당하지 아니하는 개발사업으로서 대통령령으로 정하는 개발사업인 사업을 하려는 자는 소규모 환경영향평가를 실시하여야 한다(환경영향법 43 ①).

그러나 ① 재난 및 안전관리 기본법 제37조에 따른 응급조치를 위한 사업, ② 국방부장관이 군사상 고도의 기밀보호가 필요하거나 군사작전의 긴급한 수행을 위하여 필요하다고 인정하여 기후에너지환경부장관과 협의한 개발사업 또는 ③ 국가정보원장이 국가안보를 위하여 고도의 기밀보호가 필요하다고 인정하여 기후에너지환경부장관과 협의한 개발사업 또는 ④「재난 및 안전관리 기본법」제60조에 따른 특별재난지역으로 선포된 지역에서「자연재해대책법」제46조에 따른 재해복구계획 및「재난 및 안전관리 기본법」제59조에 따른 재난복구계획에 따라 시행하는 사업으로서 행정안전부장관이 긴급한 복구를 위하여 필요하다고 인정하여 기후에너지환경부장관과 협의한 사업은 소규모 환경영향평가 대상에서 제외한다(환경영향법 43 ②).

V. 환경영향평가의 하자*

1. 절차상의 하자

(i) 환경영향평가를 하여야 할 사업에 환경영향평가를 거치지 아니하였음에도 승인 등 처분을 한 경우 그 하자는 중대하고 명백하여 당연무효이다(대판 2006.6.30, 2005두14363).

(ii) 환경영향평가를 시행함에 있어서 승인기관의 장이 환경부장관과의 협의를 거치지 않고 승인을 하는 경우에는 절차상의 하자로 위법한 처분이 된다. 다만 승인은 동의가 아니므로, 승인기관의 장이 환경부장관과의 협의를 거쳤으나 협의내용을 사업계획에 반영시키지 않았다고 하여 그 처분이 위법하다고 할 수 없다(대판 2001.7.27, 99두2970).

2. 내용상의 하자

환경영향평가서의 내용에 하자가 있는 경우에 그 하자가 심히 부실한 경우에는 당해 사업계획의 승인처분은 위법하지만, 그 정도의 것이 아닌 정도로 부실한 경우라면 당연히 승인처분을 위법하게 하는 것은 아니다(대판 2015.12.10, 2011두32515).

한편, 환경영향평가법상의 환경영향평가제에 의하여 보호되는 주민의 환경상의 이익은 행정소송법 제12조의 법률상 이익(원고적격)으로서 하자있는 환경영향평가에 따른 승인 등의 처분에 대하여는 당해 지역의 주민은 취소소송 등을 제기하여 이를 다툴 수 있다.

판례 > 환경영향평가대상지역 안의 주민들이 당해 처분과 관련하여 갖고 있는 환경상 이익이 개별적으로 보호되는 직접적·구체적 이익인지 여부

"환경영향평가에 관한 자연공원법령 및 환경영향평가법령의 규정들의 취지는 집단시설지구개발사업이 환경을 해치지 아니하는 방법으로 시행되도록 함으로써 집단시설지구개발사업과 관련된 환경공익을 보호하려는 데에 그치는 것이 아니라 그 사업으로 인하여 직접적이고 중대한 환경피해를 입으리라고 예상되는 환경영향평가대상지역 안의 주민들이 개발 전과 비교하여 수인한도를 넘는 환경침해를 받지 아니하고 쾌적한 환경에서 생활할 수 있는 개별적 이익까지도 이를 보호하려는 데에 있다 할 것이므로, 위 주민들이 당해 변경승인 및 허가처분과 관련하여 갖고 있는 위와 같은 환경상의 이익은 단순히 환경공익 보호의 결과로 국민일반이 공통적으로 가지게 되는 추상적·평균적·일반적인 이익에 그치지 아니하고 주민 개개인에 대하여 개별적으로 보호되는 직접적·구체적인 이익이라고 보아야 한다(대판 1998.4.24, 97누3286)."

* 사법시험(2015년), 입법고시(2006년).

VI. 환경영향평가업의 등록과 업자의 준수사항

환경영향평가등을 대행하는 사업(이하 "환경영향평가업"이라 한다)을 하려는 자는 환경영향평가사 등의 기술인력과 시설 및 장비를 갖추어 기후에너지환경부장관에게 등록을 하여야 한다(환경영향법 54 ①).

환경영향평가업자는 다른 환경영향평가서등의 내용을 복제하여 환경영향평가서등을 작성하거나 환경영향평가서등과 그 작성의 기초가 되는 자료를 거짓으로 또는 부실하게 작성하지 아니할 것 등 법이 정한 사항을 준수하여야 한다(환경영향법 56 ①).

판례 > '환경영향평가서 등을 부실하게 작성한 경우'에 해당하는 경우

"환경영향평가업자가 환경영향평가서 등을 작성하면서 통상적인 주의로 확인할 수 있음에도 불구하고 멸종위기야생동·식물 및 천연기념물 등을 누락하여 환경영향평가서 등의 검토·협의기관이 적절하게 검토하기 어렵게 하거나 환경영향평가서 등의 신뢰를 크게 떨어뜨렸다면, 구 환경영향평가 법령에 규정된 '환경영향평가서 등을 부실하게 작성한 경우'에 해당한다(대판 2023.2.2, 2019두36025[업무정지처분취소])."

제5절 환경부담금

환경부담금이란 환경침해행위에 대하여 부과하는 일체의 공법상의 금전적 부담을 의미한다. 환경부담금의 부과목적은 ① 환경보호를 위한 재원마련과 ② 경제적 유인이나 동기부여를 통하여 환경보호를 유도하는 데 있다. 환경부담금의 이론적 근거는 환경침해에 대하여 원인을 제공하거나 직접적인 피해를 야기한 자가 원상회복, 침해의 제거 또는 이에 필요한 비용을 부담하여야 한다는 원인자책임원칙이다. 환경정책기본법 제7조(오염원인자 책임원칙)는 환경부담금의 일반적인 법적 근거를 규정하고 있다. 환경부담금의 유형으로는 배출부과금(대기환경보전법 35, 물환경보전법 41), 환경개선부담금(환경개선비용 부담법 9) 등이 있다.

제 3 장

환경분쟁조정

Ⅰ. 의의

국가 및 지방자치단체는 환경오염 또는 환경훼손 등으로 인한 환경관련분쟁을 해결하고 환경오염 또는 환경훼손으로 인한 피해를 원활하게 구제하기 위하여 필요한 시책을 마련하여야 한다(환경기본법 42, 43). 이에 따라 환경분쟁조정법이 제정되어 시행되고 있다.

Ⅱ. 정의

환경분쟁이란 환경피해에 대한 다툼과 환경기술 및 환경산업 지원법 제2조 제2호에 따른 환경시설의 설치 또는 관리와 관련된 다툼을 말한다(환경분쟁조정법 2 3호).

환경피해란 사업활동, 그 밖에 사람의 활동에 의하여 발생하였거나 발생이 예상되는 대기오염, 수질오염, 토양오염, 해양오염, 소음·진동, 악취, 자연생태계 파괴, 일조 방해, 통풍 방해, 조망 저해, 인공조명에 의한 빛공해, 지하수 수위 또는 이동경로의 변화, 하천수위의 변화, 화학물질 유출·노출, 살생물제품 노출, 그 밖에 대통령령으로 정하는 원인으로 인한 건강상·재산상·정신상의 피해를 말한다. 다만, 방사능오염으로 인한 피해는 제외한다(환경분쟁조정법 2 1호).

조정이란 환경분쟁에 대한 알선·조정·재정 및 중재를 말한다(환경분쟁조정법 2 4호).

Ⅲ. 환경분쟁조정위원회

① 건강피해조사, ② 환경분쟁의 조정, ③ 환경오염피해 배상책임 및 구제에 관한 법률, 석면피해구제법, 생활화학제품 및 살생물제의 안전관리에 관한 법률에 따른 피해인정, 구제급여 신청 등에 대한 심사, 재심사의 심의·결정·재결 등, ④ 환경피해와 관련되는 민원의 조사, 분석 및 상담, ⑤ 환경피해의 예방 및 해결을 위한 제도와 정책의 연구 및 건의, ⑥ 환경피해의 예방 및 구제와 관련된 교육, 홍보, 재정적·기술적 지원, ⑦ 그 밖에 법령에 따라 위원회의 소관으로 규정된 사항에 따른 사무를 관장하기 위하여 기후에너지환경부에 중앙환경분쟁조정피

해구제위원회를 설치하고, 특별시·광역시·특별자치시·도·특별자치도에 지방환경분쟁조정피해구제위원회를 설치한다(환경분쟁 조정 및 환경피해 구제 등에 관한 법률 4, 5).

IV. 분쟁조정

조정을 신청하려는 자는 제6조에 따른 관할 위원회에 알선·조정·재정 또는 중재 신청서를 제출하여야 한다(환경분쟁조정법 30 ①).

위원회의 위원장은 조정신청을 받으면 당사자에게 피해배상에 관한 합의를 권고할 수 있다(환경분쟁조정법 31 ①).

위원회는 조정신청이 적법하지 아니한 경우에는 적절한 기간을 정하여 그 기간 내에 흠을 바로 잡을 것을 명할 수 있다. 위원회는 신청인이 제1항에 따른 명령에 따르지 아니하거나 흠을 바로잡을 수 없는 경우에는 결정으로 조정신청을 각하한다(환경분쟁조정법 32 ①, ②).

① 민법 제32조에 따라 기후에너지환경부장관의 허가를 받아 설립된 비영리법인이고, ② 정관에 따라 환경보호 등 공익의 보호와 증진을 목적으로 하는 단체이며, ③ 그 밖에 대통령령으로 정하는 요건에 해당하는 환경단체는 중대한 자연생태계 파괴로 인한 피해가 발생하였거나 발생할 위험이 현저한 경우에는 위원회의 허가를 받아 환경분쟁 당사자를 대리하여 위원회에 조정을 신청할 수 있다(환경분쟁조정법 39 ①).

제8편

재무행정법

제 1 장
재무행정법의 의의

재정이란 국가 또는 지방자치단체가 그 존립과 활동을 유지하는데 필요한 재원을 취득하고, 이를 관리(관리·운용·지출)하는 작용을 말한다. 재정을 재무행정이라고 부르기도 하는데, 이에 따라 재무행정에 관한 공법을 재무행정법이라 한다.

제 2 장
재무행정법의 기본원칙

Ⅰ. 재정의회주의

재정의회주의란 국가의 재정작용은 민주국가 및 법치국가원리에 따라 국회가 제정한 법률과 국회의 통제 아래 이루어져야 한다는 원칙을 말한다.

Ⅱ. 엄정관리주의

엄정관리주의란 국가나 지방자치단체의 재산은 멸실되거나 훼손되지 않도록 엄정하게 관리되어야 한다는 원칙을 말한다.

Ⅲ. 건전재정주의

건전재정주의란 국가나 지방자치단체의 재정이 수입과 지출 사이에 균형을 이루어 적자를 방지하여야 한다는 원칙이다.

제 3 장

재정작용의 형태

Ⅰ. 재정권력작용

1. 재정상 행정입법(재정명령)

재정상 행정입법이란 재정행정기관이 재정목적을 위해 발하는 일반·추상적인 명령으로, 재정명령이라고도 한다. 재정명령은 당해 목적이 재정을 위한 것으로 한정된 행정입법이므로 행정입법에 관한 원리들이 여기에도 그대로 적용된다.

2. 재정상 행정행위(재정처분)

재정상 행정행위란 재정행정기관이 재정상의 목적을 위해 발하는 행정행위를 말한다. 재정처분이라고도 한다.

Ⅱ. 재정관리작용

1. 의의 및 성질

재정관리작용은 국가나 지방자치단체의 수입·지출이나 재산을 관리하는 작용으로, 본질적으로 사법상의 재산관리작용과 다르지 않다. 다만 관리주체가 행정주체이고 공적 목적을 위한 것이기 때문에 국가재정법, 국·공유재산법 등에서 특별한 공법적 감독 또는 제한에 관한 규정을 두고 있다.

2. 종류

재정관리작용에는 ① 재산의 관리로서 국가 또는 지방자치단체가 소유하는 채권·동산·부동산 등의 재산을 관리하는 작용과, ② 수입·지출의 관리로서 국가나 지방자치단체의 예산·회계에 관한 작용이 있다.

제 4 장

재정상 실효성 확보수단

Ⅰ. 재정벌

1. 의의와 종류

재정벌이란 재정상의 의무위반에 대한 제재로서 일반통치권에 근거하여 과하는 행정벌을 말한다. 재정벌에 대해서는 행정벌에 관한 법리가 그대로 적용된다. 재정벌은 다시 ① 재정형벌과 ② 재정질서벌로 나눌 수 있지만, 현행 재정벌은 대개가 재정형벌로 되어 있다.

2. 내용상 특수성

① 재정벌은 국가나 지방자치단체의 수입의 확보를 목적으로 하기 때문에 종래에는 벌금·과료와 같은 금전벌이 부과되는 것이 원칙이었으나. 근래에는 자유형을 병과하도록 규정하고 있는 예(관세법 275)가 많다. ② 재정형벌에 대하여는 법령에 특별한 규정이 없으면 형법총칙이 적용되는데(형법 8), 행정범으로서의 특성상 형법총칙의 적용을 배제하는 규정을 두는 경우도 있다(예: 조세범 처벌절차법, 관세법, 인삼산업법 등).

3. 과형절차상 특수성

① 재정질서벌로서 과태료는 질서위반행위규제법이 정하는 바에 따라 부과하고, ② 재정형벌은 최종적으로 형사소송법이 정하는 절차에 의하여 과한다. 특히 ③ 재정범의 처벌절차는 형사소추에 선행하여, 조세범 처벌절차법, 관세법, 지방세법 등의 관계 규정에 따라 조사·통고처분·고발로 이루어진다.

(1) 조사

세무공무원과 세관공무원은 사법경찰관리(형소법 197)로서 조세 또는 관세에 관한 범칙사건을 적발하는 데 필요한 조사권을 가진다(조세범 처벌절차법 8, 관세법 290, 291, 294). 이러한 조사는 ① 강제조사와 ② 임의조사로 구분되는데, 강제조사의 경우에는 원칙적으로 법관의 영장이 필요하다(조세범 처벌절차법 9, 관세법 296).

(2) 통고처분

1) 의의

지방국세청장 또는 세무서장은 조세범칙행위의 확증을 얻었을 때에는 그 대상이 되는 자에게 그 이유를 구체적으로 밝히고 ① 벌금에 해당하는 금액, ② 몰수 또는 몰취에 해당하는 물품, ③ 추징금에 해당하는 금액이나 물품을 납부할 것을 통고하여야 한다(조세범 처벌절차법 15 ①, 관세법 311).

2) 효과

통고처분을 이행할 것인지는 범칙자가 정한다. 통고처분을 이행하면 확정판결과 같은 효력을 가지며 일사부재리의 원칙이 적용된다(조세범 처벌절차법 15 ③, 관세법 317).

3) 불응

통고처분을 이행하지 않으면 통고처분의 효력이 소멸되고, 관할 행정청의 고발에 따라 정식 형사재판절차로 이행(移行)된다. 따라서 통고처분은 항고소송의 대상이 되는 처분이 아니다(대판 1962.1.31, 4294행상40).

(3) 고발

조세범과 관세범에 대해서는 원칙적으로 국세청장·지방국세청장·세무서장·관세청장·세관장의 고발이 없으면 검사는 공소를 제기하지 못한다(대판 1971.11.30, 71도1736). 따라서 범칙자가 통고를 받은 날로부터 15일 이내(관세는 10일)에 그 내용을 이행하지 아니할 때에는 국세청장 등은 고발절차를 밟아야 한다. 그러나 통고처분의 이행기간이 경과하여도 고발절차를 취하기 전에 통고대로 이행하면, 고발을 하지 못한다(조세범 처벌절차법 17 ②).

II. 재정상 강제집행

1. 의의

재정상 강제집행이란 재정상 의무의 불이행이 있는 경우에 권한을 가진 행정기관이 의무자의 신체나 재산에 실력을 가하여 의무의 이행을 강제하거나 의무가 이행된 것과 같은 상태를 실현하는 작용을 말한다.

2. 종류

재정상 강제집행의 수단으로는 ① 대집행, ② 직접강제, ③ 이행강제금(집행벌), ④ 강제징수로 나눌 수 있고, 그중 일반적으로 활용되는 것은 강제징수이다. 강제징수는 다시 국세징수법상 강제징수와 관세법상 강제징수로 구분하여 살펴볼 수 있다.

(1) 국세징수법상의 강제징수

국세징수법에 의한 강제징수 절차는 ① 독촉, ② 재산압류, ③ 압류재산의 매각, ④ 청산의 4단계로 되어 있다.

(2) 관세법상의 강제징수

관세법은 관세의 특수성에 비추어 다음과 같은 특별한 강제징수절차를 규정하고 있다.

1) 법정담보

관세미납물품은 법률상 당연히 관세의 담보가 되며, 다른 공과금과 채권에 우선하여 관세에 충당된다(관세법 25).

2) 특별담보

세관장은 일정한 사유가 있는 경우에는 관세에 대한 특별담보를 제공 또는 맡길 수 있다(관세법 218).

3) 관세미납물품의 유치·예치

세관장은 여행자 또는 우리나라와 외국 간을 왕래하는 운송수단에 종사하는 승무원의 휴대품으로서 필요한 허가 등의 조건이 갖추어지지 않은 것을 유치할 수 있으며, 또한 여행자 또는 승무원의 물품으로서 수입할 의사가 없는 물품은 세관장에게 신고하여 일시 예치시킬 수 있다(관세법 206).

Ⅲ. 재정상 즉시강제 및 조사

1. 재정상 즉시강제의 의의 및 종류

재정상 즉시강제란 조세 또는 관세의 포탈을 방지하기 위하여 급박한 필요가 있거나, 미리 의무를 명하여서는 목적을 달성할 수 없는 경우에 직접 사인의 신체 또는 재산에 실력을 가하여 재정목적을 달성하는 권력적 사실행위를 말한다. 이는 재정상의 목적으로 이루어지는 행정상 즉시강제이다.

재정상 즉시강제의 수단은 대인적 강제·대물적 강제·대가택 강제로 나눌 수 있다. ① 대인적 강제의 예로는 범칙혐의자나 참고인의 심문·수색, ② 대물적 강제의 예로는 물건의 압수·수색 또는 영치, ③ 대가택강제의 예로는 가옥·창고의 임검(臨檢)·수색 등을 들 수 있다.

2. 재정상 조사

재정상 조사란 궁극적인 재정목적을 적정하게 실현하기 위하여 필요한 자료·정보 등을 수집하기 위하여 행하는 권력적 조사활동을 말한다. 이러한 재정상 조사는 그 대상에 따라 ① 대인적 조사(조사대상이 사람인 경우로서 각종 세법에 의한 질문(소득세법 170, 부가가치세법 74 등) 또는 수색(조세범 처벌절차법 8) 등), ② 대물적 조사(조사대상이 물건인 경우로서 장부의 검사, 물건의 검사·수거 등), ③ 대가택 조사(타인의 가택이나 사무소·창고 등의 건물에 출입하여 조사·수색 등을 하는 것으로서 대물적 조사와 병행되는 경우가 많다)로 구분할 수 있다.

IV. 기타의 수단

일반행정법에서 살펴본 바 있는 금전상 제재(예: 과징금·가산세·부당이득세), 제재처분(예: 인가·허가 등의 거부·정지·취소), 공표 등은 역시 재무행정법상의 실효성확보수단으로서 의미를 갖는다.

제 5 장

조 세

Ⅰ. 조세의 개념

조세란 국가 또는 지방자치단체가 그 경비에 충당할 수입을 취득할 목적으로 과세권에 의하여 일반국민에게 부과·징수하는 금전급부의무를 말한다.

Ⅱ. 조세법의 기본원칙

1. 조세법률주의(조세와 법률의 유보)

(1) 의의

조세법률주의란 조세의 부과·징수는 반드시 국회가 제정한 법률에 따라야 한다는 원칙을 말한다. 헌법 제38조는 "모든 국민은 법률이 정하는 바에 의하여 납세의 의무를 진다."고 규정함과 동시에 헌법 제59조는 "조세의 종목과 세율은 법률로 정한다."고 규정하여 이 원칙을 분명히 하고 있다.

(2) 목적

조세법률주의는 법치주의를 실현하는데 그치는 것이 아니라, 국민의 재산권을 보호하는 동시에 국민생활의 법적 안정성과 예측가능성을 보장하기 위한 것이다(헌재결 1994.6.30, 93헌바9).

(3) 내용

① 헌법이 법률로 정하도록 한 사항은 조세의 종목과 세율뿐이지만(헌법 59), 납세의무자·과세물건·과세표준·과세시기·과세방법 등도 모두 법률로 정하여야 할 것이다. ② 조세법을 집행할 때에도 법을 엄격하게 해석·적용하여야 한다(대판 2000.3.16, 98두11731).

(4) 조세법률주의의 예외

1) 지방세의 특례

지방세의 일반법인 지방세기본법에서는 지방세의 세목·과제표준·세율 등에 관하여 법률이 정하는 범위에서 조례로 정하도록 하고 있다(지방세기본법 5). 이는 지방자치단체의 조세고권을 보장하기 위한 것이다.

2) 관세의 특례

관세도 조세의 일종이므로 그 부과·징수는 법률에 의하는 것이 원칙이다. 그러나 경우에 따라서는 관세율에 있어서 긴급관세(관세법 65)·할당관세(관세법 71) 등을 인정하여 기본세율을 중심으로 일정 비율을 가감하여 부과할 수 있는 권한을 부여하기도 한다.

(5) 영구세주의

조세에는 ① 조세를 매년 의회의 의결을 거쳐서 부과·징수하는 일년세주의와 ② 법률의 개폐가 없는 한 당해 법률에 근거하여 매년 계속해서 과세할 수 있게 하는 영구세주의가 있다. 헌법규정은 분명치 않으나, 통설은 해석상 조세법률주의를 규정하는 헌법 제59조는 영구세주의를 채택한 것으로 본다.

2. 조세평등의 원칙(공평부담의 원칙)

(1) 의의 및 근거

조세평등의 원칙은 모든 국민이 능력에 따라 균등하게 조세를 부담하는 것을 의미한다. 이는 헌법 제11조의 평등원칙으로부터 도출되는 것이라고 할 수 있다.

(2) 내용

조세평등의 원칙은 급부능력에 따른 과세와 평등한 과세를 내용으로 한다. 즉, ① 세금납부는 최소한의 인간다운 삶의 보장에 필요한 주거비·의복비·식비 등을 제외하고 급부능력이 있는 경우에 가능하여야 한다. ② 그리고 급부능력이 동일한 자에게는 동일한 과세가 이루어져야 한다.

(3) 조세평등원칙의 구현

1) 입법상의 평등조세

조세법령은 조세부담이 국민들 사이에 공평하게 배분되도록 제정되어야 한다. 즉, 납세자들의 담세력에 따른 부담이 이루어지도록 세심한 배려가 있어야 한다.

2) 실질과세의 원칙

실질과세의 원칙은 과세물건의 명목상의 귀속 여하에 관계없이 사실상 과세물건이 귀속된 자를 납세의무자로 하여 조세를 부과하는 것을 의미한다. 국세기본법은 "과세의 대상이 되는 소득·수익·재산·행위 또는 거래의 귀속이 명의일 뿐이고 사실상 귀속되는 자가 따로 있을 때에는 사실상 귀속된 자를 납세의무자로 하여 세법을 적용한다(국세기본법 14 ①)." 그리고 "세법 중 과세표준에 관한 규정은 소득·수익·재산·행위 또는 거래의 명칭이나 형식과 관계없이 그 실질내용에 따라 적용한다(국세기본법 14 ②)."고 규정하여 실질과세의 원칙을 분명히 하고 있다.

3. 조세비례의 원칙

비례원칙은 헌법적 지위를 갖는 행정법의 일반원칙으로 조세행정에도 당연히 적용된다.

4. 조세안정의 원칙(조세와 법적 안정성)

(1) 명확성의 원칙

세금의 부과·징수는 침익적 행정이므로, 법적 근거가 요구되고 법의 의미와 내용이 명확하여야 한다. 따라서 세법은 요건규정에서의 판단여지나 효과규정에서의 재량의 여지를 가능한 한 축소하여야 하고, 최대한 명확하게 규정하여야 한다.

(2) 소급과세금지의 원칙

모든 국민은 소급입법에 의하여 재산권을 박탈당하지 않아야 하므로(헌법 13 ② 참조), 과세는 소급적으로 부과될 수 없다. 국세기본법 제18조 제2항은 국세를 납부할 의무가 성립한 소득·수익·재산·행위 또는 거래에 대하여는 그 성립 후의 새로운 세법에 의하여 소급하여 과세하지 아니한다고 규정하여 조세법에 있어서의 소급금지의 원칙을 선언하고 있다(대판 1997.9.5, 97누7493).

(3) 유추해석금지의 원칙

조세행정은 기본적으로 침익적 행정이므로 조세법의 해석·적용은 엄격하여야 한다. 국가기관(세무행정청·법원)은 세법을 납세자에게 불이익하게 확대해석하거나 유추해석해서는 안 되며, 다만 수익적인 유추해석은 허용된다.

(4) 신뢰보호의 원칙

조세행정에서 과세행정기관의 법해석이나 과세관행은 중요한 의미를 가지게 되므로, 다른 행정영역에 비하여 신뢰보호의 필요성이 더욱 강하게 요구된다. 국세기본법 제18조 제3항은 "세법의 해석 또는 국세행정의 관행이 일반적으로 납세자에게 받아들여진 후에는 그 해석 또는 관행에 의한 행위 또는 계산은 정당한 것으로 보며 새로운 해석이나 관행에 의하여 소급하여 과세되지 아니 한다."고 하여 신뢰보호를 명문화하고 있다.

5. 사회국가원리

사회적 법치국가에서 조세는 국가의 재정확보의 목적뿐만 아니라 경제적 약자의 보호·배려, 동등한 경제상의 기회배려, 납세자의 가족의 보호 등도 함께 고려하여야 한다.

III. 조세의 부과

1. 과세권자

국세의 과세권자는 세무서장 및 세관장이고(국세기본법 2), 지방세의 과세권자는 지방자치단체의 장이다(지방세법 2).

2. 과세요건

조세를 부과할 수 있는 요건을 과세요건이라고 하는데, 납세의무자, 과세물건, 과세표준, 세율로 이루어진다. 납세의무자를 인적 과세요건이라고 하고, 과세물건, 과세표준, 세율을 물적 과세요건이라고 한다.

3. 조세의 부과처분

조세의 부과란 과세물건에 대하여 과세표준과 세율을 적용하여 납세의무자가 납부해야 할 납부금액과 납부기일을 확정하는 과세관청의 행정행위를 말하며, 이는 재정하명의 성질을 가진다.

조세의 부과처분은 납세고지서가 상대방에게 도달(고지)함으로써 효력이 발생하는 것이 원칙이다.

IV. 조세의 징수

1. 조세의 징수방법

국세는 세무관서 또는 세관장이, 지방세는 시장·군수·구청장이 납세의 고지를 하고, 납세의무자가 고지에 의해 지정된 기한·장소에 부과받은 세액을 납부함으로써 징수절차가 종료된다. 이는 보통징수절차이다.

보통징수 외에 수입원(收入源)에서 직접 징수하는 원천징수가 있는데, 이는 조세징수의 편의를 도모하기 위하여 급여·이자·이익배당 등을 지급하는 사람에게 일정한 세율에 따르는 조세액을 징수하여 납부하게 하는 제도이다. 이는 원천징수의무자인 사인에게 조세징수를 위탁하는 것이다.

그 외에도 예외적인 징수방법으로는 예외징수(또는 변태징수)가 있는데, 여기에는 ① 이미 확정된 납부기한의 이익을 박탈하여 그 납기 전에 징수하는 납기 전 징수제도(국세징수법 9, 지방세징수법 22)와 ② 일정한 사유가 있는 경우 납부기한을 연장하거나 납부고지를 연장하는 제도가 있다(국세징수법 13·14, 지방세징수법 25).

조세가 체납된 경우에 행정권의 강제력에 의하여 납세의무자의 재산에 실력을 가하여 조세를 강제징수할 수 있다. 행정상 강제징수는 행정상 강제집행에서 설명한 바와 같다.

2. 조세감면

조세감면이란 특별한 사유가 있는 경우에 납세의무자의 신청에 의하여 납세의무의 전부 또는 일부를 면제하는 것이다. ① 일부면제를 감세, ② 전부면제를 면세라고 한다.

3. 조세채권의 확보

조세징수를 확보하기 위하여 조세의 강제징수, 조세우선징수, 납세의무자의 확장 등의 제도가 있다. 여기서는 강제징수 이외의 조세채권의 확보수단에 대하여 설명한다.

(1) 조세의 우선징수

국세 및 강제징수비는 다른 공과금과 채권에 우선하여 징수되며(국세기본법 35 ① 본문), 지방세와 그 가산금·강제징수비는 공과금과 채권에 우선하여 징수된다(지방세기본법 71 ① 본문). 관세미납물건은 법률상 당연히 관세의 담보가 되며(법정담보), 그에 의한 관세의 징수는 다른 조세, 그 밖의 공과금 및 채권에 우선한다(관세법 3 ①).

(2) 납세의무의 확장

조세채무는 기존의 납세의무자가 이행하여야 한다. 그러나 조세의 수입을 확보하기 위하여 기존의 납세의무자 외의 자에게 납세의무가 확장되는 경우가 있고, 이에는 ① 상속·합병(국세기본법 23, 24), ② 연대납세의무(국세기본법 25), ③ 제2차 납세의무(국세기본법 40) 등이 있다.

(3) 납세담보

납세담보는 조세채권을 보전하기 위하여 국가가 제공받는 공법상의 담보를 말한다. 이는 인적 담보와 물적 담보로 구분되는데, 인적 담보는 납세의무자 이외의 타인의 납세보증서를 제공받는 것으로서 타인의 재산에까지 조세징수의 우선순위를 확보하는 것이고, 물적 담보의 종류에는 납세자 또는 제3자의 담보목적물을 제공받아 조세채권을 보전하는 방법이다. 국세를 담보의 기간에 납부하지 아니하면 그 담보로써 국세를 징수하며(국세징수법 22), 납세담보권의 이행은 행정상 강제집행절차에 따른다.

Ⅴ. 납부의무의 소멸

납부의무는 ① 납부, ② 충당, ③ 부과의 취소, ④ 제척기간의 만료, ⑤ 소멸시효의 완성에 의하여 소멸된다(국세기본법 26).

Ⅵ. 세무조사

1. 세무조사의 의의 및 성질

세무조사란 국세의 과세표준과 세액을 결정 또는 경정하기 위하여 질문을 하거나 해당 장부·서류 또는 그 밖의 물건을 검사·조사하거나 그 제출을 명하는 것을 말한다(국세기본법 2 21호).

세무조사는 행정기관이 정책을 결정하거나 직무를 수행하는 데 필요한 정보나 자료를 수집하기 위하여 현장조사·문서열람·시료채취 등을 하거나 조사대상자에게 보고요구·자료제출요구 및 출석·진술요구를 행하는 활동(행정조사기본법 2 1호)이라는 점에서 행정조사의 한 종류이다.

2. 세무조사 관할 및 대상자 선정

세무조사는 납세지 관할 세무서장 또는 지방국세청장이 수행한다(국세기본법 81조의6 ①).

세무공무원은 국세청장이 납세신고가 불성실하다고 인정하거나, 신고 내용이 적정한지를 검증할 필요가 있는 경우 또는 표본조사를 하려는 경우에 정기적으로 신고의 적정성을 검증하기 위하여 대상을 선정(정기선정)하여 세무조사를 할 수 있다(국세기본법 81조의6 ②).

세무공무원은 정기선정에 의한 조사 외에 납세자가 납세협력의무를 이행하지 아니한 경우, 거래 내용이 사실과 다른 혐의가 있는 경우, 구체적인 탈세 제보가 있는 경우 등에도 세무조사를 할 수 있다(국세기본법 81조의6 ③).

세무공무원은 과세관청의 조사결정에 의하여 과세표준과 세액이 확정되는 세목의 경우 과세표준과 세액을 결정하기 위하여 세무조사를 할 수 있다(국세기본법 81조의6 ④).

3. 세무조사의 사전통지* · 연기신청 및 결과통지

세무공무원은 세무조사를 하는 경우에는 조사를 받을 납세자에게 조사를 시작하기 20일(재조사 결정으로 재조사를 하는 경우에는 7일) 전에 조사대상 세목, 조사기간 및 조사 사유, 그 밖에 대통령령으로 정하는 사항을 통지하여야 한다. 다만, 사전에 통지하면 증거인멸 등으로 조사 목적을 달성할 수 없다고 인정되는 경우에는 그러하지 아니하다(국세기본법 81조의7 ①). 세무조사의 통지와 관련하여 판례는 이를 세무조사결정으로 보고, 이 세무조사결정은 항고소송의 대상이 되는 처분이라고 하고 있다(대판 2011.3.10, 2009두23617).

제1항에 따른 통지를 받은 납세자가 천재지변이나 그 밖에 대통령령으로 정하는 사유로 조사를 받기 곤란한 경우에는 대통령령으로 정하는 바에 따라 관할 세무관서의 장에게 조사를 연기해 줄 것을 신청할 수 있다(국세기본법 81조의7 ②).

제2항에 따라 연기신청을 받은 관할 세무관서의 장은 연기신청 승인 여부를 결정하고 그 결과를 조사 개시 전까지 통지하여야 한다(국세기본법 81조의7 ③).

세무공무원은 세무조사를 마쳤을 때에는 그 조사 결과를 서면으로 납세자에게 통지하여야 한다. 다만, 납세관리인을 정하지 아니하고 국내에 주소 또는 거소를 두지 아니한 경우 등 대통령령으로 정하는 경우에는 그러하지 아니하다(국세기본법 81조의12 ①).

4. 세무조사의 한계

세무조사도 행정작용이므로 적법요건을 갖추어야 한다. 특히 내용요건과 관련하여 비례원칙을 비롯한 행정법의 일반원칙을 준수하여야 한다.

이와 관련하여 국세기본법은 적정하고 공평한 과세를 실현하기 위하여 필요한 최소한의 범위에서 세무조사를 하여야 하고, 다른 목적 등을 위하여 조사권을 남용해서는 안 되며(국세기본법 81조의4 ①), 조세탈루의 혐의를 인정할 만한 명백한 자료가 있는 경우 등 일정한 경우를 제외하고는 같은 세목 및 같은 과세기간에 대하여 재조사를 할 수 없도록 하고 있다(국세기본법 81조의4 ②). 또한 세무조사기간도 조사대상 세목·업종·규모, 조사 난이도 등을 고려하여 최소한이 되도록 하여야 하고(국세기본법 81조의8 ①), 구체적인 세금탈루 혐의가 여러 과세기간 또는 다른 세목까지 관련되는 것으로 확인되는 경우 등 대통령령으로 정하는 경우를 제외하고는 조사진행 중 세무조사의 범위를 확대할 수 없다(국세기본법 81조의9 ①).

---

* 변호사시험(2018년), 사법시험(2014년).

Ⅶ. 조세행정상 권리보호

위법·부당한 조세의 부과·징수처분으로 인한 권리구제와 관련하여, 조세행정은 특히 전문성·기술성·대량성을 주요 특징으로 하기 때문에, 그 분쟁의 효율적인 해결을 위하여 다음의 특칙을 두고 있다.

1. 과세전적부심사(課稅前適否審査)

과세전적부심사는 ① 세무관서가 세금고지 전에 과세할 내용을 납세의무자에게 미리 알려주고, ② 이에 이의가 있는 납세의무자는 과세전적부심사[1]를 청구하도록 하여, ③ 심사결과 납세의무자의 주장이 타당한 경우에 세금고지 전에 시정하는 제도이다.

적부심사청구를 할 수 있는 자는 ① 세무조사 결과에 대한 서면통지나 ② 그 밖에 대통령령이 정하는 과세예고 통지를 받은 자이며, 청구기간은 통지를 받은 날부터 30일 이내이다. 적부심사청구는 당해 세무서장이나 지방국세청장에 대하여 하되, 법령과 관련하여 국세청장의 유권해석을 변경하여야 하거나 새로운 해석이 필요한 경우 등에는 국세청장에게 하여야 한다(국세기본법 81조의15 ②).

세무서장, 지방국세청장 또는 국세청장은 각각 국세심사위원회의 심사를 거쳐 결정을 하고 그 결과를 청구를 받은 날부터 30일 이내에 청구인에게 통지하여야 하고(국세기본법 81조의15 ④), 세무서장 등은 청구가 이유 있다고 인정되는 경우에는 상대방의 청구를 채택하거나 일부채택 또는 재조사하는 결정을 한다(국세기본법 81조의15 ⑤ 2호).

판례 > 과세관청이 과세예고 통지를 하지 아니함으로써 납세자에게 과세전적부심사의 기회를 부여하지 아니한 채 과세처분을 한 경우, 과세처분이 위법한지 여부

" … 과세관청이 과세처분에 앞서 필수적으로 행하여야 할 과세예고 통지를 하지 아니함으로써 납세자에게 과세전적부심사의 기회를 부여하지 아니한 채 과세처분을 하였다면, 이는 납세자의 절차적 권리를 침해한 것으로서 과세처분의 효력을 부정하는 방법으로 통제할 수밖에 없는 중대한 절차적 하자가 존재하는 경우에 해당하므로, 과세처분은 위법하다.

국세기본법 제81조의15 제2항 각 호는 긴급한 과세처분의 필요가 있다거나 형사절차상 과세관청이 반드시 과세처분을 할 수밖에 없는 등의 일정한 사유가 있는 경우에는 과세전적부심사를 거치지 않아도 된다고 규정하고 있는데, 과세관청이 감사원의 감사결과 처분지시 또는 시정요구에 따라 과세처분을 하는 경우라도 국가기관 간의 사정만으로는 납세자가 가지는 절차적 권리의 침해를 용인할

---

1 '과세전적부심사'란, 과세 전에 과세가 적절한지 부적절한지를 심사하는 것을 말한다.

수 있는 사유로 볼 수 없고, 처분지시나 시정요구가 납세자가 가지는 절차적 권리를 무시하면서까지 긴급히 과세처분을 하라는 취지도 아니므로, 위와 같은 사유는 과세관청이 과세예고 통지를 생략하거나 납세자에게 과세전적부심사의 기회를 부여하지 아니한 채 과세처분을 할 수 있는 예외사유에 해당한다고 할 수 없다(대판 2016.4.15, 2015두52326)."

2. 행정쟁송(행정심판과 행정소송)

(1) 의의

조세의 부과·징수에 관한 분쟁은 1차적으로 행정심판에 의하고, 이에 불복하는 경우에는 행정소송의 제기를 통해 다툴 수 있다. 조세심판에 관한 법원(法源)으로는 국세기본법·관세법·지방세법 등이 있다.

(2) 불복고지

이의신청, 심사청구 또는 심판청구의 재결청은 결정서에 그 결정서를 받은 날로부터 90일 이내에 이의신청인은 심사청구 또는 심판청구를, 심사청구인 또는 심판청구인은 행정소송제기를 할 수 있다는 내용을 적어야 한다(국세기본법 60 ①).

(3) 행정심판

국세기본법은 국세에 관한 처분 등에 불복하는 경우 그 절차를 심사청구와 심판청구 중 하나만 거치면 행정소송을 제기할 수 있도록 하고(국세기본법 55 ①, ②), 동일한 처분에 대하여 심사청구와 심판청구를 중복하여 제기할 수 없으며(국세기본법 55 ⑨), 다만 당사자가 원하는 경우에는 심사청구 또는 심판청구 전에 이의신청을 할 수 있도록 규정하고 있다(국세기본법 55 ③).

1) 이의신청

이의신청은 대통령령으로 정하는 바에 따라 불복의 사유를 갖추어 처분을 하거나 하였어야 할 세무서장에게 하거나 당해 세무서장을 거쳐 관할 지방국세청장에게 하여야 한다(국세기본법 66 ① 본문). 이의신청은 임의적인 절차로(국세기본법 55 ③), 처분이 있은 것을 안 날(처분의 통지를 받은 때에는 그 받은 날)로부터 90일 이내에 하여야 하고(국세기본법 66 ⑥, 61 ①), 세무서장 또는 관할 지방국세청장은 이의신청을 받은 날로부터 30일 내에 결정하여야 한다(국세기본법 66 ⑦). 이의신청에 대한 결정에 불복하는 자는 심사청구를 할 수 있다(국세기본법 61 ②).

2) 심사청구

심사청구는 해당 처분이 있음을 안 날(처분의 통지를 받은 때에는 그 받은 날)부터 90일 이내에 하여야 한다(국세기본법 61 ①). 그리고 이의신청을 거친 후 심사청구를 하려면 이의신청에 대한 결정의 통지를 받은 날로부터 90일 이내에 하여야 한다(국세기본법 61 ②).

심사청구는 대통령령으로 정하는 바에 따라 불복의 사유를 갖추어 해당 처분을 하였거나 하였어야 할 세무서장을 거쳐 국세청장에게 하여야 하고(국세기본법 62 ①), 국세청장은 국세심사위원회의 의결에 따라 심사청구를 받은 날부터 90일 이내에 결정하되, 다만 심사청구기간이 지난 후에 제기된 심사청구 등 대통령령으로 정하는 사유에 해당하는 경우에는 그러하지 아니하다(국세기본법 64 ①, 65 ②).

3) 심판청구

심판청구는 해당 처분이 있음을 안 날(처분의 통지를 받은 때에는 그 받은 날)부터 90일 이내에 하여야 한다(국세기본법 68 ①). 이의신청을 거친 후 심판청구를 하는 행위의 청구기간에 관하여는 제61조 제2항(심사청구의 기간)을 준용한다(국세기본법 68 ②).

심판청구는 대통령령으로 정하는 바에 따른 불복의 사유를 갖추어 그 처분을 하였거나 하였어야 할 세무서장이나 조세심판원장에게 제출하여야 한다. 이 경우 심판청구서를 받은 세무서장은 이를 지체 없이 조세심판원장에게 송부하여야 하고(국세기본법 69 ①), 조세심판원장은 원칙적으로 조세심판관회의의 심리를 거쳐 결정하는데(국세기본법 78 ① 본문), 그 결정은 관계 행정청을 기속하며, 심판청구에 대한 결정이 있으면 해당 행정청은 결정의 취지에 따라 즉시 필요한 처분을 하여야 한다(국세기본법 80 ②).

또한 조세심판에는 불고불리의 원칙과 불이익변경금지의 원칙이 적용된다(국세기본법 79).

판례 > 재조사결정의 취지에 따른 후속 처분이 심판청구를 한 당초 처분보다 청구인에게 불리한 경우, 국세기본법 제79조 제2항의 불이익변경금지원칙에 위배되어 후속 처분 중 당초 처분의 세액을 초과하는 부분이 위법한지 여부(적극)

"심판청구에 대한 결정의 한 유형으로 실무상 행해지고 있는 재조사결정은 재결청의 결정에서 지적된 사항에 관해서 처분청의 재조사결과를 기다려 그에 따른 후속 처분의 내용을 심판청구 등에 대한 결정의 일부분으로 삼겠다는 의사가 내포된 변형결정에 해당하고, 처분청의 후속 처분에 따라 내용이 보완됨으로써 결정으로서 효력이 발생하므로, 재조사결정의 취지에 따른 후속 처분이 심판청구를 한 당초 처분보다 청구인에게 불리하면 국세기본법 제79조 제2항의 불이익변경금지원칙에 위배되어 후속 처분 중 당초 처분의 세액을 초과하는 부분은 위법하게 된다(대판 2016.9.28, 2016두39382)."

(4) 행정소송

1) 필요적 심판전치

국세기본법 제55조(불복)에 규정된 위법한 처분에 대한 행정소송은 행정소송법 제18조(행정심판과의 관계) 제1항 본문·제2항 및 제3항에도 불구하고 이 법에 따른 심사청구 또는 심판청구와 그에 대한 결정을 거치지 아니하면 제기할 수 없다(국세기본법 56 ②).

2) 제소기간

이 경우의 행정소송은 행정소송법 제20조(제소기간)의 규정에 불구하고 심사청구 또는 심판청구에 대한 결정의 통지를 받은 날부터 90일 이내에 제기하여야 한다(국세기본법 56 ③ 본문).

3) 감사원의 심사

국세기본법 제55조 제1항 제2호의 심사청구를 거친 처분(감사원법에 의하여 심사청구를 한 처분이나 그 심사청구에 대한 처분)의 경우에는 국세기본법에 의한 심사청구 또는 심판청구를 거친 것으로 보고 행정소송을 제기할 수 있다(국세기본법 56 ⑤).

3. 과오납금반환청구

(1) 의의

과오납금이란 법률상 조세로서 납부해야 할 원인이 없으나 납부되어 있는 금전을 의미한다. 이는 일종의 부당이득이므로 그의 납부자는 당연히 반환청구권을 가지고, 국가 또는 지방자치단체는 이를 반환하여야 할 의무를 진다(국세기본법 51).

(2) 과오납금의 발생

세금의 과오납은 ① 위법·부당한 과세처분에 의하여 납부한 후에 당해 과세처분이 취소·변경된 경우, ② 과세처분이 무효인 경우, ③ 납세자의 착오로 세금을 초과납부하거나 이중납부한 경우 등에 발생한다.

(3) 과오납금의 결정 및 처리*

세무서장은 납세의무자가 국세·가산금 또는 강제징수비로서 납부한 금액 중 잘못 납부하거나 초과하여 납부한 금액이 있거나 세법에 따라 환급하여야 할 환급세액이 있을 때에는 즉시 그 잘못 납부한 금액, 초과하여 납부한 금액 또는 환급세액을 국세환급금으로 결정하여야 한다(국세기본법 51 ①).

이와 관련하여 판례는 납세의무자의 환급청구권이 세무서장의 국세환급금결정 이전에 이미

* 사법시험(2014년).

확정된 것이지 이 환급금결정에 의하여 비로소 확정되는 것이 아니라는 점에서 환급거부결정은 항고소송의 대상이 되는 처분이 아니라고 하고 있다(대판 2010.2.25, 2007두18284). 이와 같은 판례의 입장은 '대법원 1989.6.15. 선고 88누6436 전원합의체판결' 이후 지금까지 계속되고 있는 것인데, 당시 소수의견은 납세자의 권리보호를 위하여 그 결정을 항고소송으로 다툴 수 있어야 한다는 입장이었다.

판례 > 국세환급금 및 국세가산금 결정이나 환급 거부 결정이 항고소송의 대상이 되는 처분인지 여부

"[다수의견] 국세기본법 제51조 및 제52조 국세환급금 및 국세가산금결정에 관한 규정은 이미 납세의무자의 환급청구권이 확정된 국세환급금 및 가산금에 대하여 내부적 사무처리절차로서 과세관청의 환급절차를 규정한 것에 지나지 않고 그 규정에 의한 국세환급금(가산금 포함)결정에 의하여 비로소 환급청구권이 확정되는 것은 아니므로, 국세환급금결정이나 이 결정을 구하는 신청에 대한 환급거부결정 등은 납세의무자가 갖는 환급청구권의 존부나 범위에 구체적이고 직접적인 영향을 미치는 처분이 아니어서 항고소송의 대상이 되는 처분이라고 볼 수 없다.

[소수의견] 납세자의 신청에 대한 세무서장의 환급거부결정이 직접 환급청구권을 발생하게 하는 형성적 효과가 있는 것이 아니고 확인적 의미밖에 없다고 하더라도 국세기본법 제51조의 규정을 위반하여 납세자에게 환급할 돈을 환급하지 아니하므로 손해를 끼치고 있는 것이라면 납세자가 행정소송으로 그 결정이 부당하다는 것을 다툴 수 있다(대판 1989.6.15, 88누6436 전원합의체[국세환급거부처분취소])"

결정한 금액은 ① 납세고지에 의하여 납부하는 국세, ② 체납된 국세 및 강제징수비, ③ 세법에 따라 자진납부하는 국세 등에 충당하고(국세기본법 51 ②), 이에 남은 금액은 국세환급금의 결정을 한 날로부터 30일 이내에 납세자에게 지급하여야 한다(국세기본법 51 ⑥).

(4) 환급금결정 취소에 따른 세무서장의 반환청구

세무서장이 국세환급금의 결정이 취소됨에 따라 이미 충당되거나 지급된 금액의 반환을 청구하는 경우에는 국세징수법의 고지·독촉 및 강제징수의 규정을 준용한다(국세기본법 51 ⑨).

(5) 환급가산금

세무서장은 국세환급금을 충당하거나 지급할 때에는 대통령령으로 정하는 국세환급가산금 기산일부터 충당하는 날 또는 지급결정을 하는 날까지의 기간과 금융회사 등의 예금이자율 등을 고려하여 대통령령으로 정하는 이자율에 따라 계산한 금액(국세환급가산금)을 국세환급금에 가산하여야 한다(국세기본법 52 ①).

(6) 과오납금반환청구소송*

과오납금반환청구소송의 성질에 대하여는 ① 과오납금반환청구권은 공법상 법률관계에 의하여 발생된 것이기 때문에 이에 관한 소송은 공법상 당사자소송이 되어야 한다는 견해(공법상 당사자소송설, 다수설)와 ② 과오납금반환청구권의 성질이 사권이라는 데 그 근거를 두어, 민사소송으로 다루어야 한다는 견해(민사소송설)가 있다. ③ 종래 판례는 민사소송설의 입장이었으나, '대법원 2013.3.21. 선고 2011다95564 전원합의체 판결'에서 납세의무자에 대한 국가의 환급세액 지급의무는 공법상 의무이므로 국가에 대한 납세의무자의 부가가치세 환급세액 지급청구는 민사소송이 아니라 당사자소송의 절차에 따라야 한다고 그 입장을 변경하였다. 이에 대해서는 환급세액 지급청구의 법적 성질을 민법상 부당이득반환청구로 구성하는 것도 가능하다는 반대의견도 있다. ④ 생각건대 과오납금반환청구권은 공법상의 부당이득반환청구권의 성격을 가지고 있으므로 공법상의 당사자소송설 및 판례의 입장이 타당하다.

판례 > 부가가치세 환급세액 지급청구가 당사자소송의 대상인지 여부

"[다수의견] 부가가치세법령의 내용, 형식 및 입법 취지 등에 비추어 보면, 납세의무자에 대한 국가의 부가가치세 환급세액 지급의무는 그 납세의무자로부터 어느 과세기간에 과다하게 거래징수된 세액 상당을 국가가 실제로 납부받았는지와 관계없이 부가가치세법령의 규정에 의하여 직접 발생하는 것으로서, 그 법적 성질은 정의와 공평의 관념에서 수익자와 손실자 사이의 재산상태 조정을 위해 인정되는 부당이득 반환의무가 아니라 부가가치세법령에 의하여 그 존부나 범위가 구체적으로 확정되고 조세 정책적 관점에서 특별히 인정되는 공법상 의무라고 봄이 타당하다. 그렇다면 납세의무자에 대한 국가의 부가가치세 환급세액 지급의무에 대응하는 국가에 대한 납세의무자의 부가가치세 환급세액 지급청구는 민사소송이 아니라 행정소송법 제3조 제2호에 규정된 당사자소송의 절차에 따라야 한다.

[소수의견] 권리의 법적 성질에 공법적인 요소가 있다는 이유만으로 반드시 당사자소송의 대상으로 삼아야 할 논리필연적 당위성이 존재한다고는 볼 수 없다. 오히려 부가가치세 환급세액은, 사업자가 매입 시 지급한 부가가치세(매입세액)가 매출 시 받은 부가가치세(매출세액)보다 많을 때, 국가는 사업자가 더 낸 부가가치세를 보유할 정당한 이유가 없어 반환하는 것으로서 그 지급청구의 법적 성질을 민법상 부당이득반환청구로 구성하는 것도 가능하다(대판 2013.3.21, 2011다95564 전원합의체)."

---

* 사법시험(2014년).

제9편

경제행정법

제 1 장

경제행정법

Ⅰ. 경제행정법의 의의

경제행정법은 경제활동영역에서의 행정법관계를 규율하는 법으로 정의할 수 있다. 일반적으로 경제법은 경제적 활동을 규율하는 법으로 여기에는 사법관계의 규율과 공법관계의 규율이 모두 포함되어 있다. 따라서 경제행정법이란 경제법 가운데 경제분야의 행정에 관한 법이라고 할 수 있다.

Ⅱ. 경제행정법의 법원

경제행정에 관하여는 일반법이 없고, 경제행정에 관한 다수의 개별법이 존재한다. 대표적으로는 금융위원회의 설치 등에 관한 법률, 기업활동 규제완화에 관한 특별조치법, 독점규제 및 공정거래에 관한 법률, 물가안정에 관한 법률(물가안정법), 보조금 관리에 관한 법률(보조금법), 보험업법, 부정경쟁방지 및 영업비밀보호에 관한 법률, 소비자기본법, 은행법, 중소기업기본법 등이 있다.

제 2 장

경제행정의 내용

경제행정은 그 내용에 따라 ① 행정주체가 개인의 경제활동을 감독·규제하는 경제규제, ② 적극적으로 국민의 경제활동을 일정한 방향으로 유도하기 위한 경제지도(경제유도) 및 ③ 사기업 등에 대하여 직접 재정적 급부(보조금·융자·보증 등) 또는 조세의 감면을 통하여 경제활동을 직·간접적으로 지원하는 경제촉진(경제조성)으로 구분할 수 있다.

제 3 장

경제행정의 행위형식과 수단

행정주체는 경제행정의 목적을 달성하기 위하여 명령·금지·허가·인가와 같은 전통적인 권력적 행위형식뿐만 아니라 경제활동을 보호·육성하기 위하여 행정계획·공법상 계약·행정지도 등의 비권력적 행위형식 등 다양한 수단들을 활용하고 있으며, 많은 경우 사법상의 행위형식도 적극적으로 사용하고 있다.

Ⅰ. 법령에 의한 직접적 규율

법령이나 자치법규에서 직접 국민의 경제활동을 규제하기도 한다(예: 폭리를 목적으로 한 매점매석행위의 금지(물가안정법 7), 부당한 공동행위 및 불공정거래행위의 금지(공정거래법 40, 45) 등). 그리고 법령 등에서는 직접 행정벌을 규정하기도 하고, 위반행위의 법적 효력을 무효로 규정하기도 하며(공정거래법 40 ④), 위반행위로 인하여 얻은 경제적 이익을 박탈하기 위하여 과징금 부과를 규정하기도 한다(공정거래법 38, 43, 50).

Ⅱ. 행정행위

행정행위는 경제행정법에 있어서도 주요한 행위형식으로, 그 법적 효과에 따라 하명·허가·인가·특허 등이 있다.

Ⅲ. 행정계획

경제행정은 소극적인 사회질서의 유지작용뿐만 아니라 적극적인 사회형성작용이라는 점에서 행정계획은 경제행정영역에서 매우 중요한 수단으로 활용되고 있다. 경제계획에는 국민경제전반에 관한 계획도 있고, 특정 산업 또는 물자에 관한 계획(예: 수출진흥계획·석유수급계획 등)이 있다. 경제계획은 대체적으로 행정내부에 구속력을 가지며, 국민에 대하여는 유도적 또는 정보제공적 성격을 갖는 행정계획이 많다(예: 중소기업진흥계획·수출진흥계획 등).

Ⅳ. 행정지도

행정지도는 상대방의 협력 하에 일정한 행정목적을 달성하려는 것으로, 특히 경제행정의 분야에서 많이 활용되고 있다. 그런데 현실적으로 경제행정분야는 국가 등의 지원에 의존하는 경우가 많은 등 행정주체의 영향력이 크기 때문에, 행정지도가 비권력적 행위라 하더라도 실제로 사실상의 구속력을 동반하는 경우도 많다는 점, 비권력적 사실행위이기 때문에 행정지도에 대한 행정구제가 상당히 어렵다는 점 등의 문제가 있다.

Ⅴ. 공법상 계약

경제행정에 있어서는 국가 등의 행정주체가 우월한 지위에서 공권력을 행사하여 경제과정에 개입하기도 하지만, 경제행정상의 일정한 목적을 달성하기 위하여 사인과 대등한 당사자로서 계약을 체결하기도 한다. 이와 같은 공법상 계약은 급부 행정영역, 특히 자금지원행정에서 유용하게 사용된다.

1. 보조금지급의 법적 성질*

행정주체의 보조금지급의 법적 성질이 공법상의 계약인지에 관하여 논란이 있는데, 보조금

* 5급공채(행정)(2014년).

지급의 법적 근거가 되는 보조금법의 규정이 행정청이 보조금의 교부 여부를 결정하고(보조금법 17), 그리고 일정한 경우에는 행정청이 보조금교부의 결정을 취소할 수 있다고 규정하고 있는 점(보조금법 30) 등을 고려할 때, 동법상의 보조금 교부의 법적 성질은 협력을 요하는 행정행위로 보는 것이 타당하다고 생각된다.

판례 > 보조금관리법에서 '보조금에 대하여는 국세징수의 예에 따라 이를 징수할 수 있다'고 규정한 것이 민사집행법에 의한 강제집행과 국세체납처분에 의한 강제징수 중에서 선택할 수 있도록 허용한 규정인지 여부

"(구) 「보조금의 예산 및 관리에 관한 법률」(보조금관리법) 제30조 제1항, 제31조 제1항에 의한 보조금의 교부결정취소 및 보조금 반환명령은 행정처분이고 그 처분이 있어야 반환의무가 발생하는 것이므로, 반환받을 보조금에 대한 징수권은 공법상의 권리로서 사법상의 채권과는 그 성질을 달리한다. 따라서 (구) 보조금관리법 제33조가 '반환하여야 할 보조금에 대하여는 국세징수의 예에 따라 이를 징수할 수 있다'고 규정한 것은 보조금의 반환에 대하여는 국세체납처분의 예에 따라 강제징수할 수 있도록 한 것뿐이고, 이를 민사집행법에 의한 강제집행과 국세체납처분에 의한 강제징수 중에서 선택할 수 있도록 허용한 규정이라고 볼 것은 아니다(대판 2012.4.26, 2010도5693)."

2. 민간투자법상 실시협약의 법적 성질

사회기반시설에 대한 민간투자법은 공법상 계약의 하나인 실시협약을 규정하고 있는데(제2조 제7호), 실시협약이란 주무관청과 민간투자사업을 시행하고자 하는 자 간에 사업시행의 조건 등에 관하여 체결하는 계약을 말한다.

실시협약의 법적 성질에 대해서는 사법상 계약설과 공법상 계약설이 대립되고 있다. ① 사법상 계약설은 주무관청과 협상대상자가 대등한 지위에서 실시협약의 각 조건들을 합의하여 협약이 체결된다는 점 등에서 사법상 계약이라고 한다. ② 그러나 실시협약에 의한 사업시행에는 민간투자법 등이 정한 절차를 준수하여 하고, 주무관청이 인정한 사업만 수행이 가능하며, 관리운영권의 처분 등에 주무관청의 승인이 필요하고, 사업에 대한 주무관청의 포괄적 감독명령권이 존재하는 등의 공법상의 제한이 따르고 있다는 점에서 이를 공법상 계약으로 보는 견해(공법상 계약설)가 다수설이다. ③ 민간투자사업은 기본적으로 공익사업이기 때문에 여기에는 일정한 공법적 규율이 가해진다는 점에서 공법상 계약설이 타당하다.[1]

1 한편 이와 관련하여 서울고등법원도 "민간투자법의 시행을 위하여 타인의 토지에 출입 등을 할 수 있고, 국·공유재산을 무상으로 사용할 수 있으며, 토지 등을 수용 또는 사용할 수 있으므로 사업시행자 지정의 효력을 가진 실시협약의 체결을 단순한 사법적, 일반적 계약관계라고 할 수 없다."라고 판시하여 실시협약을 공법적 효력을 가진 계약으로 보고 있다(서울고판 2004.6.24, 2003누6483).

VI. 사법형식에 의한 행정작용

국가 등의 행정주체는 경제행정영역에서 행정의 사법상 보조작용(물품조달·공사도급 등)·영리적 경제활동(행정기관의 영리 목적의 기업활동) 및 행정사법(전기·수도공급 등과 같이 공행정주체가 사법형식에 의한 공행정업무의 직접적 수행) 등 사법형식으로 사무를 수행하는 경우가 많다.

참고문헌

강구철, 강의 행정법Ⅰ, 학연사, 1991.
김기표, 신행정심판법론, 한국법제연구원, 2003.
김남진, 행정법Ⅰ, 법문사, 1997.
______, 행정법Ⅱ, 법문사, 2001.
김남진/김연태, 행정법Ⅰ, 법문사, 2024.
______, 행정법Ⅱ, 법문사, 2024.
김대인, 행정계약법의 이해, 경인문화사, 2007.
김도창, 일반행정법론(상), 청운사, 1993.
______, 일반행정법론(하), 청운사, 1993.
김동희/최계영, 행정법Ⅰ, 박영사, 2024.
김동희, 행정법Ⅱ, 박영사, 2021.
______, 행정법요론, 박영사, 2010.
김성수, 일반행정법, 홍문사, 2021.
______, 개별행정법, 법문사, 2004.
김재광, 전자정부법, 한국법제연구원, 2010.
김종보, 새로운 재건축·재개발이야기, 한국도시개발연구포럼, 2003.
김중권, 김중권의 행정법, 법문사, 2023.
______, 행정법 기본연구Ⅰ, 법문사, 2008.
______, 행정법 기본연구Ⅱ, 법문사, 2009.
______, 행정법 기본연구Ⅲ, 법문사, 2010.
김철수, 헌법학개론, 박영사, 2001.
김철용, 행정법, 고시계사, 2024.
김향기, 행정법개론, 탑북스, 2023.
류지태/박종수, 행정법신론, 박영사, 2021.

류해웅, 토지공법론, 삼영사, 2008.
박균성, 행정법강의, 박영사, 2024.
______, 행정법론(상), 박영사, 2024.
______, 행정법론(하), 박영사, 2024.
______, 행정법연습, 삼조사, 2015.
박균성/함태성, 환경법, 박영사, 2023.
박수혁 역, 독일행정법, 사법발전재단, 2010.
박윤흔, 최신행정법강의(상), 박영사, 2004.
______, 최신행정법강의(하), 박영사, 2004.
박윤흔/정형근, 최신행정법강의(상), 박영사, 2009.
______, 최신행정법강의(하), 박영사, 2009.
박정훈, 행정법의 체계와 방법론, 박영사, 2005.
박정훈, 행정소송의 구조와 기능, 박영사, 2006.
법원행정처, 법원실무제요(행정), 2003.
법제처/국무총리심판위원회, 행정심판의 이론과 실제, 2003.
사법연수원, 행정구제법, 2010.
서울고등법원 재판실무개선위원회, 행정소송실무편람, 한국사법행정학회, 1998.
석종현, 일반행정법(하), 삼영사, 2005.
성낙인, 헌법학, 법문사, 2024.
송동수/석종현, 일반행정법총론, 박영사, 2022.
오준근, 행정절차법, 삼지원, 1998.
유명건, 실무행정소송법, 박영사, 1998.
유상현, 한국행정법(상), 환인출판사, 1996.
______, 한국행정법(하), 환인출판사, 2000.
유해웅, 신수용보상법론, 부연사, 2009.
______, 부동산제도, 부연사, 2006.
______, 부동산공법론, 탑북스, 2011.
이기우, 지방자치행정법, 법문사, 1991.
______, 지방자치이론, 학현사, 1996.
이기우/하승수, 지방자치법, 대영문화사, 2007.
이상규, 신행정법론(상), 법문사, 1996.
이석선, 판례행정소송론, 한국사법행정학회, 1986.
이시윤, 신민사소송법, 박영사, 2013.
이철환, 행정구제법, 전남대학교 출판부, 2009.
정태용, 국토계획법, 한국법제연구원, 2003.

______, 건축법해설, 한국법제연구원, 2006.
정하중, 행정법개론, 법문사, 2020.
정형근, 행정법, 도서출판 정독, 2024.
최우용, 지방자치법 강의, 동아대학교 출판부, 2008.
최정일, 행정법의 정석Ⅰ, 박영사, 2009.
______, 행정법의 정석Ⅱ, 박영사, 2009.
한견우, 현대행정법신론 1, 세창출판사, 2014.
______, 현대행정법신론 2, 세창출판사, 2014.
함인선, 주민소송, 전남대학교 출판부, 2008.
허 영, 한국헌법론, 박영사, 2024.
홍정선, 신지방자치법, 박영사, 2022.
______, 행정법특강, 박영사, 2024.
______, 행정법원론(상), 박영사, 2024.
______, 행정법원론(하), 박영사, 2024.
홍준형, 행정법, 법문사, 2017.

사항색인

[ㅅ]

[ㅇ]

[ㅈ]

수험정보 색인

[변호사시험]

[사법시험]

[5급 공개경쟁채용시험(행정고시)]

[입법고시]

[법원행정고시]

[감정평가사 시험]

[헌법재판소 결정]

[대법원 판결]

[대법원 결정]

[기 타]

[저자 약력]

김 남 철

연세대학교 법과대학 및 동 대학원 졸업(법학사, 법학석사)
독일 튀빙엔(Tübingen)대학교 법과대학 박사과정 졸업(법학박사)
독일 뮌스터(Münster)대학교, 튀빙엔(Tübingen)대학교 법과대학 방문교수

한국비교공법학회 회장, 한국지방자치법학회 회장 역임
행정법과 법치주의학회 회장·한국공법학회·한국행정법학회·한국지방자치법학회·한국토지공법학회·한국비교공법학회·한국국가법학회 등 이사 역임

중앙행정심판위원회 위원·부산광역시 행정심판위원회 위원·울산광역시 행정심판위원회 위원·대통령소속 지방분권촉진위원회 및 지방자치발전위원회 실무위원·부산광역시 지방토지수용위원회 위원·부산고등검찰청 검찰시민위원회 위원·부산지방검찰청 검찰시민위원회 위원·한국연구재단 인문사회연구본부 사회과학단 전문위원·대한민국시도지사협의회 자문위원·감사연구원 자문위원회 자문위원·법제처 행정법제혁신 자문위원회 분과위원장·대통령소속 자치분권위원회 특별위원회 위원·지방자치단체 중앙분쟁조정위원회 위원·행정안전부 자치분권 사전협의자문단 위원·행정안전부 지방자치단체 특례심의위원회 위원·법제처 국가행정법제위원회 위원·법제처 법령해석심의위원회 위원·외교부 국제기구분담금 심의위원회 위원·국회입법지원위원 등 역임

대통령 표창, 홍조근정훈장

사법시험, 변호사시험, 공무원시험 등 각종 시험위원

연세대학교 법학전문대학원 교수(행정법·지방자치법·건축행정법 담당)

주요 저서·논문

Gemeindliche Planungshoheit und überörtliche Planungen(Peter Lang, 1998)
북한의 법체계, 9인 공저(집문당, 2004)
지방자치법주해, 58인 공저(박영사, 2004)
Kommunalrecht und Kommunalpraxis in Deutschland und Korea, Volker Ronge(Hrsg.)(Trier 2005)
법학입문, 11인 공저(박영사, 2011)
행정법 강론(제9판, 박영사, 2023)
행정법 강론 사례연습(제4판, 박영사, 2022)

지방자치단체의 계획고권과 국가의 공간계획
지방자치단체간의 갈등완화를 위한 계획법상의 원칙
국가의 직무감독소홀로 인한 국가배상책임
건축허가의 법적 성질에 관한 소고
기업도시에서의 사인을 위한 토지수용의 법적 문제
지방자치단체에 대한 감사의 법적 문제
갈등관리수단으로서의 공법상의 조정
Umweltschutz in der Risikogesellschaft
지방자치단체 국정참여의 공법적 과제
행정법상 신고의 법리
행정심판과 행정절차제도와의 조화방안
행정심판 재결의 실효성 강화방안
공기업의 재정건전성 보장을 위한 법적 방안
탈원전을 위한 공론화위원회의 공법적 과제
독일 연방주의와 연방주의개혁의 우리나라 지방분권개헌에의 시사점
에너지법제의 평가와 과제
헌법상 지방자치권의 제도적 보장을 위한 수단으로서 지방자치단체 헌법소원 외 다수

제6판
행정법

초판발행 2021년 2월 5일
제2판발행 2022년 2월 5일
제3판발행 2023년 1월 20일
제4판발행 2024년 2월 1일
제5판발행 2025년 1월 10일
제6판발행 2026년 1월 30일

지은이 김남철
펴낸이 김중용

편 집 심성보 · 김인숙

펴낸곳 도서출판 정독
경기도 고양시 일산서구 하이파크로 113, 102-204
등록 제406-2014-000093호
전 화 031)924-7203 팩 스 031)935-0345
홈페이지 www.jeongdok.co.kr 이메일 admin@jeongdok.co.kr
ISBN 979-11-6858-429-7 93360

정 가 40,000원